cionario

esencial

de sinónimos y antónimos

de lengua española

diccionario

esencial

de sinónimos y antónimos

de lengua española

VOX

DICCIONARIOS

Esta obra ha sido realizada bajo la iniciativa y la coordinación general del Editor.

Dirección editorial
Jordi Induráin Pons

Coordinación de la obra
Sofía Acebo García

Redacción
Mª José Blanco Rodríguez, Elena Estremera Paños, Javier Gómez Guinovart, Juan Manuel López Guzmán, David Morán Pérez, Fernando Pérez Lagos y Joan Torruella i Casañas

Corrección tipográfica
Marta Esber Rodríguez y Fernando Nápoles Tapia

Informática editorial
Robert Placer López de Alda

Diseño de cubierta
Francesc Sala

Maquetación y preimpresión
El Taller del Llibre, S. L.

Primera edición: 2007
Tercera edición: 2022

Rosa Sensat, 9-11, 3.ª - 08005 Barcelona
Tel.: 93 241 35 05

VOX (y su logotipo) es marca registrada de Larousse Editorial.
vox@vox.es
www.vox.es

ISBN: 978-84-9974-375-2
Dep. Legal: B-254-2022
3E1I

PAPEL DE FIBRA CERTIFICADO

Presentación

El *Diccionario Esencial de Sinónimos y Antónimos Vox* nace con la vocación de ser una obra útil y práctica para todos los hablantes de la lengua española. Las personas que consulten esta obra hallarán soluciones y respuestas a los problemas que suelen plantearse en múltiples situaciones comunicativas que requieren un sólido dominio del léxico.

Con más de 13 600 entradas, este diccionario ofrece a los usuarios un organizado compendio de términos imprescindibles del español, que abarca desde las palabras más usuales hasta las voces pertenecientes a diversas terminologías técnicas, sin olvidar los neologismos, los cultismos, los coloquialismos y los regionalismos.

La intención con la que se ha elaborado el *Diccionario Esencial de Sinónimos y Antónimos Vox* es poner a disposición del público una herramienta lingüística actual e indispensable que acabe convirtiéndose en un complemento cotidiano ideal para los estudios, trabajos o pasatiempos relacionados con la lengua.

Estructura del artículo

Con la voluntad de organizar sus contenidos de forma clara y coherente, el *Diccionario Esencial de Sinónimos y Antónimos Vox* se ha estructurado de manera que quien lo consulte pueda encontrar la información deseada con rapidez e interpretarla convenientemente.

Entradas y acepciones

En el *Diccionario Esencial de Sinónimos y Antónimos Vox* se han seleccionado una amplia serie de voces y expresiones de léxico general que se han complementado con multitud de términos de un nivel de uso o área del saber determinados, así como términos pertenecientes al habla de los diferentes países de Latinoamérica y regiones españolas. En muchos casos la obra presenta tan solo la voz o voces más representativas de una familia lingüística, por lo que se ha evitado la repetición de información innecesaria y se ha logrado un formato manejable que facilita mucho más las consultas.

Los artículos presentan la estructura habitual de un diccionario de definiciones, de modo que cada entrada está encabezada por la voz y categoría gramatical y a continuación, divididos en acepciones numeradas cuando existe un cambio de significado, los diferentes sinónimos y antónimos de la entrada. Si en una acepción se produce un cambio de categoría gramatical, esta se indicará inmediatamente después del número de acepción, el cual irá precedido a su vez de un triángulo gris (▸). Los antónimos de cada acepción van precedidos por el símbolo ≠ y en una tipografía especial.

retirar *tr.* Apartar, separar, alejar, quitar. ≠ Acercar, dar, proporcionar. ▸ **2** *prnl.* Recogerse, retraerse. **3** Jubilarse. **4** Retroceder, echarse atrás. ≠ Avanzar.

remontar *tr.-prnl.* fig. Elevar, encumbrar, enaltecer, exaltar. ≠ Rebajar. ▸ **2** *prnl.* Subir, volar, elevarse, ascender. ≠ Bajar.

Los casos de homonimia se han indicado con números volados situados a la derecha de la voz para distinguirlos con claridad y evitar cualquier confusión.

casar[1] *m.* Caserío.

casar[2] *tr.* Abolir*, anular, abrogar, derogar.

casar[3] *tr.* fig. Unir, juntar, ajustar, encajar.

Subentradas

Además de las acepciones con equivalencias de un solo término, los usuarios pueden encontrar al final de una entrada una o más subentradas, es decir, locuciones, compuestos o expresiones resaltadas en negrita, acompañadas de sus respectivos sinónimos y antónimos y encabezadas por un número de acepción.

fuera *adv. l.-adv. t.* Afuera. ≠ Adentro, dentro. ▶ **2** *m.* DEP. Out (anglic.). ▌En el fútbol. **3 Estar fuera de sí** *loc.* Estar enajenado, ver visiones, papar moscas, helársele el corazón. **4 Fuera de** *loc. prep.* Excepto, salvo. **5 Fuera de juego** *m.* DEP. Offside (anglic.). ▌En el fútbol. **6 Fuera de que** *loc. conj.* Además, aparte de que.

casco *m.* Copa (en el sombrero). **2** Suelo, pezuña, pesuña, vaso. ▌En las caballerías. ▶ **3 Ligero de cascos** *loc. adj.* Irreflexivo, precipitado, imprudente, aturdido, atropellado, ligero. ≠ Prudente. ▶ **4 Romperse los cascos** *loc.* Reflexionar, pensar, considerar, meditar, devanarse los sesos. ≠ Despreocuparse.

Nivel de lengua

Las marcas que determinan el nivel de lengua de un término sirven para delimitar su uso a unas circunstancias o contextos específicos (si pertenece a un registro formal o coloquial, si se utiliza en determinados contextos sociales, etc.), para conocer la intencionalidad del hablante al utilizarlo (si le da un sentido irónico o despectivo, o si le da un carácter intensivo), o bien para saber si se le puede atribuir otro significado además del literal (sentido figurado, eufemismo).

La marca de nivel de lengua puede afectar a toda una acepción (en cuyo caso aparece al principio de la misma) o solamente a un término concreto (en cuyo caso aparece entre paréntesis a la derecha del mismo).

hambre *f.* Apetito*, gana, necesidad (eufem.), voracidad, gazuza (col. y burl.), carpanta (col. y burl.), bulimia (MED.). ≠ Hartazgo. **2** fig. Deseo, afán, anhelo, ansia. ≠ Hartazgo.

Marcas de área geográfica

En la redacción de este diccionario se ha tenido en cuenta la riqueza y complejidad del español, una las lenguas con más hablantes del mundo. Así, no solo se han recogido términos de uso generalizado, sino que también se han recopilado numerosos vocablos y expresiones propias del habla de determinados territorios. Cuando estas palabras aparecen, lo hacen acompañadas de una abreviatura (al inicio de la acepción si se trata de la voz de entrada o a la derecha del término y entre paréntesis, si se trata de un único sinónimo) que indica el país de América o la región española donde se usa.

guamá *m.* Cuba. Guama (Colomb.), guamo (Colomb.), guaba (Amér. Central y Ecuad.), guabo (Amér. Central y Ecuad.), pacay (Argent., Colomb., Bol. y Perú).

catabre *m.* Colomb. Catabro, cataure (Amér.).

Marcas de tecnicismo

Tanto las entradas como los sinónimos exclusivos de una especialidad o campo del saber determinados irán acompañados de una abreviatura que así lo indica, lo cual permitirá circunscribir con mayor precisión su área de uso.

aparejar *tr.* Preparar, prevenir, disponer, aprestar. **2** PINT. Imprimar. **3** MAR. Enjarciar.

capa *f.* fig. Pretexto, máscara, velo, excusa. **2** Encubridor. **3** Baño, mano. **4** Tanda, tonga, tongada. **5** GEOL. Estrato. **6** Pelo, pelaje. ▌Tratándose del color del caballo y otros animales. **7** MED. Membrana, hoja.

comiso *m.* Decomiso (DER.), confiscación.

Notas

Las diferentes acepciones de un artículo ocasionalmente van acompañadas por una anotación entre paréntesis que permite al usuario distinguir rápidamente entre un sentido y otro. Estos elementos aclaratorios aparecen también tras los sinónimos para desambiguar las palabras polisémicas.

anís *m.* (planta y semilla) Matalahúga, matalahúva. **2** (licor) Anisado, aguardiente anisado, anisete. **3 Anís estrellado** Badiana.

Comentarios y citas

Las entradas del *Diccionario Esencial de Sinónimos y Antónimos Vox* en muchas ocasiones se acompañan de múltiples comentarios y citas lingüísticas, dos elementos que proporcionan información suplementaria a los usuarios sobre los usos específicos de un gran número de sinónimos y antónimos. Estos comentarios y citas facilitan información sobre diversos aspectos semánticos, sintácticos, léxicos y morfológicos que pueden afectar a la voz de la entrada, a toda una acepción o simplemente a un sinónimo o antónimo concretos.

Los comentarios y citas se encuentran siempre al final de las acepciones separados de ellas por un icono (▮). La diferencia entre el comentario y la cita es que esta última pertenece a un autor que la ha publicado con anterioridad, por lo que aparece entre comillas y lleva al final unas iniciales entre paréntesis que remiten a la obra en cuestión.

bola *f.* fig. Mentira, embuste, engaño, paparrucha, bulo. ▮ «*Bola* es cualquier noticia falsa; *paparrucha* es la noticia falsa y al mismo tiempo absurda. La *paparrucha* sólo halla crédito en las gentes vulgares e ignorantes. La noticia de una victoria imaginaria es una *bola*; los cuentos de duendes o apariciones son *paparrucha*.». (M) ▮En la actualidad, *bulo* se emplea con más frecuencia que *bola* para designar la noticia falsa. **2** DEP. Pelota, balón, esférico.

Remisiones

En un gran número de artículos podemos encontrar sinónimos señalados con un asterisco (*) que indica que la entrada del término al que acompaña contiene algún comentario o cita referido a este y otros sinónimos cuya información permite resolver dudas sobre la elección de una u otra voz.

> **ornato** *m.* Adorno*, atavío, gala, ornamento, aparato. ▌ *Ornamentos* se usa especialmente tratándose de las vestiduras sagradas y de los adornos del altar. *Gala* se aplica a personas y cosas. ▌ «El *ornato* se refiere más bien a las cosas que a las personas. El *ornato* de un templo o de un palacio consiste en la abundancia y en el esplendor de los *adornos*. No se dice el *ornato*, sino el *adorno* (o *atavío*) de una persona lujosamente vestida. *Ornamento* se [...]

Aparte del asterisco existen remisiones con flecha (→) que envían al usuario a otro artículo que no participa de la lista de sinónimos recogidos en la acepción.

> **suponer** *tr.* Presumir, creer, conjeturar, figurarse, pensar. → **sospechar 2** Implicar, traer consigo, sospechar.

Guía visual

anotación semántica — expresiones y locuciones

anís *m.* (planta y semilla) Matalahúga, matalahúva. **2** (licor) Anisado, aguardiente anisado, anisete. **3 Anís estrellado** Badiana.

categoría gramatical — comentario — cita — número de acepción — registro lingüístico

castigo *m.* Punición, sanción, corrección, correctivo, pena, condena. ▮ *Punición* es latinismo que solo se emplea en su sentido más general y abstracto. *Sanción* es pena que la ley impone. *Corrección* y *correctivo* son *castigos* de menor importancia o gravedad que aquellos en que se impone *pena, sanción* o *condena*. ▮ «*Castigo* es el acto de imponer la *pena*; es el género, y *pena* es la especie. El *castigo* que se impone es la *pena*. El *castigo* que la ley impone al asesinato es la *pena* de muerte.» (M). **2** fig. Mortificación, aflicción, pesadumbre. **3 Máximo castigo** DEP. Penalty (anglic.).

sinónimos — cambio de categoría

declarar *tr.-prnl.* Exponer, explicar, manifestar, decir, proclamar, promulgar. ≠ Encubrir, ocultar. **2** Decidir, fallar, resolver. ▸ **3** *intr.* Deponer, testificar, atestiguar. ▸ **4** *intr.* [...]

entrada y flexión — antónimo

legítimo, -ma *adj.* Legal, lícito. ≠ Ilegal. ▮ «Lo *legítimo* lo es siempre; lo *legal* puede dejar de serlo cuando la ley se muda. La venta y el cambio son causas *legítimas* [...]

entrada — marca de tecnicismo

pared *f.* Muro, tabique, tapia, albarrada, horma, hormaza. ▮ *Muro*, esp. si es grueso; *tabique* es pared delgada. Según los materiales de que está hecha: de tierra amasada y apisonada, *tapia*; de piedra seca, *albarrada, horma* u *hormaza*. **2 Pared medianera** CONSTR. Arrimo.

remisión con flecha

parloteo *m.* Charla, cháchara, palique, conversación*. → **conversación**

homónimos

querer [1] *m.* Amor, cariño, afecto.

querer [2] *tr.-prnl.* Tener voluntad, determinar, resolver. **2** Desear*, pretender, apetecer, ambicionar*, procurar. ≠ Resignarse, desistir. ▮ «*Querer* y *desear* explican [...]

marca geográfica

timbre *m.* Sello. **2** Marca, señal. **3** fig. Ejecutoria, blasón. **4** (de voz) Metal. **5** Amér. Estampilla (Amér.), sello (de correos).

Abreviaturas y símbolos

adj.	adjetivo
adv.	adverbio
adv. c.	adverbio de cantidad
adv. l.	adverbio de lugar
adv. lat.	adverbio latino
adv. m.	adverbio de manera
adv. t.	adverbio de tiempo
Ál.	Álava
ALBAÑ.	albañilería
Amér.	América
Amér. Central	América Central
Amér. Merid.	América Meridional
ANAT.	anatomía
And.	Andalucía
anglic.	anglicismo
antic.	anticuado
Ar.	Aragón
Argent.	Argentina
Ast.	Asturias
ASTRON.	Astronomía
BLAS.	blasonería
BOT.	botánica
Burg.	Burgos
burl.	burlesco
(C)	José M. Gómez de la Cortina, *Diccionario de sinónimos castellanos*, 1845.
C. Rica	Costa Rica
CARP.	carpintería
Cat.	Cataluña
(Ci)	Nicasio Álvarez de Cienfuegos, *Sinónimos castellanos*, 1830.
científ.	científico
CIR.	cirugía
col.	coloquial
Colomb.	Colombia
com.	nombre común
conj.	conjunción
conj. adv.	conjunción adversativa
conj. consec.	conjunción consecutiva
DEP.	deportes
DER.	derecho
desp.	despectivo
desus.	desusado
dial.	dialectal
Ecuad.	Ecuador
esp.	especialmente
eufem.	eufemismo
f.	sustantivo femenino
fam.	familiar
FARM.	farmacia
fig.	figurado
Filip.	Filipinas
Gal.	Galicia

galic.	galicismo
GEOL.	geología
GEOM.	geometría
germ.	germanía
GRAM.	gramática
H. NAT.	historia natural
Hond.	Honduras
humor.	humorístico
intens.	intensivo
intr.	verbo intransitivo
irón.	irónico
italian.	italianismo
(J)	Santiago Jonama, *Ensayo sobre la distinción de los sinónimos de la lengua castellana*, 1806.
lat.	latinismo
(LH)	José López de la Huerta, *Examen de la posibilidad de fixar la significación de los sinónimos de la lengua castellana*, 1789.
LING.	lingüística
lit.	literario
loc.	locución
loc. lat.	locución latina
LÓG.	lógica
Logr.	Logroño
m.	sustantivo masculino
(M)	José Joaquín de Mora, *Colección de sinónimos de la lengua española*, 1855.
(Ma)	José March, *Pequeña colección de sinónimos de la lengua española*, 1834.
MAR.	marina
más. us.	más usado
MAT.	matemáticas
mec.	mecánica
MED.	medicina
METEOR.	meteorología
Méx.	México
MIL.	militar
MONT.	montería
Murc.	Murcia
Nav.	Navarra
(O)	Pedro María de Olivé, *Diccionario de sinónimos de la lengua castellana*, 1843.
p. ej.	por ejemplo
P. Rico	Puerto Rico
p. us.	poco usado
pl.	plural
poét.	poético
pop.	popular
prep.	preposición
prnl.	pronominal
pron.	pronombre
QUÍM.	química
RET.	retórica
rúst.	rústico
s.	sustantivo
Sant.	Santander
tecn.	tecnicismo
TECNOL.	tecnología
tr.	verbo transitivo
Val.	Valencia
Venez.	Venezuela
VETER.	veterinaria
vulg.	vulgar

a

ababa *f.* p. us. Amapola, ababol (p. us.).

ababol *m.* p. us. Amapola, ababa (p. us.).

ábaco *m.* Tablero, numerador, tanteador.

abadejo *m.* (pez) Bacalao. **2** (ave) Reyezuelo. **3** (insecto) Cantárida.

abadía *f.* Convento, monasterio*, cartuja, cenobio (lit.), priorato. ▌Ambos son más generales que *abadía*, puesto que ésta se aplica propiamente al *monasterio* regido por abad o abadesa. Toda *abadía* es *convento* o *monasterio*, pero no viceversa.

abajo *adv. l.* Debajo. ≠ Arriba, encima. ▌«Aunque estos dos adverbios significan inferioridad de colocación, el primero tiene un sentido más absoluto que el segundo, y no necesita, como este, que otra palabra lo determine. Si oigo decir *está abajo*, entiendo que el objeto a que se alude está colocado en una situación inferior a la persona que habla; mas para entender lo que significa *está debajo*, necesito saber lo que está encima... Cuando *debajo* no se refiere a un sustantivo expresado antes, requiere siempre la preposición *de*, como *debajo de la mesa*, *del libro*, etc.» (M). ► **2 Irse abajo** *loc.* Malograrse, desaprovecharse, perderse, desperdiciarse, frustrarse, errar el golpe, naufragar en el puerto.

abalanzarse *prnl.* Arrojarse, lanzarse, precipitarse, acometer, arremeter*, atacar, cerrar, embestir. ▌Los cinco últimos con idea de lucha.

abaldonar *tr.* Baldonar, baldonear, injuriar, afrentar.

abalorio *m.* Rocalla. ▌La *rocalla* es el *abalorio* de cuentas gruesas.

abanderizar *tr.* Banderizar.

abandonado, -da *adj.* Dejado, descuidado, desidioso, negligente, desamparado. ≠ Diligente, amparado. **2** Desaseado, desaliñado, sucio, ir hecho un pordiosero. **3** Deshabitado*, inhabitado, despoblado, desierto, yermo. **4** Desvalido, desamparado.

abandonar *tr.* Dejar, desamparar, desasistir, desatender, desentenderse, descuidar, ceder, renunciar, desistir, marcharse. ≠ Amparar, atender, celar, guardar, controlar. ▌*Desamparar, desatender, desasistir*, insisten en la relación de protección o deber con respecto a lo que abandonamos. *Descuidar, ceder, renunciar* y *desistir* se refieren principalmente a nuestro interés o derecho. ▌«*Dejar* es soltar una cosa, alejarse, separarse de ella. *Abandonar* es separarse de un objeto con el cual se tienen relaciones de interés, de afecto, de protección o de deber. Un aficionado a las artes *deja* la ciudad que habita para visitar Italia. El mal esposo *abandona* a su familia. *Dejar* puede ser una acción transitoria y temporal, y así se dice: *dejó* el coche a la puerta, *deja* ese asunto a mi cuidado, en cuyos casos puede volverse a tomar el coche y el asunto. *Abandonar* es *dejar* para siempre,como: los náufragos *abandonaron* el buque, los sitiados *abandonaron* la ciudad.» (M). ► **2** *prnl.* Abandonarse, entregarse, darse, confiarse, dejarse llevar. ► **3** *intr.* Desistir, abdicar, separarse. ► **4** *tr.*

Evacuar, desocupar, desembarazar. ▸ **5** *prnl.* Dormir, descuidarse, confiarse. ≠ Cuidarse.

abandono *m.* Desamparo, cerrarse todas las puertas. ≠ Amparo. **2** Cesión, dejación, renuncia, desistimiento. ≠ Diligencia. **3** Defección*, deserción, dejar en la estacada, dar el esquinazo, dejar en las astas del toro. **4** Dejadez, desidia, descuido, desatención, negligencia, incuria, desgobierno. ≠ Cuidado. **5** Desaliño, desaseo, suciedad.

abaratar *tr.* Bajar, rebajar, reducir el precio, depreciar, desencarecer (p. us.). ≠ Encarecer.

abarcar *tr.* Ceñir, rodear, abrazar. **2** Comprender, contener*, englobar, incluir, alcanzar, cubrir, ocupar, constar de. ≠ Excluir, prescindir, apartar, separar. **3** Méx. Acaparar.

abarloar *tr.* Barloar, arrimar.

abarraganamiento *m.* Amancebamiento, concubinato. ▮ *Abarraganamiento* acentúa el sentido despectivo y pecaminoso.

abarraganarse *prnl.* Amancebarse, juntarse, amontonarse, entenderse, casarse por detrás de la Iglesia.

abarrancar *intr.-prnl.* Embarrancar, encallar, varar.

abarrotar *tr.* Atestar, colmar, llenar, atiborrar. ≠ Vaciar, desproveer, descargar.

abastecedor, -ra *adj.-s.* Proveedor, aprovisionador, suministrador, abastero (Cuba y Chile), municionero. ▮ Este último es hoy desusado fuera del ejército, y aun en este tiene un uso muy restringido. *Proveedor* puede ser en pequeñas o en grandes cantidades, en tanto que *abastecedor, aprovisionador* y *suministrador* se refieren ordinariamente al comercio al por mayor.

abastecer *tr.* Proveer, surtir, suministrar, aprovisionar, avituallar, municionar, pertrechar. ▮ Los dos primeros sinónimos son de carácter general; *suministrar* y *aprovisionar* se usan de ordinario, como *abastecer*, tratándose de grandes cantidades o al por mayor; *avituallar*, si se trata de víveres.

abastecimiento *m.* Abasto, provisión, aprovisionamiento, suministro, avituallamiento. ▮ Este último, si se trata de víveres.

abatimiento *m.* Decaimiento, desfallecimiento, agotamiento, desaliento, desánimo, postración, aplanamiento, depresión. ≠ Animación, ánimo, aliento. ▮ *Abatimiento* y *decaimiento* son accidentes que pueden afectar al cuerpo y al alma. *Desfallecimiento* y *agotamiento* son puramente físicos. *Desaliento* y *desánimo*, puramente morales. *Postración* y *aplanamiento* expresan con más intensidad los estados aludidos, y se aplican lo mismo a lo físico que a lo moral. **2** Humillación, apocamiento, rebajamiento, abyección. ≠ Nobleza.

abatir *tr.* Vencer, rebajar, humillar. ▸ **2** *prnl.* Decaer, desfallecer, agotarse, desalentarse, desanimarse, postrarse, aplanarse, cansarse. ≠ Levantarse, animarse. ▮ «El hombre *se abate* por efecto de una enfermedad, de la vejez, o de la mala fortuna; *desfallece* cuando ha disminuido sus fuerzas y su vitalidad la enfermedad o la inedia; *se postra* cuando no tiene bastante energía para salir de alguno de aquellos tres estados.» (M). → **abatimiento** ▸ **3** *intr.* MAR. Separarse del rumbo, derivar, davalar, devalar.

abdicación *f.* Disminución, renuncia, cesión. ▮ La *cesión* se hace en favor de alguien, lo cual no es necesario en la *renuncia*. ▮ «*Abdicación* es el acto de desprenderse de la dignidad real o soberana; *renuncia* es el abandono voluntario de un derecho; *dimisión* es la dejación de un cargo público, de un empleo o de una comisión.» (M).

abdicar *tr.* Ceder, renunciar, resignar, dimitir. ▮ *Abdicar* es dejar una dignidad soberana: Carlos I *abdicó* la corona, Diocleciano *abdicó* el imperio. Se *cede* o *renuncia* a un derecho, p. ej., una herencia; pero *ceder* supone alguien en favor del cual se hace la cesión. Se *dimite* o se *presenta la dimisión* de un cargo público, empleo o comisión: el gobierno *ha dimitido*, el jefe de mi oficina piensa *dimitir*. *Resignar* es entregar el mando o el poder a otro: ante las alteraciones del orden público, el gobernador *resignó* el mando de la provincia a la autoridad militar. ▸ **2** *intr.* Desistir, separarse, abandonar.

abdomen *m.* Vientre, barriga, panza, tripa, andorga, bandujo, mondongo. ▮ Los cuatro primeros son de uso general, mientras que *abdomen* se usa solo como voz técnica. *Andorga, bandujo* y *mondongo* son términos burlescos, jocosos.

abecé *m.* Abecedario, alfabeto.

abecedario *m.* Alfabeto*, abecé.

abejar *m.* Colmenar, abejera.

abejarrón *m.* Abejorro.

abejera *f.* Colmenar, abejar. **2** (planta) Toronjil, melisa, cidronela.

abejero, -ra *adj.* Colmenero.

abejón *m.* Zángano.

abejorro *m.* Abejarrón.

abellacarse *prnl.* Embellacarse, embellaquecerse, envilecerse, rebajarse, encanallarse, acanallarse. ≠ Ennoblecerse.

aberración *f.* Descarrío, extravío, desvío, engaño, error, equivocación, ofuscación. ≠ Acierto. **2** MED. Degeneración.

aberrar *intr.* Errar, equivocarse, engañarse. ≠ Acertar, encaminarse.

abertura *f.* Hendidura, rendija, boquete, brecha, quebradura, grieta, rotura, resquicio, hendedura, resquebradura, resquebrajadura. **2** Apertura, comienzo, iniciación. **3** Franqueza. **4** Agujero, boca, orificio.

abiertamente *adv. m.* Francamente, sinceramente, claramente, paladinamente, patentemente, manifiestamente, sin rodeos, sin reservas, a banderas desplegadas, a la luz del sol, con el corazón en la mano. ≠ Ocultamente.

abierto, -ta *adj.* Desembarazado, despejado, raso, llano. **2** fig. Sincero*, franco, claro, veraz, verídico, verdadero, sencillo, de buena fe. ≠ Cerrado, oscuro.

abigarrado, -da *adj.* Bigarrado (p. us.), confuso, mezclado, heterogéneo, inconexo, chillón. ≠ Homogéneo. ▌Este último, tratándose de colores.

abigotado, -da *adj.* Bigotudo.

abisal *adj.* Abismal.

abismal *adj.* Abisal.

abismar *tr.* Hundir, sumir, sumergir. **2** Confundir, abatir. ► **3** *prnl.* Ensimismarse, abstraerse. ▌Estos dos expresan con menor intensidad la idea de *abismarse*.

abismo *m.* Sima, precipicio, despeñadero, profundidad. **2** Infierno, averno.

abjuración *f.* Apostasía, retractación, renunciación, felonía, traición.

abjurar *tr.* Apostatar*, renegar, retractarse, convertirse, donde dije digo, dije Diego. ▌*Abjurar* es renovar el juramento religioso o la profesión de fe, y p. ext., la doctrina, partido, etc., que se profesa; *retractarse* tiene el mismo sentido, pero supone una declaración expresa y se extiende, además, a cualquier cosa que anteriormente se haya dicho o prometido. *Apostatar* y *renegar* significan abandonar la religión o doctrina que se profesa. *Apostata* una persona importante, como el emperador Juliano; *reniega* el hombre corriente que cambia de religión, como los *renegados* cristianos que en Africa se pasaban al islamismo. *Convertirse* tiene matiz apreciativo, y se usa desde el punto de vista de la religión o doctrina que profesamos *(los misioneros hicieron convertirse al cristianismo a millares de indios)*, en tanto que *apostatar* y *renegar* implican desestimación u hostilidad por parte del que habla.

ablandar *tr.-prnl.* Suavizar, blandear, emblandecer, enmollecer, reblandecer, lentecer, relentecer. ≠ Endurecer. ▌Los tres primeros son generales; los restantes tienen un significado material. **2** Mitigar, templar. ▌Estos se refieren al tiempo. **3** Laxar, molificar (MED.). ▌Estos, cuando se trata del vientre. **4** fig. Desenfadar, desencolerizar, desenojar, enternecer, conmover. ≠ Enfadarse.

ablepsia *f.* MED. Ceguedad.

abnegación *f.* Generosidad, desinterés*, desprendimiento*, altruismo. ≠ Egoísmo. ▌*Abnegación* es una forma más elevada; se emplea sobre todo tratándose del sacrificio de la voluntad, de los afectos o de la conveniencia propia.

abobar *tr.-prnl.* Embobar, atontar, llenar la cabeza de humo. ≠ Despabilar.

abocetar *tr.* Bosquejar.

abogado *m.* Letrado, licenciado (Amér.), vocero (antic.), jurista, jurisperito, legista, jurisconsulto, abogadillo (desp.), leguleyo (desp.), picapleitos (desp.), rábula (desp.), abogado del diablo (desp.), legisperito. ▌*Jurista, jurisperito, legista* y *jurisconsulto* son denominaciones estimativas y se aplican, esp. *jurisconsulto*, al que interpreta el derecho o determina el sentido de la ley. **2** Intercesor, medianero, mediador, defensor, patrocinador, defensor de causas pobres. ▸ **3 Ser abogado de secano** *loc.* Ser incapaz, ser inepto, ser inhábil, ser torpe, ser incompetente, ser ignorante, ser un cero a la izquierda.

abogar *tr.* Interceder, mediar, defender, patrocinar.

abolir *tr.* Abrogar (p. us.), derogar, revocar, casar, cancelar, rescindir, suprimir, anular*. ≠ Instituir, autorizar. ▮ *Abolir* es el más gral., puesto que puede *abolirse* no solo una ley, orden, convenio, etc., sino también una costumbre, moda, etiqueta. Pero por ser verbo defectivo, se le sustituye a menudo por verbos de significación más extensa (*anular, suprimir*) o por los de acepciones particulares adecuadas, como los que siguen. *Abrogar* y *derogar* son términos exclusivamente legales, y su ejecución compete al legislador. En *revocar* predomina el matiz de dejar sin efecto una orden, disposición, etc., por voluntad del mismo que la dictó, o de un superior suyo: el padre *revocó* su testamento; el ingeniero *ha* revocado las disposiciones del capataz. *Casar* es término judicial e indica anulación de una resolución o sentencia por un tribunal superior. *Cancelar* es extinguir una obligación, especialmente una deuda: *cancelar* una hipoteca. *Rescindir* es anular un contrato.

abominable *adj.* Detestable, execrable, aborrecible, odioso. ≠ Amable. ▮ «Estas tres voces se usan (...) para designar los diversos grados de exceso de una cosa más mala; y en este caso *abominable* dice más que *detestable*; y *execrable*, más que *abominable*.» (Ci). ▮ Sin embargo, la estimación de la intensidad relativa de estos tres adjetivos no parece hoy tan clara, y depende más bien del que los emplea. *Execrable* alude sobre todo a lo moral y religioso: una doctrina *execrable*, ejemplos *execrables*; en tanto que *abominable* y *detestable* pueden calificar también a lo material: una comida *detestable* o *abominable*, un poema *detestable* o *abominable*, con más intensidad en el segundo de ambos adjetivos. *Aborrecible* y *odioso* tienen sentido más general.

abominación *f.* Aversión*, aborrecimiento, odio, execración. → **aborrecer**

abominar *tr.* Condenar, maldecir, derrenegar, decir pestes, execrar. ▮ Todos ellos en orden de intensidad. **2** Detestar, odiar, aborrecer*. ≠ Amar.

abonanzar *intr.* Serenarse, despejarse, calmarse, aclararse, abrir, mejorar. ≠ Aborrascar. Serenarse, aclararse, despejarse, desencapotarse, escampar. ≠ Aborrascarse, oscurecer.

abonar *tr.* Acreditar, asegurar. **2** Salir fiador, responder por uno. **3** Fertilizar. **4** Pagar. **5** Tomar en cuenta, asentar en el haber, acreditar, adatar (antic.), datar (antic.).

abono *m.* Fertilizante. **2** COM. Asiento en el haber. **3** Pago, pase de libre circulación. ≠ Adeudo (Com.). **4** DEP. Forfait (galic.). ▮ *Forfait* es usado principalmente en el esquí.

abordar *tr.* MAR. Chocar, aportar, atracar. **2** Emprender, plantear.

aborigen *adj. com.* Autóctono, indígena, originario, natural, nativo. ≠ Alienígena. ▮ *Autóctono* solo suele emplearse como adj.: *raza autóctona*. *Indígena* se aplica a pueblos de civilización primitiva. *Originario, vernáculo, natural* y *nativo*, por tener otras acepciones, no indican con tanta exactitud la idea de *aborigen*.

aborrascarse *prnl.* Oscurecerse, encapotarse, cargarse, cubrirse, nublarse. ≠ Abonanzarse. ▮ *Aborrascarse* se siente gralte. como más intenso, tanto si se trata del tiempo como en sus acepciones figuradas.

aborrecer *tr.* Odiar, detestar, abominar, execrar, tomarla con uno, tener entre ceja y ceja, mirar con malos ojos. ≠ Apreciar. ▮ «El acto de *aborrecer* supone un sentimiento más pasajero y espontáneo que *odiar*. El primer verbo se aplica más comúnmente a las cosas, y el segundo a las personas. El enfermo *aborrece* la medicina de mal sabor; el ingrato *odia* al que le favorece. En el *aborrecimiento* hay algo de antipatía física; en el *odio* puede haber una idea moral. Horacio *odiaba* al vulgo profano. *Odiemos* el delito; pero no *aborrezcamos* al delincuente. El *odio* dura más y es más intenso que el *aborrecimiento*; por esto no decimos *aborrecimientos*, sino *odios* reconcentrados.» (M). ▮ «Se *aborrece* todo aquello que no se puede sufrir y que es objeto de antipatía. Se *detesta* lo que se desaprueba y se condena.» (Ma). **2** Aburrir, fastidiar, hastiar. ≠ Distraer.

aborrecimiento *m.* Odio*, rencor, aversión*, repugnancia, antipatía, execración, abominación. ≠ Aprecio. → **aborrecer**

abortar *intr.-tr.* Malparir, mover, amover. **2** fig. Fracasar, malograrse, frustrarse.

aborto *m.* Parto prematuro, abortamiento, malparto. **2** Fracaso, malogro, frustración.

abra *f.* Ensenada.

abrasador, -ra *adj.* Ardiente, caliente, cálido, caluroso, agostador, tórrido, acalorado. ▮ *Abrasador* y *ardiente* son intensivos de *caliente*. Si se trata del clima o del tiempo, intensifican igualmente la significación de *cálido, caluroso* y expresan idea semejante a la de *tórrido* y *agostador*. Pueden aplicarse todos (con excepción de *tórrido*), en sentido fig., a los afectos y pasiones. *Acalorado* se usa solo en este sentido figurado.

abrasar *tr.* Quemar. **2** Quemar, secar, agostar, marchitar. ▮ Todos ellos, tratándose de plantas. **3** Enardecer, encender, acalorar. ▮ Estos, tratándose del ánimo o de las pasiones.

abrazadera *f.* IMPR. Corchete. **2** Cántamo (MAR.), armella.

abrazar *tr.* Ceñir, rodear, abarcar. **2** Contener*, comprender, incluir, abarcar, constar de. **3** fig. Seguir (fig.), adoptar (fig.). ▮ Ambos tratándose de una religión, doctrina, partido o profesión.

ábrego *m.* Ábrigo, áfrico.

abreviar *tr.* Acortar, reducir, cortar por lo sano, saltárselo a la torera. ▮ Los dos últimos referidos a discursos, doctrinas, libros, etc. ≠ Alargar, ampliar. ▮ «Se *abrevia* cortando, suprimiendo, mutilando un período, un discurso, una explicación. Se *compendia* reduciendo a pocas palabras su contenido.» (M). **2** Acelerar, apresurar, aligerar. ≠ Reducir. ▮ Los tres primeros, se refieren al tiempo, a la duración, mientras que los otros pueden referirse al tiempo, al espacio o a la cantidad: se *abrevia* un escrito; se *acorta* una falda; se *reducen* los precios. **3** Extractar, resumir*, compendiar. ≠ Ampliar.

abreviatura *f.* Sigla, cifra, monograma. ▮ Entre paleógrafos y bibliógrafos se llama gralte. *sigla* la letra inicial (*A.* o 'año') o cualquier signo usado como *abreviatura*.

abrigar *tr.* Tapar, cubrir, arropar. **2** Resguardar, proteger, cobijar, amparar.

abrigo *m.* Gabán, sobretodo. ▮ Ambos son prendas masculinas. **2** Amparo, resguardo, refugio, protección, defensa, reparo. ≠ Desabrigo, desamparo. **3** DEP. Albergue. ▮ Usados en el montañismo y en la náutica.

ábrigo *m.* Ábrego (viento).

abrillantar *tr.* Pulir, pulimentar, bruñir, dar brillo.

abrir *tr.* Descubrir, destapar. ≠ Cerrar, tapar. ▮ P. ej., *abrir* una caja, un bote. **2** Hender, rajar, taladrar, agrietar, cuartear, rasgar. **3** Extender, desplegar, separar. ≠ Plegar. ▮ P. ej., *abrir* un abanico, un paraguas. **4** Iniciar, inaugurar, comenzar. ≠ Cerrar, clausurar. ▮ P. ej., se *abre* la sesión, la subasta, la temporada de un balneario. ▶ **5** *intr.* Serenarse, aclararse, despejarse, abonanzar, escampar (el nublado). ▮ Todos ellos tratándose del tiempo.

abrochador *m.* Abotonador.

abrogar *tr.* Abolir, revocar.

abroncar *tr.* Avergonzar, abochornar, enfadar.

abrótano *m.* Boja (planta), botija, brótano, incienso, hierba lombriguera, guardarropa, hierba guardarropa.

abrumar *tr. -prnl.* Agobiar, atosigar, molestar, fastidiar, hastiar, aburrir, importunar, cansar, poner una losa de plomo, dar la lata, poner los nervios de punta, dejar para el arrastre. ▮ *Abrumar, agobiar* y *atosigar* son de significación más intensa.

abrupto, -ta *adj.* Escarpado, quebrado, escabroso, áspero, fragoso, accidentado. ≠ Suave.

absceso *m.* Tumor, apostema, llaga, úlcera. ▮ Los dos últimos, si el *absceso* está abierto.

absentismo *m.* Ausentismo (menos usado), ausencia.

absolución *f.* Perdón*, remisión.

absolutismo *m.* Poder absoluto, despotismo, tiranía, autoritarismo, totalitarismo, arbitrariedad. ▮ El *despotismo* y la *tiranía* tienen sentido peyorativo y sugieren el abuso del *absolutismo*. Modernamente se emplean también *autoritarismo* y *totalitarismo*; este se aplica para designar ciertos regímenes políticos como el fascismo, el nacionalsocialismo y otros semejantes. *Arbitrariedad* se usa, además, fuera de la política, cuando se trata de la conducta o modo de proceder de una persona.

absoluto, -ta *adj.* Arbitrario, despótico, tiránico, dictatorial, autoritario, imperioso, dominante, abusivo. ≠ Relativo, comprensivo, condescendiente. ▌Los dos últimos se usan para calificar hechos, conductas y caracteres, pero no regímenes políticos: mi hermano tiene un carácter *dominante*; recibieron una orden redactada en términos *imperiosos*. **2** Incondicional. ≠ Limitado, relativo, desleal.

absolver *tr.* Perdonar, remitir, eximir, exculpar, desligar, dispensar, dejar en franquía, relevar. ≠ Condenar, obligar.

absorber *tr.* Aspirar, chupar. **2** Embeber, empapar. **3** fig. Atraer, cautivar, hechizar.

absorto, -ta *adj.* Admirado, pasmado, atónito, suspenso, maravillado, cautivado, asombrado, ensimismado, abismado, abstraído, reconcentrado. ▌Estos cuatro últimos, al igual que *absorto*, aluden sobre todo a estados que nacen en la persona misma, como los producidos por el estudio o la meditación; los demás adjetivos sugieren más bien una causa o agente exterior, tales como un espectáculo, noticia, suceso, etc.

abstenerse *prnl.* Privarse, inhibirse, hacerse el distraído, hacerse el loco. ▌*Inhibirse* es término docto que se usa poco fuera del lenguaje judicial y filosófico. ▌«Nos *privamos* de lo propio; nos *abstenemos* de lo que está en nuestros alcances. El buen padre se *abstiene* de ir al teatro por asistir a su hijo enfermo; el hombre caritativo se *priva* de lo que tiene por socorrer al pobre. La prudencia nos aconseja *abstenernos* de gastos superfluos; pero no *privarnos* de lo necesario ni de lo útil. Me *abstengo* de calificar tu conducta; pero no me *privo* del derecho de juzgarla más adelante. El acto de *privarse* es más penoso que el de *abstenerse*. *Privarse* se usa más frecuentemente con nombres, y *abstenerse* con verbos.» (M). **2** Reservarse.

abstinencia *f.* Privación, abstención. **2** Templanza*, temperancia, frugalidad*, morigeración, sobriedad, mesura, moderación, continencia, parquedad.

abstraerse *prnl.* Ensimismarse, reconcentrarse, absorberse. ≠ Disiparse, distraerse.

abstruso, -sa *adj.* Recóndito, incomprensible, profundo, difícil. ≠ Claro.

absurdo *m.* Disparate*, desatino, dislate, falsedad.

absurdo, -da *adj.* Ilógico, disparatado, irracional, desatinado. ≠ Razonable, posible, racional, atinado, lógico. **2** Extravagante, estrafalario.

abubilla *f.* Upupa.

abuelos *m. pl.* Ascendientes*, antepasados, antecesores.

abuhado, -da *adj.* Hinchado, abotagado.

abultado, -da *adj.* Grueso*, voluminoso, rebultado, turgente, hinchado. ≠ Liso, enjuto, deshinchado. **2** fig. Exagerado, extremado, hiperbólico. ▌Estos, tratándose de noticias, relatos, etc.

abultar *tr.* fig. Exagerar, extremar, ponderar, encarecer, hinchar. ≠ Alisar, adelgazar, disminuir. ▌P. ej., una notica, relato, alabanza, etc.

abundancia *f.* Copia, gran cantidad, sobreabundancia, superabundancia, plétora, profusión, derroche. ≠ Escasez. ▌Los cuatro últimos, cuando la *abundancia* es muy grande. **2** Bienestar, holgura, riqueza. ≠ Carencia, pobreza. ► **3 En abundancia** *loc. adv.* A porrillo, abundantemente, copiosamente, profusamente.

abundante *adj.* Copioso, numeroso. **2** Rico, fértil*, fecundo, exuberante, opimo, pingüe, opulento*, ubérrimo. **3** MED. Concentrado. ▌Aplícase a los medicamentos.

abundar *intr.* Pulular, multiplicarse. ≠ Escasear.

abur *interj.* Agur, adiós.

aburrimiento *m.* Fastidio, hastío, cansancio, tedio, esplín*.

aburrir *tr.-prnl.* Molestar, cansar*, fastidiar, hastiar, estar aburrido como una ostra, estar solo como un hongo. ≠ Divertir. ▌Los dos primeros son de aplicación muy general. El verbo *fastidiar* se ha cargado de matices que eran propios de *aburrir*, aproximando algo más el sentido de ambos; p. ej.: nos *aburre* o *fastidia* la suerte adversa o una enfermedad. *Fastidiar* es algo más molesto que *hastiar*, el cual significa cansar la paciencia. Hay, pues, una gradación de intensidad creciente en *hastiar-fastidiar-aburrir*. Por su parte, *aburrir* ha acercado su significado al de *hastiar*: nos *aburrimos* o *hastiamos* de oír un largo-discurso sin interés, de una conversación sosa y prolongada o de no tener nada que hacer.

abusar *intr.* Excederse, extralimitarse, atropellar, forzar, violar, alzarse con el santo y la limosna. ≠ Moderar, contener, reprimir. ▌Los cuatro últimos sinónimos, con más intensidad.

abuso *m.* Exceso, extralimitación, demasía. ≠ Escasez, carencia. **2** Tiranía, despotismo, opresión, arbitrariedad, atropello, tropelía, desafuero, desmán. ≠ Liberalismo, justicia. **3** Licencia, osadía, atrevimiento, desenfreno, libertinaje. ≠ Continencia.

abyección *f.* Bajeza, envilecimiento, servilismo, humillación, abatimiento, rebajamiento, apocamiento. ≠ Nobleza.

abyecto, -ta *adj.* Bajo, vil, despreciable, ignominioso, rastrero, servil, abatido, humillado. ≠ Noble.

acá *adv. l.* Aquí. ≠ Allá, allí. ▌Ambos indican el lugar donde se halla el que habla, con la diferencia de que la localización expresada por *acá* es menos determinada y circunscrita que la que denota *aquí*. ▌«La expresión *ven acá* no tiene el mismo sentido que *ven aquí*. En el primer caso no se hace más que llamar al que está lejos; en el segundo se le manda colocarse en un punto determinado. Por esta razón, si queremos que la persona a quien nos dirigimos ocupe un lugar señalado no le decimos *ponte acá*, sino *ponte aquí*.» (M). ▶ **2** *adv. t.* Aquí. ≠ Allá, allí. ▌Como expresión de tiempo, *acá* y *aquí* denotan el presente: *acá* como término de una acción que se inicia en el pasado: *desde entonces acá, de ayer acá*. Por el contrario, *aquí* se usa con preferencia para señalar el comienzo de una acción futura: *de aquí a tres semanas*; *desde aquí en adelante*. No cabría en estos dos ejemplos sustituir *aquí* por *acá*. El presente que indica *aquí* es mucho más preciso y determinado que el de *acá*.

acabado, -da *adj.* Perfecto, consumado, completo*. **2** fig. Gastado, destruido, malparado, consumido, agotado, exhausto, viejo, estropeado, ajado, deslucido, ruinoso, arruinado. ▶ **3** *adj.-s.* Muerto, terminado, inactivo.

acabamiento *m.* Término, fin, conclusión. **2** Muerte. **3** Desgaste, ruina, agotamiento.

acabar *tr.* Terminar, concluir, finalizar. **2** Ultimar, rematar, perfeccionar, pulir, dar el golpe de gracia. **3** Consumir, agotar, apurar, gastar. ▶ **4** *intr.* fig. Morir, extinguirse, fallecer, fenecer, irse al otro mundo, salir de las últimas, estirar la pata (fam.). ≠ Empezar, iniciar, principiar. ▶ **5** *tr.* eufem. Matar.

acaecer *intr.* Suceder, ocurrir, pasar*, acontecer. ▌Este último, junto con *acaecer* son voces escogidas, de uso principalmente literario.

acaecimiento *m.* Acontecimiento, suceso, sucedido, hecho, caso.

acaloramiento *m.* Ardor, sofocación, fatiga. **2** fig. Enardecimiento, exaltación, entusiasmo. **3** MED. Insolación, termoplejía.

acallar *tr.* Aplacar*, aquietar, calmar, callantar (p. us.).

acampamiento *m.* Acampada, camping. ▌*Acampada* y *acampamiento* sustituyen con ventaja al anglicismo *camping*. Sin embargo, la palabra *camping* es de uso universal, y las leyes y reglamentos internacionales prescriben que debe emplearse obligatoriamente en los postes indicadores de todos los países, sin perjuicio de que se pueda poner junto a *camping* la palabra que le corresponda en la lengua de cada país.

acampo *m.* Dehesa.

acaparar *tr.* Acumular, retener, almacenar, monopolizar, estancar (antic.), abarcar (Méx.). ≠ Entregar, soltar.

acarar *tr.* Encarar, carear.

acariciar *tr.* Halagar, mimar.

acarrear *tr.* Transportar, portear, conducir. **2** fig. Ocasionar, causar.

acarreo *m.* Transporte, porte, conducción. **2** INFORM. Arrastre.

acaso *adv. d.* Quizá, tal vez.

acatamiento *m.* Respeto*, sumisión, obediencia, veneración, acato. ≠ Desobediencia, desacato.

acatar *tr.* Respetar, venerar, reverenciar. **2** Obedecer*, someterse. ≠ Desacatar.

acaudalado, -da *adj.* Adinerado, pudiente, rico*, opulento. ≠ Pobre, arruinado. ▮ Los dos últimos pueden aplicarse a personas y cosas: un inversor *rico, opulento* o una zona *rica, opulenta*. Los demás adjetivos solo se aplican a personas: un banquero *acaudalado, adinerado, pudiente*.

acaudalar *tr.* Atesorar, enriquecerse, acumular.

acaudillar *tr.* Conducir, guiar, dirigir, mandar, capitanear.

acautelarse *prnl.* Cautelarse, desconfiar, precaverse.

acceder *intr.* Consentir, condescender, permitir*, autorizar. **2** Convenir, ceder, aceptar, conformarse, estar de acuerdo, deponer las exigencias. ≠ Rehusar. **3** Entrar, ingresar, pasar.

accesible *adj.* Alcanzable, asequible, transitable. ≠ Inaccesible. ▮ Todos ellos, tratándose de lugares. **2** Comprensible, inteligible. **3** Tratable, llano, sencillo, franco. ▮ Estos, aplicados a personas.

acceso *m.* Entrada, paso, camino, acercamiento. **2** Ataque, acometimiento. ▮ P. ej.: un *acceso* de tos, de celos.

accesorio, -ria *adj.* Accidental, secundario. ≠ Fundamental, principal, primario.

accidentado, -da *adj.* Turbado, agitado. **2** Quebrado, fragoso, áspero, escabroso, abrupto. ▮ Todos ellos, tratándose de un terreno, paisaje, etc. **3** Revuelto, borrascoso. ▮ Estos, cuando significa que tiene numerosos accidentes, sucesos o percances; p. ej.: vidas *accidentadas*, viaje *accidentado*.

accidental *adj.* Secundario, contingente, incidental, eventual*, casual, fortuito. **2** Interino*, provisional, transitorio. ≠ Esencial. ▮ P. ej.: domicilio *accidental*, secretario *accidental*.

accidentalmente *adv. m.* Por incidencia, incidentalmente, incidentemente, eventualmente. **2** Secundariamente. **3** Interinamente, provisionalmente.

accidentarse *prnl.* Lesionarse, desmayarse, desvanecerse.

accidente *m.* FIL. Eventualidad, contingencia, casualidad*. ≠ Esencia. **2** Contratiempo, percance, peripecia, emergencia. **3** Desmayo, vahído, vértigo, congoja, soponcio, patatús, ataque*, acceso, accesión, cubrimiento.

acción *f.* Acto, hecho, actuación*. ▮ La *actuación* es una *acción* prolongada o repetida, como cuando se habla de la *actuación* de un gerente o de la junta directiva de una sociedad. ▮ «La *acción* y el *acto* son *hechos*; pero no todo *hecho* es *acto* ni *acción*, porque hay *hechos* que no dependen de la voluntad del ser humano, como la caída y el incendio. La *acción* es un *hecho* más complicado, más duradero, más dependiente de la intención el *acto*. *Hecho*, como sinónimo de las otras voces, significa una *acción* notable, como cuando decimos: los *hechos* ilustres de nuestros antepasados. La diferencia entre estas tres palabras y entre las dos significaciones de *hecho* se manifiesta en el ej. siguiente: 'Referiré el *hecho* como pasó. En el *acto* de firmar conoció que cometía una mala acción. Firmó, sin embargo, y este no será un hecho honorífico de su memoria'.» (M). **2** MIL. Combate*, batalla, encuentro, escaramuza. **3** Movimiento, gesto, ademán.

acebadamiento *m.* Encebadamiento.

acebo *m.* Agrifolio, aquifolio.

acebolladura *f.* Colaina.

acebuche *m.* Oleastro, zambullo.

acechanza *f.* Acecho, espionaje.

acechar *tr.* Espiar, vigilar, atisbar, observar, estar al husmo, quedar entre bastidores, seguir los pasos. **2** Asechar, trasechar, avizorar, recechar (MONT.).

aceche *m.* Caparrosa, acije, alcaparrosa.

acecho *m.* Acechanza, espionaje, rececho (MONT.).

acedar *tr.-prnl.* Agriar*, revenirse, volverse, torcerse, apuntarse, avinagrar, acidificar (TECN.), acidular (TECN.). **2** fig. Disgustar, desazonar, poner los nervios de punta.

acedera *f.* Agrilla, vinagrera.

acederaque *m.* Cinamomo.

acedía *f.* (pez) Platija. **2** (de estómago) Acidez, hiperclorhidria (MED.), agriera (Amér.).

acedo, -da *adj.* Agrio, ácido.

aceitoso, -sa *adj.* Oleaginoso (TECN.), untuoso, graso, grasiento, oleoso, oleario, lardoso, pringoso, empringado. ▌ *Oleaginoso* se dice del fruto o planta que contiene aceite. *Aceitoso, untuoso, graso, grasiento,* cubierto o untado con aceite. *Oleoso* puede usarse en ambos significados. *Oleario* es latinismo docto poco usado.

aceituna *f.* Oliva.

acelerar *tr.* Apresurar, activar, avivar, aligerar, precipitar, apurar. ≠ Retardar.
▌ Se *acelera* principalmente el movimiento de las máquinas aumentando su velocidad; se *acelera* o aumenta la rapidez de un proceso químico o biológico mediante la intervención de ciertos factores. No diremos, sin embargo, que se *acelera* a una persona o animal para que anden o ejecuten pronto determinados actos o movimientos, sino que se les *apresura, aviva* o *apura*. Se *activan* o *aligeran* los negocios, actos u operaciones. *Precipitar* tiene a menudo el sentido de anticipar o apresurar con exceso la ejecución o terminación de un hecho.

acendrado, -da *adj.* Puro, depurado, impecable, acrisolado, subido, fino.

acendrar *tr.* Limpiar, depurar, purificar, acrisolar, quintaesenciar. ≠ Ensuciar, impurificar.

acento *m.* Deje, dejillo, dejo, tono, tonillo, entonación.

acentuar *tr.* Recalcar, marcar, insistir, hacer resaltar, hacer hincapié, destacar, subrayar, realzar. ► **2** *prnl.* Tomar cuerpo, aumentar.

acepción *f.* Significación*, sentido, significado.

aceptable *adj.* Admisible, pasable, pasadero, tolerable. ≠ Inaceptable, inadmisble.
▌ *Aceptable* y *admisible* implican más o menos la idea de voluntad o agrado. Se emplean el resto de los adjetivos cuando esta idea se atenúa y se le añade alguna reserva.

aceptación *f.* Tolerancia, admisión, acogida, aprobación, aplauso, éxito, boga. ≠ Inaceptable. ▌ Estos en gradación ascendente. **2** Adhesión, aprobación, consentimiento, asenso. ≠ Enemistad.

aceptar *tr.* Admitir, tomar, recibir*. ▌ *Aceptar* es recibir voluntariamente y con agrado lo que se nos ofrece o encarga. *Admitir* denota consentimiento o permiso. Decimos, p. ej., que un alumno ha sido *admitido* en una escuela, pero no que ha sido *aceptado*. *Tomar* y *recibir* no incluyen matiz especial. ▌ «El acto de *recibir* produce posesión; el acto de *aceptar* produce propiedad. *Recibo* lo que no es para mí; lo que debo restituir o entregar a otro; pero lo que *acepto* queda en mi poder y es mío. Para *aceptar* se necesita un acto de voluntad; pero se *recibe* sin querer, por casualidad y, a veces, por fuerza. Por esto se dice que se *recibe*, pero no que se *acepta* una carta; que se *recibe* una mala noticia; pero se *aceptan* las ofertas y convites. Se puede *recibir* un regalo y devolverlo porque no se *acepta*.» (M). **2** Comprometerse, obligarse. ≠ Negar, rechazar. ▌ P. ej. tratándose de una comisión o del pago de una letra. **3** INFORM. Reconocer.

acepto, -ta *adj.* Agradable*, grato, admitido con gusto.

acerado, -da *adj.* fig. Incisivo, mordaz, penetrante.

acerbo, -ba *adj.* Áspero. **2** fig. Desapacible, cruel, riguroso, doloroso.

acercar *tr.* Aproximar, arrimar. ≠ Alejar. ▌ El uso de *acercar* o *aproximar* no señala diferencias de sentido, sino más bien diferencias de estilo. Con todo, *aproximar*, como más docto, suele preferirse en las significaciones figuradas, como *aproximarse* a la verdad, a Dios. En cambio parecería un poco pedante decir *aproxímame* una silla, en vez de *acércame*. *Arrimar* equivale a juntar o poner en contacto material o moral, como *arrimar* una escalera a la pared, *arrimarse* a un buen protector para conseguir beneficios.

acertado, -da *adj.* Conveniente, oportuno, apropiado, adecuado, idóneo. ≠ Desacertado.

acertar *tr.* Adivinar, atinar, descifrar, dar en el clavo, resolver, dar solución, solucionar. ≠ Aberrar, equivocarse. ▌ «*Acertar* es dar en el punto de la dificultad; *adivinar* es descubrir lo oculto, lo oscuro, lo misterioso. Para *acertar* se necesita penetración, destreza en las conjeturas, astucia en encadenar los hechos con las causas. Para *adivinar* no se necesita a veces más que una ocurrencia oportuna o una casualidad feliz. Se *acierta* el verdadero motivo de una acción: se *adivina* quién es una persona disfrazada.» (M). ▌En este sentido *acertar* equivale también a *resolver, dar solución* y *solucionar.* **2** Hallar, encontrar, topar, atinar.

acertijo *m.* Adivinanza, enigma*.

acetosa *f.* Acedera.

achabacanamiento *m.* Chabacanería. ▌Este es el efecto de *achabacanarse*, en tanto que *achabacanamiento* alude más bien a la acción de *achabacanarse* o a la tendencia a lo *chabacano*.

achacar *tr.* Imputar, atribuir, cantar las claras, cantar las cuarenta, no tener pelos en la lengua, acusar, notar, tachar. ≠ Defender, disculpar.

achacoso, -sa *adj.* Enfermizo, enclenque, achaquiento, valetudinario. ≠ Sano. **2** Indispuesto, enfermo*, doliente, paciente, destemplado. ≠ Sano.
→ **enfermedad**

achantarse *prnl.* Esconderse, agazaparse, disimularse, ocultarse. **2** vulg. Acobardarse*, amilanarse, atemorizarse, intimidarse, arredrarse, acoquinarse (fam.), aterrarse. ≠ Envalentonarse.

achaparrado, -da *adj.* Rechoncho, aparrado, chaparro. ≠ Alto, enjuto.

achaque *m.* Indisposición*, alifafe, enfermedad*. ▌Se emplea *achaque* esp. si la *enfermedad* es crónica o habitual. **2** Vicio, defecto, tacha. **3** Excusa, pretexto, disculpa, efugio.

achaquiento, -ta *adj.* Achacoso, enfermizo, valetudinario.

achicador *m.* MAR. Cuchara, vertedor. **2** MEC. Bomba.

achicar *tr.* Acortar, parvificar, empequeñecer, amenguar, menguar, mermar, encoger, disminuir. ≠ Aumentar, ampliar. **2** Descorazonar, acobardar, amilanar, atemorizar, intimidar, acoquinar, arredrar. **3** Jamurar.

achicharrar *tr.* Chicharrar, quemar, abrasar.

achicoria *f.* Chicoria, camarroya (la silvestre).

achiote *m.* Achote, bija.

achisparse *prnl.* Alumbrarse, alegrarse, ajumarse, embriagarse.

acholar *tr.* Chile y Perú. Correr, avergonzar, amilanar.

achuchar [1] *tr.* Aplastar, estrujar. **2** Empujar*, rempujar (vulg.), arrempujar (vulg.), impeler (culto o tecn.), impulsar (culto o tecn.), propulsar (culto o tecn.), emburriar (dial.). **3** fig. Excitar, incitar, estimular.

achuchar [2] *tr.* Azuzar.

achuchón *m.* Empujón*, embestida, rempujón (vulg.), empellón.

achulado, -da *adj.* Flamenco, presumido, afectado, valentón.

aciago, -ga *adj.* Desafortunado, infeliz, desgraciado*, desdichado, infausto, malaventurado, desventurado, nefasto, de mal agüero, de mal augurio, de mala sombra, fatal, adverso. ≠ Afortunado, alegre, fausto.

aciano *m.* Aciano menor, aldiza, azulejo, liebrecilla. → **acianos**

acianos *m. pl.* Escobilla (planta). → **aciano**

acíbar *m.* Áloe*, áloes, lináloe, azabara, zabida, zabila.

acibarar *tr.* Amargar, apesadumbrar.

acicalar *tr.* Pulir, repulir, bruñir. **2** Adornar*, aderezar, ataviar, componer*, perfilar, atildar, asear, emperejilar, empapirotar, empaquetar, emperifollar. ≠ Ensuciar, desarreglar.

acicate *m.* fig. Estímulo, incentivo, atractivo, aliciente.

acidez *f.* (de estómago) Hiperclorhidria (MED.), acedía, agriera (Amér.).

acidia *f.* Flojedad, descuido, tardanza, pereza. ≠ Diligencia, gana.

acidificar *tr.* TECN. Acedar, agriar*, acidular (TECN.).

ácido, -da *adj.* Agrio (el sabor). **2** QUIM. Acetoso.

acierto *m.* Tino, tacto, tiento, destreza, habilidad, adivinación, clarividencia. ≠ Desacierto. ▌Los dos últimos si se trata de actos puramente intelectuales. *Tacto* y *tiento* coinciden con *tino* al referirse a la conducta o a una serie de acciones llevadas con sumo cuidado. *Destreza* y *habilidad* pueden aludir, además, a la ejecución de un trabajo manual. ▌«El *acierto* puede consistir en una acción sola; pero lo que constituye el *tino* es una serie de acciones que forman plan, conducta o sistema. Se responde con *acierto* a una acusación; se obra con *tino* en circunstancias espinosas, o en la averiguación de un hecho oscuro: por consiguiente el *tino* requiere más delicadeza, más astucia, más ingenio que el *acierto*. Cuando un ministro nombra para el desempeño de un cargo público a una persona adecuada, se dice que obra con *acierto*. Cuando negocia con buen éxito un tratado, cuando neutraliza influencias contrarias a sus miras, se dice que obra con tino.» (M) **2** Caletre, cacumen, chirumen, pesquis, mollera, magín.

aciguatado, -da *adj.* fig. Pálido, amarillento.

acije *m.* Caparrosa, aceche, alcaparrosa.

aciprés *m.* p. us. Ciprés.

aclamar *tr.* Convocar, proclamar.

aclarar *tr.-prnl.* Alumbrar*, iluminar. ≠ Oscurecer. ▮ Cuando se trata de un espacio ilimitado, *alumbrar, iluminar*, y así decimos que la luna *aclara, alumbra* o *ilumina* la noche. En un espacio limitado, como un salón o una escalera, *aclarar* hace pensar con preferencia en la luz natural, mientras que *alumbrar* e *iluminar* sugieren más bien medios artificiales: se *aclara* una habitación agrandando las ventanas, se la *alumbra* o *ilumina* con lámparas. **2** Clarificar, poner los puntos sobre las íes. ≠ Ocultar. ▸ **3** *intr.* (el tiempo) Clarear, abrir, serenarse, despejar, escampar. ≠ Oscurecer. ▸ **4** *tr.* Explicar, poner en claro, dilucidar, ilustrar. ≠ Ocultar. ▮ «Se *aclara* una proposición oscura para que se entienda; se *ilustra* con ejemplos o con notas lo que se quiere presentar con mayor claridad, para que se perciban sin trabajo todas sus circunstancias y relaciones. Se *aclaran* las verdades: se *ilustran* los hombres con sus hechos. Un entendimiento *claro* es el que ve lo bastante; un entendimiento *ilustrado* es el que está adornado de conocimientos... *Ilustrar*, lo mismo que su propio *iluminar*, supone mayor luz de la que se necesita para ver.» (J).

aclimatar *tr.-prnl.* Naturalizar, adaptar.

acobardar *tr.-prnl.* Intimidar, atemorizar, amedrentar, arredrar, acoquinar (fam.), achantar (vulg.), amilanar, aterrar, desanimar, desmayar, desalentar, descorazonar, achicar (fam.). ≠ Envalentonar. ▮ *Acobardar* en su uso tr. significa causar temor. *Intimidar, asustar, atemorizar, amedrentar, acobardar, arredrar, acoquinar, achantar, amilanar, aterrar* forman una serie intensiva. Significan hacer perder el valor: *desanimar, desmayar, desalentar, descorazonar, achicar*. En su empleo pronominal se oscurece mucho la diferencia entre uno y otro grupo, pero cada verbo conserva su intensidad propia.

acodar *tr.* Cerchar, ensarmentar. ▮ Estos tratándose de vides.

acoger *tr.-prnl.* Admitir, aceptar, recibir. ≠ Rechazar, repeler. **2** Amparar, proteger, guarecer, cobijar, favorecer, refugiar, abrir los brazos, dar asilo. ≠ Repeler. ▮ «El que busca recurso, ayuda o protección, se *acoge* a la persona que puede dársela; el que huye de un peligro y busca resguardo o asilo, se *refugia*; y ambas palabras se usan de este modo, tanto en sentido recto como fig., sin que pueda emplearse una por otra sin faltar a la propiedad.» (C).

acogida *f.* Admisión, aceptación, acogimiento, recibimiento, hospitalidad. → **acoger**

acogotar *tr.* fig. Sujetar, dominar, vencer. ▮ Con mayor intensidad, *acogotar* significa inmovilizar fuertemente al adversario.

acojinar *tr.* Acolchar, colchar.

acolchar *tr.* Colchar, acojinar. **2** Amér. Acolchonar.

acólito *m.* Monaguillo, monago, monacillo (antic.). **2** irón. Ayudante, asistente, compañero, compinche.

acombar *tr.* Encorvar, torcer.

acometedor, -ra *adj.* Agresivo, arremetedor, impetuoso, belicoso. ≠ Apocado. **2** Emprendedor, resuelto. ≠ Apocado.

acometer *tr.* Agredir, atacar, cerrar, embestir, arremeter*. ▮ *Agredir* connota la idea de ataque inmotivado o alevoso. *Cerrar* y *arremeter* coinciden con *embestir* en su carácter impetuoso y menos meditado que *atacar* y *acometer*. ▮ «*Acometer* indica una acción más meditada y menos impetuoso que *embestir*. Se *embiste* con furor; se *acomete* con brío. El toro *embiste*; un batallón *acomete*. Se *embiste* en la lucha; se *acomete* en el asedio. El que *embiste* marcha más directamente a su contrario que el que *acomete*, y así en el *acometimiento* se da más lugar a la precaución, al plan y a la astucia que en la *embestida*.» (M). → **agresión** 2 Emprender, intentar, empezar*.

acometida *f.* Acometimiento, ataque, asalto, agresión*, embestida, arremetida, estrepada, arrancada, acceso. → **acometer**

acomodadizo, -za *adj.* Acomodaticio, adaptable.

acomodado, -da *adj.* Conveniente, oportuno, apropiado, arreglado, adecuado. **2** Rico, pudiente.

acomodamiento *m.* Comodidad, conveniencia. ≠ Inconveniencia. **2** Transacción, ajuste, convenio, arreglo, conciliación, acuerdo, concierto. ≠ Desacuerdo.

acomodar *tr.-prnl.* Ordenar, componer, colocar, ajustar, adaptar, acoplar. ≠ Desacomodar. **2** Conciliar, concertar, transigir, concordar. ≠ Rebelarse. **3** *tr.-prnl.* Instalar, alojar, establecer.

acomodaticio, -cia *adj.* Acomodadizo, complaciente, contemporizador, conformista, dúctil, flexible, adaptable, elástico. ▌Los cuatro primeros, tratándose de personas. Pueden aplicarse a personas y cosas: *dúctil, flexible, adaptable*; tratándose de interpretaciones, maneras de pensar, etc., que se aplican a diversas circunstancias, *elástico*.

acomodo *m.* Empleo, ocupación, colocación, puesto. **2** Transacción, transigencia, arreglo, avenencia, condescendencia, contemporización*, consentimiento*, pastel (fam.), pasteleo (fam.). ≠ Intransigencia.

acompañamiento *m.* Comitiva, séquito, cortejo, corte, escolta, comparsa. ▌*Acompañamiento* es voz genérica y puede sustituir a las demás. *Comitiva, séquito* y *cortejo* significan la importancia de la persona, corporación, etc., acompañados, o tienen carácter religioso. Los dos últimos contienen especial solemnidad, y más aún *corte*, que solo se aplica a reyes, grandes señores y religión. *Escolta* es *acompañamiento* militar. *Comparsa* en el teatro o tratando de un grupo de máscaras; fuera de este uso, llamar *comparsa* a un *acompañamiento* cualquiera, significa ironía o menosprecio.

acompañar *tr.-prnl.* Agregar, juntar, añadir, asociar. **2** Seguir, ir con alguien, estar con alguien, conducir, escoltar. ▌Este último es *acompañar* a una persona para protegerla, custodiarla o hacerle honor; *conducir* es *acompañar* como guía.

acompasado, -da *adj.* Rítmico, medido, métrico, regular. **2** Pausado, lento.

acompasar *tr.* Compasar, medir, arreglar, proporcionar, regular, regularizar.

acomplexionado, -da *adj.* Complexionado.

aconchabamiento *m.* Conchabanza, confabulación, concierto, compadraje, compadrazgo, connivencia*.

acongojar *tr.* Congojar, oprimir, afligir, aquejar, atribular, entristecer, apenar, apesadumbrar, desconsolar, meter el corazón en un puño, poner un nudo en la garganta, desolar, angustiar. ≠ Consolar.

acónito *m.* Anapelo, napelo.

aconsejar *tr.* Advertir*, prevenir, avisar, sugerir*, suscitar, incitar. ≠ Desaconsejar. **2** Asesorar, informar, encaminar, guiar*.

aconsonantar *intr.* Consonar.

acontecer *intr.* Suceder, ocurrir, pasar*, acaecer. ▌*Acontecer* y *acaecer* son voces escogidas, de uso principalmente literario.

acontecimiento *m.* Acaecimiento, suceso, sucedido, hecho, caso, evento, ocurrencia. ▌*Acaecimiento* y *acontecimiento* denotan un suceso importante; el primero muy usado en los clásicos, tiene ahora cierto sabor literario. *Suceso* es voz más neutra y susceptible de amplia aplicación. *Sucedido* sugiere realidad y se opone a lo imaginado o inventado, lo mismo que *hecho* y *caso*. *Evento* es un suceso imprevisto. *Ocurrencia* se usa poco en esta acepción.

acopiar *tr.* Juntar*, reunir, allegar, acumular, amontonar*, almacenar*. ≠ Desperdigar.

acopio *m.* Acopiamiento, acumulación, provisión, almacenamiento, depósito, acaparamiento. ▌Este último cuando se trata de retener todas o gran parte de determinadas mercancías. Los dos anteriores tratándose de artículos de comercio.

acoplar *tr.-prnl.* Unir, ajustar, combinar, juntar, encajar. ≠ Desacoplar, desunir, desencajar, desajustar.

acoquinar *tr.-prnl.* fam. Acobardar*, amedrentar, amilanar, aterrar, aturdir, atortolar, asustar*, atemorizar.

acorazar *tr.* Blindar, reforzar, revestir, proteger, fortificar.

acorazonado, -da *adj.* Cordiforme.

acordar *tr.* Concordar, concertar, armonizar, conformar. ≠ Destemplar. **2** Convenir, ponerse de acuerdo, pactar, quedar en. **3** Resolver, determinar. ► **4** *prnl.* Recordar, traer, venir a la memoria, venir a las mientes, caer en la cuenta, apearse del burro. ≠ Desacordarse, olvidar. ► **5** *tr.* ELECTR. Sintonizar.

acorde *adj.* Conforme, concorde, de acuerdo. ≠ Desacorde. **2** Compatible. ≠ Incompatible.

acornear *tr.* Acornar, cornear.

acorralar *tr.* Arrinconar, rodear, estrechar, aislar, perseguir*. **2** fig. Confundir, dejar sin respuesta.

acortar *tr.* Abreviar, reducir, disminuir*, achicar, mermar, aminorar. ≠ Alargar. **2** Limitar, restringir, coartar, cercenar, escatimar, escasear. ≠ Prodigar.

acosar *tr.* Perseguir, estrechar, acosijar (Méx.). **2** fig. Importunar, molestar, no dejar ni a sol ni a sombra.

acostarse *prnl.* Echarse, tenderse, tumbarse. ≠ Levantarse.

acostumbrar *tr.-prnl.* Habituar, avezar, vezar. ≠ Desacostumbrar. ▌ *Habituar* pertenece al estilo culto; *avezar* y *vezar* se aplican gralte. a lo más material y concreto, como *avezarse* a una comida, a un calzado; *vezar* es poco usado. *Acostumbrar* es el de uso más general. **2** Soler, estilar, usar. ≠ Desacostumbrar. ▌ El primero es de empleo restringido por ser verbo defectivo. Los dos restantes, en este sentido, se emplean a menudo como impers.: *ahora se estila, se usa.*

acracia *f.* Anarquía, anarquismo. **2** MED. Debilidad, astenia.

ácrata *adj. com.* Anarquista, libertario.

acre *adj.* Picante, irritante, áspero. **2** Punzante.

acrecentar *tr.-prnl.* Aumentar, acrecer, agrandar*, engrandecer, ensanchar, ampliar, extender, crecer*. ≠ Disminuir, menguar.

acrecer *tr.-prnl.* Aumentar, acrecentar, engrandecer, ensanchar, extender, crecer*, agrandar*, ampliar. ≠ Disminuir, menguar.

acreditar *tr.* Probar, justificar. **2** Afamar, dar crédito, dar reputación. ≠ Desacreditar. **3** COM. Abonar, tomar en cuenta, asentar en el haber.

acreedor, -ra *adj.* A favor. ≠ Deudor. ▌ Tratándose del saldo de una cuenta. **2** Digno, merecedor.

acribillar *tr.* Agujerear, acribar, herir, picar.

acriminar *tr.* Acusar, imputar, criminar (p. us.), incriminar. ▌ Este último tiene carácter intensivo.

acrimonia *f.* Acritud, aspereza, desabrimiento. ≠ Suavidad. **2** MED. Malignidad, virulencia.

acriollarse *prnl.* Americanizarse.

acrisolar *tr.* Depurar, purificar, apurar, acendrar. ≠ Impurificar.

acristianar *tr.* Crstianizar. **2** Bautizar, cristianar.

acritud *f.* Acrimonia, aspereza, desabrimiento.

acróbata *com.* Volatinero, gimnasta, equilibrista, funámbulo. ▌ Los dos últimos, si hace ejercicios sobre una cuerda o alambre.

acromatopsia *f.* MED. Daltonismo.

actea *f.* Yezgo, cimicaria.

actinia *f.* Anémona de mar, ortiga de mar.

actitud *f.* Postura*, posición, disposición, porte, continente, gesto. ▌ *Porte* y *continente* se refieren a la manera habitual de moverse y accionar. ▌ «La *postura* es la situación relativa de los miembros del cuerpo con respecto al espacio; *actitud* es la *postura* que se toma con una intención u objeto determinado, de modo que en la *actitud* la voluntad tiene más parte que en la *postura*. Esta es horizontal o perpendicular, holgada o incómoda, indecorosa o decente. La *actitud* es de ataque, de defensa, de fuga, de temor, de mando. La *actitud* es más artística que la *postura*. El *Apolo del Belvedere* está en *actitud*, y no en *postura*, de lanzar una flecha. El *Moisés* de Murillo está en *actitud*, y no en *postura*, de herir la piedra con la vara. Estar de pie, estar sentado o de rodillas no son *actitudes*, sino *posturas*.» (M). **2** fig. Posición, disposición. ▌ Hablando de la situación de ánimo con respecto a una persona, colectividad, asunto o doctrina, *actitud* equivale a *posición* a *disposición*.

activar *tr.* Mover, avivar, excitar, acelerar*, apresurar, apurar. ≠ Parar. **2** Conectar, encender, enchufar.

actividad *f.* Movimiento, trajín. ▮ Como cuando hablamos de la actividad de un puerto o de un taller. **2** Eficacia, eficiencia. **3** Prontitud, presteza, solicitud, diligencia, celeridad*. ≠ Pasividad. ▮ «La *actividad* no supone más que prontitud y viveza en los movimientos; la *diligencia* supone además intención y esmero. La *actividad* puede ser infructífera; la *diligencia* no puede menos de ser provechosa. Con la *actividad* se hace mucho; con la *diligencia* se hace mucho y se hace bien.» (M).

activo, -va *adj.* Operante, eficaz, enérgico. ≠ Pasivo, parado. **2** Diligente, pronto, rápido, vivo, emprendedor, resuelto, decidido, audaz. ≠ Pasivo, parado. ▮ «Un remedio *activo* obra prontamente, produce sin dilación su efecto; un remedio *eficaz* obra poderosamente, con fuerza, con seguridad. Un hombre *activo* no logra siempre lo que desea, si no sabe emplear los medios más *eficaces* para ello... El procurador debe ser *activo*; el abogado debe ser *eficaz*.» (LH).

acto *m.* Hecho, acción. **2** Hecho, ceremonia. ▮ El *acto* es un *hecho* público y solemne; p. ej.: la apertura de curso en la Universidad. **3** Jornada (antic.). ▮ En el teatro. ► **4 Acto continuo** *loc. adv.* Seguidamente, sin tardanza, inmediatamente, al punto, acto seguido, a continuación.

actor, -ra *adj.-s.* DER. Demandante, acusador, parte actora.

actor, -triz *s.* Representante, ejecutante, cómico, comediante, histrión, autor. ▮ *Histrión*, en el teatro antiguo, el que representaba disfrazado. En la época clásica del teatro español, *autor*.

actuación *f.* Acto, acción*. ▮ La *actuación* es una *acción* prolongada o reiterada. Se diferencia del *acto* en que la *actuación* es una serie continuada de *actos*, como la *actuación* de una junta, etc.

actual *adj.* FIL. Efectivo, real, in actu. ≠ Virtual, potencial. **2** Presente, de moda, en boga. ≠ Pasado, inexistente. ▮ Lo *actual* es más circunscrito y determinado que lo *presente*. ▮ «Lo *presente* abraza una esfera de acción más amplia que lo *actual*. Decimos: el siglo *presente* y el gobierno *actual*; el estado *presente* de la literatura y la crisis *actual* del comercio; la estación *presente* y la intemperie *actual*; la *presente* legislación y el precio *actual* del trigo.» (M).

actualización *f.* Puesta al día, modernización.

actualizar *tr.* Poner al día, modernizar.

actualmente *adv. t.* Ahora. ► **2** *adv. m.* FIL. Realmente, verdaderamente.

actuar *intr.* Ejercer, proceder, hacer, conducirse. ≠ Abstenerse, inhibirse.

acuadrillar *tr.* Agavillar, juntar. **2** Capitanear, apandillar.

acuático, -ca *adj.* Acuátil (p. us.).

acuciar *tr.* Estimular, aguijonear, pinchar, dar prisa, apurar. ≠ Aplacar, tranquilizar. **2** Desear, anhelar*.

acucioso, -sa *adj.* Diligente, apresurado, presuroso, afanoso. ▮ *Acucioso* intensifica el significado de *diligente*, y connota el matiz de anhelo que corresponde a *apresurado, presuroso, afanoso*.

acudir *intr.* Ir, presentarse, llegar, asistir, comparecer. ≠ Ausentarse. **2** Recurrir, apelar.

acuerdo *m.* Unión, armonía, consonancia, conformidad, compenetración. ≠ Desacuerdo, discrepancia. **2** Resolución, determinación. **3** Convenio, pacto, contrato, tratado. ► **4 De acuerdo** *loc. adj.* Acorde, conforme, concorde. ≠ Desacorde, en desacuerdo. ► **5 De acuerdo con** *loc. prep.* Según, conforme a, con arreglo a, siguiendo, a juzgar por.

acuitar *tr.-prnl.* Afligir, estrechar, operar, apesadumbrar, atribular, meter el corazón en un puño, quitar las ilusiones, encuitarse. ≠ Consolar. ▮ Este último, en el uso prnl.

acumular *tr.* Juntar, amontonar*, aglomerar, acopiar, reunir, cumular (p. us.). ≠ Esparcir, disgregar. **2** Acaparar, retener, almacenar, monopolizar, estancar (antic.), abarcar (Méx.). ≠ Entregar, soltar. **3** Acaudalar, atesorar, enriquecerse.

acunar *tr.* Cunar, cunear (p. us.), brizar (p. us.).

acuñar *tr.* Batir, troquelar.

acuoso, -sa *adj.* Ácueo (p. us.), aguoso (p. us.).

acure *m.* Colomb. y Venez. Conejillo de Indias, cobayo, cavia, acutí (Argent.).

acusación *f.* Inculpación, denuncia, delación, soplo, queja, querella. ≠ Defensa, disculpa. ‖ Este último, si se hace en secreto y cautelosamente.

acusado, -da *s.* Inculpado, reo, procesado.

acusador, -ra *adj.-s.* Inculpador, fiscal. **2** Denunciador, delator*, soplón, acusón, acusica, acusique, acusetas (Amér.), acusete (Amér.), denunciante*. ‖ *Soplón* si denuncia en secreto y cautelosamente. *Acusón* si tiene el vicio de acusar. Entre los niños, *acusica, acusique*.

acusar *tr.* Culpar, inculpar, imputar, denunciar, delatar, llevar a los tribunales, hacer responsable, echar pullas, soplar, soplonear. ≠ Defender, disculpar. **2** Notar, tachar, achacar. ≠ Disculpar.

acutí *m.* Argent. Conejillo de Indias, cobayo, cavia, agutí, acure (Colomb. y Venez.).

adagio *m.* Proverbio, refrán*.

adamarse *prnl.* Afeminarse, amadamarse.

adán *m.* Dejado, desaseado, desaliñado, sucio.

adaptar *tr.* Acomodar, ajustar, apropiar, acoplar, aplicar. **2** Sentar, cuadrar, convenir. ▸ **3** *tr.-prnl.* Avenir, acomodar, aclimatar, amoldar, naturalizar. ▸ **4** *prnl.* Habituarse, hacerse, avezarse, acostumbrarse, hacer callos, criar callos. ≠ Desacostumbrarse.

adaraja *f.* ARQ. Endejas, enjarje.

adarce *m.* Alhurreca.

adargar *tr.* Defender, resguardar, cubrir, escudar.

adarvar *tr.-prnl.* Pasmar, aturdir, dejar sin acción.

adatar *tr.* desus. Datar, abonar, acreditar.

adaza *f.* Zahína, alcandía, daza, sahina, sorgo, melca.

adecuado, -da *adj.* Acomodado, conveniente*, proporcionado, idóneo, apropiado, oportuno, ajustado, acertado, propio, a propósito. ≠ Inadecuado, impropio, desacertado.

adefagia *f.* Voracidad.

adefesio *m.* Disparate, extravagancia. **2** Facha, mamarracho, esperpento, espantajo.

adelantamiento *m.* Adelanto, anticipo. **2** Progreso, perfeccionamiento, mejora. ≠ Retraso, retroceso. **3** Medra, acrecentamiento.

adelantar *tr.* Anticipar, preceder. **2** Exceder, aventajar. **3** Acelerar, apresurar. **4** Avanzar, mejorar, medrar, progresar, perfeccionar. ≠ Retroceder, retrasarse.

adelanto *m.* Anticipo. **2** Progreso, avance, perfeccionamiento, mejora, mejoramiento, innovación. **3** Medra, acrecentamiento. **4** Ventaja.

adelfa *f.* Baladre, hojaranzo, laurel rosa, rododafne, berbería (Amér.).

adelfilla *f.* Lauréola, lauréola macho.

adelgazar *intr.* Enflaquecer. ≠ Engordar.

ademán *m.* Actitud, gesto*, manoteo, acción, movimiento. → **ademanes**

ademanes *m. pl.* Modales, maneras. → **ademán**

además *adv. c.* Encima, también, asimismo. ‖ P. ej.: le dieron *además, encima, también*, una buena propina. **2** Con exceso, por demás, sobremanera. ‖ En los clásicos *además* significa *con exceso*: 'Pensativo *además* quedó Don Quijote'. Hoy ha quedado este empleo en desuso, y se prefiere *por demás, sobremanera*. ▸ **3 Además de** *loc. prep.* A más de, tras de, encima* de, ultra (lit.), fuera de, aparte de. ‖ Todas estas locuciones con la prep. *de* son prepositivas, y se usan delante de infinitivo (expreso o tácito), sustantivo o palabra sustantivada. P. ej.: *además de* ser caro es malo; o *a más de, tras de, encima de* ser caro es malo.

adentrarse *intr.-prnl.* Entrar, penetrar, profundizar. ‖ A la idea de *entrar* añade la de llegar hacia o hasta lo interior o profundo. Por esto *adentrar*(se) se acerca al significado de *penetrar, profundizar*. Compárese la diferencia entre *entrar* en una casa y *adentrarse* en ella, *entrar* en el bosque y *ad* entrarse en él.

adentro *adv. l.* Dentro. ‖ Originariamente *adentro* acompañaba a verbos de movimiento y dirección; p. ej.; se retiraron *adentro* para descansar; *dentro* se usaba con verbos de situación y reposo: están *dentro* de la caja. Este uso originario se ha alterado más o menos en la lengua moderna, hasta el punto de que hoy se emplean a menudo indistintamente *adentro* y *dentro*; p. ej.: la parte de *adentro* o de *dentro*. En general la designación local de *adentro* es más indeterminada (estaban *adentro* o hacia); mientras que *dentro* supone un espacio limitado (estaba *dentro*). Por esto *adentro* admite grados (más, menos, muy, tan adentro), cosa difícil o imposible con *dentro*.

adepto, -ta *adj.-s.* Adicto, afiliado, partidario, correligionario, iniciado, prosélito, neófito*. ≠ Enemigo, adversario.

aderezar *tr.* Componer, hermosear, ataviar, adornar, acicalar. **2** Disponer, preparar, prevenir, aviar. **3** Guisar, condimentar, sazonar, adobar, aliñar, cocinar*. ▮ Estos, tratándose de comidas. **4** Arreglar*, remendar, componer, recomponer, apañar.

adestrar *tr.* Adiestrar, guiar, encaminar, ejercitar, instruir, enseñar, aleccionar.

adeudar *tr.* Deber. **2** COM. Cargar en cuenta. ► **3** *prnl.* Endeudarse.

adeudo *m.* Deuda. ≠ Abono. **2** Cargo en cuenta. ≠ Abono.

adherencia *f.* Pegajosidad, glutinosidad, cohesión. **2** Conexión, enlace, unión. ≠ Separación, rotura. **3** Adhesión. ≠ Separación, rotura.

adherente *adj.* Adhesivo, pegajoso. **2** Unido, anejo, anexo, pegado. ► **3** *adj. com.* Amér. Partidario, adepto, afiliado, adicto.

adherir *intr.-prnl.* Pegarse. **2** Aceptar, consentir, aprobar, unirse, afiliarse.

adhesión *f.* Cohesión*, adherencia. **2** Aprobación, aceptación, consentimiento, asenso. ≠ Enemistad. **3** Unión, apego, afección, afiliación. ≠ Desunión, discrepancia.

adhesivo, -va *adj.* Pegajoso, glutinoso, adherente.

adiatérmico, -ca *adj.* FIS. Adiatérmano, atérmano.

adición *f.* Suma, aumento, añadidura, agregación. ≠ Resta, disminución.

adicionar *tr.* Sumar, añadir*, aumentar, agregar. ≠ Restar, disminuir.

adicto, -ta *adj.-s.* Adepto, adherido, partidario*, afiliado, afecto, neófito*. ≠ Enemigo, desleal. **2** Toxicómano, drogadicto, yonqui (col.), drogata (col.), drogota (col.).

adiestrar *tr.* Guiar, encaminar, ejercitar, aleccionar, instruir, enseñar*, amaestrar, formar, educar, criar.

adinerado, -da *adj.* Acaudalado, rico*, pudiente. ≠ Pobre, arruinado.

adiós *interj.* Abur (fam.), agur (fam.). ► **2** *m.* Despedida, separación.

adiposo, -sa *adj.* Graso, grueso*, obeso.

aditamento, aditamiento *m.* Añadidura, adición, aumento. **2** Complemento, apéndice.

adivinanza *f.* Acertijo, enigma*, adivinaja (fam.), quisicosa.

adivinar *tr.* Profetizar, vaticinar, augurar, agorar, auspiciar, entrever, conjeturar, barruntar. ▮ Cuando se trata del futuro, *profetizar* o *vaticinar*, ambos de carácter religioso; el primero cristiano, el segundo pagano. *Adivinar* se interpreta como superstición, lo mismo que *augurar*, aunque en la antigüedad este último tenía también carácter religioso. En *agorar*, también supersticioso, predomina el matiz especial de predecir desdichas. *Auspiciar* equivale por entero a *augurar*. **2** Predecir, presagiar, pronosticar. ▮ Los tres pueden coincidir con *adivinar*, pero pueden tener también fundamento lógico o científico: el médico *pronostica* o *predice* el desarrollo de una enfermedad. **3** Acertar, atinar, descifrar, calar, descubrir.

adivino, -na *s.* Profeta, vate, augur, agorero, futurólogo, vidente. → **adivinar**

adjetivar *tr.* Calificar, llamar, tratar de. ▮ A una persona se le *califica* de ambiciosa, buena, etc., o se le *llama* con los mismos adjetivos. *Tratar de* supone generalmente intención despectiva o injuriosa. Se *trata* a uno *de* loco, egoísta, etc., pero no con calificativos gratos, a no ser con ironía. *Tratar de* se aplica solo a personas, en tanto que *adjetivar*, *calificar* y *llamar* se extienden a personas y cosas.

adjetivo *m.* Calificativo, epíteto, dictado. ▮ Se llama *epíteto* al adjetivo o frase adjetiva que se agrega a un sustantivo, no para determinarlo o especificarlo, sino para acentuar su carácter y producir un efecto de estilo. Tiene, pues un valor artístico. *Dictado* es un calificativo empleado por excelencia: merecía el *dictado* de noble, de santo, de magnífico, etc.

adjudicar *tr.* Conferir, entregar, dar. **2** Aplicar, destinar. ► **3** *prnl.* Apropiarse, retener, quedarse, tomar por sí.

adjunción *f.* Añadidura, agregación. ≠ Resta, disminución. **2** GRAM. Zeugma, ceugma.

administración *f.* Dirección, gobierno, régimen*, gerencia, gestión. ▮ Los dos primeros en general. Tratándose de la acción del poder público, *régimen, gobierno.* En negocios, *gerencia, gestión.*

administrar *tr.-prnl.* Regir, gobernar, dirigir, cuidar, llevar la batuta, tener la llave de la despensa. **2** Dar, propinar, suministrar, conferir.

admiración *f.* Maravilla, asombro, sorpresa, pasmo, estupor, caer la baba, caer de rodillas, poner por las nubes. ≠ Desprecio. ▮ *Sorpresa* cuando es inesperada. Serie intensiva: *admiración, pasmo, estupor, caer la baba, caer de rodillas, poner por las nubes.*

admirar *tr.* Maravillar, sorprender, extrañar, asombrar, suspender, pasmar, aturdir, embobar, abobar, embelesar, entontecer. ≠ Despreciar.

admitir *tr.* Recibir, aceptar, tomar, acoger, afiliar, adherir. ≠ Rechazar. **2** Permitir, consentir, sufrir. ≠ Oponerse. **3** Suponer, conceder, dar por cierto, abrir las puertas, dar el visto bueno.

admonición *f.* Amonestación, advertencia*, sermón, represión, reconvención, reprimenda, regaño, apercibimiento, cantar las cuarenta (fam.), poner las peras a cuarto (fam.).

adobar *tr.* Remendar, reparar*, componer, arreglar, apañar. **2** Guisar, cocinar*, condimentar, sazonar, aliñar, aderezar. **3** Curtir.

adobería *f.* Curtiduría, tenería.

adobo *m.* Aliño, condimento, aderezo, salsa.

adocenado, -da *adj.* Vulgar, común, del montón.

adoctrinar *tr.* Aleccionar, instruir, doctrinar, enseñar*.

adolescencia *f.* Muchachez, mocedad, pubertad. ▮ *Pubertad* es el comienzo de la adolescencia.

adolescente *adj. com.* Mancebo, muchacho, zagal, joven*, pollo, mozo.

adoptar *tr.* Prohijar. **2** Tomar, acoger, aceptar, admitir, aprobar. **3** Seguir, abrazar.

adorador, -ra *adj.* Devoto, fiel. **2** Enamorado, admirador.

adorar *tr.* Idolatrar, querer, amar. ≠ Despreciar. ▮ *Adorar* e *idolatrar* son ambos intensivos de *querer, amar.* **2** Reverenciar, venerar.

adormecer *tr.* Acallar, calmar, sosegar, adormir. ▸ **2** *prnl.* Adormilarse, adormitarse, adormirse, dormirse*, entorpecerse, entumecerse, amodorrarse, aletargarse, transponerse. ≠ Avivarse, despabilarse. ▮ Los tres primeros denotan, como *adormecerse,* la idea de empezar a *dormirse,* o *dormirse* a medias. Con mayor intensidad en diversos grados, los cuatro sinónimos citados en último lugar.

adornar *tr.* Engalanar, hermosear, exornar (lit.), ornamentar, ornar (lit.), ataviar, acicalar, emperejilar, componer*, empaquetar, emperifollar, empapirotar. ≠ Desnudar, despojar. ▮ *Adornar, engalanar, hermosear* se aplican a personas y cosas; *exornar* y *ornamentar* solo a cosas. *Ornar* es literario y aplicable en gral. Los tres últimos sugieren, en mayor o menor grado, según las circunstancias, cierta magnificencia, riqueza o complicación en el adorno. *Ataviar* y *acicalar* para salir a la calle; una fachada está *ataviada* con ocasión de algún festejo pasajero, pero no se diría así tratándose de los relieves escultóricos que contiene. **2** fig. Enriquecer, avalorar, engrandecer.

adorno *m.* Atavío, aderezo, compostura, decorado, decoración, ornato, ornamento, exorno, de veinticinco alfileres, hecho un sol. ▮ Los tres primeros pueden aplicarse a personas y cosas; *decorado* y *decoración,* solo a cosas. *Ornato, ornamento* y *exorno* son voces cultas que sugieren cierta nobleza, grandiosidad o abundancia en el *adorno.* → **adornos**

adornos *m. pl.* Balsamina, miramelindos. → **adorno**

adquirir *tr.* Conseguir, alcanzar, lograr, obtener. **2** Ganar, apropiarse*, posesionarse*, adueñarse, comprar. ≠ Vender. ▮ Tratándose de bienes, *ganar, apropiarse, posesionarse, adueñarse.* Si la adquisición se hace por compra, *comprar.* **3** Contraer. ▮ Tratándose de costumbres, vicios, obligaciones y enfermedades.

adragante *m.* Tragacanto, alquitira.

adral *m.* Tablar, tablero.

adrede *adv. m.* Expresamente, intencionadamente, deliberadamente, de propósito, ex profeso, de intento, aposta, a posta, con conocimiento de causa, con mala idea, adredemente.

adscribir *tr.* Atribuir, anexar, agregar.

aducir *tr.* Alegar*, citar, mencionar.

adueñarse *prnl.* Apoderarse, apropiarse*, posesionarse*, enseñorearse, ocupar, conquistar, tomar posesión, adquirir.

adulación *f.* Halago, lisonja, zalamería, carantoña, servilismo (intens.), coba (fam.), pelotilla (fam.), regalar el oído, hacer la rueda. ▮ «Un hombre prudente debe despreciar la *adulación* y temer la *lisonja*; porque aquélla sólo puede inclinar un ánimo bajo y despreciable; pero ésta sabe emplear con más arte la fuerza irresistible de nuestro amor propio. La *adulación* es siempre directa, la *lisonja* puede no serlo.» (LH).

adulador, -ra *adj.-s.* Adulón, servil, pelotillero, cobista, lisonjeador, lisonjero, zalamero, adulatorio, adulete (Perú), pelota (fam.). ▮ Aplicado a personas, *adulón, servil, pelotillero, cobista.* Los adjetivos *lisonjeador, lisonjero, zalamero, adulador,* se aplican a personas y cosas. *Adulatorio,* solo a cosas; p. ej., una carta puede ser *adulatoria* o *aduladora,* pero una persona es *aduladora,* y no *adulatoria. Adulón, adulete* y *pelotillero* son expresiones más despectivas y vulgares que *adulador* El *adulador* puede serlo una sola vez, mientras que el *adulón* y el *pelotillero* lo son por costumbre. ▮ «El *lisonjero* es más fino que el *adulador.* Este lo alaba todo, y sacrifica sin arte ni rebozo su propia opinión, la verdad, la justicia y cualquiera otro respeto, al objeto de su adulación. El *lisonjero* da más apariencia de verdad a su alabanza, persuade con más sagacidad, se vale de medios más eficaces, y muchas veces indirectos, y se insinúa con más destreza en el ánimo de la persona *lisonjeada* (...). Por este mismo principio llamamos *lisonjeras* las palabras que persuaden, y no *aduladoras.*» (LH).

adular *tr.* Lisonjear, halagar*, roncear (fam.), hacer la pelotilla (fam.), hacer la pelota (fam.), reptar (fig.). ▮ «*Adular* es una acción más directa y más clara que *lisonjear.* El que *adula* celebra, exagera, encomia, miente a cara descubierta; el que *lisonjea* promete, festeja y procura evitar todo lo que desagrade al objeto *lisonjeado.* El cortesano que compara a su monarca con Augusto, *adula*; el que pondera la felicidad de la nación como obra de su sabiduría, *lisonjea.* El hombre astuto emplea la *lisonja* con preferencia a la *adulación.* Los necios gustan más de la *adulación* que de la *lisonja.*» (M).

adulatorio, -ria *adj.* Adulador*, lisonjero, adulón, servil, pelotillero (fam.), pelota (fam.), cobista, zalamero.

adulteración *f.* Falsificación, sofisticación.

adulterar *tr.* Falsificar*, falsear, sofisticar, viciar, contrahacer*, mistificar, corromper, desnaturalizar. ≠ Purificar, sanear.

adunar *tr.* p. us. Aunar, unir, reunir, juntar, congregar, unificar. ≠ Separar.

adustión *f.* Combustión. **2** PINT. Encauste, encausto, incausto.

adusto, -ta *adj.* Seco, rígido, desabrido, hosco, huraño, esquivo, serio, severo, ceñudo. ≠ Sociable, amable.

adversario, -ria *s.* Contrario, enemigo, antagonista, rival, competidor. ≠ Amigo.

adversidad *f.* Infortunio, desgracia*, desventura, desdicha, fatalidad, mala suerte, tumbo en tumbo, mala pata, infelicidad. ≠ Felicidad, fortuna, prosperidad. ▮ Preferimos *adversidad* cuando nos referimos a una situación o estado de cierta duración, y no a un solo acto desgraciado o desdichado. Tiene, pues, un carácter más abstracto, parecido a *infelicidad, desventura,* y se opone a prosperidad, fortuna. Decimos, p. ej., que a fulano le ha ocurrido una *desgracia,* una *desdicha,* una *desventura,* no una *adversidad,* porque esta no es accidental y única, sino más durable. En cambio, diremos que la *adversidad* ha sucedido a la prosperidad o buena fortuna de una familia.

adverso, -sa *adj.* Desfavorable, contrario, opuesto, hostil. **2** Fatal, desgraciado, funesto, nefasto, aciago, malhadado.

advertencia *f.* Observación, aviso, consejo, prevención, amonestación*, admonición, apercibimiento, enseñanza, ejemplo. ▮ Los tres primeros tienen carácter más o menos amistoso: *prevención, amonestación* y *admonición* van de un superior a un inferior. El *apercibimiento* procede de una autoridad y es siempre conminatorio.

advertido, -da *adj.* Capaz, experto, despierto, listo, aleccionado, instruido, avisado, sagaz, astuto. ≠ Inadvertido, ignorante. ▮ Los tres últimos incluyen en mayor o menor proporción la nota de astucia; en los demás domina la nota de inteligencia. ▮ «La calidad de *advertido* es análoga al talento; la de *avisado*, al ingenio. La penetración en los juicios, la prudencia en la desconfianza, la solidez en la precaución, son propias del *advertido*. La viveza en la penetración, la sagacidad en la desconfianza, la agudeza en la cautela, son propias del *avisado*. El *advertido* se precave contra el error; el *avisado*, contra el engaño.» (LH). **2** Cauteloso, prudente, previsor, precavido, sensato. ≠ Arriesgado, audaz, temerario.

advertir *intr.-tr.* Observar, notar, reparar, darse cuenta, percatarse, fijar la atención, sentir, percibir, experimentar, apercibirse. **2** Prevenir, informar, notificar*, avisar, amonestar, aconsejar, levantar la caza, apercibir*, noticiar*. ≠ Ocultar, engañar. ▮ Es evidente que cabe *advertir* para el futuro, tanto como para el pasado y el presente; pero es exacto que *avisar* se proyecta hacia el futuro en la intención del que habla. Si *avisamos* a alguien de un peligro que ya pasó, es para precaverle contra la posible repetición del mismo. Por ej.: *te aviso que había un obstáculo en la carretera*, significa precaver a nuestro interlocutor para cuando vuelva a pasar por ella. En cambio, en *te advierto que había un obstáculo no hay más intención que* la de hacerle ver un peligro afortunadamente salvado. ▮ «*Advertir* dice relación con lo pasado y lo presente; *avisar* se refiere a tiempo futuro. Te *advierto* que has cometido un error, que tus enemigos te tienden asechanzas; te *aviso* que mañana te toca la guardia. *Adviérteme* si me equivoco; *avísame* cuando me llamen. Para *advertir* se necesita más autoridad que para *avisar*.» (M).

adyacente *adj.* Inmediato, contiguo, junto, próximo.

aeración *f.* Aireación, ventilación, oreo.

aerolito *m.* Meteorito, piedra meteórica, uranolito.

aeronave *f.* Globo dirigible.

aeroplano *m.* Avión.

afable *adj.* Amable, atento*, cortés, afectuoso, tratable, sociable, sencillo, amistoso, amigable, accesible. ≠ Áspero, adusto, duro. ▮ «El hombre *amable* se distingue por su temple apacible y por la suavidad de sus modales; el *afable* por su llaneza, por su disposición a escuchar a todos. El *amable* lo es en su conducta; el *afable* lo es en su trato. Por lo común, se aplica el adjetivo *afable* al hombre de elevada jerarquía que no se desdeña de hablar con sus inferiores. De Federico II se cuenta que era *amable* con sus amigos y poco *afable* con sus súbditos.» (M). **2** Bueno, bondadoso, indulgente, benévolo. ≠ Malo, malvado.

afamado, -da *adj.* Famoso, acreditado, renombrado, reputado, conocido, célebre, egregio*. ≠ Desconocido.

afán *m.* Deseo, anhelo, ansia. ≠ Desaliento. **2** Ahínco, solicitud, diligencia. ≠ Desgana. ▮ Todos ellos, hablando del trabajo. **3** Fatiga, cansancio, pena, enfado.

afanita *f.* Anfibolita.

afear *tr.* Desfavorecer (eufem.), deformar. **2** Tachar, vituperar, censurar, reprender.

afección *f.* Afecto*, inclinación, ternura, cariño, apego, afición, amistad, amor. ≠ Odio, antipatía. **2** Enfermedad*, mal, dolencia, morbo, padecimiento, achaque, indisposición, destemple.

afectación *f.* Amaneramiento, rebuscamiento, estudio, fingimiento, disimulo, doblez, presunción. ▮ Los tres primeros sinónimos denotan simplemente falta de naturalidad; los otros implican, además, intención de hacer creer lo que no es. **2** Empaque*, seriedad, tiesura, estiramiento, énfasis. **3** Prosopopeya, pompa, aparato, ampulosidad, ostentación.

afectado, -da *adj.* Aparente, fingido, forzado, estudiado, amanerado, rebuscado, artificioso. ≠ Natural, sencillo, liso, espontáneo. **2** Aquejado, molestado, apenado, afligido, impresionado, conmovido. **3** Flamenco, achulado, presumido, valentón. **4** Hinchado, hiperbólico, pomposo, opado, redundante, hueco.

afectar *tr.* Fingir, simular. **2** MED. Interesar, alterar. **3** Anexar, agregar, adscribir. **4** Atañer*, concernir*, referirse a, tocar a. **5** Impresionar, conmover, emocionar*. ▮ «Todas las sensaciones intensas *afectan*; sólo *conmueven* las que excitan sentimientos tiernos y benévolos. Nos *afecta* la vista del suplicio o de un cadáver, la relación de un crimen o de una catástrofe; nos *conmueve* un rasgo de generosidad, de desprendimiento o de misericordia. Para *afectarse* basta un cierto grado de senbilidad; pero sólo se *conmueve* el que simpatiza con los males ajenos.» (M).

afecto *m.* Apego, inclinación, afición, amistad, cariño, afección, amor*. ≠ Odio, rencor. ▮ «El *afecto* es una disposición benévola en favor de un objeto determinado; el *cariño* tiene más intensidad que el *afecto*; el *amor* se distingue por una acción más general en todos los sentimientos, por una energía que llega a convertirse en pasión. El *afecto* y el *cariño* se asocian con la tranquilidad del ánimo; el *amor* con la turbulencia de los sentidos, con la ansiedad y con los celos. Los dos primeros se someten más fácilmente a la razón que el último. El *afecto* y el *cariño* aspiran al bienestar del objeto; el *amor* aspira a la satisfacción de un deseo, a la posesión exclusiva del objeto amado. El *cariño* y el *afecto* emplean servicios, esfuerzos y halagos; el *amor* llega hasta la abnegación y el sacrificio.» (M).

afecto, -ta *adj.* Unido, anejo, anexo, agregado, adscrito, destinado. **2** Apreciado, estimado, grato, querido. **3** Partidario, adepto.

afectuoso, -sa *adj.* Amoroso, cariñoso, amable, amistoso, afable*.

afeitado *m.* Rasuración, rasura, afeitada (Argent. y Chile).

afeitar *tr.* Rasurar, rapar, raer.

afelpado, -da *adj.* Felpudo.

afeminado, -da *adj.* Adamado, amadamado, amujerado, feminoide, femenino*, femenil, femíneo (p. us.), femil, mujeril. ≠ Viril.

aferrar *tr.* Agarrar*, asir, asegurar, afianzar. ► **2** *prnl.* Insistir, obstinarse, no dar el brazo a torcer, cerrarse en banda, no cejar, porfiar, empeñarse, mantenerse en sus trece, metérsele (a uno) (algo en la cabeza), emperrarse.

afianzar *tr.* Dar fianza, garantizar, responder. ► **2** *tr.-prnl.* Afirmar, asegurar, asir, agarrar, aferrar, consolidar. ≠ Desasirse.

afición *f.* Inclinación, apego, cariño, afecto*, gusto*. ≠ Antipatía. **2** Ahínco, empeño, afán. ≠ Indiferencia. **3** DEP. Hinchada.

aficionado, -da *adj.-s.* Diletante. ▮ Especialmente, si se trata de música. (pers.) Amateur (galic.). **2** Seguidor, hincha, forofo, fan, supporter (anglic.). ▮ Especialmente, tratándose del deporte.

aficionarse *prnl.* Inclinarse, encariñarse, enamorarse, prendarse, engolosinarse, arregostarse, empicarse, regostarse, tomar gusto (por algo).

afilar *tr.* Amolar, dar filo, aguzar.

afiliado, -da *adj.-s.* Adepto, adherido, adicto, partidario, correligionario, afecto, neófito*.

afiliar *tr.-prnl.* Admitir, acoger, iniciar, adherirse, alistar I, inscribir, matricular, sentar plaza (en el ejército), darse de alta, entrar, ingresar.

afín *adj.* Parecido*, semejante*, análogo, parejo, similar. **2** Próximo, cercano, contiguo. **3** Pariente, deudo, allegado.

afinar *tr.-prnl.* Perfeccionar, acabar, pulir, purificar. ▮ Tratándose de una obra, un trabajo o producto. **2** Sutilizar, precisar, esmerarse. ▮ Tratándose de actos de ingenio. **3** Templar, entonar. ≠ Desafinar.

afincarse *prnl.* Fijarse, establecerse.

afinidad *f.* Analogía, semejanza, simpatía. ≠ Diversidad, disimilitud, antipatía. **2** Parentesco, cuñadía.

afirmación *f.* Aserción, aseveración, aserto. ▮ *Aserción* y *aserto* son literarios y menos usados fuera del estilo elevado. *Aseveración* es intensivo o reiterativo, e indica el acto de robustecer o asegurar lo que se dice.

afirmado *m.* Firme. ▮ En el sentido de *firme* o *afirmado* de una carretera.

afirmar *tr.-prnl.* Asegurar, afianzar, apoyar, consolidar, estribar, sujetar, asir. ≠ Soltar. ► **2** *tr.* Aseverar, atestiguar, asegurar, confirmar, asentir (intr.). ≠ Negar. ► **3** *prnl.* Ratificarse, reiterarse, no dar el brazo a torcer, mantenerse en sus trece. ≠ Negar.

aflicción *f.* Pena*, pesar, pesadumbre, dolor, tristeza*, sinsabor, amargura, tribulación, desconsuelo, abatimiento, angustia, congoja, inquietud. ≠ Tranquilidad, consuelo, ánimo. **2** Apuro, conflicto, compromiso, dificultad, ahogo, de vida o muerte, con el agua al cuello.

afligir *tr.-prnl.* Contrariar, apesarar, apesadumbrar, apenar, entristecer, amargar, atormentar, mortificar, acongojar, contristar, desconsolar, desolar, angustiar. ≠ Consolar.

aflojar *tr.* Desapretar, distender, soltar. ≠ Apretar, ceñir. ► **2** *intr.* Ceder, flaquear, debilitarse, amainar, ablandarse. ► **3** *tr.* Disminuir. ≠ Aumentar.

afluencia *f.* Abundancia, copia, aflujo. ▌Este último, tratándose de líquidos que afluyen a una víscera o tejido orgánico. **2** Animación, concurso, concurrencia*.

afluir *intr.* Concurrir, acudir. **2** Desaguar, verter, desembocar, derramar.

afonía *f.* Ronquera.

afónico, -ca *adj.* Ronco.

aforismo *m.* Sentencia, máxima, apotegma, refrán*.

afortunado, -da *adj.* Venturoso, dichoso, feliz, venturado (antic.), fausto. ≠ Desafortunado. ▌*Fausto* se aplica a sucesos, tiempos, etc., pero no a personas.

afrancesado, -da *adj.-s.* Galicista, agabachado. ▌El primero, tratándose del lenguaje o estilo. El segundo, en sentido general y despectivo.

afrecho *m.* Salvado.

afrenta *f.* Agravio*, deshonra, deshonor, vergüenza, injuria*, ultraje, oprobio, vilipendio, ofensa, estigma, desdoro, infamia, insulto.

afrentar *tr.-prnl.* Agraviar, ofender, injuriar*, deshonrar, vilipendiar, ultrajar, infamar, difamar, desacreditar, caer en nota, andar en opinión. ≠ Alabar, honrar, acreditar, calificar.

áfrico *m.* Ábrego, ábrigo.

afrontar *tr.* Enfrentar, arrostrar, hacer frente, desafiar, dar la cara, dar el pecho. ≠ Eludir, escapar. **2** Carear.

afuera *adv. l.* Fuera. ▌Aunque a menudo se usan indistintamente *fuera* y *afuera*, la determinación local es más precisa en el primero. Signica más allá de un recinto o límite definido; en tanto que *afuera* indica idea general de alejamiento (es decir, 'hacia') y admite grados (*más, menos, muy, tan afuera*). ⟶ **adentro**

afueras *f. pl.* Contornos, alrededores, inmediaciones, cercanías, proximidades.

afufar *intr.-prnl.* vulg. y ant. Huir, escapar, desaparecer, pirárselas (burl.).

agachadiza *f.* Rayuelo, sorda, agachona (And. y Filip.). ▌Se dice *rayuelo*, a causa de las rayas de su plumaje.

agacharse *prnl.* Encogerse, doblarse, agazaparse, acurrucarse, agarbarse. ≠ Levantarse.

agáloco *m.* Áloe, calambac.

agallas *f. pl.* Branquias. ▌En los peces. **2** Amér. Astucia, codicia, cicatería. ► **3 Tener agallas** *loc.* Atreverse, arriesgarse, tener valor, tener ánimo, tener sangre fría, tener arrestos, ser de pelo en pecho, no morderse la lengua.

agareno, -na *adj.-s.* Árabe, sarraceno, ismaelita, moro, musulmán, islamita, mahometano.

agarrada *f.* Altercado*, riña, pendencia, disputa, contienda, porfía, reyerta, lucha, una de 'pópulo bárbaro'.

agarraderas *f. pl.* fig. Influencia, valimiento, favor, padrinos, aldabas.

agarradero *m.* Asa, mango, asidero. **2** Amparo, recurso.

agarrado, -da *adj.* Avaro, tacaño, mezquino, miserable, roñoso, apretado, cicatero, ruin, sórdido.

agarrar *tr.-prnl.* Asir*, coger, tomar, atrapar, pillar, aferrar, pescar* (fig. y fam.). ≠ Soltar. ▌*Agarrar* es intensivo de *asir, coger, tomar*, y supone fuerza en la acción que representa. *Atrapar, pescar* y *pillar* significan *asir* o *agarrar* lo que huye o pasa; y así, decimos que *atrapamos* o *pillamos* una mariposa al vuelo; en sentido fig., *atrapar* o *pillar* una ocasión, un buen empleo, una ganga. **2** Asirse, reñir, pelearse. **3** Aferrar, asir, asegurar, afianzar. **4** Arraigar, prender, encepar, enraizar. ► **5 No tener por donde agarrarse** *loc.* Ser disparatado, no tener sentido, no tener pies ni cabeza.

agarrochar *tr.* Garrochear, picar.

agarrotar *tr.* Apretar, oprimir. ▌*Agarrotar* tiene mayor intensidad de significado que uno y otro.

agasajar *tr.* Obsequiar, regalar, festejar. **2** Halagar*.
agasajo *m.* Festejo. **2** Obsequio, regalo*, presente, fineza.
agavanzo *m.* Escaramujo, gavanzo, galabardera, mosqueta silvestre, zarzaperruna, tapaculo (fruto).
agave *f.* Pita, pitera.
agavillar *tr.* Engavillar, agarbillar. **2** Capitanear, apandillar, acuadrillar.
agazaparse *prnl.* Agacharse, doblarse, encogerse, acurrucarse. **2** fig. Esconderse, achantarse, ocultarse, disimularse.
agenciar *tr.-prnl.* Procurar, conseguir, obtener, adquirir. ▌ *Agenciar* connota maña, ingenio, diligencia. ► **2** *prnl.* Componérselas, arreglarse.
agenda *f.* Dietario.
agible *adj.* Hacedero, factible, realizable.
ágil *adj.* Ligero, pronto, expedito, vivo, diestro. ≠ Pesado, torpe.
agilidad *f.* Ligereza, prontitud, viveza, presteza, destreza*.
agitación *f.* Movimiento, tráfago, trajín. **2** Inquietud, intranquilidad, conmoción, turbación, perturbación, ansia, ansiedad*, congoja, zozobra, angustia, tribulación. **3** Efervescencia, ardor, exaltación, movida (col.). ≠ Frialdad, tranquilidad. **4** Turbulencia, desorden, confusión, aboroto*, revuelta, motín.
agitador, -ra *adj.-s.* Perturbador, revolucionario, demagogo.
agitar *tr.-prnl.* Sacudir, remover, mover*, menear. **2** Inquietar, intranquilizar, conmover, turbar, perturbar. ≠ Calmar.
aglomeración *f.* Amontonamiento, acumulación, acopio, hacinamiento. **2** Gentío, muchedumbre.
aglomerar *tr.-prnl.* Amontonar, juntar, acumular, hacinar, acopiar, conglomerar. ≠ Separar, desunir.
aglutinar *tr.* Conglutinar, pegar, adherir.
agnición *f.* Anagnórisis, reconocimiento. ▌ *Anagnórisis* es más usado que *agnición*. Ambos términos se emplean de forma especial tratando del teatro grecolatino o de sus imitaciones, y pueden extenderse a la novela. En general, *reconocimiento*.
agnomento *m.* Cognomento, renombre.
agnominación *f.* p. us. Paronomasia*.
agobiar *tr.-prnl.* Abrumar, atosigar, oprimir, cansar, fatigar. ≠ Despreocupar, despejar. ▌ Los dos últimos con menor intensidad.
agobio *m.* Cansancio, fatiga, opresión, atosigamiento. ▌ Los dos primeros son menos intensos. **2** Sofocación, angustia.
agonizante *adj.* Moribundo.
agorar *tr.* Predecir, adivinar*, presagiar, ominar (p. us.), augurar, vaticinar, profetizar. ▌ En *agorar* predomina el matiz esp. de predecir desdichas.
agorero, -ra *adj.-s.* Agorador, adivino, profeta, vate, augur. → **adivinar**
agostar *tr.* Abrasar, secar*, marchitar.
agotamiento *m.* Desfallecimiento, decaimiento, abatimiento*, extenuación, cansancio*, postración, aplanamiento. ▌ Tratándose del cuerpo.
agotar *tr.* Consumir, apurar, acabar, gastar, esquilmar. ≠ Llenar, aumentar. ► **2** *tr.-prnl.* Debilitar, enflaquecer, extenuar, desalentar, desanimar, postrar, aplanar, desfallecer, cansar*, abatir*. ≠ Fortalecer, animar. → **abatimiento**
agraciado, -da *adj.* Hermoso, lindo, gracioso, bonito*.
agraciar *tr.* Conceder, favorecer, premiar, otorgar.
agradable *adj.* Deleitoso, delicioso, placentero, grato, placible, sabroso, gustoso, acepto. ▌ *Deleitoso, delicioso* y *placentero* halagan a los sentidos; tratándose esp. del gusto, *sabroso, gustoso*. *Grato* y *placible* tienen relación con el sentimiento o los afectos; p. ej.: son *gratas* las pruebas de amistad, el compañerismo, las lisonjas. Tratándose de personas, *grato* y *acepto*. *Agradable* engloba en su significación a los demás sinónimos. **2** Apacible, dulce, pacífico, manso, sosegado, tranquilo, reposado.
agradar *tr.* Placer, complacer, contentar, satisfacer, gustar, deleitar, alegrar, caer en gracia, caer de pie, lisonjear, regalar. ≠ Desagradar. ▌ *Placer, contentar* y *satisfacer* tienen a este respecto significado semejante al de *complacer*. Cuando se trata del atractivo que sobre nosotros ejercen el mérito o las cualidades de una persona o cosa, *agradar* se acerca al sentido de *gustar*. ▌ «Para *agradar* se necesitan cualidades y prendas; para *complacer*, intención

y esfuerzos. Nos *agradan* una mujer hermosa y el trato de una persona instruida y culta; nos *complacen* el que nos sirve, el que nos obsequia, el que nos hace favores.» (M).

agradecer *tr.* Reconocer. ▌ «*Agradecer* supone la estimación que hacemos del beneficio recibido. *Reconocer* supone la obligación que nos imponemos de corresponder a él. Se *agradece* un regalo de poca monta, un obsequio, un saludo. El *reconocimiento* sería excesivo para corresponder a estas frioleras; así como sería poco enérgica la simple expresión de *agradecer* una acción generosa que nos ha salvado la vida, a la que debemos estar enteramente *reconocidos*.» (LH).

agradecido, -da *adj.-s.* Reconocido, obligado.

agradecimiento *m.* Gratitud, reconocimiento. ≠ Ingratitud, deslealtad.

agrado *m.* Afabilidad, amabilidad. **2** Gusto*, satisfacción, contentamiento, placer, complacencia, tener ángel, entrar por los ojos, ser de pan y miel.

agrandar *tr.* Ampliar, engrandar (p. us.), ensanchar, aumentar, acrecentar, acrecer, multiplicar, engrandecer, alargar*, dilatar. ≠ Achicar, disminuir. ▌ «*Agradar* se aplica más comúnmente a las cosas físicas; *engrandecer*, a las intelectuales y morales. Se *agrandan* el espacio y el volumen; se *engrandecen* las miras, los planes y las ideas. El arquitecto *agranda* el edificio; el héroe *engrandece* su nombre con hazañas. El sastre *agranda* el vestido; Newton *engrandeció* su sistema sobre la atracción, aplicándolo al movimiento de los cuerpos celestes.» (M). 'Se *agrandan* y se *aumentan* la extensión y el volumen; pero el número se *aumenta*, y no se *agranda*. Para *agrandar* un edificio es preciso *aumentar* los materiales. Cuando se *aumentan* los libros, se *agranda* la biblioteca. El territorio se *agranda;* la población se *aumenta*.» (M). ▌ *Acrecentar*, *acrecer* y *multiplicar* se refieren igualmente al número; *dilatar*, *alargar* y *ensanchar* el espacio y el volumen.

agravar *tr.-prnl.* Empeorar. ▌ Tratándose de enfermedades o de crisis y situaciones sociales, políticas, económicas, etc.

agraviar *tr.* Molestar, sentirse, resentirse, ofender, insultar, injuriar*, afrentar, ultrajar. ≠ Honrar, desagraviar.

agravio *m.* Molestia, ofensa, insulto, injuria*, afrenta, ultraje. ▌ «La *afrenta* es un dicho o hecho de que resulta deshonor o descrédito; ofende mucho y mortifica sumamente a los que son delicados en el honor. El *insulto* es un acontecimiento de obra o de palabra repentino y violento. El *ultraje* añade al *insulto* un exceso de violencia que irrita.» (Ma). ▌ «El *agravio* atropella nuestro derecho; la *ofensa* añade al *agravio* el desprecio o el *insulto*. El que tiene derecho a un ascenso que no ha conseguido, se cree *agraviado*; si a este *agravio* se ha añadido un desprecio de su mérito o una declaración de su insuficiencia, se cree *ofendido*. Para el *agravio* es preciso que haya injusticia; para la *ofensa* basta que haya insulto, aunque no haya injusticia. Aquel nos perjudica tal vez sin afrentarnos; esta nos afrenta siempre o nos humilla. No agravia el que dice de uno que es tuerto, cuando realmente lo es, porque en decir aquella verdad no hay la injusticia que exige el *agravio* para serlo; pero lo *ofende* el que se lo dice o se lo recuerda, porque insulta su amor propio y le humilla (...). De un hombre que baila bien, sin hacer vanidad de ello, ni pretender elogios, no se puede decir que baila mal sin hacerle un *agravio*, de que no queda *ofendido*; pero sí lo queda una mujer a quien se disputa la buena figura, aunque ella misma conozca que no la tiene: porque aquel no ve en ello más que una injusticia; pero esta ve en ello un desprecio, un insulto.» (LH). **2** Perjuicio, daño, tuerto, entuerto, desaguisado, atropello, descomedimiento. ▌ *Tuerto* y *entuerto* tienen cierto sabor arcaico y literario, por el mucho uso que hace de estas voces la literatura clásica, y esp. Cervantes en el *Quijote*.

agredir *tr.* Atacar, acometer, arremeter, cerrar, embestir.

agregado *m.* Compuesto, mezcla.

agregado, -da *adj.-s.* Afecto, adscrito, anexo.

agregar *tr.* Juntar, añadir, sumar, adicionar, aumentar, unir. ≠ Disminuir, restar. **2** Anexar, anexionar, adscribir. ≠ Separar. **3** Incorporar, mezclar*, mixturar, mixtionar.

agresión *f.* Ataque, acometida, acometimiento, embestida. ▮ La *agresión* envuelve la idea de injusticia; es contraria al derecho, en tanto que los demás sinónimos pueden ser justos o injustos y hacerse en buena o en mala guerra.

agreste *adj.* Inculto, silvestre*, campestre, salvaje*, montaraz, cimarrón (Amér.), fiero, cerril, bravío*. ▮ Todos ellos, tratándose del campo o de las plantas y animales que viven en él. **2** fig. Áspero, rudo, grosero.

agriar *tr.-prnl.* Acedar, revenirse, apuntarse, torcerse, volverse, acidificar (TECN.), avinagrar*, acidular (TECN.), fermentar*. ▮ P. ej., *la compota se aceda, se reviene* o *se vuelve*. *Avinagrar*(se) se aplica no solo al vino, sidra, cerveza, sino también a otros líquidos, como la leche. *Acidular* es *acidificar* ligeramente. ▸ **2** *tr.* fig. Exasperar, exacerbar.

agriaz *m.* Cinamomo, agrión.

agricultor, -ra *s.* Labrador, cultivador, labriego. ▮ Designan el oficio del que cultiva la tierra.

agriera *f.* Amér. Acedía, acidez (de estómago), hiperclorhidria (MED.).

agrietar *tr.-prnl.* Abrir, hender, rajar.

agrifolio *m.* Acebo, aquifolio.

agrilla *f.* Acedera, vinagrera.

agrio, -gria *adj.* Ácido, acedo. **2** fig. Acre, áspero, desapacible, acerbo, estridente*, ruidoso, destemplado. ≠ Suave. **3** Frágil, quebradizo. ▮ Tratándose de metales. → **agrios**

agrión *m.* Cinamomo, agriaz.

aguacero *m.* Chaparrón, chubasco, nubada, lluvia*.

aguaderas *f. pl.* Angarillas.

aguamala *f.* Medusa, aguamar, pulmón marino.

aguamar *m.* Medusa, aguamala.

aguantable *adj.* Soportable, tolerable, llevadero.

aguantar *tr.* Sostener, resistir, soportar, sufrir*, tolerar, sobrellevar, conllevar. ▸ **2** *prnl.* Contenerse, reprimirse, vencerse, tragar saliva, morderse los puños, llevar la cruz, hacerse el loco, armarse de paciencia.

aguante *m.* Fuerza, resistencia, energía, vigor. **2** Sufrimiento, paciencia, tolerancia, echárselo todo a las espaldas.

aguapié *m.* Torcedura, torcido, purrela. ▮ El vino inferior entre los llamados *aguapié*, *purrela*.

aguar *tr.* fig. Turbar, frustrar, perturbar, interrumpir.

aguardar *intr.-tr.* Esperar, estar de plantón, sostener la esquina, pasear la calle. ≠ Desesperar, marchar.

aguavilla *f.* Gayuba, uvaduz.

aguazar *tr.-prnl.* Encharcar, enaguazar.

agudeza *f.* Ingenio, sutileza, perspicacia, gracia. ≠ Simpleza, ingenuidad. **2** Ocurrencia, chiste*.

agudo, -da *adj.* Delgado, puntiagudo, aguzado, afilado. **2** Sutil, perspicaz, ingenioso, ocurrente, gracioso*, chistoso*. **3** Vivo, penetrante, estridente, chirriante, rechinante. ▮ Los dos primeros, tratándose del dolor; los tres últimos, del ruido. **4** Acentuado, oxítono. ▮ Tratándose de una sílaba o vocal, *acentuada*; de un vocablo que lleva el acento en la última sílaba, *oxítono*.

agüero *m.* Predicción, presagio, pronóstico, augurio. ▮ Aunque en el verbo *agorar* predomina el matiz de predecir desdichas, el sustantivo *agüero* no connota esta cualidad, y los *agüeros* pueden ser buenos o malos, felices o desgraciados. → **adivinar** ▸ **2 De mal agüero** *loc. adj.* Ominoso, azaroso, aciago, funesto.

aguerrido, -da *adj.* Fogueado, belicoso, veterano. ▮ Tratándose de tropas. **2** fig. Ducho, experimentado, avezado, acostumbrado.

aguijada *f.* Llamadera, aijada. **2** Arrejada, béstola.

aguijar *tr.* Aguijonear, picar, pinchar, avivar. **2** fig. Estimular, incitar, animar, apresurar.

aguijón *m.* Espina, púa, pincho. ▮ En las plantas. **2** Rejo, pincho. ▮ En los insectos. **3** fig. Acicate, incitación, estímulo, incentivo, aliciente.

aguijonear *tr.* Aguijar, picar, pinchar, avivar. **2** fig. Estimular, incitar, animar.

aguja *f.* MAR. Brújula, compás. **2** Saeta, saetilla, manecilla. ▮ En el reloj. **3** Espetón (pez) teleósteo.

agujerear *tr.* Horadar, taladrar, perforar. **2** Acribillar, acribar, herir, picar.

agujero *m.* Horado, huraco (rúst.), orificio, taladro, perforación, boquete, rotura, brecha, abertura. ▮ *Orificio* es tecnicismo empleado en algunas artes y ciencias; *taladro* no sugiere precisamente un *agujero* de forma más o menos redondeada, sino de cualquier forma; *perforación* hace pensar principalmente en la acción, y no solo en el resultado o efecto de la misma: se aplica en medicina, biología y minería. El *agujero*, el *orificio* y el *horado* pueden ser naturales; el *taladro* y la *perforación* son el efecto de un acto.

agujetero *m.* Amér. Alfiletero.

aguoso, -sa *adj.* Acuoso, ácueo (p. us.).

agur *interj.* fam. Adiós, abur.

agutí *m.* Amér. Acutí, conejillo de Indias, cobayo, cavia, acure (Colomb. y Venez.).

aguzanieves *f.* Aguanieves (vulg.), andarríos, apuranieves, avecilla, pajarita de las nieves, pezpita, pezpítalo, pizpita, pizpitillo, caudatrémula, doradillo, motacila, motolita.

aguzar *tr.* Afilar, sacar punta. **2** fig. Aguijar, excitar, incitar, estimular, avivar.

ahelear *intr.* Amargar, rehelear.

aherrojar *tr.* Encadenar, oprimir, subyugar, dominar. ▮ En sentido figurado, *aherrojar* y *encadenar* expresan intensivamente las ideas de *oprimir, subyugar, dominar*. **2** Atrancar, trancar.

aherrumbrar *tr. -prnl.* Herrumbrar, enmohecer.

ahí *adv. l.* Aquí. ▮ *Ahí* significa en ese lugar, es decir, hace relación con la segunda persona, mientras que *aquí* designa el lugar próximo a la persona que habla, en este lugar.

ahijar *tr.* Prohijar, adoptar.

ahínco **Con ahínco** *loc. adv.* Con empeño, con tesón, con firmeza, con insistencia, con diligencia, con eficacia, sin levantar cabeza, de día y de noche.

ahitar *intr.-tr.* Saciar, hartar*, empachar, empapuzar. **2** fig. Hastiar, fastidiar, enfadar.

ahíto, -ta *adj.* Saciado, harto, repleto, empachado, empapuzado, colmado, lleno, relleno. **2** fig. Hastiado, fastidiado, enfadado.

ahogar *tr.-prnl.* Asfixiar, sofocar. ▮ Ambos sinónimos, en el sentido primario de matar impidiendo la respiración. **2** Apagar, extinguir, sofocar. ▮ Tratándose del fuego o de pasiones y actividades. **3** Oprimir, fatigar, acongojar, agobiar. ► **4** *tr.* And. y Amér. Rehogar.

ahogo *m.* Opresión, fatiga, sofocación. **2** Aprieto, apuro, congoja.

ahondar *tr.* Profundizar, zahondar (p. us.).

ahora *adv. t.* En este instante, en este momento, poco ha, dentro de poco, en seguida, ahorita. ▮ *Ahora* puede significar el momento inmediatamente anterior, *poco ha*, como cuando decimos *ahora ha llegado*. Significa también el momento inmediatamente futuro, *dentro de poco, en seguida*, p. ej., *ahora vendrá*. Admite el diminutivo *ahorita*, muy usado en Canarias y Amér., para puntualizar más el instante o para dar tono amable a la expresión. **2** Actualmente, hoy día, al presente, en la actualidad. ▮ Todos ellos, referidos a un largo lapso dentro del cual se halla el presente.

ahorcar *tr.* Colgar.

ahorrador, -ra *adj.* Ahorrativo, económico, guardoso.

ahorrar *tr.* Economizar, guardar, evitar, excusar, reservar. ≠ Gastar, derrochar. ▮ *Economizar, guardar*, esp. si se trata de dinero u otros bienes. *Evitar, excusar, reservar*, tratándose de palabras, esfuerzos, compromisos, conflictos, etc. **2** ant. Libertar, soltar, rescatar, redimir, manumitir.

ahorrativo, -va *adj.* Ahorrador, económico, guardoso.

ahorro *m.* Economía (esp. en plural).

ahuecar *tr.* Mullir, esponjar, ablandar. ► **2** *prnl.* fig. Envanecerse, engreírse, esponjarse, hincharse. ≠ Deshincharse. ► **3** *tr.* fam. Ahuecar el ala, marcharse, largarse, irse con viento fresco.

ahusado, -da *adj.* Fusiforme (tecnicismo).

aijada *f.* Aguijada.

ailanto *m.* Árbol del cielo, maque.

airado, -da *adj.* Irritado, enojado, encolerizado, furioso, enfurecido, rabioso, furibundo. ≠ Tranquilo. ▮ Todos ellos intensifican la expresión y sugieren gestos y ademanes irritados. **2** Torvo, fiero, terrible.

aire *m.* Atmósfera. **2** Viento. **3** fig. Apariencia, aspecto*, porte, figura. **4** Gracia, garbo, gallardía, apostura. **5 Aire acondicionado** Climatización. ► **6 Levantar castillos en el aire** *loc.* → **castillo 7 Tener un aire a** Asemejarse, semejar, parecerse, correr parejas con, tirar a, salir a. ≠ Diferenciarse.

airear *tr.* Orear, ventilar, oxigenarse. ▮ Aunque pueden sustituirse a menudo entre sí, *ventilar* sugiere gralte. la idea de una corriente de aire natural o artificial, mientras que para *airear* u *orear* basta el simple contacto del aire libre. Tratándose de una persona que respira al aire libre, *oxigenarse*: he salido a *oxigenarme*. ► **2** *prnl.* Resfriarse, acatarrarse.

airoso, -sa *adj.* Garboso, gallardo, apuesto, esbelto*, elegante. **2** Jacarandoso, donairoso, gracioso, alegre, desenvuelto, desenfadado. **3** Juncal, flexible.

aislado, -da *adj.* Solitario, solo, retirado, apartado, incomunicado, arrinconado, desatendido, olvidado, postergado. **2** Esporádico*, ocasional, excepcional, suelto. ≠ Continuo.

aislamiento *m.* Retiro, retraimiento, incomunicación, separación, apartamiento.

ajar *tr.* Deslucir, maltratar, marchitar, sobar. **2** fig. Humillar, vejar.

ajarafe *m.* Aljarafe, azotea, terrado.

ajea *f.* Artemisa pegajosa, pajea.

ajebe *m.* Alumbre, jebe, enjebe.

ajedrezado, -da *adj.* Escaqueado, equipolado (HERÁLD.), escacado (HERÁLD.).

ajenabe, -bo *m.* Mostaza, jenable, jenabe.

ajenar *tr.-prnl.* Enajenar, desposeer.

ajengibre *m.* Jengibre.

ajeno, -na *adj.* Extraño, impropio.

ajenuz *m.* Arañuela (planta).

ajetrearse *prnl.* Fatigarse, trajinar, zarandearse, azacanearse, llevar la lengua fuera, echar el bofe.

ajipuerro *m.* Puerro silvestre.

ajonje *m.* Aljonje, ajonjo.

ajonjera *f.* Angélica carlina, cardo ajonjero, cepa, caballo, ajonjero.

ajote *m.* Escordio.

ajuar *m.* Menaje, mueblaje.

ajumarse *prnl.* Embriagarse, emborracharse, achisparse, alumbrarse.

ajustar *tr.-prnl.* Adaptar, acoplar, encajar, acomodar. ≠ Desajustar. **2** Contratar, concertar, convenir, pactar, conciliar*, armonizar, concordar, reconciliar. **3** IMPR. Compaginar. ► **4** *prnl.* Atenerse*, sujetarse, amoldarse, remitirse.

ajusticiar *tr.* Ejecutar.

alabanza *f.* Elogio, encomio, loa, loor, enaltecimiento, apología*, panegírico, justificación, defensa. **2** Lisonja, incienso, adulación. **3** Lauro, premio, galardón, recompensa, triunfo, gloria, palma.

alabar *tr.* Celebrar, elogiar, encarecer, encomiar, loar (lit.), poner en los cuernos de la luna, decir mil bienes, dar jabón, levantar hasta las nubes, ensalzar. ≠ Ofender, injuriar. ▮ El verbo *ensalzar* está muy cerca de *encarecer* y *encomiar*. ▮ «Lo que se *celebra* es o parece mejor que lo que se *alaba*; lo que se *elogia*, mejor que lo que se *celebra*; lo que se *encarece*, mejor que lo que se *elogia*, y no se *encomia* sino lo que llega al ápice de la perfección. *Elogiar* indica intención previa; *encarecer*, un concepto exagerado; *encomiar*, la inspiración del entusiasmo, afectado o sincero. El hombre de buen gusto *alaba*, *celebra* y *elogia*; el de imaginación viva y el de sentimientos fogosos *encarecen* y *encomian*.» (M). ► **2** *prnl.* Jactarse, preciarse, alardear, gloriarse, vanagloriarse, presumir. ► **3** *tr.-prnl.* Glorificar, honrar, ensalzar, exaltar. ≠ Deshonrar, degradar.

álabe *m.* Estera, estora. ▮ En el carro. **2** Sobarbo. ▮ En la rueda hidráulica. **3** Diente, leva, levador. ▮ En un batán o análogo.

alabearse *prnl.* Pandear, apandar[1], combarse, torcerse, encorvarse.

alabeo *m.* Curvatura*, corvadura, encorvadura, encorvamiento, comba.

alacha *f.* Boquerón (pez), lacha, aleche, aladroque, anchoa, alache.

alacrán *m.* Escorpión. **2 Alacrán cebollero** Cortón. **3 Alacrán marino** Pejesapo.

alacranera *f.* Escorpioide.

aladica *f.* Aluda, hormiga alada.

aladierna *f.* Alaterno, ladierno, alitierno, mesto, sanguino, aladierno.

aladroque *m.* Boquerón (pez), anchoa.

alajú *m.* Alejur, alfajor.

alambicar *tr.* Destilar, alquitarar (antic.). **2** fig. Sutilizar, refinar, quintaesenciar, aquilatar, apurar.
alambique *m.* Alquitara, alcatara (antic.), destilador, destilatorio. ▌ *Alquitara*, hoy poco usado, aunque muy frecuente en los clásicos.
alaqueca *f.* Cornalina, cornelina, cornerina, corniola, restañasangre.
alarde *m.* Ostentación, gala, jactancia, presunción, vanagloria. **2** Revista, muestra.
alardear *intr.* Alabarse, jactarse, preciarse, gloriarse, vanagloriarse, presumir de.
alardoso, -sa *adj.* Ostentoso, jactancioso, alabancioso, vanaglorioso.
alárgama *f.* Alármega, alhármaga, alharma, alhámega, gamarza, arma.
alargar *tr.* Alargar, estirar, prolongar, prorrogar, alongar (antic.), dilatar, extender, agrandar, ampliar, ensanchar, diferir. ≠ Acortar, encoger, achicar, adelantar. ▌ Se *alarga* un vestido, un discurso; se *estira* una barra de metal, sin añadirle materia nueva; se *prolonga* una calle, un discurso, un camino, un trabajo; se *prorroga* el tiempo de validez o ejercicio de una ley, un plazo, una licencia. ▸ **2** *prnl.* Desviarse, alejar, alongar (antic.).
alarma *f.* Rebato. **2** Susto, sobresalto, inquietud, intranquilidad, zozobra, temor. ▌ Si es repentina, *susto, sobresalto*; si es más o menos duradera, todos los demás.
alarmar *tr.-prnl.* Inquietar, asustar*, sobresaltar, intranquilizar, atemorizar, meter el corazón en un puño, tener el alma en vilo, quitar el hipo. ≠ Tranquilizar.
alármega *f.* Alárgama, alhármaga, alharma, alhámega, gamarza, arma.
alaterno *m.* Aladierna, aladierno, ladierno, alitierno, mesto, sanguino.
alavanco *m.* Lavanco, pato bravío.
alavense *adj. com.* Alavés.
alazo *m.* Aletazo.
alazor *m.* Azafrán bastardo, romí, cártama, cártamo, simiente de papagayos, romín.
alba *f.* Amanecer, albor, aurora.
albacea *com.* Testamentario, albacea testamentario, cabezalero.
albada *f.* Alborada.
albahaca *f.* Alábega, alfábega.
albahaquilla *f.* Albahaquilla de río, parietaria. **2** Culén (Chile).
albañal *m.* Caño, alcantarilla, cloaca, albollón.
albarca *f.* Abarca.
albarcoque *m.* Albaricoque.
albardán *m.* ant. Bufón.
albardar *tr.* Enalbardar.
albardín *m.* Barceo, berceo.
albaricoque *m.* Albarcoque, albercoque.
albarrada [1] *f.* Horma, hormaza, pared*.
albarrada [2] *f.* Alcarraza, rallo.
albatros *m.* Carnero del cabo.
albayalde *m.* Carbonato de plomo, cerusa, cerusita, blanco de plomo.
albear *intr.* lit. Blanquear.
albedrío *m.* Arbitrio, voluntad, elección, decisión. **2** Apetito, gusto, antojo, capricho.
albéitar *m.* Veterinario.
albellón *m.* Albollón, desaguadero.
albercoque *m.* Albaricoque.
albergar *intr.-tr.* Cobijar, guarecer, refugiar, hospedar, alojar, aposentar, tomar casa, tener casa abierta. ≠ Salir, mudarse, desalojar.
albergue *m.* Cobijo, refugio, hospedaje. **2** Cubil, guarida, manida. ▌ Todos ellos, tratándose de animales, y esp. de fieras. **3** DEP. Abrigo. ▌ Usados en el montañismo y en la náutica.
alberguería *f.* Posada. **2** Asilo, refugio.
albín *m.* Hematites, oligisto rojo.
albinar *m.* Manzanilla loca.
Albión *f.* Inglaterra, Gran Bretaña.
albo, -ba *adj.* LIT. Blanco, cándido. ≠ Negro.
albollón *m.* Desaguadero, albellón, arbellón, arbollón. **2** Albañal, cloaca, alcantarilla.
albóndiga *f.* Albondiguilla, almóndiga, almondiguilla.
albor *m.* Alba, aurora, amanecer. → **albores**
alborada *f.* Albada. **2** Diana.
alborear *intr.* Amanecer, clarear, romper el alba, quebrar el alba. ≠ Anochecer, oscurecer.
albores *m. pl.* Principios, comienzos. → **albor**
alboronía *f.* Almoronía, boronía.
alboroque *m.* Botijuela, robla, robra, corrobra, hoque.

alborotado, -da *adj.* Irreflexivo, atolondrado, precipitado, botarate, tararira. ≠ Juicioso, reflexivo, grave. **2** Tumultuoso, agitado, desordenado, revuelto, tumultuario. **3** (Energúmeno), furioso, enfurecido.

alborotar *tr.-prnl.* Amotinar, excitar, sublevar. ≠ Apaciguar, tranquilizar. ► **2** *intr.* Gritar, perturbar, escandalizar, vocear, meter voces, haber la de Dios es Cristo, hacer temblar la casa. ► **3** *prnl.* Alebrarse, alebrestarse (Amér.), erguirse, encabritarse, enfurecerse, alterarse, encresparse.

alboroto *m.* Tumulto, revuelta, motín, asonada, sedición, sublevación, turbulencia, agitación, desorden, confusión. ▮ La *sedición* es un levantamiento contra la autoridad constituida, muy cercano a la importancia y gravedad de la *sublevación*. **2** Vocerío, algazara, bulla, bullanga, bullicio, gritería, batahola, bronca, tumulto. ▮ *Vocerío, algazara, bulla, bullanga, bullicio, gritería, batahola* pueden ser por motivos alegres, excitantes, gratos, o pueden implicar hostilidad y desorden. En este último caso se acercan a la *bronca* y al *tumulto*. *Alboroto* lleva consigo la idea de un gran ruido; *tumulto*, la de un gran desorden. Una sola persona o un corto número de ellas, suele mover *alboroto*; pero el *tumulto* supone siempre que hay en él gran número de gentes.» (Ma). **3** Inquietud, conmoción.

alborozo *m.* Regocijo, alegría*, gozo, placer, contento*, júbilo. ▮ El *alborozo*, el *regocijo* y el *júbilo* son intensivos, suelen producirse por motivos extraordinarios, y generalmente traen consigo manifestaciones exteriores de tales estados de ánimo.

albotín *m.* Terebinto, cornicabra.

albudeca *f.* Badea.

albur [1] *m.* (pez) Dardo.

albur [2] *m.* Contingencia, azar*, eventualidad, casualidad*.

albura *f.* lit. Blancura. **2** Alborno, alburno, sámago. ▮ La *albura* de la madera que no es aprovechabla para la construcción se llama *sámago*.

alcací *m.* Alcaucí, alcaucil, alcarcil, arcacil, alcacil.

alcahuete, -ta *s.* Encubridor, tercero, proxeneta. ► **2** *f.* Celestina, trotaconventos, enflautadora.

alcahuetería *f.* Tercería, lenocinio, proxenetismo.

alcaide *m.* Castellano.

alcaldada *f.* Exceso, extralimitación, desafuero, polacada, tropelía, atropello, arbitrariedad, abuso.

alcaller *m.* Alfarero. **2** Alfarería.

alcana *f.* Alheña, aligustre, ligustro.

alcance *m.* Seguimiento, persecución. → **alcances**

alcances *m. pl.* Capacidad, talento, inteligencia. → **alcance**

alcancía *f.* Hucha, vidriola, ladronera, olla ciega.

alcandía *f.* Zahína, sahína, daza, sorgo, melca.

alcantarilla *f.* Albañal, cloaca, albollón.

alcanzado, -da *adj.* Empeñado, adeudado. **2** Falto, escaso, necesitado.

alcanzadura *f.* Atronadura, atronamiento.

alcanzar *tr.* Lograr, conseguir, obtener. ≠ Perder, desistir. ▮ Los cuatro suponen deseo de llegar al fin propuesto, y mayor o menor solicitud en los medios empleados para ello. Sin embargo, *alcanzar* y *lograr* ponen más de relieve la idea de esfuerzo. **2** Entender, comprender, penetrar. **3** Tocar, tañer.

alcaparra *f.* Tápara.

alcaparrosa *f.* Caparrosa, aceche, acije.

alcaraván *m.* Árdea, charadrio.

alcarceña *f.* Yero, hieros, herén, yervo.

alcarcil *m.* Alcaucil, alcací, alcacil, arcacil.

alcarraza *f.* Albarrada, rallo.

alcatraz *m.* Pelícano americano, onocrótalo.

alcaucí *m.* Alcachofa silvestre, alcací, alcacil, alcarcil, arcacil, alcaucil.

alcaudón *m.* Caudón, desollador, picagrega, pega reborda, picaza manchada, picaza chillona, verdugo.

alcayata *f.* Escarpia.

alcázar *m.* Fortaleza, castillo. **2** Palacio real.

alcazuz *m.* Regaliz, orozuz, palo duz.

alce *m.* Anta, ante, danta, dante.

alcedo *m.* Arcedo.

alcoba *f.* Dormitorio.

alcor *m.* Colina, collado*.

alcoránico, -ca *adj.* Coránico.

alcornoque *m.* fig. Torpe, estúpido, necio, tarugo, bodoque.

alcorque [1] *m.* Corche.
alcorque [2] *m.* Socava.
alcrebite *m.* Azufre.
alcribís *m.* Tobera.
alcurnia *f.* Ascendencia, linaje, estirpe, prosapia.
alcuza *f.* Aceitera.
alcuzcuz *m.* Cuzcuz.
aldaba *f.* Llamador, picaporte, aldabón. → **aldabas**
aldabas *f. pl.* fig. Valimiento, protección, influencia, padrinos. → **aldaba**
aldeano, -na *s.* Lugareño, pueblerino, paleto. ► **2** *adj.* fig. Inculto, rústico, ignorante. ► **3** *s.* País Vasco Labrador, agricultor, cultivador, campesino, paisano (Gal.), labriego, labrantín.
alderredor *adv. l.* Alrededor.
aldiza *f.* Aciano, aciano menor, liebrecilla.
aleación *f.* Liga, amalgama. ▌Esta última, si entra el mercurio en ella.
alear *tr.* Ligar, religar, ametalar, mezclar, fusionar, fundir. ≠ Desunir, separar, desintegrar. ▌*Ligar*, esp. si se trata de oro o plata.
alebrarse *prnl.* Alebrastarse, alebrestarse, alebronarse. **2** Alebrestarse (Amér.), erguirse, encabritarse, alborotarse.
aleccionar *tr.* Adiestrar, amaestrar*, enseñar*, instruir.
alece *m.* Boquerón (pez), anchoa, alacha, lacha, haleche, aladroque, aleche.
alechugar *tr.* Escarolar.
aledaño *m.* Confín, término, límite.
aledaño, -ña *adj.* Confinante, colindante, lindante, limítrofe*.
alegar *tr.* Citar, aducir, mencionar, invocar. ▌*Invocar* tiene sentido más limitado. Significa *alegar* una ley, costumbre o razón. P. ej.: se *alega* o *invoca* un artículo del Código; pero no se *invoca* el ser menor de edad sino que se *alega*.
alegato *m.* Defensa, alegación, razonamiento.
alegoría *f.* Ficción, símbolo*, metáfora continuada.
alegra *f.* MAR. Abocardo.
alegrar *tr.-prnl.* Animar, letificar (lit.), excitar, regocijar, complacer, placer, alborozar, estar como unas castañuelas, llevar cascabeles, avivar, hermosear, agradar*. ≠ Entristecer. ▌Tratándose de cosas, *avivar, hermosear, animar*. Todos ellos, excepto *avivar* y *hermosear*, tratándose de personas.
alegre *adj.* Gozoso, regocijado, contento, jubiloso, alborozado, jovial, divertido, jocoso, jocundo, festivo, risueño, carialegre, reidor. ≠ Serio. ▌Tratándose del carácter de una persona o de sus dichos y hechos, *jovial*; *divertido, jocoso* y *jocundo* acentúan la nota de hilaridad. **2** Achispado, ajumado, alumbrado. **3** Jacarandoso, donairoso, gracioso, desenvuelto, airoso, garboso, desenfadado.
alegría *f.* Contento*, satisfacción, placer, gozo, contentamiento, alborozo*, júbilo*, regocijo. ▌Los tres últimos sinónimos son intensivos; por esto, se usan a menudo tratándose de alegrías colectivas, festejos, recibimientos, etcétera. **2** Ajonjolí, sésamo.
alejar *tr.-prnl.* Apartar, retirar, desviar, ahuyentar, alongar (antic.), separar*. ≠ Acercar. ▌*Ahuyentar*, cuando se añade idea de violencia, fuerza o amenaza. ► **2** *prnl.* Marcharse, irse, ausentarse, ahuecar el ala, ir con Dios, partir, salir*. ≠ Permanecer, quedarse.
alejur *m.* Alajú, alfajor.
alelado, -da *adj.* Embobado, atontado, turulato, lelo, poner cara de tonto, quedarse como una estatua. **2** Imbécil, idiota, tonto, estúpido, estólido, estulto, bobo.
alemán, -ana *adj.-s.* Germano, tudesco, teutón.
alentado, -da *adj.* Animoso, valiente, valeroso, esforzado.
alentar *intr.* Respirar. ► **2** *tr.-prnl.* Animar, reanimar, confortar, incitar, excitar, exhortar, consolar. ≠ Desilusionar, desanimar.
alero *m.* Rafe, tejaroz. **2** Guardabarros, salvabarros.
alesna *f.* Lezna, subilla.
aleta *f.* Pala, ala.
aletargar *tr.-prnl.* Amodorrar, adormecer*. ≠ Despabilar, avivar.
aleto *m.* Halieto, pigargo, quebrantahuesos.
aleudar *tr.* Leudar, lleudar, fermentar*.
aleve *adj. com.* Alevoso, traidor, pérfido, desleal, felón. ▌«*Aleve* refiere la idea del carácter; *alevoso*, a las acciones.» (C).
alevosía *f.* Traición, perfidia, prodición, felonía, deslealtad.

alevoso, -sa *adj.-s.* Aleve, traidor, pérfido, desleal, felón, vil, indigno, infiel*, villano. ≠ Leal, fiel.

alfábega *f.* Albahaca, alábega.

alfabeto *m.* Abecé, abecedario. ▮ *Abecé*, muy frecuente en los clásicos, tiene hoy escaso uso fuera del lenguaje infantil. *Alfabeto* es actualmente el que tiende a predominar, favorecido sin duda por la circunstancia de formar derivados muy usuales en la lengua moderna, como *alfabético, alfabetizar, alfabéticamente. Abecedario* se emplea principalmente tratándose de cartillas y libros destinados a enseñar a leer en la lengua propia. Tratándose de otras lenguas es más frecuente decir: el *alfabeto* árabe, griego, alemán, etc.

alfajía *f.* Alfarjía.

alfajor *m.* Alajú, alejur.

alfaquí *m.* Faquí.

alfar *m.* Alfarería, alcaller (antic.).

alfarería *f.* Cerámica. **2** Alfar, alcaller (antic.).

alfarero *m.* Alcaller (antic.), barrero, cantarero, ceramista.

alfarjía *f.* Alfajía.

alficoz *m.* Cohombro, cogombro.

alfiletero *m.* Cachucho, cañutero, canutero. **2** Agujetero, acerico, almohadilla.

alfócigo *m.* Alfóncigo.

alfóncigo *m.* Alhócigo, alfócigo, alfónsigo, pistacho.

alforfón *m.* Fajol, alforjón, trigo sarraceno.

alforza *f.* Lorza.

alfoz *m.* Alhoz.

algaida *f.* Duna, médano, mégano, medaño.

algalia [1] *f.* Ambarina, civeto. **2** Civeta.

algalia [2] *f.* MED. Argalia, catéter, sonda.

algarabía *f.* Gritería, bulla*, greguería, vocerío, gresca, alboroto, bullicio, algazara.

algarada *f.* Algara. **2** Tumulto, motín, alboroto, asonada, revuelta.

algarroba *f.* Arveja. **2** Garroba, garrofa.

algarrobal *m.* Garrobal.

algazul *m.* Aguazul, aguazur.

algorín *m.* Troj, troje, truja, alhorí.

alguacil *m.* Esbirro (desp.), satélite. ▮ *Esbirro* se extiende a todos los encargados de ejecutar personalmente órdenes de las autoridades: guardias, consumeros, policías, etc.

alguien *pron. indef.* Alguno. ▮ *Alguien* se aplica solamente a personas; *alguno*, a personas, animales y cosas. Cuando se refiere a personas, *alguno* es menos indeterminado que *alguien*. ▮ «*Alguien* se refiere ilimitadamente a cualquier persona. *Alguno* se refiere limitadamente a una persona indeterminada, de un determinado número o clase: Si viene *alguien* a buscarme, di que no estoy en casa, porque temo que ha de venir a hacer visita *alguno* de mis acreedores. Esta es la razón porque se dice *alguno* de ellos, y no *alguien* de ellos.» (LH).

alguno, -na *pron. indef.* Alguien. ≠ Ninguno.

algunos, -nas *adj. pl.* Varios, ciertos.

alhaja *f.* Joya, presea.

alhámega *f.* Alárgama, alharma, alármega, gamarza, arma.

alhandal *m.* Coloquíntida.

alhármaga *f.* Alharma, alárgama, alármega, alhámega, gamarza, arma.

alheña *f.* Alcama, aligustre, ligustro. **2** Roya (hongo).

alhócigo *m.* Alfóncigo, alfócigo, alfónsigo, pistacho.

alhoja *f.* Alondra.

alholva *f.* Fenogreco.

alhóndiga *f.* Almodí, almudí, almudín.

alhorí *m.* Algorín, troj, troje, truja.

alhorre *m.* Meconio, pez (excremento).

alhoz *m.* Alfoz.

alhucema *f.* Espliego, lavanda, lavándula. ▮ Los dos últimos son técnicos, usados entre botánicos y perfumistas. *Espliego* es el nombre más usual. *Alhucema* es hoy algo anticuado.

alhurreca *f.* Adarce.

aliacán *m.* p. us. Ictericia, morbo regio.

aliada *f.* Dioptra.

aliaga *f.* Aulaga, árgoma.

alianza *f.* Unión, liga, confederación, coalición. **2** Anillo, sortija, aro.

aliar *prnl.* Unirse, coligarse, confederarse, ligarse. ≠ Desunirse, separarse.

alicaído, -da *adj.* Triste, desanimado, desalentado, decaído, abatido, aliquebrado.

alicántara *f.* Amodita, alicante.
aliciente *m.* Atractivo, incentivo, incitativo, estímulo, acicate, aguijón, incitación.
alienable *adj.* Enajenable, vendible.
alienado, -da *adj.-s.* Loco*, demente, vesánico, perturbado.
alienar *tr.* Enajenar, vender, traspasar.
alienista *adj.-com.* Psiquiatra, frenópata.
aliento *m.* Respiración. **2** Soplo, vaho. **3** fig. Ánimo, esfuerzo, valor, valentía*, denuedo.
alifafe *m.* Achaque, indisposición.
aligación *f.* Aligamiento, ligazón, trabazón.
aligerar *tr.-prnl.* Abreviar*, acelerar*, apresurar, avivar. ≠ Tardar. **2** Aliviar, moderar, atenuar. ≠ Cargar.
aligonero *m.* Almez.
aligustre *m.* Alheña, alcama, ligustro.
alimentar *tr.-prnl.* Nutrir, sustentar, mantener*. ≠ Ayunar, desnutrir. **2** Sostener, fomentar.
alimentario, -ria *adj.* Alimenticio*, nutritivo, nutricional.
alimenticio, -cia *adj.* Sustancioso, nutritivo, nutricional, alimentario. ▌En el habla más formal o técnica, *nutritivo* o *nutricional*. El adjetivo *alimentario* se aplica a lo propio de la alimentación o referente a ella en sus aspectos social, económico y legislativo. Las disposiciones que dicta una autoridad sobre los alimentos no son *alimenticias*, sino *alimentarias*; el comercio de la alimentación es *alimentario*, y no *alimenticio*.
alimento *m.* Mantenimiento, comestible, comida, manjar*. **2** Sustento, manutención. **3** fig. Sostén, fomento, pábulo. ▌Tratándose de virtudes, vicios.
álimo *m.* Orzaga, armuelle, marismo, salgada, salgadera.
alimoche *m.* Abanto.
aliñar *tr.* Aderezar, condimentar, sazonar, adobar. → **cocinar 2** Componer*, hermosear, ataviar, arreglar*, acicalar.
aliño *m.* Condimento, aderezo, adobo. **2** Aseo, arreglo, pulcritud, compostura.
aliquebrado, -da *adj.* Alicaído, desalentado, triste, abatido, desanimado, decaído.
alisar *tr.* Pulir, pulimentar, bruñir. **2** Allanar, aplanar. ≠ Abultar. **3** Desarrugar. ≠ Arrugar.
alisma *f.* Lirón (planta).
alistar [1] *tr.-prnl.* Poner, sentar en lista, listar, inscribir, afiliar, matricular, sentar plaza (en el ejército), enganchar, reclutar.
alistar [2] *tr.-prnl.* Prevenir, preparar, aparejar, disponer, aprestar.
alitierno *m.* Aladierno, aladierna, alaterno, ladierno, mesto, sanguino.
aliviar *tr.-prnl.* Aligerar, descargar, moderar, suavizar, mitigar, endulzar, mejorar, reponer, recobrar. ≠ Apesadumbrar, enfermar, agravar. ▌Tratándose de un peso o carga material, *aligerar* o *descargar*. Los demás, tratándose de enfermedad, aflicción o fatiga. **2** Desahogar, consolar. ≠ Desanimar.
alivio *m.* Descanso, consuelo. **2** Mejoría. ▌Tratándose de enfermedad.
aljaba *f.* Carcaj, carcax.
aljarafe *m.* Ajarafe, azotea, terrado.
aljezar *m.* Yesar.
aljezón *m.* Yesón.
aljibe *m.* Cisterna.
aljofaina *f.* Jofaina, palancana, palangana.
aljofifa *f.* And. Bayeta.
aljonje *m.* Ajonje, ajonjo.
alkermes *m.* Kermes, quermes, alquermes, carmes.
alma *f.* Espíritu. **2** Ánima. ▌*Ánima* se refiere hoy concretamente a las *almas* de los difuntos que están en el purgatorio. **3** Ánimo, aliento, energía, esfuerzo. **4** Persona, individuo, habitante. ▌P. ej.: no había un *alma* en toda la casa; un pueblo de 4.000 *almas*. ► **5 Tener el alma en vilo** *loc.* Alarmarse, inquietarse, asustarse, sobresaltarse, intranquilizarse, atemorizarse, meter el corazón en un puño. ≠ Tranquilizarse, calmarse, apaciguarse, serenarse, sosegarse.
almacenar *tr.* Acumular, allegar, guardar, reunir, juntar, acopiar. ▌*Almacenar* se refiere por lo general a mercancías; puede aplicarse también a otras cosas que se acumulan en gran cantidad; p. ej., cuando se dice que con las lluvias los embalses han *almacenado* sesenta millones de metros cúbicos de agua. *Guardar* añade la ideade conservar o retener lo *reunido*, *juntado*, *acopiado*, etc.
almáciga [1] *f.* BOT. Y FARM. Almaste, almástec, mástique, almástiga. ▌Este último sinónimo, usado entre vidrieros y otros oficios.

almáciga ² *f.* Hoya, plantario, semillero, almácigo.

almácigo ¹ *m.* Lentisco.

almácigo ² *m.* Almáciga, semillero, hoya, plantario.

almádana *f.* Almádena, almagana, almaganeta, marra.

almadía *f.* Armadía, balsa.

almadraba *f.* Atunara (p. us.).

almadrabero, -ra *adj.-s.* Atunero.

almadreña *f.* Madreña, zueco, zoco, chanclo, choclo, zoclo.

almagre *m.* Almazarrón, almagra, lápiz rojo, ocre rojo.

almanaque *m.* Calendario.

almarga *f.* Marguera.

almarjal ¹ *m.* Barrillar, armajo.

almarjal ² *m.* Marjal, armajal.

almarjal ³ *m.* Pantanal, ciénaga.

almarjo *m.* Barrilla, sosa, armajo.

almaro *m.* Maro.

almártaga *f.* Litargirio, litarge, almártega.

almazarrón *m.* Almagre, almagra, lápiz rojo, ocre rojo.

almeja *f.* Telina, tellina.

almenara *f.* Ángaro.

almendruco *m.* Alloza, arzolla.

almeriense *adj. com.* Urcitano.

almez *m.* Aligonero, lironero (Murc.), latonero (Argent.), lodoño (Nav.), almezo.

almiar *m.* Pajar.

almibarado, -da *adj.* fig. Meloso, melifluo, dulzón, empalagoso.

almirez *m.* Mortero.

almizclero, -ra *adj.* Cabra de almizcle, cervatillo, portaalmizcle.

almo, -ma *adj.* Criador, alimentador, propicio, vivificador. **2** Excelente, venerable.

almocafre *m.* Azadilla, escardadera, escardillo, garabato, sacho, zarcillo.

almocrate *m.* Sal amoníaco, cloruro de amonio.

almodí *m.* Alhóndiga, almudí, almudín.

almogama *f.* Redel.

almohada *f.* Cabezal, cabecera (p. us.). ▮ *Cabezal* es una *almohada* cuando es pequeña, o también cuando es larga, estrecha y ocupa toda la cabecera de la cama.

almohadilla *f.* Cojincillo, cojinete. **2** Acerico, alfiletero, agujetero.

almohadón *m.* Cojín.

almohaza *f.* Rascadera.

almóndiga *f.* Albóndiga, albondiguilla, almondiguilla.

almoneda *f.* Subasta, licitación.

almoraduj *m.* Moradux, mejorana, amaraco, sampsuco, sarilla, almoradux.

almoronía *f.* Alboronía, boronía.

almorrana *f.* Hemorroide.

almorta *f.* Alverjón, diente de muerto, tito, cicércula, cicercha, guija, muela.

almorzada *f.* Almuerza, ambuesta, puñera.

almotacén *m.* Contraste.

almudí *m.* Almodí, alhóndiga, almudín.

almuecín *m.* Muecín, almuédano.

almuérdago *m.* Muérdago, arfueyo.

almuerza *f.* Almorzada, ambuesta, puñera.

almuerzo *m.* Desayuno, comida. ▮ En su significado tradicional, el *almuerzo* es la comida que se toma antes de la principal; pero modernamente va siendo desplazado por *desayuno*, al paso que *almuerzo* se consolida como denominación de la tradicional comida del mediodía. Este cambio de acepción se halla más o menos avanzado según las regiones y clases sociales. Está consolidado en Andalucía, Canarias y Amér., y es de uso general en los hoteles de cierta importancia.

alnado, -da *s.* ant. Hijastro, antenado, entenado.

alocado, -da *adj.* Loquesco, sonlocado, desatinado, destornillado, inconsiderado, precipitado, sin seso, atolondrado, desquiciado, chiflado, tarambana, ligero, irreflexivo. ≠ Cuerdo. ▸ **2** *adj.-s.* Bárbaro, arrojado, temerario, imprudente. ≠ Prudente.

alocarse *prnl.* Enloquecer, aloquecerse.

áloe, áloes *m.* Olivastro de rodas, acíbar, lináloe, azabara, zabida, zabila. ▮ La planta se denomina *olivastro de Rodas*. Tanto la planta como el jugo resinoso, amargo y medicinal que se extrae de ella, se pueden denominar *acíbar, lináloe, azabara, zabida* y *zabila*; el primero es el más usual, sobre todo tratándose del jugo. **2** Agáloco, calambac.

alojamiento *m.* Hospedaje, posada, aposento, albergue, cobijo.

alojar *tr.-prnl.* Hospedar, aposentar, albergar, guarecer, cobijar, instalar, acomodar, establecer. ≠ Desalojar, expulsar, desahuciar.
alondra *f.* Alhoja (p. us.), terrera, caladre, copetuda.
alongar *tr.-prnl.* ant. Alargar*, prolongar. ▮ *Alongar* es poco usado en la actualidad, aunque frecuente en los clásicos. Hoy se emplea *alargar* y *prolongar*. **2** Alejar. ▮ En su significado de apartar, llevar o ir lejos, se usa *alejar*. Expresiones como *alongarse un buen trecho*, se perciben con un matiz arcaico.
alopecia *f.* MED. Peladera, pelambrera, pelarela, pelona, pelonía.
aloquecerse *prnl.* Alocarse, enloquecerse.
alosa *f.* Sábalo, saboga, trisa.
alotar *tr.* MAR. Arrizar.
alpaca [1] *f.* (rumiante) Paco, paco llama.
alpaca [2] *f.* Metal blanco.
alpechín *m.* Morga, murga tina, tinaco.
alpinismo *m.* Montañismo. ▮ Se extiende hoy el uso del neol. *montañismo*.
alpinista *com.* Montañero. ▮ Este sinónimo es un neologismo que va extendiéndose en su uso.
alquequenje *m.* Vejiga de perro, vejiguilla.
alquería *f.* Cortijo, granja, casa de labranza.
alquilar *tr.* Arrendar. ▮ Se usa con preferencia *alquilar* cuando se trata de viviendas u objetos: se *alquila* una casa, un almacén, una bicicleta. Se usa *arrendar* si se trata de tierras o negocios: se *arrienda* una huerta, un café, impuestos o servicios públicos.
alquiler *m.* Arriendo, arrendamiento, renta. ▮ Los tres significan la acción de *alquilar* y el precio en que se alquila una cosa. *Renta* es exclusivamente el precio.
alquimia *f.* Crisopeya. ▮ *Crisopeya* era la parte de la *alquimia* que trataba de convertir los metales en oro.
alquimila *f.* Pie de león, pata de león, estela, estelaria.
alquitara *f.* Alambique.
alquitarar *tr.* Alambicar, destilar. **2** Apurar, sutilizar, quintaesenciar.
alquitira *f.* Tragacanto, goma adragante, granévano.
alquitrán *m.* Brea.
alrededor *adv. l.* En torno. ► **2 Alrededor de** *loc. prep.* En torno a, aproximadamente, cerca de, poco más o menos. → **alrededores**
alrededores *m. pl.* Cercanías, contornos, inmediaciones, afueras, proximidades. → **alrededor**
alrota *f.* Arlota.
álsine *f.* Pamplina, picagallina.
altabaque *m.* Tabaque (cesta).
altabaquillo *m.* Centinodia, correhuela, sanguinaria mayor, saucillo.
altamisa *f.* Artemisa.
altanería *f.* Altivez, soberbia*, engreimiento, orgullo*, arrogancia, desprecio, imperio. ≠ Humildad.
altar *m.* Ara.
altarreina *f.* Milenrama, aquelea, artemisa bastarda, hierba meona, milhojas.
altea *f.* Malvavisco.
alteración *f.* Mudanza, cambio, variación. ▮ «Se dice que hay *alteración* en el pulso con respecto a los intervalos que median entre las pulsaciones. *Mudan* o *cambian* de estado el soltero que se casa y el casado que enviuda. Hay variación en los afectos del hombre inconstante y en los propósitos del débil.» (M). **2** Sobresalto, perturbación, trastorno. ▮ Estos tres sinónimos indican *alteraciones* violentas de la pasión o de la vida social. **3** Destemple, desconcierto.
alterar *tr.-prnl.* Cambiar*, mudar, variar. **2** Perturbar, inquietar, conmover, trastornar, turbar, afectar, interesar, sobresaltar, estremecerse*. ≠ Tranquilizar.
altercado *m.* Disputa, agarrada, pelotera, cuestión, bronca, cisco, quimera, discusión*, polémica, debate, altercación, bronquina, pendencia. ▮ Los siete primeros sinónimos llevan consigo la idea de violencia, en tanto que *discusión*, *polémica* y *debate* pueden desarrollarse en forma apacible y cortés.
alternar *tr.* Turnar, sucederse, relevarse, dar una de cal y otra de arena, del coro al caño y del caño al coro. ► **2** *intr.-tr.* Tratar, codearse, emparejar, fraternizar. ▮ Los dos últimos son términos familiares y se aplican a menudo a personas que procuran tratar a las de clase, posición o educación superiores.
alternativa *f.* Opción, elección, disyuntiva. ▮ La *alternativa* supone *opción* o *elección*

necesaria entre dos cosas. La *elección* u *opción*, entre dos o más cosas, no implica necesidad de elegir, sino simplemente oportunidad o conveniencia (compárese *escoger* con sus sinónimos).

alteza *f.* Altura, elevación, altitud. ▮ *Altitud* en términos geográficos. **2** fig. Sublimidad, excelencia.

altilocuente *adj.* Altílocuo, grandílocuo, grandilocuente.

altimetría *f.* Hipsometría.

altisonante *adj.* Altísono, pomposo, rimbombante, hueco, hinchado, campanudo, enfático, afectado, petulante, engolado. ≠ Natural, sencillo.

altitud *f.* Altura, elevación, alteza. ▮ Como término geográfico se prefiere por lo general *altitud*.

altivez *f.* Altanería, soberbia*, entono, engreimiento, orgullo*, arrogancia, desprecio, desdén, lozanía. ≠ Humildad.

altivo, -va *adj.* Altanero, arrogante, despreciativo, orgulloso, soberbio. ▮ «*Altivo, altanero*. Expresiones que indican la manía y locura de las personas por elevarse sobre los demás, dominarlos, humillarlos y abatirlos, manifestándolo en todas las acciones y de todos los modos posibles. A veces se toma en buen sentido la palabra *altivo*, sobre todo cuando corresponde a la sublime elevación de las ideas. *Altanero* nunca tiene buen sentido, como no sea hablando metafóricamente de las cosas (...). Los modales *altaneros* causan enfado y rencor a los que tienen que sufrirlos, manifiestan la vanidad de los necios y llegan a hacerlos ridículos.» (O).

alto [1] *m.* Detención, parada, pausa, interrupción, descanso.

alto [2] *m.* Altura, elevación (del terreno). **2** Piso, altos. ▮ *Piso*, tratándose de una casa. En Amér., se suele usar en plural para contraponer los pisos altos a la planta baja: una casa de tres *altos*. **3** Amér. Montón. ▮ Se usa del siguiente modo: un *alto* de libros, de papeles, de fardos.

alto, -ta *adj.* Crecido, talludo. ≠ Bajo. **2** Elevado, encumbrado, eminente, prominente. ≠ Bajo. ▮ Todos usados en sentido material o fig. En general, *eminente* y *prominente* se aplican a lo que sobresale mucho, y en este sentido son calificativos que intensifican la cualidad de *alto*. ▮ «Lo *alto* es opuesto a lo *bajo*; lo *elevado* es opuesto a lo *llano*, y lo *eminente* es opuesto a lo *liso* o a lo *igual* de una superficie.» (C).

altramuz *m.* Calamocano, chocho, lupino.

altruismo *m.* Caridad, filantropía, humanidad, piedad, generosidad, beneficencia, civismo, abnegación*, desinterés, desprendimiento. ≠ Egoísmo, sordidez.

altura *f.* Alto, elevación, nivel, eminencia, cumbre, altitud (GEOGR.), peralto (GEOM.). → **alturas** **2** fig. Eminencia, excelencia, superioridad, alteza. **3 Altura musical** Tono, registro. → **alturas**

alturas *f. pl.* Cielo. ▮ Las *alturas* significa el *Cielo* (p. ej., ¡Gloria a Dios en las *alturas!*); y también los organismos más elevados del poder público (p. ej., hay que hacerse oír en las *alturas*). → **altura**

alúa *f.* Argent. Cocuyo.

alubia *f.* Judía, habichuela.

alucinación *f.* Alucinamiento, ofuscación, ofuscamiento, confusión, deslumbramiento, ceguedad. ≠ Realidad, serenidad. → **alucinar** **2** Delirio, desvarío, enajenación, perturbación. **3** Fascinación, deslumbramiento, seducción, incitación, engaño.

alucinante *adj.* Sorprendente, increíble, asombroso, impresionante, flipante (Esp. col.). **2** Alucinógeno.

alucinar *tr.-prnl.* Ofuscar, confundir. **2** Cautivar, atraer, ilusionar, seducir, deslumbrar, cegar, engañar, embaucar. ▮ Tomándolo a mala parte, se usa *engañar*, *embaucar*.

alucinógeno, -na *adj.* Alucinante.

alud *m.* Argayo, lurte, avalancha.

aluda *f.* Hormiga alada, aladica.

aludir *tr.* Mencionar, mentar, citar, tirar a ventana señalada, tirar con bala. ≠ Omitir, callar. ▮ *Aludir* es por lo general referirse indirectamente o de paso a alguien o a algo. *Mencionar* y *mentar* es nombrar expresamente. *Citar* se refiere a palabras, textos, etc., que se aducen a propósito de lo que se está diciendo. Esta gradación de menor a mayor insistencia corresponde igualmente a los sustantivos *alusión*, *mención* y *cita*.

alumbrado *m.* Iluminación.

alumbramiento *m.* fig. Parto.
alumbrar *tr.* Iluminar, aclarar. ≠ Apagarse. ▮ *Iluminar, aclarar,* tratándose de lugares, estancias, calles, etc. Si se trata de personas o ceremonias religiosas a las cuales se acompaña con luz, no se dice *iluminar,* sino *alumbrar*: *alúmbrale* por la escalera. ▮ «*Alumbra* el sol; *ilumina* una vela. *Iluminar* lleva consigo la idea de lo artificial; *alumbrar* la de lo natural. La luciérnaga *alumbra*. Un cohete *ilumina*. Se *alumbra* al que no ve, se *ilumina* al que ignora, tomadas estas palabras en el sentido figurado. La luna es *alumbrada* por el sol, y no *iluminada*.» (O). **2** Elevar, aflorar. ▮ Ambos tratándose de agua subterránea. ▸ **3** *intr.* Parir, dar a luz. ▸ **4** *prnl.* Embriagarse.
alumbre *m.* Sulfato de alúmina y potasio. **2** Jebe, ajebe, enjebe.
alumno, -na *s.* Discípulo, colegial, escolar, estudiante*.
alunado, -da *adj.-s.* Lunático.
alusión *f.* Mención, referencia, cita. → **aludir**
alusivo, -va *adj.* Referente, tocante.
álveo *m.* Cauce, madre, lecho.
alverja *f.* Arveja, algarroba, alverjana. **2** Amér. Guisante, alverjana.
alverjón *m.* Almorta, diente de muerto, tito, cicércula, cicercha, guija, muela.
alza *f.* Subida, aumento, elevación, encarecimiento, carestía*. ≠ Baratura, depreciación.
alzada *f.* DER. Apelación.
alzamiento *m.* Sublevación*, levantamiento, insurrección, rebelión, sedición, pronunciamiento*.
alzar *tr.* Levantar, elevar, subir. ≠ Descender, bajar. **2** fig. Ascender, encumbrar. ▸ **3** *prnl.* DER. Apelar. ▸ **4** *tr.-prnl.* Amér. Refugiar, esconder, guardar.
allá *adv. l.* Allí. ≠ Acá. ▮ *Allá* y *allí* indican lugar alejado del que habla, pero *allí* es mucho más determinado y preciso que el que denota *allá*. Por esto, *allá* admite grados de comparación: *más allá, tan allá*. → **acá y aquí** ▸ **2** *adv. t.* Allí. ▮ Tiene *allá* la misma vaguedad e indeterminación que el *allá* adverbio de lugar. Un viejo dice: *allá en mi mocedad*. En cambio, si decimos: *allí fue el reír de la gente,* señalamos una ocasión determinada y circunscrita, que equivale a *entonces, en tal momento*.
allanar *tr.* Aplanar, explanar, igualar, arrasar. ≠ Desigualar. **2** fig. Vencer, zanjar, resolver. ≠ Desarreglar. ▸ **3** *prnl.* Sujetarse, avenirse, conformarse, resignarse, prestarse, amoldarse, adaptarse. ≠ Sublevarse, rebelarse.
allegado, -da *adj.-s.* Pariente, deudo. **2** Parcial, partidario. ▸ **3** *adj.* Próximo, cercano.
allegar *tr.-prnl.* ant. Acercar, aproximar, arrimar. **2** Recoger, juntar, reunir, acopiar, almacenar*, amontonar*.
allí *adv.l.-adv.t.* Allá.
alloza *f.* Almendruco, arzolla.
ama *f.* Señora, dueña, propietaria, patrona. **2** Nodriza.
amable *adj.* Afable, atento*, cortés, afectuoso, tratable, sociable, sencillo. ≠ Abominable, aborrecible.
amadamarse *prnl.* Adamarse, afeminarse.
amaestrar *tr.* Adiestrar, ejercitar, aleccionar, instruir, enseñar*. ▮ Se *alecciona* trazando reglas de conducta y gobierno; se *adiestra* haciendo practicar ejercicios; se *enseña* comunicando ideas y doctrinas; se *amaestra* comunicando medios de mejora y perfección. **2** Domar, domesticar, desembravecer, amansar*.
amagar *intr.-tr.* Amenazar, conminar.
amago *m.* Amenaza, conminación. **2** Señal, indicio, síntoma, anuncio, asomo*, barrunto.
amainar *intr.-prnl.* Aflojar, ceder, disminuir, debilitarse, flaquear, calmar. ≠ Encresparse.
amajadar *tr.* Redilar, redilear.
amalgama *f.* Malgama. ≠ Separación, desunión.
amamantar *tr.* Lactar, dar de mamar. ▮ *Lactar* es tecnicismo; la expresión más usual es *dar de mamar*.
amancebamiento *m.* Concubinato, abarraganamiento, amontonamiento (vulg.).
amancebarse *prnl.* Amigarse, amontonarse (vulg.), juntarse (Amér.).
amancillar *tr.* Mancillar, manchar. **2** Deslucir, afear, ajar.
amanear *tr.* Manear.
amanecer [1] *m.* Alba, madrugada, albor, aurora, amanecida.

amanecer ² *intr.* Aclarar, clarear, clarecer (p. us.), alborear, alborecer.
amanerado, -da *adj.* Afectado, rebuscado, estudiado.
amaneramiento *m.* Afectación, estudio, artificio, rebuscamiento. ≠ Naturalidad, sencillez.
amansar *tr.* Domar, domesticar, desembravecer, amaestrar. ▮ *Amaestrar* es ejercitar o enseñar a un animal para que haga determinados actos; p. ej.: los perros *amaestrados* que lucen sus habilidades en el circo. **2** Sosegar, apaciguar, tranquilizar, mitigar. ≠ Excitar.
amantar *tr.* Arropar, tapar, abrigar, cubrir.
amanuense *com.* Escribiente, copista, secretario, copiante*.
amañado, -da *adj.* Hábil, habilidoso, mañoso, diestro. **2** Compuesto, falseado, falsificado.
amañar *tr.* Componer, falsear, falsificar. ▶ **2** *prnl.* Darse maña, arreglarse, componérselas, apañarse.
amaño *m.* Artificio, ardid, traza, treta, trampa, triquiñuela, falseamiento, falsificación.
amapola *f.* Ababa (p. us.), ababol (p. us.).
amar *tr.* Querer. ≠ Abominar, aborrecer, odiar. ▮ La significación de *amar* es gralte. abstracta: *amar* a Dios, al prójimo. Es de uso gralte. culto o literario en sus acepciones concretas; corrientemente se usa *querer*. **2** Hacer la corte, pelar la pava, hacer el oso, echar flores.
amáraco *m.* Mejorana, almoraduj, almoradux, moradux, sampsuco, sarilla.
amaranto *m.* Borlas, borlones, flor de amor.
amargado, -da *adj.* Malhumorado, resentido, pesimista.
amargar *tr.-prnl.* fig. Acibarar, disgustar, afligir, apesadumbrar, apenar, atormentar. ≠ Endulzar, consolar.
amargón *m.* Diente de león.
amarguera *f.* Matabuey.
amargura *f.* Amargor, aflicción, pena, pesadumbre, pesar, tribulación, disgusto, sufrimiento, desconsuelo.
amarinar *tr.* Marinar.
amariposado, -da *adj.* Papilionáceo (Bot.)
amaritud *f.* Amargor, amargura.
amaro *m.* Bácara, bácaris, esclarea, maro.
amarrar *tr.-prnl.* Atar*, asegurar, trincar, encadenar, sujetar, afianzar. ≠ Desatar, soltar.
amartillar *tr.* Martillar, martillear. **2** Armar, montar.
amasamiento *m.* Amasadura. **2** Masaje.
amasar *tr.* Masar.
amatista *f.* Ametista.
amatorio, -ria *adj.* Erótico, amoroso.
ambages *m. pl.* Rodeos, circunloquios, perífrasis. ▶ **2 Sin ambages** *loc. adv.* Sin rodeos, claramente, al grano (fam.), directamente, sin rebozo, patentemente, abiertamente, sin disimulo, manifiestamente, francamente, sin palabra de más ni de menos.
ámbar *m.* Cárabe, electro, succino. **2 ámbar negro** Azabache.
ambición *f.* Anhelo, deseo, codicia, aspiración, afán, ansia. ▮ La *codicia* se suele aplicar exclusivamente a la *ambición* de riquezas o bienes materiales.
ambicionar *tr.* Codiciar, desear*, ansiar, anhelar, apetecer, querer II, sed de mando, tener pretensiones, aspirar*. ≠ Desdeñar, despreciar, renunciar. ▮ *Ambicionar* supone generalmente una esfera de deseos más amplia, activa e intensa que los demás sinónimos. → **ambición**
ambigüedad *f.* Anfibología, equívoco, doble sentido, confusión, oscuridad. ≠ Precisión, claridad.
ambiguo, -gua *adj.* Anfibológico, equívoco, de doble sentido, incierto, dudoso*, oscuro. ▮ «Es *dudoso* el sentido de una frase cuando contiene alguna alusión oscura, alguna confusión en las ideas, alguna explicación incompleta o defectuosa; es *equívoco* cuando hay en ella voces de doble significado; es *ambiguo* cuando la construcción puede tener distintas interpretaciones.» (M). → **anfibología**
ámbito *m.* Contorno, perímetro. **2** Superficie, espacio.
ambladura *f.* Andadura.
ambos, -bas *adj. pl.* Los dos, uno y otro, entrambos, ambos a dos. ▮ «*Ambos* no sirve más que para expresar determinadamen-

te y de un modo abreviado el número de dos personas o cosas de quienes se ha hablado ya, prescindiendo de que estén juntas o separadas. *Entrambos* hace concebir además la idea de la unión y de la comunidad o conveniencia de la cosa; por lo que hablando, p. ej., de dos consortes, suele decirse: esto es muy conducente a la felicidad de *entrambos*. *Ambos a dos* denota con mayor precisión la unión y además indica cooperación voluntaria de las dos personas de quienes se habla.» (C).

ambuesta *f.* Almorzada, almuerza, puñera.

amedrentar *tr.-prnl.* Intimidar, atemorizar, amedrentar, acobardar*, arredrar, acoquinar (fam.), achantar (vulg.), amilanar, aterrar, poner en fuga, imponer, achicar, apocar. ≠ Animar, envalentonarse. Desalentar, desanimar, descorazonar. ≠ Animar, envalentonarse.

amelga *f.* Emelga.

amelo *m.* Estrellada.

amenaza *f.* Amago, conminación.

amenazar *intr.-tr.* Amagar, conminar, enseñar los dientes, decir a uno cuántas son cinco, tener en jaque. ▮ *Amagar* supone solo un indicio o comienzo de amenaza o de actitud amenazadora. *Conminar* es intimar a alguien el cumplimiento de algo, so pena de producirle un daño; es mandar amenazando.

amenguar *tr.* Disminuir, menoscabar, mermar, aminorar, achicar, acortar, parvificar, empequeñecer, menguar, encoger. ≠ Aumentar, ampliar. **2** fig. Deshonrar, rebajar, infamar.

ameno, -na *adj.* Grato, agradable, deleitable, placentero, entretenido, divertido, encantador.

amento *m.* BOT. Candelilla.

ameos *m.* Fistra, ami.

americana *f.* Chaqueta, saco (Amér.).

ametista *f.* Amatista.

ami *m.* Ameos, fistra.

amiga *f.* Concubina. **2** Amér. Escuela de niñas.

amigable *adj.* Amistoso, accesible, afable. ▮ Los dos últimos tratándose de personas; el primero es más general.

amigar *tr.* Amistar. **2** Reconciliar, avenir. ▸ **3** *prnl.* Amancebarse.

amígdala *f.* Tonsila.

amigo *m.* Hombre amancebado.

amigo, -ga *adj.* Aficionado, inclinado, encariñado, partidario, afecto, adicto, devoto. ≠ Enemigo.

amilanar *tr.-prnl.* Acobardar*, atemorizar, aterrar, abatir, postrar. ≠ Animar, alentar.

amistad *f.* Afecto*, inclinación, apego, cariño, devoción, intimidad. ▮ *Intimidad*, cuando es estrecha y de mucha confianza.

amistar *tr.* Amigar. ▸ **2** *tr.-prnl.* Reconciliar, avenir, ser uña y carne, estar a partir un piñón, comer en un mismo plato. ≠ Enemistar, regañar.

amistoso, -sa *adj.* Amigable, afable*.

amnistía *f.* Indulto.

amo *m.* Señor, dueño, propietario, patrón. ▮ *Patrón* se usa en las embarcaciones menores y en talleres y comercios.

amodorramiento *m.* Modorra, sopor, letargo, coma (MED.).

amodorrarse *prnl.* Adormecerse*, aletargarse, adormilarse, dormirse*, adormitarse, entorpecerse, entumecerse. ≠ Despertarse, despabilarse, despejarse.

amohecer *tr.-prnl.* Enmohecer, amohosarse (Amér.).

amojonamiento *m.* Mojonación, mojona. ▮ *Mojona* es la acción de amojonar tierras.

amojonar *tr.* Mojonar.

amolador *m.* Afilador.

amolar *tr.* Afilar, dar filo, aguzar. **2** fig. Fastidiar, molestar, cansar, aburrir, hacer la pascua.

amoldar *tr.* Ajustar, acomodar, adaptar. ≠ Desacomodar, desajustar. **2** Ahormar. ▸ **3** *prnl.* Conformarse, avenirse, allanarse, transigir. ≠ Rebelarse, sublevarse. **4** Atenerse*, sujetarse, ajustarse, remitirse.

amollar *intr.* Ceder, aflojar, desistir. ▸ **2** *intr.-tr.* MAR. Largar.

amomo *m.* Granos del Paraíso.

amonedar *tr.* Monedar, monedear.

amonestación *f.* Admonición, monición (p. us.), advertencia*, aviso, exhortación, reprensión, reconvención, regaño, reprimenda, sermón. ▮ En todos ellos predomina la intención de avisar o prevenir. Los cuatro últimos sinónimos se utilizan cuando se hace con intención de reprender o castigar un acto ya realizado.

→ **amonestaciones 2** Lección, enseñanza, ejemplo.

amonestaciones *f. pl.* Amonestaciones matrimoniales, publicaciones, proclamas. → **amonestación**

amonestar *tr.* Advertir*, avisar, exhortar. **2** Reprender, reconvenir, regañar. **3** Correr las amonestaciones, correr las proclamas, correr las publicaciones. ▮ Todos ellos referidos al matrimonio: *correr las amonestaciones para el* matrimonio

amontonar *tr.* Juntar, reunir, acopiar, allegar, apiñar, hacinar, acumular. ≠ Esparcir, separar. ▮ *Amontonar* se refiere a cosas muy numerosas o en gran cantidad, y en esto coincide con *hacinar* y *acumular*; la diferencia está en que se *amontonan* o *hacinan* cosas materiales, sacos, frutas, equipajes, mercancías, etcétera, en tanto que *acumular* se aplica a lo inmaterial con mayor frecuencia que aquellos. Se *acumula* el saber, las dificultades, infortunios, alegrías. *Aglomerar* da, como *amontonar*, la idea de poner unas cosas sobre otras, o junto a otras, sin orden ni concierto, pero de modo que estén apretadas, hacinadas, atiborrando el espacio en que se encuentran. ▸ **2** *prnl.* Amancebarse, amigarse. **3** fig. y fam. Enfadarse, encolerizarse, irritarse, enojarse, amoscarse.

amor *m.* Cariño, afecto*. ≠ Odio. ▮ El carácter abstracto de la palabra *amor*, hace que el pueblo prefiera en general denominarlo *el querer*. ▮ «Se tiene *amor* a una persona cuya posesión nos parece la suprema felicidad; se tiene *cariño* a aquella cuya amabilidad excita vivamente nuestra ternura; se tiene *afecto* a aquella cuyo mérito excita vivamente nuestra inclinación. El *amor* es una pasión violenta; el *cariño* una pasión tierna; el *afecto* una estimación apasionada. El *cariño* se acerca más al *amor*, porque aquella misma sensibilidad que es el alma del *cariño*, es también propia del *amor*, aunque exagerada y mezclada de contrastes que a veces la convierten en dureza; pero la sensibilidad del *afecto* es más tranquila, porque la inspira el mérito (...). El amor conyugal dura muy poco, si es *amor;* se entibia con el tiempo, si es *cariño;* y sólo crece y dura si es *afecto.*» (LH).

amoratado, -da *adj.* Cárdeno, lívido. ▮ Este último, esp. tratándose del color de la cara, de una herida, etc.

amoroso, -sa *adj.* Cariñoso, tierno, enamorado, afectuoso. **2** Blando, suave, templado, apacible.

amortiguar *tr.-prnl.* Atenuar, aminorar, mitigar, moderar, paliar. ≠ Excitar. ▮ Los cuatro primeros, en sus significados materiales o morales; *paliar*, gralte. en sentido moral: *paliar* una mala noticia.

amoscarse *prnl.* Mosquearse, amostazarse, picarse, escocerse, sentirse, resentirse, requemarse, enojarse, agraviarse, enfadarse, encolerizarse, irritarse, amontonarse. ▮ Serie intensiva.

amostazar *tr.-prnl.* Irritar, enojar, mosquear, amoscar, picar, escocerse, sentirse, resentirse, requemarse.

amotinar *tr.-prnl.* Alzar, sublevar, soliviantar, levantar, insubordinar, insurreccionar.

amparar *tr.-prnl.* Favorecer, auxiliar, ayudar*. **2** Proteger*, defender, patrocinar, salvaguardar, escudar. ≠ Desatender, abandonar. ▸ **3** *prnl.* Guarecerse, cobijarse, abrigarse.

amparo *m.* Reparo, defensa, abrigo, asilo, refugio*. **2** Protección, favor, patrocinio, apoyo, auxilio*. ≠ Abandono. **3** Agarradero, recurso.

ampliar *tr.-prnl.* Agrandar, ensanchar, aumentar, añadir, amplificar, desarrollar, dilatar, incrementar, extender. ≠ Reducir. ▮ *Ampliar* es término general que puede usarse con toda clase de complementos, reales o fig. Los siguientes sinónimos se aplican solo a determinados complementos; p. ej.: *agrandar* el tamaño: *a.* una casa; *ensanchar* la anchura: *a.* una calle, un vestido; *aumentar* la cantidad, dimensiones: *a.* el capital, la capacidad de un local, el saber; *amplificar* lo pensado, escrito, hablado, el sonido; *dilatar* la superficie o el volumen; *desarrollar* un pensamiento, las iniciativas, los negocios. Estos y otros matices pueden ser expresados por *ampliar*. *Incrementar* es voz culta o científica y expresa las ideas de *aumentar* o *añadir*.

amplificar *tr.* Ampliar*.

amplio, -plia *adj.* Extenso, vasto, espacioso, dilatado, capaz, ancho, holgado.

amplitud *f.* Extensión. ▌En sentido recto (la *amplitud* de un salón) o fig. (*amplitud* del saber).
ampuloso, -sa *adj.* Hinchado, redundante, enfático, presuntuoso. ≠ Natural, escueto.
amueblar *tr.* Amoblar, moblar, mueblar. ▌Todos ellos menos usados que *amueblar*.
amuleto *m.* Talismán, guayaca (Amér.), mascota. ▌El *talismán* no se lleva necesariamente encima, a diferencia del *amuleto*. La *mascota* es la persona, animal o cosa a la cual se atribuye la virtud de alejar las desdichas o atraer la buena suerte.
amurallar *tr.* Murar, cercar.
amurriarse *prnl.* Amorrarse, amohinarse, entristecerse.
amusco, -ca *adj.* Musco.
amustiar *tr.* Enmustiar, marchitar.
anacardiáceo, -ea *adj.-s.* Terebintáceo.
anacoreta *com.* Monje, cenobita, solitario, ermitaño*, eremita. ▌En los primeros siglos del cristianismo, el *anacoreta*, lo mismo que el *monje* (gr. *monachós*, solitario), vivía solo en lugar retirado. Equivalían, pues, a *solitario*, *ermitaño* y *eremita*. Hoy *monje* se aplica también al religioso que vive en comunidad, como los antiguos *cenobitas* (gr. *koinós*, común ;pl *bios*, vida).
ánade *m.* Pato.
anadear *intr.* Nanear.
anáfora *f.* RET. Epanáfora, repetición.
anagnórisis *f.* Agnición, reconocimiento.
analectas *f. pl.* Antología, crestomatía*, florilegio, selectas.
análisis *m.* Descomposición, distinción, separación. **2** Examen, estudio, observación.
analizar *tr.* Distinguir, separar, descomponer, aislar. **2** Examinar, observar, estudiar.
analogía *f.* Semejanza, parecido, similitud. ≠ Disimilitud, desemejanza, diferencia.
análogo, -ga *adj.* Semejante*, parecido*, similar, afín. ≠ Distinto, diferente, distante. → **analogía**
ananás, ananá *m.* Piña.
anapelo *m.* Acónito, napelo, matalobos, pardal, uva lupina, uva verga.
anarquía *f.* Acracia, anarquismo. **2** fig. Desorden, confusión. ≠ Orden, disciplina.
anarquista *com.* Ácrata, libertario.
anástrofe *f.* GRAM. Hipérbaton. ▌El *hipérbaton* altera también el orden habitual de las palabras; cuando es extremoso y violento se llama *anástrofe*. El primero es figura de construcción; la segunda, solecismo.
anatema *amb.* Excomunión. **2** Maldición, imprecación.
anatematizar *tr.* Excomulgar. **2** Maldecir, reprobar.
anatomía *f.* ▌V. disección
anca *f.* Grupa.
ancho *m.* Anchura.
ancho, -cha *adj.* Amplio, dilatado, extenso, vasto. **2** Holgado. **3** fig. Ufano, satisfecho.
anchoa *f.* Boquerón, alacha, lacha, alache, aladroque, haleche, aleche, alece, anchova.
anchura *f.* Ancho, latitud, amplitud, extensión. ≠ Estrechez, delgadez. **2** Libertad, soltura, holgura, desahogo.
ancianidad *f.* Senectud, vejez*, peinar canas, caerse de maduro, andar con la barba por el suelo, comer el pan de los niños. ≠ Juventud.
anciano, -na *adj.-s.* Viejo. ▌*Anciano* solo se dice de las personas, no de los animales ni de las cosas.
ancla *f.* Áncora, ferro. ► **2** *loc.* **echar anclas** MAR. Anclar, fondear. **3** **levar anclas** Salir, partir, alejarse, arrancar, zarpar, hacerse a la mar.
ancladero *m.* Fondeadero.
anclar *intr.* Echar anclas, fondear, ancorar.
áncora *f.* (formal) Ancla.
ancorar *intr.* Anclar, fondear.
andador, -ra *adj.* Andarín, andariego, caminante, andorrero (desp.), callejero (desp.). ▌Se aplican todos a la persona que anda mucho o con rapidez; pero en *andariego* predomina la cualidad del que anda y se mueve de una parte a otra sin pararse en ninguna. *Caminante* es el viajero que anda a pie; así que una persona puede ser *caminante* en determinada ocasión, sin ser *andarina*, *andadora* ni *andariega* por naturaleza o por costumbre. De un animal podemos decir que es *andador* o *andarín*, pero no *andariego*. *Andorrero* tiene sentido despectivo y equivale esp. a *callejero* o *andariego*.
andamiaje *m.* Andamiada.
andar *intr.* Ir, venir. ▌*Andar* se diferencia de *ir* y *venir* en que estos llevan asociada la

idea de dirección del movimiento (desde aquí, desde ahora: hacia aquí, hacia ahora), en tanto que andar se refiere al movimiento en sí mismo. Por esto puede equivaler a *ir* y *venir* cuando el ademán, la situación del movimiento u otras palabras asociadas añaden a *andar* la dirección; p. ej.: *¡Anda!*, lo mismo puede significar *¡Vete!* que *¡Ven!*; *Andar tras una persona*, o *un negocio*, equivalen a *ir tras*, o *venir tras*, porque la prep. *tras* indica la dirección del movimiento. **2** Funcionar, marchar. ▌ Tratándose de una máquina o mecanismo. ► **3** *tr.-prnl.* Recorrer, caminar. ≠ Pararse, detenerse. ▌ Decimos que un vehículo o un caminante *han recorrido* o *andado* doce kilómetros. *Caminar* equivale a *andar* o trasladarse de un lugar a otro, y se usa como tr. e intr. El empleo de *caminar* es mucho más frecuente en América que en España.

andariego, -ga *adj.* Andador*, andarín.

andarríos *m.* Aguzanieves.

andolina *f.* Golondrina, andorina.

andorga *f.* Vientre, barriga, panza, tripa, abdomen*. ▌ *Andorga* es expresión burlesca, jocosa, de *vientre, barriga, panza* y *tripa.*

andorrear *intr.* desp. Cazcalear, callejear, cantonear, ruar.

andorrero, -ra *adj.* desp. Andariego, callejero (desp.), andador*, andarín, caminante.

andrajo *m.* Argamandel, harapo, guiñapo, zarria, pingajo, pingo. **2** Calandrajo, gualdrapa.

andrajoso, -sa *adj.* Harapiento, haraposo, pingajoso, roto, trapiento, desarrapado, zarrapastroso.

andrómina *f.* Embuste, enredo, mentira, engaño, paparrucha, fullería.

andulario *m.* Faldulario, fandulario.

anea *f.* Enea.

anécdota *f.* Historieta, chascarrillo.

anegar *tr.-prnl.* Ahogar, inundar, sumergir, encharcar. ▌ Si se trata de una persona o animal, *ahogar*. Tratándose de un terreno, *inundar, sumergir* o *encharcar*. ► **2** *prnl.* Naufragar, sumergirse, zozobrar, irse a pique (una embarcación).

anejar *tr.* Anexar, unir.

anejo, -ja *adj.-s.* Anexo, dependiente, agregado, afecto, unido.

aneldo *m.* Eneldo.

anémona de mar *f.* Actinia, ortiga de mar, anemone.

anestesia *f.* Insensibilidad. ▌ En general y etimológicamente, *insensibilidad*; pero por *anestesia* se entiende la *insensibilidad* lograda por medios artificiales como el hipnotismo o la absorción de determinadas sustancias.

anestesiar *tr.* Insensibilizar, cloroformizar, eterizar, raquianestesiar. ▌ Según el procedimiento o la sustancia anestésica empleada, se forman verbos especiales, como *cloroformizar, eterizar, raquianestesiar.* → **anestesia**

anexar *tr.-prnl.* Agregar, unir, anexionar, incorporar. ≠ Separar, desunir.

anexión *f.* Unión, agregación, incorporación.

anexo, -xa *adj.-s.* Anejo, afecto, unido, agregado, dependiente, incorporado.

anfibolita *f.* Afanita.

anfibología *f.* Ambigüedad, imprecisión, indeterminación, confusión, oscuridad, equívoco, dilogía (Lóg.) y (p. us.). ▌ Aunque *anfibología* y *ambigüedad* gralte. coinciden, esta ha tomado por extensión el significado de *imprecisión, indeterminación, confusión* u *oscuridad* en gral., mientras que *anfibología* sugiere siempre dos o más interpretaciones. Lo *anfibológico* es siempre ambiguo, pero no al revés. *Dilogía* equivale a doble sentido de una palabra. El *equívoco* puede tener dos o más sentidos.

anfímacro *m.* Crético.

anfractuosidad *f.* Sinuosidad, desigualdad, escabrosidad.

angarillas *f. pl.* Árguenas, árgueñas, convoy. **2** Aguaderas.

angelical *adj.* Angélico. ▌ «Lo *angélico* pertenece a la naturaleza del ángel; lo *angelical* se le asemeja. Decimos coros *angélicos*, y no *angelicales*. El rostro *angelical*, y no *angélico*, de un niño.» (M).

angina *f.* Esquinencia, amigdalitis.

anglesita *f.* Sulfato de plomo, vitriolo de plomo.

anglicismo *m.* Inglesismo.

angloamericano, -na *adj.-s.* Norteamericano, estadounidense, yanqui.

angostar *intr., tr.-prnl.* Estrechar, enangostar, ensangostar. ≠ Ensanchar, abrir.

angosto, -ta *adj.* Estrecho, ahogado, reducido. ▌ *Estrecho* se opone a ancho, mientras que *angosto* sugiere dificultad de pasar: una cinta, un encaje, son *estrechos*, no *angostos*. Un desfiladero puede ser *estrecho* o *angosto*. Por otra parte, en los casos numerosos de sinonimia total, *angosto* se considera una palabra más escogida y literaria, quizá por su menor uso. Compárense: un sendero *angosto* y un sendero *estrecho*; pasillo *angosto* y pasillo *estrecho*.

angostura *f.* Estrechura, estrechez.

angra *f.* Ensenada, rada.

ángulo *m.* Esquina, rincón. ▌ Tratándose de cosas materiales, *esquina* o *rincón*, según se mire por la parte de afuera o la de adentro, respectivamente.

angustia *f.* Aflicción, dolor, tristeza, congoja, zozobra, desconsuelo. ≠ Ánimo, consuelo, alegría. **2** Agobio, sofocación, inquietud, ansiedad*, tribulación, ansia*, zozobra, desazón, desasosiego, intranquilidad, agitación, inquietud. ≠ Tranquilidad, paz, sosiego, despreocupación.

anhelar *intr.-tr.* Desear, suspirar por, desvivirse, ansiar, hacerse la boca agua, comer con los ojos, beber los vientos, acuciar, aspirar*, ambicionar*. ≠ Desdeñar, despreciar. ▌ *Anhelar* es expresión intensiva de *desear* y envuelve vehemencia en el deseo, como *suspirar por*, *desvivirse*, *ansiar*.

anhelo *m.* Aspiración, deseo, ilusión, ideal, proyecto, afán, ansia, ambición. ▌ Como estos tres últimos, *anhelo* connota idea de vehemencia.

anillo *m.* Sortija, aro, alianza. ▌ En la actualidad es muy habitual llamar *alianza* al *anillo* nupcial por influencia del francés.

ánima *f.* Alma.

animación *f.* Agitación, movimiento, actividad, viveza. ≠ Aburrimiento, abatimiento. **2** Concurso, afluencia, concurrencia. ▌ Tratándose de gente.

animado, -da *adj.* Concurrido, movido, divertido. **2** Alentado, confortado, reanimado, animoso. **3** Agitado, acalorado, excitado.

animadversión *f.* Antipatía*, desafecto, ojeriza, animosidad, inquina, tirria, hincha, enemistad, prevención, encono, resentimiento, malquerencia, rencor. ≠ Simpatía, amistad.

animal *adj. com.* fig. Bruto, bestia, torpe, ignorante, grosero, zafio. **2** Bestia, bruto. ▌ En sentido recto, *animal* comprende todos los seres vivientes de que se ocupa la zoología. *Bestia* alude generalmente a determinada clase de animales, por oposición al ser humano. *Bruto* acentúa el carácter de irracionalidad, de instinto grosero.

animar *tr.-prnl.* Alentar, esforzar, confortar, reanimar, excitar. ≠ Abandonar. **2** Alegrar, letificar (lit.), mover. ≠ Aburrir, abatirse. **3** Vivir, habitar. ≠ Abatirse, aburrir, abandonar.

anímico, -ca *adj.* Psíquico.

ánimo *m.* Valor*, valentía*, intrepidez, esfuerzo, denuedo, ardimiento, energía, fuerzas, brío, aliento. ▌ Cuando no se trata de lucha, defensa o ataque, sino de *energía* moral o física en otras ocasiones de la vida, se acercan mucho a la significación de *ánimo* los siguientes vocablos: *fuerzas*, *brío*, *aliento*. Así, decimos de un convaleciente que no tiene *ánimo*, *fuerzas*, *energía*, *brío*, *aliento*, para salir a la calle; y de una persona indecisa, que le falta *ánimo*, *energía*, etc., para tomar una resolución. En estos casos es usual el empleo del plural, *ánimos*, *fuerzas*, *energías*, *bríos*, *alientos*. Alma, aliento, energía. **2** Intención, voluntad, propósito, designio, pensamiento. ▌ P. ej., cuando decimos que tenemos el *ánimo*, *propósito*, *designio*, etc., de aceptar o rechazar un proyecto o invitación que nos han hecho, o de votar en pro o en contra de determinado candidato. **3** Brío, pujanza, resolución, esfuerzo, fuerza. ≠ Desánimo, indecisión. **4** Interior.

animosidad *f.* Animadversión, desafecto, ojeriza, inquina, antipatía, hincha, tirria, enemistad.

animoso, -sa *adj.* Valiente, valeroso, intrépido, esforzado, denodado, alentado, resuelto, decidido, fuerte, varonil, firme, enérgico. ≠ Débil, pusilánime, cobarde. → **ánimo** **2** Animado, alentado, confortado, reanimado. ≠ Desanimado.

aniñado, -da *adj.* Infantil, pueril (LIT.).

aniquilar *tr.* Destruir, exterminar, arruinar, desbaratar, anonadar*, extinguir*. ≠ Construir, conservar, animar. ▮ *Aniquilar* es, etimológica y literalmente, reducir a la nada, hacer que se extinga una cosa por completo; en tanto que de lo que se *destruye* quedan restos, vestigios o fragmentos. Un bombardeo *destruye* una ciudad, y si decimos que la *aniquila*, es por hipérbole. *Exterminar* se refiere a seres vivos: decimos p.ej., que han sido *exterminadas* una plaga de langostas o las plantas parásitas de un jardín. *Arruinar* se aplica a edificios, bienes, hacienda, y metafóricamente a la salud, ánimo, etc. *Desbaratar*: destruir la fuerza que se nos opone, aunque destruya a los agentes de ella: se *desbarata* al enemigo en un combate sin *destruirlo* ni *aniquilarlo*. *Anonadar* etimológicamente tiene igual sentido que *aniquilar*; pero apenas se usa hoy en el sentido material; pero se emplea en la acepción de abatir, humillar, confundir o avergonzar a una persona. **2** Arrollar, derrotar, vencer, destrozar, batir. ▶ **3** *tr.-prnl.* Aplanar, abatir, postrar, desalentar, debilitar, extenuar. ≠ Animar, amontonar.

anís *m.* (planta y semilla) Matalahúga, matalahúva. **2** (licor) Anisado, aguardiente anisado, anisete. **3 Anís estrellado** Badiana.

aniversario *m.* Cabo de año.

aniversario, -ria *adj.* Anual.

anochecer [1] *m.* Anochecida.

anochecer [2] *intr.* Oscurecer, ensombrecer.

anodino, -na *adj. m.* Sedante, sedativo. ▮ El primero se emplea pralte. en el sentido de lo que produce sosiego general. ▶ **2** *adj.* fig. Ineficaz, insustancial, insignificante.

anómalo, -la *adj.* Irregular, anormal. ≠ Regular. **2** Infrecuente, raro, extraño, insólito. ≠ Vulgar.

anona *f.* Corrosal.

anonadar *tr.* Abatir, humillar, confundir, aniquilar. ▮ Aunque *aniquilar* y *anonadar* coinciden en su acepción etimológica, el primero se emplea preferentemente en significado material, y el segundo en sentido moral: la epidemia *aniquila* el rebaño; la noticia me *anonadó*.

anónimo, -ma *adj.* Desconocido, ignorado. ▮ Tratándose del autor de una obra o escrito, *desconocido*, *ignorado*; pero si se trata de la obra misma no puede decirse que es *desconocida* o *ignorada*, sino precisamente *anónima*.

anorexia *f.* MED. Inapetencia, desgana.

anoria *f.* Noria, cenia (en Marruecos).

anormal *adj.* Irregular, anómalo.

anormalidad *f.* Irregularidad, anomalía.

anorza *f.* Nueza blanca.

anotar *tr.* Apuntar, asentar. ▮ El empleo de *asentar* ha quedado restringido a los libros de comercio y cuentas. Un estudiante *anota* o *apunta* las explicaciones del profesor, pero no las *asienta*. Igualmente *anotamos* o *apuntamos* lo que no queremos que se nos olvide. Un comerciante *asienta* una partida en sus cuentas. **2** Puntuar, marcar. ▮ Se utilizan sobre todo para juegos y deportes. **3** Asentar, comentar, glosar, apuntar. ▮ Tratándose de añadir anotaciones que aclaren o comenten el sentido de un libro o escrito, *anotar*, *comentar*, *glosar*, pero nunca *apuntar* ni *asentar* el libro o escrito en cuestión.

anquilosarse *prnl.* fig. Envejecer.

ánsar *m.* Ganso, ansarón.

ansia *f.* Aspiración, deseo, afán, anhelo, ansiedad. **2** Aflicción, zozobra, congoja, angustia, tribulación, deseo. ≠ Despreocupación, tranquilidad. ▮ Cuando en el *ansia* predominan los sentimientos penosos, llega a desaparecer u oscurecerse la idea de deseo, y la línea sinonímica va hacia los significado de *aflicción*, *zozobra*, *congoja*, *angustia*, *tribulación*. **3** Apetito, sed, hambre. ≠ Inapetencia. → **ansias**

ansiar *tr.* Apetecer, desear*, aspirar*, anhelar, suspirar por, desvivirse, echar el ojo, írsele los ojos tras, ambicionar*. ≠ Despreocupar, tranquilizar.

ansias *f. pl.* Náuseas, basca. → **ansia**

ansiedad *f.* Ansia, inquietud, intranquilidad, agitación, congoja, zozobra, angustia, tribulación, dolor. ▮ Los cuatro primeros, cuando predomina el matiz de impaciencia o deseo impaciente. Cuando aquel sentimiento se hace doloroso, se utilizan todos los demás sinónimos.

anta *f.* Alce, ante, dante, danta. **2** Bol. Tapir.

antagonismo *m.* Oposición, contraposición, conflicto. **2** Rivalidad, lucha.
antagonista *com.* Adversario, contradictor, contrario, rival, enemigo.
antártico, -ca *adj.* Austral.
ante [1] *m.* Anta, dante, danta, alce.
ante [2] *prep.* En presencia de, delante de. **2** Respecto de.
antecámara *f.* Antesala.
antecedente *adj.* Anterior, precedente. ≠ Consiguiente, consecuente. ▌Tratándose de cosas fijas sin idea de sucesión temporal o de orden, se usa *anterior*, y no *antecedente* ni *precedente*; p. ej., cuando hablamos de la parte *anterior* de un edificio. ▌«*Antecedente* es lo que está colocado antes; *anterior* es lo que ha sucedido o existido antes; *precedente* lo que está colocado o ha existido inmediatamente antes de lo actual.» (M). ► **2** *m.* Dato, noticia, referencia, informe, precedente. ▌*Precedente* es un caso anterior que sirve para juzgar o decidir otros posteriores más o menos parecidos.
anteceder *tr.* Preceder. ▌*Preceder* indica anterioridad inmediata en orden, jerarquía o tiempo. *Anteceder* no establece limitación respecto al tiempo. Los hechos que *antecedieron* a un acontecimiento importante son sencillamente anteriores a este, y pueden ser próximos o lejanos; los que le *precedieron* se hallan en anterioridad inmediata con el acontecimiento en cuestión, o muy próximos a él.
antecesor *m.* Ascendiente, antepasado. → **antecesores**
antecesor, -ra *s.* Predecesor. ▌P. ej., *predecesor* en un cargo o dignidad.
antecesores *m. pl.* Predecesores, mayores, padres, abuelos. → **antecesor**
antedicho, -cha *p. p.* Predicho, augurado, profetizado. ► **2** *adj.* Dicho, sobredicho, nombrado, mencionado.
anteguerra *f.* Preguerra.
antehistórico, -ca *adj.* Prehistórico.
antelación *f.* Anticipación. ▌*Anticipación* es de uso más general. *Antelación* es voz escogida, de sabor literario, muy frecuente también en el lenguaje administrativo: se anuncia la presentación de los opositores con 15 días de *antelción*; el juez requiere la presencia de un testigo con 24 horas de *antelación*.
antemano **De antemano** *loc. adv.* Por anticipado, por adelantado, anticipadamente, antes.
antena *f.* MAR. Entena. **2** ZOOL. Cuerno, cornezuelo.
antenado, -da *s.* Hijastro, entenado, alnado (antic.)
anteojo *m.* Catalejo. ► **2 Ver con anteojo de aumento** *loc.* Ponderar, exagerar, encarecer, abultar.
anteojos *m. pl.* Gemelos. → **anteojo 2** Espejuelos, lentes, quevedos, gafas (fam.) y vulg., antiparras. ▌Los tres primeros se utilizan cuando se sujetan a la nariz; *gafas*, si la armadura se sujeta detrás de las orejas; *antiparras* o *gafas*. → **anteojo**
anteponer *tr.-prnl.* Preferir, preponer. ≠ Posponer, humillar.
anteporta *f.* Portadilla, anteportada.
antepuerta *f.* Guardapuerta. **2** Contrapuerta. ▌Este en fortificaciones.
antequino *m.* ARQ. Esgucio.
anterior *adj.* Antecedente, precedente, previo. ≠ Posterior, pospuesto.
antesala *f.* Antecámara, recibidor, recibimiento. ▌*Antecámara*, en los palacios y casas importantes. En las casas corrientes, *recibidor*, *recibimiento*.
antever *tr.* Prever.
antia *f.* Lampuga.
antiafrodisíaco, -ca *adj.* Anafrodisíaco.
anticarro *m.* Antitanque.
anticipación *f.* Adelanto, antelación, anticipo. **2** RET. Ocupación, prolepsis, sujeción.
anticipar *tr.-prnl.* Adelantar, coger la delantera, dar primero, levantarse con estrellas, tomar la delantera. ≠ Retrasar.
anticipo *m.* Anticipación, adelanto, avance. **2** Señal, garantía, prenda.
anticuado, -da *adj.* Viejo, antiguo, desusado, desueto, obsoleto, trasnochado. ▌*Anticuado* añade a *viejo* y *antiguo* la idea de que no está en uso desde hace tiempo.
anticuario *m.* Arqueólogo. ▌*Arqueólogo* es hoy más usado que *anticuario* para indicar el conocedor de las cosas antiguas por profesión o estudio. Es además de significación más extensa, puesto que abarca el conocimiento de monumentos antiguos

en gral., y no solo el de objetos de arte, utensilios, etc. En el uso moderno, *anticuario* se aplica esp. al que comercia con antigüedades.

antidáctilo *m.* Anapesto.

antídoto *m.* Contraveneno, antitóxico. ▮ *Antídoto* y *contraveneno* son medicamentos propios para contrarrestar los efectos de un veneno determinado; *antitóxico* (adj.-m.) tiene un sentido más gral. y sirve para anular o eliminar no solo un veneno o toxina de efectos rápidos, sino también los estados de intoxicación más o menos duradera. A un envenenado con arsénico se le administra inmediatamente un *antídoto* o *contraveneno*. Un régimen alimenticio puede ser *antitóxico*.

antifaz *m.* Careta, máscara.

antifebril *adj. com.* MED. Antitérmico, antipirético, febrífugo.

antifonal *adj. com.* Tonario, antifonario.

antiguamente *adv. t.* En lo antiguo, en otro tiempo, otras veces, desde que el mundo es mundo, en tiempo del rey que rabió, en tiempo de los godos, yendo y viniendo días. ▮ «Todos designan el tiempo pasado; pero *antiguamente* lo designa como muy apartado del tiempo presente; *en otro tiempo*, como simplemente separado, y *otras veces* lo designa no solamente como separado de lo presente, sino también como diferente, por los accesorios. Tan injusto es juzgar de lo que se practicaba *antiguamente*, por lo que en el día está en uso, como sería ridículo querer arreglar los usos del día por lo que *antiguamente* se hacía. *En otro tiempo* se rogaba mucho a los convidados para que bebiesen, en el día ni aun se les indica. Las cosas mudan según los tiempos y las circunstancias: lo que *otras veces* era bueno, puede no ser conveniente ahora.» (Ma).

antiguo, -gua *adj.* Viejo, vetusto, añoso, arcaico, remoto, añejo*. ▮ *Viejo* y *antiguo* pueden aplicarse a personas y cosas. Cuando *antiguo* se aplica a personas, se refiere, más que a su edad, a sus costumbres, ideas, vestido, etc., y se acerca al sentido de *anticuado*. *Anciano* se dice exclusivamente de personas. **2** Anticuado, obsoleto, desusado, desueto, trasnochado, más viejo que el andar a pie, del tiempo de Noé, chapado a la antigua. **3** Arraigado, inveterado.

antipatía *f.* Ojeriza, desafecto, desafección, inquina, animadversión, manía, tirria, hincha (vulg.), aversión, repugnancia, repulsión, animosidad, mala ley. ≠ Simpatía, aprecio. ▮ *Antipatía* es voz genérica que abarca todos los matices contenidos en la siguiente serie intensiva: *ojeriza, desafecto, desafección, inquina, animadversión, manía, tirria, hincha, aversión, repugnancia, repulsión*. Cuando estos sentimientos se combinan más o menos con la voluntad activa del sujeto, pasan a ser *animosidad, mala ley, mala voluntad, malquerencia, encono, rencor, aborrecimiento, rabia, odio**. La aplicación de *repugnancia* al sentimiento moral que nos inspiran ciertas personas es hoy frecuente como expresión de *antipatía* intensa. Con el mismo sentido intensivo se aplica también a ciertas ideas, doctrinas o prácticas muy distantes de las que tenemos por buenas o gratas.

antipirético, -ca *adj.-s.* MED. Antifebril, antitérmico, febrífugo.

antiséptico, -ca *adj.-s.* Antipútrido, desinfectante.

antitanque *m.* Anticarro.

antitérmico, -ca *adj.-s.* MED. Antifebril, febrífugo, antipirético.

antítesis *f.* Oposición, contraposición, contraste.

antitético, -ca *adj.* Opuesto, contrario, contrapuesto. ≠ Semejante, compatible.

antitóxico, -ca *adj. m.* Antídoto*, contraveneno. ≠ Veneno, tóxico.

antojadizo, -za *adj.* Caprichoso, caprichudo, fantasioso, mudable, versátil, veleidoso, voluble.

antojo *m.* Deseo, capricho, gusto, fantasía, humorada.

antología *f.* Florilegio, crestomatía, analectas, selectas.

antorcha *f.* Hacha.

antro *m.* Caverna, gruta, cueva. **2** ANAT. Cámara, ventrículo, cavidad.

antropofagia *f.* Canibalismo.

antropoide *adj. com.* Antropomorfo.

antropomorfo, -fa *adj.-s.* Antropoide.

anubado, -da *adj.* Anublado, nuboso, nublado, encapotado, anubarrado.

anublar *tr.-prnl.* Nublar, oscurecer, empañar. **2** Marchitar, amustiar.

anudar *tr.* fig. Juntar, unir, asegurar. **2** Continuar, reanudar. ► **3** *prnl.* Ennudecer, detenerse (el crecimiento), dejar de crecer.

anuencia *f.* Consentimiento*, aquiescencia, permiso, venia, asentimiento, asenso, aprobación, beneplácito, hacer la vista gorda.

anular *tr.-prnl.* Suprimir, revocar, abolir*, invalidar, deshacer, borrar, tachar. ‖ Los cuatro primeros indican alguna orden o disposición; se emplea *deshacer* si se trata de un trabajo u obra; *borrar, tachar* cuando se trata de un escrito. **2** Desautorizar, incapacitar (a alguien). ≠ Confirmar, convalidar, autorizar.

anunciar *tr.-prnl.* Predecir, pronosticar, presagiar, augurar. **2** Advertir, prevenir, noticiar, avisar, informar, proclamar, hacer saber, pregonar, vocear. ≠ Ocultar, callar. **3** Publicitar, promocionar.

anuncio *m.* Predicción, pronóstico, presagio, augurio. **2** Aviso, noticia. **3** Publicidad, spot (anglic.).

antimilitarista *adj.-s.* Pacifista.

anverso *m.* Cara.

anzuelo *m.* Hamo (desus.). **2** fig. Atractivo, aliciente, incentivo.

añadido *m.* Postizo.

añadidura *f.* Aditamento, añadido, complemento, adjunción, agregación, adición, suma, aumento. ≠ Resta, disminución.

añadir *tr.* Agregar, sumar, adicionar, incorporar. ‖ *Incorporar* es por su etimología y significado presente, *añadir* formando cuerpo o conjunto. Una salsa se corta si el aceite que le añadimos no se *incorpora* a la masa. Los soldados se *incorporan* a su regimiento, no se *añaden*. *Incrementar* es voz culta o científica. Entre *añadir* y *agregar* existe la diferencia expuesta en la cita: ‖ «Lo que se *añade* compone parte integrante de aquello a que se *añade*; lo que se *agrega* conserva su individualidad: de modo que *añadir* es aumentar el todo, y *agregar* es aumentar el conjunto. *Añadir* supone homogeneidad; pero *agregar* no requiere esta circunstancia. Cuando se quiere ensanchar o alargar una pieza de ropa, se le *añade* un pedazo del mismo tejido y color. Las guarniciones, los flecos y los adornos postizos se *agregan*, no se *añaden*.» (M). **2** *tr.* Aumentar, ampliar*. ≠ Restar, mermar. ‖ «El aumento es el resultado de la adición. La parte que se agrega a otra para hacerla mayor, es lo que se añade; la que se hace mayor con la parte añadida, es lo que aumenta. Aumenté el número de mis libros, añadiendo a los que tenía algunos que me faltaban. Este vecindario se va aumentando de día en día; y no, se va añadiendo. Aumentó su caudal añadiendo a él la dote de su mujer; y no, añadió el caudal aumentando la dote, porque se daría a entender lo contrario de lo que se quería decir.» (LH).

añagaza *f.* Señuelo. **2** Ardid, artificio, artimaña, engaño, treta, trampa.

añalejo *m.* Cartilla, burrillo, gallofa (fam.), cuadernillo, epacta, epactilla.

añasco *m.* Enredo, embrollo.

añejo *adj.* Añoso, viejo, antiguo. ‖ «*Añoso* es lo que ha durado muchos años; *añejo* lo que, por haber durado muchos años, ha mejorado o empeorado de condición. En poesía se dice *añosas* selvas, y los aficionados al vino prefieren el *añejo*.» (M).

añicos *m. pl.* Pedazos, trizas.

añil *m.* Índigo.

añoranza *f.* Nostalgia, recuerdo, morriña, soledad (antic.). ≠ Olvido.

añublo *m.* Niebla.

añudar *tr.* ant. Anudar.

aojar *tr.* Fascinar, atravesar, ojear, hacer, dar mal de ojo.

aónides *f. pl.* Las musas.

aovado, -da *adj.* Ovado, oval, ovalado, ovoide, ovoideo.

aovar *intr.* Ovar, poner.

apabullar *tr.* Aplastar, chafar, estrujar. **2** fig. Confundir, avergonzar.

apacentamiento *m.* Pacedura. ‖ Este, tratándose del ganado.

apacentar *tr.* Pastorear, dar pasto, apastar, pacer. ‖ El último tiene algún uso con sentido factitivo. **2** fig. Instruir, enseñar, adoctrinar.

apachico *m.* Amér. Lío, bulto.

apacible *adj.* Dulce, agradable, pacífico, manso, sosegado, tranquilo, reposado, bonancible, blando, suave, templado, plácido, quieto. ‖ Especialmente tratándose del tiempo se utiliza *bonancible*. **2** Deleitable, deleitoso, ameno, placentero, delicioso, agradable, encantador, grato.

apaciguar *tr.* Poner en paz, pacificar, despartir. ‖ Este último tratándose de una riña. **2** Tranquilizar, sosegar, calmar, aquietar. ≠ Inquietar, enfurecer.

apadrinar *tr.* Proteger, patrocinar, auspiciar.

apagado, -da *adj.* Sosegado, apocado, bajo, débil, mortecino, amortiguado. ‖ Tratándose de personas o de su carácter, *sosegado, apocado*. Tratándose del color o del brillo, *bajo, débil, mortecino, amortiguado*.

apagar *tr.-prnl.* Extinguir, sofocar. **2** fig. Aplacar, reprimir, contener. **3** Rebajar, amortiguar, debilitar. ≠ Encender. ‖ Tratándose del color o del brillo.

apagavelas *m.* Matacandelas.

apalabrar *tr.* Concertar, convenir, tratar, pactar.

apalear *tr.* Varear, golpear (con palo). **2** Palear (con pala).

apandar [1] *tr.* fam. Pillar, guardar, llevarse.

apandar [2] *intr.-prnl.* Pandear, torcerse, encorvarse, alabearse, combarse. ‖ *Apandar* y *pandear*, se aplican a una superficie más o menos extensa, una pared, una tabla se *apandan, pandean, alabean* o *comban*; pero un bastón o un clavo se *tuercen* o *encorvan*.

apañado, -da *adj.* Hábil, mañoso, diestro. **2** Arreglado, ataviado, aderezado, compuesto. **3** Arreglado, remendado, adobado.

apañar *tr.* Recoger, guardar. **2** Aderezar, ataviar, arreglar*, componer. **3** Remendar. ► **4** *prnl.* Bandearse, ingeniarse.

apaño *m.* Compostura, remiendo, arreglo. **2** Maña, habilidad, destreza.

aparador *m.* Cristalera, trinchero. **2** Credencia. **3** Escaparate.

aparato *m.* Instrumento*, mecanismo, dispositivo. **2** fig. Pompa, ostentación, solemnidad, boato, fausto. **3** Adorno, atavío, gala, ornamento, ornato*.

aparatoso, -sa *adj.* Pomposo, ostentoso.

aparcamiento *m.* Estacionamiento*, parquin (anglic.).

aparecer *intr.-prnl.* Mostrarse, dejarse ver, manifestarse. **2** Hallarse, encontrarse, estar, parecer, figurar. ≠ Desparecer, ocultar. ‖ Así decimos que un nombre *aparece, se halla* o *encuentra, está, parece, figura*, en la lista. **3** Salir, nacer, brotar, surgir. ≠ Morir.

aparejar *tr.* Preparar, prevenir, disponer, aprestar. **2** PINT. Imprimar. **3** MAR. Enjarciar.

aparejo *m.* Preparación, disposición. **2** Arreos. **3** Polipasto, polispasto. **4** PINT. Imprimación. **5** Herramientas, instrumental. **6** Ingredientes (de un plato o condimento).

aparentar *tr.* Simular, fingir, hacer la comedia, quiero y no puedo, hacer la muestra.

aparición *f.* Fantasma, espectro, sombra.

apariencia *f.* Aspecto, forma, figura, traza. **2** Verosimilitud, probabilidad. **3** Ficción*, simulación.

aparrado, -da *adj.* Parrado. **2** fig. Achaparrado, rechoncho.

apartado *m.* Apartado de correos, casilla (Amér.).

apartado, -da *adj.* Alejado, retirado, distante, lejano, remoto.

apartamiento *m.* Alejamiento, retiro, clausura. **2** Habitación, apartamento, piso, vivienda.

apartar *tr.-prnl.* Escoger, separar, seleccionar. **2** Separar, desunir, distanciar, dividir. **3** Alejar, retirar, desviar, quitar*, remover*. **4** Disuadir, distraer. ≠ Acercar, unir. ► **5** *tr.* Prescindir*, dar de lado, dejar a un lado.

aparte [1] *adv. l.* Separadamente, por separado. ► **2 Aparte de que** *loc. conj.* Además de, fuera de que.

aparte [2] *m.* Párrafo.

aparvar *tr.* Emparvar. **2** fig. Amontonar, reunir.

apasote *m.* Pazote, apazote.

apastar *tr.* Apacentar, pastorear, dar pasto.

apatía *f.* Asadura, calma, cachaza, flema, pachorra. **2** Incuria, indolencia, displicencia, dejadez, desidia, abandono. ≠ Fervor, anhelo, esfuerzo.

apático, -ca *adj.* Desidioso, abandonado, indolente, dejado. **2** Flemático, lento, imperturbable, cachazudo, calmoso, indiferente, impasible, sangre de horchata.

apazote *m.* Pazote, apasote.

apealar *tr.* Amér. Manganear, pialar.

apearse *prnl.* Descabalgar, desmontar, bajar, descender. ≠ Subir, montarse. ► **2 No apearse del burro** *loc.* → **burro**

apechugar *intr.* Apechar, cargar, apencar.

apego *m.* fig. Afición, inclinación, afecto. ≠ Desinterés, antipatía. **2** Adhesión, unión, afección, afiliación. ≠ Desunión, discrepancia. ► **3** *f.* Lealtad*, fidelidad, ley. ≠ Traición, ilegalidad.

apelambrar *tr.* Pelambrar.

apelar *intr.* Recurrir, acudir. ≠ Desistir.

apenar *tr.-prnl.* Afligir, entristecer, apesadumbrar, contrariar, contristar, apesarar, partísele a uno el alma, cubrírsele el corazón, hacersele a uno un nudo en la garganta, atribular, desconsolar, desolar, angustiar. ≠ Consolar.

apenas *adv. m.-adv. c.* Casi no, con dificultad, escasamente.

apencar *intr.* Apechugar, apechar.

apéndice *m.* Prolongación, suplemento, agregado. **2** ANAT. Y ZOOL. Cola, prolongación.

apercibimiento *m.* Percibimiento. **2** Aviso, advertencia*, prevención*, consejo. **3** Admonición, amonestación.

apercibir *tr.* Prevenir, disponer, preparar, aparejar. **2** Amonestar, avisar, advertir*. ▌*Apercibir*, además, se utiliza cuando una autoridad comunica o hace saber las sanciones a que está expuesta la persona requerida. ► **3** *prnl.* Darse cuenta, notar, advertir. ≠ Ocultar.

aperdigar *tr.* Perdigar.

aperreado, -da *adj.* Duro, fatigoso, molesto, trabajoso, arrastrado.

apersonarse *prnl.* Personarse, presentarse, comparecer.

apertura *f.* Inauguración, comienzo, principio. ▌*Apertura* e *inauguración* dan idea de solemnidad.

apesadumbrar *tr.* Afligir, entristecer, apenar, apesar, atribular, acibarar, amargar.

apesarar *tr.* Afligir, entristecer, apenar, apesadumbrar, contristar.

apestar *tr.* Heder, oler mal. **2** Corromper, viciar. **3** Fastidiar, hastiar, cansar, molestar, enfadar. ≠ Curar, sanear. ▌*Apestar* añade intensidad o grado a la molestia sufrida.

apestoso, -sa *adj.* Fétido, hediondo. **2** Fastidioso, molesto, enfadoso, insufrible, insoportable.

apetecer *tr.* fig. Desear*, írsele los ojos tras, hacerse la boca agua, despertar el apetito, querer II*, ambicionar*. **2** Pedir.

apetencia *f.* Apetito, gana de comer, inclinación, deseo. ▌*Apetencia* tiene aplicación general a todo lo que es *inclinación* o *deseo*, especialmente si es sensual o necesario para el cuerpo.

apetito *m.* Gana, necesidad, hambre, voracidad, gazuza, carpanta. ▌Serie intensiva: *apetito, gana, necesidad, hambre, voracidad*. En el habla popular y burlesca, *gazuza, carpanta*. **2** Inclinación, deseo. ≠ Desgana, inapetencia.

apetitoso, -sa *adj.* Gustoso, sabroso, regalado, delicado, rico, entrar por los ojos, estar diciendo 'comedme'.

apiadarse *prnl.* Compadecerse, condolerse, dolerse, tener compasión, tener misericordia, arrancársele las entrañas, rezumar caridad. ≠ Ensañarse.

apilar *tr.* Empilar, apilonar (Antillas, Colomb. y Méx.). ▌En las Antillas, Colomb. y Méx., apilonar. **2** Amontonar, juntar, allegar.

apiolar *tr.* fam. y burl. Prender, sujetar. **2** Matar.

apiparse *prnl.* Hartarse, saciarse, atracarse.

apisonar *tr.* Pisonear, repisar.

aplacar *tr.-prnl.* Amansar, mitigar, moderar, suavizar, calmar, sosegar, acallar, aquietar, apagar, reprimir, contener, templar, atenuar. ≠ Irritar, destemplar. ▌Los cuatro primeros se aplican a lo violento, como el huracán, la ira, la enemistad. *Calmar* y *sosegar* se extienden a los sentimientos de dolor, temor, impaciencia o desesperación. *Aplacar* se usa en ambos sentidos, pero en general está más cerca de la primera serie sinonímica que de la segunda. Se *aplaca* al iracundo; se *calma* o *sosiega* al aterrorizado, al dolorido.

aplacible *adj.* Agradable, grato, ameno, deleitoso, deleitable, delicioso.

aplanar *tr.* Allanar, explanar, igualar. **2** Asentar, alisar, apisonar. ► **3** *prnl.* fig. Abatirse*, postrarse, desalentarse, debilitarse, extenuarse, aniquilarse. ≠ Animarse, alentarse.

aplastar *tr.-prnl.* Chafar, estrujar, despachurrar, apabullar. **2** fig. Confundir, avergonzar, humillar, abatir, dejar cortado, dejar avergonzado, dejar sin resuello, dejar apabullado, dejar para el arrastre. ≠ Mullir, consolar (fig.).

aplaudir *tr.* Palmotear. **2** Aprobar, alabar, loar, elogiar, encomiar, celebrar, poner por las nubes.

aplauso *m.* Ovación, palmas. ▌ *Ovación* cuando el *aplauso* es grande, ruidoso y tributado por mucha gente. **2** Alabanza, loa, elogio, aprobación, encomio.

aplazamiento *m.* Prórroga, demora*, suspensión, retraso, retardo, dilación. ▌ El *aplazamiento* y la *prórroga* tienen un tiempo determinado; mientras que la *demora*, la *suspensión*, el *retraso*, el *retardo* y la *dilación* son por tiempo indefinido. Cuando el *aplazamiento* y la *prórroga* quieren hacerse sin señalar su término, hay que añadirles expresiones como 'hasta nueva orden', 'sine die', etc. La *prórroga* es el alargamiento de un plazo sin solución de continuidad; el *aplazamiento* supone solución de continuidad. En varios países de Amér. se usa *postergación* como sinónimo de *aplazamiento*.

aplazar *tr.* Prorrogar, demorar, retrasar, diferir*, posponer, postergar, retardar, remitir, suspender. ≠ Cumplir. ▌ Los cuatro primeros se refieren siempre al tiempo. Los dos últimos se refieren a la situación u orden de colocación en el tiempo, en el espacio o en la estimación. Ambos implican un término de comparación, o punto de partida, desde el cual las cosas se posponen o postergan. *Postergar* es siempre desestimativo en España, aunque no en Amér. En varios países de Amér., *postergar* no significa necesariamente desestimación de lo postergado, sino *aplazar*: por la importancia del asunto se *postergó* el acuerdo hasta que se reciba más información.

aplicación *f.* Superposición, adaptación. **2** Sobrepuesto. ▌ Ambos designan un adorno aplicado sobre una cosa. **3** Asiduidad, esmero, atención, estudio, perseverancia.

aplicado, -da *adj.* Cuidadoso, atento, perseverante, asiduo, estudioso, aprovechado, diligente, laborioso, trabajador*.

aplicar *tr.* Superponer, sobreponer, adaptar. **2** Destinar, adjudicar. **3** Atribuir, imputar, achacar. **4** Emplear*, invertir, gastar, colocar. ▌ Tratándose de dinero. ► **5** *prnl.* Esmerarse, perseverar, estudiar, atender. ≠ Vaguear, desatender, desentenderse.

aplomo *m.* Gravedad, serenidad, circunspección, seguridad en sí mismo, prudencia, cordura, seso, medida, juicio, discernimiento, sabiduría. ≠ Insensatez, indiscreción, informalidad, descuido. **2** CONSTR. Plomada.

apocado, -da *adj.* Infeliz, cuitado, pobre hombre. **2** Tímido, encogido, pusilánime, corto, medroso, cobarde*. ≠ Atrevido, resuelto, acometedor. **3** Apagado*, sosegado, bajo, débil, mortecino, amortiguado. **4** Ñoño, remilgado, melindroso, dengoso, quejumbroso.

apocamiento *m.* Cortedad, timidez, encogimiento, pusilanimidad.

apocar *tr.* Aminorar, mermar, acortar, achicar, reducir, limitar, estrechar. **2** Humillar, tener en poco, rebajar, abatir. ► **3** *prnl.* Amedrentarse, acobardarse, achicarse, acoquinarse.

apócrifo, -fa *adj.* Falso, fingido, supuesto, fabuloso, no auténtico. ≠ Auténtico. ▌ *Apócrifo* se dice de los Evangelios no reconocidos por la Iglesia. La palabra extendió su aplicación a todo libro, escrito, relato y autor que se considera *falso, fingido, supuesto, fabuloso, no auténtico*.

apoderar *tr.* Dar poder. ► **2** *prnl.* Adueñarse, apropiarse, dominar, enseñorearse, ocupar, usurpar. ▌ Este último, si es contra derecho.

apodo *m.* Mote, malnombre, alias, sobrenombre*. ▌ *Apodo, mote* y *malnombre* implican gralte. menosprecio, burla, ironía, etc. *Alias* y *sobrenombre*, pueden aludir a cualquier cualidad o circunstancia, buena o mala.

apogeo *m.* Auge, esplendor, plenitud, magnificencia. ≠ Decadencia, apagamiento.

apología *f.* Panegírico, elogio*, encomio, alabanza, justificación, defensa. ▌ La *apología* y el *panegírico* son discursos o escritos de alabanza; el primero de personas o cosas; el segundo, solo de personas. Hacemos la *apología* de un personaje, de una época, de un país. El *panegírico* de un santo, de un escritor ilustre. En sentido general, y sin necesidad de que sea en forma de discurso o escrito, podemos emplear como sinónimos de *apología*: *elogio, encomio, alabanza, justificación, defensa.*

apólogo *m.* Fábula, ficción, parábola.

apoltronarse *prnl.* Emperezarse, empoltronecerse. **2** Arrellanarse, rellanarse, repantigarse, repanchigarse.

aponeurosis *f.* Nervio. ▌*Aponeurosis* es voz científica: en el habla común, *nervio.*

aporcar *tr.* Acogombrar, acohombrar.

aporrear *tr.* Golpear. **2** fig. Machacar, importunar, molestar. ► **3** *prnl.* Azacanearse, ahincarse, fatigarse, afanarse.

aportadera *f.* Portadera.

aportar [1] *intr.* Arribar, llegar.

aportar [2] *tr.* Llevar, conducir. **2** Dar, proporcionar.

aposentar *tr.-prnl.* Hospedar, alojar, albergar, tomar casa, sentar el real, tener casa abierta.

aposento *m.* Cuarto, estancia, habitación, pieza, cámara*. **2** Alojamiento, hospedaje, posada, albergue, cobijo.

aposta *adv. m.* Adrede, de intento, deliberadamente, ex profeso, de propósito, con intención, expresamente.

apostar [1] *tr.* Poner, jugar.

apostar [2] *tr.-prnl.* Situar, colocar.

apostasía *f.* Abjuración, retractación, deserción. ≠ Ordotoxia, fidelidad.

apóstata *com.* Renegado.

apostatar *intr.* Renegar, convertirse, abjurar, retractarse. ▌Desde el punto de vista de la religión, doctrina, partido, que se abandona, *apostatar* es lo mismo que *renegar* (*apóstata* es igual a *renegado*). Desde el punto de vista de la nueva doctrina, *convertirse* (*converso*), lo cual supone *abjurar* la doctrina anterior o *retractarse* de ella.

apostilla *f.* Postila, postilla, acotación.

apostillar *tr.* Marginar, postilar, acotar.

apóstol *m.* fig. Propagandista, propagador.

apostura *f.* Gentileza, gallardía, garbo.

apotegma *m.* Aforismo, máxima, sentencia, dicho, refrán*. ▌*Apotegma* suele referirse únicamente a la Antigüedad clásica o al Renacimiento.

apoyar *tr.-prnl.* Descansar, gravitar, estribar, cargar. **2** Confirmar, sostener, autorizar, secundar. ≠ Desaprobar. ▌Tratándose de opiniones, doctrinas, etc. **3** Favorecer, ayudar, amparar, proteger, defender, patrocinar, asistir, coadyuvar, auxiliar, socorrer. ≠ Abandonar, desasistir. **4** Basar, fundar, fundamentar. **5** Reclinar, recostar.

apoyo *m.* Sostén, soporte, sustentáculo, base*, asiento, fundamento, cimiento. **2** Favor, ayuda, amparo, protección, auxilio*, patrocinio, defensa, arrimo, báculo, consuelo.

apreciable *adj.* Perceptible. **2** Estimable.

apreciación *f.* Evaluación, valoración, estimación. **2** Juicio, opinión, dictamen.

apreciar *tr.-prnl.* Estimar, tasar, valuar, evaluar, valorar, justipreciar*, apreciar, aquilatar*, quilatar (p. us.), graduar. ≠ Despreciar, desestimar. **2** Estimar, considerar, reputar, preciar, mirar con buenos ojos, querer II*, amar. ≠ Aborrecer, desestimar, odiar. **3** Percibir, discernir*, distinguir, diferenciar, discriminar.

aprecio *m.* Estimación, estima, consideración, afecto. ≠ Aborrecimiento, descrédito, desestimación.

aprehender *tr.* Coger, prender, capturar, apresar, aprisionar. ≠ Soltar, desasir.

apremiar *tr.* Oprimir, apretar. **2** Dar prisa, urgir, apurar, instar, acuciar, ser puñalada de pícaro. ≠ Tranquilizar.

apremio *m.* Urgencia, premura, prisa, necesidad. **2** Estrechez, aprieto, apuro.

aprendiz, -za *s.* Principiante, meritorio, aspirante. ▌*Principiante* en general, y esp. en los oficios manuales. En despachos u oficinas, *meritorio* o *aspirante.*

aprensión *f.* Escrúpulo, recelo, desconfianza*, temor. ≠ Confianza.

aprensivo, -va *adj.* Escrupuloso, receloso, remirado, temeroso.

apresar *tr.-prnl.* Aprehender, capturar*, prender, aprisionar. ≠ Soltar, libertar. ▌Se puede *aprehender* o *capturar* personas, animales y cosas. Se *apresan* cosas o animales, pero no personas; se *prende* solo a personas. *Aprehender, capturar* y *apresar* sugieren idea de resistencia o huida; *prender* no supone necesariamente esta idea. *Aprisionar* es el acto de reducir a prisión, y también el de sujetar o atar.

aprestar *tr.* Aparejar, preparar, disponer, prevenir, arreglar. ▌Se *aprestan* o *aparejan* las cosas necesarias para un fin, p. ej., un viaje, o las herramientas y materiales de construcción; pero un discurso se *prepara* o *dispone*.

apresto *m.* Prevención, preparativo, preparación. ≠ Imprevisión.

apresurar *tr.-prnl.* Dar prisa, acelerar, activar, avivar, aligerar, apurar, precipitar, abreviar*, atropellar. ≠ Sosegar, tardar.

apretado, -da *adj.* Denso, compacto*, apiñado, espeso. **2** Estrecho, ajustado, ceñido, prieto. **3** fig. Arduo, difícil, peligroso, apurado. **4** Mezquino, miserable, agarrado, tacaño, cicatero, roñoso, avaro.

apretar *tr.-prnl.* Estrechar, comprimir, prensar, oprimir, apretujar, agarrotar. ≠ Ensanchar. **2** fig. Acosar, importunar, afligir, angustiar, oprimir. ≠ Sosegar.

apretón *m.* fig. Conflicto, apuro, aprieto, apretura, ahogo.

apretura *f.* fig. Conflicto, apuro, apretón, aprieto, dificultad, ahogo.

aprieto *m.* Conflicto, compromiso, dificultad, apuro, apretura, ahogo, brete, atoro, atasco.

apriorismo *m.* FIL. Trascendentalismo.

aprisa *adv. m.* Pronto, de prisa, aceleradamente, rápidamente. ▮ Los adverbios *de prisa, aceleradamente* y *rápidamente* equivalen a *aprisa,* y ofrecen las mismas diferencias que este respecto a *pronto.* ▮ «*Aprisa* expresa la celeridad del movimiento; *pronto,* la brevedad del tiempo en que se ejecuta una acción. No todo lo que se hace *aprisa* se hace *pronto.* Más *pronto* llega el que va despacio por el camino más corto que el que anda *aprisa* por el camino más largo. Además, *pronto* puede aplicarse a una acción instantánea, y *aprisa* se aplica siempre a una acción continuada, como se nota en estos ejemplos: cerró *pronto* la puerta; *pronto* salí de la duda; escribe, lee, anda *aprisa.*» (M).

aprisco *m.* Corte.

aprisionar *tr.* Prender, capturar, apresar*, encarcelar, encadenar. ≠ Libertar. **2** Asir, coger, sujetar. ≠ Desatar.

aprobación *f.* Asentimiento, asenso, anuencia, aquiescencia, consentimiento*, beneplácito, conformidad, confirmación, sanción. **2** Aceptación, tolerancia, admisión, acogida, aplauso, éxito, boga. ≠ Intolerancia, intransigencia, fracaso.

aprovechado, -da *adj.* Aplicado, diligente, estudioso. **2** Ventajista, ganguero, ganguista, ahorrador, ahorrativo. ▮ Los tres primeros se toman comúnmente a mala parte. **3** (pers.) Oportunista.

aprovechar *intr.* Servir, valer. ▶ **2** *tr.* Utilizar. ≠ Desaprovechar. ▶ **3** *prnl.* Prevalerse, disfrutar, hacer su agosto, sacar tajada.

aprovisionar *tr.* Abastecer*, proveer, suministrar, surtir, avituallar, proporcionar, facilitar.

aproximadamente *adv. m.* Con proximidad, con corta diferencia, próximamente, poco más o menos, a ojo de buen cubero, más o menos, alrededor, cerca. ≠ Exactamente, precisamente, justamente.

aproximar *tr.-prnl.* Acercar, arrimar, juntar, andarle cerca, avecinar. ≠ Alejar.

apterigógeno, -na *adj.-s.* Tisanuro.

aptitud *f.* Capacidad, idoneidad, suficiencia, disposición, competencia, genio, buena madera. ≠ Incompetencia, inhabilidad. ▮ «La *aptitud* no supone más que disposición; la *capacidad* supone facilidad de acción; la *idoneidad incluye* la idea de facultades adquiridas. Un joven tiene *aptitud* o *disposición* para las matemáticas, y en poco tiempo adquiere bastante capacidad para resolver problemas difíciles. La *idoneidad* para la magistratura requiere saber y experiencia. En un recluta puede haber *aptitud* para aprender el ejercicio; un teniente se halla con bastante *capacidad* para mandar una compañía; pero no en todos los jefes de cuerpo hay la *idoneidad* que se requiere para mandar una división.» (M).

apto, -ta *adj.* Dispuesto, suficiente, capaz, competente, idóneo. ≠ Inútil, incompetente, inepto. ▮ Se usa, preferentemente, para personas, lo mismo que *dispuesto, suficiente* y *capaz*; *útil* e *idóneo,* para personas o cosas; *competente,* en trabajos intelectuales. ▮ «*Apto* explica una idoneidad pasiva; *capaz,* una idoneidad activa. Es *capaz* de ejecutar cualquier cosa, de acometer a un enemigo más fuerte que él. Es *apto* para aprender, para que se le imprima bien en la memoria lo que se le dice. Un buen oficial es *apto* para la carrera militar, y *capaz* para formar el plan de un ataque.» (LH).

→ **aptitud** **2** Útil, utilizable, aprovechable, disponible. ≠ Inutilizable, indisponible, inservible.

apuesto, -ta *adj.* Ataviado, adornado. **2** Gallardo, airoso, arrogante, garboso, bizarro, galán.

apuntador, -ra *s.* Consueta. **2** Traspunte.

apuntar *tr.* Anotar*, asentar. **2** Asestar. **3** Señalar, indicar. **4** Aguzar, afilar. **5** Soplar. **6** Insinuar*, sugerir. ► **7** *prnl.* Torcerse, avinagrarse, agriarse*, acedarse.

apunte *m.* Nota, anotación. **2** Croquis, tanteo, esbozo, boceto, esquicio.

apurado, -da *adj.* Necesitado, escaso, pobre. **2** Dificultoso, arduo, apretado. **3** Exacto, preciso.

apuranieves *f.* Aguzanieves.

apurar *tr.-prnl.* Purificar, depurar. ≠ Impurificar, contaminar. **2** Acabar, agotar, consumir. **3** Afligir, atribular, acongojar, meter el corazón en un puño. ≠ Consolar. **4** Apremiar, urgir, apretar, apresurar, acelerar*, apurar, darse prisa. ≠ Tardar. ▮ En varios países de Amér., *apurar* equivale a *darse prisa*.

apuro *m.* Aprieto, escasez. **2** Aflicción, conflicto, compromiso, dificultad, ahogo. ► **3 Estar en un apuro** *loc.* Estar en un compromiso, estar con el agua al cuello (intens.), estar en una situación de vida o muerte.

aquejar *tr.* Acongojar, afligir, apesadumbrar, atribular, apenar.

aqueo, -ea *adj.-s.* Aquivo.

aquí *adv. l.-adv. t.* Acá. ▮ «Como *aquí*, vivo *aquí*, supone sola y absolutamente el lugar en donde como y vivo, sin excluir determinadamente otro lugar, y sin representar por sí la menor idea de duda, preferencia, o relación alguna respecto de otro. Pero: hoy como *acá*, excluye determinadamente el lugar en donde suelo comer. Con la misma proporción se distinguen los adverbios locales *allí* y *allá*. El primero representa aquel lugar absolutamente, y el segundo le representa con relación exclusiva del lugar en que hablamos. *Allí* está, no supone más relación que a aquel lugar en donde tal vez ha estado siempre; *allá* está, esto es no está aquí, en donde suele, ha estado o debe estar.» (LH). **2** Este, esta. ▮ En frases como *aquí tiene razón, aquí me lo ha contado*, usuales en la conversación, adquiere carácter pronominal demostrativo equivalente a *este, esta*, designando personas. Se emplea cuando *este, esta*, parecería poco respetuosos o demasiado familiares. Por ejemplo, un inferior no puede designar a un superior diciendo *éste me lo ha ordenado*; en cambio, puede decir *aquí me lo ha ordenado*, si no sabe su nombre o no quiere usarlo. En una discusión callejera entre personas desconocidas entre sí, es frecuente aludirse unos a otros diciendo *aquí le ha insultado, aquí tiene razón*.

aquiescencia *f.* Asentimiento, asenso, anuencia, consentimiento*, beneplácito, conformidad, aprobación, venia, permiso, autorización, licencia. ≠ Desautorización, prohibición.

aquietar *tr.-prnl.* Apaciguar, pacificar, tranquilizar, sosegar, calmar, serenar, relajar los nervios, acallar, aplacar*, reposar. ≠ Excitar, intranquilizar, exaltar, agitar.

aquifoliáceo, -ea *adj.-s.* BOT. Ilicíneo.

aquilatar *tr.* Quilatar (p. us.), especular*, graduar, estimar, valorar, apreciar. ▮ Tanto en sentido recto como fig., *aquilatar* añade a los cinco últimos sinónimos un matiz de mayor exactitud y minuciosidad. *Aquilatar* los méritos de una persona o la verdad de una noticia supone una medida más precisa, detallada y cuidadosa que la expresada por los demás sinónimos.

aquilea *f.* Milenrama, altarreina, artemisa, bastarda, hierba meona, milhojas.

aquilino, -na *adj.* Aguileño.

aquilón *m.* Viento, norte, septentrión, bóreas, cierzo, tramontana, matacabras. ▮ *Matacabras* si es fuerte y frío. **2** Polo ártico, septentrión.

aquistar *tr.* lit. y p. us. Conseguir, adquirir, conquistar.

aquivo, -va *adj.-s.* Aqueo.

ara *f.* Altar.

aráceo, -ea *adj.* Aroideo.

arambel *m.* Colgadura, harambel.

arandela *f.* Corona, herrón, vilorta, volandera. ▮ Tratándose del anillo metálico usado en las máquinas para atenuar el roce.

arandillo *m.* Trepajuncos.

arañar *tr.* Rascar, arpar, rasgar, rasguñar. ▌La acción de *arañar* es más ligera y superficial que la de los demás sinónimos.

arañazo *m.* Rascuño, rasguño, uñada, uñarada, arpadura, uñetazo.

arañuela *f.* (planta) Ajenuz, araña, neguilla.

arar *tr.* Labrar.

arbellón *m.* Albollón.

arbitraje *m.* Juicio, dictamen, decisión.

arbitrar *tr.* Juzgar. ▌*Arbitrar* añade a *juzgar* la idea de decidir la contienda, discusión, partido deportivo, etc. **2** Allegar, disponer, reunir, procurar. ▌P. ej.: *arbitrar* medios, fondos, recursos.

arbitrariedad *f.* Extralimitación, desafuero, tropelía, atropello, injusticia, despotismo, iniquidad, ilegalidad, absolutismo*. ≠ Justicia, legalidad.

arbitrario, -ria *adj.* Inmotivado, caprichoso, arbitral. **2** Injusto, ilegal, inicuo, despótico. ≠ Justo, legal.

arbitrio *m.* Medio, recurso. → **arbitrios** ► **2 A arbitrio de** *loc. prep.* A voluntad de, a merced de.

arbitrios *m. pl.* Derechos, impuestos, gabelas. → **arbitrio**

árbitro, -tra *com.* Juez. **2** DEP. Colegiado.

arbolar *tr.* Enarbolar, levantar, izar. ► **2** *prnl.* Encabritarse.

arbollón *m.* Albollón.

arborescente *adj.* Dendroide (BOT.), dendroideo (BOT.). **2** LOG. Arbóreo, jerárquico, de árboles.

arbotante *m.* Botarete.

arca *f.* Caja, cofre, baúl*. **2** Caja de caudales.

arcacil *m.* Alcaucil, alcaulí, alcacil, alcarcil, alcachofa silvestre.

arcaduz *m.* Caño. **2** Cangilón.

arcaico, -ca *adj.* Anticuado, antiguo*, viejo.

arcano *m.* Secreto, misterio.

arcano, -na *adj.* Secreto*, misterioso, oculto.

arce *m.* Moscón, sácere.

arcediano *m.* Archidiácono.

arcedo *m.* Alcedo.

archidiácono *m.* Arcediano.

archidiócesis *f.* Arzobispado, arquidiócesis.

archivolta *f.* Arquivolta.

arctado *adj.* Artado.

arda *f.* Ardilla.

ardalear *intr.* Arralar, ralear.

árdea *f.* Alcaraván, charadrio.

arder *intr.* Quemarse, estar encendido.

ardid *m.* Artificio, maña, amaño, astucia, treta, añagaza, estratagema, jugada, mala pasada, trastada.

ardiente *adj.* Encendido, hirviente, caluroso*. ≠ Frío, helado. ▌Tratándose de líquidos, *hirviente*. **2** fig. Férvido, ferviente, fervoroso, vehemente, ardoroso, fogoso, apasionado, impetuoso*, arrebatado. ≠ Flemático, indiferente, frío.

ardimiento *m.* Valor, intrepidez, valentía, denuedo, vigor, ánimo*. **2** Calor, ardor, actividad, fervor, viveza, entusiasmo, energía.

ardite No importar un ardite *loc.* No importar un bledo, no importar un cornado, no importar un comino, no importar un maravedí, no importar un ochavo, no importar un pito.

ardor *m.* fig. Viveza, vehemencia, entusiasmo, actividad, calor, pasión, celo*.

ardoroso, -sa *adj.* Ardiente, encendido. **2** fig. Fogoso, vehemente, entusiasta, apasionado, fervoroso, vigoroso, impetuoso*, arrebatado. ≠ Flemático, desinteresado, frío.

arduo, -dua *adj.* Difícil*, dificultoso, espinoso, apurado, apretado. ≠ Sencillo, fácil.

arena *f.* Sablón, sábulo. ▌Los dos se refieren a la *arena* gruesa y pesada. **2** Liza, palenque, campo, plaza, estadio, redondel, ruedo. ▌Los dos últimos, en las plazas de toros. ► **3 Sembrar en arena** *loc.* Perder el tiempo, gastar saliva en balde.

arenar *tr.* Enarenar.

arenga *f.* Alocución, discurso, oración, peroración, razonamiento*, argumentación, prédica, soflama, perorata. ▌Las tres últimas son expresiones despectivas.

areómetro *m.* Densímetro, pesalicores, alcoholímetro, pesaleches, galactómetro, lactómetro, oleómetro. ▌Recibe nombres especiales según el líquido de que se trate.

arete *m.* Arillo, pendiente, arracada*, zarcillo, perendengue, verduguillo.

arfueyo *m.* Muérdago, almuérdago.

argadijo *m.* Devanadera, argadillo.

argalia *f.* Algalia, catéter, sonda.

argamandel *m.* Andrajo, harapo, guiñapo, pingajo, pingo.
argamasa *f.* Forja, mezcla, mortero.
argavieso *m.* Turbión, manga de agua.
argemone *f.* Chicalote.
argentado, -da *adj.* Plateado.
árgoma *f.* Aulaga, aliaga.
argonauta *m.* (molusco) Marinero, nautilo.
argot *m.* Jerga, jerigonza, germanía, caló, chula, chulapa, lunfardo (en Buenos Aires). ▮ La *germanía* es concretamente el habla de los pícaros y delincuentes en los siglos XVI y XVII; pero el Diccionario de la R. Academia extiende esta denominación a todas las épocas. En los siglos XIX y XX, la germanía confunde sus límites con el *caló*, o el lenguaje de los gitanos, y con el habla *chula* o *chulapa* de la plebe de Madrid. En Buenos Aires se llama *lunfardo* al habla de los maleantes.
argucia *f.* Sutileza, sofisma.
argüe *m.* Cabrestante.
argüir *tr.* Descubrir, probar, mostrar, indicar. **2** Argumentar, objetar, razonar, replicar, impugnar, refutar, discutir.
argumentar *tr.* Argüir, razonar*, discutir, impugnar, contradecir, replicar, objetar, refutar.
argumento *m.* Razonamiento. **2** Razón*, prueba*, demostración, señal. **3** Asunto, materia, tesis.
aria *f.* Romanza. ▮ La de carácter sencillo y tierno.
aricar *tr.* Arrejacar, rejacar.
aridez *f.* Sequedad, esterilidad.
árido, -da *adj.* Estéril, improductivo, infecundo, infructífero, vano, ineficaz, infructuoso. ≠ Fecundo, potente, eficaz, fructífero. **2** fig. Aburrido, fastidioso, cansado, monótono. ≠ Agradable, divertido, excitante.
arillo *m.* Arete, arracada*.
ario, -ria *adj.-s.* Indoeuropeo, indogermánico. ▮ En libros alemanes se emplea la denominación menos exacta de *indogermánico*.
arísaro *m.* Frailillos, candil, rabiacana.
arisco, -ca *adj.* Áspero, intratable, huidizo, hosco, huraño, misántropo*. ≠ Sociable. **2** Bravío, montaraz, cerril, indómito, indomable, fiero. ≠ Dócil, flexible, disciplinado, gobernable.
arista *f.* Raspa. ▮ En las plantas gramináceas.
aristocracia *f.* Nobleza.
aristocratizar *tr.-prnl.* Ennoblecer.
aristotélico, -ca *adj.* Peripatético.
arjorán *m.* Ciclamor.
arlo *m.* Agracejo, agrecillo, alarguez, berberís, bérbero, bérberos.
armada *f.* Marina (de guerra), flota* (de guerra), escuadra.
armadía *f.* Almadía, balsa.
armadija *f.* Trampa, armadijo.
armadillo *m.* Cachicamo (Amér.), molita (Amér.).
armadura *f.* Armas, arnés. **2** Armazón, montura. **3** Esqueleto.
armaga *f.* Ruda silvestre.
armajal *m.* Marjal, almarjal.
armajo *m.* Almarjo, barrilla, sosa.
armamento *m.* Armas, arsenal. ▮ *Armamento* es un conjunto de *armas,* mientras que *arsenal* puede referirse a conjunto o a depósito de armas.
armar *tr.-prnl.* Amartillar, montar. ▮ Tratándose de armas de fuego. **2** Disponer, concertar, montar. ▮ P. ej. *armar* una casa, tienda, mueble, aparato, etc. **3** Disponer, mover, promover.
armario *m.* Estante, escaparate (Amér.). ▮ *Estante* es el que no tiene puertas.
armas *f. pl.* Armadura. **2** Escudo, blasón.
armazón *f.* Armadura, montura. **2** Esqueleto.
armella *f.* Hembrilla. **2** Cántamo (MAR.), abrazadera.
armilla *f.* ARQ. Astrágalo, tondino, joya.
armisticio *m.* Suspensión de hostilidades, tregua. ▮ Aunque a menudo se emplean como equivalentes, la *tregua* es una cesación temporal de hostilidades en todos o parte de los sectores o ejércitos que luchan, la cual no interrumpe la guerra. El *armisticio* y la *suspensión de hostilidades* afectan a todos los ejércitos combatientes de una y otra parte, y hacen cesar la situación de guerra mientras se negocia la paz definitiva.
armonía *f.* fig. Harmonía, paz, conformidad, concordia, acuerdo, concierto. ≠ Discordancia, conflicto. **2** Equilibrio, contrapeso, igualdad, proporción. ≠ Desequilibrio, de-

sigualdad, desproporción. 3 Inteligencia, acuerdo, unión, consonancia. ≠ Desacuerdo.

armuelle *m.* Bledo. 2 Orzaga, álimo, marismo, salgada, salgadera.

arnacho *m.* Gatuña.

arnés *m.* Armadura. → **arneses**

arneses *m. pl.* Guarniciones, arreos. → **arnés**

árnica *f.* Tabaco de montaña.

aro *m.* (planta) Alcatraz, arón, jaro, jarillo, sarrillo, tragontina, yaro.

aroideo, -ea *adj. f.* Aráceo.

aroma *m.* Perfume, fragancia. ▌Sensación de buen olor. 2 Esencia, bálsamo, perfume. ▌Cosa que produce o contiene aroma.

aromático, -ca *adj.* Perfumado, fragante, aromoso, oloroso, odorífero.

aromatizar *tr.* Perfumar, embalsamar.

arón *m.* Aro (planta).

arpadura *f.* Arañazo. ▌La *arpadura* se hace con las uñas, mientras que el *arañazo* puede producirse con las uñas o con cualquier otra cosa punzante.

arpar *tr.* Arañar, rasgar. ▌*Arpar* significa concretamente *arañar* con las uñas.

arpía *f.* Harpía. 2 fig. Furia, basilisco, bruja.

arquear *tr.* Enarcar, encorvar, doblar, combar. ► 2 *intr.* Nausear, basquear.

arqueo *m.* MAR. Desplazamiento, tonelaje bruto. ▌El *desplazamiento* es el peso o volumen del agua que el barco desaloja cuando está sumergido hasta la línea de flotación; el *arqueo* o *tonelaje bruto* es el volumen o capacidad total del navío; el *tonelaje* o *arqueo neto* representa la capacidad útil para el transporte, y se llama también *registro*.

arqueólogo *m.* Anticuario.

arquidiócesis *f.* Archidiócesis, arzobispado.

arquiepiscopal *adj.* Arzobispal, archiepiscopal.

arquivolta *f.* Archivolta.

arrabal *m.* Suburbio. ▌*Suburbio* solo se aplica a las grandes ciudades, en tanto que *arrabal* se refiere a toda clase de poblaciones.

arrabiatar *tr.* Amér. Rabiatar.

arracada *f.* Pendiente, zarcillo, perendengue, arete, arillo. ▌*Arracada* y los tres primeros sinónimos se distinguen del *arete* o *arillo* en que aquellos tienen adorno colgante.

arracimado, -da *adj.* Racimado, en racimo.

arraclán *m.* Aliso negro.

arraigado, -da *adj.* fig. Antiguo, inveterado*.

arraigar *tr.-prnl.* Prender, encepar, agarrar, enraizar. 2 Establecerse, afincarse, enraizarse, radicarse. ≠ Desarraigarse.

arralar *intr.* Ralear.

arrancada *f.* Empujón, arranque, viada (MAR.). ▌Tratándose del acto de emprender la marcha. 2 Acometida, embestida, estrepada.

arrancado, -da *adj.* Arruinado, empobrecido, tronado, pobre.

arrancar *tr.* Desarraigar, extirpar, extraer, sacar, quitar, arrebatar*. ≠ Enraizar. ► 2 *intr.* Partir, salir*. ≠ Detenerse, pararse (Amér.). 3 fig. Provenir, traer origen, proceder.

arranque *m.* fig. Impulso, arrebato, ímpetu, rapto, pronto, arrechucho. 2 Ocurrencia, salida. 3 Principio, comienzo, origen.

arranquera *f.* Amér. Pobreza, miseria, ruina.

arrapiezo *m.* Andrajo, harapo. 2 fig. y desp. Chiquillo, muchacho, rapaz, chaval, mocoso.

arras *f. pl.* Prenda, señal, garantía.

arrasar *tr.-prnl.* Allanar. 2 Asolar, devastar, destruir, talar. ≠ Construir, plantar. 3 Rasar, enrasar.

arrastradera *f.* MAR. Ala del trinquete, rastrera.

arrastrado, -da *adj.* Pobre, mísero, desastrado. 2 Duro, aperreado, fatigoso. 3 Pícaro, bribón, pillo, tunante.

arrastre *m.* Acarreo, conducción, transporte, tracción.

arrayán *m.* Mirto, murta.

arrebañar *tr.* Rebañar.

arrebatado, -da *adj.* Precipitado, impetuoso*. 2 Inconsiderado, violento, enfurecido.

arrebatar *tr.* Quitar, llevarse, pillar, arrancar, robar, raptar*. ≠ Dar, dejar. ▌*Arrebatar* añade a sus dos primeros sinónimos la idea de precipitación o violencia. Cuando predomina el matiz de precipitción, *pillar*; si predomina el de violencia, *arrancar*. 2 Atraer, encantar, cautivar. ► 3 *prnl.*

Enfurecerse, irritarse, encolerizarse. ≠ Tranquilizar.

arrebatiña *f.* Rebatiña.

arrebato *m.* Arranque, rapto, pronto, ímpetu, arrechucho. **2** Furor, cólera, enajenamiento. **3** fig. Inspiración, iluminación.

arrebujar *tr.* Rebujar. ► **2** *prnl.* Cubrirse, envolverse, taparse, tapujarse, taperujarse. ≠ Destaparse, desenvolverse. ▮ Los dos últimos, cuando se hace con desaliño.

arrechucho *m.* Ímpetu, arranque, arrebato, pronto.

arreciar *intr.-prnl.* Aumentar, crecer.

arrecirse *prnl.* Entumecerse, entumirse, entorpecerse. ▮ Los tres sinónimos pueden tener otras causas además del frío; pero *arrecirse* es solo por el frío.

arredrar *tr.-prnl.* Intimidar, atemorizar, amedrentar, acobardar*, amilanar, asustar, acoquinar (fam.), achantar (vulg.). ≠ Animar.

arreglado, -da *adj.* Moderado, ordenado, metódico, cuidadoso, morigerado. **2** Aliñado, aderezado, adobado. **3** Apañado, remendado, compuesto. ≠ Desapañado, descompuesto.

arreglar *tr.-prnl.* Ajustar, conformar, supeditar, acomodar. ≠ Desacomodar, desajustar. **2** Clasificar*, ordenar, coordinar. ≠ Desarreglar, desordenar. ▮ «*Clasificar* es distribuir por clases; *ordenar* y *coordinar* es introducir orden donde falta; *arreglar* es someter a una regla lo que la infringe. Se *clasifican* las cosas que están mezcladas indistintamente; se *ordenan* y se *coordinan* las que están confusas; se *arreglan* las que carecen de regularidad y armonía. Se *clasifican* los cuerpos naturales en la Botánica, en la Geología y las demás ciencias de observación; se *ordenan* y se *coordinan* los documentos de un negociado; se *arreglan* los intereses de una familia, las cuentas de una especulación, los pormenores de una empresa. Para *clasificar* se necesita un sistema; para ordenar y coordinar un plan; para arreglar, un método.» (M). **3** Concertar, conciliar, avenir. **4** Componer, reparar, apañar, remendar, aliñar, aderezar, aviar, ataviar. ≠ Descomponer. ▮ Los cuatro primeros se aplican a lo que está roto o estropeado. Tratándose de limpieza o adorno, se utilizan los cuatro últimos. ► **5** *tr.* Aprestar*, aparejar, preparar, disponer, prevenir. ► **6** *tr.-prnl.* Acompasar, compasar, medir, proporcionar, regular, regularizar. ► **7** *prnl.* Agenciarse, componérselas.

arregostarse *prnl.* fam. Aficionarse, engolosinarse, empicarse, regostarse, tomar gusto.

arrejacar *tr.* Aricar, rejacar.

arrejaco *m.* Vencejo (pájaro, arrejaque).

arrejada *f.* Aguijada, rejada, béstola, limpiadera.

arrejaque *m.* Vencejo (pájaro, arrejaco).

arrellanarse *prnl.* Apoltronarse, recalcarse, rellanarse, repantigarse, repanchigarse.

arremangar *tr.-prnl.* Remangar.

arremango *m.* Remango.

arremeter *tr.-prnl.* Agredir, cerrar, atacar, acometer*, embestir, asaltar, abalanzarse, arrojarse, lanzarse, precipitarse. ≠ Detener, apartar, huir, defender, resistir. ▮ *Arremeter* sugiere idea de rapidez en el ataque. *Asaltar* una plaza o fortaleza, o *acometer* bruscamente en general.

arremetida *f.* Arremetimiento, acometida, ataque, embestida.

arremolinarse *prnl.* Remolinarse, remolinearse.

arrempujar *tr.* vulg. Empujar*.

arrendador, -ra *s.* Arrendatario, colono, rentero, casero, inquilino, locatario (DER.). ▮ *Arrendatario* en general, y esp. en los servicios públicos; tratándose de tierras, *colono*, *rentero*, *casero*; tratándose de casas, *inquilino*. *Locatario* es término jurídico o administrativo.

arrendajo *m.* Rendajo.

arrendamiento *m.* Arriendo, alquiler*, locación (DER.). **2** Arriendo, alquiler, renta.

arrendar *tr.* Alquilar.

arrendatario, -ria *adj.-s.* Arrendador.

arreo *m.* Atavío, adorno, aderezo. → **arreos**

arreos *m. pl.* Guarniciones, jaeces, atalaje, aparejo. → **arreo**

arrepentido, -da *p. p.* Compungido, contrito, pesaroso. ≠ Impenitente, impertérrito, insensible.

arrepentimiento *m.* Compunción, contrición, atrición, pesar I. ▮ *Compunción* ofrece matiz atenuado y más íntimo. *Contrición* y *atrición* son casi exclusivamente términos religiosos, que se distinguen entre sí dentro de la idea de *arrepentimiento*.

arrepollado, -da *adj.* Repolludo.

arrepticio, -cia *adj.* Endemoniado, espiritado, poseso.

arrequives *m. pl.* Requives, adornos, atavíos. **2** fig. Circunstancias, requisitos.

arrestar *tr.* Prender, detener. ≠ Libertar.

arresto *m.* Detención, prendimiento. ≠ Libertad. → **arrestos**

arrestos Tener arrestos *m. pl.* Tener arrojo*, ser atrevido, tener valor, tener resolución, tener audacia, tener osadía, ser intrépido, tener agallas, ser de pelo en pecho, no morderse la lengua, tener sangre fría. ≠ Ser cobarde, ser tímido.

arria *f.* Recua.

arriar *tr.* Bajar.

arribar *intr.* MAR. Llegar.

arribazón *m.* Ribazón.

arribo *m.* Llegada.

arricete *m.* Restinga, restringa.

arriendo *m.* Arrendamiento, alquiler. **2** Renta.

arriesgado, -da *adj.* Aventurado, peligroso, expuesto. **2** Atrevido, osado, audaz, arriscado, imprudente, temerario*.

arriesgar *tr.* Arriscar, aventurar, exponer, comprometer*. ≠ Precaver, asegurar, prevenir. ► **2** *prnl.* Atreverse*, osar, descubrir el cuerpo, pasar la mar.

arrimar *tr.* Acercar*, aproximar, juntar, unir. **2** Dar, pegar. **3** Dejar, poner a un lado, dar de lado, abandonar, arrinconar, prescindir. ► **4** *prnl.* fig. Apoyarse, acogerse, ampararse.

arrimo *m.* Apoyo, sostén, ayuda, auxilio, amparo, favor, protección. **2** Apego, afición. **3** CONSTR. Pared medianera.

arrinconado, -da *adj.* Retirado, distante, apartado. **2** fig. Desatendido, olvidado, postergado, aislado.

arrinconar *tr.* Retirar, apartar. **2** Desatender, postergar, dejar, abandonar, arrimar. ► **3** *prnl.* Aislarse, retirarse, retraerse, meterse bajo siete estados de tierra.

arriscado, -da *adj.* Atrevido, osado, arriesgado, audaz, resuelto, temerario. **2** Barbián, desenvuelto, gallardo, galán.

arriscar *tr.* Arriesgar, aventurar, exponer. ► **2** *prnl.* fig. Engreírse, envanecerse, entonarse.

arrizafa *f.* Ruzafa.

arroaz *m.* Delfín, golfín, puerco marino, tonina.

arrobamiento *m.* Arrobo, embelesamiento. **2** Éxtasis, enajenamiento, deliquio*, desmayo.

arrobar *tr.* Embelesar, encantar, cautivar, atraer. ► **2** *prnl.* Extasiarse, enajenarse, elevarse.

arrobo *m.* Embelesamiento, arrobamiento, éxtasis, enajenamiento.

arrodillarse *prnl.* Hincarse, postrarse, ponerse de rodillas, ponerse de hinojos (p. us.), doblar la rodilla, caer de rodillas.

arrogancia *f.* Altanería, altivez, soberbia*, engreimiento, orgullo*, desprecio, desdén. ≠ Humildad, sencillez. **2** Jactancia*. **3** Valor, bizarría, brío. ▌La *arrogancia* alude más bien al gesto, al porte y a la palabra; puede haber *arrogancia* en uno que carece de *valor* verdadero.

arrogante *adj.* Altanero, altivo*, orgulloso, soberbio. **2** Valiente, brioso. **3** Gallardo, airoso, apuesto.

arrogarse *prnl.* Apropiarse*, atribuirse.

arrojado, -da *adj.* Resuelto, intrépido, valiente, osado, audaz, atrevido, arriscado, arriesgado, temerario, gallardo, bizarro, valeroso, animoso. ≠ Apocado, cobarde, pusilánime, gallina (fig.), prudente.▌Los tres últimos sinónimos tienen connotaciones negativas de irresponsabilidad o poca cordura.

arrojar *tr.* Lanzar, echar, disparar, tirar, despedir. **2** Vomitar, provocar. ► **3** *prnl.* Precipitarse, despeñarse, tirarse. **4** Arremeter*, acometer, atacar, abalanzarse, agredir.

arrojo *m.* Resolución, intrepidez, valor*, osadía, audacia, atrevimiento*, arrestos, temeridad, temple, valentía, impavidez, imprudencia, inconsideración. ≠ Prudencia, reflexión, cobardía, pusilanimidad. ▌Los dos últimos, con connotaciones negativas. ▌«Para el *atrevimiento* se necesita valor y resolución; el *arrojo* supone intrepidez y poco juicio; la *osadía*, ímpetu ciego y como desesperado. El hombre *atrevido* conoce la dificultad, el riesgo; pero confía con razón en que tiene fuerzas y medios para salvar este y vencer aquella. El *arrojado* nada consulta, nada prevé, en nada se detiene: es un caballo desbocado, sin freno. El *osado* neciamente confía contando con las fuerzas y medios que se imagina tener muy superiores a los obstáculos y peligros.» (O).

arrollar *tr.* Enrollar, rollar, envolver. **2** fig. Derrotar, vencer, destrozar, aniquilar, batir. **3** Atropellar, llevarse por delante.

arromadizar *tr.-prnl.* Romadizar.

arromanzar *tr.* Romancear.

arropar *tr.-prnl.* Abrigar, cubrir, tapar, amantar, enmantar. ≠ Desnudar, destapar, desarropar, descubrir.

arropía *f.* Melcocha.

arrostrar *tr.* Afrontar, hacer frente, hacer cara, resistir, desafiar, poner el pecho, salir al encuentro. ≠ Desistir.

arroyo *m.* Riachuelo, rivera, regajal, regajo, regato. ▌Los tres últimos se aplican cuando el *arroyo* es pequeño.

arroyuela *f.* Salicaria.

arruga *f.* Pliegue, rugosidad.

arruinar *tr.* Demoler, destruir, devastar, asolar, arrasar, ruinar, exterminar, desbaratar, aniquilar*. ≠ Conservar, construir. ► **2** *tr.-prnl.* Empobrecer, quebrar (tr.), quedarse sin blanca, hundir. ≠ Enriquecer.

arrullar *tr.* Enamorar. **2** Adormecer, adormir.

arrumaco *m.* Carantoña, garatusa, cucamona, zorrocloco, caricia*, fiesta*.

arsáfraga *f.* Berrera.

arsenal *m.* Ataranzana, armamento.

arta *f.* Llantén, plantaína. **2 Arta de agua** Zaragatona, coniza, hierba pulguera.

artado *adj.* Arctado.

artanita *f.* Pamporcino, pan porcino, ciclamino, artanica.

arte *amb.* Oficio, profesión. ▌«El *oficio* requiere un trabajo material, mecánico o de manos; la *profesión*, un trabajo u ocupación cualquiera; el *arte*, un trabajo de ingenio, sin excluir ni exigir un trabajo material.» (Ma). **2** Habilidad, destreza*, maña, maestría, ingenio, industria.

artejo *m.* Nudillo, juntura, articulación*.

artemisa, artemisia *f.* Altamisa, anastasia. **2 Artemisa bastarda** Milenrama, altareina, aquilea, hierba meona, milhojas. **3 Artemisa pegajosa** Ajea, pajea.

artería *f.* Amaño, astucia, engaño, trampa, ardid, falsía.

artero, -ra *adj.* Mañoso, astuto, malintencionado, falso.

artesa *f.* Duerna, masera.

artesanía *f.* Artesanado, menestralería, menestralía.

artesano, -na *adj.-s.* Menestral, artífice. ▌*Artífice* es término docto que denota cierta calidad o maestría especial en el trabajo que realiza: p. ej., el orfebre y el ebanista pueden ser llamados *artífices*.

artesón *m.* ARQ. Casetón. **2** Artesonado. **3** Arcón.

ártico, -ca *adj.* Norte, septentrional, hiperbóreo.

articulación *f.* Juntura, junta, coyuntura, sinartrosis, artejo, nudillo. ▌Si es móvil, *coyuntura*; si es inmóvil, *sinartrosis*. La *articulación* de las falanges, *artejo*, *nudillo*. **2** Pronunciación.

articular *tr.-prnl.* Unir, enlazar, trabar, coordinar, juntar, estructurar. ≠ Desunir, desarticular. **2** Pronunciar, modular, proferir, emitir. ≠ Callar. ▌*Pronunciar* es emitir los sonidos que componen las palabras; *articular* es modificar el sonido con los órganos móviles de la boca (lengua, labios, mandíbulas). *Articular* es una de las partes o actos de la pronunciación.

artífice *com.* Artista, autor, creador. **2** Artesano*, operario, obrero, menestral.

artificial *adj.* Postizo, falso, fingido, ficticio, artificioso. ≠ Natural. ▌*Postizo*, tratándose de alguna parte del cuerpo humano: diente, brazo, cabello, etc., *artificial* o *postizo*. En otros casos, *falso*, *fingido* o *ficticio*: un diamante *artificial* o *falso*; hablaba con voz *artificial*, *fingida* o *ficticia*.

artificiero *m.* MIL. Pirotécnico.

artificio *m.* Arte, habilidad, ingenio. **2** Estudio, amaneramiento, manera, afectación. **3** Disimulo, doblez, astucia, artimaña, cautela, ficción. **4** Amaño, ardid, traza, treta, trampa, triquiñuela, falseamiento.

artificioso, -sa *adj.* Ingenioso, complicado, habilidoso, estudiado. **2** Afectado, rebuscado, amanerado. ≠ Natural, espontáneo. **3** Fingido, disimulado, astuto, cauteloso, engañoso, artificial*, artero, ficticio. ≠ Natural.

artilugio *m.* fig. Trampa, enredo, engaño, artimaña.

artillería *f.* Tormentaria, arte tormentaria. ▮ Tratándose de la *artillería* antigua.

artimaña *f.* Trampa. **2** fig. Artificio, astucia, engaño, artilugio, martingala, ardid, treta.

artista *com.* Actor, ejecutante, comediante, pintor, escultor. ▮ Por su carácter general, comprensivo de todas las Bellas Artes, *artista* puede aplicarse a los que cultivan cada una de ellas en particular: *actor* (cine o teatro), *ejecutante* y *comediante* (teatro), *pintor* (pintura), *escultor* (escultura), etc. **2** Artífice, autor, creador.

arto *m.* Cambronera.

arugas *f. pl.* Matricaria, expillo, magarza.

arveja *f.* Alverja, alverjana, ervilla, veza. **2** Algarroba.

arzobispado *m.* Archidiócesis.

arzobispal *adj.* Archiepiscopal, metropolitano.

arzobispo *m.* Metropolitano.

as *m.* Genio, fenómeno, figura, fiera (col.).

asadura *f.* Lechecillas. **2** Bofes, corada. **3** Hígado. **4** fig. Pachorra, apatía, sosería, cachaza.

asafétida *f.* Estiércol del diablo.

asalariado, -da *adj.-s.* Pagado, asoldado, asoldadado, mercenario. ▮ *Mercenario* se aplica al soldado que no sirve por obligación de su nacionalidad, sino por el estipendio que recibe; cuando se aplica a otras personas, se siente como despectivo: una madre que no quiere criar a su hijo se dice que lo entrega a manos *mercenarias*.

asaltar *tr.* Acometer, arremeter*, embestir. **2** Saltear, atracar. **3** Sobrevenir, acudir.

asalto *m.* Acometida, arremetida, embestida. **2** Salteamiento, atraco.

asamblea *f.* Reunión, junta, congreso. ▮ *Reunión* y *junta* pueden referirse a muchas o a pocas personas; *congreso* y *asamblea* son reuniones numerosas. **2 Asamblea legislativa** Parlamento, cortes, cámara.

asar *tr.* Tostar*. **2** fig. Importunar, molestar, asaetear.

ásaro *m.* Oreja de fraile, asarabácara, asácara.

asaz [1] *adj.* ant. y lit. Bastante I, suficiente, mucho. ≠ Escaso, insuficiente. ▮ *Asaz* es voz anticuada, que hoy se usa solo en estilo literario elevado u oratorio.

asaz [2] *adv. c.* ant. y lit. Bastante*, harto, muy.

ascalonia *f.* Chalote, escalona, cebolla escalonia.

ascendencia *f.* Linaje, alcurnia, estirpe, ascendientes, antepasados.

ascender *intr.* Subir, elevarse. **2** Importar, montar, sumar. ▮ Tratándose de cuentas. **3** Adelantar, promover. ▮ Tratándose de empleos o dignidades.

ascendiente *adj.* Antecesor, antepasado, predecesor, mayor, los antiguos, los viejos, padres, abuelos, tronco, progenitores. ▮ *Ascendiente*, *antecesor* y *antepasado* pueden emplearse en pl. refiriéndose a los *predecesores* o *mayores*, aunque no sean *progenitores* de una persona determinada. En este caso tienen la significación gral. de *los antiguos*, *los viejos*, los que precedieron en el tiempo. Con el mismo significado se emplea también *padres* y *abuelos*. *Tronco* es el *ascendiente* común de dos o más líneas o familias. ► **2** *m.* Influencia, prestigio, valimiento, fuerza moral, autoridad, crédito, predominio, superioridad, preponderancia, dominio, imperio.

ascensión *f.* Subida, elevación.

ascenso *m.* Adelanto, promoción.

asco *m.* Repugnancia, aversión, repulsión, náuseas.

ascua *f.* Brasa. ▮ Cuando es de leña o carbón.

aseado, -da *adj.* Limpio, curioso, pulcro, cuidadoso, higiénico. ≠ Sucio.

asechanza *f.* Engaño, perfidia, insidia, asechamiento, asecho, emboscada, encerrona, acechanza.

asechar *tr.* Acechar, avizorar, trasechar (p. us.), observar, espiar, vigilar. ▮ Por tener el mismo origen etimológico, *acechar* y *asechar* han tenido y tienen empleos comunes. Hoy predomina en *acechar* el significado de *observar*, *espiar*, *vigilar* cautelosamente; en *asechar* se une a esta vigilancia la idea de trampa o engaño para causar daño. Se puede *acechar* por simple curiosidad o fisgonería; *asechar* es inseparable de un propósito maligno. *Avizorar* coincide con *acechar*, pero en gral. sugiere más viveza y prontitud por parte del sujeto.

asediar *tr.* Cercar, bloquear, sitiar. **2** fig. Importunar, acosar, molestar.

asedio *m.* Cerco, bloqueo, sitio.

asegurar *tr.-prnl.* Consolidar, afianzar, fijar, reforzar, fortalecer, apoyar. ≠ Soltar. **2** Garantizar, tranquilizar. ≠ Intranquilizar. **3** Afirmar, cerciorar, aseverar, certificar, confirmar*, ratificar. ≠ Dudar. ▌Los cuatro primeros sinónimos se utilizan cuando se hace por segunda vez, o en apoyo de otra afirmación.

asemejarse *prnl.* Semejar, parecerse, correr parejas con, tener un aire a, tirar a, salir a, inclinar. ≠ Diferenciarse. ▌Tratándose de personas o animales, *parecerse, salir a*; decimos de un niño que se *parece*, se *asemeja* o *sale a* su abuelo. En general, *tirar a, inclinarse a*; este color *tira a* verde; una persona *se inclina* a su rama materna.

asenso *m.* Asentimiento, aprobación, anuencia, aquiescencia, consentimiento*.

asentada *f.* Sentada.

asentaderas *f. pl.* Nalgas, posaderas, trasero, culo.

asentado, -da *adj.* Sentado, juicioso, equilibrado. **2** fig. Estable, permanente.

asentar *tr.-prnl.* Detenerse, posarse, colocarse, hacer asiento, establecerse. ≠ Descolocarse, marcharse, quitarse. **2** Aplanar, alisar, apisonar. **3** Afirmar, asegurar. **4** Sentar, anotar*, inscribir.

asentimiento *m.* Anuencia, asenso, aprobación, consentimiento, aquiescencia, permiso, beneplácito, venia.

asentir *intr.* Afirmar, aprobar, convenir, consentir, permitir. ≠ Negar, impedir. ► **2** *tr.* Obtemperar, obedecer, aceptar, conformarse.

aseo *m.* Limpieza, curiosidad, pulcritud. ≠ Suciedad, dejadez. ▌*Pulcritud* es *aseo* extremado y completo. **2** Decencia, recato, compostura, honestidad. ≠ Indecencia, inmoralidad, deshonor.

asequible *adj.* Accesible, alcanzable. ≠ Inasequible, imposible.

aserción *f.* lit. Aserto (lit.), aseveración (lit.), afirmación.

aserrar *tr.* Serrar.

aserrín *m.* Serrín.

aserto *m.* Afirmación*, aserción (lit.), aseveración (lit.).

asesor, -ra *adj.* Consultivo. ► **2** *s.* Consultor, consejero.

asesorar *tr.* Aconsejar, informar. ► **2** *prnl.* Consultar.

asestar *tr.* Apuntar, dirigir. **2** Descargar, hacer tiro.

aseveración *f.* Afirmación*, aserción (lit.), aserto (lit.), confirmación, ratificación, atestación, testimonio. **2** Fe, seguridad.

aseverar *tr.* Afirmar, asegurar, confirmar. ▌*Aseverar* implica apoyo a lo que se dice, y por esto equivale más propiamente a *confirmar*.

aseverativo, -va *adj.* Afirmativo, confirmativo. **2** GRAM. Declarativo, enunciativo. ▌Las oraciones *aseverativas* se llaman también *enunciativas* o *declarativas*, y expresan la conformidad o disconformidad del sujeto con el predicado.

asfalto *m.* (mineral) Betún de Judea.

asfixiar *tr.* Ahogar.

asfódelo *m.* Gamón.

así *adv. m.* De esta manera.

asiático, -ca *adj. -s.* Oriental.

asidero *m.* Asa, agarradero. **2** fig. Ocasión, pretexto.

asiduo, -dua *adj.* Perseverante, persistente, frecuente, puntual, continuo, repetido, acostumbrado, reiterado. ≠ Desafecto, discontinuo, desaplicado. ▌*Asiduo* se dice solo de personas o actos humanos; *frecuente* puede aplicarse también a fenómenos naturales (lluvia, temblores de tierra, etc.) que no admitirían el adj. *asiduo*. *Puntual* y *perseverante* suponen también la voluntad humana. En cambio, *persistente* y *continuo* pueden ser actos de la Naturaleza, y su significado está más cerca del adj. *frecuente*. Su diferencia se halla en que *frecuente* supone intermitencia mayor o menor: una lluvia *frecuente* se repite con intervalos sin llover; una lluvia *continua* y *persistente* no cesa.

asiento *m.* Localidad. ▌En los espectáculos públicos. **2** Sitio, lugar, sede, domicilio. **3** Poso, sedimento. **4** fig. Cordura, sensatez, madurez, juicio, prudencia. **5** Sentamiento. ▌Tratándose del descenso de los materiales en un edificio. **6** Anotación.

▮ En los libros de cuentas. **7 Asiento de pastor** Erizón. ▶ **8 Tomar asiento** *loc.* Habitar*, tomar casa, morar, sentar los reales, estar de asiento, vivir. **9 Tomar asiento** Sentarse, asentarse, tomar asiento, repantingarse.

asignación *f.* Sueldo, remuneración, retribución, estipendio. **2** Partida, consignación. ▮ Tratándose de un presupuesto.

asignar *tr.* Destinar, señalar, fijar.

asignatura *f.* Disciplina, enseñanza, materia.

asilo *m.* Refugio*, sagrado, retiro. **2** fig. Amparo, protección, apoyo, favor.

asimetría *f.* Disimetría. **2** Quiralidad (QUÍM.). ≠ Simetría.

asimismo *adv. m.* De igual modo, del mismo modo, igualmente, también. ▶ **2** *adv. c.* Además, encima, también.

asir *tr.* Coger, tomar*, agarrar. ▮ «El que *agarra* asegura, tiene firme; porque el verbo *agarrar* supone la fuerza necesaria para lograr su efecto. El que *ase*, puede o no asegurar, porque la acción de asir no supone precisa y positivamente la fuerza necesaria para asegurar y tener firme.» (LH). **2** Arraigar, prender. ≠ Desprender. ▮ Tratándose de plantas. ▶ **3** *prnl.* Agarrarse, pelearse, reñir.

asistencia *f.* Ayuda, auxilio, apoyo, socorro, favor, cooperación. **2** Concurrencia*, concurso.

asistir *intr.* Estar presente, hallarse presente, concurrir, acudir, ir, presentarse, llegar, comparecer. ≠ Faltar, ausentarse. ▶ **2** *tr.* Ayudar, auxiliar, apoyar, socorrer, coadyuvar, favorecer. ≠ Abandonar, desasistir.

asnacho *m.* Gatuña.

asnilla *f.* Caballete.

asno *m.* Burro, borrico, rucio, jumento. ▮ Los tres primeros son más populares que *jumento*. ▮ «*Borrico*, *pollino* y *rucio* son nombres familiares del asno.» (M). **2** fig. Corto, rudo, necio, ignorante.

asobarcar *tr.* Sobarcar.

asociación *f.* Sociedad, agrupación, entidad, corporación, compañía.

asociado, -da *s.* Socio, consocio, acompañante, concomitante*. ▮ Este último, propio de la terminología científica, se aplica solo a cosas. **2** Agregado, añadido, mezclado.

asociar *tr.-prnl.* Juntar, reunir, agrupar, aliar, federar. ≠ Separar, desunir, desligar, dispersar. **2** Interesar, dar parte.

asolar *tr.* Destruir, arrasar, devastar, arruinar. ▶ **2** *prnl.* Posarse, sedimentar. ▮ Tratándose de líquidos.

asoldadar *tr.-prnl.* Tomar a sueldo, asalariar, asoldar.

asombradizo, -za *adj.* Espantadizo, asustadizo.

asombrar *tr.* Sombrar, sombrear, ensombrecer. ▶ **2** *tr.-prnl.* Admirar, maravillar, pasmar, aturdir, asustar, espantar, sobrecoger, pasmar. ▮ *Admirar* y *maravillar* sugieren una causa generalmente placentera. *Asombrar*, *aturdir* y *pasmar* son más intensos y pueden proceder de causa agradable o desagradable. Antiguamente se usaban *asustar* y *espantar* como sinónimos de *asombrar*. ▶ **3** *tr.* fig. Fascinar, hipnotizar.

asombro *m.* Susto, espanto. ▮ En esta acepción, *asombro* va quedando en desuso. **2** Sorpresa, admiración*, maravilla, pasmo, estupefacción. ≠ Indiferencia, impasibilidad.

asombroso, -sa *adj.* Sorprendente, impresionante, increíble, alucinante, flipante (Esp. col.).

asomo *m.* Indicio*, señal, amago, barrunto, atisbo, presunción, sospecha. ▮ *Indicio* y *señal* cuando se trata de cosas; *asomo* y *amago* se refieren a accidentes o fenómenos, como un *amago* de epidemia o de incendio, un *asomo* de fiebre. Tratándose de pensamientos, *barrunto*, *atisbo*, *presunción*, *sospecha*.

asonada *f.* Bullanga, alboroto*, tumulto, motín, revuelta, sublevación.

asonancia *f.* Rima imperfecta. ≠ Disonancia.

asordar *tr.* Ensordecer.

aspálato *m.* Alarguez.

aspalto *m.* Espalto.

aspearse *prnl.* Despearse.

aspecto *m.* Apariencia, aire, cara, semblante, cariz, presencia, planta, pote, facha, pinta, catadura, look (anglic.). ▮ Los cuatro primeros se aplican a personas, animales y cosas; *cariz* a sucesos o fenómenos. *Look* se aplica a la imagen de personas lugares o cosas. Tratándose de personas o animales superiores, *presencia*, *planta*, *porte*; con valor desestimativo, irónico o burlesco, *facha, pinta, catadura*. **2** Giro, dirección, cariz, curso. **3** Fase, período, estado.

asperartería *f.* Tráquea, traquearteria.

aspereza *f.* Escabrosidad, rugosidad. **2** fig. Rigor, rigidez, dureza, rudeza, desabrimiento, ceño, severidad*. ≠ Suavidad, blandura, flexibilidad, comprensión, amabilidad. ► **3 Limar asperezas** *loc.* Conciliar, avenir.

asperilla *f.* Hierba de las siete sangrías.

áspero, -ra *adj.* Rugoso, rasposo, escabroso. **2** fig. Rígido, riguroso, rudo, desapacible, desabrido, intratable, hosco, ceñudo, ríspido, rispo. ≠ Suave. ▮ Los cinco últimos se aplican a personas o a su carácter y maneras. **3** Acerbo. ▮ *Acerbo* significa *áspero* al gusto. **4** fig. Estridente*, agrio, destemplado, ruidoso.

asperón *m.* Piedra afiladera, piedra aguzadera, piedra amoladera, piedra melodreña.

aspersorio *m.* Hisopo, asperges. ▮ Tratándose del culto religioso.

aspiración *f.* Designio, mira, propósito. **2** Deseo, anhelo, afán, ansia, ilusión, ideal, proyecto, pretensión. **3** Inhalación (MED.). → **inhalar**

aspirante *adj. com.* Pretendiente, solicitante, candidato, meritorio. ▮ Este último en despachos u oficinas. **2** Principiante, aprendiz*. ≠ Maestro, experto.

aspirar *tr.* Inspirar. ≠ Espirar, impeler.▮ Si se trata de personas o animales, *aspirar* es lo mismo que *inspirar*; su contrario es *espirar*, y ambos constituyen el acto de *respirar*. Si se trata de máquinas no existe tal sinonimia; una bomba *aspira* no *inspira*, su contrario es *impeler*. **2** Desear, pretender*, anhelar, ambicionar. ▮ En la acepción de *desear*, *aspirar* lleva siempre la preposición *a*, mientras que los demás llevan su complemento directo sin preposición: *aspiro* a este empleo; *deseo, pretendo* este empleo. **3** GRAM. Espirar. ▮ Los sonidos así producidos se llaman *espirantes* o *aspirados*.

asqueroso, -sa *adj.* Sucio. **2** Repugnante, nauseabundo, repelente, repulsivo.

asta *f.* Fuste, palo. ▮ Tratándose de un arma, *fuste*; de una bandera, *palo*. **2** Cuerno.

asterisco *m.* Estrella.

asteroide *m.* Planeta menor.

astrágalo *m.* (hueso) Chita, taba, taquín. ▮ *Astrágalo* es un término científico; los nombres generales son *chita, taba, taquín*. **2** Armilla, tondino, joya.

astral *adj.* Sideral, sidéreo, estelar.

astreñir *tr.* Astringir.

astringir *tr.* MED. Astreñir, astriñir, restringir, restriñir, estipticar. **2** fig. Sujetar, constreñir, restringir.

astrólogo, -ga *s.* Planetista.

astroso, -sa *adj.* Desastrado, desastroso, infeliz, infausto. **2** Harapiento, andrajoso, roto, zarrapastroso. ≠ Aseado, cuidadoso, elegante. **3** Vil, despreciable.

astucia *f.* Sagacidad, sutileza, picardia. **2** Ardid, treta, maña, añagaza, artimaña, artificio, ficción, doblez. **3** Camándula, marrullería, trastienda, fingimiento, hipocresía, disimulo. ≠ Inocencia, ingenuidad, sinceridad. **4** Taimería, cuquería, picardía, malicia, tunería, zorrería, raposería, cautela. ≠ Cortedad, ingenuidad. **5** Agallas, codicia, cicatería.

astuto, -ta *adj.* Sagaz, sutil, taimado, cuco, artero, zorro, ladino, toro corrico, buena pieza, mosquita muerta, capcioso, insidioso*, asechante. ≠ Ingenuo, sencillo. ▮ *Taimado, cuco, artero, zorro* y *ladino* se toman siempre a mala parte. **2** Artificioso, fingido, disimulado, engañoso, ficticio. ≠ Natural. **3** Avisado, prudente, previsor, advertido, precavido, cauteloso, no tener un pelo de tonto. **4** Fino, sagaz. ≠ Rudo.

asueto *m.* Descanso, recreo, esparcimiento.

asunto *m.* Tema, cuestión, materia. ▮ «*Asunto* es el objeto particular de que se trata; *materia* es la entidad a la cual pertenece el *asunto* y constituye su calidad. Se propone un *asunto* cuya *materia* ofrezca medios de lucimiento a la erudición y al ingenio. La murmuración es en la sociedad una *materia* inagotable, porque no hay en ella cosa de que no hagan los necios un *asunto* muy serio para ejercerla, supliendo con este cómodo recurso su falta de talento.» (LH). **2** Argumento. **3** Negocio.

asustadizo, -za *adj.* Espantadizo, asombradizo, miedoso, más muerto que vivo, pendiente de un hilo.

asustar *tr.-prnl.* Espantar, amedrentar, atemorizar, acobardar, intimidar, aterrorizar, alarmar, inquietar, sobresaltar, meter el corazón en un puño, tener el alma en vilo. ≠ Animar, envalentonarse, tranquilizar. ▮ «El verbo *asustar* expresa una acción más pasajera y menos vehemente que el verbo *espantar*. En el primero entra la idea de la sorpresa, en el segundo la del terror. Nos *asustan* un tiro, el ruido del trueno, un grito fuerte. Nos *espantan* un gran peligro, un delito atroz, un suplicio bárbaro. No a todos *asustan* los mismos hechos; pero lo que *espanta* ejerce una acción más general.» (M). ▶ **2** *tr.* Asombrar*, admirar, maravillar, aturdir, pasmar, sobrecoger, sorprender.

atabal *m.* Timbal. **2** Tamboril.

atabalear *intr.* Tabalear, tamborilear.

atablar *tr.* Tablear, allanar.

atacar *tr.* Atiborrar, atestar, apretar. ≠ Aligerar. **2** Acometer*, arremeter*, agredir, embestir, asaltar. ≠ Desistir, retroceder. **3** fig. Impugnar, combatir.

atafagar *tr.* Sofocar, avahar. **2** fig. Molestar, importunar.

ataguía *f.* Encajonado. **2** CONSTR. Tablestacado.

ataharre *m.* Sotacola, ataja (Argent. y Bol.).

atajar *tr.* Contener, interrumpir, cortar, detener, parar*. ▶ **2** *prnl.* fig. Correrse, avergonzarse, atascarse.

atalaje *m.* Guarniciones, arreos, jaeces.

atalaya *f.* Vigía, centinela, escucha. ▮ *Vigía* se aplica a la torre o altura desde donde se puede atalayar y al hombre que vigila desde ella. *Centinela* y *escucha*, solo al hombre.

atalayar *tr.* Otear, espiar, vigilar.

atanasia *f.* Hierba de Santa María.

atanquía *f.* Adúcar. **2** Cadarzo.

atañer *intr.* Tocar, pertenecer, corresponder, concernir, afectar. ▮ Los dos últimos pertenecen al habla culta. *Atañer*, a pesar de su origen popular, es hoy un término que se siente también como docto. **2** Importar, convenir, hacer al caso, interesar, merecer la pena, tener que ver, formar época. ≠ Desinteresar, desmerecer.

ataque *m.* Agresión, acometida, arremetida, asalto. **2** Acceso, accesión, accidente, cubrimiento, soponcio, patatús. ▮ Tratándose de enfermedad, los tres primeros. Algunos de estos *ataques* se denominan en el habla usual *cubrimiento*, *soponcio*, *patatús*. Cuando se trata de pasiones violentas, *ataque* o *acceso*: *a.* de celos, de ira.

atar *tr.* Liar, ligar (lit.) y p. us., amarrar, unir, juntar, sujetar. ≠ Desatar, desligar. ▮ *Liar* es atar envolviendo: *liar* o *atar* un paquete, pero *atar* (no *liar*) una caballería al pesebre. *Ligar* en esta acepción material es literario y de muy poco uso; se usa pralte. en las acepciones fig. *marrar* en España y Amér. ▶ **2** *prnl.* Embarazarse, atascarse.

atarantado, -da *adj.* Tarantulado. **2** fig. Inquieto, bullicioso. **3** Aturdido, espantado.

atarazana *f.* Tarazana, tarazanal, arsenal. ▮ *Arsenal* es hoy el más usado.

atareado, -da *p. p.* Ocupado. **2** fam. Sin tiempo para rascarse.

atarjea *f.* Tajea.

atarraga *f.* Olivarda.

atarugar *tr.* Atestar, atiborrar, henchir. ▶ **2** *prnl.* Atascarse, atajarse.

atascadero *m.* Atolladero. ▮ Cuando se halla en lugar cenagoso. **2** fig. Impedimento, estorbo.

atascar *tr.* Tapar, cegar, obstruir*, atorar, atrancar. ≠ Abrir, desembarazar, desobstruir. ▶ **2** *prnl.* Atollarse, sonrodarse. ≠ Desatascarse. ▮ Este último tratándose de las ruedas de un carruaje. **3** fig. Atajarse, atarugarse.

atasco *m.* Atanco, atranco, obstrucción. **2** Atolladero, atascadero.

ataúd *m.* Caja mortuoria, féretro (lit.) o culto.

ataujía *f.* Taujía.

ataviar *tr.* Componer*, adornar*, engalanar, acicalar, aderezar, hermosear, arreglar*.

atavío *m.* Compostura, adorno, acicalamiento, ornato*. → **atavíos**

atavíos *m. pl.* Adornos, traeres. → **atavío**

atemorizar *tr.-prnl.* Intimidar, amedrentar, acobardar*, arredrar, asustar*, espantar, acoquinar, achantar (vulg.), amilanar, aterrar, meter el corazón en un puño, no tenerlas todas consigo, morir de miedo. ≠ Envalentonar, engallar, tranquilizar.

atemperar *tr.* Temperar, moderar, templar, suavizar. **2** fig. Acomodar, ajustar, adaptar.

atenacear *tr.* Tenacear, sujetar, amarrar, martirizar, atenazar. ≠ Soltar, acariciar.

atención *f.* Cuidado, vigilancia, solicitud, esmero. **2** Consideración, miramiento, cortesía, urbanidad, respeto*, deferencia, rendimiento. → **atenciones 3** Aplicación, estudio, perseverancia. **4** Interés, inclinación, atractivo, afecto. ≠ Desatención, desafecto. **5** Ponderación, reflexión, circunspección.

atenciones *f. pl.* Ocupaciones, negocios, quehaceres, trabajos. → **atención**

atender *tr.-prnl.* Escuchar, oír, fijarse, reparar, observar. ≠ Desatender, desacatar. **2** Cuidar, vigilar, ocuparse de, estar a la mira, no pestañear. ≠ Abandonar. **3** Aplicar, esmerarse, perseverar, estudiar. ► **4** *tr.* Pensar, reflexionar, considerar. ≠ Desatender.

atenerse *prnl.* Sujetarse, amoldarse, ajustarse, remitirse. ▮ Tratándose de instrucciones, mandatos o escritos, *remitirse*, p. ej., un empleado se *atiene* o se *remite* al reglamento.

atento, -ta *adj.* Fino, cortés, comedido, considerado, amable, afable*, solícito, obsequioso, afectuoso, deferente, respetuoso, mirado, galante. ▮ «Ser *cortés* es una obligación que nos impone la buena crianza; ser *atento* es una cualidad a que nos inclina la buena educación. El *cortés* puede serlo sin pasar los límites de su obligación; el *atento* no se atiene a ella, y emplea noblemente los medios de agradar o de complacer. Decir de un caballero que es *cortés* no es una lisonja; es sólo decir que no es grosero. Decir que es *atento* es hacer su elogio; es decir que añade a la *cortesía* el agrado, la complacencia. El *cortés* lo es siempre sin afectación; el *atento* puede ser afectado. Hay hombres que, a fuerza de *atenciones*, nos alejan diestramente de su familiaridad y confianza.» (LH). **2** Aplicado, cuidadoso, perseverante, asiduo, estudioso.

atenuación *f.* RET. Lítote.

atenuar *tr.* Adelgazar. **2** fig. Minorar, aminorar, mitigar, suavizar, paliar. ≠ Aumentar, fortalecer.

ateo, -ea *adj.-s.* Ateísta (p. us.), sindiós.

atercianado, -da *adj.-s.* Tercianario.

aterciopelado, -da *adj.* Terciopelado.

aterrar *tr.-prnl.* Acobardar*, aterrorizar, espantar, horrorizar, espeluznar, horripilar, estremecer, amedrentar, asustar, intimidar. ≠ Tranquilizar, animar, envalentonar. ► **2** *tr.* Postrar, abatir, terrecer. ≠ Animar.

atestación *f.* Testificación, testimonio, atestiguamiento.

atestar [1] *tr.* Henchir, llenar, atiborrar, apretujar. ≠ Vaciar. ▮ *Atestar* y *llenar* pueden referirse a personas y cosas: el gentío *atestaba* o *llenaba* un teatro; las mercancías *atestaban* o *llenaban* un almacén. *Henchir* y *atiborrar* se aplican gralte. a cosas: se *hincha* o *atiborra* un saco. *Atiborrar* y *apretujar* añaden a *llenar* la idea de presión para que las cosas quepan en el espacio o recipiente que ha de contenerlas.

atestar [2] *tr.* p. us. Atestiguar, testificar, testimoniar, probar*, documentar, autorizar.

atestiguar *tr.* Testificar, testimoniar, atestar (p. us.), probar*, acreditar, demostrar, justificar, evidenciar, confirmar, documentar, autorizar. **2** Afirmar, aseverar, asegurar.

atetar *tr.* Amamantar, tetar.

atiborrar *tr.* Llenar, henchir, embutir, rellenar, apretar, embuchar, atestar I*.

atildado, -da *adj.* Compuesto, acicalado, peripuesto, hecho un figurín.

atildar *tr.-prnl.* Tildar, poner tildes. **2** Tildar, censurar, tachar. ► **3** *prnl.* fig. Componerse, asearse, acicalarse. ≠ Ensuciarse, desarreglarse, descuidarse. ▮ *Atildar* añade a *componer* y *asear* la idea de esmero minucioso.

atinar *intr.* Acertar*, hallar, encontrar. **2** Adivinar, acertar, descifrar, dar con. ≠ Desacertar.

atíncar *m.* Bórax.

atinente *adj.* Tocante, perteneciente, referente.

atirantar *tr.-prnl.* Poner tirante, tesar (MAR.), tensar (MEC.). ≠ Aflojar, relajar, distender.

atisbar *tr.* Espiar, observar, acechar, vigilar. **2** Fisgar, husmear, curiosear, huronear, fisgonear, meter baza.

atisbo *m.* Atisbadura. ▮ Cuando se trata de la acción de *atisbar*, *atisbadura*. **2** Indicio, vislumbre, sospecha, barrunto*, suposición*, asomo*, amago, remusgo, conjetura, presunción, supuesto, hipótesis.

atizar *tr.* fig. Avivar, fomentar, estimular. **2** Dar, propinar, pegar. ▮ *Atizar* es intensivo de *dar*, *propinar*, *pegar*.

atlante *m.* ARQ. Telamón.

atoar *tr.* MAR. Toar, remolcar.
atocha *f.* Atochón, esparto.
atochal, atochar *m.* Espartizal, espartal.
atolondrado, -da *p. p.* Irreflexivo, aturdido, precipitado, loco, imprudente, insensato, disparatado. ≠ Moderado, reflexivo.
atolondramiento *m.* Irreflexión, aturdimiento, precipitación.
atolondrar *prnl.* Aturdirse, precipitarse.
atolladero *m.* Atascadero, atasco. **2** fig. Dificultad, impedimento, embarazo, aprieto, apuro.
atómico, -ca *adj.* Nuclear.
atónito, -ta *adj.* Estupefacto, suspenso, asombrado, pasmado, turulato (fam.), patitieso (fam.), patidifuso (humor.), helado, sin poder hablar, con la boca abierta, como quien ve visiones, absorto*, admirado. ‖ *Helado* sugiere principalmente inquietud o miedo.
átono, -na *adj.* GRAM. Inacentuado, débil.
atontadamente *adv. m.* Indiscretamente, imprudentemente, neciamente, tontamente, a tontas y a locas.
atontar *tr.-prnl.* Aturdir, atolondrar, atortolar, entontecer. **2** Abobar, embobar, llenar la cabeza de humo. ≠ Despabilar. ► **3** *tr.* Entorpecer, turbar, oscurecer, embotar.
atorar *tr.* Atascar, obstruir, cegar. ► **2** *prnl.* Atragantarse.
atormentar *tr.-prnl.* Martirizar, torturar. **2** fig. Afligir, apenar, atribular, acongojar, partísele a uno el alma. ≠ Consolar, tranquilizar, apaciguar, sosegar, serenar.
atoro *m.* Atasco, aprieto, apuro.
atorrante *adj. com.* Argent. y Urug. Vagabundo, holgazán, haragán, golfo.
atortolar *tr.* Aturdir, acobardar, acoquinar.
atosigar *tr.* Emponzoñar, envenenar, tosigar. ► **2** *tr.-prnl.* Fatigar, oprimir, dar prisa, apurar. **3** Abrumar, agobiar, molestar, fastidiar, hastiar, aburrir, importunar.
atrabajado, -da *adj.* p. us. Trabajado, abrumado. **2** Trabajoso.
atrabiliario, -ria *adj.* Irritable, irascible, destemplado, malhumorado.
atracar *tr.* MAR. Arrimar, abordar. **2** Hartar*, henchir, rellenar, atiborrar. **3** Saltear, asaltar. ‖ *Atracar* es concretamente saltear para robar a una o más personas.
atracón *m.* fam. Hartazgo, panzada.
atractivo *m.* Gracia, encanto, seducción, hechizo, fascinación, sugestión*. ‖ Todos ellos son cualidades físicas o morales de una persona que atraen la voluntad. **2** Incentivo, aliciente, cebo. ‖ Tratándose de cosas. **3** Imán (fig.).
atractivo, -va *adj.* Atrayente, seductor, hechicero, encantador, sexy. **2** Gachón, gracioso, expresivo, salado, donairoso.
atraer *tr.* Captar, granjear, seducir, cautivar, encantar, hechizar, provocar, causar, ocasionar, motivar, absorber. ≠ Rechazar, desagradar. ‖ *Captar, granjear*(se), la voluntad o el afecto ajenos. Con mayor intensidad, *seducir, cautivar, encantar, hechizar*. Tratándose de sentimientos adversos, hechos o fenómenos, *provocar, causar, ocasionar, motivar*, p. ej., la antipatía, el enojo, la lluvia, una tempestad, etc. **2** Flechar, enamorar. ► **3** *prnl.* Conciliarse*, granjearse, ganarse, concitarse.
atrafagar *intr.* Fatigarse, afanarse.
atrancar *tr.* Aherrojar, trancar. **2** Atascar, cegar, obstruir*, tapar, atorar. **3** Trancar, tranquear.
atranco *m.* Atasco, atanco, obstrucción.
atrapamoscas *f.* Dionea.
atrapar *tr.* Pillar, coger, agarrar*. ‖ *Atrapar* y *pillar* dan idea de *coger* a una persona o animal que huye, o de valerse de alguna maña o astucia. Se *atrapa* o *pilla* a un ratero, a una mariposa al vuelo, a un lobo en una trampa. **2** Conseguir, obtener, pescar*. ‖ *Conseguir, obtener*, algo provechoso; *pescar* se acerca más a *atrapar* porque connota idea de maña y acecho. **3** Engatusar, engañar. ‖ El mismo sentido de astucia o maña puede extenderse hasta el fraude, y entonces atrapar se hace sinónimo de *engañar, engatusar*.
atrás *adv. l.* Detrás. ≠ Delante. ‖ Denota dirección hacia la parte posterior del que habla o de la persona o cosa nombrada, con menos precisión que *detrás*. ► **2** *adv. t.* Antes, anteriormente. ‖ P. ej.: quince días *atrás*; un escritor u orador recuerda lo que ha dicho *atrás* o *anteriormente*.
atrasado, -da *adj.* Alcanzado, empeñado, endeudado.
atrasar *tr. -prnl.* Retrasar, retardar, demorar, diferir*, rezagar, dilatar (antic. y lit.).

≠ Adelantar. ▌ *Atrasar* coincide con *retrasar* en todas sus aceptaciones. *Retardar* no se usa hablando del reloj. En gral. sugiere disminución de velocidad motivada por algún entorpecimiento voluntario o físico. Por esto es raro su empleo como intr. Un tren *atrasa* o *retrasa* (intr.). El maquinista puede *retardar*, *retrasar* o *atrasar* la marcha (tr.). *Demorar* es literario o administrativo, y se refiere principalmente a actos o resoluciones: se *demora* un informe pericial, un pleito, un expediente. *Diferir* supone idea de aplazamiento, detención. En *rezagar*(se) predomina hoy la idea de dejar o quedarse atrás en la marcha de una persona o cosa con respecto a otra: el caminante andaba *rezagado* de sus compañeros. También se usa por diferir o detener la ejecución de un acto. ► **2** *prnl.* Empeñarse, endeudarse.

atraso *m.* Retraso, retardo, demora, dilación. **2** Deuda. ▌ Este se usa generalmente en plural.

atravesado, -da *adj.* Avieso, ruin, malintencionado, malo.

atravesar *tr.* Cruzar, pasar, traspasar. ▌ *Traspasar* es pasar un cuerpo penentrándolo de parte a parte; p. ej.: *atravesar* o *traspasar* con la espada. **2** Hender, cortar. **3** fig. Aojar, fascinar, ojear, hacer, dar mal de ojo.

atreverse *prnl.* Arriscarse (p. us.), arriesgarse, osar, aventurarse, exponerse. ≠ Acobardarse. ▌ En *aventurarse* y *exponerse* se siente como más dudoso el éxito que en los demás verbos, más azaroso. **2** Insolentarse, descararse, osar, no ponérsele nada por delante.

atrevido, -da *adj.* Audaz, osado, arrojado, arriscado, arriesgado, temerario, intrépido, valiente, resuelto. **2** Insolente, descarado, desvergonzado, fresco, descocado.

atrevimiento *m.* Audacia, osadía, arrojo*. ▌ «*Atrevimiento, osadía* y *audacia* significan la determinación de ejecutar una acción arriesgada, de arrostrar un peligro o de exponerse a un mal. El *atrevimiento* puede nacer de un impulso impremeditado; la osadía, del temple natural o de los hábitos; la *audacia* es un exceso de *osadía* o de *atrevimiento*. El *atrevimiento* puede ser loable, y es muchas veces necesario; la *osadía* nunca deja de ser imprudente; la *audacia* es apasionada, criminal o heroica.» (M). **2** Insolencia, descaro, desvergüenza, descoco, tupé, avilantez, desfachatez.

atribuciones *f. pl.* Facultades. ▌ «Las *atribuciones* son los actos que debe ejercer el empleado público; sus *facultades* son los usos que puede hacer del poder que la ley le confía. Una de las *atribuciones* del juez es examinar los testigos; una de sus *facultades* es imponer penas al infractor. Los agentes inferiores de la autoridad tienen *atribuciones*, y apenas puede decirse que tienen *facultades*.» (M).

atribuir *tr.-prnl.* Achacar, imputar, culpar, inculpar, colgar (fam.). ▌ Todos ellos significan *atribuir* algo malo. En cambio se pueden *atribuir* cualidades o defectos, culpas o méritos. Sería un contrasentido *achacar* una virtud. Nótese que *atribuir* y *achacar* pueden aplicarse también a cosas, en tanto que *imputar* solo se aplica a personas: se *atribuye* o *achaca* a las heladas tardías la pérdida de la cosecha; se *imputa* a uno la responsabilidad o culpa de una acción desastrosa. ► **2** *prnl.* Apropiarse*, arrogarse.

atribular *tr.-prnl.* Desconsolar, desolar, angustiar, acongojar, atormentar, afligir, apenar, acuitar, apesadumbrar, meter el corazón en un puño. ≠ Consolar.

atributo *m.* Cualidad*, propiedad. **2** Símbolo, insignia, emblema.

atrición *f.* Arrepentimiento*, compunción, contrición*.

atril *m.* Facistol. ▌ El que es grande y sirve para sostener en las iglesias los libros del coro.

atrio *m.* Porche. **2** Zaguán. **3** Vestíbulo, portal.

atrocidad *f.* Crueldad, inhumanidad. **2** Necedad, enormidad, barbaridad, burrada. **3** Te-meridad, imprudencia.

atronar *tr.* Asordar, ensordecer. **2** Aturdir.

atropellado, -da *adj.* Precipitado, ligero, irreflexivo, atolondrado, aturdido. ≠ Ileso, reflexivo.

atropellar *tr.* Empujar, dar empellones, arrollar, derribar. **2** Agraviar, ultrajar. ► **3** *prnl.* Apresurarse, precipitarse, apurarse.

atroz *adj.* Fiero, cruel, inhumano, bárbaro, salvaje, brutal, feroz. ≠ Culto, civilizado, educado. **2** Enorme, grave, desmesurado. **3** Feo, horrible, monstruoso.

atuendo *m.* Atavío, vestido. ▌*Atuendo* añade a sus sinónimos idea de solemnidad. Se habla del *atuendo* de las damas en una ceremonia, o del *atuendo* del salón en que la ceremonia se celebró. **2** Aparato, ostentación, boato, pompa.

atufarse *prnl.* Incomodarse, amoscarse, enojarse, enfadarse, irritarse. **2** Agriarse (los licores, esp. el vino).

atufo *m.* Enfado, enojo, irritación.

atún *m.* Tonina.

atunara *f.* Almadraba.

atunero *m.* Almadrabero.

aturdido, -da *adj.* Atolondrado, irreflexivo, precipitado. **2** Atarantado, espantado.

aturdimiento *m.* Turbación, perturbación. **2** Atolondramiento, precipitación, aturrullamiento, irreflexión.

aturdir *tr.-prnl.* Asombrar*, maravillar, desconcertar, pasmar. ≠ Serenar, tranquilizar, sosegar, apaciguar, calmar. **2** Atontar, turbar, atolondrar, azarar, aturrullar, conturbar, confundir, aturdir, azorar*. ≠ Despabilar. **3** Perturbar, consternar.

aturrullar *tr.-prnl.* Desconcertar, atolondrar, aturdir, turbar, azarar.

atutía *f.* Tutía, tucía, tocía.

audacia *f.* Atrevimiento, osadía, arrojo*, valor, intrepidez, decisión, firmeza, valentia. ≠ Timidez. **2** Insolencia, descaro, desvergüenza, tupé, desfachatez, avilantez.

audible *adj.* Oíble.

auditorio *m.* Público, oyentes, concurrencia*, concurso.

auge *m.* Elevación, prosperidad, encumbramiento. **2** Apogeo, esplendor, plenitud, culminación.

augurar *tr.* Auspiciar, predecir, pronosticar, profetizar, presagiar, adivinar*, vaticinar.

augurio *m.* Predicción*, presagio, pronóstico, agüero*, profecía, vaticinio, horóscopo*, auspicio*, adivinación, profecía. **2** Promesa, señal, esperanza.

aula *f.* Clase, cátedra.

aulaga *f.* Aliaga, árgoma.

aumentar *tr.* Sumar, añadir, adicionar, agregar, acrecentar. **2** Crecer, agrandar*, ampliar*, tomar cuerpo, tomar vuelo, acentuar. ≠ Disminuir.

aumento *m.* Acrecentamiento, incremento, crecimiento, adición, suma, añadidura, agregación. ≠ Resta, disminución. **2** Adelantamiento, medro, avance. **3** Alza, subida, elevación, encarecimiento.

aun *adv. m.* Hasta, también, inclusive, incluso, siquiera. ▌*Aún* se escribe con acento cuando equivale a *todavía*; p. ej.: *aún* no ha venido; *todavía* no ha venido; *aún* o *todavía* llueve. Cuando no son sinónimos, se escribe sin acento (*aun*), p. ej.: *aun* llegando tarde, le recibieron bien; lo sabré pronto, *aun* lo digas; no tengo yo tanto, ni *aun* la mitad.

aún *adv. t.* Todavía. → **aun**

aunar *tr.-prnl.* Unir, asociar, juntar, confederar, unificar. ≠ Desunir.

aupar *tr.* Levantar, subir. ▌*Aupar* lleva complemento directo de persona: *aupar* a un niño; pero no se diría *aupar* un fardo. **2** fig. Enaltecer, ensalzar, encumbrar.

aura [1] *f.* Vientecillo, céfiro, brisa. **2** fig. Aplauso, aceptación, buen ambiente.

aura [2] *f.* (ave) Gallinazo.

aureola, auréola *f.* Corona, diadema, lauréola, nimbo. **2** fig. Gloria, celebridad, fama, renombre.

auriga *m.* Cochero. ▌Solo se usa *auriga* evocando la antigüedad clásica o en estilo elevado.

ausentismo *m.* Absentismo.

auspiciar *tr.* Predecir, augurar, adivinar*. **2** Proteger, favorecer, patrocinar, apadrinar.

auspicio *m.* Agüero, augurio, presagio, señales, indicios. ▌Usado en plural, *auspicios* equivale a *señales, indicios* que anuncian o presagian el resultado de algún negocio o acto. **2** Protección, favor, patrocinio.

austeridad *f.* Continencia, templanza, temperancia, moderación, sobriedad. ≠ Abundancia. **2** Severidad, rigor, rigidez, dureza, aspereza. ≠ Ligereza.

austero, -ra *adj.* Agrio, áspero, acerbo. ▌Tratándose del sabor. **2** Severo, riguroso, rígido. ▌Tratándose del género de vida o del que lo sigue.

austral *adj.* Antártico, meridional.

austro *m.* Sur, mediodía.

autarquía [1] *f.* Autosuficiencia. ▮ *Autarquía* no se usa tratando de personas singulares, sino de naciones o de grandes compañías industriales: un país goza de *autarquía* económica cuando se basta a sí mismo.
autarquía [2] *f.* Autocracia, cesarismo, dictadura*.
auténtico, -ca *adj.* Verdadero, positivo, cierto, seguro, genuino, real. ≠ Falso. **2** Acreditado, autorizado, legalizado, fidedigno. **3** Original, personal, propio.
autillo *m.* (ave) Cárabo, oto, úlula, zumaya.
autobús *m.* Autocar, bus, ómnibus. ▮ El *autocar* suele tener un itinerario interurbano y el *bus* y el *ómnibus* urbano.
autocar *m.* Autobús*, bus, ómnibus.
autocracia *f.* Autarquía, cesarismo, dictadura, tiranía.
autóctono, -na *adj.* Aborigen.
autodecisión *f.* Autodeterminación.
autógrafo, -fa *adj. m.* Hológrafo, ológrafo. ▮ Se usan tratándose de testamentos.
automotor *m.* Autovía. ▮ En los ferrocarriles.
automóvil *m.* Coche*, carro (Amér.), auto. ▮ Suele designársele abreviadamente *auto.*
autonomía *f.* Autogobierno.
autopsia *f.* Necropsia (p. us.), necroscopia (p. us.).
autor, -ra *s.* Causante, creador. **2** Inventor, escritor. ▮ El *autor* de alguna obra científica, literaria o artística recibe nombres especiales, como *inventor, escritor,* etc. **3** Actor*. ▮ En la época clásica del teatro español.
autoridad *f.* Poder, mando, facultad, potestad, jurisdicción. **2** Crédito, fe.
autoritario, -ria *adj.* Despótico, arbitrario, imperioso, autocrático, imperativo*, dominante, absoluto*, dictatorial, tiránico.
autorización *f.* Consentimiento*, permiso, venia, aprobación, anuencia, licencia*. ≠ Prohibición, desautorización.
autorizar *tr.* Facultar, dar poder. **2** Consentir, aprobar, acceder. ≠ Desautorizar, denegar, desaprobar.
autovía *m.* Automotor.
autumnal *adj.* lit. Otoñal.
auxiliar[1] *adj. com.* Ayudante, asistente, cooperador, coadyuvante. ▮ Cuando no se trata de personas, *coadyuvante.*
auxiliar[2] *tr.* Ayudar, secundar, apoyar, socorrer, favorecer, amparar, echar una mano, echar un capote, arrimar el hombro, subvenir.
auxilio *m.* Ayuda, apoyo, favor, protección, amparo, refugio, socorro, escudo, asistencia, subsidio. ▮ Pueden sustituirse todos entre sí según las circunstancias; todos son intercambiables con *auxilio. Asistencia* significa normalmente *ayuda;* pero por eufemismo puede equivaler a *socorro.*
avalorar *tr.* Valorar, valorizar.
avance *m.* Anticipo, adelanto. ▮ *Anticipo* es un *adelanto* de dinero. **2** Progreso, marcha.
avanzar *intr.* Adelantar, progresar. ≠ Retroceder. **2** fig. Prosperar.
avaricia *f.* Avidez, codicia, tacañería, ruindad, cicatería, mezquindad, miseria, sordidez. ▮ *Avidez* y *codicia* connotan afán de adquirir o ganar. Cuando el medio empleado es no gastar se emplean los demás sinónimos.
avaro, -ra *adj.-s.* Avariento, avaricioso, ávido, codicioso, mezquino, tacaño, ruin, roñoso, cicatero, sórdido, miserable. ≠ Derrochador, generoso. **2** Judío, usurero, explotador, agiotista.
avasallar *tr.* Dominar, señorear, sujetar, someter*, sojuzgar, subyugar, encadenar, esclavizar.
avecinarse *prnl.* Acercarse, aproximarse. **2** Domiciliarse, establecerse, avecindarse.
avecindarse *prnl.* Avecinarse, establecerse, domiciliarse.
avejentar *tr.* Aviejar, envejecer, revejecer. ▮ *Revejecer* se usa solo como intr. y prnl. *Aviejar* y *avejentar* hacen resaltar la idea de poner a uno viejo antes de serlo por la edad.
avenencia *f.* Convenio, concierto, conciliación, transacción, arreglo. ≠ Discrepancia, desacuerdo. **2** Unión, conformidad, armonía, compenetración. ≠ Disconformidad.
avenida *f.* Venida, llena, crecida*, desbordamiento, inundación, riada, arriada (p. us.), torrentada, arroyada. ▮ Tratándose de un río, *riada* o *arriada;* de un torrente, *torrentada;* de un arroyo, *arroyada.*

avenir *tr.-prnl.* Conciliar*, concertar, convenir, arreglar. ≠ Desarreglar. ▸ **2** *prnl.* Entenderse, ponerse de acuerdo, allanarse, amoldarse, adaptarse, acomodarse, aclimatarse, armonizar. ≠ Enemistarse, disentir, discrepar. ▸ **3** *tr. -prnl.* Congeniar, estar de acuerdo, ir a uno, amigar, reconciliar.

aventador *m.* Bieldo. **2** Soplador, baleo, soplillo.

aventajar *tr.* Anteponer, preferir. **2** Exceder, superar, sobrepujar, pasar, adelantar, sobresalir, ir en cabeza. ≠ Retrasar. ▌Estos dos últimos, se emplean como sinónimos del uso pronominal de *aventajar*.

aventurado, -da *adj.* Arriesgado, peligroso, expuesto, azaroso.

aventurar *tr.* Arriesgar, exponer. ▸ **2** *prnl.* Atreverse*, osar.

avergonzar *tr.-prnl.* Encoger, correr, empachar, ruborizar, sonrojar, abochornar, sofocar, caerse la cara de vergüenza, salir los colores al rostro, ir con el rabo entre las piernas, subirse el pavo, acholar, amilanar. ≠ Presumir, alardear.

avería *f.* Daño, deterioro, detrimento, menoscabo, desperfecto, rotura. ▌Estos dos últimos, tratándose de un aparato, instalación o vehículo.

averiguar *tr.* Inquirir, indagar, investigar, buscar*, enterarse, ahondar, escudriñar*, escrutar*, rebuscar. **2** Hallar, descubrir, echar la vista encima, dar en la vena, haber en las manos. ≠ Desacertar.

averno *m.* Infierno, báratro, tártaro, érebol, orco, huerco, el abismo.

aversión *f.* Antipatía, repugnancia, repulsión, oposición, odio*, abominación, aborrecimiento, execración. ≠ Simpatía. ▌«La *aversión*, se aplica tanto a las personas como a las cosas... La *aversión* puede degenerar en horror; la *repugnancia* en hastío y en odio; la *oposición* en aborrecimiento. La *repugnancia* es mucho más material que la *aversión*, y ésta más que la *oposición*. Nos causa *repugnancia* un alimento, una medicina, una lectura. Tenemos *aversión* a las personas, a la soledad, a los insectos; se nos *oponen* una persona cuyo carácter no conviene con el nuestro. Somos *opuestos* a que se nos contraríe.» (C).

avezar *tr.* Acostumbrar*, habituar, vezar, hacerse a. ▌Este último solo es sinónimo del uso pronominal de *avezar*.

aviar *tr.-prnl.* Prevenir, preparar, disponer, arreglar*, aprestar. ≠ Desarreglar. **2** fam. Despachar, apresurar.

avidez *f.* Codicia, ansia, voracidad, concupiscencia*, avidez. ≠ Indiferencia, desprendimiento, saciedad, conformidad.

ávido, -da *adj.* Codicioso, ansioso, insaciable, voraz, avariento*.

aviejar *tr.* Avejentar.

avieso, -sa *adj.* fig. Atravesado, mal inclinado, malo, perverso.

avigorar *tr.* Vigorizar, vigorar.

avilantarse *prnl.* Descararse, insolentarse, desvergonzarse, osar.

avilantez *f.* Descaro, atrevimiento, audacia, osadía, insolencia, desvergüenza.

avinagrar *tr.-prnl.* Acedar, agriar, acetificar, torcerse, volverse. ▌Los dos primeros tienen un significado general. Tratándose del vino, *acetificar*(se), término químico; las voces corrientes son *avinagrar*(se), *torcerse, volverse*. ▸ **2** *prnl.* fig. Agriarse*, exacerbarse. ▌Tratándose del carácter de una persona.

avío *m.* Prevención, apresto. → **avíos**

avión *m.* Aeroplano.

avíos *m. pl.* Utensilios, trastos, menesteres, recado. → **avío**

avisado, -da *adj.* Prudente, previsor, advertido*, precavido, cauteloso, astuto, despierto, sagaz*, listo. ▌Los tres últimos, cuando predomina el matiz de inteligencia viva y pronta.

avisador, -ra *s.* Llamador.

avisar *tr.* Advertir*, noticiar*, notificar*, prevenir, anunciar, participar, comunicar, llamar la atención, dar con el codo, levantar la caza, poner al corriente, informar, enterar. ≠ Engañar, ocultar. ▸ **2** *tr.-prnl.* Aconsejar, advertir*, amonestar.

aviso *m.* Indicación, anuncio, noticia, parte, notificación. **2** Advertencia*, amonestación*, consejo, observación. **3** Prudencia, discreción, precaución, prevención, cautela.

avispado, -da *adj.* Vivo, despierto, agudo, listo.

avispón *m.* Crabón, moscardón.

avistar *tr.* Dar vista a, ver, descubrir. ▶ **2** *prnl.* Entrevistarse, reunirse, personarse. ▶ **3** *tr.* MAR. Vislumbrar, divisar, atisbar.

avituallar *tr.* Abastecer*, proveer, suministrar, aprovisionar.

avivar *tr.* *-prnl.* Vivificar, reavivar, revivificar, reanimar. ≠ Desanimar, debilitar, mitigar. **2** fig. Excitar, animar, enardecer, encender, acalorar, electrizar, exaltar, inflamar, entusiasmar. **3** Acelerar*, apresurar, activar, aligerar, precipitar, apurar. ≠ Retardar. **4** Atizar, despabilar, espabilar. ‖ Tratándose del fuego o de la luz. ▶ **5** *tr.* Aguijar, aguijonear, picar, pinchar.

avizorar *tr.* Acechar, atisbar, observar, vigilar, espiar, asechar*.

avucasta *f.* Avutarda, avucastro.

avutarda *f.* Avetarda, avucasta, avucastro.

axila *f.* Sobaco, encuentro. ‖ *Axila* es voz culta o científica; *sobaco* es de uso gral. y popular; *encuentro*, poco usado tratándose del cuerpo humano, pero frecuente si se trata de animales.

axilar *adj.* Sobacal.

axiomático, -ca *adj.* Incontrovertible, evidente, irrebatible, indiscutible.

ayo, -ya *s.* Pedagogo, preceptor. ‖ *Pedagogo*, esp. si se trata de la antigüedad clásica.

ayuda *f.* Auxilio, apoyo, favor, protección, amparo, socorro, cooperación, asistencia. **2** Lavativa, lavamiento, servicial, servicio, enema (MED.), clister (MED.), clistel (MED.), irrigación. ‖ *Irrigación* es eufemismo moderno.

ayudante *com.* Auxiliar, asistente, cooperador.

ayudar *tr.-prnl.* Cooperar, asistir, secundar, coadyuvar, apoyar, contribuir, arrimar el hombro, dar la mano, ir a una, hacer el caldo gordo, influir, intervenir, hacer caer la cabeza. **2** Auxiliar, socorrer, amparar, proteger. ≠ Dificultar, dejar. ‖ «*Ayudar* es prestar cooperación; *auxiliar* es *ayudar* en casos arduos; *socorrer* es remediar el mal y la privación; *amparar* es hacer uso de la autoridad o del poder en socorro del que lo implora. Se *ayuda* en la faena; se *auxilia* en los conflictos; se *socorre* en los peligros; se *ampara* mandando o prohibiendo. El que no tiene la fuerza necesaria para levantar un peso, no pide que lo *auxilien*, que lo *socorran* ni que lo *amparen*, sino que lo *ayuden*. El que se ahoga no pide que lo *auxilien*, que lo *ayuden*, que lo *amparen*, sino que lo *socorran*. El que se oculta, huyendo de una persecución, no pide a su amigo que lo ayude, que lo auxilie ni lo socorra, sino que lo amapre.» (M). ‖ Sin embargo, *amparar* envuelve la idea de protección, no sólo de la autoridad, sino también de otras personas, lo cual hace posible que el que se oculta huyendo de una persecución, pida a su amigo no sólo que lo *auxilie* (como dice el ejemplo anterior), sino también que lo *ampare*, lo *proteja* o lo *refugie* en su casa. Se *ampara* también al desvalido.

ayuno *m.* Abstinencia, dieta. **2** Abrosia (MED.).

ayuno, -na *adj.* En ayunas. **2** fig. Ignorante, inadvertido.

ayuntamiento *m.* Municipio, concejo, cabildo, consistorio. **2** Cópula, cohabitación, copulación, fornicación, concúbito, coito, cubrición.

ayuso *adv. l.* ant. Abajo, yuso (antic.).

azabache *m.* Ámbar negro.

azafrán *m.* Croco (TECN.). **2 Azafrán bastardo** Alazor, cártamo, cártama.

azalea *f.* Rosadelfa.

azamboa *f.* Cidrato, cimboga, zamboa.

azanoria *f.* Zanahoria.

azar *m.* Casualidad, acaso, albur, contingencia, eventualidad. ≠ Certeza, seguridad. ‖ El *albur*, la *contingencia* y la *eventualidad* son posibilidades casuales en que fiamos el resultado de una empresa que nos parece arriesgada; pero no se estiman como tan inasibles e insospechados como el *azar* y la *casualidad*. Al emprender un negocio contamos en cierto modo con la *contingencia* o *eventualidad* de pérdidas, y corremos el *albur* de sufrirlas.

azararse *prnl.* Turbarse, conturbarse, aturdirse, confundirse, azorarse*.

azaroso, -sa *adj.* Aventurado, arriesgado, expuesto, peligroso. **2** Ominoso, de mal agüero, aciago, funesto. **3** Turbio, confuso, oscuro, dudoso, sospechoso.

azoado, -da *adj.* Nitrogenado.

ázoe *m.* Nitrógeno.

azofaifa *f.* Azufaifa.

azogue *m.* Mercurio, argento vivo (antic.), hidrargiro (tecnicismo), hidrargirio (tecnicismo).

azor *m.* Esmerejón, milano.

azorar *tr.* Conturbar, sobresaltar, aturdir, poner como un Cristo, romper los huesos, azararse, desconcertar*, turbar, sacar de quicio, desquiciar. ▮ *Azorar* coincide con *azarase*, y quizá se han influido mutuamente en su significado, pero *azorarse* es más intenso: un estudiante se *azara* en un examen; la gente huye *azorada* de un incendio, como las palomas cuando viene el azor.

azorramiento *m.* Zorrera.

azotar *tr.* Fustigar, hostigar, golpear, mosquear, paporrear, vapular, vapulear, zurrar, flagelar (culto) o lit. **2** fig. Castigar.

azote *m.* Azotazo, nalgada, golpe, palo, manotada, latigazo. ▮ Estos tres últimos, según el instrumento que se emplee. **2** fig. Calamidad, desgracia, plaga, castigo, flagelo (lit.).

azotea *f.* Terrado, solana, terraza.

azucarillo *m.* Bolado (p. us.), panal (And.), esponjado.

azucena *f.* Lirio blanco.

azud *m.* Azuda, zúa, zuda. **2** Parada, presa, azuda. **3** AGR. Aceña.

azufaifa *f.* Azofaifa, azofeifa, guinja, guínjol, jínjol, yuyuba. ▮ Según las regiones.

azufaifo *m.* Azufeifo, guinjolero, jinjolero.

azufre *m.* Alcrebite.

azul de ultramar *m.* Lapislázuli.

azulaque *m.* Zulaque.

azulejar *tr.* Alicatar.

azulejo *m.* (ave) Abejaruco, abejero. **2** Ladrillo, baldosa.

azúmbar *m.* Damasonio, almea. **2** Espinacardo. **3** Estoraque.

azuzar *tr.-prnl.* Achuchar. **2** fig. Incitar, excitar, estimular, irritar, enviscar, enzalamar, enzurizar. ≠ Tranquilizar, contener. ▶ **3** *tr.* DEP. Jalear. ▮ Se usan en la caza.

b

babador *m.* Babero, pechero, babera, servilleta.
babaza *f.* Babosa (molusco gasterópodo), limaza, limaco.
babera *f.* Barbote, baberol. **2** Babero.
babero *m.* Babador, pechero, babera, servilleta.
baberol *m.* Babera, barbote.
babieca *adj. com.* Bobo, simple, abobado, bobalicón, papanatas, pazguato, tontaina, tonto. ≠ Listo.
babonuco *m.* Cuba. Babunuco.
babosa *f.* Limaza, limaco, babaza.
baboso *m.* Budión, doncella, gallito del rey.
babunuco *m.* Cuba. Babonuco, abonuco.
bacalao *m.* Abadejo, curadillo, trechuela (antic.). **2 cortar el bacalao** *loc.* Mangonear, mandar, dirigir, mandonear, manipular, tener la sartén por el mango.
bacanal *f.* Orgía*.
bacante *f.* Ménade.
bácara, bácaris *f.* Amaro, maro, esclarea.
bache *m.* Rodera, rodada, carril, carrilada, releje. ‖ El *bache* supone mayor profundidad, y suele producirse por el paso de muchos vehículos.
baciforme *adj.* BOT. Aboyado.
bacín *m.* Orinal, dompedro, perico, sillico, tito, vaso, zambullo.
báculo *m.* Bastón, palo, cayado. ‖ Bastón, palo, cayado, en general. Tratándose del báculo pastoral que usan los obispos, se dice báculo, y solo por metáfora puede llamársele cayado. **2** fig. Apoyo, arrimo, consuelo.
bada *f.* Rinoceronte, abada.
badajada *f.* fig. Necedad, despropósito*, badajazo.
badajazo *m.* fig. Badajada, necedad, despropósito*.
badajo *m.* Espiga, lengua. **2** fig. Hablador, necio.
badajocense *adj. com.* Pacense.
badea *f.* Albudeca (p. us.).
badiana *f.* Anís estrellado.
badilejo *m.* Llana.
badulaque *m.* Tonto, tarugo, leño, necio.
baga *f.* Gárgola.
bagaje *m.* MIL. Equipaje, impedimenta.
bagatela *f.* Nimiedad, menudencia, minucia, friolera, fruslería, insignificancia.
bagazo *m.* Gabazo.
bagual *adj.* Argent. y Bol. Bravo, indómito, cerril, salvaje.
baharí *m.* Tagarote.
baicurú *m.* Argent. Guaicurú.
baila *f.* Raño, perca, percha, trucha de mar.
bailar *intr.-tr.* Danzar, tripudiar. ‖ *Danzar* es término más escogido; evocando la antigüedad, *tripudiar*.
baile *m.* Danza, tripudio. ‖ *Danza* es en gral. más distinguido y elegante que baile. Evocando la antigüedad clásica, *tripudio*. ‖ «La *danza* expresa más que el *baile*, e indica más artificio (...). Siempre se verifica entre mayor número de personas, y se hace acompañada y animada con la música, lo cual no es absolutamente preciso en el *baile*. La *danza* es una composición estudiada, preparada, dispuesta, donde hay

un objeto, un plan, una acción expresada y expresada mudamente solo con los gestos, los movimientos y las posturas. Regularmente se verifican en público, en fiestas y en grandes y solemnes funciones por sucesos faustos (...)» (O).

baja *f.* Disminución, decadencia, descenso, caída, merma, pérdida, quebranto, bajón*. ≠ Aumento, auge. ▮ Tratándose de cosas materiales, y especialmente de valores económicos, se usan *merma*, *pérdida* y *quebranto*; si es grande y súbita, *bajón*.

bajá *m.* Pachá (galic.).

bajada *f.* Descenso, caída. ≠ Ascenso. ▮ Se usa el primero especialmente cuando la bajada es lenta o gradual; si es brusca o violenta, se utiliza *caída*. **2** Cuesta abajo. ≠ Subida.

bajar *intr.-tr.* Descender, abajar (antic.) o rúst. ≠ Ascender. ▮ *Descender* corresponde a todas las acepciones intransitivas. **2** Disminuir*, menguar, decrecer, decaer. ≠ Aumentar, crecer. **3** Abaratar, rebajar, depreciar*. ≠ Subir (precios). ▮ Se emplean tratándose de precios o valores económicos. **4** MAR. Arriar. **5** Apearse, descender, descabalgar, desmontar. ≠ Subir, montar. ▮ Los dos últimos si es de una caballería. **6** fig. Humillar, abatir. ≠ Ensalzar.

bajel *m.* Buque, barco, navío, nave, embarcación*. ▮ *Nave* y *bajel* son términos escogidos, de uso principalmente literario.

bajeza *f.* Indignidad, ruindad, vileza, envilecimiento, abyección, rebajamiento. **2** Pequeñez, mezquindad, miseria.

bajo *prep.* Debajo de, debajo. ≠ Sobre, encima de. ▮ Los papeles están *bajo* o *debajo de* la mesa; *bajo* techado o *debajo* de techado. La expresión *debajo de* ha influido en que la prep. *bajo* se una a veces a la prep. *de*, y así puede decirse: su maldad se ocultaba *bajo* (*de*) hermosas apariencias. El uso de *bajo de* es hoy mucho menos frecuente que entre los clásicos.

bajo, -ja *adj.* Pequeño, chico, petizo (Argent.), chaparro (Méx.). ≠ Alto. ▮ Tratándose de personas. **2** Descolorido, apagado, mortecino. ▮ Tratándose de colores. **3** Grave. ≠ Agudo, estridente. ▮ Tratándose del sonido. **4** fig. Despreciable, vil, ruin, indigno, rastrero, abyecto, soez. ≠ Alto, noble.

bajón [1] *m.* MUS. Piporro.

bajón [2] *m.* Caída, baja*, descenso, disminución, merma. ≠ Subida, alza. ▮ *Bajón* añade a *descenso, disminución, merma, baja*, la idea de gran cuantía o de brusquedad: un *bajón* en los precios es una *baja* muy considerable y súbita. La botella ha dado un *bajón*, significa una *merma* notable en el licor que contenía.

bajonazo *m.* TAUROM. Golletazo.

bala *f.* Proyectil. **2** Fardo, paca, bulto. ▮ *Bala* se aplica especialmente a determinadas mercancías textiles: algodón, lana, etc.

baladí *adj.* Insignificante, insustancial, de poca monta, superficial. ≠ Importante.

baladre *adj.* Adelfa, hojaranzo, laurel rosa, rododafne.

baladronada *f.* Bravata, fanfarronada.

balancear *intr.-prnl.* Oscilar. **2** Columpiar, mecer. **3** fig. Vacilar, dudar, titubear.

balanceo *m.* Oscilación, fluctuación, vaivén, contoneo. ▮ Este último se refiere a los movimientos del cuerpo al andar.

balancín *m.* Mecedora. **2** Contrapeso, chorizo, tiento.

bálano, balano *m.* Glande. **2** Pie de burro.

balaustre *m.* Balaústre, balustre.

balaústre *m.* Balaustre, balustre.

balbucear *intr.* Balbucir, vacilar*. ▮ *Balbucear* y *balbucir* son equivalentes en su significado, pero *balbucir* es verbo defectivo y solo se conjuga en infinitivo y en las personas que tienen *i* en la conjugación: *balbucía, balbucieron*, etc. Las demás formas de *balbucir* se suplen con las de *balbucear*. Para otros matices sinonímicos, véase *mascullar*.

balbucir *intr.* Balbucear*, vacilar*.

baldado, -da *adj.* Tullido, impedido, paralítico, inválido.

baldaquín, baldaquino *m.* Ciborio (en las iglesias románicas).

balde [1] *m.* Cacimba.

balde [2] **de balde** *loc. adv.* Gratis, graciosamente, por su cara bonita, por la cara, por las buenas, por que sí. **2** **en balde** En vano, inútilmente.

baldón *m.* Oprobio, injuria, afrenta, vituperio, deshonor. ≠ Alabanza.

baldonar *tr.* Baldonear, abaldonar, injuriar, afrentar, vituperar. ≠ Alabar.

baleo [1] *m.* Ruedo, felpudo.
baleo [2] *m.* Amér. Tiroteo.
balista *f.* ant. Petraria.
balneario *m.* Baños.
balsa *f.* Armadía, almadía, jangada.
balsamina *f.* Nicaragua. **2** Adorno, miramelindos, momórdiga.
balsamita *f.* Jaramago. **2 balsamita mayor** Berro.
bálsamo *m.* Aroma, esencia, perfume. **2** fig. Consuelo, alivio, lenitivo. **3 bálsamo de Judea** Opobálsamo, bálsamo de la Meca.
balsar *m.* Barzal.
balsero *m.* Almadiero.
baluarte *m.* Bastión, luneta. ▮ *Luneta* es un baluarte pequeño. **2** fig. Protección, defensa.
balustre *m.* Balaústre.
ballestilla *f.* Radiómetro. **2** VETER. Fleme.
ballico *m.* Césped inglés, vallico.
bambolear *intr.-prnl.* Bambalear, bambanear, tambalearse, vacilar, dar traspiés, perder el equilibrio. ≠ Aquietar, equilibrar.
bambolla *f.* Aparato, ostentación, boato, pompa. ▮ Este último comporta la idea de ficción o mera apariencia. *Bambolla* es propiamente pompa u ostentación fingida.
banana *f.* Banano, plátano.
banano *m.* Banana, plátano.
banca *f.* Banco. ▮ Designa colectivamente el conjunto de bancos y banqueros: *negocios de banca, la banca española*; pero a veces se usa también para referirse solo a uno de dichos establecimientos de crédito. En este último caso (poco frecuente), es sinónimo de *banco*. **2** Monte (juego). **3** Argent. Escaño.
bancal *m.* Tabla.
bancarrota *f.* Quiebra, ruina. ≠ Riqueza. ▮ «Uno y otro término significan la cesación o abandono de comercio o de pago; pero *bancarrota* manifiesta propiamente el efecto de la insolvencia o malversación. Hacer *bancarrota* es cerrar la tienda, casa de comercio o de pago, y desaparecer del comercio o de la pagaduría... Hacer *quiebra* es dejar de pagar el vencimiento de los plazos, declararse imposibilitado de pagar, y pedir tiempo para el pago.» (Ma) **2** fig. Desastre, hundimiento, descrédito.
banco *m.* Banca. **2** Bandada (de peces), cardume, cardumen. **3** MAR. Bancada.
banda [1] *f.* MAR. Costado, lado. **2** Baranda (en las mesas de billar). **3** Frecuencia.
banda [2] *f.* Partida, facción, cuadrilla, pandilla. **2** Manada, bandada. ▮ El primero se refiere a animales cuadrúpedos; el segundo a peces, aves o insectos. **3 cerrarse en banda** *loc.* Obstinarse, aferrarse, insistir, no dar el brazo a torcer, mantenerse en sus trece, no cejar, no apearse del burro.
bandada *f.* Banda, muchedumbre (de aves, peces o insectos), manada. **2** (de peces) Banco, cardume, cardumen.
bandarria *f.* Mandarria.
bandearse *prnl.* Ingeniarse, apañarse.
bandera *f.* Insignia, enseña, estandarte, pabellón.
bandería *f.* Bando, parcialidad, partido, facción*.
banderilla *f.* Palitroque, rehilete.
banderillear *tr.* Parear.
banderizar *tr.* Abanderizar.
bandidaje *m.* Bandolerismo.
bandido *m.* Bandolero, malhechor, salteador, ladrón. **2** Bergante, belitre, bribón, pícaro, sinvergüenza.
bando [1] *m.* Edicto.
bando [2] *m.* Facción*, parcialidad, bandería, partido.
bandolerismo *m.* Bandidaje.
bandolero *m.* Bandido, malhechor, salteador.
banquete *m.* Festín, ágape.
bañera *f.* Baño, pila. **2** DEP. Bamp (anglic.). ▮ Usados en el esquí.
baño *m.* Inmersión, sumersión*, remojón. **2** Bañera, pila. **3** Capa, mano (de pintura o barniz). ⟶ **baños**
baños *m. pl.* Balneario. ⟶ **baño**
baqueano, -na *adj.* Baquiano, práctico, experto, cursado.
baqueta *f.* Taco. **2** ARQ. Junquillo.
baqueteado, -da *adj.* fig. Acostumbrado, avezado, habituado, experimentado, práctico, experto.
baquiano, -na *adj.* Baqueano, práctico, experto, cursado.
báquico, -ca *adj.* Dionisíaco. ▮ En esta acepción, *dionisíaco* posee la significación de perteneciente a Baco o Dioniso. **2** Orgiástico. **3** Vinolento, vinoso.
baquio *m.* Pariambo.

barajar *tr.* fig. Mezclar, entremezclar, revolver, confundir.
baranda *f.* Barandilla. **2** Banda (en las mesas de billar).
barandal *m.* Pasamano. **2** Barandilla.
barandilla *f.* Baranda.
baratija *f.* Bujería, chuchería.
barbaja *f.* (planta) Teta.
barbaridad *f.* Atrocidad, enormidad, disparate, dislate, ciempiés. **2** Ferocidad, crueldad, inhumanidad, barbarie, barbarismo. ≠ Humanidad. ▮ Este último vocablo se utiliza si la *barbaridad* es habitual o se considera como carácter permanente.
barbarie *f.* Rusticidad, incultura, cerrilidad, salvajismo. **2** Fiereza, ferocidad, crueldad, inhumanidad. ≠ Humanidad, cultura. **3** Barbarismo, barbaridad*.
barbarismo *m.* Extranjerismo. ▮ *Barbarismo* o *extranjerismo* es palabra o giro de una lengua extranjera. Según su origen, los *barbarismos* o *extranjerismos* se llaman *galicismos, anglicismos, germanismos, italianismos*, etc. **2** Barbaridad*, barbarie.
barbarizar *intr.* Disparatar, desatinar, desbarrar.
bárbaro, -ra *adj.-s.* Extranjero, meteco. **2** Arrojado, temerario, imprudente, alocado. ≠ Prudente. **3** Rudo, inculto, grosero, tosco, salvaje, cerril. ≠ Educado, culto. **4** fig. Atroz, fiero, feroz, cruel*, inhumano, desalmado. ≠ Bondadoso, humanitario.
barbecho *m.* Huebra.
barbería *f.* Peluquería.
barbero *m.* Peluquero, fígaro (irón.), rapabarbas, rapador, rapista (desp.).
barbián, -ana *adj.-s.* Desenvuelto, gallardo, galán, arriscado.
barbijo *m.* Argent. y Bol. Barboquejo, barbiquejo, barbuquejo.
barbilla *f.* Mentón.
barbiquejo *m.* Barboquejo, barbuquejo, barbijo (Argent. y Bol.).
barboquejo *m.* Barbiquejo, barbuquejo, barbijo (Argent. y Bol.).
barbotar *tr.* Mascullar, musitar, barbotear, barbullar, farfullar.
barbote *m.* Argent. Tembetá (entre los guaraníes), botoque (en Brasil).
barbotear *tr.* Barbotar, mascullar, musitar, barbullar, farfullar.
barbullar *tr.* Barbotar, barbotear, mascullar, farfullar.
barbuquejo *m.* Barboquejo, barbiquejo, barbijo (Argent. y Bol.).
barca *f.* Lancha, bote, batel, embarcación*.
barceo *m.* Albardín, berceo.
barco *m.* Buque, vapor, navío, nave, bajel (lit.), embarcación*. **2 barco cisterna** Petrolero, barco aljibe.
baritel *m.* Malacate.
baritina *f.* Hepatita.
barítono, -na *adj.-s.* GRAM. Llano, grave. ▮ Tratándose de la acentuación de las palabras.
barloar *tr.* Abarloar, arrimar.
barnizar *tr.* Embarnizar.
barquinazo *m.* Tumbo, vaivén, sacudida, vuelco, sacudimiento*.
barquino *m.* Odre.
barrabasada *f.* Atropello, tropelía, desafuero.
barrado, -da *adj.* Abarrado.
barragana *f.* Concubina, manceba, querida.
barranca *f.* Barranco, quebrada, barranquera, torrentera.
barranco *m.* Barranca, quebrada, barranquera, torrentera. **2** fig. Dificultad, embarazo, impedimento.
barranquera *f.* Barranco, barranca, quebrada, torrentera.
barreduras *f. pl.* Inmundicia, desperdicios, basura. **2** Desecho, residuo.
barrenar *tr.* Taladrar, agujerear, horadar. **2** fig. Conculcar, infringir. ▮ Conculcar, infringir, tratándose de leyes, derecho, estatutos, etc.
barreño *m.* Terrizo.
barrer *tr.* Escobar, limpiar. ≠ Ensuciar. **2** fig. Desembarazar, hacer desaparecer, apartar.
barrera *f.* Valla. **2** TAUROM. Tablas. **3** fig. Obstáculo, impedimento. **4** Salvación, amparo, refugio.
barrial *m.* Amér. Barrizal, lodazal, cenagal, fangal.
barriga *f.* Vientre, panza, tripa, abdomen*, andorga. ▮ *Abdomen* se usa solo como tecnicismo. *Andorga* es término burlesco, jocoso. **2** Comba, curvatura*, convexidad.
barrilete *m.* Siete (CARPIN.)

barrilla *f.* Almarjo, sosa. **2** Mazacote, natrón.

barrillar *m.* Almarjal.

barrizal *m.* Lodazal, cenagal, fangal, barrial (Amér.).

barro *m.* Cieno, lama, légamo, limo, lodo, fango. ▮ Aunque no puede trazarse línea divisoria fija entre sus denominaciones, *barro* es el nombre más gral., aplicable lo mismo al natural que al que se amasa para algún fin. *Cieno, lama* y *légamo* se refieren al que se halla en el fondo de las aguas, y *tarquín* al que depositan las riadas en los campos. *Limo* puede tener el mismo sentido que los cuatro anteriores, o ser equivalente de *lodo*, que es el que se forma en el suelo con la lluvia. *Fango* es lodo glutinoso y espeso.

barrueco *m.* Berrueco.

barruntar *tr.-prnl.* Prever*, conjeturar, presentir, suponer, sospechar, entrever, adivinar*. ≠ Ignorar, desconocer. ▮ *Sospechar* se usa cuando se trata de algo malo o peligroso.

barrunte *m.* Barrunto*, presentimiento, corazonada, indicio, atisbo, vislumbre, remusgo, suposición*, hipótesis, sospecha, conjetura.

barrunto *m.* Presentimiento, corazonada, indicio, atisbo, vislumbre, barrunte, remusgo, suposición*, hipótesis, supuesto, presunción, conjetura, sospecha. ▮ *Barrunto* se distingue del *indicio* en su carácter puramente subjetivo. En esto coincide con *atisbo* y *vislumbre*, que indican también una intuición rudimentaria, imperfecta. Esta intuición puede ser de algo bueno o malo, estimable o desestimable en *barrunto, barrunte* y *atisbo*; pero es gralte. de algo estimable en *vislumbre*: se tienen *barruntos* o *atisbos* de odio, de desesperación; *vislumbres*, de una idea. Cuando es de algo desagradable o sospechoso, *remusgo*. → **indicio**

bártulos *m. pl.* Enseres*, cachivaches, trastos, utensilios.

barullero, -ra *adj.-s.* Barullón, embrollador*, embrollón, lioso.

barullo *m.* Confusión, desorden, desbarajuste, lío, bochinche, tumulto, bronca.

barullón, -ona *adj.-s.* Embrollador*, embrollón, lioso, barullero.

barzal *m.* Balsar.

basar *tr.* Asentar, cimentar. **2** fig. Fundar, apoyar, fundamentar.

basca *f.* Náuseas, ansias, fatiga, fatigas.

bascosidad *f.* Inmundicia, suciedad, porquería, asquerosidad.

base *f.* Asiento, apoyo, fundamento, cimiento. ▮ Los dos primeros son términos generales; tratándose de edificios, se usan los dos últimos. Todos ellos pueden emplearse en sentido figurado. QUIM. Álcali. **2** Hidróxido.

basilisco *m.* Régulo. **2** Arpía, bruja. ▮ Aplícase a mujeres. **3 estar hecho un basilisco** Estar furioso, estar hecho una furia.

bastante [1] *adj.* Suficiente, asaz, harto. ≠ Escaso, insuficiente. ▮ Los dos últimos son anticuados.

bastante [2] *adv. c.* Suficientemente, asaz, harto. ▮ «*Bastante* parece más vago e ilimitado que *suficientemente*; porque *bastante* da una idea absoluta e indeterminada de la abundancia, suponiendo que hay sin escasez lo que se necesita; y *suficientemente* da una idea relativa, contrayéndola determinadamente a lo que justamente alcanza para no carecer de lo preciso. Y así se dice en un sentido absoluto: fulano es *bastante* rico; y en un sentido relativo a sus obligaciones, se dice que es *suficientemente* rico. El que dice que Leganés es un buen lugar y que hay en él casas *bastante* grandes, no explica más que la magnitud absoluta e indeterminada de las casas de Leganés; y no dirá que hay casas suficientemente grandes, a no referirse determinadamente al objeto, para el cual se necesita que lo sean.» (LH)

bastardear *intr.* Abastardar, degenerar.

bastardelo *m.* Minutario.

bastardilla *adj. f.* (carácter de letra) Itálica, cursiva.

bastardo *m.* Boa.

bastardo, -da *adj.* Ilegítimo, espurio, noto. ▮ Todos ellos aplicados a personas o linajes. **2** Falso, bajo, vil, infame. ▮ Aplicados a cosas; así hablamos de palabras, acciones o sentimientos *bastardos*.

baste *m.* Basta, hilván.

bastero *m.* Guarnicionero. **2** DEP. Albardero. ▮ En la hípica.

bastión *m.* Baluarte.
basto, -ta *adj.* Tosco, rudo, grosero, ordinario, burdo, inurbano, descortés, impolítico, incivil, soez*. ≠ Cortés, sociable. ▮ Todos ellos se refieren a personas o actos humanos.
bastón *m.* Palo*, vara.
basura *f.* Suciedad, inmundicia, porquería, barreduras.
batacazo *m.* Porrazo, trastazo, costalada.
batahola *f.* Alboroto*, bulla, bullicio, tabaola, jarana, jaleo, gritería, algarabía.
batalla *f.* Combate*, lid, lucha, pelea, contienda. ▮ *Batalla* coincide con *combate* en que ambos significan la acción de combatir. Pero la *batalla* es una acción general entre dos ejércitos, a menudo con un plan y una organización de conjunto. El *combate* puede ser general o parcial; una *batalla* puede desarrollarse con varios *combates* en diferentes lugares y tiempos. En un sentido general, tanto la *batalla* como el *combate* pueden expresarse por *lid, lucha, pelea, contienda.*
batallador, -ra *adj.* Belicoso, guerrero.
batallar *intr.* Pelear, reñir, luchar, lidiar, contender, no dar cuartel, llegar a las armas, presentar batalla, declarar la guerra. **2** fig. Disputar, altercar, debatir, porfiar, pugnar.
batear *tr.* ant. Bautizar, cristianar (fam.) y popular, acristianar (rúst.).
batel *m.* Barca, bote, lancha.
bateo *m.* fam. Bautizo.
baticola *f.* Grupera, ataharre (Amér.).
batida *f.* Reconocimiento, exploración.
batido, -da *adj.* Andado, trillado, frecuentado, conocido.
batidor *m.* Escarpidor, carmenador. ▮ *Escarpidor*, más usado que *batidor*; *carmenador*, poco usado en esta acepción. **2** MIL. Explorador, descubridor.
batintín *m.* Gongo.
batir *tr.* Golpear, percutir, azotar. **2** Acuñar. **3** Explorar, reconocer. **4** Derrotar, vencer, arrollar, deshacer. ► **5** *prnl.* Combatir, batallar, luchar, pelear, lidiar.
baúl *m.* Mundo, arca, cofre. ▮ El *baúl* y el *mundo* suelen emplearse para viajar. *Arca* y *cofre*, además de su forma especial, se asocian hoy más bien a la idea de mueble usado en las casas para guardar ropas y otros objetos.
bautizar *tr.* Cristianar (fam.) y popular, acristianar (rúst.), batear (antic.). ► **2** *tr.-prnl.* fig. Calificar, llamar, denominar, tildar, titular, nombrar.
bautizo *m.* Bateo, cristianismo (antic.). ▮ *Bateo* es popular en algunas regiones.
bayeta *f.* Aljofifa (And.). ▮ *Aljofifa* es la *bayeta* que sirve para fregar el suelo.
bazo *m.* Pajarilla (esp. del cerdo). **2** Lien (MED.).
beatitud *f.* Bienaventuranza, felicidad, satisfacción, dicha. ▮ Los tres últimos designan una *beatitud* temporal, mientras que el primero se refiere a la *beatitud* eterna.
beato, -ta *adj.* Feliz, bienaventurado. **2** Santurrón, mojigato, gazmoño.
bebé *m.* Nene, rorro, lactante.
bebedizo *m.* Filtro.
bebible *adj.* Potable. ▮ *Potable* se usa esp. tratándose del agua, y se refiere más a sus condiciones higiénicas que al sabor; *bebible* se aplica a los líquidos que no son desagradables al paladar.
bebido, -da *adj.* Chispo, achispado, borracho*. ▮ Los tres adjetivos significan un estado que no llega a *borracho, ebrio* o *embriagado.* → **borracho**
becada *f.* Chocha, coalla, chorcha, gallina sorda, gallineta, pitorra.
becafigo *m.* Papafigo, papahígo, picafico.
becoquino *m.* Ceriflor.
befa *f.* Burla*, escarnio, ludibrio. ▮ *Befa* se diferencia de la *burla* en general en ser grosera e insultante. El significado de *befa* se acerca a *escarnio, ludibrio.* La *burla* puede ser graciosa y no ofensiva, pero la *befa*, el *escarnio* y el *ludibrio* son siempre afrentosos.
befar *tr.-prnl.* Escarnecer, mofar, burlar. ≠ Alabar.
bejín *m.* (hongo) Pedo de lobo.
belcho *m.* Canadillo, hierba de las coyunturas, uva de mar, uva marina.
beldad *f.* Belleza, hermosura. ≠ Fealdad. ▮ *Beldad* se usa muy poco con significación abstracta, y por lo común es sinónimo de *mujer bella.*
beldar *tr.* Abieldar, bieldar, aventar.
belén *m.* Nacimiento. **2** fam. Confusión, desorden, lío, embrollo, enredo.
belérico *m.* Mirobálano, avellana índica, mirabolano.

bélico, -ca *adj.* Guerrero*, belicoso, marcial.

belicoso, -sa *adj.* Guerrero, bélico, marcial. ≠ Pacífico. **2** Agresivo, batallador, pendenciero, pugnaz (lit. y p. us.).

belitre *adj. com.* Pícaro, pillo, villano, ruin.

bellaco, -ca *adj.-s.* Malo, ruin, bajo, villano, perverso, pícaro, bribón, pillo, tuno, canalla, vago. ≠ Honorable. **2** Astuto, tuno, taimado, zorro, malandrín, maligno, perverso.

bellaquería *f.* Bribonada, picardía, pillada, canallada. **2** Malicia, mala intención, doblez, mala fe. ≠ Sinceridad.

belleza *f.* Hermosura. ≠ Fealdad.

bello, -lla *adj.* Hermoso, bonito*. ≠ Feo. → **belleza**

bendito, -ta *adj.* Santo, beato, bienaventurado. **2** Feliz, dichoso. ≠ Infeliz, desgraciado. **3** irón. (pers.) Sencillo, simple, cándido, bobalicón.

benedictino, -na *adj.-s.* (pers.) Benito.

benefactor *adj.* Bienhechor*.

beneficiar *tr.-prnl.* Favorecer, hacer bien. ≠ Desfavorecer, perjudicar. **2** Aprovechar, utilizar, explotar.

beneficio *m.* Favor, gracia, merced, servicio, bien. ▮ «El *beneficio* socorre una necesidad, el *favor* hace un servicio; la *gracia* concede un don gratuito; la *merced* comprende las tres significaciones, y en algunos casos envuelve la idea de remuneración, como la *merces* de los latinos. El *beneficio* supone poder en el que lo hace; la *gracia*, autoridad y elevada categoría; el *favor* puede hacerse entre iguales. El hombre rico que funda un hospital hace un *beneficio*. El soberano que concede una condecoración, dispensa una *gracia*. El amigo que presta dinero a otro le hace un favor. Todas éstas son *mercedes*.» (M) ▮Hay que añadir que *merced* en el sentido de remuneración ha quedado hoy en desuso, aunque fue muy frecuente en los clásicos. *Merced* equivalente a *favor* o *gracia*, se siente como voz escogida, literaria. **2** Ganancia*, utilidad, rendimiento, provecho, fruto, bonificación, lucro*. **3 sin oficio ni beneficio** *loc.* → **oficio**

beneficioso, -sa *adj.* Benéfico, provechoso, útil*, productivo, rentable, fructuoso, lucrativo. ≠ Inútil, infructuoso. ▮ Hay correlación entre *beneficio*: *beneficioso* y *beneficencia*: *benéfico*. Un negocio que produce beneficios es *beneficioso* (*provechoso, útil, productivo, rentable, fructuoso, lucrativo*). Un establecimiento de beneficencia es *benéfico*. Por *benéfico* entendemos todo lo que hace un bien en general, mientras que *beneficioso* va asociado a la idea de provecho, utilidad para algo o alguien. Queda, sin embargo, una amplia zona de contacto entre ambos sinónimos: un sermón ha sido *benéfico* o *beneficioso* para los fieles; la lluvia ha sido *benéfica* o *beneficiosa* para las tierras, según prevalezca, respectivamente, la estimación del bien que ellas reciben, o la del que reportan para un fin.

beneplácito *m.* Aprobación, permiso, consentimiento*, venia, aquiescencia, asentimiento, asenso, anuencia, conformidad. ≠ Desaprobación, negativa, desconformidad.

benévolo, -la *adj.* Benigno, bondadoso, indulgente, complaciente, propicio, magnánimo, próvido.

benigno, -na *adj.* Bondadoso, benévolo, indulgente, humano, clemente, piadoso, compasivo, misericordioso. ≠ Inclemente, malo, malvado, cruel, inhumano. **2** Templado, apacible, suave, dulce. ≠ Desapacible.

benito, -ta *adj.-s.* (pers.) Benedictino.

benteveo *m.* Argent. y Urug. Bienteveo, bentevi.

bentevi *m.* Argent. Bienteveo, benteveo.

beocio, -cia *adj.* Estúpido, tonto, necio.

beodo, -da *adj.* Borracho*, ebrio, embriagado, bebido. ≠ Sobrio.

berberecho *m.* Verderol, verderón (molusco).

berbería *f.* Amér. Adelfa.

berceo *m.* Albardín, barceo.

bergante *m.* Bandido, belitre, bribón, pícaro, sinvergüenza.

berilio *m.* Glucinio.

berlina *f.* Cupé.

berma *f.* Lisera.

bermejo, -ja *adj.* Rubio, rojizo, rufo, taheño (aplicado al pelo). ▮ Este último aplicado solo al pelo. **2** Rojo, rosa, salmón, coral, encarnado, grana, carmesí.

bermellón *m.* Rúbrica sinópica.

berrenchín *m.* irón. o desp. Berrinche*, enojo, enfado, coraje, pataleta (irón.), rabieta (irón.).

berrera *f.* Arsáfraga.
berrinche *m.* Enojo, enfado, coraje, pataleta (irón.), berrenchín (irón.), rabieta (irón.). ▮ *Berrinche* es intensivo de *enojo, enfado, coraje*, y connota generalmente manifestaciones exteriores de estos sentimientos por medio de gestos o gritos, como *rabia* y *furor*.
berro *m.* Balsamita mayor.
berrueco *m.* Barrueco.
berza *f.* Col.
besana *f.* Abesana.
besar *tr.-prnl.* Besucar, besuquear, comerse a besos, hocicar, dar paz. ▮ Los tres primeros son frecuentativos; *hocicar* es despectivo; *dar paz* es la forma clásica.
beso *m.* Ósculo (lit.).
besotear *tr.* Argent. Besuquear, besucar, besar repetidas veces, comerse a besos, hocicar (desp.), hociquear (desp.).
bestia *f.* Animal. ▸ **2** *adj. com.* fig. Rudo, bruto, ignorante, bárbaro, zafio.
bestial *adj.* Brutal, irracional. ≠ Humano, racional. → **brutal 2** fig. Enorme*.
bestialidad *f.* Brutalidad, ferocidad, irracionalidad. **2** Barbaridad, animalada, patochada.
bestión *m.* ARQ. Bicha.
béstola *f.* Arrejada, rejada, limpiadera, aguijada.
besucar *tr.-prnl.* Besar, besuquear, comerse a besos, hocicar, dar paz.
besuquear *tr.* Besucar, besar repetidas veces, comerse a besos, besotear (Argent.), hocicar (desp.), hociquear (desp.).
betarraga, -ata *f.* Remolacha, beterraga (Perú y Bol.).
betel *m.* Buyo.
betunero *m.* And. Limpiabotas.
bezudo, -da *adj.* Hocicudo, morrudo. ▮ Aplicados al hombre o a los animales.
Biblia *f.* Sagrada Escritura, Escritura.
biblioteca *f.* Librería. ▮ El sinónimo se utiliza esp. si es particular o poco numerosa.
bicha *f.* Culebra. ▮ Entre personas supersticiosas, que consideran de mal agüero pronunciar la palabra *culebra*, úsase *bicha*. **2** ARQ. Bestión.
bichero *m.* MAR. Cloque.
bicoca *f.* Pequeñez, nadería, fruslería, bagatela, insignificancia.
bieldar *tr.* Abieldar, beldar, aventar.
bieldo *m.* Aventador, aviento, bielgo.
bielgo *m.* Bieldo, aventador, aviento.
bien *m.* Beneficio*, favor, merced. → **bienes. 2 tener a bien** *loc.* Dignarse, servirse, tener la bondad. **3 bien que** *loc. conj.* Sin embargo, aunque, no obstante*. ▮ «*Bien que* se usa para limitar o modificar la primera idea, disminuyendo la fuerza y energía que se le había dado. Si va a palacio por la calle Mayor, le encontrará, *bien que* puede ser que hoy venga por la plaza. *Aunque* o *no obstante* significaría en rigor que, aun mediando la circunstancia de haber tomado aquel camino, le encontrará en la calle Mayor, que es todo lo contrario de lo que se quiere explicar; pero *bien que* limita, modera, corrige la idea, dando a entender que no es tanta la probabilidad de encontrarle, como se creyó o pudo hacerse creer al principio.» (LH)
bienandanza *f.* Felicidad, fortuna, dicha, suerte.
bienaventurado, -da *adj.* Beato, santo. **2** Feliz, afortunado, dichoso. ≠ Infeliz, desafortunado, desgraciado. **3** Cándido, inocentón, sencillote, incauto, bendito. ≠ Malicioso.
bienaventuranza *f.* Gloria, vida eterna. ▸ **2** *intr.* Prosperidad, felicidad, dicha.
bienes *m. pl.* Hacienda, riqueza, caudal, capital*. → **bien 2 bienes raíces** Inmuebles, fincas.
bienestar *m.* Comodidad, regalo. ≠ Malestar, incomodidad. **2** Abundancia, holgura, riqueza. ≠ Carencia, pobreza.
bienhadado, -da *adj.* Afortunado, venturoso, dichoso. ≠ Malhadado.
bienhechor, -ra *adj.* Favorecedor, protector, amparador, benefactor, benéfico, beneficioso. ≠ Malhechor. ▮ Los cuatro primeros se aplican a personas. *Bienhechor, benéfico*, a personas y cosas; *beneficioso*, generalmente a cosas.
bienmandado, -da *adj.* Obediente, dócil, sumiso.
bienquisto, -ta *adj.* Estimado, apreciado, considerado, querido, reputado. ≠ Desestimado, despreciado, malquisto.
bienteveo *m.* Argent. Benteveo, bentevî.
bigardo, -da *adj.-s.* Vago, vicioso, bigardón.

bigardón, -ona *adj.-s.* Bigardo, vago, vicioso.
bigote *m.* Mostacho.
bigotudo, -da *adj.* Abigotado. ≠ Imberbe, depilado, afeitado.
bija *f.* Achiote, achote.
bilateral *adj.* Sinalagmático (DER.). ▌Referido a un pacto o contrato.
bilioso, -sa *adj.* fig. Colérico, atrabiliario, intratable, irritable.
bilis *f.* Hiel. **2** fig. Desabrimiento, aspereza, irritabilidad, cólera. **3 exaltarse la bilis** *loc.* Rabiar, encolerizarse, enfurecerse, enverdecer de ira, crujir los dientes. ≠ Tranquilizarse, serenarse, apaciguarse.
billetado, -da *adj.* BLAS. Cartelado.
billete *m.* Boleto (Amér.). ▌En los espectáculos públicos, transportes, etc., es frecuente en Amér. la palabra *boleto*, hoy poco usada en España.
binar *tr.* Rendar. **2** Edrar. ▶ **3** *intr.* Doblar.
binza *f.* Fárfara (del huevo).
biografía *f.* Semblanza, vida. ▌Una *semblanza* es un bosquejo biográfico, mientras que *vida* es una biografía más extensa: la *vida* de Cervantes.
bioquímica *f.* Química biológica.
bióxido *m.* Deutóxido.
biribís *m.* Bisbís.
birimbao *m.* Trompa gallega.
birlar *tr.* col. Quitar, robar, hurtar. ▌*Birlar* connota idea de astucia, maña o enredo.
birra *f.* (col.) Cerveza
bisagra *f.* Gozne, charnela.
bisar *tr.* Repetir*.
bisbís *m.* Biribís.
bisbisar *tr.* Bisbisear, musitar, mistar, cuchichear. ▌*Cuchichear* supone generalmente hablar a otro en voz baja al oído, mientras que *bisbisear* y *musitar* son acciones propias del soliloquio, como en el rezo o en la lectura a solas. → **mascullar**
bisbisear *tr.* Bisbisar, musitar, mistar, cuchichear.
biselar *tr.* Abiselar.
bisexual *adj. com.* Hermafrodita.
bisílabo, -ba *adj.* Disílabo.
bisonte *m.* Cíbolo, toro mexicano.
bisoño, -ña *adj.-s.* Inexperto, nuevo, novel, novato, bozal. ≠ Veterano, maestro, antiguo.
bisulco, -ca *adj.* ZOOL. Fisípedo.
biza *f.* Bonito (pez).
bizarría *f.* Gallardía, valor, esfuerzo. ≠ Cobardía, temor. **2** Generosidad, esplendidez, esplendor. **3** Arrogancia*, orgullo.
bizarro, -rra *adj.* Valiente, esforzado, gallardo. **2** Generoso, espléndido.
bizco, -ca *adj.* Bisojo, ojituerto, reparado.
bizcocho *m.* Galleta.
biznaga *f.* Dauco.
blanco, -ca *adj.* Albo (lit.), cándido. ≠ Negro. ▌*Cándido* aparece en los clásicos con la significación latina de *blanco*; pero esta acepción es actualmente desusada.
blancor *m.* Blancura, candor (lit.), albura (lit.).
blancura *f.* Candor (lit.), albura (lit.), blancor.
blandear [1] *intr.-prnl.* Aflojar, ceder, contemporizar, doblar, doblegarse, allanarse, plegarse, ablandarse. ≠ Resistir. ▌*Contemporizar* es sinónimo en la frase *blandearse con uno*. ▶ **2** *tr.-prnl.* Ablandar. ≠ Endurecer.
blandear [2] *tr.* Blandir.
blandir *tr.* Blandear (II).
blando, -da *adj.* Tierno, flexible. ≠ Duro, fuerte. ▌«*Blando* es lo que no ofrece resistencia a la presión; *tierno*, lo que ofrece poco al golpe, al corte y a la incisión. El pan, la manteca y la masa fresca son sustancias *blandas* y *tiernas*, porque se hallan en aquellos dos casos; pero no se dice que la cama está *tierna*, sino *blanda*, ni el buen asado ha de estar *blando*, sino *tierno*. De la coagulación de ciertos líquidos resultan sustancias *blandas*, pero no *tiernas*, como la leche cuando se convierte en nata.» (M) **2** fig. Suave, benigno, apacible, templado. ▌Este último, tratándose del tiempo atmosférico. **3** Flojo, muelle, cobarde*. ≠ Valiente.
blandura *f.* Molicie. **2** Suavidad, lenidad, benignidad, afabilidad, bondad, dulzura, apacibilidad, indulgencia, clemencia, mansedumbre. ≠ Dureza, resistencia, fortaleza, intolerancia. ▌«La *blandura* está en el carácter y en los afectos; la *suavidad* en los modales y en el lenguaje; la *lenidad*, en el ejercicio de la autoridad. Hay *blandura* en el hombre que cede con facilidad, que padece sin quejarse, que evita toda ocasión

de exasperación, enemistad o discordia. Hay *suavidad* en el que sabe insinuarse en los corazones por el temple modesto de su conversación, por la tolerancia de los defectos ajenos, por lo apacible de su trato. Hay *lenidad* en el juez que impone una pena menos severa que corresponde al delito.» (M) ▮ La *benignidad*, como la *blandura*, se refiere al carácter y a los afectos; la *afabilidad*, a los modales y al lenguaje. La *benignidad* puede hallarse en el ejercicio de la autoridad, y es generalmente loable; pero la *lenidad* es censurable, excesiva.

blanquear *tr.* Emblanquecer. **2** Enjalbegar, jalbegar. ▸ **3** *intr.* Albear (lit.).

blasfemador, -ra *adj.-s.* Renegador, renegón, blasfemante, blasfemo.

blasfemante *adj. com.* Blasfemador, renegador, renegón, blasfemo.

blasfemar *tr.* Renegar, jurar, maldecir, vituperar, tener la lengua de un carretero. ≠ Ensalzar, alabar, orar.

blasfemia *f.* Reniego, derreniego (rúst.), voto*, juramento, maldición.

blasfemo, -ma *adj.-s.* Blasfemador, blasfemante, renegador, renegón.

blasón *m.* Heráldica. **2** Escudo, armas. **3** Timbre. ▮ «En el sentido recto, *blasón* es cada figura de las que componen un escudo de armas; *timbre* es la insignia que lo corona y que indica el grado de nobleza del que lo usa. El castillo, el león, las barras y las cadenas son *blasones* de las armas de España; su *timbre* es la corona real. En el sentido figurado, *timbre* es una acción gloriosa que ensalza y ennoblece, y *blasón* es la fama que por ella se adquiere. Por esto se dice: *blasona* de valiente. Puede decirse con propiedad: no tiene muchos *timbres* de qué *blasonar.*». (M)

blasonar *tr.* Ostentar, presumir, gloriarse, vanagloriarse, jactarse, pavonearse.

bledo *m.* Armuelle. **2 no importar un bledo** *loc.* No importar un ardite, no importar un cornado, no importar un comino, no importar un maravedí, no importar un ochavo, no importar un pito.

blindaje *m.* Coraza.

blindar *tr.* Acorazar.

blondo *adj.* lit. Rubio.

bloquear *tr.* Sitiar, asediar, cercar. **2** MAR. Incomunicar. **3** Congelar, inmovilizar. ▮ Tratándose de créditos, cuentas bancarias, etc., que quedan inmovilizados por orden de la autoridad. **4** Inhibir, impedir, obstaculizar.

boa *f.* Bastardo.

boardilla *f.* Buharda, bohardilla, guardilla, desván, buhardilla.

boato *m.* Ostentación, fausto, pompa, rumbo, lujo, bambolla*. ≠ Sencillez, humildad, pobreza.

bobada *f.* Bobería, simpleza, necedad, tontería, tontada, majadería.

bobería *f.* Bobada, simpleza, necedad, tontería, tontada, majadería, imbecilidad, idiotez, alelamiento, estulticia, estupidez.

bobina *f.* Carrete.

bobo, -ba *adj.* Pazguato, paparote, simple, tonto*, tarugo, bodoque, bolonio, lelo, memo, idiota, estúpido, necio. ≠ Listo. ▮ En los confines de la bobería y la anormalidad mental se hallan *lelo* y *memo*.

bocací *m.* Esterlín.

bocado *m.* Mordisco, dentellada, mordedura. **2** Freno, embocadura.

bocanada *f.* Buchada, buche, sorbo, fumada, calada (burl.). ▮ Los tres primeros, si la *bocanada* es de un líquido; si es de humo, se emplea *fumada* o *calada*.

bocateja *f.* Luneta.

bocel *m.* Cordón, toro.

boceto *m.* Mancha, borrón, esbozo, bosquejo, apunte, croquis, diseño, traza, delineación.

bochinche *m.* Tumulto, bronca, barullo.

bochorno *m.* Calor. ≠ Frío. **2** Rubor, vergüenza, sonrojo, sofoco, sofocón. ≠ Desvergüenza, languidez.

bocina *f.* Tornavoz.

bocio *m.* Papera.

bocón, -ona *adj.* Hablador, charlatán, fanfarrón, sacamuelas.

boda *f.* Casamiento*, matrimonio, unión, enlace, desposorio, himeneo.

bodega *f.* Cillero.

bodegón *m.* Casa de comidas, figón, taberna, ventorrillo, ventorro. ▮ Estos dos últimos cuando está en las afueras de una población.

bodejal *m.* Budejal, bujeda, bujedo.

bodón *m.* Buhedo.

bodoque *adj. m.* fig. Simple, tonto, bobo, tarugo, bolonio, alcornoque, torpe, estúpido, necio. ► **2** *m.* Borujo, burujo, gorullo, gurullo.

bofe *m.* Chofe, pulmón, asadura.

bofetada *f.* Cachetada, cachete, guantada, guantazo, tabanazo, manotazo, sopapo, bofetón, galleta (irón.).

bofetón *m.* Bofetada, galleta (irón.), cachete, guantada, guantazo, tabanazo, manotazo, sopapo, cachetada.

boga *f.* Fama, aceptación, reputación. **2** Prosperidad, auge, felicidad. **3** MAR. Bogadura, remadura. **4 en boga** *loc. adj.* De moda, presente, actual. ≠ Pasado, inexistente.▮ Lo *actual* es más circunscrito y determinado que lo *presente*. ▮ «Lo *presente* abraza una esfera de acción más amplia que lo *actual*. Decimos: el siglo *presente* y el gobierno *actual*; el estado *presente* de la literatura y la crisis *actual* del comercio; la estación *presente* y la intemperie *actual*; la *presente* legislación y el precio *actual* del trigo.» (M)

bogar *intr.* Remar. **2** Navegar.

bogavante *m.* (crustáceo) Lobagante. **2** MAR. Remero (de proa).

bohardilla *f.* Buharda, boardilla, guardilla, desván, buhardilla.

bohordo *m.* Escapo, vara.

boicot, boicoteo *m.* Obstrucción, complot, sabotaje.

boíl *m.* Boyera, bostar, boyeriza.

boja *f.* Abrótano, guardarropa.

bojedal *m.* Bujedal, bujeda, bujedo.

bojeo *m.* MAR. Circuito, contorno, perímetro.

bol *m.* Ponchera. **2** Tazón. **3 bol arménico** Rública lemnia.

bola *f.* fig. Mentira, embuste, engaño, paparrucha, bulo. ▮ «*Bola* es cualquier noticia falsa; *paparrucha* es la noticia falsa y al mismo tiempo absurda. La *paparrucha* sólo halla crédito en las gentes vulgares e ignorantes. La noticia de una victoria imaginaria es una *bola*; los cuentos de duendes o apariciones son *paparrucha*.». (M) ▮En la actualidad, *bulo* se emplea con más frecuencia que *bola* para designar la noticia falsa. **2** DEP. Pelota, balón, esférico.

bolera *f.* Boliche (I).

boleta *f.* desus. Pase, invitación, billete, entrada. **2** Libranza, libramiento, vale, talón, cheque. **3** Amér. Cédula, papeleta.

boleto *m.* Amér. Billete, entrada, localidad, asiento. ▮ *Boleto* es poco usado en España. **2** Apuesta, quiniela.

boliche [1] *m.* Bolera.

boliche [2] *m.* Morralla.

bolillo *m.* Majadero, majaderillo, palillo.

bolo *m.* fig. Bobo, tonto, bodoque, simple, bolonio, trompo. ≠ Listo.

bollo *m.* Abolladura.

bombarda *f.* ant. Lombarda.

bombero *m.* Matafuego.

bombilla *f.* Lámpara. **2** ELECTR. Ampolla.

bombo *m.* Alabanza, elogio*, encomio. ▮ *Bombo* denota exageración ruidosa. En los terrenos mercantil y político da idea de gran aparato publicitario y reiterado en el anuncio, reclamo o propaganda.

bonachón, -ona *adj.-s.* Buenazo, bonazo, confiado, crédulo.

bonaerense *adj. com.* (pers.) Porteño. ▮ *Bonaerense* se aplica a todo lo relativo a esta provincia de la Argentina, mientras que *porteño* es todo lo relativo a la ciudad de la Santísima Trinidad y Puerto de Santa María de Buenos Aires.

bonanza *f.* Tranquilidad, serenidad, calma (en el mar). ≠ Tempestad. **2** fig. Prosperidad.

bonazo, -za *adj.-s.* Bonachón, buenazo, confiado, crédulo.

bondad *f.* Benignidad, benevolencia, humanidad, generosidad, magnanimidad. ≠ Maldad. **2** Blandura*, apacibilidad, dulzura, afabilidad, indulgencia, clemencia, mansedumbre, tolerancia. ≠ Intolerancia. **3** Probidad, integridad, honradez, hombría de bien, rectitud, moralidad. ≠ Deshonor, amoralidad. **4 tener la bondad** *loc.* Dignarse, servirse, tener a bien.

bondadoso, -sa *adj.* Benévolo, benigno, indulgente, complaciente, propicio, magnánimo.

bonete *m.* ZOOL. Redecilla.

bonetero *m.* Evónimo.

bonificación *f.* Beneficio, mejora. **2** Descuento, abono, rebaja.

bonítalo *m.* Bonito, biza.

bonitamente *adv. m.* Disimuladamente, mañosamente, diestramente.

bonito *m.* (pez) Biza, bonítalo.

bonito, -ta *adj.* Hermoso*, bello, lindo, gracioso, agraciado. ▮ En el lenguaje usual, *bonito* sustituye a menudo a *hermoso* y *bello*, aunque con impropiedad. Estos dos adjetivos expresan una cualidad estética más alta que *bonito*. *Lindo* sugiere proporción y armonía en las cosas pequeñas, y en gran parte de Hispanoamérica es más usual que *bonito*; *gracioso* se refiere a la expresión y a los movimientos. Una persona es *linda* por sus facciones; *graciosa* o *agraciada* por su hablar, sus gestos o su andar. ⟶ **belleza**

boñiga *f.* Moñiga (vulg.) y rúst, bosta.

boquera *f.* Vaharera.

boquerón *m.* (pez) Alacha, lacha, alache, aladroque, haleche, alece, aleche, anchoa, anchova.

boquete *m.* Rotura, brecha, agujero*, abertura. ▮ Los dos primeros se refieren a un *boquete* en alguna pared o techo.

boqui *m.* Chile. Coguilera.

boquilla *m.* Brocal. **2** Mechero. **3** Embocadura.

bórax *m.* Borraj, atíncar.

borde [1] *m.* Extremo, orilla*, canto, margen.

borde [2] *adj. com.* Bastardo.

bordillo *m.* Encintado.

boreal *adj.* Norte, septentrional, matacabras. ▮ Este último, tratándose del viento, esp. cuando es muy fuerte y frío.

borlas *f. pl.* Amaranto, flor de amor, borlones.

borlones *m. pl.* Borlas, amaranto, flor de amor.

bornear *tr.* ARQ. Retranquear.

boronía *f.* Alboronía, almoronía.

borrachera *f.* Embriaguez, ebriedad, curda, turca, mona, jumera, chispa, loba, merluza, papalina, pítima, tajada, zorra. ≠ Sobriedad. ▮ Excepto los dos primeros, los otros sinónimos son burlescos.

borracho, -cha *adj.-s.* Ebrio, beodo, embriagado, achispado, bebido, calamocano, ajumado, curda, curdela, a medios pelos, entre dos lices, hecho una uva, estar como una cuba. ≠ Sobrio, abstemio, sereno. ▮ *Ebrio*, *beodo*, *embriagado* son términos cultos, ligeramente eufemísticos. *Beodo* designa esp. el borracho habitual. *Achispado*, *bebido*, *calamocano*, el que tiene una borrachera ligera o incipiente. Abundan las denominaciones populares y burlescas: *ajumado*, *curda*, *curdela*, *a medios pelos*, *entre dos luces*, *hecho una uva*, etc.

borrachuela *f.* Cizaña.

borraj *m.* Bórax, atíncar.

borrajear *tr.* Borronear, burrajear, emborronar.

borrajo *m.* Rescoldo.

borrar *tr.* fig. Esfumar, desvanecer. **2** Eliminar, anular*.

borrasca *f.* Tormenta, tempestad, temporal. ≠ Calma. ▮ Se usa este último cuando la *borrasca* es duradera. **2** Viento*, ventarrón, ventada, ventolera, vendaval, ventolina, brisa.

borrascoso, -sa *adj.* Proceloso (lit.), tempestuoso, tormentoso. **2** fig. Desordenado, desenfrenado, accidentado*.

borrico *m.* Asno*, burro, rucio, jumento. **2** fig. Corto, rudo, necio, ignorante.

borrón *m.* Mancha. **2** Mácula, tacha, defecto, imperfección.

borronear *tr.* Borrajear, burrajear, emborronar, garrapatear.

borroso, -sa *adj.* Confuso, nebuloso. ≠ Visible, preciso.

borujo *m.* Burujo, bodoque, gorullo, gurullo.

bosque *m.* Selva, monte, floresta, parque. ▮ La *selva* es extensa, inculta y muy densamente poblada de árboles, mientras que el *bosque* puede ser grande o pequeño, natural o artificial, espeso o claro. *Monte* es tierra inculta poblada de árboles (*alto*) o de arbustos y matas (*bajo*). *Floresta* fue equivalente a *bosque* en los libros de caballerías, como corresponden a su origen (l. *foresta*); pero el cruce fonético con *flor* le añadió después la idea de amenidad que hoy le asociamos. El *parque* es un *bosque* natural o artificial dependiente de un palacio o de una gran casa de campo.

bosquejar *tr.* Esbozar, abocetar.

bosquejo *m.* Esbozo, boceto, mancha, apunte, croquis.

bosta *f.* Boñiga.

bostar *m.* Boyera, boíl, boyeriza.

botador *m.* IMPR. Taco.
botafuego *m.* Lanzafuego.
botar *tr.* Tirar, lanzar, arrojar. ▮ Tratándose de cosas. **2** Amér. Despedir, echar. ▮ *Botar* a alguien de un lugar o empleo es *despedirlo* o *echarlo*. ▶ **3** *intr.* Saltar, brincar. ▶ **4** *intr.-tr.* MAR. Varar.
botarate *adj. m.* Alborotado, tararira, irreflexivo, atolondrado, precipitado. ≠ Juicioso, reflexivo, grave. **2** Amér. Malgastador, manirroto.
botarel *m.* ARQ. Contrafuerte.
botarete *m.* Arbotante.
bote [1] *m.* Salto, brinco.
bote [2] *m.* Barca, lancha, batel.
botica *f.* Farmacia, oficina de farmacia.
boticario, -ria *s.* Farmacéutico.
boto, -ta *adj.* Romo, obtuso. **2** fig. Rudo, torpe.
botón *m.* Yema, capullo, brote. **2** Llamador (en los timbres eléctricos). **3** Furúnculo, pápula.
botoque *m.* Brasil. Barbote (Argent.), tembetá (entre los guaraníes).
boutique *f.* (galic.) Tienda, comercio. ▮ En una *boutique* suelen venderse productos selectos o ropa.
bovedilla *f.* Revoltón.
bóvido, -da *adj. m.* Bovino.
bovino, -na *adj.* Boyuno, bueyuno, vacuno. ▮ Tratándose del ganado, *vacuno*. ▶ **2** *adj. m.* ZOOL. Bóvido.
boxeador *adj. m.* Púgil. ▮ *Púgil* es el que se bate a puñetazos en gral. El *boxeador* es un *púgil* que se atiene a las reglas del boxeo. Todo *boxeador* es *púgil*, pero no viceversa.
boyante *adj.* Acomodado, afortunado, rico, próspero, feliz. ≠ Infeliz, pobre, desafortunado.
boyera *f.* ant. Boíl, bostar, boyeriza (antic.), establo, corte (p. us.), presepio (latinismo), cuadra, caballeriza.
boyeriza *f.* ant. Boyera (antic.), boíl, bostar, establo, corte (p. us.), presepio (latinismo), cuadra, caballeriza.
boyuno, -na *adj.* Bovino.
bracelaje *m.* Brazaje.
bracera *f.* Brazal (de riego).
braceral *m.* Brazal, bracil, brazalete.
bracil *m.* Brazal, braceral, brazalete.
bracmán *m.* Brahmán, brahmín.
braga *f.* Briaga, honda. → **bragas**
bragado, -da *adj.* Animoso, enérgico, firme, entero, valiente, echado para adelante. ≠ Cobarde, blando, indeciso.
bragas *f. pl.* Calzones. → **braga**
bragazas *adj. m.* Calzonazos, Juan Lanas.
brahmán *m.* Bracmán, brahmín.
brahmín *m.* Brahmán, bracmán.
bramadera *f.* Zumba.
bramante *adj. m.* Cordel, guita, cabuya (Antillas).
bramido *m.* Mugido, frémito (lit.). ▮ *Mugido* se refiere al *bramido* de los bóvidos. **2** Rugido.
branquia *f.* ZOOL. Agalla.
brasa *f.* Ascua.
bravata *f.* Amenaza, fieros, bravuconada, bravuconería. **2** Baladronada, fanfarronada, fanfarria*.
braveza *f.* Bravura*.
bravío, -a *adj.* Montaraz, feroz, indómito, salvaje*, cerril, cimarrón, bravo, agreste, áspero, fragoso, huraño, hosco, huidizo. ≠ Suave, fértil, blando. ▮ *Agreste, áspero* y *fragoso* tratándose de un terreno o paisaje; el resto, tratándose de animales y también del hombre.
bravo, -va *adj.* Valeroso, valiente, animoso, esforzado. **2** Bagual, indómito, cerril, salvaje, bravío*.
bravucón, -ona *adj.* desp. Valentón, fanfarrón, matasiete.
bravuconada *f.* Bravata, amenaza, fieros, bravuconería.
bravuconería *f.* Bravata, amenaza, bravuconería, fieros.
bravura *f.* Valor, valentía, ánimo. ≠ Cobardía, timidez. **2** Fiereza, cerrilidad, ferocidad, braveza. ▮ «*Bravura* se aplica al hombre y a los animales, y equivale muchas veces a valor, esfuerzo o arrojo. *Braveza* se aplica solamente a los elementos, y equivale a ímpetu violento en sumo grado. Se dice: la *bravura* del león, del toro; la *braveza* del mar, de la tempestad, del huracán, etc. La *bravura* refiere la idea a la unión de las fuerzas del ánimo y del cuerpo. La *braveza* limita la idea a la fuerza puramente material puesta en movimiento.» (C)
brazaje *m.* Bracelaje.

brazal *m.* Braceral, bracil, brazalete. ▮ En la armadura. **2** Embrazadura (del escudo). **3** Bracera (del riego). **4** MAR. Cerreta, percha, varenga, orenga.

brazalete *m.* Pulsera.

brea *f.* Alquitrán, zopisa.

brear [1] *tr.* Embrear, alquitranar.

brear [2] *tr.* Maltratar, tundir, molestar.

brecha *f.* Rotura, boquete, abertura, agujero*.

brega *f.* Riña, pendencia, reyerta, pugna, lucha. **2** Trabajo, ajetreo, fatiga, faena, trajín.

breñal, breñar *m.* Fraga.

brete *m.* fig. Aprieto, dificultad, conflicto, apuro.

breva *f.* Albacora.

breve *adj.* Corto, sucinto, sumario, compendioso, conciso*, efímero*. ≠ Largo, extenso, duradero. ▮ *Corto* puede referirse a la extensión, a la cantidad y a la duración; *breve* se aplica hoy únicamente a la duración. Ejemplos: un bastón *corto*; llegó *corto* número de soldados; un discurso *corto* o *breve*; la sesión ha sido *corta* o *breve*. *Sucinto, sumario* y *compendioso* se refieren a la exposición oral o escrita de una doctrina, narración, etc. ► **2** *m.* Rescripto pontificio, buleto.

brezo *m.* Urce.

briaga *f.* Braga, honda.

brial *m.* ant. Guardapiés, tapapiés. **2** Tonelete.

bribón, -ona *adj.* Pícaro, bellaco, pillo, turno, canalla, vago, sinvergüenza, desvergonzado, poca vergüenza, inverecundo, cara dura, desfachatado. ≠ Honorable, aplicado.

bribonada *f.* Picardía, bellaquería, pillada, canallada.

brik *m.* Tetrabrik, cartón.

brillante *adj.* Resplandeciente, fulgurante, refulgente, fulgente (lit.), fúlgido (lit.), reluciente. ▮ *Resplandeciente, fulgurante* y *refulgente* expresan de modo más intenso la misma cualidad; en el habla usual, *reluciente*. **2** fig. Admirable, sobresaliente, lucido. ► **3** *m.* Diamante.

brillantez *f.* Brillo. **2** fig. Lucimiento.

brillar *intr.* Lucir, relucir, centellear*, resplandecer*, relumbrar, chispear, fulgurar, cabrillear*. **2** fig. Descollar, sobresalir, lucir.

brillo *m.* Lustre, brillantez, resplandor, esplendor. ≠ Opacidad, oscuridad. **2** fig. Lucimiento, realce, gloria, notoriedad. ≠ Incógnito.

brincar *intr.* Saltar, botar.

brinco *m.* Salto, bote.

brindar *tr.-prnl.* Ofrecer, invitar, convidar, prometer, dedicar.

brío *m.* Pujanza, resolución, esfuerzo, fuerza, ánimo. ≠ Desánimo, indecisión. **2** Garbo, gallardía, arrogancia*.

briofita *adj. f.* Muscínea.

británico, -ca *adj.* Britano, inglés. ▮ *Britano* y *británico* se refieren a la antigua Britania. Refiriéndose a la Inglaterra moderna, *inglés*; en esta última acepción *británico* tiene uso exclusivamente literario; *británico* se usa hoy para indicar lo que se halla más o menos vinculado a la corona de Inglaterra y está fuera de los límites estrictos de este país, p. ej. el imperio *británico*, súbdito *británico*.

britano, -na *adj.-s.* p. us. (pers.) Británico, inglés*, anglo (p. us.).

brocal *m.* Pozal, arcón. **2** Boquilla (de la vaina de un arma).

broma *f.* Bulla, diversión, jarana, gresca, fiesta, chanza. **2** Burla*, chasco, chacota, mofa, guasa.

bromear *intr.-prnl.* Divertirse, jaranear. **2** Chancearse, embromar, burlarse, guasearse.

bromista *adj. com.* Burlón, guasón, chancero, zumbón, bufón.

bronca *f.* Disputa, riña, pendencia, reyerta, pelotera, cisco, agarrada, trifulca, altercado*, lucha*. **2** Reprensión, regañina, reprimenda. **3** Alboroto*, protesta, tumulto, la de Dios es Cristo, grita, abucheo. ≠ Aplauso.

bronco, -ca *adj.* Ronco, destemplado. ▮ Tratando de la voz o del sonido. **2** fig. Áspero, intratable, hosco. ≠ Sociable. **3** Grosero, inculto, tosco, rudo. ≠ Educado.

bronquina *f.* fam. Quimera, pendencia, altercado.

broquel *m.* Escudo. **2** fig. Defensa, amparo, protección.

brotar *intr.* Salir, surgir, nacer, germinar, echar brotes, echar retoños, manar, fluir, correr. ≠ Detenerse, secarse. ▮ Tratándose de plantas, *nacer, germinar; echar brotes* o *retoños*. Tratándose del agua, *manar*.

brote *m.* Pimpollo, renuevo, retoño, brota (p. us.), botón, yema, capullo.

broza *f.* Hojarasca. **2** Maleza. **3** Desecho, cosas inútiles.

brucero *m.* Pincelero.

brugo *m.* Mida.

brujo, -ja *s.* Hechicero*, mago.

brújula *f.* Saeta, aguja imantada. **2** MAR. Compás.

bruma *f.* Niebla, neblina, brumazón. ▌Aunque *bruma* y *niebla* son equivalentes, se dice generalmente *bruma* en el mar, y *niebla* en tierra. Cuando la *niebla* es espesa y grande, se utiliza *brumazón*.

brumazón *m.* Bruma*, niebla, neblina.

brumoso, -sa *adj.* Nebuloso. ≠ Despejado. **2** fig. Oscuro, confuso, incomprensible. ≠ Comprensible.

brusco *m.* Jusbarba, rusco.

brusco, -ca *adj.* Áspero, desapacible, descortés. ≠ Apacible, cortés. **2** Súbito, repentino, imprevisto.

brusela *f.* Hierba doncella.

brutal *adj.* Salvaje, feroz, bárbaro, atroz, fiero, sanguinario, cruel*. ≠ Culto, civilizado, educado. **2** Fenomenal, tremendo, desmesurado, descomunal, extraordinario. **3** col. Bestial, colosal, formidable, enorme*, estupendo. ▌Modernamente en la lengua hablada, *brutal* se añade a muchos sustantivos con carácter intensivo general y adquiere los más variados matices: una velocidad *brutal*; una comida *brutal* (buena); una mujer *brutal* (hermosa); un salón *brutal* (grande, lujoso); etc. Es el mismo sentido intensivo, de aplicación muy vasta, que en nuestros días tienen también los adjs. *bestial, colosal, formidable, enorme, estupendo* y otros.

brutalidad *f.* Bestialidad, ferocidad, grosería, salvajada, barbaridad, atrocidad. ≠ Humanidad, sociabilidad.

bruto, -ta *adj.* Necio, incapaz. **2** Vicioso, torpe, desenfrenado. **3** Tosco, rudo, grosero. ≠ Educado. ► **4** *adj. m.* Animal*, bestia.

bu *m.* Cancón, coco.

buarro *m.* Buharro, corneja.

bucal *adj.* Estomático (MED.).

bucear *intr.* Somorgujar. **2** fig. Explorar, tantear.

buchada *m.* Buche, bocanada, sorbo.

buche *m.* Papo. ▌En las aves. **2** Estómago. ▌En el hombre y en algunos cuadrúpedos. **3** Buchada, bocanada, sorbo.

bucle *m.* Rizo.

bucólico, -ca *adj.* Pastoril, pastoral.

budare *m.* Colomb. y Venez. Callana.

budejal *m.* Bodejal, bujeda, bujedo.

budión *m.* Baboso, doncella, gallito del rey.

buenamente *adv. m.* Fácilmente. **2** Voluntariamente.

buenazo, -za *adj.-s.* Bonachón, bonazo, confiado, crédulo.

bueno, -na *adj.* Bondadoso, indulgente, benévolo, caritativo, misericordioso, virtuoso, afable. ≠ Malo. **2** Exacto, verdadero, hermoso, lindo. ▌La estimación ética de las cosas tenidas por buenas se extiende a calificar valores lógicos y estéticos: un *buen* razonamiento (*exacto, verdadero*); una *buena* cara (*hermosa, linda*). De las acepciones anteriores pasa a significar la estimación en que tenemos a personas y cosas por cualquier cualidad favorable o grata al punto de vista que adoptemos. Ejemplos: un *buen* trozo de pan (de gran tamaño); comida *buena* (de buen sabor); estar o sentirse *bueno* (con buena salud); *buena* tela (de buena calidad); un martillo muy *bueno* (útil); *buen* marino (con buena aptitud); etc. **3 por las buenas** *loc. adv.* Voluntariamente, de grado, a buenas. ≠ Por las malas, a malas, por obligación.

bueyuno, -na *adj.* Bovino, boyuno, vacuno.

bufanda *f.* Tapaboca, tapabocas.

bufido *m.* Resoplido, rebufe (bufido del toro). **2** fig. Sofión, cajas destempladas.

bufo, -fa *adj.* Cómico, grotesco, burlesco, chocarrero, ridículo. ≠ Serio, grave.

bufón, -ona *adj.* Chocarrero. ► **2** *s.* Truhán, albardán. ▌Ambos sinónimos están anticuados.

bufonada *f.* Chocarrería.

buglosa *f.* BOT. Lengua de buey, lenguaza.

buharda *f.* Bohardilla, boardilla, guardilla, desván, buhardilla.

buhardilla *f.* Buharda, bohardilla, boardilla, guardilla, desván.

buharro *m.* Buarro, corneja.

buhedo *m.* Bodón.

búho *m.* Mochuelo.
buhonero *m.* Gorgotero, mercachifle.
buitrón *m.* Butrino, butrón, carriego.
bujeda *f.* Bodejal, budejal, bujedo.
bujedal *m.* Bojedal, bujeda, bujedo.
bujedo *m.* Bodejal, budejal, bujeda.
bujería *f.* Baratija, chuchería.
bujeta *f.* ant. Poma, pomo.
bujía *f.* Vela, candela.
bula *f.* Constitución pontificia.
bulbo *m.* BOT. Cebolla, cabeza.
buleto *m.* Breve, rescripto pontificio.
bulo *m.* Mentira*, bola*, embuste. ≠ Verdad.
bulto *m.* Volumen, tamaño, cuerpo, mole. **2** Fardo, paca, bala, lío.
bulla *f.* Trulla, algazara, gritería, vocerío, bullicio, algarabía, ruido, alboroto*. ≠ Tranquilidad, quietud. ▮ «Toda *bulla* es *ruido*; pero no todo *ruido* es *bulla*. Aquél es el género, ésta la especie determinada de *ruido* que forman con la voz una o muchas personas. Cuando decimos que se oye *ruido* en la calle, no explicamos por medio de esa voz la especie de *ruido*, ni el agente que lo causa: puede ser un caballo, un carro, un cuerpo que cae en tierra, etc.; pero si decimos que hay *bulla* en la calle, damos a entender que el *ruido* que se oye es causado por la gente que habla o grita en ella.» (LH)
bullanga *f.* Asonada, alboroto*, tumulto, rebullicio, motín.
bullicio *m.* Bulla*, rebullicio, ruido, algarabía, alboroto*.
bullir *intr.-prnl.* Hervir, burbujear. ▮ Tratándose de líquidos. **2** Moverse, agitarse, hormiguear, gusanear, pulular. ≠ Aquietarse, pararse. ▮ Tratándose de multitud de personas o animales.
buque *m.* Barco, vapor, navío, embarcación*, nave, bajel (lit.).
burbuja *f.* Pompa, campanilla, gorgorita, ampolla. ▮ Cuando la *burbuja* es grande, se usa *pompa*.
burbujear *intr.-prnl.* Bullir, hervir.
burdel *m.* Prostíbulo, puticlub (col.).
burdo, -da *adj.* Tosco, grosero, basto.
burguesía *f.* Mesocracia, clase media. ▮ Suele distinguirse entre la *grande* y la *pequeña burguesía*, según su mayor o menor caudal.
buril *m.* Punzón.
burla *f.* Mofa, pitorreo, rechifla, sarcasmo, befa, escarnio, ludibrio. ▮ Los tres primeros sinónimos forman una serie intensiva. *Sarcasmo* es burla sangrienta o ironía fuertemente mordaz; *befa, escarnio* y *ludibrio* son afrentosos. **2** Zumba, vaya, chunga, cantaleta, chanza, broma, guasa, cuchufleta, chirigota, chafaldita. ▮ Los tres últimos significan dicho o palabras en broma inofensiva; los otros se refieren generalmente a burlas festivas y ligeras. **3** Engaño, fraude. ≠ Veras, verdad.
burlar *intr.-prnl.* Chasquear, desairar, engañar, frustrar. ▶ **2** *prnl.* Reírse, mofarse, chancearse, quedarse con uno, tomar el pelo, echar a chacota, poner en ridículo, dejar en ridículo.
burlesco, -ca *adj.* Festivo, jocoso, chancero, chistoso. ≠ Serio, grave.
burlón, -ona *adj.-s.* Guasón, zumbón, bromista, chancero, socarrón. ▶ **2** *adj.* Irónico, punzante, ático, cáustico, mordaz.
burrada *f.* Necedad, dislate, disparate, tontería, desatino.
burrajear *tr.* Borrajear, borronear, emborronar.
burro *m.* Asno, borrico, rucio, jumento. **2** fig. Corto, rudo, torpe, necio, ignorante. ≠ Listo. **3 no apearse del burro** *loc.* Mantenerse en sus trece, no dar el brazo a torcer, obstinarse, cerrarse en banda, no cejar, insistir, aferrarse.
burujo *m.* Bodoque, borujo, gorullo, gurullo.
bus *m.* Autobús.
buscapiés *m.* Carretilla, rapapiés.
buscar *tr. -prnl.* Inquirir, averiguar, indagar, investigar, pesquisar, andar a caza de, ir al encuentro, dar tras uno, hacerse el encontradizo, rebuscar. ≠ Desistir, abandonar. ▮ En general, *buscar* se aplica concretamente a personas o cosas: *buscamos* un objeto perdido; *buscamos* a una persona en un lugar. Los siguientes sinónimos se refieren a investigaciones, asuntos, negocios de alguna complejidad: se *inquiere, indaga, averigua* o *investiga* el paradero de alguien, o la fortuna que posee; pero el perro *busca* la caza. *Pesquisar* es hoy anticuado, y se aplica solo a lo judicial y policíaco.

Rebuscar es intensivo o reiterativo de *buscar*: se *busca* un libro en el armario; pero *rebuscarlo* supone una *busca* minuciosa y repetida.

busilis *m.* Dificultad, toque, quid.

butrino *m.* Buitrón, butrón, carriego.

butrón *m.* Buitrón, butrino, carriego.

buyo *m.* Betel.

buzamiento *m.* MIN. Echado.

buzo *m.* Buceador, somorgujador (desus.).

C

ca *interj.* Quia.

cabal *adj.* Ajustado, completo*, acabado, exacto*, entero, íntegro, justo. ≠ Incompleto, informal, deshonrado.

cábala *f.* Conjetura, suposición, pronóstico. ❚ En la acepción de *pronóstico* suele emplearse el pl. *cábalas.*

cabalgadura *f.* Caballería, montura.

cabalgamiento *m.* RET. Hipermetría, encabalgamiento.

cabalgar *intr.-tr.* Montar.

cabalmente *adv. m.* Precisamente, justamente, perfectamente.

caballa *f.* Escombro, sarda.

caballar *adj.* Equino, hípico, ecuestre. ❚ A pesar de su equivalencia etimológica cada uno de estos adjetivos tiene aplicaciones particulares que a menudo se entrecruzan. *Caballar* es el de uso más general: *ganado, raza, feria, cría. Equino* es culto y literario y por lo tanto se presta menos a sus aplicaciones más populares: se dice, p. ej., *raza equina,* pero es más raro *cría equina. Hípico* se refiere pralte. al arte de la equitación: *noticias hípicas* en los periódicos; *concurso hípico* si se trata de carreras de caballos, pero *concurso caballar* si hablamos de una exposición para premiar los mejores ejemplares. *Ecuestre* se refiere al caballero o a la orden de caballería: *orden* ecuestre; a los espectáculos en que intervienen caballos amaestrados: *circo* ecuestre; a las obras artísticas en que aparece un personaje a caballo: *retrato, estatua* ecuestre. **2** Caballuno, equino.

caballerete *m.* desp. Presumido, gomoso, pisaverde, lechuguino, petimetre, currutaco, mozalbete.

caballería *f.* Cabalgadura, montura.

caballeriza *f.* Cuadra, presepio. ❚ *Presepio* es latinismo docto de uso raro.

caballero *m.* Noble, hidalgo. **2** Señor. ❚ Usado como vocativo o como sustantivo, gralte, equivale a *señor,* aunque siempre sugiere mayor distinción. Compárese: *ha venido un caballero a preguntar por usted,* con *ha venido un señor; oiga, caballero,* con *oiga, señor.* Como tratamiento antepuesto a un nombre común o propio, se emplea solo en ciertos casos bien determinados por la costumbre: *c. alumno,* en las academias militares y navales; *c. cadete; c. legionario,* etc.

caballero, -ra *adj.* Jinete, montado.

caballerosidad *f.* Nobleza, hidalguía, dignidad, pundonor, lealtad, generosidad. ≠ Bellaquería, deslealtad.

caballeroso, -sa *adj.* Noble, digno, leal, pundonoroso, generoso, espléndido.

caballeta *f.* Saltamontes.

caballete *m.* (de un tejado) Lomera, mojinete. **2** Caballón, camella, camellón. **3** CARP. Asnilla.

caballito del diablo *m.* Libélula, caballito de San Vicente (Cuba y Hond.).

caballitos *m. pl.* Tiovivo.

caballo *m.* Trotón, rocín, penco, jamelgo, jaco, corcel, bayo, ruano, percherón, petiso (Argent.) ❚ Despectivos: *rocín, penco, jamelgo, jaco. Corcel* es el caballo ligero, de mucha alzada, que servía para los torneos y batallas. Tiene este animal una extensísima sinonimia derivada del color, raza, talla, edad y usos a que se le destina; muchos de los sinónimos, tanto en América como en España, son de uso regional: *bayo, ruano, percherón, petiso*, etc. ► **2** col. Heroína, jaco (col.). **3 A mata caballo** *loc. adv.* Prestamente, de presto, prontamente, ligeramente, rápidamente, con brevedad. ≠ Lentamente, pausadamente.

caballón *m.* Caballete, camella, camellón.

cabaña *f.* Choza, barraca, rancho.

cabaré, cabaret *m.* Nightclub (anglic.), sala de fiestas.

cabe *prep.* Cerca de, junto a. ▮ *Cabe* se usa hoy solo en estilo elevado o arcaizante.

cabeceo *m.* Balanceo. ▮ Especialmente tratando de barcos y aviones.

cabello *m.* Pelo. ▮ *Pelo* es común al hombre y a los animales. Se llama *cabello* al *pelo* de la cabeza humana. Por esto, aunque *pelo* puede usarse y se usa por *cabello*, como el género que comprende la especie, el empleo de *cabello*, se siente como más noble a causa de su significado diferenciador.

cabestrear *intr.* Ramalear.

cabestrillo *m.* (aparato) Charpa.

cabeza *f.* Testa (culto o irón.), calabaza, calamorra, chola, coca, casco. ▮ Los cinco últimos son familiares y jocosos. **2** Inteligencia, talento, capacidad, juicio, seso, cerebro, cacumen, caletre, chirumen. ▮ Los tres últimos son burlescos o familiares. **3** Persona, individuo. **4** Jefe, superior, director. **5** Capital. ▮ P. ej., *capital* de distrito, comarca, etc. **6** Res. **7** fig. Origen, principio, comienzo. ► **8 Metérsele en la cabeza** *loc.* Obstinarse, aferrase, porfiar, empeñarse, emperrarse, mantenerse en sus trece, no dar el brazo a torcer. **9 Sin levantar cabeza** Con ahínco, con empeño, con tesón, con firmeza, con insistencia, de día y de noche, tenazmente, con tenacidad.

cabezada *f.* Cabezazo, calabazada, calamorrada (fam.), casquetazo.

cabezal *m.* Almohada, larguero.

cabezalero, -ra *s.* Testamentario, albacea.

cabezazo *m.* Cabezada.

cabezo *m.* Cerro, montecillo, montículo, colina, alcor.

cabezota *com.* Cabezudo, cabezón. **2** fig. Terco, testarudo, obstinado, tozudo.

cabezudo *m.* Mújol, múgil, capitón, lisa, liza, matajudío.

cabezudo, -da *adj.* Cabezón, cabezota. **2** Terco, tozudo, contumaz. ▮ En sentido fig, *cabezudo* intensifica el valor despectivo de *terco, tozudo, contumaz*.

cabezuela *f.* Soma, zoma.

cabilda *f.* Capacidad, espacio. **2** Extensión, superficie.

cabillo *m.* Rabillo, pezón, pedúnculo, pedículo. ▮ Son tecnicismos botánicos *pedúnculo* y *pedículo*.

cabina *f.* Locutorio, camarote. ▮ La del teléfono, *locutorio*; la de los barcos, *camarote*.

cabo *m.* Punta, extremo, extremidad. **2** Mango. **3** Fin, final. **4** Promontorio, lengua de tierra, angla (p. us.). ▮ *Promontorio*, si es alto y escarpado; *lengua de tierra*, si es estrecho y largo. **5** MAR. Cuerda.

cabrahígo *m.* Higuera de Egipto, higuera silvestre.

cabrestante *m.* Cabestrante, argüe.

cabrillear *intr.* Rielar, brillar, resplandecer*, centellear*. ▮ *Cabrillear* y *rielar* se diferencian de *brillar* o *resplandecer* en que sugieren luz trémula. Por ejemplo, la luna *riela* en la superficie movediza de las aguas; las aguas *cabrillean* al reflejar su luz.

cabrio *m.* Contrapar.

cabrío, -a *adj.* Cabruno, caprino. ▮ Tratándose del ganado de esta especie, se dice ganado *cabrío*, no *cabruno* ni *caprino*.

cabriola *f.* Pirueta, brinco, salto, voltereta.

cabrón *m.* Bode (p. us.), igüedo, buco, macho cabrío, cegajo, chivo, chivato. ▮ *Macho* cabrío, muy usado por ser malsonante la palabra *cabrón*. El de dos años, *cegajo*; el que no mama y no ha llegado a la edad de procrear, *chivo*; el que tiene más de seis meses y no llega al año, *chivato*.

cabruno, -na *adj.* Caprino, cabrío.

cacahual *m.* Cacaotal.

cacahuet *m.* Maní, cacahuete, cacahué, cacahuey.

cacao *m.* Teobroma (tecnicismo).

cacaotal *m.* Cacahual.

cachada *f.* Coca. **2** Amér. Cornada, cachazo.
cachava *f.* Cayado, palo*.
cachaza *f.* Calma, flema, lentitud, asadura, pachorra, apatía.
cachazo *m.* Amér. Cachada, cornada.
cachazudo, -da *adj.* Lento, calmoso, tardo, apático, flemático. ≠ Diligente, nervioso, rápido.
cachemir *m.* Cachemira, casimir.
cachet *m.* galic. Sello. ▌ *Cachet* es un galicismo por *sello* medicinal.
cachetada *f.* Amér. Bofetada.
cachetero *m.* Puntilla. **2** Puntillero.
cachicamo *m.* Amér. Armadillo.
cachifollar *tr.* fam. Escachifollar, deslucir, estropear.
cachillada *f.* Cría, lechigada, camada, nidada. ▌ Tratándose de aves o insectos, *nidada*; de lobos, *camada*.
cachipolla *f.* Efímera.
cachiporra *f.* Porra.
cachivache *m.* desp. Trasto, trebejos, bártulos, enseres.
cacho [1] *m.* fam. Pedazo*, trozo, porción, fragmento.
cacho [2] *m.* Amér. Asta, cuerno.
cachondo, -da *adj.* Lujurioso, libidinoso.
cachorrillo *m.* Pistolete.
caco *m.* Ladrón, ratero, sacre.
cacomiztle *m.* Méx. Basáride.
cacumen *m.* fam. Agudeza, perspicacia, penetración, ingenio, talento, caletre.
cada [1] *m.* Enebro.
cada [2] *adj.* Todo. ▌ Sirve para referir, uno por uno, o grupo por grupo, a todos los individuos de una colectividad lo que se dice del conjunto. Entre *cada día se levanta a las siete* y *todos los días se levanta a las siete* no hay diferencia lógica; pero *cada día* insiste en la singularidad repetida, en tanto que *todos los días* se formula como una regla o práctica general. ▌ «*Cada uno* se aplica a un número limitado de individuos; *cada cual* a la generalidad de individuos de la misma especie. Me someto al dictamen de *cada uno* de los presentes. En materias de gusto *cada cual* tiene el suyo.» (M) ► **2 Cada y cuando** *loc. conj.* Siempre que.
cadalso *m.* Patíbulo, horca, suplicio.
cadarzo *m.* Atanquía.
cadáver *m.* Restos, restos mortales, difunto, muerto. ▌ Todos ellos, tratándose del cuerpo humano.
cadena *f.* Serie, sarta, enlace, sucesión, continuación. **2** fig. Sujeción, dependencia, esclavitud. **3** Emisora, dial. **4** ARQ. Encadenado.
cadencia *f.* Ritmo, medida, acompasamiento, movimiento. ≠ Disonancia, disconformidad.
cadera *f.* Cuadril.
cadillo *m.* Bardana menor.
cado *m.* Madriguera, guarida*.
cadozo *m.* Remolino, olla.
caduco, -ca *adj.* Decrépito, viejo, precario. ≠ Iniciado, potente, fuerte, juvenil. ▌ *Precario* se aplica a cosas, no a personas, de poca estabilidad o duración. Decimos, p. ej., salud, vida, economía, *precaria*. ▌ «La *caducidad* indica decadencia, ruina próxima; la *decrepitud* anuncia destrucción, últimos efectos de una disolución gradual... *Caduco* se toma por frágil, que no tiene más que un tiempo, que se acerca a su fin... Hay vejez *caduca* y vejez *decrépita*. La *caducidad* es una vejez avanzada y achacosa que va a tocar en la *decrepitud*; ésta es una vejez extremada y, digámoslo así, agonizante, que conduce a la muerte o está cercana a ella..» (Ma) **2** Perecedero, pasajero, transitorio. **3** BOT. Caedizo. ≠ Perenne. ▌ P. ej.: árbol de hojas *caducas* o *caedizas*, a diferencia del de hojas *perennes*.
caer *intr.-prnl.* Decaer, extinguirse, bajar, descender, perder el equilibrio, dar de bruces, venir a tierra, faltarle a uno el suelo. ≠ Levantarse, erguirse, ascender. **2** Desaparecer, sucumbir, morir, perecer. **3** Sentar. ▌ Tratándose de vestidos, peinados, etc. **4** Derrumbarse, desplomarse. ≠ Levantar. ▌ Tratándose de edificios o cosas semejantes, ambos con valor intensivo.
cagaaceite *m.* Cagarrache, charla (pájaro).
cagachín *m.* (insecto) Cagarropa.
cagado, -da *adj.* fig. y fam. Medroso, tímido, pusilánime, gallina, miedoso, cobarde.
cagar *intr.* Defecar, exonerar, evacuar el vientre, hacer de cuerpo, deponer. ▌ Todos ellos son formas eufemísticas. ► **2** *prnl.* Acobardarse.
cagarrache *m.* Cagaaceite.

cagarropa *m.* Cagachín (insecto).

cagatinta, cagatintas *m.* Chupatintas, oficinista, escribiente. ▮ *Cagatinta*(s) y *chupatintas* son expresiones despectivas.

caguayo *m.* Cuba. Iguana (reptil).

cágüil *m.* Chile. Cáhuil.

caí *m.* Argent., Perú, Urug. y Venez. Cay, capuchino.

caída *f.* Descenso, declinación, decadencia*, derrumbe, desplome, baja*, bajada*. ▮ Los tres primeros son más abstractos. Predomina en ellos la idea de lentitud o gradación, a diferencia de lo súbito de la *caída* y de sus intensivos *derrumbe* y *desplome*; compárese el *descenso de las cotizaciones en la bolsa*, con *la caída de*, etc.; *descenso* y *caída de un globo*. *Descenso* es literario; su equivalente popular es *bajada* y su intensivo *bajón*: como *bajada* y *bajón* (de precios). *Declinación, declive* y *decadencia* pertenecen al habla culta, y se usan casi exclusivamente en sentido metafórico; *la declinación de la tarde*; *decrepitud* es decadencia extrema. **2** Falta, desliz, lapsus.

caído *m.* Muerto (en la lucha).

caído, -da *adj.* Desfallecido, decaído, abatido, postrado, amilanado, rendido. ≠ Levantado, firme, esforzado, animoso.

caimán *m.* Lagarto de indias (p. us.).

caín *adj. com.* Cainita, fratricida.

cajiga *f.* Quejigo.

cajigal *m.* Quejigal.

cajuil *m.* Amér. Marañón.

cala [1] *f.* Perforación, taladro. **2** Supositorio.

cala [2] *f.* Ensenada. ▮ Esp. si es pequeña.

calaba *m.* Calambuco, árbol de María.

calabacear *tr.* fig. Dar calabazas, reprobar, suspender (en exámenes).

calabacero *m.* (árbol) Jícaro.

calabazada *f.* Cabezada, cabezazo, casquetazo, calamorrada.

calabobos *m.* Llovizna, cernidillo.

calada *f.* (vuelo) Falsada.

caladre *f.* Alondra, terrera, copetuda.

calagurritano, -na *adj.-s.* Calahorrano.

calaíta *f.* Turquesa (piedra preciosa).

calamar *m.* Chipirón (en las costas cantábricas).

calambac *m.* Agáloco.

calambre *m.* Rampa.

calambuco *m.* Calaba, árbol de María.

calamidad *f.* Desgracia, infortunio, azote, plaga, estrago, desastre. ≠ Fortuna, dicha, victoria.

calamillera *f.* Llares, caramilleras (Sant.).

calamina *f.* Caramilla, piedra calaminar.

calamitoso, -sa *adj.* Desgraciado, desastroso, perjudicial, infortunado, funesto.

cálamo *m.* poét. Caña. **2** lit. Pluma. **3 Cálamo aromático** Cálanis.

calamorra *f.* fam. Cabeza.

calamorrada *f.* Cabezada, cabezazo, calabazada, calamorrazo.

calandrajo *m.* Gualdrapa, andrajo.

calandria *f.* Gulloría.

cálanis *m.* Cálamo aromático.

calaña *f.* Estofa*, índole, calidad, naturaleza, jaez*. ▮ *Calaña* puede calificarse con los adjetivos *buena* o *mala*: ser de buena o mala *calaña*. Cuando no lleva calificativo es siempre desp.: *va con gente de su calaña*.

calar *tr.* Mojar, empapar. **2** Penetrar, perforar, atravesar. **3** fig. Adivinar, descubrir, conocer.

calasancio, -cia *adj.-s.* Escolapio.

calavera *m.* fig. Perdis, perdido, vicioso, tronera, mujeriego.

calcáneo *m.* Zancajo. ▮ *Calcáneo* es nombre científico.

calcañal *m.* Carcañal, talón, calcaño, calcañar.

calce *m.* Calzo, cuña.

calceta *f.* Media.

calcina *f.* Hormigón.

calco *m.* Copia, reproducción, imitación.

calcular *tr.* Contar, computar. **2** Conjeturar, suponer, deducir, creer.

cálculo *m.* Cuenta, cómputo. ▮ Tratándose de operaciones aritméticas, *cuenta, cómputo*. Entre *cuenta* y *cálculo* se percibe la diferencia de que la primera se aplica a operaciones relativamente sencillas, mientras que *cálculo* sugiere cifras elevadas, operaciones complicadas o importantes. Se hace la *cuenta* del gasto diario; pero se hace el *cálculo* de la distancia entre dos astros. ▮ «El *cómputo* es un *cálculo* en que entra la comparación de cantidades y el examen de las relaciones que hay entre unas y otras. El que averigua cuánto le producirán sus rentas en un año, hace un *cálculo*; el que compara sus rentas con sus gastos, hace un *cómputo*. *Cómputo*, por esta razón, se aplica frecuentemente al tiempo, esto es, a la correspondencia de los calendarios de diferentes naciones. Se dice el *cómputo*, y no el *cálculo*, *juliano*. Buscar el año de la Héjira que corresponde a la era cristiana es hacer un *cómputo*.» (M). **2** Conjetura, suposición. **3** Piedra, mal de piedra. ▮ *Mal de piedra* es sinónimo del pl. *cálculos*. **4** MAT. Operación.

caldas *f. pl.* Termas, baños termales.

calderón *m.* MUS. Suspensión, fermata.

calé *m.* Gitano.

caleidoscopio *m.* Calidoscopio.

calendar *tr.* desus. Datar, fechar*.

calendario *m.* Almanaque, pronóstico (p. us.), lunario (antic.). ▮ Se usan indistintamente; pero predomina *calendario* cuando se cuelga en la pared y se van arrancando las hojas por días o por meses. *Almanaque* se usa con preferencia cuando tiene forma de libro, y contiene mayor número de noticias astronómicas, meteorológicas, etc., que el de pared. El que predice el tiempo, los eclipses, etc., se llamaba *pronóstico* (hoy poco usado). Cuando significa el sistema de división del tiempo se dice *calendario*, y no *almanaque*. Hablamos de *calendario juliano*, *gregoriano*, etc.

calentar *tr.* Caldear. ▮ Tratándose del aire. **2** fig. Azotar, golpear. ► **3** *prnl.* Acalorarse, enfervorizarse, irritarse, enfadarse, sentir calor, asarse vivo, freírse de calor. ≠ Enfriarse.

calentura *f.* Fiebre, destemplanza. ▮ Si la *calentura* es ligera, se usa *destemplanza*.

calenturiento, -ta *adj.-s.* MED. Febricitante, febril, calenturoso.

calenturón *m.* Causón (p. us.).

caletre *m.* Cacumen, chirumen, pesquis, mollera, magín, tino, acierto, discernimiento, capacidad. ▮ Los cinco primeros tienen el carácter humorístico, fam. o irónico de *caletre*.

calicanto *m.* Mampostería.

calidad *f.* Cualidad, calaña*, jaez*. ▮ «*Calidad* suele significar el conjunto de las *cualidades*. Cuando se dice que un caballo es de buena *calidad*, se da a entender que posee todas las *cualidades* que constituyen el caballo bueno. Por esta razón llamamos *calidad*, y no *cualidad*, a la nobleza: mujer es de *calidad*, ha dicho Lope de Vega.» (M).

cálido, -da *adj.* Caliente, caluroso, abrasador*. ▮ El adj. *cálido* es voz culta por su origen y empleo. Por esto se siente como más selecta y menos intensa; entre un clima *cálido* y un clima *caluroso* no hay más diferencia que la mayor distinción y menor intensidad del primer vocablo. A un orador puede premiársele con aplausos *cálidos* o *calurosos*, pero no *calientes*, porque *caliente* tiene un sentido más material y que se presta menos a las acepciones figuradas. En cambio, no se pediría agua *cálida* ni *calurosa* para afeitarse, sino *caliente*.

calidoscopio *m.* Caleidoscopio.

calientapiés *m.* Calorífero.

calificar *tr.-prnl.* Cualificar. ≠ Descalificar, desacreditar, desconceptuar. ▮ *Cualificar* es voz formal que sobre todo se utiliza en estilos oficiales o elevados, lo mismo que *cualificado*, *cualificación*, *cualificativo*. **2** Evaluar, valorar, puntuar*. **3** Bautizar, llamar, tener por, tildar. ▮ «*Calificar* es señalar en una cosa una calidad; *caracterizar* es señalar en una cosa aquellas calidades que le son más propias. El gusto, la afición, los hábitos, influyen en la *calificación*; el análisis y la observación *caracteriza*.» (M).

calificativo *m.* Dictado, título, epíteto. ▮ En estilo elevado, *dictado*, *título*, esp. cuando es por excelencia: *merecía el calificativo*, o *el dictado*, o *el título*, *de noble*. *Epíteto* es un *calificativo* que expresa una relación artística, vista y sentida por el escritor con relieve particular.

calígine *f.* Niebla*, calima, calina, fosca. ≠ Diafanidad.

caliginoso, -sa *adj.* Denso, oscuro, brumoso, calinoso, calimoso, nebuloso. **2** Bochornoso, abochornado. ▮ Hablando de la atmósfera o del tiempo.

calima *f.* Calígine, fosca, niebla*.

calimba *f.* Cuba. Carimba.

calina *f.* Niebla*, calígine, calima, fosca.

caliza *f.* Piedra de cal. **2** **Caliza lenta** Dolomía.

calma *f.* Bonanza. ▮ «En el lenguaje náutico, *calma* es la falta absoluta de viento;

bonanza es un tiempo sereno y tranquilo. Un buque (de vela) puede navegar en *bonanza*, pero no en *calma*.» (M). **2** Paz, tranquilidad, sosiego, reposo*, serenidad. ≠ Intranquilidad. **3** Apatía, lentitud, cachaza, pachorra, flema. ≠ Rapidez.

calmante *adj.* Sedante, sedativo, paliativo, analgésico, narcótico.

calmar *tr.-prnl.* Tranquilizar, sosegar, adormecer, apaciguar, mitigar, moderar, paliar, suavizar, aplacar*. ≠ Intranquilizar, destemplar. ▌ Los cuatro últimos, tratándose de un dolor físico o moral. ► **2** *intr.* Caer, abonanzar, mejorar, serenarse. ▌ Hablando del viento, *caer*; de una perturbación atmosférica en general, el resto de sinónimos.

calmoso, -sa *adj.* Apático, indolente, tardo, lento, cachazudo, flemático. ≠ Rápido, activo, nervioso. ▌ Tratándose de personas.

calofrío *m.* Calosfrío, escalofrío.

calología *f.* Estética.

calor *m.* Calórico (desus.). ≠ Frío. ▌ *Calor* designa el agente o energía física, la elevación de temperatura y la sensación que esta produce. *Calórico* se toma únicamente en la primera de estas tres acepciones. En la Física antigua se suponía que el *calórico* era un fluido al cual se debían los fenómenos caloríficos; desechada hoy aquella hipótesis, la palabra *calórico* ha caído en desuso. **2** fig. Ardor, ardimiento, actividad, fervor, viveza, entusiasmo, energía. **3** Favor, buena acogida.

calorífero *m.* Calientapiés. **2** Radiador.

caloroso, -sa *adj.* p. us. Caluroso.

caloyo *m.* hum. Quinto, recluta.

calumnia *f.* Impostura, imputación, difamación, falsa acusación. ≠ Verdad, honra.

calumniador, -ra *adj.-s.* Deshonrabuenos, impostor, difamador, infamador.

caluroso, -sa *adj.* fig. Caloroso, acalorado, vivo, ardiente, abrasador*, cálido*. ▌ Una discusión *calurosa* puede tomarse en buena o en mala parte, y ser producida por el interés objetivo que suscita el asunto; en una discusión *acalorada* interviene la pasión desbordada u hostil. Por esto halaga una acogida *calurosa*, y nos lastima si es *acalorada*. ▌ «*Caluroso* indica un estado o condición permanente; *acalorado*, un estado o situación accidental y transitoria. Está *acalorado* el hombre que corre o se agita, especialmente si lo hace en un clima *caluroso*. La atmósfera es *calurosa* en verano. Casi siempre entra la pasión en las disputas *acaloradas*.» (M). → **cálido**

calvario *m.* Gólgota. **2** Vía Crucis. **3** fig. Martirio, sufrimiento prolongado, penalidades, amarguras.

calvinista *adj. com.* Hugonote. ▌ *Hugonote* es el *calvinista* francés.

calvo, -va *adj.-s.* Glabro (lit.), pelón (fam.), pelado (fam.).

calzonazos *m.* Bragazas.

callado, -da *adj.* Silencioso, discreto, taciturno, reservado, tácito. ▌ El hombre *reservado* lo es deliberadamente. *Silencioso* puede aplicarse a cosas: un lugar *silencioso*. *Tácito* no se aplica a personas, sino a pensamientos, ideas, etc., que no se traducen en palabras, y en este sentido equivale a *callado*, pero no a los demás adjetivos que aquí se enumeran. En una oración gramatical pueden sobreentenderse algunas voces *calladas*, *tácitas*, u *omitidas*.

callar *intr.* Enmudecer, poner punto en boca, sellar el labio, dar la callada por respuesta. ≠ Hablar. ► **2** *tr.* Silenciar, reservar, sigilar (lit.), pasar por alto, pasar en silencio, omitir, guardar para sí, correr la cortina, ser un sepulcro, dejar en el tintero.

calle *f.* Vía, carrera, rúa (antic.). ▌ Cuando se habla de la *calle* en abstracto, *vía*: *las vías más céntricas de la ciudad* (comprende calles, plazas, etc.); esp. en lenguaje administrativo, *vía pública*: *prohibida la mendicidad en la vía pública*. Cuando se antepone al nombre específico se usa gralte. *calle*, y solo en algún caso particular *vía* (*Vía Layetana*, de Barcelona). *Rúa*, ant., se usa todavía en algunas ciudades del N de España: *rúa Mayor*. *Carrera* es hoy poco frecuente, y significa *calle* que en otro tiempo fue camino (la *Carrera de San Jerónimo*, en Madrid). ► **2 Pasear la calle** *loc.* Aguardar, esperar, estar de plantón, sostener la esquina. **3 Rondar la calle** Festejar, cortejar, galantear, hacer la corte, tirar los tejos, poner los ojos tiernos, ligar (fam.).

callejear *intr.* Pindonguear, pendonear. ▌ Ambos despectivos.

callista *com.* Pedicuro.

callo *m.* Dureza, ojo de gallo, ojo de pollo. → **callos**

callos *m. pl.* Doblón de vaca. → **callo**

cama [1] *f.* Lecho (lit.), tálamo, litera, yacija (desp.), camastro (desp.). ▮ *Tálamo* es el *lecho* conyugal; *litera* es la *cama* fija en el camarote de los barcos. ▸ **2 Saltar de la cama** *loc.* Levantarse, abandonar del lecho.

cama [2] *f.* Camba. ▮ En el freno de las caballerías. **2** Degolladura, garganta (And.) ▮ En el arado.

camada *f.* Cría, cachillada, lechigada. ▮ *Camada* se aplica preferentemente a los lobos. **2** Hilada, lecho.

camaldulense *adj. com.* Camandulense.

camama *f.* fam. Embuste, falsedad, fraude, engañifa. ≠ Verdad, seriedad, realidad.

camamila *f.* Manzanilla (planta), camomila, oráculo del campo.

camándula *f.* fig. y fam. Marrullería, astucia, trastienda, fingimiento, hipocresía, disimulo. ≠ Inocencia, ingenuidad, sinceridad.

camandulense *adj. com.* Camaldulense.

camandulería *f.* Gazmoñería, mojigatería.

camandulero, -ra *adj.* fam. Marrullero, hipócrita, embustero, camastrón, disimulado, taimado.

cámara *f.* Sala, salón, habitación, aposento. ▮ *Cámara* puede designar también cualquier *habitación* o *aposento* que adquiere circunstancialmente importancia o solemnidad especial. **2** Granero, cilla, cillero. **3** Parlamento, cortes. **4** ANAT. Antro, ventrículo, cavidad. ▮ Cuando se trata de un espacio cerrado, *antro*, y *ventrículo* tratándose de un espacio abierto. **5 Cámara de reacción** QUIM. Reactor.

camarada *com.* Compañero*, amigo, colega, igual. ≠ Enemigo, desigual.

camaranchón *m.* Desván, sotabanco, bohardilla, guardilla.

camarilla *f.* Conciliábulo*, conventículo.

cámaro, camarón *m.* Esquila, quisquilla.

camarroya *f.* Achicoria silvestre.

camastrón, -ona *adj.-s.* Disimulado, taimado, camandulero, marrullero, hipócrita.

cámbaro *m.* Cangrejo de mar.

cambiante *m.* Cambista.

cambiar *tr.-prnl.* Trocar (antic.) o rural, permutar, conmutar*, canjear (diplomacia), ejército, comercio. **2** Mudar, variar, alterar, transformar, metamorfosear (lit.), transmutar, convertir, modificar, transfigurar, trasladar. ≠ Permanecer, ratificar, emplazar. ▮ *Transformar, alterar, metamorfosear, transmutar* y *convertir* se refieren a un cambio de la esencia y de la forma; *modificar*, a un cambio en los accidentes, disposición o forma; *transfigurar*, a un cambio en la apariencia; *trasladar*, a un cambio de lugar. **3** Liar los bártulos, cambiar la casaca, pasar de un extremo a otro.

cambio *m.* Alteración*, mudanza, variación, mutación, traslado, metamorfosis*. ▮ *Mutación*, en el teatro y en el estado atmosférico; si se trata de un cambio de domicilio, *mudanza*; cambio de lugar, *traslado*. → **cambiar 2** Vuelta, canje. ▮ Tratándose de dinero, *vuelta*; en la banca, *canje*. → **cambiar 3** Cotización (en la Bolsa). → **cambiar 4** Trueque, canje, permuta. ▮ *Trueque* es voz fam. o rústica en España; en algunos países hispanoamericanos (Méx.), *trueque*, quizás por su sabor arcaizante, se siente más bien como literario. En la diplomacia o el ejército, *canje*: de notas, de prisioneros. *Permuta* es voz jurídica o administrativa (*permuta* de bienes, de destinos entre funcionarios). → **cambiar**

cambista *com.* Cambiante, banquero. ▮ *Cambiante* se refiere a la persona que cambia dinero en los mercados; en establecimientos de cambio, *cambista* o *banquero*.

cambrón *m.* Espino cerval. **2** Zarza.

cambronera *m.* Arto.

camedrío, camedris *m.* Carrasquilla.

camelar *tr.* caló. Galantear, requebrar. **2** Seducir, engañar.

camelo *m.* Chasco, burla, engaño.

caminante *adj. com.* Viandante, andador*, transeunte*. ▸ **2** *m.* Espolique.

caminar *intr.* Andar*, marchar. ▸ **2** *tr.* Recorrer.

camino *m.* Vía, senda*, sendero. ▮ Los dos últimos, cuando el *camino* es estrecho. **2** fig. Manera, medio, modo, procedimiento. **3** Viaje. **4 Camino de Santiago** ASTRON. Vía Láctea.

camomilla *f.* Manzanilla, camamila.

camorra *f.* Riña, pendencia, pelotera, marimorena, bronca.

camorrista *adj. com.* Camorrero, pendenciero, reñidor.

campanario *m.* Campanil.

campaniforme *adj.* Acampanado.

campanilla *f.* Gallillo, úvula (Tecn.), galillo. **2** Burbuja, gorgorita, ampolla. ► **3 De campanillas** *loc. adj.* Importante, valioso, sustancial, considerable, interesante.

campano *m.* Cencerro, esquila.

campante *adj.* fam. Ufano, satisfecho, contento, alegre.

campanudo, -da *adj.* Altisonante, rimbombante, retumbante, hinchado.

campánula *f.* Farolillo, besico de monja.

campechano, -na *adj.* Franco, llano, sencillo, alegre, abierto.

campeón *m.* Vencedor. **2** Paladín, defensor, sostenedor.

campesino, -na *adj.* Campestre, campal, rural, rústico, rustical (lit.), rusticano. ≠ Ciudadano, culto, refinado. ‖ *Campal* es de aplicación limitada a batalla, lid, etc. *Rural* y *rústico* pueden referirse al campo en gral., o más frecuentemente al campo cultivado y a las labores que en él se realizan. *Rustical* es de uso literario. *Rusticano* se emplea solo para calificar algunas plantas, con significado de silvestre: *rábano rusticano.* ► **2** *s.* Labrador, aldeano, lugareño, destripaterrones, rústico, paleto. ≠ Ciudadano, culto, refinado. ‖ Los tres últimos son despectivos.

campestre *adj.* Campesino, agreste, silvestre.

camping *m.* anglic. Acampada, acampamiento*.

campiña *f.* Campo, campaña.

campo *m.* Campiña, sembrados, cultivos. **2** fig. Área, zona, espacio. **3** dep. Estadio, cancha. ‖ *Estadio* se usa en atletismo y fútbol; *cancha* principalmente en el balonmano y en la pelota vasca.

camposanto *m.* Campo santo, cementerio, necrópolis.

camuflar *tr.* galic. Disfrazar, enmascarar, disimular, encubrir.

camuseo *adj.-s.* fig. Necio, ignorante, tarugo, alcornoque, bodoque, leño.

can *m.* lit. Perro, chucho (fam.). **2** arq. Canecillo, modillón.

canadillo *m.* Belcho, hierba de las coyunturas, uva marina.

canal *m.* Estrecho. **2** Caño, canalón, conducto, reguera, canalizo. **3** arq. Estría. **4** Delantera (en los libros).

canalla *f.* Gentuza, marranalla. ► **2** *adj. com.* Ruin, bribón, vil, pillo, sinvergüenza.

canana *f.* Cartuchera.

canasta *f.* Canasto, banasta. **2** dep. Cesta. ‖ En el baloncesto. **3** Básquet (anglic.), enceste, cesta.

cancamusa *f.* fam. Candonga, recancamusa, engañifa.

cancelar *tr.* Liquidar, cumplir. ≠ Incumplir. **2** Abolir*, anular, borrar de la memoria. ≠ Promulgar. **3** Saldar, extinguir. ‖ Tratándose de una deuda.

cancelario *m.* Maestrescuela.

canciller *m.* Chanciller.

canción *f.* Cantar, copla, música, melodía, composición, tema. **2 canción de cuna** Nana, arrullo. **3 ser otra canción** Ser harina de otro costal, ser otro cantar.

candeal *adj.-s.* Albarejo, albarico, candial, ceburro, mijo ceburro.

candelecho *m.* Bienteveo.

candente *adj.* Incandescente, rusiente, ígneo.

candidato, -ta *s.* Aspirante, solicitante, pretendiente.

candidez *f.* Candor, sencillez, inocencia, ingenuidad*. ≠ Malicia, picardía, suciedad. ‖ «Aunque *candor* y *candidez* representan la misma idea, tanto en el sentido recto como en el figurado, el uso común atribuye al primero, en sentido figurado, la idea de suma pureza, y al segundo la demasiada sencillez o bobería. Así decimos: conserva el *candor* de la niñez; tuvo la *candidez* de creer cuanto se le dijo.» (M). ‖ *Candor, sencillez* e *inocencia* están, pues, muy próximos entre sí; *candidez* se acerca a la *simplicidad. Ingenuidad* puede inclinarse a uno u otro matiz según el contexto. Decimos: tiene la *ingenuidad* de un santo; cometí la *ingenuidad* de prestarle dinero.

cándido, -da *adj.* Blanco*, albo (lit.). ≠ Negro. **2** Sencillo, candoroso, sincero, de buena fe, ingenuo, incauto, simple. ‖ Aunque el matiz significativo de cada uno de los sinónimos depende de la situación y el contexto, pueden señalarse entre ellos dos líneas principales. *Sencillo, candoroso* y *sincero* subrayan la pureza de intención. Cuando esta pureza de intención resulta dañina, y linda más o menos con la tontería, decimos *de buena fe, ingenuo, incauto, simple,* en gradación ascendente.

candonga *f.* Cancamusa, recancamusa, engañifa, chasco.

candor *m.* Candidez, sencillez, inocencia, ingenuidad*, simplicidad. ≠ Malicia, suciedad, picardía.

candoroso, -sa *adj.* Cándido*, sencillo, sincero*, de buena fe, ingenuo, incauto, simple.

canelillo *m.* Cuba. Canelilla, copalillo.

canelo *m.* Árbol de la canela, canelero.

canelón *m.* Canalón. **2** Calamoco, carámbano, pinganelo, candelizo, cerrión.

cangilón *m.* Arcaduz.

cangrenarse *prnl.* Gangrenarse.

canguelo *m.* vulg. Miedo, medrana, jindama. ▌Por su carácter vulg. o jergal, *canguelo* viene a coincidir con *medrana* y *jindama.*

cania *f.* Ortiga moheña.

caníbal *adj. com.* Caríbal (desus.), antropófago. **2** Cruel, feroz, sanguinario.

canibalismo *m.* Antropofagia. **2** Ferocidad, crueldad.

canijo, -ja *adj.* Encanijado, débil, enclenque, enteco, enfermizo. ≠ Robusto, sano, fuerte.

canillera *f.* Espinillera.

canino *m.* Colmillo, diente columelar.

canino, -na *adj.* Perruno.

canje *m.* Cambio*, trueque, permuta, vuelta. ▌En el comercio, *vuelta* o cantidad sobrante que se devuelve al comprador.

canjear *tr.* Cambiar, trocar, permutar.

canon *m.* Regla, norma, precepto. **2** Censo. **3** Arriendo.

cánones *m. pl.* Derecho canónico. → **canon**

canonicato *m.* Canonjía.

canonjía *f.* Canonicato.

canoro, -ra *adj.* Melodioso, sonoro.

cansancio *m.* Fatiga, lasitud (lit.), reventón, agotamiento. ▌*Reventón* es intensivo, y está producido por un trabajo físico muy duro; *agotamiento* puede sugerir un estado de depauperación que se produce lentamente en el organismo, o ser consecuencia de un gran esfuerzo. ≠ Viveza, aliento, fortaleza. ▌«El *cansancio* es el abatimiento de las fuerzas físicas y morales. La *fatiga* añade a esta idea la de violencia y esfuerzo. *Lasitud* es la inmovilidad, la relajación nerviosa y muscular que proviene del *cansancio* y de la *fatiga*. Un hombre que se *cansa de* andar siente *fatiga* al subir una cuesta, y no será extraño que de sus resultas caiga en un estado de *lasitud.*» (M). **2** Hastío, fastidio, aburrimiento, tedio.

cansar *tr.-prnl.* Fatigar, agotar, fastidiar, hastiar, aburrir*, hartar, molestar, enfadar, incomodar, importunar, tener los huesos molidos, no poder más, estar hasta el cogote. ≠ Avivar, distraer. ▌Los sinónimos pueden agruparse en dos direcciones generales: en su acepción recta, *fatigar, agotar*; en su acepción figurada, todos los demás.

cansera *f.* Moledera, molestia, importunación.

cansino, -na *adj.* Lento, perezoso.

cantaleta *f.* Burla*, chanza, vaya, zumba, chunga, guasa.

cantante *com.* Vocalista, voz, solista.

cantar *m.* Copla, canción.

cantárida *f.* Mosca de españa, abadejo.

cantera *f.* Pedrera.

cantero *m.* Pedrero, picapedrero.

cantidad *f.* Cuantidad, cuantía. ▌*Cuantidad* es forma culta usada en Fil. y a veces en Mat. *Cuantía* se emplea como equivalente a *cantidad* en su significación concreta: hablamos, p. ej., de la *cuantía* de un presupuesto. Suele tener además cierto sentido ponderativo, como la *cuantía* de la cosecha. ▸ **2 En cantidad** *loc. adv.* fam. En abundancia, abundantemente, copiosamente, profusamente, a porrillo.

cantizal *m.* Cantal, cantorral.

canto *m.* Orilla*, borde, margen, esquina. **2** Piedra, guijarro.

cantón *m.* Esquina, cantonada. **2** Acantonamiento. ▌Tratándose de tropas.

cantonada *f.* Esquina, cantón, arista. **2** Esquinazo.

cañacoro *m.* Caña de India.

cañada *f.* Colada, cordel. ▌La *colada* y el *cordel* son también vías de paso del ganado, pero más estrechas que la *cañada.*

cañaduz *f.* Caña de azúcar.
cañaheja *f.* Férula, cañaherla.
cañal *m.* Cañaveral, cañar.
cañamiza *f.* Agramiza.
cañarroya *f.* Parietaria, albahaquilla de río.
cañavera *f.* Carrizo, cañeta, cisca.
cañaveral *m.* Cañal, cañar, cañedo, cañizal, cañizar.
cañería *f.* Tubería.
cañí *adj. com.* Gitano, agitanado.
cañizal, cañizar *m.* Cañaveral.
cañonera *f.* Tronera.
cañonería *f.* Cañutería (de un órgano).
cañota *f.* Millaca.
cañutería *f.* Cañonería.
cañutero *m.* Alfiletero.
cañutillo *m.* Canutillo.
cañuto *m.* Canuto.
caos *m.* fig. Confusión, desorden. ≠ Orden, claridad, coherencia, disciplina.
caótico, -ca *adj.* Confuso, desordenado, desarreglado.
capa *f.* fig. Pretexto, máscara, velo, excusa. **2** Encubridor. **3** Baño, mano. **4** Tanda, tonga, tongada. **5** GEOL. Estrato. **6** Pelo, pelaje. ▌Tratándose del color del caballo y otros animales. **7** MED. Membrana, hoja.
capacidad *f.* Cabida. **2** fig. Aptitud, idoneidad, inteligencia, talento*, suficiencia, competencia. ≠ Incapacidad, ineptitud. **3** Posibilidad.
capador, -ra *s.* Castrador.
capadura *f.* Castradura, emasculación.
capar *tr.* Castrar. **2** fig. Disminuir, cercenar.
caparazón *m.* Telliz. **2** Concha.
caparra *f.* Garrapata.
caparrosa *f.* Alcaparrosa, aceche, acije (p. us.).
capataz, -za *s.* Aperador, mayoral. ▌En las haciendas de campo.
capaz *adj.* Espacioso, extenso, vasto, grande. **2** Apto*, inteligente, competente, idóneo, experto, suficiente. ≠ Incapaz, inepto, desconocedor.
capcioso, -sa *adj.* Artificioso, engañoso, insidioso. ≠ Claro, natural, verdadero.
capear *tr.* TAUROM. Capotear. **2** MAR. Sortear.
capelo *m.* Píleo. **2** Capelo de doctor, capirote, muceta. ▌Los dos últimos úsanse en Amér. Meridional y Ant.
capero *m.* Cuelgacapas, percha.
capibara *m.* Argent. Capiguara, carpincho, chigüiro. ▌Estas dos últimas, en otras partes de Amér.
capirotado, -da *adj.* BLAS. Caperuzado, chaperonado.
capirotazo *m.* Capirote, papirote, papirotada, papirotazo.
capirote *m.* Caperuza, capillo. **2** Capirotazo.
capital *adj.* Esencial, principal, primordial, fundamental. ► **2** *adj. f.* Cabeza. ▌P. ej., *cabeza* de un distrito, provincia, país, etc. ► **3** *m.* Caudal, bienes, hacienda, dinero, fortuna. ▌Cuando es de gran cuantía, *fortuna*. En economía, o tratándose de una empresa, se dice *capital*, y no *caudal*, porque *capital* es el *dinero* considerado como instrumento de producción y, más propiamente, potencia económica en dinero, crédito, influencia moral, etc., capaz de proporcionar los elementos necesarios para el establecimiento y explotación de una industria o negocio cualquiera. *Caudal* se refiere más bien a la *hacienda* o *bienes* de un particular, y cuando se aplica al *dinero* tiene un significado más determinado y circunscrito que *capital*. Por esto, una caja que contiene determinada cantidad de numerario se llama caja de *caudales*, y no de *capitales*.
capitón *m.* Cabezudo, mújol, múgil, lisa, liza, matajudío.
capitulación *f.* Pacto, convenio, concierto, ajuste. ▌*Capitulación*, frente a sus sinónimos, supone un asunto generalmente importante o grave. **2** Rendición, entrega.
capitulaciones *f. pl.* Capitulaciones matrimoniales, capítulos.
capitular *intr.-tr.* Pactar, convenir, concertar, ajustar. ≠ Desconcertar. ▌En esta significación, *capitular* supone un asunto generalmente grave o importante. ► **2** *intr.* Ceder, transigir, rendirse, entregarse. ≠ Resistir. ▌Aunque *capitular* se usa como sinónimo de estos verbos, su significación primaria es negociar o pactar las condiciones de una capitulación o rendición.
capítulo *m.* Cabildo.
capítulos *m. pl.* Capítulos matrimoniales, capitulaciones.
capotear *tr.* TAUROM. Capear.

capricho *m.* Antojo, deseo, gusto, fantasía, humorada. ≠ Necesidad, formalidad, justicia.

caprichoso, -sa *adj.* Caprichudo, antojadizo, fantasioso, mudable, veleidoso, voluble.

captar *tr.* Percibir, aprehender. **2** Recoger. ▮ P. ej., *captar* el agua de un manantial. ► **3** *tr.-prnl.* Atraer, granjear, conseguir, lograr, obtener. ▮ P. ej., *captar* la benevolencia, las simpatías.

captura *f.* Presa, aprehensión, aprisionamiento, apresamiento. ≠ Liberación, pérdida.

capturar *tr.* Aprehender, apresar*, prender. ▮ Se puede *aprehender* o *capturar* personas o cosas; en cambio, *apresar* se refiere a cosas; *prender*, siempre a personas. En los tres primeros hay la idea de resistencia o huida por parte de lo capturado, cosa que no es indispensable en *prender*. Por otra parte, *aprisionar* y *cautivar* aluden más bien al acto de comenzar la prisión o cautividad; *cautivar* se refiere a personas o animales.

capucha *f.* Capucho, caperuza, capuz.

capuz *m.* Capucho, capucha, caperuza.

capuzar *tr.* Chapuzar.

caquexia *f.* MED. Cacoquimia.

cara *f.* desp. y vulg. Jeta, hocico, palmito, jeme, rostro, faz, haz (antic.), fisonomía, semblante, aspecto*. ▮ Los dos primeros son despectivos y vulgares. Apreciativo de la belleza en la mujer, *palmito*, *jeme*. Estilo elevado, *rostro*, *faz*, *haz*. *Fisonomía* es el aspecto particular de la *cara*; *semblante*, este mismo aspecto en cuanto revela el estado de ánimo. **2** Anverso. ► **3 Por la cara** *loc. adv.* fam. Por su cara bonita, por las buenas, por el morro (fam.), gratis, graciosamente, gratuitamente, por que sí, de balde, sin ton ni son.

carácter *m.* Genio, modo, manera de ser, temple, índole*, condición, genial, natural, idiosincrasia (MED.), humor*. ▮ *Índole* y *condición* son términos cultos; *genial* y *natural* pertenecen al habla popular; *idiosincrasia* es tecnicismo médico que solo por traslación se aplica a las cualidades morales. **2** Voluntad, energía, firmeza, entereza, rigidez, severidad, inflexibilidad. ▮ Los tres últimos envuelven un grado mayor o menor de desestimación a causa de su intensidad. **3** Tipo. ▮ En las artes gráficas.

característica *f.* Rasgo distintivo, peculiaridad, particularidad, propiedad, singularidad, cualidad*.

característico, -ca *adj.* Peculiar, propio, particular, singular, distintivo.

caracterizar *tr.-prnl.* Calificar. ≠ Indeterminar, vulgarizar. ▮ *Calificar* es determinar o señalar una o varias cualidades; *caracterizar* es señalar en una persona o cosa aquellas cualidades más peculiares y propias.

carámbano *m.* Candelizo, canelón.

caramilleras *f. pl.* Sant. Llares.

caramillo *m.* Flautillo. **2** Carambillo, jijallo, sisallo, salado, tarrico. **3** Chisme, enredo, lío, embuste.

carantoña *f.* Halago, lisonja, cucamona, garatusa, zalamería, adulación*, caricia*, fiesta*. ≠ Insulto, brusquedad.

carapacho *m.* Caparazón, concha. ▮ *Concha* en los quelonios y muchos crustáceos.

carasol *m.* Solana.

carbinol *m.* QUIM. Alcohol metílico.

carca *adj. com.* desp. Carcunda, carlista, clerical. ▮ *Carca* actualmente ha tomado la significación de *clerical*.

carcaj *m.* Aljaba, carcax.

carcajada *f.* Risotada, risa*.

carcamal *adj. m.* Vejestorio, carraca.

carcañal *m.* Calcañar, talón.

cárcel *f.* Prisión, chirona (fam.), gayola (fam.), trena (en germanía), estaribel (del caló). ▮ *Prisión* es palabra escogida o forense.

cárcola *f.* Premidera.

carcoma *f.* Coso, quera (Argent.).

carcunda *adj. com.* Carca, carlista.

carda *f.* Cardencha, palmar, peine.

cardador, -ra *s.* Pelaire.

cardal *m.* Cardizal.

cardamina *f.* Mastuerzo (planta).

cardamono *m.* Grana del paraíso.

cardar *tr.* Carduzar.

cardelina *f.* Jilguero.

cardenal *m.* Purpurado. **2** Hematoma (MED.), morado (fam.).

cardencha *f.* Cardón, escobilla, regüeldo. ▮ La que brota en el tallo de la principal, *regüeldo*. **2** Carda (instrumento).

cardenillo *m.* Verdete, verdín.

cardinal *adj.* Principal, fundamental, esencial, primordial. ≠ Accidental, secundario.
cardizal *m.* Cardal, arrezafe, carduzal.
carduzal *m.* Cardizal, cardal, arrezafe.
carear *tr.* Confrontar, poner cara a cara. ▮ Tratándose de personas. **2** Cotejar, confrontar, parangonar, compulsar. ▮ Tratándose de escritos u otras cosas.
carencia *f.* Falta, privación*. ≠ Sobra, abundancia, prevención.
carente *adj.* Falto, desprovisto.
carestía *f.* Falta, penuria, escasez. ≠ Abundancia. **2** Encarecimiento, subida, alza. ≠ Baratura, depreciación. ▮ Todos ellos significan el acto de aumentar el precio; *carestía* es el estado de los precios producido por el *encarecimiento*.
careta *f.* Máscara, antifaz. ▮ Si es de tela, *antifaz*. **2** Máscara, carilla. ▮ En la acepción de *careta* de alambres que usan los colmeneros.
carey *m.* Caray, concha. ▮ *Concha* es la materia que se extrae de esta tortuga.
carga *f.* Peso. **2** fig. Tributo*, imposición, impuesto, contribución, gravamen, censo, hipoteca, servidumbre. ▮ *Carga* es el término más general. **3** Obligación, cuidado. **4** MIL. Embestida, ataque, acometida, arremetida.
cargador *m.* Peine (en el fusil). **2** Cartucho.
cargante *adj.* Enojoso, pesado, fastidioso, molesto, irritante, impertinente, inoportuno, insoportable. ≠ Soportable, ligero.
cargar *tr.-prnl.* Estribar, apoyar, descansar, gravitar. **2** Apechugar, apechar, apencar. **3** Acometer, embestir, atacar, arremeter. **4** Achacar, imputar, atribuir. **5** Fastidiar, enojar, molestar, importunar, irritar, aborrascar*. **6** Imponer, gravar, adeudar. ▮ Este último, tratándose de cuentas corrientes.
cargo *m.* Dignidad, empleo, destino, plaza, puesto, oficio. **2** Obligación, cuidado, dirección, custodia. **3** Falta, imputación, reconvención, recriminación, acusación. **4** Adeudo. ▮ P. ej., *adeudo* en cuenta. **5** anglic. Carguero, barco de carga. ► **6 Tener en cargo** *loc.* Deber², tener obligación, estar obligado, estar al descubierto. ≠ Tener derecho.
caricia *f.* Halago, cariño, fiesta*, mimo, carantoña, cucamona, garatusa, arrumaco, zalema, lagotería. ≠ Golpe, desatención. ▮ En estilo fam.: *carantoña, cucamona, garatusa, arrumaco*, suponen cierto melindre y afán de lisonjear; *zalema* es cortesía fingida para conseguir algún fin; *lagotería* y *zanguanga* envuelven la idea de adulación servil.
caridad *f.* Compasión, piedad, misericordia, filantropía. ≠ Tacañería, desamparo, inhumanidad. ▮ La *filantropía* es puramente humana e independiente de la religión. **2** Limosna, socorro.
caries *f.* Picadura. ▮ *Picadura* es principio de *caries* de los dientes. **2** Tizón (en los cereales).
cariño *m.* Afecto*, apego, inclinación, amistad, afección, amor, ternura. ≠ Desamor, malquerencia, enemistad. **2** Halago, caricia*, mimo.
carlanca *f.* Carranca.
carlear *intr.* Jadear, acezar.
carlismo *m.* Tradicionalismo, jaimismo, comunión tradicionalista. ▮ Mientras vivió D. Jaime de Borbón, el *carlismo* se llamó también *jaimismo*.
carlista *adj. com.* Tradicionalista, jaimista, carca, carcunda. ▮ Los dos últimos, despectivos.
carlovingio, -gia *adj.* Carolingio.
carmenador *m.* Escarmenador.
carmenar *tr.* Escarmenar.
carnada *f.* Carnaza. **2** fig. Añagaza.
carnaval *m.* Carnestolendas, antruejo.
carnero *m.* Marón, morueco, murueco. ▮ Estos sinónimos se aplican al *carnero* padre. **2 Carnero marino** Foca, becerro marino, lobo marino, vítulo marino.
carnicería *f.* Tablajería, carnecería. ▮ El uso moderno de *carnecería* no es incorrecto, pero es menos general y autorizado que *carnicería*. **2** fig. Destrozo, mortandad, matanza.
carnicero, -ra *adj.-s.* Carnívoro. **2** fig. Cruel, sanguinario, inhumano. ► **3** *s.* Tablajero, cortador, cortante, tajante.
carnívoro, -ra *adj.-s.* Carnicero.
caro, -ra *adj.* Costoso, dispendioso. ≠ Barato. ▮ *Costoso* es lo que cuesta mucho. *Caro* guarda relación con los precios ordinarios; *dispendioso* es lo que supone un gasto excesivo, esp. para los medios

del comprador. **2** Amado, querido. ≠ Odiado. ▮ *Caro* se usa corrientemente en las expresiones *cara mitad* y *caro amigo*. Fuera de ellas, su empleo es literario.

carolingio, -gia *adj.-s.* Carlovingio.

carpanta *f.* fam. y burl. Hambre, gazuza, apetito*.

carraca *f.* fig. Carcamal, vejestorio. ▮ Aplicado a personas.

carraleja *f.* Aceitera, cubilla, cubillo.

carranca *f.* fig. Carlanca.

carrasquilla *f.* Camedrio.

carrera *f.* Corrida. **2** Curso, recorrido, trayecto, camino, calle*. **3** Profesión. ▮ Se utiliza *profesión* cuando la *carrera* exige estudios especiales. Sin embargo, en la expresión *hacer carrera* no puede sustituirse por *profesión*, sino que la frase significa prosperar en la ocupación o trabajo que uno tiene, aunque no exija estudio alguno. Un dependiente de comercio puede *hacer carrera* en su ocupación mercantil, o un sastre en su oficio, sin que uno ni otro sean hombres de *carrera*.

carrero *m.* Carretero.

carrete *m.* Bobina.

carretero *m.* Carrero. ▸ **2 Jurar como un carretero** *loc.* (intens.) Execrar, condenar, maldecir, imprecar, echar maldiciones.

carricera *f.* Rabo de zorra, vulpino.

carril *m.* Rodada, releje, rodera. **2** Surco. **3** Raíl, riel.

carrilludo, -da *adj.* Mofletudo.

carrizo *m.* Cañavera, cañeta, cisca.

carro *m.* Amér. Automóvil, coche*. **2 Carro mayor** Osa mayor, hélice. **3 Carro menor** Osa menor, cinosura.

carrucha *f.* Garrucha, polea.

carsillo *m.* Tagarnina.

carta *f.* Misiva, epístola. ▮ Ambas son voces escogidas que pertenecen al estilo elevado. *Epístola* se usa esp. cuando es de carácter o asunto literario. **2** MAR. Mapa. **3** Naipe. ▮ «Las *cartas* son los *naipes* considerados respecto a su valor en el juego. Los mejores *naipes* son los más finos; las mejores *cartas* son aquellas que, según las leyes del juego y el estado actual de la partida, son superiores a las demás... Así hablará con tanta impropiedad el que jugando a la treinta y una pida *naipes*, como el que llame fábrica de *cartas* al lugar en que se hacen los *naipes*.» (J).

cartabón *m.* Marco (en zapatería).

cártama *f.* Cártamo, alazor, azafrán bastardo, romí, romín, simiente de papagayos.

cartapacio *m.* Carpeta, portapliegos.

cartel *m.* Pasquín.

cartelado, -da *adj.* BLAS. Billetado.

cartera *f.* Golpe, pata, portezuela. ▮ En las prendas de vestir.

cartílago *m.* Ternilla. ▮ *Ternilla* es la denominación corriente; *cartílago* es un tecnicismo.

cartón *m.* Tetrabrik, brik.

cartuchera *f.* Canana.

carvajal *m.* Robledal.

carvajo *m.* Carvallo, roble.

casa *f.* Habitación*, vivienda, morada (lit.), mansión (lit.), residencia, domicilio. ▮ *Habitación* es término general y abstracto; *vivienda* tiene también carácter general; *casa* es la denominación corriente; *morada* y *mansión* son literarios: el Olimpo, *morada* o *mansión de los dioses*; en el uso corriente añaden idea de distinción o elegancia, p. ej., cuando hablamos de que los invitados fueron recibidos en la *morada* o *mansión* de los marqueses de X. *Domicilio* pertenece al lenguaje administrativo o legal. *Residencia*, en términos administrativos, es la población o lugar en que se vive: tiene su *residencia* en Granada; aplicado a *casa* o *vivienda*, envuelve idea de colectividad: *residencia* de jesuitas, de estudiantes, o bien sugiere distinción, señorío: aquel palacio es la *residencia* del duque de N. **2** Hogar, lar. ▮ *Casa*, cuando no se refiere solo al edificio, lleva asociados los afectos familiares que denotan *hogar* y *lar*. **3** Familia, linaje. **4** Escaque, casilla. ▸ **5 Hacer temblar la casa** *loc.* Armar la de Dios es Cristo, alborotar, gritar, vocear, perturbar, meter voces, escandalizar. **6 Tener casa abierta** Aposentar, hospedar, alojar, albergar, tomar casa, sentar el real.

casabe *m.* Cazabe.

casamiento *m.* Matrimonio*, unión, boda, enlace, nupcias, connubio, casorio. ▮ Tratándose de la ceremonia nupcial, *boda*, *enlace*, *nupcias*, *connubio*; en el habla popular, *casorio*.

casar[1] *m.* Caserío.
casar[2] *tr.* Abolir*, anular, abrogar, derogar.
casar[3] *tr.* fig. Unir, juntar, ajustar, encajar.
casca *f.* Hollejo. **2** Corteza, curtido, taño. **3** Cáscara.
cascada *f.* Salto de agua, catarata. ▌Ordinariamente, *salto de agua*, esp. refiriéndose a su aprovechamiento industrial. Si es de gran altura y caudal, *catarata*.
cascado, -da *adj.* Decrépito, gastado, achacoso.
cascajal, cascajar *m.* Llera (Ast.), lera (Sant.).
cascanueces *m.* Rompenueces.
cascar *tr.* Rajar, hender, romper, quebrantar. **2** Golpear, pegar, zurrar.
cáscara *f.* Casca, corteza, piel, monda. ▌Aunque en rigor *cáscara* es la cubierta rígida que se separa cascando (nuez, avellana, huevo) y *piel* o *monda* la flexible que se separa mondando (patata, manzana), es frecuente llamar *cáscara* a la *corteza* de algunos frutos que se pueden mondar o pelar con los dedos, como la naranja, el plátano, el limón. Tratándose de huevos, se emplean únicamente *cáscara* y *cascarón*.
casco *m.* Copa (en el sombrero). **2** Suelo, pezuña, pesuña, vaso. ▌En las caballerías. ► **3 Ligero de cascos** *loc. adj.* Irreflexivo, precipitado, imprudente, aturdido, atropellado, ligero. ≠ Prudente. ► **4 Romperse los cascos** *loc.* Reflexionar, pensar, considerar, meditar, devanarse los sesos. ≠ Despreocuparse.
caseoso, -sa *adj.* Cáseo, quesero. ▌*Caseoso* es tecnicismo, lo mismo que *cáseo*; en el habla usual, *quesero*.
caserío *m.* Casar.
casero, -ra *adj.* Doméstico, familiar. **2** Propietario, dueño, arrendador*. ▌En las fincas urbanas. **3** Colono, arrendatario. ▌En las fincas rústicas.
casilla *f.* Escaque, casa. **2** Compartimiento. ▌En el casillero y en algunas cajas, estanterías, etc. **3** Amér. Apartado de correos. **4** Garita, caseta, vestuario. ▌En las playas o recintos deportivos.
casillero *m.* Clasificador, fichero. **2** DEP. Marcador.
casino *m.* Círculo, sociedad*, club.
caso *m.* Suceso, acontecimiento, lance, ocasión, coyuntura, ocurrencia, acontecimiento*. ► **2 Hacer al caso** *loc.* Ser importante, ser conveniente, merecer la pena, ser interesante, valer la pena.
casquero *m.* Tripicallero.
casquilla *f.* Enjambradera.
casta *f.* Raza, generación, linaje, progenie, estirpe, prosapia, ralea (desp.). ▌*Raza* y *casta* pueden aplicarse a hombres o animales, lo mismo que *generación*. En cambio *linaje*, *progenie* y *estirpe* se usan solo tratándose de hombres. *Estirpe* y *prosapia* sugieren cierta nobleza, y se refieren más bien al tronco principal y originario de una familia.
castañal, castañar *m.* Castañeda.
castañuela *f.* Crótalo, palillos, castañeta (antic.).
castellar *m.* Todabuena.
casticismo *m.* Pureza, purismo. ▌Tratándose del lenguaje.
casticista *com.* Purista. ▌Tratándose del idioma.
castidad *f.* Pureza, honestidad, continencia. ≠ Impureza, lujuria. ▌La *continencia* es la abstención de los placeres de la carne; la *castidad* es una virtud superior que implica *continencia*, pero abarca además los pensamientos, palabras, gestos, lecturas, etc.
castigar *tr.* Penar, sancionar. ≠ Perdonar. **2** Mortificar, afligir. ≠ Consolar. **3** Corregir, enmendar. ▌Tratándose de escritos. **4** Disminuir, aminorar. ▌Tratándose de gastos.
castigo *m.* Punición, sanción, corrección, correctivo, pena, condena. ▌*Punición* es latinismo que solo se emplea en su sentido más general y abstracto. *Sanción* es pena que la ley impone. *Corrección* y *correctivo* son *castigos* de menor importancia o gravedad que aquellos en que se impone *pena*, *sanción* o *condena*. ▌«*Castigo* es el acto de imponer la *pena*; es el género, y *pena* es la especie. El *castigo* que se impone es la *pena*. El *castigo* que la ley impone al asesinato es la *pena* de muerte.» (M). **2** fig. Mortificación, aflicción, pesadumbre. **3 Máximo castigo** DEP. Penalty (anglic.).
castizo, -za *adj.* Correcto, puro. ≠ Derivado, atípico, impuro. ▌Tratándose del lenguaje.

casto, -ta *adj.* Continente, honesto, puro.
castrar *tr.* Capar. **2** Catar, cortar. ▌ Hablando de colmenas.
casual *adj.* Fortuito, contingente, impensado, eventual. ≠ Previsto, pensado, esencial.
casualidad *f.* Azar, acaso (lit.), caso fortuito, albur, contingencia, eventualidad, accidente, chamba, chiripa. ≠ Previsión, seguridad. ▌ En *contingencia, eventualidad, accidente,* puede averiguarse la causa; es posible contar de antemano con posibles *contingencias, eventualidades* y *accidentes*; pero el *azar*, la *casualidad* y el *acaso* son imprevisibles por completo. *Chamba, chiripa* y *suerte* son *casualidades* favorables, sobre todo en el juego. La palabra *acaso* pertenece al habla culta y literaria, y su significado es gralte. más abstracto que el de *casualidad*. ► **2 Por casualidad** *loc. adv.* Acaso. ▌ *Por casualidad* equivale a *por acaso*, siempre con matiz más culto en la segunda.
cata *f.* Prueba, probatura, gustación.
catabre *m.* Colomb. Catabro, cataure (Amér.).
cataclismo *m.* Catástrofe, desastre. ▌ *Cataclismo* en un suceso de mayor magnitud y alcance que *catástrofe* y *desastre*. Hablamos de una *catástrofe* ferroviaria, o del *desastre* causado por el pedrisco en una comarca; pero la guerra atómica sería un *cataclismo* mundial, y una serie de terremotos violentos es un *cataclismo* en la configuración física y geológica de un país.
catador, -ra *s.* Perito, experto, apreciador. **2** Catavinos, enólogo*. ▌ *Catavinos* y *enólogo* se usan tratándose de vinos.
catadura *f.* Aspecto, gesto, semblante, traza, pinta, facha. ▌ *Catadura* envuelve un matiz despectivo que la aproxima a *traza, pinta, facha*.
catalineta *f.* Cuba. Catalufa, cataluja.
cataplasma *f.* FARM. Embroca, embrocación.
catapulta *f.* Trabuquete.
catar *tr.* Probar, gustar.
catarata *f.* Cascada*, salto de agua.
catarro *m.* Constipado, resfriado.
catástrofe *f.* Cataclismo, desastre.
cataure *m.* Cuba y Venez. Catabre, catabro, catauro.
catavinos *com.* Catador, enólogo*.
catecú *m.* Cato, cachú, cachunde.
catedral *f.* Seo (Argent.).
categoría *f.* Clase*, condición, esfera, jerarquía, grupo, género, especie, división.
categórico, -ca *adj.* Absoluto, terminante, imperioso, decisivo, concluyente. ≠ Apelable, indeterminado, relativo.
catequizar *tr.* fig. Persuadir, convencer, atraer, conquistar.
caterético, -ca *adj.* MED. Escarótico.
caterva *f.* desp. Multitud, muchedumbre, sinnúmero.
catinga *f.* Amér. Merid. Hedor, hediondez, fetidez.
cato *m.* Cachú, cachunde, catecú.
católico, -ca *adj.* Universal*. ▌ En su sentido etimológico.
cauce *m.* Cuérrago, cuérnago, álveo, lecho, madre.
caucel *m.* C. Rica, Hond. y Nicar. Causuelo.
caucho *m.* Goma elástica, hule.
caución *f.* Garantía*, seguridad, fianza, cautela*, caución*.
caudal *m.* Capital, bienes, dinero, hacienda. **2** fig. Abundancia, cantidad. ≠ Escasez, penuria.
caudatrémula *f.* Aguzanieves.
causa *f.* Motivo, móvil, origen, razón, principio*, fundamento. ▌ «La voz *causa*, tomada en el sentido moral como sinónima de la voz *motivo*, explica la razón que tenemos para hacer, decir o pensar alguna cosa, con esta diferencia: que la *causa* explica una razón forzosa que obliga a la acción o al juicio; y *motivo*, una razón voluntaria que mueve, induce, inclina. Se rompió una pierna, y esta es la *causa* de su cojera. Ha heredado un mayorazgo, y este es el *motivo* de haber dejado el servicio.» (LH). **2** Pleito, litigio, juicio. **3** Proceso. ► **4 A causa de** *loc. conj.* Por, por efecto de, a consecuencia de, por razón de.
causar *tr.* Producir, originar. **2** Motivar, traer, acarrear, ocasionar, provocar, determinar, tener consecuencias, tener la culpa de, traer consecuencias, atraer*.
cáustico, -ca *adj.* fig. Mordaz, agresivo, punzante, irónico, incisivo.

cautela *f.* Precaución, prevención, reserva*, circunspección, desconfianza. ▮ «La *precaución* es hija de la prudencia, y la *cautela* lo es de la astucia. Aquélla sólo quiere preservarse del mal; ésta aspira por lo común a hacerlo. La otra emprende, si puede, el ataque... En la *precaución* entra la reserva; en la *cautela* el disimulo.» (M). **2** Astucia, maña, engaño. ≠ Ingenuidad, inhabilidad, sinceridad.

cautivar *tr.* Apresar, aprisionar, prender, capturar. ≠ Libertar. **2** fig. Atraer*, seducir. ≠ Desencantar, aburrir.

cautiverio *m.* Cautividad, esclavitud. ▮ El *cautiverio* puede aludir al acto de ser hecho cautivo o bien al estado de la persona cautiva; en este último caso coincide con *cautividad*, si bien ésta sugiere, en general, un estado más prolongado; *cautividad* hace pensar en la duración del cautiverio; por esto decimos: la *cautividad de Babilonia*, y no el *cautiverio*. Tanto *cautiverio* como *cautividad* indican la falta de libertad de la persona que está en poder de un enemigo; la *esclavitud* significa convertirse en propiedad o hacienda del amo. Todo *esclavo* es un *cautivo*, pero no viceversa.

cautivo, -va *adj.-s.* Prisionero, preso, penado*. ▮ «*Prisionero* se aplica exclusivamente al militar cogido en acción de guerra, y *preso* a cualquier persona a quien se priva de su libertad, ya sea por sentencia de juez, ya por imposición de un superior, ya, en fin, por arbitrariedad del que ejerce la fuerza. La voz *cautivo*... supone inocencia, excita sentimientos de confraternidad, de compasión y de ternura...» (C).

cauto, -ta *adj.* Precavido, previsor, prudente, circunspecto, sagaz, astuto. ≠ Imprudente, sincero, ingenuo.

caverna *f.* Antro, cueva*, cripta. ▮ El *antro* y la *caverna* son cavidades naturales muy profundas. La *cueva* y la *cripta* pueden ser naturales o artificiales, y pueden ser profundas o de escasa profundidad.

cavernícola *adj.* Troglodita.

cavernoso, -sa *adj.* fig. Bronco, ronco, sordo. ▮ Tratándose de sonidos o ruidos.

cavia *m.* Conejillos de Indias, cobayo.

cavidad *f.* Concavidad, hueco, seno, vacío. **2** ANAT. Antro, ventrículo, cámara.

cavilar *intr.-tr.* Pensar*, preocuparse, rumiar.

caviloso, -sa *adj.* Pensativo, preocupado, cogitabundo, aprensivo. ≠ Despreocupado, irreflexivo.

cayado *m.* Cachava. **2** Báculo*, palo*.

cayote *m.* Chayote.

caza *f.* Venación (tecnicismo).

cazar *tr.* fig. Atrapar, pillar, pescar, sorprender.

cazatorpedero *m.* Contratorpedero.

cazcarria *f.* Cascarria, zarpa, zarria, zarrapastra.

cazón *m.* Nioto, perro marino, tollo.

cebar *tr.* Sobrealimentar, engordar. **2** fig. Fomentar. **3** Atraer. ► **4** *prnl.* Encarnizarse, ensañarse. ≠ Adelgazar.

cebo *m.* fig. Atractivo, incentivo, aliciente.

ceburro *adj.* Candeal.

cecear *intr.* Zacear.

ceceoso, -sa *adj.* Zopas, zopitas, ceceante. ▮ Aplicado a personas, burl., *zopas, zopitas*. Aplicado a la pronunciación, *ceceante*.

cecial *m.* Pescada.

cecina *f.* Chacina.

cedazo *m.* Tamiz. ▮ *Tamiz* es el *cedazo* muy tupido.

ceder *intr.* Someterse, doblegarse, transigir. ≠ Insistir. **2** Replegarse, cejar, aflojar, flaquear. ≠ Insistir. **3** Disminuir, aminorarse, menguar, mitigarse, cesar*. ► **4** *tr.* Dar, transferir, traspasar, abandonar*, obedecer*. ≠ Tomar, quitar.

cedria *f.* Cidria.

cédula *f.* Papeleta, ficha.

cefalitis *f.* Encefalitis.

céfalo *m.* Róbalo, lobina, lubina.

céfiro *m.* Poniente (viento). **2** poét. Favonio, brisa, aura, vientecillo.

cefo *m.* Cebo, cepo.

cegar *tr.-prnl.* fig. Cerrar, tapar, obstruir. **2** Ofuscar, obcecar. **3** Encandilar, deslumbrar, alucinar.

ceguedad *f.* Ceguera, invidencia, ablepsia. ≠ Vista. **2** fig. Obcecación*, ofuscación, ofuscamiento, alucinación. ≠ Acierto, claridad.

cejar *intr.* Retroceder, recular. **2** fig. Aflojar, ceder, flaquear, cesar*. ≠ Insistir, machacar.

cejijunto, -ta *adj.* Cejunto. **2** fig. Ceñudo.

cejuela *f.* MUS. Ceja, cejilla.

celada *f.* Garlito, trampa, cepo, añagaza. **2** Encerrona, emboscada, asechanza, trampa.

celar [1] *tr.* Vigilar, cuidar, velar.

celar [2] *tr.* Encubrir, ocultar*, disimular. ≠ Descubrir. ▮ *Celar* es palaba docta, usada solo en estilo elevado.

celdilla *f.* Casilla, alvéolo, vasillo. ▮ Tratándose de panales. ▸ **2** *adj.* Hornacina. ▸ **3** *f.* Camérula, célula.

celebrar *tr.* Festejar, solemnizar, conmemorar. ▮ Si se trata de una fiesta en recuerdo de una persona o acontecimiento pasados, *conmemorar.* **2** Decir misa. **3** Alabar, loar, elogiar, encarecer, encomiar, ensalzar, aplaudir, echar las campanas a vuelo.

célebre *adj.* Renombrado, famoso*, insigne, reputado, ilustre, glorioso, sonado, egregio*. ▮ Este último, tratándose de cosas o hechos.

celebridad *f.* Nombre, nombradía, notoriedad, reputación, fama, aceptación, boga, renombre, gloria, aureola, auréola. ≠ Anónimo.

celeridad *f.* Prontitud, rapidez, velocidad, presteza, diligencia, actividad. ≠ Lentitud, inactividad. ▮ *Diligencia* y *actividad* se refieren al obrar, mientras que los demás son de aplicación general. Los astros se mueven con *celeridad, rapidez, velocidad,* pero no con *diligencia* o *actividad,* que se aplican solo a los actos humanos. ▮ «La *celeridad* se refiere al modo; la *prontitud* se refiere al tiempo. En aquélla se supone un movimiento ligero y continuado; en ésta se supone un acto, se prescinde de la continuación del movimiento: Oyó un ruido, se levantó con *prontitud* de la cama, y se vistió con una *celeridad* increíble. El correo viene con *prontitud,* esto es, tarda poco; viene con *celeridad,* esto es, corre mucho.» (LH).

celeste *adj.* Celestial, paradisíaco, empíreo. ▮ «*Celeste, celestial.* Lo que pertenece al cielo, es la idea común a estos adjetivos; pero el primero abraza toda la idea, el segundo la modifica. *Celeste* se refiere al cielo; *celestial* se refiere a la divinidad (...) Llamamos [azul] *celeste* al color que nos parece que vemos en el cielo y no le damos el nombre de *celestial,* como a ninguna otra cosa que pertenece a aquella determinada idea. Y así no se podría decir, sin una absoluta impropiedad, los astros o cuerpos *celestiales,* la esfera *celestial,* azul *celestial.*» (LH). ▮ *Celestial* equivale, pues, a *paradisíaco, empíreo,* según el deslinde que acabamos de insertar. Sin embargo, cabe a veces el empleo de *celestial* sin referencia a la divinidad; p. ej., hablando de la armonía pitagórica en el movimiento de los astros, decimos armonía o música *celestial,* con más frecuencia que *celeste.* **2** Etéreo, puro, elevado, sublime.

celestial *adj.* Celeste, paradisíaco, empíreo. **2** fig. Encantador, divino, perfecto, delicioso.

celestina *f.* Alcahueta, encubridora.

celibato *m.* Soltería.

célibe *adj. com.* Soltero.

celidonia *f.* Golondrinera, hierba de las golondrinas, hirundinaria. **2 Celidonia menor** Cabeza de perro.

celinda *f.* Jeringuilla (planta).

celo *m.* Cuidado, esmero, diligencia, ardor, entusiasmo, devoción. ≠ Indiferencia, frialdad, inactividad. ▮ *Celo* intensifica las ideas expresadas por sus sinónimos y connota además asiduidad o continuidad. El *ardor,* el *entusiasmo* y la *devoción* pueden ser pasajeros; el *celo* es continuado y se manifiesta en la reiteración de actos. → **celos**

celos *m. pl.* vulg. o fam. Achares, pelusa. ▮ *Pelusa* son los *celos* o envidia de los niños. → **celo**

celular *m.* Amér. Teléfono móvil, móvil.

cementerio *m.* Camposanto, necrópolis, fosal, rauda. ▮ *Camposanto* es nombre popular, predominante en Andalucía y otras regiones; *necrópolis,* en estilo elevado, o entre los arqueólogos: *necrópolis fenicia; cementerio* es de uso gral.; *fosal,* entre campesinos; *rauda,* cementerio árabe.

cena *f.* Comida (And.,Canarias y Amér.). ▮ El uso de *cena* en la acepción de *comida* también está generalizado en los hoteles de cierta importancia. → **almuerzo**

cenador, -ra *adj.-s.* Glorieta, lonjeta.

cenagal *m.* Barrizal, fangal, lodazal.

cenceño, -ña *adj.* Enjuto, delgado*, flaco. ▮ *Enjuto* y *cenceño* son cualidades constitutivas y naturales de la persona. *Delgado* y *flaco* pueden ser estados transitorios.

cencerro *m.* Campano, esquila, zumba. ▮ *Campano* y *esquila,* esp. cuando es de forma acampanada; *zumba* es un cencerro grande.

cenia *f.* Azuda, noria.

ceniciento, -ta *adj.* Cenizo, cenizoso, cinericio (lit.), cinéreo (lit.).

cenizo *m.* Berza de pastor, ceñiglo. **2** Oídio. **3** Aguafiestas. ▮ *Aguafiestas* es la persona que tiene mala sombra o que la trae a los demás.

cenobio *m.* Monasterio*, convento, abadía*.

censo *m.* DER. Gravamen, carga, tributo.

censura *f.* Desaprobación, reprobación, impugnación, vituperio. ≠ Aprobación, elogio. **2** Murmuración, detracción. **3** Crítica, juicio, examen.

centauro *m.* Hipocentauro.

centella *f.* Exhalación, rayo, chispa*.

centellear *intr.* Chispear, relumbrar, destellar, brillar, relucir, resplandecer, fulgurar, cabrillear, titilar, rielar. ≠ Apagarse. ▮ Los tres primeros sinónimos y *centellear* suponen rayos de luz trémulos, o de intensidad y coloración variables. *Brillar, resplandecer* y *relucir* pueden ser fijos y sin variaciones ni interrupciones.

centena *f.* Centenar, un ciento.

centenario, -ria *adj.-s.* (pers.) Quintañón.

centinodia *f.* Correhuela, sanguinaria mayor, saucillo.

centralismo *m.* Unitarismo.

centralizar *tr.* Concentrar, reconcentrar, reunir. ▮ Se *centraliza* el poder, la autoridad, los negocios, la correspondencia, etc., para darles unidad. Se *concentra* o *reúne* en un lugar a los afiliados a su partido; se *concentra* la atención, el pensamiento, los afectos, las disoluciones químicas. El fin de *centralizar* es dar unidad; el fin de *concentrar* es dar fuerza. *Reconcentrar* intensifica el sentido de *concentrar*.

centuria *f.* Siglo.

ceñir *tr.* Rodear, cercar, ajustar, apretar, oprimir. ► **2** *tr.-prnl.* Restringir, acortar, reducir, limitar*, circunscribir, cercenar, coartar. ≠ Derrochar, abusar, ampliar. ► **3** *prnl.* Moderarse, reducirse, limitarse, atemperarse, amoldarse, circunscribirse. ► **4** *intr.* MAR. Barloventear.

ceño *m.* Capote (fam.), sobrecejo, sobreceño. **2** fig. Aspereza, rigor, rigidez, dureza, rudeza, desabrimiento. ≠ Suavidad, blandura.

ceñudo, -da *adj.* Capotudo (fam.), cejijunto. **2** Serio, severo, adusto, hosco.

cepa *f.* fig. Tronco, raíz, origen, raza, linaje. **2** Ajonjera, angélica carlina, cardo ajonjero, caballo, ajonjero.

cepillo *m.* Escobilla (Amér.). **2** Cepo. ▮ *Cepo,* en el sentido de arquilla con una ranura.

cerámica *f.* Alfarería, tejería, tejar. ▮ La *alfarería* solo emplea el barro para fabricar vasijas, pero no otros materiales. La *tejería* o *tejar* fábrica tejas, ladrillos y adobes. Una y otra son parte de la cerámica, en la cual entran también los objetos de loza y porcelana.

cerasta, cerastas *f.* Hemorroo, ceraste, cerastes.

cerbatana *f.* Bodoquera.

cerca *f.* Cercado, valla, vallado, tapia, estacada, empalizada, seto. ▮ *Cerca* y *cercado* son denominaciones generales de lo que rodea algún terreno o heredad. Según los materiales recibe distintos nombres (como *valla,* etc.)

cercanías *f. pl.* Proximidades, inmediaciones, alrededores, contorno.

cercano, -na *adj.* Próximo, vecino, inmediato*, contiguo, circunvecino*.

cercar *tr.* Rodear, circuir, circundar, ceñir, vallar, murar, tapiar. ≠ Abrir. ▮ Los tres últimos, tratándose de terrenos o heredades. **2** Asediar, sitiar.

cercenar *tr.* Cortar, acortar, chapodar, disminuir, limitar*, restringir, coartar, reducir. ▮ Los tres primeros, si se trata de cosas materiales.

cerceta *f.* (ave) Zarceta.

cerchar *tr.* Acodar.

cerciorar *tr.-prnl.* Asegurar, afirmar, certificar, comprobar. ≠ Ignorar, dudar.

cerco *m.* Aro, cello. **2** Marco. **3** Sitio, asedio. **4** Halo.

cerda *f.* Ceda (p. us.), seda. ▮ *Seda* en algunos animales, esp. el jabalí. **2** Crin.

cerdo *m.* Coche, cocho, cochino, cuino, gocho (Ast.), gorrino, guarro, marrano, puerco, tocino (Argent.), chancho (Amér.). **2 Cerdo marino** Marsopa.

cerebro *m.* Seso.
ceremonia *f.* Aparato, solemnidad, pompa. ≠ Sencillez, naturalidad. **2** Rito. **3** Cumplimiento*. ▸ **4 Sin ceremonia** *loc. adv.* Llanamente, caseramente.
ceriflor *f.* Becoquino.
cernícalo *m.* Mochete. **2** fig. Rudo, ignorante, tonto, zopenco, zoquete, bruto.
cerote *m.* Cerapez. **2** fig. Miedo.
cerrado, -da *adj.* fig. Incomprensible, oscuro, oculto, hermético. ≠ Abierto. **2** Nublado, encapotado, cubierto. ≠ Despejado. **3** Callado, disimulado, silencioso. ≠ Comunicativo. **4** Torpe, tardo, obtuso, negado. ≠ Abierto, despejado, comunicativo. **5** Espeso, apretado, aglomerado, macizo, tupido.
cerradura *f.* Cerrojo, cierre, chapa (Amér.).
cerramiento *m.* Cerradura, cierre, taponamiento, tapón, obstrucción, cegamiento. ▌Los cuatro últimos, tratándose de aberturas o tubos.
cerrar *tr.-prnl.* Tapar, cegar. ≠ Abrir, despejar. **2** Cicatrizar. **3** Clausurar, sellar, precintar. ▸ **4** *intr.* Embestir, atacar, acometer*, arremeter*. ▌P. ej., *Los franceses cerraron antes de tiempo*; *Cerrar con el enemigo*.
cerril *adj.* Bozal, cerrero, montaraz, bravío*, indómito, bagual, salvaje*. ▌Tratándose de animales. **2** fig. Huraño, grosero, tosco, rústico. ▌Aplicado a personas.
cerro *m.* Colina, alcor, collado*.
cerrojo *m.* Cerradura, cierre.
certamen *m.* Concurso. ▌*Certamen* equivale a *concurso* cuando este tiene por objeto estimular con premios el cultivo de las artes, las ciencias o las letras. Pero *concurso* tiene una significación más general que no podría expresarse con la voz *certamen*; p. ej.: *concurso* para adjudicar unas obras o para cubrir un cargo vacante.
certeza *f.* Certidumbre, evidencia, convicción, convencimiento, seguridad, certinidad. ≠ Duda, interrogación, mentira. ▌*Certinidad* es voz docta, de empleo limitado.
certificar *tr.* Afirmar, asegurar, cerciorar, aseverar, confirmar. **2** Afianzar, avalar, garantizar, responder, poner las manos en el fuego.
cerusa *f.* Albayalde, carbonato de plomo, blanco de plomo, cerusita.
cerval *adj.* Cervuno, cervario (lit.), cervino.
cerveza *f.* Birra (col.).
cerviguillo *m.* Pestorejo, cervigón.
cerviz *f.* Cogote, pescuezo.
cesar *intr.* Acabar, terminar, suspender, interrumpir, cejar, ceder. ≠ Iniciar. ▌*Cejar* equivale a *cesar* o *ceder* en un esfuerzo o empeño, por falta de fuerzas o de voluntad para continuarlos. **2** Quedar cesante (en un empleo o cargo).
cesarismo *m.* Autocracia, autarquía, dictadura*, despotismo, tiranía. ▌*Despotismo* y *tiranía* acentúan el carácter abusivo e ilimitado con que se ejerce la autoridad.
cesión *f.* Renuncia, entrega, donación, abandono, traspaso, abdicación*.
césped *m.* Gallón, tepe. **2 Césped inglés** Ballico.
cespitar *intr.* p. us. Vacilar*, titubear.
ceugma *f.* Zeugma.
chabacano, -na *adj.* Grosero, de mal gusto, ordinario, vulgar. ≠ Fino, delicado, culto.
chácara *f.* Amér. Merid. Chacra.
chacha *f.* Tata, niñera. ▌*Chacha* y *tata* pertenecen al habla infantil para designar a la *niñera*.
cháchara *f.* Charla, palique, parloteo, garla, conversación*. → **conversación**
chacharero, -ra *adj.-s.* fam. Charlatán, garlador.
chacina *f.* Cecina.
chacolotear *intr.* Chapalear, chapear.
chacota *f.* Broma, zumba, chanza, burla. ▌*Chacota* connota además las ideas de bullicio, alegría ruidosa, manifestación externa de la *burla*.
chacra *f.* Amér. Alquería, granja, chácara, chagra. ▌El penúltimo se dice en Amér. Merid., mientras que el último se dice en Colomb. y Ecuad.
chafaldita *f.* Cuchufleta, pulla, burla.
chafallón, -ona *adj.-s.* fam. Chapucero, desmañado, charanguero.
chafar *tr.-prnl.* Aplastar, estrujar. ≠ Estirar. **2** Ajar, arrugar, deslucir. ≠ Planchar. **3** fig. Apabullar, arrugar, confundir, avergonzar.
chafarote *m.* desp. o burl. Sable, espada, espadón.
chagual *m.* Argent., Chile y Perú. Cháguar, caraguatá, cháhuar.
chaira *f.* Tranchete, trinchete, cheira. **2** Afilón, eslabón.

chalado, -da *adj.* fam. Alelado, lelo, chiflado (fam.), guillado (fam.), tocado, maniático, loco, monomaníaco, maníaco. **2** Enamorado.

chalán, -ana *adj.-s.* Tratante, traficante. ▮ Este último añade la idea de astucia y maña en sus tratos. *Chalán* se aplica especialmente al *tratante* en ganados.

chalote *m.* Ajo chalote, escalona, escaloña, ascalonia, cebolla escalonia.

chamba *f.* Chiripa, suerte, casualidad*, azar. ≠ Seguridad, certeza. **2** Amér. Trabajo (eventual).

chamiza *f.* Chamarasca, chámara.

chamizo *m.* Tugurio, cuchitril, chiribitil.

chamuscar *tr.* Socarrar.

chamusco *m.* Chamusquina, socarrina.

chancear *intr.-prnl.* Bromear, embromar, burlar, changuear. ▮ Este último se usa en Colomb., Cuba y P. Rico.

chancero, -ra *adj.* Bromista, burlón, guasón, burlesco, festivo, jocoso, chistoso*, zumbón, bufón. ≠ Serio, grave.

chanchullo *m.* Manejo, trampa, enjuague, combinación, combina, pastel. ▮ *Combina* es término familiar equivalente a *combinación*.

chanflón, -ona *adj.* Tosco, grosero, mal formado, deforme.

chano, chano *adv. m.* Paso a paso, poco a poco, pian piano.

chantre *m.* Capiscol, primicerio (en algunas iglesias).

chanza *f.* Broma, burla*, chirigota, chanzoneta, guasa.

chapalear *intr.* Chapotear. **2** Chacolotear.

chaparro *m.* Mata parda. **2** Méx. Muchacho, niño.

chaparrón *m.* Chaparrada, chubasco, lluvia*. ▮ De menor a mayor intensidad, *chaparrada, chaparrón, chubasco*. Los tres coinciden en ser de corta duración.

chapear *tr.* Chapar, enchapar.

chapeta *f.* Chapa, roseta.

chapotear *intr.* Chapalear, guachapear.

chapucear *tr.* Chafallar, frangollar. ▮ Este último añade idea de apresuramiento en la labor desmañada.

chapucero, -ra *adj.* Desmañado, charanguero, chafallón, frangollón.

chapurrear *intr.-tr.* Chapurrar, champurrear.

chapuzar *tr.* Capuzar, zampuzar, zapuzar.

chaqueta *f.* Americana, saco (Amér.).

charadrio *m.* Alcaraván, árdea.

charca *f.* Poza, pozanca, charco, lagunajo, tollo (Argent.). ▮ La que queda en la orilla de un río después de una avenida, *pozanca*. *Charco, lagunajo* y *tollo* referidos a *charca* pequeña en el pavimento.

charla *f.* Cháchara, palique, parloteo, garla, conversación*, tertulia. ≠ Silencio. → **conversación** **2** (ave) Cagaaceite, cagarrache.

charlar *intr.* Garlar, chacharear, parlotear, meter baza, hablar a destajo, hablar por los codos, hablar a chorros, gastar saliva en balde, parlar, pablar (burl.), paular (burl.), soltar la sin hueso, conversar*. ≠ Callar.

charlatán, -ana *adj.-s.* Churrullero, hablador*, parlanchín, sacamuelas, cotorra, bocón. **2** Embatido, embaucador, engañador, farsante, impostor, embustero, fanfarrón.

charlatanería *f.* Locuacidad, palabrería, garrullería, charlatanismo. ▮ *Garrullería* si la *charlatanería* es vulgar o pedestre; *charlatanismo* si es además engañosa.

charneca *f.* Lentisco, almácigo, mata.

charnela *f.* Bisagra. **2** Gozne.

charqui *m.* Amér. Merid. Charque.

charrán, -ana *adj.-s.* Pillo, tunante, granuja, malvado. ▮ *Charrán* es intensivo, y connota suciedad en sus actos y procedimientos.

chasco *m.* Burla, broma, engaño. **2** Decepción, fiasco, desencanto, desilusión, desengaño.

chasquear [1] *tr.* Burlar, engañar, embromar. **2** Frustrar, decepcionar, desilusionar.

chasquear [2] *tr.* Restallar. ▸ **2** *intr.* Crujir.

chasquido *m.* Estallido, crujido, restallido, traquido. ▮ Este último tratándose de la madera.

chat *m.* (anglic.; en Internet) Charla, conversación.

chato, -ta *adj.* Romo. ≠ Agudo, narigón, puntiagudo.

chaval, -la *s.* fam. Muchacho, joven, mozo.

chavea *m.* fam. And. Rapaz, rapazuelo, muchacho, niño, chico, párvulo, rorro, bebé.

cheche *m.* Cuba y P. Rico. Jaque, valentón, perdonavidas, chulo, fanfarrón.

cheira *f.* Chaira, tranchete, trinchete.

chepa *f.* Corcova, joroba, giba.

cheposo, -sa *adj.* Corcovado, jorobado, giboso.

cherna *f.* Mero.

chicharra *f.* Cigarra.

chicharro *m.* Chicharrón. **2** Jurel.

chicharrón *m.* Chicharro, gorrón.

chichear *intr.-tr.* Sisear.

chichón *m.* Porcino, tolondro, tolondrón, turumbón.

chico, -ca *adj.* Pequeño, bajo, joven, reducido, insuficiente, corto. ≠ Grande, enorme. ▌El segundo y el tercer sinónimos, tratándose de personas. El cuarto y el quinto, tratándose de espacios o cantidades; y *corto* cuando se trata de longitudes. ► **2** *adj.-s.* Niño, muchacho, párvulo.

chicoleo *m.* Donaire, galantería, flor, piropo, requiebro.

chicoria *f.* Achicoria.

chiflado, -da *adj.* fam. Maniático, guillado (fam.), tocado, desequilibrado, lelo, loco, monomaníaco, maníaco, chalado (fam.). **2** Enamorado.

chifladura *f.* Manía, guilladura, idea fija. **2** Capricho, fantasía, tema. **3** Enamoramiento.

chillar *intr.* Chirriar, rechinar. ▌*Chillar* es propio de personas y de ciertos animales. *Chirriar* y *rechinar* se dicen de cosas que luden o rozan. Por ejemplo, un niño asustado y un ratón *chillan*; la carreta *chirría*; una máquina mal engrasada *rechina*. **2** Gritar, desgañitarse, vociferar, vocear. ≠ Callar, hablar bajo, susurrar. ▌Estos sinónimos se aplican a personas, mientras que *chillar* es propio tanto de personas como de ciertos animales.

chillería *f.* Vocerío, vocinglería, gritería. **2** Bronca, regaño, regañina, represión. ▌Todos ellos son sinónimos de *chillería* cuando se hacen a gritos.

china *f.* Lampatán (raíz medicinal). **2** Porcelana. **3** Cuba y P. Rico. Naranja.

chinchorrería *f.* Impertinencia, pesadez, molestia. **2** Chisme, cuento, patraña.

chinchorrero, -ra *adj.* fig. y fam. (pers.) Impertinente, cargante, chinchoso (fig. y fam.), chinche (fig. y fam.), fastidioso, molesto, pesado, descontetadizo, difícil, desabrido, áspero.

chipriota, chipriote *adj. com.* (pers.) Ciprino, ciprio. ▌Ambos se emplean solo tratando de la antigüedad.

chiquilicuatro *m.* fam. Zascandil, mequetrefe, danzante, chisgarabís.

chiquillada *f.* Niñería, niñada, diablura, muchachada.

chiquillo, -lla *s.* Niño, criatura, crío, muchacho, rorro, bebé, arrapiezo, rapazuelo, chaval, mocoso. ▌Los dos últimos, si es muy pequeño.

chiribita *f.* Chispa. **2** Margarita (flor).

chiribitil *m.* Tabuco, tugurio, cuchitril, zaquizamí.

chirigota *f.* Cuchufleta, chiste*, chanza, broma.

chirimbolo *m.* desp. Cachivache, baratija, chisme, trasto, utensilio.

chiripa *f.* Chamba, suerte, azar, casualidad. ≠ Seguridad, previsión. ▌Los tres primeros son *azares* o *casualidades** favorables, esp. en el juego.

chiripero *m.* Chambón.

chirlata *f.* Timba, garito*, casa de juego. ▌*Chirlata* es de menor categoría.

chirle *adj.* fam. Insípido, insubstancial, insulso, soso. ► **2** *m.* Sirle, sirria.

chirlo *m.* Herida, corte, cuchillada, tajo. **2** Cicatriz, costurón.

chirona *f.* fam. Cárcel, prisión.

chirriar *intr.* Rechinar, gruñir, chillar.

chirumen *m.* fam. Cacumen, caletre, magín.

chisgarabís *m.* fam. Zascandil, mequetrefe, chiquilicuatro, danzante.

chisme *m.* Cuento, historia, murmuración, reporte (antic.), insidia, enredo, lío, hablilla, habladuría, parlería, rumor, mentira. **2** Baratija, chirimbolo, cachivache, trasto.

chismorrear *intr.* Comadrear, cotillear, chismear, murmurar.

chismorreo *m.* Comadreo, cotilleo, murmuración.

chismoso, -sa *adj.-s.* Cuentista, cuentón, murmurador, cizañero, hablador, indiscreto. ≠ Discreto.

chispa *f.* Chiribita. **2** Relámpago, rayo, exhalación, centella, descarga. ▌La *centella* sugiere menor intensidad. Todos estos vocablos denotan *chispas* atmosféricas, meteorológicas. Pero la *chispa* y la *descar-*

ga eléctrica pueden saltar también en las máquinas eléctricas y en los cables conductores. **3** fig. Penetración, viveza, ingenio, agudeza, gracia. **4** Borrachera.

chispeante *adj.* fig. Ingenioso, agudo. ▮ *Chispeante* se aplica al escrito, discurso o estilo en que abundan aquellas cualidades.

chispo, -pa *adj.* Achispado, bebido, beodo, borracho, ajumado.

chistar *intr.* Rechistar (intens.).

chiste *m.* Gracia, graciosidad, agudeza, chuscada, chirigota, cuchufleta. ▮ *Chuscada, chirigota* y *cuchufleta* acentúan el matiz de burla. ▮ «Lo que constituye el *chiste* es la *gracia*; lo que constituye la *agudeza* es el *ingenio*.» (M).

chistoso, -sa *adj.* Ocurrente, decidor, gracioso, donoso, chusco, agudo, ingenioso, chancero. ▮ Los dos primeros se aplican solo a personas. *Gracioso, donoso* y *chusco*, a personas, dichos o hechos. *Agudo* e *ingenioso* se dice de personas o de dichos; pero no de sucesos reales. **2** Burlesco, festivo, jocoso. ≠ Serio, grave.

chita *f.* Astrágalo (hueso). **2** Tejo (juego), chito.

chito *m.* Mojón, tango, tanguillo, tángano, tarusa. **2** Chita (juego).

chivato, -ta *s.* fig. Soplón, delator*, fuelle, acusón, malsín, acusica, acusique, acusador.

chocante *adj.* Raro, extraño, sorprendente, singular. ≠ Normal.

chocar *intr.* Topar, encontrarse. **2** fig. Pelear, combatir, disputar. **3** Extrañar, sorprender.

chocha *f.* Becada, coalla, chorcha, gallina sorda, gallineta, pitorra, chochaperdiz.

chochear *intr.* Caducar.

chofeta *f.* Copilla, chufeta, escalfeta.

cholo, -la *adj.-s.* Amér. Mestizo.

chopo [1] *m.* Álamo negro.

chopo [2] *m.* Fusil.

choque *m.* Encuentro, topada, colisión, topetazo, trompada, encontronazo. ▮ Los tres últimos son intensivos. **2** fig. Contienda, pelea, combate, disputa.

choquezuela *f.* Rótula.

chorro *m.* Caño, hilo. ▮ Este último, cuando es muy delgado.

chotacabras *f.* Engañapastores, zumaya.

choteo *m.* Cuba y P. Rico. Burla, pitorreo, rechifla.

choza *f.* Cabaña, barraca, chozo, chabola. ▮ Los dos últimos cuando la *choza* es pequeña.

chubasco *m.* Chaparrón*, aguacero, lluvia*.

chubasquero *m.* Impermeable.

chuchería *f.* Fruslería, baratija, friolera. ▮ La *chuchería* sugiere delicadeza o lindeza.

chucho *m.* Perro. ► **2** *interj.* Zuzo.

chueco, -ca *adj.* Amér. Estevado, patituerto.

chulo, -la *s.* Majo, guapo. **2** Valentón, perdonavidas. **3** Rufián. ≠ Delicado, correcto.

chumbera *f.* Nopal, tunal, higuera chumba, higuera de Indias.

chunga *f.* Zumba, cantaleta, broma, guasa, burla*. ▮ Todos significan *burlas* festivas y ligeras.

chupada *f.* Succión.

chupado, -da *adj.* fig. Flaco, extenuado, delgado, consumido.

chupar *tr.* Succionar (culto o tecn.). **2** Embeber, absorber. ► **3** *intr.-tr.* Amér. Pitar (Amér.), fumar.

chupatintas *m.* desp. o burl. Cagatinta (desp.) o burl., oficinista.

chuscada *f.* Donaire, gracia, ocurrencia, chiste*.

chusco, -ca *adj.* Chistoso*, gracioso, ocurrente, donoso. ≠ Soso, serio.

chusma *f.* Gentuza, gentualla, zurriburri, churriburri.

cibernauta *com.* Internauta, navegante, usuario.

cicatería *f.* Tacañería, mezquindad, ruindad, avaricia*.

cicatero, -ra *adj.* Tacaño, ruin, mezquino, miserable, avaro, agarrado, roñoso.

cicatriz *f.* Costurón, chirlo. ▮ La muy visible y extensa, *costurón*; la que deja una herida en la cara, *chirlo*.

cicércula *f.* Almorta, cicercha.

ciclamor *m.* Algarrobo loco, árbol de Judas, árbol del amor, arjorán, sicamor.

cicloide *f.* Trocoide.

ciego, -ga *adj.* Invidente. **2** fig. Ofuscado, obcecado, alucinado.

cielo *m.* Atmósfera, firmamento. **2** Empíreo, edén, paraíso, gloria, patria celestial, reino de los cielos, bienaventuranza, alturas.

ciempiés *m.* Escolopendra, ciento pies. **2** fig. Chapucería, desatino, disparate, barbaridad, despropósito.

ciénaga *f.* Cenagal, lodazal, fangal, barrizal.

ciencia *f.* Conocimiento, saber, sabiduría, erudición. ≠ Ignorancia, incultura. ► **2 Ciencias exactas** *f. pl.* Matemáticas, matemática.

cieno *m.* Légamo, lama, fango, barro, lodo.

cierre *m.* Cerradura, cerramiento, cerrojo. **2** Bloqueo.

cierto, -ta *adj.* Seguro, indudable, positivo, real. ≠ Dudoso, discutible, incierto. Algún, un, varios (pl.), algunos (pl.). **2** Verídico, verdadero, real. ≠ Dudoso, discutible, incierto. ▮ «Lo *verdadero* es la expresión de lo *cierto*, porque la verdad es la conformidad de la palabra con el hecho. Se dice historia *verdadera*, y no historia *cierta*. Lo *cierto* es lo que existe; lo *verdadero*, lo que se dice. El hombre sabe que es *cierto* un acaecimiento. Si lo refiere como lo sabe, refiere la *verdad*, y su lenguaje es *verdadero*...» (M).

ciervo *m.* Venado.

cierzo *m.* Norte, septentrión, aquilón, bóreas, zarragán, zarraganillo. ▮ *Zarragán* es el *cierzo* flojo pero muy frío.

cifra *f.* Guarismo, número. **2** Clave, abreviatura*.

cigarra *f.* Chicharra, áqueta.

cigarro *m.* Tabaco, cigarro puro, puro, veguero. ▮ Tabaco, cigarro puro, o simplemente puro; veguero, el que está hecho de una sola hoja. **2** Cigarrillo, pitillo.

cigüeña *f.* Manivela, manubrio. ▮ En tornos y máquinas.

cilantro *m.* Culantro.

cilla *f.* Cámara, cillero.

cima *f.* Cúspide, cumbre. **2** fig. Terminación, fin, complemento. **3** Éxtasis, orgasmo, clímax.

cimbel *m.* Señuelo.

cimboga *f.* Azamboa, cidrato, zamboa.

cimbra *f.* Cerchón.

cimiento *m.* Fundamento, base*. **2** fig. Raíz, origen, principio.

cinamomo *m.* (árbol meliáceo) Agriaz, agrión, rosariera. **2** (árbol eleagnáceo) Acederaque.

cincoenrama *f.* Quinquefolio.

cincona *f.* Quina.

cincuentón, -ona *adj.-s.* Quincuagenario.

cineasta *com.* Peliculero (fam.).

cinegética *f.* Montería.

cinegético, -ca *adj.* Venatorio.

cineración *f.* Incineración.

cíngaro, -ra *adj.-s.* Gitano. ▮ *Cíngaro* es esp. el *gitano* de Europa Central.

cingiberáceo, -ea *adj.* Drimirríceo.

cínico, -ca *adj.* Descarado, impúdico, desvergonzado, procaz.

cinismo *m.* Impudicia, impudencia, impudor, desvergüenza, procacidad, descaro, desfachatez. ≠ Vergüenza, reverencia.

cinoglosa *f.* Lapilla, viniebla.

cintura *f.* Cinto, talle.

ciprés *m.* Cipariso (lit.).

circón *m.* Jacinto, jacinto de Ceilán.

circuir *tr.* Rodear, cercar, circundar, circunvalar.

circuito *m.* Bojeo, contorno. **2** ELECTR. Placa.

circulación *f.* Tránsito, tráfico.

circular *intr.* Andar, pasar, transitar. ≠ Detenerse.

círculo *m.* Redondel. **2** Circuito. **3** Casino, sociedad*, club.

circundar *tr.* Cercar, rodear, circuir, circunvalar.

circunferencia *f.* Contorno, periferia.

circunlocución *f.* Circunloquio, perífrasis, rodeo.

circunloquio *m.* Circunlocución (RET.), rodeo, ambages, perífrasis (GRAM.). **2** Retóricas, sofisterías.

circunnavegación *f.* Periplo. ▮ Este, tratándose de la antigüedad, o en estilo literario.

circunscribir *tr.* Limitar, ceñir, amoldar, concretar, ajustar, restringir.

circunscripción *f.* Distrito, demarcación, territorio.

circunspección *f.* Prudencia, cordura, reserva, discreción, mesura, cautela*, recato. ≠ Indiscreción, informalidad, insensatez, imprudencia, fervor. **2** Aplomo, gravedad, serenidad, seguridad en sí mismo. **3** Diplomacia, tacto, sagacidad. **4** Parsimonia, templanza, moderación, parquedad. ≠ Rapidez. **5** Ponderación, atención, reflexión.

circunspecto, -ta *adj.* Prudente, cuerdo, reservado, discreto, mirado, mesurado, diplomático, sagaz, disimulado, ladino. **2** Serio, grave, formal, reflexivo, sensato, sentado.

circunstancia *f.* Accidente. **2** Particularidad, requisito, pormenor.

circunstanciado, -da *adj.* Detallado, pormenorizado, especificado.

circunstantes *adj. com. pl.* Presentes, concurrentes, asistentes, espectadores, mirones.

circunvalar *tr.* Cercar, ceñir, circundar, rodear, circuir, encerrar.

circunvecino, -na *adj.* Próximo, cercano, inmediato, contiguo. ▮ *Circunvecino* se usa esp. en plural para designar las cosas que están próximas a un centro común, p. ej., los pueblos *circunvecinos* de la capital.

cirro *m.* (nube) Rabos de gallo.

cirujano *m.* Quirurgo (p. us.), sacapotras (vulg.) y desp., operador. ▮ *Sacapotras* se aplica al mal *cirujano*.

cisca *f.* Carrizo.

cisco *m.* fig. Alboroto, bullicio, reyerta, pendencia, zipizape, pelotera, riña, lucha, altercado*. ► **2 Hacer cisco** *loc.* Destrozar, hacer trizas.

cisma *m.* Discordia, desavenencia, disensión, escisión, rompimiento, separación, disidencia, desacuerdo, ruptura. ≠ Ortodoxia, concordia, unidad.

cisterna *f.* Aljibe. ▮ La preferencia por uno u otro sinónimo varía según las regiones.

cisticercosis *f.* Ladrería.

cita *f.* Mención, nota, alusión.

citar *tr.* Aludir*, mencionar, mentar, nombrar. **2** Alegar, invocar.

cítola *f.* Tarabilla.

ciudad *f.* Urbe. ▮ Esp. la muy populosa.

ciudadano, -na *adj.* Urbano, cívico, civil. ▮ *Urbano*, si se refiere a la ciudad: parques *urbanos* o *ciudadanos*. *Cívico*, cuando toca a la ciudadanía en su aspecto político: virtudes *cívicas* o *ciudadanas*. *Civil*, si concierne a los ciudadanos: discordias *civiles* o *ciudadanas*; convivencia *civil o ciudadana*.

civil *adj.* Sociable, urbano, atento, cortés, afable.

civilidad *f.* Sociabilidad, urbanidad. **2** Civismo.

civilización *f.* Cultura. ≠ Barbarie, incultura. ▮ «Donde hay leyes, gobierno, administración de justicia y todo lo que constituye el orden civil, hay *civilización*. Donde hay amor al saber, educación literaria y científica, amor a las letras y a las artes, y protección y galardones para los que sobresalen en el cultivo de la inteligencia, hay *cultura*. La *civilización* depende en gran parte del régimen político y de la autoridad; la *cultura*, del temple nacional, de la opinión pública y de las costumbres dominantes. Hay naciones *civilizadas* que están muy lejos de ser *cultas*. Bajo el nombre de nación *civilizada* se comprenden todas las clases que la componen; mas no puede decirse lo mismo de las naciones cultas, pues en ellas hay forzosamente clases enteras a las que no puede darse este título.» (M).

cizaña *f.* Borrachuela, cominillo, joyo, rabillo. **2** fig. Disensión, enemistad, discordia.

cizañero, -ra *adj.-s.* Chismoso, insidioso.

clac *m.* Sobrero de muelles.

clamar *intr.-prnl.* Gritar, dar voces, gemir, lamentarse, quejarse, exclamar. ▮ *Clamar* tiene frente a sus sinónimos un significado solemne, intenso y grave que lo hace especialmente adecuado para multitudes, asambleas; cuando se dice de una persona individual, se atribuye importancia a esa persona o a las circunstancias que la rodean. *Gemir*, *lamentarse* y *quejarse* suponen pesadumbre, dolor o tristeza; *gritar*, *dar voces*, *exclamar* y *clamar* pueden ser producidos por la indignación o el odio. ► **2** *prnl.* Serenarse, sosegarse, tranquilizarse, apaciguarse, aquietarse. ≠ Intranquilizarse, alterarse.

clamor *m.* Grito*, voz. ≠ Silencio. ▮ *Clamor* es un *grito* o *voz* proferidos con vigor o esfuerzo, esp. si es colectivo. **2** Queja, gemido, lamentación, lamento. ▮ Frente a *queja*, *gemido*, *lamentación* y *lamento*, *clamor* añade mayor intesidad o carácter colectivo.

clamoreo *m.* Gritería, vocerío.

clandestino, -na *adj.* Secreto*, oculto, ilícito, ilegal, subrepticio.

claraboya *f.* Tragaluz.

claramente *adv. m.* Abiertamente, francamente, públicamente, manifiestamente, paladinamente, patentemente, notoriamente, lúcidamente, luminosamente, expresamente, explicitamente. ▮ Tratándose de claridad intelectual o expositiva, *lúcidamente* o *luminosamente*. **2** Redondamente, rotundamente, categóricamente, terminantemente. **3** Al pan pan y al vino vino, en buen romance, en plata.

clarear *intr.* Amanecer, alborear, apuntar el día, apuntar el alba. **2** Aclarar, abrirse, escampar. ▮ Tratándose de nublados. ► **3** *prnl.* Transparentarse, traslucirse, traspintarse.

claridad *f.* Luz, luminosidad. ≠ Oscuridad, tiniebla. **2** Transparencia, diafanidad, limpidez. ≠ Confusión. **3** fig. Franqueza, sinceridad.

clarificar *tr.* Iluminar, alumbrar. **2** Aclarar. **3** Defecar, sedimentar. ▮ Tratándose de líquidos.

clarinada *f.* Trompetada, trompetazo.

clarión *m.* Tiza, yeso, gis (Méx.).

clarividencia *f.* Videncia, penetración, perspicacia. **2** Acierto*, tino, tacto, tiento, destreza, habilidad. ≠ Desacierto.

claro, -ra *adj.* Luminoso, brillante. ≠ Oscuro. **2** Iluminado, alumbrado. ≠ Oscuro. **3** Transparente, límpido, cristalino, diáfano. ≠ Opaco. **4** fig. Ilustre, insigne, famoso, esclarecido. **5** Perspicaz, agudo, despierto. **6** Evidente, inteligible, patente, manifiesto, indudable. **7** Franco, abierto, sincero. ≠ Cerrado.

clase *f.* Condición, jerarquía, categoría, estofa*. ▮ «*Categoría* expresa los grados de dignidad que se encuentran en la misma *clase*, como la de duque, marqués y conde en la nobleza; la de obispo, canónigo y cura en la eclesiástica. En la democracia pura no hay *clases*; pero hay *categorías*.» (M). ▮ En este sentido, *categoría* y *jerarquía* son equivalentes. **2** Grupo, agrupación. **3** Lección. **4** Aula.

clasificación *f.* Taxonomía (H. NAT.). **2** Ranking (anglic.).

clasificador *m.* Casillero.

clasificar *tr.* Ordenar, coordinar, arreglar. ▮ «La etimología de estos vocablos indica las respectivas diferencias de sus significados. *Clasificar* es distribuir por clases; *ordenar* y *coordinar* es introducir el orden donde falta; *arreglar* es someter a regla lo que la infringe. Se *clasifican* las cosas que están mezcladas indistintamente; se *ordenan* y *coordinan* las que están confusas; se *arreglan* las que carecen de regularidad y armonía. Se *clasifican* los cuerpos naturales en la Botánica y en la Geología y las demás ciencias de observación; se *ordenan* y se *coordinan* los documentos de un negociado; se *arreglan* los intereses de una familia, las cuentas de una especulación, los pormenores de una empresa. Para *clasificar,* se necesita un sistema; para *ordenar* y *coordinar,* un plan; para *arreglar,* un método.» (M).

cláusula *f.* DER. Disposición, estipulación, condición. **2** GRAM. Período.

clausurar *tr.* Cerrar, poner fin. ▮ *Clausurar* es *cerrar* o *poner fin* solemnemente a una asamblea, exposición, certamen, etc. **2** Cerrar, precintar, sellar. ▮ En este caso, los términos se usan en el sentido de *clausurar* un establecimiento por disposición judicial o gubernativa.

clava *f.* Porra, cachiporra, maza.

clavar *tr.* Hincar, hundir. **2** Sujetar, fijar, enclavar. **3** fig. Engañar, perjudicar.

clave *f.* MUS. Llave. **2** Cifra, contracifra. ▮ La explicación de los signos empleados para escribir en *cifra* se llama *clave* o *contracifra*.

clavero *m.* Clavario.

clavícula *f.* Islilla.

clemátide *f.* Hierba de los lazarosos, hierba de los pordioseros.

clemencia *f.* Indulgencia, benignidad, misericordia, piedad, bondad, blandura, apacibilidad, dulzura, afabilidad, mansedumbre. ≠ Inclemencia, crueldad, rigor, intolerancia.

clemente *adj.* Indulgente, benigno, misericordioso, piadoso.

clericalismo *m.* Teocratismo, ultramontanismo.

clérigo *m.* Eclesiástico, sacerdote, presbítero, tonsurado, cura, capellán.

cliché *m.* Tópico, estereotipo.

cliente *com.* Parroquiano, comprador, clientela*, usuario. ▮ *Parroquiano* y *comprador* son denominaciones populares; *cliente* es más escogido. La preferencia por uno u otro depende de la importancia que se atribuye al establecimiento o al *comprador* habitual. Un vendedor callejero llama a sus *parroquianos*; los anunicios de un gran almacén se dirigen a sus *clientes*. El *usuario* es un cliente *habitual* de un servicio ofrecido.

clientela *f.* Parroquia, cliente. ▌ En el comercio, la diferencia entre *clientela* y *parroquia* es la misma que entre *cliente* y *parroquiano*. En las profesiones liberales, siempre *clientela*.

clímax *m.* RET. Gradación. **2** Orgasmo, cima, éxtasis.

clínex, kleenex *m.* (de una marca registrada) Pañuelo de papel, tisú.

cloquear *intr.* Cloquear, clocar, cacarear. ▌ *Cloquear* y *clocar* se refieren a la gallina clueca. *Cacarear*, a cualquier gallina.

clorhidrato *m.* Cloruro, muriato.

cloruro *m.* Clorhidrato.

club *m.* Sociedad, casino, círculo, asociación.

clueca *f.* Llueca.

coacción *f.* Coerción, fuerza. ≠ Tolerancia.

coadyuvar *tr.* lit. Ayudar, secundar, asistir, auxiliar, colaborar*. ▌ Coadyudar es palabra docta, propia del habla culta o literaria.

coagulación *f.* Cuajamiento.

coagular *tr.-prnl.* Cuajar, cortarse, precipitar (QUÍM.), condensar*. ≠ Liquidar, fluir, redisolver, disolver, licuar. ▌ *Coagular* se usa como voz científica. El término corriente es *cuajar*; tratándose de la leche, *cortarse*.

coágulo *m.* Cuajo, cuajarón, grumo. ▌ *Coágulo* es voz científica; sus sinónimos son voces corrientes.

coalición *f.* Alianza, liga, confederación.

coalla *f.* Chocha.

coartar *tr.* Coaccionar, coercer*, limitar*, restringir, cohibir, sujetar. ≠ Dejar, permitir, soltar.

coautor, -ra *s.* Colaborador.

cobarde *adj. com.* Miedoso, medroso*, apocado, tímido, encogido, pusilánime, blando, flojo, muelle, cagado (vulg.), gallina (fam.), menguado. ≠ Valiente, temerario. ▌ «El que huye en la pelea es *cobarde*; el que cede fácilmente a la reconvención, al influjo o a las consideraciones de poca importancia, es *tímido*. El que se asusta en la oscuridad o se estremece al menor ruido, es *medroso*.» (M).

cobardía *f.* Temor*, miedo*, pusilanimidad, timidez. ≠ Valentía.

cobayo *m.* Conejillo de Indias, cavia.

cobertizo *m.* Techado, sotechado, tapadizo, tejavana, tendajo, tendejón, tinglado. ▌ El *cobertizo* mal construido o muy rústico, *tendajo* o *tendejón*; en los muelles y estaciones del ferrocaril, *tinglado*.

cobertor *m.* Colcha.

cobijar *tr.-prnl.* Cubrir, tapar. ≠ Descubrir, destapar. **2** Albergar, refugiar, guarecer, amparar, acoger*. ≠ Desamparar.

cobrador *m.* Recaudador*. ▌ El *recaudador* es el encargado de la cobranza de caudales, y esp. de los públicos. El *cobrador* es el que recibe inmediatamente el dinero del público: *cobrador* de tranvía, de gas, etc., es oficio más humilde que el de *recaudador*. El que en una sociedad benéfica recibe donativos de personas iguales a él, es *recaudador*, porque no ejerce esta misión por oficio. Un *recaudador* puede tener *cobradores* a sus órdenes.

cobranza *f.* Cobro, recaudación.

cobrar *tr.* Recibir, reembolsarse, percibir, recaudar, colectar. ≠ Pagar, desembolsar. ▌ *Percibir* es voz más escogida, usada pralte. en la administración; los empleados han *percibido* sus haberes: *recaudar* es *cobrar* de varias personas, y es la tarea del *cobrador* o *recaudador*; *colectar*, *recaudar* donativos, limosnas, etc. **2** Recuperar, recobrar. **3** fig. Desquitarse.

cobro *m.* Cobranza, recaudación.

coca [1] *f.* Hayo.

coca [2] *f.* (col.) Cocaína, nieve (col.), farlopa (col.), perico (col.).

cocaína *f.* Coca (col.), farlopa (col.), nieve (col.), perico (col.).

cocción *f.* Decocción, cocimiento, cocedura, cochura. ▌ *Cochura*, esp. si se trata de pan u objetos cerámicos.

cóccix *m.* Coxis, hueso palomo.

coche *m.* Vehículo, carruaje, automóvil, carro (Amér.), tranvía, vagón. ▌ *Vehículo* en general; *carruaje*, si va tirado por caballerías. Por extensión se aplica el nombre de *coche* al *automóvil* (en Amér. *carro*), al *tranvía* y al *vagón* para viajeros en el ferrocarril.

cochevís *f.* Cogujada, totovía, tova, copada, cogujada, galerita.

cochinero, -ra *adj.* Porcuno.
cochinilla [1] *f.* Cucaracha, cochinilla de humedad, milpiés, porqueta, puerca, gusano de San Antón.
cochinilla [2] *f.* Grana.
cochinillo *m.* Corezuelo, lechón.
cochino, -na *s.* Cerdo. **2** fig. Adán, sucio, desaseado. ≠ Limpio.
cochitril *m.* Pocilga, cuchitril.
cochura *f.* Cocción. ▮ *Cocción* en general; pero *cochura* se aplica especialmente a la *cocción* del pan o de objetos de alfarería y cerámica
cocido *m.* Olla, puchero, pote. ▮ Se usa uno u otro sinónimo según las regiones. *Olla* es el nombre más antiguo; *pote* es propio de Galicia y Asturias; *cocido* predomina en ambas Castillas y Aragón.
cocinar *tr.* Guisar, aderezar, sazonar, condimentar, adobar, aliñar. ▮ *Condimentar* se usa en sentido general, o bien en el particular de añadir a la comida los condimentos necesarios. El uso de *adobar* y *aliñar* va quedando hoy restringido a ciertas comidas especiales: se *adoban* carnes para su conservación; se *aliña* una ensalada. **2** Amér. Cocer.
cocinero, -ra *s.* Guisandero (rúst.), ranchero. ▮ *Ranchero* en los cuarteles, cárceles, etc., donde se come rancho.
cocinilla *f.* Infernillo, infiernillo, cocinita.
coco *m.* Bu, cancón, papón. **2** BOT. (árbol) Cocotero.
cócora *f.* Impertinente, molesto, fastidioso, enojoso.
cocotal *m.* Cocal.
cocotero *m.* Coco, palma de coco, palma indiana.
codearse *prnl.* fig. Tratarse, alternar*, estar hombro a hombro.
codeso *m.* Borne, piorno.
codicia *f.* Avaricia*, ambición, avidez. **2** Acometividad. ▮ En el toro de lidia.
codiciar *tr.* Desear*, apetecer, anhelar, ambicionar, ansiar, comerse con los ojos. ≠ Renunciar.
codicioso, -sa *adj.-s.* Interesado, interesable, ansioso, ambicioso, ávido, avaro, avaricioso, avariento*. **2** fig. Laborioso, hacendoso.
coepíscopo *m.* Obispo comprovincial.
coercer *tr.* Contener, refrenar, reprimir, sujetar, coartar, constreñir, cohibir, restringir, limitar. ▮ *Coercer* se usa esp. como término jurídico. En esta significación, el sujeto que *coerce* es la ley, la autoriad, el mando.
coercitivo, -va *adj.* Represivo, restrictivo, coactivo.
coetáneo, -ea *adj.* Contemporáneo.
cofrade *com.* Congregante. ▮ Tratándose de una cofradía religiosa.
cofradía *f.* Congregación, hermandad, archicofradía. ▮ *Archicofradía* es la que se considera más antigua o importante que otras. **2** Gremio, agrupación.
cofre *m.* Arca. **2** Baúl*, mundo. ▮ *Mundo* esp. si se emplea para viaje.
coger *tr.* Agarrar*, asir, tomar. ≠ Soltar. **2** Atrapar*, pillar, alcanzar, prender. ≠ Soltar. **3** Recoger, recolectar, cosechar. **4** fig. Sorprender. **5** Recibir, contener, abarcar. ▮ Es vulg. el empleo de *coger* por *caber*. ▸ **6** *intr.* Amér. Fornicar, copular, follar (vulg.), cardar (vulg.).
cognomento *m.* Agnomento, renombre.
cognoscible *adj.* lit. Conocible, inteligible, comprensible.
cogote *m.* Cerviz, levantar la cerviz, cocote (p. us.), pescuezo, nuca. ▮ *Cerviz*, usado además en acepciones figuradas, como *levantar la cerviz*, en las cuales no se emplea *cogote*; *nuca* es voz escogida y se refiere a la parte superior del *cogote*; *pescuezo* se aplica gralte. a los animales.
cogotera *f.* Cubrenuca.
cogujada *f.* Cochevís, totovía, tova, copada, cugujada, galerita.
cogujón *m.* Cujón.
cogulla *f.* Cusulla, cugulla.
cohechar *tr.* DER. Sobornar. ▮ *Cohechar* es término de Derecho y significa *sobornar* a un juez o a un funcionario público.
coherencia *f.* Conexión, relación, enlace, cohesión*, congruencia, ilación. ≠ Incoherencia, disconformidad. ▮ *Cohesión* y *coherencia* se aplican a lo material y a lo inmaterial, en tanto que *congruencia* e *ilación* se refieren solo a ideas, razonamientos, palabras, etc.
cohesión *f.* Adherencia, adhesión, coherencia*, congruencia, glutinosidad, pegajosidad. ≠ Incoherencia, disgregación, disocia-

ción. ▮ Dejando a un lado sus significados especiales o técnicos, *adherencia* y *adhesión* indican en general unión de una cosa a otra, a la cual permanece en cierto modo subordinada: *adherencia* de un líquido a la vasija, de la hiedra al tronco; *adhesión* a un partido político. En *coherencia* y *cohesión*, la unión se produce entre unas cosas y otras, o entre las partes de un todo: *coherencia, congruencia* de las palabras de un discurso; *coherencia, congruencia* o *cohesión* de una doctrina. *Cohesión* molecular.

cohete *m.* Astronave, nave especial. **2** Volador.

cohibir *tr.* Reprimir, refrenar, sujetar, coercer*.

cohombrillo *m.* Calabacilla, cogombrillo, pepino del diablo.

cohombro *m.* Alficoz, cogombro (antic.), elaterio. ▮ *Elaterio* es el *cohombro* silvestre. **2 Cohombro de mar** Holoturia.

cohonestar *tr.* Colorear, colorir, honestar, disimular, disculpar, encubrir, paliar.

coincidir *intr.* Convenir, concordar. ≠ Discrepar. **2** Ajustarse, encajar.

cojear *intr.* Renquear.

cojín *m.* Almohadón.

cojinete *m.* Almohadilla. **2** Chumacera, palomilla.

cojo, -ja *adj.-s.* Renco, rengo, paticojo.

col *f.* Berza.

cola *f.* Rabo (en los cuadrúpedos). **2** fig. Fin, final. **3** Resultas, consecuencias.

colaborar *intr.* Cooperar, coadyuvar, ayudar, contribuir. ▮ *Contribuir* a cualquier obra o trabajo; *colaborar* se aplica con preferencia tratándose de obras de ingenio.

colacionar *tr.* Cotejar, confrontar, compulsar, comparar*.

colada *f.* Cañada.

coladero *m.* Colador, pasador.

coladizo, -za *adj.* Caladizo.

colador *m.* Coladero, pasador.

coladura *f.* fig. Error*, equivocación, inconveniencia, pifia, plancha.

colateral *adj.* Transversal. ▮ Tratándose de parentesco. **2** Secundario, accesorio.

colcha *f.* Cobertor, cubrecama, sobrecama, telliza.

colchar *tr.* Acolchar.

coleadura *f.* Coleo.

colear *intr.* Rabear.

colecta *f.* Cuestación*, recaudación.

colectar *tr.* Recaudar, cobrar*.

colectividad *f.* Sociedad*. ≠ Individualidad.

colectivo, -va *adj.* Común, general. ▸ **2** *m.* Grupo, equipo, personal, gente, cuadrilla.

colega *com.* Compañero*, concolega. ▮ *Compañero* es toda persona del mismo oficio o profesión. *Colega* se refiere solo a las profesiones liberales. Todo *colega* es un *compañero*, pero no viceversa. Los abogados y los médicos se llaman *colegas* o *compañeros* indistintamente: pero los albañiles se llaman entre sí *compañeros*, y no *colegas*. *Concolega* es la persona que pertenece al mismo colegio que otra.

colegiado, -da *s.* DEP. Árbitro.

colegial, -la *s.* Alumno, educando, escolar, estudiante*.

colegir *tr.* Inferir*, deducir, concluir, seguirse.

coleo *m.* Coleadura.

cólera *f.* Ira, rabia, furia*, furor, irritación, enojo, saña, arrebato, enajenamiento, bilis, hiel.

colérico, -ca *adj.* Iracundo, enojado, sañudo, enfurecido, irritado, furioso, rabioso. ≠ Manso, amansado, tranquilo.

coletilla *f.* fig. Adición, añadidura, coleta.

colgajo *m.* (de frutos) Arlo, ristra, horco.

colgante *adj.* Pendiente, colgandero.

colgar *tr.* Suspender. **2** Ahorcar. **3** Atribuir*, imputar, achacar. ▸ **4** *intr.* Pender, depender (fig.).

colibrí *m.* Pájaro mosca, pájaro resucitado, picaflor, tomineja, tominejo.

colicano, -na *adj.* Rabicano.

coligarse *prnl.* Unirse, aliarse, confederarse, asociarse.

colina *f.* Alcor, cerro, collado, cuesto.

colindante *adj.* Contiguo, limítrofe*, lindante, confinante.

colisión *f.* Choque, encuentro, encontronazo, topada. **2** fig. Conflicto, pugna.

colmar *tr.* Llenar, satisfacer. ≠ Vaciar, insatisfacer. ▮ *Satisfacer* guarda con *colmar* la misma relación que *llenar*: *satisfacer* las aspiraciones de alguien es cumplirlas; *colmarlas* es darle lo que pretendía y algo más. ▮ «*Colmar* es *llenar* de modo que lo contenido exceda los límites del continente. Generalmente se emplea el verbo *llenar* a los líquidos, y *colmar* a los granos, legumbres, y otros objetos menudos. Consérvase esta diferencia en el sentido metafórico; por ejemplo: se *ha llenado* de vanidad porque lo *han colmado* de aplausos.» (M).

colmena *f.* Corcha, corcho.

colmenar *m.* Abejar.

colmenilla *f.* Cagarria, crespilla, morilla.

colmillo *m.* Canino, diente columelar.

colocación *f.* Situación, posición. ▮ *Situación* o *posición* de una cosa con respecto a otra u otras. *Situación* se emplea generalmente tratando de cosas que no cambian de lugar; *posición* y *colocación* aluden a objetos que cambian o pueden cambiar. Hablamos de la *situación* de una casa en una calle o barrio, en una altura, junto al río, etc.; un mueble tiene una *posición* o *colocación* adecuada, inestable, cómoda, etc. **2** Empleo, ocupación, acomodo, puesto, plaza, destino*, cargo. ▮ Entre funcionarios, *destino*: *cargo* si es de alguna importancia.

colocar *tr.* Poner, instalar, situar. ≠ Sacar, desordenar. ▮ *Colocar* añade a *poner* un matiz de cuidado, esmero u orden de unas cosas con respecto a otras: se *pone* un libro sobre la mesa, pero se *coloca* en la estantería después de servirse de él. *Instalar* suponer mayor estabilidad o fijeza: *instalamos* un mueble en una habitación, una tienda o sucursal en un barrio, la calefacción en una casa. Una casa se *sitúa* en un lugar alto, soleado, hacia el mediodía, etc., pero no se *pone* ni se *coloca*. → **colocación** **2** Emplear*, destinar, dar trabajo, dar empleo, dar ocupación, ocupar, acomodar. **3** Invertir, emplear. ▮ Tratándose de capitales, p. ej. se *invierte*, *coloca* o *emplea* una cantidad en fincas, hipotecas, valores, etc. **4** Vender, hallar mercado. ▮ Tratándose de mercancías, p. ej. decimos que la naranja se *coloca* bien en Inglaterra, que ciertas confecciones no pueden *colocarse* o *venderse* después de pasada la moda o la temporada.

colocasia *f.* Haba de Egipto.

colocutor, -ra *s.* p. us. Interlocutor.

colodrillo *m.* Occipucio (científ.).

colofonía *f.* Pez griega.

colono *m.* Arrendatario, arrendador*, casero (País Vasco), rentero.

coloquíntida *f.* Alhandal (p. us.).

coloquio *m.* Conversación, plática, diálogo*, charla, conferencia, tertulia, foro.

color *m.* Colorido, coloración. ► **2 Subirse el color** *loc. adj.* Sonrojarse, ruborizarse.

coloración *f.* Color, colorido. ▮ Tanto *colorido* como *color* se aplican a la apariencia que presenta una cosa.

colorido *m.* Color, coloración.

colosal *adj.* fig. Excelente, extraordinario, brutal*, enorme*. ≠ Pequeño, mínimo. → **brutal**

cólquico *m.* Quitameriendas.

columbrar *tr.* Divisar*, entrever, distinguir. **2** Conjeturar, sospechar, vislumbrar, barruntar.

columna *f.* Pilastra, pilar. ▮ La *pilastra* y el *pilar* son de base cuadrada o rectangular, y no suelen guardar proporción entre la base y la altura. La *columna* guarda esta proporción, es de base circular y generalmente es mucho más alta que ancha. **2** fig. Apoyo, sostén, soporte. **3** Espinazo, columna vertebral.

columpiar *tr.* Mecer, balancear.

collado *m.* Colina, alcor, cerro, cuesta. ▮ «*Colina* y *collado* son sinónimos, y significan toda altura de tierra que no llega a ser monte. *Cerro* es la *colina* en que abundan riscos y piedras, y cuyo terreno es escabroso.» (M). **2** Collada, paso.

collarín *m.* Sobrecuello.

comadre *f.* Partera, comadrona.

comadrear *intr.* Murmurar, chismear, chismorrear, cotillear.

comadreja *f.* Mustela, mustrela (Argent.).

comadreo *m.* Murmuración, chismorreo, cotilleo.

comadrón *m.* Tocólogo (MED.), partero (vulg.).

comadrona *f.* Partera, comadre.

comalia *f.* Morriña, zangarriana.

comando *m.* MIL. Mando.

comarcano, -na *adj.* Cercano, inmediato, próximo, contiguo, circunvecino, limítrofe, confinante.

comarcar *tr.* Lindar, confinar.

comátula *f.* Lirio de mar.

comba *f.* Curvatura*, encorvadura. **2** Saltador.

combate *m.* Pelea, batalla, acción, lucha, refriega. ▌ Tratándose de ejércitos o escuadras se usa con preferencia *combate, batalla* o *acción*. *Pelea* y *refriega* son *luchas* menos importantes o entre pocos contendientes. → **combatir**

combatiente *m.* Soldado, contendiente.

combatir *intr.-prnl.* Pelear, luchar, contender. ▌ «*Combatir* supone más formalidades, más preparativos, más orden que *pelear*. Dos hombres que se dan golpes *pelean*, dos que se desafían *combaten*. En las guerras modernas, raras veces se *pelea* cuerpo a cuerpo como en las antiguas. En la *pelea*, se hace más uso de la fuerza física, y en el *combate*, de la destreza y del saber.» (M). ► **2** *tr.* fig. Contradecir, impugnar, refutar, controvertir, discutir.

combinar *tr.-prnl.* Unir, juntar, coordinar, hermanar, acoplar. ≠ Desintegrar, descomponer, desunir, separar.

combustible *adj.* Inflamable, ustible (desus.). ≠ Incombustible. ▌ *Inflamable* añade a *combustible* la idea de arder o prender el fuego con gran facilidad. El alcohol es *combustible* e *inflamable*; del carbón se dice que es *combustible*, pero no *inflamable*. *Ustible* es un cultismo desusado.

combustión *f.* Ustión (latinismo pedante), ignición (literatura científica), quema, adustión. ≠ Apagamiento.

comediante, -ta *s.* Actor* -triz, cómico, figurante, representante, artísta*. ▌ Los dos últimos se utilizaban en el antiguo teatro español. **2** fig. Hipócrita.

comediar *tr.* Promediar, demediar.

comedido, -da *adj.* Moderado, mesurado, discreto, circunspecto, mirado, atento*, cortés, considerado.

comedón *m.* Espinilla.

comentar *tr.* Explicar, glosar, interpretar, anotar*. ▌ Tratándose de un texto.

comentario *m.* Explicación, comento, ilustración, exégesis, glosa*. ▌ Tratándose de textos.

comento *m.* Comentario. **2** Patraña, embuste, mentira*.

comenzar *tr.* Empezar, principiar, iniciar, entablar*. ≠ Acabar.

comer *tr.* Tragar, engullir, devorar, embocar, embaular, zampar, echar un bocado, llenar la andorga, matar el hambre, reparar las fuerzas, manducar (fam.), papar (fam.), jamar (vulg.). ≠ Ayunar. ▌ *Devorar* sugiere avidez. **2** Corroer, roer, desgastar. **3** Gastar, consumir, derrochar, dilapidar, despilfarrar, acabar. **4** Escocer, picar, sentir comezón.

comercial *adj.* Mercante, mercantil, marchante (p. us.). ▌ El primero se aplica solo a la marina dedicada al comercio: un barco *mercante*. *Comercial* es más corriente que *mercantil*, pero su sinonimia es completa. Sin embargo, se dice Derecho *mercantil*, con preferencia a *comercial*.

comerciante *adj. com.* (pers.) Mercader, tratante, mercadante (antic.), merchante (antic.), mercante (antic.), mercachifle (desp.), negociante, traficante, trajinante. ▌ *Mercader* tiene hoy poco uso y se dice pralte. del ambulante que va de un lado a otro con sus mercancías. *Tratante* se dice en los medios rurales del que comercia en ganado o en productos agrícolas. *Negociante* sugiere cierta importancia en su comercio y tratos. *Traficante* sugiere pralte. la actividad y diligencia que pone en sus negocios, y a veces es desp. El *trajinante* no tiene tienda ni población fijas.

comerciar *intr.* Mercadear, tratar, negociar, traficar. → **comerciante**

comercio *m.* Negocio, tráfico, trato, especulación. **2** Establecimiento (comercial), tienda, boutique (galic.), almacén, despacho, negocio (Argent. y Chile). **3** Trato, comunicación.

cometa *m.* Estrella de rabo. ► **2** *f.* Birlocha, milocha, pájaro bitango, pájara, pandero, pandorga.

cometer *tr.* Encargar*, confiar, encomendar. **2** Incurrir, caer, perpetrar, consumar. ▌ Tratándose de alguna culpa o error, *incurrir, caer*. Si se trata de culpa grave o de un delito, *perpetrar*. Se *comete* una equivocación, una imprudencia; pero solo se *perpetra* un desafuero, un crimen.

cometido *m.* Comisión, encargo, obligación, misión. ▌ Ambos son vocablos escogidos, de uso culto.

comezón *f.* Picazón*, picor, rascazón, hormiguillo, prurito (culto). ▌ *Prurito* es voz docta o tecnicismo médico. En sentido fig., *comezón* o *prurito* de discutir algo. No se usarían en este caso los demás sinónimos.

cómic *m.* Tebeo, historieta.

comicios *m. pl.* Elecciones.

cómico, -ca *adj.* Divertido, gracioso, jocoso, risible, hilarante. ≠ Serio. **2** Bufo, grotesco, burlesco, chocarrero, ridículo. ≠ Grave. ▶ **3** *s.* Comediante, actor*, representante (antic.), figurante (antic.), histrión. ▮ Tratándose del teatro grecolatino, *histrión*.

comida *f.* Bucólica, manduca, pitanza, condumio, manjar*. ▮ Todos ellos, burlescos. **2** Almuerzo*.

comienzo *m.* Principio*, origen, nacimiento. ≠ Fin, consecuencia, resultado. ▮ Ambos significan la acción de comenzar. Así hablamos del *comienzo* o *principio* de una sesión o de una obra. *Origen* y *nacimiento* aluden más bien a lo que es causa, motivo o *iniciación* de algo presente. El *comienzo* o *principio* de una guerra es la ruptura de hostilidades; su *origen* o *nacimiento* es la causa o circunstancias que la motivaron. *Iniciación* e *inicio* son términos más abstractos, que pueden aplicarse en ambos sentidos. **2** Abertura, apertura, iniciación, inicio.

comilón, -ona *adj.-s.* Tragantón, tragón, zampón, gastrónomo, voraz. ▮ Los tres primeros se refieren solo a la cantidad; *gastrónomo* supone refinamiento. *Voraz* no se dice del hombre más que en sentido fig.; díc. de los animales, del apetito y del fuego.

cominería *f.* Menudencia, insignificancia, minucia.

cominero, -ra *adj.-s.* fam. Cazolero, cazoletero.

cominillo *m.* Cizaña, borrachuela, joyo, rabillo.

comisión *f.* Cometido, encargo, mandato, misión. **2** Junta, comité, delegación.

comiso *m.* Decomiso (DER.), confiscación.

comité *m.* Junta, comisión, delegación.

comodidad *f.* Conveniencia, regalo, bienestar, holgura. ≠ Incomodidad. **2** Ventaja, oportunidad, facilidad. **3** Utilidad, intéres. ≠ Desinterés.

cómodo, -da *adj.* Conveniente, favorable, holgado, regalado. **2** Oportuno, fácil, acomodado, adecuado.

comodón, -ona *adj.* Regalón.

compacto, -ta *adj.* Denso, macizo, apretado, apiñado. ≠ Líquido, claro. ▮ *Denso, macizo,* se refieren prefentemente a la estructura material de un cuerpo. Cuando se reúnen muy estrechamente varios cuerpos, cosas o personas sin confudirse, *apretado, apiñado.* Un bloque mineral, un metal son *compactos, densos* o *macizos*. Una muchedumbre de gente es *compacta, apretada, apiñada,* como lo son también los granos de una granada. **2** Duro, resistente, consistente, fuerte, sólido*. ≠ Inconsistente, blando.

compadecerse *prnl.* Condolerse, apiadarse, dolerse, arrancársele a uno las entrañas, tener compasión, tener misericordia, rezumar caridad. ≠ Burlarse, ensañarse. **2** Amornizarse, compaginarse, ajustarse. **3** Conformarse, ponerse de acuerdo.

compadraje *m.* desp. Compadrazgo, concierto, aconchabamiento, conchabanza, confabulación.

compadrar *intr.* Encompadrar.

compadrazgo *m.* Compaternidad. **2** desp. Compadraje, aconchabamiento, conchabanza, concierto, confabulación.

compadre *m.* desp. Compinche, compañero, camarada. **2** Argent. Fanfarrón, matón, chulo, compadrito. ▮ Usase por lo general el diminutivo *compadrito*.

compaginar *tr.-prnl.* Armonizar, compadecer, corresponder, conformar. **2** IMPR. Ajustar.

compaña *f.* Compañía.

compañerismo *m.* Camaradería. ≠ Enemistad. ▮ *Camaradería* intensifica la confianza con que se tratan los compañeros entre sí.

compañero, -ra *s.* Socio, colega, camarada, amigo, igual. ≠ Enemigo, desigual. ▮ *Camarada* expresa en gral. un trato de mayor confianza que *compañero*. Como tratamiento usual entre individuos de asociaciones, partidos, etc., se prefiere uno u otro según la costumbre establecida en cada agrupación. P. ej.: los comunistas y falangistas se tratan entre sí de *camaradas*; los socialistas de *compañeros*. El primer tratamiento implica el tuteo; el segundo es compatible con *tú* y con *usted*. ▮ «*Compañero* es todo el que acompaña con intención o sin ella, poco o mucho tiempo, como *compañero* de viaje o infortunio. *Socio* es el que se junta con otro para el logro de algún fin, para un negocio, una empresa, como los miembros de una compañía de comercio, de una sociedad de beneficiencia, literaria o científica. *Colegas* son los *compañeros* de estudios o de profesión. Todos los *socios* y todos los *colegas* son compañeros; pero no todos los *colegas* son *socios* ni todos los *socios colegas*.» (M) **2** Acólito, ayudante, asistente, compinche.

compañía *f.* Compaña. ▮ *Compaña* supone familiaridad en su empleo; p. ej.: ¡Adiós, María y la *compaña!*; comimos en buena *compaña*. **2** Acompañamiento, séquito, cortejo. **3** Sociedad. **4** MIL. Capitanía. ▸ **5 En compañía** *loc. adj.* Acompañado. ≠ Solo.

comparar *tr.* Confrontar, colacionar, compulsar, parangonar, cotejar. ≠ Distinguir. ▮ *Colacionar, confrontar* y *paragonar* equivalen a *cotejar*. *Compulsar* se usa solo tratándose de textos o escritos. ▮ «Se *compara* notando la semejanza; se *coteja* para descubrir la diferencia. Los poetas *comparan* los sentimientos del alma con los objetos naturales que tienen con ellos alguna analogía, para pintarlos con mayor viveza y naturalidad. Los eruditos *cotejan* documentos y autoridades para notar en qué desacuerdan. El símil retórico es una *comparación*, y no es un *cotejo*. Cuando se examina si la copia difiere algo del original, se *coteja*, no se *compara*. Si fuera cierto, como suele decirse, que las *comparaciones* son odiosas, mucho más lo serían los *cotejos*.» (M).

comparecer *intr.* DER. Presentarse, personarse, hacer acto de presencia. ≠ Ausentarse, faltar. ▮ *Personarse* es *comparecer* en persona, no por delegación. Ambos verbos son también susceptibles de empleo irón. cuando se aplican en circunstancias que no tienen la formalidad que les es propia, con la significación de llegar a destiempo, o de algún modo que produce risa o sorpresa: no *compareció*, se *presentó* o se *personó* hasta que había terminado la reunión; *compareció*, se *presentó*, con un sombrero estrafalario.

comparsa *f.* Acompañamiento*, séquito, cortejo. ▮ Todos ellos suponen importancia o solemnidad. *Comparsa* se usa en el teatro o tratando de un grupo de máscaras. **2** Figurante.

compartir *tr.* Repartir*, dividir, distribuir, partir.

compás *m.* Brújula, aguja. **2** Ritmo, medida. **3** fig. Regla, medida, norma.

compasar *tr.* Acompasar, medir, arreglar, proporcionar.

compasión *f.* Lástima, conmiseración, misericordia, piedad, caridad. ≠ Mofa, impiedad.

compasivo, -va *adj.* Piadoso, misericordioso, caritativo. → **compasión**

compaternidad *f.* Compadrazgo.

compatriota *com.* Compatricio, connacional, conciudadano*.

compeler *tr.* Obligar, forzar, costreñir, meter en cintura, poner un puñal en el pecho, poner a parir, poner las peras a cuarto, traer por los pelos.

compendiar *tr.* Abreviar, reducir, resumir*, recapitular, extractar. ≠ Alargar, ampliar.

compendio *m.* Epítome, rudimentos, resumen, sumario, sinopsis, recopilación. ▮ Aunque no puede trazarse divisoria entre ellos, *epítome* y *rudimentos* sugieren exposición elemental para personas que nada conocen de la materia en tanto que *compendio*, *resumen*, *suma* y *sumario* pueden contener materia complicada y extensa, dentro de la brevedad de su exposición. En la *sinopsis*, se ordenan los puntos esenciales en forma que a primera vista puedan abarcarse; suele presentarse como esquema o cuadro. *Recopilación* y *recapitulación* sugieren idea de resumen final de una exposición más extensa; pero pueden equivaler a *resumen*, *compendio*, o bien ser sinónimos de *compilación*. Todos estos sinónimos, con excepción de *epítomes* y *rudimentos*, implican una *síntesis* de la materia tratada.

compendioso, -sa *adj.* Breve*, reducido, abreviado, resumido, sumario, corto*.

compensar *tr.* Contrapesar, contrabalancear, equilibrar, equivaler. **2** Resarcir, indemnizar, recompensar.

competencia *f.* Contienda, disputa, rivalidad, emulación*. **2** Incumbencia, jurisdición, autoridad. **3** Aptitud*, idoneidad, suficiencia, capacidad, habilidad. ≠ Incompetencia.

competente *adj.* Bastante, oportuno, suficiente, adecuado. ▮ Así hablamos de edad *competente*, poder *competente*. **2** Apto*, idóneo, entendido, hábil, capaz, perito, diestro, conocedor, experimentado, experto, práctico. ≠ Incompetente, inexperto, desconocedor, incapaz.

competer *intr.* Pertenecer, tocar, incumbir, concernir*.

competir *intr.* Emular, rivalizar, contender, concursar. ▮ *Emular* es imitar a otro para igualarle o superarle; no incluye idea de lucha, sino de estímulo propio, a diferencia de *competir*, y más aún *rivalizar* y *contender*. **2** Echar a raya, pisar los talones, subirse a las barbas.

compilador, -ra *adj.-s.* Recopilador, coleccionador, colector.

compilar *tr.* Reunir, coleccionar, recopilar, allegar.

compinche *com.* desp. Compadre, compañero, camarada.

complacencia *f.* Agrado, complacimiento, contentamiento, contento*, satisfacción, alegría, fruición, placer, goce, gusto*. ≠ Sufrimiento, aburrimiento.

complacer *tr.-prnl.* Agradar*, placer, satisfacer, gustar*, deleitar, alegrar*, contentar, caer en gracia, encantar, embelesar, cautivar, seducir, atraer. ≠ Molestar, repeler, repugnar, desencantar, entristecer.

complaciente *adj.* Condescendiente, servicial, acomodaticio*. ▮ El *complaciente* no tiene más fin que el de agradar a otro; es el propenso a complacer a los demás por la satisfacción que ello le produce. El *condescendiente* abdica algo de su autoridad o poder, para transigir o conformarse con los deseos ajenos. El que es *servicial* posee un grado más que el *complaciente*; podemos ser *serviciales* por abnegación o sentimiento de ayudar al prójimo, o bien por adular a los superiores.

complejo, -ja *adj.* Complicado, múltiple, laberíntico, dificultoso, difícil, enredado, enmarañando, espinoso, intrincado.

complemento *m.* Suplemento. **2** Perfección, colmo, cumplimiento.

completamente *adv. m.* Cumplidamente, enteramente, plenamente, totalmente, del todo. ≠ Parcialmente, relativamente.

completivo, -va *adj.* Complementario, expletivo, enfático. ▮ Se usa muy poco fuera de la terminología gramatical, donde equivale a *complementario*. Lo *completivo* tiene carácter lógico, mientras que en lo *expletivo* predomina el valor afectivo o estético. **2** Acabado, perfecto.

completo, -ta *adj.* Entero, íntegro, cabal, acabado, perfecto, lleno, cumplido, exacto. ▮ *Integro* equivale a *entero*; *cabal* reúne los matices de *completo* y *entero*. Cuando se trata de un trabajo u obra terminados, decimos que están *completos*, *acabados* o *perfectos*. Un local, un recipiente, un espacio *completo*, equivale a *lleno*. Así decimos que un tranvía, un teatro, un saco están *completos*, cuando están *llenos*. ▮ «Lo *completo* es lo que se compone de las partes necesarias para formar el todo; lo *entero* es lo que comprende estas partes sin separación unas de otras. Un regimiento está *completo* cuando contiene el número de plazas que exige su dotación. Un cuerpo está *entero* cuando no le falta ninguna de sus partes. No está *completa* una obra cuando le falta un tomo; no está *entero* un libro cuando le faltan algunas hojas.» (M). **2** Radical, total, extremado, extremista. ≠ Accidental, relativo.

complexión *f.* Constitución, naturaleza, temperamento.

complicación *f.* Complejidad, complexididad. **2** Embrollo, dificultad, enredo, confusión. ≠ Aclaración.

complicado, -da *adj.* Complejo. ▮ *Complejo* da idea de mayor trabazón entre los elementos o factores componentes que *complicado*; por esto aquel se sustantiva fácilmente: un *complejo* psíquico. **2** Enmarañado, enredado, dificultoso, enredoso, enrevesado, difícil*, complejo. ▮ Todos ellos aluden al efecto que en nosotros produce lo *complejo*. **3** Múltiple. ▮ *Múltiple* es lo compuesto por gran número de piezas o partes.

complot *m.* Conspiración, conjura, conjuración, confabulación. **2** Trama, intriga, maquinación, boicot.

componenda *f.* Arreglo, transacción, chanchullo, pastel, compostura. ≠ Desarreglo.

componer *tr.* Arreglar, acomodar, constituir, formar. ≠ Descomponer. **2** Remendar, reparar*, restaurar. ≠ Descomponer. **3** Aderezar, aliñar, hermosear, ataviar, adornar, engalanar, perfilar, acicalar, emperejilar (fam.), emperifollar (fam.), atildar, asear. ≠ Descomponer. ▮ Poniendo primor especial en los pormenores, *perfilar*, *acicalar*; refiriéndose solo a personas, *emperejilar*, *emperifollar*. **4** Amañar, falsear, falsificar. **5** Crear, escribir, formar, musicar.

comportable *adj.* Soportable, tolerable, sufrible, aguantable.

comportamiento *m.* Conducta, proceder.

comportar *tr.* Soportar, sufrir, tolerar, aguantar, conllevar. ► **2** *prnl.* Conducirse, portarse, proceder.

compostura *f.* Remiendo, reparación, restauración. ≠ Destrucción. ▮ Si se trata de algo más importante, *reparación*, y más aún *restauración*. Hablamos de la *compostura* o *remiendo* que se hace al calzado o a una prenda de vestir; de la *reparación* de una máquina descompuesta; de la *restauración* de un monumento artístico. **2** Aseo, adorno*, aliño. ≠ Desarreglo. **3** Falsificación, adulteración. **4** Ajuste, convenio, transacción. ≠ Inmodestia. **5** Modestia, recato, decoro, pudor, mesura, circunspección.

comprar *tr.* Adquirir*, mercar. ≠ Vender. ▮ *Adquirir* es término culto, que abarca no solo la compra, sino todos los medios de adquisición. *Mercar* coincide con comprar en su significado, pero hoy se emplea solo en los medios rurales y entre las clases populares. **2** Sobornar, untar, tapar la boca.

comprender *tr.* Abrazar, ceñir, abarcar, rodear, contener, incluir, encerrar, reunir, englobar. ≠ Excluir. **2** Entender, penetrar, concebir, alcanzar, darse cuenta, dar en el quid, ver el juego, caer en la cuenta, tragarse la partida, caer en el chiste. ≠ Ignorar, desacertar.

comprimir *tr.* Apretar, prensar, estrujar. ≠ Soltar. **2** fig. Oprimir. ≠ Ensanchar, soltar. **3** Reprimir, sujetar, contener. ≠ Soltar. ▮ «*Comprimir* supone quietud en la que se *comprime*; *reprimir* supone movimiento. Se *comprimen* los cuerpos elásticos; se *reprimen* el ímpetu, la violencia y la rapidez. Esta misma diferencia se nota en el curso metafórico de las dos voces. Se *comprime* un sentimiento; se *reprime* un arrebato. El que *comprime* su dolor *reprime* el llanto. Si no se *comprime* la cólera en su origen, muy difícil será *reprimirla* en sus explosiones.» (M). ▮ En el uso metafórico actual, a pesar de la explicación que antecede, se *reprimen* también los sentimientos, y no sólo sus manifestaciones exteriores. Precisamente el psicoanálisis habla de complejos motivados por tendencias o impulsos *reprimidos*. En este sentido, *comprimir* se usa muy poco en nuestros días.

comprobar *tr.* Cerciorarse, confirmar*, verificar. **2** Inspeccionar, examinar, reconocer, registrar, intervenir.

comprometer *tr.-prnl.* Exponer, arriesgar. ≠ Precaver. ▮ Ambos suponen mayor eventualidad e inseguridad que *comprometer*. El que *expone* o *arriesga* el capital en una empresa está menos seguro del éxito que el que lo *compromete*. **2** Obligar. ≠ Disculpar. ▮ «El acto de *obligarse* supone deber o reciprocidad; *comprometerse* supone oferta gratuita o condición. El que compra se *obliga* a pagar; el depositario se *obliga* a restituir el depósito. El que ofrece hacer un servicio se *compromete*; y lo mismo puede decirse si el servicio depende de alguna eventualidad, como: me *comprometo* a embarcarme, si hace buen tiempo.» (M).

compromiso *m.* Convenio, pacto, contrato, acuerdo. **2** Obligación, deber, empeño. **3** Apuro, dificultad, embarazo, aprieto, conflicto.

compuerta *f.* Tablacho.

compuesto *m.* Mezcla, mixtura, composición, agregado.

compuesto, -ta *adj.* fig. Mesurado, circunspecto. **2** Arreglado, aliñado, adornado, acicalado. ≠ Descompuesto.

compulsar *tr.* Cotejar, confrontar, comparar*.

compunción *f.* Arrepentimiento, contrición*.

compungido, -da *adj.* Arrepentido, contrito. **2** Contristado, afligido, pesaroso. ≠ Alegre.

cómputo *m.* Cálculo*, cuenta. **2** ASTRON. Epilogismo.

común *adj.* General, colectivo, comunitario, universal. ≠ Particular, individual. **2** Ordinario, vulgar. ≠ Extraordinario, personal. ▮ «Lo *común* es lo que abunda, lo que se ve con frecuencia, lo que muchos poseen. Lo *ordinario*, es lo ínfimo en calidad, lo que no se distingue por ninguna cualidad o circunstancia notable. Lo *común* depende de la cantidad; lo *ordinario*, de la condición; y así puede suceder que en un mercado mal provisto no sea *común* el paño *ordinario*. Lo *vulgar* es lo que es *común* en el vulgo, lo que pertenece al lenguaje y a los hábitos de las clases mal educadas de la sociedad.» (M). **3** Frecuente, habitual, corriente, normal, ordinario. ▮ Se aplican a todo aquello que está muy extendido o que se da con frecuencia. **4** Basto, ordinario, grosero, bajo. ► **5** *m.* Excusado, retrete*, evacuatorio.

comunicación *f.* Oficio, escrito, comunicado. **2** Trato, correspondencia.

comunicar *tr.* Impartir, hacer partícipe. ≠ Tapar, ocultar, omitir. **2** Anunciar, participar, noticiar, notificar*, avisar, informar, dar parte, manifestar, poner en conocimiento. ≠ Incomunicar, enmudecer, ocultar, tapar. ► **3** *prnl.* Corresponderse, relacionarse, contagiarse. ≠ Inmunizarse.

comunicativo, -va *adj.* Sociable, tratable, expansivo, comunicable. ≠ Callado, inaccesible.

conato *m.* Empeño, esfuerzo, propósito, intención. **2** Amago, iniciación, tentativa.

concatenación *f.* Encadenamiento, eslabonamiento. **2** RET. Epanástrofe.

concausa *f.* Factor.

concavidad *f.* Cuenco, seno, cavidad. ≠ Convexidad, prominencia.

concebir *tr.* Comprender, entender, percibir, penetrar, alcanzar. **2** Proyectar, imaginar, crear, idear, pensar.

conceder *tr.* Otorgar, conferir. ≠ Negar, desatender. ▮ *Conceder* acentúa el matiz de merced o dádiva graciosa; *otorgar* puede provenir de petición o ruego ajeno, o de conveniencia del que otorga. *Conferir* tiene especial solemnidad, y se refiere siempre a honores, atribuciones, poderes o cargos importantes. **2** Convenir, admitir, asentir, dar por cierto.

concejal, la *s.* Munícipe, regidor, edil.

concejo *m.* Ayuntamiento, municipio. ▮ *Concejo* se usa especialmente tratando de aldeas pequeñas, y es una forma particular de organización municipal.

concentrar *tr.* Reunir, centralizar, reconcentrar, condensar*. ≠ Desunir. ► **2** *prnl.* Reconcentrarse, abstraerse, abismarse, ensimismarse, enfrascarse, engolfarse.

concepto *m.* Idea, noción. **2** Pensamiento, sentencia. **3** Opinión, juicio.

conceptuar *tr.* Juzgar, estimar, tener por.

concerniente *adj.* Relativo, referente, atañente, tocante.

concernir *intr.* Atañer*, referirse a, interesar, tocar a, competer, tener que ver con, afectar, pertenecer, incumbir. ▮ Indican relación mayor o menor de una cosa con otra. *Afectar* implica interés directo o gran intensidad de la relación; una ley que me *concierne* es una ley que me *afecta*, pero en este último caso resalta más el daño o provecho que espero de ella.

concertar *tr.-prnl.* Pactar, ajustar, convenir, acordar, tratar. ≠ Desconcertar. **2** Componer, ordenar. **3** GRAM. Concordar.

concesión *f.* Permiso, licencia, gracia, privilegio. ≠ Negativa, descortesía. ▮ La *concesión* y el *privilegio* se refieren al bien que con ellos hace graciosamente el superior o la autoridad. *Permiso* y *licencia* hacen relación a los obstáculos o estorbos que deja de oponer. El *privilegio* y la *gracia* son de carácter particular y exclusivo. **2** RET. Epítrope.

concha *f.* Caparazón. **2** Valva. ▮ Cada una de las conchas de los moluscos.

conchabanza *f.* Aconchabamiento, confabulación, connivencia*, compadraje, compadrazgo.

conchabar *tr.* Amér. Asalariar, tomar a sueldo. ► **2** *prnl.* Confabularse*, concertarse, estar de manga.

concho *m.* Amér. Merid. Residuo, sedimento, borra, poso.

conciencia *f.* Consciencia. ▮ *Consciencia* se refiere generalmente al saber de sí mismo, al conocimiento que el espíritu humano tiene de su propia existencia, estados o actos. *Conciencia* se aplica a lo ético, a los juicios sobre el bien y el mal de nuestras acciones. Una persona cloroformizada recobra la *consciencia* al cesar los efectos del anestésico. Un hombre de *conciencia* recta no comete actos reprobables.

concienciar *tr.-prnl.* Sensibilizar.

concierto *m.* Orden, armonía, ajuste. **2** Pacto, acuerdo, convenio, unión, alianza, federación, confederación, liga, concordia, avenencia.

conciliábulo *m.* Conseja (col.), conventículo, camarilla, sinagoga (fig. y desus.), corrillo. ▮ La *camarilla* tiene carácter más o menos permanente. Todos ellos denotan ideas de reunión más o menos clandestina, ilícita o de algún modo reprobable. El *corrillo* sugiere principalmente murmuración y chismorreo.

conciliar *tr.* Concordar, armonizar, ajustar, concertar, reconciliar, avenir. ≠ Reñir, desavenirse. ▮ *Reconciliar* supone oposición o enemistad previa mucho mayor; p. ej.: se *concilia* a los litigantes de un pleito, y se *reconcilia* a los enemigos. ► **2** *prnl.* Granjearse, atraerse, ganarse, concitarse. ▮ *Granjearse, atraerse, ganarse* afectos, simpatías, votos, etc. Cuando se trata de sentimientos hostiles, *concitarse*: se *concitó* el odio de todos.

concisión *f.* Brevedad, sobriedad, laconismo. ≠ Prolijidad, imprecisión. ▮ El *laconismo* es la *concisión* extremada.

conciso, -sa *adj.* Lacónico, sucinto, breve, sobrio. ▮ Referidos al lenguaje o estilo. *Lacónico* se siente hoy como una exageración extremosa de *conciso*. ▮ «Lo *conciso* da más claridad; lo *lacónico* da más energía. El primero de estos dos estilos omite las palabras ociosas, los rodeos, los adornos inútiles, para exponer la idea con la más exacta precisión; el segundo indica con frases cortas y expresivas lo que debe entender o adivinar el lector. Las demostraciones geométricas, las distinciones de los sinónimos, deben ser *concisas*.» (LH).

conciudadano, -na *adj.* Paisano, compatriota, compatricio, connacional. ▮ *Paisano*, cuando se refiere al natural o habitante de una misma ciudad, comarca o región. Tratándose del de una misma nación, los tres últimos sinónimos.

concluir *tr.-prnl.* Acabar, terminar*, finalizar. ≠ Empezar, iniciar. **2** Ultimar, rematar. **3** Consumir, agotar, apurar, gastar. **4** Colegir, inferir, deducir*.

conclusión *f.* Fin, final, término*, epílogo, recapitulación, terminación. ≠ Prólogo, principio. **2** Deducción, consecuencia*, resolución, resultado. ► **3 En conclusión** *loc. adv.* En suma, por último, finalmente, en definitiva.

concluyente *adj.* Convincente, irrebatible, decisivo, terminante. ≠ Discutible, provisional, empezado. ▮ Los dos primeros, en lo que se refiere a la verdad o argumentación. Los dos últimos, en cuanto a la voluntad o mandato.

concomer *prnl.* Coscarse, escoscarse, recomerse, reconcomerse (intens.).

concomitante *adj.* Acompañante, asociado, concurrente, relacionado, coordinado. ▮ *Concomitante* se aplica solo a cosas (no a personas) que van asociadas u obran conjuntamente. Su uso es exclusivo de la terminología científica; p. ej.: hablamos de fenómenos *concomitantes*. Se limita a señalar la idea de asociación, sin decir nada sobre la conexión mutua de los hechos *concomitantes* ni su agrupación causal, a diferencia de *concurrente, relacionado* y *coordinado*.

concordancia *f.* Conformidad, correspondencia, concierto, acuerdo. ≠ Disconformidad, desproporción.

concordar *tr.* Convenir, concertar. **2** GRAM. Concertar.

concordia *f.* Conformidad, unión, armonía. ≠ Desavenencia, desarreglo, guerra. **2** Ajuste, convenio, acuerdo. ≠ Desavenencia.

concreción *f.* MED. Cálculo.

concubina *f.* Manceba, querida, barragana, amiga, amante.

concubinato *m.* Amancebamiento, abarraganamiento, amontonamiento.

conculcar *tr.* Hollar*, pisar, pisotear. ≠ Respetar, honrar. **2** fig. Quebrantar, infringir. ▮ Tratándose de una ley, convenio, etc.

concupiscencia *f.* Ambición, avidez, codicia, incontinencia, sensualidad, liviandad. ≠ Castidad, conformidad. ▮ Hablando de riquezas o poder, los tres primeros. Hablando de los placeres deshonestos, los tres últimos.

concurrencia *f.* Público, concurso, espectadores, auditorio, asistencia, afluencia. ▮ En espectáculos y reuniones, *espectadores, auditorio, asistencia*; si es muy numerosa, *afluencia*. *Concurrencia, concurso, asistencia* significan reunión numerosa de gente; pero la que forma la *concurrencia* es general y promiscua; la que forma el *concurso* se limita a los que se reúnen por deber, por derecho o por invitación; la que forma la *asistencia* se compone de los que toman parte en el objeto de la reunión. En paseos, en calles y en teatros hay *concurrencia*; en las sesiones académicas, en las ceremonias palaciegas, hay *concurso*; en los estrados de los tribunales hay *asistencia* de jueces, escribanos, abogados y relatores. **2** Coincidencia, convergencia, confluencia. ▮ Tratándose de cosas, sucesos o fenómenos. **3** Competencia, rivalidad.

concurrir *intr.* Asistir, reunirse, juntarse. ≠ Ausentarse, faltar. **2** Coincidir, converger, confluir, afluir, acudir. **3** Ayudar, cooperar, coaduyar, contribuir.

concursar *intr.* Competir, participar.

concurso *m.* Concurrencia*, asistencia. **2** Ayuda, cooperación, auxilio.

concusir *tr.* Cusir.

condenación *f.* Damnación, condena, pena, sanción, reprobación, execración, maldición, imprecación. ▮ *Damnación* en estilo elevado, esp. en los medios eclesiásticos refiriéndose a la eterna. En cambio no podría decirse: la *damnación* de una herejía, sino la *condenación* o *reprobación*. Tratándose de sanciones penales, *condena, pena, sanción*.

condenar *tr.* Reprobar, desaprobar. ≠ Disculpar. **2** Castigar, sancionar, penar. ≠ Absolver, salvar, perdonar, disculpar. **3** Cerrar, incomunicar, tabicar, tapiar, cegar. ▮ Tratándose de pasos, puertas, ventanas, etc.

condensar *tr.* Cuajar, coagular, espesar, concentrar. ≠ Liquidar, aclarar, aflojar, licuar. ▮ Se *condensan* los gases y los líquidos; solo los líquidos se *coagulan* y se *cuajan*, cuando se separan de ellos algunas sustancias que llevan en suspensión, como ocurre con la leche y el aceite. Las disoluciones se *espesan* y se *concentran*. **2** fig. Reducir, resumir. ▮ Tratándose de escritos o discursos.

condescendencia *f.* Complacencia, benevolencia, deferencia, consideración, respeto, atención, miramiento. ≠ Desatención, grosería. **2** Mimo, consentimiento, tolerancia, paciencia, aguante, indulgencia. ≠ Incomprensión.

condescender *intr.* Deferir, transigir, tolerar*. ≠ Negarse. ▮ *Deferir* implica cortesía o respeto; *transigir* es acomodarse en parte al parecer o voluntad ajena contra el propio deseo u opinión. → **contemporizar** **2** Hacerse de miel, dar por el gusto, hacerse una jalea, dar tiempo al tiempo. → **consentimiento**

condición *f.* Índole*, naturaleza. **2** Carácter*, genio, natural, humor*. **3** Estado, situación, posición, clase, categoría, calidad. **4** Restricción, cláusula, estipulación, circunstancia.

condimentar *tr.* Sazonar, adobar, aderezar, aliñar, cocinar*.

condimento *m.* Aliño, aderezo, adobo.

condolencia *f.* Compasión, conmiseración. ≠ Burla. **2** Pésame.

condonar *tr.* Perdonar, remitir.

condrila *f.* Ajonjera, juncal.

conducir *tr.* Dirigir, guiar. **2** Regir, administrar, gobernar, llevar las riendas. **3** Llevar, transportar. ► **4** *prnl.* Comportarse, portarse, proceder.

conducta *f.* Comportamiento, proceder.

conducto *m.* Tubo, canal, vía. **2** fig. Medio, órgano. ▮ «El *conducto* sirve para transmitir, el *medio* para ejecutar, el *órgano* para representar y para instruir. El subalterno se entiende con la autoridad superior por *conducto* de sus jefes. El jefe realiza sus planes por *medio* de los subalternos. Las noticias se comunican al público por el *órgano* de la prensa, y los agentes diplomáticos son los *órganos* de los gobiernos en sus relaciones mutuas.» (M).

condueño *com.* Condómino.
conduplicación *f.* RET. Epanástrofe.
conectar *tr.* Unir, enlazar. **2** Activar, encender, enchufar.
conexión *f.* Enlace, empalme, relación, unión, correspondencia, trabazón, encadenamiento, ilación, nexo, lazo, dependencia, alianza.
confabulación *f.* Conspiración, complot, conjura, conjuración. **2** Trama, intriga, maquinación, enredo. **3** Conchabanza, aconchabamiento, contubernio, connivencia*.
confabularse *prnl.* Conspirar, tramar, conjurarse, estar de manga, estar en el ajo, conchabarse, estar en connivencia. ▌ *Conchabarse,* además de ser voz que linda entre lo fam. y lo plebeyo, se aplica generalmente a la confabulación más menuda entre pocas personas. P. ej.: unos cuantos rateros están *conchabados* para declarar ante la policía; los revendedores se *conchaban* para subir el precio en un mercado; pero las grandes empresas se *confabulan* a fin de provocar la carestía de un artículo. *Estar en connivencia* es expresión más suave y significa hallarse en relación o contacto para mañas o fraudes: el prestidigitador estaba en *connivencia* con tres espectadores.
confalón *m.* ant. Gonfalón, bandera.
confederación *f.* Unión, liga, alianza, coalición, federación. ▌ Si se trata de unión de países que forman un Estado federal permanente, *federación.*
confederar *tr.* Federar, aliar, unir, coligar.
conferencia *f.* Conversación, coloquio. **2** Disertación.
conferenciante *com.* Conferencista (Amér.).
conferir *tr.* Conceder*, otorgar, proporcionar, dispensar.
confesar *tr.* Manifestar, declarar, reconocer, abrir el corazón, vaciar el saco, cantar de plano. **2** DER. Declarar, prestar declaración.
confeso, -sa *adj.-s.* Converso. **2** Lego, donado.
confiado, -da *adj.* Crédulo, cándido, sencillo, pagado de sí mismo, seguro de sí mismo. ≠ Inseguro, incrédulo, perspicaz. **2** Imprudente, ligero, irreflexivo, precipitado, atolondrado, aturdido, temerario. ≠ Prudente, reflexivo.
confianza *f.* Esperanza, seguridad, fe. **2** Familiaridad, llaneza, franqueza. **3** Expansión, efusión, comunicación, desahogo. ► **4 De confianza** *loc. adj.* De fiar.
confiar *intr.* Fiarse, abandonarse. ≠ Desconfiar, prevenirse. ▌ *Abandonarse* significa una confianza extrema. ▌ «La acción de *fiarse* es más amplia que la de *confiar,* y supone más abandono y seguridad que ésta. En *confiar* no hay más que esperanza: en *fiarse* hay seguridad. El acreedor *confía* en que se le pagará lo que se le debe, y no exige recibo porque se *fía* en la honradez de su deudor.» (M). **2** Encargar, encomendar, cometer. ► **3** *intr.-prnl.* Fiar, esperar, abandonarse, entregarse en manos, echarse en brazos, dejarlo en Dios.
confidencial *adj.* Reservado, secreto.
confidente *com.* eufem. Espía*, soplón (desp.), fuelle (burl.), espión, observador, agente secreto.
configuración *f.* Forma*, figura, conformación.
confín *m.* Raya, término, frontera, linde, divisoria, límite, lindero. ▌ *Raya, término* y *confín* se aplican con preferencia a grandes propiedades, municipios, comarcas, provincias, etc. *Frontera,* a naciones o países. *Linde* y *lindero,* a propiedades generalmente pequeñas. *Divisoria* se usa sobre todo en Geografía física; p. ej., la *divisoria* de una cuenca hidrográfica. *Límite* es denominación general que engloba el significado de estos vocablos y puede sustituirlos a todos.
confinamiento *m.* Relegación, destierro*. ▌ *Relegación* y *confinamiento* se diferencian de *destierro* en que circunscriben la vida del penado a un área determinada del territorio nacional. **2** Encierro, reclusión.
confinar *intr.* Limitar, lindar*, colindar. ► **2** *tr.* Desterrar, relegar. ► **3** *prnl.* Encerrarse, recluirse, retraerse.
confinidad *f.* Cercanía, contigüidad.
confirmar *tr.* Apoyar, sostener, autorizar, secundar. ≠ Desaprobar, desautorizar. **2** Ratificar, convalidar, revalidar, confimar, reafirmar, corroborar, comprobar, asegurar, afirmar, cerciorar, certificar, aseverar. ≠ Rectificar, negar. ▌ En conjunto, *confimar* tiene más relación con el entendimien-

to; *ratificar* es sobre todo un acto de la voluntad. ▮ «Se *confirma* lo dudoso, lo incierto, lo que sólo se sabe por probabilidades y conjeturas: se *ratifica* lo que carece de alguna de las condiciones necesarias para su validez. La *confirmación* se refiere a lo presente y a lo pasado; la *ratificación* tiene relación con lo futuro. Se *confirman* las noticias, las doctrinas, los rumores, las sospechas. Se *ratifican* las promesas los tratados, los propósitos. La experiencia *confirma*, la autoridad *ratifica*.» (M).

confiscación *f.* Comiso, decomiso, incautación. ▮ *Comiso* y *decomiso* se aplican a las mercancías. La *confiscación* y la *incautación* se refieren a toda clase de bienes muebles e inmuebles.

confitería *f.* Dulcería, pastelería.

conflicto *m.* Pugna, lucha, combate. **2** Disparidad, disidencia, disconformidad, desavenencia, desacuerdo, antagonismo, oposición, contraposición. **3** Dificultad, compromiso, apuro, apretura, aprieto, apretón, ahogo, reventón.

confluir *intr.* Converger, reunirse, juntarse. **2** Concurrir, afluir. ▮ Tratándose de gente, *concurrir*; en este caso *confluir* y *afluir* dan idea de gran número.

conformación *f.* Configuración, forma*, figura. ≠ Deformación.

conformar *tr.* Ajustar, concordar. ≠ Deformar. ▶ **2** *prnl.* Resignarse, avenirse, allanarse, acomodarse, adaptarse. ≠ Rebelarse.

conformidad *f.* Semejanza. **2** Adhesión, avenencia, acuerdo, consentimiento, aprobación. ≠ Disconformidad, discordancia, discordia. **3** Resignación, sufrimiento, paciencia.

confortar *tr.* Vigorizar, fortalecer, tonificar. ≠ Desalentar, desanimar. ▮ Tratándose del cuerpo. **2** Animar, reanimar, alentar, consolar, reconfortar. ▮ Hablando del ánimo.

confraternizar *intr.* Fraternizar.

confrontar *tr.* Carear. **2** Cotejar, compulsar, comparar. ▶ **3** *intr.* Lindar, consolidar, alindar, confinar.

confundir *tr.-prnl.* Mezclar (personas o cosas), involucrar (ideas o textos). **2** Desordenar, trastocar*. **3** Equivocarse, trabucarse. ≠ Conocer, saber. **4** Alucinar, ofuscar. **5** Humillar, abatir, avergonzar, abochornar, desconcertar, turbar, poner como un trapo, volver tarumba, vencer, hundir.

confusión *f.* Desorden, mezcla, mezcolanza, desbarajuste*, mesa revuelta, olla de grillos, campo de Agramante. **2** Equivocación, error*. **3** Perplejidad, desasosiego, turbación. ≠ Sosiego, claridad. **4** Abatimiento, humillación, vergüenza, bochorno. ≠ Desvergüenza.

confuso, -sa *adj.* Mezclado, revuelto, desordenado. **2** Oscuro, dudoso, inextricable*. **3** Turbado, temeroso, avergonzado, abochornado. **4** Confundido.

confutar *tr.* Refutar, impugnar, rebatir, contradecir*. ▮ «Se *confutan* y se *impugnan* las opiniones; se *rebaten* y se *refutan* las objeciones, los cargos. La diferencia entre los dos primeros verbos consiste en que el que *impugna* lucha, y el que *confuta* vence. La misma se nota entre los dos segundos, aunque estos denotan una acción más enérgica y esforzada que los dos primeros. Los filósofos modernos *impugnan* las doctrinas de los escolásticos. Los Santos Padres *confutan* las herejías. El fiscal *rebate* los argumentos del defensor. Verres no pudo *refutar* las acusaciones que Cicerón le dirigió.» (M).

congeniar *intr.* Avenirse.

congénito, -ta *adj.* Connatural*, ingénito, innato.

conglutinar *tr.* Unir, pegar, aglutinar. ▶ **2** *prnl.* Conglomerarse.

congoja *f.* Desmayo, angustia, fatiga, desconsuelo, aflicción, pena*, tormento, dolor, tribulación. ≠ Tranquilidad, euforia. **2** Ahogo, aprieto, apuro. **3** Ansiedad*, ansia*, inquietud, intranquilidad, agitación, zozobra, angustia.

congosto *m.* Desfiladero.

congratulación *f.* Felicitación, parabién, pláceme, enhorabuena.

congratular *tr.-prnl.* Felicitar, dar la enhorabuena, dar el parabién, dar los días, bañarse en agua de rosa.

congregación *f.* Cofradía. **2** Comunidad.

congregante, -ta *s.* Cofrade.

congregar *tr.* Juntar, reunir.

congreso *m.* Junta, reunión, asamblea*. **2** Parlamento, cámara.

congruencia *f.* Conveniencia, adecuación, oportunidad. ≠ Inconveniencia. **2** Ilación, conexión, coherencia*, cohesión*. ≠ Incongruencia.

congruente *adj.* Conveniente, adecuado, oportuno. **2** Enlazado, conexo, coherente, relacionado.

conjetura *f.* Hipótesis, supuesto, suposición*, presunción. ▮ *Hipótesis* y *supuesto* pertenecen a la ciencia y tienen una base racional mayor o menor. La *suposición* abarca todos los matices de los demás sinónimos: puede ser enteramente gratuita o basarse en diversos grados de probabilidad. ▮ «La *conjetura* se funda en alguna combinación de circunstancias o antecedentes que hacen probable una cosa. La *presunción* se puede fundar en una simple sospecha, recelo, malicia o preocupación. De aquí es que se dice: sacar una *conjetura*, esto es, deducir de los indicios o antecedentes alguna consecuencia probable. Pero no se saca una *presunción*.» (LH). **2** Cábala, pronóstico.

conjeturar *tr.* Suponer, calcular, presumir, creer, figurarse, barruntar, prever*, presentir, sospechar, entrever. **2** Discurrir, idear, inventar, inferir. **3** Profetizar, presagiar, adivinar*.

conjugar *tr.* Unir, enlazar, armonizar.

conjunción *f.* Unión, enlace, coincidencia.

conjuntamente *adv. m.-adv. c.* Juntamente, simultáneamente, a la vez. ≠ Aisladamente, personalmente.

conjuntiva *f.* Adnata.

conjunto *adj.* Junto, unido, contiguo. **2** Mezclado, incorporado. ► **3** *m.* Total*, totalidad, agregado.

conjura *f.* Conspiración, complot, conjuración.

conjurado, -da *adj.-s.* Conspirador.

conjurar *intr.-prnl.* Conspirar, tramar, maquinar, confabularse*. ► **2** *tr.* Exorcizar, alejar. **3** Implorar, instar, suplicar.

conllevar *tr.-prnl.* Aguantar, sufrir, soportar, tolerar, sobrellevar.

conmemoración *f.* Memoria, recuerdo*, rememoración. **2** Festividad, fiesta, solemnidad.

conmemorativo, -va *adj.* Conmemoratorio, memorativo, rememorativo.

conminar *tr.* Amenazar*. **2** Intimar.

conmiseración *f.* Compasión, lástima*, piedad, misericordia.

conmoción *f.* Sacudida, sacudimiento, choque. **2** Levantamiento, tumulto, disturbio. **3** Agitación, inquietud, intranquilidad, turbación, perturbación, alteración.

conmovedor, -ra *adj.* Emocionante, enternecedor, sentimental, patético.

conmover *tr.-prnl.* Sacudir, agitar, mover. **2** Afectar*, perturbar, emocionar*, turbar, enternecer, tocar en el corazón, ablandar, desenfadar, desencolerizar, desenojar, impresionar. ≠ Burlar, irritar, endurecer, enfadar. **3** Interesar, atraer, cautivar, seducir. ► **4** *tr.* Hurgar, incitar, pinchar, atizar, excitar. ► **5** *prnl.* Estremecer*, temblar, alterarse, sobresaltar, trepidar. **6** Sentir², afligirse, deplorar, dolerse, lamentarse.

conmutador *m.* Cortacorriente. **2** ELECTR. Interruptor.

conmutar *tr.* Trocar, cambiar, permutar. ▮ *Conmutar* se usa solo como término de Derecho (*conmutar* una obligación o una pena por otra) o científico (*conmutar* la corriente eléctrica).

connatural *adj.* Natural, nato, congénito, ingénito. ▮ *Natural* y *connatural* se dice de lo que es propio de la naturaleza de un ser viviente; p. ej.: la fiereza es *natural* o *connatural* del tigre. *Nato*, *congénito* e *ingénito* es lo que en un ser viviente procede desde su nacimiento. Así hablamos de una enfermedad o predisposión *nata*, *congénita* o *ingénita* por herencia biológica de un individuo determinado, sin que estas sean *naturales* o *connaturales* de su especie.

connaturalizarse *prnl.* Acostumbrarse, adptarse.

connivencia *f.* Acuerdo, confabulación, conchabanza, aconchabamiento, contubernio. ▮ *Connivencia* es gralte. una expresión más suave o eufemística, e implica a veces el simple disimulo o tolerancia más o menos culpable.

conocedor, -ra *adj.* Avezado, práctico, experimentado, experto, perito, versado. **2** Sabedor, enterado, informado, noticioso.

conocer *tr.* Entender, saber, comprender. ≠ Ignorar, olvidar. **2** Percibir, notar, advertir, darse cuenta, percatarse, saber de buena tinta, saber al dedillo, estar al cabo de la calle, estar en autos, calar, adivinar, descubrir.

conocible *adj.* Cognoscible. ▮ Este se usa principalmente en Filosofía.

conocido, -da *adj.* Acreditado, nombrado, renombrado, distinguido, notable. **2** Público*, notorio, patente, manifiesto, en boca de todos. **3** fig. Batido, andado, trillado, frecuentado.

conocimiento *m.* Cognición. **2** Epistemología. ▮ Etimológicamente, *epistemología* significa 'teoría del conocimiento'. **3** Entendimiento, inteligencia, razón natural, discernimiento. ≠ Ignorancia, inconsciencia. → **conocimientos** ► **4 Perder el conocimiento** *loc.* Desvanecerse, desmayarse, írsele la vista, caerse redondo, perder el sentido.

conocimientos *m. pl.* Saber, ciencia, erudición. → **conocimiento**

conquiliología *f.* Malacología.

conquiliólogo, -ga *s.* Malacólogo.

conquistar *tr.* Tomar, apoderarse de. **2** Ganar la voluntad, congraciarse, atraer, seducir, persuadir.

consagrar *tr.* Dedicar, destinar. ▮ *Consagrar* suponer eficacia, ardor, abnegación, por parte del sujeto, a la vez que un objeto elevado e importante. No sería propio *consagrar* muchas horas al tocador, al visiteo, etc. En cambio se *consagra* la vida al estudio, a la patria, a la santidad.

consciencia *f.* Conciencia.

consecución *f.* Logro, obtención.

consecuencia *f.* Deducción, conclusión, inferencia, ilación. ▮ «*Inferencia* e *ilación* son sinónimos. Se diferencian de la *consecuencia* en que ésta se deduce exclusivamente del raciocinio, y las otras dos pueden ser producto de la analogía, de la observación o de otra operación análoga. La consecuencia es inevitable y forzosa (como la *deducción* y la *conclusión*); la *inferencia* y la *ilación* son eventuales y variables según el modo de ver del agente. Si las premisas son verdaderas, la *consecuencia* no puede ser falsa; pero pueden sacarse *ilaciones* e *inferencias* falsas de hechos verdaderos y de observaciones correctas y exactas. El movimiento del Sol alrededor de la Tierra es una ilación errónea de fenómenos reales e incontrovertibles. De premisas verdaderas no puede deducirse más que una sola consecuencia; pero de un hecho o de una observación pueden salir muchas ilaciones, no sólo diversas entre sí, sino enteramente contrarias unas de otras, como sucede frecuentemente en la práctica de la medicina.» (M).

conseguir *tr.* Obtener, lograr, alcanzar*, salirse con la suya, salir airoso, cumplirse el deseo, ganar el pleito, sacar a pulso, dar en blando, aquistar, adquirir, conquistar. ≠ Perder, malograrse. **2** Pescar*, coger, lograr, agarrar, pillar, atrapar. ► **3** *tr.-prnl.* Granjear, captar, atraer.

conseja *f.* Cuento, fábula, patraña. **2** Conciliábulo.

consejero, -ra *s.* Consiliario, asesor, mentor, guía, maestro. ▮ *Consiliario* es voz docta que solo se usa en ciertos medios eclesiásticos.

consejo *m.* Parecer, dictamen, opinión, advertencia*, aviso, apercibimiento, admonición, amonestación, reflexión.

consenso *m.* Asenso, consentimiento.

consentido, -da *adj.* Mimado, malacostumbrado, malcriado.

consentimiento *m.* Asentimiento, asenso, anuencia, aquiescencia, aprobación, beneplácito, autorización, venia, licencia*, permiso, transigencia, tolerancia. ▮ Los seis primeros, cuando significan aceptación, admisión de un criterio ajeno. Si predomina la idea del *consentimiento* formal para hacer algo: *autorización, venia, licencia, permiso*. El *consentimiento* que damos a pesar de nuestra opinión o deseo, o venciendo alguna resistencia, *transigencia, tolerancia*. Para otros matices, véase *condescender* y *contemporizar*. **2** Mimo, tolerancia, transigencia, condescendencia. ≠ Intolerancia, intransigencia.

consentir *intr.-tr.* Admitir, aceptar, dar por cierto, hacer la vista gorda. ≠ Negar. ► **2** *tr.* Permitir*, tolerar*, condescender, sufrir*, autorizar, aprobar, acceder. ≠ Negar, desautorizar, oponer, desaprobar, denegar. ► **3** *intr.-tr.* Mimar, consentir, mal acostumbrar, mal inclinar, malcriar, enviciar, viciar. ▮ Estos sinónimos forman una serie intensiva. ► 4 *intr.* fig. Ceder, transigir, claudicar, rendirse.

conservar *tr.* Mantener, preservar (de algún daño o deterioro), cuidar, custodiar*. 2 Continuar, seguir. ≠ Perder. ▮ Tratándose de costumbres, virtudes, etc. 3 Guardar, retener.

considerable *adj.* Grande, cuantioso, numeroso. ≠ Escaso, pequeño, insignificante, desdeñable. 2 Serio, importante, grave. ≠ Nimio, baladí. ▮ *Grave* cuando se trata de algún daño.

consideración *f.* Atención, estudio, reflexión, meditación. ≠ Desatención. 2 Importancia, monta. 3 Urbanidad, respeto*, deferencia, miramiento, estima, cortesía. ≠ Desconsideración.

considerado, -da *adj.* Respetuoso, mirado, atento*, deferente, circunspecto, cortés. 2 Bienquisto, estimado, apreciado, querido, reputado. ≠ Desestimado, despreciado, malquisto.

considerar *tr.* Pensar*, reflexionar, meditar, examinar. 2 Juzgar, estimar, conceptuar, tener por, reputar por. 3 Respetar, estimar.

consiguiente **Por consiguiente** *loc. conj.* Por ello, por tanto, por lo tanto, en consecuencia, así pues, luego[2].

consiliario, -ria *s.* Consejero.

consistencia *f.* Duración, estabilidad, solidez, resistencia. ≠ Brevedad, inconsistencia, flojedad. 2 Trabazón, coherencia. ▮ Tratándose de la contextura interna de los cuerpos.

consolar *tr.* Animar, confortar, calmar, tranquilizar, reanimar, alentar, desahogar, aliviar. ≠ Apenar, desanimar.

consólida *f.* Consuelda, suelda. 2 **Consólida real** Espuela de caballero.

consolidar *tr.* Afianzar, asegurar, fortalecer, robustecer. ≠ Fallar, ablandar, caer.

consonancia *f.* Armonía, relación, proporción, conformidad. 2 Rima perfecta.

consonar *tr.* Armonizar. 2 Aconsonantar.

consorte *com.* Cónyuge.

conspicuo, -cua *adj.* Ilustre, insigne, visible, notable. ≠ Vulgar, invisible.

conspiración *f.* Conjura, conjuración, complot, maquinación.

conspirar *intr.* Conjurarse, confabularse, maquinar, tramar, estar en el ajo.

constancia *f.* Firmeza, perseverancia*, persistencia, tesón, tenacidad. ≠ Inconstancia, desaplicación. 2 Testimonio, certificación. ▮ Con los verbos *dar, hallar, quedar,* y otros: quedar c. de un hecho, de un acuerdo.

constante *adj.* Firme, perseverante, fiel, persistente, tenaz, terco*, voluntarioso, tesonero, tozudo, testarudo, obstinado. ▮ «El que no varía, es *constante*; el que no cede, es *firme*. El hecho solo de no mudar de opinión, de inclinación o de conducta, basta para acreditarse de *constante*. Para ser *firme*, es preciso tener que vencer las dificultades o contradicciones, y todo lo que puede oponerse a la *constancia*. Un hombre puede ser *constante* tal vez por costumbre, por irresolución, y aun por debilidad; pero sólo es *firme* el que resiste a todo lo que puede separarle de su resolución.» (LH). 2 Durable, duradero*, persistente. ▮ Dicho de las cosas. 3 Igual, invariable, regular.

constar *intr.* Componerse, constituir, consistir. 2 Ser cierto, hallarse escrito.

consternar *tr.-prnl.* Afligir, abatir, conturbar, desolar, aturdir. ≠ Consolar, animar. ▮ *Consternar* y *desolar* expresan estas ideas con más intensidad.

constitución *f.* Complexión, naturaleza, temperamento. 2 Contextura. 3 Ordenanza, ordenamiento, estatuto.

constituir *tr.* Formar, componer. ≠ Descomponer, desordenar. 2 Fundar, erigir, ordenar, establecer, instituir.

constreñimiento *m.* Coacción, apremio.

construir *tr.* Edificar, fabricar, erigir, levantar. ≠ Destruir, derribar. ▮ «Los tres verbos (*construir, edificar, fabricar*) se aplican a los artefactos que, además de ser de grandes dimensiones, requieren conocimientos especiales y facultativos. El verbo *edificar* sólo se emplea hablando de las obras que sirven para residencia del hombre, o en que se emplean los mismos materiales que en ella, como los puentes, los muelles, las cercas de piedra o ladrillo y las fortificaciones. No se dice *edificar*, sino *construir* o *fabricar* un navío o una máquina.» (M). ▮ «*Edificar* se refiere al edificio considerado en general, y conducido a su fin según su plan y proporciones. Construirse refiere a la operación material de su fábrica, a los trabajos y operaciones mecánicas con que se ejecuta. En tal año se edificó este palacio, y se construyó con solidez y buenos materiales. Por esto, de las partes de un edificio no se dice que se edifican, sino que se *construyen*, porque *edificar* recae sobre el todo. Se *construye* una pared, un tejado, un sótano; no se *edifican*.» (LH). ▮ *Erigir* y *levantar* se usan en sentido figurado y apreciativo como sinónimo de *edificar*. **2** Formar, componer. ≠ Descomponer, deformar.

consuelda *f.* Consólida, suelda. **2 Consuelda menor** Sínfito.

consuelo *m.* Alivio, descanso, aliento, lenitivo. **2** Gozo, alegría.

consueta *m.* Apuntador. → **consuetas**

consuetas *f. pl.* Sufragios. → **consueta**

consuetudinario, -ria *adj.* Acostumbrado, usual.

consultar *tr.* Deliberar, tratar, examinar. **2** Aconsejarse, asesorarse.

consultivo, -va *adj.* Asesor, dictaminador. ▮ P. ej.: someten las autoridades un asunto a una junta o comisión *consultiva, asesora* o *dictaminadora*.

consultor, -ra *adj.-s.* Asesor.

consumación *f.* Extinción, acabamiento, final, término*.

consumero *m.* Portalero.

consumido, -da *adj.* Flaco, extenuado, macilento.

consumidor, -ra *adj.-s.* Cliente, parroquiano, usuario.

consumir *tr.* Destruir, desgastar, acabar, agotar, extinguir. ≠ Guardar. **2** Desazonar, afligir. ≠ Animar. **3** Gastar, usar. ≠ Guardar, conservar. ▮ Tratándose de comestibles u otros géneros. **4** Sumir. ▮ En la misa.

consunción *f.* Consumición, consumimiento, gasto, desgaste, destrucción. **2** Agotamiento, extenuación, enflaquecimiento, tabes (MED.).

contable *com.* galic. Contador, tenedor de libros. ▮ *Contable* es galicismo innecesario.

contado, -da *adj.* Raro, poco, escaso. **2** Determinado, señalado.

contador, -ra *s.* Tenedor de libros, contable (galic.).

contagiar *tr.* Pegar, inficionar, infestar, contaminar, infectar (TECN.), inocular, transmitir. ▮ Cuando se hace por medios artificiales, *inocular*. **2** fig. Malear, pervertir, corromper.

contagio *m.* Contaminación, infección, inficionamiento. → **epidemia 2** fig. Perversión. **3** Transmisión, trasmisión, transferencia, propagación.

contagioso, -sa *adj.* Pegadizo, pegajoso, infeccioso, pestilente.

contaminar *tr.* Contagiar, inficionar, infectar, infestar. **2** fig. Pervertir, malear, mancillar, corromper.

contar *tr.* Referir, narrar, relatar, relacionar. ▮ Los tres primeros son de uso culto. *Narrar* y *relatar* sugieren extensión en lo contado, mayor que los demás. *Relacionar* se refiere a hechos reales, no imaginarios. **2** Computar, calcular, numerar.

contemplaciones *f. pl.* Complacencias, miramientos, mimos. → **contemplación**

contemplar *tr.* Mirar, considerar, meditar. ▮ *Contemplar* supone siempre gran atención o afecto particular.

contemporáneo, -ea *adj.-s.* Coetáneo, sincrónico, simultáneo. ≠ Asincrónico, asíncrono. ▮ Todos indican coincidencia en el tiempo, pero *contemporáneo* (y más aún *coetáneo*) se refiere a un largo período de límites indeterminados: Cervantes y Shakespeare son *contemporáneos*. *Coetáneo* se usa también aplicado a personas de la misma edad aproximada o que pertenecen a la misma generación cultural. *Sincrónico* denota correpondencia exacta de hechos o fenómenos: cuadro *sincrónico* de la literatura del siglo XVII; marcha *sincrónica* de dos relojes. *Simultáneo* señala coincidencia precisa en un tiempo definido: la llegada de los dos trenes fue *simultánea*.

contemporización *f.* Condescendencia, consentimiento, acomodo, arreglo, pastel, pasteleo. ≠ Intransigencia, desavenencia. ▮ Cuando se hace con miras interesadas, con malos fines o con excesiva transigencia, *pastel, pasteleo*.

contemporizar *intr.* Temporizar, pastelear. ▮ Cuando se hace con miras interesadas, y tomándose a mala parte, *pastelear*. → **condescender** → **consentimiento**

contender *intr.* Pelar, luchar, batallar, lidiar, medir las armas, combatir*. **2** fig. Competir*, rivalizar. **3** Disputar, debatir, discutir.

contener *tr.-prnl.* Comprender, abrazar, abarcar, encerrar, incluir. ▌«Los objetos *contenidos* llenan un vacío; los *comprendidos* cubren una extensión. Una caja *contiene* libros; un reino *comprende* varias provincias. El verbo *abrazar* se refiere al límite o línea exterior, como: los dos mares y los Pirineos *abrazan* la vasta extensión que se llama la Península Ibérica.» (M). **2** Reprimir, moderar, refrenar, dominar, sujetar, tirar del freno, tirar de la cuerda, reportarse, sobreponerse. ► **3** *tr.* Atajar, interrumpir, cortar, detener, parar.

contentamiento *m.* Contento*, satisfacción, complacencia, alegría*, regocijo, júbilo, alborozo, gozo.

contentar *tr.-prnl.* Satisfacer, complacer, agradar*, regocijarse. ≠ Degradar, apenar, entristecer.

contento *m.* Satisfacción, complacencia, contentamiento, alegría, júbilo*, alborozo*, regocijo, no caber de contento, estar como unas pascuas, estar en la gloria, dar saltos de alegría, holganza, placer. ≠ Insatisfacción, tristeza, dolor, pena. ▌«El *contento* es una situación agradable del ánimo causada, o por el bien que se posee, o por el gusto que se logra, o por la satisfacción de que se goza. Cuando el *contento* se manifiesta exteriormente en las acciones y palabras, es *alegría*. Los que tienen el genio naturalmente *alegre*, parece que están *contentos* y satisfechos de su suerte. Los que son naturalmente melancólicos, no están por lo común alegres, por más contentos y satisfechos que estén de su fortuna (...). Causa *contento* la buena conducta de un hijo, una noticia que satisface al ánimo, la vista de una acción virtuosa. Causa alegría el oír un chiste, una gracia que nos divierte, una música que nos agrada, el buen humor de un amigo.» (LH). ► **2 No caber de contento** *loc.* Gozar, regocijarse, divertirse, recrearse, disfrutar, complacerse, caérsele la baba.

contento, -ta *adj.* Satisfecho*, complacido, encantado, alegre*, gozoso, jubiloso, feliz, dichoso, venturoso, afortunado, fausto, campante, ufano. ≠ Infeliz, triste, desgraciado, infausto, insatisfecho.

contestable *adj.* Impugnable, discutible, rebatible, controvertible, refutable.

contestación *f.* Respuesta, objeción*. ▌Aunque ambos términos han llegado a ser casi equivalentes en la lengua moderna, la *contestación* se siente en general como más larga y razonada que la *respuesta*. La *respuesta* puede ser un sí o un no; una *contestación* suele implicar motivos, razones, etc. en relación con la pregunta.

contestar *tr.* Responder, replicar. ▌*Replicar* supone negación o contradicción total o parcial. Se *responde* a una llamada; se *contesta* una carta; se *replica* a una proposición con la cual no estamos conformes.

contextura *f.* Textura, estructura.

contienda *f.* Lucha, pelea, riña, pendencia, batalla*. **2** Disputa. **3** DEP. Partido, match (anglic.), encuentro.

contiguo, -gua *adj.* Limítrofe*, confinante, lindante, colindante, aledaño, rayano, fronterizo. **2** Inmediato*, junto, pegado. ≠ Separado, lejano. **3** fig. Afín, próximo, cercano.

continencia *f.* Moderación, templanza*. ≠ Destemplanza. **2** Castidad*, abstinencia. ≠ Impureza.

contingencia *f.* Eventualidad, casualidad*, posibilidad, ventura, suerte, acaso, ocurrencia, ocasión, coyuntura, azar*. ≠ Certeza, seguridad. **2** Riesgo, probabilidad, accidente. ≠ Seguridad.

continuamente *adv. m.* Incesantemente, sin intermisión, ininterrumpidamente, de una vez, de un golpe, a renglón seguido, sin interrupción, perpetuamente, siempre, perdurablemente, perennemente.

continuar *tr.* Proseguir, seguir, persistir, no dejar de la mano. ≠ Desistir, interrumpir. **2** Durar, permanecer. **3** Prolongar, alargar.

continuidad *f.* Persistencia, constancia, perseverancia.

continuo, -nua *adj.* Incesante, constante, persistente, asiduo*. ≠ Alterno, discontinuo.

contornear *tr.* Rodear, ceñir. **2** Perfilar.

contorno *m.* GEOM. Perímetro, periferia. ▌Si se trata de una figura curvilínea, *periferia*. **2** Afueras, alrededores, (cercanías), inmediaciones, proximidades, vecindad. ▮ *Contorno* se usa frecuentemente en plural.

contra *com.* Dificultad, inconveniente, estorbo, obstáculo. ► **2** *f.* Oposición.

contraaproches *m. pl.* Contratrinchera.

contrabajo *m.* Violón.

contrabalancear *tr.* Compensar, contrapesar.

contrabandista *adj.-s.* Metedor, matutero.

contrabando *m.* Matute. ▮ *Matute* es un *contrabando* en pequeña escala, y se dice pralte. de la introducción de mercancías en una población sin pagar el impuesto de consumos: entrar, pasar, *matute* o (algo) de *matute*. *Contrabando* se dice sobre todo tratándose de las aduanas en fronteras y puertos.

contrabasa *f.* Pedestal.

contracarril *m.* Contrarriel.

contracción *f.* GRAM. Crasis. **2** Sinéresis.

contracifra *f.* Clave.

contradecir *intr.-tr.* Impugnar, objetar, rebatir, refutar, opugnar (p. us.), confutar* (p. us.). ≠ Confirmar. ▮ *Contradecir* es oponerse a lo que otro dice, ya sea con razones o argumentos, ya por motivos afectivos o de índole no racional, como el llamado espíritu de contradicción. *Impugnar, objetar, rebatir, refutar* y el poco usado *opugnar* suponen necesariamente *contradecir* con argumentos, pruebas o razones. Cuando estas son convincentes *confutar*. Un niño respondón *contradice* las palabras o mandatos de su padre, no los *impugna* ni *refuta*. Una doctrina es *impugnada* o *refutada* por sus contrarios. *Impugnar* y *rebatir* acentúan el matiz de lucha o polémica que corresponden a su origen etimológico; *refutar* sugiere principalmente el razonamiento frío. **2** Devolver la pelota, sacudir el polvo, cascar las liendres.

contradicción *f.* Oposición, contrariedad. **2** Réplica, refutación.

contradictorio, -ria *adj.* Contrario, opuesto. ▮ «Lo *contrario* está en la esencia de las cosas; lo bueno es *contrario* a lo malo, lo justo a lo inicuo; y en el orden físico, la luz a la oscuridad, lo caliente a lo frío. Lo *contradictorio* está en la expresión verbal. Las frases 'quiero y no quiero', 'tonto discreto', 'selva sin árboles', son *contradictorias*. Lo *opuesto* está en la colocación. El polo ártico es *opuesto* al antártico; la costa *opuesta* a la de Andalucía es la de África. El uso de la voz *opuesto* en lugar de *contrario* es metafórico...» (M).

contraer *tr.* Adquirir. ▮ Tratándose de costumbres, vicios, obligaciones y enfermedades. ► **2** *prnl.* Reducirse, ceñirse. **3** Encogerse, estrecharse. ≠ Estirarse, alargarse.

contrafuerte *m.* ARQ. Botarel, espolón, estribo, machón.

contrahacer *tr.* Imitar*, falsificar*, adulterar, remedar, copiar*. ▮ Tratándose de cosas, *imitar*. *Falsificar* o *adulterar*, si se hace con intención de fraude. Tratándose de actos o personas, *remedar, imitar*.

contrahecho, -cha *adj.* Jorobado, corcovado, giboso, deforme.

contramarca *f.* Contraseña, marca*.

contraorden *f.* Contramandato.

contrapesar *tr.* Contrabalancear, compensar, igualar, subsanar.

contrapilastra *f.* Traspilastra.

contraponer *tr.* fig. Comparar, cotejar. **2** Oponer. ≠ Armonizar.

contraposición *f.* fig. Antagonismo, oposición, rivalidad.

contrariar *tr.* Oponerse, dificultar, entorpecer. ≠ Facilitar, ayudar. **2** Disgustar*, mortificar, desazonar. ≠ Contentar.

contrariedad *f.* Oposición. **2** Contratiempo, dificultad, obstáculo, estorbo. **3** Disgusto, desazón, decepción. ▮ En general, la *contrariedad* es menos importante que el *disgusto*, o es su expresión atenuada. Si llueve cuando iba a salir de paseo, siento *contrariedad*, y no *disgusto*. La *decepción* se produce cuando no se cumple algo que esperábamos, y es también más intensa que la *contrariedad*.

contrario, -ria *adj.-s.* Opuesto, dañino, dañoso, nocivo, perjudicial. **2** Contradictorio. ≠ Semejante. ► **3** *s.* Enemigo, antagonista, adversario, rival. ≠ Amigo.

contrarrestar *tr.* Resistir, hacer frente, afrontar, oponerse, arrostrar.

contrarriel *m.* Contracarril.

contrarroda *f.* MAR. Contrabranque.

contrarronda *f.* MIL. Sobrerronda, segunda ronda.

contraste *m.* Oposición, disparidad, desemejanza. **2** Almotacén (antic.), marcador (antic.).

contrata *f.* Contrato, ajuste, convenio, ocupación. ▌Toda *contrata* es un *contrato, ajuste* o *convenio*; pero *contrata* se limita por lo general a la ejecución de obras o prestación de servicios; o bien, entre actores, cantantes y toreros, *ocupación* o *ajuste*.

contratar *tr.* Pactar, convenir, acordar, estipular, ajustar.

contratiempo *m.* Percance, accidente, contrariedad, obstáculo, desgracia. ▌En ocasiones *contratiempo* se acerca al significado intensivo de *desgracia*.

contrato *m.* Acuerdo, pacto, convenio, ajuste, compromiso.

contratorpedero *m.* Cazatorpedero.

contratrinchera *f.* Contraaproches (antic.).

contraveneno *m.* Antídoto, antitóxico.

contravenir *tr.* Conculcar, quebrantar*, infringir, violar, vulnerar, transgredir, traspasar, incumplir. ≠ Obedecer, cumplir.

contraventana *f.* Puertaventana.

contribución *f.* Impuesto, tributo, subsidio, carga. **2** Ayuda, aportación, cooperación.

contribuir *tr.* Tributar. ≠ Eximir. **2** Ayudar, asistir, auxiliar, coadyuvar, cooperar, colaborar*, aportar.

contribulado, -da *adj.* p. us. Atribulado, afligido.

contrincante *m.* Competidor, rival, émulo.

contristar *tr.* Afligir, entristecer, apenar, apesadumbrar. ≠ Consolar.

contrito, -ta *adj.* Arrrepentido, compungido.

controversia *f.* Discusión*, debate, polémica*, disputa, lid. ▌*Controversia* supone una discusión larga o reiterada, gralte. sobre asuntos filosóficos o religiosos.

controvertible *adj.* Dudoso*, cuestionable, discutible.

controvertir *intr.-tr.* Discutir, debatir, polemizar, disputar, cuestionar, ventilar, dilucidar, examinar.

contubernio *m.* Confabulación, conchabanza, connivencia. ▌*Contubernio* acentúa el carácter vituperable e ilícito.

contumaz *adj.* Obstinado, porfiado, terco, pertinaz, tenaz, impenitente. ▌*Contumaz* significa concretamente el que mantiene porfiadamente un error; por esto en términos religiosos equivale a *impenitente*, se aplica principalmente al hereje o disidente doctrinal. *Terco* puede referise al carácter o a la manera de obrar, en tanto que *contumaz* se refiere sobre todo a la manera de pensar. **2** DER. Rebelde.

contundente *adj.* Tundente, golpeador. ▌En sentido material, cuando produce contusión. **2** fig. Decisivo, concluyente, terminante, convincente.

contundir *tr.* Golpear, magullar.

conturbar *tr.* Turbar, perturbar, inquietar, intranquilizar, azorar, sobresaltar, aturdir. ≠ Tranquilizar.

contusión *f.* Golpe, magulladura, magullamiento.

convalidar *tr.* Revalidar, confirmar*.

convencer *tr.* Persuadir, meter en cintura, meter en razón, meter en la cabeza, reducirse a razón, darse a buenas. ▌*Convencer* pertenece principalmente al orden intelectual o lógico. Se *convence* con razones, demostraciones, pruebas. Podemos *persuadir* también con ellas; pero *persuadimos* además con emociones, afecto, simpatía personal u otros medios que no actúan precisamente sobre el entendimiento.

convencimiento *m.* Convicción, persuasión.

convención *f.* Pacto, convenio. **2** Asamblea, reunión, congreso.

conveniencia *f.* Conformidad, correlación. **2** Concierto, convenio, ajuste. **3** Acomodo, colocación, puesto. **4** Utilidad, provecho, beneficio. → **conveniencias**

conveniencias *f. pl.* Decoro, decencia, urbanidad. → **conveniencia**

conveniente *adj.* Acomodado, adecuado, proporcionado, idóneo, útil, oportuno, provechoso. ▌Los cuatro primeros son gralte. expresiones objetivas de la aptitud para un fin, mientras que los tres últimos añaden un matiz de estimación subjetiva por parte del hablante, lo mismo que *conveniente*. **2** Conforme, concorde. **3** Decente, proporcionado, propio.

convenio *m.* Ajuste, pacto, acuerdo, arreglo, compromiso, contrato, avenencia, concierto, conciliación, transacción, contrata*. ≠ Discrepancia, desacuerdo.

convenir *intr.* Acordar, aceptar, coincidir, estar de acuerdo, quedar. **2** Acudir, juntarse, reunirse. **3** Corresponder, pertenecer, ser apropiado. ► **4** *prnl.* Ajustarse, concordarse. ≠ Desarreglarse.

conventículo *m.* Conciliábulo*.

convento *m.* Monasterio.

converger, convergir *intr.* Dirigirse, concurrir, coincidir, encontrarse. ≠ Divergir.

conversación *f.* Coloquio, diálogo, plática, charla, cháchara, palique, parloteo, entrevista, conferencia. ▌ *Coloquio* supone cierta familiaridad o confianza (*coloquio* amoroso, íntimo), cuando no se refiere a un modo de composición literaria (*coloquio* pastoril). *Diálogo* es literario (*diálogo* filosófico, del teatro, de la novela). *Plática* tiene sabor arcaizante o bien se refiere al sermón breve que pronuncia el sacerdote al pie del altar. *Charla* es conversación sin objeto determinado, por puro pasatiempo, y más aún *cháchara, palique* y *parloteo*, que acentúan su caracter familiar y sugieren principalmente el sonido animado de las voces. *Entrevista* supone un objeto determinado y serio. *Conferencia* tiene carácter grave, a causa de la importancia del asunto o de los interlocutores.

conversar *intr.* Hablar, platicar, departir, charlar, conferenciar, entrevistarse. ≠ Callar. ▌ *Charlar*, cuando se habla sin objeto determinado. *Conferenciar* y *entrevistarse* suponen un asunto importante. **2** Echar un párrafo, meter baza, traer a colación, pegar la hebra, meter su cuchara, sacar a colación. ≠ Callar.

conversión *f.* Mutación, transmutación, metamorfosis*, cambio. **2** RET. Epístrofe. **3** Traducción.

converso, -sa *adj.-s.* Confeso.

convertir *tr.-prnl.* Cambiar*, transformar, transmutar, metamorfosear. ► **2** *prnl.* Abjurar*, apostatar*, renegar, retractarse.

convicción *f.* Convencimiento, persuasión. ≠ Duda. **2** Creencia.

convidar *tr.* Invitar, dar una comida, dar de comer, hacer plato. ▌ *Invitar* se estima en general como más elegante que *convidar*. El uso de *convidar* va limitándose cada vez más a comer o beber; e *invitar* se emplea en general. Se *convida* a tomar café, a cenar. Se *invita* a asistir a una reunión, a un paseo; pero también se *invita* a comer o beber. **2** fig. Mover, incitar, ofrecer.

convincente *adj.* Persuasivo, concluyente, decisivo, suasorio. ▌ *Suasorio* pertenece al estilo elevado.

convite *m.* Invitación. **2** Convidada (fam.), banquete. ▌ *Banquete*, si es importante por su abundancia o suntuosidad.

convocar *tr.* Citar, llamar. ▌ La diferencia consiste en que se *convoca* a varias personas para que concurran a un acto o lugar determinado, y se *cita* o *llama* a varias o a una sola.

convocatoria *f.* Llamamiento, citación. ▌ Suelen hacerse por escrito.

convólvulo *m.* Gusano revoltón. **2** Enredadera.

convulsión *f.* Sacudida. **2** fig. Agitación, tumulto, motín. **3** Seísmo, temblor. ▌ La producida por un terremoto.

convulso, -sa *adj.* Agitado, trémulo, tembloroso.

conyugal *adj.* Matrimonial.

cónyuge *com.* Consorte.

cooperar *intr.* Colaborar, ayudar, coadyuvar.

coordinar *tr.* Ordenar, arreglar*, clasificar*. ≠ Desordenar, desorganizar. **2** Concertar, aunar. ▌ Tratándose de esfuerzos o medios para una acción común.

copada *f.* Cogujada, cugujada, cochevís, totovía, galerita.

copero *m.* ant. Pincerna.

copete *m.* Tupé. **2** Penacho.

copetuda *f.* Alondra, terrera, caladre, alhoja.

copia *f.* Abundancia, acopio, profusión. **2** Transcripción, traslado, trasunto, duplicado, ejemplar. ▌ *Duplicado* es segundo documento igual al primero. Es anglicismo impropio llamar *copias* a los *ejemplares* impresos de un libro, folleto, revista, etc.: de este libro se hicieron 5.000 *ejemplares* (no *copias*). **3** Plagio. **4** Reproducción, calco. **5** Imitación, remedo.

copiante *com.* Copista, amanuense, mecanógrafo, copiador, plagiario, multicopista. ▌ *Copista* es el que tiene por oficio *copiar*: si escribe a mano, *amanuense*; si a máquina, *mecanógrafo*. *Copiante* se aplica en general a cualquier persona que copia. *Copiador -ra* es un adj.-s. que hoy se usa en la acepción figurada de *plagiario*. Como masculino significa *copiador*, el libro en que se *copia* correspondencia, o la máquina *multicopista*.

copiar *tr.* Transcribir, trasladar. **2** Reproducir, calcar. **3** Imitar*, remedar, contrahacer*. **4** Plagiar*, fusilar (burl.).

copioso, -sa *adj.* Abundante, cuantioso, numeroso, considerable, opulento*. ≠ Escaso, pobre. **2** MED. Concentrado. ▌Aplícase a los medicamentos.

copla *f.* Estrofa, cantar, canción.

coplero, -ra *s.* desp. Poetastro (desp.), rimador, coplista (desp.), vate, trovador, bardo, poeta.

coraje *m.* Valor*, esfuerzo, arrojo, ánimo, ímpetu. ≠ Cobardía. **2** Irritación, ira, enojo, cólera, furia, rabia, berrinche*. ≠ Tranquilidad, desánimo.

coral *m.* Coralina.

coralina *f.* Coral. **2** Musgo marino.

corambre *f.* Odre, cuero, pellejo.

coránico, -ca *adj.* Alcoránico.

corazón *m.* fig. Ánimo, valor, espíritu, esfuerzo. **2** Sensibilidad, sentimiento, amor. **3** Centro, interior, cogollo, riñón. ▌P. ej.: hablamos del *corazón* de una ciudad, de un madero. **4 Corazón de León** (estrella) Régulo (ASTRON.). ► **5 Helársele el corazón** *loc.* Estar enajenado, estar fuera de sí, papar moscas, ver visiones. **6 Meter el corazón en un puño** Estar con el alma en vilo, intranquilizarse, alarmarse, inquietarse, asustarse, sobresaltarse, atemorizarse. ≠ Tranquilizarse, apaciguarse, sosegarse, calmarse, serenarse.

corazonada *f.* Atranque, impetu, impulso, pronto. **2** Presentimiento, barrunto*, suposición*. **3** Corada, asadura.

corazoncillo *m.* Hipérico, cori, hierba de San Juan.

corbeta *f.* Fragata ligera.

corchete *m.* Gafete. **2** IMPR. Llave.

corchoso, -sa *adj.* Suberoso (tecnicismo).

corcova *f.* Joroba, giba, chepa, cifosis (científ.), lordosis. ▌La que tiene prominencia anterior, *lordosis*.

corcovado, -da *adj.-s.* Jorobado, jorobeta (desp.), contrahecho, jiboso, cheposo, corcobeta (desp.).

cordaje *m.* Jarcia, cordelería.

cordal *m.* Puente. ▌En los instrumentos de cuerda.

corderaje *m.* Chile. Borregada.

cordialidad *f.* Afecto, amabilidad. ≠ Desafecto, enemistad. **2** Franqueza, llaneza, sinceridad.

cordiforme *adj.* Acorazonado.

cordillera *f.* Cadena de montañas, sierra.

cordura *f.* Prudencia, juicio, sensatez, seso, moderación, mesura, comedimiento. ≠ Locura, insensatez, indiscreción, descomedimiento, desmesura.

corea *f.* Baile de San Vito.

coreo *m.* Troqueo.

corindón *m.* Esmeralda oriental, zafiro. ▌La variedad azul es el *zafiro*.

corito, -ta *adj.* Desnudo, en cueros, en carnes, como los parió su madre. **2** fig. Encogido, pusilánime.

coriza *m.* Romadizo.

cormofita *adj. f.* Rizofita.

cornac, cornaca *m.* Naire.

cornalina *f.* Alaqueca, cornelina, cornerina, corniola, restañasangre.

cornamenta *f.* Cuerna, encornadura, herramienta.

corneja *f.* Chova. **2** Buharro, buaro.

cornejo *m.* Cerezo silvestre, corno, durillo, sangüeño, sanguino, sanguiñuelo.

cornicabra *f.* Cornezuelo (variedad de aceituna).

cornisamento *m.* Entablamento, cornisamiento.

corno *m.* (arbusto) Cornejo.

corona *f.* Diadema, aureola, auréola, lauréola, nimbo. **2** Reino, monarquía. **3** Tonsura. **4** Coronilla.

coronilla *f.* Corona.

coroza *f.* Rocadero.

corporación *f.* Asociación, entidad, comunidad, sociedad*. ▌La *corporación* es generalmente de carácter público. Probablemente por influencia del inglés, es frecuente en varios países de Amér. llamar *corporaciones* a las grandes sociedades industriales. **2** Institución, establecimiento, fundación, instituto.

corporal *adj.* Somático, corpóreo. ≠ Espiritual, anímico, incorpóreo, inespacial. ▮ *Corpóreo* puede referirse tanto al cuerpo de los seres vivos como al inanimado, en tanto que *corporal* se refiere al cuerpo humano o animal, y se opone a espiritual, anímico, etc. *Corpóreo* se opone a incorpóreo, inespacial.

corpulento, -ta *adj.* Gordo*, grueso, voluminoso, corpudo, fornido, robusto, membrudo, recio. ≠ Pequeño, endeble.

corral *m.* Corraliza, corte, cortil.

correal *m.* Estezado.

corrección *f.* Enmienda, retoque, rectificación, modificación. ≠ Ratificación. **2** Represión, censura, castigo*, correctivo, pena. ≠ Premio. **3** RET. Epanortosis. **4** Cortesía, urbanidad, comedimiento. ≠ Incorrección.

corredor *m.* Pasillo, pasadizo.

corregir *tr.* Enmendar, retocar, modificar, subsanar, salvar, poner enmienda, traer a buen camino, sentar la cabeza. ≠ Ratificar. ▮ Todos ellos están englobados en el significado general de *corregir*, pero cada uno de estos verbos tiene aplicaciones especiales. Se *enmiendan* los defectos, las equivocaciones. *Retocamos* los pormenores. *Modificamos* el pensamiento, las ideas, la forma. Se *subsanan* los olvidos, los defectos, los posibles malentendidos. **2** Advertir, amonestar, reprender, castigar. **3** Moderar, templar, suavizar, atemperar. ≠ Empeorar. ► **4** *tr.-prnl.* Reformar, reordenar, reorganizar, moralizarse.

correr *intr.* Transcurrir, pasar. **2** Huir, escapar, poner los pies en polvorosa. **3** Deslizarse, resbalar. ► **4** *tr.* Recorrer, viajar. **5** Acosar, perseguir. ► **6** *prnl.* Avergonzarse, confundirse, abochornarse. **7** Extenderse, propagarse, divulgarse, propalarse. ► **8** *tr.* Amér. Despedir, expulsar.

correría *f.* Incursión, razzia, algara (antic.), cabalgada (antic.). ▮ Estos dos últimos, tratándose de gente a caballo.

correspondencia *f.* Conexión, relación*. **2** Relación, trato, reciprocidad. **3** Correo. ► **4 A correspondencia** *loc. adv.* A proporción, al respecto, respectivamente.

corresponder *intr.* Tocar, pertenecer, incumbir, atañer*, concernir. **2** Escribirse. **3** Amarse, quererse, atenderse.

corretaje *m.* Correduría. **2** Comisión.

corrido, -da *adj.* Experimentado, avezado, ducho. **2** Avergonzado, confundido, abochornado, con el rabo entre piernas. **3** Transcurrido, pasado. ▮ Tratándose del tiempo.

corriente *adj.* Actual, presente. **2** Aceptado, admitido, común, usual, ordinario, general*. ≠ Extraordinario. **3** Fluido, licuable. ≠ Espeso, seco. ► **4** *adv. m.* De acuerdo, conforme, está bien.

corrillo *m.* Conciliábulo*, conventículo.

corrimiento *m.* Deslizamiento. **2** fig. Vergüenza*, rubor, empacho, bochorno, confusión.

corroborar *tr.* Confirmar*, reafirmar, robustecer, ratificar, apoyar. **2** MED. Vivifivar, tonificar, vigorizar.

corrobra *f.* Alboroque, robra, robla.

corroer *tr.* Roer*, desgastar.

corromper *tr.* Echar a perder, dañar, pudrir. **2** fig. Viciar, pervertir, depravar. **3** Sobornar, cohechar, untar. **4** fam. Incomodar, molestar, fastidiar. ► **5** *intr.* Oler mal, heder.

corrosivo, -va *adj.* Mordaz (esp. fig.), mordicante, mordiente. ▮ Los dos últimos, tratándose de acción química.

corrupción *f.* Descomposición, putrefacción. ≠ Salud. **2** Depravación*, perversión. ≠ Virtud. **3** Corruptela, soborno, cohecho. ▮ La *corruptela* no llega a tal grado de maldad como el *soborno* y el *cohecho*; es una mala costumbre o un abuso introducido contra la ley. **4** Mal olor, hedor.

corruscar *intr.* poét. Brillar, resplandecer.

corsario *m.* Pirata, filibustero, bucanero. ▮ En el mar Caribe tuvo los nombres de *filibustero* y *bucanero*.

cortacorriente *m.* Conmutador.

cortado, -da *adj.* Ajustado, proporcionado. **2** Clausulado, inciso, indigente (Argent.). ▮ Tratándose del estilo.

cortadura *f.* Corte, incisión* (TECN.), sección, escisión, partición, desgarro. **2** Grieta, abertura, hendidura.

cortafrío *m.* Tajadera.

cortalápices *m.* Sacapuntas.

cortante *adj.* Tajante.

cortapicos *m.* Tijereta (insecto).

cortapisa *f.* Traba, restricción, limitación, condición, dificultad, estorbo.

cortar *tr.* Dividir*, separar, tajar, sajar, amputar. ▮ Los dos últimos, tratándose de alguna parte del cuerpo. **2** Recortar. **3** Suspender, detener, atajar, interrumpir. ▸ **4** *prnl.* Turbarse, embarullarse. **5** Cuajar, arrequesonarse, coagular* (científ.). ▮ Tratándose de la leche.

corte [1] *m.* Filo. **2** Incisión (Tecn.), cortadura, tajo, sección*. ▮ Si es grande o hecho con violencia, *tajo.*

corte [2] *f.* Acompañamiento*, cortejo, comitiva, séquito. **2** Amér. Tribunal de justicia. → **cortes** **3** Establo, presepio (latinismo), cuadra, caballeriza, bostar, boyera (antic.), boyeriza (antic.). ▸ **4 Hacer la corte** *loc.* Rondar la calle, festejar, cortejar, galantear, tirar los tejos, poner los ojos tiernos, ligar (fam.).

cortedad *f.* Pequeñez, escasez. ≠ Abundancia. **2** Vergüenza*, apocamiento, encogimiento, empacho, timidez. ≠ Decisión.

cortejar *tr.* Galantear*, enamorar, hacer la corte, pasear la calle, rondar la calle.

cortejo *m.* Acompañamiento*, comitiva, séquito, comparsa*.

cortes *f. pl.* Parlamento, cámara, asamblea nacional. → **corte**[2]

cortés *adj.* Atento*, afable*, amable, considerado, obsequioso, fino, urbano, modoso, bien criado. ≠ Incorrecto, maleducado, desagradable.

cortesano *m.* Palaciego.

cortesano, -na *adj.* Cortés, atento, afable, amable, fino.

cortesía *f.* Urbanidad*, educación*, finura, amabilidad, afabilidad. **2** Cumplimiento, cumplido. **3** Regalo, obsequio.

cortezuela *f.* Crústula (científ.).

cortijo *m.* And. Alquería, granja, rancho (Amér.).

cortinilla *f.* Visillo.

corto, -ta *adj.* Breve, sucinto, sumario, compendioso. ≠ Largo, extenso, duradero. ▮ *Breve* se aplica a la duración, en tanto que *corto* puede referirse a la extensión y a la duración. *Sucinto, sumario, compendioso,* se refieren a la exposición oral o escrita de una materia, relato, explicación, etc. ▮ «*Corto* se refiere a la materia; *breve,* al tiempo; *conciso,* al modo. Un capítulo de pocos renglones es *corto,* porque no hay en él mucha materia; es *breve,* porque se lee en poco tiempo; es *conciso,* porque en pocas palabras dice todo lo que hay que decir.» (LH). **2** Escaso, reducido, chico*. ≠ Abundante. **3** De pocos alcances, limitado. **4** Tímido, encogido, apocado, vergonzoso. ≠ Atrevido. ▸ **5 Corto de vista** *loc. adj.* Miope.

cortón *m.* Alacrán cebollero, grillo cebollero, grillotalpa.

coruscar *intr.* poét. Brillar, resplandecer.

corva *f.* Jarrete, tarso (científ.).

corvejón [1] *m.* Jarrete.

corvejón [2] *m.* Cuervo marino.

corvo, -va *adj.* Curvado, recorvo, arqueado, combado.

coscoja *f.* Chaparra, maraña, mata rubia, matarrubia.

coscojal, coscojar *m.* Marañal.

cosecha *f.* Recolección, recogida.

cosechar *intr.-tr.* Recoger, recolectar (lit.).

cosicosa *f.* Quisicosa, quesiqués, adivinanza, enigma.

cosmético *m.* Maquillaje, afeite.

cósmico, -ca *adj.* Espacial, galáctico, sideral.

cosmografía *f.* Uranografía.

cosmógrafo *m.* Uranógrafo.

cosmopolita *adj.* Universal, mundial, internacional.

cosmopolitismo *m.* Internacionalismo.

cospel *m.* Flan, tejo.

costa [1] *f.* Coste, costo, precio, valor. ▮ El uso no lo diferencia con claridad. *Costa* es el más antiguo, y en general se aplica hoy al gasto de lo que consumen dos o más personas, o a lo que no se paga en dinero: pagar la *costa* en un café; pagar la *costa* de la risa; sufría la *costa* de su negligencia en trabajos y disgustos. En el lenguaje judicial, pagar las *costas. Costes* es el precio en dinero: el *coste* de un mueble, precio de *coste. Costo* se usa principalmente aplicado al conjunto de una obra importante, o entre economistas: *costo* de un puente; *costo* de producción. Precio se refiere pralte. al *coste* por unidad (kg., metro, litro, etc.), aunque también se aplica al importe total en sus acepciones rectas o figuradas.

costa [2] *f.* Costera, litoral.

costado *m.* Flanco, lado, banda. **2** Línea (en genealogía).

costal *m.* Quilma, saco.
costalada *f.* Batacazo, trastazo.
coste *m.* Costa, costo, precio, valor.
costear *tr.* Pagar*, abonar, satisfacer, sufragar.
costo *m.* Coste, costa[1]*, precio, valor.
costoso, -sa *adj.* Caro, dispendioso, gravoso. ≠ Barato.
costra *f.* Corteza, encostradura. **2** Postilla. **3** Pupa. ▮ Especialmente en los labios.
costumbre *f.* Hábito. **2** Uso, usanza, práctica.
costura *f.* Cosedura (p. us.), cosido, sutura. ▮ *Cosedura,* acción de coser; en cirugía e historia natural, *sutura.* **2** Labor, bordado, punto, encaje.
cotejar *tr.* Parangonar, comparar*, compulsar, confrontar. ▮ Estos dos últimos, cuando se trata de escritos, ediciones, etc.
cotidiano, -na *adj.* Cuotidiano, diario.
cotilleo *m.* Chisme, murmuración, habladuría.
coto [1] *m.* Término, límite.
coto [2] *m.* Postura, tasa.
coto [3] *m.* Amér. Merid. Bocio, papera.
cotral *adj.* Cutral.
coxal *adj.* Hueso innominado.
coyunda *f.* Cornal, cornil. **2** fig. Matrimonio.
coyuntura *f.* Articulación*, juntura. ▮ La *coyuntura* es la *articulación* o *juntura* movible de un hueso con otro. **2** Ocasión*, sazón, circunstancias, tiempo, oportunidad, coincidencia.
crascitar *intr.* Crocitar, croscitar.
crasis *f.* GRAM. Contracción. **2** MED. Constitución, temperamento.
craso, -sa *adj.* Grueso, gordo, espeso. ▮ Tratándose de líquidos, *espeso.* **2** Untuoso, pingüe, grasiento.
creador, -ra *adj.-s.* Dios. **2** Inventor, autor, productor. **3** Fundador.
crear *tr.* Criar. ▮ *Criar* es de aplicación más material y concreta: *criar* un niño, animales, vinos. *Crear* es más universal y abstracto: Dios *creó* el mundo, después *creó* al hombre; el papa *crea* cardenales; por esto se usa con preferencia *crear* en las demás acepciones de este artículo. **2** Instituir, fundar, establecer. **3** Producir, inventar, hacer, componer. ▮ Tratándose de obras literarias o musicales, *componer.*
crecer *intr.-tr.* Aumentar, desarrollarse, acrecentar, acrecer, subir. ≠ Decrecer. ▮ *Aumentar,* en sus acepciones intr. (*crecer* y *desarrollarse*), sugiere un aumento progresivo, mientras que en *aumentar* y *subir* puede ser progresivo o de una sola vez. *Acrecentar* y *acrecer* coinciden con *crecer* en indicar acción progresiva; pero se diferencian de él en que siempre son transitivos. ▸ **2** *intr.* Adelantar, progresar.
crecida *f.* Aumento, subida, llena, desbordamiento, riada, avenida, creciente (Amér.), inundación. ▮ *Aumento* o *subida* del agua en los ríos y arroyos. Cuando llegan a salir de madre, *llena, desbordamiento, riada, avenida.*
crecido, -da *adj.* Grande, numeroso, cuantioso. **2** Alto, talludo. ≠ Bajo.
crecimiento *m.* Desarrollo, aumento.
crédito *m.* Asenso, asentimiento. **2** Reputación, fama, autoridad, prestigio, renombre. **3** Confianza, responsabilidad, solvencia. ▸ **4 A crédito** *loc. adv.* Al fiado.
credo *m.* fig. Doctrina, programa.
credulidad *f.* Candidez, sencillez, ingenuidad, tragaderas, tragadero, creederas. ≠ Incredulidad, duda. ▮ Las tres últimas pertenecen al habla familiar.
crédulo, -la *adj.* Confiado, cándido, sencillo, candoroso, incauto. ≠ Incrédulo, desconfiado. **2** irón. o desp. Papanatas, papahuevos, papamoscas, papatoste, simple, bobalicón, tontaina, tragaldabas.
creencia *f.* Convicción, asentimiento, opinión, conformidad. **2** Crédito, confianza, fe. **3** Religión, secta.
creer *tr.* Tener fe, dar por cierto, dar crédito, dar oído, prestar oídos, tener buenas tragaderas, tragarse la píldora, esperar*. **2** Pensar, juzgar, conjeturar, entender, opinar, estimar.
creíble *adj.* Posible, probable, verosímil, verisímil, creedero. ▮ Estos sinónimos están ordenados según su grado de verosimilitud, de menor a mayor.
crema [1] *f.* Natillas.
crema [2] *f.* GRAM. Diéresis.
cremación *f.* Quema, quemazón. ▮ *Cremación* es voz docta que se usa en la significación concreta de *cremación* de cadáveres, y también de basuras. **2** Incineración, cine-

ración. ▮ Estos dos se aplican únicamente a la *cremación* de cadáveres.

crematístico, -ca *adj.* Pecuniario*, monetario.

crencha *f.* Raya, carrera (p. us.), partidura.

crepúsculo *m.* Lubricán.

cresa *f.* Queresa, querocha, moscarda. **2** Saltón. ▮ La que suele criarse en el tocino y el jamón.

crespo, -pa *adj.* Encarrujado, retorcido, rizado, ensortijado, rizo. ≠ Laso. **2** Irritado. ≠ Abatido.

crestomatía *f.* Trozos escogidos, antología, florilegio, analectas, selectas. ▮ Aunque suelen tenerlo, *antología* y *florilegio* no tienen necesariamente carácter docente. *Analectas* y *selectas* son menos usuales.

crestón *m.* Farallón, farellón.

criadero *m.* Plantel, vivero. ▮ Tratándose de plantas. **2** Mina, venero.

criadilla *f.* Testículo. **2** Patata. **3 Criadilla de tierra** Turma, trufa. ▮ La *trufa* es una de las variedades más apreciadas de la *turma*.

criado, -da *s.* Fámulo, familiar, sirviente, servidor, doméstico, mozo, fregona (burl.), menegilda (burl.), maritornes (burl.), sirvienta, muchacha de servir, muchacha de servicio, mucamo (Argent.). ▮ *Fámulo* y *familiar* se usan en los medios eclesiásticos; *sirviente, servidor* y *doméstico* son voces más escogidas; *mozo* se usa pralte. en los medios rurales, o designan a los que se ocupan en los menesteres más humildes.

crianza *f.* Amamantamiento, lactancia. **2** Educación, instrucción. **3** Urbanidad, atención, cortesía, modos.

criar *tr.* Crear. **2** Producir. **3** Amamantar, lactar. **4** Educar, instruir.

criatura *f.* Niño, chico, chiquillo, crío. **2** fig. Hechura.

criba *f.* Harnero, cribo, zaranda.

cric *m.* Gato (para levantar pesos).

crimen *m.* Delito, culpa. **2** Asesinato, homicidio.

criminal *adj.-com.* Delincuente, culpable, malhechor, maleante, asesino, homicida.

criminalista *com.* Penalista.

criminar *tr.* Acusar, acriminar, imputar.

crioscopia *f.* Criología.

cripta *f.* Bóveda, caverna*, cueva*.

crisálida *f.* Ninfa (en los insectos).

crisis *f.* Mutación, cambio. ≠ Permanencia. ▮ En las enfermedades. **2** Peligro, riesgo.

crisopeya *f.* Alquimia.

crispar *tr.* Contraer, encoger. ▮ La acción de *crispar* es repentina y pasajera.

cristal *m.* Luna. ▮ En un espejo, un escaparate, etc.

cristalino, -na *adj.* Claro, transparente, diáfano.

cristianar *tr.* Bautizar, acristianar, batear (antic.), cristianizar. ▮ En algunas comarcas, se sigue utilizando *batear*.

criterio *m.* Juicio, discernimiento, opinión*. ≠ Irreflexión, desarreglo.

crítica *f.* Juicio, examen, censura. **2** Murmuración, detracción.

criticable *adj.* Censurable, reprensible.

criticar *tr.* Examinar, juzgar. **2** Censurar, reprender, reprobar.

criticón, -ona *adj.-s.* desp. Reparón, murmurador, motejador.

croquis *m.* Diseño, tanteo, esbozo, boceto.

crótalo *m.* Castañuela. **2** Culebra, serpiente de cascabel.

crucifijo *m.* Cristo.

crudeza *f.* fig. Aspereza, desabrimiento, rigor, rigidez, rudeza. ≠ Suavidad. **2** Fanfarronería, valentía. ≠ Cobardía.

cruel *adj.* Feroz, brutal, salvaje, sanguinario, despiadado, inhumano, bárbaro, sangriento, atroz, fiero. ▮ Los cuatro primeros se aplican a personas y animales, o también a sus actos. *Despiadado, inhumano, bárbaro,* solo a personas y actos humanos. *Sangriento* se dice únicamente de los actos. **2** Duro, violento, riguroso, crudo, doloroso, excesivo, angustioso, lacerante. ▮ Tratándose de pasiones y afectos. **3** Empedernido*, endurecido, implacable, inexorable, despiadado. ≠ Piadoso.

crueldad *f.* Ferocidad, barbarie, inhumanidad, brutalidad, sevicia, barbaridad*. ≠ Humanidad. **2** Dureza, violencia, rigor. ≠ Suavidad, paciencia.

cruento, -ta *adj.* Sangriento.

cruzar *tr.* Atravesar, pasar.

cuaderna *f.* MAR. Orenga.

cuaderno *m.* Libreta.

cuadra *f.* Caballeriza, establo. **2** Amér. Manzana (de casas). ▮ Distancia entre los ángulos de una *manzana* de casas.

cuadrado *m.* MAT. Segunda potencia.

cuadrado, -da *adj.-s.* Cuadro. **2** fig. Perfecto, cabal, exacto.

cuadrar *intr.* Agradar, gustar, satisfacer, cuajar, llenar, convenir, cuacar (Colomb.). **2** MAT. Elevar al cuadrado.

cuadricular *tr.* PINT. Cuadrar, recuadrar.

cuadril *m.* Anca. **2** Cadera.

cuadrilátero, -ra *adj.-m.* Tetrágono.

cuadrilongo, -ga *adj.* Rectangular.

cuadrilla *f.* Grupo, equipo, personal, colectivo, gente. **2** desp. Partida, pandilla, gavilla*, facción*.

cuadrisílabo, -ba *adj.* Cuatrisílabo, tetrasílabo.

cuadro *m.* Cuadrado. **2** Rectángulo. **3** Lienzo, pintura. **4** Marco.

cuajada *f.* Cáseo (TECN.). **2** Requesón.

cuajaleche *m.* Amor de hortelano.

cuajar *tr.-prnl.* Condensar, coagular (TECN.), espesar, concentrar, solidificar, precipitar (QUÍM.). ≠ Liquidar, fluir, licuar, redisolver, disolver. ▸ **2** *intr.* Gustar, agradar, cuadrar, llenar, satisfacer. ▸ **3** *intr.-prnl.* Lograrse, tener efecto. ▸ **4** *prnl.* fig. Llenarse, poblarse.

cuajo *m.* Coágulo (tecnicismo).

cualidad *f.* Carácter, propiedad, atributo, peculiaridad, característica. ▮ La *característica* es un *carácter* distintivo o diferenciador. *Atributo* es *cualidad* o *propiedad* esencial o inherente de un ser; p. ej., cuando decimos que la inmaterialidad es *atributo* del alma. ▮ «*Cualidad* es una de las muchas *condiciones* que forman el conjunto del ser. *Propiedad* es una de las *cualidades* que distinguen un ser de otro. *Peculiaridad* es una *cualidad* más rara que la *propiedad*, y que constituye una distinción más cualificada. Por las *cualidades* de las cosas juzgamos su mérito respectivo. Una de las *propiedades* del imán es atraer el hierro. Es *peculiaridad* de la sensitiva cerrar sus hojas cuando se las toca.» (M). **2** Calidad.

cuantía *f.* Cantidad*.

cuantidad *f.* Cantidad.

cuantioso, -sa *adj.* Numeroso, abundante, copioso.

cuartear *tr.* Partir, dividir. **2** Descuartizar. ▸ **3** *prnl.* Agrietarse, abrirse, henderse, rajarse.

cuarteo *m.* Esguince.

cuartilla *f.* Cerruma, ceruma, trabadero. ▮ Tratándose de la *cuartilla* del casco de las caballerías.

cuartizo *m.* Cuartón.

cuarto *m.* Habitación, pieza, aposento, estancia. **2** Vivienda, piso. ▮ En una casa de vecinos. → **cuartos**

cuartón *m.* Cuartizo.

cuartos *m. pl.* Dinero*. → **cuarto** ▸ **2 No tener un cuarto** *loc.* Estar sin blanca, no tener dinero, estar sin un duro (fam.).

cuasi *adv. c.* Casi. ▮ *Cuasi* es forma docta que solo se usa en estilo elevado o como primer elemento de compuestos: *cuasicontrato, cuasidelito.*

cuate, -ta *adj.-s.* Méx. Mellizo, gemelo. **2** Méx. Amigo, camarada.

cuatí *m.* Amér. Merid. Coatí, cusumbe (Ecuad.), susumbe (Colomb.).

cuatrero, -ra *adj.-s.* Abigeo.

cuatrisílabo, -ba *adj.* Cuadrisílabo, tetrasílabo.

cubierta *f.* Cobertura, cobija. **2** Sobre (de papel). **3** Envoltura, tegumento, capa, revestimiento.

cubil *m.* Guarida*, manida, albergue.

cubilar *intr.* Majadear.

cubo *m.* MAT. Tercera potencia. **2** Hexaedro regular.

cubrir *tr.* Ocultar, tapar, vestir. ≠ Destapar, desnudar, descubrir, desvestir. **2** fig. Disimular, disfrazar, velar, encubrir. ≠ Exponer, manifestar. **3** Proteger, defender. **4** Techar.

cucamonas *f. pl.* Carantoñas, garatusas, zalamerías, caricia*, fiesta*.

cucaracha *f.* Corredera, curiana.

cuchareta *adj.-s.* (variedad de trigo) Cascaruleta.

cuchichear *intr.* Chuchear, bisbisear*, hablar entre dientes, hablar al oído.

cuchipanda *f.* Francachela.

cuchitril *m.* Cochitril, pocilga. **2** Tabuco, chiribitil, zaquizamí.

cuchufleta *f.* Chirigota, chufleta, chafaldita, chanza, burla*, chiste*.

cuco *m.* Cuclillo.

cuco, -ca *adj.* Pulido, bonito, mono, lindo. **2** Taimado, astuto, sagaz.

cucurucho *m.* Cartucho.

cuenca *f.* Órbita. **2** Valle.

cuenta *f.* Cálculo, cómputo. **2** Razón, motivo, explicación, satisfacción. **3** Cuidado, incumbencia, cargo, obligación. ▸ **4 Caer en la cuenta** *loc.* Apearse del burro.

cuentero, -ra *adj.-s.* Cuentista, chismoso, cuentón.

cuento *m.* Fábula, conseja, patraña, historieta. **2** Relato, narración. **3** Chisme, habladuría, embuste, enredo. **4** Cómputo, cuenta.

cuerda *f.* Soga, cabo (MAR.). ▌ *Soga* si es gruesa y de esparto. **2 Cuerda dorsal** Notocordio.

cuerdo, -da *adj.* Prudente, juicioso, reflexivo, sensato, sesudo*. ≠ Loco, insensato.

cuerna *f.* Aliara, liara. **2** Cornamenta. **3** Trompa de caza, cuerno de caza.

cuerno *m.* Asta. **2 Cuerno de caza** Cuerna. **3 Cuerno de la abundancia** Cornucopia.

cuero *m.* Pellejo, piel. **2** Pellejo, odre, corambre, zaque. ▸ **3 En cueros** *loc. adj.* Desnudo, corito, nudo (lit.), como Dios le trajo al mundo (fam.).

cuerpo *m.* Tronco (en el cuerpo humano). **2** Cadáver. **3** Espesor, grosor, grueso, volumen*. **4** IMPR. Tamaño, grandor. **5** Consistencia, densidad. ▌ Tratándose de líquidos. **6** Soma (MED.). ≠ Psique.

cuérrago *m.* Cauce, álveo, lecho, madre, cuérnago.

cuerva *f.* Graja.

cuervo Cuervo marino *m.* Mergánsar, mergo. **2 Cuervo merendero** Grajo.

cuesco *m.* Hueso (de fruta).

cuesta *f.* Repecho, costanera, costera, subida, pendiente, collado*. ▌ Si la inclinación es grande, y más o menos corta, *repecho*. **2 Cuesta abajo** Bajada. ≠ Subida, cuesta.

cuestación *f.* Recaudación, colecta, echar un guante (fam.). ▌ Todos significan la acción y efecto de recoger dinero para un fin; pero *recaudación* tiene carácter general, en tanto que *cuestación* y *colecta* se emplean cuando se trata de donativos voluntarios para fines benéficos o religiosos.

cuestión *f.* Pregunta. ▌ La *cuestión* no es una *pregunta* cualquiera, sino la que se hace o propone para averiguar la verdad de una cosa controvertiéndola. Sería galicismo usar *cuestión* con carácter general como equivalente de *interrogación* o *pregunta*. **2** Asunto*, tema, punto, problema. **3** Discusión, disputa, pendencia, reyerta, riña, altercado*.

cuestionable *adj.* Dudoso*, discutible, controvertible. ≠ Indiscutible, cierto.

cuestionar *tr.* Discutir, controvertir, debatir, disputar, polemizar, reñir.

cueva *f.* Antro, caverna*, gruta, cripta. ▌ El *antro* y la *caverna* son cavidades naturales muy profundas. La *cueva*, la *gruta* y la *cripta* pueden ser profundas o no. **2** Sótano, subterráneo, bodega.

cugujada *f.* Cogujada.

cuidado *m.* Atención, solicitud, esmero, preocupación, escrupulosidad. ≠ Desatención, despreocupación. **2** Precaución, vigilancia, recelo, cautela, prudencia, prevención, caución, reserva, tiento, escama. ≠ Valentía. **3** Sobresalto, temor, cuita, zozobra, inquietud. ≠ Tranquilidad.

cuidar *tr.* Atender, velar por, mirar por, vigilar, encargarse de, estar alerta, estar en todo, no perder de vista. ≠ Descuidar, desatender, olvidar. **2** Asistir. ≠ Desatender. **3** Guardar, conservar, mantener.

cuita *f.* Trabajo, aflicción, desventura, cuidado, zozobra, angustia.

cuitado, -da *adj.* Afligido, desventurado, desgraciado. **2** Apocado, tímido, infeliz, pusilánime.

culantrillo *m.* Culantrillo de pozo, cabellos de Venus.

culatazo *m.* Retroceso, coz.

culebra *f.* Bicha. ▌ Antiguamente se creía que decir *culebra* daba mala suerte por lo que se decía comúnmente *bicha*. **2 Culebra de cascabel** Crótalo.

culminante *adj.* Elevado, dominante, prominente, eminente, cimero. **2** fig. Superior, sobresaliente, principal. **3** Supremo, último, decisivo.

culpa *f.* Falta, delito, crimen, pecado. ▌ La *falta* puede ser voluntaria o involuntaria. La *culpa*, el *delito* y el *pecado* son voluntarios. El *delito*, el *crimen* y el *pecado* son culpas; contra las leyes humanas, el *delito* y el *crimen*; contra la ley divina, el *pecado*.

culpable *adj.-com.* Responsable, causante, delincuente, criminal.

culpar *tr.* Achacar, culpabilizar, acusar, imputar, cargar el muerto a otro, echar la culpa, inculpar, tachar, atribuir*. ≠ Exculpar.

culterano, -na *adj.-s.* Gongorino. ≠ Claro, sencillo.

cultivar *tr.* Labrar, laborar. **2** fig. Ejercitar, estudiar, practicar, desarrollar. ▮ Tratándose de facultades, aptitudes, ciencias, etc. **3** Mantener, estrechar. ▮ P. ej. *mantener* o *estrechar* el trato, las amistades, etc.

cultivo *m.* Labor, labranza, laboreo. **2** fig. Cultura.

culto *m.* Liturgia, servicio religioso, servicio divino, servicio, adoración, homenaje, reverencias, veneración, idolatría, adoración. ≠ Irreligiosidad. ▮ *Liturgia* es el *culto* público y oficial de la Iglesia. *Adoración, homenaje* y *reverencias* se relacionan más bien con los sentimientos, aunque pueden aplicarse también a lo profano.

culto, -ta *adj.* Instruido, educado, civilizado, ilustrado, cultivado, erudito. ≠ Inculto.

cultura *f.* Civilización, educación. **2** Instrucción, ilustración, erudición, saber.

cumbre *f.* Cima, cúspide.

cumiche *m.* Amér. Central. Benjamín, cuenco (Venez.).

cumpleaños *m.* Días. ▮ Usase en la frase: hoy celebra sus *días*.

cumplidamente *adv. m.* Ampliamente, enteramente, cabalmente, abundantemente, largamente, colmadamente.

cumplido *m.* Cumplimiento, cortesía, obsequio, halago, ceremonia.

cumplido, -da *adj.* Completo*, entero, lleno, cabal. **2** Largo, abundante. **3** Correcto, cortés, fino, atento, amable.

cumplidor, -ra *adj.* Exacto, puntual, diligente, aplicado.

cumplimentar *tr.* Felicitar, visitar, saludar. ▮ *Cumplimentar* supone jerarquía en la persona cumplimentada: la comisión pasó a *cumplimentar* al ministro, al alcalde, etc. **2** Ejecutar, efectuar, cumplir.

cumplimiento *m.* Cumplido, ceremonia, halago, lisonja. ▮ *Cumplimiento* y *cumplido* son equivalentes. En cuanto pueden significar palabras amables o gratas al que las escucha, equivale a *halago* o *lisonja*: decir un *cumplido* o *cumplimiento* a una señora. **2** Sazón, culminación.

cumplir *tr.* Ejecutar, realizar, obedecer*, observar, efectuar. ≠ Incumplir, iniciar. ▸ **2** *intr.* Licenciarse. ▮ En la milicia y en las penitenciarías. ▸ **3** *prnl.* Verificarse, realizarse, hacer pago, hacer su deber, hacer su oficio, mantener la palabra. ≠ Incumplir. ▮ P. ej.: *cumplirse* una profecía, una amenaza.

cúmulo *m.* Montón, rimero, acumulación, aglomeración, suma, multitud, muchedumbre.

cuna *f.* Brizo (p. us.). **2** fig. Patria. **3** Familia, estirpe, linaje. **4** Origen, principio, comienzo.

cunar *tr.* Acunar, mecer, cunear (p. us.), brizar (p. us.).

cundir *intr.* Extenderse, difundirse, propagarse, multiplicarse, divulgarse. ▮ Este último, tratándose de noticias, ideas, etc. **2** Dar de sí.

cuñado, -da *s.* Hermano político.

cuotidiano, -na *adj.* Cotidiano, diario.

cúpula *f.* Dombo, domo, media naranja. **2** Torrecilla, torre. ▮ En algunos buques blindados.

cupulífero, -ra *adj.-s.* BOT. Fagáceo.

cuquería *f.* Astucia, taimería.

cura [1] *m.* Sacerdote, eclesiástico, clérigo.

cura [2] *f.* Curación, tratamiento (médico), régimen.

curado, -da *adj.* Adobado, acecinado, endurecido, seco, curtido.

curaduría *f.* Curatela.

curalotodo *m.* Sanalotodo, panacea.

curar *intr.* Cuidar, poner cuidado, atender. ≠ Descuidar, abandonar, olvidar. **2** Sanar, recobrar la salud. ≠ Enfermar. ▸ **3** *tr.* Remediar. **4** Preparar, adobar, acecinar, curtir. ▮ Este último, tratándose de pieles.

curda *f.* fam. Borrachera, embriaguez, mona, jumera, pítima, turca.

curiana *f.* Cucaracha.

curiosear *intr.* Averiguar, investigar, indagar, rebuscar. ▸ **2** *intr.-tr.* desp. Fisgar, fisgonear, espiar, bachillerear, andar a la husma, meter las narices.

curioso, -sa *adj.-s.* Indagador, averiguador, observador, fisgón, espía, indiscreto. ≠ Discreto. ▮ Los tres últimos se refieren al que procura averiguar lo que no debiera importarle. ▸ **2** *adj.* Interesante, notable. **3** Limpio, aseado, pulcro. ≠ Sucio (adj.).

currutaco, -ca *adj.-s.* fam. Figurín, gomoso, petimetre, paquete, pisaverde, lechuguino.

cursado, -da *adj.* Experimentado, experto, perito, curtido, versado.

cursar *tr.* Frecuentar. **2** Estudiar, seguir. ▌Tratándose de enseñanzas, disciplinas o carreras. **3** Dar curso, tramitar.

cursi *adj. com.* Repipi, afectado, hortera, kitsch.

cursiva *adj. f.* Bastardilla, itálica.

curso *m.* Camino, recorrido, corriente. ▌Tratándose de ríos, arroyos, etc. **2** Tramitación, trámite. ▌*Tramitación* y *trámite* pertenecen al lenguaje administrativo. ▌«Hablando de negocios, *curso* es la serie de trámites, pasos o diligencias, por los cuales llegan a su consumación. *Giro* es la dirección que se les da para conseguir la consumación que desea. Viendo la *lentitud* con que se procedía el *curso* de la pretensión, fue necesario darle otro *giro.*» (M).

curtido, -da *adj.* Avezado, versado, acostumbrado, experimentado, cursado, ejercitado.

curtidor *m.* Noguero.

curtiduría *f.* Tenería, curtiembre (Amér.).

curtir *tr.* Adobar, aderezar. **2** fig. Acostumbrar, avezar, ejercitar.

curvatura *f.* Corvadura, encorvadura, encorvamiento, alabeo, comba, barriga, convexidad. ▌*Corvadura,* esp. si se trata de cosas materiales, no de conceptos geométricos; *encorvadura, encorvamiento* cuando significan el efecto de encorvar(se); *alabeo* si se trata de maderas u otras superficies; *comba* sugiere gralte. la idea de convexidad. Todos ellos se hallan dentro del concepto abstracto de *curvatura,* preferido en Mat., Astron. y otras ciencias puras y aplicadas. **2** Inflexión, desviación, torcimiento.

cúspide *f.* Cima, cumbre. **2** Vértice.

custodia *f.* Escolta, guarda, guardia. **2** Ostensorio. **3** Protección, salvaguardia.

custodiar *tr.* Guardar, velar, proteger, conservar, defender, poner a buen recaudo, encerrar bajo llave, escoltar, vigilar. ≠ Abandonar, descuidar. ▌Los verbos *escoltar, vigilar* y *custodiar* pueden connotar idea de protección o defensa, o bien que se *escolta, vigila* o *custodia* a un preso para que no se escape.

cutí *m.* Cotí, terliz.

cutis *m.* Piel, epidermis. ▌*Piel* se aplica lo mismo al hombre que a los animales; *cutis* es la piel del hombre, y especialmente la de la cara. *Epidermis* es la capa más externa de la piel tanto en el hombre como en los demás seres vivos. Cuando hablamos del *cutis* fino o basto de una persona, nos referimos a la *epidermis.*

cutre *adj.-s.* Tacaño, ruin, mezquino, miserable, avaro.

cuzcuz *m.* Alcuzcuz.

d

dable *adj.* Hacedero, factible, posible. ≠ Imposible.
dactilar *adj.* Digital.
dactilografía *f.* Mecanografía.
dádiva *f.* Don, donación, donativo, regalo, presente, ofrenda. ▌«La *dádiva* y el *don* consisten simplemente en la enajenación voluntaria de lo que se posee, en favor de otra persona; la *donación* es una *dádiva* hecha de un modo formal y solemne; el *donativo* es una *dádiva* hecha al gobierno, a una corporación o a un establecimiento. Un regalo entre amigos es *don* o *dádiva*. Las *donaciones* suelen hacerse por escrituras públicas.» (M).
dadivoso, -sa *adj.* Desprendido, generoso, liberal, rumboso, espléndido, magnífico, caritativo. ≠ Tacaño, interesado. ▌*Rumboso*, *espléndido* y *magnífico* son expresiones intensivas y en ellas se mezcla más o menos la idea de ostentación. Cuando se acentúa el matiz de desinterés, *dadivoso* se acerca a *caritativo*.
dado, -da *adj.* Concedido, supuesto, aceptado, admitido. ▌Tienen todos valor concesivo o condicional unidos a la conj. *que*, en las expresiones *dado que*, *concedido que*, *supuesto que*, *aceptado que*, *admitido que*.
daltonismo *m.* Acromatismo.
dalla *f.* Guadaña, dalle. ▌El uso preferente de *dalle* o *dalla* varía según las comarcas. *Guadaña* es término de empleo general y predominante en la lengua literaria.
damajuana *f.* Castaña, garrafón.
damascado, -da *adj.* Adamascado.
damería *f.* Melindre, delicadeza, remilgo. **2** fig. Reparo, escrupulosidad.
damnación *f.* Condenación.
damnificar *tr.* Dañar, perjudicar. ≠ Dañar, perjudicar.
danés, -esa *adj.-s.* (pers.) Dinamarqués, dánico (p. us.).
danta *f.* Anta (mamífero), dante, ante, alce. **2** Tapir.
danza *f.* Baile.
danzante *com.* Bailarín, danzarín. **2** Necio, ligero, chisgarabís, mequetrefe, zascandil, entrometido.
dañar *tr.-prnl.* Damnificar, perjudicar. ≠ Sanar, beneficiar. ▌*Damnificar* es literario, jurídico, administrativo, y envuelve una idea más general y abstracta que *dañar*; la inundación *ha damnificado* a los pueblos ribereños, pero *ha dañado* los cimientos de una casa. *Perjudicar* tiene a menudo matiz atenuado; es producir un daño indirecto o parcial. **2** Estropear, echar a perder, menoscabar, malear, dar que hacer, armar una cantera.
dañino, -na *adj.* Nocivo, dañoso, perjudicial, pernicioso.
daño *m.* Perjuicio, mal, detrimento, menoscabo, agravio*. ≠ Bien, beneficio, mejora. ▌Todos estos sinónimos están próximos al significado de *daño* por su carácter directo y a menudo material. El *detrimento* se refiere a la integridad o conservación de una cosa. El *menoscabo* a la cantidad. **2** Descalabro, contratiempo, infortunio, desgracia, pérdida.

dañoso, -sa *adj.* Nocivo, dañino, perjudicial, pernicioso.

dar *tr.* Donar, regalar, entregar. ≠ Quitar. ‖ *Donar* implica solemnidad, y suele hacerse por escritura pública. *Regalar* da idea de obsequiosidad y cortesía. ‖ «*Dar* es ceder o pasar a otro la posesión de una cosa: *entregar* es ponerle materialmente en posesión de ella; y así, ni el que *da* es siempre el que *entrega*, ni el que *entrega* es siempre el que *da*. El Rey *da* con liberalidad, y el tesorero *entrega* con exactitud. El que hace una limosna por su mano a un mendigo, emplea al mismo tiempo las dos acciones de *dar* y *entregar*.» (LH). **2** Otorgar, conceder, facilitar, proporcionar, ofrecer. ≠ Quitar. **3** Producir, rentar, rendir, redituar. **4** Aplicar, poner. ‖ P. ej., *dar* una mano de pintura, *dar* un remedio. ► **5** *intr.* Caer, topar, pegar, incurrir. **6** Acertar, adivinar, atinar. ≠ Desacertar. **7** Mirar, encararse, orientarse. ‖ P. ej., los balcones *dan* a la plaza. ► **8** *prnl.* Entregarse, rendirse, ceder.

data *f.* Fecha. ‖ *Fecha* es hoy más usado que *data*. **2** Abono, haber. ‖ P. ej. *abono* en cuenta.

datar *tr.* Fechar, calendar (desus.). **2** Adatar, abonar, acreditar. ‖ Hoy se usa con preferencia *abonar*.

dátil *m.* (molusco) Uña.

dato *m.* Antecedente, noticia. **2** Documento, nota. **3** Información.

daza *f.* Zahína, sahína, alcandía, sorgo, maíz, melca.

debajo *adv. l.* Abajo. **2** Bajo* (adv. y prep.). ‖ *Debajo*, cuando antecede a un nombre o palabra equivalente, pide la prep. *de*: *debajo de* la mesa, *debajo de* tutela y en este caso tiene el mismo valor que *bajo* (prep.). ‖ «Una diferencia análoga a la que existe entre *encima* y *sobre* creo que distingue *debajo* y *bajo*: esto es, un cuerpo está *debajo* de otro cuando ocupa un lugar inferior en una misma línea vertical; está *bajo* de otro cuando éste gravita *sobre* él, cuando están en contacto inmediato, o a lo menos cuando no consideramos los cuerpos intermedios. Está *bajo* la losa quiere decir que la losa lo cubre, que está *sobre* él; está *debajo* de la losa quiere decir que la losa está *encima*, esto es, más arriba, aunque no lo toque ni lo cubra. Por esto se dice *bajo* llave, es decir, dependiente de la llave; *bajo* mi tutela, *bajo* mi dirección, es decir, que tengo cierta autoridad, cierto derecho *sobre* la cosa que se trata... y en ninguno de estos casos le puede sustituir el adverbio *debajo*.» (J).

debate *m.* Discusión, controversia*, disputa, foro, coloquio.

debatir *tr.* Altercar, discutir, contender, disputar.

debe *m.* Cargo (p. us.), adeudo.

deber [1] *m.* Obligación. ≠ Irresponsabilidad, derecho. ‖ Aunque ambos significan lo mismo y pueden sustituirse entre sí, el *deber* se siente más como de naturaleza moral, espiritual, mientras que la *obligación* nos constriñe en la práctica. Un empleado tiene *obligación* de llegar puntual a su oficina, y tiene el *deber* de esmerarse en su trabajo. Parece, pues, como si el *deber* naciese de nosotros mismos y la *obligación* nos viniese impuesta desde fuera. Donde no llegan las *obligaciones* tabulables, alcanza el sentimiento del *deber*. La diferencia entre ambos sinónimos puede ser, pues, de estimación afectiva.

deber [2] *tr.* Estar obligado, tener obligación, tener en cargo, estar al descubierto. ≠ (tener) derecho. **2** Adeudar. **3 Deber de** *loc.* Suponer. ‖ *Deber de* seguido de infinitivo, es una expresión perifrástica que significa suposición o posibilidad. *Debe de estar* en su casa equivale a *supongo que está* en ella. *Deber* seguido de infinitivo significa *estar obligado*: *debe estar* en su casa equivale a tiene *obligación de estar*. Aunque abundan los ejemplos antiguos y modernos de confusión entre *deber* y *deber de*, conviene mantener la diferencia entre ambas locuciones, que se apoya en la autoridad de la Academia Española.

débil *adj.* Endeble, flojo, raquítico, decaído, desfallecido, debilitado, enclenque, enfermizo, apagado*. ≠ Fuerte, enérgico, robusto. ‖ Tratándose de la salud o las fuerzas físicas de una persona, *decaído, desfallecido, debilitado*; si la falta de fuerzas es habitual o de larga duración, *enclenque, enfermizo, raquítico*.

debilidad *f.* Endeblez, astenia (Med.), decaimiento, descaecimiento, desfallecimiento, flaqueza, flojera, flojedad, agotamiento, enflaquecimiento, extenuación, consunción. ≠ Fortaleza, energía. ▌Tratándose de las fuerzas corporales. **2** fig. Flaqueza, falta, culpa, pecado, vicio. ▌*Flaqueza* y *debilidad* se emplean eufemísticamente por *falta, culpa, pecado, vicio.* **3** Inseguridad, inconsistencia. **4 Debilidad mental** Cerebrastenia (Med.), frenastenia (Med.).

débito *m.* Adeudo, deuda. ▌*Adeudo* y *débito* solo se emplean en estilo elevado o en la terminología jurídica o bancaria: su *débito* asciende a 27 000 euros. La voz corriente es *deuda*.

década *f.* Decenio.

decadencia *f.* Declinación, declive, descenso, caída*, decrepitud, ruina, destrozo, perdición, destrucción, devastación, desolación. ≠ Opulencia, esplendor, apogeo. ▌Predomina en los tres primeros la idea de lentitud o gradación, a diferencia de lo súbito de la *caída*. *Decrepitud* es decadencia extrema. **2** Mengua, decrecimiento, baja*. ≠ Crecimiento, aumento.

decaer *intr.* Declinar. ≠ Crecer. **2** Debilitarse, flaquear. ≠ Fortalecer. **3** Menguar, disminuir, aminorarse, ir a menos, ir cuesta abajo, ir de capa caída. ≠ Crecer, subir, aumentar. ▌Tratándose de la riqueza, el número, etc.

decálogo *m.* Tablas de la ley, mandamientos.

decantar *tr.* Propalar, ponderar, engrandecer.

decencia *f.* Recato, compostura, honestidad, aseo. ≠ Indecencia, suciedad, deshonor, inmoralidad. **2** Decoro, dignidad. ≠ Indecencia, deshonor, inmoralidad.

decenio *m.* Década.

decentar *tr.* Encentar, encetar.

decepción *f.* Engaño, chasco, burla. **2** Desilusión, desengaño, desencanto, contrariedad*.

dechado *m.* Muestra, modelo. **2** fig. Ejemplo, modelo.

decidido, -da *adj.* Resuelto, audaz, emprendedor, valiente, denodado, esforzado, intrépido, animoso, brioso, activo*. ≠ Tímido, apocado.

decidir *tr.* Disponer, deliberar, mandar, preceptuar, determinar*, persuadir*. **2** Juzgar, sentenciar, fallar, resolver. ► **3** *prnl.* Determinarse, dar el alma al diablo, liarse la manta a la cabeza. ≠ Dudar.

decimoctavo, -va *adj.* Dieciocheno (p. us.).

decimocuarto, -ta *adj.* Catorceno (p. us.).

decimonono, -na *adj.* Decimonoveno.

decimoquinto, -ta *adj.* Quinceno.

decimosexto, -ta *adj.* Dieciseiseno (p. us.).

decimotercero, -ra *adj.* Treceno, tredécimo, decimotercio.

decir *tr.* Manifestar*, hablar. ≠ Callar, ocultar, silenciar. **2** Afirmar, asegurar, sostener, opinar. **3 Donde dije digo, digo Diego** *loc.* Abjurar, apostatar, renegar, retractarse, convertirse.

decisión *f.* Resolución, determinación, partido. ≠ Indecisión, vacilación, duda. **2** Arbitraje, fallo*, sentencia, albedrío, arbitrio, voluntad, elección. **3** Firmeza, valentía, audacia, denuedo, brío, esfuerzo, intrepidez, valor, arrojo. ≠ Cobardía, indecisión.

decisivo, -va *adj.* Concluyente*, terminante, definitivo, culminante.

declarar *tr.-prnl.* Exponer, explicar, manifestar, decir, proclamar, promulgar. ≠ Encubrir, ocultar. **2** Decidir, fallar, resolver. ► **3** *intr.* Deponer, testificar, atestiguar. ► **4** *intr.-tr.* Desembuchar, cantar, confesar, descubrir. ≠ Ocultar, callar.

declinación *f.* Decadencia, descenso, caída*. ≠ Ascensión. **2** Ocaso. ▌Tratando de los astros. **3** Decremento, disminución, defervescencia. ≠ Incremento.

declinar *intr.* Decaer, menguar, disminuir, debilitarse. ≠ Ascender. **2** Renunciar, dimitir, rehusar. ≠ Aceptar, empezar. ▌Por su empleo selecto, *declinar* es una manera elegante de *rehusar*: se *declina* un honor, una alta representación, y se *rehúsa* una oferta cualquiera.

declive *m.* Pendiente, inclinación, rampa, cuesta. **2** fig. Decadencia*, caída, declinación.

decocción *f.* Cocción, cocimiento.

decolorar *tr.* Descolorar, desteñir, despintar. ≠ Colorar. ▌*Decolorar* se usa esp. en la terminología científica.

decomisar *tr.* Comisar, confiscar, incautar.

decomiso *m.* Comiso, confiscación*, incautación.

decorar *tr.* Adornar, hermosear, ornar, ornamentar. **2** Condecorar.

decoro *m.* Decencia, respeto, respetabilidad, honor, estimación, dignidad, honestidad, honra. ≠ Indignidad, impudor, deshonestidad.

decrecer *intr.* Disminuir, menguar, aminorar. ≠ Aumentar. ▌ A pesar de ser intercambiable con cualquiera de ellos, *decrecer* sugiere gralte. un proceso más o menos continuado, que lo hace más propio para indicar una *disminución* progresiva: los días *decrecen* hasta el 21 de diciembre. En cambio, no sería propia para expresar una *disminución* que se produce una sola vez. Compárese con el sentido de acción progresiva del simple *crecer*, frente a *aumentar*.

decrepitar *intr.* Crepitar, chisporrotear.

decrepitud *f.* Decadencia*, declinación, declive. ≠ Fortaleza. **2** Chochez. ≠ Juventud.

decretar *tr.* Ordenar, decidir, resolver, determinar, mandar*.

decurso *m.* Transcurso, sucesión, continuación, paso.

dédalo *m.* Laberinto, enredo, maraña, confusión, lío.

dedicar *tr.* Ofrecer, consagrar, ofrendar. ▌ *Consagrar* supone mayor solemnidad, y más todavía *ofrendar*. **2** Emplear, destinar, aplicar, asignar, ocupar.

deducción *f.* Consecuencia, conclusión, resultado, derivación. **2** Rebaja, descuento, disminución, resta.

deducir *tr.-prnl.* Colegir, inferir, concluir, seguirse, derivar, desprenderse, originarse, proceder, emanar. ▌ Estos sinónimos, en su uso impersonal, fuera del lenguaje filosófico, no significan más que alcanzar un resultado por medio del razonamiento, lo mismo que *deducir*. Son sinónimos en el habla ordinaria. Pero cuando quiere dárseles todo su rigor conceptual, *deducir* significa partir de un principio general (método lógico de la *deducción*), a diferencia de *inducir* (de lo particular a lo general), equivalente a *colegir*. *Inferir* y *concluir* denotan llegar a una conclusión por vía deductiva o inductiva, indistintamente. ► **2** *tr.* Rebajar, descontar*, restar. **3** Calcular, conjeturar, suponer, creer. **4** Entender, creer, pensar, juzgar.

defección *f.* Deserción, huida, abandono. ≠ Lealtad, auxilio, presencia. ▌ *Defección* es voz más abstracta y menos usual. En un partido, doctrina o ideal, hablamos de la *defección* de algunos con cuya opinión, voto o apoyo podíamos contar. En el ejército la *deserción* es un delito definido.

defecto *m.* Falta, tacha, imperfección, vicio, deficiencia. ≠ Perfección, normalidad, virtud. **2** Lacra, tara.

defender *tr.-prnl.* Amparar, proteger*, sostener, resguardar, preservar, sacar la cara por, estar al quite, hacerse fuerte, escudar, cubrir, adargar, guarecer, acoger. ≠ Atacar, desamparar. ▌ «Se dice *defender* una causa, *sostener* una empresa, *proteger* las ciencias y las artes. Es uno *protegido* por sus superiores, y puede ser *defendido* y *sostenido* por sus iguales. Es *protegido* uno por los demás; pero puede *sostenerse* y *defenderse* por sí mismo. *Proteger* supone poder, y no exige acción; *defender* y *sostener* la exigen; pero el primero supone acción más marcada. Un estado pequeño en tiempo de guerra es, o *defendido* abiertamente, o secretamente *sostenido* por otro más grande y poderoso, que se contenta con protegerlo en tiempo de paz.» (Ma). **2** Disculpar, exculpar, justificar, abogar, excusar. ≠ Culpar. ► **3** *prnl.* Resistir, bregar, forcejear.

deferencia *f.* Consideración, respeto*, atención, miramiento, condescendencia. ≠ Desatención, grosería.

deferente *adj.* Respetuoso, considerado, atento, mirado.

deficiencia *f.* Defecto, falta, imperfección, tacha. ≠ Perfección, suficiencia.

definido, -da *adj.* Delimitado, determinado. ▌ *Delimitado* se utiliza preferentemente si se trata de imágenes o cosas materiales; *determinado* se refiere a conceptos, cantidades.

definitivo, -va *adj.* Concluyente, decisivo, terminante. ≠ Provisional, inicial, inconcluso. **2 En definitiva** *loc. adv.* En suma, en conclusión, por último, finalmente.

deforestación, desforestación *f.* Desertización, despoblación.

deformar *tr.* Desformar (p. us.), disformar (p. us.), desfigurar. ≠ Formar, embellecer. ▌*Deformar* es voz culta que se aplica tanto a lo material como a lo fig.: *deformar* un sombrero, *deformar* el carácter de un niño, *deformar* la verdad (*desfigurar*). En el habla popular y tratándose de cosas materiales, *desformar*, *disformar*. **2** fig. Afear, desfavorecer (eufem.).

deforme *adj.* Disforme, informe, desfigurado, desproporcionado. ≠ Armónico, proporcionado. ▌*Disforme* acentúa el aspecto feo, desproporcionado, monstruoso, de la anomalía. Compárese: tenía un pie *deforme* y tenía un pie *disforme*. *Informe* es lo que no tiene la forma normal. **2** Macaco, feo.

deformidad *f.* Disformidad. ▌Entre *deformidad* y *disformidad* existe la misma diferencia de matiz que entre *deforme* y *disforme*.

defraudar *tr.* Estafar, quitar, engañar, dar el cambiazo, pegar un parchazo, pegar un petardo, pegar una bigotera. **2** Frustrar, malograr, cortar las alas, meter viruta.

defunción *f.* Muerte, fallecimiento, óbito.

degenerar *intr.* Decaer, empeorar, declinar, perder. ≠ Sanar, mejorar, merecer. **2** Bastardear, abastardar.

deglutir *intr.* Tragar, engullir, ingerir.

degollar *tr.* Yugular. **2** fig. Destruir, arruinar.

degradar *tr.* Deponer, destituir*, postergar. **2** Humillar, envilecer, abatir, rebajar. ≠ Ennoblecer, honrar, ensalzar.

dehesa *f.* Redonda, acampo, coto.

deidad *f.* Dios, divinidad.

deificar *tr.* Divinizar. **2** fig. Ensalzar, exaltar, endiosar.

dejación *f.* DER. Cesión, desistimiento, abandono, renuncia, dejo. ≠ Resistencia, insistencia. **2** Amér. Central y Colomb. Dejadez.

dejadez *f.* Pereza, negligencia, descuido, desidia, incuria, indolencia, apatía, displicencia, abandono, dejación (Amér. Central y Colomb.). ≠ Ánimo, esfuerzo, gana, anhelo, fervor. **2** Decaimiento, flojera, debilidad. ≠ Ánimo, esfuerzo, gana.

dejado, -da *adj.* Negligente, perezoso, descuidado, desidioso, abandonado, indolente. **2** Desaseado, desaliñado, sucio, adán. **3** Apático, impasible, indiferente, indolente, desidioso, abandonado. ≠ Activo.

dejar *tr.* Soltar, abandonar, desistir, apartarse, retirarse, desamparar*. ≠ Coger. **2** Prestar. **3** Consentir, permitir. ≠ Prohibir. **4** Omitir, olvidar, pasar por alto. **5** Producir, rentar, redituar. ► **6** *prnl.* Descuidarse, abandonarse.

dejo *m.* Dejación. **2** Acento, deje, dejillo. **3** Gusto, gustillo, saborcillo, deje, resabio. ▌*Resabio* si el sabor es desagradable.

delación *f.* Denuncia, acusación, soplo (fam.).

delatar *tr.* Acusar, denunciar, revelar, descubrir, soplar (fam.). ≠ Encubrir.

delator, -ra *adj.-s.* Acusón, soplón, fuelle, malsín, acusica, acusique, chivato (vulg.), denunciador, denunciante, acusador*, judas, traidor, alevoso. ▌Los cuatro primeros son despectivos; entre niños, *acusica*, *acusique*; en las cárceles, cuarteles, etc., *chivato*. Aunque a menudo todos ellos coinciden con *denunciador*, *denunciante*, *acusador*, estos pueden proceder abierta y públicamente, mientras que *delator* y sus equivalentes tienen algo de clandestinidad o espionaje. → **espía**

delegado, -da *adj.-s.* Representante, comisionado, encargado.

delegar *tr.* Comisionar, facultar, encargar, encomendar, confiar, poner en manos de, dar la firma a, echar sobre las espaldas de. ≠ Asumir, apropiarse.

deleitable *adj.* Deleitoso, ameno, placentero, delicioso, agradable, apacible, encantador.

deleitar *tr.* Agradar*, gustar, regalar, encantar, embelesar, caerse la baba. ≠ Aburrir. ► **2** *prnl.* Saborear, recrearse.

deleite *m.* Gusto*, agrado, placer*, delicia, encanto, embeleso. ≠ Aburrimiento, infelicidad, dolor.

deletéreo, -ea *adj.* Mortífero, mortal, venenoso*, tóxico, ponzoñoso. ≠ Sano, respirable. ▌*Deletéreo* se dice especialmente de los gases, emanaciones, vapores, etc.

deleznable *adj.* Inconsistente, frágil, desmenuzable, disgregable, quebradizo.

delfín *m.* Arroaz, golfín, puerco marino, tonina.

delgado, -da *adj.* Enjuto, cenceño*, flaco, seco. ≠ Grueso, gordo, obeso. ▮ *Enjuto* y *cenceño* se refieren a la constitución más todavía que *delgado.* ▮ «El hombre *delgado* lo es por constitución, como lo es el huesudo, el robusto, el nervioso; el *flaco* lo es por haber perdido carnes de resultas de una enfermedad, mudanza de clima u otro cualquier accidente.» (M). **2** Agudo, puntiagudo, aguzado, afilado. **3** Fino, tenue, delicado. ≠ Grueso.

deliberadamente *adv. m.* Adrede, aposta, intencionadamente, premeditadamente.

deliberar *intr.* Examinar, discutir, debatir. ▮ Añade *deliberar* la idea de cuidado o atención particular. ► **2** *tr.* Disponer, mandar, decidir, preceptuar, determinar, resolver.

delicadeza *f.* Finura, miramiento, suavidad, atención, cortesía. ≠ Indelicadeza. **2** Sensibilidad, ternura. ≠ Aspereza. ▮ Referidos a los sentimientos. **3** Cuidado, escrupulosidad, primor. ≠ Desatención. ▮ En las obras o en el trabajo. **4** Susceptibilidad.

delicado, -da *adj.* Fino, mirado, atento, suave, cortés. **2** Tierno, sensible. **3** Débil, enfermizo. **4** Susceptible, sentido, cosquilloso, quisquilloso, picajoso. **5** Suave, tenue, quebradizo. ▮ Tratándose de cosas. **6** Exquisito, sabroso. **7** Difícil, arriesgado, expuesto.

delicia *f.* Gusto*, agrado, goce, placer*, regalo, deleite, encanto. ≠ Aburrimiento, dolor.

delicioso, -sa *adj.* Deleitable, deleitoso, placentero, encantador, ameno, apacible, agradable*. **2** Exquisito, sabroso, excelente, primoroso, delicado.

delimitar *tr.* Limitar, deslindar, demarcar, definir, determinar, fijar, precisar, señalar. ≠ Imprecisar, indeterminar. ▮ *Definir*, tratándose de conceptos. *Delimitar* significa señalar los límites. Se diferencia de *limitar* en varios sentidos, p. ej., un país *limita* con otro u otros, no *delimita* con ellos; pero si hay litigio sobre fronteras, los gobiernos las *delimitan* o *señalan* de común acuerdo. Asimismo, si la autoridad *limita* las atribuciones de un funcionario, quiere decir que las reduce o acorta; las *delimita* cuando las fija o señala.

delincuente *adj. com.* Malhechor*, reo, criminal, gánster.

delinear *tr.* Diseñar, dibujar.

deliquio *m.* Desmayo, desfallecimiento, arrobamiento, éxtasis. ▮ El *deliquio* es un desfallecimiento placentero, que puede coincidir en ciertos casos con *arrobamiento* y *éxtasis.*

delirar *intr.* Desvariar, alucinarse, enajenarse. **2** Fantasear, ilusionarse. **3** Desbarrar, disparatar, desatinar.

delirio *m.* Desvarío, enajenación, perturbación, alucinación. **2** Ilusión, quimera, fantasía. **3** fig. Despropósito, disparate, desatino, dislate. **4 Delirio de grandeza** Megalomanía.

delito *m.* Culpa*, crimen.

demacrarse *prnl.* Enflaquecer, desmejorar, desmedrarse. ≠ Mejorar, engordar. ▮ El verbo *demacrarse* es de significación intensiva en relación con los demás.

demanda *f.* Solicitud, petición, súplica, ruego. ≠ Réplica. **2** Busca, empeño, intento, empresa. **3** Pedido*, salida, despacho. ▮ Tratándose de mercancías.

demandar *tr.* Pedir*, solicitar, suplicar, rogar. ≠ Replicar, entregar. ▮ Cuando no se trata de acción judicial, el verbo *demandar* se siente como arcaizante. **2** Buscar, empeñarse, intentar. ▮ También en esta acepción *demandar* es término escogido o anticuado.

demarcar *tr.* Limitar, delimitar*, deslindar. **2** MAR. DEP. Marcar.

demasía *f.* Exceso*, sobra. ≠ Escasez. **2** Atrevimiento, insolencia, osadía. ≠ Cortesía, decoro. **3** Desmán, desafuero, abuso, desorden. **4** Maldad, delito. **5 En demasía** *loc. adv.* Demasiado, excesivamente, demasiadamente.

demasiado *adv. c.* Excesivamente, demasiadamente, en demasía.

demasiado, -da *adj.* Excesivo, sobrado.

demediar *tr.* Promediar.

demencia *f.* Locura, vesania, enajenación mental.

demente *adj. com.* MED. Loco*, orate, vesánico, alienado, perturbado, enajenado, insano, ido, chiflado (fam.), maniático. ≠ Cuerdo. ► **2** *adj.* Furioso, insensato. ≠ Tranquilo, sensato.

demérito *m.* Desmerecimiento, imperfección, desdoro. ≠ Mérito, corrección. ▮ Este último, tratándose de la fama, reputación.

demoler *tr.* Deshacer, derribar, derruir, arruinar, arrasar. ≠ Construir. ▮ Si la *demolición* es total y hasta los cimientos, *arrasar*.

demonio *m.* Diablo, Satán, Luzbel, Leviatán, Belcebú, Belial, Cachano (burl.), Pateta (burl.), Pero Botera (burl.).

demora *f.* Tardanza, dilación, retraso, aplazamiento*, postergación (Amér.). ▮ Cuando deliberadamente se retrasa la celebración de un acto hasta un plazo determinado, *aplazamiento*, y en varios países de Amér., *postergación*. ▮ «La *demora* envuelve la idea de suspensión de la acción o del movimiento; la *tardanza* (y el *retraso*) son simplemente la consumación de un hecho en tiempo posterior al preciso o señalado. La *dilación* es el exceso de duración de una obra comenzada, sin tener solución de continuidad en el tiempo empleado. Hay *demora* en un viaje cuando un viajero se detiene en el camino para visitar un amigo. *Tarda* el correo, quiere decir que no llega a la hora en que se aguarda. Hay *dilación* en la terminación de la audiencia, cuando hacen largos discursos los abogados.» (M).

demorar *tr.* Retrasar, diferir*, dilatar (antic.), retardar, aplazar*, atrasar*. ≠ Adelantar. → **atrasar, aplazamiento** ► **2** *intr.-prnl.* Detenerse, pararse. **3** Amér. Tardar.

demostrar *tr.* Probar*, evidenciar, patentizar. **2** Manifestar, mostrar.

demulcente *adj. m.* Emoliente.

denegación *f.* DER. Negativa, negación, desestimación (DER.).

denegar *tr.* Desestimar, negar. ≠ Aceptar, aprobar.

dengoso, -sa *adj.* Melindroso, remilgado.

dengue *m.* Melindre, remilgo.

denigrar *tr.* Infamar, desacreditar, desprestigiar, vilipendiar, difamar*. ≠ Honrar, alabar. **2** Injuriar, ofender, despreciar*. ≠ Honrar, alabar.

denodado, -da *adj.* Esforzado, intrépido, valiente, animoso, decidido, resuelto, valeroso.

denominar *tr.* Nombrar*, llamar, designar, titular, bautizar.

denostar *tr.* Injuriar*, insultar, ofender, vilipendiar, ultrajar. ▮ *Denostar* es *injuriar* a uno de palabra o en su presencia.

denotar *tr.* Indicar, significar, señalar.

densidad *f.* Peso específico. **2** Consistencia, dureza, turbiedad, viscosidad. ≠ Levedad, blandura, claridad, fluidez.

denso, -sa *adj.* Pesado. **2** Compacto, apiñado, apretado, espeso, sólido*. ▮ Tratándose de líquidos, *espeso*.

dentellada *f.* Mordedura.

dentista *adj. com.* Odontólogo, estomatólogo, sacamuelas (desp.). ▮ Los dos primeros son tecnicismos. *Dentista* es el nombre general.

dentro *adv. l.-adv. t.* Adentro. ≠ Fuera.

denuedo *m.* Brío, esfuerzo, intrepidez, valor, decisión, resolución, arrojo, determinación, audacia, ánimo*. ≠ Cobardía.

denuesto *m.* Insulto*, injuría, ofensa, dicterio, improperio, perrería. ≠ Alabanza, desagravio.

denuncia *f.* Delación, acusación, soplo.

denunciante *com.* Delator*, denunciador, acusador, soplón (fam.). ▮ *Delator* y *soplón* connotan clandestinidad u ocultación de la denuncia; en tanto que el *denunciante* procede con la claridad del que ejercita un derecho.

denunciar *tr.* Delatar, descubrir, revelar, acusar. ≠ Tapar, esconder, defender.

deontología *f.* Ética*.

departir *intr.* Conversar*, hablar, platicar.

depauperar *tr.* Empobrecer. **2** Debilitar, extenuar. ≠ Fortalecer, engordar.

dependencia *f.* Subordinación, sujeción. ≠ Superioridad, rebeldía.

deplorar *tr.* Lamentar, sentir, dolerse. ≠ Alegrarse.

deponer *tr.* Destituir, dejar cesante, separar del servicio. ≠ Instituir. ▮ El primero, esp. si se trata de una autoridad; los dos últimos, si se trata de un empleado. **2** Atestiguar, testificar, declarar. ≠ Callar. ► **3** *intr.* Cagar, defecar, exonerar, evacuar el vientre, hacer de cuerpo.

deportación *f.* Destierro*, extrañamiento, exilio, proscripción.

depravación *f.* Envilecimiento, perversión, corrupción, desenfreno, maldad. ≠ Bondad. **2** Relajación, laxitud, flojedad. ≠ Fortaleza.

depravar *tr.-prnl.* Viciar, corromper, malear, pervertir, envilecer. ≠ Moralizar, sanar.

deprecación *f.* Ruego, súplica. ▌ *Deprecación* es intensivo y supone gran vehemencia.

deprecar *tr.* Rogar*, suplicar, instar, impetrar. ▌ *Impetrar* y *deprecar* denotan gran ahínco y rendimiento.

depreciar *tr.* Abaratar, bajar, rebajar, reducir el precio. ≠ Encarecer, valorar. ▌ Esta es voz más escogida que *abaratar*, y por ello se usa esp. en economía, banca y grandes negocios. Se *deprecia* la moneda, los valores públicos, y se *abarata* el pan.

depredación *f.* Saqueo, robo, pillaje. **2** Malversación.

depresión *f.* Baja, descenso. ≠ Altura. **2** Hundimiento, concavidad. ≠ Convexidad. ▌ P. ej.: *depresión* del terreno. **3** Humillación, degradación. **4** Abatimiento*, melancolía, desaliento, desánimo. ≠ Animación.

deprimir *tr.* Humillar, rebajar, degradar, despreciar*, desairar, desdeñar, desechar, denigrar, vilipendiar. ≠ Apreciar. **2** Abatir, desalentar, desanimar. ≠ Animar, levantar.

depurar *tr.* Purificar*, limpiar. ≠ Impurificar, ensuciar. **2** fig. Acrisolar, perfeccionar.

derecha *f.* Diestra.

derechamente *adv. m.* Rectamente, en derechura, directamente. **2** A las claras, francamente, abiertamente. **3** Justamente, con rectitud.

derecho *m.* Facultad, opción. **2** Justicia, razón. ≠ Deber, injusticia, sinrazón. **3** Anverso, cara. → **derechos**

derecho, -cha *adj.* Recto, seguido, directo. **2** Justo, fundado, legítimo. **3** Vertical, erguido. **4** Diestro.

derechos *m. pl.* Impuesto, tributo, gabela. → **derecho**

derivar *intr.-prnl.* Originarse, proceder, deducirse*, seguirse, emanar. **2** MAR. Abatir. ► **3** *tr.* Encaminar, conducir, dirigir.

derogar *tr.* Abolir*, anular, suprimir. ≠ Promulgar, ratificar.

derramado, -da *adj.* Gastador, malgastador, manilargo, manirroto, derrochador, despilfarrador, disipador, pródigo.

derramar *tr.-prnl.* Esparcir, verter, diseminar. **2** fig. Publicar, divulgar, extender. ► **3** *prnl.* Desembocar, desaguar.

derredor *m.* Circuito, contorno, rededor.

derrengar *tr.-prnl.* Desriñonar, descaderar.

derretir *tr.-prnl.* Liquidar*, licuar, regalar, fundir. ≠ Solidificar. ▌ Los tres primeros y *derretir* tratándose de sólidos blandos, como la cera, las resinas, mantecas, etc. Hablando de metales, *fundir*. ► **2** *prnl.* fig. Enamorarse, enardecerse. **3** Inquietarse, impacientarse.

derribar *tr.* Tirar, tumbar, echar al suelo, echar a rodar, hacer morder el polvo, demoler, derrumbar, derruir, hundir, arruinar. ≠ Alzar, construir. ▌ Tratándose de construcciones. **2** Postrar, abatir.

derrocadero *m.* Despeñadero, precipicio, derrumbadero.

derrocar *tr.* Despeñar, precipitar. **2** Derribar, derrumbar, demoler, derruir.

derrochador, -ra *adj.-s.* Pródigo, derramado, malgastador, manirroto, despilfarrador, dilapidador.

derrochar *tr.* Dilapidar, malgastar, malbaratar, despilfarrar, disipar, estar a mal con el dinero, tirar por la ventana, tener un agujero en las manos, prodigar*. ≠ Guardar, ahorrar.

derroche *m.* Despilfarro, dilapidación, prodigalidad. **2** fig. Abundancia, exceso*.

derrota [1] *f.* Camino, senda, sendero, vereda, rumbo, rota, ruta, derrotero. ▌ En tierra, los cuatro primeros. En el mar, los cuatro últimos.

derrota [2] *f.* Vencimiento, rota, desbaratamiento, descalabro.

derrotado, -da *adj.* Roto, andrajoso, harapiento, destrozado, pobre, arruinado.

derrotar *tr.* Vencer, desbaratar, batir, destrozar. ≠ Perder.

derrotero *m.* MAR. Rumbo, rota, ruta, derrota. **2** Dirección, camino.

derruir *tr.* Derribar, demoler, arruinar.

derrumbadero *m.* Despeñadero, derrocadero, precipicio.

derrumbar *tr.-prnl.* Precipitar, despeñar. **2** Derruir, demoler, arruinar, desplomarse.

desabor *m.* Sinsabor, insipidez, desabrimiento.

desabrido, -da *adj.* Insubstancial, insulso, insípido, soso, desaborido. **2** Áspero, desapacible, displicente, desagradable, adusto, seco, rígido, hosco, huraño, esquivo.

≠ Sociable, amable, simpático. ▮ Hablando del carácter o del trato.

desabrimiento *m.* Desazón. ≠ Sapidez, gusto. **2** Aspereza, displicencia. ≠ Simpatía.

desacato *m.* Irreverencia, falta de respeto. ≠ Reverencia. **2** Desobediencia, insumisión, rebeldía. ≠ Acato.

desacierto *m.* Error*, yerro, equivocación, desatino, disparate, dislate, torpeza, desaguisado, barbaridad.

desaconsejar *tr.* Disuadir. ≠ Aconsejar, persuadir.

desacorde *adj.* Disconforme, discordante, desavenido. **2** Destemplado, desentonado, desafinado. ▮ Tratándose de voces o instrumentos músicos.

desacostumbrado, -da *adj.* Insólito. ≠ Acostumbrado.

desacuerdo *m.* Discordia, disconformidad*, desavenencia, desunión, manzana de la discordia, malquistamiento, disidencia, escisión, cisma, ruptura. ≠ Acuerdo, concordancia, pacto.

desafección *f.* Antipatía*, desafecto, malquerencia, animosidad. ≠ Afecto, amistad, voluntad.

desafecto *m.* Antipatía*, desafección, desestimación, malquerencia, aversión, animosidad.

desafecto, -ta *adj.* Contrario, opuesto.

desafiar *tr.* Retar, provocar, echar el guante, publicar armas, salir al campo. **2** Competir, rivalizar.

desafinar *intr.-prnl.* Desentonar. ≠ Afinar, templar.

desafío *m.* Reto, duelo. ▮ Este último, cuando está sujeto a ciertas reglas. **2** Rivalidad, competencia. → **duelo**

desaforado, -da *adj.* Desatentado, desordenado. **2** Desmedido, desmesurado, enorme, descomunal. ≠ Comedido.

desafortunado, -da *adj.* Desventurado, malaventurado, desgraciado, desdichado, infortunado, infeliz, infausto, aciago. ≠ Afortunado, feliz. ▮ Tratándose de tiempos, sucesos, señales, etc., *infausto, aciago*.

desafuero *m.* Demasia, desmán, exceso, abuso, atropello, tropelía, arbitrariedad, barrabasada, injusticia, iniquidad, ilegalidad.

desagradable *adj.* Molesto, irritante, enojoso, penoso, fastidioso, enfadoso, pesado, engorroso, incómodo*. ▮ En la actualidad es frecuente, entre personas educadas, usar *desagradable* como eufemismo en lugar de adjetivos más intensos, como los sinónimos recogidos.

desagradar *intr.* Disgustar, descontentar, enfadar, enojar, fastidiar, molestar, tener mala sombra, no ser santo de su devoción, echar con cajas destempladas. ≠ Agradar, gustar.

desagradecido, -da *adj.* Ingrato. ▮ «Para ser *desagradecido* basta no agradecer el beneficio; pero el *ingrato* añade a ello la injusticia de su mal proceder. Aquél puede serlo por indolencia; éste lo es siempre por malicia. El *desagradecido* mira con indiferencia el bien que recibe; el *ingrato*, lo mira como una carga que le irrita contra su bienchechor; y a veces sirve de estímulo a su odio, no sólo el beneficio que le pesa, sino aun la injusticia misma de su propia *ingratitud*.» (LH).

desagradecimiento *m.* Ingratitud, egoísmo. ≠ Gratitud, lealtad.

desagrado *m.* Disgusto, descontento, fastidio, enojo, molestia.

desagravio *m.* Reparación, satisfacción. ≠ Ofensa, perjuicio.

desagregar *tr.* Disgregar, disociar, dispersar, dividir, desunir. **2** fig. Desavenir, indisponer, malquistar, enemistar.

desaguadero *m.* Despedida, desagüe.

desaguar *tr.* Vaciar, sanear, secar. ▮ Tratándose de tierras encharcadas, marismas, etc., los dos últimos. **2** fig. Disipar, consumir. ► **3** *intr.* Desembocar, derramar, verter.

desaguisado *m.* Entuerto, agravio*, atropello, descomedimiento. **2** Desacierto, disparate, barbaridad.

desahogado, -da *adj.* Descarado, descocado, fresco, desenvuelto, desvergonzado. **2** Desembarazado, despejado, amplio, espacioso, libre, holgado. **3** Desempeñado, desentrampado.

desahogar *tr.-prnl.* Consolar, aliviar. ≠ Desanimar. **2** Desfogar. ≠ Ahogar, reprimir. ► **3** *prnl.* Repararse, recobrarse. **4** Expansionarse, espontanearse. ≠ Reprimirse.

desahogo *m.* Alivio, consuelo, descanso, reposo. **2** Desembarazo, libertad, holgura.

3 Expansión, esparcimiento. **4** Descaro, descoco, frescura, desvergüenza, atrevimiento.

desahuciar *tr.* Desesperanzar, desengañar. ≠ Consolar. **2** Despedir, expulsar, lanzar. ≠ Acoger, recibir.

desairado, -da *adj.* Desgarbado, desgalichado. **2** Desatendido, desdeñado, chasqueado, burlado.

desairar *tr.* Desatender, desestimar, desdeñar, despreciar, pasar por alto, hacer caso omiso de. ≠ Apreciar, atender. **2** Burlar, chasquear, engañar, frustrar.

desaire *m.* Desatención, desestimación, desdén, disfavor, desprecio, descortesía, grosería, feo.

desajustar *tr.* Desencajar, desmontar, desconcertar. ▶ **2** *prnl.* Desconvenirse, desavenirse.

desalentar *tr.-prnl.* Desanimar, acobardar, descorazonar, arredrar, atemorizar, amedrentar, intimidar, acoquinar, caerse el alma a los pies, caerse las alas del corazón. ≠ Animar, envalentonar. ▶ **2** *prnl.* Desfallecer, decaer, debilitarse, flaquear, desmayarse, flojear, abatir*.

desaliento *m.* Decaimiento, desánimo, abatimiento*, aflicción, postración, quebranto, pena. **2** Disciplencia, apatía, indolencia, dejadez.

desaliño *m.* Negligencia, descuido, desaseo, desatavío, desidia, dejadez. ≠ Compostura, adorno.

desalmado, -da *adj.* Cruel, inhumano, bárbaro, sanguinario, fiero. ≠ Bondadoso, humanitario.

desamparar *tr.* Abandonar*, dejar, desasistir, desatender, dejar en la estacada, volver las espaldas, dejar en las astas del toro. ≠ Amparar, asistir, atender. ▮ «Se *desampara* al que se halla necesitado; se *abandona* al que se halla en riesgo. (...) Un niño que ha perdido a sus padres, y no tiene quien le cuide, está *desamparado*. Un joven a quien sus padres han echado de su crianza y conducta, está *abandonado*.» (LH) **2** Ausentarse, marcharse, irse.

desanimar *tr.* Desalentar, acobardar, descorazonar, atemorizar, arredrar, intimidar, cortar las alas, matar las ilusiones, abatir*. ≠ Animar, envalentonar.

desánimo *m.* Decaimiento, desaliento, abatimiento*, postración.

desapacible *adj.* Desagradable, destemplado, duro, áspero, riguroso, acerbo, inhospitalario*. ≠ Suave, apacible.

desaparear *tr.* Desparejar.

desaparecer *intr.* Desparecer (antic.), ocultarse, esconderse, perderse, volatilizarse. ≠ Aparecer, destaparse. **2** Fugarse, huir, desvanecerse, escabullirse, escaparse, escurrirse, escurrir el bulto, descabullirse. **3** eufem. Caer, sucumbir, morir, perecer, fallecer, pasar a mejor vida.

desapego *m.* Despego, desafecto, desvío, frialdad, esquivez, aspereza, desdén, desinterés. ≠ Apego, afición, aprecio, interés. **2** Desprendimiento, desasimiento, abnegación.

desapercibido, -da *adj.* Desprevenido, descuidado. ≠ Prevenido. **2** galic. Inadvertido.

desapiadado, -da *adj.* Despiadado, cruel, inhumano.

desaplicado, -da *adj.* Desatento, desaprovechado, holgazán, perezoso.

desapoderado, -da *adj.* Precipitado, atolondrado. **2** fig. Furioso, violento.

desaprobar *tr.* Reprobar, vituperar, censurar, condenar, improbar (desus.), suspender. ▮ En exámenes, *suspender*.

desaprovechar *tr.-prnl.* Perder, malbaratar, desperdiciar, malgastar. ≠ Aprovechar, guardar.

desarbolar *tr.* Desmantelar.

desarmar *tr.* Desmontar, descomponer, desarticular.

desarraigar *tr.-prnl.* Arrancar, desplantar. ≠ Arraigar, plantar. **2** Extinguir, extirpar. ≠ Permanecer.

desarreglar *tr.-prnl.* Desordenar, descomponer, alterar, trastornar, desajustar, desorganizar. ≠ Arreglar, componer, concertar.

desarreglo *m.* Desorden, desajuste, desconcierto, desorganización, desbarajuste.

desarrollar *tr.* Descoger, desenrollar, desenvolverse, desplegar. **2** Perfeccionar, fomentar, aumentar, crecer, progresar, adelantar, formar, prosperar, medrar, florecer. **3** Extender, ampliar*, explicar*, exponer. ▶ **4** *prnl.* Germinar, nacer, brotar, crecer*.

desarrollo *m.* Crecimiento, incremento, aumento, adelanto, progreso, desenvolvimiento. **2** Explicación, exposición.

desarropar *tr.* Desabrigar, destapar.

desarrumar *tr.* MAR. Desatorar.

desaseado, -da *adj.* Descuidado, dejado, desaliñado, sucio, adán, estropajoso, andrajoso, roto, harapiento. ▌Los tres primeros se utilizan en general. Aplicado a una persona, *adán*.

desasir *tr.-prnl.* Soltar, desatar, desprender. ≠ Asir, apretar. ► **2** *prnl.* Desinteresarse, desapropiarse.

desasosegar *tr.-prnl.* Inquietar, desalmar, intranquilizar, desazonar, estar en vilo, estar sobre espinas. ≠ Tranquilizar.

desasosiego *m.* Inquietud, intranquilidad, ansiedad, desazón, malestar.

desastrado, -da *adj.* Desgraciado, infeliz. ► **2** *adj.-s.* Roto, desarrapado, zarrapastroso, haraposo, harapiento, andrajoso.

desastre *m.* Calamidad, devastación, ruina, catástrofe, cataclismo*, bancarrota, hundimiento, desgracia, percance, accidente, contratiempo. ≠ Victoria, triunfo, ganancia.

desatancar *tr.* Desatascar, desatrampar, desatrancar.

desatar *tr.-prnl.* Desligar, desenlazar, deshacer, soltar. ► **2** *prnl.* Desencadenarse, desenfrenarse. ▌Hablando de las fuerzas naturales o de las pasiones.

desatascar *tr.* Desatollar. **2** Desatancar, desatrancar, desatrampar. **3** fig. Sacar de apuros.

desatención *f.* Inatención, distracción. **2** Incorreción, descortesía, descomedimiento, grosería*. ≠ Cortesía, urbanidad, favor.

desatender *tr.* Descuidar, abandonar*, olvidar, distraerse. **2** Desoír, desasistir, desestimar, desdeñar, pasar por alto, hacer caso omiso de, desamparar*.

desatentado, -da *adj.-s.* Desatinado, desconcertado, inconsiderado. ► **2** *adj.* Excesivo, riguroso, desordenado.

desatento, -ta *adj.* Distraído, descuidado. **2** Descortés, inconsiderado, grosero.

desatiento *m.* Desasosiego, inquietud, destiento, sobresalto, alteración.

desatinado, -da *adj.* Desarreglado, desatentado. **2** Disparatado, descabellado, desacertado, absurdo.

desatino *m.* Disparate, despropósito*, desacierto, dislate, error*. ≠ Razonamiento, acierto. **2** Locura. ≠ Cordura.

desaturdir *tr. -prnl.* Desatolondrar.

desavenencia *f.* Discordia, desunión, desacuerdo, disentimiento, disconformidad*, disputa, disgusto, escisión, rompimiento, ruptura, cisma. ≠ Acuerdo, amistad.

desavío *m.* Desaliño, desorden, incomodidad.

desazón *f.* Desabrimiento, insipidez, aspereza. ≠ Sazón. **2** fig. Disgusto, pesadumbre, sinsabor, descontento, contrariedad*. **3** Inquietud, desasosiego, malestar. ≠ Sosiego.

desazonar *tr.-prnl.* Molestar, fastidiar, enojar, enfadar, disgustar*, sacar de sus casillas. **2** Desasosegar, inquietar, desalmar, intranquilizar, estar en vilo, estar sobre espinas, poner los nervios de punta. ≠ Tranquilizar, sosegar. ► **3** *prnl.* fig. Destemplarse, descomponerse, indisponerse. ≠ Tranquilizarse.

desbandarse *prnl.* Dispersarse, desparramarse, huir, desperdigarse, desmandarse*. **2** Desertar.

desbarajuste *m.* Desarreglo, desorden, confusión, desconcierto, desorganización, desgobierno. ▌*Desbarajuste* es expresión intensificada de estos sustantivos. En lo social o político, *desorganización*, *desgobierno*. **2** Follón, gresca, tumulto, bronca.

desbaratar *tr.-prnl.* Deshacer, descomponer, desconcertar, arruinar, aniquilar*. ≠ Arreglar, hacer, componer. **2** Disipar, malgastar, malbaratar, derrochar, despilfarrar. ≠ Ahorrar. ► **3** *intr.* Disparatar, desatinar, desbarrar.

desbarrar *intr.* Disparatar, desatinar, desbaratar.

desbastar *tr.* Descortezar. **2** fig. Desasnar, educar, afinar, limar*.

desbocado, -da *adj.* fig. Deslenguado, malhablado, maldiciente, lenguaraz.

desbordamiento *m.* Llena, riada, crecida*. ▌Tratándose de ríos o arroyos. **2** fig. Desenfreno. ▌Tratándose de la conducta.

descabellado, -da *adj.* fig. Desatinado, disparatado, desacertado, irracional, absurdo.

descaderar *tr.-prnl.* Derrengar.

descaecimiento *m.* p. us. Abatimiento, decaimiento, desfallecimiento, postración. ≠ Aliento, fortaleza. ▌ *Descaecimiento* fue muy frecuente en los escritores clásicos.

descalabazarse *prnl.* Descrismarse, calentarse la cabeza.

descalabrar *tr.-prnl.* Abrir la cabeza, romper la crisma, romper el bautismo, descabezar (fam.), escalabrar.

descalabro *m.* Contratiempo, infortunio, desgracia, daño, pérdida. **2** Derrota.

descalcador *m.* MAR. Maquillo.

descalificar *tr.-prnl.* Desconceptuar, incapacitar, desautorizar, desacreditar. ≠ Capacitar, autorizar, acreditar.

descaminar *tr.-prnl.* Desaviar, desviar, desencaminar, descarriar, irse fuera del camino, salirse del camino, extraviar, despistar, desorientar.

descamisado, -da *adj.* fig. Pobre, desarrapado, harapiento.

descansado, -da *adj.* Tranquilo, sosegado, reposado.

descansar *intr.* Reposar. ≠ Trabajar, desasosegarse. **2** Yacer, dormir*. **3** Quedar en barbecho. ▌ Tratándose de un campo. **4** Apoyarse, gravitar, estribar, pesar, cargar. **5** Confiar.

descansillo *m.* Meseta, descanso, mesilla, rellano.

descanso *m.* Respiro, reposo. ≠ Trabajo, movilidad. ▌ *Respiro* es breve descanso o interrupción del trabajo; *reposo* sugiere mayor quietud o descanso prolongado. **2** Alivio, desahogo. **3** Descansillo, meseta, mesilla, rellano. **4** Asiento, apoyo, sostén.

descarado, -da *adj.-s.* Deslavado, desvergonzado, atrevido, descocado, insolente, deslenguado, fresco, sinvergüenza, impávido, cara dura.

descargo *m.* Data, haber. ▌ En las cuentas. **2** Satisfacción, disculpa, excusa, justificación.

descaro *m.* Descompostura, descoco, desvergüenza, atrevimiento, insolencia, desfachatez, avilantez, audacia, osadía. ≠ Cortesía, vergüenza.

descarriar *tr.* Descaminar, desviar, desencaminar. ≠ Encaminar. ► **2** *tr.-prnl.* fig. Pervertirse.

descartar *tr.* Apartar, quitar, suprimir, desechar, eliminar, dejar a un lado.

descasar *tr.* Divorciar. **2** Desaparejar, desarticular, descoyuntar, desajustar.

descendencia *f.* Prole, sucesión, hijos. ≠ Ascendencia, antecesor, padres. **2** Casta, estirpe.

descender *intr.* Bajar, poner pie en tierra. ≠ Ascender, subir. **2** fig. Rebajarse, degradarse, caer. **3** Decrecer, disminuir. ≠ Ascender. **4** Derivarse, seguirse. **5** Proceder, originarse.

descenso *m.* Bajada. **2** Caída, declinación, decadencia*, baja*, bajón*.

descifrar *tr.* Leer, interpretar. ▌ *Descifrar* supone *leer, interpretar,* lo que está escrito en cifra o en caracteres o lengua desconocidos. **2** Comprender, desentrañar, penetrar, acertar*. ≠ Ignorar, desacertar.

desclavar *tr.* Desenclavar (p. us.).

descoagular *tr.* MED. Descuajar.

descoco *m.* Descaro, desvergüenza, desfachatez.

descoger *tr.* Desplegar, desenrollar, extender.

descolorar *tr.-prnl.* Descolorir, decolorar (científ.), desteñir, despintar. ≠ Pintar, colorear, teñir.

descollar *intr.* Sobresalir, resaltar, despuntar, distinguirse, señorear*. ▌ *Sobresalir, resaltar,* en sentido material o fig. *Despuntar, distinguirse,* solo tienen uso figurado.

descombrar *tr.* Desescombrar, escombrar.

descomedido, -da *adj.* Excesivo, desproporcionado, desmedido, desmesurado, exagerado. **2** Descortés, desatento, inconsiderado, grosero. ≠ Avergonzado.

descomedimiento *m.* Descortesía, desatención, desconsideración, grosería*, desentono, salida de tono, descompostura, inconveniencia. ≠ Comedimiento. **2** Desaguisado, entuerto, agravio*, atropello.

descomponer *tr.* Desencajar, desajustar, desarreglar, descoyuntar, deshacer*. ≠ Ordenar, arreglar, ajustar, encajar. **2** Desbaratar, desconcertar, trastornar. ▌ *Desbaratar, desconcertar,* equivalen aproximadamente a *trastornar* por su sentido intensivo. ▌ «Se *descompone* de muchos modos: rompiendo, degradando, turbando la acción recíproca de las partes de un todo. Se *desordena* alterando la colocación que deben guardar las partes entre sí. Se *descompo-*

ne un mecanismo por la rotura de algún muelle o de alguna rueda. Se *desordena* una librería cuando se separan los tomos de la misma obra, o cuando se mezclan las obras sin la debida clasificación. *Trastornar* es llevar al extremo el desorden. *Desorganizar* es llevar al extremo la *descomposición*.» (M). ► **3** *prnl.* Pudrirse, corromperse. ▮ Tratándose de una substancia o de un cuerpo animal o vegetal. **4** Desazonarse, enfermar, indisponerse. ≠ Sanar. **5** Desconcertarse, desbaratarse, desquiciarse, alterarse. ▮ Tratándose del ánimo.

descomunal *adj.* Extraordinario, monstruoso, enorme*, gigantesco.

desconceptuar *tr.* Descalificar, desacreditar, deshonorar.

desconcertar *tr.* Desordernar, turbar, alterar, confundir, desbaratar, descomponer*. ≠ Concertar, ordenar. **2** Dislocar, descoyuntar. ≠ Componer. ▮ Tratándose de los huesos. ► **3** *prnl.* Desavenirse, desacordarse. ≠ Avenirse. **4** Salir de quicio, desquiciarse, azorarse, turbarse. ▮ Los dos primeros, por el enojo u otra pasión violenta; los dos últimos, por la duda, el miedo, la timidez, etc.

desconfiado, -da *adj.* Receloso, escamado (fam.), suspicaz, mal pensado, escamón (fam.), malicioso, astuto, taimado, zorro (fig.). ≠ Confiado, crédulo. ▮ El *desconfiado* por costumbre o carácter, *suspicaz, mal pensado, escamón*.

desconfianza *f.* Inconfidencia (lit.), prevención, aprensión, recelo, escama (fam.), malicia, sospecha, suspicacia, cautela*. ▮ *Aprensión*, cuando la *desconfianza* es infundada o poco fundada. La *suspicacia* es *desconfianza* habitual. → **miedo**

desconfiar *intr.* Recelar, sospechar, maliciar, escamarse, estar escamado, andar con la mosca en la oreja. ≠ Confiar, creer. ► **2** *prnl.* Acautelarse, cautelarse, precaverse. ≠ Confiarse.

desconocer *tr.* Ignorar. ≠ Conocer, recordar, aprender.

desconocido, -da *adj.* Ignoto (culto,) ignorado, incógnito (culto,) incierto, anónimo. ≠ Conocido, cierto. ▮ Tratándose del autor de un escrito o libro, *anónimo*. ► **2** *adj.-s.* Oscuro, humilde. ≠ Conocido, famoso, célebre. **3** ant. Ingrato, desagradecido, olvidadizo. ≠ Fiel.

desconsuelo *m.* Aflicción, pena, angustia, pesar, amargura, dolor*.

descontar *tr.* Rebajar, deducir. ≠ Sumar, acreditar. ▮ Los tres verbos tienen el significado de restar o quitar algo de una cantidad o precio. Pero *descontar* y *deducir* se aplican principalmente en la banca, en el alto comercio o en la administración pública, en tanto que *rebajar* sugiere un ambiente más popular o de comercio al por menor. En la tasación de un impuesto se *deduce* o *descuenta* una cantidad o tanto por ciento por tal o cual concepto. El vendedor *rebaja* el precio de un artículo por fin de temporada, o porque el parroquiano regatea. Fuera de sus usos comerciales o aritméticos, solo son sinónimos *descontar* y *rebajar*, pero no *deducir*. De un relato o noticia que nos parecen exagerados o inseguros *descontamos* o *rebajamos* algo, no *deducimos*. **2** Presuponer, dar por descontado.

descontentadizo, -za *adj.* Difícil, chinche, chinchorrero, desabrido, áspero.

descontento *m.* Disgusto, desagrado, queja, enojo, enfado, irritación.

descontento, -ta *adj.* Disgustado, malcontento, quejoso.

desconveniencia *f.* Incomodidad, disconveniencia, desacomodo.

desconvenir *intr.* Disconvenir, desavenirse, disentir, desacordarse.

descorazonar *tr.* Desanimar, desalentar, desmayar, intimidar, acobardar, cortar las alas, matar las ilusiones, achicar, amilanar, atemorizar, acoquinar, arredrar. ≠ Animar, alentar.

descortés *adj. com.* Desatento, desconsiderado, descomedido, malcriado, grosero, brusco, áspero, desapacible, hosco, impolítico, inurbano, incivil, rústico. ≠ Diplomático, cortés, educado, atento, comedido.

descortesía *f.* Desatención, descomedimiento, desconsideración, impolítica, grosería*, inconveniencia, falta, incorrección, rudeza, brusquedad. ≠ Cortesía, aprecio, corrección, consideración, afabilidad.

descortezar *tr.* Escoscar. **2** fig. Desbastar, desasnar, educar.

descrédito *m.* Desdoro, deslustre, mancilla, deshonor, desconceptuación. **2** Insolvencia.

descreído, -da *adj.* Incrédulo, irreligioso, escéptico. ≠ Crédulo, devoto, ortodoxo.

describir *tr.* Trazar, delinear, dibujar. ▮ P. ej., un arco, una elipse. **2** Reseñar, explicar, especificar. ▮ *Especificar*, si la descripción es circunstanciada y minuciosa.

descrismar *tr.* fig. Romper la crisma, romper el bautismo, descalabrar. ▸ **2** *prnl.* Calentarse la cabeza, descalabazarse, dar mil vueltas a la cabeza, calentarse la cabeza, calentarse los cascos.

descuartizar *tr.* Cuartear, despedazar, destrozar, hacer cuartos, hacer pedazos, desmembrar, cuartear.

descubierta *f.* MIL. Y MAR. Reconocimiento.

descubiertamente *adv. m.* Claramente, patentemente, sin rebozo, sin rodeos, abiertamente.

descubierto *m.* Déficit, deuda. **2 En descubierto** *loc. adj.* Moroso. **3 Estar al descubierto** *loc.* Deber[2], estar obligado, tener obligación, tener en cargo. ≠ Tener derecho.

descubrir *tr.* Destapar. ≠ Tapar. **2** Hallar, encontrar, inventar. ≠ Ignorar. ▮ «*Descubrir* es hallar o encontrar lo que está oculto. *Inventar* es imaginar los medios de conseguir un fin. La acción de *descubrir* puede ser efecto del cuidado o de la casualidad; la de *inventar* lo es siempre del designio, del estudio, del cuidado (...). Se *descubre* una mina, no se *inventa*; se *inventa* una máquina, no se *descubre*.» (LH). **3** Revelar, manifestar, denunciar. ≠ Ignorar.

descuento *m.* Rebaja, deducción, reducción. → **descontar**

descuidado, -da *adj.* Dejado, negligente, desidioso, abandonado. **2** Desaliñado, desaseado, adán. **3** Desapercibido, desprevenido.

descuidar *tr.* Omitir, abandonar*, desatender, olvidar, dejar, echarse a dormir, írsele la mula. ≠ Atender, recordar, velar.

descuido *m.* Inadvertencia*, omisión, olvido, negligencia, ligereza, imprevisión. ≠ Reflexión, prudencia, cuidado. ▮ Los tres primeros se refieren a un solo acto. Cuando el *descuido* es un hábito o una disposición de ánimo se emplean todos los demás. **2** Desliz, falta, tropiezo, gazapo*, errata, error, lapsus, yerro. **3** Abandono, dejadez, desidia, desatención. ≠ Cuidado. **4** Acidia, flojedad, tardanza, pereza, apatía, desgobierno, incuria. ≠ Diligencia, gana.

desdecir *intr.* Venir a menos, descaecer. **2** Despegarse, despintarse, no pegar, desentonar, deslucir. ▸ **3** *prnl.* Retractarse, volverse atrás.

desdén *m.* Indiferencia, despego, menosprecio, desprecio, desaire, desatención, desestimación, disfavor, esquivez. ≠ Aprecio. **2** Arrogancia, altanería, altivez, soberbia, engreimiento, orgullo, grosería, descotesía. ≠ Humildad, sencillez.

desdeñar *tr.* Desestimar, desairar, menospreciar, despreciar*, desechar. ≠ Atender, apreciar. ▮ *Desdeñar* supone en todos los casos una actitud altiva.

desdicha *f.* Infelicidad, infortunio, desventura, mala suerte, adversidad*, desgracia*.

desdoblar *tr.* Extender, desplegar.

desdoro *m.* Deslustre, mancilla, mancha, descrédito, demérito, desmerecimiento*, imperfección, deshonra, estigma, afrenta, infamia. ≠ Honra, mérito, corrección, perfección.

desear *tr.* Aspirar a, querer, codiciar, ambicionar, suspirar por, ansiar, anhelar, apetecer, codiciar, ambicionar*. ≠ Renunciar, desentenderse. ▮ El sentimiento de *deseo* puede unirse a otros matices psíquicos. P. ej. los verbos *aspirar a, querer, codiciar, ambicionar*, sugieren voluntad activa del sujeto, en mayor o menor grado, para procurarse lo deseado. Los verbos *suspirar por, ansiar, anhelar* (intensivos de *desear*) no suponen necesariamente actividad por parte del sujeto. Otras significaciones especiales dependen de la cosa deseada; p. ej.: se *apetece* un buen vino, se *codicia* la riqueza, se *ambiciona* un cargo. ▮ «Se *desea* lo que gusta; se *apetece* lo que se necesita. Hay más sensualidad en el acto de *apetecer* que en el de *desear*. La ciencia, el poder, la fama son objetos legítimos del *deseo*. Se *apetece* el descanso, el manjar, la bebida, el refresco en los días calurosos. *Apetecer* viene de *apetito*, sentimiento que los hombres tienen de común con los animales.» (M).

desechar *tr.* Excluir, separar, apartar. **2** Rechazar, expeler, arrojar, tirar. **3** Desestimar, reprobar, menospreciar, despreciar*, desairar, desdeñar, deprimir, denigrar, vilipendiar. ≠ Atender, desear, considerar, aprobar, apreciar.

desecho *m.* Residuo, desperdicio, sobras, restos, despojo, broza, detrito.

desembarazado, -da *adj.* Desocupado, despejado, libre, expedito, espacioso. **2** fig. Suelto, ágil, hábil, diestro. ≠ Torpe, pesado. **3** Gallardo, apuesto, airoso, galán, gentil.

desembarazo *m.* Desenfado, despejo, soltura, desenvoltura, desempacho, desparpajo, expedición, prontitud. ≠ Inhabilidad, encogimiento, enfado. ▮ El *desembarazo*, el *despejo* y la *soltura* en decir u obrar proceden del talento, de la gracia y de la costumbre, y los tres vocablos son estimativos o elogiosos. *Desenfado*, *desenvoltura*, *desempacho* y *desparpajo* contienen un matiz desestimativo más o menos marcado. El *desenfado* y la *desnvoltura* sugieren cierto impudor; el *desempacho*, falta de atención a los obstáculos u objeciones; el *desparpajo* supone cierto desprecio de los miramientos sociales. **2** Desahogo, libertad, holgura. **3** fig. Gentileza, gracia, galanura, garbo, bizarría.

desembocar *intr.* Salir, ir a parar. **2** Desaguar, verter.

desembolso *m.* Pago, entrega. **2** Gasto, dispendio, coste.

desembrollar *tr.* Desenredar, desenmarañar, aclarar (fig.), despejar. ≠ Enredar, mezclar, liar.

desembuchar *tr.* Desbuchar. **2** fig. y fam. Declarar, cantar, confesar, descubrir.

desemejante *adj.* Diferente, dispar, disímil, distinto*.

desemejanza *f.* Diferencia*, disimilitud, disparidad, discrepancia.

desempleo *m.* Paro, desocupación.

desenalbardar *tr.* Desalbardar.

desencadenarse *tr.* Desatarse, desenfrenarse.

desencajar *tr.* Desquiciar, desajustar. ► **2** *prnl.* Demudarse, descomponerse, robarse el rostro. ► **3** *tr.-prnl.* Dislocar, luxar, descoyuntar.

desencanto *m.* Desilución, desengaño, chasco, decepción.

desenfado *m.* Desempacho, desenvoltura, desahogo, despejo, desembarazo. ≠ Torpeza. **2** Descanso, recreo, diversión, esparcimiento. **3** Gallardía, gentileza, galanura, buen aire. ≠ Desaire, desgarbo.

desenfrenar *tr.* Desfrenar. ≠ Frenar. ► **2** *prnl.* Desmandarse, enviciarse. ≠ Enmendarse. **3** Desencadenarse, desatarse. ▮ Hablando de las fuerzas naturales o de las pasiones.

desengañar *tr.-prnl.* Decepcionar, desilusionar, desencantar, desahuciar, desesperanzar. ≠ Engañar, ilusionar, consolar.

desenlace *m.* Desenredo, solución, resolución.

desenlazar *tr.* Deslazar, desatar. **2** fig. Resolver, solucionar.

desenmarañar *tr.-prnl.* Desenredar, desembrollar, aclarar (fig.). ≠ Enredar, embrollar.

desenojar *tr. -prnl.* Desatufar, desempacar, desencapotar, aplacar. ▮ Los tres primeros tienen un sentido más o menos irónico. **2** Desenfadarse, esparcirse.

desenredar *tr.* Desenmarañar, desembrollar. ► **2** *prnl.* Desenvolverse, arreglarse, componérselas, salir del paso.

desentenderse *prnl.* Prescindir, omitir, zafarse, ignorar. **2** Hacerse el desentendido, pasar por alto, desatender, desasistir, descuidar, inhibirse, abstenerse, abandonar*. ≠ Interesarse, atender, celar, controlar, amparar.

desenterrar *tr.* Exhumar.

desentonar *intr.* Desafinar. **2** Desdecir, despegarse, no pegar. ► **3** *prnl.* Descomedirse, descomponerse, salir de tono.

desentono *m.* Destemple, disonancia, desafinación. **2** fig. Salida de tono, descompostura, descomedimiento, inconveniencia. ≠ Entonación, comedimiento.

desentumecer *tr.* Desadormecer, desentumir.

desenvoltura *f.* Desembarazo*, desenfado, despejo, soltura. **2** Desvergüenza, desfachatez, descoco, impudor.

deseo *m.* Apetito, codicia, afán, ambición, ansia*. ≠ Desinterés, resignación, inapetencia. → **desear** **2** Ideal, ilusión, ambición, sueño, aspiración, anhelo, apetencia*. ≠ Desaliento. **3** Voluntad, intención, ánimo. ≠ Desánimo, desgana, abulia. **4** Antojo, capricho, gusto, fantasía, humorada.

desequilibrado, -da *adj.* Maniático, chiflado, guillado, tocado, ido, mochales (vulg.), loco.

deserción *f.* Defección, huida, abandono.

desertización, desertificación *f.* Deforestación, despoblación.

desertor, -ra *adj.-s.* Prófugo, tránsfuga.

desesperación *f.* Desesperanza, desespero, exasperación, despecho. ▮ La *exasperación* es más extrema y vehemente que la *desesperación*. ▮ «La *desesperación* nace de la pesadumbre, del dolor, del amargo sentimiento que ocasionan la injusticia, la persecución y la mala fortuna. El *despecho* proviene de la ira, del deseo de venganza, de un odio profundo y encarnizado. El *despecho* es más hostil que la *desesperación*, y no puede ocultarse como ésta bajo una calma engañadora.» (M).

desesperar *intr.-prnl.* Desesperanzar, perder los estribos, pintar con negros colores, verlo todo negro. ≠ Esperar, consolarse, confiarse. ▸ **2** *tr.* Impacientar, irritar, enojar, exasperar.

desestimar *tr.* Desdeñar, despreciar, menospreciar, mirar de lado, no hacer caso de, subestimar, desairar, desatender, pasar por alto, hacer caso omiso de, desoír. ≠ Estimar, apreciar, atender. ▮ El verbo *subestimar*, hoy en uso, significa estimar en menos de lo justo, verdadero o exacto. **2** DER. Denegar, desechar, rechazar. ≠ Aceptar, aprobar. ▮ P. ej. se *desestima*, un recurso, una solicitud.

desfachatez *f.* Descaro, tupé, desvergüenza, descoco, cara dura, frescura.

desfallecer *intr.* Decaer, debilitarse, flaquear, desmayarse, flojear, desanimarse, desalentarse, abatirse*.

desfallecimiento *m.* Debilidad, decaimiento, abatimiento*, desaliento, desmayo, desánimo, deliquio*.

desfavorable *adj.* Contrario, adverso, perjudicial.

desfigurar *tr.* Deformar*. **2** Disfrazar, enmascarar, encubrir, disimular, falsear, fingir. ▸ **3** *prnl.* Inmutarse, demudarse.

desfile *m.* Parada. ▮ Cuando se trata de un desfile militar grande y solemne, *parada*.

desfogar *tr.* Desahogar. ▮ «La acción expresada por *desfogar* es más violenta que la significada por *desahogar*. *Desfogar* la cólera es estallar en injurias, recriminaciones y malas palabras. El que se queja, el que confía un secreto que le pesa, se *desahoga*. Un rato de diversión es un *desahogo* para el hombre ocupado. *Desfogar* una pasión es entregarse a todos los excesos que ella dicta o provoca.» (M).

desfollonar *tr.* Deslechugar.

desfondar *tr.-prnl.* Descular.

desforestación *f.* Deforestación, despoblamiento, desertización.

desfortalecer *tr.* Desmantelar.

desgana *f.* Inapetencia, anorexia (MED.). ≠ Gana. **2** Hastío, tedio. ≠ Gusto.

desgañitarse *prnl.* Desgargantarse, desgaznatarse, desgalillarse (La Mancha, Cuba y P. Rico), gritar, chillar*, vociferar, vocear, enronquecer.

desgarrar *tr.-prnl.* Rasgar, romper. **2** Despedazar. ▮ «*Desgarrar* es dividir con violencia; *despedazar* es hacer pedazos. El toro *desgarra*; el tigre *despedaza*.» (M).

desgarro *m.* Rotura, rompimiento, siete. **2** Desvergüenza, descaro, desfachatez, descoco. **3** fig. Fanfarronada, bravata.

desgarrón *m.* Rasgado, rasgón, siete, rotura. **2** Jirón.

desgobierno *m.* Desorden, desconcierto, desarreglo, desbarajuste*. **2** Abandono, dejadez, desidia, descuido, desatención, negligencia, incuria. ≠ Cuidado.

desgracia *f.* Percance, accidente, contratiempo, desastre, azote, calamidad, plaga, castigo, flagelo (lit.). ≠ Victoria. ▮ Cuando se refiere a un caso o acontecimiento desgraciado. **2** Desventura, desdicha, infortunio, infelicidad, malaventura, adversidad*, mala sombra, mala pata. ≠ Felicidad, tranquilidad. ▮ Si el mal constituye un motivo permanente de aflicción, se utilizan los seis primeros. Los dos últimos hacen referencia a la suerte adversa. **3** Sosería, desgarbo, insulsez, asadura.

desgraciado, -da *adj.-s.* Desventurado, malaventurado, desdichado, infeliz, infortunado, infausto, aciago, funesto.

≠ Afortunado, agraciado, feliz. ▌ *Infausto* no suele aplicarse a personas, sino pralte. a tiempos o sucesos, lo mismo que *aciago*: un día, un acontecimiento, *infausto* o *aciago*. *Desafortunado* sugiere más bien un matiz atenuado con respecto a los demás sinónimos.

desgraciar *tr.-prnl.* Malograr, echar a perder, frustrar, estropear, estar de malas, haber pisado mala hierba, tener mala pata. ≠ Contentar, favorecer, triunfar.

desgrasar *tr.* Desengrasar.

desgreñar *tr.* Despeinar*, desmelenar, despelotar, despeluznar, despeluzar. ▸ **2** *tr.-prnl.* fig. Enmarañar, enredar, encrespar. ≠ Desenredar.

deshabitado, -da *adj.* Inhabitado*, abandonado, despoblado, desierto, yermo, solitario. ▌ *Inhabitado, abandonado* y *deshabitado* pueden referirse a un lugar o país, o bien a una casa que tuvo habitantes y ya no los tiene. En el primer caso, la serie sinonímica ofrece los siguientes grados: *despoblado, desierto, yermo.*

deshacer *tr.* Desarmar, desmontar, destruir, descomponer, desconcertar, romper, destrozar, estropear, desbaratar, anular*. ≠ Hacer, componer, organizar. ▌ *Desarmar* y *desmontar* suponen orden, plan y concierto. Cuando se *deshace* algo sin orden o designio alguno, se utilizan todos los demás. **2** Derretir, licuar, liquidar, desleír, disolver. ▌ Los tres primeros se refieren a un cuerpo sólido; los dos últimos a un cuerpo líquido. ▸ **3** *prnl.* Enflaquecerse, extenuarse.

desharrapado, -da *adj.* Desarrapado, roto, andrajoso, harapiento.

deshollinador, -ra *adj.-s.* Limpiachimeneas, fumista.

deshonestidad *f.* Impudicia, impudicicia, impudor, inhonestidad, torpeza, incontinencia, liviandad, lascivia, lujuria, desenfreno, indecencia, obscenidad, impureza. ≠ Honestidad, pureza, decencia. **2** Desvergüenza, descoco, indecoro.

deshonor *m.* Deshonra.

deshonra *f.* Deshonor, afrenta, ignominia, oprobio, ultraje, estigma, desdoro. ≠ Honra, crédito, reputación. ▌ Los cuatro últimos cuando la *deshonra* es pública.

desiderable *adj.* Deseable, apetecible, codiciable. ▌ *Desiderable* es latinismo pedante, de uso muy restringido. Las voces corrientes son *deseable, apetecible, codiciable.*

desidia *f.* Negligencia, incuria, descuido, dejadez, pereza, holgazanería. ≠ Cuidado, aseo.

desierto *m.* Yermo.

desierto, -ta *adj.* Despoblado, deshabitado*, inhabitado, solitario.

designar *tr.* Nombrar, denominar. **2** Significar, denotar. **3** Señalar, indicar, destinar, dedicar.

designio *m.* Pensamiento, plan, proyecto, ánimo*. ▌ «*Designio* es la determinación de obrar de cierto modo y con cierto objeto. *Proyecto* tiene un objeto más vasto y complicado que *designio*. *Plan* es el conjunto de los medios de ejecución del *proyecto*. Resolverse a especular es un *designio*; concebir la idea de una especulación mercantil determinada es formar un *proyecto*; el *plan* fija el capital y las otras condiciones que han de llevar a cabo la empresa.» (M). **2** Intención, intento, propósito, mira, fin*.

desigual *adj.* Diferente, distinto*. **2** Quebrado, áspero, barrancoso, accidentado. **3** fig. Arduo, dificultoso. **4** Inconstante, vario, variable, mudable, caprichoso, voluble.

desigualdad *f.* Diferencia.

desilusión *f.* Desesperanza. **2** Decepción, desengaño, desencanto, chasco.

desinencia *f.* GRAM. Terminación flexional.

desinfectante *adj. m.* Antiséptico.

desintegrar *tr.* Disgregar, desagregar, disociar, desmembrar, separar, escindir, dividir.

desinterés *m.* Desasimiento, despego, abnegación*, largueza, liberalidad, generosidad, desprendimiento*. ▌ *Desasimiento, despego,* se aplican principalmente en sentido moral o religioso. *Abnegación* es un desinterés extremado o heroico. *Largueza, liberalidad,* tratándose de bienes materiales. *Generosidad* y *desprendimiento** comprenden lo material y lo moral.

desinteresado, -da *adj.* Desprendido, generoso, liberal.

desistir *intr.* Renunciar, cesar, cejar, echarse atrás, dejar el campo, darse por vencido, amollar, ceder, aflojar, rajarse (fam.), desdecirse. ≠ Insistir. **2** DER. Abdicar, separarse, abandonar.

desleal *adj.-s.* Infiel, pérfido, felón, traidor, traicionero, aleve*, alevoso, judas, delator.

desleír *tr.-prnl.* Disolver, diluir.

deslenguado, -da *adj.-s.* Lenguaraz, malhablado, desbocado, desvergonzado, insolente, maldiciente, mala lengua, descarado, deslavado, atrevido, descocado, insolente. ▮ El *maldiciente* y el *mala lengua*, lo son en ausencia de la persona de quien murmuran.

desligar *tr.-prnl.* Desatar, desanudar. ≠ Ligar, atar. **2** fig. Absolver, dispensar, dejar en franquía. ≠ Obligar. **3** MUS. Picar.

deslindar *tr.* Demarcar, delimitar*. **2** fig. Aclarar, distinguir, determinar.

desliñar *tr.* Enmondar.

desliz *m.* Resbalón. **2** fig. Ligereza, descuido, falta, error, lapsus, culpa.

deslizarse *prnl.* Resbalar, escurrirse, irse los pies. **2** Escabulllirse, escaparse.

deslumbrar *tr.* Traslumbrar, encandilar, ofuscar, cegar. **2** fig. Alucinar, cautivar, atraer, ilusionar, seducir, cegar, engañar.

deslustrar *tr.* Empañar. **2** fig. Desacreditar, deslucir. ► **3** *intr.* TECN. Decatir.

desmadejado, -da *adj.* Desmazalado, flojo, decaído.

desmán *m.* Exceso, desorden, demasía, tropelía, atropello.

desmandado, -da *adj.* Desobediente, indócil. **2** Desbandado, desgobernado.

desmandarse *prnl.* Desobedecer, rebelarse. ≠ Someterse. **2** Descomedirse, propasarse, excederse. **3** Desmanarse, desbandarse. ≠ Ordenarse. ▮ *Desmanarse* se dice del ganado que se aparta de la manada. *Desbandarse* y *desmandarse* se aplican a hombres o animales que se separan de un grupo, bando o bandada. La diferencia consiste en que *desbandarse* sugiere la disolución del grupo o bando, mientras que *desmandarse* puede hacerlo un solo individuo o pocos.

desmañado, -da *adj.-s.* Inhábil, desmanotado, chapucero, torpe.

desmayar *intr.* Acobardarse, desalentarse, desanimarse, desfallecer, amilanarse, caérsele las alas. ≠ Animarse, alentar. ► **2** *prnl.* Desvanecerse, perder el sentido. ≠ Reanimarse.

desmayo *m.* Desaliento, desánimo. **2** Síncope, desvanecimiento, soponcio, desfallecimiento, lipotimia (MED.). **3** Sauce llorón, sauce de Babilonia. **4** Lipotimia (MED.), deliquio, desfallecimiento.

desmazalado, -da *adj.* Desmadejado, flojo, decaído, desproporcionado, excesivo, enorme, desmesurado.

desmedrar *intr.-prnl.* Decaer, debilitarse, enflaquecer, encanijarse. ≠ Fortalecerse, mejorar, aumentar.

desmelenar *tr.* Desgreñar, despeinar, despeluzar.

desmembrar *tr.* Descuartizar. **2** Dividir, separar, desintegrar, escindir.

desmemoriado, -da *adj.* Olvidadizo.

desmenuzar *tr.* Despavesar, triturar, picar, desmigajar, destrizar, trizar. ▮ Tratándose del pan o cosas análogas, *desmigajar*.

desmerecimiento *m.* Demérito, desdoro. ▮ *Demérito* es el efecto de *desmerecer*, en tanto que *desmerecimiento* designa acción y efecto de *desmerecer*. Tratándose de la reputación, fama, etc., *desdoro*.

desmesurado, -da *adj.* Excesivo, desmedido, enorme*, fenomenal, tremendo, descomunal, extraordinario, brutal. **2** Descortés, insolente, descomedido.

desmirriado, -da *adj.* Esmirriado, flaco, extenuado, consumido.

desmontar *tr.* Desarmar, desarticular, deshacer*. ► **2** *intr.-prnl.* Descabalgar, apearse, bajar.

desnudar *tr.-prnl.* Desvestir, poner en cueros, dejar o quedarse en (pelotas). ≠ Vestir.

desnudo, -da *adj.* Corito, en cueros, nudo (lit.). ▮ *Nudo* es de uso literario y se aplica fig. y generalmente a lo abstracto: p. ej. la *nuda* verdad. **2** fig. Pobre, necesitado, indigente, mísero. **3** Patente, claro, sin rebozo, sin rodeos.

desobedecer *tr.* Desmandarse, rebelarse, hacer caso omiso. ≠ Obedecer, subordinarse, someterse.

desobediente *adj.* Indócil, malmandado, díscolo, rebelde, reacio, reluctante (lit.).

desocupado, -da *adj.-s.* Ocioso. **2** Parado, desempleado, desacomodado, cesante. ▮ Este último, si se trata de un funcionario o empleado de oficina. **3** Vacío, desembarazado.

desocupar *tr.-prnl.* Desembarazar, vaciar. ≠ Ocupar, llenar, obstruir.

desoír *tr.* Desatender, desestimar, no hacer caso.

desolar *tr.* Asolar, devastar, arrasar, destruir. ≠ Construir. ► **2** *prnl.* Afligirse, angustiarse, apenarse, desconsolarse. ≠ Consolarse, sosegarse.

desollar *tr.* Despellejar, escorchar.

desorden *m.* Desarreglo, desconcierto, desorganización, desgobierno, desbarajuste*. ≠ Orden, disciplina, gobierno. **2** Alboroto, tumulto, motín, asonada. ≠ Orden, disciplina. **3** MED. Alteración, trastorno, irregularidad.

desordenado, -da *adj.* Inordenado, barullón, desarreglado, desgobernado. ▌Tratándose de cosas que están sin ordenar, *inordenado*. Aplicado a personas, los tres últimos.

desordenar *tr.-prnl.* Descomponer, desorganizar, desarreglar, trastornar, desconcertar, desbaratar. ≠ Ordenar, gobernar.

desorganizar *tr.* Descomponer, desordenar, desarreglar, trastornar, desbaratar, desbarajustar.

desorientar *tr.-prnl.* Extraviar, descaminar, despistar. ≠ Orientar. **2** fig. Confundir, ofuscar, turbar, embarullar. ≠ Orientar, conocer, concertar.

desove *m.* Muga.

despabiladeras *f. pl.* Espabiladeras, molletas, tenacillas.

despabilar *tr.* Espabilar, despertar, avivar. ≠ Abobar, dormir. **2** fam. Matar, ejecutar, apiolar, chinchar, despachar, trincar, quitar de en medio, enviar al otro mundo.

despachar *tr.* Abreviar, concluir, apresurarse. **2** Resolver, decidir. **3** Enviar, remitir, mandar. **4** Despedir, echar*. **5** Vender, expender. **6** fig. Matar.

despacho *m.* Parte, telegrama, telefonema, cablegrama, radiograma, radiofonema. ▌*Parte* en gral.; los demás según el medio empleado. **2** Venta, salida, pedido*.

despachurrar *tr.-prnl.* Despanzurrar, espachurrar, aplastar, destripar, reventar.

despacio [1] *adv. m.* Lentamente, paulatinamente, poco a poco. ≠ Rápidamente. ▌«*Despacio* no explica otra idea que la lentitud de la operación en sí misma. *Poco a poco* exprime la lentitud progresiva del movimiento que nos acercan al fin: p. ej. fui ganando *poco a poco* terreno. Si se sustituye por la voz *despacio* presentará sólo la idea de la lentitud con que nos movimos, y no la del movimiento lento, pero continuado, con que fuimos adelantando.» (LH).

despacio [2] *m.* Tardanza, dilación, lentitud. ▌Estos tres en los clásicos y en Amér.

despacioso, -sa *adj.* Espacioso, tardo, lento, paulatino.

despalmar *tr.* MAR. Espalmar. **2** Achaflanar (CARPIN.)

despanzurrar *tr.* Despachurrar, espachurrar, reventar.

desparejar *tr.* Desaparear.

desparpajo *m.* Desembarazo*, desenvoltura, desempacho, desenfado.

desparramar *tr.-prnl.* Esparcir, extender, desperdigar, diseminar, malgastar (el dinero). ≠ Unir, acoger, ahorrar.

despatarrar *tr.-prnl.* Espatarrar.

despavorido, -da *adj.* Espavorido, pavorido, espantado, aterrado, horrorizado. ≠ Sereno, valiente.

despecho *m.* Desesperación*.

despectivo, -va *adj.* Despreciativo, desdeñoso.

despedazar *tr.* Destrozar, descuartizar, deshacer, desgarrar, tronzar, romper, trozar, partir.

despedida *f.* Adiós, separación.

despedir *tr.* Lanzar, arrojar, soltar, echar, poner de patitas en la calle, poner en la puerta de la calle. **2** Esparcir, difundir. **3** Despachar, licenciar, dar pasaporte, expulsar, echar*. ▌*Despachar* o *licenciar* a una persona; *dar pasaporte* es expresión fam. o irónica, según los casos. *Expulsar* y *echar* significan despedir con violencia.

despegado, -da *adj.* Áspero, desabrido, arisco, huraño, indiferente, desafecto, desapegado.

despegar *tr.* Separar, apartar, desunir. ≠ Pegar, unir. **2** Levantar el vuelo. ► **3** *prnl.* Desdecir, desentonar, no pegar. ≠ Pegar, convenir.

despego *m.* Desapego, desafecto, frialdad, aspereza, desabrimiento, desdén, indiferencia, menosprecio, desprecio, desinterés*.

≠ Deferencia. **2** Desinterés, desasimiento, abnegación, largueza, liberalidad, generosidad, desprendimiento. ≠ Egoísmo.

despeinar *tr.* Desmelenar, despeluzar, despeluznar, desgreñar. ▮ Para *despeinar* a una persona se necesita que esté peinada, cosa que no requieren los demás verbos. *Despeluzar* y *despeluznar* suponen mayor violencia cuando se aplican a personas; con más frecuencia se aplican a cosas, como pieles, felpa, etc., así como *espeluzar* y *respeluzar*.

despejado, -da *adj.* Espabilado, inteligente, desenvuelto, listo. **2** Espacioso, ancho. **3** Sereno, claro. ▮ Hablando del tiempo.

despejar *tr.* Desembarazar, desocupar. **2** Aclarar, desembrollar. ▸ **3** *prnl.* Aclararse, serenarse, escampar. ≠ Oscurecer.

despejo *m.* Desembarazo*, soltura, desenvoltura, desempacho, desenfado, gallardía. **2** Inteligencia, talento, viveza, listeza.

despeluzar *tr.* Espeluzar, respeluzar, despeluznar, desmelenar, desgreñar, despeinar*, despelotar.

despellejar *tr.* Desollar. **2** fig. Murmurar, cortar un traje, hablar mal.

despeñadero, -ra *m.* Derrocadero, derrumbadero, precipicio.

despeñar *tr.* Precipitar, derrocar, desgalgar.

desperdiciar *tr.* Desaprovechar, malbaratar, malgastar*, despilfarrar, disipar.

desperdicio *m.* Desecho, sobra, residuo, resto.

desperdigar *tr.-prnl.* Esparcir, desparramar, diseminar, dispersar. ≠ Acopiar, reunir.

desperezarse *prnl.* Esperezarse, estirarse.

desperfecto *m.* Deterioro, detrimento, avería. **2** Falta, defecto, tacha.

despiadado, -da *adj.* Desapiadado, cruel*, inhumano, impío, empedernido*.

despido *m.* Despedida.

despierto, -ta *adj.* Avisado, advertido*, espabilado, listo, vivo, despejado, avispado, agudo, perspicaz, sagaz, inteligente, dispuesto. ≠ Bobo, tonto.

despilfarrar *tr.* Desperdiciar, prodigar*, malgastar*, malbaratar, derrochar, dilapidar, estar a mal con el dinero, tener un agujero en la manga, disipar. ≠ Guardar, ahorrar.

despintar *tr.* Decolorar, descolorar, desteñir, deslucir. **2** Desdecir, desentonar, degenerar.

despistar *tr.* Desorientar.

desplegar *tr.* Descoger, extender, desdoblar, desenrollar, manifestar. ≠ Enrollar, cerrar, simular.

desplomar *tr.* Desaplomar, inclinar. ▸ **2** *prnl.* Caerse, derrumbarse. ≠ Levantarse, erguirse.

despoblado *m.* Desierto, yermo, deshabitado*, inhabitado*.

despojar *tr.* Desposeer, quitar, robar. ≠ Dar, poseer. ▸ **2** *prnl.* Desprenderse, renunciar, desapropiarse. **3** Desnudarse. ≠ Ponerse, vestirse.

despojo *m.* Botín, presa. **2** Tripicallos. → **despojos**

despojos *m. pl.* Sobras, desperdicios, restos. → **despojo 2** CONSTR. Derribos. → **despojo**

despolvorear *tr.* Espolvorear.

desposeer *tr.* Desapropiar, desaposesionar, expropiar, despojar, quitar. ▸ **2** *prnl.* Desprenderse, renunciar.

déspota *m.* Autócrata, dictador. **2** Tirano, opresor.

despótico, -ca *adj.* Absoluto*, tiránico, arbitrario, abusivo.

despotismo *m.* Autocracia, poder absoluto, dictadura*, absolutismo*. ≠ Democracia. **2** Tiranía, arbitrariedad, opresión. ≠ Justicia, libertad.

despreciar *tr.* Desestimar, subestimar, tener en poco, menospreciar. ≠ Apreciar. ▮ *Desestimar, subestimar, tener en poco* y *menospreciar*, son generalmente más atenuados que *despreciar*. Los cuatro primeros indican formar una opinión o valoración baja de cosas o personas. Se puede *desestimar, subestimar* o *tener en poco* por error o mala información; pero sea verdadero o falso nuestro parecer, se trata siempre de un juicio de valor, al cual acompaña en *menospreciar* una actitud desdeñosa más o menos débil, que se acentúa notablemente en *despreciar*. **2** Desairar, desdeñar, desechar, deprimir, denigrar, vilipendiar. ≠ Atender, desear. ▮ Los tres primeros sinónimos significan *despreciar* manifiesta y ostensiblemente; aluden al gesto, palabras o conducta con que hacemos visible nuestro *desprecio*. Los tres últimos suponen vehemente deseo de hacer daño, e implican siempre injusticia y mala voluntad.

despreciativo, -va *adj.* Despectivo, menospreciativo, altivo*. ▌*Despectivo, menospreciativo*, cuando hablamos del gesto, sentido de las palabras o modo de decirlas; si se trata de calificar el carácter de una persona, diremos que es *despreciativa* o *desdeñosa*, no *despectiva* ni *menospreciativa*.

desprecio *m.* Desestimación, subestimación, menosprecio. ▌*Desestimación, subestimación* y *menosprecio* guardan la misma relación con *desprecio* que ha sido explicada en el artículo *despreciar*. **2** Desaire, desdén, vilipendio. **3** Altanería, altivez, soberbia, engreimiento, orgullo, arrogancia.

desprender *tr.* Separar, soltar, despegar, desasir, desunir. ≠ Unir. ► **2** *prnl.* Renunciar, desapropiarse. ≠ Poseer. **3** Deducirse*, inferirse, seguirse.

desprendido, -da *adj.* Desinteresado, generoso, liberal.

desprendimiento *m.* Desapego, desasimiento, desinterés*, abnegación*. ▌El *desapego* y el *desasimiento* de los bienes materiales denotan falta de amor a ellos, y son propios de santos o de hombres superiores. **2** Largueza, generosidad*, liberalidad. **3** División, separación, disyunción. ≠ Unión, fusión.

desprestigiar *tr.* Desacreditar, denigrar, vilipendiar, difamar.

desprevenido, -da *adj.* Descuidado, desapercibido, inadvertido, impróvido (lit.). ≠ Previsto, advertido.

despropósito *m.* Disparate*, dislate, desatino, badajada, necedad, badajazo, impertinencia, inconveniencia. ▌Coincide *despropósito* con estos sustantivos en lo que tiene de erróneo o desacertado; pero *despropósito* añade idea de inoportunidad, fuera de sazón u ocasión. Puede ocurrir que un *despropósito* no sea en sí mismo erróneo o disparatado, pero como no viene a cuento ni tiene que ver con las circunstancias en que se comete, resulta tan desacertado o absurdo como un *disparate*, *dislate* o *desatino*.

desprovisto, -ta *adj.* Falto, privado, carente.

después *adv. t.* Luego, posteriormente, más tarde, ulteriormente, a continuación, seguidamente. ≠ Antes (adv. t.). ▌Los dos últimos sinónimos pueden expresar, lo mismo que *después*, ideas de orden, lugar o tiempo. ► **2** *adv. l.* Detrás. ≠ Delante.

despuntar *tr.* Descerar. ▌*Descerar* tratando de colmenas. ► **2** *intr.* Descollar*, sobresalir, distinguirse, destacarse, resaltar.

desquiciar *tr.-prnl.* Desencajar, desajustar, descomponer. ≠ Ordenar, componer. ► **2** *prnl.* fig. Desconcertarse*, salir de quicio, azorarse, turbarse, enloquecer.

desquitarse *prnl.* Resarcirse. **2** Vengarse, despicarse, tomar satisfacción.

desquite *m.* Resarcimiento, revancha (galic.). **2** Venganza, despique.

desrabotar *tr.* Rabotear.

destapar *tr.-prnl.* Abrir. ≠ Tapar, cerrar. ▌Tratándose de un recipiente, *abrir*. **2** Descubrir, correr la cortina, correr el velo. ≠ Ocultar. **3** Desabrigar, desarropar.

destello *m.* Relumbre, relumbro, relumbrón, centelleo, fulgor, resplandor, brillo, brillantez, ráfaga.

destemple *m.* Disonancia, desentono, desafinación. **2** Indisposición, destemplanza, enfermedad*. **3** Alteración, desconcierto.

desteñir *tr.* Despintar, descolorar, decolorar.

desterrar *tr.* Expulsar, deportar, extrañar, relegar, confinar.

destetar *tr.-prnl.* Desmamar, despechar (p. us.). ▌*Despechar*, solo tratándose de niños, no de animales.

destierro *m.* Exilio, ostracismo, extrañamiento, proscripción, confinamiento*, relegación (p. us.), deportación. ▌Los tres primeros son literarios. *Destierro* es la voz corriente, usada también en la terminología forense; *proscripción* es forense y tiene el mismo sentido. *Confinamiento* y *relegación* se diferencian de los anteriores en que circunscriben la vida del penado a un área determinada del territorio nacional. La *deportación* es expulsión del territorio, si el deportado es extranjero; si es nacional, consiste en un traslado a un punto lejano, gralte. colonial, del cual no puede salir; *deportación* a Guinea. Desde años recientes, *exilio* designa esp. la situación del que vive emigrado de su país por motivos políticos.

destinar *tr.* Dedicar, emplear, ocupar, aplicar, consagrar*.

destino *m.* Hado, sino, fortuna, suerte, estrella. **2** Fin, finalidad, aplicación. **3** Empleo, puesto, plaza, colocación, ocupación. ≠ Cesantía, suspensión, abandono. ▌El *destino* supone un *empleo* fijo, y por esto se usa especialmente entre funcionarios; no se llamaría así una *ocupación* eventual.

destituir *tr.* Deponer, dejar cesante, dar el cese, separar del servicio, dejar en pie, poner en la calle, degradar, postergar, relevar, exonerar, eximir. ≠ Instituir, nombrar, recibir. ▌*Destituir* y *deponer* se usan especialmente si se trata de un cargo de autoridad. Tratándose de empleados, se utilizan todos los demás.

destornillado, -da *adj.* Inconsiderado, precipitado, sin seso, alocado, atolondrado, desquiciado, chiflado.

destornillar *tr.* Desatornillar, desenroscar. ► **2** *prnl.* fig. Atolondrarse, desconcertarse, precipitarse, alocarse.

destreza *f.* Habilidad*, arte, agilidad, soltura, mano, buena mano, maña, primor, maestría, pericia, apaño, acierto*. ≠ Torpeza, impericia. ▌Cuando denota facilidad o rapidez de movimientos, *agilidad, soltura*. La *destreza* en el trabajo manual se llama también *mano, buena mano, maña, primor*. Si se estima en alto grado, *maestría, pericia*. ▌«*Primor* expresa el colmo de la *destreza* y de la *habilidad*; esto es, la *habilidad* y la *destreza* llevadas a su mayor grado de perfección. Una bordadora, un fabricante de pianos que sobresalen en sus respectivos oficios, hacen con *primor* un piano y un bordado. La *destreza* tiene dos significaciones, una material y otra ideal. Es *diestro* un buen torero, y lo es un abogado que gana los pleitos, que defiende más que por sus razones, por su astucia, para preparar en su favor el ánimo de los jueces. Es *hábil* todo el que ejecuta bien las obras mecánicas y puramente materiales, como un buen ebanista, un buen herrero, un buen cerrajero.» (O).

destripar *tr.* Despanzurrar, despachurrar, espanzurrar.

destrizar *tr.* Trizar, desmenuzar.

destrocar *tr.* Descambiar.

destronar *tr.* Desentronizar.

destrozar *tr.-prnl.* Despedazar, romper, destruir, descuartizar, deshacer*. ≠ Componer, construir. ▌Este último, tratándose de reses. **2** Batir, desbaratar, derrotar, arrollar.

destruir *tr.* Arruinar, aniquilar, deshacer*, desbaratar, destrozar, devastar, asolar, echar abajo, echar por tierra, no dejar piedra sobre piedra, no dejar títere con cabeza, extinguir*. ≠ Construir, hacer, organizar.

desuncir *tr.* Desyugar.

desunión *f.* Separación, desajuste. ≠ Unión. **2** fig. Desavenencia, desacuerdo, discordia, división, desconformidad*. ≠ Avenencia.

desusado, -da *adj.* Desacostumbrado, inusitado*, insólito, inusual, desueto. ▌Cuando se trata de algo que tuvo uso y ya no lo tiene, *desueto*. ▌«*Inusitado* significa sólo lo que no se usa; sin que haga relación a ninguna otra cosa. *Desusado* también es no usarse una cosa; pero haciendo referencia a un uso anterior, pues *desusarse* se limita al uso presente, e indica que antes estuvo en uso y que ya no lo está. Lo *inusitado* no supone un uso anterior; al contrario, lo excluye. Lo *inusitado* indica novedad, lo *desusado* antigüedad. Una moda nueva es *inusitada*, un traje antiguo que ya nadie lleva será *desusado*, ridículo por el no uso. Se *desusa*, pues, aquello cuyo uso se ha ido perdiendo, y así se dice: está en *desuso*, hablando de leyes.» (O) **2** Anticuado, viejo, antiguo, desueto, obsoleto, trasnochado.

desustanciar *tr.-prnl.* Deslavar, deslavazar.

desvaído, -da *adj.* Pálido, disipado, descolorido, desteñido.

desvalido, -da *adj.* Desamparado, abandonado.

desvalijar *tr.* Robar, despojar, arrebatar.

desván *m.* Buharda, buhardilla, bohardilla, boardilla, camaranchón, guardilla, sobrado, zaquizamí.

desvanecerse *prnl.* Disiparse, evaporarse, desaparecer. **2** Desmayarse, írsele la vista, perder el conocimiento.

desvanecimiento *m.* Vahído, mareo, desmayo, síncope.

desvariar *intr.* Prevaricar, delirar, desbarrar, disparatar. ▮ Los tres últimos se utilizan en sentido fig. y fam.

desvarío *m.* Delirio, ilusión, quimera, disparate. ▮ En sentido fig., los tres últimos.

desvelarse *prnl.* fig. Inquietarse, esmerarse, extremarse, desvivirse. ≠ Dormirse, descuidarse.

desventaja *f.* Inferioridad, menoscabo, inconveniente.

desventura *f.* Desgracia, desdicha, infortunio, infelicidad, adversidad*.

desventurado, -da *adj.* Desgraciado, infortunado, desdichado, desafortunado, malhadado, malaventurado. **2** Cuitado, pobrete, infeliz, pobre de espíritu. **3** Avariento, mísero, miserable.

desvergonzado, -da *adj.-s.* Sinvergüenza, poca vergüenza, descarado, descocado, procaz, inverecundo (culto,) deslenguado, lenguaraz, malhablado, insolente, maldiciente, frescales, desenfadado. ≠ Decente, vergonzoso, pudoroso, comedido.

desvergüenza *f.* Inverecundia (culto,) sinvergüencería, sinvergonzonería, insolencia, cara dura, procacidad, valor, osadía, audacia, atrevimiento, descaro, descoco, desfachatez. ≠ Decencia, pudor, vergüenza.

desvestir *tr.* Desnudar.

desviar *tr.-prnl.* Apartar, descaminar, alejar, separar, echar por otra parte, andarse por las ramas, no ir a parte alguna. ≠ Encaminar, dirigir, acercar. **2** fig. Disuadir, desaconsejar, desarrimar.

desvío *m.* Desviación, despego, desapego, desafecto, frialdad, desagrado. ≠ Dirección, encaminamiento. **2** fig. Despego, desapego, desafecto, frialdad, desagrado. ≠ Afecto. **3** Aberración, descarrío, extravío, engaño, error, equivocación, ofuscación. ≠ Acierto.

desvivirse *prnl.* Despulsarse, desvelarse, perecerse, extremarse, írsele los ojos tras, engolondrinarse, anhelar*, desear, suspirar por, ansiar, hacerse la boca agua, comer con los ojos, beber los vientos. ≠ Desdeñar, despreciar.

desyerbar *tr.* Desherbar, escardar.

desyugar *tr.* Desuncir.

detall Al detall *loc. adv.* galic. Al por menor, al menudeo, a la menuda.

detalle *m.* Pormenor, minucia. **2** Fragmento, parte, porción.

detallista *com.* Minorista.

detención *f.* Parada, alto, estación. **2** Dilación, tardanza, demora, retraso. **3** Prolijidad, detenimiento. **4** Arresto, prendimiento, aprisionamiento, apresamiento, aprehensión.

detener *tr.-prnl.* Parar, atajar, suspender. **2** Arrestar, aprisionar, aprehender, prender. ≠ Libertar. **3** Retener, conservar. ► **4** *prnl.* Retardarse, demorarse, retrasarse, tardar. ≠ Adelantarse.

detentar *tr.* Usurpar.

deteriorar *tr.* Estropear, averiar, echar a perder, dañar, hacer mella, lacerar, perjudicar, menoscabar. ≠ Medrar, mejorar, embellecer.

deterioro *m.* Desperfecto, avería, daño, detrimento, menoscabo.

determinación *f.* Resolución, decisión. **2** Audacia, osadía, valor, arrojo, denuedo.

determinar *tr.-prnl.* Resolver, decidir. ▮ «Se *determina* consultando sólo a la voluntad; se *resuelve* examinando la razón que hay para ello; se *decide* pesando dos o más razones opuestas. La voluntad *determina*; el entendimiento *resuelve*; el juicio *decide*: ayer había *determinado* salir de caza, y viendo que llovía *resolví* quedarme en casa; pero al fin, luchando entre la afición y la comodidad me *decidí* a salir.» (LH). «Se *determinan* medidas; se *resuelven* dudas o problemas; se *deciden* conflictos y contestaciones. *Determinar* indica superioridad de autoridad o de poder; *resolver*, superioridad de inteligencia; *decidir*, superioridad de justicia. Una sentencia judicial determina, porque manda hacer algo; resuelve porque aclara la oscuridad de los hechos y de los derechos que se ventilan, y decide, porque corta una disputa.» (M). **2** Fijar, precisar, señalar, delimitar*. ≠ Imprecisar, indeterminar. **3** Causar, producir, ocasionar, motivar.

detersivo, -va *adj. m.* MED. Detersorio, detergente, abluente.

detestable *adj.* Abominable, execrable, pésimo, aborrecible, odioso.

detestar *tr.* Condenar, maldecir, execrar. **2** Aborrecer*, abominar, odiar.

detonación *f.* Estampido, estallido.

detractor, -ra *adj.-s.* Maldiciente, infamador, calumniador, denigrador.

detrás *adv. l.* Atrás. ≠ Delante. ▮ *Atrás* localiza más vagamente que *detrás*: compárese *están detrás* con *están atrás* (o hacia atrás), si bien la diferencia es a menudo poco perceptible. *Atrás* admite grados de comparación (más, menos, tan atrás), y *detrás* no los admite. **2** Tras. ≠ Delante. ▮ El uso de *tras*, en este caso, se siente como literario: iban *tras* (de) él; están *tras* (de) la puerta.

detrimento *m.* Deterioro, menoscabo, avería. **2** Daño*, quebranto, pérdida, perjuicio.

deuda *f.* Débito*, adeudo. ≠ Haber, activo.

deudo, -da *s.* Pariente, allegado.

devanadera *f.* Argadijo, argadillo. **2** Aspa.

devastar *tr.* Destruir, arrasar, asolar, infestar, pillar, saquear.

devoción *f.* Veneración, fervor, unción, piedad, celo*. ≠ Irreligiosidad. ▮ *Unción* es gran *devoción* que se pone en palabras o actos. **2** Inclinación, afecto, afición, entusiasmo. ≠ Frialdad, desaplicación. ▮ Fuera de lo religioso.

devolver *tr.* Restituir, reintegrar, retornar (lit.), tornar (lit.). ▮ «*Devolver* supone posesión; *restituir* supone propiedad. Ocupo el asiento que otro deja vacío; si lo reclama se lo *devuelvo*. Las prendas robadas se *restituyen* a sus dueños. *Devuélveme* los documentos que te presté, para *restituirlos* al archivo.» (M). **2** Vomitar. ► **3** *prnl.* Amér. Volverse, regresar. ▮ P. ej.: *me devolví* a casa.

devorar *tr.* Engullir, comer, embocar, embaular. ▮ Todos sugieren *avidez* en comer. **2** fig. Consumir, destruir.

devoto, -ta *adj.-s.* Piadoso, religioso. **2** Afecto, apegado, aficionado, admirador, entusiasta, partidario.

dextrosa *f.* Dextroglucosa, glucosa.

diablo *m.* Demonio, diantre, dianche, diaño (Ast.), demontre, demonche, demongo (Ast. y And.), malo, el enemigo, el maldito, patas (fam.), pateta (fam.), patillas. ▮ Todos estos sinónimos son expresiones eufemísticas. **2 Diablo marino** Escorpena, escorpina, pina, rascacio, rescaza.

diabólico, -ca *adj.* Infernal, demoníaco, satánico, luciferino. **2** Malo, perverso.

diacatolicón *m.* Catalicón, catolicón.

diácono *m.* Levita.

diáfano, -na *adj.* Transparente, claro, cristalino.

diaforético, -ca *adj.* MED. Sudorífico.

diálogo *m.* Conversación*, plática, coloquio. ▮ En el teatro, se dice solo *diálogo*. ▮ «El *diálogo* no está consagrado exclusivamente al teatro, como lo está el monólogo; ni el *coloquio*, en su valor usual, es grave y filosófico como el soliloquio. El *coloquio* es propiamente una *conversación* familiar y libre, no sujeta a ninguna regla particular; pero el *diálogo* es conferencia seguida, en que se discurre, y que está sujeta a reglas. Decimos los *coloquios* de Erasmo y los *diálogos* de Platón o de Cicerón.» (Ci).

diario *m.* Periódico, rotativo.

diario, -ria *adj.* Cotidiano, cuotidiano.

diatérmico, -ca *adj.* FÍS. Diatérmano.

diatriba *f.* Libelo. ▮ La *diatriba* puede ser oral o escrita; el *libelo* es escrito. La primera puede ser de carácter violento o injurioso, en tanto que el *libelo* es siempre injurioso, infamatorio. La *diatriba* puede ser seria y respetable; el *libelo* no.

dicción *f.* Palabra, voz, vocablo, término. **2** Pronunciación, articulación.

diccionario *m.* Léxico, lexicón, vocabulario, glosario, tesoro, enciclopedia. ▮ *Lexicón*, esp. el de lenguas antiguas; *vocabulario, glosario*, esp. si es parcial de una comarca, autor, oficio, etc. *Tesoro*, nombre de ciertos diccionarios de gran erudición. *Enciclopedia* o *diccionario enciclopédico*, el que contiene todos los conocimientos humanos en artículos ordenados alfabéticamente, o los especiales de una ciencia.

diccionarista *com.* Lexicógrafo.

dicha *f.* Felicidad, ventura, suerte, fortuna*, prosperidad. ≠ Infelicidad, desventura, desencanto.

dicho *m.* Proverbio, refrán.

dicho, -cha *p. p.* Citado, mencionado, mentado, susodicho, antedicho.

dichoso, -sa *adj.* Feliz, venturoso, afortunado, fausto, bienhadado.

dictadura *f.* Autocracia, autarquía, cesarismo, despotismo, tiranía. ≠ Liberalidad, democracia. ▮ Los tres primeros cuando todos los poderes los ejerce una sola persona. Los tres son más literarios y menos corrientes que *dictadura*; *despotismo* y *tiranía* acentúan el carácter abusivo e ilimitado con que se ejerce la autoridad, y se aplican también fuera de la política.

dictamen *m.* Informe, opinión*, parecer, juicio, voto, apreciación.

dictaminar *intr.* Informar.

díctamo *m.* Orégano. 2 **Díctamo blanco** Fresnillo.

dictar *tr.* Expedir, promulgar, pronunciar. 2 Inspirar, sugerir.

dicterio *m.* Insulto*, improperio, denuesto.

diéresis *f.* GRAM. Crema. 2 Separación, división.

diestro *m.* Torero.

diestro, -tra *adj.* Derecho. 2 Hábil, mañoso, versado, experto*, perito.

difamar *tr.-prnl.* Desacreditar, denigrar, señalar con el dedo, echar un chafarriñón, infamar, disfamar (p. us.). ≠ Honrar, acreditar, alabar. ▮ *Infamar* tiene significado más general, puesto que puede *infamarse* a una persona, no solo publicando cosas contra su fama, sino también por otros medios. Por ej., hay sanciones penales que *infaman*, pero no *difaman*.

diferencia *f.* Desigualdad, desemejanza, disimilitud, disparidad, discrepancia, divergencia, diversidad, variedad. ≠ Semejanza, igualdad. ▮ *Desigualdad* en general; esp. si se trata de cantidad, dimensión, etc. *Desemejanza* y *disimilitud*, tratándose de cualidades o aspecto general de personas o cosas. *Disparidad*, *discrepancia* y *divergencia* se aplican pralte. a las diferencias de criterio, palabras, opiniones, o de cualidades morales. 2 Resto, resta, residuo. 3 fig. Disgusto, disputa, disentimiento, desavenencia. 4 **Con corta diferencia** *loc. adv.* Aproximadamente, con proximidad, a ojo de buen cubero, próximamente, poco más o menos.

diferente *adj.* Distinto*, diverso, desigual, desemejante, divergente, atípico. ≠ Igual, semejante.

diferir *tr.-prnl.* Retardar, demorar, aplazar*, retrasar, atrasar*, dilatar, suspender, remitir. ≠ Cumplir, adelantar, facilitar. ▮ «*Dilatar* es *diferir*, *retardar* alguna cosa. Pero en rigor lo que se *difiere* es la acción que se suspende por algún tiempo; lo que se *dilata* es el tiempo en que no tiene efecto la acción. Porque en la verdadera fuerza de sus significaciones, *diferir* es suspender, *dilatar* es prolongar. Cuando se *difiere* la paz, no es la paz lo que se *dilata*, sino la guerra. Se *difiere* un congreso, esto es, no tiene lugar por ahora; se *dilata*, esto es, dura más tiempo de lo que se creía. Con relación al riguroso sentido de estas voces, se desean *dilatados* años de vida, y no *diferidos*.» (LH). ▸ 2 *intr.* Distinguir, diferenciar, desemejar, discrepar.

difícil *adj.* Dificultoso, arduo, trabajoso, penoso, embarazado, complicado, enrevesado, intrincado, revesado, embrollado. ▮ «Lo *difícil* se aplica a lo esencial de una empresa o negocio; lo *dificultoso* a los pormenores, a las pequeñeces, a los obstáculos más incómodos que graves. Es *difícil* vadear un río caudaloso; es *dificultoso* un camino sembrado de hendiduras y de piedras. Lo *arduo* es lo muy *difícil*; lo que necesita más tiempo que lo *difícil*.» (M). 2 Abstruso, recóndito, incomprensible, profundo. ≠ Claro. 3 Delicado, arriesgado, expuesto. 4 Morrocotudo, importante, grande, formidable, gravísimo, fenomenal. 5 Descontentadizo, chinche, áspero, desabrido. ▮ Hablando del carácter de una persona.

dificultad *f.* Entorpecimiento, estorbo, inconveniente, embarazo, obstáculo*, óbice, impedimento, traba, escollo, tropiezo. ≠ Facilidad, desembarazo. 2 Conflicto, contrariedad, apuro, aprieto. ≠ Descanso. 3 Duda, reparo, objeción. 4 Pena, trabajo, esfuerzo, fatiga, penalidad. 5 Pero^2, estorbo, defecto, tacha, facilidad. ≠ Perfección, facilidad. 6 **Pasar dificultades** *loc.* Estar en un apuro, estar en un compromiso, estar con el agua al cuello, estar entre la espada y la pared.

dificultar *tr.-prnl.* Estorbar, embarazar, entorpecer, obstaculizar, complicar, impedir*. ≠ Facilitar, desembarazar, ayudar.

dificultoso, -sa *adj.* Difícil, arduo, embarazoso, penoso, trabajoso, enrevesado, complicado, laborioso, penoso. **2** Escabroso, duro, áspero. ≠ Suave.

difumar *tr.* Esfumar, esfuminar, disfumar.

difundir *tr.-prnl.* Extender, esparcir. ≠ Recoger, reunir. **2** fig. Divulgar*, propagar, propalar, publicar*. ≠ Ocultar.

digestivo, -va *adj.-s.* MED. Eupéptico, estomacal.

digital *adj.* Dactilar. ► **2** *f.* Dedalera (planta).

dignarse *prnl.* Servirse*, tener a bien, tener la bondad. ▮ Pueden emplearse como fórmulas de cortesía de uso general.

dignidad *f.* Decencia, decoro, gravedad. **2** Honor, distinción, cargo, empleo. **3** Caballerosidad, nobleza, hidalguía, pundonor, lealtad, generosidad. ≠ Bellaquería, deslealtad. **4** Representación, autoridad, importancia (de una persona).

digno, -na *adj.* Merecedor, acreedor. **2** Adecuado, proporcionado. **3** Decoroso, decente, grave, íntegro.

dilación *f.* Demora*, tardanza, retraso, aplazamiento*. ≠ Adelanto, cumplimiento. **2** Pega, dificultad, estorbo, obstáculo. **3 Sin dilación** *loc. adv.* Prontamente, al punto, pronto, en seguida, inmediatamente, de inmediato, acto seguido, seguidamente.

dilapidar *tr.* Disipar (lit.), derrochar, malgastar, malbaratar, despilfarrar, echar a rodar. ≠ Guardar, ahorrar.

dilatación *f.* Expansión. ▮ Se dice esp. de la *dilatación* de los gases.

dilatado, -da *adj.* Espacioso, extenso, vasto, grande.

dilatar *tr.-prnl.* Extender, alargar*, agrandar, ampliar*, ensanchar, prolongar, estirar. ≠ Encoger, achicar, adelantar. ▮ Los seis primeros, si se trata del espacio o del tiempo. Los tres últimos sinónimos se usan al hablar del tiempo. **2** ant. y lit. Atrasar*, retrasar, retardar, demorar, diferir*, rezagar. ≠ Adelantar.

diligencia *f.* Actividad*, rapidez, prontitud, presteza, celeridad*. ≠ Inactividad, lentitud, retardo. **2** Cuidado, esmero, atención, celo*, aplicación. ≠ Descuido, negligencia. **3** Trámite.

diligenciar *tr.* Tramitar.

diligente *adj.* Activo, rápido, pronto, acucioso, apresurado, presuroso, afanoso. **2** Cuidadoso, atento, celoso, aplicado, esmerado, solícito.

dilogía *f.* Ambigüedad, anfibología*, doble sentido, equívoco.

dilucidar *tr.* Explicar, aclarar*, elucidar, esclarecer, poner en claro.

diluir *tr.* Desleír, disolver*.

dimanar *intr.* Proceder, provenir, emanar, originarse, nacer, venir, seguirse, resultar, deducirse, inferirse.

dimensión *f.* Magnitud, tamaño, extensión, medida.

dimisión *f.* Renuncia, abdicación, cesión.

dimitir *tr.* Renunciar, declinar*, rehusar*, abdicar*. ≠ Aceptar, tomar, insistir.

dinamarqués, -esa *adj.-s.* Danés.

dinastía *f.* Saga, estirpe, linaje, ascendencia, familia.

dinero *m.* Moneda, plata, efectivo, numerario, monises, cacao, cuartos, mosca, pecunia, perras, tela, guita, pasta. ▮ *Plata*, esp. en América. En el léxico bancario y comercial, el *dinero* disponible se llama *numerario* o *efectivo*. **2** Caudal, capital*, bienes, hacienda, fortuna, peculio.

dintel *m.* Cargadero, lintel.

diócesi, diócesis *f.* Obispado, sede, mitra.

dionea *f.* Atrapamoscas.

dionisíaco, -ca *adj.* Báquico.

diorita *f.* Diabasa.

dios, -sa *s.* Deidad, divinidad.

diplomacia *f.* fig. Tacto, sagacidad, circunspección.

diplomático, -ca *adj.* fig. Circunspecto, sagaz, disimulado, ladino.

diputar *tr.* Destinar, elegir, designar.

dique *m.* Malecón.

dirección *f.* Gobierno, gestión, administración, mando. **2** Sentido, camino, rumbo, derrotero. **3** Señas.

directo, -ta *adj.* Derecho, recto, natural. ≠ Desviado, torcido, inexacto, artificial. **2 En directo** *loc. adv.* En vivo.

director, -ra *s.* Directivo, dirigente, mánager*. ▮ *Director* es el que dirige un establecimiento, corporación, grupo, sociedad, etc.; su cargo es unipersonal. El *directivo* y el *dirigente* forman parte de una dirección o junta que dirige; su autoridad es compartida por otros, y no unipersonal como la del *director*. *Directivo* se emplea con preferencia en una agrupación, sociedad, etc., en tanto que la denominación de *dirigente* se aplica principalmente en los partidos políticos, en los movimientos populares o sociales. En una escuela preguntamos por el *director*; en un casino o sociedad, por un *directivo*; en una huelga, los patronos o las autoridades se ponen al habla con los *dirigentes* obreros. Cuando se emplean como adjetivos, la diferencia se borra en gran parte; y así hablamos de una acción *directora*, *directiva* o *dirigente* que una persona o junta desarrollan.

dirigir *tr.* Enderezar, guiar, orientar, encaminar, conducir, llevar de la mano, asestar, apuntar. **2** Gobernar, regir, administrar, mandar. **3** DEP. Juzgar, arbitrar.

dirimir *tr.* Resolver, fallar, decidir, terminar.

discernir *tr.* Distinguir, discriminar, diferenciar, apreciar, percibir, juzgar, creer, estimar, opinar, reputar, valorar. ▮ «*Discernir* es un acto puramente mental; *distinguir* es un acto mental, que puede ser verbal igualmente, en cuyo caso la distinción es la expresión del discernimiento. Como actos puramente mentales, *discernir* supone más claridad y prontitud en la percepción; y *distinguir* más finura y sutileza. Antes de *distinguir* se *discierne*. Para *distinguir* lo verdadero de lo falso se necesita a veces mucho discernimiento.» (M). ▮ *Discriminar* y *diferenciar*, como actos mentales, suponen mayor minuciosidad. **2** Conceder, otorgar. ▮ Es galic. el empleo de *discernir* por *otorgar* o *conceder* un premio, un honor.

disciplina *f.* Doctrina, enseñanza. **2** Asignatura. **3** Subordinación, dependencia, obediencia, orden.

discípulo, -la *s.* Alumno, estudiante*, escolar, colegial.

díscolo, -la *adj.* Desobediente, indócil, indisciplinado, rebelde, reacio, avieso, perturbador, revoltoso.

disconformidad *f.* Desconformidad (p. us.), desacuerdo, discordancia, disentimiento, discordia, desavenencia, desunión, disensión. ▮ Cuando significa oposición o diferencia de opiniones, *desacuerdo*, *discordancia*, *disentimiento*. Si la oposición es de voluntades, *discordia*, *desavenencia*, *desunión*, *disensión*. Sin embargo, esta agrupación de sinónimos no es rigurosa, y todos ellos pueden pasar de un grupo a otro.

discontinuo, -nua *adj.* Interrumpido, intermitente, discreto (MAT.). **2** Incoherente, disperso, disgregado, inconexo, incongruente. ≠ Coherente, conforme.

discordia *f.* Disconformidad*, desacuerdo, discordancia, disentimiento, desavenencia, desunión, disensión, división, riña, con-tienda, disputa, querella, pendencia. ≠ Concordia, avenencia, concierto, paz.

discreción *f.* Sensatez, prudencia, tacto, moderación, mesura, circunspección. **2** Reserva*, recato.

discrepancia *f.* Diferencia*, divergencia. **2** Disentimiento, disconformidad, desacuerdo.

discrepar *intr.* Diferenciarse, distar. **2** Divergir, disentir, discordar. ≠ Convenir, consentir.

discreto, -ta *adj.* Juicioso, prudente, sensato, mesurado, cuerdo, sesudo*. **2** Agudo, ingenioso. **3** Reservado, recatado, callado*. **4** MAT. Discontinuo, interrumpido, intermitente.

discriminar *tr.* Distinguir, discernir*, diferenciar, especificar. **2** Separar, seleccionar, excluir. ▮ Tratándose de personas, por motivos de raza, nacionalidad, política, religión, etc.

disculpa *f.* Descargo, excusa, defensa, exculpación. **2** Pretexto, rebozo, socapa.

disculpar *tr.-prnl.* Defender, excusar, justificar, disimular, tolerar, permitir, hacer la vista gorda (fam.). **2** Perdonar*, absolver, exculpar, hacer borrón y cuenta nueva. ≠ Culpar, inculpar.

discurrir *intr.* Andar, correr, transcurrir, pasar. ▮ Los dos últimos, tratándose del tiempo. **2** Reflexionar, pensar*, razonar, calcular, hablar consigo mismo, entrar a razones. ► **3** *tr.* Idear, inventar, inferir, conjeturar, trazar, disponer, proyectar, planear.

discurso *m.* Curso, paso, transcurso. **2** Raciocinio, reflexión, razonamiento*. **3** Oración, peroración, alocución, arenga, soflama, disertación, conferencia, sermón, plática, acusación, defensa, informe, perorata.

discusión *f.* Debate, disputa, dimes y diretes (fam.), patatín patatán (fam.), altercado*, polémica, controversia. ▮ Cuando en una *disputa* se extrema la violencia, se convierte en *altercado*. La *polémica* y la *controversia* son semejantes al *debate*. La *polémica* supone más hostilidad que el *debate*, y puede ser oral o escrita. La *controversia* suele tratar de temas especulativos, teóricos, sin el propósito de tomar una decisión.

discutible *adj.* Dudoso*, cuestionable, controvertible, impugnable, disputable, problemático.

disección *f.* Anatomía. ▮ Etimológicamente *disección* significa lo mismo que *anatomía*, y ambos términos pueden emplearse y se han empleado como equivalentes. Hoy, sin embargo, tiende a diferenciarse el nombre de *anatomía* (ciencia, estructura orgánica) del de *disección* (acción de disecar).

diseminar *tr.-prnl.* Esparcir, desparramar, desperdigar, sembrar, dispersar. ≠ Unir, juntar, recoger.

disensión *f.* Disconformidad*, desacuerdo, disentimiento*. **2** Discordia, contienda, disputa, riña, rozamiento, desavenencia.

disentir *intr.* Discrepar, discordar, desacordarse. ≠ Convenir, avenirse.

diseño *m.* Traza, delineación, croquis, boceto.

disertación *f.* Conferencia, discurso, razonamiento.

disfavor *m.* Desaire, desatención, desplante. ▮ Si se comete con arrogancia o grosería, *desplante*.

disforme *adj.* Deforme. **2** Desfigurado, desproporcionado, monstruoso.

disfrazar *tr.* Desfigurar, embozar, ocultar. **2** Disimular, simular, encubrir.

disfrutar *tr.* Percibir, aprovecharse, utilizar. ▸ **2** *intr.* Gozar, alegrarse, complacerse, divertirse, regocijarse.

disgregar *tr.-prnl.* Desagregar, disociar, dispersar, disolver, separar, desunir. ≠ Unir, sumar, agregar. ▮ Con frecuencia pueden sustituirse entre sí, pero tienen matices especiales que los hacen más aptos para ciertos usos. *Desagregar* sugiere separar dos o más cosas que estaban agregadas o unidas, en tanto que *disgregar* se refiere a una rotura o separación más íntima de las partes que componen un todo: cortarse una salsa es *desagregarse*; una roca se *disgrega* por la acción de la atmósfera. Mayor es aún la idea de quebrantamiento de un todo unitario en *desintegrar*: *desintegrar* un país, la materia. *Disociar* pralte. usado en química. Cuando se trata de una agrupación de seres individuales, dispersar: la multitud, el rebaño, se *dispersan*.

disgustar *tr.* Desagradar, desazonar, incomodar, molestar, contrariar, enfadar, repugnar, dar a beber hieles. ▮ *Desagradar* es expresión atenuada de *disgustar*; soportamos mejor lo que nos *desagrada* que lo que nos *disgusta*. Los demás verbos arriba enumerados están más cerca de *disgustar* que de *desagradar*. **2** Apenar, afligir, apesadumbrar.

disgusto *m.* Desazón, repugnancia, asco, hastío. ≠ Gusto, agrado. **2** Pesadumbre, aflicción, pena, inquietud, contrariedad. ≠ Alegría. **3** Contienda, desavenencia, diferencia. **4** Enfado, tedio, fastidio.

disidencia *f.* Desacuerdo, escisión, cisma, ruptura.

disimilitud *f.* Semejanza, diferencia*.

disimulado, -da *adj.-s.* Engañoso, falso, hipócrita, fingido, mosquita muerta, mátalas callando, socarrón, astuto, bellaco, taimado, solapado. ▸ **2** *adj.* Diplomático, circunspecto, sagaz, ladino. **3** Subrepticio, oculto, furtivo.

disimular *tr.* Encubrir, ocultar*, tapar. ≠ Descubrir, confesar. **2** Disfrazar, fingir, desfigurar, andar por dentro la procesión, quedarle otra cosa en el cuerpo. **3** Tolerar, disculpar, perdonar, permitir, hacer la vista gorda (fam.).

disipar *tr.-prnl.* Desvanecer, dispersar. ≠ Reunir. **2** Desperdiciar, malgastar, derrochar, prodigar. ▸ **3** *prnl.* Evaporarse, desvanecerse, desaparecer, borrarse. ≠ Aparecer.

dislate *m.* Disparate*, desatino, despropósito*, absurdo.

dislocar *tr.* Desconcertar, descoyuntar, desencajar, desarticular.

disminución *f.* Descrecimiento, decrecimiento, mengua, menoscabo, merma, baja, decadencia, descenso, caída, pérdida, quebranto, bajón II*. ≠ Auge, aumento.

2 Deducción, rebaja, descuento, resta. 3 Abdicación, renuncia, cesión.

disminuir *tr.* Amenguar, aminorar, reducir, menoscabar, mermar, acortar, bajar, rebajar, abreviar. ▮ *Reducir, menoscabar* y *mermar* se refieren al número o al tamaño; *acortar*, a la longitud y duración; *bajar* y *rebajar* (altura, precio y número); *abreviar* (duración). ► 2 *intr.* Decrecer, menguar, echar agua al vino (fam.).

disociar *tr.* Desunir, separar, disgregar*, desagregar, dividir. ≠ Unir, sumar.

disoluto, -ta *adj.* Licencioso, vicioso, corrupto, depravado.

disolver *tr.* Desleír, diluir. ▮ *Desleír* es disgregar un cuerpo en un líquido, aunque no se *disuelva* en él: *desleír* una salsa en aceite. Todo lo que se *disuelve* se *deslíe*, pero no al revés. *Diluir* es sinónimo de *desleír*, aunque de uso culto o científico. En quím. significa *disminuir* la concentración de una solución, añadirle más disolvente. 2 Separar, desunir, disgregar*. 3 Destruir, deshacer, aniquilar.

disonar *intr.* Malsonar. ≠ Armonizar. 2 fig. Discrepar, chocar, extrañar.

disparar *tr.* Arrojar, lanzar, tirar, despedir, descargar. ▮ Tratándose de armas de fuego, *descargar, tirar*. ► 2 *prnl.* Desbocarse, precipitarse. ► 3 *intr.* Hacer fuego. ► 4 *tr.* DEP. Chutar, tirar.

disparatar *intr.* Desbarrar, desatinar, no tener pies ni cabeza, hablar a tontas y a locas.

disparate *m.* Desatino, dislate, absurdo, despropósito. ≠ Cordura, realidad. ▮ «*Disparate, desatino.* Uno y otro se aplican a todo hecho o dicho fuera de razón y propósito; pero cada uno tiene su extensión y energía particular. El *disparate* recae sobre hechos o dichos fuera de propósito por falta de reflexión, o por incoherencia o disparidad de ideas. El *desatino* recae sobre hechos o dichos fuera de propósito por falta de tino, esto es, de inteligencia, de prudencia, de razón (...). Es un *disparate* el ir a pie, pudiendo ir en coche. Es un *desatino* el exponerse a un riesgo inminente de la vida. Un hombre de buen humor suele decir *disparates* que divierten, y no desacreditan su talento, pero nunca dice desatinos.» (LH). 2 Atrocidad, demasía, barbaridad. 3 Adefesio, extravagancia.

disparidad *f.* Diferencia*, desemejanza, desigualdad, discrepancia. ≠ Semejanza, igualdad.

disparo *m.* Tiro. 2 DEP. Chut, tiro.

dispendioso, -sa *adj.* Caro*, costoso.

dispensar *tr.* Dar, conceder, otorgar, distribuir. 2 Eximir. 3 Excusar, perdonar*, disculpar, absolver.

dispersar *tr.-prnl.* Separar, diseminar, esparcir, disgregar*, desagregar, disociar. ≠ Unir, reunir, sumar. 2 Derrotar, romper, desbaratar, desordenar, ahuyentar. ≠ Ordenar. 3 Disipar, desvanecer. ≠ Reunir. ► 4 *prnl.* Desbandarse, desparramarse, huir, desperdigarse.

displicencia *f.* Apatía, incuria, indolencia, dejadez, desidia, abandono. ≠ Fervor, anhelo, esfuerzo. 2 Desabrimiento, aspereza. ≠ Simpatía.

disponer *tr.* Arreglar, colocar, ordenar, aderezar, aprestar*. 2 Preparar, prevenir, aguzar los dientes, preparar los bártulos. ▮ «*Disponer* es un trabajo más elevado y más grande que preparar. Se *dispone* el plan y se preparan los medios para ejecutarlo. El que concibe la idea primitiva de una operación, el que posee la llave de ella, el que ha previsto sus consecuencias, es quien *dispone*. El que facilita los recursos, el que apronta los materiales, el que remueve los obstáculos, es quien *prepara*. La preparación está más cerca del hecho que la disposición. El jefe *dispone* y el subalterno *prepara*. Un padre dice a su hijo: *dispónte* a marchar, y *prepara* lo necesario.» (M). 3 Deliberar, mandar, decidir, preceptuar, determinar, resolver.

disposición *f.* Colocación, ordenación, arreglo, distribución. ≠ Desorden. 2 Aptitud*, suficiencia, capacidad, idoneidad, talento, ingenio. ≠ Ineptitud, incapacidad. 3 Mandato*, decisión, resolución, orden, precepto. 4 Preparativo, prevención, medida, medio.

dispositivo, -va *adj.* Instrumento*, mecanismo.

dispuesto, -ta *adj.* Apuesto, gallardo. 2 Hábil, apto, idóneo, despejado, despierto, habilidoso, inteligente. **3** Preparado, prevenido, listo.

disputa *f.* Discusión*, debate, altercado, agarrada, cuestión, contienda, bronca, riña, pendencia, reyerta, pelotera, cisco, agarrada. **2** Polémica*, discusión*, controversia*, disentimiento, desavenencia, disgusto, diferencia. ≠ Paz, acuerdo.

disputar *tr.-prnl.* Discutir, cuestionar, altercar, controvertir, enzarzar, reñir, pelearse. ≠ Ceder, pacificar. **2** Competir, emular, contender. ≠ Pacificar, apaciguar, calmar.

distancia *f.* Trecho, espacio, intervalo*. ▌Este último, tratándose del tiempo cronológico. **2** Diferencia, desemejanza, disparidad. **3** Desafecto, discrepancia, frialdad, desapego.

distante *adj.* Apartado, alejado, lejano*, remoto, lejos. ▌«*Distante* representa la idea del espacio que hay desde un punto a otro de un modo determinado y relativo; *lejos* (y *lejano*) de un modo absoluto e indeterminado. Se mide lo *distante*, esto es, la distancia o espacio determinado que hay entre dos puntos: no se mide lo *lejos*. Esta voz prescinde de toda dimensión. Está una legua *distante* de aquí, y no una legua *lejos*. Vino de muy *lejos*, y no de muy *distante*; porque con aquella voz parece que, en cierto modo, se pondera la distancia, suponiéndola indeterminada.» (LH).

distar *intr.* fig. Diferenciarse, discrepar, diferir.

dístico *m.* Pareado. ▌*Pareado*, más usado en la poesía moderna. *Dístico* se dice gralte. tratando de la versificación griega y latina.

distinción *f.* Elegancia. **2** Prerrogativa, excepción, honor, honra.

distingo *m.* Distinción, reparo, restricción, sutileza.

distinguido, -da *adj.* Elegante, selecto, notable, ilustre, esclarecido, señalado, principal, precipuo, noble, hidalgo, caballeroso. ≠ Vil.

distinguir *tr.* Diferenciar, separar, especificar, discriminar, discernir. **2** Caracterizar. **3** Divisar. **4** Honrar. ► **5** *prnl.* Sobresalir, descollar*, resaltar, despuntar, señalarse. ≠ Ocultarse, vulgarizarse.

distintivo *m.* Marca*, señal, insignia, divisa, logotipo.

distinto, -ta *adj.* Diverso, diferente, desemejante, dispar, desigual, divergente. ≠ Igual, semejante. ▌*Desemejante* y *dispar* se dice de las cosas diferentes que no se parecen entre sí o cuyas diferencias son muy marcadas. ▌«*Distinto* es lo que no tiene identidad con otra cosa; *diferente* lo que no tiene todas las cualidades, todos los accidentes y toda la forma de otra cosa. Lo *diferente* se refiere a las circunstancias accidentales, y por esto decimos que los hombres son *diferentes* en estatura, en color, etc. No decimos que las personas de la Trinidad son *diversas*, ni *diferentes*, sino *distintas*. No decimos que el vegetal es un ser *distinto* ni *diferente* del animal, sino *diverso*. No decimos que un hombre alto es *distinto* ni *diverso* de uno pequeño, sino *diferente*.» (M). ▌«Un perro y un gato son animales de distinta especie, de diferente figura y de diversas inclinaciones.» (LH). **2** Claro, preciso, inteligible. ≠ Confuso.

distracción *f.* Entretenimiento, diversión, pasatiempo, recreo, solaz. **2** Omisión, olvido, inadvertencia, lapsus. **3** Desatención, inatención. ≠ Atención.

distraer *tr.-prnl.* Desatender, apartar, desviar, pasar de largo, hacer orejas de mercader. ≠ Oír, cuidarse, ocuparse, atender. **2** Defraudar, malversar. ▌Tratándose de fondos o caudales, *distraer* es un eufemismo por *defraudar*, *malversar*. **3** Entretener*, recrear, divertir, tener la cabeza a las once, tener la cabeza a pájaros. ≠ Aburrir.

distribución *f.* Reparto, partición, división, repartición. **2** Disposición, colocación, ordenación, arreglo. ≠ Desorden. **3** Estructura, contextura, organización, orden.

distribuir *tr.-prnl.* Dividir*, repartir*, partir. ≠ Sumar, reunir. ► **2** *tr.* Dispensar, dar, conceder, otorgar.

disturbio *m.* Perturbación, asonada, alboroto, tumulto, motín, remolino, inquietud, alteración.

disuadir *tr.-prnl.* Desaconsejar, desarrimar, quitar la voluntad, quitar de la cabeza, poner por delante, apartar, distraer. ≠ Animar, aconsejar.

disyuntiva *f.* Alternativa*.

ditirambo *m.* fig. Alabanza, encomio, elogio. ▮ El *ditirambo* supone exageración extremosa.

divagar *intr.* Vagar, errar, ir con el hato a cuestas, andarse por las ramas. ≠ Precisar, concretar.

divergencia *f.* fig. Diferencia*, disparidad, discrepancia.

diversidad *f.* Variedad. ≠ Unidad. **2** Desemejanza, diferencia*, disparidad. ≠ Indiferencia, homogeneidad.

diversión *f.* Distracción, entretenimiento, pasatiempo, recreo, solaz, esparcimiento. ≠ Aburrimiento, enfado. ▮ La *diversión* engloba los matices de todos estos sinónimos, pero se siente hoy en general como más intensa. *Distracción, recreo, solaz* y *esparcimiento* connotan descanso o interrupción del trabajo o preocupaciones, desviando la atención de ellos. *Entretenimiento* y *pasatiempo* son recursos para llenar el rato sin aburrirse. El empresario de espectáculos que ofreciese al público *entretenimiento* o *recreo*, y no *diversión*, se quedaría corto en su propaganda. **2** Broma, bulla, jarana, gresca, fiesta*, alegría, regocijo, movida (col.), festejos. **3** Función, espectáculo.

diverso, -sa *adj.* Distinto, diferente, desemejante, dispar. → **diversos**

diversos, -sas *adj. pl.* Varios, variados, muchos. → **diverso**

divertido, -da *adj.* Festivo, alegre*, jovial, jocoso, regocijado, ameno, grato, agradable, deleitable, placentero, entretenido, encantador. **2** Animado, concurrido, movido.

divertir *tr.-prnl.* Recrear, entretener, distraer, solazar, darse un verde, echar una cana al aire. ≠ Aburrir, irritar.

dividir *tr.* Partir. ▮ Como operación aritmética. **2** Fraccionar, partir, separar, fragmentar, cortar, seccionar, segmentar, tajar*. ▮ Tratándose de cosas, los cuatro primeros. Según el medio empleado o las cosas a que se aplica, *dividir* puede ser sinónimo de *cortar, seccionar, segmentar*(se), etc. **3** Repartir*, distribuir. ▮ «Se *divide* por partes iguales; se *reparte* por partes desiguales; se *distribuye* según la parte que a cada uno de los partícipes corresponde. *Dividir* la caza entre los cazadores quiere decir que a cada uno se da igual número de piezas. *Repartir* limosnas es dar dinero a los pobres, sin consideración a la cantidad que cada uno recibe. *Distribuir* el producto de un decomiso es dar tanto al denunciador, tanto a la hacienda pública, etc.» (M). **4** fig. Indisponer, malquistar, enemistar, desavenir, desunir, desagregar.

divieso *m.* Forúnculo, furúnculo.

divinamente *adv. m.* Perfectamente, admirablemente.

divinidad *f.* Deidad, dios.

divinizar *tr.* Deificar. **2** fig. Endiosar.

divisa *f.* Distintivo, señal, marca, insignia. **2** Lema, mote. **3** Moneda extranjera.

divisar *tr.* Distinguir, entrever, columbrar, vislumbrar. ≠ Ocultar, confundir. ▮ *Distinguir* es ver con claridad suficiente para saber de qué se trata. A medida que la visión va siendo menos distinta establecemos cierta gradación entre *divisar, entrever, columbrar* y *vislumbrar*. **2** MAR. Atisbar, avistar, vislumbrar.

división *f.* Partición*, repartición, reparto, distribución, fracción, fraccionamiento. **2** fig. Desunión, discordia, desavenencia.

divorciar *tr.* Descansar. ▮ *Descansar* tiene sentido gral. de separar a los cónyuges; *divorciar* tiene valor legal.

divulgar *tr.* Vulgarizar, difundir, publicar, pregonar, esparcir, sembrar, echar las campanas a vuelo, hacer público, propagar, propalar*. ≠ Ocultar, encubrir, tapar. ▮ Cuando se trata de ciencias, conocimientos, doctrinas, etc., *vulgarizar, difundir*. Si se trata de noticias, rumores, todos los demás sinónimos.

dobladillo *m.* Repulgo.

doblar *tr.* Duplicar. **2** Plegar. **3** Torcer, arquear, encorvar, doblegar. ≠ Enderezar. **4** Tocar a muerto, clamorear. ► **5** *prnl.* Ceder, doblegarse, someterse, allanarse, plegarse, ablandarse, blandearse. ≠ Resistir.

doblegar *tr.-prnl.* Torcer, arquear, encorvar, doblar. ≠ Enderezar. **2** fig. Ablandar, blandear.

doblez *m.* Pliegue, repliegue. ► **2** *amb.* fig. Duplicidad, doble juego, doble trato, mala fe, hipocresía, fingimiento, simulación, disimulo, afectación*.

doblilla *f.* ant. Durillo, escudillo.

dócil *adj.* Obediente, sumiso. ≠ Inflexible, indisciplinado, desobediente. 2 Apacible, suave, dulce, manso.

docto, -ta *adj.* Instruido, entendido, ilustrado, erudito, sabio*.

doctrina *f.* Enseñanza. 2 Opinión, teoría, sistema.

doctrinar *tr.* ant. Adoctrinar, aleccionar, instruir, enseñar.

dolencia *f.* Achaque, enfermedad*, padecimiento, mal, indisposición*.

dolerse *prnl.* Quejarse, lamentarse. 2 Compadecerse, apiadarse, condolerse. 3 Arrepentirse, compungirse.

doliente *adj.* Enfermo*. 2 Dolorido, apenado, desconsolado, afligido, contristado.

dolo *m.* Engaño, fraude, simulación.

dolomía *f.* Caliza, lenta.

dolor *m.* Mal, pupa. ‖ Entre niños, *pupa*. 2 Aflicción, pena, pesar, pesadumbre, tristeza*, desconsuelo, tormento, suplicio, angustia, tortura. ≠ Gozo, consuelo. ‖ *Pesadumbre* sugiere a veces arrepentimiento; *tristeza* implica un estado de ánimo de cierta duración. → **tristeza**

dolorido, -da *adj.* Apenado, desconsolado, doliente, afligido, apesarado.

doloroso, -sa *adj.* Lamentable, lastimoso, penoso, angustioso.

domar *tr.* Domesticar, amansar, desembravecer, amaestrar. 2 fig. Sujetar, reprimir, dominar.

domeñar *tr.* Dominar, sujetar, avasallar, someter, rendir.

domesticar *tr.* Amansar*, desembravecer, domar, amaestrar.

doméstico, -ca *adj.-s.* Sirviente, criado*.

domiciliarse *prnl.* Avecindarse, establecerse.

domicilio *m.* Casa*, morada, residencia, habitación*, asiento, sitio, lugar, sede, hogar, lar.

dominante *adj.* Imperioso, absoluto*, avasallador, imperativo*. 2 Preponderante, predominante.

dominar *tr.-prnl.* Subyugar, señorear, sujetar, someter, supeditar, sojuzgar, avasallar, alzar la voz, meter en cintura, tener la sartén por el mango, aherrojar*. ≠ Sublevar, servir, irritar. ‖ *Sojuzgar* implica violencia. 2 Sobresalir, descollar. ► 3 *prnl.* Reprimirse, contenerse. ≠ Irritarse.

dominguero, -ra *adj.* fam. Endomingado.

dominguillo *m.* Tentemozo, matihuelo, tentetieso, siempretieso.

dominicos *m. pl.* Predicadores.

dominio *m.* Poder, propiedad, pertenencia. ≠ Esclavitud, servidumbre. 2 Superioridad, autoridad, imperio, predominio, potestad, poder. ≠ Esclavitud, servidumbre. 3 Soberanía, imperio, señorío. ‖ *Hablando* del territorio en que se ejerce el dominio.

domo *m.* Cúpula, dombo, media naranja.

don *m.* Dádiva, presente, regalo*, ofrenda, donativo. 2 Gracia, habilidad, talento, aptitud. 3 Cualidad, prenda, dote, excelencia.

donación *f.* Cesión, don, dádiva*, regalo.

donado, -da *s.* Hermano, hermanuco (desp.). ‖ *Hermano*, en oposición a *Padre profeso*.

donador, -ra *adj.-s.* Donante.

donaire *m.* Discreción, gracia, donosura, gracejo. ≠ Desgracia. ‖ Los tres primeros, se refieren al modo de decir, moverse o hacer algo. *Gracejo*, solo al modo de hablar o escribir, y envuelve matiz festivo. 2 Chiste, agudeza, ocurrencia. 3 Gentileza, gallardía, soltura. ≠ Desgarbo.

donativo *m.* Dádiva*, regalo*, cesión, donación, oferta, don.

donde [1] *adv. l.* Adonde.

donde [2] *pron. rel.* Que, el que, el cual.

dondequiera *adv. l.* Doquier, doquiera.

dondiego *m.* Arrebolera, dompedro, donjuán, diego, maravilla (planta).

donoso, -sa *adj.* Donairoso, ocurrente, gracioso, chistoso*.

donostiarra *adj. com.* Easonense.

dorar *tr.* Sobredorar. ‖ Tratándose de metales (esp. plata), *sobredorar*. 2 fig. Paliar, encubrir, atenuar, endulzar, dulcificar, suavizar.

dormir *intr.-prnl.* Adormecerse*, adormilarse, reposar, descansar, yacer*. ≠ Despertarse. ‖ *Adormecerse* y *adormilarse*, significan empezar a dormirse o dormirse a medias. *Reposar* y *descansar*, aunque expresan idea diferente y más general, se usan a veces por *dormir* como expresiones selectas.

2 Pernoctar. ► 3 *prnl.* Descuidarse, abandonarse, confiarse. ≠ Cuidarse.

dormitivo, -va *adj. m.* Somnífero, hipnótico.

dornajo *m.* Dornillo, barcal.

dorso *m.* Espalda. **2** Revés*, reverso.

dotación *f.* Asignación. **2** Tripulación. **3** Personal.

dote *f.* Excelencia, prenda, cualidad, don, caudal, bienes. ≠ Indigencia.

dragomán *m.* ant. Trujamán, truchimán, intérprete.

dragón *m.* (planta) Becerra, boca de dragón, dragoncillos.

dragontea *f.* Culebrilla, serpentaria, taragontía, zumillo.

drama *m.* Teatro*. **2** Tragedia, desdicha.

dría *f.* Dríada, dríade, hamadríada, hamadríade.

drogadicto, -ta *adj.-s.* Adicto, drogodependiente, toxicómano, yonqui (col.), heroinómano.

dualidad *f.* Dualismo. **2** Dimorfismo (QUÍM. Y GEOL.).

ducho, -cha *adj.* Experimentado, diestro, versado, entendido, perito, avezado. ≠ Inexperto.

dúctil *adj.* fig. Blando, condescendiente, acomodadizo, acomodaticio*.

duda *f.* Incertidumbre, irresolución*, perplejidad*, vacilación, indecisión. **2** Problema, cuestión. **3** Escrúpulo, sospecha, recelo, aprensión.

dudar *intr.* Vacilar, fluctuar, titubear, poner en tela de juicio, poner en cuarentena, estar colgado de los cabellos. ≠ Creer.

dudoso, -sa *adj.* Inseguro, incierto, problemático, equívoco, ambiguo*, discutible, cuestionable, controvertible, impugnable, disputable, anfibológico, oscuro, turbio. ▮ Los cuatro primeros se aplican sobre todo a los hechos, noticias, relatos, etc., que ofrecen duda. Tratándose del sentido de las palabras, *equívoco, ambiguo.* ▮ «Es *dudoso* el sentido de una frase cuando contiene alguna alusión oscura, alguna confusión en las ideas, alguna explicación insegura o defectuosa; es *equívoco* cuando hay en ella voces de doble significado; es *ambiguo* cuando la construcción puede tener distintas interpretaciones. Es *dudoso* el sentido del 'tu quoque, fili!' de César a Bruto, porque no se sabe si le hablaba como a hijo verdadero, o simplemente le dirigía una palabra cariñosa. Es *equívoca* la frase española 'He comprado un par de botas', porque esta palabra puede significar la bota, calzado, o la bota de vino. Son *ambiguas* las oraciones latinas de infinitivo con dos acusativos, porque no se sabe cuál de ellos representa el sujeto y cuál el complemento.» (M). **2** Vacilante, indeciso, perplejo, irresoluto. ▮ Cuando *dudoso* se refiere la persona que duda, equivale a los sinónimos aquí recogidos. ▮ «La diferencia consiste en que *dudoso* es el que no se decide a obrar. Alguien está *dudoso* cuando las razones que tiene para dar asenso a lo que se le dice son de tanta fuerza como las que tiene para negárselo; está *perplejo*, cuando, entre dos resoluciones que se le presentan, no sabe cuál es la que ha de adoptar. En el *dudoso* está el entendimiento en equilibrio; en el *perplejo* lo está la voluntad.» (M).

duelo [1] *m.* Desafío, lance de honor, encuentro, combate, reto.

duelo [2] *m.* Dolor, aflicción, pena*, pesar, desconsuelo.

duende *m.* Martinico, trasgo.

dueño *m.* Señor*, propietario, amo, patrón, patrono, empresario. ▮ *Patrono* y *empresario* en la industria y el alto comercio.

duerna *f.* Artesa, masera.

dulce *adj.* fig. Suave, agradable, deleitable, deleitoso, placentero, melodioso*. **2** Afable, bondadoso, apacible, indulgente, complaciente, dócil.

dulcería *f.* Confitería, pastelería.

dulcificar *tr.-prnl.* Endulzar, edulcorar. ≠ Amargar. **2** Suavizar, mitigar, atenuar, calmar, sosegar. ≠ Irritar.

dulzura *f.* Dulzor. **2** fig. Afabilidad, bondad, suavidad, mansedumbre, docilidad, blandura*.

duna *f.* Médano, medaño, mégano, algaida (p. us.).

dundo, -da *adj.* Amér. Central y Colomb. Tonto, dundeco (Amér. Central y Colomb.).

duodécimo, -ma *adj.-s.* Dozavo. ► **2** *adj.* Doceno, decimosegundo.

dúplica *f.* DER. Contrarréplica.

duplicidad *f.* Doblez, falsedad, fingimiento, hipocresía, doble trato.

duración *f.* Dura. ▮ *Dura* se aplica únicamente a cosas materiales que se desgastan con el uso: un calzado de mucha *dura*. No se diría, en cambio, de una pasión, que tiene larga o mucha *dura*.

duradero, -ra *adj.* Durable, estable, perdurable, permanente, persistente, constante, inextinguible, indeleble, largo*. ▮ *Durable* y *estable* se dice de lo que dura o puede durar; *duradero* es lo que realmente dura. Lo que por sus condiciones propias hace pensar en una larga vida futura, es *durable* o *estable*; p. ej.: muchas instituciones humanas, leyes, etc., lo cual no quiere decir que, después de hacer la prueba de ellas, resulten en todos los casos *duraderas*. Por esto en las cosas materiales, como una prenda de vestir, se prefiere decir que son *duraderas*. *Perdurable* es lo que dura siempre, como la vida *perdurable* o *eterna*; *permanente* es lo que dura siempre o largo tiempo, dentro de la relatividad humana, sin sufrir cambio. *Persistente* da la idea de acción o sucesión repetida o reiterada, como un ruido *persistente*, un mal tiempo *persistente*. Lo *constante* connota resolución, voluntad de durar: un amor *constante*.

durar *intr.* Tirar, perdurar, vivir, subsistir, permanecer, ir para largo (fam.), haber para rato, hacerse crónico. ≠ Acabarse. ▮ *Tirar* es *durar* trabajosamente: el enfermo va *tirando*; ese traje *tirará* todo el invierno. *Durar* se aplica propiamente a los seres inanimados, en tanto que *vivir* es propio de los seres animados; pero uno y otro verbos se intercambian a menudo, si bien domina en cada caso el matiz estático de *durar* y el dinámico de *vivir*; decir que un hombre *dura* muchos años es expresión irónica; cuando decimos que un edificio *vive* desde hace dos siglos, pensamos en el movimiento, utilidad, etc., que hay en él. Las instituciones, costumbres, recuerdos, etc., *duran* o *viven* según el matiz predominante. Perdurar es intensivo; significa *durar* mucho o siempre.

duraznillo *m.* Hierba pejiguera, persicaria.

dureza *f.* Solidez, consistencia, resistencia. **2** fig. Severidad, aspereza, rigor, rudeza, violencia. **3** Callosidad, induración.

durillo *m.* Tino (arbusto). **2** Doblilla. **3** Cornejo, corno, cerezo silvestre, sangüeño, sanguino, sanguiñuelo.

duro, -ra *adj.* Resistente, consistente, fuerte, compacto. **2** fig. Severo, rudo, áspero, violento, cruel, despiadado, inhumano. **3** Penoso, trabajoso, cansado, insoportable, intolerable.

e

ébano *m.* Abenuz.
ebonita *f.* Vulcanita.
ebrio, -bria *adj.* Borracho, embriagado, beodo, hecho una cuba. ≠ Abstemio, sereno.
ebúrneo, -ea *adj.* Marfileño.
echada *f.* Echazón.
echaperros *com.* Perrero.
echar *tr.* Arrojar, lanzar, tirar, despedir. ▌«*Echar* es una acción menos violenta que *arrojar* y *lanzar*. Se *echa*, y no se *arroja* ni se *lanza*, agua en el vaso, dinero en el bolsillo, trigo en el costal. No se *echa* uno en un precipicio, sino que se *arroja* o se *lanza*. *Echarse* en la cama no es lo mismo que *lanzarse* o *arrojarse* en la cama. En el primer caso se expresa una acción ordinaria y tranquila (*tenderse, tumbarse*); en el segundo, la de alguien agitado por la pasión u oprimido por el cansancio.» (M). **2** Despedir*, despachar, licenciar. ▌En este caso, *echar* a un empleado supone más violencia que *despedirlo, licenciarlo* o *despacharlo*, y el sentido se acerca al de *expulsar*. ▸ **3** *prnl.* Abalanzarse, precipitarse, arrojarse, acometer. ≠ Recogerse. **4** Tenderse, tumbarse. ≠ Levantarse, incorporarse.
eclesiástico *m.* Clérigo, sacerdote, cura, presbítero, tonsurado.
eclipsar *prnl.* Ausentarse, desaparecer, evadirse, escaparse, huir. ≠ Permanecer.
eco[1] *m.* Repercusión, resonancia, tornavoz. **2 Tener eco** *loc.* Propagarse, difundirse, extenderse.
eco[2] *adj.* Ecológico, verde.
ecológico, -ca *adj.* Eco, verde.
economía *f.* Crematística. ▌Especialmente en lo que se refiere al dinero. **2** Ahorro. ≠ Despilfarro. **3** Escasez, parquedad, miseria.
economizar *tr.* Ahorrar, guardar, reservar, cerrar la bolsa, contar los garbanzos. ≠ Gastar.
ecuánime *adj.* Sereno, juicioso, ponderado, moderado. ≠ Parcial, impaciente. **2** Equitativo, justo, imparcial, recto, igual.
ecuestre *adj.* Caballar*.
ecuménico, -ca *adj.* Universal*.
edén *m.* Paraíso.
edicto *m.* Mandato, decreto, bando.
edificar *tr.-prnl.* Construir, erigir*, levantar, obrar, fabricar (antic.), labrar (antic.). ≠ Destruir. **2** fig. Dar ejemplo, servir de modelo. ≠ Pervertir.
edificio *m.* Construcción, obra, fábrica (antic.). ▌El *edificio* acoge actividades humanas: vivienda, museo, oficinas, etc. Un puente, un dique, son *construcciones*, no *edificios*. → **construir**
edil *m.* Concejal, munícipe, regidor municipal.
editar *tr.* Publicar, imprimir.
educación *f.* Enseñanza, instrucción*, adoctrinamiento. ▌La *educación* abarca la personalidad del ser humsano, corporal y espiritual, en todos sus aspectos. La *enseñanza* se dirige sobre todo a la inteligencia y al saber. El significado de *enseñanza* se acerca al de *instrucción* y *adoctrinamiento*. **2** Buena crianza, urbanidad*, cortesía, modos. ▌En esta acepción, se dice nor-

malmente *buena educación*. ▮ «La palabra *crianza* se refiere principalmente a la física y material; la de *educación* a lo formal o moral. La nodriza *cría* y no *educa* al niño: esto corresponde a sus padres y maestros. Los animales *crían* a sus hijuelos (...) Sin embargo, se usa muchas veces *crianza* por *educación*, ya sea buena o mala; y entonces corresponde a urbanidad, cortesía, atenciones y miramientos.» (O).

educando, -da *adj.-s.* Colegial, escolar, alumno, discípulo, estudiante.

educar *tr.-prnl.* Enseñar*, dirigir. ≠ Malcriar, viciar. **2** Desarrollar, afinar, perfeccionar. **3** Domar, amaestrar. ▮ Tratándose de animales.

efectivo *m.* Dinero*, numerario.

efectivo, -va *adj.* Real, verdadero, cierto, positivo*. **2** Operativo, útil. ≠ Inútil.

efecto *m.* Resultado, consecuencia*, producto. ≠ Causa. ▮ «Aunque en el sentido metafórico *efecto* y *producto* se usan como sinónimos, no lo son en el sentido recto. El *efecto* no proviene tan visiblemente de la causa como el *producto*. La ligazón entre el *efecto* y la causa puede ser dudosa; la del *producto* no puede serlo. No es patente a todos que las mareas sean *efecto* de las variaciones lunares; pero nadie duda que la cosecha es *producto* del sembrado, ni que la fruta es *producto* del árbol. El *producto* tiene una existencia real; el *efecto* no la tiene siempre. La muerte es *efecto*, y no *producto* de la enfermedad o de la herida. No se dice los efectos, sino los productos, de un capital, de una industria, del ejercicio de una profesión.» (M). **2** Impresión, sensación. **3** Mercancía, mercadería, valor mercantil, títulos, valores. ▮ Estos dos últimos son *efectos* públicos. **4** DEP. Lift (anglic.). ▮ *Lift* se usa en el tenis. **5 Por efecto de** *loc. conj.* Por, a causa de, a consecuencia de, por razón de. → **efectos**

efectos *m. pl.* Muebles, enseres. → **efecto**

efectuar *tr.-prnl.* Ejecutar, realizar*, cumplir, llevar a cabo, llevar a efecto, llevar a término, poner por obra. ≠ Incumplir, dejar, abandonar.

efervescencia *f.* Hervor, burbujeo. **2** fig. Ardor, agitación, exaltación. ≠ Frialdad, tranquilidad.

eficacia *f.* Actividad, energía, poder, virtud, vehemencia. ≠ Ineficacia, deficiencia, invalidación. ▮ Este último, tratándose de sentimientos o de su expresión. **2** Eficiencia. ≠ Ineficiencia, deficiencia.

eficaz *adj.* Activo, fuerte, enérgico, poderoso, vigoroso*. **2** Eficiente.

efigie *f.* Imagen, representación, figura. ▮ Los tres sinónimos tienen mayor amplitud que *efigie*, y pueden referirse a personas, abstracciones y cosas reales o imaginarias. La *efigie* es la representación de una persona o, en sentido fig., de una personificación: la *efigie* de un rey; la *efigie* del dolor. *Retrato* es la reproducción de una persona o cosas reales. *Efigie* sugiere cierta dignidad o estimación.

efímero, -ra *adj.* Pasajero, fugaz, huidizo, perecedero, breve. ≠ Duradero, perpetuo. ▮ Aunque en rigor etimológico *efímero* se dice de lo que dura un solo día, se usa a menudo en vez de los sinónimos aquí citados.

efluvio *m.* Emanación, irradiación.

efod *m.* Superhumeral.

efugio *m.* lit. Evasiva, escapatoria, salida, rodeo, subterfugio, pretexto, excusa*, regate, escape, disculpa. ▮ Los cinco primeros dan igualmente la idea de recurso para huir de una dificultad o compromiso. *Evasiva* sugiere gralte. frase, pregunta o cualquier medio usado en la conversación para desviar o eludir algo que en ella nos es desgradable. *Subterfugio* está con frecuencia muy cerca de *pretexto*: es un *pretexto*, gralte. desestimable, para salir del paso.

efusión *f.* Derramamiento. **2** fig. Expansión, afecto, ternura, cordialidad. ≠ Frialdad. ▮ La *efusión* supone gran intensidad en estos sentimientos y en el modo de expresarlos.

egida, égida *f.* fig. Defensa, protección, patrocinio, amparo.

egregio, -gia *adj.* Ilustre, insigne, célebre, afamado, famoso. ▮ Todos ellos son el resultado social de la calidad *egregia* de una persona o cosa: sus méritos *egregios* le hicieron *famoso*, *célebre*, etc. En rigor, *egregio* significa que excede a los demás en sentido meliorativo. Se es *egregio* en lo bueno, en lo excelente; se puede ser excepcional en lo bueno y en lo malo. **2** Excelente*, notable, superior, óptimo, descollante, sobresaliente, bajado del cielo.

ejecutar *tr.* Realizar*, efectuar, hacer, poner por obra, llevar a cabo. ≠ Incumplir. **2** Obedecer*, cumplir, observar. ≠ Incumplir. ▮ Tratándose de una ley o mandato. **3** Interpretar. ▮ En música y declamación. **4** Ajusticiar.

ejemplo *m.* Modelo, pauta, norma, dechado, regla. **2** Enseñanza, advertencia.

ejercitar *tr.* Adiestrar, amaestrar*. ▸ **2** *prnl.* Practicar.

ejido *m.* Campillo, salida.

elaborar *tr.* Preparar, confeccionar.

eléboro *m.* Hierba ballestera, hierba de ballestero. **2 Eléboro blanco** Vedegambre.

elector, -ra *adj.-s.* Votante.

electrizar *tr.* fig. Exaltar, avivar, inflamar, entusiasmar.

electro *m.* Ámbar. **2** Oro verde.

electroterapia *f.* Galvanismo, galvanoterapia. ▮ Ambos se usan hoy menos que *electroterapia*.

elefancía *f.* MED. Mal de San Lázaro, elefantiasis.

elegancia *f.* Distinción, selección, gusto. ≠ Cursilería, desgarbo, desaliño. **2** RET. Figura.

elegíaco, -ca *adj.* Lastimero, lamentable, triste.

elegido, -da *adj.* Predestinado. **2** Predilecto, preferido.

elegir *tr.* Escoger*, optar, preferir, seleccionar. **2** Votar.

elemental *adj.* fig. Primordial, fundamental. ≠ Secundario. **2** Obvio, evidente. ≠ Difícil. **3** Rudimentario, sencillo, primario, corriente. ≠ Secundario.

elemento *m.* Cuerpo simple. **2** Componente, parte, ingrediente. → **elementos**

elementos *m. pl.* Rudimentos, nociones, principios. ▮ *Nociones* tiene el mismo carácter docente que *rudimentos*. *Principios* puede equivaler a *elementos*, cuando se refiere a los *fundamentos* de una ciencia o arte, y a *rudimentos* cuando alude a los primeros pasos de su enseñanza. ▮ «*Elementos* son los primeros y fundamentales *principios* de las ciencias y las artes; *rudimentos* son los primeros pasos de su enseñanza. Cuando no hay enseñanza, no hay *rudimentos*; pero hay *elementos* siempre que hay cuerpo de doctrina.» (M). → **compendio** **2** Medios, recursos. → **elemento**

elevación *f.* Altura, eminencia, prominencia, altitud. ▮ En geogr., *altitud* o *altura* sobre el nivel del mar. **2** Ascenso, ascensión. ▮ Ambos en sentido recto y figurado.

elevado, -da *adj.* Alto, eminente, prominente. **2** Sublime, noble. **3** Crecido, numeroso, subido. ▮ Tratándose de cantidad, precio, etc.

elevar *tr.* Alzar, levantar*, erigir, edificar, construir. ≠ Bajar, destruir. ▮ Los tres últimos, tratándose de construcciones. **2** fig. Enaltecer, encumbrar, engrandecer, ennoblecer. ≠ Humillar. **3** Promover, ascender. ▸ **4** *prnl.* Transportarse, enajenarse, remontarse. **5** Engreírse, envanecerse, ensoberbecerse. ≠ Humillarse.

eliminar *tr.* Suprimir, quitar, descartar, separar, prescindir de, excluir, quitar del medio. ≠ Poner, incluir. **2** MED. Expeler.

elogiar *tr.* Alabar*, celebrar, encarecer, encomiar, loar, ponderar, ensalzar, analtecer, dar bombo, dar jabón, poner en las nubes, aplaudir, aprobar. ≠ Denigrar, desaprobar.

elogio *m.* Alabanza, enaltecimiento, loa (lit.), encomio, apología*, bombo*. ▮ *Apología* y *panegírico* son discursos o escritos de alabanza; el primero de personas o cosas, el segundo solo en personas. *Bombo* es *elogio* exagerado y con gran publicidad. La *alabanza* no necesita fundarse en razones o motivos; el *elogio* suele fundamentarse o explicarse.

elucidar *tr.* Aclarar, dilucidar, poner en claro, explicar.

eludir *tr.* Evitar*, rehuir, esquivar*, soslayar, sortear, esquivar el bulto, pasar por alto, escaparse por la tangente. ≠ Afrontar, desafiar, oponer.

e-mail *m.* (anglic.; en una red informática) Mail (anglic.), correo, correo electrónico.

emanación *f.* Efluvio, irradiación.

emanar *tr.* Exhalar, despedir, desprender. ▸ **2** *intr.* fig. Derivarse, dimanar, proceder, provenir, nacer.

emancipar *tr.* Libertar, manumitir. ≠ Esclavizar. ▮ Tratándose de un esclavo, *manumitir*.

embabular *tr.* fig. Tragar, engullir, embocar, zampar.

embadurnar *tr.* Untar, embarrar, manchar, pintarrajear. ≠ Limpiar.

embaír *tr.* Embaucar, embabucar, engañar, alucinar.

embajada *f.* Mensaje, recado.

embalsamar *tr.* Perfumar, aromatizar.

embalse *m.* Pantano, rebalsa, rebalse. ▮ *Pantano*, esp. si es de gran extensión y de formación natural; *rebalsa* y *rebalse* suelen aplicarse al *embalse* pequeño, y pueden ser naturales o artificiales.

embarazar *tr.-prnl.* Estorbar, retardar, dificultar, entorpecer, obstaculizar. ≠ Desembarazar, dejar, facilitar. ► **2** *prnl.* Atarse, atascarse.

embarazo *m.* Impedimento, estorbo, dificultad, entorpecimiento, obstáculo*, tropiezo, retraso, rémora. **2** Preñez, preñado, gravidez. **3** Encogimiento, timidez, turbación, empacho.

embarcación *f.* Bajel, barco, buque, nave, navío, gabarra, barca, bote, remolque. ▮ *Embarcación* es nombre genérico que comprende tanto las embarcaciones grandes (los cinco primeros sinónimos) como las menores (los cuatro últimos). **2** Embarco*, embarque.

embarco *m.* Embarque, embarcación. ▮ Tratándose de mercancías, *embarque*. *Embarcación* se usa hoy poco en este sentido. ▮ «*Embarco* es la acción de embarcarse; *embarque*, la de ser embarcado. Por esto la primera sólo se aplica a los seres racionales; la segunda puede convenir a las personas y a las cosas. Se dice el *embarque* de los heridos y el *embarco* de las tropas; el *embarque* de los presos y el *embarco* de los pasajeros, distinguiendo siempre la acción del que se embarca por sí mismo de la acción del que es embarcado por mano o mandato de otro.» (J).

embargo Sin embargo *loc. conj.* No obstante, empero, con todo, a pesar de ello. ▮ «Las dos conjunciones (*sin embargo* y *no obstante*) indican alguna contradicción, alguna incompatibilidad entre lo que se ha dicho y lo que va a decirse; pero *sin embargo* lo expresa en menor grado que *no obstante*. *Sin embargo* modifica lo que precede; *no obstante* se le opone más abiertamente. Es un hombre muy apreciable; *sin embargo*, tiene sus defectos. La empresa tiene muchas dificultades; *no obstante*, la atacaremos. *Sin embargo* da a entender que lo que se ha dicho no *embarga* la verdad de lo que va a decirse.» (M).

embarque *m.* Embarco, embarcación.

embarrancar *intr.-prnl.* Atascarse, atollarse. ▮ Ambos en sus significados recto y figurado. **2** MAR. Varar, encallar, zabordar, abarrancar.

embarullar *tr.-prnl.* Embrollar. ▮ *Embarullar* se distingue de *embrollar* en que este implica a menudo idea de fraude o mala intención. En su uso prnl. son equivalentes. Puede uno *embrollarse* al contestar una pregunta o resolviendo un problema. **2** Enredar, revolver. ≠ Desenredar.

embate *m.* Acometida, embestida. ▮ *Embate* se usa especialmente tratándose de fuerzas naturales como el mar o la tempestad, o en sentido fig. (los *embates* de la fortuna). No se diría: los *embates* de un toro, los *embates* entre dos personas que riñen, sino *acometidas* o *embestidas*. En cambio, sí se emplea los *embates* del enemigo en la guerra, porque su ímpetu y número los asemejan a las fuerzas de la naturaleza.

embaucar *tr.* Embabucar, embaír, engañar, seducir, encandilar, alucinar, dar gato por liebre. ≠ Desengañar.

embeber *tr.* Absorber, empapar, impregnar. **2** Embutir, encajar, incorporar, agregar. ► **3** *prnl.* fig. Embebecerse, embelesarse, absorberse.

embeleco *m.* Embuste*, engaño, mentira, superchería, engañifa.

embelesar *tr.-prnl.* Suspender, encantar, cautivar, arrebatar, embeber, embebecerse, absorberse. ≠ Desencantar.

embellecer *tr.* Hermosear, adornar, ataviar.

emberrenchinarse *prnl.* Encorajinarse*, sulfurarse, encolerizarse.

embestida *f.* Achuchón, empujón. **2** Acometida, arremetida, ataque, embate*, agresión*.

embestir *tr.* Acometer*, atacar, arremeter*, fajar, golpear, pegar.

emblema *amb.* Símbolo*, jeroglífico, empresa, representación, lema, atributo, insignia, alegoría.
embobar *tr.-prnl.* Abobar, embelesar, entontecer, admirar, suspender, asombrar, pasmar.
embocar *tr.* Tragar, engullir, embaular.
émbolo *m.* Pistón.
embolsar *tr.* Entrujar. ▌*Entrujar* es una hipérbole humorística. **2** Cobrar.
emborrachar *tr.-prnl.* Embriagar. **2** fig. Atontar, adormecer, aturdir. **3** Estar como una cuba, coger una turca, pescar una merluza, tener mal vino.
emborrar *tr.* Atiborrar, henchir.
emborrazar *tr.* fig. Enalbardar, rebozar.
emboscada *f.* Celada, zalagarda. **2** fig. Asechanza, encerrona.
embotar *tr.-prnl.* Desafilar, mellar, despuntar. ▌*Despuntar*, si es en la punta. **2** fig. Enervar, debilitar. ≠ Serenar, apaciguar, tranquilizar.
embotellar *tr.* fig. Acorralar, cercar. **2** Inmovilizar. **3** Aprender, estudiar, memorizar.
embozar *tr.-prnl.* Embozalar. **2** fig. Encubrir, disfrazar, ocultar, tapujarse. ≠ Destapar, desenvolver, descubrir, desenmascarar, desenmarañar.
embravecer *tr.-prnl.* Irritar, enfurecer, encolerizar. ≠ Amansar, apaciguar, sosegar, tranquilizar, serenar.
embrazadura *f.* Brazal.
embriagar *tr.-prnl.* Emborrachar, inebriar. **2** Marear, perturbar, atontar, aturdir. **3** Enajenar, extasiar, arrebatar, transportar.
embriaguez *f.* Borrachera, ebriedad, inebriación (MED.). **2** Enajenación, enajenamiento.
embrión *m.* fig. Principio, germen.
embrollador, -ra *adj.-s.* Embrollón, lioso, barullón, barullero. ▌*Embrollón*, *embrollador* y *lioso* pueden incluir idea de fraude o mala intención, lo cual no ocurre en *barullón*.
embrollar *tr.-prnl.* Enredar, confundir, embarullar, enmarañar, revolver, hacerse un lío, enredarse la madeja. ≠ Ordenar, aclarar, resolver, desenmarañar.
embrollo *m.* Enredo, confusión, barullo, maraña, lío, monserga, galimatías, chanchullo, intriga. **2** Embuste*, embustería, mentira, trápala.
embrujo *m.* Hechizo, encantamiento, maleficio. ▌Este último, si el *embrujo* es dañino.
embuchado *m.* Embutido.
embuste *m.* Trápala, embustería, mentira*, bola*, embeleco, embrollo, engaño, farsa. ≠ Verdad, verosimilitud, seriedad, realidad. ▌*Trápala*, *embustería* y *embuste* significan *mentira* artificiosamente disfrazada. Los cuatro últimos sinónimos citados implican además intención fraudulenta.
embutir *tr.* Llenar, rellenar*, apretar, atiborrar, embuchar. ▌Este último, tratándose de carne picada. **2** Encajar, ajustar, incrustar, engastar.
emeritense *adj. com.* (pers.) Merideño.
emético, -ca *adj. m.* MED. Vomitivo.
emigración *f.* Migración, transmigración, éxodo. ▌*Exodo* es gralte. *emigración* colectiva.
emigrar *intr.* Transmigrar, expatriarse. ≠ Regresar, repatriarse, inmigrar.
eminencia *f.* Elevación, altura. **2** Saliente, resalte. **3** ANAT. Monte. **4** fig. Excelencia, sublimidad, superioridad.
eminente *adj.* Alto*, elevado, prominente. ▌Tratándose de lugares. **2** Superior, distinguido, notable, ilustre, excelente, insigne, egregio. ▌Aplicado a personas o actividades humanas.
emisario, -ria *s.* Embajador, mensajero, enviado.
emisión *f.* Retransmisión, transmisión.
emisora *f.* Cadena, dial.
emitir *tr.* Arrojar, exhalar, despedir, lanzar, radiar, radiodifundir. ▌Tratándose de *emitir* ondas hertzianas, se usan los dos últimos sinónimos. **2** Acuñar, poner en circulación. ▌Tratándose de moneda, *acuñar*; de billetes o valores, *poner en circulación*. **3** Manifestar, expresar, hacer público.
emocionar *tr.-prnl.* Emocionar, conmover, afectar*, enternecer, impresionar. ≠ Tranquilizar, insensibilizar, serenar. ▌*Emocionar*(se) se refiere a toda clase de sentimientos: entusiasmo, alegría, pena. *Conmover*(se) puede tener los mismos sentidos, pero gralte. se aplica a sentimientos penosos, compasivos o tiernos, como *afectar*(se) o *enternecer*(se).

emoliente *adj. m.* MED. Demulcente.

emolumento *m.* Gaje, gratificación. ▮ *Gaje* y *gratificación* coinciden con un cargo o empleo. Aunque estas denominaciones varían según las disposiciones administrativas de cada país y época, *emolumentos* envuelve cierta dignidad que lo hace aplicable principalmente a cargos o profesiones importantes: los *emolumentos* de un presidente del Consejo de Administración de una Sociedad Anónima, de un notario, etc. *Gaje* y *gratificación* son hoy aplicables a empleos modestos.

emoticono, emoticón *m.* (en informática) Icono, símbolo.

empachar *tr.-prnl.* Estorbar, impedir. **2** Ahitar, hartar*, estomagar, indigestar. ▸ **3** *prnl.* Avergonzarse, cortarse, embazarse, embarazarse.

empacho *m.* Indigestión. **2** Estorbo, embarazo, obstáculo, impedimento. **3** Cortedad, vergüenza*, encogimiento, turbación.

empalagar *tr.-prnl.* fig. Hastiar, fastidiar, cansar, aburrir. ≠ Divertir.

empalagoso, -sa *adj.* Dulzón, dulzarrón. **2** fig. Mimoso, sobón, pegajoso, fastidioso, zalamero.

empalizada *f.* Estacada, palizada, cerca*.

empalmar *tr.* Unir, juntar, ligar, enlazar, entroncar.

empantanar *tr.* Inundar, encharcar. **2** Embalsar. **3** fig. Atascar, estancar, paralizar, detener.

empañar *tr.-prnl.* Deslustrar, oscurecer, enturbiar, deslucir, desacreditar, manchar. ≠ Brillar, limpiarse. ▮ *Deslustrar* es lo mismo que quitar el brillo; *oscurecer* y *enturbiar* indican quitar la transparencia. *Empañar* comprende ambos significados, tanto en su sentido recto como en el fig. de *deslucir, desacreditar, manchar*.

empapar *tr.-prnl.* Absorber, embeber, impregnar. ≠ Secar. ▸ **2** *prnl.* fig. Poseerse, imbuirse, penetrarse.

empapuciar, empapuzar *tr.* fam. Empapujar, hartar*, ahitar, empachar.

empaque *m.* Seriedad, afectación, tiesura, estiramiento, énfasis. ▮ El *empaque* implica *seriedad* y *afectación*. Sus sinónimos más próximos son *tiesura* y *estiramiento*; en la manera de hablar y escribir, *énfasis*.

emparrado *m.* Pérgola.

emparrillado *m.* Enrejado.

emparvar *tr.* Aparvar.

empaste *m.* PINT. Pasta.

empecer *intr.* lit. Impedir*, obstar. ▮ *Empecer* es palabra docta, que solo se usa en estilo culto y literario.

empecinarse *prnl.* Obstinarse, aferrarse, porfiar.

empedernido, -da *adj.* Endurecido, cruel, implacable, inexorable, despiadado. ▮ El *empedernido* se obstina en su error, o persiste en su costumbre o vicio: sectario *empedernido*, fumador *empedernido*. El *endurecido* es insensible a las súplicas y a los males ajenos, y por esto está próximo a *cruel, implacable, inexorable, despiadado*.

empedrar *tr.* Adoquinar, engravar, enguijarrar, enlosar. ▮ Según la clase de piedra empleada, se usan verbos derivados especiales, como *adoquinar, engravar, enguijarrar, enlosar*.

empega *f.* Pegunta, marca.

empegar *tr.* Peguntar, empeguntar, marcar.

empelazgarse *prnl.* fam. Andar a la greña.

empellón *m.* Empujón*, rempujón.

empeñar *tr.* Pignorar, hipotecar. ▮ *Pignorar* se usa preferentemente en derecho, o tratándose de valores públicos. Si se trata de inmuebles que se *empeñan* por escritura notarial, *hipotecar*. Se *empeña* una prenda u objeto que se deja en manos del prestamista como garantía de pago. ▸ **2** *prnl.* Endeudarse, entramparse. **3** Obstinarse, insistir, porfiar, emperrarse (fam.). ≠ Abandonar, ceder. **4** Empezarse, trabarse. ▮ P. ej.: *empeñar* una batalla.

empeño *m.* Pignoración. **2** Afán, ansia, anhelo. **3** Tesón, constancia, obstinación, ahínco, porfía, tema, firmeza, insistencia.

emperador *m.* César, káiser, zar, mikado. ▮ Tratándose de la antigua Roma, *césar*. En otros países, *káiser* (Alemania), *zar* (Rusia), *mikado* (Japón). *César* puede también aplicarse por antonomasia a cualquier jefe del Estado que ejerce el poder absoluto sin limitaciones.

empero *conj. adv.* lit. Pero, mas, sino*. ▮ A diferencia de estas conjunciones, *empero* puede ir al final del período: 'Las condiciones habían mejorado; no fueron aceptadas *empero*'. Esta construcción es enfática y acentúa el carácter exclusivamente literario que *empero* tiene hoy de por sí. **2** Sin embargo*, no obstante, con todo, a pesar de ello.

emperrarse *prnl.* fam. Obstinarse, empeñarse, encastillarse, porfiar. ≠ Ceder, desistir. ▌ *Emperrarse* supone actitud malhumorada, gestos de enojo, además de la obstinación.

empezar *tr.* Comenzar, principiar, emprender, acometer, iniciar, incoar*. ≠ Acabar. ▌ *Iniciar* se refiere a un acto o serie de actos: *iniciar* una conversación, unas negociaciones; pero no se diría *iniciar* un melón, sino *empezarlo*. *Iniciar* y *principiar* son vocablos más doctos y selectos que *empezar* y *comenzar*; por ello estos últimos se prefieren en su significado material y concreto. ► **2** *intr.* Nacer, tener principio, originarse. ≠ Morir.

empinarse *prnl.* Ponerse de puntillas, enarmonarse, encabritarse. ▌ *Ponerse de puntillas*, si se trata de una persona; tratándose de un cuadrúpedo, *enarmonarse*; *encabritarse* se dice esp. del caballo. **2** fig. Alzarse, elevarse, levantarse, erguirse. ≠ Bajarse, encogerse.

empingorotado, -da *adj.* Encopetado, ensoberbecido, engreído, tieso, vanidoso, orgulloso, envirotado.

empíreo *m.* Cielo, paraíso.

empírico, -ca *adj.* Experimental.

emplasto *m.* Parche, bizma, pegado. ▌ *Parche*, esp. cuando es delgado.

emplazar *tr.* Colocar, poner, situar*. ▌ Se ha generalizado su uso (*emplazar* un monumento en el parque), sobre todo en el tecnicismo militar: *emplazar* una batería.

empleado, -da *adj.-s.* Dependiente, funcionario. ▌ *Empleado* se dice esp. del que trabaja en una oficina, a diferencia del obrero manual, del técnico o facultativo y del dependiente de comercio. *Funcionario* es el *empleado* público; pero no todos los *funcionarios* desempeñan puestos de oficina; p. ej., un médico forense o un capataz de obras públicas.

emplear *tr.* Ocupar, colocar*, acomodar, destinar. ▌ Tratándose de personas. **2** Usar, aplicar, servirse, valerse, destinar, utilizar. ▌ Tratándose de cosas, los dos primeros; los demás se dicen de cosas y personas. **3** Invertir, gastar, aplicar, colocar. ▌ Tratándose de dinero, *invertir*, *gastar*, *aplicar*; si se hace con el fin de obtener renta de un capital, *colocar* o *invertir*.

empleo *m.* Destino, colocación, ocupación, puesto, acomodo, cargo, profesión, oficio, ministerio. ≠ Cesantía. **2** Uso, utilización, aplicación. ≠ Desuso. ▌ Tratándose de cosas. **3** MIL. Honor, distinción, cargo, dignidad.

empobrecer *tr.* Depauperar. ≠ Enriquecer. ▌ *Depauperar* se aplica esp. al empobrecimiento fisiológico de los seres vivos: una raza *depauperada* por la mala alimentación, las epidemias. Solo en estilo culto puede usarse la sinonimia etimológica en otras acepciones: la quiebra del banco ha *depauperado* el país. ► **2** *tr.-prnl.* Decaer, venir a menos. ≠ Engrandecer, medrar.

empollar *tr.* Encobar, incubar. ▌ *Incubar* es término docto de uso general. Se *incuban* los gérmenes de una enfermedad en un cuerpo vivo; la gallina *incuba* los huevos. Pero *empollar* y *encobar* se dice exclusivamente de las aves. **2** fig. Estudiar. ▌ Entre estudiantes.

emponzoñar *tr.-prnl.* fig. Envenenar, intoxicar. ► **2** *tr.* Inficionar, corromper, dañar.

emporcar *tr.* Ensuciar, manchar.

emprendedor, -ra *adj.* Resuelto, decidido, activo*, audaz.

emprender *tr.* Comenzar, empezar*, principar, iniciar, acometer, entablar*. ≠ Acabar, desistir.

empresa *f.* Proyecto, intento, designio. **2** Símbolo, lema, mote. ▌ En la antigua caballería, *mote*. **3** COM. Sociedad*, compañía.

empujar *tr.* Rempujar (vulg.), arrempujar (vulg.), impeler, impulsar, propulsar, emburriar, achuchar I. ▌ *Arrempujar* connota mayor fuerza y violencia. Pertenecen a la lengua culta o técnica *impeler*, *impulsar*, *propulsar*. En algunas provincias del norte, *emburriar*. **2** fig. Excitar, incitar, estimular. ≠ Debilitar.

empuje *m.* Impulso, impulsión, fuerza, propulsión. **2** fig. Brío, resolución.

empujón *m.* Envión, envite, empellón, impulso, impulsión, propulsión, rempujón, achochón, embestida. ▮ *Impulso, impulsión* y *propulsión* son términos cultos (a menudo figurados) o tecnicismos usados en mecánica; además denotan fuerza continuada, mientras que *empujón, empellón, envite* y *envión* son momentáneos.

empulguera *f.* Pulguera.

emulación *f.* Rivalidad, competencia. ▮ «Por la *emulación* se desea sobresalir; por la *rivalidad* se desea vencer. Los *émulos* pueden ser amigos, pero no los *rivales*. Hay *emulación* en los estudios, en los descubrimientos, en los trabajos científicos, en los servicios públicos. Hay *rivalidad* en la política, en el amor, en la solicitud de los empleos.» (M).

emular *tr.* Competir, rivalizar.

émulo, -la *adj.-s.* Competidor, rival.

enaguachar *tr.* Aguachar, enaguar.

enaguazar *tr.-prnl.* Aguacharnar, encharcar.

enajenar *tr.* Vender, traspasar. ≠ Retener. ► **2** *tr.-prnl.* Transportar, extasiar, encantar. **3** Perturbarse, enloquecer. ≠ Tranquilizar. **4** Estar fuera de sí, papar moscas, ver visiones, helársele el corazón.

enálage *f.* Traslación.

enalbardar *tr.* Albardar. **2** fig. Rebozar.

enaltecer *tr.* Ensalzar, exaltar, elevar, honrar, engrandecer, relevar, realzar, ilustrar. ≠ Humillar, hundir. **2** Elogiar, alabar, encomiar.

enaltecimiento *m.* Elogio*, alabanza, exaltación.

enamorar *tr.* Galantear, requebrar, cortejar, hacer la corte. ≠ Desenamorar, desencantar. ► **2** *prnl.* Aficionarse, inclinarse, encariñarse, prendarse, engolosinarse.

enamoricarse *prnl.* irón. Engolondrinarse, enamoriscarse.

enano, -na *adj.* Diminuto, pequeñísimo. ≠ Gigante, alto. ► **2** *s.* Pigmeo, liliputiense, gorgojo, petizo (Argent.), chaparro (Méx.). ≠ Gigante.

enarbolar *tr.* MAR. Arbolar, izar.

enardecer *tr.* fig. Inflamar, excitar, avivar, entusiasmar. ≠ Serenar, desanimar. ► **2** *prnl.* Abrasarse, encenderse, acalorarse. **3** Derretirse, enamorarse.

encadenamiento *m.* Prisión. **2** Conexión, trabazón, enlace, relación, unión, concatenación, eslabonamiento, engarce.

encadenar *tr.-prnl.* Aprisionar. ≠ Libertar, liberar. **2** Inmovilizar, sujetar, atar. ≠ Soltar, liberar, desatar. **3** fig. Avasallar, esclavizar. ≠ Libertar. **4** Trabar, enlazar, unir, eslabonar, engarzar, relacionar.

encajar *tr.-prnl.* Ajustar, embutir, engastar, meter*. ≠ Desencajar, desarticular. **2** Dar, arrojar, tirar, soltar. **3** Endilgar, endosar.

encaladura *f.* Encostradura.

encalar *tr.* Blanquear, enjalbegar.

encallar *intr.* Varar. **2** fig. Atascarse, detenerse.

encaminar *tr.-prnl.* Dirigir, guiar*, orientar. ≠ Desencaminar, desorientar. **2** Enderezar, encarrilar, encauzar. ≠ Desencaminar, desorientar. **3** Marchar. ≠ Llegar.

encandilar *tr.* Deslumbrar, cegar. **2** fig. Alucinar, ilusionar, seducir.

encanillar *tr.* Encañar, encañonar.

encantador, -ra *adj.* Cautivador, atrayente, seductor. **2** Precioso, hermoso, bello. ≠ Feo (fig.). **3** Ameno, grato, agradable, deleitable, placentero, entretenido, divertido, delicioso, deleitoso, apacible. ► **4** *s.* Hechicero*, brujo, mago.

encantar *tr.-prnl.* Hadar, hechizar, embrujar. ≠ Desencantar. **2** fig. Embelesar, cautivar, seducir, atraer*, sugestionar, fascinar, complacer, deleitar. ≠ Desencantar, repeler, aburrir. ► **3** *prnl.* Enajenarse, transportarse, extasiarse.

encanto *m.* Encantamiento, hechizo, embrujamiento, sortilegio. **2** Embeleso, seducción, fascinación. **3** Deleite, gusto, agrado, placer, delicia. ≠ Aburrimiento, infelicidad, dolor. **4** Gracia, garbo, donaire, sal, salero, ángel, atractivo. ≠ Desgarbo.

encapotarse *prnl.* Nublarse, oscurecerse, anubarrarse, aborrascarse*. ≠ Descubrirse, despejarse, desencapotarse.

encaramar *tr.-prnl.* Levantar, subir, trepar. ▮ En su uso prnl., *trepar*. ≠ Bajar, agachar. ► **2** *tr.* fig. Alabar, encarecer, ensalzar. **3** Elevar, engrandecer, encumbrar, trepar. ▮ *Encaramar*(se) tiene cierto sabor despectivo, y se aplica al que asciende a puestos o cargos superiores a su merecimiento. En el mismo sentido se usa *trepar*.

encarar *tr.* Afrontar, hacer frente, enfrentar. **2** Apuntar, dirigir. ▮ Tratándose de armas de fuego.

encarcelar *tr.* Aprisionar, enchiquerar, enchironar, enjaular. ▮ Los tres últimos son de uso familiar o vulgar.

encarecer *tr.* Subir, alzar, exagerar*, abultar, aumentar, poner por las nubes. ≠ Abaratar, rebajar, bajar. **2** fig. Encaramar, alabar*, ensalzar, ponderar. ≠ Denigrar.

encarecimiento *m.* Subida, alza, carestía. ≠ Abaratamiento. **2** Instancia, empeño, insistencia. **3** Exageración*, ponderación. ≠ Denigración.

encargar *tr.* Confiar, encomendar, cometer, someter. ≠ Renunciar. ▮ *Confiar* supone cierta actitud amable o afectiva hacia el que recibe el encargo. *Encomendar* y *encargar* aluden al hecho objetivo: el primero es voz más selecta, y más aún *cometer*; este y *someter* se aplican con preferencia tratándose de un informe pericial, dictamen, etc. Comparar los matices de: *confiar, encomendar, encargar, cometer* y *someter* la dirección de una sucursal. **2** Recomendar, prevenir. ≠ Desaconsejar. **3** Pedir, hacer un pedido.

encargo *m.* Encomienda, encomendamiento, recado, cometido. **2** Pedido. ▮ En el comercio.

encariñarse *prnl.* Aficionarse, prendarse, enamorarse.

encarnado, -da *adj.* Colorado, rojo.

encarnadura *f.* Carnadura.

encarnizado, -da *adj.* Encendido, ensangrentado. **2** Reñido, sangriento, cruento, porfiado.

encarnizamiento *m.* Crueldad, ferocidad, ensañamiento*.

encarnizarse *prnl.* Cebarse. **2** fig. Encruelecerse, ensañarse, enfurecerse.

encarrilar *tr.* Encaminar, dirigir, guiar, enderezar, encauzar.

encartar *tr.* Procesar, encausar, empapelar (fam.).

encastillarse *prnl.* fig. Obstinarse, empeñarse, emperrarse, cerrarse a la banda.

encausar *tr.* Procesar, encartar, empapelar (fam.).

encauzar *tr.* fig. Encaminar, dirigir, guiar, encarrilar, enderezar.

encebadamiento *m.* Enfosado.

encéfalo *m.* Masa encefálica, meollo, (sesos), sesera, sesada. ▮ *Encéfalo* es científico, lo mismo que *masa encefálica*. En el habla corriente, *meollo, seso* o *sesos, sesera*; tratándose de un animal, *sesada*.

encella *f.* Formaje, molde.

encendedor, -ra *adj.-s.* Mechero. ▮ Este se refiere a un *encendedor* mecánico.

encender *tr.* Incendiar, inflamar. ≠ Apagar. ▮ *Incendiar* es causar el *incendio* de una cosa no destinada a arder; se *enciende* la lumbre, una luz; el rayo *incendia*, no *enciende*, el bosque. *Inflamar* es *encender* lo que produce llama, o bien un combustible que arde con gran facilidad, como el gas, el alcohol. *Inflamar* no se usa en el sentido de *encender* voluntariamente algo. En los motores de combustión interna se dice que la chispa eléctrica *enciende* o *inflama* la gasolina. **2** Activar, conectar, enchufar. **3** fig. Excitar, enardecer, entusiasmar. ≠ Tranquilizar. ► **4** *prnl.* Ruborizarse, enrojecer, sonrojarse.

encerado *m.* Pizarra, pizarrón (Amér.).

encerrar *tr.-prnl.* Aprisionar, recluir. ≠ Libertar, sacar. **2** fig. Incluir, contener*, comprender, abarcar. ► **3** *tr.* MED. Hospitalizar, internar.

encerrona *f.* Celada, emboscada.

encharcar *tr.-prnl.* Aguzar, enaguazar, enaguachar, empantanar, anegar*, ahogar, inundar, sumergir.

enchufar *tr.-intr.* (un aparato) Conectar, encender, activar. ► **2** *tr.* (a una persona) Recomendar, favorecer.

encierro *m.* Reclusión, prisión, calabozo, celda. **2** Retiro, clausura, recogimiento, apartamiento. **3** Toril, chiquero, encerradero.

encima *adv. l.* Sobre. ≠ Debajo, bajo. ▮ «Usanse indistintamente para explicar la situación, o el lugar que ocupa una cosa respecto de otra, como cuando decimos: está *encima* de la mesa, ha quedado *sobre* la mesa... El adverbio *encima* explica solamente la situación local de un cuerpo respecto del que se halla debajo de él. La preposición *sobre* representa, no sólo la situación, sino también, y más propiamente, la gravitación que ejerce un cuerpo sobre otro. Y no es extraño que lo confunda el uso, porque el cuerpo que está *encima* gravita naturalmente *sobre* el que está debajo... En lugar de ponerlo debajo, lo puso *encima*. Se descubre la torre por encima de la montaña. Se ve el sol por encima del tejado. En estos casos en que sólo se trata de una situación local, no se podría emplear la preposición *sobre* con la misma propiedad que en los siguientes, en que se considera al cuerpo con relación determinada a su gravitación: yo estaba *sobre* un pie; la casa está fabricada *sobre* buenos cimientos; se apoya *sobre* una mesa; reposa *sobre* el duro suelo. De aquí es que los físicos dicen que un cuerpo pesa, gravita, ejerce su atracción o su impulso *sobre* otro, y no *encima* de otro. Según este mismo principio, se distinguen claramente dos ideas diferentes en estas dos proposiciones: daban golpes *encima* de mi cabeza; daban golpes *sobre* mi cabeza. Con la primera supongo que los golpes se daban en un paraje más elevado, y que correspondía perpendicularmente a mi cabeza, o en la habitación que estaba *sobre* la mía. Con la segunda doy a entender que yo recibía los golpes en la cabeza misma. Por esto se dice también en el sentido moral: *sobre* mi conciencia, *sobre* mi honor, *sobre* mi palabra... y no se puede decir *encima* de mi honor o mi conciencia.» (M) ► **2** *adv. c.* Además. **3 Encima de** *loc. prep.* A más de, tras de, además de, ultra (lit.), fuera de, aparte de.

encintado *m.* Bordillo.

enclenque *adj.* Enfermizo, canijo, débil*, raquítico, enteco. ≠ Sano, fuerte.

enclocar *intr.-prnl.* Enllocar.

encobar *tr.* Incubar (culto o científ.), empollar.

encocorar *tr.* Molestar, fastidiar, enfadar, enojar.

encoger *tr.-prnl.* Contraer. ► **2** *prnl.* Apocarse, acobardarse. ≠ Envalentonarse.

encogimiento *m.* Contracción, constricción (TECNOL.). **2** fig. Apocamiento, cortedad, timidez, empacho, vergüenza*.

encolerizar *tr.-prnl.* Enojar, irritar, enfurecer, sulfurar, exacerbar, emberrenchinarse.

encomendar *tr.* Encargar*, confiar.

encomiar *tr.* Alabar*, encarecer, loar, elogiar, enaltecer. ≠ Denostar.

encomienda *f.* Encargo, recado. → **encomiendas**

encomiendas *f. pl.* Recuerdos, memorias. → **encomienda**

encomio *m.* Alabanza, elogio*, encarecimiento, bombo*, apología*.

enconar *tr.-prnl.* Irritar, inflamar, infectar, envenenar. ≠ Sanar, desinfectar. **2** fig. Exasperar. ≠ Reconciliar.

encono *m.* Animadversión, resentimiento, malquerencia, rencor, aborrecimiento, saña, odio*, antipatía, aversión, repulsión, inquina. ≠ Amor, benevolencia, simpatía.

encontradizo, -za *adj.* Topadizo.

encontrado, -da *adj.* Opuesto, contrario, antitético, contradictorio.

encontrar *tr.-prnl.* Hallar, acertar, topar, dar con, descubrir*. ≠ Perder. ▮ *Topar* y *dar con* suponen un encuentro inopinado, imprevisto o casual. ► **2** *prnl.* Tropezar, chocar, topar. **3** Oponerse, enemistarse, discordar, desavenirse. **4** Convenir, concordar. ≠ Discrepar.

encontrón *m.* Tronazo, choque, colisión, topada, topetazo, trompada, encontronazo.

encopetado, -da *adj.* Empingorotado, ensoberbecido, engreído.

encorajinarse *prnl.* Enfadarse, irritarse, encolerizarse, sulfurarse, emberrenchinarse. ▮ El femenino *corajina* tiene matiz irónico y significa 'arrebato de ira'. Estas connotaciones se hallan también en el verbo *encorajinarse*, y por esto su sentido está muy próximo a *emberrenchinarse*, *sulfurarse*. Los tres sugieren arrebato de ira acompañado de gestos y voces.

encorar *tr.* Encorecer.

encorvadura *f.* Curvatura*, alabeo, corvadura.

encorvar *tr.* Corvar, recorvar, curvar, arquear, torcer, acombar.

encrasar *tr.* Engrasar, abonar.

encrespar *tr.-prnl.* Ensortijar, rizar, engrifar, enmarañar, enredar, desgreñar. **2** fig. Enfurecer, irritar, embravecer.

encrucijada *f.* Crucero, cruzado, cruce. ▮ Los dos primeros son menos usados que *encrucijada*. En Méx. *crucero* es la voz preferida.

encubridor, -ra *adj.-s.* Capa (fam.), tapadera (fam.), alcahuete. ▮ El último, tratándose de amoríos.

encubrir *tr.-prnl.* Ocultar*, recatar, esconder, solapar, disimular, tapar, reservar, desfigurar, disfrazar, falsear, fingir, dorar, paliar. ≠ Descubrir, delatar.

encuentro *m.* Coincidencia. **2** Hallazgo. **3** Colisión, choque, topada, topetazo. **4** MIL. Choque, refriega. **5** DEP. Partido, contienda, match (anglic.).

encuesta *f.* Averiguación, indagación, pesquisa. **2** Sondeo.

encuitarse *prnl.* Acuitarse, desasosegarse, afligirse, apesadumbrarse.

encumbrar *tr.-prnl.* Levantar, alzar, elevar, erguir, encaramar*. ≠ Caerse. **2** fig. Enaltecer, ensalzar, engrandecer. ≠ Desprestigiar. ► **3** *prnl.* Envanecerse, engreírse, ensoberbecerse. ≠ Desprestigiar.

endeble *adj.* Débil, flojo. ≠ Fuerte, duro.

endemoniado, -da *adj.-s.* Demoníaco, energúmeno, poseso. **2** Perverso, nocivo, endiablado. ▮ *Endemoniado* se usa con carácter intensivo gral., de aplicación muy extensa, lo mismo que *endiablado*: un peso *endiablado*, velocidad *endiablada*, lección *endiablada*.

endemoniar *tr.* Espiritar. ► **2** *prnl.* fig. Irritarse, encolerizarse, darse a los demonios.

endentar *tr.* Encastrar, engargantar, engranar, encajar. ▮ Los dos últimos son los más usuales.

endentecer *intr.* Dentar.

enderezar *tr.-prnl.* Destorcer. **2** Erguir, plantar, alzar, levantar. ≠ Encoger. **3** Encaminar, dirigir, guiar, encarrilar, encauzar. ≠ Desencaminar, desistir.

endeudarse *prnl.* Empeñarse, entramparse.

endiablado, -da *adj.* Endemoniado*.

endilgar *tr.* Encajar, endosar.

endiosar *tr.* Deificar, divinizar. ► **2** *prnl.* fig. Ensorberbecerse, engreírse, envanecerse.

endomingado, -da *adj.* Dominguero.

endosar *tr.* fig. Endilgar, encajar.

endrina *f.* Amargaleja, andrina.

endrino *m.* Andrino (p. us.), asarero.

endulzar *tr.* Dulcificar, edulcorar (FARM.). **2** fig. Suavizar, mitigar, atenuar, sosegar, calmar, aliviar*.

endurecer *tr.* Indurar. **2** Robustecer, fortalecer. ≠ Ablandar, debilitar.

endurecido, -da *adj.* Empedernido. **2** MED. Concreto, solidificado.

endurecimiento *m.* Callosidad, dureza, induración. **2** fig. Dureza, obstinación, tenacidad. **3** Crueldad.

enebral *m.* Nebreda.

enebro *m.* Cada, junípero.

enema *m.* Ayuda, lavativa.

enemiga *f.* Enemistad*, inquina, malquerencia, mala voluntad, odio.

enemigo *m.* Diablo, demonio.

enemigo, -ga *adj.-s.* Contrario, adversario. **2** Opuesto, refractario, hostil.

enemistad *f.* Aversión, malquerencia, odio, rencor, hostilidad, oposición, enemiga, mala voluntad, rivalidad. ▮ «La *enemistad* se funda en el odio; el *rencor* es el deseo de venganza. La *enemistad* es más franca y más abierta que el *rencor*; en éste entra la idea de la concentración y del disimulo. La *enemistad* puede ser un estado pasivo; el *rencor* obra cuando halla ocasión favorable.» (M).

enemistar *tr.-prnl.* Malquistar, indisponer, encizañar, desavenir, discordar. ≠ Amistar, reconciliar.

energía *f.* Fuerza, potencia, poder. ≠ Debilidad. **2** Eficacia, actividad, dinamismo. ≠ Pasividad. **3** Vigor*, fibra, fortaleza, ánimo*. ≠ Debilidad. **4** Tesón, firmeza, voluntad. ≠ Debilidad.

enérgico, -ca *adj.* Eficaz, activo, poderoso. **2** Vigoroso*, fuerte. **3** Tenaz, tesonero, firme.

energúmeno, -na *s.* Endemoniado, poseso. **2** fig. Furioso, alborotado, enfurecido.

enervar *tr.* Debilitar, embotar. ≠ Fortalecer, avivar.

enfadar *tr.-prnl.* Enojar, irritar, fastidiar, incomodar, amoscar, disgustar*, desagradar, desazonar, molestar, contrariar, ofender, picar, heder (fig.). ≠ Amistar, distraer, congraciar, avenir, agradar.

enfado *m.* Desagrado, molestia, fastidio. **2** Enojo, ira, berrinche*. **3** Afán, trabajo.

enfadoso, -sa *adj.* Desagradable*, pesado, cansado, engorroso, fastidioso, molesto, enojoso.

enfático, -ca *adj.* GRAM. Expletivo, insistente. **2** Afectado, altisonante, petulante, engolado. ≠ Natural, sencillo.

enfermedad *f.* Mal, dolencia, morbo, padecimiento, achaque, indisposición*, destemple, afección, afecto. ≠ Salud. ▮ *Mal* es el nombre más popular. *Dolencia* es voz docta, de significación atenuativa, más o menos generalizada en el habla corriente según los países. *Morbo* es técnico o culto. *Padecimiento* sugiere el dolor físico. *Achaque* tiene carácter habitual o crónico. *Indisposición* y *destemple* son alteraciones ligeras de la salud. *Afección* se emplea siempre con un determinativo que la localiza: *afección* laríngea, cardíaca.

enfermizo, -za *adj.* Achacoso, enteco, enclenque, valetudinario, débil*. 2 Malsano, morboso.

enfermo, -ma *adj.-s.* Malo, doliente, paciente, achacoso, indispuesto, destemplado. ▮ *Malo* en esta acepción solo se usa con el verbo 'estar' y no puede sustantivarse: *estoy malo*. Los matices diferenciales entre el resto de sinónimos son iguales a los explicados en el art. *enfermedad*.

enflaquecer *intr.-tr.* Adelgazar, desengrosar, enmagrecer. ≠ Engordar. 2 Debilitar, enervar. ► 3 *intr.-prnl.* Desmayar, flaquear, flojear.

enfosado *m.* Encebadamiento.

enfrente *adv. l.* Delante, frente a, frontero. ► 2 *adv. m.* En contra, en pugna.

enfriar *intr.,tr.-prnl.* Resfriar, refrescar, refrigerar*. ≠ Acalorar, calentar. 2 fig. Entibiar, amortiguar. ► 3 *prnl.* Resfriarse, acatarrarse.

enfundar *tr.* Encamisar.

enfurecer *tr.-prnl.* Irritar, enojar, sulfurar, encolerizar, exasperar. ► 2 *prnl.* Alborotarse, alterarse, encresparse.

enfurtir *tr.* Infurtir, abatanar. 2 Apelmazar.

engaitar *tr.* Engatusar, engañar.

engalanar *tr.* Adornar, ataviar, hermosear, acicalar, componer*.

engallado, -da *adj.* Erguido, derecho, arrogante.

enganchar *tr.* Agarrar. 2 fig. Atraer, seducir. 3 Alistar, reclutar, sentar plaza (MIL.). ▮ En su uso prnl. *sentar plaza*.

engañador, -ra *adj.* Engañoso, mentiroso, impostor, falaz, artero, embustero, embaucador, delusor. ≠ Sincero, franco, verdadero. ▮ El que engaña con apariencia de verdad, *impostor*; se dice solo de personas.

engañar *tr.* Seducir, atraer, inducir, ilusionar, engatusar, engaitar, atrapar*. ≠ Desengañar. ▮ Cuando se *engaña* con halagos, úsanse los dos últimos sinónimos. 2 Mentir, deludir (lit.) y p. us., burlar. 3 Entretener, distraer. ► 4 *prnl.* Equivocarse, confundirse, errar.

engaño *m.* Mentira, falsedad, fraude, superchería, farsa, engañifa (fam.), engañifla (vulg.), bola*, embuste*. ≠ Verdad, realidad. 2 Error, equivocación.

engañoso, -sa *adj.* Mentiroso, falaz, ilusorio, aparente, delusorio, delusivo. ▮ Los dos últimos son aplicables solo a cosas; *falaz, engañoso, mentiroso* a personas y cosas.

engarce *m.* Engace, encadenamiento, eslabonamiento. 2 Engaste.

engarzar *tr.* Trabar, encadenar, eslabonar, engazar. 2 Engastar.

engastador, -ra *adj.-s.* Enjoyelador.

engastar *tr.* Encajar, embutir.

engaste *m.* Montadura, guarnición.

engatusar *tr.* Encantusar, encatusar, engaitar, engatar, engañar. ▮ Todos ellos son menos usados que *engatusar*.

engendrar *tr.* Procrear. 2 Generar, originar, ocasionar, causar, producir.

englobar *tr.* Incluir, comprender, encerrar, reunir.

engolado, -da *adj.* Enfático, altisonante, presuntuoso, petulante, afectado.

engolfarse *prnl.* Enfrascarse, absorberse, concentrarse.

engolosinar *tr.* Cebar, atraer, incitar, estimular. ► 2 *prnl.* Arregostarse, regostarse, aficionarse, tomar gusto.

engorde *m.* Ceba, recría.

engorro *m.* Estorbo, embarazo, impedimento, molestia.

engrandecer *tr.* Aumentar, acrecentar, ampliar, agrandar*. 2 Realzar, elevar, enaltecer, encaramar*. 3 Alabar, elogiar, exagerar, ponderar.

engrasar *tr.* Encrasar, abonar. 2 Untar*, lubricar, lubrificar.

engreírse *prnl.* Ahuecarse, hincharse, soplarse, infatuarse, ufanarse, envanecerse, inflarse, ensoberbecerse, engallarse, vanagloriarse, jactarse, preciarse. ≠ Humillarse, rebajarse.

engrescar *tr.* Excitar, enzarzar, enredar.

engrosar *tr.* Aumentar, engordar, engruesar.

engullir *tr.* Tragar, chascar, ingurgitar, devorar, embocar, embaular, comer. ≠ Ayunar.

enhiesto, -ta *adj.* Erguido, levantado, derecho, inhiesto (p. us.).

enhorabuena *f.* Norabuena, felicitación, parabién, pláceme.

enhoramala *adv. m.* Noramala, nora tal.

enhornar *tr.* Ahornar.

enigma *m.* Adivinanza, adivinaja (rúst.), quisicosa, acertijo. ▌ *Adivinanza, adivinaja* y *quisicosa* tienen carácter popular y pertenecen a la tradición oral. Son enunciados que hay que descifrar. El *acertijo* puede ser oral, gráfico o consistir en un objeto cuyas manipulaciones hay que atinar. *Enigma* es culto: las palabras que lo componen tienen significado oscuro, anfibológico, simbólico. **2** Misterio, arcano.

enigmático, -ca *adj.* Misterioso, oscuro, secreto, incomprensible, arcano, inexplicable. ≠ Comprensible, claro, incomplejo.

enjalbegar *tr.* Blanquear, encalar.

enjuague *m.* fig. Chanchullo, gatuperio, pastel, componenda.

enjugar *tr.* Secar*, sanear. ▌ *Secar* en general; hablando de tierras demasiado empapadas, *sanear.* **2** Cancelar, extinguir. ▌ Tratando de una deuda o déficit. ► **3** *prnl.* Adelgazar, enflaquecer.

enjuiciamiento *m.* DER. Instrucción.

enjuiciar *tr.* DER. Encausar, procesar.

enjundia *f.* Gordura, grasa, unto, injundia. **2** fig. Sustancia, meollo.

enjuta *f.* ARQ. Sobaco, embecadura. **2** Pechina.

enjuto, -ta *adj.* Delgado, seco, flaco, cenceño.

enlace *m.* Unión, conexión, trabazón, relación*, encadenamiento, coherencia*. ≠ Desenlace, desunión, desarticulación. **2** Matrimonio*, casamiento*, boda, nupcias. **3** Link (anglic.), vínculo.

enlazar *tr.-prnl.* Juntar*, trabar, atar. ≠ Desenlazar. **2** Unir, relacionar, encadenar, entroncar, empalmar. ≠ Desunir, divorciar.

enlucir *tr.* Guarnecer. ▌ Tratándose de las paredes exteriores del edificio.

enmallarse *prnl.* Mallar.

enmarañar *tr.-prnl.* Enredar, desgreñar, encrespar. ≠ Desenredar, desenmarañar. ▌ Tratándose del cabello, se utilizan los dos últimos. **2** fig. Confundir, embrollar, revolver. ≠ Desenredar.

enmascarar *tr.* fig. Encubrir, disfrazar, disimular, ocultar.

enmendar *tr.-prnl.* Corregir, reparar*, rectificar, resarcir, subsanar, indemnizar, satisfacer. ≠ Perseverar. ▌ Tratándose de defectos, faltas o errores, se utilizan los tres primeros. Tratándose de daños, el resto de sinónimos.

enmohecer *tr.* Florecer, mohecer.

enmudecer *intr.* Callar, guardar silencio.

ennegrecer *tr.-prnl.* Denegrecer, denegrir, negrecer. ≠ Blanquear. **2** Oscurecer, nublarse, encapotarse. ≠ Aclararse, despejarse, desencapotarse.

enojar *tr.-prnl.* Desazonar, molestar, fastidiar, enfadar, descontentar, irritar, encolerizar, ensañar, exacerbar, enfurecer, exasperar, sacar de quicio, amoscar. ≠ Apaciguar, agradar, tranquilizar. **2** Amér. Incomodar.

enojo *m.* Enfado. ▌ «El *enfado* puede provenir de cosas inanimadas, como el ruido y la inclemencia de las estaciones; el *enojo* procede siempre de acciones humanas.» (M). **2** Ira, indignación, irritación, coraje. **3** Molestia, pena, trabajo.

enólogo, -ga *adj.-s.* Catador, mojón, catavinos. ▌ La técnica del *enólogo* es científica; la del *catador, mojón* o *catavinos*, es empírica y basada pralte. en el aroma y sabor de los vinos y sus mezclas.

enorme *adj.* Desmedido, desmesurado, descomunal, excesivo, colosal, brutal*, bestial, formidable, garrafal, monumental, exorbitante, sumo. ≠ Mínimo, ínfimo, pequeño, minúsculo, baladí. ▌ Para el empleo de enorme en la lengua hablada con carácter intensivo general, véase el comentario a *brutal.* ▌ «Lo *enorme* es lo demasiado grande, sin relación fija a un tipo determinado. Lo *desmedido* es lo demasiado grande en comparación del tamaño ordinario de las cosas de la misma especie. *Excesivo* es lo que peca y ofende por exceder sus límites naturales. Comúnmente se aplica lo *enorme* (y *colosal*) a las masas; lo *desmedido* (y *desmesurado*) a la extensión, y lo *excesivo* a la cantidad. Las pirámides de Egipto son *enormes* (o *colosales*). Decimos del desierto de Sahara que es una llanura *desmedida* (*desmesurada*). El avaro se queja del precio *excesivo* de los mercados.» (M).

enormidad *f.* fig. Despropósito, desatino, atrocidad, barbaridad. ≠ Carencia, pequeñez.

enraizar *intr.* Arraigar.

enramada *f.* Ramada.

enranciar *tr.-prnl.* Arranciar, granciar.

enrarecer *tr.* Rarefacer (TECN.), rarificar.

enrarecimiento *m.* Rarefacción.

enredadera *f.* Convólvulo.

enredador, -ra *adj.* Revoltoso, travieso. **2** Chismoso, embustero, lioso, trapisondista, embrollón.

enredo *m.* Maraña, trama, embrollo. **2** Travesura, inquietud. **3** Mentira, chisme, embuste, lío, intriga. **4** Trama, intriga. ▮ En el poema épico, el teatro y la novela.

enrejado *m.* Enverjado.

enrevesado, -da *adj.* Revesado, enredado, enmarañado, intrincado, confuso. **2** fig. Difícil*, dificultoso, arduo, trabajoso, penoso, embarazado, complicado.

enriquecer *tr.* fig. Adornar, avalorar, engrandecer. ► **2** *intr.-prnl.* Prosperar, progresar, florecer.

enriscado, -da *adj.* Riscoso, peñascoso, escabroso.

enrollar *tr.* Arrollar. ≠ Desenrollar.

ensalzar *tr.-prnl.* Exaltar, engrandecer, enaltecer, glorificar. **2** Alabar, elogiar, ponderar, encomiar. ≠ Humillar, insultar.

ensanchar *tr.* Enanchar (fam.), extender, dilatar, ampliar*, acrecentar, aumentar, acrecer, agrandar*, engrandecer. ≠ Encoger, disminuir, menguar, angostar, estrechar. ► **2** *prnl.* Envanecerse, engreírse, hincharse.

ensañamiento *m.* Crueldad, ferocidad, saña, encarnizamiento, refinamiento. ▮ Los tres primeros sinónimos se utilizan en general. Cuando denota insistencia y deleite en causar daño, se usan los dos últimos sinónimos.

ensañar *tr.* Enfurecer, irritar. ► **2** *prnl.* Encarnizarse, cebarse.

ensarmentar *tr.* Acodar.

ensartar *tr.* Enhilar, enfilar. **2** Amér. Enhebrar. **3** Atravesar, espetar.

ensayar *tr.* Probar, reconocer, experimentar. **2** Adiestrar, amaestrar, ejercitar. **3** Intentar, tratar, procurar.

ensayo *m.* Prueba, experimento, reconocimiento, test (anglic.). **2** Adiestramiento, ejercicio. **3** Tentativa, intento.

ensenada *f.* Rada, bahía, tablazo, abra.

enseña *f.* Insignia, estandarte, bandera.

enseñanza *f.* Educación, instrucción, doctrina. **2** Advertencia*, ejemplo.

enseñar *tr.* Doctrinar, adoctrinar, aleccionar, adiestrar, amaestrar*, instruir, educar. ▮ *Doctrinar* es hoy anticuado; *adoctrinar* y *aleccionar* se usan en el sentido de advertir o dar instrucciones a uno sobre lo que debe hacer o decir en una ocasión determinada; *adiestrar* es ejercitar en un trabajo manual o en un deporte, movimiento del cuerpo, etc.; *amaestrar* puede coincidir con *adiestrar*, pero en su empleo moderno significa pralte. domar animales o ejercitarlos para que hagan determinados movimientos a voluntad del domador. Todos estos verbos se usaron en la lengua clásica con el significado de transmitir conocimientos, ciencias, etc., pero en la lengua moderna es rara esta acepción. *Instruir* se refiere a lo intelectual; significa también dar advertencias, informes o indicaciones para un acto determinado o como norma gral. de conducta. *Enseñar* es el uso más extenso, y su significación abarca la de todos estos sinónimos. → **educación** **2** Mostrar, exhibir, exponer. ► **3** *prnl.* Habituarse, acostumbrarse, ejercitarse.

enseñorearse *prnl.* Adueñarse, apoderarse, apropiarse, posesionarse. **2** Dominar, avasallar, sujetar.

enseres *m. pl.* Muebles, utensilios, útiles, instrumentos, bártulos, trebejos. ▮ *Enseres* comprende a todos estos sinónimos y adquiere el sentido particular de cada uno de ellos según el contexto y la situación.

ensimismarse *prnl.* Abstraerse, reconcentrarse, absorberse.

ensombrecer *tr.* Oscurecer, dar sombra. ≠ Aclarar. ► **2** *prnl.* fig. Entristecerse. ≠ Animarse.

ensoñar *tr.* Soñar, trasoñar, soñar despierto.

ensopar *tr.* Sopear, sopetear. ▮ Este último tiene sentido frecuentativo. ► **2** *tr.-prnl.* Amér. Empapar, poner hecho una sopa.

ensortijar *tr.* Rizar, enrizar, retortijar.

ensuciar *tr.* Manchar, emporcar, impurificar, enturbiar. ≠ Limpiar. ▮ El último sinónimo, tratándose de aguas u otros líquidos. **2** fig. Deslustrar, deslucir, enlodar. ≠ Limpiar. ► **3** *prnl.* Defecar, evacuar. ▮ *Ensuciarse* se usa como eufemismo.

ensueño *m.* Ensoñación, sueño. **2** Ilusión, fantasía.

entablado *m.* Entarimado. **2** Tablado, tillado.

entablar *tr.* Disponer, preparar, emprender. ▮ «*Entablar* significa una acción menos eficaz que *emprender*. Antes de *emprender*, se *entablan* los preparativos de la empresa; las negociaciones se *entablan* antes de *emprender* una guerra.» (M). **2** Trabar, comenzar. ▮ En el mismo orden de ideas, y avanzando desde la preparación a la acción, *entablar* equivale asimismo a *comenzar*, *trabar*; p. ej.; una batalla, un debate.

entalamadura *f.* Toldo.

entallar ¹ *tr.* Tallar, esculpir, grabar.

entallar ² *tr.* Ajustar, ceñir. ▮ Tratándose de vestidos, *ajustar*; *ceñir* se refiere a la cintura.

entallecer *intr.-prnl.* Tallecer, guiar.

entarquinar *tr.* Enlegamar.

ente *m.* FIL. Ser.

enteco, -ca *adj.* Enfermizo, débil, flaco, enclenque, canijo, esmirriado.

entenado, -da *s.* Hijastro, antenado, alnado (antic.).

entender *tr.* Comprender. ≠ Ignorar, desconocer. ▮ En general, *entender* está más cerca de la percepción; y *comprender*, de la razón. **2** Deducir, inferir, pensar, juzgar, creer.

entendido, -da *adj.* Sabio, docto, perito, experto, diestro, hábil, especialista.

entendimiento *m.* Inteligencia, intelecto. **2** Talento*, capacidad, mente*, entendederas, meollo, cabeza. ▮ Los tres últimos sinónimos pertenecen al habla popular.

enterado, -da *adj.* Instruido, informado, sabedor, noticioso, impuesto.

enteramente *adv. m.* Cabalmente, totalmente, íntegramente, completamente, por entero.

enterar *tr.* Informar, instruir, imponer, noticiar, hacer saber. ≠ Ignorar.

entereza *f.* Integridad, perfección. **2** fig. Fortaleza, firmeza, carácter, rectitud. ≠ Debilidad. **3** Severidad, inflexibilidad. ≠ Debilidad, pusilanimidad.

enternecer *tr.* Ablandar. **2** Emocionar*, conmover, afectar.

entero, -ra *adj.* Completo, cabal, íntegro, cumplido, exacto. **2** Recto, justo, firme, enérgico. **3** Sano, fuerte, robusto. **4 Por entero** *loc. adv.* Enteramente, cabalmente, totalmente, íntegramente, completamente.

enterramiento *m.* Entierro, sepelio, inhumación. **2** Sepulcro, sepultura, tumba*.

enterrar *tr.* Inhumar, sepultar, soterrar. ≠ Desenterrar, exhumar. ▮ *Inhumar*, si se trata de un cadáver; los dos últimos pueden aplicarse a las cosas. ▮ «La diferencia (...) entre *enterrar* y *desenterrar*, *inhumar* y *exhumar*, consiste en que se *entierra* y *desentierra* todo lo que se esconde o saca de la tierra, para que esté y permanezca oculto (...); mas *inhumación* y *exhumación* sólo corresponde a los cadáveres humanos y a las ceremonias con que esto se verifica. Se *entierran* y *desentierran* tesoros, cosas preciosas, todo cuerpo muerto. Se *desentierran* monumentos antiguos que la tierra ocultaba en su seno; se *desentierra* un cadáver humano malamente cubierto de tierra para *inhumarlo*, o darle sepultura sagrada.» (O). **2** fig. Arrinconar, relegar, olvidar.

entibación *f.* MIN. Enmaderación.

entidad *f.* Consideración, importancia, valor, sustancia. **2** Colectividad, corporación*, sociedad*.

entierro *m.* Enterramiento, inhumación, sepelio. ≠ Exhumación, desentierro. ▮ *Inhumación* y *sepelio* son voces escogidas, de cierta solemnidad, tratándose de un cadáver. Tratándose de cosas no se emplea *sepelio*. **2** Sepelio, conducción del cadáver. ▮ Refiriéndose al cadáver y a su acompañamiento.

entoldar *tr.* Toldar. **2** fig. Engreírse, envanecerse.

entonar *tr.* Tonificar, robustecer, vigorizar. ≠ Debilitar. ► **2** *prnl.* Envanecerse, engreírse.

entonces *adv. t.* A la sazón. ► **2** *adv. m.* En tal caso, siendo así.

entontecer *intr.-tr.* Atontar.

entorpecer *tr.* Turbar, oscurecer, embotar, atontar. **2** Estorbar, dificultar, obstaculizar, embarazar, retardar, impedir.

entorpecimiento *m.* Turbación, embotamiento, atontamiento. **2** Estorbo, rémora, obstáculo, dificultad, embarazo, retraso, impedimento, demora, dilación, retardo.

entrada *f.* Ingreso. ▌Es la acción de *ingresar* o entrar en una sociedad, corporación, establecimiento docente, etc. **2** Ingreso. ▌Este es la cantidad que se percibe: libro de *entradas* y *salidas*, o de *ingresos* y *gastos*. **3** Acceso, paso, puerta. **4** Billete, boleto (antic.) y Amér. **5** Principio, comienzo.

entramparse *prnl.* Empeñarse, endeudarse.

entraña *f.* Víscera. **2** fig. Centro, interior, profundidad. **3 Arrancársele las entrañas** *loc.* Apiadarse, compadecerse, condolerse, dolerse, tener misericordia, tener compasión, rezumar caridad. ≠ Ensañarse.

entrañable *adj.* Profundo, intimo, cordial.

entrar *intr.-tr.* Penetrar, meterse, introducirse. ≠ Salir. → **adentrarse** **2** Encajar, ajustar, caber. **3** Desembocar, afluir, desaguar. **4** Ingresar, acceder, pasar. ≠ Salir. **5** Empezar, comenzar, dar principio. **6** Invadir, irrumpir. ▌Los dos sinónimos suponen una acción súbita o violenta. → **adentrar**

entreacto *m.* Intermedio.

entrecuesto *m.* Solomillo.

entredicho *m.* Interdicto (DER.), prohibición. **2** Dudar, reservar, abstenerse.

entrega *f.* Fascículo. **2** ARQ. Cola. **3** Rendición, capitulación.

entregar *tr.* Dar*, poner en manos. ≠ Quitar. ▶ **2** *prnl.* Abandonarse. **3** Rendirse, someterse, capitular*. ≠ Resistir. **4** Dedicarse, consagrarse.

entrelazar *tr.* Entretejer, trabar, enlazar.

entrelinear *tr.* Interlinear, entrerrenglonar.

entreliño *m.* Almanta.

entremeterse *prnl.* Inmiscuirse, mezclarse, injerirse.

entrenador, -ra *com.* Instructor, preparador, monitor, técnico.

entrenar *tr.-prnl.* galic. Ejercitar, adiestrar, habituar, ensayar.

entrenudo *m.* BOT. Cañuto.

entrepaño *m.* Anaquel.

entrerrenglonar *tr.* Entrelinear, interlinear.

entresacar *tr.* Escoger*, elegir, florear.

entretanto *adv. t.* Mientras, mientras tanto, interín.

entretejer *tr.* Entrelazar, enlazar, trabar. **2** fig. Incluir, intercalar, interpolar.

entretener *tr.-prnl.* Divertir, recrear, distraer, solazar. ▌«Una novela bien escrita *divierte*; los placeres del campo *recrean*, así como la poesía y la narración de un hecho noble y generoso.» (M). ▶ **2** *tr.* Dar largas, dilatar, alargar.

entretenimiento *m.* Recreo, diversión*, distracción, solaz, pasatiempo. **2** Manutención, conservación.

entrever *tr.* Divisar*, distinguir, columbrar, vislumbrar, barruntar. **2** fig. Conjeturar, adivinar*, barruntar.

entrevista *f.* Conferencia, conversación*.

entristecer *tr.-prnl.* Apenar, afligir, acongojar, apesadumbrar, ensombrecer, amurriarse, amorrarse, amohinarse. ≠ Alegrar, animar.

entrojar *tr.* Atrojar, entrujar.

entrometerse *prnl.* Entremeterse, inmiscuirse, mezclarse, ingerirse, introducirse, infiltrarse*.

entrometido, -da *adj.* Entremetido, intruso, indiscreto. ≠ Discreto, oportuno.

entroncar *tr.* Emparentar. **2** Empalmar, enlazar.

entuerto *m.* Tuerto, agravio*, desaguisado.

entumecer *tr.-prnl.* Entumirse, envarar, entorpecer, paralizar, adormecer*. ≠ Avivar, despabilar. ▌Los tres primeros se emplean con el sentido de impedir, o dificultar el movimiento de un miembro. Cuando el impedimento es total, *paralizar*.

enturbiar *tr.* Empañar*, oscurecer. **2** fig. Alterar, turbar.

entusiasmo *m.* Exaltación, pasión, fervor, frenesí, acaloramiento, enardecimiento, ardor, viveza, vehemencia. ≠ Desencanto, frialdad. **2** Devoción, inclinación, afecto, afición, celo*. ≠ Desafecto, inquina.

entusiasta *adj. com.* Admirador, devoto, apasionado. ▶ **2** *adj.* Ferviente, fervoroso, ardiente, férvido, cálido.

enumeración *f.* Cómputo, cuenta.

envanecerse *prnl.* Entonarse, esponjarse, hincharse, engreírse, infatuarse, vanagloriarse, jactarse, ensoberbecerse.

envanecimiento *m.* Soberbia, entoldamiento, toldo, entono, ahuecamiento, esponjamiento, presunción, humos, fatuidad, petulancia, desvanecimiento (antic.), vanidad*. ≠ Modestia, humildad. ▌Los siete primeros sinónimos sugieren pralte. el porte, ademanes o voz con que la *vanidad* se manifiesta; *fatuidad* y *petulancia* connotan ridiculez.

envarar *tr.-prnl.* Entumir, entumecer*, entorpecer.

envejecer *tr.-prnl.* Aviejar, avejentar*, revejecer. ▌Todos ellos significan *envejecer* antes de tiempo. **2** Inveterarse. ▌Tratándose de una costumbre, tradición, fórmula.

envenenar *tr.-prnl.* Atosigar, tosigar, entosigar, intoxicar, emponzoñar. ► **2** *tr.* fig. Agriar, enconar.

envés *m.* Revés*.

enviar *tr.* Mandar. ≠ Retener. ▌Este sinónimo es aplicable, en general, a personas y cosas. **2** Remitir, expedir, despachar, remesar. ≠ Recibir. ▌*Expedir* alude al acto de despachar o poner en camino las mercancías, correspondencia o emisario hacia su destino. *Remesar* es enviar remesa de dinero o mercancías. ▌«Se *envían* o se *remiten* las cosas materiales; pero se *envían*, y no se *remiten*, las que no lo son. *Enviamos* o *remitimos* mercancías, encargos, regalos, productos de la naturaleza o del arte; pero no se *remiten*, sino se *envían*, noticias, avisos, consejos, recuerdos de amistad y expresiones de afecto. Si queremos expresar nuestro desprecio al que lo merece, no lo *remitimos*, sino lo *enviamos* a paseo.» (M).

enviciar *tr.* Mal acostumbrar, pervertir, consentir. ► **2** *prnl.* Viciarse, corromperse, inficionarse. ≠ Purificar.

envidia *f.* Dentera, pelusa. ▌*Dentera*, esp. deseo de comer lo que otro come. *Pelusa*, envidia propia de los niños.

envilecer *tr.* Degradar, rebajar, humillar. **2** Corromper, encenagar, pervertir, prostituir.

envío *m.* Remesa, expedición.

envión *m.* Empujón, empellón, envite.

enviscar *tr.-prnl.* Enligar.

envolver *tr.* Arrollar, enrollar, rollar. **2** fig. Mezclar, complicar, implicar, involucrar. ≠ Desenvolver.

enzarzar *tr.* fig. Malquistar, encizañar, azuzar, liarse, enredarse. **2** Reñir, pelearse, disputar.

épico, -ca *adj.* Heroico.

epidemia *f.* Peste, epizootia, endemia, enzootia, pandemia. ▌*Peste*, esp. si causa gran mortandad. Entre animales, *epizootia*. Enfermedad habitual en alguna región o localidad, *endemia* (en el ser humano), *enzootia* (entre animales). *Epidemia* que se extiende mucho o que afecta a casi todos los individuos, *pandemia*.

epiglotis *f.* Lengüeta, lígula.

epígrafe *m.* Inscripción, letrero*. **2** Título, encabezamiento, rótulo, rúbrica. ▌Este último en los libros antiguos.

epilepsia *f.* Mal caduco (vulg.), mal de corazón (vulg.), gota coral (MED.), morbo comicial (p. us.), alferecía, gran mal.

epílogo *m.* Recapitulación, conclusión, terminación. ≠ Prólogo, principio. **2** RET. Peroración.

episcopal *adj.* Obispal.

epispástico, -ca *adj.-s.* Rubefaciente, revulsivo, rebefaciente, revulsorio.

epistemología *f.* Gnoseología, teoría del conocimiento.

epístola *f.* Carta*, misiva.

epíteto *m.* Adjetivo*, calificativo*.

epítome *m.* Compendio, resumen, sumario.

época *f.* Era, tiempo, temporada, estación, período, etapa.

equidad *f.* Igualdad, justicia, rectitud, imparcialidad. ≠ Injusticia, parcialidad.

équido, -da *adj. m.* Solípedo.

equilibrio *m.* fig. Contrapeso, armonía, igualdad, proporción. **2** Ecuanimidad, mesura, sensatez. **3 Perder el equilibrio** *loc.* Bambalear, bambolear, bambanear, tambalearse, vacilar, dar traspiés.

equilibrista *adj.-s.* Funámbulo. ▌Cuando trabaja sobre una cuerda o alambre.

equimosis *f.* MED. Cardenal, roncha, moretón, moradura.

equino, -na *adj.* Caballar.

equipo *m.* Grupo, personal, gente, colectivo, cuadrilla.

equipolente *adj.* LOG. Equivalente.

equitación *f.* Hípica, monta.

equitativo, -va *adj.* Justo, imparcial, recto, igual, moderado, ecuánime.

equivocación *f.* Error*, yerro, confusión, inadvertencia, falta, errata. ≠ Verdad, exactitud, acierto. **2** Aberración, descarrío, extravío, desvío, engaño, ofuscación.

equivocarse *prnl.* Confundirse, errar, engañarse, marrar*. ≠ Acertar.

equívoco *m.* Anfibología*, ambigüedad.

equívoco, -ca *adj.* Anfibológico, ambiguo*, dudoso*. **2** Sospechoso, oscuro.

era *f.* Época, tiempo, temporada, período, etapa, estación.

erario *m.* Fisco, tesoro público.

erección *f.* Tensión, rigidez, enderezamiento. ≠ Relajación, ablandamiento. **2** Fundación, institución, establecimiento. **3** Construcción, edificación.

eremita *m.* Ermitaño, anacoreta*.

erguir *tr.* Levantar, alzar, subir, enderezar. ▸ **2** *prnl.* fig. Engreírse, ensoberbecerse, engallarse. ≠ Humillarse.

erial *adj. m.* Lleco, erío, yermo.

erigir *tr.* Fundar, establecer*, instituir. ▮ «*Erigir* es construir un edificio o monumento, y puede consistir en un hecho solo y aislado. *Fundar* es crear y dotar una empresa que ha de ser permanente. *Instituir* es fundar una empresa permanente, imponiéndole condiciones y reglas para su gobierno. *Establecer* es mandar; y como no es posible *erigir, instituir* ni *fundar* sin ejercicio de algún mando, todo lo que se *erige*, se *funda* o se *instituye*, se establece.» (M). **2** Construir*, levantar, edificar. ▮ *Erigir* es palabra escogida, que sugiere una construcción importante o conmemorativa. Se *construye, edifica* o *levanta* una casa; se *erige* un museo, palacio, monumento o estatua.

erizado, -da *adj.* Hirsuto, híspido, espinoso.

erizo de mar *m.* Equino.

erizón *m.* Asiento de pastor, aulaga merina.

ermitaño, -ña *s.* Eremita, anacoreta*. ▮ *Eremita* y *anacoreta*, designan al asceta que vive en soledad, y especialmente a los primeros ascetas cristianos que se retiraban al yermo. Por *ermitaño* puede entenderse también quien vive en una ermita y cuida de ella.

erosión *f.* Desgaste, roce, corrosión.

erótico, -ca *adj.* Amatorio, amoroso.

errabundo, -da *adj.* Errante.

erraj *m.* Herraj, herraje, piñuelo.

errante *adj.* Radío, erradío (antic.), errabundo, vagabundo, erradizo, nómada, trashumante. → **nómada**

errar *intr.* Equivocarse, engañarse, desacertar, fallar, marrar. ≠ Acertar. **2** Faltar, pecar. **3** Vagar. ≠ Permanecer.

errátil *adj.* Errante, incierto, variable.

erróneo, -ea *adj.* Equivocado, desacertado, falso, inexacto, errado.

error *m.* Inadvertencia*, confusión, equivocación, yerro, falta, desatino, desacierto, coladura, pifia, gazapo*, errata, desliz, ligereza. ≠ Verdad, acierto. ▮ *Desacierto* es expresión atenuada; *coladura* y *pifia*, expresiones burlescas. *Gazapo* es descuido involuntario en lo que se habla o escribe; *errata* o *yerro*, error material en lo escrito. ▮ «El *error* consiste en lo que creemos; el *yerro* consiste en lo que obramos. La voluntad se decide impelida del *error* que la lisonjea o persuade; y la acción que resulta de esta decisión es un *yerro*. Cualquier otro defecto que no nace de *error*, sino de malicia, no es *yerro*, sino culpa. Incurrimos en el *error* de creer al falso amigo que nos vende; y cometemos el *yerro* de comunicarle nuestros secretos. A veces, son verdaderos *errores* las opiniones de los entendimientos más ilustrados. A veces, pasan por *yerros* las acciones más prudentes.» (LH).

eructar *intr.* Erutar (desus.), regoldar (vulg.), rotar (Argent. y Ast.). ▮ «*Regoldar* es uno de los más torpes vocablos que tiene la lengua castellana.» (Cervantes); por eso don Quijote recomendaba a Sancho que no lo emplease.

eructo *m.* Regüeldo (vulg.), eructación.

erudito, -ta *adj.-s.* Ilustrado, instruido, docto, sabio*, entendido.

ervilla *f.* Arveja.

esbelto, -ta *adj.* Gallardo, airoso, elegante. ▮ *Esbelto* se refiere a la belleza de la forma proporcionada entre la altura y el grosor. *Gallardo, airoso* y *elegante* pueden referirse a la forma, al adorno y a los movimientos.

esbozo *m.* Bosquejo.

escabel *m.* Escañuelo.

escabroso, -sa *adj.* Abrupto, fragoso, desigual. ≠ Llano, suave. **2** fig. Duro, áspero, dificultoso. ≠ Suave. ▮ Hablando, p. ej., del estilo o de un problema. **3** Libre, inconveniente, verde. ≠ Púdico.

escabullirse *prnl.* Escaparse, escurrirse, escurrir el bulto, deslizarse, desaparecer, descabullirse.
escafoides *adj. m.* Hueso navicular.
escálamo *m.* Tolete, escalmo.
escalar *tr.* Subir, trepar. ≠ Descender.
escalio *m.* Escajo.
escalofrío *m.* Repeluzno, calofrío, calosfrío.
escalón *m.* Peldaño, grada.
escama *f.* Desconfianza*, recelo, sospecha, suspicacia, malicia, cautela, precaución, caución, reserva, cuidado, tiento, prevención. ≠ Confianza.
escamón, -ona *adj.* Desconfiado, receloso, suspicaz, malicioso, astuto, taimado, zorro, escamado (fam.), mal pensado. ≠ Confiado, crédulo, ingenuo.
escamondar *tr.* Podar, mondar.
escampado, -da *adj.* Descampado, raso, despejado, desembarazado.
escanda *f.* Escalla, escaña, carraón, álica, espelta. ▮ La *espelta* es una variedad especial que a menudo se confunde con la *escanda*.
escándalo *m.* Desenfreno, desvergüenza, mal ejemplo. ≠ Decencia. **2** Escandalera (fam.), gritería, alboroto, tumulto, ruido*, rumor, estrépito, escandalada (Amér. Central). ≠ Silencio, quietud, tranquilidad.
escantillón *m.* Chantillón, ságoma.
escapar *intr.-prnl.* Huir*, evadirse, fugarse, escabullirse, escurrirse, deslizarse. ▮ Los tres últimos significan *escaparse* sin ser notado o con disimulo. ≠ Quedarse, permanecer.
escapatoria *f.* Huida, fuga, evasión, escurribanda (fam.). **2** Efugio*, excusa, subterfugio, recurso, evasiva, pretexto. **3** Salida.
escápula *f.* ANAT. Omóplato.
escaque *m.* Casa, casilla. **2** BLAS. Jaquel.
escaqueado, -da *adj.* BLAS. Equipolado, escacado. **2** ARQ. Ajedrezado.
escaramujo *m.* Agavanzo, galabardera, gavanzo, mosqueta silvestre, zarzaperruna, tapaculo.
escarbar *tr.* Arañar, rascar.
escarcha *f.* Helada blanca, helada, rosada, escarche.
escardar *tr.* Desherbar, desyerbar, sachar, sallar, escardillar.
escardillo *m.* Almocafre.
escarificador *m.* Sajador (CIR.).
escarmiento *m.* Advertencia, aviso, desengaño. **2** Castigo, pena, corrección.
escarnio *m.* Befa*, burla*, mofa, ludibrio. ≠ Alabanza, aprecio. ▮ El *escarnio* es propiamente la *befa* afrentosa.
escarola *f.* (achicoria) Endibia.
escarpado, -da *adj.* Abrupto.
escarpia *f.* Alcayata (p. us.).
escasamente *adv. m.* Limitadamente, parvamente. ≠ Abundantemente. **2** Apenas, con dificultad.
escasez *f.* Cortedad, mezquindad, tacañería. ≠ Generosidad. **2** Penuria, pobreza. ≠ Abundancia, riqueza. **3** Exigüidad, parvedad, insuficiencia, poquedad, falta, carencia. ≠ Abundancia. ▮ Los dos últimos, cuando la escasez es total o muy grande. **4** Carestía. ≠ Abundancia.
escaso, -sa *adj.* Corto, poco, limitado, insuficiente. ≠ Abundante. **2** Falto, incompleto. **3** Mezquino, tacaño. ≠ Generoso.
escatimar *tr.* Cercenar, escasear, disminuir, acortar, limitar. ≠ Prodigar.
escena *f.* Escenario, tablas, plató. **2**. Marco, contexto, ambiente, atmósfera, entorno, escenario. **3**. Teatro, drama, farándula, espectáculo. **4** Número, espectáculo. ▮ Se refiere al hecho real que es exagerado.
escenario *m.* Tablas, escena, plató. **2** Marco, contexto, ambiente, atmósfera, entorno, escena.
escisión *f.* Partición, rotura, cortadura, desgarro. **2** fig. Rompimiento, desavenencia, ruptura, cisma. **3** FIS. Fisión. **4** CIR. Amputación, aféresis, abscisión.
esclarecer *tr.* Aclarar, dilucidar, poner en claro. **2** Ennoblecer, afamar, ilustrar. ≠ Difamar.
esclarecido, -da *adj.* Insigne, ilustre, famoso, preclaro.
esclavitud *f.* Servidumbre. **2** fig. Sometimiento, sujeción, opresión, cautiverio*. ≠ Libertad, dominio.
esclavo, -va *adj.-s.* Siervo, ilota*. ▮ En Lacedemonia, *ilota*.
escobajo *m.* Raspajo, raspa.
escobilla *f.* Cepillo. ▮ *Escobilla* se usa más en América.
escocer *tr.* Picar. **2** Escaldarse, sahornarse, enrojecer. **3** fig. Sentirse, resentirse, dolerse, requemarse.

escocia *f.* Nacela, sima.
escoda *f.* Trinchante.
escoger *tr.* Seleccionar, elegir, preferir, optar, florear, entresacar, triar (p. us.). ≠ Dejar. ▮ *Elegir*, dentro del significado general de *escoger*, sugiere pralte. la preferencia por una o pocas personas o cosas entre otras: *elegir* diputados o concejales, *elegir* tres cartas, de la baraja. *Optar por* o *entre*, preferir o decidirse entre varias posibilidades: *optamos por* quedarnos en casa. *Florear* y *entresacar* son frecuentativos, y significan ir *escogiendo* las cosas mejores entre muchas: *floreamos* en la banasta de las ciruelas; su equivalente *triar* es poco usado. ▮ «Se *escoge* lo que se ha de *elegir*. Se *elige* lo que se ha *escogido*. La acción de separar lo bueno de lo malo, lo útil de lo inútil, lo que conviene de lo que no conviene, examinando y consultando el gusto, la utilidad y demás circunstancias de la cosa, es *escoger*: la acción de este verbo supone la duda o la indecisión existente todavía. El acto de decidirse la voluntad, y destinar la cosa al fin propuesto, es *elegir*. La acción de este verbo supone vencida la duda o la indecisión. Cuando queremos hacernos un vestido, vemos diferentes muestras de paño, examinamos sus colores y calidades, consultamos el gusto o la moda, y esta es la verdadera operación de *escoger* para *elegir* el que nos parece mejor.» (LH).
escolar *m.* Alumno, colegial, estudiante, educando, discípulo.
escolopendra *f.* Ciempiés, cientopiés.
escolta *f.* Acompañamiento*, custodia, guarda, convoy.
escollo *m.* MAR. Arrecife. **2** fig. Peligro, riesgo. **3** Obstáculo, dificultad, tropiezo.
escombrar *tr.* Desescombrar, descombrar.
escombro *m.* CONSTR. Desecho, cascote. **2** MIN. Zafra.
esconder *tr.-prnl.* Ocultar, encubrir, tapar, recatar, soterrar, guardar. ≠ Descubrir. **2** fig. Encerrar, contener, incluir.
escondite *m.* Escondrijo. **2** Dormilar (juego), ori. ▮ En Madrid y otras partes, *ori*.
escorchapín *m.* Corchapín.
escorchar *tr.* Desollar.
escordio *m.* Ajote.
escoria *f.* Cagafierro. **2** Lava. **3** fig. Desecho, hez, horrura.
escorial *m.* Grasero.
escorpena, escorpina *f.* Pina, diablo marino, rascacio, rescaza.
escorpión *m.* Alacrán.
escorzonera *f.* Salsifí de España, salsifí negro.
escozor *m.* Escocimiento, quemazón, resquemor. **2** fig. Resentimiento, reconcomio.
escribir *tr.* Redactar, componer, anotar, apuntar, mecanografiar.
escrito *m.* Texto. **2** Libro, obra.
escritorio *m.* Escribanía. **2** Despacho.
escrúpulo *m.* Escrupulosidad, exactitud, esmero, precisión. ≠ Inexactitud, indelicadeza, imprecisión. **2** Duda, recelo, aprensión, temor, miramiento, remilgo. ▮ Se utiliza preferentemente en plural, por ejemplo, *no tener escrúpulos*.
escrutar *tr.* Indagar, examinar, reconocer, averiguar, escudriñar*. ▮ *Escrutar* y *escudriñar* añaden a los otros verbos la idea de gran cuidado y minuciosidad o prolijidad. **2** Contar, computar. ▮ En elecciones.
escuálido, -da *adj.* Flaco, macilento, extenuado, chupado.
escuchar *tr.* Atender. ▮ «El que *escucha* no pone en ejercicio más que el sentido del oído. El que *atiende* observa los gestos y los movimientos. El primer verbo se aplica al ruido de las cosas inanimadas, pero no el segundo.» (M). **2** Atender, tomar en consideración, dar oídos, hacer caso. ▮ Son sinónimos en la acepción de *escuchar* una proposición, los dictados de la conciencia, los avisos de un amigo.
escudar *tr.-prnl.* Amparar, resguardar, defender, salvaguardar, proteger*.
escudo *m.* Broquel, égida. ▮ Este último, evocando la antigüedad clásica. **2** fig. Amparo, salvaguardia, defensa, protección, patrocinio, auxilio*.
escudriñar *tr.* Examinar, inquirir, averiguar, escrutar*, rebuscar. ▮ *Escrutar*, *escudriñar* y *rebuscar* connotan gran cuidado, minuciosidad o prolijidad. *Escrutar* es preferido para lo que no es material; p. ej.: se *escrutan* los movimientos, la expresión, los

gestos de un interlocutor para adivinar sus sentimientos.

escueto, -ta *adj.* Descubierto, libre, desembarazado. **2** Estricto, sin rodeos, sin ambages.

escupir *intr.* Esputar, expectorar, gargajear. ▮ *Esputar* y *expectorar* son voces cultas de significación atenuativa; *gargajear* (frecuentativo) es palabra baja. **2** Revenirse, rezumar. ▮ El primero, tratándose de la humedad: la pared se *reviene*. *Rezumar*, cuando la humedad es grande.

escupitajo *m.* Escupidura, esputo*, flema, gargajo, expectoración, escupido, escupitinajo, escupitina.

escurridor *m.* Colador. **2** Escurreplatos.

escurrir *intr.-prnl.* Gotear, destilar. **2** Deslizar, resbalar. ► **3** *prnl.* Escapar, huir, escabullirse.

esdrújulo, -la *adj.-s.* Proparoxítono.

esencial *adj.* Invariable, integrante, substancial, permanente. **2** Principal, indispensable, necesario, intrínseco, propio, constitutivo. ≠ Accidental, extrínseco.

esfigmómetro *m.* Pulsímetro.

esforzado, -da *adj.* Alentado, animoso, valeroso, valiente, denodado. ≠ Cobarde.

esfumar *tr.* Esfuminar, difuminar. ► **2** *prnl.* Disiparse, desvanecerse, desaparecer.

esgucio *m.* ARQ. Antequino.

esguín *m.* Murgón.

esguince *m.* Desguince, cuarteo, regate. **2** Torcedura, distensión (de una articulación).

eslabonar *tr. -prnl.* Unir, enlazar, relacionar, trabar, encadenar, engarzar, engazar.

eslizón *m.* Sepedón, sipedón.

esmerejón *m.* Azor, milano.

esmero *m.* Solicitud, cuidado, celo*, escrupulosidad, pulcritud, escrúpulo, desvelo.

esnob *com.* Novelero.

esnobismo *m.* Novelería.

esotérico, -ca *adj.* Oculto, reservado, misterioso, cabalístico.

espacial *adj.* Cósmico, sideral, galáctico, astral, estelar.

espaciar *tr. -prnl.* Distanciar, separar. ≠ Juntar. **2** Extenderse, dilatarse. ≠ Encogerse. **3** Esparcirse, recrearse.

espacioso, -sa *adj.* Ancho, amplio, dilatado, vasto, extenso, grande*. **2** Despacioso, lento, pausado, flemático, calmoso.

espada *f.* Garrancha (burl.), hoja (fig.), tizona, colada, acero. ► **2** *m.* Matador.

espadaña *f.* (planta) Gladio, gladiolo, gladíolo, gradíolo, maza sorda.

espadar *tr.* Espadillar, tascar.

espalda *f.* Costillas, dorso (culto o lit.). ▮ P. ej. llevar un cajón sobre las *costillas*.

espaldar *m.* (enrejado) Espaldera, espalera, respaldo.

espaldilla *f.* Omóplato.

espalto *m.* PINT. Aspalto.

espantadizo, -za *adj.* Asombradizo, asustadizo.

espantajo *m.* fig. Espantapájaros. **2** Estantigua, adefesio, esperpento.

espantar *tr.-prnl.* Asustar, amedrentar, acobardar, atemorizar, asombrar*. ≠ Tranquilizar, desdeñar. **2** Ahuyentar, echar.

espanto *m.* Susto*, sobresalto, miedo*, temor, pavor. **2** Amenaza.

espantoso, -sa *adj.* Horrendo, horroroso, hórrido, horripilante, pavoroso, horrible*, temible*.

español, -la *adj.-s.* Hispano, hispánico. ▮ Estos dos sinónimos aluden hoy a la antigua Hispania, o se aplican en conjunto a todos los países de origen y lengua *españoles*. **2** Gachupín, godo, chapetón, gallego. ▮ Todos ellos son denominaciones burlescas o irónicas de *español* en diferentes países hispanoamericanos.

españolado, -da *adj.* Españolizado, hispanizado.

esparavel *m.* (red) Atarraya, tarraya. **2** Manga (ALBAÑ.).

esparcimiento *m.* fig. Solaz, diversión*, distracción, entretenimiento, recreo, asueto, descanso, ocio, desahogo, expansión. ≠ Aburrimiento.

esparcir *tr.-prnl.* Separar, desparramar, derramar, extender, esparcir. ≠ Juntar. **2** fig. Divulgar*, propagar, publicar*, propalar. ► **3** *prnl.* Solazarse, recrearse, divertirse. ≠ Aburrirse.

espartizal *m.* Atochal, atochar, espartal.

esparto *m.* BOT. Atocha, atochón.

espata *f.* Garrancha.

especial *adj.* Singular, particular, peculiar. **2** Adecuado, propio, a propósito.

especialidad *f.* Singularidad, particularidad, peculiaridad. ≠ Vulgaridad, generalidad.

especialista *adj.-com.* Entendido, conocedor, experto, estudioso, técnico. ▶ 2 *com.* (en cine o televisión) Doble.

especie *f.* Clase, grupo, categoría. 2 Pretexto, apariencia, color, sombra. 3 Caso, suceso, hecho, asunto, negocio. 4 Noticia, voz, fama.

especificar *tr.* Enumerar, detallar, pormenorizar, precisar. ≠ Indeterminar.

especioso, -sa *adj.* Aparente, engañoso, artificioso, falso.

espectáculo *m.* Función, representación, gala, show (anglic.). 2 Teatro*, drama, farándula, escena. 3 Número, escena*. 4 Contemplación, visión.

espectador, -ra *adj.-s.* Presente, circunstante, mirón. ▮ Este último sinónimo designa con cierta ironía, burla o desdén, a la persona que presencia pasivamente un juego, un trabajo o un suceso callejero. → **espectadores**

espectadores *m. pl.* Concurrentes, concurrencia*, público. ▮ Tratándose del conjunto de los que asisten a un espectáculo público. → **espectador**

espectro *m.* Aparición, sombra, visión, fantasma.

especulación *f.* Contemplación, meditación, reflexión. 2 Lucro, ganancia, provecho, beneficio. ▮ Todos ellos son el resultado que se obtiene o se espera de una especulación comercial.

especular *tr.* Examinar, estudiar, observar, aquilatar. ▮ *Especular* connota además atención cuidadosa para reconocer una cosa, en mayor grado que los sinónimos enumerados, y por esto en ocasiones se acerca al sentido de *aquilatar*. ▶ 2 *intr.* Meditar, reflexionar, contemplar. → **especulación** 3 Comerciar, traficar, negociar.

espejear *intr.* Relucir, resplandecer, reflejar.

espejuelo *m.* Selenita (yeso). 2 Cebo, atractivo, engaño. → **espejuelos**

espejuelos *m. pl.* Lentes, gafas, anteojos, antiparras. → **espejuelo**

espelunca *f.* Cueva, gruta, antro, caverna.

espeluznar *tr.-prnl.* Despeluzar, despeluznar. 2 Horripilar, estremecer, aterrar, horrorizar. ≠ Tranquilizar.

espeque *m.* Leva, palanca.

esperanza *f.* Confianza, creencia, ilusión.

esperar *tr.* Confiar, creer, hacer cola, hacer tiempo, hacer hora, hacer antesala, esperar sentado, dar tiempo al tiempo, dar plantón, dar largas, dar con la entretenida, aguardar, estar de plantón. ▮ *Esperar* es más general que *aguardar* y puede sustituirle siempre. *Aguardar* alude pralte. al acto físico o a la actitud moral de hallarse en espera de algo próximo: te *aguardaré* en la esquina; *aguardo* un telegrama.

espermatozoo *m.* Espermatozoario, espermatozoide, zoospermo, microgameto, espermio.

esperpento *m.* Adefesio, estantigua, espantajo.

espeso, -sa *adj.* Denso, condensado. ≠ Aclarado. ▮ Tratándose de fluidos. 2 Apretado, aglomerado, macizo, cerrado, tupido. ▮ Tratándose de sólidos; *tupido*, si las cosas *apretadas* se entrecruzan como en un tejido. 3 Grueso, recio.

espesor *m.* Grueso, grosor, densidad, condensación. ▮ Los dos primeros, tratándose de un cuerpo sólido. Hablando de fluidos, los dos últimos.

espía *com.* Confidente (eufem.), soplón (desp.), fuelle (burl.), espión*, observador, confidente, agente secreto. ▮ Tratándose de espionaje militar o político suelen aplicarse de las denominaciones eufemísticas de *observador, confidente* o *agente secreto.* → **delator**

espiar *tr.* Atisbar, acechar, observar, escuchar, vigilar.

espibia *f.* VETER. Espibio, espibión, estibia.

espicanardi *f.* Espicanardo, azúmbar, nardo.

espigadilla *f.* Cebadilla.

espiguilla *f.* Hierba de punta.

espina *f.* Aguijón, pincho, púa (Amér.). 2 fig. Pesar, pena. 3 Escrúpulo, recelo, cuidado, sospecha. 4 **Espina blanca** Cardo borriqueño. 5 **Espina santa** Cambrones.

espinazo *m.* Columna vertebral, espina dorsal, raquis.

espinela *f.* Décima.

espinillera *f.* Canillera, esquinela. ▮ En la armadura antigua, *esquinela*.

espino *m.* Níspero espinoso, níspero silvestre, oxiacanta. 2 **Espino cerval** Cambrón, espino hediondo.

espinoso, -sa *adj.* fig. Arduo, difícil, intrincado, dificultoso. ≠ Suave, fácil.

espiral *adj. f.* Hélice, espira.

espíritu *m.* Alma, mente*. **2** Energía, ánimo, valor, brío.

esplendente *adj.* Brillante, resplandeciente, esplendoroso, reluciente.

esplendidez *f.* Abundancia, largueza, liberalidad, generosidad*, rumbo. ≠ Tacañería. **2** Magnificencia, ostentación, fausto, suntuosidad. ≠ Sencillez.

espléndido, -da *adj.* Generoso, liberal, rumboso, dadivoso*. **2** Magnífico, suntuoso, ostentoso, soberbio, rico.

esplendor *m.* Resplandor, lustre*, brillo. **2** Nobleza, magnificencia, gloria, fama. **3** Generosidad*, esplendidez.

espliego *m.* Lavanda, lavándula, alhucema (antic.). ▌Los dos primeros son técnicos, usados entre botánicos y perfumistas.

esplín *m.* Tedio, hastío, aburrimiento. ▌El *esplín* es propiamente un estado duradero de melancolía o hipocondría, que produce *tedio* de todo. El *tedio*, el *hastío* y el *aburrimiento* pueden ser pasajeros y circunstanciales, mientras que el *esplín* se lleva dentro, como una disposición de ánimo motivada por causas físicas o morales. **2** Hipocondría.

espolear *tr.* Aguijar, picar, dar espuela. **2** fig. Incitar, estimular, acuciar, excitar, mover.

espoleta *f.* Espiga, pipa.

espolique *m.* Caminante, lacayo, mozo de espuelas.

espolón *m.* MAR. Rostro, punta. **2** Tajamar.

espolvorear *tr.* Despolvorear, polvorear, polvorizar. ▌*Despolvorear* en algunos países de Amér. (Colombia y Chile) y en el uso vulgar de España. **2** Despolvorear. ▌En el sentido de quitar o sacudir el polvo.

esponjar *tr.* Ahuecar, mullir. ► **2** *prnl.* Envanecerse, engreírse, hincharse, infatuarse.

espontanearse *prnl.* Expansionarse, desahogarse. ≠ Callar.

espontáneo, -ea *adj.* Automático, indeliberado, voluntario, maquinal, irreflexivo, involuntario, instintivo. ≠ Voluntario, reflexivo, deliberado. ▌En ocasiones *espontáneo* puede coincidir con los tres primeros sinónimos, pero estos no implican necesariamente idea de espontaneidad. *Automático* o *maquinal*, dan idea de energía puramente mecánica; movimientos *espontáneos* o *automáticos*. *Indeliberado* significa sin intervención del entendimiento: su contestación fue *espontánea* o *indeliberada*. *Voluntario* en sentido de *espontáneo*, denota que se produce sin coacción: su voto fue *voluntario* o *espontáneo*.

esporádico, -ca *adj.* Ocasional, aislado, excepcional, suelto. ≠ Continuo. ▌*Esporádico* es lo que se produce sin enlace ostensible con antecedentes ni consiguientes; p. ej.: casos *esporádicos* de una enfermedad.

esportillero *m.* Trascantón.

esposo, -sa *s.* Marido (m.), mujer (f.), cara mitad, media naranja, costilla. ▌«*Marido, esposo*. (...) La diferente fuerza y energía que yo hallo entre estas dos voces en el sentido común a que ahora se aplican, es que la voz *marido* explica, sola y sencillamente, la calidad de un hombre casado, sin otra relación que al estado de matrimonio. Aquella señorita quiere casarse, pero no encuentra *marido*. Los dos que allí vienen son *marido* y *mujer*. Pero la voz *esposo* ennoblece, si podemos explicarlo así, la idea, representando al hombre casado con relación, no solo al estado, sino a aquella atención recíproca que le une más noble y estrechamente a su mujer, separando en cierto modo la idea de la superioridad doméstica que le da el estado y calidad de marido. Por eso se usa en el estilo culto, y cuando se habla de personas de alta clase, como para representar una unión, por decirlo así, menos vulgar.» (LH).

espuela *f.* fig. Acicate, incentivo, estímulo. **2 Espuela de caballero** (planta) Consólida real.

espuerta *f.* Sera, serón. ▌*Espuerta* grande, gralte. sin asas, *sera*. El *serón* es una especie de *sera* más larga que ancha.

espumar *tr.* Despumar. ► **2** *intr.* Espumear.

espurio, -ria *adj.* Bastardo, ilegítimo. **2** fig. Falso, adulterado, falsificado.

esputar *tr.* Escupir, expectorar.

esputo *m.* Expectoración, escupido, escupidura, flema, escupitajo, gargajo, escupitinajo, escupitina. ▌*Esputo* y *expectoración* son voces cultas que atenúan lo repugnante de *escupido, escupidura, flema*, y más aún de *escupitajo, gargajo*.

esquela *f.* Carta, misiva, nota.

esqueleto *m.* Osamenta, osambre.

esquematizar *tr.* Sintetizar, compendiar, extractar, esbozar, reducir. ≠ Ampliar.

esquena *f.* Raspa.

esquenanto *m.* Esquinante, esquinanto, paja de camello, paja de esquinanto, paja de Meca.

esquero *m.* Yesquero.

esquila *f.* Campano, cencerro.

esquilar *tr.* Trasquilar, marcear. ▮ Este último designa la acción de *esquilar* después del invierno.

esquilimoso, -sa *adj.* Melindroso, remilgado, dengoso.

esquimal *adj. com.* Inuit.

esquina *f.* Cantón, cantonada. **2** Ángulo*, rincón. **3** **Sostener la esquina** *loc.* Estar de plantón, aguardar, esperar, pasear la calle.

esquinazo *m.* Cantonada.

esquivar *tr.* Evitar*, rehuir, eludir, rehusar*, escurrir el bulto, huir de la quema. ▮ Se *esquiva* o *rehúye* un golpe, un tropezón material o moral, apartándose, soslayándolos o huyendo. *Evitar* supone prever el peligro o dificultad en que podemos encontrarnos, y procurar que no se sobrevengan. *Eludimos* una respuesta comprometedora, una decisión, una situación peligrosa o molesta en que nos hallamos. *Rehusamos* lo que se nos da u ofrece. ► **2** *prnl.* Retirarse, retraerse, excusarse, apartarse.

esquivez *f.* Desapego, aspereza, desagrado, desdén. ≠ Aprecio, franqueza, simpatía.

esquivo, -va *adj.* Huraño, arisco, huidizo. **2** Despegado, áspero, desagradable, desdeñoso.

estable *adj.* Permanente, duradero*, durable, firme, sólido. **2** Estábil, estacionario, inmóvil. ≠ Lábil.

establecer *tr.* Implantar, instaurar, instituir, fundar, erigir*. ▮ Los tres primeros acentúan el matiz de que es algo nuevo lo que se establece, y se aplican gralte. a cosas inmateriales (ley, costumbre, premio, fundación, etc.), en tanto que los dos últimos y *fundar* se aplican también a lo material (ciudad, campamento). **2** Ordenar, estatuir, decretar. ► **3** *prnl.* Avecinarse, instalarse, domiciliarse.

establo *m.* Corte (p. us.), presepio (latinismo), cuadra, caballeriza, bostar, boyera (antic.), boyeriza (antic.), pocilga. ▮ Se llama *bostar* al *establo* de bueyes; *pocilga*, al de cerdos.

estaca *f.* Palo, garrote.

estacada *f.* Empalizada, palizada, cerca*.

estación *f.* Tiempo, temporada, época. **2** Parada, detención.

estacionamiento *m.* Parquear, parquin aparcamiento, aparcar, parada. ▮ En algunos países de lengua española se extiende el uso del barbarismo *parquear* (ing. *to park*) y del sustantivo *parquin*. Del mismo origen son las adaptaciones *aparcar* y *aparcamiento*. El *aparcamiento* supone, pues, un lugar o espacio acotado para este fin, y puede ser de pago o gratuito; el *estacionamiento* (verbo *estacionarse*) es un lugar cualquiera de la vía pública donde se permite que los coches puedan permanecer detenidos más o menos tiempo sin verse obligados a circular. *Parada* es el lugar fijo donde se hallan los automóviles de alquiler a disposición del público.

estadía *f.* Detención, estancia, permanencia.

estadista *m.* Repúblico, hombre de Estado.

estadounidense *adj.* (pers.) Norteamericano, yanqui*.

estafa *f.* Engaño, fraude, timo, petardo. **2** Estribo (pieza), estribera, codillo.

estafermo *m.* Pasmarote.

estafisagria *f.* Albarraz, hierba piojenta, piojera, uva tamínea, uva taminia.

estallar *intr.* Explotar, detonar, reventar. ▮ *Detonar* alude al ruido que produce el *estallido*.

estampa *f.* Lámina, grabado. **2** Imprenta. **3** Huella, señal, impresión, vestigio.

estampido *m.* Detonación, tiro, disparo. ▮ Los dos últimos aluden al *estampido* producido por un arma de fuego.

estancar *tr.-prnl.* Detener, suspender, paralizar, empantanar. ≠ Mover, correr. **2** Monopolizar.

estancia *f.* Estación, estada, estadía, morada, permanencia. **2** Aposento, habitación, cuarto.

estandarte *m.* Insignia, bandera, pendón.
estanque *m.* Alberca, charca, laguna.
estantigua *f.* Espantajo, esperpento, adefesio.
estar *tr.* Encontrarse, hallarse, permanecer, vivir. ≠ Faltar, ausentarse. **2** Existir, ser. ≠ Inexistir.
estatificar *tr.* Nacionalizar, socializar*.
estatuir *tr.-prnl.* Establecer, determinar, ordenar, decretar, mandar. ≠ Derogar. **2** Demostrar, asentar, dar por cierto.
estatura *f.* Talla, altura, alzada. ▌*Talla, altura* y *estatura* se aplican a personas. Tratándose de animales, *altura* o *alzada*.
estay *m.* MAR. Traversa.
este *m.* Levante, oriente. ▌«*Este* y *Levante* son voces técnicas de la Geografía y de la Náutica. En la rosa náutica solo se emplea la primera. Las dos se aplican indiferentemente al viento que procede de donde nace el sol. *Oriente* pertenece al lenguaje común y al poético. Un navío no hace rumbo al *Oriente*, sino al *Este* o al *Levante*... No es lo mismo pueblos de *Levante* que pueblos de *Oriente*: en el primer caso solo se considera la posición geográfica; en el segundo, entran las ideas de costumbres, clima, historia, religión, etc. Es impropio decir: las naciones del *Este* o del *Levante* enseñaron la Filosofía a los griegos.» (M).
esteatita *f.* Jabón de sastre, jaboncillo.
estema *m.* ZOOL. Ocelo.
estenógrafo, -fa *s.* Taquígrafo.
estentóreo, -ea *adj.* Ruidoso, retumbante, fuerte.
estepilla *f.* Jara blanca, estepa blanca.
estereotipo *m.* Cliché, tópico.
estéril *adj.* Machorra, mañera, horra, nulípara. ▌Tratándose de la hembra que no tiene hijos, se utilizan los dos primeros sinónimos; aplicado al ganado, *horra*; refiriéndose a la mujer, *nulípara*. **2** Improductivo, infecundo, infructífero, árido, vano, ineficaz, infructuoso. ≠ Fecundo, potente, eficaz. **3** Aséptico, esterilizado. ≠ Infectado.
esterilla *f.* Alfardilla.
estero *m.* Estuario, restañadero. **2** Amér. Aguazal, cenagal.
estertor *m.* Sarrillo. ▌*Sarrillo* es el *estertor* de moribundo.
estética *f.* Calología (p. us.).
esteva *f.* Mancera, mangorrillo.
estiércol *m.* Fimo, excremento, fiemo, hienda. **2 Estiércol del diablo** Asafétida.
estigma *m.* Marca, señal, huella, vestigio, lacra. **2** fig. Afrenta, desdoro, infamia, deshonra, lacra.
estilar *intr.-prnl.* Usar, acostumbrar*, practicar, soler, estar de moda.
estilo *m.* Carácter, peculiaridad. **2** Modo, manera, forma. **3** Uso, costumbre, moda, práctica.
estimar *tr.* Evaluar, valorar, tasar, apreciar, justipreciar*, tener por bien, mirar con buenos ojos. ≠ Desestimar, odiar. **2** Considerar, apreciar, conceptuar, respetar, querer*. ≠ Desestimar, odiar. **3** Juzgar, creer, entender, opinar, discernir*.
estimular *tr.* Aguijonear, picar, punzar. **2** fig. Excitar, avivar, incitar, meter en calor, meter en juego, poner en el disparadero, levantar los cascos, levantar fuego. ≠ Desanimar.
estímulo *m.* Incitación, incentivo, aliciente, acicate, cebo, señuelo. ▌Cuando el *estímulo* es engañoso, se emplean los dos últimos sinónimos.
estío *m.* Verano. ▌*Verano* es de uso general. *Estío* se siente como propio del habla culta o literaria.
estipendio *m.* Remuneración, paga, sueldo*, salario, gaje, emolumento, gratificación.
estipular *tr.* Convenir, concertar, acordar, contratar.
estirado, -da *adj.* fig. Entonado, empacado, orgulloso, altivo, altanero. **2** Teso, tenso, tirante, tieso.
estirar *tr.-prnl.* Alargar*, prolongar. ≠ Encogerse. **2** Dilatar, extender. ≠ Encogerse. ► **3** *prnl.* Desperezarse.
estirón *m.* Tirón. **2** Crecimiento. ▌Sobre todo cuando es rápido: ese niño ha dado un *estirón*.
estirpe *f.* Casta*, linaje, progenie, alcurnia, prosapia, extracción*, raza*, dinastía, saga, ascendencia, familia.
estival *adj.* Veraniego, estivo (lit.).
estocada *f.* Hurgón (burl.), hurgonazo (burl.), cuchillada. ▌Los dos primeros han caído en desuso.
estocafís *m.* Pejepalo.

estofa *f.* Calidad, clase, ralea, calaña, jaez*. ▌*Estofa* se toma generalmente a mala parte, y así hablamos de baja o mala *estofa* refiriéndonos a personas. Equivale, pues, a *ralea, calaña.*

estoico, -ca *adj.-s.* fig. Imperturbable, inalterable, impasible, insensible. ▌Todos ellos, exentos del significado filosófico preciso de *estoico.*

estolidez *f.* Estupidez, necedad, insensatez, estulticia.

estomacal *adj.* Gástrico (MED.), estomáquico. ► **2** *adj. m.* Digestivo, eupéptico (MED.).

estomagar *tr.* Empachar, ahitar, indigestar. **2** fig. Fastidiar, hastiar, enfadar, aburrir, cargar.

estomático, -ca *adj.* MED. Bucal.

estomatólogo, -ga *s.* Dentista, odontólogo. ▌Aunque se usan de ordinario como equivalentes, *estomatólogo* trata propiamente de las enfermedades de la boca en general, mientras que el *dentista* y *odontólogo* se concretan a los dientes.

estoraque *m.* Almea, azúmbar.

estorbar *tr.* Embarazar, dificultar, obstaculizar, entorpecer, impedir, interferir, interponer, interceder, obstruir*. ≠ Facilitar, permitir.

estorbo *m.* Dificultad, inconveniente, entorpecimiento, embarazo, engorro, obstáculo, óbice, rémora, traba, tropiezo, impedimento.

estrafalario, -ria *adj.* Extravagante, estrambótico, excéntrico.

estragar *tr.* Viciar, corromper, dañar, estropear, agotar, arruinar.

estrago *m.* Agotamiento, ruina, destrucción, devastación, asolamiento, daño, calamidad, desgracia, infortunio, desastre.

estragón *m.* Dragoncillo.

estraperlo *m.* Mercado negro.

estratagema *f.* Ardid, astucia, treta, artificio, engaño.

estrato *m.* GEOL. Capa, lecho. **2** MED. Capa, hoja, membrana, zona.

estrechar *tr.-prnl.* Angostar, enangostar. ≠ Ensanchar, dilatar. **2** Reducir, apretar. **3** Precisar, obligar, forzar. **4** Perseguir*, acosar, apurar, apremiar.

estrechez *f.* fig. Escasez, pobreza, privación, indigencia, miseria. **2** Aprieto, apuro, apremio. **3** MED. Constricción, encogimiento.

estrecho *m.* Paso, pasaje, canal.

estrecho, -cha *adj.* Angosto, ahogado, reducido. ▌El primero, tratándose de un lugar de paso; los dos últimos, tratándose de un recinto. **2** Ajustado, apretado, ceñido. **3** Riguroso, estricto. **4** Miserable, tacaño, limitado, mezquino, escaso.

estregadura *f.* Fricción (TECN.), confricación (TECN.).

estregar *tr.* Confricar (TECN.), friccionar (culto o tecn.), restregar, frotar, refregar.

estrella *f.* fig. Hado, destino, sino, fortuna, suerte.

estrellamar *f.* Hierba estrella.

estreno *m.* Estrena. ▌*Estreno* se usa esp. hablando de espectáculos; en las demás acepciones puede usarse *estrena* o *estreno.* Asistimos al *estreno* de una comedia. La muchacha estaba contenta con la *estrena* o *estreno* de un vestido precioso.

estreñido, -da *adj.* Restreñido, constipado. **2** fig. Tacaño, mezquino, apretado, miserable, avaro.

estrépito *m.* Estruendo*, fragor, ruido*. ≠ Silencio.

estría *f.* Canal, raya.

estriar *tr.* Acanalar, rayar.

estribar *intr.* Entibar, reafirmar, restribar. **2** fig. Apoyarse, fundarse, descansar, gravitar.

estribillo *m.* Contera. **2** Muletilla.

estribo *m.* Estribera, codillo, estafa. **2** ARQ. Entibo. **3 Perder los estribos** *loc.* Desesperarse, encolerizarse.

estricto, -ta *adj.* Estrecho, ajustado, preciso, exacto, riguroso, ceñido, escueto. ≠ Impreciso, inexacto, irreflexivo.

estridente *adj.* Chirriante, rechinante, agudo, agrio, áspero, destemplado, ruidoso. ▌Los cuatro últimos sinónimos, en el sentido fig. que posee *estridente* en ejemplos como: los conceptos *estridentes* de un orador o de un artículo periodístico.

estro *m.* Inspiración, numen, vena.

estropajo *m.* Fregador.

estropajoso, -sa *adj.* Trapajoso, balbuciente. **2** Andrajoso, roto, harapiento, desaseado.

estropear *tr.* Lastimar, lisiar, lesionar. **2** Ajar, maltratar, dañar, deteriorar, averiar, echar a perder, malograr. ▮ Tratándose de cosas.

estropicio *m.* Destrozo, rotura. ▮ El *estropicio* connota estrépito, y es generalmente impremeditado; p. ej.: se le cayó la bandeja e hizo un *estropicio* con la vajilla.

estructura *f.* Contextura, organización, distribución, orden, configuración, conformación, forma*.

estructurar *tr.* Organizar, distribuir, vertebrar, configurar.

estruendo *m.* Fragor, ruido, estrépito. ▮ Todos connotan *ruido* intenso que se repite o prolonga más o menos. Una explosión, un trueno, producen *estruendo* cuando el eco las repite. **2** fig. Confusión, bullicio. **3** Aparato, pompa, ostentación.

estrujar *tr.-prnl.* Apretar, prensar, exprimir, comprimir. ≠ Soltar. **2** Magullar. **3** fig. Agotar, oprimir. ▮ P. ej.: *estrujar* al pueblo con los impuestos.

estuario *m.* Estero.

estuco *m.* Estuque, escayola, marmoración.

estudiado, -da *adj.* Fingido, afectado, amanerado. ▮ *Estudiado*, con esta acepción, es galicista; pero su uso está ya muy extendido.

estudiante *com.* Escolar, alumno, colegial, discípulo. ▮ *Escolar* ofrece sinonimia con *estudiante*; pero los niños que asisten a las escuelas primarias son *escolares*, y no *estudiantes*. *Alumno* hace relación con el establecimiento donde cursa sus estudios o con los profesores: *alumno* de la Escuela Náutica, *alumno* del profesor N. *Discípulo* señala relación con el maestro: *mis discípulos*, dice un profesor, de modo más afectivo que *mis alumnos*; soy *discípulo* de usted expresa adhesión personal mayor que *alumno*. El *alumno* deja de serlo al terminar sus estudios; en cambio, puede uno llamarse siempre *discípulo* de un maestro. *Colegial* se aplica al alumno de un colegio de primera o segunda enseñanza, o al interno en un colegio universitario.

estudiantina *f.* Tuna.

estudio *m.* Análisis, observación, investigación, aprendizaje, aplicación. **2** Libro, obra, escrito, tratado, monografía. ▮ Su empleo depende de su extensión y otras cualidades. **3** Taller*. ▮ Tratándose de artistas.

estulto, -ta *adj.* Necio, estúpido, tonto, estólido.

estudioso, -sa *adj.* Aplicado. ▸ **2** *adj.-s.* Intelectual, experto, pensador.

estupefacción *f.* Estupor, pasmo, asombro. ▮ *Estupefacción* y sus dos primeros sinónimos denotan un *asombro* extremado.

estupefaciente *adj. m.* Narcótico, soporífero.

estupefacto, -ta *adj.* Atónito, pasmado, asombrado, maravillado, patitieso (burl.), patidifuso (burl.). ▮ *Estupefacto, atónito* y *pasmado* son expresiones intensificadas de *asombrado* o *maravillado.*

estupendo, -da *adj.* Admirable, asombroso, portentoso, brutal*, bestial, colosal, formidable. ⟶ **brutal**

estúpido, -da *adj.* Necio, estólido, estulto, torpe, romo.

estuquista *m.* Estucador.

esturión *m.* Marón, marión, sollo.

esviaje *m.* ARQ. Viaje, oblicuidad.

etéreo, -ea *adj.* Impapable, sutil. **2** fig. Puro, celeste, elevado, sublime.

eterno, -na *adj.* Eternal, sempiterno, eviterno, perdurable, perpetuo*, inmortal, imperecedero, infinito. ≠ Caduco, finito. ▮ Aunque *infinito* y *eterno* se intercambian a veces, el adj. *infinito* es de categoría espacial y significa lo que no tiene límite, mientras que *eterno* se refiere al tiempo o la duración sin fin. ▮ «*Eterno* representa una duración sin fin; *perpetuo*, una duración indeterminada. Todo lo *eterno* es *perpetuo*, porque no llega jamás a determinarse el fin de su duración. La gloria *eterna* de los bienaventurados es *perpetua*. Pero no todo lo *perpetuo* es *eterno*. Y así decimos: movimiento *perpetuo*, destierro *perpetuo*, privilegio *perpetuo*, y no *eterno*; porque la idea que se quiere representar es la de una duración indeterminada, no la de una duración infinita.» (LH).

ética *f.* Moral, deontología. ▮ *Deontología* es la parte de la *ética* que establece los deberes, esp. profesionales: *deontología* médica, jurídica, empresarial.

etiqueta *f.* Ceremonial. **2** Ceremonia, cumplido, cumplimiento. **3** Marbete, rótulo.
etites *f.* Piedra del águila.
étnico, -ca *adj.* Racial.
etusa *f.* Cicuta menor.
eucaristía *f.* Sacramento del altar, santísimo sacramento, comunión, viático. ▮ *Viático* es la *comunión* que se administra a los enfermos en peligro de muerte.
euforbio *m.* Gorbión, gurbión.
eupéptico, -ca *adj.-s.* MED. Digestivo, estomacal.
euskera *adj.-m.* Eusquera, vasco, vascuence, éuscaro.
evacuar *tr.* Desocupar, desembarazar, abandonar. **2** Expeler, exonerar. **3** Cumplir, desempeñar.
evadir *tr.* Evitar, esquivar, eludir, irse por la tangente. ≠ Afrontar. ▶ **2** *prnl.* Fugarse, escaparse, huir*. ≠ Permanecer.
evaluación *f.* Apreciación, cálculo, valuación, valoración, tasa, tasación.
evaluar *tr.* Valorar*, estimar, valuar, justipreciar*. **2** Examinar, valorar, calificar, puntuar*.
evaporar *tr.* Vaporar, vaporear, volatilizar. ▮ *Volatilizar* sugiere en general, un estado gaseoso más tenue e imperceptible que el que se obtiene evaporando, o bien menor intervención aparente de agentes exteriores. **2** fig. Disipar, desvanecer. ▶ **3** *prnl.* Desaparecer, fugarse, huir, evadirse.
evasión *f.* Fuga, huida, escape.
evasiva *f.* Efugio, escapatoria, subterfugio.
evento *m.* Acontecimiento*. ▮ Se usa *evento* especialmente en las frases *a todo, a cualquier evento,* a todo riesgo, sea como sea.
eventual *adj.* Casual, fortuito, inseguro, incierto, posible, accidental. ▮ «En lo *eventual* hay probabilidad de que suceda; lo *casual* es imprevisto. Son *casuales* los encuentros inesperados. Son *eventuales* los honorarios de los letrados, la pérdida de una batalla y las subidas y bajas de los fondos públicos. Por *casualidad* se descubre un tesoro; una mala cosecha es una *eventualidad* para la que deben estar dispuestos los gobiernos.» (M).
eventualidad *f.* Casualidad*, contingencia, accidente, posibilidad, azar*. ≠ Realidad, certeza.
evidente *adj.* Patente, visible, manifiesto, ostensible, palpable, claro, indudable, axiomático.
evitar *tr.* Prevenir, precaver, rehusar*, eludir, esquivar, sortear, rehuir, soslayar. ▮ Los cinco últimos sugieren un peligro, dificultad, estorbo en que uno se encuentra de modo efectivo, o que amenaza como inmediato. Por ej.: se pone una señal en la calle para *evitar* accidentes, no para *eludirlos, esquivarlos, sortearlos* o *soslayarlos,* los cuales supondrían un accidente real o inmediato. Estos cuatro denotan, además, cierta maña o rodeo, cosa que no es indispensable en *evitar.*
evocar *tr.* Llamar, invocar, conjurar. **2** fig. Recordar, rememorar, hacer memoria, volver la vista atrás. ≠ Olvidar.
evolución *f.* Desarrollo, transformación. ▮ La *evolución* no es una *transformación* cualquiera, sino una *transformación* gradual. **2** Movimiento, cambio, variación, maniobra. ▮ P. ej.: las *evoluciones* de una danza. Tratándose de una formación militar o naval, *maniobra.*
evolucionismo *m.* Transformismo.
exacción *f.* Impuesto, prestación, multa. ▮ Todos ellos con carácter de exigencia o conminación. **2** Concusión. ▮ Cuando la hace un funcionario público en provecho propio.
exacerbar *tr.* Enfadar, irritar, enojar, exasperar, encolerizar. **2** Recrudecer, enconar, agravar.
exactitud *f.* Puntualidad, regularidad, precisión, veracidad, fidelidad. ≠ Inexactitud, imprecisión.
exacto, -ta *adj.* Puntual, cabal, regular, preciso, justo, verdadero, fiel. ▮ «Es *exacto* el que no falta; es *puntual* el que no tarda. El que hace lo que debe, es *exacto;* el que lo hace cuando debe, es *puntual.* Un religioso es *exacto* en ir al coro, porque nunca deja de ir; es *puntual,* porque nunca llega tarde.» (LH).
exageración *f.* Hipérbole, ponderación, encarecimiento, andaluzada, extremosidad. ▮ Si la *exageración* es en las palabras, se usan los cuatro primeros sinónimos. Si es en los actos, se utiliza el último.
exagerar *tr.* Abultar, encarecer, ponderar, extremar, desorbitar, exorbitar, sacar de

quicio. ▌ *Desorbitar, exorbitar* y *sacar de quicio,* significan *exagerar* hasta el punto de deformar la verdad o realidad de las cosas fuera de todo asidero racional.

exaltación *f.* Entusiasmo.

exaltado, -da *adj.* Entusiasta, apasionado, fanático.

exaltar *tr.-prnl.* Elevar, ensalzar, enaltecer, realzar, glorificar. ≠ Denigrar. ► **2** *prnl.* Entusiasmarse, acalorarse, arrebatarse, sobreexcitarse, apasionarse, enardecerse. ≠ Tranquilizar.

examen *m.* Indagación, observación, análisis, estudio. **2** Prueba. **3** Inspección, reconocimiento, exploración, investigación, observación. ▌ En esta acepción, suele emplearse la expresión *examen médico.*

examinar *tr.* Investigar, inquirir, indagar, observar, reconocer, analizar, estudiar, mirar el pro y el contra, pasar por tamiz, escrutar*. ► **2** *tr.-prnl.* Probar.

exangüe *adj.* Desangrado. **2** fig. Aniquilado, debilitado. **3** Muerto.

exánime *adj.* Inánime, muerto. ≠ Vivo. **2** Debilitado, exangüe, desmayado. ≠ Fuerte, palpitante.

exasperar *tr.* Enojar, irritar, exacerbar, exaltar.

excarcelar *tr.* Desencarcelar, libertar, liberar. ▌ *Excarcela* o *desencarcela* el juez o la autoridad de quien depende un preso. *Libertar* y *liberar* tiene sentido general, propio y figurado.

excedente *adj.* Excesivo. ► **2** *m.* Sobrante, residuo, resto, exceso*.

exceder *tr.* Sobresalir, descollar, aventajar, sobrepujar, superar, salir de madre, salir de regla, estar hasta los topes. **2** Sobrar, restar. ► **3** *prnl.* Propasarse, extralimitarse, pasar de castaño oscuro, salirse de sus casillas, írsele la mano, cargar la mano, darse un hartazgo.

excelente *adj.* Notable, superior, óptimo, descollante, sobresaliente, egregio, bajado del cielo, de marca mayor, de buena ley, delicioso, exquisito, eminente, relevante. ▌ En sus aplicaciones particulares puede tener extensa sinonimia. P. ej.: tratándose de sabores, *delicioso, exquisito*: tratándose de méritos, *relevante, eminente,* etc.

excelso, -sa *adj.* Eminente, altísimo.

excéntrico, -ca *adj.* Raro, extravagante. **2** Lateral, periférico. ≠ Central, endocéntrico.

excepcional *adj.* Extraordinario, insólito, singular, único, esporádico*. ▌ Este último, en la terminología científica.

excepto *adv. m.* Fuera de, salvo, a excepción de, menos, descontando.

exceptuar *tr.* Excluir, separar, salvar.

excerpta, excerta *f.* Extracto, colección, recopilación.

excesivo, -va *adj.* Enorme*, desmedido, desmesurado, inmoderado, de marca mayor, largo de talle. **2** Superfluo, sobrante, demasiado, excedente.

exceso *m.* Sobra, sobrante, excedente, demasía, superfluidad, redundancia, pleonasmo (GRAM.), derroche, despilfarro. ≠ Falta, defecto, escasez. ▌ Más allá de lo necesario en adornos, lujos, gastos, palabras: *superfluidad.* Exceso de palabra: *redundancia, pleonasmo.* De gastos: *derroche, despilfarro.* **2** Demasía, desmán, desafuero, abuso, desorden, delito, extralimitación, alcaldada, polacada, tropelía, atropello, arbitrariedad. ▌ Los siete últimos, si el *exceso* lo comete persona constituida en autoridad. **3 Con exceso** *loc. adv.* Excesivamente, demasiado, en demasía.

excitar *tr.* Estimular, provocar, mover, inducir, instigar, incitar, echar leña al fuego, sacar de quicio, inflamar, enardecer, avivar, engrescar, alegrar*. ≠ Tranquilizar, desanimar.

excluir *tr.* Separar, descartar, apartar, suprimir, exceptuar, eliminar, echar, expulsar, expeler. ≠ Incluir. ▌ Cuando se hace con violencia, *echar, expulsar* (personas o cosas), *expeler* (cosas).

excomulgar *tr.* Descomulgar (rúst. o vulg.). ▌ También en la lengua clásica, usábase *descomulgar* (hoy rúst. o vulg.).

excrementicio, -cia *adj.* Fecal.

excremento *m.* Heces. → **hez**

exculpar *tr.-prnl.* Perdonar*, dispensar, remitir, excusar, justificar. ≠ Inculpar, culpar.

excursión *f.* Correría, viaje.

excusa *f.* Disculpa, exculpación, pretexto, rebozo, socapa, socolor, retrechería (fam.), efugio*, evasiva, subterfugio. ▌ Si el motivo es más o menos simulado, *pretexto, rebozo, socapa, socolor*; *retrechería* es maña o artificio para eludir un deber. ▮ «*Excusa* es una evasión, *disculpa* es una justificación; *pretexto* es un motivo ligero o falso. Se alega una *excusa* para negar un favor, para no cumplir con una cita, para no ejecutar lo prometido. Se presenta una *disculpa* para evitar el castigo, para invalidar una acusación, para defenderse de un cargo. Se busca un *pretexto* para meterse uno donde no le llaman, para ausentarse el empleado de la oficina, para salir un convidado del banquete antes de tiempo.» (M).

excusar *tr.-prnl.* Perdonar*, exculpar, disculpar, justificar, eximir. ≠ Acusar. **2** Rehusar, evitar.

execración *f.* Abominación, aborrecimiento, aversión*. **2** Maldición, imprecación*, condenación*.

execrar *tr.-prnl.* Condenar, maldecir, imprecar, echar maldición, jurar como un carretero. ≠ Bendecir. **2** Aborrecer*, abominar. ≠ Amar.

exégesis *f.* Interpretación, explicación, exposición, comentario. ▮ *Exégesis* se usa con preferencia tratándose de la Sagrada Escritura u otros textos religiosos.

exención *f.* Excepción, franquicia, privilegio. ≠ Carga, culpa, desventaja.

exentar *tr.* Eximir, dispensar.

exento, -ta *adj.* Desembarazado, libre, dispensado, franco. **2** Descubierto.

exequias *f. pl.* Funeral, funerales, honras, honras fúnebres. ▮ Los dos últimos, lo mismo que *exequias*, úsanse en estilo elevado.

exhalación *f.* Rayo, centella. **2** Vaho. **3** Espiración.

exhalar *tr.* Despedir, desprender, emanar. ▮ P. ej. *exhalar* gases, vapores u olores. **2** Lanzar, emitir. ▮ P. ej.: *exhalar* quejas, suspiros, etc.

exhausto, -ta *adj.* Agotado, apurado, extenuado, exangüe, acabado, gastado, consumido. ≠ Lleno, fuerte.

exhibición *f.* Manifestación, presentación, ostentación.

exhibir *tr.-prnl.* Manifestar, mostrar, presentar, exponer, ostentar. ≠ Ocultar, tapar.

exhortación *f.* Ruego, invitación, consejo, admonición, amonestación*, incitación. **2** Plática.

exhortar *tr.* Invitar, rogar, suplicar, aconsejar, amonestar, incitar, animar, excitar.

exhumar *tr.* Desenterrar. ▮ *Desenterrar* es de uso más general y corriente; *exhumar* pertenece a la lengua culta, y se aplica a lo que consideramos de mayor importancia o dignidad: se *exhuma* un cadáver, un tesoro, se *exhuman* viejas historias en los archivos; en todos estos casos podríamos usar igualmente *desenterrar*. No decimos, sin embargo, que se *exhuma* la raíz de un árbol o los cimientos de una casa, sino que se *desentierran*.

exigir *tr.* Mandar, ordenar, reclamar. ≠ Perdonar, dispensar. **2** Pedir, necesitar, requerir. ≠ Perdonar, dispensar. ▮ P. ej.: el cuidado de esta planta *exige* mucho esmero. ▮ «*Exigir, requerir*. Ser necesario o necesitarse es la idea común (...). *Exigir* parece que supone una necesidad indispensable; *requerir*, una necesidad de conveniencia. Sin lo que se *exige*, no puede o no debe existir la cosa; sin lo que se *requiere*, no puede existir bien, como conviene o como se desea. Todo arte u oficio *exige* un estudio proporcionado a su dificultad, y *requiere* gusto y afición en el que lo profesa. La tierra *exige* cultivo; el baile *requiere* gracia.» (LH).

exiguo, -gua *adj.* Insuficiente, escaso, corto, pequeño, reducido, insignificante. ≠ Abundante, generoso.

exilio *m.* Destierro, extrañamiento, ostracismo.

eximio, -mia *adj.* Relevante, excelente, superior, sobresaliente, egregio, ilustre, insigne, célebre, renombrado, prestigioso, ínclito.

eximir *tr.-prnl.* Dispensar, libertar, levantar, exentar, perdonar*, absolver, exculpar. ≠ Obligar, condenar.

existir *intr.* Ser, vivir. ≠ Inexistir, faltar.

éxito *m.* Resultado, consecuencia. ≠ Fracaso.

éxodo *m.* Emigración, migración*, trasmigración.

exonerar *tr.-prnl.* Aliviar, descargar. **2** Destituir, deponer.

exorbitante *adj.* Excesivo, desmesurado, demasiado, enorme, descomunal, garrafal.

exordio *m.* Introducción, preámbulo*, prefacio, prólogo*. **2** RET. Isagoge.

exornar *tr.* Adornar*, hermosear, engalanar, ornar, embellecer, ornamentar.

expansión *f.* Dilatación, extensión. **2** Desarrollo, crecimiento. **3** Difusión, divulgación. **4** Efusión, confianza, comunicación, desahogo. **5** Recreo, solaz, esparcimiento, distracción, diversión.

expansionarse *prnl.* Desahogarse, espontanearse, explayarse, franquearse. **2** Recrearse, solazarse, divertirse.

expansivo, -va *adj.* Comunicativo, franco, cariñoso, efusivo.

expectoración *f.* Esputo.

expectorar *tr.* Escupir*, esputar.

expedición *f.* Envío, remesa. **2** Desembarazo*, prontitud.

expediente *m.* Arbitrio, recurso, pretexto, motivo, medio.

expedir *tr.* Despachar, cursar, dar curso. **2** Enviar*, remitir, remesar.

expeditivo, -va *adj.* Diligente, pronto, rápido.

expedito, -ta *adj.* Libre, desembarazado, despejado. ≠ Difícil, lento.

expeler *tr.* Arrojar, echar, lanzar, expulsar. ▌Tratándose de personas se usa gralte. *expulsar*. → **excluir**

expender *tr.* Vender, despachar. ≠ Comprar. **2** Gastar.

experimental *adj.* Empírico. ▌Aunque muchas veces confunde su significado, *empírico* se dice de lo que es resultado de la experiencia, la observación o la práctica, en tanto que *experimental* sugiere principalmente el experimento provocado a voluntad. Una demostración *experimental* se hace con experimentos que se exhiben. Una demostración *empírica* apela a la experiencia recordada por el autor y por su público. Aplicado a personas, se usa únicamente *empírico*: un filósofo, un médico, *empírico*, no *experimental*.

experimento *m.* Experiencia. ▌El *experimento* se hace determinando voluntariamente un fenómeno. La *experiencia* es el conocimiento que se adquiere con la práctica. Todo *experimento* es una *experiencia*, pero no viceversa.

experto, -ta *adj.* Práctico, experimentado, ejercitado, versado, perito, avezado, diestro, especialista, profesional. ≠ Inexperto, inhábil. ▌En la misma línea de *práctico* se hallan *ejercitado*, *avezado* y *diestro*. En la de *experto* se hallan *perito* y *versado*. Un catavinos es un *práctico* en el reconocimiento de los vinos y sus mezclas. Un enólogo es un *perito*, *experto* o *versado* en la fabricación, análisis, conservación y mejora de los vinos, con conocimientos científicos que sirven de base a su experiencia. ▌«El *práctico* obra por hábito y por rutina; el *experto* obra por principios y en virtud de reglas. El *práctico* no adquiere más que facilidad; el *experto* tiene además estudios y doctrinas.» (M).

expiación *f.* Castigo, pena, reparación, satisfacción.

expiar *tr.* Purgar, pagar, reparar.

expirar *intr.* Morir, fallecer, exhalar el último suspiro, dar las boqueadas, cerrar los ojos, fenecer, finar, entregar el alma, entregarla (fam.), dormir en el Señor. ≠ Nacer. **2** Terminar, acabar, concluir, finalizar. ≠ Empezar.

explanar *tr.* Allanar, aplanar, igualar, nivelar. **2** Declarar, explicar*, exponer, desarrollar.

explayar *tr.-prnl.* Ensanchar, dilatar, extender. ▸ **2** *prnl.* Esparcirse, recrearse, divertirse, solazarse. **3** Confiarse, franquearse, espontanearse, desahogarse, expansionarse. ≠ Reprimirse.

expletivo, -va *adj.* GRAM. Enfático, completivo*.

explicación *f.* Aclaración, exposición, declaración. **2** Justificación, exculpación, satisfacción.

explicar *tr.-prnl.* Declarar, expresar. **2** Aclarar, exponer, interpretar, explanar, desarrollar. ▌*Explanar* y *desarrollar* sugieren una explicación extensa: se *explana* o *desarrolla* una teoría, un sistema. **3** Enseñar, profesar. **4** Exculpar, justificar, satisfacer. ▸ **5** *prnl.* Comprender, darse cuenta, entender. ≠ Confundir.

explícito, -ta *adj.* Expreso, claro, manifiesto, determinado.

explorar *tr.* Reconocer, examinar, investigar, sondar, sondear.

explotar *intr.* Estallar, reventar. ▸ **2** *tr.* Aprovechar, utilizar.

expoliar *tr.* Despojar, robar, quitar.

expolición *f.* RET. Conmoración.
exponer *tr.-prnl.* Manifestar*, declarar, explicar*, interpretar. **2** Exhibir, mostrar. **3** Arriesgar, aventurar, comprometer, atreverse*. ≠ Acobardarse.
exposición *f.* Explicación, interpretación. **2** Exhibición, presentación, muestra. **3** Riesgo, peligro.
expósito, -ta *adj.-s.* Echadillo, echadizo, inclusero, enechado, peño.
expremijo *m.* Entremiso, entremijo.
expresamente *adv. m.* Claramente, manifiestamente, explícitamente. **2** Adrede, de intento, de propósito, aposta, exprofeso.
expresar *tr.-prnl.* Manifestar, significar, decir. ≠ Callar. **2** Interpretar, simbolizar.
expresivo, -va *adj.* Significativo, elocuente. **2** Afectuoso, cariñoso.
expreso, -sa *adj.* Claro, especificado, explícito.
exprimidera *f.* Exprimidero, estrujadera.
expuesto, -ta *adj.* Arriesgado, aventurado, peligroso. **2** Sujeto, propenso.
expugnar *tr.* Tomar, conquistar, apoderarse.
expulsar *tr.* Arrojar, echar, echar a la calle, plantar a la calle, poner de patitas en la calle, enviar a freír espárragos, enseñar la puerta, despedir*. ≠ Recibir, acoger. ▌Referidos a personas o animales. **2** Expeler. ▌Referido a cosas.
expurgar *tr.* Limpiar, purificar, depurar.
exquisito, -ta *adj.* Sabroso, delicioso, excelente, primoroso, delicado.
éxtasis *m.* Rapto, transporte, arrebatamiento, arrebato. **2** Orgasmo, cima, clímax.
extemporáneo, -ea *adj.* Intempestivo*, inoportuno, inconveniente, importuno*.
extender *tr.-prnl.* Desplegar, desdoblar, desenvolver, tender. ≠ Encoger, recoger. **2** Amplificar, ampliar, alargar*. **3** Difundir, esparcir, divulgar, propagar. **4** Alcanzar, llegar.
extenso, -sa *adj.* Vasto, espacioso, dilatado, grande*, prolongado, lato. ▌Los dos últimos, en sentido fig.
extenuar *tr.-prnl.* Enflaquecer, debilitar, agotar. ≠ Reanimar, fortalecer.
exterior *adj.* Externo, extrínseco. ≠ Interior, intrínseco. ► **2** *m.* Superficie, periferia, exterioridad. **3** Traza, porte, apariencia, aspecto, facha (fam. o burl.), pinta (fam. o burl.).
exterminar *tr.* Aniquilar*, extinguir, destruir. **2** Asolar, devastar, desolar.
externo, -na *adj.* Exterior, extrínseco. ▌«Lo *exterior* es lo que está fuera del cuerpo o en su superficie; lo *externo* es lo que está fuera y separado del cuerpo. Los objetos de los sentidos son *exteriores* y *externos*; pero los órganos de los sentidos no son *externos*, sino *exteriores*. No decimos el aspecto *externo*, sino el aspecto *exterior* de una cosa. Algunas veces *exterior* es sustantivo, como: ese hombre es de un *exterior* agradable. *Extrínseco*, en el lenguaje científico, es sinónimo de *exterior*.» (M).
extinguir *tr.* Apagar, aniquilar, destruir. ▌*Apagar* un incendio, la luz; *aniquilar*, *destruir*, tratándose de seres vivos, epidemias, gérmenes, etc. ► **2** *prnl.* Cesar, acabar, morir, expirar, perecer*. ≠ Nacer.
extintor *m.* Matafuego.
extirpar *tr.* Arrancar, desarraigar, destruir.
extracción *f.* Origen, linaje, estirpe, nacimiento, clase. ▌*Extracción* se acompaña ordinariamente de adjetivos que denotan desestimación en mayor o menor grado. No se dice: de ilustre o esclarecida *extracción*. Se dice en cambio: de *extracción* baja, plebeya, humilde, modesta, etc.
extractar *tr.* Resumir, abreviar, compendiar, esquematizar, sintetizar, esbozar. ≠ Ampliar.
extracto *m.* Resumen, compendio. **2** Substancias, esencia.
extraer *tr.* Sacar, separar.
extralimitación *f.* Exceso, arbitrariedad, desafuero, tropelía, atropello, alcaldada.
extralimitarse *prnl.* Excederse, propasarse, pasar de la raya.
extramuros *adv. l.* Fuera de puertas.
extranjerismo *m.* Barbarismo.
extranjero, -ra *adj.* Extraño, exótico. ▌*Extranjero* y *extraño* se aplican a personas y a cosas; *exótico* solo a cosas; p. ej.: mercancías, costumbres, lenguas, *exóticas* o *extranjeras*. Cuando ambos son equivalentes, *exótico* se prefiere cuando alude a países muy remotos. Un producto que procede de Polinesia, una costumbre de la India, se calificarán de *exóticos* más

a menudo que si vienen de Italia o de Francia. ▶ **2** *s.* Meteco, bárbaro. ▌Ambos conservan el sentido desp. que tenían en Grecia.

extrañamiento *m.* Destierro*, ostracismo, proscripción, exilio, deportación.

extrañar *tr.* Desterrar, deportar. **2** Amér. Echar de menos. ▶ **3** *prnl.* Sorprenderse, admirarse, chocar.

extrañeza *f.* Rareza, singularidad. ≠ Vulgaridad, normalidad. **2** Sorpresa, admiración.

extraño, -ña *adj.* Extranjero, exótico. **2** Ajeno, impropio, inadecuado, inoportuno. **3** Sorprendente, chocante. **4** Extraordinario, raro, singular*, insólito.

extraordinario, -ria *adj.* Singular*, excepcional, único, raro*, extraño. **2** Sorprendente, chocante.

extravagante *adj.* Raro, chocante, estrafalario, estrambótico.

extravenar *tr.* Trasvenarse.

extraviar *tr.-prnl.* Desviar, desorientar, descaminar, perderse. ≠ Encontrar, encaminar. ▶ **2** *prnl.* fig. Errar, desacertar, equivocarse. **3** Descarriarse, pervertirse. ≠ Encaminarse.

extremado, -da *adj.* Exagerado, excesivo, extremo, extremoso.

extremarse *prnl.* Esmerarse, desvelarse.

extremaunción *f.* Santos Oleos, Unción.

extremidad *f.* Extremo, punta, remate, fin. **2** Miembro.

extremo *m.* Extremidad, remate, fin, punta. **2** Término*, límite. → **extremos**

extremo, -ma *adj.* Último, término*. **2** Exagerado, extremado, excesivo, sumo.

extremos *m. pl.* Extremosidades, exageraciones, encarecimientos. → **extremo**

extrínseco, -ca *adj.* Externo*, exterior, inesencial.

exuberancia *f.* Abundancia, plenitud, prodigalidad, profusión, copia, prolijidad, cantidad. ≠ Escasez, tacañería.

exudar *intr.-tr.* Rezumar, destilar.

exutorio *m.* MED. Fontículo, fuente.

exvoto *m.* Milagro, presentalla, voto, ofrenda.

f

fábrica *f.* Manufactura. **2** ant. Edificio*, construcción.

fabricar *tr.* Manufacturar, elaborar. **2** Construir*, edificar, obrar. **3** fig. Inventar, imaginar, forjar.

fábula *f.* Apólogo. **2** Mito. **3** Ficción, invención, falsedad. ≠ Verdad, realidad. **4** Rumor, hablilla, habladuría.

fabuloso, -sa *adj.* Mítico, mitológico, legendario. **2** Imaginario, fingido, ficticio, inventado, falso, apócrifo*. **3** Increíble, excesivo, exagerado, extraordinario, inadmisible.

facción *f.* Parcialidad, bando, bandería, partida, guerrilla, valía, cuadrilla, pandilla, banda II. ▌Los tres primeros sinónimos se diferencian de *facción* en que esta implica rebelión o sedición, en tanto que *parcialidad, bando* y *bandería* no connotan necesariamente aquellas ideas. Por esto *facción* se acerca más a *partida* o *guerrilla,* con la diferencia de que las incluye, es decir, el conjunto de *partidas* o de *guerrillas* que se levantan por una misma causa forman la *facción.* Además la *facción* supone guerra civil, y las *partidas* o *guerrillas* pueden actuar contra un enemigo extranjero. **2** (del rostro) Rasgo.

faccioso, -sa *adj.* Rebelde, sedicioso, sublevado.

facha *f.* Traza, figura, aspecto, apariencia, pinta (vulg.). **2** Mamarracho, adefesio.

fachada *f.* Frontis, frontispicio. ▌La *fachada* es la parte exterior de un edificio, y a menudo se entiende por la principal, aunque puede tener cuatro, si el edificio está aislado (*fachada* del norte, de poniente, etc.). *Frontis* y *frontispicio* es la *fachada* principal.

fachenda *f.* Vanidad, presunción, ostentación, jactancia, farol. ► **2** *m.* Fachendoso, vanidoso, presumido, jactancioso.

fachendoso, -sa *adj.* Fachenda, vanidoso, presumido, jactancioso, fachendista, fachendón. ≠ Modesto, humilde.

fácil *adj.* Sencillo, hacedero, cómodo. ≠ Difícil. **2** Probable. ≠ Improbable. **3** Dócil, tratable, manejable. ≠ Difícil. **4** Frágil, liviano, ligero. ▌Tratándose de una mujer.

facilitar *tr.* Favorecer, posibilitar. ≠ Dificultar, enredar. **2** Proporcionar, proveer, suministrar, hacer puente de planta, estar en la mano, abrir la puerta.

facineroso, -sa *adj.-s.* Delincuente, malhechor, criminal, bandido, forajido.

facsímile *m.* Reproducción, imitación.

factible *adj.* Hacedero, realizable, posible, viable. ▌*Factible* es lo que se puede hacer, lo que es posible hacer. *Hacedero* tiene el mismo significado, pero además denota que se puede hacer con facilidad.

factura *f.* Hechura, ejecución. **2** Cuenta.

facultad *f.* Potencia, capacidad, aptitud. **2** Poder, potestad, derecho, atribuciones. **3** Licencia*, permiso, autorización, consentimiento.

facultar *tr.-prnl.* Autorizar, dar poder, dar atribuciones. ≠ Desautorizar, prohibir. **2** Permitir, consentir. ≠ Desautorizar, prohibir.

facultativo, -va *adj.* Potestativo.

facundia *f.* Verbosidad, labia*, locuacidad, verba. ≠ Dificultad, escasez.

faena *f.* Trabajo*, quehacer, labor, tarea, fajina, tajo, ocupación*.

fajar *tr.-prnl.* Amér. Acometer, embestir, golpear, pegar.

fajo *m.* Haz, atado, atadijo.

falacia *f.* Engaño, mentira, ficción, falsedad, fraude.

falaz *adj.* Engañoso, mentiroso, fingido, ficticio. ≠ Sincero, natural, verdadero. **2** Artero, embustero, engañador, embaucador. ≠ Sincero.

falcinelo *m.* Morito.

falda *f.* Saya, halda (p. us.). **2** Regazo.

faldulario *m.* Andulario, fandulario.

falsabraga *f.* Contramuralla, contramuro. ▮ En fortificaciones.

falsear *tr.* Contrahacer, corromper, adulterar, falsificar, mentir, interpolar, desnaturalizar. ► **2** *intr.* Flaquear, flojear, debilitarse, ceder. **3** No hacer tal cosa, traer los papeles mojados.

falsedad *f.* Mentira, engaño, impostura, disimulo, bulo, trola, paparrucha, pajarota, camama, embuste, fraude, engañifa. ≠ Verdad, lealtad, legitimidad.

falsía *f.* Falsedad, deslealtad, infidelidad, doblez.

falsificar *tr.* Falsear, contrahacer*, adulterar, mistificar, sofisticar. ▮ *Adulterar, mistificar*, esp. tratándose de alimentos o productos químicos. *Sofisticar*, esp. tratándose de conceptos, razones, argumentos, palabras.

falso, -sa *adj.* Engañoso, mentiroso, ficticio, fingido, sofístico, falaz, erróneo, equivocado, artificial*. **2** Falsificado, adulterado, mistificado, contrahecho, espurio, apócrifo, subrepticio. **3** Traidor, felón, desleal, perjuro, infiel, alevoso. **4** Endeble, inestable, flojo.

falta *f.* Defecto, imperfección, tacha, deficiencia. **2** Privación, ausencia, carencia, escasez. **3** Culpa, descuido, pecado. **4** Error*, equivocación, yerro, desacierto. **5** DEP. Personal. ▮ En el baloncesto.

faltar *intr.-prnl.* Carecer, necesitar, hacer falta. ≠ Sobrar. ▮ «Cuando digo 'me *falta* dinero', doy a entender que no tengo todo el que tenía. Cuando digo 'me *hace falta* dinero', quiero decir que no tengo todo el que deseo o necesito.» (M). **2** Quedar, restar. ▮ P. ej.: en todo lo que *falta*, *queda* o *resta* del año. **3** Consumirse, acabarse. ▮ P. ej.: el aliento, el pan. **4** Morir, fallecer. ▮ *Faltar* es eufemismo por *morir*, *fallecer*. **5** Ofender, injuriar, caer en falta, faltar a la palabra, quedar mal.

falto, -ta *adj.* Carente, necesitado, defectuoso, escaso, desprovisto, pobre, corto.

faltriquera *f.* Faldriquera.

falla *f.* Defecto, imperfección, falta, tacha.

fallar [1] *tr.* Decidir, determinar, sentenciar, resolver.

fallar [2] *intr.-prnl.* Frustrarse, marrar*, faltar, fracasar, errar el golpe, equivocarse, errar. ≠ Lograr, cumplir.

fallecer *intr.* Morir, fenecer, expirar, finar, sucumbir*, expirar, estirar la pata (vulg.).

fallecimiento *m.* Muerte, defunción, óbito, expiración.

fallido, -da *adj.* Frustrado, fracasado. **2** Quebrado, incobrable. ▮ Tratándose de un comerciante, banquero, etc., *quebrado*. Hablando de una cantidad, crédito o partida, *incobrable*.

fallo *m.* Sentencia, resolución, decisión, laudo. ▮ Si es de un juez o un tribunal de justicia, *sentencia*. Si es de persona competente para resolver un asunto disputado, *resolución, decisión*. El *fallo* de los árbitros o amigables componedores, *laudo*.

fama *f.* Nombre, nombradía, renombre, notoriedad, reputación, celebridad, gloria, aceptación, boga. ≠ Vulgaridad, fracaso, oscuridad.

famélico, -ca *adj.* Hambriento, hambrón. ▮ Tratándose de un *famélico* o *hambriento* habitual, *hambrón*.

familia *f.* Parentela. **2** Linaje, estirpe, raza, casta. **3** Prole, hijos, descendencia.

familiaridad *f.* Llaneza, franqueza, confianza.

familiarizar *tr.-prnl.* Adaptar, acostumbrar, avezar, habituar.

famoso, -sa *adj.* Renombrado, célebre, insigne, señalado, sonado, egregio*, legendario*, mítico. ▮ El *famoso* puede serlo en lo bueno o en lo malo. ▮ «La *celebridad* es una *fama* distinguida y consolidada por el tiempo. El *famoso* puede serlo a una distancia y por un tiempo limitado; pero no el *célebre*, cuyo renombre debe recaer sobre lo que, o por bueno o por malo, llama ilimitadamente la atención general y la de la posteridad.» (LH)

fámulo *m.* Criado, doméstico, sirviente. ▮ *Fámulo* se usa principalmente en los conventos u otros medios eclesiásticos.

fanal *m.* Farola. **2** MAR. Farol, farón.

fanático, -ca *adj.* Apasionado, exaltado, intolerante, intransigente.

fanatismo *m.* Apasionamiento, exaltación, intolerancia, intransigencia. ≠ Tolerancia, transigencia, ecuanimidad. ▮ El *fanatismo* añade a estas ideas la cualidad de desmedido y ciego.

fanerógamo, -ma *adj.* Espermatofito, sifonógamo.

fanfarria *f.* Baladronada, bravata, jactancia, fanfarronada. ▮ La *baladronada*, la *bravata* y la *fanfarronada* son propias del que quiere hacerse pasar por valiente. La *fanfarria* y la *jactancia* están más cerca de la vanidad y de la ostentación en general. Es *fanfarria* presumir de rico, de guapo.

fanfarrón, -ona *adj.-s.* fam. Matasiete (burl.), perdonavidas (burl.), valentón, bravucón, fachenda.

fanfarronada *f.* Jactancia, presunción, petulancia, vanagloria, fanfarria*, bravata, baladronada. ≠ Modestia, sencillez.

fangal *m.* Barrizal, lodazal, cenagal.

fango *m.* Barro*, lodo.

fantasía *f.* Imaginación. ≠ Realidad. **2** Capricho, antojo. **3** Presunción, entono, ostentación. ≠ Sencillez.

fantasioso, -sa *adj.* Vano, presuntuoso, presumido, ostentoso, entonado, vanidoso. **2** Caprichoso, antojadizo.

fantasma *m.* Aparición, espectro, sombra, visión, quimera.

fantástico, -ca *adj.* Quimérico, imaginario, fantasmagórico, fantasmal. **2** Caprichoso, extravagante, fingido, ficticio. **3** Presuntuoso, entonado.

fantoche *m.* Títere. **2** Fardón, figurón, fantasmón.

faquí *m.* Alfaquí.

faquín *m.* Ganapán, cargador, mozo de cuerda.

faralá *m.* Falbalá, farfalá.

farfalloso, -sa *adj.* Tartamudo, tartajoso.

farfantón *adj. m.* Fanfarrón, valentón, pendenciero, matasiete, bravucón.

fárfara *f.* Tusílago, uña de caballo.

farfolla *f.* fig. Faramalla.

farfullar *tr.* Barbotar, barbotear, mascullar, barbullar.

farináceo, -ea *adj.* Harinoso, harinero, panoso. ▮ *Harinoso*, semejante a la harina por su consistencia, color, etc. *Farináceo* puede tener el mismo sentido en el habla culta o técnica (aspecto *farináceo*); o bien calificar lo referente a la harina: industria *farinácea* o *harinera* (no *harinosa*).

farlopa *f.* (col.) Cocaína, coca (col.), nieve (col.), perico (col.).

farmacéutico, -ca *adj.* Oficinal, medicamentoso. ≠ Magistral. ▮ Aplícase a los medicamentos. ► **2** *s.* Boticario, farmacopola (p. us.).

farmacia *f.* Botica.

farmacopea *f.* Recetario.

farolear *intr.* Fachendear, presumir, darse tono, jactarse.

farolero, -ra *adj.-s.* Ostentoso, fachendoso. **2** Farolón, papelero, papelón. ▮ *Farolón* aumenta el sentido desp. Los dos últimos aluden pralte. al rango social que ostenta.

farolillo *m.* Besico de monja, campánula. **2 Farolillo rojo** DEP. Último, colista. ▮ *Farolillo rojo* se usa en el ciclismo.

farolón, -ona *adj.-s.* Fantoche, figurón.

farra *f.* Amér. Juerga, jarana, parranda.

farragoso, -sa *adj.* Desordenado, confuso, mezclado, enmarañado.

farsa *f.* fig. Enredo, tramoya, mentira, patraña, ficción, fingimiento, hipocresía, engaño, falsedad, fraude, superchería, embuste*, bola*. ≠ Vida, verdad.

fascículo *m.* Entrega, cuaderno.

fascinación *f.* Aojamiento, embrujo, hechizo. **2** Alucinación, deslumbramiento, seducción, incitación, engaño.

fascinar *tr.-prnl.* Aojar, hechizar, embrujar, encantar. ≠ Repeler, desencantar. **2** Alucinar, engañar, deslumbrar, seducir, asombrar. ≠ Repeler.

fase *f.* fig. Aspecto, período, estado, estadio.

fastidiar *tr.-prnl.* Hastiar, enfadar, disgustar, cansar*, aburrir*, matar el tiempo. **2** Molestar, enojar.

fastidioso, -sa *adj.* Hastioso, tedioso, latoso, aburrido, pesado, cargante, importuno, enfadoso, cansado, monótono, árido, desagradable*, incómodo*. ≠ Agradable, ameno.

fastos *m. pl.* Anales.

fastuoso, -sa *adj.* Ostentoso, espléndido, suntuoso, rumboso, lujoso.

fatal *adj.* Inevitable, inexorable, predestinado. **2** Desgraciado, adverso, funesto, nefasto, aciago, malhadado.

fatalidad *f.* Hado, destino. ≠ Voluntariedad. **2** Desgracia, adversidad*, infelicidad, infortunio. ≠ Dicha.

fatídico, -ca *adj.* Funesto, aciago, nefasto.

fatiga *f.* Agitación, sofocación, ahogo, cansancio. ≠ Descanso, aliento, fortaleza. → **fatigas**

fatigar *tr.-prnl.* Cansar, agotar, extenuar. ≠ Descansar. **2** Vejar, molestar, importunar, agobiar.

fatigas *f. pl.* Náuseas. **2** Penalidades, trabajos, molestias. → **fatiga**

fatigoso, -sa *adj.* Fatigado, agitado. **2** Cansado, trabajoso, penoso.

fatuidad *f.* Presunción, hinchazón, vanidad*, petulancia, jactancia*. ≠ Modestia, discreción. **2** Necedad, tontería.

fatuo, -tua *adj.* Vano, presuntuoso, presumido, petulante. **2** Necio, tonto.

fausto *m.* Ostentación, suntuosidad, magnificencia, pompa, boato.

fausto, -ta *adj.* Feliz, afortunado, venturoso, dichoso.

favor *m.* Socorro, auxilio*, ayuda. **2** Protección, amparo, patrocinio, privanza, influencia. **3** Beneficio, gracia, merced, servicio. **4 A favor** *loc. adj.* Acreedor.

favorable *adj.* Propicio*, benévolo, benigno, acogedor, próspero, venturoso.

favorecer *tr.* Ayudar, auxiliar, socorrer. ≠ Perjudicar, dañar. **2** Secundar, apoyar, acoger*. **3** Proteger, patrocinar, auspiciar, hacer buenos oficios.

favorito, -ta *adj.* Preferido, predilecto, privilegiado. ▸ **2** *s.* Valido, privado.

faz *f.* Rostro, cara*. **2** Anverso, haz, cara. **3** Superficie. **4** fig. Cariz, aspecto. ▮ *Cariz, aspecto* del tiempo o de los acontecimientos.

fe *f.* Dogma, creencia, religión. ≠ Incredulidad. **2** Confianza, crédito. ≠ Desconfianza. **3** Seguridad, aseveración, afirmación. **4** Fidelidad, rectitud, lealtad, honradez. ≠ Infidelidad. **5 De buena fe** *loc. adj.* Sincero, veraz, verdadero, verídico, abierto, franco, sencillo. ≠ De mala fe.

febricitante *adj.* Calenturiento.

febrífugo, -ga *adj. m.* MED. Antitérmico, antipirético.

febril *adj.* Pirético (MED.). **2** fig. Ardoroso, desasosegado, agitado. ≠ Frío, tranquilo, sosegado.

fecha *f.* Data (p. us.).

fechar *tr.* Datar, calendar. ▮ *Datar*, menos usado que *fechar*; *calendar*, muy poco usado si no se trata de documentos o cronología antiguos.

fecundar *tr.* Fecundizar, fertilizar. ▮ *Fecundar* es propio de los seres vivos; *fecundizar* es hacer producir lo que no producía o producía poco, y si se trata de la tierra, *fertilizar*.

fecundidad *f.* Feracidad, fertilidad. ≠ Esterilidad, impotencia. ▮ Tratándose de la tierra. ▮ «La *fecundidad* es la facultad de producir mucho; la *fertilidad* es la abundancia de la producción. Un terreno fecundo se *fertiliza* por medio de la labor y del abono.» (M).

fecundo, -da *adj.* Prolífico. **2** Productivo, fructuoso, fértil, feraz. ▮ *Feraz* se dice exclusivamente del campo. En sentido fig., decir que un ingenio es *fecundo* sugiere que está dotado de facultades creadoras; *fértil* alude más bien a la variedad de conocimientos o recursos. La enseñanza de un profesor es *fecunda*, no *fértil*, si suscita iniciativas, ideas, entre los discípulos. ▮ «Lo que materialmente produce con abundancia es *fecundo*. La *fecundidad* de varias especies o individuos constituyen *fértil* el todo que componen. Una tierra, un campo es *fértil* cuando en él hay muchas plantas *fecundas*. Las olivas, las vides que producen materialmente aquellos frutos, son *fecundas*. Por la misma razón, entre los animales no se llaman *fértiles* las hembras, sino *fecundas*.» (M).

federación *f.* Confederación.

federativo, -va *adj.* Confederativo.

felicidad *f.* Dicha, ventura, venturanza, contento, satisfacción, bienestar, beatitud*. ≠ Infelicidad, dolor, desencanto. **2** Suerte, fortuna. ≠ Infelicidad. ▮ Cuando significa un suceso feliz.

felicitación *f.* Enhorabuena, parabién, pláceme, congratulación.

feliz *adj.* Dichoso, venturoso, afortunado, fausto, contento, satisfecho. ▮ Los cuatro primeros se aplican a personas o cosas. Los dos últimos, solo a personas. **2** Oportuno, acertado, atinado, eficaz.

felonía *f.* Deslealtad, traición, infidelidad, infamia, perfidia, alevosía.

felpa *f.* fig. Paliza, zurra, tunda, solfa, tollina. **2** Regañina, rapapolvo, reprimenda.

femenino, -na *adj.* Femenil, femíneo (p. us.), femil, mujeril, afeminado. ▮ *Femenil* y *femíneo* son voces escogidas que se aplican pralte. a cualidades estimables: gracia, ternura, *femil* o *femínea*. *Mujeril* sugiere a menudo defectos o debilidades de la mujer: habladurías *mujeriles*, miedo *mujeril*; por esto tiene a veces matiz despectivo: compárese adornos *mujeriles*, *femeninos* o *femeniles*. *Afeminado* se dice de la persona que parece mujer, o de las cosas, actos, etc., que parecen de mujer sin serlo: hombre *afeminado*, modales *afeminados*.

fementido, -da *adj.* Infiel, desleal, pérfido. **2** Engañoso, falso.

fenecer *intr.* Morir, fallecer. **2** Acabarse, terminarse, concluirse.

fenicio, -cia *adj.-s.* (pers.) Sidonio, fenice.

fenol *m.* Carbol, ácido fénico.

fenomenal *adj.* Fenoménico. **2** Tremendo, desmesurado, descomunal, extraordinario, brutal. ▮ Todos ellos se usan con carácter intensivo general.

fenómeno *m.* Apariencia, manifestación. ▮ En filosofía y en las ciencias, *fenómeno* conserva la acepción etimológica de *apariencia* o *manifestación*. **2** Monstruo, genio, as, figura. **3** fig. Portento, prodigio.

feo, -ea *adj.* Feúco, feúcho, mal parecido, mal encarado, antiestético. ▮ Los dim. *feúco*, *feúcho*, pueden tener carácter atenuativo, más o menos cariñosos según los casos; lo mismo ocurre con el aumentativo *feote*, que oscila entre la atenuación y el menosprecio; *mal parecido* y *mal encarado* se aplican solo a personas; *antiestético*, a cosas. **2** Atroz, horrible, monstruoso. ▮ Todos ellos con carácter intensivo. ▶ **3** *m.* Desaire, grosería.

feracidad *f.* Fertilidad, fecundidad.

feraz *adj.* Fértil*, fecundo*, productivo, fructuoso.

féretro *m.* Ataúd, caja mortuoria.

fermentar *intr.* TECNOL. Rehervir, agriarse, leudar, aleudar, hervir, pudrirse. ▮ En el habla corriente, *rehervir* o *agriarse* las conservas; *agriarse* la leche, el vino y otros líquidos; *leudar*, *aleudar*, la masa del pan; *hervir*, *rehervir*, el mosto; *pudrirse*, el estiércol.

ferocidad *f.* Fiereza, crueldad, inhumanidad, ensañamiento*, bravura*. ≠ Humanidad, piedad.

feroz *adj.* Fiero, cruel, despiadado, inhumano, bravío*.

férreo, -ea *adj.* fig. Duro, tenaz, resistente, inflexible.

ferrería *f.* Forja.

ferrocarril *m.* Tren.

fértil *adj.* Fecundo*, feraz, ubérrimo, abundante. ▮ *Feraz* se dice de tierras y cultivos, y tiene menor uso fig. que sus sinónimos. *Ubérrimo* significa muy *fértil*.

fertilidad *f.* Fecundidad*, feracidad, abundancia. ≠ Esterilidad. ▮ *Feracidad* si se trata del campo.

fertilizante *m.* Abono.

fertilizar *tr.* Fecundizar, abonar, encrasar (p. us.), engrasar (p. us.), entarquinar, estercolar, nitratar, meteorizar. ▮ Según el abono o medio empleado se usan verbos especiales, como los cuatro últimos sinónimos. **2** Fecundar*.

ferviente *adj.* Fervoroso, ardiente, férvido, cálido, entusiasta.

fervor *m.* Devoción, piedad. **2** Celo, ardor, entusiasmo. ≠ Tibieza, frialdad, incredulidad.

festejar *tr.* Agasajar, celebrar, obsequiar, halagar*, regalar. **2** Cortejar, galantear*, rondar la calle, hacer la corte, tirar los tejos, poner los ojos tiernos.

festín *m.* Banquete, convite.

festividad *f.* Fiesta, solemnidad, conmemoración.

festivo, -va *adj.* Chistoso, agudo, ocurrente, divertido. **2** Alegre, regocijado, gozoso, jovial.

festón *m.* ARQ. Colgante.

fetiche *m.* Ídolo.

fetidez *f.* Hediondez, hedor, fetor, peste, pestilencia.

feto *m.* Engendro.

feudatario, -ria *s.* Tributario, vasallo.

fiable *adj.* Fidedigno, seguro. **2** (persona) Fiel, leal, honesto.

fiado Al fiado *loc. adv.* A crédito. ‖ *A crédito* se usa en la banca y en el comercio al por mayor. *Al fiado*, en las ventas al por menor.

fiador, -ra *s.* Fianza, segurador, garante, garantizador.

fiambrera *f.* Tarta, tartera.

fianza *f.* Garantía*, caución, satisfacción (Der.). **2** Fiador, garante. **3** Prenda.

fiar *tr.-prnl.* Asegurar, garantir, garantizar, responder. **2** Confiar. ≠ Desconfiar. **3 De fiar** *loc. adj.* De confianza.

fiasco *m.* Fracaso, chasco.

fibra *f.* Hebra. ‖ Si es de la carne o de la madera. **2** fig. Vigor, energía, resistencia, fortaleza.

fibroso, -sa *adj.* Hebroso. ‖ *Hebroso* en las acepciones no técnicas: carne, madera, *hebrosa*.

ficción *f.* Fingimiento, pamema, paripé, simulación, apariencia. ‖ *Fingimiento* se aplica con preferencia a gestos, palabras, actos concretos: sus lágrimas eran puro *fingimiento*; su expr. fam. es *pamema*; si el *fingimiento* es para darse importancia, *paripé*. *Ficción* y *simulación* pertenecen a la lengua culta, y pueden referirse a actos no materiales y largo tiempo continuados: el gobierno practicaba una *ficción* (o *simulación*) de democracia; *apariencia* equivale a ambos, con la diferencia de que no implica necesariamente la intención de fingir; aquel gobierno tenía tan solo *apariencia* de autoridad. **2** Fábula, invención, castillos en el aire, alegoría, símbolo. ≠ Vida, realidad, verdad.

ficticio, -cia *adj.* Artificial*, artificioso, fingido, falso, inventado, imaginado, fabuloso. **2** Convencional, supuesto.

fidedigno, -na *adj.* Fehaciente. **2** Verídico, veraz, confiable, fiable.

fidelidad *f.* Lealtad. ≠ Infidelidad, deslealtad. **2** Exactitud, veracidad, puntualidad, constancia. **3** Probidad, escrupulosidad.

fiebre *f.* Calentura, destemplanza, calenturón, causón, pirexia (Med.). ‖ Calentura en general. Si es ligera, destemplanza. Si es alta y dura poco, calenturón, causón. **2** fig. Excitación.

fiel *adj.* Leal, firme, constante*, fiable. **2** Exacto*, verdadero, verídico, puntual, fiable. **3** Probo, escrupuloso. ► **4** *adj. com.* Religioso, creyente.

fiereza *f.* Ferocidad, crueldad. ≠ Suavidad, humildad, dulzura.

fiero, -ra *adj.* Cruel, sanguinario, brutal, feroz. **2** fig. Duro, intratable. **3** Salvaje, agreste, montaraz, cerril, bravío. **4** fig. Horroroso, horrendo, terrible. **5** Amér. Feo.

fiesta *f.* Festividad, conmemoración, feriado (Amér.). **2** Alegría, regocijo, diversión, festejos. ‖ *Festejos* es el conjunto de celebraciones, diversiones, etc., con que se conmemora una fecha determinada. **3** Chanza, broma. **4** Agasajo, halago, caricia*, carantoña, cucamona, garatusa, arrumaco, zorrocloco, zalema, lagotería. ‖ En estilo fam., *carantoña, cucamona, garatusa, arrumaco* y *zorrocloco* suponen cierto melindre y afán de lisonjear. *Zalema* sugiere pralte. cortesía fingida para conseguir algún fin; *lagotería* y *zanguanga* envuelve la idea de adulación servil. → **fiestas**

fiestas *f. pl.* Vacaciones. → **fiesta**

figón *m.* Bodegón, fonducho, tasca.

figura *f.* Forma, configuración. **2** Aspecto, apariencia. **3** Rostro, cara. **4** Efigie*, imagen. **5** Personaje, celebridad, personalidad, as, astro, fenómeno.

figurar *tr.* Representar, delinear. **2** Aparentar, fingir, simular. ► **3** *intr.-prnl.* Imaginarse, fantasear, suponer, creer.

fijar *tr.* Clavar, hincar, asegurar, consolidar. ≠ Desclavar. **2** Pegar, encolar. **3** Determinar, precisar, delimitar*. ≠ Indeterminar. ► **4** *prnl.* Reparar, darse cuenta.

fijeza *f.* Firmeza, seguridad. ≠ Inestabilidad, inseguridad. **2** Persistencia, continuidad.

fijo, -ja *adj.* Firme, asegurado, seguro. **2** Permanente, estable, inalterable, invariable, inmóvil, inmovible, inmoble (lit.), quieto. ≠ Móvil.

fila *f.* Hilera, cola, ringla, ringle, ringlera, línea. ‖ Si la *fila* la forman personas que esperan vez, se utiliza *cola*; si la forman cosas puestas en orden una tras otra, se usan los tres últimos sinónimos.

filete *m.* Cimbria, cinta, listel, listón, tenia. **2** Bistec, solomillo.

filfa *f.* Mentira, embuste, patraña, engaño, engañifa.

filibustero *m.* Bucanero.

filípica *f.* Invectiva, regaño, sermón, represión, reprimenda, peluca (fam.), felpa (fam.).

filo *m.* Corte, tajo.

filón *m.* Hebra, vena, veta.

filtrar *tr.* Destilar, pasar, colar.

filtro *m.* Bebedizo.

fin *amb.* Término, remate, acabamiento, conclusión, final. ≠ Principio, origen. ► **2** *m.* Intención, intento, propósito, designio, mira, meta, objeto, objetivo, finalidad. ▌Los cinco primeros sinónimos hacen pensar pralte. en los motivos o en la actitud subjetiva del que hace la acción. Los cinco últimos sugieren más bien el término real a que tiende. **3 A fin de que** *loc. conj.* Para que, a que, con objeto de.

final *m.* Acabamiento, conclusión, remate, consumación, término*.

finalidad *f.* Fin, objeto, motivo, objetivo.

finalizar *tr.* Acabar, concluir, terminar*, rematar, echar la llave, alzar la obra, poner fin, bajar el telón, levantar la sesión. ≠ Empezar, originar. ► **2** *intr.* Extinguirse, acabarse.

finar *intr.* Fallecer, morir, expirar.

finchado, -da *adj.* Vano, engreído, vanidoso, presuntuoso, hinchado.

fineza *f.* Atención, cortesía. **2** Obsequio, regalo, presente.

fingimiento *m.* Simulación, ficción, engaño, hipocresía, doblez, falsedad, duplicidad, disimulo, afectación*. ≠ Verdad, realidad, sinceridad, naturalidad.

fingir *tr.* Simular, aparentar, hacer creer, hacer el papel, llorar con un ojo, hacer la comedia.

finiquitar *tr.* Saldar, cancelar. **2** Acabar, concluir, terminar*.

finlandés, -esa *adj.-s.* (pers.) Finés.

fino, -na *adj.* Delicado, primoroso. **2** Delgado, sutil. **3** Cortés, cumplido, atento, amable, urbano. **4** Astuto, sagaz.

finura *f.* Delicadeza, amabilidad, urbanidad, cortesía, exquisitez. ≠ Dureza, inurbanidad, aspereza, torpeza.

firmamento *m.* Cielo, bóveda celeste.

firmante *adj. com.* Signatario, infrascrito.

firmar *tr.* Signar, suscribir. ▌*Signar* encierra cierta solemnidad, y solo se aplica tratándose de documentos de gran importancia pública o internacional. *Suscribir* se usa en lenguaje administrativo (el que *suscribe*); fuera de él es voz selecta.

firme *adj.* Estable, sólido, seguro, fijo. **2** fig. Constante, invariable, entero. ► **3** *m.* Afirmado. ▌P. ej.: el *firme* o *afirmado* de una carretera.

firmeza *f.* Estabilidad, seguridad, fortaleza, solidez. ≠ Inestabilidad, inseguridad. **2** fig. Entereza, constancia, tesón. ≠ Indecisión.

fisco *m.* Erario, tesoro público.

fisgar *tr.* Husmear, curiosear, atisbar, huronear, fisgonear, meter baza.

fisgón, -ona *adj.* Husmeador, curioso, fisgoneador, entrometido.

fisión *f.* FIS. Escisión.

fisonomía *f.* Cara*, rostro. ▌*Fisonomía* es voz culta o técnica. **2** Aspecto, cariz.

fisura *f.* Hendidura, grieta, raja.

fitología *f.* Botánica.

fitopatología *f.* Patología vegetal.

flabeliforme *adj.* Flabelado.

fláccido, -da *adj.* Lacio, flojo, blando.

flaco, -ca *adj.* Delgado*, seco, enjuto. ≠ Gordo, abundante. ▌En América se utiliza más el término *flaco*. **2** Flojo, endeble, débil.

flagelar *tr.* Azotar, fustigar. **2** fig. Vituperar.

flagrar *intr.* Deflagrar. ▌En química y pirotecnia, *deflagrar*.

flamante *adj.* Lúcido, brillante, resplandeciente. **2** Nuevo, reciente, fresco.

flamear *intr.* Llamear. **2** Ondear, flotar, ondular, undular.

flamenco *m.* (ave) Picaza marina.

flamenco, -ca *adj.-s.* Achulado, presumido.

flaquear *intr.-prnl.* Debilitarse, flojear, decaer, agachar las orejas. ≠ Resistir. **2** fig. Ceder, cejar, aflojar, desalentarse, desanimarse, desmayar. ≠ Animarse.

flaqueza *f.* Debilidad. ≠ Gordura, fortaleza, resolución.

flauta *f.* Tibia. ▌*Tibia* es voz latina que solo se usa aludiendo a la antigüedad o en el lenguaje poético.

flautín *m.* Octavín.

flecha *f.* Saeta. **2** Sagita.
flechar *tr.* Asaetear. **2** fig. Atraer, enamorar.
flechaste *m.* MAR. Nigola.
flegmasia *f.* MED. Flogosis.
fleje *m.* Zuncho, suncho.
flema *f.* Apatía, calma, cachaza, lentitud, pachorra. ≠ Ligereza, nerviosidad. **2** Gargajo, esputo*, mucosidad.
flemático, -ca *adj.* Apático, lento, imperturbable, cachazudo, calmoso, sangre de horchata, pausado, tardo, pausado, sereno, tranquilo, impasible.
fleme *m.* Ballestilla.
flemón *m.* Párulis (MED.).
flexible *adj.* fig. Dócil, manejable, doblegable, adaptable, dúctil, juncal (fig.), airoso, acomodaticio*. ≠ Inflexible. **2** Elástico, blando*. ≠ Duro.
flipante *adj.* Esp. col. Alucinante, sorprendente, asombroso, impresionante, increíble.
flirtear *intr.* Coquetear, galantear, tontear, ligar (col.).
flojedad *f.* Debilidad, flaqueza, desaliento, decaimiento. ≠ Endurecimiento. **2** Pereza, negligencia, descuido, indolencia, incuria, inacción, inercia. ≠ Actividad, diligencia, fervor.
flojo, -ja *adj.* Débil*, flaco. **2** Amér. Perezoso, negligente, indolente, descuidado.
flor *f.* fig. Piropo, requiebro, galantería*. **2 Flor de amor** Amaranto, borlas, borlones. **3 Flor de estufa** *loc. adj.* Impresionable, sensible, excitable, emotivo. ► **4 Flor de la sal** *f.* Salumbre. **5 Flor de la Trinidad** Trinitaria, pensamiento.
florear *tr.* Escoger*, entresacar.
florecer *intr.* fig. Prosperar, progresar, medrar, desarrollarse. ≠ Mutilarse. ► **2** *prnl.* Enmohecerse.
florecimiento *m.* fig. Prosperidad, desarrollo, progreso, adelanto. ≠ Decadencia, flaccidez, languidez.
florero *m.* Ramilletero.
florescencia *f.* Floración.
floresta *f.* Bosque*, selva.
florilegio *m.* Antología, crestomatía*, trozos escogidos, trozos selectos.
flota *f.* Escuadra, armada, marina. ▌Si se trata de barcos de guerra, *escuadra* o *armada*. En los demás casos tiene denominaciones que la especifican, p. ej.: *flota pesquera, petrolera*; *flota* o *marina mercante*.
flotar *intr.* Nadar, sobrenadar. ≠ Hundirse. **2** Ondear, flamear, undular, ondular.
fluctuar *intr.* Vacilar, ondear, oscilar. ≠ Fijar. **2** fig. Vacilar, dudar, titubear. ≠ Decidir.
fluir *intr.* Correr, manar, brotar.
flujo *m.* Influjo, montante. ▌Tratándose de la marea. **2** fig. Abundancia.
fluorita *f.* QUIM. Espato flúor, fluorina.
fobia *f.* Repugnancia, aversión, temor.
foca *f.* Becerro marino, carnero marino, lobo marino, vítulo marino.
fofo, -fa *adj.* Esponjoso, blando, ahuecado. ≠ Duro, enjuto.
fogoso, -sa *adj.* Ardiente, ardoroso, impetuoso*, violento, brioso, vehemente, arrebatado, precipitado. ≠ Pasivo, inactivo.
fogueado, -da *adj.* Aguerrido, avezado, acostumbrado, experimentado, ducho.
foja *f.* Falaris, gallareta. **2** Amér. Hoja.
follón *m.* Gresca, tumulto, bronca, desbarajuste.
fomentar *tr.* fig. Excitar, promover, proteger, avivar, aumentar, impulsar, alimentar.
fonda *f.* Posada, parador, mesón, venta, hostería, hostal, hospedería, pensión, pupilaje, casa de huéspedes.
fondeadero *m.* Surgidero, ancladero.
fondear *intr.* MAR. Dar fondo, anclar, echar anclas.
fondo *m.* Hondo, hondón. ≠ Superficie. **2** MAR. Obra viva. **3** Lecho. → **fondos**
fondos *m. pl.* Caudal, capital. → **fondo**
fonolita *f.* Perlita.
fontanar *m.* Hontanar, fontanal, manantial.
forajido, -da *adj.-s.* Facineroso, bandido, salteador.
forcejear *intr.* Resistir, luchar, bregar, forcejar, esforzarse.
forja *f.* Fragua, ferrería.
forjar *tr.* Fraguar. **2** fig. Inventar, fingir, imaginar, proyectar.
forma *f.* Figura, configuración, conformación, estructura. ▌La *conformación* es la disposición interior de las partes de un todo, y puede equivaler a *estructura*. **2** Formato. ▌Tratándose de publicaciones. **3** Molde. **4** Modo, manera. → **formas**

formal *adj.* Expreso, explícito, preciso, determinado. ▮ Todos estos tratándose de actos, documentos, etc. **2** Serio, juicioso, veraz, puntual, exacto. ▮ Todos ellos se aplican pralte. al carácter o a la conducta de una persona.
formalidad *f.* Requisito. **2** Seriedad, compostura. ≠ Informalidad. **3** Exactitud, puntualidad, juicio, veracidad. ≠ Inexactitud.
formalizar *tr.* Concretar, precisar. ▸ **2** *prnl.* Incomodarse, ponerse serio, enfadarse, tomar a pecho, darse por sentido.
formar *tr.-prnl.* Moldear, fabricar, hacer. ≠ Deformar, deshacer. **2** Construir, componer. ≠ Desordenar, descomponer, destruir. **3** Instituir, establecer, organizar. ≠ Desordenar, desorganizar, descomponer. **4** Educar, adiestrar, criar. ▸ **5** *prnl.* Desarrollarse, crecer.
formas *f. pl.* Modales, conveniencias. ⟶ **forma**
formidable *adj.* Espantoso, temible, tremendo, imponente. **2** Enorme*, colosal, gigantesco. **3** Brutal*. ▮ En su empleo con carácter intensivo general,
fórmula *f.* Forma, pauta, norma, regla, modelo. **2** Coeficiente, relación. **3** Apariencia, etiqueta. ▮ P. ej.: asistir por *fórmula* o por pura *fórmula*. **4** Receta (del médico), prescripción. **5** FARM. Específico, preparado.
fornido, -da *adj.* Robusto, membrudo, corpulento, recio.
foro *m.* Coloquio, debate, tertulia. **2** (lugar público) Plaza.
forraje *m.* Pasto, herrén.
fortalecer *tr.-prnl.* Vigorizar, robustecer, tonificar. ≠ Debilitar, ablandar. **2** Reforzar, fortificar, consolidar. ≠ Debilitar, ablandar. **3** Confortar, animar, reconfortar.
fortaleza *f.* Solidez, robustez, resistencia, vigor, firmeza, entereza, carácter, rectitud, energía, fibra. ≠ Debilidad. **2** Fuerte, fortificación, castillo.
fortificar *tr.* Fortalecer.
fortuito, -ta *adj.* Inopinado, casual, impensado. ≠ Pensado, previsto, esencial. ⟶ **casualidad** **2** Eventual*, transitorio.
fortuna *f.* Azar, casualidad, acaso, suerte. **2** Destino, sino, estrella. **3** Ventura, dicha. ≠ Miseria, desgracia. ▮ La *fortuna* es la suerte favorable, en tanto que la *ventura* y la *dicha* son el estado que la fortuna, u otras causas, crean o producen. **4** Hacienda, bienes, capital*. **5** Borrasca, tormenta, tempestad.
forúnculo *m.* Divieso.
forzar *tr.* Obligar, constreñir, compeler, violentar. **2** Violar.
forzoso, -sa *adj.* Obligatorio, necesario, preciso, inexcusable, imprescindible.
forzudo, -da *adj.* Robusto, hercúleo, vigoroso.
fosa *f.* Sepultura, enterramiento, huesa, hoyo, hoya.
fosca *f.* Calina, calima, calígine, niebla*.
fosforero, -ra *s.* Cerillero.
fósforo *m.* Cerilla, mixto (antic.), cerillo (And., Cuba y Méx.). ▮ *Fósforo* es el más frecuente en América.
fosilizarse *prnl.* Petrificarse.
foso *m.* Zanja. **2** Cava. ▮ En los castillos y fortificaciones.
fotografía *f.* Retrato.
fotógrafo *m.* Retratista (vulg.).
fracasar *intr.* Frustrarse, malograrse, quedar con un palmo de narices, quedar chasqueado. ≠ Triunfar, lograr.
fracaso *m.* Malogro, frustración, fiasco.
fracción *f.* División, fraccionamiento. **2** Parte, fragmento, trozo, porción, pedazo*. ≠ Todo, total, conjunto. **3** Número quebrado.
fraccionar *tr.-prnl.* Dividir, partir, fragmentar, romper. ≠ Unir, sumar, componer, agregar. ▮ *Fragmentar* y *romper*, cuando se trata de cosas materiales.
fraccionario, -ria *adj.* Quebrado. ▮ Tratándose de un número.
fractura *f.* Rotura, ruptura, desgarro.
fracturar *tr.* Romper*, quebrantar.
fragancia *f.* Aroma, perfume. ▮ «*Fragancia* pertenece exclusivamente a las flores, en su sentido propio. Tiene *fragancia* una rosa, un clavel, un jardín, una azucena, un lirio. El *aroma* es propio de las drogas y de los árboles que lo producen. Es aromático el árbol de la canela, el del clavo, el del alcanfor, el de la pimienta. El *aroma* supone además una causa permanente de *fragancia*. Esta supone un efecto pasajero, en su estado natural; y por medio del arte suele algunas veces hacerse durable (...) *Fragancia* explica la idea de un olor grato, pero de poco tiempo, como es la vida de

las flores; y el *aroma* expresa la idea de una larga duración.» (O).

fragante *adj.* Aromático, oloroso, perfumado.

frágil *adj.* Quebradizo, de mírame y no me toques. **2** Endeble, débil. **3** fig. Caduco, perecedero.

fragmento *m.* Pedazo*, parte*, fracción, trozo. ≠ Todo, totalidad, suma.

fragor *m.* Ruido, estruendo, estrépito. ▮ El *fragor* no es un *ruido* cualquiera, sino precisamente un ruido prolongado y resonante.

fragoroso, -sa *adj.* Ruidoso, resonante, estruendoso, estrepitoso.

fragoso, -sa *adj.* Abrupto, escabroso, áspero, intrincado, quebrado, accidentado. ≠ Suave, llano.

fragua *f.* Forja.

fraguar *tr.* Forjar. **2** fig. Idear, imaginar, proyectar, urdir*, tramar, maquinar. ▮ Tratándose de una intriga, conspiración, delito, etc., se utilizan los tres últimos sinónimos. ▸ **3** *intr.* Cuajar, trabar, endurecerse. ▮ En albañilería.

fraile *m.* Fray, religioso, monje. ▮ Como tratamiento antepuesto al nombre, ús. la forma apocopada *fray*: *Fray* Luis de León. En el habla corriente, *fraile* no se circunscribe a determinadas órdenes, sino que es sinónimo de *religioso, monje*.

frambuesa *f.* Sangüesa.

frambueso *m.* Churdón, chordón, fraga, sangüeso.

francachela *f.* Cuchipanda (fam.) o desp., comilona, gaudeamus.

francalete *m.* Zambarco.

francés, -esa *adj.-s.* (pers.) Galo, franco, franchute (desp.), gabacho (desp.). ▮ Refiriéndose a la Francia romana o en estilo literario se emplea el término *galo*. Refiriéndose a la Francia de la alta Edad Media, *franco*.

francesilla *f.* (planta) Marimoña.

francmasonería *f.* Masonería.

franco, -ca *adj.* Liberal, dadivoso, generoso. **2** Sencillo, sincero*, ingenuo, llano, natural. **3** Desembarazado, despejado, libre. **4** Exento, exceptuado, gratuito, dispensado. **5** Francés, gabacho (desp.), franchute (desp.), galo.

frangollar *tr.* Chapucear, chafallar (fam.).

franja *f.* Faja, lista, tira, banda.

franqueza *f.* Exención, franquicia. **2** Liberalidad, generosidad. **3** Ingenuidad*, sinceridad, llaneza, lisura, naturalidad, sencillez. ▮ «La *sinceridad* impide el hablar de otro modo del que se piensa; esta es una virtud. La *franqueza* hace hablar como se piensa; esto es un efecto natural. La *naturalidad* hace decir libremente lo que se piensa; esto proviene algunas veces de un defecto de reflexión. La *ingenuidad* hace decir lo que se piensa y lo que se hace; esto es las más veces un disparate. Un hombre *sincero* no quiere nunca engañar. Un hombre *franco* no sabe disimular. Un hombre sencillo o *natural* no sirve para adular. Un hombre *ingenuo* no sabe callar nada (...) Es un hombre que se ha hecho digno del aprecio público por su *sinceridad*. Me gusta su carácter, es un hombre *franco*. Es tan a la buena de Dios, que su *naturalidad* le hace impolítico. Sus secretos, aun los más importantes, los dice al primero que llega; y esta *ingenuidad* es más bien una imprudencia.» (O).

franquicia *f.* Exención, gratuidad, privilegio.

frasco *m.* Tarro.

fraternal *adj.* Fraterno. → **maternal**

fraternidad *f.* Hermandad.

fraternizar *intr.* Confraternizar. ≠ Desunir, odiar. **2** fig. Alternar*, tratarse.

fraude *m.* Estafa, engaño, mentira, falsificación. ≠ Verdad.

fraudulento, -ta *adj.* Mentiroso, engañoso, falaz, falsificado, contrahecho.

frecuentativo, -va *adj.-s.* GRAM. Reiterativo.

frecuente *adj.* Repetido, asiduo*, acostumbrado, reiterado. **2** Usual, común, ordinario, corriente.

frecuentemente *adv. m.* A menudo, con frecuencia, a cada paso, a cada instante, a traque barraque.

fregado *m.* fig. Enredo, lío, embrollo. **2** Pelea, riña, batalla.

fregar *tr.* Frotar*, restregar. **2** fig. Amér. Fastidiar, molestar.

freile *m.* Frey. ▮ Como tratamiento antepuesto al nombre propio, *frey*.

frenar *tr.* Refrenar, reprimir, sofrenar. ▌Estos tres sinónimos se aplican al caballo o en sentido fig., lo mismo que *frenar*. Tratándose de máquinas, *frenar*, pero no los demás sinónimos. **2** fig. Moderar, sujetar.

frenesí *m.* Locura, furia, enajenación, delirio. ≠ Tranquilidad, calma, cordura. **2** fig. Exaltación, excitación. ≠ Tranquilidad, calma.

frenético, -ca *adj.* Loco, enajenado, delirante. **2** fig. Furioso, rabioso, exaltado.

frenópata *m.* Alienista, psiquiatra, frenólogo.

frente *amb.* Fachada, frontis, frontispicio. **2 Frente a** *loc. prep.* Enfrente de, delante de.

fresco, -ca *adj.* Reciente, nuevo. ≠ Viejo. **2** fig. Rollizo, lozano, sano. **3** Sereno, impasible. **4** Desvergonzado, frescales, desahogado, desenfadado. ≠ Vergonzoso.

fresquedal *m.* Verdinal.

frialdad *f.* Frigidez. **2** Indiferencia, desafecto, desapego, despego.

fricación *f.* Fregamiento, fricción, rozamiento. ▌Usase como tecnicismo en gramática. P. ej.: *fricación* de una consonante. Tratándose de restregar cosas materiales, *fregamiento*, *fricción*, *rozamiento*.

frígido, -da *adj.* lit. Frío.

frigorífico *m.* Nevera.

frío, -a *adj.* fig. Indiferente, desafecto, desapegado, despegado. **2** Tranquilo, impasible, imperturbable, impávido.

friolera *f.* Fruslería, bagatela, nadería, futesa.

friso *m.* Rodapié, zócalo.

frívolo, -la *adj.* Ligero, veleidoso, inconstante, inconsecuente, insustancial. ≠ Reflexivo. **2** Fútil, vano. ≠ Grave.

frondosidad *f.* Espesura, lozanía.

frontera *f.* Raya, confín*, límite.

fronterizo, -za *adj.* Rayano, confinante, limítrofe*. **2** Frontero.

frontispicio *m.* Frontis, fachada*, delantera.

frontón *m.* ARQ. Fastigio.

frontudo, -da *adj.* Frentón.

frotación *f.* Frotamiento, roce, rozamiento, frote.

frotar *tr.* Estregar, fregar, refregar, restregar, ludir (lit.), friccionar, rozar. ▌*Friccionar* tiene el significado preciso de dar friegas; *rozar* es tocar ligeramente la superficie de un cuerpo, y no tiene necesariamente el carácter reiterativo de los demás: el automóvil pasó *rozando* el árbol (una sola vez).

fructífero, -ra *adj.* Fructuoso, productivo, provechoso, lucrativo, beneficioso.

fructificar *intr.* Frutar, frutecer. ≠ Marchitarse. ▌*Frutar* se aplica solo a los árboles y plantas, en tanto que *fructificar* tiene además empleos figurados (producir): las buenas obras *fructifican* siempre (no *frutan*). *Frutecer* es comenzar a *fructificar* o a echar fruto las plantas.

frugalidad *f.* Templanza*, morigeración, sobriedad, mesura, moderación, abstinencia, continencia, parquedad. ≠ Destemplanza, gula. ▌Los cinco primeros sinónimos se aplican a las costumbres y a todo lo que se hace o se dice. *Abstinencia* y *continencia*, de todo lo material o sensual. *Frugalidad* es parquedad en comer y beber; es por consiguiente una especie dentro del género que representan los sustantivos enumerados en primer lugar.

fruición *f.* Complacencia, placer, goce. ≠ Sufrimiento, aburrimiento.

frumentario, -ria *adj.* lit. Triguero, cerealista.

fruslería *f.* Pequeñez, nimiedad, bagatela, futilidad, friolera, futesa, nadería.

frustrarse *prnl.* Malograrse, fracasar, salir el tiro por la culata, venirse a tierra.

frutar *intr.* Fructificar.

fruto *m.* Fruta. ▌*Fruta* es únicamente el *fruto* comestible de las plantas. **2** fig. Utilidad, provecho, producto, beneficio, ganancia. **3 Frutos de mar** Mariscos.

fucsia *adj.-s. m.* Magenta, rosa*.

fuego *m.* Incendio. **2** Hogar, lumbre. **3** fig. Vivacidad, ardor, pasión, vehemencia.

fuente *f.* Manantial, fontanar, hontanar. **2** fig. Principio, origen, fundamento.

fuera *adv. l.-adv. t.* Afuera. ≠ Adentro, dentro. ► **2** *m.* DEP. Out (anglic.). ▌En el fútbol. **3 Estar fuera de sí** *loc.* Estar enajenado, ver visiones, papar moscas, helársele el corazón. **4 Fuera de** *loc. prep.* Excepto, salvo. **5 Fuera de juego** *m.* DEP. Offside (anglic.). ▌En el fútbol. **6 Fuera de que** *loc. conj.* Además, aparte de que.

fuero *m.* Jurisdicción, poder. **2** Privilegio, exención. → **fueros**

fueros *m. pl.* fig. Arrogancia, presunción, humos. → **fuero**

fuerte *adj.* Sólido, resistente, duro. ≠ Blando, débil. **2** Robusto, vigoroso*, recio, forzudo. ≠ Endeble, débil, enclenque. **3** Animoso, varonil, enérgico, firme, esforzado. **4** Versado, perito, sobresaliente. ► **5** *m.* Fortaleza, castillo.

fuerza *f.* Energía, vigor, ánimo*. ≠ Debilidad, blandura, pasividad. ▮ La *fuerza* es acción; la *energía* es la *fuente* de donde la *fuerza* dimana. La *energía* eléctrica o nuclear pueden convertirse en *fuerza* motriz. El *vigor* es la energía del hombre, de los animales, de las personificaciones o de la expresión. En sentido fig., pueden emplearse sin *vigor* ni *energía* argumentos que tienen en sí mucha *fuerza*. No decimos estilo *fuerte*, sino *vigoroso* y *enérgico*; y un cuadro no se pinta con *fuerza*, sino con *vigor* o *energía*. **2** Fortaleza, resistencia, solidez. ≠ Debilidad, blandura. ▮ «La *fuerza* es para obrar; la *fortaleza* para resistir. Un hombre necesita mucha *fuerza* para levantar un gran peso. Los cimientos de una casa necesitan mucha *fortaleza* para sostener el peso de su fábrica.» (LH). **3** fig. Autoridad, poder, coacción, eficacia. ▮ P. ej.: la *fuerza* de una ley, mandato, estado, etc. ≠ Pasividad. **4** Violencia, ímpetu, impetuosidad.

fuetazo *m.* Amér. Latigazo.

fuga *f.* Huida, evasión. **2** Escape, salida. ▮ Tratándose de un fluido.

fugarse *prnl.* Escaparse, huir*, evadirse.

fugaz *adj.* Huidizo. **2** Efímero*, pasajero, transitorio, caduco, breve, fugitivo.

fugitivo, -va *adj.-s.* Prófugo. ▮ *Prófugo* se dice esp. del que huye de la autoridad legítima. ► **2** *adj.* Fugaz, breve, efímero.

fulano, -na *s.* No sé cuántos, mengano, zutano, perengano. ▮ *Fulano, zutano, mengano* y *perengano* designan una serie de personas indeterminadas e hipotéticas, pero distintas entre sí.

fulgente *adj.* Brillante*, resplandeciente, fúlgido.

fulgor *m.* Resplandor, brillo, brillantez, centelleo, destello. ≠ Oscuridad.

fulgurar *intr.* Brillar, resplandecer, centellear*. ▮ *Fulgurar* intensifica el sentido de los demás sinónimos.

fúlica *f.* Gallina de río, gallineta, polla de agua, rascón.

fuliginoso, -sa *adj.* Holliniento. **2** Denegrido, oscurecido, tiznado.

fulminar *tr.* Lanzar, arrojar. **2** fig. Dictar, imponer.

fullero, -ra *adj.-s.* Tahúr, tramposo.

fumaria *f.* Palomilla, palomina.

fumoso, -sa *adj.* Humoso, humeante.

funámbulo, -la *s.* Equilibrista.

función *f.* Oficio, ejercicio. **2** Espectáculo, diversión.

funcionar *intr.* Ejecutar. **2** Andar, marchar, moverse. ≠ Pararse, fallar. ▮ Tratándose de máquinas.

funda *f.* Manguita.

fundación *f.* Creación. **2** Institución, establecimiento, instituto, corporación.

fundamental *adj.* Básico, primordial*, principal, esencial. ≠ Accesorio.

fundamentalismo *m.* (religioso) Integrismo, fanatismo, extremismo.

fundamento *m.* Cimiento, base*, apoyo, sostén. **2** fig. Razón, causa*, motivo. **3** Origen, principio. **4** Seriedad, formalidad, sensatez, juicio.

fundar *tr.* Erigir, instituir, establecer*. **2** Apoyar, estribar, basar, fundamentar.

fundente *adj. m.* QUIM. Y METAL. Flujo, flúor.

fundibulario *m.* ant. Hondero.

fundíbulo *m.* ant. Fonébol.

fundición *f.* Fusión. **2** Hierro colado.

fundir *tr.* Liquidar*, licuar, derretir*. ≠ Cuajar, solidificar. ► **2** *prnl.* Unirse, juntarse, fusionarse. **3** Amér. Arruinarse, hundirse.

fúnebre *adj.* Funerario, funéreo, funeral. **2** fig. Luctuoso, lúgubre, sombrío, funesto. **3** Tétrico, macabro.

funesto, -ta *adj.* Aciago, infortunado, fatal. **2** Doloroso, triste, desgraciado*, desastroso.

fungoso, -sa *adj.* Fungoide, fungiforme. **2** Esponjoso, fofo.

furia *f.* Furor, ira, cólera, rabia, saña. ≠ Tranquilidad, serenidad. ▮ «*Furor* denota más bien la agitación violenta interior, y *furia* la agitación violenta exterior. El *furor* está dentro de nosotros; la *furia* nos saca fuera de nosotros. Nos posee el *furor*, nos enajena la *furia*. Contenemos el *furor*, nos abandonamos a la *furia*.» (Ci). **2** MIT. Euménides, erinias. ▮ En la mitología griega. **3** Violencia, ímpetu, impetuosidad. ≠ Paz. **4 Estar hecho una furia** *loc.* Estar furioso, estar hecho un basilisco.

furibundo, -da *adj.* Airado, colérico, furioso, rabioso. **2** Violento, impetuoso.

furioso, -sa *adj.* Airado, colérico, iracundo, rabioso, furibundo. **2** Loco, frenético. **3** Violento, impetuoso, terrible.

furtivamente *adv. m.* Ocultamente, a escondidas, a hurto, a hurtadillas. ≠ Abiertamente.

fusca *f.* Pato negro.

fusiforme *adj.* TECNOL. Ahusado.

fusil *m.* Chopo, máuser, rémington. ▮ Entre soldados, *chopo*. Es frecuente designarlo con el nombre de su sistema o marca, omitiendo la palabra *fusil*: un *máuser*, un *remington*, etc.

fusión *f.* Licuación, liquidación. **2** fig. Unión, mezcla, compenetración.

fusionar *tr.-prnl.* Fundir, liquidar, licuar. ≠ Cuajar. **2** fig. Unir, juntar, mezclar. ≠ Desunir.

fuste *m.* Caña, escapo.

fustigar *tr.* Azotar, flagelar, hostigar, mosquear. **2** fig. Censurar, vituperar. ▮ La diferencia consiste en que *fustigar* supone mayor actitud y violencia que *censurar* y *vituperar*. Además se *fustiga* a uno en su presencia, o bien en público, por escrito o de palabra; se puede *censurar* o *vitupear* en público o en privado.

fútbol *m.* DEP. Balompié.

futesa *f.* Friolera, fruslería, bagatela, nadería, nimiedad, futilidad, pequeñez.

fútil *adj.* Pequeño, frívolo, nimio, insustancial, de mala muerte, de tres al cuarto, de medio pelo.

futilidad *f.* Fruslería. ≠ Importancia, abundancia, gravedad.

futuro *m.* Porvenir, mañana.

futuro, -ra *adj.* Venidero. ► **2** *s.* fig. Novio, prometido.

futurólogo, -ga *com.* Adivino, vidente.

g

gabán *m.* Abrigo, sobretodo.
gabardina *f.* Impermeable.
gabarro *m.* Haba, nódulo. **2** Pepita, moquillo.
gabela *f.* Tributo*, impuesto, contribución. **2** DER. Carga, gravamen.
gabinete *m.* Gobierno, ministerio.
gachas *f. pl.* Puches, papas, poleadas, polenta. ‖ Este último se aplica a las *gachas* de harina de maíz.
gachón, -ona *adj.* Gracioso, expresivo, salado, atractivo, donairoso.
gachupín, -ina *adj.-s.* Méx. Español, cachupín (desus.). ‖ *Gachupín* es denominación irón. o burl. del *español.*
gafas *f. pl.* Anteojos*, antiparras, espejuelos.
gaje *m.* Emolumento, gratificación, estipendio, salario. → **sueldo 2** Prenda, señal.
gala *f.* Vestido, adorno, ornato*. ‖ La *gala* supone lujo o suntuosidad. **2** Alarde, ostentación. ‖ P. ej.: hacer *gala* de *valiente, erudito,* etc. **2** Función, espectáculo, show (anglic.).
galáctico, -ca *adj.* Espacial, cósmico, astral, estelar, sideral.
galaico, -ca *adj.* Gallego.
galaicoportugués, -esa *adj.-s.* Gallegoportugués.
galán *m.* Airoso, apuesto, garboso, galano, gentil, majo. **2** Pretendiente, novio.
galano, -na *adj.* Adornado, elegante, gallardo.
galante *adj.* Atento, obsequioso, galanteador, lisonjeador. **2** Amoroso, amatorio, erótico. ‖ P. ej.: vida *galante.*
galantear *tr.* Enamorar, cortejar, hacer el amor, hacer la corte, festejar, obsequiar, lisonjear, pelar la pava, rondar la calle, servir. ‖ En los clásicos fue muy usual *servir: sirvo* a una dama. Esta acepción proviene de las fórmulas del amor cortesano y de los libros de caballería.
galantería *f.* Obsequio, gentileza, flor, requiebro, piropo, lisonja. ‖ Los dos primeros pueden aplicarse a cualquier acción o expresión obsequiosa. Cuando la *galantería* es de palabra, se utilizan los otros sinónimos. **2** Generosidad, cortesía, cortesanía.
galanura *f.* Gracia, gentileza, elegancia, gallardía, donosura, donaire.
galardón *m.* Premio, recompensa. ≠ Castigo, deshonra. ‖ El *galardón* tiene a menudo carácter honorífico, mientras que el *premio* y la *recompensa* pueden tener valor material.
galbana *f.* Pereza, holgazanería.
galega *f.* Ruda cabruna.
galeno *m.* Médico.
galerita *f.* Cogujada.
gálgulo *m.* (ave) Rabilargo.
galicista *adj.* Afrancesado.
gálico, -ca *adj.* Galo, gala. ‖ *Gálico* se aplica solo a cosas, en tanto que *galo* se dice de personas y cosas; p. ej.: un jefe *galo,* la raza *gala,* o *gálica.*
galillo *m.* Campanilla, úvula.
galo, -la *adj.-s.* (pers.) Francés.
galopillo *m.* Marmitón, pinche.
galopín *m.* Pícaro, pillo, bribón.

galvanómetro *m.* Reómetro. ▮ *Reómetro* se llamó el primer instrumento destinado a medir la intensidad de la corriente eléctrica y determinar su sentido; el *galvanómetro* es un *reómetro* perfeccionado.

galladura *f.* Engalladura, prendedura.

gallardía *f.* Gentileza, galanura, buen aire, desenfado, despejo. ≠ Inhabilidad, desaire, desgarbo. **2** Bizarría, ánimo, valor, arrojo, brio, garbo.

gallardo, -da *adj.* Apuesto, desembarazado, airoso, galán, gentil, galano, elegante. **2** Bizarro, valeroso, arrojado, animoso, arriscado. **3** fig. Grande, excelente, hermoso.

gallareta *f.* Foja (ave).

gallarón *m.* Sisón (ave).

gallear *intr.* Envalentonarse, jactarse, presumir. **2** Sobresalir, descollar, mandar.

gallego, -ga *adj.-s.* (pers.) Galaico (lit.), galiciano (antic.). ▮ El primer sinónimo es de uso literario, o se aplica a tiempos antiguos: *galaicos* y astures.

gallera *f.* Reñidero, gallería (Cuba.).

gallina *f.* Pita. ► **2** *com.* fig. Medroso*, cobarde. ► **3 Gallina de Guinea** *f.* Pintada. **4 Gallina de río** Fúlica. **5 Gallina sorda** Chocha.

gallo *m.* (pez) Ceo, pez de San Pedro. **2 Gallo silvestre** Urogallo.

gallocresta *f.* (planta labiada) Cresta de gallo, ormino, orvalle, rinanto.

gallón *m.* Tepe, césped.

gamberrismo *m.* Vandalismo, salvajismo.

gamo *m.* Dama, paleto.

gamón *m.* Asfódelo, gamonita.

gamopétalo, -la *adj.* BOT. Monopétalo.

gamosépalo, -la *adj.* BOT. Monosépalo.

gamuza *f.* Rebeco, robezo, rupicabra, rupicapra.

gana *f.* Apetito, hambre. ≠ Desgana, inapetencia. **2** Deseo, afán, gusto, voluntad. ≠ Desgana, inapetencia.

ganadería *f.* Zootecnia. ▮ En su aspecto científico, *zootecnia* hace referencia a la crianza de ganado.

ganadero, -ra *adj.* Pecuario. ▮ P. ej.: riqueza *ganadera* o *pecuaria* de una comarca.

ganancia *f.* Negocio, utilidad, beneficio, rendimiento, granjería, lucro, logro, usura, provecho, producto, fruto. ▮ *Utilidad, beneficio, rendimiento,* se sienten como términos selectos, preferidos en las leyes. *Granjería, lucro, logro,* sugieren avidez en la *ganancia* y se toman a menudo a mala parte o como sinónimos de *usura. Provecho, producto, fruto,* son de significación muy general y pueden aplicarse al concepto de *ganancia.*

ganar *tr.* Lograr, adquirir, reunir. **2** Triunfar, vencer, aventajar, exceder, sobrepujar, superar. ≠ Perder. **3** Conquistar, tomar, dominar. ≠ Perder. **4** Alcanzar, llegar. **5** Captarse, granjearse, atraerse. ► **6** *intr.* Prosperar, mejorar, ganarse la vida, ponerse las botas.

gandul, -la *adj.-s.* Perezoso, holgazán, haragán, tumbón. ≠ Diligente. **2** Vagabundo, vago. ≠ Diligente.

gandulear *intr.* Holgazanear, haraganear, vagabundear, matar el tiempo, mirar las musarañas. ≠ Trabajar, esforzarse.

ganga [1] *f.* Momio, breva, sinecura, prebenda, canonjía. ▮ Todos ellos, salvo *ganga,* son empleos o cargos más o menos duraderos. La *ganga* puede tener también este carácter, o bien ser una ganancia que se obtiene una sola vez. Comprar un objeto excepcionalmente barato es una *ganga.* Un puesto provechoso y de poco trabajo es un *momio,* una *breva, sinecura,* etc. **2** Negocio redondo, hallar una viña, carne sin hueso, buen bocado, dar ventaja.

ganga [2] *f.* Escoria.

gangueo *m.* Gangosidad, nasalización, nasalidad.

ganguista *adj.* Ganguero, ventajero, ventajista.

ganoso, -sa *adj.* Deseoso, ansioso, afanoso, ávido, anheloso.

gánster, gángster *com.* Malhechor, delincuente, matón, hampón (desp.), pistolero.

gañido *m.* Ladrido*.

garante *adj. com.* Fiador, garantizador.

garantía *f.* Seguridad, protección, afianzamiento, salvaguardia, guarda, custodia, amparo. ≠ Desconfianza, inseguridad. **2** Señal, prenda, hipoteca, fianza, fiador, caución. ▮ *Señal,* parte del precio que se adelanta al hacer un encargo o para obligarse a comprar algo. *Prenda* es un objeto mueble con que se garantiza el cumplimiento de una obligación, esp. un préstamo. Si la garantía es inmobiliaria, *hipoteca*. *Fianza* es cantidad que se deposita para asegurar el cumplimiento de una obligación de cualquier género. Cuando la *fianza* es personal, la persona que empeña su palabra o firma por otro se llama indistintamente *fianza* o *fiador*. *Caución* se usa solo como término bancario o jurídico.

garantir *tr.* Garantizar, responder, asegurar.

garatusa *f.* Carantoña, arrumaco, fiesta*, caricia*.

garbanzo *m.* Chícharo (And.).

garbo *m.* Gallardía, gentileza, aire, gracia, buen porte, elegancia, sandunga, donaire, salero. ≠ Desgarbo. **2** Desinterés, largueza, rumbo. ≠ Desgarbo.

gardenia *f.* Jazmín de la India.

garduña *f.* Fuina.

garfio *m.* Corvo, gancho.

gargajear *intr.* Escupir*.

gargajo *m.* Esputo*, flema.

garganta *f.* Gola, gorja, pasapán (humor.), garguero, gaznate, gañote. ▮ Los tres últimos son denominaciones fam. o vulg. **2** Desfiladero, hoz.

garguero *m.* Gañote, gaznate.

garitero *m.* Tablajero.

garito *m.* Timba, chirlata, gazapón, mandracho, tablero. ▮ Entre los clásicos, *garito* era el lugar donde jugaban los fulleros, y tenía también los nombres de *gazapón*, *mandracho* y *tablero*.

garlito *m.* fig. Celada, trampa, cepo, añagaza. **2** Nansa, nasa, buitrón.

garrafal *adj.* fig. Exorbitante, enorme, monumental. ▮ *Garrafal* suele decirse de la mentira, del error, o de conceptos parecidos.

garrapata *f.* Arañuelo, caparra.

garrapatear *intr.* Garabatear.

garrocha *f.* Sacaliña. **2** Pica.

garrotillo *m.* Crup, difteria.

garrucha *f.* Polea.

gárrulo, -la *adj.* Hablador, charlatán. **2** Vulgar, pedestre, ramplón.

gastador, -ra *adj.* Manirroto, derrochador, disipador, pródigo.

gastar *tr.-prnl.* Consumir, desgastar, deteriorar, estropear. **2** Expender, desembolsar, rascarse el bolsillo, soltar la mosca, echar la casa por la ventana, soltar la guita. ≠ Ahorrar, embolsarse. **3** Usar, llevar.

gasto *m.* Consumo. **2** Desembolso. **3 Hacer el gasto** *loc.* Rascarse el bolsillo, pagar.

gastronomía *f.* Arte culinaria, cocina.

gastrónomo, -ma *s.* fig. Comilón*, tragón, gourmet (galic.). ▮ El *gastrónomo* y el *gourmet* son aficionados a comer bien y con refinamiento. *Comilón* y *tragón* son los aficionados a comer mucho, en gran cantidad.

gata *f.* Micha, miza, minina, morronga, morroña. ▮ Todos ellos son denominaciones fam. y cariñosas. **2** (planta) Gatuña, aznacho, asnallo, aznallo, detienebuey, uña gata.

gatear *intr.* Trepar, encaramarse. **2** Andar a gatas.

gato *m.* Micho, minino, mizo, morrongo, morroño. ▮ Todos ellos son denominaciones fam. y cariñosas. **2** MEC. (máquina) Cric (galic.).

gatuña *f.* Aznacho, asnallo, aznallo, detienebuey, gata, uña gata.

gatuperio *m.* Embrollo, lío, enjuague, chanchullo, intriga.

gaudeamus *m.* Fiesta, regocijo. **2** Festín, francachela.

gavanzo *m.* Escaramujo.

gavia *f.* MAR. Velacho. ▮ La *gavia* del trinquete.

gavilán *m.* (ave) Esparver, esparvarán. **2** Arrial, arriaz. ▮ En la espada.

gavilla *f.* Haz*. **2** fig. Pandilla, cuadrilla. ▮ La voz *gavilla* se toma comúnmente a mala parte; p. ej.: una *gavilla* de rufianes, de malhechores, de rateros, etc.

gavión *m.* ARQ. Cestón.

gaviota *f.* Paviota, gavina.

gayomba *f.* Piorno, retama macho, retama de olor.

gayuba *f.* Aguavilla, uvaduz.

gazapo *m.* fig. Mentira, embuste, bola. **2** Errata, error, lapsus, descuido, yerro. ▮ El *gazapo* es un *error* de poca monta al hablar o escribir. *Lapsus*, *descuido*, *yerro*, en lo hablado o escrito; *errata*, en lo impreso.

gazmoñero, -ra *adj.* Mojigato, timorato, misticón, santurrón, beato, beatón, gazmoño. ≠ Sincero, claro.

gaznápiro, -ra *adj.-s.* Palurdo, torpe, zoquete, ceporro, tonto, patán, simple.

gazuza *f.* burl. y fam. Carpanta, hambre, apetito*.

gélido, -da *adj.* lit. Helado, glacial, congelado.

gemelo, -la *adj.-s.* Melgo, mielgo, mellizo, doble, gémino (culto.). ▮ Tratándose de personas, *melgo, mielgo*, y más generalmente *mellizo*. → **gemelos**

gemido *m.* Quejido, lamento, clamor*.

gemir *intr.* Quejarse, lamentarse, clamar*, gimotear.

general *adj.* Común, usual, frecuente, corriente, vulgar, genérico, universal, total. ≠ Particular, singular, relativo.

generalización *f.* Globalización, universalización.

generar *tr.* Engendrar.

genérico, -ca *adj.* General, común, corriente, vulgar, universal, total.

género *m.* Clase, grupo. **2** Modo, manera. **3** Mercancía. **4** Tela, tejido.

generoso, -sa *adj.* Desprendido, desinteresado, rumboso, dadivoso*, liberal, espléndido, magnífico, caritativo. ≠ Tacaño, escaso, sórdido, interesado. → **pródigo** **2** Magnánimo, noble.

génesis *f.* Origen, principio.

genio *m.* Carácter, índole*, temple, natural, condición. **2** Disposición, aptitud*. **3** As, fenómeno, figura, fiera (col.).

gente *f.* Gentío, multitud, muchedumbre, grupo, equipo, colectivo, personal, cuadrilla. ▮ Los tres primeros indian un *grupo* de gran número de personas. El resto puede ser conjuntos grandes o pequeños.

gentil *adj. com.* Idólatra, pagano. ► **2** *adj.* Gracioso, apuesto, galano, gallardo, airoso, donoso.

gentileza *f.* Gracia, galanura, garbo, desembarazo, bizarría, galantería*. **2** Ostentación, gala. **3** Urbanidad, cortesía.

gentilidad *f.* Paganismo, gentilismo. ≠ Cristianismo.

gentío *m.* Multitud, muchedumbre, gente*.

gentuza *f.* desp. Gentualla, chusma.

genuino, -na *adj.* Puro, propio, natural, legítimo, auténtico, verdadero, real. ≠ Postizo, falso, ilegítimo.

germano, -na *adj.-s.* (pers.) Alemán, teutón, tudesco. ▮ *Tudesco* fue muy usual en la lengua clásica, pero es de escaso uso en la actualidad.

germen *m.* Machuelo. ▮ El nombre popular es *machuelo*. **2** Embrión, rudimento, semilla. **3** fig. Principio, origen.

germinar *intr.* Nacer, brotar, crecer, desarrollarse. **2** fig. Principiar, originarse.

gestación *f.* Preñez. ▮ En los animales vivíparos, *preñez*. **2** fig. Preparación, maduración, elaboración.

gestero, -ra *adj.* Parajismero, visajero, gesticulador.

gesticulación *f.* Gesto, ademán, mueca, mímica, contorsión. ▮ *Mímica* puede usarse como sinónimo, pero generalmente indica un fin artístico o imitativo.

gesto *m.* Actitud*, ademán. ▮ En su sentido general de movimientos expresivos son intercambiables entre sí. En su significado más concreto, *gesto* es movimiento expresivo de la cara, o de brazos y manos; *ademán, manoteo*, se refieren principalmente a movimientos de manos y brazos; *actitud* es postura, que sugiere inmovilidad o cierta fijeza: *actitud* meditabunda. *Mueca* y *visaje* se refieren precisamente a la cara, e indican gesto desagradable, feo o grotesco. *Mohín* es gesto gracioso o simpático para el que habla. **2** Aspecto, cara, semblante, aire, apariencia.

giba *f.* Corcova, joroba, chepa. **2** fig. Molestia, incomodidad, carga.

giboso, -sa *adj.-s.* Corcovado, jorobado, contrahecho.

gigantesco, -ca *adj.* fig. Enorme, desmesurado, colosal, excesivo, ciclópeo, formidable.

gimotear *intr.* Lloriquear, hipar, gemiquear (And. y Chile.).

gimoteo *m.* Lloriqueo, gemiqueo (And. y Chile.).

ginesta *f.* Retama, hiniesta.

girasol *m.* Giganta, gigantea, mirabel, mirasol, sol de las Indias, tornasol.

giro *m.* Vuelta, rotación, revolución (TECNOL.), viraje. ▮ Cada uno de los giros o vueltas de un movimiento giratorio, *revolución*. **2** Dirección, aspecto, cariz, curso. **3** GRAM. Locución, frase, expresión, modo.

gitano, -na *adj.-s.* Calé, cíngaro. ▮ *Cíngaro* se aplica pralte. a los *gitanos* de Europa central. **2** Cañí, agitanado.

glaciar *m.* Helero. ▮ *Helero* es el nombre general. *Glaciar* es científico, aunque va extendiéndose su uso en el habla común.
gladiolo, gladíolo *m.* Espadaña (planta).
glasto *m.* Hierba pastel, pastel.
globalización *f.* Generalización, internacionalización, universalización.
globo *m.* Esfera. **2** Tierra, mundo. **3** Aerostato.
gloria *f.* Bienaventuranza, cielo, paraíso. ≠ Infierno. **2** Fama, honor*, celebridad, renombre. ≠ Vulgaridad. **3** Esplendor, magnificiencia, majestad. **4** Placer, gusto, delicia. ≠ Dolor.
gloriarse *prnl.* Preciarse, jactarse, alabarse, vanagloriarse, hacer gala de. **2** Complacerse, alegrarse.
glorificar *tr.-prnl.* Alabar, honrar, ensalzar, exaltar. ≠ Deshonrar, degradar.
glosa *f.* Explicación, comentario, anotación, nota. ▮ «La *glosa* es más literal que el *comentario,* y se hace casi palabra por palabra; el *comentario* es más libre y menos escrupuloso en separarse de la letra.» (Ma).
glosario *m.* Vocabulario, diccionario*.
glosopeda *f.* Fiebre aftosa.
glotón, -ona *adj.* Comilón, tragón.
glotonería *f.* Gula, golosina, tragazón, insaciabilidad. ≠ Templanza, inapetencia. ▮ *Gula* es intensivo, hasta convertirse en vicio o pecado. *Golosina* es afán de comer o beber cosas exquisitas; *tragazón* es voracidad sin reparar en la calidad. **2** Abdominia (MED.), bulimia (MED.). ≠ Desgana, anorexia.
gnómico, -ca *adj.* Sentencioso, aforístico.
gnomon *m.* Índice.
gnoseología *f.* Epistemología, teoría del conocimiento.
gobernar *tr.* Dirigir, conducir, guiar, regir*, administrar, manejar, empuñar, llevar la batuta, llevar de la barba, calzarse a.
gobierno *m.* Gobernación, régimen, dirección, mando, manejo, administración*. **2** Gabinete, ministerio. **3** Timón, gobernalle.
gobio *m.* Cadoce.
goce *m.* Disfrute, posesión, placer, gozo*. ≠ Dolor, malestar, disgusto. ▮ Tratándose de sensaciones agradables, *placer.*
gol *m.* DEP. Tanto.
gola *f.* Garganta. **2** Gorguera. **3** Cimacio.
goleta *f.* Escuna.
golfán *m.* Nenúfar.
golfo *m.* Seno.
golfo, -fa *s.* Pilluelo, vagabundo.
golondrina *f.* Andorina, andolina, andarina.
golosina *f.* Gollería, glotonería*.
goloso, -sa *adj.-s.* Lamerón (fam.), laminero, glotón.
golpe *m.* Encuentro, topada, topetazo, encontronazo. **2** Percusión. **3** Latido. **4** Multitud, abundancia, copia, muchedumbre. **5** Salida, ocurrencia. **6 De golpe y porrazo** *loc. adv.* Inesperadamente, de imprevisto, de improviso, de sopetón, de repente, repentinamente, insospechadamente, súbitamente. **7 Errar el golpe** *loc.* Malograrse, desaprovecharse, perderse, desperdiciarse, frustrarse, naufragar en el puerto, irse abajo.
golpear *tr.-prnl.* Pegar, percutir, cruzar la cara, quitar los dientes, arrimar candela, romper la crisma, abrir la cabeza, medirle las espaldas. ▮ *Percutir* es tecnicismo médico, o voz literaria en otras acepciones: *percutir* en el tórax; *percutir* los tambores.
gordo *m.* Sebo, manteca, grasa.
gordo, -da *adj.* Craso, graso, mantecoso. **2** Abultado, voluminoso, grueso*, corpulento, obeso. ≠ Delgado, enjuto, flaco. ▮ Los tres últimos, tratándose de personas. ▮ «El adjetivo *grueso* considera el volumen con relación al espacio; el adjetivo *gordo* lo considera con relación al espacio y a la materia. Un hombre *corpulento* tiene naturalmente una mano *gruesa,* y en esta idea no vemos más que su volumen; pero una mano *gorda* nos representa la idea de su carnosidad, de la abundancia de la materia de que se compone.» (LH). **3** fig. Importante, grande.
gordolobo *m.* Varbasco, verbasco.
gorgojo *m.* Mordihuí.
gorguera *f.* Gola.
gorjeo *m.* Gorgorito, trino, trinado. ▮ Los dos últimos, en los pájaros.
gorrión, -ona *s.* Pardal.
gorrón, -ona *adj.-s.* Gorrista, gorrero, mogrollo, pegadizo, pegote, parásito.
gota *f.* (enfermedad) Podagra, quiragra. ▮ La que padecen los pies, *podagra*; la de las manos, *quiragra.* **2 Gota coral** Epilepsia.
gotear *intr.* Destilar, escurrir.

gótico, -ca *adj.* Ojival.

gourmet *com.* (galic.) Gastrónomo.

gozar *tr.-prnl.* Disfrutar, poseer. ► **2** *intr.* Regocijarse, divertirse, recrearse, disfrutar, complacerse, caérsele la baba, no caber de contento, quitarse el amargor de la boca, estar en su centro, desfallecer de gusto. ≠ Sufrir, entristecerse.

gozne *m.* Charnela, gonce, bisagra.

gozo *m.* Alegría*, placer*, gusto*, goce, satisfacción, contento, júbilo*, alborozo*. ≠ Dolor, desagrado, disgusto. ▮ «*Gozo, gusto.* El primero se aplica solo a lo moral, y el segundo a lo físico, y solo figuradamente a lo moral. El *gusto* que me causó su vista llenó de *gozo* mi corazón. No se dice el *gusto* del alma, sino el *gozo*; ni el *gozo* de comer una pera, sino el *gusto*. Aplicados uno y otro puramente a lo moral, el *gozo* supone un efecto más inherente, más sublime, y causado por objetos más nobles; el *gusto*, una sensación menos sólida, y causada por objetos más comunes. El *gozo* de los bienaventurados; el *gusto* de pasear solo.» (LH).

gozoso, -sa *adj.* Complacido, satisfecho, alegre, contento, jubiloso.

grabar *tr.* Labrar, cortar, esculpir, inscribir. **2** INFORM. Registrar, salvar (anglic.).

gracioso, -sa *adj.* Atrayente, bonito*, hermoso*, agraciado. ≠ Feo, desagradable. ▮ Este último, tratándose de personas. **2** Garboso, donairoso, saleroso. **3** Chistoso*, agudo, ocurrente. **4** Gratuito, de balde.

grada [1] *f.* Peldaño, escalón. **2** Graderío, gradería.

grada [2] *f.* AGR. Rastra. **2** Reja, locutorio. ▮ En los monasterios de monjas.

gradación *f.* Escalonamiento, progresión, sucesión, serie. **2** RET. Clímax, anticlímax. ▮ *Clímax* si la gradación es ascendente, p. ej.: *acude, corre, vuela*; *anticlímax*, si es descendente, p. ej.: *una hora, un minuto, un instante*.

gradual *adj.* Escalonado, sucesivo, graduado, progresivo.

graduando, -da *s.* Laureando (desus.), licenciando, doctorando. ▮ Según el grado que se va a recibir, úsanse *licenciando* y *doctorando*.

graffiti *m.* Grafito, pintada.

grafito [1] *m.* Lápiz plomo, plombagina, plumbagina.

grafito [2] *m.* Graffiti, pintada.

graja *f.* Cuerva.

grajo *m.* Cuervo merendero.

grande *adj.* Alto, vasto, espacioso, largo, profundo, extenso, voluminoso, magno. ≠ Pequeño. ▮ Todos ellos, salvo *magno*, en sentido material. *Magno* se refiere a la grandeza moral: Alejandro *Magno*. Cuando se aplica a cosas materiales, supone siempre cierta dignidad o nobleza: aula *magna* de la Universidad. **2** Prócer, magnate.

grandeza *f.* Grandor, tamaño, magnitud. ▮ «La *grandeza*, considerada físicamente, representa al cuerpo con relación al exceso de su volumen, respecto del regular y común de otros cuerpos, y sin relación determinada a sus medidas y proporciones; la *magnitud* le representa bajo una idea determinada con relación a sus propiedades y medidas. Se admira la extraordinaria *grandeza* del sol, y se mide por medio de los instrumentos astronómicos su verdadera *magnitud*. El *tamaño* representa también determinadamente su volumen, pero se usa con más propiedad cuando se trata de cuerpos más pequeños, de los de nuestro uso, de los que manejamos, de los que podemos medir fácilmente; y *magnitud* cuando se trata de cuerpos muy grandes o inaccesibles. Se calcula la magnitud de un planeta; se compra una caja de un tamaño proporcionado. Ni el tamaño se aplicaría con propiedad al planeta, ni la magnitud a la caja.» (LH) **2** Grandiosidad, magnificencia, esplendidez. ≠ Miseria. **3** Generosidad, nobleza, magnanimidad, elevación. ≠ Parquedad, miseria. **4** Majestad, gloria, esplendor, poder. ≠ Miseria.

grandor *m.* Tamaño, grandeza, magnitud*.

granero *m.* Hórreo, troj. ▮ Ambos, preferidos en determinadas regiones y diferenciados más o menos por su forma y disposición. *Granero* es término general aplicable siempre.

granillo *m.* Culero, helera. ▮ En los pájaros.

granito *m.* Piedra berroqueña.
granizo *m.* Pedrisco, piedra. ▮ Este último si es grueso el *granizo*.
granjear *tr.* Adquirir, ganar. ► 2 *tr.-prnl.* Conseguir, captar, atraer*.
granuja *m.* Pillo, pillete, golfo, bribón, pícaro.
granzas *f. pl.* Ahechaduras.
grapa *f.* Gafa, laña.
grasa *f.* Aceite, manteca, lardo, sebo, unto, mantequilla, adiposidad (Tecn.). ▮ *Grasa* se aplica como nombre general, pero hay nombres especiales según sus clases: la líquida se llama *aceite*; la sólida, *manteca*, preferentemente la del cerdo y las de algunos frutos, como el cacao; *lardo*, la del cerdo; *sebo*, en los rumiantes; *unto* es *grasa* sólida o líquida que se emplea para untar, y en algunas regiones el tocino o el tejido adiposo de cualquier animal; *mantequilla*, la que se extrae de la leche. En el organismo animal, como tecnicismo, *adiposidad*. **2** Pringue, mugre. **3** Lípido.
grasiento, -ta *adj.* Pringado, untado, aceitoso*, oleaginoso*.
graso, -sa *adj.* Pingüe, mantecoso, untuoso, oleaginoso*, aceitoso*, pringoso, grasiento. **2** Adiposo, grueso*, obeso.
gratificación *f.* Paga, remuneración, recompensa, emolumento*.
gratificar *tr.* Remunerar, recompensar, pagar*, adobar los guantes.
gratis *adv. m.* Gratuitamente, de balde, graciosamente.
gratitud *f.* Agradecimiento, reconocimiento*. ≠ Ingratitud, deslealtad.
grato, -ta *adj.* Agradable*, gustoso, placentero, plácido, tranquilo, sosegado, apacible. ≠ Desagradable, aburrido. **2** Afecto, apreciado, estimado, querido.
gratuito, -ta *adj.* De balde, gratis, gracioso. ≠ Interesado. **2** Infundado, arbitrario.
gravamen *m.* DER. Carga, censo, hipoteca, servidumbre, tributo*. ≠ Gratitud, derecho. ▮ *Carga* o *gravamen* son los términos generales.
grave *adj.* Pesado. **2** fig. Importante, considerable. **3** Difícil, arduo, peligroso, dificultoso, espinoso. **4** Serio, severo. **5** Bajo. ▮ Tratándose de sonidos. **6** GRAM. Llano, paroxítono.
gravedad *f.* Pesantez, peso, pesadez, pesadumbre. ≠ Levedad. ▮ Todos ellos son los términos más generales. *Gravedad* es tecnicismo de significación más abstracta. **2** fig. Seriedad, formalidad.
gravitar *intr.* Pesar, descansar, apoyarse, cargar, estribar.
gravoso, -sa *adj.* Oneroso, costoso, caro. **2** Molesto, pesado, insufrible, inaguantable, aburrido, fastidioso.
graznar *intr.* Gaznar, voznar.
greda *f.* Tierra de batán. ▮ Este alude a la empleada para desengrasar los paños.
gredal *adj. m.* Blanquizal, blanquizar, calvero.
gresca *f.* Bulla, algazara, vocerío, follón, tumulto, bronca, desbarajuste, alboroto. **2** Riña, pendencia, altercado, cuestión, reyerta, trifulca, pelotera.
griego, -ga *adj.-s.* (pers.) Heleno. **2** Helénico. ▮ Aplicado a cosas.
grieta *f.* Quiebra, abertura, hendidura, fisura (Tecnol.).
grifa *f.* Marihuana.
grifo *m.* Llave, grifón, espita. ▮ Si es grande, *grifón*; si es pequeño, *espita*.
grillarse *prnl.* Agrillarse.
grillete *m.* Calceta.
grima *f.* Desazón, inquietud, disgusto, desagrado, horror.
gringo *m.* Griego, algarabía. ▮ En el significado de lenguaje ininteligible.
gringo, -ga *adj.-s.* (pers.) Extranjero, inglés, norteamericano*.
gripe *f.* Trancazo, influenza (italianismo). ▮ El nombre tradicional español es *trancazo*. Tiende a disminuir el uso del italianismo *influenza*, muy frecuente en el siglo XIX.
grita *f.* Gritería, vocerío, algarabía. ≠ Silencio. **2** Abucheo, bronca. ≠ Aplauso.
gritar *intr.* Desgañitarse, chillar, vociferar, vocear.
griterío *m.* Gritería, grita, vocerío, vocería, vocinglería, algarabía.
grito *m.* Voz, clamor. ▮ «Se *grita* para llamar a alguno, para expresar aplauso y alegría; pero el *clamor* indica peligro, petición, esforzada, aflicción o desgracia.» (M).
grosería *f.* Impolítica, desatención, incorrección, inconveniencia, descomedimiento, descortesía, patanería, zafiedad, pato-

chada, tochedad, ordinariez. ≠ Delicadeza, educación, urbanidad, sociabilidad.

grosero, -ra *adj.* Descortés, desatento, descomedido, indecoroso, indecente, insolente, indigno, impolítico*. ≠ Decente, digno. **2** Patán, ordinario, tosco, rústico, basto, burdo, zafio, inculto, soez*. ≠ Educado, delicado. **3** Agreste, áspero, rudo. ≠ Fino, liso.

grosor *m.* Grueso, espesor, cuerpo.

grotesco, -ca *adj.* Ridículo, extravagante, risible. ≠ Normal, regular, serio.

grúa *f.* Titán. ▮ *Titán* es *grúa* gigantesca.

grueso *m.* Espesor, grosor, cuerpo.

grueso, -sa *adj.* Corpulento, abultado, voluminoso, gordo*, adiposo, graso, obeso. ▮ «El hombre *grueso* lo es por constitución; el *gordo* lo es por haber adquirido carnes. No se dice del niño que nació *gordo*, sino *grueso*.» (M).

grumo *m.* Coágulo, cuajo, cuajarón, burujo. **2** Yema, botón, gema, gromo.

gruñir *intr.* fig. Rezongar, refunfuñar. **2** Chirriar, rechinar.

grupo *m.* Género, clase, especie, categoría, clan, tribu, sector, sección, división. **2** Gente, equipo, colectivo, cuadrilla.

gruta *f.* Caverna, cueva*, antro.

guachapear *intr.* Chapotear, chapalear.

guadaña *f.* Dalle, dalla. ▮ Según las comarcas. En sentido fig., solo *guadaña*: la *guadaña* de la Muerte.

gualdo, -da *adj.* Amarillo.

guamá *m.* Cuba. Guama (Colomb.), guamo (Colomb.), guaba (Amér. Central y Ecuad.), guabo (Amér. Central y Ecuad.), pacay (Argent., Colomb., Bol. y Perú).

guantada *f.* Guantazo, manotada, manotazo, tabalada, torta, tortazo bofetada, morrada, galleta (irón.), cachete, tabanazo, sopapo.

guardabrisa *m.* Parabrisa. ▮ En el automóvil.

guardacantón *m.* Guardarruedas, marmolillo, recantón, trascantón, trascantonada.

guardameta *com.* DEP. Portero, arquero (Amér.), cancerbero.

guardar *tr.-prnl.* Custodiar, cuidar, vigilar, preservar, proteger, defender. ≠ Descuidar. **2** Observar, cumplir, obedecer, atacar, respetar. **3** Conservar, retener, ahorrar*, almacenar*. ≠ Gastar.

guardia *f.* Defensa, custodia, amparo, protección.

guardilla *f.* Buharda, buhardilla, boardilla, desván, sotabanco, bohardilla, caramanchón.

guardoso, -sa *adj.* Ahorrador, escaso, tacaño.

guarecer *tr.-prnl.* Acoger*, asilar, cobijar, refugiar, amparar, defender, ponerse en cobro, ponerse en cubierto.

guarida *f.* Manida, cubil, madriguera, cado, osera, lobera, raposera, topera. ▮ *Cubil* se refiere principalmente a las fieras; *madriguera* es cueva estrecha y profunda, donde se guarecen animales pequeños, como el conejo; *cado* equivale a *madriguera*. Hay numerosos nombres especialmente derivados de los distintos animales: *osera, lobera, raposera, topera*, etc. **2** fig. Amparo, refugio, asilo. ▮ En este sentido, *guarida* se toma a mala parte: *guarida* de ladrones, de contrabandistas, etc.

guarniciones *f. pl.* Jaeces, arreos, arneses. → **guarnición**

guasa *f.* Burla*, chanza, broma, chunga, tomadura de pelo.

guasón, -ona *adj.* Burlón, bromista, chancero.

gubernamental *adj. com.* Ministerial.

gubia *f.* ant. Gurbia. ▮ *Gurbia*, ant. en España, pero usado en América.

guedeja *f.* Vedeja.

guerrero *m.* Soldado, militar.

guerrero, -ra *adj.* Belicoso, bélico, marcial, militar. ≠ Pacífico, amistoso. ▮ «*Guerrero* es todo el que hace la guerra; *belicoso* es el aficionado a la guerra, el que se place en ella, el que la hace por inclinación o por gusto; *marcial* es lo que dice relación o tiene analogía, con la guerra. *Bélico* es sinónimo de *marcial*.» (M).

guerrillero, ra *s.* Partidario. **2** Partisano (galic.).

guía *com.* Conductor, guiador, adalid. **2** fig. Director, mentor, maestro, consejero. ▸ **3** *f.* Pauta, modelo, patrón, dechado, regla, norma. **4** Norte, fin, objeto, finalidad, mira. **5** Salvaguardia*, aseguramiento, seguro, salvoconducto.

guiar *tr.* Dirigir, mostrar, indicar, encaminar, orientar, aconsejar, conducir. ≠ Desencaminar, equivocar. ▮ «Se *guía* mostrando, enseñando el camino, yendo delante. Se *conduce* dirigiendo... *Guiar* hace relación directamente a los medios; *conducir* hace relación directamente al fin. Un traidor nos *guía* por un rodeo, para *conducirnos* al paraje donde está emboscado el enemigo. Por esta razón, en la acción de *guiar* puede no tener parte la voluntad del que *guía*; pero siempre la tiene la del que *conduce*, en la acción de *conducir*. Una estrella nos *guía*: un amigo nos *conduce*.» (LH). **2** Adestrar, adiestrar, encaminar, ejercitar, instruir, enseñar, aleccionar. ► **3** *intr.* Entallecer, tallecer.

guiguí *m.* Taguán.

guija *f.* Callao, peladilla de río. **2** Almorta.

guillado, -da *adj.* fam. Maniático, chiflado (fam.), tocado, lelo, loco, chalado (fam.), maníaco, monomaníaco, ido. ≠ Cuerdo, sano.

guimbalete *m.* MAR. Pinzón.

guinda *f.* Cereza póntica.

guindilla *f.* Cerecilla, pimiento de cerecilla, pimiento de las Indias.

guiñada *f.* Guiño.

guiñapo *m.* Andrajo, harapo.

guiñar *tr.* Cucar.

güira *f.* Higüero, hibuero, totumo.

guisar *tr.* Cocinar.

guiso *m.* Guisado, manjar.

guita *f.* Bramante. **2** vulg. o fam. Dinero, cuartos, plata, pasta.

guitarrillo *m.* Requinto, guitarro.

gula *f.* Glotonería. ≠ Templanza, inapetencia.

gulusmear *intr.* Gazmiar, golosinear.

gustar *tr.* Probar, paladear, saborear. **2** Agradar*, placer, complacerse. ≠ Disgustar, desagradar. ▮ «Lo que *gusta* hace una impresión más viva, aunque no tan durable como lo que *agrada*. Creemos que se habla con impropiedad cuando se dice: me *agrada* este manjar, este color, este caballo. Semejantes cosas *gustan* pero no *agradan*. Confirma esta opinión el uso frecuente que hacemos del verbo *gustar* para indicar una disposición del ánimo, un deseo transitorio y momentáneo, como cuando se pregunta: *¿gusta usted?*, para invitar a uno a que coma de lo que se le presenta.» (M).

gusto *m.* Sabor, embocadura, paladar. ▮ El segundo sinónimo, tratándose de vinos. El último, de manjares en general. **2** Placer, deleite, delicia, gozo*. ▮ «El *placer* es más intensivo y vehemente que el *gusto*, y el *deleite* lo es más que el *placer*. *Delicia* es un *deleite* prolongado. El *gusto* satisface, el *placer* recrea, el *deleite* y la *delicia* embriagan.» (M). **3** Satisfacción, agrado, complacencia, afición. ▮ «*Afición* y *gusto*. El *gusto* no es más que el placer que se siente en satisfacer nuestras inclinaciones, aun cuando sean pasajeras. La *afición* es este mismo gusto, fundado en el conocimiento de las cosas que nos lo inspiran... La palabra *afición* trae consigo la idea de la ciencia, del arte, del estudio y de la observación, al paso que la palabra *gusto* no indica más que la sensación que nos causa tal o tal cosa. Si decimos que nos *gusta* la pintura, nos limitamos a expresar el efecto que causan en nuestra alma los cuadros; pero si decimos que somos *aficionados* a la pintura, damos a entender que tenemos gusto en practicar o estudiar este arte...» (C). **4** Antojo, capricho, gana.

gustoso, -sa *adj.* Sabroso, apetitoso. **2** Agradable*, grato.

h

habanera *f.* Danza, contradanza (antic.). ▮ *Danza* se aplica también a la *habanera* y a algunos bailes semejantes a ella; p. ej., la *danza puertorriqueña*, o la ant. *contradanza criolla*.

habano *m.* Cigarro.

haber *m.* Hacienda, caudal, capital. ≠ Debe, carencia. **2** Paga, retribución, gratificación, sueldo*. ▮ Us. pralte. en pl. → **haberes**

haberes *m. pl.* Data (antic.). ▮ En la cuentas corrientes. → **haber**

habichuela *f.* Judía*, alubia.

habilidad *f.* Arte, maestría, pericia, ingenio, tacto, destreza, maña. ▮ En toda la amplitud de significado le corresponde *arte*. Cuando se estima en alto grado, *maestría*, *pericia*. Como es un concepto genérico, susceptible de muchas acepciones particulares, clasificamos los sinónimos en los siguientes grupos, a los cuales remitimos al lector: habilidad corporal, manual *(destreza)*; habilidad intelectual *(ingenio)*; habilidad en el trato social *(tacto)*. ≠ Inhabilidad, incompetencia. ▮ «El que sabe hacer una cosa bien y con conocimiento de lo que hace, tiene *habilidad*; el que la hace materialmente bien y con facilidad, tiene *destreza*. Aquélla se refiere directamente al saber; ésta se refiere directamente al ejecutar. Un artífice tiene *habilidad* cuando sabe ejecutar bien la obra que le encargan; y *destreza* en el manejo material de los instrumentos de su profesión. Un maestro tiene *habilidad* para enseñar, cuendo sabe el buen método, y los medios que debe emplear para ello. Una araña forma con *destreza* su tela.» (LH).

habitación *f.* Vivienda, morada, mansión, domicilio, residencia, casa, hogar, lar. ▮ *Habitación* es el término más general y abstracto. *Vivienda* tiene también carácter general. *Morada* y *mansión* son literarios: el Olimpo, *morada* de los dioses; en el uso corriente añaden idea de distinción o elegancia. *Domicilio* pertenece al lenguaje administrativo o legal. *Residencia*, en términos administrativos, es la población en que se vive: tiene su *residencia* en Granada; aplicado a *vivienda*, envuelve idea de colectividad: *residencia* de jesuítas, de estudiantes; o bien sugiere distinción, señorío: aquel palacio es la *residencia* de los condes de N. *Casa*, cuando no se refiere solo al edificio, lleva asociados los afectos familiares que denotan *hogar* y *lar*. **2** Cuarto, pieza, aposento, estancia, cámara*. **3** H. NAT. Hábitat.

habitante *m.* Morador, residente. ▮ *Morador* es voz escogida cuyo uso se circunscribe por lo general a la lengua escrita. El *residente* puede significar el que vive en un lugar sin ser natural de él, o el que lo habita transitoriamente; p. ej.: los españoles *residentes* en Colombia, los *residentes* en un internado universitario. *Vecino* alude a la conducta legal o administrativa del que está domiciliado o avecindado en una población.

habitar *tr.* Morar, residir, tomar casa, asiento, sentar los reales, estar de asiento, vivir. ≠ Vagar. ▮ *Morar* y *residir* son palabras escogidas que envuelven cierto señorío y elegancia. Sería pedantesco preguntar a una persona ¿dónde *mora* usted? En cambio, se dice que los dioses *moran* en el Olimpo. *Residir* alude con preferencia al país, provincia o ciudad, pero no al domicilio. Una persona *reside* en Cuba, en Enterríos, en Montevideo; pero *vive* en tal calle y número. *Habitar* es tr.; p. ej.: *habita* una cueva, una casa céntrica. En su uso intr. corresponde a *vivir*: *vive* o *habita* en una cueva, en un piso alto, etc.

hábitat *m.* Habitación (H. NAT.).

hábito *m.* Costumbre. **2** Práctica, uso, usanza, rutina*.

habitual *adj.* Acostumbrado, usual, corriente, ordinario.

habituar *tr.* Acostumbrar, avezar, familiarizar. ≠ Extrañar, desacostumbrar. ► **2** *prnl.* Hacerse, avezarse, acostumbrarse, adaptarse, hacer callos, criar callos. ≠ Desacostumbrar.

habla *f.* Lenguaje, lengua, idioma, dialecto.

hablador, -ra *adj.-s.* Cotorra, cotorrera, charlatán, parlanchín, hablanchín, parlador, locuaz. ▮ Todos ellos, excepto *locuaz*, son desp. El *hablador* es la persona *locuaz*, que habla mucho; pero puede ser que no hable mal. Puede haber sabios *habladores* o *locuaces*. El *charlatán* habla siempre sin ton ni son, solo por hablar, y sin decir nada que valga la pena de oír. **2** Indiscreto, chismoso.

habladuría *f.* Hablilla, rumor, murmuración, chisme, cuento.

hablar *intr.* Decir. ≠ Callar. ▮ «Sucede muchas veces que oímos *hablar* a otro sin que sepamos lo que dice. Hay hombres que poseen el don de *decir* mucho *hablando* poco. Puede *decirse* a un hombre de pocos alcances: *habla* poco, para no *decir* disparates.» (M). **2** Perorar, discursear, meter baza, hablar por los codos, tomar la palabra, descoser los labios, soltar el mirlo, hablar a chorros. ≠ Callar. **3** Conversar, departir, platicar, conferenciar. ≠ Callar. ► **4** *prnl.* Comunicarse, tratarse. ≠ Callar.

hablilla *f.* Habladuría, parlería, rumor, mentira, cuento, chisme, murmuración, reporte.

hacedero, -ra *adj.* Factible, agible, realizable, posible*, viable, fácil, sencillo. ≠ Imposible, irrealizable, difícil.

hacer *tr.* Producir, formar, fabricar, construir. ≠ Deshacer. **2** Disponer, aderezar, arreglar, componer. ≠ Deshacer. **3** Causar, ocasionar, motivar. **4** Ejecutar, realizar, practicar. ≠ Deshacer. ► **5** *intr.* Importar, convenir. ► **6** *prnl.* Crecer, aumentar. **7** Habituarse, acostumbrarse, avezarse, adaptarse. **8** Fingirse, simular.

hacha [1] *f.* Antorcha.

hacha [2] *f.* Segur, machado. ▮ El primero es una *hacha* grande para cortar; el segundo sirve para la leña.

hacienda *f.* Heredad, heredamiento, predio. **2** Fortuna, capital*, caudal, bienes. ▮ Excepto si se trata de la hacienda pública.

hacinamiento *m.* Aglomeración, amontonamiento.

hacinar *tr.-prnl.* Enhacinar (p. us.), amontonar*, aglomerar, acumular.

hacker *com.* (anglic.) Pirata informático.

hada *f.* Hechicera. → **hechicero**

hado *m.* Destino, fortuna, fatalidad, estrella, sino. ▮ Los nombres populares *estrella* y *sino* (*signo*) proceden de la Astrología.

hagiografía *f.* Santoral.

halagar *tr.* Acariciar, lisonjear, incensar, agasajar, festejar, obsequiar, regalar, adular*. ≠ Castigar, prohibir, desdeñar. ▮ *Acariciar* sugiere principalmente el sentido material de hacer caricias. *Lisonjear*, *incensar*, es halagar con alabanzas. *Agasajar*, *festejar*, aluden a demostraciones exteriores de afecto, estimación o respeto; *obsequiar*, *regalar* hacen pensar en dádivas o comodidades que se procuran al halagado. *Adular* se toma a mala parte, y envuelve la idea de *halagar* a una persona con fines interesados. **2** Bailar el agua, pasar la mano por la espalda, tratar bien, hacer cocos. ≠ Desdeñar.

halago *m.* Caricia, mimo, lisonja, agasajo, festejo, fiesta*, adulación, zalamería, zalema, embeleco, lagotería, cumplimiento*.

haleche *m.* Boquerón (pez), alacha, lacha, alache, aladroque, alece, aleche.

halieto *m.* Aleto, pigargo, quebrantahuesos.

hálito *m.* Aliento. **2** Vapor, emanación, vaho.

halo *m.* Cerco, corona. **2** Aureola, resplandor.

hallar *tr.* Encontrar, topar. ▌ *Topar* supone *encontrar* súbita o bruscamente. ▌ «La acción de *encontrar* no supone precisamente la de haber buscado lo que se *encuentra*; pero la acción de *hallar* supone la de haber buscado lo que se *halla*. Al pasar por la plaza he *encontrado* una procesión; a dos leguas de Madrid *encontré* el parte. Nadie diría que *halló* una procesión o el parte, a no querer dar a entender que los andaba o iba buscando (...). Se ofrece el *hallazgo* de una cosa perdida que se busca. Hacerse *encontradizo* es hacer como que no se busca, como que la casualidad lo ofrece.» (LH). **2** Inventar. **3** Averiguar, descubrir, echar la vista encima, dar en la vena, haber en las manos. ≠ Desacertar. **4** Notar, observar. ► **5** *prnl.* Estar, encontrarse.

hallazgo *m.* Invención, encuentro, descubrimiento.

hamaquear *tr.* Amér. Merid. Mecer, columpiar, hamacar (Amér. **Merid.).**

hambre *f.* Apetito*, gana, necesidad (eufem.), voracidad, gazuza (col. y burl.), carpanta (col. y burl.), bulimia (MED.). ≠ Hartazgo. **2** fig. Deseo, afán, anhelo, ansia. ≠ Hartazgo.

hambriento, -ta *adj.-s.* Famélico. **2** fig. Deseoso, ansioso, codicioso.

haploclamídea *adj.* Monoclamídea.

haragán, -ana *adj.-s.* Holgazán, perezoso, tumbón, gandul, poltrón. ≠ Trabajador.

harapiento, -ta *adj.* Andrajoso, roto, haraposo, pingajoso, descamisado, desarrapado, desastrado, zarrapastroso.

harapo *m.* Andrajo, guiñapo, pingajo, colgajo.

harén, harem *m.* Serrallo.

harinoso, -sa *adj.* Panoso, farináceo.

harpillera *f.* Arpillera, halda, malacuenda, rázago. ▌ *Halda* es la que se emplea para envolver fardos, pacas, etc.

hartar *tr.-prnl.* Saciar, satisfacer, atracar, ahitar, empachar, empapuciar, empapular, empapuzar. ≠ Carecer, vaciar, necesitar. ▌ Los cuatro últimos significan *hartar* hasta padecer indigestión. *Atracar* y *ahitar*, *hartar* con exceso. **2** fig. Fastidiar, hastiar, cansar*, aburrir.

hartazgo *m.* Panzada, tripada, atracón, repleción, empacho. ≠ Hambre.

harto *adv. c.* Bastante*, sobrado, asaz.

harto, -ta *adj.-s.* Repleto, ahíto, lleno, saciado, satisfecho. **2** fig. Cansado, fastidiado, hastiado.

hastiar *tr. -prnl.* Fastidiar, aburrir*, dar la lata, cansar*, empalagar, cargar, estar hasta la coronilla, estar hasta el gollete. ≠ Divertir.

hastío *m.* Repugnancia. **2** fig. Disgusto, tedio, fastidio, aburrimiento, cansancio, esplín*.

hato *m.* Manada*, rebaño*. **2** fig. Pandilla, gavilla, cuadrilla, hatajo.

haz [1] *m.* Fajo, mostela (p. us.), gavilla. ▌ Aunque su empleo varía según las regiones, el *haz* suele ser más grande que el *fajo*. Por esto se dice preferentemente *fajo* tratándose de papeles, cartas, billetes de banco, etc., y *haz* de leña, de hierba.

haz [2] *f.* ant. Cara*, rostro, faz. **2** Anverso.

hazaña *f.* Proeza, heroicidad.

hebdomadario, -ria *adj.* Semanal. ► **2** *adj.-s.* Semanario.

hebraísmo *m.* Judaísmo.

hecatombe *f.* Sacrificio, inmolación. **2** Matanza, mortandad, carnicería.

hechicería *f.* Magia, brujería, encantamiento. **2** Hechizo, sortilegio.

hechicero, -ra *adj.-s.* Jorguín, hada, brujo, mago, mágico, encantador, nigromante, nigromántico, taumaturgo*. ▌ *Jorguín, -ina* se usa esp. en las prov. del N (vascuence, *sorgina*). *Hada* no es persona humana, sino ser sobrenatural femenino; connota hermosura (aunque transitoriamente puede adoptar apariencias feas), y su influencia es siempre benéfica. **2** fig. Encantador, fascinador, seductor.

hechizar *tr.* Encantar, embrujar. **2** fig. Cautivar, seducir, embelesar, fascinar.

hechizo *m.* Encantamiento, sortilegio, embrujo, maleficio, aojamiento, bebedizo, filtro. ▌ Los tres últimos son formas particulares del concepto general de *hechizo*. **2** fig. Atractivo, encanto, seducción, fascinación.

hecho *m.* Acción*, acto, obra. **2** Acontecimiento*, suceso, caso, acaecimiento. **3 De hecho** *loc. adv.* Realmente, efectivamente, positivamente, verdaderamente, en realidad.

hecho, -cha *adj.* Perfecto, acabado, cumplido.

hechura *f.* Disposición, figura, forma. **2** Confección.

heder *intr.* Apestar, oliscar*. ≠ Perfumar. **2** fig. Enfadar, cansar, molestar. ≠ Divertir.

hediondez *f.* Hedor, fetidez, peste, pestilencia. ≠ Aroma.

hediondo, -da *adj.* Fétido, apestoso. **2** fig. Sucio, repugnante, obsceno. **3** Molesto, enfadoso.

hedor *m.* Fetor (p. us.), hediondez, fetidez, peste, pestilencia.

helado *m.* Sorbete.

helado, -da *adj.* Glacial, gélido (lit.), congelado. **2** Frío, yerto, tieso. **3** fig. Suspenso, atónito, pasmado, estupefacto, sobrecogido.

helar *tr.-prnl.* Congelar. ≠ Calentar. **2** fig. Pasmar, sobrecoger.

helénico, -ca *adj.* Griego.

helenio *m.* Énula campana, hierba del ala, raíz del moro.

helenismo *m.* Grecismo, greguismo.

helenizar *tr.* Grecizar.

heleno, -na *adj.-s.* (pers.) Griego.

helero *m.* Glaciar.

helvecio, -cia *adj.-s.* p. us. (pers.) Helvético, suizo*.

hematíe *m.* Eritrocito, glóbulo rojo.

hematites *f.* Oligisto rojo.

hemisférico, -ca *adj.* Semiesférico.

hemisferio *m.* Semiesfera.

hemorroide *f.* Almorrana.

henchir *tr.* Llenar, rellenar, colmar. ≠ Vaciar, deshinchar. ► **2** *prnl.* Hartarse, llenarse.

hender *tr.-prnl.* Agrietar, abrir, rajar, resquebrajar. **2** fig. Atravesar, cortar, tajar*.

hendidura *f.* Grieta, quiebra, hendedura, rendija, raja, resquebradura, resquebrajadura, fisura (TECN.).

hepatita *f.* Baritina.

heptasílabo, -ba *adj.-s.* Septisílabo.

heraldo *m.* Faraute. **2** fig. Mensajero, adalid.

heredad *f.* Heredamiento, predio, hacienda, finca rústica.

herejía *f.* Heterodoxia.

herén *f.* Yeros.

herir *tr.* Golpear, batir, percutir, contundir, pegar, dar. **2** Pulsar, tocar. **3** Lesionar. **4** fig. Lastimar, agraviar, ofender.

hermafrodita *adj.* Bisexual (H. NAT.), bisexuado (H. NAT.).

hermanar *tr.-prnl.* Unir, uniformar, armonizar. ≠ Enemistar, desunir.

hermandad *f.* Fraternidad, confraternidad. **2** Cofradía, congregación. **3** Gremio, sindicato. **4** Mutualidad.

hermoso, -sa *adj.* Bello, venusto, bonito, guapo, lindo, gracioso, precioso, magnífico. ▮ *Bello* es voz culta que se aplica principalmente en sus acepciones abstractas: *Bellas Artes*; el sentimiento de lo *bello*. *Hermoso* se aplica preferentemnte a lo concreto, y es de uso más general en la lengua hablada. En el habla popular, el calificativo más usado es *bonito*, y con él se sustituye a *bello* y *hermoso*; tratándose de personas, la palabra más usual es *guapo*. *Venusto* se aplica al cuerpo de la mujer.

hermosura *f.* Belleza. ≠ Fealdad.

hernia *f.* Potra (vulg.), quebradura, relajación. ▮ *Potra* esp. utilizada al aludir a la *hernia* inguinal.

hernioso, -sa *adj.-s.* Herniado, potroso (vulg.), quebrado.

hernista *m.* Potrero (vulg.).

héroe *m.* Protagonista. ≠ Cobarde. **2** Semidiós. ▮ Refiriéndose a la antigüedad clásica.

heroico, -ca *adj.* Épico.

heroína *f.* Caballo (col.), jaco (col.).

heroinómano, -na *adj.-s.* Drogadicto, drogodependiente, toxicómano, yonqui (col.).

herpe *m.* Herpes. ▮ Es frecuente, sobre todo como tecnicismo, denominarlo con el nominativo latino *herpes*.

herradero *m.* Yerra (Amér.), hierre (And.).

herreruelo *m.* (ave) Cerrojillo, cerrojito.

herrete *m.* Cabete.

herrumbre *f.* Orín, herrín, robín, rubín, moho. **2** Roya.

hervidero *m.* Muchedumbre, multitud, abundancia.

hervor *m.* Ebullición (científ.). **2** fig. Ardor, fogosidad.

hervoroso, -sa *adj.* Impetuoso, ardoroso, fogoso, ardiente.

hesitación *f.* Perplejidad, vacilación, irresolución, indecisión.

hesitar *intr.* p. us. Dudar, vacilar*.

hespérides *f. pl.* Pléyades.

hético, -ca *adj.-s.* Tísico. ≠ Sano. **2** Flaco, débil, extenuado. ≠ Sano, gordo.

hexagonal *adj.* Sexagonal.

hexágono, -na *adj.-s.* Seisavo, sexángulo.

hez *f.* Lía, pie, zupia, madre, solera, sedimento*, turbios. ▮ *Lía*, generalmente en plural; las *lías* del vino; *pie, zupia, madre, solera*, esp. del vino; *turbios*, esp. del aceite. ⟶ **heces**

hibernés, -esa *adj.-s.* (pers.) Irlandés, hibérnico. ▮ *Hibérnico* e *hibernés* son voces doctas que solo se aplican con referencia a la antigua Irlanda (Hibernia).

híbrido, -da *adj.* Mestizo. ▮ En rigor, *híbrido* es el que procede de dos especies distintas (como el mulo), y *mestizo*, de dos variedades o razas de la misma especie.

hidalgo, -ga *s.* Noble, hijodalgo. ▸ **2** *adj.* Generoso, caballeroso, distinguido. ≠ Vil.

hidrargirio *m.* Azogue, mercurio.

hidrato *m.* QUIM. Base, hidróxido.

hidroavión *m.* Hidroplano.

hidrofobia *f.* Rabia.

hiel *f.* Bilis. **2** fig. Amargura, pena, aflicción, disgusto.

hierbabuena *f.* Hierba santa, menta.

hierre *m.* Herradero, yerra.

higiene *f.* Profiláctica. ≠ Suciedad, infección.

higiénico, -ca *adj.* Limpio, aseado, pulcro.

hijo, -ja *s.* fig. Descendiente, natural, originario, nacido. **2** Resultado, consecuencia, fruto, producto. **3** Rebrote, retoño, renuevo. **4 Hijo político** Yerno (para los hombres), nuera (para las mujeres).

hiladillo *m.* Rehiladillo.

hilera *f.* Fila, hila (p. us.), cola. ▮ Este último, si se trata de personas que esperan turno.

hilván *m.* Basta (p. us.), baste (p. us.).

hincar *tr.* Clavar, plantar, fincar (antic.).

hincha ¹ *f.* Antipatía*, ojeriza, enemistad, odio.

hincha ² *com.* Seguidor, aficionado, forofo, fan, supporter (en un deporte).

hinchado, -da *adj.* Tumescente, tumefacto. **2** fig. Finchado, vanidoso, presumido, vano, presuntuoso, infatuado. **3** Hiperbólico, afectado, pomposo, redundante.

hinchar *tr.* Inflar, soplar. ≠ Deshinchar. **2** fig. Exagerar, extremar. ≠ Disminuir. ▸ **3** *prnl.* Envanecerse, infatuarse. ≠ Deshinchar.

hiniesta *f.* Retama, ginesta.

hipar *intr.* Gimotear, lloriquear.

hipérbaton *m.* Transposición, anástrofe. ▮ Este último, cuando el *hipérbaton* es extremadamente violento.

hipérbole *f.* RET. Exageración, ponderación, andaluzada. ▮ Todos ellos de uso general.

hiperbóreo, -ea *adj.* Ártico.

hiperclorhidria *f.* MED. Acedía, acidez.

hipermetría *f.* Cabalgamiento, encabalgamiento.

hipertono *m.* FIS. Armónico.

hípica *f.* Equitación, monta.

hípico, -ca *adj.* Caballar*.

hipnótico, -ca *adj.-s.* MED. Somnífero.

hipnotizar *tr.* Magnetizar. **2** fig. Fascinar, asombrar.

hipocampo *m.* Caballo de agua, caballo de mar, caballo marino.

hipocresía *f.* Fingimiento, ficción, simulación, doblez, fariseísmo. ≠ Sinceridad, lealtad, claridad.

hipócrita *adj. com.* Engañoso, disimulado, tartufo, falso, farisaico, fariseo. ▮ Los dos últimos se usa esp. si el *hipócrita* finge piedad o austeridad.

hipodérmico, -ca *adj.* Subcutáneo.

hipófisis *f.* Cuerpo pituitario, glándula pituitaria.

hipopótamo *m.* Caballo de agua.

hipotaxis *f.* GRAM. Subordinación.

hipotecar *tr.* Empeñar*, gravar.

hipótesis *f.* Suposición, supuesto, presunción, conjetura.

hipsometría *f.* Altimetría.

hirco *m.* Cabra montés.

hirsuto, -ta *adj.* Erizado, híspido. ≠ Liso. **2** fig. (pers.) Áspero, intratable. ≠ Suave.

hisopillo *m.* (planta) Morquera.

histerismo *m.* Histeria, mal de madre, pitiatismo (MED.).

histórico, -ca *adj.* Averiguado, cierto, verdadero, positivo, seguro. **2** Célebre, famoso, legendario*, mítico.

historieta *f.* Anécdota, chascarrillo. **2** Cómic, tebeo.

histrión *m.* Actor*, representante, cómico, comediante.
hito *m.* Coto, mojón, poste, muga, muñeca, pilón, señal, término.
hocicar *tr.* Hozar. **2** desp. Besuquear.
hocico *m.* Morro, jeta. **2** desp. Cara*.
hocicón, -ona *adj.* Hocicudo, bezudo, morrudo, picudo.
hocino *m.* Honcejo.
hogar *m.* fig. Casa, domicilio, lar, fuego, humo. ▮ P. ej.: en esta aldea hay ochenta *fuegos* o *humos*.
hoguera *f.* Candelada (p. us.), hogar. ▮ En las máquinas, *hogar*, tanto si arden con llama como sin ella.
hoja *f.* Folio, lámina, chapa. ▮ La *hoja* de papel en un libro o manuscrito, *folio*; de madera o metal, *chapa* o *lámina*. **2** MED. Estrato, capa, membrana, zona. **3** fig. Espada.
hojalata *f.* Lata, hoja de lata.
holandés, -esa *adj.-s.* (pers.) Neerlandés.
holandeta *f.* Holandilla, mitán.
holgado, -da *adj.* Ancho, desahogado, espacioso. **2** Desocupado, ocioso.
holganza *f.* Descanso, quietud, reposo. ≠ Trabajo, actividad. **2** Ociosidad, holgazanería, pereza, poltronería. ≠ Actividad. **3** Placer, regocijo, gozo, contento.
holgar *intr.* Descansar, reposar, tomar aliento. ≠ Trabajar. **2** Sobrar. ▶ **3** *prnl.* Alegrarse, contentarse, regocijarse, gozarse. ≠ Entristecerse. **4** Divertirse, entretenerse, matar el tiempo, andar de nones, hacer fiestas, hacer novillos, hacer rabona, cruzarse de brazos, papar moscas, mirar las musarañas, tomar el sol, tumbarse a la bartola, hacer campana. ▮ Este último, más usado en Cataluña, alude a la acción de no asistir al curso los alumnos.
holgazán, -ana *adj.-s.* Perezoso, poltrón, gandul, maltrabaja, pamposado, galbanero, harón (p. us.), haragán, vago, tumbón, indolente, negligente, remiso. ▮ Los cuatro últimos son expresiones atenuadas.
holgazanear *intr.* Gandulear, haraganear, vaguear, matar el tiempo.
holgazanería *f.* Pereza, desidia, ociosidad, haraganería, gandulería.
holgorio *m.* Jolgorio, regocijo, fiesta, jarana, diversión, bullicio, juerga.
holgura *f.* Anchura, amplitud, desahogo, comodidad. ≠ Estrechez, incomodidad.
holocausto *m.* Sacrificio.
holoturia *f.* Cohombro de mar.
hollar *tr.* Pisar, pisotear, conculcar. ▮ *Conculcar* es término literario, y no se usa en sentido material. Se *conculca* una ley y se *pisa* o *huella* un terreno. **2** fig. Abatir, humillar, atropellar, menospreciar.
hombradía *f.* Hombría, entereza, valor.
hombre *m.* Especie humana, género humano, humanidad. **2** Varón. **3** Marido*.
homenaje *m.* Pleito homenaje. **2** Sumisión, acatamiento, respeto, veneración. **3** Celebración, exaltación, culto*.
homomorfismo *m.* Isomorfismo.
hondero *m.* Pedrero, fundibulario. ▮ Este último, entre los romanos.
hondo *m.* Fondo, hondón.
hondo, -da *adj.* Profundo. ▮ «La idea fundamental de la significación de estas dos voces es la concavidad o, más bien, el desnivel en sentido inferior; pero *profundo* no se aplica a los objetos pequeños, y así no decimos un plato *profundo*, sino un plato *hondo*. El fondo de lo *profundo* dista más del nivel superior que el de lo *hondo*. La concavidad absoluta no basta para constituir la *profundidad*.» (M). **2** fig. Recóndito, arcano, misterioso, abstruso. **3** Intenso, extremado. ▮ Tratándose de sentimientos.
hondura *f.* Profundidad, quintos infiernos, centro de la tierra. ≠ Altura, excelsitud.
honestidad *f.* Decencia, decoro, honra. ≠ Deshonestidad. **2** Recato, pudor, castidad*.
honesto, -ta *adj.* Decente, decoroso. **2** Recatado, pudoroso, púdico, casto. **3** Honrado, íntegro, fiable. **4** Recto, justo, equitativo, razonable.
hongo *m.* Seta.
honor *m.* Honra, pundonor, renombre, reputación, fama, gloria, opinión. ≠ Deshonor. ▮ Todos ellos expresan admiración social; en la lengua clásica, *opinión*. ▮ «El *honor* consiste en un sentimiento de que el hombre se halla animado, en la conducta que se traza, en los principios que le sirven de norma en sus operaciones. El *pundonor* es el esmero con que procura mantener ileso el *honor*. La *honra* depende

de la opinión de los otros hombres.» (M). **2** Honestidad, recato, castidad. ≠ Indignidad. **3** Distinción, cargo, dignidad, empleo. → **honores**

honorario, -ria *adj.* Honorífico. ▮ Todo lo que es *honorario* es *honorífico*, es decir, da honor. El cargo de presidente *honorario* de una sociedad es un cargo *honorífico*; pero un nombramiento para una dignidad elevada, una condecoración, son *honoríficos*, aunque no sean *honorarios*. *Honorario* es, pues, una especie dentro del género *honorífico*. → **honorarios**

honorarios *m. pl.* Sueldo, gajes, paga, emolumentos, estipendio, dieta. → **honorario**

honores *m. pl.* Ceremonial, agasajo. ▮ P. ej.: le rindió *honores* una compañía de infantería; hacía los *honores* la dueña de la casa. → **honor**

honorífico, -ca *adj.* Honroso. **2** Honorario.

honra *f.* Honor, pundonor. **2** Honestidad, recato, castidad. **3** Reputación, renombre, fama, gloria.

honradez *f.* Hombría de bien, probidad, integridad, rectitud. ≠ Deshonra, inmoralidad.

honrado, -da *adj.* Probo, íntegro, recto, leal, hombre de bien. **2** Apreciado, estimado, respetado, venerado, enaltecido.

honrar *tr.-prnl.* Respetar, venerar. ≠ Deshonrar, envilecer. **2** Enaltecer, distinguir, favorecer, realzar, ensalzar. ≠ Envilecer, blasfemar.

honroso, -sa *adj.* Decoroso, decente, honesto. **2** Honorífico. ▮ «*Honroso* es lo que abunda en honra; *honorífico* lo que la da. Los hechos son *honrosos* y las distinciones son *honoríficas*. La conducta y las acciones *honrosas* se premian con distinciones *honoríficas*.» (M).

hontanar *m.* Manantial, fontanar, venero.

horadar *tr.* Agujerear, perforar, taladrar. ▮ *Perforar* se usa como voz culta, tecnicismo médico, o tratándose de cosas grandes: la herida ha *perforado* el intestino; *perforar* una montaña para abrir un túnel. **2** Pasar de parte a parte.

horca *f.* Horcón, horqueta, horquilla. **2** Ristra.

horizontal *adj.* -s. *f.* Apaisado (más ancho que alto), tumbado, acostado.

horma *f.* Molde. **2** Albarrada.

hormigón *m.* Calcina (p. us.), concreto, mazacote, derretido, nuégado, garujo.

hormigos *m. pl.* Nuégado.

hormiguear *intr.* Gusanear, bullir, pulular, agitarse, moverse.

hormiguillo *m.* Cosquilleo, picazón.

hornazo *m.* Mona (And., Cat. y Levante). → **hornacho**

hornillo *m.* MIN. Recámara.

horóscopo *m.* Predicción, pronóstico, vaticinio, augurio, adivinación, profecía. ▮ El *horóscopo* es la observación que hacían los astrólogos del estado del cielo al nacer una persona, para predecir su porvenir. Denota, pues, una forma particular de *predicción*, *pronóstico*, etc.

horrendo, -da *adj.* Horrible, horroso, hórrido, horripilante, espantoso, pavoroso, monstruoso.

hórreo *m.* Granero, troj.

horrible *adj.* Horrendo, horroso, hórrido, horripilante, espantoso, pavoroso, monstruoso. ▮ «Un objeto que horroriza es la idea común a estas tres voces, que la representan con relación a los distintos efectos que produce el horror en nuestra imaginación. Lo *horrendo* nos horroriza, como atroz y abominable; lo *horrible*, como repugnante y desagradable; lo *horroroso*, como espantoso y temible. Es *horrendo* el crimen de un parricida; es *horrible* la vista de un monstruo, la de un cadáver desfigurado; es *horroroso* el triste espectáculo de un naufragio, los efectos de un incendio, la profundidad espantosa de un abismo.» (LH).

horripilar *tr.-prnl.* Horrorizar, espantar, aterrar, quitar el hipo, meter en un puño, dejar sin resuello. ≠ Tranquilizar, envalentonarse.

horro, -rra *adj.* Manumiso, liberto. **2** Libre, desembarazado.

horror *m.* Aversión, repulsión, fobia, espanto, pavor, terror, consternación.

horrorizar *tr.* Espantar, horripilar, aterrar, consternar.

horroroso, -sa *adj.* Repugnante, repulsivo, feísimo, monstruoso, horrible*, horrendo, horripilante, hórrido, espantoso, pavoroso.

hortaliza *f.* Verdura.

hortelano, -na *s.* Huertano, horticultor. ▮ El primero es preferido en algunas regiones (Murcia). Como nombre técnico o culto, *horticultor*.

hortera *f.* Dornillo. ► **2** *adj. com.* Chabacano, cursi, kitsch.

hosco, -ca *adj.* Ceñudo, fosco, áspero, intratable, huraño. ≠ Suave, simpático.

hospedaje *m.* Alojamiento, albergue, posada, fonda, hospedería.

hospedar *tr.-prnl.* Alojar, albergar, hacer noche, sentar a la mesa, aposentar, posar (intr.) ant. ≠ Desalojar.

hostelero, -ra *s.* Posadero, mesonero, hotelero, fondista, huésped. ▮ En la lengua clásica, *huésped*.

hostería *f.* Posada, mesón, parador, hostal, fonda.

hostia *f.* Forma, sagrada forma, pan eucarístico. ▮ Los dos últimos, después de la consagración.

hostigar *tr.* Azotar, fustigar, mosquear, picar. **2** Perseguir, hostilizar, molestar, acosar. ≠ Defender, acoger, tranquilizar.

hostil *adj.* Adversario, contrario, enemigo.

hostilidad *f.* Enemistad*, enemiga, oposición. **2** Agresión, ataque, acometida. **3 Suspensión de hostilidades** → **suspensión**

hostilizar *tr.* Molestar, hostigar, perseguir. **2** Acometer, atacar.

hotel *m.* Fonda.

hoya *f.* Hoyo. ▮ El *hoyo* es comúnmente más pequeño que la *hoya*. **2** Sepultura, fosa, huesa.

hoz *f.* Segadera, segur.

hozar *tr.* Hocicar.

hucha *f.* Alcancía, vidriola, ladronera, olla ciega.

hueco, -ca *adj.-s.* Cóncavo, vacío. ▮ «Si *hueco* es lo *cóncavo* o *vacío* por dentro, habremos de considerar como sinónimas estas tres voces; pero *cóncavo* y *hueco* de ningún modo parece que se pueden mirar como tales; porque la primera de estas calidades es una circunstancia propia del cuerpo, y la segunda es puramente una negación de su solidez, sea la figura la que fuese (...). *Vacío* supone una negación accidental de aquellas cosas que el cuerpo suele o puede contener, y no contiene actualmente. *Hueco* supone una negación positiva, no precisamente de aquellas cosas que puede contener el cuerpo distintas de la materia, o materias de que se compone, sino de aquella parte del mismo cuerpo que falta en lo interior de él para constituirle sólido.» (LH). **2** Mullido, esponjoso. **3** fig. Presumido, vano, fatuo, presuntuoso, orondo. **4** Afectado, hinchado. **5** Retumbante, rimbombante. ► **6** *m.* Discontinuidad, interrupción, laguna. **7** fig. Vacante.

huelgo *m.* Aliento, resuello, respiración. **2** Holgura, anchura, desahogo.

huelveño, -ña *adj.-s.* (pers.) Onubense.

huella *f.* Estampa, holladura, pisada, patada, vestigio, señal, indicio, rastro, pista, indicios. ▮ *Rastro* y *pista* denotan el conjunto de *huellas* o *indicios* con que se va siguiendo el camino recorrido por personas o animales. **2** (de una enfermedad) Lacra, señal.

huemul *m.* Chile. Güemul.

huérfano, -na *adj.-s.* Pupilo. ▮ *Pupilo* designa al *huérfano* respecto de su tutor. **2** fig. Desamparado, solo.

huertano, -na *adj.-s.* Hortelano.

huesa *f.* Sepultura, fosa, hoya, hoyo.

huesoso, -sa *adj.* Óseo (culto o tecn.).

huesudo, -da *adj.* Osudo, ososo*.

hueva *f.* Ovas.

huevera *f.* Madrecilla. ▮ En las aves.

huida *f.* Fuga, evasión, defección*.

huir *intr.-prnl.* Volver el rostro, escapar, fugarse, evadirse, largarse (fam.) o irón., tocárselas (fam.) o irón., tomar soleta (irón.), tomar las de Villadiego (irón.), chaquetear (burl.). ≠ Permanecer, quedarse, presentarse. ▮ Este último empleado entre soldados. ▮ «No siempre *escapa* el que *huye*. *Huir* sólo explica la fuga; *escapar* añade a la idea de la fuga la del logro de su objeto. Si no se alcanza o se detiene al que *huye*, se *escapa* sin remedio. Al ir a prenderle, se les *huyó*; le siguieron, pero al fin se les *escapó*.» (LH). ► **2** *intr.-tr.* Apartarse, evitar, rehuir, esquivar, eludir, poner tierra por medio, dar esquinazo, volver las espaldas, salvarse por pies, salir por la puerta de los carros. ≠ Permanecer, quedarse.

humanidad *f.* Género humano, especie humana, hombre. **2** Benignidad, benevolencia, compasión, piedad, misericordia, caridad, filantropía. ≠ Inhumanidad. → **humanidades**

humanidades *f. pl.* Bellas letras, buenas letras, literatura. → **humanidad**

humanizar *tr.* Humanar. ≠ Deshumanizar. ▸ **2** *tr.-prnl.* fig. Ablandar, desenojar, suavizar, dulcificar. ≠ Endurecer, enojar.

humano, -na *adj.* fig. Benigno, benévolo, compasivo, generoso, caritativo, misericordioso.

humeral *adj.* Banda, cendal, paño de hombros.

humildad *f.* Modestia. ≠ Soberbia.

humilde *adj.* Dócil, obediente, sumiso. **2** Modesto, oscuro, pobre.

humillante *adj.* Degradante, depresivo, vergonzoso.

humillar *tr.-prnl.* Someter, abatir, doblegar, sojuzgar, rebajar, degradar, avergonzar, doblar la cerviz, besar la correa, echarse de rodillas, ponerse de hinojos. ≠ Ensalzar, ensoberbecer, alabar.

humor *m.* Genio, índole, condición, carácter, temple. ▌Los cuatro primeros denotan un complejo de cualidades permanentes en una pesona. El *humor* y el *temple* denotan una disposición de ánimo que puede ser permanente o variable. Un hombre de *genio* o *carácter* bondadoso y apacible puede estar un día de mal *humor* o de mal *temple*, y sorprendernos con asperezas que contradicen su *índole* o *condición*; o bien, una persona intratable nos acoge con amabilidad inesperada en un momento de buen *humor*. **2** Humorismo, sentido del humor. ▌Tanto referidos al carácter como a las Bellas Artes.

humorada *f.* Antojo, capricho, fantasía, extravagancia, ventolera.

humos *m. pl.* fig. Vanidad, envanecimiento*, engreimiento, altivez, soberbia. ▌P. ej. tener muchos *humos*.

hundir *tr.-prnl.* Sumir, meter, clavar. **2** Confundir, avergonzar, vencer. **3** Destruir, arruinar, derribar, destrozar. ≠ Construir.

huracán *m.* Ciclón, tifón, tornado, remolino*. ▌En el mar de la China, *tifón*; en el golfo de Guinea, *tornado*.

huraño, -ña *adj.* Furo, arisco, esquivo, hosco, insociable, misántropo. ▌Este último denota aversión al género humano.

hurgar *tr.* Menear, remover, manosear. **2** fig. Incitar, pinchar, atizar, excitar, conmover.

huronear *tr.* Fisgar, fisgonear, husmear, escudriñar, curiosear.

hurtar *tr.-prnl.* Gatear, soplar, limpiar, quitar, sustraer, robar. ▌*Hurtar* es menos delictivo que *robar*; el *robo*, en el derecho penal, supone fractura, escalamiento u otra violencia material. **2** Plagiar, soplar, limpiar. **3** Desviar, apartar, separar, evitar.

husada *f.* Mazorca.

husmear *tr.* fig. Olfatear, oler, oliscar. **2** Indagar, escudriñar, fisgar, fisgonear, curiosear, huronear, meter las narices.

i

icnografía *f.* Ignografía.
icono *m.* Imagen. **2** Signo, símbolo.
icor *m.* MED. Sanie, sanies.
icoroso, -sa *adj.* Sanioso.
ictericia *f.* Morbo regio, aliacán (p. us.).
idea *f.* Concepto, representación, imagen. **2** Opinión, juicio, noción. ‖ «La *noción* es una *idea* imperfecta y vaga; es el rudimento de la *idea*. La *noción* se convierte en *idea* por medio de la atención. La lectura rápida de una obra no da más que *nociones* sobre su contenido. No es éste el modo de adquirir *ideas*.» (M). **3** Plan, proyecto, designio, intención, propósito. **4** Ingenio, inventiva, imaginación. **5** Doctrina, creencia, razonamiento. **6** Manía, obsesión, tema, capricho.
ideal *adj.* Perfecto, sublime, elevado, excelente, puro, ejemplar. ► **2** *m.* Modelo, prototipo, arquetipo. **3** Deseo, ilusión, ambición, sueño.
idear *tr.* Inventar, imaginar, discurrir, trazar, proyectar, venírsele a las mientes, formar concepto.
idéntico, -ca *adj.* Igual*, equivalente, semejante*. ≠ Distinto, heterogéneo, inexacto, dispar.
identidad *f.* Igualdad, equivalencia. ≠ Inexactitud, desigualdad, heterogeneidad. **2** Autenticidad.
ideología *f.* Ideario.
idioma *m.* Lengua, lenguaje, habla.
idiosincrasia *f.* Carácter, índole, temperamento. ‖ *Idiosincrasia* es tecnicismo usado en med. y fisiol., e indica peculiaridad o particularidad individual.
idiota *adj. com.* Imbécil. **2** *adj. com.* Estúpido, tonto, bobo, necio.
idolatría *f.* Fetichismo, paganismo. **2** fig. Adoración, veneración, culto.
idoneidad *f.* Aptitud*, capacidad, disposición, competencia, suficiencia. ≠ Ineptitud, incapacidad, incompetencia. **2** Conveniencia, adecuación.
idóneo, -ea *adj.* Apto*, capaz, dispuesto, competente, suficiente. **2** Conveniente*, adecuado.
idumeo, -ea *adj.-s.* (pers.) Edomita.
iglesia *f.* Congregación, comunidad. **2** Secta. **3** Templo.
ignición *f.* Combustión, incandescencia.
ignominia *f.* Oprobio, deshonra, afrenta, deshonor, infamia. ≠ Honor, dignidad.
ignorante *adj. com.* Ignaro, nesciente, lego, iletrado, iliterato, profano, inculto, rústico. ≠ Sabio, culto. ‖ *Lego, iletrado* e *iliterato* se circunscriben a significar falto de cultura, mientras que *profano* es el que es ajeno a una ciencia o doctrina determinada. **2** Asno, corto, rudo, necio, animal, bruto, bestia, torpe, grosero, zafio.
ignorar *tr.* Desconocer. ≠ Conocer, saber. **2** Desentenderse, pasar por alto, no saber la cartilla, estar in albis, estar pez, no saber lo que se pesca. ≠ Saber.
ignoto, -ta *adj.* culto Desconocido, ignorado, incógnito (culto,) incierto, anónimo.
igual *adj.* Uniforme, equivalente, idéntico, par, parejo, parigual. ≠ Desigual, heterogéneo, antónimo. ‖ Tratándose de la forma, *uniforme*; de valor o cantidad, *equivalente*;

de naturaleza o aspecto, *idéntico*; de calidad, categoría o clase social, *par*. *Par, parejo, parigual, igual* e *idéntico* puede usarse intensivamente para denotar una gran semejanza. Las formas prefijas gr. *homo-* e *iso-* se emplean en numerosas voces cultas; p. ej.: *homogéneo, homónimo, isotermo, isomorfismo*. → **semejante** **2** Llano, unido, plano. **3** Constante, invariable, regular. ► **4** *s.* Camarada, compañero*, colega, socio. ≠ Desigual, superior, inferior, enemigo. ► **5 Por igual** *loc. adv.* Igualmente, indistintamente.

iguala *f.* Argent. Conducta. ▌En Aragón y otras regiones españolas.

igualar *tr.-prnl.* Equiparar, equilibrar, compensar. ≠ Desigualar, desequilibrar. **2** Allanar, aplanar, explanar, nivelar.

igualdad *f.* Equivalencia, uniformidad, paridad. ▌Tratándose de cantidades o valores, *equivalencia*; de forma, *uniformidad*; de calidad, categoría o clase social, *paridad*. **2** Ecuanimidad. ▌La *igualdad* en el temple o disposición del ánimo equivale a *ecuanimidad*. **3** Equidad, justicia distributiva, imparcialidad.

igualmente *adv. m.* Indistintamente, por igual. **2** También, asimismo.

ijada *f.* Vacío.

ilación *f.* Inferencia, consecuencia*. **2** *f.* Trabazón, nexo, conexión, coherencia*.

ilegal *adj.* Ilícito*, ilegítimo, prohibido. ≠ Legal, legítimo, justo. **2** Arbitrario, injusto, inicuo, despótico. ≠ Justo, legal.

ilegible *adj.* Indescifrable, ininteligible.

ilegítimo, -ma *adj.* Falsificado, adulterado, mistificado, fraudulento, ilícito*, ilegal, espurio (fig.). ▌Los cuatro primeros, tratándose de productos. Tratándose de personas se emplea *ilegítimo*. → **bastardo** **2** Bastardo, espurio, noto, ilegítimo.

íleo *m.* Volvo, vólvulo.

ileso, -sa *adj.* Indemne, intacto. ≠ Herido, enfermo, impuro.

ilicíneo, -ea *adj.-s.* BOT. Aquifoliáceo.

ilícito, -ta *adj.* Indebido, ilegal, ilegítimo, prohibido, vedado. ≠ Legal, lícito, legítimo. ▌*Ilegal* es solo contrario a la ley. Puede haber acciones que se consideran moralmente *ilícitas* o *indebidas* sin ser precisamente *ilegales*. **2** Fraudulento, falsificado, adulterado, mistificado.

ilimitado, -da *adj.* Indefinido, indeterminado. ≠ Limitado, definido, determinado. **2** Incalculable, infinito.

iliterato, -ta *adj.* Iletrado.

ilota *com.* Esclavo, siervo, esclavo. ▌El *ilota* era el esclavo entre los lacedemonios; hoy se usa p. ext. como equivalente de *esclavo*, o aludiendo a la Antigüedad.

iluminar *tr.-prnl.* Alumbrar. ≠ Apagar, oscurecer. **2** Ilustrar, esclarecer, explicar, aclarar*. ≠ Oscurecer. **3** Inspirar.

ilusión *f.* Alucinación, deslumbramiento, desvarío, delirio, confusión, delusión. ≠ Desilusión, desesperanza, desconfianza. **2** Quimera, sueño, engaño, ficción, fantasía. **3** Esperanza, optimismo, confianza, creencia. ≠ Desesperanza, desconfianza, desilusión. **4** Deseo, anhelo, sueño, aspiración, ambición, ideal, pretensión, proyecto.

ilusionar *tr.-prnl.* Engañar, seducir, atraer, encandilar, deslumbrar, ver de color de rosa, levantar castillos en el aire, alimentarse de esperanzas, prometérselas felices, embriagarse de sueños. ≠ Desilusionar, desconfiar, desesperar. ► **2** *prnl.* Delirar, fantasear.

iluso, -sa *adj.* Engañado, seducido, cándido, soñador, ingenuo, incauto, inocente. ≠ Astuto, espabilado.

ilusorio, -ria *adj.* Aparente, quimérico, engañoso, ficticio, falso.

ilustración *f.* Esclarecimiento, aclaración, explicación, comentario, exégesis. **2** Instrucción, civilización, cultura. ≠ Incultura, ignorancia. **3** Estampa, lámina, grabado, figura.

ilustrado, -da *adj.* Docto, instruido, culto, erudito, sabio, letrado.

ilustre *adj.* Linajudo, noble, esclarecido, blasonado. **2** Insigne, célebre, renombrado, prestigioso, ínclito, egregio, eximio, eminente, superior, distinguido, notable, excelente.

imagen *f.* Figura, retrato, reproducción, representación, efigie. ▌Tratándose de personas, *efigie*. **2** Idea, símbolo, figura. **3** Semejanza.

imaginación *f.* Fantasía. ≠ Realidad.

imaginar *tr.-prnl.* Representar, crear, inventar, forjar, venir a las mientes, hacerse cargo, ver visiones, soñar despierto, metérsele en la cabeza, trasoñar, ensoñar, fantasear. **2** Presumir, sospechar, suponer, conjeturar. ► **3** *tr.* Fraguar, idear, proyectar, urdir, tramar, maquinar.

imaginario, -ria *adj.* Irreal, ficticio, inventado, fabuloso, fantástico, fantasmagórico, fantasmal, quimérico. ≠ Real, verdadero.

imán *m.* Piedra, calamita, caramida, magnetita. **2** fig. Atractivo.

imbécil *adj.* Idiota, alelado, tonto, estúpido, estólido, estulto, bobo.

imbecilidad *f.* Idiotez, alelamiento, estulticia, estupidez, tontería, bobería, mentecatez, necedad, simpleza, majadería, mentecatería.

imberbe *adj.* Lampiño, barbilampiño, carilampiño. ≠ Barbudo, velludo.

imbuir *tr.* Infundir, persuadir, inculcar.

imitar *tr.* Seguir, copiar, remedar, contrahacer, plagiar. ≠ Crear, inventar. ▌ *Seguir* o *imitar* a los clásicos. *Remedar* y *contrahacer* sugieren gralte. imitación imperfecta o falsificada. *Plagiar*, *copiar*, tratándose de escritos u obras literarias. **2** Simular, fingir, aparentar. ≠ Realizar, aclarar, crear.

imitativo, -va *adj.* Imitatorio, mimético (culto o científ.).

impaciencia *f.* Desasosiego, inquietud, intranquilidad, ansiedad.

impacientar *tr.-prnl.* Desasosegar, inquietar, intranquilizar, irritar, quemarse (fam.), desesperarse (fam.), pudrirse (fam.), repudrirse (fam.), trinar*, rabiar, enfadarse. ▌ Los siete últimos corresponden al uso prnl. de *irritar*.

impaciente *adj.* Malsufrido.

impanación *f.* Empanación.

impar *adj.* Sin par, sin igual, sin segundo. **2** Non.

imparcial *adj.* Recto*, justo, equitativo.

imparcialidad *f.* Equidad, igualdad*, justicia, rectitud. ≠ Parcialidad, injusticia.

impartir *tr.* Repartir*, compartir.

impasible *adj.* Imperturbable, indiferente, insensible. ≠ Sensible, nervioso.

impávido, -da *adj.* Imperturbable, sereno, impertérrito. **2** Denodado, valiente, arrojado. **3** Amér. Merid. Fresco, descarado, sinvergüenza, cara dura.

impedido, -da *adj.-s.* Imposibilitado, tullido, paralítico, baldado.

impedimento *m.* Estorbo, obstáculo*, dificultad, traba, atascadero, entorpecimiento, rémora, embarazo, retraso. ≠ Facilidad, habilidad, desembarazo.

impedir *tr.* Estorbar, imposibilidar, embarazar, dificultar, obstaculizar, empecer, embargar, cortar las alas, poner chinitas, atar las manos, acortar los pasos, interceptar, obstruir*. ▌ «*Impedir* supone un obstáculo directo. *Estorbar* supone, con más propiedad, un obstáculo indirecto, y no pocas veces una mera dificultad o embarazo. El padre *impide* con su autoridad que su hijo salga de casa. La compañía de un amigo suele *estorbar* a veces que hagamos nuestra voluntad.» (LH). «Se *impide* antes de empezar la acción; se *estorban* su consumación y su progreso. La falta de recursos le *impide* viajar. *Estorban*, para viajar, las dificultades del camino.» (M). **2** Prohibir*, privar, vedar. ≠ Permitir, ayudar.

impeler *tr.* Empujar*, impulsar. ≠ Sujetar, retener. **2** Incitar, excitar, estimular. ≠ Tranquilizar.

impenetrable *adj.* Hermético, cerrado. **2** fig. Indescifrable, ininteligible, incomprensible. ≠ Penetrable, comprensible. **3** Callado, secreto.

impenitencia *f.* Contumacia. ≠ Arrepentimiento, contrición, atrición.

impenitente *adj. com.* fam. Contumaz*, obstinado, pertinaz, tenaz, porfiado, terco. ► **2** *com.* Pecador, contumaz*.

impensado, -da *adj.* Inesperado*, imprevisto, fortuito, casual, inopinado. ≠ Previsto, calculado. **2** Involuntario, irreflexivo, instintivo, maquinal. ≠ Voluntario.

imperar *intr.* Dominar, mandar, predominar, prevalecer. ≠ Obedecer.

imperativo, -va *adj.* Imperioso, perentorio, dominante, autoritario, dominador. ▌ *Imperioso* sugiere arrogancia en la forma; *perentorio* supone apremio o urgencia en el mandato. Aplicado a personas, *dominante*, *autoritario*.

imperceptible *adj.* Insensible, indiscernible, inapreciable.

imperecedero, -ra *adj.* Perdurable, perpetuo*, inmortal, eterno*.

imperfección *f.* Defecto, falta, tacha, vicio. ≠ Perfección, acierto, corrección.

imperfecto, -ta *adj.* Incompleto, defectuoso, deficiente. ▮ *Incompleto* y *defectuoso* tienen significación intensiva en relación con *deficiente* e *imperfecto*, que se sienten como más o menos eufemísticos. **2** GRAM. Inacabado.

impericia *f.* Inhabilidad, insuficiencia, inexperiencia, ineptitud, incompetencia. ≠ Maña, habilidad, competencia.

imperio *m.* Dominio, autoridad. ≠ Vasallaje, obediencia. **2** fig. Altanería, soberbia, orgullo. ≠ Humildad.

imperioso, -sa *adj.* Imperativo, autoritario, dominador, absoluto*, arbitrario, despótico, tiránico, dictatorial, dominante. ≠ Condescendente, comprensivo. **2** Arrogante, altanero, soberbio, orgulloso. **3** Indispensable, imprescindible.

impermeabilizar *tr.* Alquitranar, embrear, calafatear, recauchutar. ▮ Según los materiales empleados y los objetos a que se aplican.

impermeable *m.* Chubasquero, gabardina, trinchera. ≠ Penetrable, permeable.

impertérrito, -ta *adj.* Imperturbable, impávido, inconmovible, impasible, sereno, denodado, valeroso.

impertinencia *f.* Despropósito*, inconveniencia. ≠ Conveniencia, discreción. **2** Importunidad, pesadez, chinchorrería. ≠ Oportunidad.

impertinente *adj.* Inconveniente, importuno*, inoportuno. **2** Molesto, fastidioso, cargante, pesado, chinche, chinchorrero, chinchoso, importuno.

imperturbable *adj.* Impasible, impávido, impertérrito, tranquilo, sereno, inalterable, flemético, apático. ≠ Alterable, nervioso, desequilibrado.

impetrar *tr.* Rogar*, solicitar, suplicar*, implorar, deprecar, instar. ≠ Conceder.

ímpetu *m.* Impulso, impetuosidad, fuerza, violencia. ≠ Tranquilidad, pasividad, irresolución. **2** Arrebato, arranque, rapto, pronto, arrechucho.

impetuoso, -sa *adj.* Vehemente, violento, fogoso, arrebatado, precipitado, ardiente, ardoroso, brioso. ≠ Pasivo, inactivo. ▮ «El que obra impremeditadamente, con arrebato y sin reflexionar en las consecuencias, es *impetuoso*; el que exige, pide, incita u ordena con insistencia y con energía, es *vehemente*; el que atropella toda consideración, y quiere que todo ceda a su voluntad, es *violento*; el que se exalta con facilidad, exagera cuanto piensa y cuanto siente, y se entusiasma con los más leves motivos es *fogoso*.» (M). **2** Fuerte, violento. ▮ Los dos primeros, aplicados a cosas: viento, ataque *impetuoso*; corriente, marea, *impetuosa*.

impío, -a *adj.* Irreligioso, descreído, incrédulo. ≠ Creyente, religioso, reverente. **2** Despiadado, desapiadado, cruel, inhumano. ≠ Piadoso, bondadoso.

implacable *adj.* Inexorable, inflexible, cruel, duro, despiadado, vengativo, empedernido*.

implantar *tr.* Establecer, instaurar, instituir, fundar.

implicar *tr.* Envolver, contener, enredar. **2** Traer consigo, suponer, significar.

implícito, -ta *adj.* Callado, tácito. ≠ Excluido, ignorado.

implorar *tr.* Rogar*, suplicar*, invocar, impetrar, llamar, solicitar, instar, deprecar. ≠ Exigir, mandar.

impolítico, -ca *adj.* Descortés, inurbano, grosero, incivil, rústico, falto de diplomacia, falto de tacto. ▮ «El *impolítico* es por falta de buenos modos, y a nadie agrada; el *grosero* por tener modos desagradables, y a todos es insoportable; el *rústico* los tiene chocantes, y nadie puede sufrirle.» (Ma).

impoluto, -ta *adj.* Limpio, inmaculado. ≠ Manchado.

imponente *adj.* Espantoso, pavoroso, aterrador, terrorífico. **2** Respetable, grandioso, venerable, majestuoso.

imponer 2 *tr.* Instruir, enseñar, informar, enterar. **3** Dominar. **4** Amedrentar, acobardar, aterrar. **5** Inflingir, aplicar.

impopular *adj.* Mal visto, aborrecido, odiado.

importancia *f.* Valor, significación, consideración, interés, monta, alcance, precio, estimación, entidad, sustancia. ≠ Intrascendencia, pequeñez.

importante *adj.* Valioso, sustancial, considerable, interesante, conveniente, calificado, de campanillas, de tomo y lomo, de padre y muy señor mío. **2** fig. Gordo, grande.

importar *intr.* Convenir, hacer al caso, atañer, interesar, merecer la pena, tener que ver, formar época, picar en la historia, venir a cuento. ≠ Desinteresar, desmerecer. ► **2** *tr.* Sumar, montar, valer, subir, elevarse.

importe *m.* Cuantía, valor, precio, coste, suma.

importunar *tr.* Incomodar, molestar, fastidiar, cansar, cargar, enfadar, merecer la pena, tener que ver, dar la murga, dar la matraca, no dejar ni en sol ni en sombra, volver a la misma canción. ≠ Tranquilizar, alegrar, ayudar.

importuno, -na *adj.* Intempestivo, extemporáneo, inoportuno, impertinente. **2** Molesto, enfadoso, cargante, fastidioso.

imposibilitado, -da *adj.* Tullido, impedido, baldado, paralítico.

imposibilitar *tr.* Impedir*, estorbar, dificultar, embarazar, obstaculizar, empecer. ≠ Posibilitar, facilitar. ► **2** *prnl.* Tullirse, baldarse.

imposible *adj.* Irrealizable, impracticable, quimérico. **2** Inaguantable, intratable, insufrible.

imposición *f.* Coacción, coerción, mandato, exigencia. **2** Gravamen, carga, tributo, impuesto, obligación.

impostor, -ra *adj.-s.* Calumniador, difamador, infamador. **2** Engañador, embaucador, falsario.

impostura *f.* Calumnia, difamación, murmuración. ≠ Verdad. **2** Engaño, mentira, falsedad, superchería, engañifa, fingimiento, enmascaramiento. ≠ Verdad.

impracticable *adj.* Irrealizable, imposible. **2** Intransitable, inaccesible.

imprecación *f.* Maldición, execración, condenación*. ▌«La *imprecación* es la expresión vehemente del mal que se invoca contra alguno. La *maldición* es la invocación del poder divino en daño de otro. La *execración* es la manifestación del horror que inspira alguna persona u objeto. La *imprecación* supone debilidad o miedo; la *maldición*, deseo de justicia o de venganza; la *execración*, un sentimiento profundo de rencor o de antipatía.» (M).

imprecar *tr.* Maldecir. ≠ Alabar.

impregnar *tr.* Empapar, embeber, estar hecho una sopa.

impremeditación *f.* Irreflexión, imprevisión.

imprenta *f.* Tipografía.

imprescindible *adj.* Forzoso, necesario*, obligatorio, indispensable, insustituible. ≠ Accidental, sustituible.

impresión *f.* Tirada. **2** Huella, impronta, señal, marca, estampa. **3** Efecto, sensación, emoción.

impresionable *adj.* Sensible, excitable, emotivo, flor de estufa.

impresionante *adj.* Sorprendente, asombroso, impactante, increíble, alucinante, flipante (Esp. col.).

impresionar *tr.-prnl.* Conmover, afectar, emocionar*.

impresor, -ra *s.* Tipógrafo.

imprevisión *f.* Impremeditación. ≠ Reflexión. **2** Descuido*, negligencia, ligereza. ≠ Reflexión, prudencia, cuidado.

imprevisto, -ta *adj.* Impensado, desprevenido, inesperado, inopinado. ≠ Previsto, sospechado. **2** Repentino, súbito, como llovido del cielo, como caído de las nubes. ► **3 De imprevisto** *loc. adv.* Inesperadamente, de golpe y porrazo, de improviso, de sopetón, de repente, repentinamente, insospechadamente, súbitamente.

imprimación *f.* Aparejo.

imprimar *tr.* Aparejar, emprimar. ▌Este último antiguamente era habitual entre pintores.

imprimir *tr.* Tirar. **2** Estampar, dar a la prensa, sacar a luz.

ímprobo, -ba *adj.* Trabajoso, penoso.

improcedente *adj.* Extemporáneo, inoportuno, impertinente, inadecuado. ≠ Oportuno, congruente.

improductivo, -va *adj.* Infecundo, infructífero, infructuoso, estéril, baldío.

impronunciable *adj.* Inefable*, indecible.

improperio *m.* Insulto*, injuria, denuesto, dicterio.

impropio, -pia *adj.* Inadecuado, inconveniente. ≠ Oportuno, conveniente. **2** Ajeno, extraño.

improvisación *f.* Repente, repentización, in promptu.

improvisador, -ra *adj.-s.* Repentista.

improvisamente *adv. m.* In promptu. ▮ Tratándose de producciones de ingenio.

improvisar *tr.* Repentizar. ≠ Reflexionar, preparar.

imprudencia *f.* Imprevisión, irreflexión, impremeditación, ligereza, descuido, temeridad. ≠ Previsión, acierto, reflexión, cuidado. ▮ El último, cuando se comete con grave riesgo.

imprudente *adj.* Ligero, irreflexivo, precipitado, atolondrado, aturdido, confiado, temerario.

impudencia *f.* Descaro, atrevimiento, descoco, desvergüenza, desfachatez, impudor, cinismo.

impúdico, -ca *adj.* Impudente, desvergonzado, cínico. ≠ Decente. **2** Deshonesto, libidinoso, libertino. ≠ Honesto, decente.

impudor *m.* Deshonestidad, libertinaje, lujuria. **2** Cinismo, desvergüenza, descoco, desfachatez.

impuesto *m.* Tributo*, carga, contribución, arbitrio, gabela.

impugnar *tr.-prnl.* Contradecir*, refutar, rebatir, confutar*, censurar, criticar, sacudir el polvo, cascar las liendres, volver la pelota. ≠ Ayudar, pacificar.

impulsar *tr.* Empujar*, impeler. ≠ Contener. **2** Incitar, estimular, excitar, instigar, echar para atrás.

impulso *m.* Empujón*, impulsión, empuje. **2** Instigación, incitación, estímulo.

imputar *tr.-prnl.* Atribuir*, achacar, echar en cara, hacer responsable, echar a mala parte. ≠ Defender, exculpar, tapar.

inacabable *adj.* Interminable, inagotable.

inaccesible *adj.* Inalcanzable, inasequible. ≠ Accesible, asequible. **2** Impracticable, intransitable. ≠ Practicable, transitable.

inacentuado, -da *adj.* Átono.

inactivo, -va *adj.* Ocioso, parado, quieto. **2** Inerte.

inadecuado, -da *adj.* Impropio, inapropiado, inconveniente.

inadvertencia *f.* Distracción, descuido, error. ≠ Cuidado, reflexión, conocimiento, recuerdo. ▮ La *inadvertencia* y la *distracción* son involuntarias y disculpables; el *descuido* nace de negligencia reprensible. Cuando se trata de un *error*, la palabra *inadvertencia* atenúa la censura y tiene carácter eufemístico.

inadvertido, -da *adj.* Desadvertido, desapercibido. ▮ *Desapercibido* es galicismo en esta acepción.

inagotable *adj.* Inacabable, interminable, inextinguible.

inaguantable *adj.* Insoportable, intolerable, insufrible.

inalterable *adj.* Permanente, fijo, invariable, indestructible, indeleble*. ≠ Mutable, variable, transitorio, pasajero, fugaz. **2** Imperturbable, impasible, impertérrito. ≠ Mutable, variable.

inane *adj.* Vano, fútil, inútil.

inanimado, -da *adj.* Insensible, exánime, muerto, inánime.

inapagable *adj.* Inextinguible.

inapetencia *f.* Anorexia, disorexia, desgana. ≠ Apetencia, gana, deseo.

inapreciable *adj.* Inestimable. **2** Imperceptible, indiscernible, insensible.

inaudito, -ta *adj.* fig. Monstruoso, atroz, escandaloso, increíble. ≠ Conocido, viejo, vulgar.

inca *m.* Inga.

incandescencia *f.* Ignición, combustión.

incansable *adj.* Infatigable.

incapacidad *f.* Ineptitud, incompetencia, inhabilidad, torpeza, ignorancia*. ≠ Competencia, aptitud, experiencia, conocimiento. **2** Insuficiencia, escasez, penuria.

incapacitar *tr.-prnl.* Inhabilitar. ≠ Capacitar, calificar.

incapaz *adj.* Insuficiente, pequeño. **2** Inepto, inhábil, torpe, incompetente, ignorante, cero a la izquierda, abogado de secano.

incauto, -ta *adj.* Crédulo, cándido*, inocente, simple. ≠ Previsor, prudente, complejo.

incendiar *tr.* Encender, inflamar, prender fuego.

incendiario, -ria *adj.-s.* Quemador. **2** fig. Escandaloso, subversivo.

incendio *m.* Conflagración, quema, fuego, siniestro (lit.). ▮ *Conflagración* es poco usado en sentido material.

incensar *tr.* Turibular, turificar. ▮ Ambos son voces doctas poco usadas. **2** fig. Halagar*, lisonjear, adular.

incensario *m.* Turíbulo. ▮ Este es latinismo docto poco usado.

incentivo, -va *m.* Incitativo, atractivo, cebo, estímulo, acicate, aguijón.

incertidumbre *f.* Duda, perplejidad*, irresolución*, vacilación, indecisión. ≠ Certeza, decisión. ▮ Cuando la *incertidumbre* no se refiere al conocimiento u opinión, sino a la resolución que debemos tomar, se usan los cuatro últimos sinónimos. ▮ «La *incertidumbre* proviene de la falta o escasez de conocimientos. La *duda*, de la escasez o insuficiencia de las razones o pruebas en las que se funda una opinión o un hecho.» (M).

incesante *adj.* Continuo, constante, persistente, seguido, perpetuo*. ≠ Intermitente.

incienso *m.* Olíbano, orobias. ▮ *Orobias* es *incienso* en granos menudos.

incierto, -ta *adj.* Dudoso*, equívoco, ambiguo*, oscuro. ▮ «Lo *dudoso* supone en el ánimo indeciso razones, motivos o antecedentes que, inclinándose igualmente a opiniones o acciones diversas, suspenden su resolución. Lo *incierto* supone falta de aquellas mismas razones, motivos o antecedentes que constituyen lo *dudoso*, lo cual deja al ánimo sin facultad o luz suficiente para fijar su resolución o su persuación. Es *dudoso* el partido que se debe tomar en una guerra civil. Es *incierta* la hora de nuestra muerte.» (LH). **2** Inseguro, vacilante, inconstante. **3** Desconocido, ignorado, ignoto.

incisión *f.* Corte, cortadura, tajo. ▮ *Incisión* pertenece al lenguaje culto o técnico. El término general es *corte* o *cortadura*; si es grande, *tajo*.

incisivo, -va *adj.* Cortante. **2** fig. Punzante, mordaz, satírico, cáustico.

incitar *tr.* Mover, excitar, instigar, inducir, provocar, estimular, poner en el disparadero, poner espuelas, levantar los cascos, sugerir*, suscitar. ▮ En general, *incitar* expresa un matiz atenuado de *excitar*.

incitativo, -va *adj.-s.* Incentivo.

inclemencia *f.* Rigor, dureza, crueldad.

inclinación *f.* Declive, pendiente, oblicuidad. ≠ Verticalidad, horizontalidad. ▮ Los dos primeros, tratándose del terreno o de una superficie. En general, *oblicuidad*. **2** Propensión, tendencia, predisposición. ≠ Desvío, desviación. ▮ «En la *inclinación* tiene mucha parte la voluntad; no así en la *propensión*, que es toda de la naturaleza, y por esta razón se dice que debemos corregir nuestras malas *inclinaciones*, y no nuestras malas *propensiones*.» (C). **3** *f.* Afición, afección, afecto*, apetencia*, deseo, apetito. ≠ Desafecto.

inclinar *tr.* Desviar, torcer. ≠ Erguir, estirar. **2** fig. Incitar, persuadir, mover. ≠ Desistir. ► **3** *intr.-prnl.* Parecer, asemejar*. ► **4** *prnl.* Tender, propender.

ínclito, -ta *adj.* Ilustre, esclarecido, renombrado, famoso, afamado, célebre, perínclito, ínclito. ▮ *Perínclito* significa *ínclito* en sumo grado.

incluir *tr.* Meter*, introducir, ercajar. ► **2** *tr.-prnl.* Abarcar, comprender, encerrar, contener*, caer dentro de, consistir en, llevar consigo. ≠ Excluir, salirse.

inclusero, -ra *adj.-s.* Expósito, echadizo, enechado.

incoar *tr.* Comenzar, empezar, iniciar. ▮ *Incoar* es palabra docta que se usa solo en la terminología gramatical, jurídica y administrativa: se *incoa* un expediente, un proceso; los verbos que expresan una acción incipiente se llaman *incoactivos*.

incógnito, -ta *adj.* Desconocido, ignorado, ignoto.

incoherente *adj.* Discontinuo, disperso, disgregado, inconexo, incongruente. ≠ Coherente, conforme.

incólume *adj.* Indemne*, ileso, intacto. ≠ Herido, enfermo.

incombustible *adj.* Calorífugo (p. us.).

incomodar *tr.-prnl.* Desagradar, molestar, disgustar*, enfadar, fastidiar, enojar, irritar, hacer la barba, darse a todos los diablos. ≠ Agradar, gustar, ayudar.

incómodo, -da *adj.* Embarazoso, desagradable, molesto, fastidioso. ▮ «El asiento en que no hay bastante holgura para que todos los miembros tengan sus movimientos libres, es *incómodo*. El asiento duro, con prominencias y desigualdades que obligan a tomar una posición violenta, es *molesto*.» (M).

incompleto, -ta *adj.* Descabalado, truncado, fragmentario, inacabado, no acabado, imperfecto, defectuoso.

incomprensible *adj.* Ininteligible, incognoscible, inexplicable. ≠ Comprensible, cognoscible. **2** Oscuro*, embrollado, enigmático, misterioso, arcano. ≠ Comprensible.

incomunicar *tr.-prnl.* Aislar, bloquear, acordonar. ≠ Unir, convivir. ▌Los dos últimos, con fines militares o sanitarios y tratándose de un litoral, territorio, etc. ▶ **2** *prnl.* Retirarse, recogerse, aislarse.

inconcebible *adj.* Inimaginable, increíble, incomprensible. **2** Sorprendente, extraordinario, extraño.

incondicional *adj.* Absoluto. ≠ Limitado, relativo, desleal.

inconexo, -xa *adj.* Incoherente, incongruente.

inconfesable *adj.* Vergonzoso, indecible, infando, nefando.

incongruente *adj.* Incoherente, inconexo.

inconmovible *adj.* Firme, estable, inmutable, inalterable. **2** fig. Impasible, impertérrito.

inconsecuente *adj.* Inconstante*, voluble, ligero, veleidoso, veleta. **2** Ilógico.

inconsiderado, -da *adj.* Irreflexivo, precipitado, atolondrado, imprudente, temerario*, osado, arriesgado. **2** Irrespetuoso, descortés, descomedido.

inconsistente *adj.* Débil, flojo, frágil, quebradizo, blando.

inconstancia *f.* Inestabilidad, instabilidad. ≠ Estabilidad, lealtad, constancia. **2** Versatilidad, volubilidad, veleidad, inconsecuencia. ≠ Gravedad.

inconstante *adj.* Inestable, mudable, variable, vario. **2** Voluble, veleidoso, versátil, inconsecuente, tornadizo, veleta. ▌«Es *inconstante* el que cambia con frecuencia los objetos de su afecto. Es *voluble* el que no se fija en ninguna ocupación, en ninguna empresa, en ningún estudio.» (M).

incontable *adj.* Innumerable, incalculable. **2** Numerosísimo.

incontestable *adj.* Indudable, inconcuso, innegable, incontrovertible, irrebatible, incontrastable, irrefutable.

incontinencia *f.* Acatexia (MED.). **2** Deshonestidad, liviandad, lascivia, lujuria, de-senfreno, concupiscencia*, sensualidad. ≠ Honestidad, castidad.

incontinenti *adv. t.* En seguida, inmediatamente, al instante, prontamente, seguidamente.

incontrastable *adj.* Invencible, inconquistable, inexpugnable, irresistible. **2** Incontestable, irrebatible, indiscutible. **3** fig. Irreductible, pertinaz.

incontrovertible *adj.* Irrebatible, indiscutible, incuestionable, indisputable, incontrastable. ≠ Discutible, rebatible.

inconveniencia *f.* Incomodidad, desconveniencia. **2** Desconformidad, inverosimilitud. **3** Falta, grosería*, incorrección, descortesía, despropósito*. ≠ Corrección.

inconveniente *adj.* Descortés, incorrecto, grosero. ▶ **2** *m.* Impedimento, dificultad, estorbo, traba, obstáculo*. **3** Daño, perjuicio, desventaja.

incorporar *tr.-prnl.* Unir, juntar, reunir, agregar, integrar, mezclar*, mixturar, añadir*. ≠ Desunir, separar. ▶ **2** *prnl.* Levantarse.

incorpóreo, -ea *adj.* Inmaterial.

incorrección *f.* Falta, defecto, error. **2** Grosería*, inconveniencia, descortesía. ≠ Cortesía, urbanidad.

incorrecto, -ta *adj.* Defectuoso, imperfecto, erróneo, equivocado. **2** Descortés, grosero, incivil.

incorruptible *adj.* fig. Insobornable, íntegro, recto. **2** Puro, virtuoso.

incredulidad *f.* Descreimiento, impiedad. ≠ Fe, piedad, confianza. **2** Escepticismo. ≠ Fe, confianza.

incrédulo, -la *adj.* Descreído, impío, escéptico. ▌Los dos primeros, en materia religiosa. **2** Desconfiado, receloso.

increíble *adj.* Inverosímil, inconcebible, inimaginable.

incremento *m.* Aumento, desarrollo, crecimiento. ≠ Disminución, descenso.

incriminar *tr.* Acriminar, imputar, acusar.

incrustación *f.* Taracea, marquetería, embutido.

incubar *tr.* Empollar*, encobar.

incuestionable *adj.* Indiscutible, indudable, indisputable, irrebatible, innegable, incontrovertible.

inculcar *tr.-prnl.* Infundir, imbuir.

inculpabilidad *f.* Inocencia.

inculpado, -da *adj.-s.* Acusado, reo, procesado.

inculpar *tr.-prnl.* Culpar, acusar, imputar, achacar, atribuir*, echar las cargas, echar en cara, echar en mala parte. ≠ Disculpar, perdonar.

inculto, -ta *adj.* Yermo, abandonado, baldío. ≠ Cultivado. **2** Silvestre*, salvaje*, agreste, selvático, montuoso, montaraz. ≠ Civilizado. ▌ Tratándose del terreno. **3** Ignorante*, rústico, grosero, ineducado. ≠ Culto, educado.

incumplir *tr.-prnl.* Quebrantar*, vulnerar, conculcar, pisar, caer en falta, quedar mal, hacer birria, quedar en descubierto.

incurable *adj.* Insanable, irreparable.

incuria *f.* Apatía, negligencia, indolencia, descuido, desidia, dejadez. ≠ Aliño, aplicación.

incurrir *intr.* Caer.

incursión *f.* Correría, invasión, irrupción.

indagar *tr.* Inquirir, averiguar, investigar, buscar*, pesquisar.

indebido, -da *adj.* Ilícito, ilegal, injusto. ≠ Debido, permitido, legal.

indecencia *f.* Deshonestidad, obscenidad, indecentada. ≠ Honestidad. **2** Indecoro, insolencia, grosería, porquería. ≠ Decoro.

indecible *adj.* Inefable*, inenarrable, indescriptible, inexplicable. ≠ Explicable, confesable. **2** Infando, nefando.

indecisión *f.* Duda, perplejidad*, vacilación, irresolución*, indeterminación, hesitación, incertidumbre*. ≠ Resolución, certidumbre, seguridad.

indeciso, -sa *adj.* Dudoso*, perplejo, vacilante, irresoluto.

indecoroso, -sa *adj.* Indecente, grosero, insolente, indigno. ≠ Decente. **2** Obsceno, deshonesto. ≠ Decente, honesto.

indefenso, -sa *adj.* Inerme, desarmado, desguarnecido. **2** fig. Desamparado, abandonado.

indefinido, -da *adj.* Indeterminado, ilimitado. ≠ Definido, limitado, preciso, agotable.

indeleble *adj.* Imborrable, inalterable, inextinguible, duradero*, durable, estable, perdurable, permanente, persistente, constante, firme, sólido, inmutable. ≠ Alterable, transitorio, variable, pasajero, mutable. ▌ «En el sentido recto, lo *indeleble* es lo que no se borra; *inextinguible*, lo que no se apaga. El sentido figurado guarda una perfecta analogía con estas dos significaciones, porque lo *indeleble* pertenece al entendimiento, y lo *inextinguible* a la voluntad. Cuando la imagen de una mujer llega a ser *indeleble* en el corazón de un enamorado, su pasión puede llegar a ser *inextinguible*.» (M).

indeliberado, -da *adj.* Irreflexivo, involuntario, instintivo, espontáneo*.

indemne *adj.* Ileso, incólume, intacto. ≠ Vulnerable, insano, corrupto. ▌ *Ileso* puede sustituirle, pero comúnmente se usa tratándose de lesión o daño corporal, en tanto que *indemne* se refiere a daño de cualquier clase.

indemnizar *tr.* Reparar, compensar, resarcir, enmendar*, subsanar, satisfacer.

independencia *f.* Libertad, autodeterminación, autonomía, emancipación. ≠ Esclavitud. **2** Entereza, firmeza, resolución. ≠ Parcialidad, sometimiento.

indescifrable *adj.* Ilegible. ≠ Inteligible. **2** Incomprensible, ininteligible, impenetrable. ≠ Inteligible, comprensible, caro.

indescriptible *adj.* Inenarrable, inefable*. ≠ Explicable, definible.

indestructible *adj.* Inalterable, permanente, fijo.

indeterminado, -da *adj.* Indefinido, ilimitado, vago. **2** Indeciso, irresoluto, perplejo.

indicar *tr.* Mostrar, denotar, señalar, significar, insinuar*, guiar*. **2** Señalizar, acotar, marcar, balizar.

índice *m.* Lista, tabla.

indicio *m.* Prueba, asomo, señal, manifestación, evidencia, síntoma, vestigio, rastro, huella*, reliquia. ▌ Desde el *indicio* hasta la *prueba* hay varias gradaciones: *asomo* e *indicio* son las más alejadas de la evidencia; les siguen *señal* y *manifestación*. *Síntoma* es término médico, que p. ext. se aplica también en el habla corriente. Cuando el *indicio* es de algo ya pasado o terminado, se llama, por orden de intensidad, *vestigio, rastro, huella, reliquia*. ▌ «*Indicio*, y *señal* cuando se usa como sinónimo de *indicio*, son las circunstancias que pueden contribuir al descubrimiento de un hecho oculto; pero la *señal* es más patente, y depende más directamente del hecho que el *indicio*. Una puerta descerrajada es *señal*, y no *indicio*, de violencia. La ocultación de la persona a quien se atribuye aquel acto, no es *señal*, sino *indicio* de su culpa. El humo es *señal*, no *indicio*, de fuego; las huellas correspondientes a las dimensiones de los pies de una persona son *indicios* de su tránsito por el sitio en que se descubren.» (M). → **auspicio** **2** Barrunto*, barrunte, vislumbre, atisbo, vislumbre, remusgo.

indiferencia *f.* Frialdad, insensibilidad. ≠ Acción, interés, amor.

indígena *adj. com.* (pers.) Aborigen*, originario, natural, nativo.

indigencia *f.* Pobreza, miseria, necesidad, estrechez.

indigente *adj.* Pobre, necesitado, menesteroso, miserable.

indigestión *f.* Empacho.

indignación *f.* Ira, enojo, enfado, irritación, cólera. ≠ Tranquilidad, pasividad.

indignar *tr.* Irritar, enfadar, enojar, encolerizar, enfurecer.

indignidad *f.* Bajeza, vileza, ruindad, infamia*, ignominia. ≠ Honor, justicia, moralidad.

indigno, -na *adj.* Bajo, malo*, bellaco, vil, ruin, despreciable, soez*, grosero, basto. **2** Impropio, inadecuado, incorrecto.

indio, -dia *adj.-s.* (pers.) Indo, indostánico, hindú. ‖ Cuando se trata de la India (Indias Orientales).

indisciplina *f.* Desobediencia, indocilidad, insumisión, insubordinación, rebeldía. ≠ Obediencia, subordinación, sumisión.

indiscreto, -ta *adj.* Curioso, entrometido, importuno, intruso. **2** Hablador, lengua larga.

indiscutible *adj.* Cierto, seguro, innegable, incontestable, irrebatible, incontrovertible, indisputable. ≠ Refutable, incierto.

indispensable *adj.* Necesario, preciso, imprescindible, obligatorio, sine qua non, esencial.

indisponer *tr.-prnl.* Enemistar, encizañar, malquistar. ≠ Amistar, unir. ► **2** *prnl.* Enfermar. ≠ Sanar.

indisposición *f.* Destemple, enfermedad*, dolencia, mal, achaque. ≠ Salud, euforia. ‖ El *destemple* y la *indisposición* son alteraciones leves de la salud, o que se consideran como pasajeras, a diferencia de la *enfermedad*, la *dolencia*, el *mal* y el *achaque*.

indispuesto, -ta *adj.* Maldispuesto, destemplado, enfermo*.

indisputable *adj.* Indiscutible, innegable, irrebatible, incontestable. ≠ Discutible, negable.

individualismo *m.* Particularismo, egoísmo.

individuo *m.* Persona, sujeto, socio, prójimo. ‖ *Persona* alude a la entidad de cada ser humano en particular; *individuo* es la persona en cuanto forma parte de un grupo o colectividad; p. ej.: *individuos* de tropa. Por esto la palabra *individuo* adquiere a menudo carácter marcadamente despectivo, para designar una *persona* cuyo nombre y condición que no hacen al caso, se ignoran o no se quieren decir. Este sentido despectivo acerca la voz *individuo* a *sujeto*, *prójimo*, *socio*; y mucho más el f. *individua*, que solo se usa con ironía o desprecio.

indócil *adj.* Desobediente, malmandado, díscolo, reacio, indisciplinado, rebelde. ≠ Disciplinado, obediente, dependiente.

indocto, -ta *adj.* Ignorante, inculto.

indoeuropeo, -ea *adj.-s.* Ario.

índole *f.* Temple, genio, carácter*, condición, natural, idiosincrasia*, temperamento, calaña* (desp.), naturaleza, jaez* (desp.), clase, ralea (desp.), estofa (desp.). ‖ «La *índole* es la mayor o menor aptitud del hombre a la benignidad, a la esperanza y a otras cualidades que lo hacen más o menos amable. El *temple* es la disposición a estas mismas cualidades en un momento determinado, y así decimos que un hombre de buena *índole* puede estar de mal *temple*. *Genio* es la inclinación natural a cierto modo de obrar en ocasiones especiales, como a la precipitación en la duda, a la ira en la ofensa, a la exasperación en las dificultades. *Carácter* es el conjunto de todas las cualidades y hábitos del hombre, tanto los naturales como los adquiridos en el trato con los otros individuos de su especie. La *índole* y el *temple* excitan amor u odio; el *genio* y el *carácter*, la estimación o el desprecio.» (M).

indolencia *f.* Apatía, incuria, negligencia, dejadez, flojera, pereza. ≠ Actividad, fervor, viveza.

indolente *adj.* Dejado, perezoso, negligente. ‖ «Es uno *indolente* por falta de sensibilidad; *dejado* por falta de ardor; *perezoso* por falta de acción; *negligente* por falta de cuidado. Es difícil animar al *dejado*; en cuanto hace, va lentamente. En los *perezosos* es preferible el deseo de la quietud y del reposo a las ventajas que proporciona el trabajo. La distracción y el descuido es la dote del *negligente*; todo se le escapa y no se cuida de ser exacto.» (Ma).

indómito, -ta *adj.* Indomable, fiero, arisco. ≠ Flexible, disciplinado, gobernable. **2** Bravío*, salvaje, cerril. ≠ Disciplinado, gobernable.

inducción *f.* Instigación, incitación. ≠ Pacificación.

inducir *tr.* Instigar, incitar, mover, persuadir*, atraer.

indudable *adj.* Indubitable, innegable, incuestionable, inequívoco, cierto, seguro, evidente. ≠ Discutible, incierto.

indulgencia *f.* Benevolencia, benignidad, condescendencia, tolerancia, blandura*, lenidad. ≠ Impiedad, intolerancia, incomprensión, dureza, fortaleza. **2** Perdón, remisión. ≠ Impiedad.

indulgente *adj.* Benigno, benévolo, condescendiente, tolerante.

indultar *tr.* Perdonar*, remitir, pasar por alto, hacer la vista gorda. ≠ Condenar.

indulto *m.* Perdón, remisión, amnistía.

industria *f.* Destreza, maña, traza, habilidad, maestría. **2** Fabricación, manufactura, elaboración.

industrioso, -sa *adj.* Diestro, hábil, habilidoso, mañoso. ≠ Inhábil, torpe.

inefable *adj.* Infando, impronunciable, indecible, inenarrable, indescriptible. ▮ *Inefable* se aplica a lo que tiene tan altas cualidades que es imposible explicarlas; la dicha *inefable* de los bienaventurados. *Infando*, por el contrario, es aquello de que no se puede hablar por vergonzoso o abominable. *Impronunciable* e *indecible* pueden referirse a lo bueno y a lo malo: un gozo, un enojo, unas palabras; cuando son desestimativos sugieren principalmente dificultad material, o inconveniencia moral o social. *Inenarrable* tiene carácter intensivo y, a menudo, ponderativo: ovación, entusiasmo, lucha *inenarrable*; en este aspecto coincide con *indescriptible*.

ineludible *adj.* Inexcusable, inevitable. ≠ Evitable, excusable, revocable.

inenarrable *adj.* Indecible, indescriptible, inefable*.

ineptitud *f.* Incapacidad, inhabilidad, insuficiencia, incompetencia, ignorancia*, inepcia. ≠ Capacidad, habilidad, experiencia, aptitud. ▮ Los tres últimos, tratándose de aptitud intelectual.

inequívoco, -ca *adj.* Indudable. ≠ Discutible, incierto, impalpable.

inercia *f.* Flojedad, inacción. ≠ Actividad, diligencia, fervor.

inerme *adj.* Desarmado, indefenso.

inescrutable *adj.* Inaveriguable, incomprensible, imperscrutable (p. us.), arcano. ≠ Descifrable, claro, penetrable.

inesperadamente *adv. m.* Impensadamente, inopinadamente.

inesperado, -da *adj.* Imprevisto, impensado, inopinado, de sopetón, de golpe y porrazo. ≠ Previsto, sospechado, esencial. ▮ «*Inesperado* supone conocimiento de la posibilidad de una cosa, que no se espera en una ocasión o circunstancia determinada. *Imprevisto* supone ignorancia de la posibilidad de la cosa. Un buen general *prevé* en la guerra los lances que parecen más remotos, y está siempre dispuesto a las sorpresas que parecen menos posibles, porque estos accidentes, aunque *inesperados*, nunca deben ser para él *imprevistos*.» (LH).

inestable *adj.* lit. Inconstante, mudable, vario, variable, ligero, veleidoso, versátil, voltario, voltizo, tornadizo, voluble, movedizo. ≠ Seguro, inmutable, fijo. ▮ Tratándose del tiempo atmosférico o en sentido fig., se usan los cuatro primeros sinónimos. *Movedizo* se aplica a personas o cosas. El resto de sinónimos se aplica solo a personas.

inestimable *adj.* Inapreciable. ≠ Desdeñable, barato, imperfecto.

inevitable *adj.* Ineludible, inexcusable, forzoso. **2** Fatal.

inexacto, -ta *adj.* Erróneo, equivocado, falso. ≠ Verdadero, fiel, preciso.

inexorable *adj.* Inflexible, implacable, duro, cruel, empedernido*, endurecido, despiadado. ≠ Flexible, humano, blando.

inexperto, -ta *adj.* Ingenuo, candoroso. **2** Principiante, novicio, novato.

inexplicable *adj.* Incomprensible, extraño, misterioso, arcano, indescifrable, oscuro*, confuso, ininteligible, turbio. ≠ Creíble, descriptible, concebible, claro, inteligible.

inexpresivo, -va *adj.* Soso.

inextinguible *adj.* Inapagable. **2** Inagotable, inacabable, duradero*, estable, perdurable, persistente, constante, durable, indeleble*. ≠ Pasajero, fugaz, transitorio, variable, alterable.

inextricable *adj.* Enmarañado, embrollado, enredado, intrincado, confuso. ▮ La significación de *inextricable* es intensiva en relación con sus sinónimos; es decir, expresa las mismas cualidades en mayor grado.

infalible *adj.* Seguro, cierto.

infamar *tr.-prnl.* Difamar*, desacreditar, deshonrar, vilipendiar, afrentar, caer en nota, andar en opinión. ≠ Honrar, acreditar, calificar.

infame *adj. com.* Deshonrado, desacreditado. **2** Malo, vil, perverso, indigno, ignominioso, despreciable.

infamia *f.* Ignominia, vileza, indignidad. ≠ Dignidad, decencia. ▮ «La *infamia* y la *ignominia* son el efecto de la afrenta pública con que queda difamado el que la recibe. La distinción que me parece que se halla entre estas dos voces es que la *infamia* es la tacha misma que envilece; la *ignominia* es la humillación vergonzosa que padece el que recibe la afrenta.» (LH). **2** Deshonra, descrédito. ≠ Dignidad, decencia.

infancia *f.* Niñez. ≠ Vejez, decadencia.

infando, -da *adj.* Impronunciable, vergonzoso, indigno. → **inefable**

infantil *adj.* Aniñado, pueril (lit.). ▮ *Aniñado* es lo que parece de niño sin serlo: cara, voz, *aniñada*; entendimiento *aniñado*. *Pueril* es literario y se aplica gralte. a lo psíquico; temor *pueril*, ideas *pueriles*. P. ext. significa poco importante. *Infantil* es de uso general: juegos, ojos, ideas, *infantiles*. **2** Inocente, cándido, ingenuo.

infatigable *adj.* Incansable.

infatuarse *prnl.* Engreírse, envanecerse, inflarse, hincharse, ahuecarse.

infausto, -ta *adj.* Aciago, desgraciado*, desdichado, infeliz, infortunado, funesto. ≠ Feliz.

infectar *tr.-prnl.* Contagiar, inficionar, contaminar, corromper. ≠ Desinfectar, sanar, purificar.

infecto, -ta *adj.* Inficionado, infectado, contaminado. **2** Repugnante, asqueroso, pestilente, nauseabundo.

infecundo, -da *adj.* Estéril. ≠ Fecundo, fértil. **2** Improductivo, infructuoso. ≠ Fecundo, fértil.

infeliz *adj. com.* Desgraciado*, desdichado, desventurado, malaventurado, malhadado, infortunado. **2** Apocado, cuitado, pobre hombre.

inferencia *f.* Consecuencia*, ilación.

inferior *adj. com.* fig. Dependiente, subordinado, subalterno. ≠ Superior. **2** Bajo, malo. ≠ Superior.

inferir *tr.* Deducir*, sacar, colegir. ▮ «Se *infiere* y se *deduce* de las pruebas y de los hechos; se *colige* de los indicios y de las analogías. El que *infiere* y el que *deduce* sacan consecuencias; el que *colige* aventura un juicio. El lógico y el matemático *deducen* o *infieren* consecuencias y corolarios; los inteligentes en minería *coligen* por el color de la tierra la presencia de los metales. Sin embargo, no es perfecta la sinonimia entre *inferir* y *deducir*. *Deducir* supone un trabajo más complicado y mayor número de antecedentes que *inferir*. Se *infiere* de un hecho, de una proposición, de un principio; se *deduce* de muchos hechos, de muchas proposiciones, de muchos principios. Descartes ha dicho: *Pienso, luego existo*. Esto es *inferir*, no *deducir*.» (M). **2** Causar, infligir, producir.

infernáculo *m.* Reina mora.

infernal *adj.* Estigio (lit.), inferno (lit.). ▮ *Estigio* evoca la antigüedad. **2** Satánico, luciferino, diabólico, endiablado.

infestar *tr.* Devastar, pillar, saquear. **2** Invadir, propagarse. **3** Apestar, inficionar, contaminar, contagiar, corromper.

inficionar *tr.* Infectar, infestar, contaminar, corromper, contagiar, apestar.

infiel *adj.* Desleal, traidor, pérfido, perjuro, alevoso. ≠ Fiel, leal. ▮ El *infiel* y el *desleal* faltan a la fe que se tiene en ellos, a la lealtad que deben o han prometido. En el *traidor*, *pérfido*, *perjuro* y *alevoso* se supone mayor perversidad, impostura y falsedad en sus hechos o carácter.

infierno *m.* Averno, báratro, tártaro, érebol, orco, huerco, el abismo, el profundo, gehena (en la Biblia), calderas de Pero Botello, calderas de Pero Botero. ▮ Los seis primeros son literarios y evocadores de la antigüedad. Los dos últimos son populares. ▶ **2** Quintos infiernos *m. pl.* Hondura, profundidad, centro de la tierra. ≠ Altura, excelsitud.

infiltrar *tr.* fig. Infundir, inspirar, imbuir. ▶ **2** *prnl.* Introducirse, entrometerse. ▮ *Infiltrarse* supone intención malévola o sospechosa: se *infiltran* espías, agitadores, propagandistas, indeseables, en una sociedad o agrupación. En cambio, puede uno *introducirse* o *entrometerse* por curiosidad, por figurar o darse importancia, por enterarse de algo, etc.

infinidad *f.* Sinnúmero, sinfín, multitud, muchedumbre. ≠ Pequeñez, escasez.

infinito *adv. m.* Excesivamente, muchísimo.

infinito, -ta *adj.* Ilimitado, inmenso, eterno*. ≠ Limitado, numerable, agotable, finito. ▮ Este último, tratándose de la duración.

inflación *f.* Intumescencia (Tecn.), tumefacción (Tecn.), hinchazón, inflamiento. ▮ *Hinchazón* se refiere principalmente al efecto, y no a la acción, de inflar. **2** Engreimiento, vanidad.

inflamar *tr.-prnl.* Encender*, incendiar. ≠ Apagar, sofocar. **2** fig. Enardecer, acalorar, avivar. ≠ Deshinchar, apagar, tranquilizar.

inflar *tr.* Hinchar. ▶ **2** *prnl.* fig. Engreírse, ensoberbecerse, infatuarse.

inflexible *adj.* Tieso*, rígido, yerto. ≠ Flexible, amoldable, dúctil, doblegable, adaptable. **2** Inexorable, rígido, inquebrantable, firme, tenaz. ≠ Flexible, blando, débil, dócil, doblegable.

inflingir *tr.* Imponer, aplicar, causar, producir.

influencia *f.* Influjo. **2** fig. Autoridad, poder, predominio, ascendiente. **3** Valimiento, privanza, favor.

influir *intr.* Ayudar, contribuir, intervenir, hacer caer la balanza, ser el todo, ser capaz de.

informar *tr.* Enterar, anunciar, avisar, noticiar, comunicar, participar, hacer saber, poner al corriente, facilitar datos, beber en buena fuente, notificar*, advertir*, prevenir. **2** Dictaminar.

informativo, -va *adj.* Dictaminador, consultivo.

informe [1] *m.* Información, noticia, dato, razón, referencia, antecedente*. ▮ Cuando se trata de la conducta, solvencia, etc., de una pesona se dice generalmente en plural *informes* o *referencias*. **2** Dictamen, parecer, opinión. → **opinión**

informe [2] *adj.* Deforme*, disforme. **2** Confuso, vago, indeterminado.

infortunado, -da *adj.-s.* Desgraciado*, desafortunado, desventurado, desdichado, infeliz, infausto, aciago. ▮ Los dos últimos, tratándose de tiempos o sucesos.

infracción *f.* Transgresión, quebrantamiento, vulneración. ≠ Legitimidad, justicia, observancia, cuidado.

infrangible *adj.* Inquebrantable. ▮ *Infrangible* se distingue de *inquebrantable* en que solo se usa literariamente en sentido figurado: un precepto *infrangible* o *inquebrantable*; pero una roca es *inquebrantable*, y sería muy pedante llamarla *infrangible*.

infringir *tr.* Quebrantar*, vulnerar, violar, transgredir. ≠ Obedecer, respetar.

infructífero, -ra *adj.* Estéril, improductivo. **2** Infructuoso, inútil, ineficaz.

infructuoso, -sa *adj.* Ineficaz, inútil, improductivo. ≠ Fecundo, eficaz.

ínfulas *f. pl.* Presunción, vanidad, orgullo, soberbia*, humos.

infundado, -da *adj.* Insubsistente, falso.

infundio *m.* Mentira, patraña, bulo.

infundir *tr.* Imbuir, inspirar, infiltrar.

ingeniar *tr.* Trazar, inventar, planear, planificar, discurrir. ▶ **2** *prnl.* Componérselas, arreglarse, aplicarse, darse maña, ser una chispa, no mamarse el dedo, no tener pelo de tonto, sentir nacer la hierba.

ingenio *m.* Incentiva, iniciativa, talento. **2** Habilidad*, industria, maña, destreza, traza, idea (vulg.). **3** Máquina, artificio.

ingenioso, -sa *adj.* Hábil, habilidoso, industrioso, mañoso, diestro, inventivo. **2** Chistoso*, ocurrente, decidor, agudo, gracioso, donoso, chusco.

ingénito, -ta *adj.* Congénito, innato, connatural*.

ingenuidad *f.* Sinceridad, franqueza, sencillez, candor, candidez*, inocencia. ≠ Picardía, malicia, ingeniosidad. ▮ La *ingenuidad*, la *sencillez*, el *candor* y la *candidez* son cualidades permanentes del carácter, y afectan a la conducta entera de la persona. La *sinceridad* se refiere solo a la expresión, y consiste en la conformidad entre lo que se dice y lo que se piensa. La *sinceridad* equivale, pues, a veracidad; pero se puede ser *sincero* sin decir más de los necesario; la *ingenuidad* dice lo necesario y lo innecesario, sin cautela alguna. *Franqueza* añade a *sinceridad* la idea de confianza comunicativa, y se muestra no solo en las palabras, sino también en los modales y en la conducta.

ingenuo, -nua *adj.* Sincero, franco, candoroso, cándido*, sencillo, inocente.

ingerir *tr.* Introducir, incluir, meter. **2** Tragar. ► **3** *prnl.* Entremeterse, inmiscuirse, mezclarse.

inglés, -esa *adj.-s.* (pers.) Británico*, britano (p. us.), anglo (p. us.). ▮ *Británico* tiene cierta solemnidad oficial: Museo *Británico*, Imperio *británico*; pero la informalidad invita más a usar *inglés*. Más literarios y pocos usados son *britano* y *anglo*. En la actualidad se aplica el nombre de *británico* al ciudadano de cualquiera de los países que constituyen la Comunidad *británica*, a diferencia del *inglés* o natural de la Inglaterra metropolitana.

inglesismo *m.* Anglicismo.

ingratitud *f.* Desagradecimiento. ▮ *Ingratitud* es más intenso que *desagradecimiento*, lo mismo que *ingrato* respecto a *desagradecido* u *olvidadizo*.

ingrato, -ta *adj.* Desagradecido, olvidadizo, desconocido. ≠ Fiel. ▮ Este último, con el significado de *ingrato* en los clásicos. **2** Desabrido, desagradable, áspero, desapacible.

ingrávido, -da *adj.* Ligero, tenue, leve, liviano.

ingrediente *m.* Material, componente.

ingresar *intr.* Entrar, afiliarse, darse de alta, acceder, pasar.

inhábil *adj.* Torpe, desmañado, chapucero. ≠ Perito, capaz. **2** Inepto, incapaz, incompetente, torpe. ≠ Perito, capaz.

inhabilitar *tr.* Imposibilitar, incapacitar.

inhabitado, -da *adj.* Yermo, deshabitado, despoblado. ▮ *Yermo*, tratándose de un país, comarca, etc.; *deshabitado*, hablando de un edificio, o de cualquier lugar que estuvo habitado y ya no lo está; *despoblado* coincide con *yermo*, pero sugiere más o menos que el territorio de que se trata tuvo población en otro tiempo, en tanto que en *yermo* predomina la idea de que no la ha tenido nunca.

inhibirse *prnl.* Abstenerse*, desentenderse, echarse fuera.

inhospitalario, -ria *adj.* Cruel, inhumano, bárbaro, desapacible, desabrigado, inhóspito, inclemente, salvaje. ▮ Los tres primeros tratando de personas. Hablando del tiempo atmosférico o de lugares determinados, el resto de sinónimos.

inhumano, -na *adj.* Cruel*, despiadado, inhospitalario*, brutal, bárbaro, feroz, duro.

inhumar *tr.* Enterrar, sepultar, soterrar. ≠ Exhumar, desenterrar. ▮ «*Enterrar* es el acto material de poner o meter entre tierra una cosa. *Inhumar* es enterrar con las ceremonias religiosas, con los honores fúnebres, los de la sepultura. Se *entierra* todo lo que se cubre con la tierra; pero no se *inhuma* sino la persona humana, a quien se hacen los honores fúnebres.» (C).

iniciado, -da *adj.-s.* Adepto, afiliado, neófito*, partidario, prosélito.

iniciar *tr.-prnl.* Comenzar, principiar, empezar*, incoar*. ≠ Acabar, decaer, finalizar. **2** Instruir, enterar. **3** Promover, suscitar.

inicio *m.* Principio*, iniciación, comienzo.

inicuo, -cua *adj.* Injusto. ≠ Justo, moral, equitativo. **2** Malo, malvado, perverso, ignominioso.

inimaginable *adj.* Infigurable, irrepresentable.

ininteligible *adj.* Incomprensible, incognoscible, indescifrable, oscuro*. ≠ Preciso, claro, comprensible.

iniquidad *f.* Injusticia, maldad, infamia. ≠ Justicia, bondad.

injertar *tr.* Enjertar, inserir.

injerto *m.* Enjerto. **2** MED. Fijación, inserción, implantación.

injuria *f.* Insulto*, agravio*, ofensa, afrenta, ultraje. ▮ «*Injuria* presenta la idea del agravio violento. *Ultraje* presenta la idea del vilipendio público. Desconfiar de la honradez de un hombre de bien, es una *injuria*; tratarle públicamente de ladrón, es un *ultraje*. Tratar de fea a una mujer hermosa es un *agravio* que, cuando más, no debiera pasar de *injuria*; pero habrá pocas que no lo miren como *ultraje*.» (LH). **2** Daño, perjuicio, deterioro, menoscabo.

injuriar *tr.-prnl.* Denigrar, agraviar, ofender, insultar, denostar, vilipendiar, afrentar, ultrajar. ≠ Alabar, defender, favorecer. ▮ *Denostar* es injuriar de palabra a alguien en su presencia: *vilipendiar*, *ofender*, *afrentar* y *ultrajar* son intensivos. **2** Dañar, perjudicar, deteriorar, menoscabar, lacerar, vulnerar. ≠ Favorecer, defender, proteger.

injusticia *f.* Iniquidad, ilegalidad, ilicitud, arbitrariedad, desafuero, atropello, ley del embudo. ≠ Legitimidad, legalidad.

inmarcesible *adj.* Inmarchitable. ≠ Temporal, perecedero.

inmediaciones *f. pl.* Contornos, alrededores, afueras, cercanías.

inmediatamente *adv. t.* Luego, en seguida, seguidamente, incontinenti, prontamente. ≠ Después, tarde.

inmediato, -ta *adj.* Próximo, cercano, vecino, contiguo, circunvecino*. ▮ «De lo *inmediato* nos separa menor distancia que de lo *próximo*; de lo *próximo*, menos distancia que de lo *cercano*. Si se habla de localidad, lo *inmediato* es lo *contiguo*; si se trata de tiempo, es lo que sucede sin intervalo al tiempo en que se habla. La casa *inmediata* a la mía es la que está pared en medio. Está *cercano* a la costa un buque cuando, según las circunstancias, puede decirse que no está lejos. Está *próximo* a entrar, cuando se halla a la boca del puerto. El río considerable más *cercano* a Cádiz es el Guadalquivir.» (M).

inmejorable *adj.* Insuperable, supremo, superior, óptimo, excelente, perfecto.

inmenso, -sa *adj.* Ilimitado, infinito, inmensurable, inconmensurable, innumerable, incontable. ≠ Pequeño, escaso. **2** Muy grande, desmedido, enorme, colosal. ≠ Pequeño, escaso.

inmerecido, -da *adj.* Injusto, inmérito.

inmersión *f.* Sumersión.

inmiscuir *tr.* Mezclar*. ▶ **2** *prnl.* Meterse, entremeterse, entrometerse, mezclarse, ingerirse, meter la cuchara, meter baza, meterse uno donde no le llaman.

inmoble *adj.* Inconmovible, inmóvil. ▮ *Inmoble* e *inconmovible* se dice de lo que no puede ser movido; *inmóvil* se dice de lo que no se mueve, aunque puede moverse, por sí mismo, o por una fuerza exterior.

inmolar *tr.* Sacrificar.

inmortal *adj.* Imperecedero, perdurable, perpetuo*, eterno*. ≠ Perecedero, mortal, pasajero.

inmortalizar *tr.-prnl.* Perpetuar, eternizar. ≠ Morir.

inmovible *adj.* Inmoble (lit.), fijo, quieto, inmóvil. **2** fig. Firme, constante.

inmueble *adj. m.* Inmobiliario, finca, bienes raíces. ▮ Los dos últimos hacen referencia a los bienes inmuebles.

inmundicia *f.* Suciedad, basura, porquería. **2** Impureza, deshonestidad.

inmundo, -da *adj.* Sucio, puerco, asqueroso, repugnante, nauseabundo. **2** fig. Impuro.

inmune *adj.* Exento, libre. **2** BIOL. Inmunizado, inatacable.

inmunidad *f.* Exención, privilegio, prerrogativa. ≠ Violación, vulnerabilidad, desamparo.

inmutable *adj.* Invariable, inalterable, constante, inconmovible, inconmutable. ≠ Variable, mutable, inestable.

inmutarse *prnl.* Alterarse, conmoverse, turbarse, conturbarse, desconcertarse. ≠ Tranquilizarse.

innatismo *m.* Nativismo.

innato, -ta *adj.* Ingénito, congénito, nativo, connatural.

innecesario, -ria *adj.* Superfluo, sobrado, inútil.

innegable *adj.* Indiscutible, irrefutable, irrebatible, incuestionable, indudable, cierto, seguro, evidente, axiomático. ≠ Discutible, inseguro, dudoso.

innoble *adj.* Despreciable, bajo, vil, abyecto.

innovación *f.* Novedad, invento, descubrimiento, adelanto.

innumerable *adj.* Incontable, innúmero.

inocencia *f.* Sencillez, candor, simplicidad, pureza, candidez*, ingenuidad. ≠ Malicia, picardía.

inocente *adj.* Sencillo, candoroso, cándido, puro, innocuo.

inocuo, -cua *adj.* Innocuo, inofensivo, inocente. ≠ Dañino, perjudicial.

inofensivo, -va *adj.* Innocuo, inocente, pacífico, inocuo. ≠ Dañino, perjudicial.

inopia *f.* Pobreza, indigencia, necesidad.

inopinado, -da *adj.* Imprevisto, impensado, inesperado*, súbito, repentino. ≠ Previsto, esperado.

inoportuno, -na *adj.* Intempestivo*, importuno*, extemporáneo, inconveniente, impertinente, fuera de lugar. ≠ Oportuno, pertinente, conveniente, en su lugar, en su momento.

inquebrantable *adj.* Infrangible, inalterable, inexorable. **2** Irrompible.

inquietar *tr.-prnl.* Desasosegar, turbar, alarmar, agitar, intranquilizar, molestar, estar con el alma en un hilo, estar sobre ascuas, no caber el corazón en el pecho, andar sin sombra, asustar*. ≠ Tranquilizar, calmar, apaciguar, sosegar, serenar.

inquieto, -ta *adj.* Travieso, bullicioso. **2** Desasosegado, agitado, intranquilo.

inquietud *f.* Intranquilidad, congoja, zozobra, desasosiego, desazón, ansiedad*, ansia, agitación, angustia, tribulación. ≠ Serenidad, sosiego, tranquilidad, serenidad, calma. **2** Alboroto, conmoción, sobresalto*. ≠ Euforia. **3** Disforia, malestar. ≠ Euforia.

inquina *f.* Antipatía*, aversión, mala voluntad, ojeriza, tirria, odio*, repulsión, aborrecimiento, malquerencia, encono, rencor, saña. ≠ Amor, simpatía, atracción.

inquirir *tr.* Indagar, averiguar, pesquisar, informarse, investigar, escudriñar*, escrutar*, examinar.

inquisición *f.* Pesquisa, averiguación, indagación, información, investigación. **2** Santo Oficio.

insalubre *adj.* Malsano, morboso, insano.

insano, -na *adj.* Malsano, insalubre. **2** Demente, loco, furioso, insensato.

inscribir *tr.* Grabar. **2** Apuntar, alistar, matricular, anotar, asentar, sentar.

inscripción *f.* Epígrafe, epigrama, epitafio. ▮ Tratándose de la antigüedad, *epigrama*. Una *inscripción* sepulcral es un *epitafio*. **2** Letrero*, rótulo, lema.

inseguridad *f.* Debilidad, inconsistencia. **2** Riesgo, peligro. **3** Incertidumbre, duda, indecisión, vacilación.

inseguro, -ra *adj.* Movedizo, inestable, eventual*. **2** Incierto, dudoso, indeciso.

insensato, -ta *adj.* Necio, fatuo, sin sentido, absurdo, tonto.

insensible *adj.* Indiferente, duro, frío, impasible, alma de cántaro, como un tronco. **2** Imperceptible, indiscernible, inapreciable.

inservible *adj.* Inútil, inaprovechable, estropeado. ≠ Útil, intacto.

insidia *f.* Asechanza, cautela.

insidioso, -sa *adj.* Capcioso, asechante, cauteloso, astuto. ▮ «*Insidioso* es el que prepara cautelosamente los medios de hacer daño; *capcioso*, el que emplea el engaño y el artificio para cautivar la voluntad ajena o inducir a otro en error. El instrumento del *insidioso* es la asechanza; el del *capcioso* es la mentira sutil y el engaño.» (M).

insigne *adj.* Célebre, famoso*, señalado, ilustre, preclaro, eximio, egregio*.

insignia *f.* Señal, distintivo, divisa. **2** Enseña, bandera, pendón, estandarte, pabellón.

insignificante *adj.* Pequeño, mínimo, exiguo. ≠ Suficiente. **2** Baladí, mezquino, miserable, despreciable, desdeñable, de chicha y nabo, de mala muerte, de medio pelo. ≠ Útil.

insinuar *tr.* Sugerir, indicar, apuntar, dar a entender, hacer sospechar, tirar a ventana señalada. ▮ «Se *insinúa* para dar a entender; se *sugiere* para obrar. Para *insinuar* se requiere intención; no así para *sugerir*, y así puede decirse: el menor incidente basta para *sugerir* el asunto de una comedia. Me *insinuó* su deseo de viajar, y esta idea me *sugirió* el designio de acompañarlo.» (M).

insípido, -da *adj.* Desabrido, insustancial, insulso, desaborido, soso. ▮ «*Insípido* es lo que no tiene sabor; *desabrido* es lo que no tiene el sabor que corresponde a su naturaleza.» (M).

insistir *intr.* Persistir, porfiar, machacar, obstinarse, no dar el brazo a torcer, volver a la carga, dar la tabarra, calentar la cabeza, hacer hincapié, volver a la misma canción, perseverar*, empecinarse. ≠ Desistir, renunciar, cerrar. ▮ «Se *insiste* antes de *persistir*; de modo que *persistir* no es más que *insistir* con más empeño y tesón.» (M).

insobornable *adj.* Incorruptible, íntegro.

insociable *adj.* Intratable, huraño, arisco, misántropo.

insolación *f.* Tabardillo (fam.), termoplejía (MED.), acaloramiento, heliosis (MED.).

insolencia *f.* Descaro, atrevimiento, desvergüenza, desfachatez.

insolente *adj.* Descarado, atrevido, irrespetuoso, desvergonzado, procaz. **2** Injurioso, insultante, ofensivo.

insólito, -ta *adj.* Desacostumbrado, desusado*, inusitado*, inusual, infrecuente, raro, extraño. ≠ Habitual, antiguo, ordinario, frecuente, normal.

insomnio *m.* Vigilia, desvelo, agripnia (MED.), ahipnosis (MED.), ahipnia (MED.), asomnia (MED.).

insondable *adj.* Profundo. **2** Impenetrable, inaveriguable, incognoscible. ≠ Comprensible, penetrable, claro.

insoportable *adj.* Intolerable, insufrible, inaguantable.

insostenible *adj.* Inestable. **2** Indefendible.

inspeccionar *tr.* Examinar, reconocer, comprobar, registrar, intervenir.

inspiración *f.* Numen, musa, vena, lira. **2** Iluminación, arrebato.

inspirar *tr.* Aspirar. **2** Soplar. **3** fig. Infundir, sugerir, iluminar.

instable *adj.* Inestable, variable, precario, perecedero, transitorio. ≠ Seguro, permanente.

instalar *tr.* Colocar*, poner, disponer. **2** *tr.* Alojar, acomodar, establecer.

instancia *f.* Ruego, súplica, petición. **2** Memorial (antic.), solicitud.

instantáneo, -ea *adj.* Momentáneo, breve, rápido, fugaz. ≠ Lento, largo, mediato.

instante *m.* Momento. ▮ «Una y otra voz significan el punto mínimo o más breve en que se divide el tiempo. Prestar un *momento* de atención ofrece al oído una expresión más exacta que prestar un *instante*, porque no parece que se percibe en este la duración que, aunque corta, se percibe en el *momento*, como necesaria para dar algún tiempo a la atención. Por el contrario, se puede aplicar con más propiedad la voz *instantáneo* a un tiempo en que suponemos que no se percibe duración alguna. La caída del rayo es *instantánea*.» (LH) ► **2 A cada instante** *loc. adv.* Frecuentemente, a menudo, con frecuencia, a cada paso, a traque barraque. **3 Al instante** Incontinenti, en seguida, inmediatamente, prontamente, seguidamente, presto, luego, en breve.

instar *tr.* Rogar*, suplicar*, insistir. ≠ Exigir, ordenar. **2** Urgir, apremiar, apurar. ≠ Tranquilizar.

instaurar *tr.* Renovar, restaurar, restablecer. **2** Establecer*, implantar, instituir, fundar, erigir. ≠ Deponer.

instigar *tr.* Incitar, inducir, excitar, mover, aguijonear, dar cuerda, poner espuelas.

instintivo, -va *adj.* Indeliberado, involuntario, irreflexivo, espontáneo*. ≠ Consciente, reflexivo, deliberado, ex profeso, calculado.

instinto *m.* Tendencia, propensión*.

instituir *tr.* Establecer*, fundar, erigir*, instaurar. ≠ Abolir.

instrucción *f.* Enseñanza, educación*. ≠ Incultura, desconocimiento. ▮ «La *instrucción* se refiere a los conocimientos que se adquieren por cualquier medio y en todo género de materias. La *enseñanza* se refiere a los preceptos, reglas y lecciones que da el maestro al discípulo. La *instrucción* se puede adquirir sin maestro, porque la lectura, el ejemplo, la conversación, nos instruyen; pero la *enseñanza* supone principios dictados y lecciones dadas. Del que tiene diferentes conocimientos en una facultad, ciencia o arte, se dice que es un hombre *instruido*, no un hombre *enseñado*, porque se hace relación a lo que sabe, no a los medios con que lo ha aprendido.» (LH). **2** Ilustración, erudición, saber, cultura. → **instrucciones**

instrucciones *f. pl.* Órdenes, normas, preceptos. → **instrucción**

instruido, -da *adj.* Culto, ilustrado, erudito. **2** Avisado, advertido, aleccionado.

instruir *tr.* Enseñar*, adoctrinar, aleccionar, amaestrar*, adiestrar. **2** Informar, avisar. **3** Enjuiciar.

instrumentar *tr.* Orquestar. ▮ *Orquestar* es *instrumentar* para una orquesta.

instrumento *m.* Utensilio, útil, herramienta, apero, aparato, mecanismo, dispositivo. ▮ *Utensilio* en general; *útil* (especialmente en plural), tratándose de oficios, herramientas; tratándose de la labranza, *apero*. *Aparato* significa instrumento complicado o conjunto de instrumentos. *Mecanismo* y dispositivo aluden al complejo ordenado de las piezas de una máquina o de un conjunto de instrumentos, aparatos, etc., coordinados para un fin. → **instrumentos**

insubordinación *f.* Desobediencia, indisciplina, rebeldía, sublevación.

insubstancial *adj.* Desabrido, soso, insulso, insípido*. **2** Trivial, ligero, frívolo.

insuficiencia *f.* Incapacidad, ineptitud, ignorancia, incompetencia. ≠ Capacidad, aptitud, habilidad. ▮ «Se designa por estas palabras la falta de la disposición necesaria para salir con lo que uno se propone, pero con esta diferencia: la *insuficiencia* viene del defecto de proporción entre los medios y el fin; la *incapacidad*, de la privación de los medios; la *ineptitud*, de la imposibilidad de adquirir ningún medio. Se puede muchas veces suplir la *insuficiencia*; a veces se puede enmendar la *incapacidad*; pero la *ineptitud* no tiene remedio.» (Ma). **2** Escasez, falta, penuria.

insuficiente *adj.* Escaso, defectuoso, poco, pequeño, chico*, reducido.

insufrible *adj.* Inaguantable, insoportable, intolerable.

insular *adj.* Isleño.

insulsez *f.* Sosera, sosería, insipidez. ≠ Ingenio, gracia. **2** Simpleza, necedad, estupidez. ≠ Ingenio.

insulso, -sa *adj.* Desabrido, insípido*, soso, insubstancial. **2** Simple, necio, tonto, estúpido, zonzo.

insultante *adj.* Ofensivo, afrentoso, injurioso, ultrajante.

insultar *tr.-prnl.* Agraviar, ofender, afrentar, injuriar*, ultrajar. ≠ Alabar. ▸ **2** *prnl.* Accidentarse, desmayarse.

insulto *m.* Agravio*, ofensa, ultraje, injuria, dicterio, improperio, denuesto. ▮ El *insulto* y sus cuatro primeros sinónimos pueden ser de palabra o de obra. Los tres últimos son de palabra. **2** Accidente, desvanecimiento, desmayo.

insuperable *adj.* Invencible. ≠ Fácil. **2** Inmejorable. ≠ Mejorable.

insurgente *adj.* Insurrecto, sublevado, faccioso.

insurrección *f.* Rebelión, sublevación, levantamiento, pronunciamiento*, alzamiento, cuartelada (burl.), militarada (burl.).

insurreccionarse *prnl.* Rebelarse, sublevarse, levantarse.

insustancial *adj.* Desabrido, soso, insulso, insípido*. **2** Trivial, ligero, frívolo.

insustituible *adj.* Irreemplazable, indispensable.

intacto, -ta *adj.* Completo, íntegro, entero. ≠ Incompleto, impuro. **2** Indemne*, ileso, incólume. ≠ Dañado.

intangible *adj.* Intocable, impalpable. ▮ *Impalpable* se dice de las cosas materiales que no producen sensación al tacto; polvos *impalpables*. *Intocable* e *intangible* pueden sustituirse entre sí, pero el primero se prefiere generalmente para lo material (hierro candente) y el segundo para lo figurado (dogma, reglamento).

integrante *adj.* Esencial. ▮ «Es *integrante* cuanto es necesario para conservar la integridad del ser; es *esencial* cuanto es necesario para constituirlo. Los órganos de la sensación son partes *integrantes* del hombre; sus facultades *esenciales* son el entendimiento y la voluntad.» (M). **2** FIL. Integral. **3** Componente.

integridad *f.* Hombría de bien, probidad, honradez, rectitud. ≠ Corrupción. **2** Virginidad.

integrismo *m.* Extremismo, fanatismo, fundamentalismo.

íntegro, -gra *adj.* Entero, uno, completo*, cabal. ▮ *Uno* es lo que no está dividido interiormente. **2** fig. Honrado, probo, recto*, incorruptible, justo.

intelectual *adj.-s.* Pensador, estudioso.

inteligencia *f.* Intelecto, entendimiento, razón, mente. **2** Comprensión, conocimiento, talento*, ingenio, entendimiento, capacidad. ≠ Cortedad, incapacidad, tontería, inhabilidad, ineptitud. **3** Acuerdo, unión, armonía. ▮ P. ej.: estar en *inteligencia* dos o más personas. ▸ **4** Servicio de inteligencia *m.* Contraespionaje, espionaje. ▮ Por influencia del inglés se ha extendido la expresión eufemística *servicio de inteligencia* por *espionaje* o *contraespionaje*.

inteligente *adj. com.* Sabio, docto, instruido, entendido, enterado. ≠ Tonto. **2** Ingenioso, talentudo, sagaz, listo, perspicaz, despierto. ≠ Cerrado.

inteligible *adj.* Comprensible, claro, descifrable, legible. ≠ Difícil, confuso, incomprensible.

intemperancia *f.* Exceso, desenfreno. ≠ Moderación, templanza.

intempestivo, -va *adj.* Importuno, inoportuno, extemporáneo. ▌ *Importuno* e *intempestivo* tienen matiz de molestia o desagrado. *Inoportuno* y *extemporáneo* pueden aludir simplemente a lo que se hace u ocurre fuera de tiempo y sazón, sin incluir necesariamente aquel matiz. Un historiador califica de *extemporáneas* o *importunas*, es decir, inadecuadas para aquel momento, las medidas tomadas por un gobernante, aunque no fueran malas. Unas lluvias *intempestivas* dañan la cosecha; una solicitud *importuna* nos produce enfado.

intención *f.* Intento, propósito, mira, designio, proyecto, fin, objeto*. ≠ Inocencia, desconocimiento. ► **2 Con intención** *loc. adv.* Aposta, adrede, de intento, deliberadamente, ex profeso, de propósito, expresamente, intencionadamente. ≠ Involuntariamente, sin querer.

intensidad *f.* Fuerza, energía. ≠ Debilidad, suavidad, pasividad. **2** fig. Vehemencia, viveza.

intenso, -sa *adj.* Fuerte, enérgico. **2** fig. Vehemente, vivo.

intentar *tr.* Tratar de, procurar, pretender, probar, ensayar.

intento *m.* Fin*, propósito, designio, intención, objeto*. **2** DEP. Ensayo. **3** Strike (anglic.). ▌ En el béisbol. ► **4 De intento** *loc. adv.* Aposta, adrede, con intención, deliberadamente, ex profeso, de propósito, expresamente, intencionadamente. ≠ Involuntariamente, sin querer.

intercalar *tr.* Interponer, interpolar.

interceder *intr.* Mediar, abogar, estar de por medio. ≠ Atacar, acusar, enemistar.

interceptar *tr.* Obstruir, detener, estorbar, impedir.

intercesión *f.* Mediación.

intercesor, -ra *adj.-s.* Medianero, mediador, amigable componedor.

interdecir *tr.* Vedar, prohibir, proscribir, impedir.

interdicto *m.* Entredicho.

interés *m.* Provecho, utilidad, beneficio, conveniencia. ≠ Desinterés, pérdida. **2** Rédito, renta, ganancia. ≠ Pérdida. **3** Inclinación, atractivo, afecto, atención. ≠ Desatención, desafecto. → **intereses**

interesar *tr.-prnl.* Dar parte, asociar. **2** Atraer, cautivar, conmover, seducir. **3** Afectar, atañer, tocar, importar, concernir*, tomar con calor, meterse hasta los codos.

intereses *m. pl.* Bienes, fortuna, capital. → **interés**

interferir *tr.* Interponer, interrumpir, estorbar, obstaculizar.

interfoliar *tr.* Interpaginar, intercalar.

ínterin *adv. t.* Entretanto, mientras, mientras tanto.

interino, -na *adj.-s.* Provisional, accidental. ▌ *Interino* se usa principalmente aplicado a personas que ocupan temporalmente un cargo o empleo, lo mismo que *provisional*. Este último se aplica también a cosas. P. ej.: maestro *interino* o *provisional*, pero es más raro decir: escalera *interina*, entrada *interina*. *Accidental* se dice de la persona que ocasionalmente y por breve tiempo, ocupa un cargo que no es el suyo; jefe, director, alcalde *accidental*.

interior *adj.* Interno, íntimo, intrínseco, intestino*. ▌ «*Interior* e *interno* expresan solamente colocación; *íntimo* e *intrínseco*, expresan, además de colocación, unión y naturaleza. *Interior* es lo que está debajo de la superficie de los cuerpos, o dentro de los límites de la extensión. Lo *interno* dista más de la superficie y de los límites que lo *interior*. Lo *íntimo*, no sólo pertenece a la parte central de las cosas, sino a su modo de ser. Lo *intrínseco* está identificado o forma parte de la esencia. Lo *interior* de un reino es todo lo que no es frontera ni costa. Son *internas* las enfermedades de las vísceras. Un vicio *intrínseco* no se desarraiga fácilmente. Se dice ropa interior, conmociones internas, relaciones íntimas y cualidades intrínsecas.» (M). ► **2** *m.* Ánimo.

interiormente *adv. l.* Internamente, íntimamente.

interlínea *f.* IMPR. Regleta.

interlinear *tr.* IMPR. Entrerrenglonar.

interlocutor, -ra *s.* Colocutor (p. us.), internuncio (p. us.).

intermedio *m.* Intervalo. **2** Entreacto.

interminable *adj.* Inacabable. ≠ Finito, discontinuo, breve.

intermisión *f.* Interrupción. ▌«La *intermisión* nace de la cosa misma de que se habla; la *interrupción*, de la cosa misma o de una causa extraña. Hay *intermisión* en el pulso, en las erupciones volcánicas, en los vientos. Hay *interrupción* cuando un fuerte ruido obliga al orador a callar; cuando la guerra suspende el curso de los negocios.» (M).

intermitente *adj.* Discontinuo, interrumpido, irregular.

internacional *adj.* Universal*, mundial. ▌Lo *internacional* se refiere a dos o más naciones, o a todas ellas. Solo en este último caso equivale a *universal, mundial.* El adjetivo *internacional* se dice de naciones consideradas aisladamente, en tanto que *universal* y *mundial* no hacen pensar en los componentes del conjunto.

internauta *com.* Cibernauta, navegante, usuario.

internet *amb.* Red, ciberespacio.

interno, -na *adj.* Interior, íntimo, intrínseco.

interpaginar *tr.* Interfoliar.

interpelar *tr.* Requerir, preguntar, interrogar.

interpolar *tr.* Intercalar, interponer.

interponerse *prnl.* Intervenir, mediar, interceder. **2** Entrometerse. **3** Obstaculizar, estorbar, interferir.

interpretación *f.* Exégesis, hermenéutica. ▌Como arte de interpretar los textos, *hermenéutica.*

interpretar *tr.* Explicar*, comentar, aclarar, exponer, explanar, desarrollar, descifrar*. **2** Traducir, verter. **3** Entender, comprender. **4** Expresar, representar, ejecutar. ▌En las Bellas Artes.

intérprete *com.* Comentarista, exegeta, hermeneuta. **2** Traductor, dragomán, drogmán, truchimán, trujimán, trujamán. ▌*Traductor*, esp. tratándose de libros o escritos. Los cinco últimos son antiguos.

interrogación *f.* Pregunta. **2** RET. Erotema.

interrogar *tr.* Preguntar.

interrumpir *tr.* Suspender, cortar, detener, parar, cortar el atajo, cesar*. ≠ Continuar, seguir, iniciar.

interrupción *f.* Intermisión, detención, suspensión.

intersticio *m.* Hendidura, grieta, resquicio.

intervalo *m.* Intermedio, espacio, distancia, pausa. ▌«Hay *intervalo* entre el almuerzo y la comida, entre el ocaso y la noche, entre escribir una carta y enviarla por correo. Hay un *intermedio* en los cuerpos colegiados, cuando se suspende una sesión para continuarla después.» (M).

intervenir *intr.* Tomar parte, mezclarse. **2** Interponerse, mediar, traer entre manos. **3** Inspeccionar, fiscalizar. ► **4** *tr.* MED. Operar.

intestino *m.* Tripa.

intestino, -na *adj.* Interno, interior. ▌*Intestino* se asocia a la idea de oposición de unos sectores con otros: guerras, querellas, dificultades, discordias, *intestinas.* Pero no se dice política, problemas *intestinos*, si no se les une la idea de lucha. Cuando esta asociación no se produce, hay que emplear *interior* o *interno*, según los casos: comercio *interior*, régimen *interno.* Estos últimos pueden sustituir a *intestino* en todos los casos.

intimar *tr.* Conminar, requerir.

intimidad *f.* Confianza, familiaridad. ≠ Enemistad, desconfianza, cortesía.

íntimo, -ma *adj.* Interior*. **2** Profundo, entrañable, recóndito. ≠ Desafecto, enemigo, extraño.

intitular *tr.* Titular, llamar.

intocable *adj.* Intangible.

intolerable *adj.* Inaguantable, insoportable, insufrible.

intolerancia *f.* Intransigencia, fanatismo. ≠ Transigencia, comprensión.

intoxicar *tr.* Envenenar, emponzoñar.

intranquilo, -la *adj.* Agitado, inquieto, desasosegado.

intransigente *adj.* Intolerable, fanático, obstinado. ≠ Tolerante.

intransitable *adj.* Impracticable.

intratable *adj.* Áspero, huraño, arisco, insociable, incivil, inconversable.

intrepidez *f.* Ánimo*, valor*, valentía, arrojo*, esfuerzo, denuedo. ≠ Temor, cobardía, reflexión.

intriga *f.* Manejo, enredo, trama, embrollo. **2** Suspense, misterio.

intrincado, -da *adj.* Enredado, complicado, confuso, revesado, enrevesado, enmarañado, inextricable*, difícil*, arduo, dificultoso, trabajoso, penoso, embarazado. ≠ Fácil, sencillo.

intrínseco, -ca *adj.* Esencial, propio, interno, interior*, constitutivo. ≠ Extrínseco, externo.

introducción *f.* Entrada, principio, comienzo. **2** Preparación, disposición. **3** Prólogo*, preámbulo*, prefacio.

introducir *tr.-prnl.* Meter*, encajar, embutir, incluir, insertar, inserir. ≠ Sacar. ▶ **2** *prnl.* Entrometerse, infiltrarse.

intromisión *f.* Entremetimiento, entrometimiento, intrusión.

intruso, -sa *adj.-s.* Entrometido, indiscreto, extraño.

inuit *adj. com.* Esquimal.

inundación *f.* Avenida, desbordamiento, crecida*, riada.

inundar *tr.* Anegar*.

inurbano, -na *adj.* Descortés, impolítico*, incivil, ordinario, grosero, basto. ≠ Cortés, sociable.

inusitado, -da *adj.* Desacostumbrado, inusual, insólito, raro, desusado*, desueto. ≠ Habitual, viejo, usual, acostumbrado. ▌*Desusado* y *desueto* se dice de las cosas que se han usado y ya no se usan, en tanto que *inusitado* y los demás sinónimos pueden calificar también a lo que nunca ha sido frecuente. La santidad es *inusitada, insólita, desacostumbrada, inusual, rara,* en todos los tiempos. Un vestido pasado de moda, una palabra arcaica, son *desusados* o *desuetos.*

inutilizar *tr.-prnl.* Incapacitar, inhabilitar, invalidar, anular, perder uno el tiempo, gastar saliva en balde, sembrar en arena, trabajar para el obispo, estropear, averiar. ▌Los dos últimos, tratándose de cosas materiales.

invadir *tr.* Irrumpir. ▌*Irrumpir* sugiere mayor violencia o carácter súbito.

invalidar *tr.-prnl.* Anular*, infirmar (DER.). ≠ Capacitar, habilitar, autorizar.

invariable *adj.* Inalterable, inmutable, constante, firme, inconmovible.

invasión *f.* Incursión, irrupción. ▌«La *invasión* es una hostilidad ordenada que tiene su origen en la política, y que se hace según las prácticas militares y con movimientos estratégicos. La *incursión* es una correría en territorio extraño, hecha con rapidez, acompañada de saqueo y mortandad, pero que no envuelve forzosamente la idea de posesión durable.» (M).

invectiva *f.* Sátira. ▌«Sólo se diferencia en los medios de que se valen. La *invectiva* declama; la *sátira* ridiculiza. Las *invectivas* atroces se llaman imprecaciones o maldiciones; la *sátira* mordaz se llama *sarcasmo.*» (J).

invencible *adj.* Invicto. ▌Llamamos *invencible* al que no ha sido ni puede ser vencido. *Invicto* es el que no ha sido nunca vencido, el que siempre ha salido victorioso. Napoleón, *invicto* hasta Waterloo, no era *invencible,* como se demostró en esta batalla.

invención *f.* Invento, descubrimiento. **2** Hallazgo. ▌P. ej.: la *invención* de la Santa Cruz. **3** Fábula, ficción, engaño, mentira.

inventar *tr.* Descubrir*. ▌*Descubrir* se extiende también a lo que era desconocido, pero real: *descubrir* una isla o una estrella nueva; mientras que *inventar* se ciñe a lo que antes no existía; p. ej.: la imprenta, la locomotora. Todo *invento* es un *descubrimiento,* pero no viceversa. **2** Imaginar, fingir, idear.

inventario *m.* DER. Descripción.

inventiva *f.* Ingenio, imaginación, fantasía, idea.

inventor, -ra *adj.-s.* Descubridor, autor, creador.

inverecundo, -da *adj.-s.* lit. Desvergonzado. ≠ Pudoroso, vergonzoso, comedido. ▌*Inverecundo* es palabra docta y solo usada en estilo elevado.

invernáculo *m.* Estufa, invernadero.

invernal *adj.* Hibernal (LIT.), hiemal (LIT. y TECN.).

inverosímil, inverisímil *adj.* Increíble, inconcebible, inimaginable, imposible.

inverso, -sa *adj.* Alterado, trastornado, opuesto, contrario, invertido. ≠ Directo, inalterable.

invertir *tr.* Trastornar, alterar, cambiar, volver. **2** Colocar, gastar, emplear. ▌Tratando de dinero. **3** Dedicar, ocupar, emplear. ▌Tratando de tiempo.

investigar *tr.* Averiguar, indagar, inquirir, pesquisar, escudriñar, buscar*, descubrir el campo, seguir la pista, tentar la ropa, sacar en limpio.

investir *tr.* Envestir (p. us.), conferir, conceder.

inveterado, -da *adj.* Antiguo, arraigado, envejecido. ≠ Desacostumbrado, nuevo, extraño. ▌*Inveterado* no se dice de las cosas materiales; un edificio puede ser *antiguo, envejecido*; una virtud, un vicio, una costumbre, son *inveterados* o *arraigados*.

invicto, -ta *adj.* Invencible.

invitación *f.* Convite. **2** Incitación.

invitar *tr.* Convidar, brindar. **2** Incitar, mover, inducir.

invocar *tr.* Implorar, rogar. ▌«El que *invoca* llama a otro para que lo auxilie; el que *implora* pide con insistencia, con fervor y con lágrimas.» (M). **2** Alegar*.

involucrar *tr.* Envolver, mezclar, confundir. ≠ Aclarar, desembrollar, especificar.

involucro *m.* BOT. Gorguera.

involuntario, -ria *adj.* Impensado, irreflexivo, instintivo, maquinal, espontáneo*.

ipecacuana *f.* Bejuquillo.

ir *intr.* Irse. ▌«Estos dos verbos no pueden usarse indistintamente, porque *irse* tiene la fuerza de ausentarse, sin relación al paraje a que se va, sino sólo al que se deja; e *ir*, por el contrario, no hace relación al que se deja, sino a aquel adonde se va. Ha resuelto *irse* de Madrid: puede no saber adónde *irá*, o qué camino elegirá; y no se dirá en este caso: ha resuelto *ir* de Madrid, sin determinar precisamente el paraje adonde va, o destino que lleva.» (LH). **2** Levantar la casa, andar con el hato a cuestas, ahuecar el ala.

ira *f.* Furor, molestia, enfado, indignación, enojo, irritación, coraje, cólera, rabia, furia*. ≠ Humildad. ► **2 Enverdecer de ira** *loc.* Rabiar, encolerizarse, enfurecerse, crujir los dientes, exaltarse la bilis. ≠ Tranquilizarse, serenarse, apaciguarse.

iracundo, -da *adj.* Irascible, irritable, colérico, bilioso, atrabiliario.

irlandés, -esa *adj.-s.* (pers.) Hibernés, hibérnico. ▌Estos dos se utilizan principalmente tratándose de la antigua Irlanda.

ironía *f.* Burla. ▌La *ironía* es un género de *burla* fina y disimulada. Significa dar a entender lo contrario de lo que se dice. Es, pues, muy diferente de la *mofa*, del *escarnio* y del *sarcasmo*. La *ironía* necesita inteligencia, ingenio y artificio que la oculte más o menos.

irónico, -ca *adj.* Burlón, punzante, ático, cáustico, mordaz.

irracional *adj. com.* Bruto, bestia, animal. **2** Absurdo, insensato, extraviado. ≠ Sensato, reflexivo, coherente.

irradiar *tr.* Radiar, despedir, difundir, esparcir.

irrealizable *adj.* Impracticable, imposible, quimérico.

irrebatible *adj.* Indiscutible, incuestionable, incontrovertible, indisputable, inconstrastable, irrefutable, concluyente*, decisivo, terminante, convincente. ≠ Discutible, provisional, cuestionable, refutable, controvertible.

irreemplazable *adj.* Insustituible.

irreflexivo, -va *adj.* Precipitado, imprudente, aturdido, atropellado, ligero, ligero de cascos. **2** Indeliberado, involuntario, instintivo, maquinal, espontáneo*.

irregular *adj.* Anómalo, anormal. **2** Desigual, intermitente, discontinuo. **3** Variable, caprichoso, inconstante.

irregularidad *f.* Anomalía, anormalidad, alteración, transtorno, trastorno, desorden. ≠ Regularidad, cumplimiento, continuidad. **2** Fraude, filtración.

irreligioso, -sa *adj.-s.* Impío, descreído, incrédulo. ≠ Pío, religioso, crédulo.

irremediable *adj.* Irreparable. ≠ Reparable, curable, remediable.

irresolución *f.* Perplejidad*, vacilación, indecisión, duda, incertidumbre*. ≠ Decisión, certidumbre, resolución. ▌*Perplejidad, vacilación, indecisión* e *irresolución* se refieren principalmente a la voluntad. La *duda* y la *incertidumbre*, al entendimiento, al juicio u opinión que deseamos formarnos de las cosas.

irresoluto, -ta *adj.-s.* Indeciso, perplejo, vacilante, dudoso*. **2** Irresuelto.

irrespetuoso, -sa *adj.* Desatento, irreverente, descomedido.

irrisión *f.* Burla, ridiculez, desprecio.

irrisorio, -ria *adj.* Ridículo, risible. **2** Insignificante, desestimable, minúsculo.

irritable *adj.* Irascible, pronto, colérico.

irritación *f.* MED. Paratripsis, rozadura, excoriación. **2** fig. Ira, enfado, enojo, cólera, rabia. ≠ Tranquilidad, paz.

irritar *tr.-prnl.* fig. Enojar, encolerizar, enfadar, enfurecer, exasperar, sulfurar, salirse de sus casillas, perder los estribos, montar en cólera, ponerse de mil colores, excitar, acalorar, trinar*. ≠ Tranquilizar, pacificar, serenar, calmar, sosegar. ► **2** *tr.* Rozar, excoriar.

irrupción *f.* Invasión*, incursión, intrusión, entrada.

isla *f.* Ínsula (lit.). **2** Manzana, bloque (Amér.), cuadra (Amér.).

islam *m.* Islamismo, mahometismo.

islamismo *m.* Mahometismo, islam.

islamita *adj. com.* (pers.) Mahometano, musulmán.

isleño, -ña *adj.-s.* (pers.) Insular, insulano.

ismaelita *adj. com.* (pers.) Árabe, sarraceno, agareno.

isomorfismo *m.* Homomorfismo.

israelita *adj. com.* (pers.) Hebreo, judío.

itálica *adj. f.* Bastardilla, cursiva.

itinerario *m.* Ruta, camino.

izar *tr.* MAR. Levantar, elevar, enarbolar, arbolar, levar.

izquierda *f.* Siniestra (culto.), zurda.

izquierdo, -da *adj.* Siniestro. **2** Zurdo.

j

jabalí *m.* Puerco jabalí, puerco montés, puerco salvaje, puerco de monte, pécari, báquiro, saíno.

jabardear *intr.* Pavordear.

jábega *f.* (red) Bol.

jabí *m.* Cuba. Quebracho, quiebrahacha, jabín (Méx.).

jabillo *m.* Árbol del diablo, jabilla.

jabonadura *f.* Enjabonado, enjabonadura.

jabonar *tr.* Enjabonar.

jaboncillo *m.* Jabón de sastre, esteatita (científ.).

jabonera *f.* (hierba) Lanaria, saponaria.

jabonoso, -sa *adj.* Saponáceo (científ.).

jaca *f.* Cuartago.

jacapucayo *m.* Argent. Olla de mono (C. Rica y Venez.).

jacarandina *f.* Jacarandaina, jacarandana, germanía.

jacarandoso, -sa *adj.* Donairoso, gracioso, alegre, desenvuelto, airoso, garboso, desenfadado, sandunguero.

jacinto *m.* (planta y flor) Bretaña. **2** Circón, jacinto de Ceilán. **3** Jacinto occidental Topacio.

jaco *m.* Rocín, matalón, jamelgo, penco, caballo*.

jacobita *adj.* Monofisita.

jactancia *f.* Vanagloria, presunción, petulancia, arrogancia, vanidad, fatuidad, fanfarria*. ≠ Modestia. ▮ Cuando la *jactancia* es permanente y constitutiva del carácter, se acerca al significado de *vanidad, petulancia, fatuidad.* ▮ «*jactancia* es alabanza propia, presuntuosa y exagerada; *arrogancia* es aspiración ostentosa y manifiesta a la superioridad, expresada por la voz y por el gesto. No todo el que es *jactancioso* es *arrogante.*» (M).

jactancioso, -sa *adj.* Vanaglorioso, presumido, vanidoso, presuntuoso, petulante, fatuo.

jactarse *prnl.* Gloriarse, vanagloriarse, preciarse, echárselas de, presumir de, ufanarse, alardear, picarse, darse pisto, hacer gala.

jade *m.* Piedra nefrítica, piedra de ijada (antic.). ▮ *Piedra nefrítica,* porque con ella se hacían antiguos amuletos para curar los riñones.

jadear *intr.* Carlear (p. us.), acezar. ▮ *Carlear,* muy usado en los clásicos.

jadeo *m.* Acezo.

jaenés, -esa *adj.-s.* (pers.) Giennense, jiennense.

jaez *m.* Arreo, guarnición, atalaje. **2** fig. Clase, índole, calidad, estofa, calaña, ralea. ▮ Los tres primeros, en general; pero *jaez* añade un sentido despectivo próximo al de *estofa, calaña* o *ralea*; p. ej.: gente de ese *jaez.*

jaguarzo *m.* Estepa negra.

jagüey *m.* Cuba. (árbol) Matapalo (Amér.). **2** (balsa, pozo) Jaguay (Perú), jagüel, jahuel. ▮ Los dos últimos, en Argentina, Bolivia, Chile y Perú.

jalbegar *tr.* Enjalbegar, blanquear, encalar.

jaleo *m.* Jarana, bulla, bullicio, fiesta, alegría, diversión, movida (col.). **2** Alboroto, desorden, pendencia.

jamás *adv. t.* Nunca.

jamelgo *m.* Penco, jaco, matalón, rocín, caballo*.

japonés, -esa *adj.-s.* (pers.) Nipón.

jaque *m.* Valentón, perdonavidas, matasiete, guapo, chulo. ▶ **2 Tener en jaque** *loc.* Amenazar, amagar, conminar, enseñar los dientes, decir a uno cuántas son cinco.

jaqueca *f.* Hemicránea (MED.), migraña.

jara *f.* (arbusto) Lada. **2** Vira, virote, flecha, saeta. **3** Jara blanca, estepilla.

jarabe *m.* Jarope.

jaramago *m.* Balsamita, raqueta, ruqueta, sisimbrio.

jarana *f.* Bulla, bullicio, fiesta, jolgorio, diversión, alegría, jaleo. ≠ Paz. **2** Alboroto, desorden, pendencia, tumulto. ≠ Paz.

jarcia *f.* MAR. Cordaje, cordelería.

jardín *m.* Pensil, vergel, carmen (Gran.). ▌Los dos primeros son denominaciones estimativas de su hermosura.

jato, -ta *s.* Ternero, becerro, novillo.

jaula *f.* Gayola, cávea. ▌Este último, tratándose de los antiguos romanos.

jauría *f.* Muta.

jeans *m. pl.* (anglic.) Vaquero, tejano.

jefe *m.* Superior, director, cabeza, principal, caudillo, patrón*.

jerarquía *f.* Orden, subordinación. **2** Clase*, categoría.

jerga *f.* Jeringonza, germanía, argot*, chula*, chulapa, lunfardo (en Buenos Aires), caló. **2** Galimatías, algarabía.

jeringar *tr.* fam. y fig. Molestar, mortificar, fastidiar, aburrir, enfadar, cansar.

jeringuilla *f.* (planta) Celinda.

jesuita *adj. m.* Ignaciano, iñiguista.

jeta *f.* Hocico, morro*. **2** Cara.

jícama *f.* Amér. Central, Ecuad. y Méx. Jíquima (Cuba y Ecuad.).

jícara *f.* Pocillo (antic.).

jifia *f.* Pez espada.

jilguero *m.* Cardelina, colorín, pintacilgo, pintadillo, silguero, sirguero.

jineta *f.* (mamífero) Gineta, papialbillo, patialbillo.

jinete *m.* Caballero, jockey. ▌El último, en las carreras de caballos.

jirón *m.* Desgarrón, pedazo. **2** Trozo, parte.

jocoserio, -ria *adj.* Tragicómico.

jocoso, -sa *adj.* Gracioso, chistoso, festivo, alegre*, divertido.

jocundo, -da *adj.* Jovial, alegre, jocoso, gracioso, chistoso.

jofaina *f.* Palancana, palangana, aguamanil, lavamanos, aljofaina (p. us.).

jolgorio *m.* Holgorio, regocijo, fiesta, bulla, bullicio, jarana, parranda.

jollín *m.* Gresca, alboroto, pelotera.

joroba *f.* Corcova, chepa, giba. **2** fig. Impertinencia, molestia, mortificación.

jorobado, -da *adj.-s.* Corcovado, giboso, contrahecho.

jorobar *tr.* Molestar, fastidiar, gibar, importunar, mortificar, jeringar.

joven *adj. com.* Mozo, mancebo, zagal, adolescente, pollo. ▌*Joven*, como adj., se aplica a cualquier ser vivo de poca edad: árbol, caballo, persona, *joven*. Como sustantivo se usa solo para personas y equivale a *mozo*; *mancebo*, si tiene muy pocos años; *zagal, adolescente*. *Pollo* se usa solo en los medios sociales de alguna distinción.

jovial *adj.* Alegre*, festivo, jocundo, divertido, gracioso, risueño. ≠ Desanimado, amargado, aburrido.

joya *f.* Alhaja, presea, joyel, dije.

júbilo *m.* Alborozo*, alegría*, regocijo, contento*, gozo*. ▌El *júbilo* y el *alborozo* suponen manifestaciones exteriores de alegría; en los demás sustantivos no es indispensable su manifestación exterior.

judaizante *adj. com.* Hebraizante.

judaizar *intr.* Hebraizar.

judas *m.* Traidor, alevoso, desleal, delator.

judía *f.* Alubia, habichuela, faba (Ast.), fasol, fréjol, fríjol, frísol, frisuelo. ▌*Alubia* y *habichuela* son los sinónimos más extendidos. Abundan los nombres locales o que se refieren a determinadas variedades, como *faba* (Asturias), y los cinco últimos sinónimos.

judiada *f.* Crueldad, inhumanidad, infamia. **2** Usura, agio, explotación.

judío, -a *adj.-s.* Hebreo, israelita. **2** fig. Avaro, usurero, explotador, agiotista.

juego *m.* Diversión, recreo, recreación, entretenimiento, pasatiempo. **2** Funcionamiento, acción, movimiento. **3** Unión, articulación, coyuntura. **4** anglic. DEP. Game. ▌*Game* se usa en el tenis y en el béisbol. **5** Set (anglic.). ▌En tenis y voleibol.

juerga *f.* Diversión, jarana, parranda, movida (col.).

juez *m.* Definidor, árbitro, regulador. **2** Juez de línea, linier (anglic.). ▌En el fútbol.

jugada *f.* fig. Treta, ardid, mala pasada, trastada.

jugador, -ra *adj.* Futbolista, remero, esquiador, tahúr, punto. ▌En los deportes, el *jugador* suele denominarse con un derivado del nombre del juego, como en los tres primeros sinónimos. Tratándose del que tiene el vicio de jugar dinero a las cartas, ruleta, etc., se usan los dos últimos sinónimos. ► **2** Jugador de manos *s.* Prestigitador, ilusionista.

jugar *intr.* Entretenerse, divertirse. **2** Travesear, juguetear, retozar. **3** Funcionar, actuar, moverse, encajar. **4** Arriesgar, aventurar, apostar.

jugarreta *f.* Truhanada, mala pasada, truhanería, trastada, picardía.

jugo *m.* Zumo. ▌Tratándose de frutos, hierbas, flores, etc., *zumo*. **2** fig. Provecho, sustancia, utilidad. ≠ Insulsez, sequedad.

jugoso, -sa *adj.* Sucoso (p. us.). **2** fig. Sustancioso, provechoso.

juguetear *intr.* Jugar, retozar, travesear.

juicio *m.* Discernimiento, razón, entendimiento. ≠ Irreflexión, insensatez. **2** Cordura, seso, prudencia, sensatez, asiento, madurez. ≠ Irreflexión, insensatez. **3** Opinión, dictamen, parecer.

jumento, -ta *s.* Asno*, burro, borrico.

juncal *adj.* Flexible, airoso. ► **2** *m.* Juncar, junqueral, junquera.

junco *m.* Junquera.

junípero *m.* Enebro.

junquillo *m.* Rota, junco de Indias. **2** Baqueta (moldura).

junta *f.* Reunión, sesión, asamblea*. **2** Unión, juntura, coyuntura, articulación*.

juntamente *adv. m.* En unión, en compañía, conjuntamente, unidamente. ► **2** *adv. t.* A la vez, a un tiempo.

juntar *tr.-prnl.* Unir, acoplar, enlazar, trabar, atar*. ≠ Separar, desunir. ▌*Acoplar* es unir dos piezas u objetos de modo que ajusten o encajen; *enlazar* y *trabar*, juntar estrechamente para formar un todo. **2** Acopiar, aglomerar, amontonar, reunir, almacenar*. **3** Congregar, reunir. ▌*Congregar* es voz culta que se aplica generalmente a personas o seres vivos que acuden por sí mismos; p. ej.: el pueblo se *congregó* en la plaza; el pastor *congrega* sus ovejas. Aplicado a cosas inanimadas, se siente generalmente como fig.: el viento *congregaba* las nubes. No podría decirse *congregar* dinero, libros, etc., sino *reunir*, *juntar*. **4** Entornar. ► **5** *prnl.* Acercarse, arrimarse, aproximarse. ≠ Separarse, alejarse. **6** Acompañarse.

junto *adv. l.* Cerca de. ► **2** *adv. m.* Juntamente, a la vez, a un tiempo.

junto, -ta *adj.* Unido, cercano, inmediato, pegado, próximo.

juntura *f.* Articulación, coyuntura. ▌Tratándose de la unión de dos huesos, *articulación* en general; si es móvil, *coyuntura*.

jurado *m.* Tribunal.

jurador, -ra *adj.-s.* Votador, renegador.

juramento *m.* Jura, salva (desus.). ▌*Salva* era el *juramento* muy solemne. **2** Voto*, reniego, taco, blasfemia.

jurar *intr.* Renegar, votar, blasfemar, alzar el dedo, prestar juramento, poner a Dios por testigo.

jurel *m.* Chicharro.

jurisconsulto *m.* Abogado*, jurisperito, letrado, jurista.

jurisdicción *f.* Potestad, poder, autoridad.

jurisperito *m.* Jurisconsulto, legisperito, abogado*, jurista.

jurista *m.* Abogado*, jurisperito, jurisconsulto.

justamente *adv. m.* Cabalmente, exactamente, precisamente, ajustadamente.

justicia *f.* Equidad, rectitud, imparcialidad. ≠ Injusticia, parcialidad.

justiciero, -ra *adj.* Justo, equitativo, recto*, imparcial.

justificar *tr.-prnl.* Probar*, acreditar. **2** Excusar, disculpar, vindicar, sincerar, defender, echar la culpa.

justipreciar *tr.* Tasar, apreciar, estimar, valorar*, evaluar. ≠ Despreciar, desestimar. ▌A todos estos sinónimos *justipreciar* añade la connotación de justicia o equidad en la tasa; otras veces sugiere la idea de justeza o exactitud en señalar el valor de las cosas.

justo *adv. m.* Justamente, debidamente, precisamente, exactamente.

justo, -ta *adj.* Recto, equitativo, imparcial, legal, legítimo, razonable. **2** Exacto*, cabal, preciso, puntual.
juvenil *adj.* Joven, adolescente.
juventud *f.* Mocedad. ≠ Vejez, experiencia. **2** Mocerío.

juzgar *tr.* Decidir, sentenciar, fallar. **2** Creer, estimar, opinar, considerar, reputar, apreciar, valorar, discernir*, existimar. **3** DEP. Arbitrar, dirigir. ► **4 A juzgar por** *loc.* Según, conforme a, con arreglo a, de acuerdo con, siguiendo.

k

káiser *m.* emperador (de Alemania).
kitsch *adj.* Cursi, hortera.
kleenex, clínex *m.* (marca registrada) Pañuelo de papel, tisú.

l

lábaro *m.* Crismón, monograma de Cristo.

laberíntico, -ca *adj.* fig. Confuso, enredado, intrincado, enmarañado, tortuoso.

laberinto *m.* Dédalo (lit.), enredo, maraña, confusión, lío, caos. ▮ Los cinco últimos, en sentido figurado.

labia *f.* Parla, parlería, verba, verbosidad*, facundia. ▮ Todos coinciden con *labia* en denotar abundancia y facilidad de palabra. *Labia* connota además cierta gracia insinuante y persuasiva que atrae a los oyentes.

labiérnago *m.* Sao, ladierno.

labio *m.* Buz (antic.), bezo, belfo. ▮ *Bezo*, cuando es grueso; *belfo*, en las caballerías y otros animales.

labor *f.* Trabajo, tarea, faena, quehacer, tajo, ocupación*. ≠ Holganza, pasividad. **2** Labranza, laboreo, cultivo. **3** Costura, bordado, punto, encaje. ▮ Todos ellos están comprendidos dentro de la denominación general de labores, y a todas ellas puede aplicarse el nombre especial de *labor*.

laboral *adj.* Profesional.

laborar *tr.* Trabajar. ≠ Holgar, holgazanear. **2** Labrar, laborear.

laborioso, -sa *adj.* Trabajador, aplicado, diligente. **2** Trabajoso, penoso, dificultoso.

labrador, -ra *s.* Agricultor, cultivador, campesino, paisano (Gal.), aldeano (País Vasco), labriego, labrantín, pegujalero, pelantrín, destripaterrones (desp.). ▮ Cuando el *labrador* es pobre se emplean los sinónimos *labrantín, pegujalero* y *pelantrín*.

labradorita *f.* Piedra de la Luna, piedra de las Amazonas, piedra del Labrador, piedra del sol, espectrolita.

labrantín *m.* Pegujalero, pelantrín.

labranza *f.* Cultivo, labor, laboreo.

labrar *tr.* Trabajar, laborar. **2** Arar, cultivar. **3** Hacer, causar, producir, originar.

labriego, -ga *s.* Labrador, destripaterrones (desp.), labrantín.

labrusca *f.* Parriza, parrón, vid silvestre.

laca *f.* Goma laca, maque.

lacerar *tr.* Lastimar, magullar, herir, golpear. **2** fig. Dañar, vulnerar, perjudicar.

lacería *f.* Miseria, pobreza. **2** Trabajo, molestia, pena, fatiga.

lacio, -cia *adj.* Marchito, ajado, mustio. **2** Flojo, decaído, descaecido, fláccido. ≠ Tieso, duro, fuerte.

lacónico, -ca *adj.* Breve, conciso, sucinto, compendioso, sobrio, seco.

laconismo *m.* Concisión, brevedad, sobriedad, sequedad. ≠ Verbosidad.

lacrimoso, -sa *adj.* Lagrimoso, lloroso, lastimoso, lastimero.

lactante *com.* Bebé, criatura, niño, neonato (culto).

lactar *tr.* Amamantar, criar.

lácteo, -ea *adj.* TECN. Lechoso, lacticíneo (TECN.), lacticinoso (TECN.), lactescente (TECN.). ▮ Cuando significa parecido a la leche, *lechoso*. **2** Lechero, láctico. ▮ En cuanto relativo a la leche, *lácteo* equivale con frecuencia a *lechero*; industria *láctea* o *lechera*. Si se refiere a los productos que se obtienen de la leche, se emplea *lácteo* o *láctico*: derivados *lácteos* o *lácticos*, no *lecheros*.

lactosa *f.* Azúcar de leche, lactina.

ladear *tr.* Inclinar, torcer, sesgar.

ladino, -na *adj.* Sagaz, astuto, taimado. ≠ Inocente, inhábil.

lado *m.* Costado, banda, ala, flanco. ▮ Los dos últimos, tratándose de un ejército.

ladrido *m.* Latido, gañido. ▮ *Latido* es el ladrido entrecortado del perro cuando sigue la caza o cuando de repente sufre algún dolor. *Gañido* es cada uno de los gritos que da el perro cuando lo maltratan.

ladrón, -ona *adj.-s.* Caco, sacre, atracador, cuatrero, ratero, carterista, mechera. ▮ Según la clase de robo que se comete.

lagar *m.* Jaraíz, tino.

lagarto *m.* Fardacho (Val.).

lagarto, -ta *adj.-s.* fig. Astuto, sagaz, taimado.

lagotería *f.* Zalamería, zanguanga, garatusa, fiesta, pelotilla, adulación.

laguna *f.* Charca, estanque. **2** fig. Falta, hueco, vacío, omisión.

lama *f.* Cieno, légamo, barro*.

lamentable *adj.* Deplorable, lastimoso, sensible. ▮ «Es *lamentable* todo suceso que afecta el corazón con sentimientos de dolor y pesadumbre. El suceso es *deplorable* cuando a las mismas circunstancias se reúne la de algún error, crimen, descuido o accidente que fue causa de la desgracia ocurrida. Es *lamentable* la muerte de una persona que nos es cara. Decimos que son *deplorables* la pérdida de una reputación y la discordia de una familia.» (M).

lamentación *f.* Lamento, queja, gemido, clamor*.

lamentar *tr.* Deplorar, sentir, llorar. ▸ **2** *prnl.* Quejarse, gemir, plañir, clamar*.

lampazo *m.* Bardana, lapa, purpúrea.

lampiño, -ña *adj.* Glabro (lit.). ≠ Velludo.

lance *m.* Percance, ocurrencia, suceso, trance, ocasión. **2** TAUROM. Suerte. **3** Encuentro, riña, duelo, querella. **4** Lance de honor Duelo[1], desafío, encuentro, combate. ▸ **5 De lance** *loc. adj.* De ocasión, de segunda mano, usado. ≠ Sin estrenar, nuevo.

lanceta *f.* Sangradera (CIR.).

lancha *f.* Laja, lastra. **2** Chalupa, bote, barca.

landrilla *f.* Lita. ▮ Este término hace referencia especial a la del perro.

langostino *m.* Tino, cervatica.

lánguido, -da *adj.* Flaco, débil, fatigado. **2** Abatido, decaído, desanimado.

lanudo, -da *adj.* Lanoso, velloso.

lanza *f.* Pica. **2** Timón, pértiga, vara. ▮ En los carruajes.

lanzadera *f.* Rayo textorio.

lanzar *tr.-prnl.* Arrojar, echar*, tirar, despedir, disparar. ▸ **2** *tr.* DEP. Servir, sacar.

lapislázuli *m.* Cianea, lazulita, azul de ultramar. ▮ Cuando está pulverizado, se llama *azul de ultramar*.

lápiz *m.* Lapicero.

lapso *m.* Tracto, trecho. **2** Lapsus. ▮ Cuando se trata de un error, se emplea a menudo la forma lat. *lapsus*. Se dice también *lapsus calami* (error de pluma) o *lapsus linguae* (error de lengua).

lar *m.* Hogar, casa*.

lardoso, -sa *adj.* Grasiento, pringoso, aceitoso*.

largamente *adv. m.* Cumplidamente. **2** Ampliamente, holgadamente. **3** Liberalmente, generosamente, espléndidamente.

largar *tr.-prnl.* Aflojar, soltar. ▸ **2** *prnl.* Irse, marcharse, escabullirse, escurrirse, pirárselas (col.), huir*. ≠ Permanecer. ▸ **3** *intr.-tr.* MAR. Amollar.

largo *m.* Longitud, largor, largura. ▸ **2 Ir para largo** *loc.* fam. Haber para rato.

largo, -ga *adj.* Extenso, duradero, difuso. ≠ Corto, conciso. ▮ Tratándose del tiempo, *duradero*. ▮ «*Largo* recae sobre la duración; *difuso*, sobre el modo. Es *largo* el sermón que dura mucho; es *difuso* cuando el predicador trata con demasiada prolijidad la materia, el punto o puntos de que se compone.» (LH).

largueza *f.* Longitud, largura. **2** Liberalidad, generosidad, desprendimiento, dadivosidad, esplendidez, desinterés*.

lascivia *f.* Lujuria, incontinencia, liviandad, obscenidad, sensualidad, libídine. ≠ Pureza, continencia.

lascivo, -va *adj.-s.* Obsceno, atrevido, lujurioso, libidinoso, verde, sensual.

laserpicio *m.* Comino rústico.

lasitud *f.* Desfallecimiento, decaimiento, flojedad, languidez, cansancio*, fatiga. ≠ Viveza, ardor.

lástima *f.* Compasión, conmiseración, misericordia, piedad. ▮ «*Lástima* es un sentimiento menos vehemente y más pasajero que *compasión*. Así es que de la palabra *lástima* no se deriva un adjetivo aplicable al que la siente, sino al objeto que la provoca, y lo contrario sucede con la palabra *compasión*, de que se deriva *compasivo*. Son *lastimeros* o *lastimosos* los infortunios, las enfermedades, el hambre y la persecución. Son *compasivas* las personas en quienes estos males producen *lástima*.» (M).

lastimar *tr.-prnl.* Herir, dañar, perjudicar. **2** Agraviar, ofender. ► **3** *prnl.* Dolerse, sentirse, resentirse.

lastimero, -ra *adj.* Plañidero, triste, lúgubre, quejumbroso.

lastimoso, -sa *adj.* Lamentable*, deplorable, sensible.

lastre *m.* Zahorra. **2** fig. Juicio, madurez, seso.

lata [1] *f.* Hojalata.

lata [2] *f.* Tabarra, tostón.

latamente *adv. m.* Largamente, extensamente, ampliamente, prolijamente. ≠ Brevemente, ligeramente.

latente *adj.* Oculto, escondido, invisible, recóndito, secreto.

lateral *adj.* Ladero. **2** Excéntrico, periférico. ≠ Central, endocéntrico.

látex *m.* CIENTIF. Leche. ▮ Aplícase especialmente a las plantas que producen un jugo lechoso. En el habla corriente, *leche*.

latido *m.* Ladrido. **2** Palpitación, pulso. ▮ Del corazón, *palpitación*; de las arterias, *pulso*.

latigazo *m.* Lampreazo, trallazo, zurriagazo.

látigo *m.* Tralla, zurriago, zurriaga, fusta.

latinizar *tr.* Romanizar.

latir *intr.* Pulsar, palpitar. **2** Ladrar, gañir.

latitud *f.* Anchura, ancho, amplitud, extensión.

lato, -ta *adj.* Dilatado, extenso, amplio. ≠ Estrecho, breve.

latón *m.* Azófar, metal.

latrocinio *m.* Ladronera, ladronería, hurto, robo, estafa.

laudable *adj.* Loable, plausible, meritorio.

lauráceo, -ea *adj.-s.* BOT. Lauríneo.

lauredal *m.* Lloredo.

lauro *m.* (árbol) Laurel, dafne. **2** fig. Premio*, galardón, recompensa, triunfo, gloria, alabanza, palma, corona, laurel, corona.

lauroceraso *m.* Laurel, cerezo, loro.

lavabo *m.* Lavatorio. ▮ En el ceremonial de la misa católica.

lavajo *m.* Charca, navajo, navazo.

lavamiento *m.* Lavación (p. us.), lavadura (p. us.), lavado, loción. ▮ *Loción*, especialmente si se trata de alguna parte del cuerpo: *loción* de cabeza.

lavanda *f.* Lavándula, espliego, alhucema*.

lavar *tr.* Limpiar. ▮ *Lavar* es *limpiar* con agua u otro líquido. **2** fig. Purificar.

lavativa *f.* Ayuda. **2** Jeringa, irrigador, gaita (antic.).

lavatorio *m.* (ceremonia de Jueves Santo) Mandato. ▮ También se llama así el sermón que se predica en esta ceremonia. **2** Lavabo (en la misa).

laxante *m.* Laxativo, solutivo, purga. ▮ *Purga* y *purgante* son de acción más enérgica.

laxitud *f.* Flojera, atonía, distensión. **2** fig. Relajación. ▮ «La *laxitud* está en las doctrinas y en las leyes; la *relajación* en la conducta. No es extraño que donde hay *laxitud* en el ejercicio de la autoridad y en la opinión pública, haya también *relajación* en las costumbres.» (M).

laxo, -xa *adj.* Flojo, distendido. **2** fig. Relajado.

laya *f.* Calidad, especie, condición, calaña, ralea, jaez. ▮ *Laya* tiene a menudo el sentido despectivo de sus tres últimos sinónimos.

lazarillo *m.* Destrón.

lazarino, -na *adj.-s.* Lacerado, lazaroso, leproso, elefancíaco.

lazo *m.* Atadura, lazada. **2** fig. Unión, vínculo, obligación, dependencia, alianza, afinidad, conexión. **3** Trampa, emboscada, ardid, asechanza, añagaza.

lazulita *f.* Lapislázuli, cianea.

leal *adj.* Fiel, franco, honrado, noble, constante, sincero, confiable, fiable.

lealtad *f.* Fidelidad, apego, ley. ≠ Traición, ilegalidad. ▮ Abundando en la idea de afección personal que acompaña a *lealtad*, en el habla usual se dice a menudo *apego*, *ley*. ▮ «La *fidelidad* no explica por sí sola más que la exactitud con que se cumple la obligación contraída, con que se observa la ley de vida al soberano; la *lealtad* añade a esta idea la del afecto personal con que se cumple aquella obligación. Por eso no se dice: juramento de *lealtad*, sino juramento de *fidelidad*.» (LH).

lebrato *m.* Lebratón, liebratón, lebroncillo.

lebrillo *m.* Terrizo, librillo, barreño.

lebruno, -na *adj.* Leporino.

lección *f.* Lectura. **2** Enseñanza, amonestación, ejemplo, advertencia, aviso.

lechetrezna *f.* Ésula, titímalo.

lechigada *f.* Camada, nidada, cría, madre. ▮ *Camada* se aplica preferentemente a los mamíferos. Tratándose de aves e insectos, *ninada*. En general, *cría, madre*.

lecho *m.* Cama. **2** Cauce, madre, álveo. **3** Estrato, capa. ► **4 Abandonar el lecho** *loc.* Levantarse, saltar de la cama.

lechón *m.* Cochinillo.

lechoso *m.* Papayo.

lechoso, -sa *adj.* Lácteo, lactescente. ▮ Ambos son tecnicismos. **2** Lechal, lechar.

lechuza *f.* Bruja, coruja, curuja, curuca, estrige, oliva.

lectura *f.* Leída. ▮ De un modo general, *leída*, pero especialmente se usa aludiendo a las sucesivas etapas del acto de leer: leí el libro en dos *leídas*; a la primera *leída* me hice cargo del asunto. **2** Lección.

ledo, -da *adj.* ant. Plácido, alegre, contento, satisfecho. ≠ Triste. ▮ *Ledo* es voz antigua que solamente se usa en el lenguaje literario.

legado *m.* Manda.

legal *adj.* Legítimo, lícito, permitido, justo. ≠ Injusto, inmoral.

légamo *m.* Cieno, lodo, limo, fango, barro*.

legaña *f.* Pitarra, pitaña, lagaña, magaña (And. y Sant.). ▮ *Lagaña*, hoy poco usado por estimarse como vulgar, tuvo algún uso en la lengua clásica.

legañoso, -sa *adj.-s.* Pitarroso, pitañoso.

legar *tr.* Mandar, dejar.

legendario, -ria *adj.* Leyendario, tradiciona, mítico. **2** Célebre, famoso, histórico, mítico. ▮ Tratándose de una persona o cosa muy sobresaliente y muy conocida.

legible *adj.* Leíble, descifrable.

legítimo, -ma *adj.* Legal, lícito. ≠ Ilegal. ▮ «Lo *legítimo* lo es siempre; lo *legal* puede dejar de serlo cuando la ley se cambia. La venta y el cambio son causas *legítimas* de adquisición; la primogenitura y la prescripción son causas *legales*.» (M). **2** Equitativo, justo, razonable. **3** Genuino, auténtico, verdadero, de ley, puro. ≠ Falso.

lego, -ga *adj.-s.* Seglar. **2** Converso, confeso, donado, hermano, monigote (desp.), motilón (desp.). ▮ Los cuatro primeros, según las órdenes religiosas. ► **3** *adj.* Ignorante*, profano.

lejano, -na *adj.* Apartado, alejado, distante*, remoto. ≠ Próximo, presente. ▮ Serie intensiva: *apartado* (espacio), *alejado, distante, lejano, remoto*. Las mismas voces pueden aplicarse al tiempo, y guardan entre sí la misma relación: una fecha *lejana, remota, distante*.

lelo, -la *adj.-s.* Embobado, pasmado, bobo, tonto, simple, chiflado.

lema *m.* Letrero*, epígrafe, inscripción. **2** Mote, divisa, letra.

lemúrido, -da *adj.-s.* Lémur, prosimio.

lendrera *f.* Caspera.

lengua *f.* Sinhueso (fam.). **2** Lenguaje, idioma, habla. ► **3 Mala lengua** *s.* Deslenguado, lenguaraz, malhablado, desbocado, desvergonzado, insolente, maldiciente. ► **4 No morderse la lengua** *loc.* Tener valor, tener ánimo, tener sangre fría, tener arrestos, ser de pelo en pecho, tener agallas, tener sangre fría. **5 Poner en lengua a uno** Murmurar, cortar un vestido, cortar un traje, criticar, morder (fig.), despellejar (fig.), cortar un sayo.

lenguado *m.* Suela.

lenguaje *m.* Lengua, idioma. **2** (modo de hablar) Habla, jerga (de un grupo social), argot (de un grupo social).

lenguaraz *adj.* Deslenguado, mala lengua, malhablado, maldiciente, insolente, desvergonzado.

lenidad *f.* Blandura*, suavidad. ≠ Severidad, dureza.

lenitivo *adj. m.* Calmante, analgésico. **2** fig. Alivio, consuelo.

lentamente *adv. m.* Poco a poco, paulatinamente, despacio, pausadamente, a paso de tortuga, paso a paso.

lentes *m. pl.* Anteojos*, espejuelos. ▶ **2** Lentes de contacto *f.* Lentillas.

lentisco *m.* Almácigo, charneca, mata. **2** Lentisco del Perú, turbinto, pimentero falso.

lentitud *f.* Tardanza, calma, cachaza, pausa, flema, pachorra. ≠ Ligereza, desasosiego, rapidez.

lento, -ta *adj.* Tardo, pausado, calmoso, cachazudo, flemático.

leña *f.* Tuero, rozo, despunte, ramulla, ramojo, ramiza, encendajas, chasca, chavasca, seroja, chámara, chamarasca, chamiza. ▮ Los cinco primeros indican *leña* de rama delgada; el resto, *leña* menuda para encender. **2** Castigo, paliza, tunda.

leonés, -esa *adj.-s.* (pers.) Legionense.

leopardo *m.* Pardal.

lepidóptero, -ra *adj.-s.* Mariposa. ▮ *Mariposa* es el nombre que generalmente se aplica a cualquier *lepidóptero*.

leporino, -na *adj.* Lebruno.

lepra *f.* Gafedad, malatía. ▮ Ambos poco usados hoy.

leprosería *f.* Malatería (antic.).

leproso, -sa *adj.-s.* Lazarino, gafo, malato (p. us.). ▮ *Lazarino*, si es de lepra que encorva los dedos.

lerdo, -da *adj.* Pesado, torpe, obtuso, rudo, tarugo.

leridano, -na *adj.-s.* (pers.) Ilerdense, ilergete. ▮ Ambos aluden a la anterior Ilerda ibérica y romana.

lesión *f.* Herida, lisiadura. ▮ Este último, cuando la *herida* es permanente y produce deformidad o impedimento. **2** Daño, perjuicio, detrimento.

lesionar *tr.* Herir, lastimar, lisiar. ▮ Este, si la *lesión* es corporal y permanente. **2** Dañar, perjudicar.

letal *adj.* Mortífero*, mortal.

letargo *m.* Modorra, sopor, torpor, torpeza, insensibilidad, marasmo, somnolencia, letargia. ≠ Viveza, ánimo.

letrado *m.* Abogado.

letrado, -da *adj.* Sabio, instruido, docto, erudito.

letrero *m.* Rótulo, inscripción, lema, epígrafe. ▮ «El *letrero* expresa un nombre, un aviso de cualquier clase; el *rótulo* se refiere a lo que está contenido dentro o debajo de la superficie en que está escrito; la *inscripción* sirve para conservar la memoria de algún sujeto, de alguna acción o de algún acontecimiento; el *lema* explica en palabras sucintas el asunto de un emblema, de una empresa o de una composición en verso o prosa; el *epígrafe* alude al asunto de la composición, pero no lo explica.» (M).

letrina *f.* Necesaria, privada, retrete.

leucocito *m.* Glóbulo blanco.

leudar *tr.* Aleudar, lleudar. → **fermentar**

leva *f.* Recluta, reclutamiento, enganche.

levadura *f.* Fermento.

levantado, -da *adj.* fig. Alto, elevado, encumbrado, noble, sublime.

levantamiento *m.* Sublevación*, alzamiento, rebelión, motín, pronunciamiento*.

levantar *tr.-prnl.* Alzar, elevar. ≠ Bajar. ▮ En el conjunto de sus acepciones, el uso de *alzar* por *levantar* es literario. Compárese *alzar* la cabeza, un edificio, un falso testimonio, con *levantar* la cabeza, etc. *Elevar* pertenece al habla escogida: *elevar* los ojos al cielo; pero en mecánica se usa tanto como *levantar*: una grúa para *elevar* grandes pesos; bomba para *elevar* el agua subterránea (no *levantar*); un globo se *elevaba*. Se usa asimismo *elevar* en el sentido de hacer llegar a un superior una queja, súplica, solicitud, con preferencia a *alzar* y exclusión de *levantar*. **2** Enderezar, erguir. **3** Construir*, edificar, erigir*. **4** Vigorizar, esforzar. ≠ Desanimar. **5** Rebelar, sublevar, amotinar, alzar. ≠ Someter. **6** Engrandecer, ensalzar, exaltar, elevar. ≠ Echarse. **7** Saltar de la cama, abandonar el lecho.

levante *m.* Este, oriente, naciente.

levantisco, -ca *adj.* Inquieto, indócil, turbulento, alborotador.

leve *adj.* Ligero, liviano, tenue. ▮ En América se usa *liviano* con el sentido de *leve*, *ligero*, es decir, que pesa poco. Este uso de *liviano* ha sido general en España, pero en la actualidad es mucho menos frecuente que en América. ▮ «*Leve* alude a la gravedad; *ligero*, a la gravedad y a la prontitud de los movimientos; *tenue*, a la densidad. Todo lo que pesa poco es *leve*; todo lo que pesa poco y atraviesa el espacio o muda de lugar con rapidez, es *ligero*; todo lo que tiene poca densidad es *tenue*. El humo es *leve*; la mariposa es *leve* y *ligera*; el aire es más *tenue* que el agua.» (M).

leviatán *m.* Lucifer.

levítico, -ca *adj.* Sacerdotal, clerical, beato. ▮ P. ej.: ambiente *levítico*, ciudad *levítica*.

léxico *m.* Diccionario, vocabulario, lexicón.

lexicógrafo *m.* Diccionarista, vocabulista.

leyenda *f.* Tradición, fábula. **2** Inscripción, lema, divisa, mote.

lezna *f.* Lesna, alesna, subilla.

liar *tr.* Ligar, atar, amarrar (Amér.). ≠ Desatar. ▶ **2** *tr.-prnl.* Envolver, enredar, enzarzar, mezclar. ▶ **3** *prnl.* Amancebarse. **4** (liarlas o liárselas) Morir.

lías *f. pl.* Hez, pie, sedimento*, poso.

libelo *m.* Panfleto. ▮ Es barbarismo innecesario la palabra *panfleto*.

libélula *f.* Caballito del diablo.

liberal *adj.* Generoso, desprendido, desinteresado, dadivoso*, largo, rumboso.

liberalidad *f.* Generosidad*, desinterés*, largueza, desprendimiento. ≠ Tacañería.

liberar *tr.-prnl.* Libertar, librar, poner en libertad, salir del barranco, sacudir el yugo, excarcelar*.

libertad *f.* Independencia, emancipación, autodeterminación. ≠ Esclavitud, dependencia, sometimiento. **2** Rescate, desencarcelamiento, liberación. ≠ Sometimiento. **3** Familiaridad, desembarazo, soltura. **4** Osadía, atrevimiento. ≠ Moralidad.

libertar *tr.* Soltar, rescatar, redimir, librar*, excarcelar*, manumitir, ahorrar (antic.). ▮ Los dos últimos, tratándose de esclavos. **2** Eximir, redimir, cancelar. ▮ Tratándose de alguna obligación o gravamen.

libertinaje *m.* Licencia, desenfreno. ≠ Moralidad, honestidad, religión.

libertino, -na *adj.* Licencioso, desenfrenado, disoluto, vicioso.

libidinoso, -sa *adj.* Lascivo, lúbrico, lujurioso, obsceno*.

librador *m.* Cogedor, vertedor.

librador, -ra *adj.-s.* (de una letra de cambio) Dador, expedidor.

librar *tr.* Salvar, preservar. **2** Liberar, libertar. ▮ *Librar* se refiere a la libertad o la seguridad que no se han perdido. *Liberar* y *libertar* significan recobrar la libertad o la seguridad que se perdieron. Nos *libramos* de un daño, de una enfermedad, de la cárcel, cuando no los hemos sufrido. Nos hemos *libertado* de un temor o de la prisión después de haberlo sufrido más o menos tiempo. **3** Eximir, dispensar. **4** Girar, expedir. **5** Dar a luz, parir.

libre *adj.* Independiente, emancipado. **2** Suelto, expedito, franco, desembarazado. **3** Rescatado, liberado, libertado. **4** Dispensado, exento. **5** Atrevido, desenfrenado, licencioso, disoluto.

librería *f.* Biblioteca.

libreta *f.* Cuaderno.

licencia *f.* Permiso, autorización, consentimiento, venia, concesión*. ≠ Prohibición, desautorización. ▮ «Se usan indiferentemente *licencia* y *permiso* en casi todos los casos. *Licencia*, sin embargo, tiene un sentido más oficial que *permiso*. El empleado obtiene tres meses de *licencia*; un oficial se casa con *permiso* de sus padres y con *licencia* de sus jefes.» (M). **2** Abuso, osadía, atrevimiento, desenfreno, libertinaje. ≠ Continencia.

licenciar *tr.* Permitir, graduar, despedir*, despachar, echar*. ≠ Prohibir, suspender.

licencioso, -sa *adj.* Libre, atrevido, disoluto, desenfrenado.

licitación *f.* Almoneda, subasta.

licitador *m.* Postor.

lícito, -ta *adj.* Justo, legítimo*, legal, permitido, autorizado.

licuable *adj.* Liquidable, licuefactible.

licuar *tr.* Liquidar*, licuefacer, derretir*. ≠ Solidificar.

lid *f.* Combate, liza, pelea, lucha, batalla*, contienda. ▮ *Lid* y *liza* se sienten hoy como voces escogidas o literarias. **2** fig. Disputa, controversia*.

lidiar *intr.* Batallar, pelear, luchar, combatir. ≠ Pacificar. **2** Torear.

lienzo *m.* Tela. **2** Pañuelo. **3** Pintura, cuadro.

liga *f.* Cenojil (antic.), henojil (antic.). **2** Unión, mezcla, aleación. ▮ Este último, tratándose de metales. **3** Confederación, alianza, coalición, federación, unión. **4** Muérdago.

ligadura *f.* Atadura. ≠ Desatadura. **2** Sujeción. ≠ Desunión.

ligar *tr.-prnl.* Atar*, amarrar, liar. ≠ Desatar. ► **2** *intr.-tr.* fam. Festejar, cortejar, flirtear, tontear, galantear, coquetear, hacer la corte, tirar los tejos, poner los ojos tiernos, rondar la calle. ► **3** *tr.-prnl.* Alear. ≠ Desunir. **4** Unir, conciliar, enlazar. **5** Obligar, trabar. ► **6** *prnl.* Coligarse, confederarse, aliarse, unirse.

ligazón *f.* Unión, trabazón, enlace, conexión.

ligereza *f.* Levedad. ≠ Pesadez. **2** Agilidad, prontitud, presteza, rapidez, celeridad, velocidad, viveza. ≠ Lentitud. **3** Irreflexión, imprudencia, descuido*. **4** Inconstancia, volubilidad, instabilidad.

ligero, -ra *adj.* Leve, liviano, ingrávido (lit.). **2** Ágil, veloz, pronto, rápido, presto, vivo. **3** Inconstante, voluble, inestable*. **4** Irreflexivo, imprudente.

lignito *m.* Madera fósil.

ligustro *m.* Alheña, aligustre.

lija *f.* Melgacho, pintarroja. **2** Zapa.

lila *adj.-s. m.* Malva, violeta, morado, violáceo.

limar *tr.* Pulir, desbastar. ▮ «*Limar* es quitar con la lima las partes superficiales de un cuerpo. *Pulir* es poner por la frotación liso un cuerpo, hacerlo lustroso y agradable a la vista.» (Ci). **2** fig. Cercenar.

limero *m.* Lima. ▮ Tanto el árbol como su fruto se llaman *lima*.

limitación *f.* Delimitación. ≠ Permiso, libertad. **2** Demarcación, término, distrito.

limitado, -da *adj.* Reducido, escaso, pequeño. ▮ Tratando de cosas. **2** Circunscrito, confinado, reducido. **3** Ignorante, corto, incapaz. ▮ Tratando de personas.

limitar *tr.-prnl.* Delimitar, demarcar, determinar, fijar, señalar. **2** Acortar, restringir, coartar, cercenar, reducir, ceñir. ≠ Permitir. ▮ «En el sentido recto, *limitar* es fijar términos, trazar líneas, alzar barreras; *acortar* es disminuir la extensión; *restringir* es modificar la acción o el movimiento; *coartar* y *cercenar* es aminorar la cantidad. La sierra *limita* la llanura; la trocha *acorta* la distancia; el ímpetu del torrente se *restringe* en el valle; se *coartan* y se *cercenan* los gastos, las raciones y los suministros. En el sentido figurado, la sinonimia de estas voces (excepto *acortar*) es más completa: y así decimos que la Constitución *limita, restringe, coarta*, o *cercena* el poder de la autoridad. *Acortar* se refiere al tiempo y al trabajo, como: acortar una conversación o una tarea.» (M). ► **3** *intr.* Lindar, confinar.

límite *m.* Término, confín*, lindero, linde, raya, frontera. **2** Fin, término, final, acabamiento.

limítrofe *adj.* Confinante, lindante, colindante, contiguo, aledaño, rayano, fronterizo. ▮ *Confinante* y *limítrofe* se usan en geografía, o bien tratándose de territorios extensos. Si se trata de fincas, terrenos, etc., se emplean con preferencia *lindante, colindante, contiguo, aledaño, rayano*. Hablando de naciones, *fronterizo*, y también de lugares situados en la frontera.

limo *m.* Lodo, légamo, cieno, fango, barro*.

limosna *f.* Socorro, caridad.

limpiabotas *m.* Betunero (And.), bolero (Méx.).

limpiachimeneas *m.* Deshollinador.

limpiar *tr.-prnl.* Lavar, asear. ≠ Manchar, ensuciar. ▮ *Lavar* es *limpiar* con agua u otro líquido. *Asear* se usa especialmente tratando de casas o personas. **2** fig. Purificar, depurar. ≠ Contaminar. **3** Hurtar*, quitar, robar.

límpido, -da *adj.* Limpio. ▮ *Limpio* es voz corriente; *límpido* es voz docta. **2** Claro, transparente, nítido, cristalino, hialino, vítreo. ≠ Turbio, opaco.

limpieza *f.* Aseo, pulcritud. ▮ *Aseo*, esp. tratándose de personas, casa, etc.; *pulcritud* connota particular esmero o escrupulosidad. **2** Limpia, limpiadura (p. us.), limpiamento (p. us.), mundicia (desus.). ▮ *Mundicia* es latinismo desusado. **3** fig. Precisión, destreza, perfección. **4** Integridad, honradez, rectitud, sinceridad. **5** Pureza, pulcritud, castidad.

limpio, -pia *adj.* Aseado. ▮ «Los dos adjetivos se aplican a todo lo que está exento de mancha y suciedad; pero lo *limpio* puede ser natural y propio de la cosa a que se refiere, y lo *aseado* es siempre efecto del trabajo y del esmero. Una casa *aseada*, no es sólo la que está *limpia*, sino la que tiene algún adorno o aderezo.» (M).

2 Puro, depurado, pulcro, inmaculado, incontaminado, higiénico. **3** Libre, líquido. ▌Tratándose de ingresos, cantidades, etc.; p. ej.: 3500 euros *limpios*. **4** Desembarazado, despejado. ▌P. ej.: cielo *limpio*; caminos *limpios* de obstáculos.

lináceo, -ea *adj.-s.* Líneo.

linaje *m.* Ascendencia, descendencia, casa, familia, estirpe, saga, dinastía, progenie, alcurnia, extracción*. **2** Casta*, raza*. ▌Ambos pueden aplicarse a personas, animales y plantas. Solo en el primer caso se usan como sinónimos de *linaje*. **3** Clase, condición, especie, calidad, género. ▌Tratándose de cosas.

lince *m.* Lobo cerval, lobo cervario.

lindar *intr.* Limitar, confinar, colindar, rayar, alindar. ▌Los dos primeros se usan especialmente en geografía; *lindar, alindar, colindar* y *confrontar*, tratándose de fincas, terrenos, etc.

linde *amb.* Límite, término, confín*, lindero.

lindero *m.* Linde, límite, raya, término, confín*.

lindero, -ra *adj.* Lindante, colindante, limítrofe, rayano, confinante.

lindo, -da *adj.* Bonito*, agraciado, gracioso, bello, hermoso*. **2** Perfecto, exquisito, delicado.

línea *f.* Término, límite. **2** Raya, renglón. **3** Fila*.

lingote *m.* Riel, tocho. ▌El primero, si tiene forma de barra; el segundo, de hierro.

link *m.* (anglic.; en Internet) Enlace, vínculo.

lío *m.* Envoltorio, fardo, atadijo. ▌Si es grande, *fardo*; si es pequeño, *atadijo*. **2** Enredijo, maraña. ≠ Orden. **3** fig. Embrollo, enredo, confusión, desorden. ≠ Orden, claridad.

lionés, -esa *adj.-s.* (pers.) Lugdunense.

liquidable *adj.* Licuable. ▌Hablando de un cuerpo que se puede pasar al estado líquido.

liquidar *tr.-prnl.* Condensar, licuar, fundir, derretir, regalar. ≠ Solidificar. ▌Si se trata de un gas, *condensar*. Si se trata de sólidos, *licuar, fundir; derretir* se aplica pralte. a sustancias que se *liquidan* a temperatura poco elevada, como la cera; *regalar* sugiere gralte. una materia que a la temperatura ordinaria se pone pastosa o pegajosa, como ciertas resinas, un caramelo. **2** Saldar. ▌Cuando se satisface enteramente el saldo que resulta de liquidar una cuenta. **3** Vender, realizar. ▌Tratándose de bienes que se convierten en dinero de cualquier tipo. **4** fig. Acabar, terminar, resolver. ≠ Empezar.

lira *f.* Inspiración, numen, musa, vena, estro.

lisboeta *adj.-com.* (pers.) Lisbonense, lisbonés, olisipano, olisipiense.

lisiado, -da *adj.-s.* Baldado, tullido, impedido, estropeado.

lisiar *tr.-prnl.* Lesionar, estropear.

liso, -sa *adj.* Llano, plano, igual, pulido, pulimentado. ≠ Abultado. **2** Amér. Desvergonzado, fresco, desahogado. ≠ Afectado.

lisonja *f.* Incienso, adulación*, alabanza, cumplimiento*, galantería*. ▌Este último, cuando la *lisonja* es afectada.

lisonjear *tr.* Adular, halagar*, incensar, dar jabón, dar coba, hacer coro. ≠ Denostar. **2** Agradar, deleitar, satisfacer, regalar. ≠ Desagradar. **3** Galantear*.

lisonjero, -ra *adj.* Adulador*, halagador, cobista, pelotillero (fam.), adulón, servil, lisonjeador, zalamero, pelota (fam.). **2** Agradable, deleitoso, grato, satisfactorio.

lista *f.* Cinta, tira. **2** Franja, banda. **3** Enumeración, relación, catálogo, inventario, registro, repertorio.

listo, -ta *adj.* Diligente, expedido, pronto, activo, ligero, vivo. **2** Apercibido, preparado, dispuesto. **3** Inteligente, sagaz, avisado, astuto, advertido*. ≠ Tonto, ingenuo, simple.

lisura *f.* fig. Llaneza, franqueza*, sinceridad, ingenuidad. ≠ Aspereza, dureza. **2** Amér. Frescura, desvergüenza, desahogo, desaprensión.

litarge *m.* Litargirio, almártaga, almártega.

literato, -ta *adj.-s.* Escritor, publicista, autor.

literatura *f.* Bellas letras, buenas letras, letras humanas, humanidades.

litigante *adj. com.* Parte (Der.).

litigar *tr.* Pleitear, parecer en juicio, pedir en justicia, deponer ante el juez. ► **2** *intr.* Altercar, disputar, contender.

litigio *m.* Pleito. **2** Disputa, contienda, altercado. ≠ Paz.

litología *f.* Petrografía.

litoral *m.* Costa.

liturgia *f.* Culto. **2** Rito, ritual ceremonial.

liviano, -na *adj.* Ligero, leve*. **2** fig. Fácil, inconstante, voluble. **3** Lascivo, incontinente, deshonesto, impúdico. ▮ *Liviano* se utiliza preferentemente en América. → **livianos**

lívido, -da *adj.* Amoratado, acardenalado.

liza *f.* Tela, palenque, palestra, campo. **2** Lid, combate.

llamada *f.* Llamado, llamamiento. **2** IMPR. Nota.

llamador *m.* Aldaba, aldabón, picaporte. **2** Botón, timbre.

llamamiento *m.* Llamada, llamado. **2** Convocatoria, citación. **3** Vocación.

llamar *tr.* Dar voces, vocear. ≠ Callar. **2** Nombrar, dar nombre, designar, denominar, intitular, adjetivar*, calificar*. **3** Invocar, implorar. **4** Convocar*, citar. **5** Atraer, incitar, convidar.

llamarada *f.* Fogarada, llamarón (Colomb., C. Rica y Chile.).

llana *f.* (herramienta) Plana, trulla.

llaneza *f.* Sencillez, familiaridad, confianza, franqueza*. ≠ Soberbia, inmodestia, presunción.

llano *m.* Llanura, llanada, planicie. ▮ Los tres sinónimos sugieren una extensión grande; el *llano* puede ser vasto o pequeño.

llano, -na *adj.* Plano, liso, igual. **2** fig. Accesible, sencillo, franco, tratable. **3** Claro, evidente. **4** Corriente, fácil.

llanta *f.* Calce.

llantén *m.* Arta, plantaína. ▮ Hay una especie parecida llamada *llantén menor, lancéola* y *quinquenervia*.

llanto *m.* Lloro.

llanura *f.* Llano, llanada, planicie.

llares *f. pl.* Calamilleras, caramilleras (Sant.).

llavero, -ra *s.* (pers.) Clavero. ▮ En algunas catedrales y comunidades religiosas.

llegar *intr.* Venir. ≠ Marchar, partir, ir. **2** Alcanzar, tocar. **3** Conseguir, lograr. **4** Acercar, arrimar.

llena *f.* Desbordamiento, riada, crecida*.

llenar *tr.* Ocupar, henchir, colmar, atestar*. ▮ *Henchir* es intensivo y da idea de *llenar* con creces como *colmar*. **2** Cumplir. **3** Satisfacer, contentar. ▸ **4** *prnl.* Hartarse, saciarse, henchirse.

lleno, -na *adj.* Pleno, repleto, pletórico, henchido, colmado, rebosante, completo*. ≠ Vacío, falto. ▮ Cuando son simples calificativos atribuidos a un sustantivo, *lleno* se usa para lo material y concreto, en tanto que *pleno* tiene sentido figurado y abstracto: un depósito *lleno*, vaso *lleno*, local *lleno*; conocimiento *pleno*, *plena* responsabilidad, satisfacción *plena*. Cuando va seguido de la preposición *de* con un sustantivo complementario, *lleno* se usa lo mismo en las acepciones concretas que en las abstractas: *lleno* de aceite, de satisfacción, de responsabilidad; el empleo de *pleno* en estas condiciones es gralte. galicista: *pleno* de alegría. *Pletórico* y *repleto* suponen abundancia y equivalen a *henchido*, colmado, rebosante; *pletórico*, o *repleto*, de vanidad, de comida; almacén *pletórico*.

llerén *m.* Cuba. Lerén (P. Rico).

llevar *tr.* Transportar, trasladar. ≠ Traer. ▮ «*Llevar* tiene una significación más amplia que *trasladar*. Este último verbo requiere la indicación del sitio a que se *lleva* la cosa que se alude. Cuando decimos que una recua *lleva* trigo, el sentido queda completo; pero no así cuando decimos que la corte se *trasladó*, porque no hay en este caso sentido completo si no se denota el punto a que se ha hecho la traslación.» (M). **2** Guiar, conducir, dirigir. **3** Cobrar. **4** Exceder, superar. ▸ **5** *prnl.* Arrebatar*.

llorar *intr.* Lagrimar, arrasarse los ojos de lágrimas, llorar a lágrima viva, coger una perra. ≠ Reír. ▸ **2** *intr.-tr.* Plañir, lamentar, deplorar, sentir.

lloredo *m.* Lauredal.

llorera *f.* fam. Llantera, llantina, lloradera.

lloriquear *intr.* Gimotear.

lloro *m.* Llanto, lloriqueo, gimoteo, llorera.

lloroso, -sa *adj.* Lacrimoso.

llover *impers.* Chispear, lloviznar, gotear, diluviar. ▮ *Chispear, lloviznar* y *gotear* se utilizan cuando la lluvia es suave o escasa. *Diluviar* se usa cuando la lluvia es abundante.

llovizna *f.* Calabobos, cernidillo, sirimiri (Nav. y País Vasco), aguarrías (Sant.), orvallo (Ast.). → **lluvia**

lloviznar *intr.* Pintear, chispear, llover. ▮ *Chispear* es *lloviznar* débilmente.

llueca *adj. f.* Clueca.

lluvia *f.* Precipitación (METEOR.), llovizna, chaparrada, chaparrón, chubasco, aguacero, manga de agua, diluvio. ▮ *Llovizna* es *lluvia* menuda; *chaparrada, chaparrón* y *chubasco* es *lluvia* de poca duración; *aguacero, manga de agua* y *diluvio* es *lluvia* abundante.

lluvioso, -sa *adj.* Pluvioso, deshecho (p. us.)

loa *f.* Alabanza, elogio*, enaltecimiento, encomio, loor, ditirambo.

loable *adj.* Laudable, plausible, meritorio.

loar *tr.-prnl.* Alabar*, elogiar, celebrar, ensalzar, encomiar, encarecer. ≠ Denostar, criticar. ▮ *Loar* es voz escogida que solo se usa en estilo elevado.

lobanillo *m.* Lupia.

lobina *f.* Lubina, róbalo.

lóbrego, -ga *adj.* Oscuro, sombrío, tenebroso. **2** fig. Triste, melancólico.

lobulado, -da *adj.* Lobado.

localidad *f.* Lugar, pueblo, población, punto. **2** Asiento, plaza, sitio.

loco, -ca *adj.-s.* Orate, vesánico, demente, ido, perturbado, alienado, enajenado, maniático, monomaníaco, maníaco, chiflado, chalado, tocado. ≠ Cuerdo. ▮ *Vesánico* sugiere pralte. *loco* furioso, delirante; *demente, insano, perturbado, alienado, enajenado,* son expresiones atenuadas que conservan más o menos el sentido eufemístico con que se crearon. *Maniático* alude a la locura parcial o de idea fija, como *monomaníaco, maníaco, ido* o las expresiones populares *chiflado, chalado, guillado, tocado*; *lunático* es *loco* o *maníaco* intermitente. *Idiota* alude a la falta o trastorno congénitos de las facultades intelectuales. **2** Imprudente, atolondrado, insensato, disparatado. ≠ Moderado. ► **3 A tontas y a locas** *loc. adv.* ⟶ **tonto, -ta** ► **4 Hacerse el loco** *loc.* Aguantar, contenerse, reprimirse, vencerse, morderse los puños, llevar la cruz, tragar saliva.

locuacidad *f.* Hiperfemia, hiperfasia, verborrea, logorrea, verbigeración, polifrasia. ▮ Todos estos sinónimos son patologías psiquiátricas. **2** Labia. ≠ Silencio, gravedad, parsimonia. ▮ Cuando es graciosa o persuasiva, *labia*; si es excesiva, *verborrea*.

locuaz *adj.* Hablador*, verboso, parlanchín, charlatán. ▮ Los dos primeros significan que habla mucho; los dos últimos, que habla demasiado.

locución *f.* Frase, expresión, giro, modo.

lóculo *m.* BOT. Celda.

locura *f.* Demencia, vesania, insania, enajenación, extravagancia, imprudencia, psicosis. ≠ Cordura, razón, tranquilidad.

locutorio *m.* Libratorio, parlatorio. ▮ El primero, en los conventos de monjas. **2** Cabina. ▮ En el teléfono.

lodo *m.* Limo, fango, barro*.

lógico, -ca *adj.* Racional, natural, razonable. ≠ Irracional, injusto, ilegal.

logo *m.* (col.) Logotipo.

logotipo *m.* Emblema, símbolo, distintivo, logo (col.).

lograr *tr.* Alcanzar, obtener, conseguir, recabar*. ≠ Perder.

logrero, -ra *s.* Usurero, prestamista. **2** Acaparador.

logro *m.* Ganancia*, granjería, lucro*. **2** Usura.

lombriz *f.* Lambrija, miñosa. **2** Verme.

longanimidad *f.* Magnanimidad, nobleza, generosidad.

longitud *f.* Largo, largor, largueza, largura.

lonja *f.* Loncha. ▮ P. ej.: una *lonja* o *loncha* de jamón.

look *m.* (anglic.) Aspecto.

loor *m.* Alabanza, elogio, enaltecimiento, loa, encomio.

lote *m.* Servicio, paquete, pack (anglic.).

lozanía *f.* Frondosidad. **2** Vigor, robustez, gallardía. **3** Orgullo, altivez.

lubina *f.* Lobina, róbalo.

lubricán *m.* Crepúsculo.

lubricar *tr.* Lubrificar, engrasar.

lúbrico, -ca *adj.* Resbaladizo. **2** fig. Impúdico, obsceno*, lascivo, lujurioso.

lucha *f.* Contienda (lit.), pugna (lit.), pelea, riña, agarrada, pendencia, reyerta, bronca, pelotera, cisco, brega, discusión, polémica. ▮ En la idea general, *lucha* coincide con *contienda, pugna* y *pelea*; la tercera es más corriente y sugiere principalmente el sentido material de la *lucha*. En su significado material, si la *pelea* se produce entre dos (o pocas) personas: *riña, brega, pendencia, reyerta, bronca, pelotera, cisco* o *agarra-*

da. Cuando se trata de oposición de ideas, razonamientos, palabras, etc., en orden de menor a mayor violencia, *discusión*, *debate* (carácter público), *polémica* (ídem), *disputa*, *cuestión*, *altercado*. En general, *controversia* coincide con ellas (excepto las dos últimas) cuando se trata de una discusión sobre temas religiosos, científicos, etc.

luchar *intr.* Contender, pelear, combatir*, lidiar, batallar, hacer armas. ≠ Pacificar.

luciérnaga *f.* Gusano de luz, noctiluca.

lucir *intr.-prnl.* Brillar, resplandecer. ≠ Apagarse. **2** Sobresalir, aventajarse, descollar. ▶ **3** *tr.* Ostentar, manifestar. ≠ Humillarse.

lucrarse *prnl.* Beneficiarse, aprovecharse, hacerse de oro, ponerse las botas, hacer su agosto, sacar tajada.

lucrativo, -va *adj.* Productivo, fructífero, fructuoso, provechoso, beneficioso*.

lucro *m.* Ganancia*, provecho, utilidad, beneficio, producto, logro, negocio redondo. ≠ Generosidad, desinterés, pérdida. ▮ «*Ganancia* es la utilidad o interés que se adquiere por el trato, el comercio o por otra cosa; y *lucro* significa el provecho o utilidad que se saca de la misma cosa (...) La *ganancia* es siempre lícita y arreglada a las leyes mercantiles, el *lucro* es siempre excesivo; se aquí es que la *ganancia* siempre tiene un carácter generoso, al paso que *lucro* señala especulaciones usureras. *Gana* el afortunado; se *lucra* el interesado: por esta razón *gana* el soldado en nombradía, *gana* el escritor en reputación; y se *lucra* un mal amigo de otro, se *lucra* el que da dinero con réditos exorbitantes. Ejemplos: en la última jugada de la Bolsa, *ganó* Don Antonio mil duros. ¡Cómo se *lucra* mi apoderado con las hanegas que ha abonado a cuenta! En la *ganancia* se comercia, en el *lucro* se especula.» (O).

luctuoso, -sa *adj.* Deplorable, triste, fúnebre, funesto.

ludibrio *m.* Burla*, monja, befa*, escarnio.

luego [1] *adv. t.* Prontamente, sin dilación, en seguida, inmediatamente, pronto. **2** Después. ▮ «Uno y otro adverbio explican la posterioridad del tiempo; pero *luego* señala un tiempo más corto, un término más inmediato, que corresponde a prontamente y sin dilación. Pasearemos *ahora*, cenaremos *luego*, y nos iremos *después*.» (LH).

luego [2] *conj. consec.* Por consiguiente, por lo tanto. ▮ P. ej.: pienso, *luego* existo.

lugar *m.* Sitio, paraje. ▮ Los tres denotan una porción de espacio determinado; pero *lugar* lo determina y circunscribe más que *sitio*, y este más que *paraje*. La idea expresada por *paraje* es aproximada, vaga y sin precisión. Anduve por aquel *paraje* sin haber un *sitio* o un *lugar* donde descansar. **2** Pueblo, aldea. **3** Pasaje (de un libro). **4** Ocasión*, motivo, oportunidad.

lugareño, -ña *adj.-s.* (pers.) Pueblerino, aldeano. ≠ Ciudadano, culto.

lúgubre *adj.* Triste, funesto, melancólico, fúnebre, tétrico. ≠ Alegre, claro.

lujo *m.* Opulencia, suntuosidad, fausto, ostentación, magnificencia, esplendidez, rumbo, profusión, riqueza, abundancia. ≠ Pobreza, sencillez.

lujoso, -sa *adj.* Opulento, suntuoso, ostentoso, magnífico, espléndido, rumboso, adornado, rico, fastuoso.

lujuria *f.* Lascivia, liviandad, lubricidad, libídine. ≠ Castidad.

lujurioso, -sa *adj.* Lascivo, liviano, lúbrico, libidinoso, rijoso.

lumbre *f.* Fuego, candela. **2** fig. Brillo, esplendor.

lumbrera *f.* Luminar, notabilidad. **2** Abertura, lucerna.

luminoso, -sa *adj.* Brillante, refulgente, resplandeciente.

lunático, -ca *adj.-s.* Alunado, maniático, loco. ≠ Razonable, reflexivo.

lupia *f.* Lobanillo.

lusitano, -na *adj.-s.* (pers.) Portugués, luso (lit.).

lustrar *tr.-prnl.* Alustrar, abrillantar. ≠ Deslustrar.

lustre *m.* Brillo, resplandor, esplendor. ▮ «El *lustre* procede de la luz reflejada por la superficie barnizada o bruñida; el *brillo*, del cuerpo luminoso. *Resplandor* es el *brillo* intenso que apenas pueden sostener las miradas del hombre; *esplendor* es el *brillo* esparcido en una vasta superficie. Los derivados de estos nombres corresponden a su significación. Son *lustrosos* la mayor parte de los metales; *brillan* los astros, los meteoros, la fosforescencia de las olas del mar; *resplandecen* el sol, la luz eléctrica, los grandes incendios; y llamamos *espléndido* a un espectáculo grandemente iluminado.» (M).

lustrina *f.* Percalina.

lustroso, -sa *adj.* Reluciente, brillante, resplandeciente, esplendoroso, luciente, radiante, rutilante, lúcido.

lútea *f.* Oropéndola, oriol, papafigo, víreo, virio.

luto *m.* Duelo. ≠ Alegría, blancura.

m

macaco, -ca *adj.-s.* Amér. Feo, deforme.
macana *f.* Porra. **2** fig. Broma, camelo, disparate, paparrucha.
macareo *m.* Pororoca (Amér. Merid.).
macelo *m.* p. us. Matadero.
maceta *f.* Tiesto, pote. ▮ *Maceta* predomina en Andalucía. En Castilla se usa gralte. *tiesto*, el cual se extiende a significar cualquier pedazo de barro cocido. La *maceta* que tiene forma de jarra se denomina *pote*.
machacar *tr.* Quebrantar, majar, triturar. ► **2** *intr.* fig. Porfiar, insistir*, importunar.
machaconería *f.* Insistencia, prolijidad, pesadez.
machada *f.* fig. Necedad, patochada.
macho *m.* Mulo. ≠ Hembra.
machucho, -cha *adj.* Sosegado, juicioso, sensato, prudente, reposado, sesudo, reflexivo. ≠ Irreflexivo, imprudente. **2** Maduro, mayor, entrado en días. ≠ Joven.
macilento, -ta *adj.* Flaco, demacrado, descolorido, mustio, decaído, triste. ≠ Gordo, fuerte, vivo.
macillo *m.* MUS. Martinete.
macizo, -za *adj.* Sólido, lleno, firme, fuerte, compacto*. ≠ Hueco, débil, flaco, frágil.
macrogameto *m.* Óvulo.
mácula *f.* Mancha, tacha. ≠ Perfección. **2** Engaño, trampa, embuste, mentira. ≠ Verdad.
macular *tr.-prnl.* lit. Manchar. ≠ Limpiar, honrar.
maderaje *m.* Maderamen, enmaderado.
madi *m.* Chile. Madia, melosa.
madre *f.* fig. Causa, origen, principio, raíz. **2** Álveo, cauce, lecho. **3** Sedimento, solera (del vino), hez*, lías. **4** Madre política, suegra.
madreña *f.* Zueco, almadreña.
madriguera *f.* Cado, guarida*.
madrileño, -ña *adj.-s.* (pers.) Matritense, gato (humor.).
madroño *m.* (fruto) Marojo.
madrugada *f.* Amanecer, alba, aurora.
madrugador, -ra *adj.-s.* Mañanero.
madrugar *intr.* Tomar la mañana, mañanear. ≠ Trasnochar. ▮ *Mañanear* es *madrugar* habitualmente.
madurez *f.* Punto, sazón. **2** Edad adulta. **3** Juicio, prudencia, sensatez, seso.
maduro, -ra *adj.* Sazonado, en sazón. ≠ Agrio, verde. **2** Juicioso, prudente, sensato, sesudo*, reflexivo. ≠ Irreflexivo, imprudente. **3** Adulto, entrado en años. ► **4 Caerse de maduro** *loc.* Ser anciano, comer el pan de los niños, ser viejo, peinar canas, andar con la barba por el suelo.
maestría *f.* Arte, destreza, pericia, habilidad*. ≠ Incultura, inhabilidad. **2** Superioridad. ≠ Inferioridad.
maestril *m.* Maestral, realera.
maestro, -tra *s.* Pedagogo, profesor, instructor. ► **2** *adj.-s.* Perito, práctico, hábil, ducho, avezado, diestro.
magacín, magazín *m.* Revista, gaceta, semanario.
magarza *f.* Matricaria, arugas, expillo.
magenta *adj.-s. m.* Rosa*, fucsia.
magia *f.* Ocultismo, hechicería, encanta-

miento, taumaturgia, brujería. **2** Encanto, hechizo, fascinación, seducción, atractivo.

mágico, -ca *s.* Hechicero*, mago, encantador, nigromante, brujo. ► **2** *adj.* Fascinador, seductor, maravilloso, asombroso.

magín *m.* fam. Imaginación, ingenio, mente, entendimento, caletre, mollera, pesquis, cacumen, chirumen. ▮ Las cinco últimas son denominaciones de uso familiar.

magnanimidad *f.* Longanimidad, grandeza de alma, generosidad, nobleza. ≠ Tacañería, bajeza, envidia.

magnate *m.* Prócer, grande, poderoso, prohombre.

magnetita *f.* Piedra imán, calamita, caramida.

magnetizar *tr.* Imanar, imantar. **2** Hipnotizar.

magnificencia *f.* Liberalidad, esplendidez, generosidad. ≠ Avaricia, miseria. **2** Fausto, ostentación, suntuosidad, pompa, boato, grandeza, grandiosidad. ≠ Modestia.

magnífico, -ca *adj.* Liberal, generoso, espléndido. **2** Ostentoso, esplendoroso, suntuoso. **3** Excelente, admirable, notable, soberbio, dadivoso*, hermoso*.

magnitud *f.* Tamaño, volumen, grandor. ▮ «La *magnitud* es el conjunto de todas las dimensiones del sólido, o la extensión, en todos sentidos, que el sólido ocupa en el espacio. El *tamaño* es esta misma *magnitud* relativa a otra o comparada con ella y se entiende generalmente con respecto a la longitud o a la altura. La palabra *volumen* significa, no solamente la dimensión, sino la masa total del sólido o del líquido, y las partes que lo componen. Una extensión del espacio o de la atmósfera tiene magnitud, y no tiene *tamaño* ni *volumen*. Decimos de los objetos visibles que son del *tamaño* del hombre, de la mano, de un peso duro. El elefante es un animal de mayor *volumen* que el toro y el caballo.» (M). **2** fig. Grandeza*, importancia, excelencia.

magno, -na *adj.* Grande*, magna. ▮ *Grande* en sentido moral. Cuando *magno* se refiere a cosas materiales, les da cierta dignidad o nobleza; por ejemplo: aula *magna* de la Universidad. No decimos de un animal o de un lebrillo que son *magnos*, sino *grandes*.

mago, -ga *adj.-s.* Hechicero*, encantador, taumaturgo.

magro, -gra *adj.* Flaco, enjuto, cenceño. ≠ Gordo, grasiento.

mahometano, -na *adj.-s.* (pers.) Musulmán, sarraceno, islamita, muslime. ► **2** *adj.* Islámico, muslímico.

maído *m.* Maullido.

mail *m.* (anglic.) e-mail (anglic.), correo, correo electrónico.

maíz *m.* Panizo (Argent.), mijo, zara.

majada *f.* Apero.

majadear *intr.* Cubilar.

majadero, -ra *adj.-s.* fig. Necio, porfiado, pesado, fastidioso, pelmazo. ≠ Ingenioso, discreto, prudente.

majar *tr.* Machacar, triturar. **2** fig. Molestar, importunar.

majestad *f.* Grandeza, sublimidad, solemnidad.

majestuoso, -sa *adj.* Mayestático, augusto, solemne, imponente, sublime.

majeza *f.* Valentonería, guapeza, chulería.

majo, -ja *adj.-s.* Curro, guapo, hermoso. **2** Ataviado, lujoso, adornado. **3** Jaque, valentón, chulo.

majuelo *m.* (arbusto) Pirlitero, marzoleto.

mal [1] *m.* Desgracia, calamidad, daño*. ≠ Bien. **2** Enfermedad, dolencia, indisposición. **3** Vicio, imperfección. ≠ Perfección. **4** Mal caduco vulg. Epilepsia, mal de corazón (vulg.), gota coral (MED.), morbo comicial (p. us.). **5** Mal de San Lázaro elefancía, elefantiasis. **6** Palagra, mal de la rosa. **7** Mal de la tierra Nostalgia, añoranza, morriña. **8** Histerismo. **9** Soroche, apunamiento. **10** Cálculo, piedra.

mal [2] *adv. m.* Indebidamente, injustamente, desacertadamente, incorrectamente, malamente. ▮ «Lo que se hace *mal* es aquello que no se hace con las condiciones que requiere la obra. Lo que se hace *malamente* es lo que se hace con torpeza, con mala intención o causando daño. Puede uno conducirse *mal* por inexperiencia o por descuido; pero conducirse *malamente* es una falta más grave, y supone peores disposiciones.» (M).

malacitano, -na *adj.-s.* (pers.) Malagueño.

malacología *f.* Conquiliología. ▮ Cuando se estudia especialmente las conchas de los moluscos.

malacólogo, -ga *s.* Conquiliólogo.

malacostumbrado, -da *adj.* Viciado, mal inclinado. **2** Mimado, consentido, malcriado.

malagradecido, -da *adj.* Desagradecido, ingrato.

malagueño, -ña *adj.-s.* (pers.) Malacitano.

malagueta *f.* Pimienta de chiapa, pimienta de Tabasco, pimienta inglesa. ▌Esta última se refiere a la seca y molida.

malamente *adv. m.* Mal II*.

malandanza *f.* Mala fortuna, infortunio, desgracia, desdicha, desventura, malaventura. ≠ Ventura, fortuna.

malandrín, -ina *adj.-s.* Maligno, perverso, bellaco.

malaria *f.* Paludismo.

malaventura *f.* Desgracia*, desventura, infortunio, desdicha. ≠ Buenaventura, dicha, fortuna, paz.

malbaratar *tr.* Malvender. **2** Malgastar*, disipar, derrochar, dilapidar, despilfarrar. ≠ Administrar, ahorrar.

malcontento, -ta *adj.* Descontento, insatisfecho, quejoso, disgustado. **2** Revoltoso, perturbador, rebelde.

malcriado, -da *adj.* Descortés, desatento, grosero, incivil, mal educado. **2** Consentido, mimado, malacostumbrado.

maldad *f.* Malicia, perversidad, protervia, depravación*. ≠ Bondad, perfección. ▌*Protervia* es obstinación en la *maldad*.

maldecir *tr.* Condenar, imprecar, execrar. ► **2** *intr.* Denigrar, murmurar, detractar. ≠ Bendecir.

maldiciente *adj.* Murmurador, detractor, denigrador, lengua larga, mala lengua.

maldición *f.* Imprecación, execración, condenación. ► **2 Echar maldiciones** *loc.* (intens.) Execrar, condenar, maldecir, imprecar, jurar como un carretero.

maldito, -ta *adj.* Malvado, perverso, endemoniado.

malear *tr.-prnl.* Dañar, echar a perder, estropear, enmalecer. ≠ Sanear, perfeccionar. **2** Viciar, pervertir, corromper.

malecón *m.* Dique.

maledicencia *f.* Murmuración.

maleficio *m.* Hechizo, encantamiento, sortilegio, embrujamiento, embrujo.

malestar *m.* Incomodidad, desazón, desasosiego, inquietud, ansiedad, indisposición. ≠ Bienestar, contento, salud.

maleta *f.* Valija.

maleza *f.* Maraña, espesura, matorral.

malgastar *tr.* Disipar, malrotar, malbaratar, despilfarrar, malmeter, desperdiciar. ≠ Administrar, ahorrar. ▌Los dos últimos se aplican no solo al dinero o hacienda, sino también a otras cosas, con el sentido general de estropear o no aprovechar como es debido: los muebles, las influencias, las ocasiones.

malhablado, -da *adj.* Desvergonzado, lenguaraz. **2** Maldiciente, murmurador, mala lengua.

malhadado, -da *adj.* Infeliz, desventurado, infortunado, desgraciado, desdichado. ≠ Feliz.

malhechor, -ra *adj.-s.* Criminal, delincuente, gánster. ▌«La voz *malhechor* se usa comúnmente con referencia a aquellas acciones malas que se oponen al buen orden de la sociedad, al derecho de los ciudadanos, a la tranquilidad y buen gobierno del Estado; y como no hay legislación que no las prohíba, todo *malhechor delinque*, quebanta la ley, y no es extraño que se tome indistintamente una voz por otra, porque las ideas que representan, aunque diferentes, es difícil que se encuentren separadas. Si no hubiera leyes, el *malhechor* no sería *delincuente*. En tiempo de los antiguos tiranos el *delincuente* pudo no ser *malhechor*.» (LH).

malicia *f.* Maldad, perversidad, malignidad. ≠ Ingenuidad. **2** Bellaquería, mala intención, doblez, mala fe. ≠ Sinceridad. **3** Desconfianza*, sospecha, recelo, escama.

maliciar *tr.* Sospechar, recelar, desconfiar.

malicioso, -sa *adj.* Astuto, taimado, zorro, desconfiado, escamón, malo*.

maligno, -na *adj.-s.* Malicioso, receloso, suspicaz. ► **2** *adj.* Malo, pernicioso.

malmandado, -da *adj.* Desobediente, indócil, rebelde.

malmeter *tr.* Malbaratar, malgastar*. **2** Malquistar, indisponer.

malmirado, -da *adj.* Malquisto, desconceptuado, desacreditado. ≠ Acreditado, honorable. **2** Descortés, desconsiderado, desatento. ≠ Cortés, considerado.

malo, -la *adj.* Mal inclinado, enviciado, bajo, ruin, bellaco, depravado, corrupto. ≠ Bueno. **2** Maligno, malicioso, indigno, vil, malvado, perverso, satánico. ≠ Bueno. ▮ En la primera acepción de *malo* se expresa la idea general de propenso al mal; en la segunda, la de contrario a la ley moral. **3** Perjudicial, dañino, nocivo, pernicioso, peligroso. ≠ Bueno. **4** Difícil, dificultoso, penoso, trabajoso. **5** Enfermo, doliente. ≠ Bueno. **6** Desagradable, molesto, fastidioso. ≠ Agradable. **7** Deslucido, deteriorado, estropeado. ▸ **8 Estar de malas** *loc.* Tener mala suerte, tener mala pata, haber pisado mala hierba.

malograr *tr.-prnl.* Desaprovechar, perder, desperdiciar, frustrar, errar el golpe, irse abajo, naufragar en el puerto.

malparado, -da *adj.* Maltratado, maltrecho.

malquerencia *f.* Antipatía, ojeriza, aversión, mala voluntad, inquina, enemistad*, odio*. ≠ Amistad, amor, simpatía.

malquistar *tr.-prnl.* Indisponer, malmeter, encizañar, echar leña al fuego, meter cizaña, poner a mal. ≠ Amistar, unir, avenirse, pacificar.

malrotar *tr.* Disipar, malgastar*, despilfarrar, malbaratar. ≠ Ahorrar, administrar.

malsano, -na *adj.* Insalubre, insano. ▮ Estos dos esp. si se trata de clima, país, aguas, etc. **2** Infectado, inquinado.

malsufrido, -da *adj.* Impaciente.

maltratar *tr.* Tratar mal, traer a mal traer, tratar a zapatazos, dar mala vida. ≠ Acariciar, regalar. ▮ «*Maltratar* significa hacer ultraje a alguno, con palabras o a golpes. *Tratar mal* es no darle bien de comer a uno, o alojarlo mal, o no tratarle a su gusto.» (Ma). **2** Menoscabar, estropear, echar a perder, deteriorar, malmeter. ≠ Alabar.

maltrecho, -cha *adj.* Maltratado, malparado.

malva *adj. -s. m.* Lila, violeta.

malvado, -da *adj.* Malo*, perverso.

malvasía *f.* Masvale.

malvavisco *m.* Altea.

malvesar *tr.* Defraudar, distraer (eufem.).

malvís *m.* Tordo alirrojo, malviz.

mamandurria *f.* Amér. Merid. Sinecura, prebenda, enchufe.

mamarracho *m.* Adefesio, facha.

mampostería *f.* Calicanto.

manada *f.* Bandada, cardume, cardumen. ▮ Para designar un conjunto de animales de la misma especie que andan juntos, *manada* se aplica especialmente a los cuadrúpedos; *bandada* a las aves y a los peces; *cardume* y *cardumen*, a los peces. **2** Hato, rebaño, boyada, vacada, torada, piara, yeguada, pavada, cuadrilla. ▮ Una manada de animales al cuidado de un pastor se llama *hato, rebaño*. Según la clase de ganado, recibe distintos nombres.

manager *com.* anglic. Gerente, apoderado, director, principal, encargado, jefe. ▮ *Manager* es un anglicismo reprobable e innecesario que se utiliza por cualquiera de los sinónimos mencionados.

manantial *m.* Fontanal, fontanar, hontanar, fuente, venero, venera. **2** fig. Origen, principio.

manar *intr.* Salir, brotar, nacer, surgir, surtir. ≠ Entrar, morir. ▮ Estos dos últimos, tratándose del agua, esp. la que *mana* hacia arriba.

manatí, manato *m.* Rosmaro, pez mujer, pez muller.

mancebía *f.* Burdel, lupanar, prostíbulo. **2** Mocedad, juventud, mocerío. ▮ Se usa hoy muy poco *mancebía* en esta acepción, a fin de que no se tome a mala parte.

mancha *f.* Mácula (lit.). ▮ *Mácula*, en sentido material, solo se emplea en estilo extremadamente culto o literario. **2** fig. Mácula, mancilla, tacha, deshonra, desdoro. **3** Rodal. **4** Boceto.

manchar *tr.-prnl.* Ensuciar, emporcar, pringar, tiznar, enlodar. ≠ Limpiar. ▮ Según la materia que mancha, se emplean verbos especiales, como los tres últimos sinónimos. **2** fig. Macular (lit.), mancillar, desdorar, deslustrar, deshonrar, empañar*. ≠ Purificar. ▸ **3** *tr.* Inquinar, contagiar.

mancilla *f.* fig. Mancha, desdoro, deshonra, deshonor, afrenta. ≠ Honor, perfección, pureza.

mancillar *tr.-prnl.* fig. Manchar, deslucir, deslustrar, afear, desdorar, deshonrar, dejar de cuadro, poner de cuadro. ≠ Purificar, honrar.

manda *f.* Legado.

mandamiento *m.* Precepto, orden, mandato*.

mandar *tr.* Ordenar, preceptuar, decretar. ≠ Obedecer, cumplir. ▮ En la frase *ordeno y mando* con que las autoridades militares encabezan sus bandos, *ordenar* tiene el matiz de disponer, en tanto que *mandar* acentúa su carácter ejecutivo. **2** Regir, dirigir, gobernar, sojuzgar. ≠ Obedecer, cumplir. ▮ Este último implica fuerza o violencia. **3** Enviar, remitir.

mandato *m.* Orden, precepto, disposición, prescripción, mandamiento. ▮ *Mandamiento* se usa especialmente para designar los *preceptos* del Decálogo y las *órdenes* del juez. ▮ «La *orden* y el *precepto* son *mandatos*, con esta diferencia, que la *orden* procede de una autoridad instituida por la ley humana, y el *precepto* de la autoridad divina, natural o moral. Decimos Real *orden*, la *orden* del día, libro de *órdenes*; los *preceptos* del Decálogo, del anciano. Por esto los maestros se llaman *preceptores*.» (M) **2** Lavatorio.

mandíbula *f.* Quijada.

mandilete *m.* Porta.

mandria *adj. com.* Apocado, pusilánime, para poco, inútil. ≠ Listo, agudo, atrevido.

manear *tr.* Amanear. **2** Manejar.

manecilla *f.* Mano, aguja, saeta, saetilla. **2** Manezuela.

manejable *adj.* Manuable. ▮ *Manuebla* se aplica a los objetos que se manejan con las manos, pero no a los caballos ni en las acepciones fig.; p. ej.: un dispositivo radiofónico es *manuable* o *manejable*; pero una cabalgadura, un negocio, etc., son *manejables*, y no *manuables*.

manejar *tr.* Usar, utilizar, emplear. **2** Dirigir, regir, gobernar, administrar, conducir. ▮ Tratándose de un vehículo, *conducir*.

manejo *m.* Uso, empleo. **2** Dirección, gobierno, administración. **3** Treta, ardid.

manera *f.* Forma, modo, procedimiento. **2** Estilo, factura. ▮ Estos dos sinónimos, en las artes. → **maneras** ▸ **3 De esta manera** *loc. adv.* Así, de esta suerte. **4 De la misma manera** También, asimismo, igualmente, del mismo modo, de igual modo.

maneras *f. pl.* Porte, modales, ademanes. → **manera**

manga *f.* METEOR. Tifón, tromba, trompa. **2** Manga de agua, turbión.

manganesa *f.* Pirolusita.

mangante *adj. com.* Truhán, tuno.

mangonear *intr.* desp. Mandar, dirigir, mandonear, manipular, tener la sartén por el mango, cortar el bacalao.

mangosta *f.* Icneumón.

mangote *m.* Manguito.

manguillero *m.* Portaplumas, mango.

manguito *m.* Estufilla, regalillo. **2** Mangote.

maní *m.* Cacahuete.

manía *f.* Monomanía, idea fija, guilladura (fam.), chifladura (fam.), chaladura (fam.), psicosis, obsesión, psicopatía. ≠ Reflexión, razón. **2** Antipatía*, ojeriza, tirria. ≠ Simpatía. **3** Extravagancia, rareza, tema, capricho, prurito, antojo.

maniático, -ca *adj.-s.* Loco*, monomaníaco, maníaco, guillado (fam.), chiflado (fam.), chalado (fam.). **2** Extravagante, caprichoso, antojadizo, raro.

manida *f.* Guarida, vivienda.

manido, -da *adj.* Sobado, manoseado. ≠ Original, nuevo. **2** fig. Envejecido, trasnochado. ≠ Nuevo.

manifestar *tr.-prnl.* Declarar, exponer, decir. ≠ Callar. ▮ «Se *manifiestan* hechos, doctrinas, opiniones y secretos; se *declaran* intenciones y disignios. La *declaración* de guerra es un anuncio de hostilidades que un gobierno piensa hacer a otro. Suele precederle un *manifiesto* que contiene los antecendentes de la disputa, y en este documento se exponen las causas de aquella resolución.» (M). **2** Descubrir, exhibir, presentar, mostrar, revelar, sacar a la luz, hacer muestra. ≠ Esconder.

manifiesto, -ta *adj.* Patente, ostensible, claro, descubierto, visible, notorio, palpable, público*.

manija *f.* Manezuela, mango, manubrio. **2** Maniota.

manilargo, -ga *adj.* Pródigo, derramado, malgastador, derrochador, despilfarrador, manirroto, disipador.

maniota *f.* Guadafiones, traba, manea, maneota, manija, suelta.

manirroto, -ta *adj.* Pródigo, derramado, malgastador, derrochador, despilfarrador, disipador.
manivela *f.* Manubrio, cigüeña.
manjar *m.* Manjar, alimento, mantenimiento, comestible, comida. ▮ En gral. *manjar*, a causa de un menor uso, realza la exquisitez, bondad, lujo, etc., de lo que se come, en comparación con los demás sinónimos.
mano *f.* fig. Habilidad, destreza*. **2** Poder, mando, facultades. **3** Capa, baño. ▮ Dar una *mano* de pintura o barniz. ▸ **4 De segunda mano** *loc. adj.* De lance, de ocasión, usado. ≠ De primera mano, nuevo, por estrenar. ▸ **5 Estar a mano** *loc.* Terciar, venir bien, ser oportuno.
manopla *f.* Guantelete.
manosear *tr.* Sobar.
manotada *f.* Manotazo, tabalada, tabanazo, guantada, manotón.
manoteo *m.* Gesto, ademán.
mansedumbre *f.* Suavidad, benignidad, apacibilidad, dulzura. ≠ Ira.
mansión *f.* Detención, permanencia, estada, estancia, estadía. **2** Morada, albergue, residencia, habitación*, casa*.
manso, -sa *adj.* Tranquilo, quieto*, sosegado, reposado, apacible, benigno, suave. **2** Dócil, manejable. ▮ Tratando de animales.
mantel *m.* Paño de mesa. **2** Paño de altar.
mantener *tr.-prnl.* Conservar, perseverar*. ≠ Destruirse. **2** Sostener, sustentar, nutrir, alimentar. ≠ Ayunar. ▮ *Sostener* y *sustentar* dan a la expresión un matiz de mayor esfuerzo por parte del sujeto. ▮ «*Mantener* es conservar una cosa en el estado en que se halla; *sostener* es *mantener* con esfuerzo. El que se *mantiene* derecho largo rato, busca en qué *sostenerse* cuando se cansa.» (M). **3** Defender, amparar, apoyar. ≠ Rendirse.
mantenimiento *m.* Sustento, manjar*.
mantilla *f.* Mantellina.
mantillo *m.* Humus (TECN.), tierra negra.
mantón *m.* Pañolón.
manuable *adj.* Manejable.
manual *adj.* Manuable, manejable.
manubrio *m.* Manivela, manija.
manufactura *f.* Manifactura (p. us.), obraje. **2** Fábrica.
manumiso, -sa *adj.-s.* Liberto, horror.
manutención *f.* Sustento, mantenimiento, sostenimiento, alimento. ≠ Ayuno. **2** Conservación, apoyo, amparo. ≠ Desamparo.
manzana *f.* Poma (desus.). **2** Bloque, isla.
manzanar *m.* Pomarada, pomar, manzanal.
manzanilla *f.* Camamila, camomila.
maña *f.* Destreza*, habilidad*, maestría, arte, mano, buena mano. ≠ Inhabilidad. **2** Artificio, astucia, sagacidad. ≠ Ingenuidad.
mañero, -ra [1] *adj.* Astuto, sagaz.
mañero, -ra [2] *adj.* Estéril*, machorra, horra, nulípara. ▮ Los tres últimos referidos a mujeres.
mañoco *m.* Tapioca.
mañoso, -sa *adj.* Hábil, diestro, habilidoso, industrioso.
mapa *m.* Carta, carta marina, plano. ▮ La *carta marina* es la *carta* de marear. Fuera de este uso, *carta* por *mapa* es galic., excepto en la expresión *carta geográfica*. Si se trata de un edificio, calle o ciudad, *plano*. Emplear *mapa* por *plano* es anglicismo.
maquila *f.* Moltura (Argent.).
maquillaje *m.* Cosmético, afeite.
maquinación *f.* Trama, intriga.
maquinal *adj.* Automático, espontáneo*. ≠ Voluntario, reflexivo, desacostumbrado.
maquinar *tr.* Urdir*, tramar, intrigar.
mar *amb.* Ponto, piélago, el profundo. ▮ Todos ellos son denominaciones literarias. ▸ **2 Hacerse a la mar** *loc.* Levar anclas, zarpar.
maraca *f.* Colomb., P. Rico y Venez. Maruga (Cuba).
maracuyá *m.* Pasionaria, pasiflora, granadilla.
maraña *f.* Maleza. **2** Enredo, embrollo, lío. **3** Coscoja.
marañón *m.* Merey.
maravilla *f.* Portento, prodigio. ▮ Ambos intensivos, con el significado de 'cosa que causa admiración'. **2** Pasmo, admiración, asombro. ▮ Sentimiento que produce la *maravilla*. **3** Dondiego. **4** Flamenquilla.
maravillar *tr.-prnl.* Sorprender, admirar, asombrar*, pasmar.
maravilloso, -sa *adj.* Extraordinario, sorprendente, admirable, asombroso, prodigioso, portentoso, pasmoso, estupendo.

marbete *m.* Rótulo, etiqueta.

marca *f.* Señal, distintivo, hierro, contramarca, contraseña. ‖ *Hierro* es la marca hecha con hierro candente en el ganado. *Contramarca* o *contraseña*, segunda marca en los fardos, ganado, etc. **2** Huella, traza. **3** Récord. ‖ En los deportes, *marca* es vocablo más expresivo y castizo que el barbarismo innecesario *récord*. ► **4 De marca mayor** *loc. adj.* Excesivo, enorme, desmedido, desmesurado, inmoderado.

marcar *tr.* Señalar, acotar, señalizar. **2** Puntuar, anotar. **3** MAR. Demarcar.

marceo *m.* Deshaldo.

marcha *f.* Velocidad, celeridad. **2** fig. Curso, desrrollo, desenvolvimiento. **3** Procedimiento, método. **4** Partida, movimiento. ≠ Permanencia, llegada.

marchar *intr.* Caminar, andar. **2** Funcionar, moverse, andar. ► **3** *prnl.* Irse, ausentarse, alejarse, ahuecar el ala, liar el ato, estar con las botas puestas, ir con Dios, levantar velas. ≠ Llegar, entrar, permanecer.

marchitar *tr.-prnl.* Ajar, enmustiar, secar*, deslucir. ≠ Rejuvenecerse, florecer. ► **2** *prnl.* fig. Enflaquecer, decaer. ≠ Fortalecerse.

marchito, -ta *adj.* Mustio, ajado, seco, decaído.

marcial *adj.* Militar, guerrero*, bélico, belicoso. ≠ Civil. **2** fig. Varonil, bizarro. ≠ Cobarde, tímido.

marco *m.* Cerco, cuadro. **2** DEP. Portería, puerta, meta (en el fútbol y otros deportes). **3** fig. Ámbito, campo (fig.), terreno (fig.).

marear *tr.-prnl.* fig. Molestar, fastidiar, enfadar, cansar, turbar, perder el conocimiento, caerse redondo.

mareo *m.* Vértigo. **2** fig. Enfado, molestia, ajetreo, turbación.

mareta *f.* Marullo.

marfileño, -ña *adj.* Ebúrneo.

margarita *f.* (planta) Chiribita.

margen *amb.* Orilla, borde, ribera. **2** Ocasión, motivo, pretexto.

marguera *f.* Almarga.

maridaje *m.* Unión, armonía, consorcio, conformidad.

marido *m.* Esposo, hombre. ‖ *Esposo* es voz más escogida y menos frecuente que *marido*. Por el contrario, *hombre* en la acepción de *marido* es de uso vulgar.

marihuana *f.* col. Grifa, hierba, maría.

marimorena *f.* fam. Camorra, bronca, pendencia, contienda, riña.

marina *f.* Costa, litoral. **2** Náutica, navegación, flota*. **3** Flota, Armada. ‖ Si es de guerra, *Armada*.

marino *m.* Marinero, navegante, nauta.

marino, -na *adj.* Marítimo.

marítimo, -ma *adj.* Marino.

marjal *m.* Almarjal, armajal.

marmóreo, -ea *adj.* lit. Marmoleño.

maro *m.* Almaro. **2** Amaro, bácara, bácaris, esclarea.

marón [1] *m.* Esturión.

marón [2] *m.* Morueco.

marquetería *f.* Taracea.

marrajo *m.* Tiburón.

marrajo, -ja *adj.* Astuto, taimado, malicioso, malintencionado.

marrar *intr.* Errar, fallar, desacertar, equivocarse. ‖ *Desacertar* y *equivocarse* indican preferentemente cometer un error intelectual. Un jugador *yerra*, *marra* o *falla* un tiro. Un meteorólogo *yerra*, *desacierta* o se *equivoca* en la predicción del tiempo.

marrón *adj.* galic. (color) Castaño.

marsupial *adj. com.* Didelfo.

marta *f.* (piel de la m. cebellina) Vero.

martinete [1] *m.* (ave) Martín del río.

martinete [2] *m.* Mazo, machina. **2** Maza de fraga.

martingala *f.* Artimaña, trampa, artificio, astucia.

martirio *m.* Tormento, tortura, suplicio, sufrimiento.

martirizar *tr.-prnl.* Atormentar, torturar, afligir.

marxismo *m.* Comunismo.

mas *conj. adv.* Pero, empero*. ‖ En la actualidad, *mas* se usa casi exclusivamente en la lengua escrita.

masada *f.* Maso, masería, alquería, cortijo.

mascar *tr.* Masticar, mascullar*. ‖ *Masticar* se estima como voz selecta o tecnicismo, frente a *mascar* en el habla corriente.

máscara *f.* Careta, antifaz. **2** Disfraz. **3** fig. Pretexto, disimulo, excusa. **4** (pers.) Enmascarado.

mascullar *tr.* Barbotar, mascar, musitar. ‖ *Barbotar* es intensivo con respecto a *mascullar*, *mascar*, *musitar*, y además sugiere palabras dictadas por el rencor: se *barbotan* injurias, blasfemias; en cambio se pueden *mascullar*, *musitar*, tanto dicterios como oraciones. *Farfullar* es también hablar confusa y atropelladamente, pero no por sentimiento rencoroso, sino por incompetencia, mala pronunciación, etc.: el estudiante *farfullaba* la lección; un niño *farfulla* las fábulas recién aprendidas.

masonería *f.* Francmasonería.

masticar *tr.* Mascar.

mástil *m.* Palo.

mastranto, mastranzo *m.* Matapulgas, mentastro.

mastuerzo *m.* (planta) Cardamina. **2** Necio, torpe, cernícalo, tarugo, zoquete.

matabuey *f.* Amarguera.

matacán *m.* ARQ. Ladronera.

matacandelas *m.* Apagavelas, apagador.

matacandiles *m.* Baya.

matadero *m.* Macelo (p. us.), rastro (antic.).

matafuego *m.* Extintor.

matanza *f.* Degollina, mortandad, carnicería, hecatombe. ▮ El último, intensivo.

matar *tr.-prnl.* Ejecutar, apiolar, chinchar, despabilar, despachar, trincar, quitar de en medio, hacer papilla, pasar a cuchillo, pasar por las armas, dejar seco. ▮ *Ejecutar* es *matar* por justicia. Todas las demás son voces vulgares o jergales. **2** Apagar, extinguir. ► **3 Mátalas callando** *com.* Disimulado, engañoso, falso, hipócrita, fingido, mosquita muerta.

matarife *m.* Jifero, matachín.

matasiete *m.* Fanfarrón, valentón, bravucón, jaque.

match *m.* DEP. (anglic.) Partido, encuentro.

mate [1] *adj.* Amortiguado, apagado, sin brillo.

mate [2] *m.* Hierba del paraguay. **2** Té de los jesuítas, té del Paraguay.

mate [3] *m.* Jaque mate. ▮ En el juego del ajedrez. **2** DEP. Esmachada (anglic.). ▮ Usados en el baloncesto.

matemáticas *f. pl.* Matemática, ciencias exactas.

matemático, -ca *adj.* fig. Exacto, preciso, seguro.

materia *f.* Sustancia. ≠ Espíritu, irrealidad. **2** Pus. **3** Asunto*, tema, objeto. **4** Material, cuerpo. ≠ Espíritu.

material *adj.* Tangible, sensible. ► **2** *m.* Ingrediente, componente. **3** Pertrechos, instrumental.

materno, -na *adj.* Maternal. ▮ Todo lo que es *materno* es *maternal*, pero no viceversa. El primero sugiere lo que es propio de la madre efectiva (abuelos *maternos*, claustro *materno*) mientras que *maternal* se aplica más bien a cualidades, afectos, etc., semejantes a los de la madre. P. ej.: una mujer prodiga a un niño que no es hijo suyo cuidados *maternales*, y no *maternos*. Compárese *paterno*, *paternal*.

matinal *adj.* Matutino.

matiz *m.* Gradación, cambiante. **2** fig. Carácter.

matojo *m.* Tamojo.

matón *m.* Valentón, pendenciero, espadachín, matasiete.

matricaria *f.* Arrugas, expillo, magarza.

matrícula *f.* Registro.

matrimonio *m.* Boda, casamiento, unión, enlace, nupcias, connubio, himeneo, desposorio (lit.). ≠ Divorcio, soltería, viudez. ▮ *Matrimonio* alude pralte. al aspecto sacramental o jurídico. *Boda* y *casamiento* se refieren al acto de contraer matrimonio y a la fiesta con que se celebra; *unión*, *enlace*, *nupcias*, *connubio*, se estiman como expresiones más literarias por ser menos corrientes, y más todavía *himeneo*, que solo se usa como término poético, alusivo a la antigüedad clásica. *Desposorio* puede significar promesa de matrimonio, o bien el acto de contraerlo.

matriz *f.* (órgano) Seno, útero, claustro materno, madre. **2** Molde. ► **3** *adj.* fig. Principal, generadora, materna. ▮ P. ej.: iglesia *matriz*, casa *matriz*.

matrona *f.* Comadrona, comadre, partera.

matute *m.* Contrabando.

matutino, -na *adj.* Matinal.

maullar *intr.* Mayar, miar.

máxima *f.* Regla, principio, sentencia, apotegma, precepto, aforismo, refrán*.

máximum *m.* Máximo, límite, superlativo. ≠ Mínimo, diminutivo.

maya *f.* Margarita (planta), vellorita.

mayar *intr.* Maullar, miar.

mayestático, -ca *adj.* Majestuoso. ▮ Lo que contiene majestad es *majestuoso*: cortejo *majestuoso*, decorado *majestuoso*, recepción *majestuosa*. Lo que se aplica a la majestad es *mayestático*: honor *mayestático*, instituciones *mayestáticas*, plural *mayestático*.

mayor *m.* Superior, jefe, principal. ≠ Menor, inferior. → **mayores.**

mayores *m. pl.* Ascedientes, antepasados, antecesores, progenitores, abuelos. → **mayor.**

mayoría *f.* Mayor edad, mayoridad, pluralidad. ≠ Minoridad, individualidad.

mayormente *adv. m.* Principalmente, especialmente, máxime.

mazdeísmo *m.* Parsismo, zoroastrismo.

mazorca *f.* Panocha, panoja, espigón.

mazorral *adj.* Grosero, rudo, tosco.

mecanismo *m.* Dispositivo, instrumento*.

mecanizar *tr.* Motorizar.

mecanografía *f.* Dactilografía.

mecanográfico, -ca *adj.* Dactilográfico.

mecanógrafo, -fa *s.* Dactilógrafo, copiante*.

mecenas *m.* Protector, patrocinador, patrono, favorecedor.

mecer *tr.-prnl.* Cunar, columpiar, balancear. **2** Agitar, mover, hamacar (Amér.). ≠ Aquietar.

mechero *m.* Encendedor.

mechón *m.* Pelluzgón.

medallón *m.* Guardapelo.

médano, medaño *m.* Medaño, duna, mégano.

media *adj.* Calceta (p. us.).

mediacaña *f.* (moldura) Troquilo.

mediador, -ra *adj.-s.* Medianero, intermediario, intercesor.

medianero, -ra *adj.* Mediador, intermediario, tercera persona, tercero, intercesor.

medianía *f.* Mediocridad, mediano, mediocre. ▮ La diferencia de matiz entre *medianía* y *mediocridad* es la misma que distingue *mediano* de *mediocre*.

mediano, -na *adj.* Mediocre, regular, medianía*. ▮ *Mediocre* encierra cierto matiz desp. que lo hace más propio en la acepción de 'casi malo'. *Regular* literalmente coincide con *mediano*.

mediar *intr.* Intervenir, interceder, terciar, meter el montante, estar de por medio. ≠ Inhibirse. **2** Interponerse. **3** Ocurrir, sobrevenir, presentarse, entremediar.

medicamento *m.* Fármaco (TECN.), medicina, remedio, potingue (desp.).

medicina *f.* Remedio*, medicamento. **2 Medicina general** Pantiatría, medicina de familia.

médico *m.* Doctor, facultativo, galeno, mediquín (desp.), medicastro (desp.), matasanos (desp.). ▮ Por antonomasia, *docto*, *facultativo*. Con ligera ironía, *galeno*.

medida *f.* Medición. **2** Dimensión, tamaño. **3** Disposición, prevención, precaución, providencia. **4** Cordura, prudencia, mesura, moderación.

medio *m.* Mitad, centro. **2** Diligencia, arbitrio, recurso. **3** Procedimiento, conducto. **4** Ambiente. **5** DEP. Centrocampista. ▮ Usados principalmente en fútbol.

mediodía *m.* Sur.

medios *m. pl.* Bienes, recursos, caudal, fortuna, posibles.

medir *tr.* Mensurar (lit.). **2** Escandir (p. us.). ▮ Tratándose de versos. ▸ **3** *prnl.* Moderarse, mesurarse, comedirse.

meditar *tr.* Pensar*, considerar, reflexionar, discurrir, devanarse los sesos, romperse los cascos, quebrarse la cabeza. ≠ Improvisar, despreocuparse.

medrar *intr.* Crecer, desarrollarse, mejorar, prosperar (fig.), florecer (fig.). ≠ Descender, disminuir, arruinarse, languidecer, debilitarse.

medroso, -sa *adj.-s.* Miedoso, meticuloso, minucioso, temeroso, tímido, pusilánime, cobarde*, gallina, cagón, cagado, apocado, corto, encogido. ≠ Valiente, audaz. ▮ *Miedoso* es más general; *medroso* es de uso culto y literario; *meticuloso* se aplica pralte. a la persona que obra con cuidado extremado por no incurrir en falta, y por ello se acerca mucho a *minucioso*; *temeroso* es de significación menos intensa, y se aplica generalmente al que circunstancialmente siente un temor, en tanto que *tímido* se refiere al carácter; el *tímido*, como el *pusilánime* y el *cobarde** (más intenso), son *temerosos* habituales. *Gallina*, *cagón*, *cagado*, sinónimos populares o intensivos de *cobarde*. La falta de desembarazo, la inseguridad en sí mismo del *tímido*, coinciden con *encogido*, *apocado*, *corto*. **2** Espantoso, pavoroso, terrorífico.

médula, medula *f.* Pulpa, meollo, tuétano. ▮ *Meollo* en todas sus acepciones. En los huesos, *tuétano*; en el tallo y en la raíz de los vegetales, *pulpa*.

medusa *f.* Aguamala, aguamar, pulmón marino.

mejora *f.* Medra, aumento, progreso, adelanto, perfeccionamiento. ≠ Imperfección. **2** Alivio, mejoría. **3** Puja.

mejorana *f.* Almoraduj, dux, amáraco, moradux, sampsuco, sarilla.

mejorar *tr.-prnl.* Aumentar, perfeccionar. ≠ Empeorar. **2** Pujar. ► **3** *intr.-prnl.* Restablecer, aliviar*. ≠ Empeorar, enfermar. **4** Abonanzar. ≠ Empeorar. **5** Medrar, adelantar, progresar, prosperar. ≠ Empeorar.

mejoría *f.* Mejora, restablecimiento, alivio, adelanto, ventaja. ≠ Atraso, desventaja.

melancolía *f.* Tristeza*, abatimiento, murria, depresión, hipocondría, saudade. ≠ Alegría, alusión, fervor, esfuerzo.

melifluo, -flua *adj.* Meloso. **2** fig. Dulce, suave, delicado, tierno.

meliloto *m.* (planta) Trébol oloroso.

melindre *m.* Remilgo, dengue, repulgo. ▮ *Dengue* cuando se afectan males o disgustos, esp. las mujeres; *repulgo*, escrúpulo ridículo.

melindroso, -sa *adj.-s.* Dengoso, remilgado, repulgado. ≠ Viril, sincero, natural. ▮ *Remilgado* es además el que afecta pulidez extremada en actos o palabras. → **melindre.**

melisa *f.* Toronjil, abejera, cidronela.

melodía *f.* Música, canción, composición, tema.

melodioso, -sa *adj.* Melódico, suave, dulce. ▮ *Melódico* es lo relativo a la melodía musical; p. ej.: frase *melódica*. *Melodioso* se usa en sentido fig. como sinónimo de *dulce, suave*; p. ej.: voz *melodiosa*, acento *melodioso*.

melojo *m.* Roble borne, marojo.

melomanía *f.* Musicomanía.

melómano, -na *s.* Musicómano.

meloso, -sa *adj.* fig. Suave, melifluo, empalagoso, dulzón, almibarado.

mellizo, -za *adj.-s.* Gemelo.

membrana *f.* Tela. **2** Lámina.

membrete *m.* Brevete (p. us.).

membrudo, -da *adj.* Robusto, recio, fornido, forzudo, fuerte. ≠ Débil.

memo, -ma *adj.-s.* Simple, bobo, tonto, mentecato.

memorable *adj.* Recordable, famoso, célebre, glorioso, memorando.

memorar *tr.-prnl.* Recordar, rememorar, tener presente, tener a la vista, refrescar la memoria, darse una palmada en la frente. ≠ Olvidarse.

memoria *f.* Retentiva. ▮ *Retentiva* se usa en sus aplicaciones concretas: un muchacho de buena *retentiva*. **2** Recuerdo. → **memorias** ► **3 Refrescar la memoria** *loc.* Memorar, recordar, rememorar, tener presente, tener a la vista, darse una palmada en la frente. ≠ Olvidarse.

memorial *m.* Instancia, solicitud. ▮ *Memorial* ha caído en desuso con este significado.

memorias *f. pl.* Expresiones, recuerdos, saludos. → **memoria**

memorismo *m.* Psitacismo.

mencionar *tr. -prnl.* Aludir, mentar, nombrar, citar, recordar, alegar*. ≠ Omitir, olvidar.

mendaz *adj.* Mentiroso, falso, fingido, falaz.

mendicidad *f.* Mendiguez, pordiosería.

mendigar *intr.* Pordiosear, pedir, limosnear, tender la mano, echar un guante, hacer una colecta.

mendigo, -ga *s.* Pobre, pordiosero, mendicante, zampalimosnas (burl.).

mendrugo *m.* Corrusco. **2** fam. Tonto, zoquete, tarugo, bobo.

menear *tr. -prnl.* Agitar, mover. ≠ Aquietar, contener.

menester *m.* Necesidad. **2** Empleo, ejercicio, profesión, ministerio.

menesteroso, -sa *adj.-s.* Pobre, indigente, necesitado.

menestral, -la *s.* Artesano.

mengano, -na *s.* Fulano*.

mengua *f.* Disminución, menoscabo. ≠ Aumento. **2** Falta, carencia. **3** Pobreza, escasez. **4** fig. Descrédito, deshonra, desdoro. ≠ Perfección, honor.

menguado, -da *adj.-s.* Cobarde, pusilánime. **2** Miserable, mezquino, ruin, tacaño.

menguante *m.* Estiaje. ▮ En los ríos y arroyos. **2** Bajamar, vaciante. **3** fig. Decadencia, decrecimiento, mengua, disminución, menoscabo.

menguar *intr.-tr.* Disminuir, decrecer*, mermar, consumirse, amenguar. ≠ Aumentar, crecer.

menor *m.* Franciscano. **2** DER. Menor de edad. ▮ En Aragón se usa el fem. *menora.* ► **3 Al por menor** *loc. adv.* Al detall (galic.), al menudeo, a la menuda. ≠ Al mayor, al por mayor.

menoscabar *tr.-prnl.* Mermar, disminuir*. ≠ Aumentar. **2** Deteriorar, dañar, deslucir. ≠ Honrar, acreditar.

menoscabo *m.* Merma, mengua. **2** Deterioro, daño*, perjuicio, detrimento, quebranto. **3** fig. Desdoro, descrédito, deshonor.

menospreciar *tr.-prnl.* Desestimar, tener en menos, subestimar, volver el rostro, mirar por encima del hombro, escupir en la cara, dar la espalda, dar con la puerta en las narices, despreciar*. ≠ Atender. **2** Despreciar, desdeñar. ≠ Honrar, alabar.

menospreciativo, -va *adj.* Despreciativo*, despectivo.

mensaje *m.* Recado, misiva. ▮ Este último, si el *mensaje* es escrito.

menstruación *f.* Período, regla. **2** Menstruo (sangre).

mensualidad *f.* Mes, mesada, sueldo*. ▮ *Mesada* se aplica principalmente a lo que se paga por un mes de arriendo, canon de riego, etc. → **sueldo**

mentar *tr.* Nombrar, mencionar, aludir*, citar.

mente *f.* Inteligencia, entendimiento, espíritu. ▮ «Una *mente* elevada es la que forma grandes designios; la que aspira a resolver arduas cuestiones. Una *inteligencia* superior es la que sabe combinar un sistema; la que hace descubrimientos importantes. Un *entendimiento* claro es el que comprende con facilidad y prontitud.» (M). **2** Pensamiento, propósito.

mentecatez *f.* Necedad, insensatez, imbecilidad, simpleza, majadería, idiotez, mentecatería.

mentecato, -ta *adj.-s.* Necio, tonto*, simple, insensato, idiota, imbécil.

mentir *intr.* Faltar a la verdad, decir trolas. ► **2** *intr.-tr.* Engañar.

mentira *f.* Bola, trola, volandera, bulo, embuste*, trápala, comento (lit.), chapuza, chapucería, paparrucha, embustería, fraude, falsedad. ≠ Verdad, realidad. ▮ Los tres primeros son expresiones populares y fam.; *bulo* es rumor público falso. *Embuste, trápala, embustería* (popular) y *comento* (literario poco usado) significa *mentira* artificiosamente disfrazada; si el disfraz es burdo o la expresión es familiar, *chapuza, chapucería, paparrucha,* esp. cuando el asunto es poco importante o despreciable. *Fraude, falsedad, superchería, engaño, embeleco, falacia,* suponen intención de aprovecharse de la mentira; *engañifa* es pequeña falsedad, gralte. con intención de chasco o burla. *Farsa* sugiere embuste prolongado. La *patraña* y el *cuento* son mentiras de pura invención imaginativa. **2** Selenosis.

mentiroso, -sa *adj.-s.* Embustero, mendaz (lit.) o culto, falaz, falso, engañoso.

mentís *m.* Desmentida, desmentido. ▮ *Desmentido* es galicismo usado en Argentina y otros países americanos.

mentón *m.* Barbilla.

mentor *m.* Maestro, guía, consejero, consultor.

menú *m.* galic. Minuta. ▮ *Menú* es galicismo por *minuta* o lista de los platos que componen una comida.

menudencia *f.* Pequeñez, minucia, nimiedad, bagatela, nadería, niñería, insignificancia.

menudo ▮ **A menudo** *loc. adv.* Frecuentemente, con frecuencia, a cada paso, a cada instante, a traque barraque, muchas veces.

menudo, -da *adj.* Pequeño, chico, minúsculo. ► **2 A la menuda** *loc. adv.* Al detalle, al por menor, al menudeo. ≠ Al por mayor, al mayor.

meollar *m.* MAR. Pasadera.

meollo *m.* Encéfalo* (TECN.), sesos. **2** fig. Médula*. **3** Entendimiento, juicio, seso.

mequetrefe *m.* Chisgarabís, danzante, zascandil, muñeco, tarambana.

meramente *adv. m.* Solamente, puramente, únicamente.

mercader, -ra *s.* Comerciante, traficante, negociante.

mercadería *f.* Mercancía, género, artículo.

mercado *m.* Contratación, feria. ▮ Una *feria* es el *mercado* extraordinario que se celebra en día y lugar determinados.

mercancía *f.* Género, existencias, mercadería (p. us.), mercaduría, artículo. ▮ *Géne-*

ro es el nombre colectivo; *existencias*, las mercancías dispuestas para la venta.

mercantil *adj.* Comercial*.

mercar *tr.* Comprar*. ▮ *Mercar* se usa solo en los medios rurales.

merced *f.* Dádiva, don, regalo*. **2** Beneficio*, favor, gracia. ▸ **3 A merced de** *loc. prep.* A voluntad de, a arbitrio de.

mercenario, -ria *adj.* Asalariado*. ▮ *Mercenario* es desp., y se aplica al que sirve por estipendio en una función o trabajo que debería desempeñar personalmente el que lo paga. P. ej., tropas *mercenarias* son las que sirven por salario a un país extranjero.

mercurial *f.* (planta) Malcoraje.

mercurio *m.* Azogue, hidrargirio.

merecedor, -ra *adj.* Digno.

merecidamente *adv. m.* Dignamente, justamente, con razón.

merecimiento *m.* Mérito, virtud, justicia, derecho. ≠ Vicio, injusticia, ilegalidad.

meridional *adj.* Austral, antártico. ▮ Este último, tratándose de la región polar.

mérito *m.* Merecimiento. ▮ El *mérito* se aplica a las personas y a las cosas; el *merecimiento*, a las personas solamente. Por esto decimos: una obra de *mérito*, un hombre de *mérito*; pero no se diría: un cuadro de *merecimiento*, sino de *mérito*.

merla *f.* Mirlo.

merlo *m.* Zorzal marino.

merluza *f.* Pescada, pescadilla. ▮ Este último si la *merluza* es pequeña. **2** fig. y fam. Borrachera, embriaguez.

merma *f.* Disminución, pérdida, menoscabo, decrecimiento, baja*, bajón II*.

mermar *intr.-prnl.* Disminuir*, menguar, aminorarse, decrecer. ≠ Aumentar. ▸ **2** *tr.* Reducir, menoscabar, quitar. ≠ Aumentar, poner, producir.

mero *m.* (pez) Cherna.

mero, -ra *adj.* Puro, simple, solo.

mesada *f.* Mensualidad.

mesenterio *m.* CIENTIF. Redaño, entresijo. ▮ Ambos son términos usuales.

meseta *f.* Descansillo, descanso, rellano. **2** Altiplanicie. ▮ Tratándose de la *meseta* muy elevada y de gran extensión.

mesón *m.* Venta, parador, posada, hostal, hostería, fonda.

mesonero, -ra *s.* Posadero, ventero, huésped, hostelero.

mesura *f.* Gravedad, seriedad, compostura. **2** Reverencia, consideración, cortesía. ≠ Descortesía. **3** Moderación, comedimiento, prudencia, circunspección. ≠ Descomedimiento, imprudencia.

meta *f.* Término, final. **2** fig. Fin*, designio, propósito, intento, finalidad, objeto, objetivo. **3** DEP. Llegada.

metáfora *f.* Traslación.

metamorfosear *tr.-prnl.* Transformar, transmutar, convertir, cambiar*, desfigurar. ≠ Figurar, permanecer.

metamorfosis *f.* Transformación, transmutación, conversión, cambio. ▮ *Metamorfosis* es gralte. usado en Historia Natural y como término literario: *metamorfosis* de un insecto, *metamorfosis* de las costas.

metano *m.* Gas de los pantanos.

metaplasmo *m.* Figura de dicción.

metátesis *f.* Transposición.

metedor *m.* Braga, metidillo, metido.

metedor, -ra *s.* Contrabandista, matutero.

metempsícosis, metempsicosis *f.* Transmigración.

metemuertos *m.* Sacasillas, metesillas y sacamuertos.

meteorito *m.* Aerolito.

meter *tr.-prnl.* Introducir, incluir, encajar. ≠ Sacar. ▮ «Se *mete* el pan en el horno, el dinero en el bolsillo, la espada hasta la guarnición; se *introduce* una digresión en un discurso, el veneno entre las flores, un embajador a la presencia del monarca...» (M). **2** Poner, introducir. ▮ *Poner* significa colocar o situar. Puede sustituir a *meter* cuando la idea de poner dentro o *introducir* está dada, bien por el empleo de preposiciones (en, entre, hasta), bien por las circunstancias de la acción o de los interlocutores; p. ej.: *poner* o *meter* una cosa en un saco; *ponerse* o *meterse* el sombrero hasta las orejas; pero no podría decirse *meter* un libro en, o sobre, la mesa más que en el caso de que la mesa estuviese muy llena y hubiera que colocarlo entre otros objetos. ▸ **3** *prnl.* Introducirse, mezclarse, inmiscuirse. ≠ Salirse. **4** Disputar, inquietar, mortificar, molestar. ▮ P. ej.: *meterse* con uno.

meticuloso, -sa *adj.* Medroso*, pusilánime. 2 Minucioso, escrupuloso, nimio. ≠ Irreflexivo, olvidadizo.

metódico, -ca *adj.* fig. Arreglado, ordenado, cuidadoso.

metodizar *tr.-prnl.* Ordenar, arreglar, regularizar, normalizar. ≠ Desordenar, irregularizar.

método *m.* Procedimiento, norma, regla, sistema, orden*. ▌ *Procedimiento* se aplica principalmente a la manera de hacer algo, esp. cuando comprende más de una operación: *procedimiento* para obtener un cuerpo químico. *Método* se aplica más al pensamiento que a la acción, en tanto que *norma* y *regla* suelen referirse a un solo acto, problema, etc. La *norma* continuada o repetida (o conjunto de normas) constituye un *orden*, o un *método*, en el pensamiento o en el trabajo, y un *sistema* en la conducta.

metonimia *f.* Transformación.

métrica *f.* Versificación.

metro *m.* Metropolitano, subterráneo.

metropolitano *m.* Obispo de la primera silla. 2 Metro, subterráneo.

metropolitano, -na *adj.** Arzobispal.

mezcla *f.* Mixtión, mixtura, agregado, aleación, liga. ▌ Los dos últimos se utilizan si la *mezcla* es de metales. 2 Argamasa, mortero.

mezclable *adj.* Miscible (lit.).

mezclar *tr.-prnl.* Juntar, incoporar, unir, agregar, mixturar (lit.), mixtionar (lit.), inmiscuir. ≠ Separar, desunir, individualizar. ▌ *Insmiscuir* es introducir una cosa en otra para *mezclarla* con ella, pero dos o más cosas entre sí se *mezclan*, no se *inmiscuyen*. ► 2 *prnl.* Inmiscuise, entremeterse, entrometerse, injerirse, introducirse, meterse.

mezquindad *f.* Pobreza, miseria, estrechez. ≠ Riqueza. 2 Avaricia*, tacañería, ruindad, cicatería, sordidez. ≠ Generosidad.

mezquino, -na *adj.* Pobre, necesitado. 2 Avaro, miserable, ruin, tacaño, cicatero, sórdido, avariento*. 3 Pequeño, diminuto, exiguo, escaso, menguado.

miaja *f.* Migaja, cacho, pedazo*, porción.

miar *intr.* Maullar, mayar.

mico *m.* Maimón, mono.

micra *f.* Micrón.

microbio *m.* Microorganismo.

microgameto *m.* Espermatozoario, espermatozoide, espermatozoo, zoospermo.

micrón *m.* Micra.

miedo *m.* Recelo, temor, espanto, pavor, pánico, medrana, jindama, cobardía, terror. ≠ Valor, tranquilidad, audacia. ▌ Serie intensiva: *recelo, temor** (daño supuesto); *miedo* (daño real o supuesto); *espanto, pavor y terror* (con señales exteriores del estado psíquico); *pánico*, terror colectivo. *Miedo* ocupa la posición central de la serie, y puede sustituir a cualquiera de ellos. *Medrana* es fam. y poco usado; *jindama*, germanismo o vulgarismo. La *cobardía* es la condición del que habitualmente tiene miedo o es propenso a él. La *cobardía* es permanente; el *miedo* puede ser ocasional. La *cobardía* es el efecto del *miedo*. ▌ «El *miedo* es la aprehensión viva del peligro que sobrecoge y ocupa el ánimo. El *temor* es el convencimiento del ánimo, el efecto de la reflexión, que le hace prever y le inclina a huir del peligro. Un niño tiene *miedo* de quedarse solo o a oscuras. Un hombre que va solo, y sin armas, tiene *temor* de encontrar ladrones en un camino. De aquí que el *miedo* siempre es despreciable, pero no lo es siempre el *temor*; y así se dice: el *temor* de Dios, y no el *miedo*. Es noble el *temor* de la deshonra, que hace perder al soldado el vergonzoso *miedo* al enemigo.» (LH)

miedoso, -sa *adj.* Medroso, pusilánime, temeroso, cobarde.

miembro *m.* Extremidad. 2 **Miembro viril** Falo, pene, verga, méntula.

mientras *adv. t.* En tanto, entre tanto, mientras tanto.

miga *f.* Migaja. 2 Molledo. 3 Sustancia, meollo, enjundia.

migaja *f.* Partícula, miaja. → **migajas**

migajas *f. pl.* Sobras, desperdicios, restos. → **migaja**

migración *f.* Emigración, inmigración, transmigración, éxodo. ≠ Presencia, llegada. ▌ Toda *migración* supone una *emigración*, o salida del país de origen, y una *inmigración*, en el país de llegada. *Transmigración* y *éxodo* equivalen a *emigración*, y se usan esp. cuando ésta es colectiva.

migraña *f.* Jaqueca, hemicránea (MED.).
miguelete *m.* Miquelete.
mijo *m.* Millo.
milagro *m.* Prodigio, maravilla, portento. ≠ Realidad. **2** Exvoto.
milagroso, -sa *adj.* Sobrenatural. **2** Asombroso, maravilloso, prodigioso, estupendo, portentoso, pasmoso.
milano *m.* Azor, esmerejón.
milenrama *f.* Altarreina, aquilea, artemisa bastarda, hierba meona, milhojas.
milla *f.* MAR. Nudo.
mimar *tr.* Halagar, acariciar. **2** Consentir, mal acostumbrar, malcriar, enviciar.
mimbre *amb.* Vimbre.
mimético, -ca *adj.* Imitativo.
mimo *m.* Caricia*, halago, cariño. **2** Vicio, consentimiento, condescendencia.
mimoso, -sa *adj.* Melindroso, delicado, regalón.
mina *f.* Criadero, minero.
minar *tr.* Socavar. **2** fig. Desgastar, consumir.
minarete *m.* Alminar.
minimizar *tr.* Subestimar, tener en poco.
minio *m.* Azarcón (p. us.), rúbrica sinópica (TECN.).
ministerial *adj.* Gubernamental.
ministerio *m.* Empleo, funciones, ocupación, cargo. **2** Gobierno, gabinete.
minorar *tr.-prnl.* Aminorar, disminuir, reducir, acortar. ≠ Aumentar, alargar, ampliar. **2** Atenuar, mitigar, paliar, amortiguar.
minoría *f.* Menor edad, minoridad.
minucia *f.* Pequeñez, menudencia, nimiedad, bagatela, nadería, niñería, insignificancia, detalle, pormenor. ≠ Importancia, gravedad.
minucioso, -sa *adj.* Nimio, escrupuloso, meticuloso.
minuta *f.* Borrador, extracto, apunte, apuntación, apuntamiento. **2** Cuenta. ▮ P. ej.: de los honorarios de abogados, notarios, etc. **3** Menú. ▮ *Minuta* sustituye con ventaja al galicismo *menú*.
miope *adj. com.* Corto de vista.
mira *f.* fig. Intención, propósito, designio, fin¹*.
mirabel *m.* Ayuga, perantón, pinillo. **2** Girasol.
mirada *f.* Ojeada, vistazo. ▮ Ambos si la *mirada* es rápida.
mirado, -da *adj.* Remirado, cauto, circunspecto, reflexivo, prudente. **2** Atento, respetuoso, considerado.
miramelindos *m.* Balsamina.
miramiento *m.* Circunspección, cuidado, precaución, cautela, repulgo, melindre. ≠ Imprudencia. ▮ Los dos últimos, cuando se considera afectado o ridículo. **2** Respeto*, atención, consideración. ≠ Desatención.
mirar *tr.-prnl.* Atender, observar, buscar, inquirir, considerar, no perder de vista, mirar de hito en hito, dar una ojeada. **2** Reconocer, respetar. **3** Amparar, proteger, velar, cuidar. ▶ **4 De mírame y no me toques** *loc. adj.* Frágil, quebradizo.
mirasol *m.* Girasol.
mirífico, -ca *adj.* poét. Admirable, maravilloso.
mirlo *m.* Merla, mirla.
mirobálano, mirobálanos *m.* Avellana índica, belérico, mirabolano.
mirón, -na *s.* Voyeur (galic.).
mirto *m.* Arrayán.
misántropo *m.* Huraño, arisco. ▮ El *misántropo* huye de los hombres y del trato humano no solo por sentimientos de repulsión o de timidez, sino que su aversión es más o menos deliberada o reflexiva. Por esto no decimos de un niño o de un animal que es un *misántropo*, sino que les aplicamos con propiedad los adjetivos *huraño* y *arisco*. En una persona adulta, que no procede solo por instintos y sentimientos, sino también por experiencia y reflexión, cabe la *misantropía*.
miserable *adj.* Desdichado, infeliz, desgraciado, infortunado, mísero, desventurado. **2** Menesteroso, necesitado, indigente, pobre. **3** Abatido. **4** Avariento, mezquino, tacaño, ruin, roñoso, cicatero. **5** Corto, escaso, exiguo. **6** Perverso, canalla, infame, vil.
miseria *f.* Desgracia, desventura, infortunio. ≠ Fortuna, ventura. **2** Pobreza, estrechez, indigencia, escasez. **3** Avaricia*, mezquindad, tacañería, ruindad. ≠ Generosidad. **4** Piojos.
misericordia *f.* Conmiseración (lit.), miseración (lit.), compasión, lástima*, piedad, caridad. ≠ Impiedad. **2** Clemencia. ≠ Condena. ▮ «La *misericordia* considera al hombre con relación a su infelicidad

y miseria; la *clemencia* con relación a su fragilidad o malicia. La primera es el efecto de la compasión que inclina a ejecutar aquellas obras que pueden aliviar los males o consolar las aflicciones; la segunda es efecto de la bondad o generosidad del ánimo, que mitiga el rigor merecido o perdona los agravios personales que puede legalmente castigar. Se implora la *misericordia* de aquel de cuya voluntad depende el castigo o la venganza; pero es con diferentes relaciones: en la *misericordia* pedimos un efecto de la compasión; en la *clemencia* un efecto de la generosidad. Por eso, a las obras de *misericordia* no se las puede llamar, con igual propiedad, obras de *clemencia*.» (LH).

misericordioso, -sa *adj.* Compasivo, piadoso, caritativo, humano. **2** Clemente.

mismo, -ma *adj.* Propio, igual, idéntico. ≠ Distinto, desigual, heterogéneo.

misterio *m.* Secreto*, arcano. **2** Suspense, intriga.

misterioso, -sa *adj.* Oculto, recóndito, secreto, oscuro.

misticismo *m.* Mística.

misticón, -ona *adj.-s.* desp. Santurrón (desp.), gazmoño, beatón, mojigato, gazmoñero, timorato, beatón.

mítico, -ca *adj.* Legendario, tradicional. **2** Célebre, famoso, histórico, legendario. ❚ Tratándose de una persona o cosa muy sobresaliente y conocida.

mitigar *tr.-prnl.* Moderar, suavizar, calmar, aplacar*, templar, aliviar*, amortiguar*.

mitón *m.* Confortante.

mitosis *f.* Cariocinesis.

mitra *f.* Diócesis, obispado, sede.

mixtura *f.* Mezcla, mixtión.

mízcalo *m.* Níscalo.

mobiliario *m.* Moblaje, mueblajo.

mobiliario, -ria *adj.* Mueble.

mochil *m.* Morillero, motil, motril.

moción *f.* Proposición, propuesta.

moco *m.* Mucosidad.

moda *f.* Uso, usanza. ❚ Ambos, cuando la *moda* no es pasajera, sino que tiene cierta tradición. ❚ «*Moda* es un *uso* nuevo que no ha llegado a ser general. En llegando a ser adoptado por todos, o por la mayor parte, y por algún tiempo, ya es *uso*. Todo *uso* ha sido *moda* en sus principios. Fue *moda* el afeitarse, ya es *uso*.» (LH). ► **2 De moda** *adj.* Presente, actual, en boga. ► **3 Pasado de moda** *loc. adj.* Trasnochado, anticuado.

modales *m. pl.* Maneras, formas, modos.

modelo *m.* Pauta, muestra, regla, patrón, dechado. **2** Ejemplo, ejemplar, tipo, prototipo, muestra.

moderación *f.* Sobriedad, morigeración, templanza*, temperancia. ≠ Inmodestia. **2** Cordura, mesura, comedimiento. ≠ Abuso, inmodestia.

moderado, -da *adj.* Módico, sobrio, parco, templado, reglado, mesurado. ≠ Inmoderado, abusivo, inmodesto, indiscreto. ❚ *Módico* (tratándose de precios, pretensiones, etc.) significa limitado en cantidad. Aplicado a personas o actos humanos, se utilizan el resto de sinónimos.

moderar *tr.-prnl.* Templar, atemperar, ajustar, arreglar, refrenar, suavizar, mitigar, sentar la cabeza, parar el carro, amansar el trote, aliviar*, amortiguar*, aplacar*. ≠ Abusar, descomedirse, irritar.

moderno, -na *adj.* Actual, reciente, nuevo, novedoso, vanguardista, innovador, de nuestro tiempo, de hoy en día.

modestia *f.* Humildad. ≠ Presunción, ostentación, soberbia, vanidad. ❚ La *humildad* es más intensa y profunda que la *modestia*; esta se manifiesta más bien en la vida social; aquella se acerca más al fondo religioso o filosófico del ser humano. **2** Pudor, vergüenza, recato, decoro, decencia, honestidad.

modesto, -ta *adj.* Humilde. **2** Recatado, decente, púdico, decoroso.

módico, -ca *adj.* Moderado, limitado, reducido, parco.

modificar *tr.-prnl.* Cambiar*, variar, mudar, transformar. ≠ Permanecer, ratificar. **2** Corregir*, enmendar, rectificar. ≠ Ratificar.

modillón *m.* Can, canecillo.

modismo *m.* Idiotismo.

modo *m.* Manera, forma, carácter*. → **modos** ► **2 De igual modo** *loc. adv.* Asimismo, del mismo modo, igualmente, también, de la misma manera, así.

modorra *f.* Amodorramiento, sopor. **2** Nebladura, torneo. ❚ Ambos, en las reses lanares.

modos *m. pl.* Urbanidad, cortesía, educación*. ⟶ **modo**

modoso, -sa *adj.* Cortés, urbano, bien criado. ▮ La cualidad de *modoso* se refiere especialmente a los buenos modales o buenas maneras en el trato.

mofa *f.* Burla, escarnio, befa, ludibrio.

mofletudo, -da *adj.* Cariampollado, cariampollar, carilludo, molletudo, gordinflón. ▮ Los dos primeros, usuales en los clásicos.

mogol, -la *adj.-s.* (pers.) Mongol. ▮ *Mongol* es de uso moderno, imitado del francés e influido por el nombre geográfico Mongolia.

moharrache, moharracho *m.* Zarrahón.

mohín *m.* Gesto, mueca.

mohína *f.* Enojo, enfado, descontento. ≠ Contento, amistad.

mohíno, -na *adj.* Triste, melancólico, disgustado, enfadado.

mohoso, -sa *adj.* Enmohecido, herrumbroso, verdinoso, oxidado, corroído. ▮ *Enmohecido*, en general; trátandose de metales, el resto de sinónimos.

mojadura *f.* Remojón.

mojigato, -ta *adj.* Timorato, gazmoño, santurrón, beato.

mojón [1] *m.* Hito, moto, muga.

mojón [2] *m.* Catavinos, enólogo*.

mojonera *f.* Clavera.

molde *m.* Forma, patrón, hembra, turquesa, horma.

moler *tr.* Molturar, triturar. **2** fig. Molestar, mortificar, fatigar.

molestar *tr.-prnl.* Incomodar, estorbar, fastidiar, enojar, disgustar, enfadar, mortificar, incordiar, importunar, fatigar, dar jaqueca, dar la tabarra, dar la lata, gastar la paciencia, traer a mal traer, cansar*, disgustar*. ≠ Alegrar, tranquilizar, apaciguar.

molestia *f.* Incomodidad, estorbo, fastidio, desagrado, enfado, mortificación, enojo, engorro. ≠ Comodidad, salud, alegría.

molesto, -ta *adj.* Incómodo*, embarazado, fastidioso, pesado, desagradable, enfadoso, enojoso. ≠ Bueno, oportuno, simpático, fácil.

molicie *f.* Blandura. **2** Regalo, deleite, ocio, comodidad.

molienda *f.* Moltura, moledura. **2** fig. Molimiento, molestia, fatiga.

molificar *tr.* Ablandar, suavizar.

molimiento *m.* Cansancio, fatiga, moledura, molestia.

molinete *m.* (juguete) Rehilandera, ventolera.

molleja *f.* Cachuela.

mollera *f.* fig. Caletre, seso, cacumen, chirumen, pesquis.

momentáneo, -ea *adj.* Instantáneo, fugaz, breve, transitorio, pasajero. ≠ Duradero, permanente.

momento *m.* Instante, punto. ▮ «Un *momento* no es largo; un *instante* es todavía más corto.» (Ma). **2** Oportunidad, coyuntura, ocasión, actualidad.

monacal *adj.* Monástico. ▮ «*Monástico* es lo relativo al *monasterio*; *monacal* es lo relativo al *monje*. La institución es *monástica*; el hábito es *monarcal*.» (M).

monacato *m.* Monaquismo.

mónada *f.* Microcosmo.

monaguillo *m.* Monacillo (antic.), monago.

monarca *m.* Rey, soberano.

monasterio *m.* Convento, abadía*, cenobio, claustro, recolección, casa recoleta. ▮ *Convento* es el nombre gral; *monasterio* es palabra escogida, y se aplica generalmente a las grandes casas religiosas situadas fuera del poblado; *abadía* es el *monasterio* regido por abad o abadesa; *cenobio* se aplicó a las comunidades religiosas primitivas, hoy es literario. Aludiendo al retiro del mundo que en él se practica, se dice también *claustro, recolección, casa recoleta.*

monástico, -ca *adj.* Monacal, conventual.

monda *f.* Cáscara*, mondadura, piel, corteza, monda.

mondadientes *m.* Escarbadientes, palillo, limpiadientes.

mondadura *f.* Cáscara, monda, piel, corteza.

mondar *tr.* Pelar.

moneda *f.* Dinero.

monetario, -ria *adj.* Pecuniario.

monís *m.* Dinero*, pecunia.

monitor, -ra *s.* Admonitor, amonestador. **2** Preparador, instructor, entrenador.

monje *m.* Anacoreta, solitario. **2** Fraile*, religioso*, cenobita. ▮ *Fraile* y *religioso* son hoy las denominaciones corrientes; *monje* se siente generalmente como voz escogida. *Cenobita* se aplica a los antiguos religiosos que vivieron en comunidad.

mono, -na *adj.* Pulido, delicado, bonito, lindo, gracioso. ► **2** *s.* Simio.

monocordio *m.* Sonómetro.

monocromo, -ma *adj.* Unicolor.

monofisismo *m.* Eutiquianismo, jacobitismo.

monofisita *adj. com.* Eutiquiano, jacobita.

monólogo *m.* Soliloquio.

monomanía *f.* Paranoia (MED.), manía, idea fija, monopsicosis.

monomaníaco, -ca *adj.* Maniático, paranoico.

monopétalo, -la *adj.* Gamopétalo.

monopolizar *tr.* Acaparar. ≠ Repartir, dar, descentralizar.

monosépalo, -la *adj.* Gamosépalo.

monotonía *f.* Uniformidad, igualdad.

monótono, -na *adj.* Uniforme, igual.

monotrema *adj. com.* Ornitodelfo.

monserga *f.* Galimatías, embrollo.

monstruoso, -sa *adj.* Antinatural, teratológico. **2** Enorme, fenomenal, colosal. **3** Execrable, aborrecible, nefando, horrible*.

monta *f.* Total, monto, suma. **2** Hípica, equitación. ► **3 De poca monta** *loc. adj.* Baladí, insignificante, insustancial, superficial, fútil, de mala muerte, nimio, despreciable, miserable, desdeñable, de tres al cuarto, de chicha y nabo, pequeño. ≠ Importante.

montaje *m.* Montura.

montanera *f.* Bellotera.

montañoso, -sa *adj.* Montuoso.

montar *intr.-prnl.* Subir. ≠ Bajar, desmontar, descender. **2** Cabalgar. ► **3** *intr.* Importar, sumar, elevarse. **4** Armar. **5** Engastar. ≠ Desajustar. **6** Amartillar.

montaraz *adj.* Saltero, agreste, cerril, bravío, montés, salvaje*, selvático, silvestre*.

monte *m.* Montaña, bosque*. **2** ANAT. Eminencia.

montería *f.* Cinegética. **2** Caza mayor.

montón *m.* Cúmulo, rimero, pila. **2** Multitud, sinnúmero, infinidad. ► **3 Del montón** *loc. adj.* Adocenado, vulgar, común.

montuoso, -sa *adj.* Montoso (p. us.), montañoso.

montura *f.* Cabalgadura. **2** Montadura, arreos. **3** Montaje.

monumental *adj.* fig. Magnífico, grandioso.

moño *m.* Rodete.

moquero *m.* Mocador, pañuelo, pañuelo de bolsillo. ▮ Por eufemismo se usa el término general *pañuelo* o *pañuelo de bolsillo*.

morabito *m.* Marabuto, morabuto.

morada *f.* Habitación*, casa*, mansión. **2** Estancia, estada, estadía, permanencia.

morador, -ra *adj.-s.* Habitante, vecino, residente.

moradux *m.* Almoradux, mejorana.

moral [1] *f.* Ética, filosofía moral.

moral [2] *m.* Moreda.

moralista *com.* Ético.

morar *intr.* Residir, habitar, vivir. ▮ *Morar* es voz escogida, de uso principalmente literario.

mórbido, -da *adj.* Blando, delicado, suave, muelle. **2** Morboso, malsano, enfermizo.

morbilidad *f.* Morbidad.

morbo *m.* Enfermedad*, padecimiento, afección. **2 Morbo comicial** p. us. Epilepsia, mal caduco (vulg.), mal de corazón (vulg.), gota coral (MED.).

morcillo, -lla *adj.* Cambujo. ▮ Este último, tratándose de caballerías menores.

mordacidad *f.* Dicacidad, causticidad, causticismo. ≠ Suavidad, alabanza.

mordaz *adj.* Cáustico. **2** Áspero, picante. **3** fig. Acre, punzante, incisivo, dicaz, satírico.

mordedura *f.* Mordimiento, mordisco, dentellada. ▮ *Mordisco* es *mordedura* pequeña o leve; *dentellada* es la señal que dejan los dientes al morder.

morder *tr.* Tarascar, tarazar, atarazar, mordiscar, mordisquear. ▮ *Mordiscar* y *mordisquear* son frecuentativos, e indican poca intensidad de la acción. **2** Corroer. **3** Murmurar, difamar, desacreditar, criticar, satirizar.

mordihuí *m.* Gorgojo (insecto).

mordiscar *tr.* Dentellear, mordisquear.

morena [1] *f.* (pez) Murena.

morena [2] *f.* (pan moreno) Canil.

morga *f.* Alpechín, murga, tina, tinaco. **2** Coca de Levante.

moribundo, -da *adj.-s.* Agonizante.

morigerado, -da *adj.* Templado, moderado, mesurado, sobrio, comedido.

morir *intr.-prnl.* Fallecer, expirar, fenecer, finar, entregar el alma, entregarla (fam.), dormir en el Señor, subir al Cielo, estirar la pata (burl.), espichar (vulg.), diñarla (en germanía), acabar, acabar sus días. ≠ Nacer. ▮ Los cuatro primeros son respetuosos. *Subir al Cielo*, tratándose de niños. **2** Desvivirse, pirrarse, perecer, beber los vientos.

morosidad *f.* Lentitud, tardanza, demora, dilación. ≠ Rapidez.

moroso, -sa *adj.* Lento, tardo, tardío*. **2** Retrasado, en descubierto. ▮ *Retrasado* (en el pago).

morrada *f.* fig. Guantada, bofetada.

morriña *f.* Comalia, zangarriana. **2** fig. Tristeza, melancolía, nostalgia, añoranza, soledad.

morro *m.* Hocico, jeta. ▮ Tanto *morro* como *hocico* y *jeta* se usan propiamente hablando de animales; tratándose de personas son desp. o burlescos. ► **2 Por el morro** *loc. adv.* fam. Por su cara bonita, por la cara (fam.), por las buenas, gratis, graciosamente, gratuitamente, por que sí, de balde, sin ton ni son.

morrocotudo, -da *adj.* hum. Importante, grande, formidable, difícil, gravísimo, fenomenal. ▮ *Morrocotudo* es un vocablo de significación intensiva.

morrudo, -da *adj.* Bezudo, hocicudo.

mortal *adj.* Perecedero. ≠ Inmortal, vívido. **2** Letal, mortífero, letífero. **3** fig. Angustioso, fatigoso, abrumador. **4** Decisivo, concluyente.

mortandad *f.* Hecatombe, matanza, degollina, carnicería. ▮ Los tres últimos, cuando la *mortandad* está producida por una batalla, insurrección, etc.

mortecino, -na *adj.* fig. Apagado*, débil, bajo, descolorido.

mortero *m.* Almirez. ▮ Aunque *mortero* y *almirez* sean originariamente sinónimos, hoy suele haber entre ellos una diferencia de forma: el *almirez* es más alto; el *mortero* tiene menos altura y mayor anchura. En los laboratorios se dice generalmente *mortero*; en las cocinas predomina *almirez*. **2** Argamasa, mezcla.

mortífero, -ra *adj.* Mortal, letal. ▮ *Letal* se aplica especialmente a gases, venenos; *mortífero* es de aplicación general. No se diría p. ej., el enemigo hacía un fuego *letal*, sino *mortífero*. En cambio decimos que las emanaciones de un pantano son *letales* o *mortíferas*.

mortificar *tr.-prnl.* Dañar, doler. **2** Afligir, molestar, lastimar, apesadumbrar. ► **3** *tr.* Cancerar (fig.), castigar, reprender.

morueco *m.* Marón, murueco.

moruno, -na *adj.* Moro, moriego (desus.).

moscardón *m.* Estro. **2** Moscón. **3** Avispón.

moscareta *f.* Muscaria, muscícapa.

mosquear *tr.* Azotar, vapulear, picar. ► **2** *prnl.* Resentirse, sentirse, amoscarse, darse por aludido, sentirse molesto.

mosquito *m.* Cénzalo (desus.), mosco, violero.

mostaza *f.* Ajenabe, jenabe, jenable.

mostellar *m.* Mojera, mostajo.

mostense *adj. com.* (pers.) Premonstratense.

mostrar *tr.-prnl.* Indicar, señalar, designar, guiar*. **2** Enseñar, exponer, presentar, exhibir, descubrir la oreja, enseñar las cartas. ≠ Ocultar, esconder, tapar. **3** Manifestar, patentizar. ≠ Ocultar, esconder, tapar. **4** Explicar, demostrar, probar.

mostrenco, -ca *adj.* Mesteño. ► **2** *adj.-s.* Ignorante, torpe, zote, bruto, zoquete.

motacila *f.* Aguzanieves.

mote *m.* Lema, empresa, divisa. **2** Apodo, sobrenombre*.

motejar *tr.* Zaherir, mortificar, satirizar, criticar.

motín *m.* Alboroto*, tumulto, asonada, revuelta, sublevación*.

motivo *m.* Móvil, fundamento, razón, causa, ocasión*.

motorización *f.* Mecanización.

motorizar *tr.* Mecanizar.

mouse *m.* (anglic.) Ratón.

movedizo, -za *adj.* Movible. **2** Inseguro, inestable. **3** fig. Inconstante, veleidoso, tornadizo.

mover *tr.-prnl.* Trasladar, mudar. **2** Menear, agitar, remover. ▮ «Todo lo que se *menea* se *mueve*; pero no se dice con igual propiedad que todo lo que se *mueve* se *menea*, porque el verbo *mover* supone indeterminadamente cualquier especie de movimiento, y el verbo *menear* supone un movimiento determinado, esto es, el que hace un cuerpo separándose un poco del puesto en que se hallaba, y volviendo inmediatamente hacia él, una o repetidas veces. Una piedra que cae, se *mueve* de arriba abajo, y no se dirá con propiedad que se *menea*. La hoja de un árbol que se *mueve* de un lado a otro, se *menea*. Un pájaro que vuela se *mueve* en todas direcciones, y *menea* de cuando en cuando sus alas y su cola. Movemos la cabeza, volviéndola, inclinándola a un lado para evitar un golpe; la meneamos para decir que no, por señas, moviéndola sucesivamente de un lado a otro.» (LH). **3** fig. Inducir, persuadir, incitar. **4** Suscitar, originar, causar, ocasionar.

movible *adj.* Móvil. **2** fig. Variable, mudable, inseguro.

movida *f.* (col.) Jaleo, alboroto, agitación. **2** (col.) Animación, diversión, juerga.

móvil *adj.* Movible. ≠ Quieto, pasivo. **2** Inestable, inseguro. ▶ **3** *m.* Celular (Amér.), teléfono móvil. **4** *m.* Motivo, causa*, razón.

movimiento *m.* Circulación, actividad. **2** Pronunciamiento, levantamiento, sublevación. **3** fig. Alteración, conmoción. **4** MUS. Tempo, tiempo.

mozárabe *adj. com.* Almozárabe, muzárabe.

mozo, -za *adj.* Joven, mancebo, zagal, muchacho. ▌Si tiene pocos años, se emplean los tres últimos. **2** Soltero. ▶ **3** *s.* Criado*, sirviente, camarero.

mucamo, -ma *s.* Argent. y Chile. Criado, sirviente.

muchachada *f.* Chiquillería (fam.), niñada*, niñería, chiquillerío (Méx.). **2** Rapacería, rapazada, mocerío.

muchacho, -cha *s.* Niño, chico, chiquillo, rapaz, mozuelo. **2** Mozo, joven, mancebo, zagal.

muchedumbre *f.* Abundancia, multitud, sinnúmero, infinidad. ≠ Escasez. **2** Gentío, vulgo, masa. ≠ Individualidad.

muda *f.* (de ropa) Remuda.

mudable *adj.* Inestable*, instable, variable, inconstate, veleidoso, versátil, cambiable, mutable.

mudanza *f.* Mutación, alteración, cambio*, variación. **2** Traslado.

mudar *tr.-prnl.* Cambiar, variar, alterar, tomar otro giro, cambiar el aspecto. ≠ Permanecer, ratificar. **2** Remover, trasladar. ▶ **3** *prnl.* Irse, marcharse. ≠ Permanecer.

mudo, -da *adj.-s.* fig. Callado, silencioso*, taciturno.

mueca *f.* Visaje, gesto.

muela *f.* Rueda de molino, volandera. **2** (diente) Molar, quijal, quijar. **3** Almorta, guija.

muelle *adj.* Suave, blando, delicado, mole (p. us.). **2** Voluptuoso, sensual. ▶ **3** *m.* Resorte.

muérdago *m.* Almuérdago, arfueyo.

muerte *f.* Defunción, fallecimiento, óbito, tránsito, expiración. ≠ Vida, nacimiento. ▌Los tres primeros, tratándose de personas; el último, de santos o personas de vida virtuosa. → **morir**. **2** Homicidio. **3** fig. Término, fin, destrucción, ruina, aniquilamiento. ≠ Nacimiento. ▶ **4 De mala muerte** *loc. adj.* Fútil, pequeño, frívolo, nimio, insustancial, de tres al cuarto, de medio pelo, insignificante, baladí, mezquino, miserable, despreciable, desdeñable.

muerto, -ta *adj.-s.* Difunto, finado, caído (en la lucha), baja (en la lucha), interfecto (DER.). **2** Acabado, terminado, inactivo. **3** Apagado, mortecino, descolorido.

muestra *f.* fig. Señal, demostración, indicio, prueba. **2** Ejemplar, espécimen, modelo. ▶ **3 Hacer la muestra** *loc.* Aparentar, simular, fingir, hacer la comedia, ser un quiero y no puedo.

mugre *f.* Grasa, pringue, suciedad, porquería. ≠ Limpieza.

mugrón *m.* Provena, rastro.

muguete *m.* Lirio de los valles.

mujeril *adj.* Femenino*, femenil.

mújol *m.* Cabezudo, capitón, lisa, liza, matajudío, múgil.

muladar *m.* Estercolero, basurero.

muletilla *f.* Bordón, bordoncillo, estribillo.

mulo *m.* Macho.

multicopista *f.* Copiador, policopia.

multimillonario, -ria *adj.-s.* Archimillonario.

multiplicar *tr.-prnl.* Aumentar, propagar, reproducir, agrandar*. ≠ Disminuir, menguar.

multitud *f.* Muchedumbre, abundancia, infinidad, sinnúmero. ≠ Escasez. **2** Gentío, vulgo, masa. ≠ Individualidad.
mullir *tr.* Ablandar, esponjar.
mundial *adj.* Universal*, general, internacional*.
mundillo *m.* (arbusto y flor) Sauquillo, bola, mundo.
mundo *m.* Cosmos, creación, universo, orbe. **2** Tierra, globo terráqueo. **3** Astro. **4** Humanidad. **5** Baúl. ▸ **6 Desde que el mundo es mundo** *loc. adv.* Antiguo, viejo, vetusto, añoso, arcaico, remoto, más viejo que el andar a pie (fam.), del año de la pera (fam.), del tiempo de Maricastaña (fam.), en tiempo del rey que rabió (fam.), en tiempo de los godos (fam.), del tiempo de Noé.
mundología *f.* irón. Tacto, diplomacia, sagacidad.
mundonuevo *m.* Mundinovi, titirimundi, tutilimundi, totilimundi, cosmorama.
municipio *m.* Ayuntamiento, concejo*, consistorio.
munificencia *f.* Esplendidez, liberalidad, generosidad, largueza. ≠ Tacañería.
muñeco *m.* fig. Mequetrefe, chisgarabís.
muñón *m.* Tocón.
muralla *f.* Muro.
murar *tr.* Amurallar, cercar.
múrice *m.* Peñasco. **2** Púrpura.
murmullo *m.* Rumor. **2** Murmurio, susurro.
murmurar *intr.* Susurrar. **2** Rezongar. **3** Cortar un vestido, cortar un traje, cortar un sayo, criticar, morder, despellejar, poner en lengua a uno, no dejarle a uno hueso sano, meterse en vidas ajenas.
muro *m.* Pared, tapia. **2** Muralla.
murria *f.* Tristeza*, melancolía, abatimiento, malhumor, cancamurria, saudade. ≠ Alegría, ilusión.
musa *f. pl.* Castálidas, pegásides, coro de Apolo, piérides, helicónides. ▌ En esta acepción, se utiliza el pl. *musas*, o bien el sing. con sentido colectivo. ▸ **2** *f.* fig. Numen, inspiración, vena.
musculatura *f.* Carnadura (vulg.).
muserola *f.* Sobarba.
música *f.* Melodía, canción, composición.
musitar *intr.* Mistar, mascullar*, susurrar, bisbisar*.
muslime *adj.-s.* Mahometano, musulmán.
mustela *f.* Comadreja.
mustio, -tia *adj.* Lacio, lánguido, marchito. **2** Melancólico, triste, decaído.
musulmán, -ana *adj.-s.* Mahometano, muslime, islamita.
mutación *f.* Mudanza, cambio*, variación. ≠ Permanencia. **2** H. NAT. Metamorfosis.
mutilado, -da *adj.* Roto, incompleto. ▌ Tratándose de cosas. ▸ **2** *adj.-s.* Lisiado, inválido. ▌ Tratándose de personas.
mutismo *m.* Silencio, mudez.
mutual *adj.* Mutuo.
mutuamente *adv. m.* Recíprocamente.
mutuo, -tua *adj.* Mutual, recíproco. ≠ Singular, personal. ▌ Aunque *mutuo* y *mutual* significan lo mismo, el uso de *mutual* va quedando hoy restringido a lo referente a la mutualidad o al mutualismo. Así pues, los intereses *mutuales* son los que afectan en conjunto a la mutualidad, mientras que los intereses *mutuos* afectan en particular a cada uno de los socios mutualistas. ▌ «*Mutuo* designa la acción de dos agentes ejercida uno en otro; *recíproco* añade a esta idea la de igualdad en la acción. Hay relaciones *mutuas* entre dos naciones cuando se comunican entre sí en política y en comercio; hay amor *recíproco* entre dos personas cuando una ama tanto como otra. Los compromisos *mutuos* son ventajosos cuando las obligaciones son *recíprocas*.» (M).

n

naba *f.* Nabo gallego. **2** Rapo.

nacarado, -da *adj.* Anacarado.

nacencia *f.* MED. Nacido.

nacer *intr.* Brotar, germinar, salir. ≠ Morir, acabarse. **2** Provenir, proceder, originarse, emanar. ≠ Acabarse. **3** Deducirse, derivarse, seguirse, inferirse.

nacido, -da *adj.* Connatural, congénito, propio, innato, nativo.

naciente *m.* Oriente, levante, este.

nacimiento *m.* Linaje, estirpe, familia, origen, clase, extracción*. **2** Principio, origen, comienzo*, iniciación. ≠ Muerte, fin, consecuencia, resultado.

nación *f.* País, patria, pueblo, nacionalidad, ciudadanía. ▮ La palabra *país* sugiere principalmente el territorio geográfico con sus caracteres físicos y económicos; *patria* alude al sentimiento que el país propio suscita; *nacionalidad* y *ciudadanía* aluden a la *nación* como entidad política. ▮ «En la idea representada por la voz *pueblo* hay más individualidad y menos dignidad que en la representada por *nación*. Lo mismo es Rusia que la *nación* rusa; lo mismo Bélgica que la *nación* belga; pero si hablamos de las acciones y prácticas que, por muy generales que sean admiten muchas excepciones, no diremos *nación*, sino *pueblo*. Así decimos que el *pueblo* chino, y no la *nación* china, es muy diestro en los trabajos manuales; que la cerveza es la bebida favorita del *pueblo* inglés, y no de la *nación* inglesa.» (M).

nacionalizar *tr.-prnl.* Naturalizar. **2** Estatificar, socializar*, colectivizar. ▮ P. ej.: *nacionalizar* los ferrocarriles.

nacionalsocialismo *m.* Nazismo. ▮ *Nazismo* es forma abreviada.

nadar *intr.* Flotar, sobrenadar. ▮ Aunque a menudo se intercambian, en su uso propio *nadar* supone actividad por parte del sujeto; por eso se aplica pralte. a los seres animados. *Flotar* y *sobrenadar* significan pasividad en el sujeto y se refieren a cosas inanimadas. *Sobrenadar* sugiere además cierta dificultad, o flotación parcial de alguna cosa; los restos del naufragio *sobrenadaban*; *sobrenadan* los vestidos del ahogado; el líquido menos pesado *sobrenada* en la mezcla. Un hombre o un perro *nadan*; un madero *flota*; el aceite *sobrenada* en el agua.

nadería *f.* Insignificancia, nonada, fruslería, bagatela.

nadie *pron. indef.* Ninguno. ▮ «La misma extensión que tiene en un sentido afirmativo las voces *alguien* y *alguno*, tienen en un sentido negativo las voces *nadie* y *ninguno*; esto es: *nadie* excluye ilimitadamente toda persona, sin determinar clase ni número; *ninguno* excluye limitadamente todas las personas que componen la clase o número de que se habla.» (LH).

naipe *m.* Carta. **2** fig. Baraja.

naire *m.* Cornaca, cornac.

nalgas *f. pl.* Asentaderas, rabel tabalario, tafanario, posas, posaderas. **2** Ancas, grupa. ▮ Este último, en las caballerías.

nana *f.* Canción de cuna, arrullo.
nansa *f.* Nasa, garlito, buitrón.
nao *f.* lit. Nave, navío.
napelo *m.* Acónito, anapelo.
narciso *m.* Trompón.
narco *com.* Narcotraficante, traficante.
narcótico, -ca *adj.* Estupefaciente, soporífero.
narcotraficante *com.* Traficante, narco (col.).
nardo *m.* Tuberosa, vara de Jesé.
narigudo, -da *adj.* Narigón, narizotas, narizón.
narración *f.* Relato, cuento.
narrar *tr.* Contar*, referir, relatar.
narria *f.* Mierra, rastra.
nasa *f.* Nansa, garlito, buitrón. **2** Panera.
nasalización *f.* Gangueo, gangosidad. ▮ La *nasalización* alude a la calidad fonética de un sonido. El *gangueo*, o la *gangosidad*, son defectos de pronunciación.
nata *f.* Crema.
natillas *f. pl.* Crema.
nativo, -va *adj.-s.* Indígena, aborigen*. ≠ Alienígena. ▶ **2** *adj.* Originario, oriundo, natal, nacido, natural, vernáculo, auctóctono. ≠ Extranjero. **3** Innato, congénito, connatural, nato, ingénito, natural. ≠ Adquirido.
natural *adj. com.* Aborigen*, indígena, nativo. ≠ Alienígena. ▶ **2** *adj.* Nativo, nacido, originario, oriundo, auctóctono. ≠ Extranjero. **3** Connatural*. **4** Ingenuo, sencillo, franco, sincero, llano. **5** Común, normal, regular, habitual, acostumbrado, corriente. ▶ **6** *m.* Genio, índole*, condición, carácter*, temperamento.
naturalidad *f.* Ingenuidad, sencillez, franqueza*, llaneza, sinceridad, llamar a Dios de tú, no meterse en teologías. ≠ Artificio, desconfianza, picardía.
naturalizar *tr.-prnl.* Nacionalizar, ganar ciudadanía, tomar carta de naturaleza. **2** Aclimatar, adaptar.
naufragar *intr.* Zozobrar, perderse, irse a pique, hacer agua.
náusea *f.* Fatiga, basca. **2** fig. Asco, repugnancia.
nausear *intr.* Arquear.
nauta *m.* lit. Marino, marinero, navegante.
náutica *f.* Navegación, marina.
náutico, -ca *adj.* Naval.
naval *adj.* Náutico, naviero. ▮ *Náutico* se refiere exclusivamente a la ciencia y arte de navegar (*Náutica*); instrumentos *náuticos*, rosa *náutica*. *Naviero* se usa cuando se trata de las empresas, capital, propietario o avituallador de naves: compañía *naviera*, acciones *navieras*. *Naval* es término más extenso.
navarca *m.* Nearca.
nave *f.* Nao (lit.), navío, barco, buque, bajel, embarcación*. **2 Nave espacial** Astronave.
navegante *adj. com.* Marino, marinero, nauta, tripulante. **2** Cibernauta, internauta, usuario.
naveta *f.* Navecilla.
naviero, -ra *adj.* Naval*.
nearca *m.* Navarca.
neblí *m.* Halcón gentil, nebí.
neblina *f.* Niebla*, bruma*.
nebreda *f.* Enebral.
nebuloso, -sa *adj.* Nublado, nuboso, nublo, nubloso, brumoso. **2** fig. Oscuro, confuso, borroso, incomprensible. ≠ Luminoso, nítido. **3** Sombrío, tétrico.
necedad *f.* Inepcia, estupidez, simpleza, tontería, estulticia, ignorancia*, insuficiencia, incapacidad, nescencia (lit.), ineptitud, incompetencia. ≠ Sabiduría, ingenio, capacidad, aptitud, habilidad. **2** Despropósito*, disparate, dislate, desatino, sandez. ≠ Agudeza.
necesario, -ria *adj.* Fatal, inevitable. ≠ Evitable, accidental. **2** Forzoso, preciso, inexcusable, imprescindible. ≠ Voluntario, accidental. ▮ *Imprescindible* refuerza la significación de *necesario*; *inexcusable*, la de *forzoso*. El agua es *imprescindible* para los seres vivos; el servicio militar es *inexcusable*. ▮ «Lo *necesario* y lo *forzoso*, como indica la etimología, son efectos de la necesidad y de la fuerza; *preciso* es lo que la conveniencia requiere. Si necesito de alguna cosa, aquella cosa me es *necesaria*; si se me fuerza a una acción, aquella acción me es *forzosa*; si me conviene, me importa o me acomoda tomar una medida, aquella medida me es *precisa*.» (M).
necesidad *f.* Fatalidad, sino. **2** Obligación, menester, precisión. **3** Pobreza, miseria, escasez, penuria, hambre, apetito*. ≠ Hartura. **4** Apuro, ahogo, aprieto, peligro.

necesitado, -da *adj.* Pobre, menesteroso, indigente, miserable, falto, escaso, corto de medios, con un trapo atrás y otro delante.

necesitar *tr.* Precisar, requerir, hacer falta, no tener un cuarto, estar sin blanca, no levantar cabeza, carecer, faltar*, exigir*, pedir.

necio, -cia *adj.-s.* Incapaz, tonto, sandio, simple, estúpido, imbécil, ignorante, estulto, mentecato. → **ignorancia 2** Imprudente, porfiado, obstinado, terco.

necrología *f.* Obituario. ▌Este, esp. en los periódicos.

necrópolis *f.* Cementerio*, camposanto.

nefando, -da *adj.* Abominable, execrable, infame, perverso. ≠ Honorable, listo, atractivo.

nefasto, -ta *adj.* Triste, funesto, ominoso, aciago. ≠ Afortunado, propicio, alegre.

nefrítico, -ca *adj.* Renal.

negación *f.* Denegación, negativa, incredulidad. ≠ Afirmación, sí, credulidad.

negado, -da *adj.* Incapaz, inepto, torpe.

negar *tr.* Denegar, prohibir, vedar, cerrarse a la banda, ponerse de uñas. ≠ Afirmar, ratificar, permitir. ▌*Denegar* se usa principalmente en el lenguaje administrativo con el sentido de *negar* una petición, solicitud, etc. **2** Ocultar, disimular. ≠ Presentar, manifestar, confesar. ► **3** *prnl.* Excusarse, rehusar*. ≠ Aceptar.

negligencia *f.* Descuido*, desidia, incuria, dejadez, abandono. ≠ Cuidado, atención, aplicación, actividad.

negligente *adj. com.* Abandonado, dejado, desidioso, descuidado, indolente*.

negociación *f.* Trato, convenio, concierto, negocio.

negociar *tr.* Comerciar, tratar, traficar.

negocio *m.* Comercio, tráfico. ▌«El *comercio* y el *tráfico* suponen compra y venta; no así el *negocio*, que puede consistir en agencias, descuentos, corretajes, acarreos y otras clases de ocupaciones lucrativas. La significación de *negocio* se extiende a toda acción recíproca de hombre a hombre, o de nación a nación, en materia grave; por ejemplo: la paz de Utrecht fue un *negocio* decisivo; corren malas voces sobre los *negocios* de tal nación.» (M). **2** Argent. y Chile. Tienda, almacén, despacho. **3** Utilidad, beneficio, interés, ganancia, provecho, lucro*, producto, logro, negocio redondo. ≠ Pérdida, desinterés.

negrecer *intr.-prnl.* Ennegrecer.

negro, -gra *adj. m.* Prieto. ≠ Claro. ▌*Prieto* es casi negro, muy oscuro. ► **2** *adj.-s.* Moreno, trigueño, de color. ≠ Blanco. ▌Tratándose de individuos de la raza negra, se dice *moreno* y *trigueño* por eufemismo; con el mismo significado suele emplearse la frase adjetiva *de color*: gente *de color*. ► **3** *adj.* fig. Triste, melancólico, infausto, aciago. ≠ Alegre, fausto. ► **4 Verlo todo negro** *loc.* Desesperarse, desesperanzarse, pintar con negros colores. ≠ Confiarse, esperanzarse.

neguijón *m.* Guijón.

neguilla *f.* Candileja, candilejo, lucérnula, neguillón. **2** Tintero.

nenúfar *m.* Escudete, golfán, ninfea.

neófito, -ta *s.* Prosélito, adepto, adicto, afiliado, partidario*, correligionario, iniciado. ▌*Prosélito* es también partidario que ha sido atraído; pero no insiste tanto como *neófito* en el matiz de reciente. Entre los *adeptos* puede haber *prosélitos* antiguos o nuevos; el *neófito* es siempre reciente.

neolatino, -na *adj.* Romance, románico.

neonato, -ta *com.* (formal) Bebé, recién nacido, lactante.

nepotismo *m.* Sobrinazgo.

Neptuno *m.* Poseidón. ▌Este, en la mitología griega.

nervio *m.* fig. Vigor, fuerza, energía, vitalidad. **2** Vena, nerviación. ▌Ambos, en las hojas vegetales y en las alas de los insectos.

nervioso, -sa *adj.* Excitable, impresionable, inquieto, irritable. ≠ Tranquilo, impasible. **2** fig. Vigoroso, fuerte, enérgico, vivo.

nesga *f.* Sesga.

neto, -ta *adj.* Limpio, puro, castizo. **2** Líquido, limpio. ▌Tratándose de cantidad, precio, peso.

nevada *f.* Nevasca, nevazo, nevazón, nevisca, falisca, ventisca, ventisco, cellisa, torva. ▌La de copos menudos, *nevisca*, *falisca*; borrasca de viento y nieve, *ventisca*, *ventisco*; temporal de viento, lluvia y nieve menuda, *cellisa*; remolino de lluvia y nieve, *torva*.

nevadilla *f.* Sanguinaria menor.
nevatilla *f.* Nevereta, aguzanieves.
nevero *m.* Heladero.
nevoso, -sa *adj.* Nivoso (lit.). ▮ P. ej., cumbres *nevosas* o *nivosas*. **2** Níveo. ▮ Significando 'de nieve', *nevoso* es sinónimo de *níveo*; una sustancia de aspecto *nevoso* o *níveo*.
nicotismo *m.* MED. Tabaquismo.
nidificar *intr.* Anidar.
niebla *f.* Bruma, neblina, boira (p. us.), humazón, calima, calina, calígine, fosca. ≠ Claridad. ▮ *Bruma*, especialmente la que se forma en el mar; *humazón*, la espesa y grande: *calima, calina, calígine*, la muy tenue, llamada también *fosca*. **2** Añublo.
night-club *m.* (anglic.) cabaré, sala de fiestas.
nigola *f.* MAR. Flechaste.
nigromancia *f.* Necromancía.
nigromante *m.* Nigromántico, hechicero*.
nimbo *m.* Aureola, lauréola, corona, diadema.
nimiedad *f.* Prolijidad. **2** Poquedad, cortedad, pequeñez. ≠ Sencillez, seriedad, importancia.
nimio, -mia *adj.* Prolijo, minucioso. **2** Tacaño.
ninfa *f.* H. NAT. Crisálida, palomilla.
ninfea *f.* Nenúfar.
ninguno, -na *pron. indef.* Nadie.
niñada *f.* Chiquillada, muchachada, puerilidad, niñería. ▮ «Una cosa hecha sin malicia y con poca reflexión es una *niñada*; una cosa de poco momento es una *niñería*. Hay *niñadas* que traen graves consecuencias, y por lo mismo no son *niñerías*. Hay, al contrario, *niñerías*, que por la malicia con que se hacen no deben considerarse como *niñadas*.» (J).
niñera *f.* Orzaya, rolla, rollona, chacha, tata. ▮ Los dos últimos, en el habla infantil.
niñería *f.* Niñada*, chiquillada, muchachada, puerilidad. **2** Pequeñez, nadería, nonada, insignificancia.
niñez *f.* Infancia, puericia, menor de edad, edad de la vida.
niño, -ña *adj.-s.* Chico, chavea (And.), párvulo, rorro, bebé, rapazuelo, muchacho. ▮ Los dos últimos, el muy pequeñito. ► **2 Dormir como un niño** *loc.* (intens.) Dormir como un tronco, dormir profundamente, dormir como un lirón.
nipón, -ona *adj.-s.* (pers.) Japonés.
níscalo *m.* Mízcalo.
níspero *m.* Néspera, míspero (Al., Burg. y Logr.).
nítido, -da *adj.* Neto, terso, limpio, claro, transparente, resplandeciente. ≠ Impuro, opaco.
nitral *m.* Salitral, salitrera.
nitrato *m.* QUIM. Azoato.
nitro *m.* Salitre.
nitrogenado, -da *adj.* QUIM. Azoado.
nitrógeno *m.* Ázoe.
nivel *m.* Altura, altitud (GEOGR.). **2** Ras.
nivelar *tr.-prnl.* Igualar, proporcionar, equilibrar. ≠ Desigualar, desequilibrar.
noble *adj.* Preclaro, ilustre, generoso. ≠ Bajo. **2** Honroso, estimable, digno. ≠ Ruin, indigno, bajo. **3** Principal, excelente, aventajado. ► **4** *adj.-s.* De sangre azul, linajudo. ≠ Plebeyo, bajo.
noca *f.* Meya, rocla.
noceda *f.* Nocedal, nogueral.
noche *f.* fig. Oscuridad, tinieblas, sombra, caída de la tarde. ► **2 De día y de noche** *loc.* → **día**
noción *f.* Idea*, conocimiento, noticia. → **nociones**
nocivo, -va *adj.* Perjudicial, dañoso, dañino, pernicioso, endemoniado*, endiablado, perverso. ≠ Inofensivo, bueno, saludable.
nodriza *f.* Ama.
nogueral *m.* Noceda, nocedal.
nómada, nómade *adj.* Errante, trashumante, migratorio. ≠ Sedentario, estable. ▮ *Errante*, en general; *migratorio*, especialmente si los cambios de lugar se hacen con cierta periodicidad; *trashumante*, dícese del ganado y también de los cuadrúpedos salvajes que andan en manadas.
nombradía *f.* Fama, reputación, notoriedad, celebridad, renombre, nombre.
nombrar *tr.* Aludir, mencionar, citar. **2** Llamar, denominar, designar por el nombre de, designar con el nombre de. ▮ Los verbos *llamar* y *denominar* significan aplicar un nombre particular a una cosa o concepto; se *llaman*, se *denominan*, platelmintos (no se *nombran*). El mismo valor tiene el giro *designar por* (o *con*) *el nombre de*: se *designan*

con el nombre de alcaloides. En este caso *designar* equivale a señalar o conocer. *Nominar* es latinismo culto de empleo muy escaso. **3** Elegir, designar, señalar. ▌P. ej.: *nombrar, elegir, designar, señalar*, herederos, gobernador de una provincia.

nombre *m.* Denominación, designación. **2** Nombradía, renombre, fama, reputación, notoriedad.

non *adj. m.* Impar.

nonada *f.* Insignificancia, pequeñez, poquedad, menudencia, nadería.

nonagenario, -ria *adj.-s.* Noventón.

nonio *m.* Nonius, vernier.

nono, -na *adj.* Noveno. ▌El empleo de *nono* es un latinismo muy restringido. Se dice, p. ej., el Papa Pío *nono*; pero, Alfonso *noveno* de Castilla, raras veces se dirá *nono*.

noñería *f.* Melindre, ñoñez.

nopal *m.* Chumbera, tunal, tunera, higuera chumba, higuera de Indias, higuera de pala, higuera de tuna.

nopaleda, nopalera *f.* Tunal.

noria *f.* Anoria, cenia. ▌Este último, en Marruecos.

norma *f.* Regla, precepto, guía, pauta, método*.

normal *adj.* Natural, acostumbrado, habitual, común, usual. ≠ Anormal. **2** Regular. ≠ Irregular. **3** MED. Sano, hígido. ≠ Enfermo. ▸ **4** *adj. f.* Perpendicular.

normalizar *tr.-prnl.* Regularizar, regular, ordenar, metodizar. ≠ Desordenar, irregularizar.

nornoroeste, nornorueste *m.* (viento) Maestral, cauro (lit.), coro (lit.), regañón (fam.). ▌El primero, esp. en el Mediterráneo.

norte *m.* Septentrión. **2** (viento) Aquilón, bóreas, cierzo, matacabras, tramontana. ▌*Matacabras* el que es fuerte y frío. **3** fig. Fin, objeto, finalidad, mira, guía.

norteamericano, -na *adj.-s.* (pers.) Estadounidense, yanqui, gringo. ▌*Yanqui* (inglés *yankee*) es propiamente el de los Estados del norte, en oposición a los del sur y del oeste, pero entre hispanohablantes designa a cualquier norteamericano; *gringo* es despectivo, y puede aplicarse en general a cualquier extranjero.

nostalgia *f.* Añoranza, morriña, pasión de ánimo, soledad, mal de la tierra. ≠ Olvido, alegría, serenidad.

nota *f.* Señal, característica. **2** Fama, crédito, notoriedad, renombre, nombradía, reputación. **3** Advertencia, explicación, comentario, observación, glosa*. **4** Apunte, apuntamiento, anotación, apuntación. **5** Calificación.

notable *adj.* Importante, grande, valioso, considerable, digno de atención, estimable, relevante.

notar *tr.* Señalar, reparar, observar, percatarse, advertir, darse cuenta. **2** Apuntar, anotar. **3** Censurar, reprender, tachar, tildar. ▌«Se *nota* lo ridículo y lo reprensible; se *tacha* y se *tilda* lo culpable y lo perjudicial. La diferencia que hay entre las significaciones de estos dos últimos verbos es que *tachar* recae sobre la *tacha* o borrón visible que afea al sujeto, esto es, sobre los defectos notorios; y *tildar* recae sobre los defectos que se sospechan vivamente y que, como una *tilde*, los tiene señalados nuestra desconfianza o temor. Está *notado* el hombre extravagante o singular en sus costumbres. Está *tachado* un hijo ingrato, un embustero, un tramposo. Está *tildado* un hombre sospechoso de venalidad; un hombre doble, de quien es menester precaverse.» (LH).

noticia *f.* Noción, idea, conocimiento. **2** Novedad, nueva. ▌«*Noticia* es la relación de un hecho reciente; la *novedad* lo es de un hecho de carácter nuevo. Puede preverse una *noticia*; pero generalmente no se prevén las *novedades*. Cuando dos naciones están en guerra, las batallas, las conquistas, son asuntos de *noticias*. Es una *novedad* que se haga la paz cuando menos se aguardaba.» (M). **3** Dato, referencia, informe I*, precedente, antecedente*, información, razón.

noticiar *tr.* Anunciar, avisar, prevenir, advertir, hacer saber, poner al corriente. ▌«*Noticiar* es dar cuenta de un hecho pasado; *anunciar* es dar cuenta de un hecho pasado, presente o futuro; *avisar* es anunciar un hecho que ha de influir en las acciones del que oye; *prevenir* es esto mismo, envolviendo la idea de autoridad, o poder o superioridad en el que *previene*; *advertir* encierra la idea de reparo, crítica, enseñanza o peligro. Me *noticiaron* la victoria, el naufragio, un desafío, un casamiento. Me *anuncian* la próxima llegada del buque. Me *avisan* que mañana me toca la guardia. El jefe me *previno* que fuese temprano a la oficina. El maestro me *advirtió* una falta que yo había cometido.» (M).

noticioso, -sa *adj.* Sabedor, conocedor, enterado, informado. **2** Erudito, instruido.

notificar *tr.* Hacer saber, participar, comunicar, informar, avisar, advertir*. ≠ Sorprender, ocultar. ▮ *Notificar* supone generalmente *hacer saber* en debida forma, según ley, práctica o costumbre. A un testigo se le *notifica* oficialmente el día y hora que debe comparecer en el juzgado o ante un tribunal. Por esto la *notificación* se hace comúnmente por escrito.

notorio, -ria *adj.* Público, sabido, conocido, manifiesto, claro, visible, evidente. ≠ Oscuro, incierto, privado.

novato, -ta *adj.* Nuevo, inexperto, principiante, novel, novicio. ≠ Maestro, experto.

novedad *f.* Noticia, nueva. **2** Extrañeza, sorpresa, admiración. **3** Mudanza, cambio, alteración, variación, mutación, innovación. ≠ Permanencia, antigüedad.

novelero, -ra *adj.* Inconstante, variable, voluble, caprichoso, antojadizo, versátil.

noveno, -na *adj.-s.* Nono. ▮ *Nono* es más solemne, y solo se usa como ordinal con nombre de papas (Pío *nono*) o en estilo elevado latinizante.

noviazgo *m.* Relaciones amorosas, relaciones. ▮ Ambos se refieren a las *relaciones* que se tienen antes de casarse.

novicio, -cia *adj.-s.* Nuevo, principiante, inexperto, novato.

novilunio *m.* Luna nueva.

novillo, -lla *s.* Magüeto, eral. ▮ El que no pasa de dos años, *eral*.

novísimo *m.* Postrimería.

nublado, -da *adj.* Nublo, nubloso, nuboso, nebuloso, encapotado.

nuca *f.* Cogote*, pescuezo.

nuclear *adj.* Atómico.

nudillo *m.* Artejo.

nudo *m.* Ñudo (antic.). **2** fig. Unión, vínculo, lazo. **3** Dificultad. **4** Enredo, intriga. **5** MAR. Milla. **6** Nodo, nódulo, nudosidad.

nueva *f.* Noticia*, novedad.

nuevo, -va *adj.* Reciente. ≠ Viejo, antiguo, conocido. ▮ *Reciente* es lo que hace poco tiempo que ha sido fabricado o que ha ocurrido poco ha. *Nuevo* es lo no conocido o usado antes. **2** Novato, novel, principiante, novicio.

nulo, -la *adj.* No válido. ≠ Válido. **2** Incapaz, inepto, inútil, torpe.

numerar *tr.* Contar. **2** (un documento) Paginar.

numerario *m.* Moneda, dinero*, efectivo.

número *m.* Cifra, guarismo, dígito (MAT.).

numulita *f.* Numulites, nummulites. ▮ Ambos se utilizan con frecuencia en plural.

nupcias *f. pl.* Matrimonio*, boda, casamiento*.

nutricional *adj.* Nutritivo, alimenticio*, alimentario, nutricio (culto).

nutrir *tr.-prnl.* Alimentar, mantener*. ≠ Desnutrir, ayunar. **2** fig. Sostener, fomentar, vigorizar, fortalecer. ≠ Desmejorar, debilitar.

nutritivo, -va *adj.* Alimenticio*, alimentario, nutricional, nutricio (culto).

ñ

ñandú *m.* Avestruz de América.
ñato, -ta *adj.* Amér. Chato, romo.
ñoñería *f.* Melindre, remilgo,
ñoño, -ña *adj.* Remilgado, melindroso, dengoso, apocado, quejumbroso.
ñudo *m.* ant. Nudo.

O

obcecación *f.* Ofuscación, ofuscamiento, ceguera, ceguedad, obnubilación. ≠ Reflexión. ▌La *ofuscación* y la *obnubilación* pueden ser momentáneas o poco duraderas. La *obcecación* es una *ofuscación* tenaz, más o menos persistente. Un estudiante puede *ofuscarse* durante el examen. Un fanático es un *obcecado* ante todo lo que no concuerda con sus convicciones.

obedecer *tr.* Someterse, ceder, acatar, cumplir, ejecutar, observar, bajar la cabeza, cerrar los ojos. ≠ Rebelarse. ▌El que *cede* o se *somete*, *obedece* venciendo alguna repugnancia o resistencia en sus ideas o sentimientos. ▌«El que *cumple*, *ejecuta* u *observa* el mandato o el precepto, *obedece*. *Cumplir* es simplemente sujetarse a lo mandado. *Ejecutar* es *cumplir* obrando, y *observar* es seguir una línea de conducta prescrita por una autoridad. Se me manda que calle, y *cumplo* con callar; se me manda escribir una carta, y lo *ejecuto*; se me manda abstenerme de leer tales libros, y lo *observo*. En todos estos casos se *obedece*. *Cumple* con la ley el que aplica la pena señalada por el Código; la *ejecuta* la autoridad encargada de hacerla efectiva: *observa* la ley el que no la infringe.» (M).

obediencia *f.* Docilidad, sumisión, acatamiento, sujeción.

obediente *adj.* Dócil, sumiso, manejable, bien mandado.

obertura *f.* MUS. Sinfonía, introducción, preludio.

obesidad *f.* Polisarcia (MED.), gordura, liparia (MED.). ≠ Delgadez, ligereza.

obeso, -sa *adj.* Pesado, grueso*, gordo*, fofo, gordinflón.

óbice *m.* Obstáculo*, dificultad, estorbo, inconveniente, rémora, tropiezo, impedimento.

obispado *m.* Diócesis, mitra, sede.

óbito *m.* Muerte, defunción, fallecimiento, expiración.

obituario *m.* Necrología.

objeción *f.* Observación, reparo, réplica, replicato, obyecto (p. us.), contestación, respuesta. ▌*Observación* tiene sentido atenuado; *reparo* es dificultad, restricción, mientras que *réplica* es razonamiento plenamente contrario; *replicato* es intensivo, o réplica prolongada; *obyecto*, latinismo de muy escaso empleo. Pueden emplearse también otras voces de significado más general, como *contestación*, *respuesta*.

objetar *tr.-prnl.* Replicar, oponer, contradecir*, contestar, controvertir, impugnar, refutar, rechazar la pelota, sacudir el polvo, cascar las liendres. ≠ Asentir, aceptar. ▌*Controvertir*, *impugnar* y *refutar* connotan insistencia en la acción de *objetar*.

objeto *m.* Asunto, materia. **2** Fin*, intento, intención, propósito. ▌«El *objeto* es término material de la acción; el *fin* es el término moral de la voluntad. Aquél puede suponer un motivo solamente; éste supone siempre un deseo. Si yo envío a un criado para que enseñe o conduzca a mi casa a un amigo, a quien estoy esperando, podré decir que mi criado va con el *objeto* de conducirle a mi casa, que éste es el *objeto* de su comisión; pero no diré con la misma propiedad que el *fin* de mi criado es conducirle, porque no tiene parte en ello ni su voluntad ni su deseo.» (LH). ► **3 Con objeto de** *loc. conj.* Para que, a que, a fin de que.

oblación *f.* Ofrenda*.

oblicuamente *adv. m.* De refilón, al sesgo, a soslayo, al bies.

oblicuo, -cua *adj.* Inclinado, sesgado, soslayado.

obligación *f.* Deber, constricción. ≠ Derecho, dominio, poder.

obligar *tr.* Ligar, forzar, constreñir, precisar, compeler, impulsar, violentar*. ► **2** *prnl.* Comprometerse, coger la palabra.

obligatorio, -ria *adj.* Forzoso, preciso, indispensable, imprescindible, insoslayable, necesario. ≠ Voluntario, evitable, dispensable.

obliterar *tr.-prnl.* MED. Obstruir, cerrar, taponar.

obnubilación *f.* Ofuscación, obcecación*, ofuscamiento.

obrador *m.* Taller.

obraje *m.* Manufactura.

obrar *tr.* Hacer, trabajar, fabricar, construir, edificar. ≠ Descansar. ► **2** *intr.* Portarse, comportarse, actuar, proceder. ≠ Abstenerse.

obrero, -ra *s.* Operario, trabajador.

obsceno, -na *adj.* Impúdico, deshonesto, torpe, verde, sicalíptico, lascivo, lúbrico, libidinoso, pornográfico. ≠ Honesto, limpio, decente. ▌«*Obsceno* se dice de las palabras, de los cuadros o pinturas, de las personas; *deshonesto* se aplica a todo aquello que ofende al pudor o a la pureza.» (Ma).

obscurecer *tr.* Oscurecer.

obscuridad *f.* Oscuridad.

obscuro, -ra *adj.* Oscuro.

obsequiar *tr.* Agasajar, festejar, regalar, llevar en palmas, cumplir con todos, recibir con palio, halagar*. **2** Galantear*.

obsequio *m.* Regalo*, agasajo, fineza, presente.

obsequioso, -sa *adj.* Rendido, cortés, atento*, fino. ≠ Descortés, desatento.

observación *f.* Examen, exploración, reconocimiento. **2** Nota, anotación, advertencia, aclaración. ≠ Inadvertencia, irreflexión, distracción. **3** Objeción, reparo, corrección.

observar *tr.* Guardar, cumplir, ejecutar, obedecer*, acatar. **2** Examinar, reflexionar, atender. ≠ Desatender. **3** Atisbar, vigilar, espiar, fijar o prestar atención, estar a la mira, estar en todo, asechar*. ≠ Inadvertir. **4** Advertir, reparar. ≠ Inadvertir, desconocer.

obsesión *f.* Idea fija, tema, manía, psicopatía, psicosis. ≠ Serenidad, ecuanimidad. ▌Ambos, tratándose de un demente.

obsidiana *f.* Espejo de los Incas.

obstáculo *m.* Estorbo, dificultad, inconveniente, traba, rémora, óbice, embarazo, impedimento. ▌«El *obstáculo* hace la cosa impracticable; la *dificultad* la hace ardua. Hay *dificultad* en andar por un mal camino, en medio de precipicios, pero se va poco a poco adelante. El haberse llevado una avenida el puente, puede ser un *obstáculo* que no nos permita continuar el viaje.» (LH). '*Obstáculo* significa lo que está delante. *Impedimento* es lo que envara, lo que enreda los pies. El *obstáculo* está delante, detiene nuestra marcha; y el *impedimento* está, no precisamente delante, sino alrededor, y nos retarda. El *obstáculo* tiene algo de grande, de alto, de resistente, y por esto es menester destruirlo o pasar por encima. El *impedimento* tiene algo de molesto, de incómodo, de enredoso, y es preciso desembarazarse de él, romperlo.» (C). **2** DEP. Hazard (anglic.). ▌En el golf.

obstante ▌**No obstante** *loc. adv.* Sin embargo, aunque, bien que. ▌«*Bien que* se usa para limitar o modificar la primera idea, disminuyendo la fuerza y energía que se le había dado. Si va a palacio por la calle Mayor, le encontrará, *bien que* puede ser que hoy venga por la plaza. *Aunque* o *no obstante* significaría en rigor que, aun mediando la circunstancia de haber tomado aquel camino, le encontrará en la calle Mayor, que es todo lo contrario de lo que se quiere explicar; pero *bien que* limita, modera, corrige la idea, dando a entender que no es tanta la probabilidad de encontrarle, como se creyó o pudo hacerse creer al principio.» (LH).

obstar *intr.* Impedir, estorbar, empecer, ser óbice, dificultar. **2** Oponerse (impers.), ser contrario (impers.).

obstetricia *f.* Tocología, mayéutica, maiéutica.

obstinación *f.* Terquedad, porfía, tenacidad, pertinacia, testarudez. ≠ Transigencia, desistimiento. ▌«La *obstinación* es el efecto de una falsa convicción impresa en el ánimo, o de un empeño voluntario con determinado interés. La *terquedad* no necesita de interés ni de convicción; es un defecto, o adquirido o arraigado por la mala educación, o inherente a la persona inclinada a contradecir la opinión o voluntad ajena, o a sostener la propia... La *obstinación* puede ser efecto de un error disculpable del entendimiento. La *terquedad* es siempre un defecto reprensible de la voluntad.» (LH).

obstinado, -da *adj.* Porfiado, pertinaz, terco*, tozudo, testarudo, tesonero, tenaz.

obstinarse *prnl.* Aferrase, porfiar, empeñarse, emperrarse, mantenerse en sus trece, no dar el brazo a torcer, metérsele en la cabeza, insistir*.

obstruir *tr.-prnl.* Interceptar, tapar, impedir, estorbar, atascar, atrancar, obturar, opilar. ≠ Facilitar, desocupar. ▌*Interceptar*, en general. Tratándose de un conducto, *atascar, atrancar, obturar*; si es un conducto del cuerpo, *opilar*(se).

obtemperar *tr.* Obedecer, asentir, aceptar, conformarse.

obtención *f.* Logro, consecuencia. **2** Producción. ▌En operaciones químicas.

obtener *tr.* Alcanzar*, conseguir, lograr. ≠ Carecer, perecer. **2** Producir, extraer, recabar*. ▌Tratándose de operaciones químicas.

obturar *tr.* Tapar, cerrar, obstruir*, atascar. ≠ Abrir, destapar, desatrancar.

obtuso, -sa *adj.* Boto, romo, despuntado. ≠ Agudo. **2** fig. Torpe, tardo, lerdo, rudo. ≠ Agudo, listo.

obvención *f.* Emolumento, gaje, remuneración, gratificación.

obviar *tr.* Apartar, evitar, remover, prevenir, eludir. ► **2** *intr.* Obstar, oponerse.

obvio, -via *adj.* Visible, manifiesto, patente, notorio, evidente, claro, fácil. ≠ Difícil, obscuro, oculto.

ocasión *f.* Caso, sazón, tiempo, coyuntura, oportunidad, conveniencia, proporción. ▌*Caso*, en las expresiones *en caso de, en todo caso. Coyuntura* sugiere coincidencia de dos o más hechos. *Oportunidad* es ocasión favorable o conveniente para algo que, más o menos, se siente como estimable subjetivamente; en término generales, *conveniencia, proporción, sazón, tiempo*. **2** Peligro, riesgo. **3** Causa, lugar, motivo. ▌«La *ocasión* es una circunstancia o un conjunto de circunstancias que provocan o facilitan la acción. *Motivo* es una razón de obrar. La *ocasión* es producto del acaso; el *motivo* supone intención: 'Tuve *ocasión* de verlo', esto es, se me presentó a la vista, o supe dónde estaba, o me encontré con él. 'Tuve *motivo* para verlo', esto es, me propuse, intenté, deseé o necesité verlo. La *ocasión* se aprovecha; los *motivos* se alegan; la *ocasión* es momentánea; los *motivos* son fundados.» (M). ► **4 De ocasión** *loc. adj.* De segunda mano, de lance, usado. ≠ Nuevo, de primera mano, por estrenar.

ocasional *adj.* Accidental, contingente, eventual.

ocasionar *tr.* Causar, motivar, originar, producir, provocar, promover.

ocaso *m.* Puesta, postura. ≠ Aurora, principio, amanecer. **2** Oeste*, occidente, poniente. **3** fig. Decadencia, declinación.

occidental *adj.* Hespérico (lit.), ponentino (antic.), ponentisco (antic.). ≠ Oriental.

occidente *m.* Ocaso, poniente, oeste*.

occipucio *m.* CIENTÍF. Colodrillo (fam.).

ochentón, -ona *adj.-s.* Octogenario.

ocio *m.* Descanso, inacción, inactividad.

ociosidad *f.* Holgazanería, haraganería, pereza, inactividad, gandulería. ≠ Trabajo, actividad, diligencia, ocupación.

ocioso, -sa *adj.* Inactivo, parado, desempleado. **2** Desocupado. **3** Holgazán, haragán, gandul, perezoso, indolente. **4** Inútil, baldío, infructuoso.

ocre *m.* Sil, tierra de Holanda, tierra de Venecia. **2 Ocre rojo** Almagre, almazarrón, almagra, lápiz rojo.

octogenario, -ria *adj.-s.* Ochentón.

ocular *adj.* Óptico, visual.

oculista *com.* Oftalmólogo. **2** Óptico.

ocultamente *adv. m.* Furtivamente, a escondidas, a hurto, de tapadillo, encubiertamente, en secreto, a cencerros tapados. ≠ Abiertamente, sinceramente.

ocultar *tr.-prnl.* Esconder, encubrir, tapar, solapar, disimular, celar (lit.), velar (lit.). ≠ Aparecer, presentar, salir. ▮ *Ocultar* es el verbo de aplicación más amplia entre sus sinónimos, los cuales no se diferencian unos de otros más que en su empleo preferente con determinados complementos: *encubrir, tapar*, delitos, faltas ajenas; *solapar, disimular*, pensamientos o sentimientos propios; *esconder* objetos (es el de uso más general en la lengua hablada); *velar* y *celar* son literarios, se refieren a lo inmaterial y tienen matiz atenuativo. Se *oculta* lo que no queremos que se vea; se *esconde* lo que no queremos que se encuentre.

oculto, -ta *adj.* Escondido, encubierto, tapado, velado. **2** Secreto, recatado, clandestino. **3** Desconocido, ignorado, incógnito, misterioso.

ocupación *f.* Posesión, apoderamiento, toma. **2** Quehacer, trabajo*, faena, tarea, labor. ≠ Ociosidad. ▮ «*Ocupaciones* y *quehaceres* son modos útiles, convenientes o necesarios de emplear el tiempo; pero las *ocupaciones* tienen un carácter más digno y elevado que los *quehaceres*. *Ocupaciones* son los estudios, las operaciones de comercio, de la magistratura y de otras funciones públicas. *Quehaceres* son los servicios del agente, del mayordomo; son las visitas indispensables, los preparativos de una mudanza de casa y otros del mismo género.» (M). **3** Empleo, oficio, profesión.

ocupar *tr.-prnl.* Apoderarse, posesionarse, tomar posesión, adueñarse, apropiarse. ≠ Salir. **2** Llenar. **3** Destinar, emplear. **4** Habitar, vivir. ▸ **5** *prnl.* Trabajar, matar el tiempo, no levantar cabeza, estar metido en harina. ≠ Descansar, vaguear.

ocurrencia *f.* Acontecimiento*, suceso, caso. **2** Ocasión, coyuntura, contingencia. **3** Salida, agudeza, gracia, pronto.

ocurrente *adj.* Agudo, gracioso*, chistoso, ingenioso.

ocurrir *intr.* Acaecer, acontecer, suceder, pasar*, sobrevenir, ofrecerse.

odiar *tr.* Abominar, aborrecer, detestar, execrar, no poder ver a uno, indigestársele, tener entre ojos, no ser santo de su devoción.

odio *m.* Antipatía, aversión*, repulsión, inquina, aborrecimiento, malquerencia, encono, rencor, saña, enemistad*. ≠ Amor, benevolencia.

odioso, -sa *adj.* Aborrecible, abominable*, detestable, execrable.

odontólogo *m.* Dentista, estomatólogo*.

odorífero, -ra *adj.* Oloroso, aromático, fragante, perfumado.

odre *m.* Barquino (p. us.), cuero, pellejo, corambre, zaque. ▮ *Zaque* es un odre pequeño.

oesnoroeste, oesnorueste *m.* Uesnorueste.

oessudoeste, oessudueste *m.* Uessudueste.

oeste *m.* Ueste (p. us.), occidente, ocaso, poniente. ▮ *Oeste* se usa más como tecnicismo geográfico y náutico. ▮ «La diferencia entre estos vocablos es en todo semejante a la que hemos observado entre *este, oriente* y *levante*. *Ocaso* se usa en los mismos casos que *occidente*; es decir, pertenece al lenguaje común y al de la poesía. Úsase más generalmente con alusión al punto en que se pone el sol, y para indicar la colocación relativa de las localidades; como: las islas Canarias están al *ocaso* (o al *occidente*) del continente africano.» (M).

ofender *tr.-prnl.* Dañar, maltratar, herir. **2** Injuriar*, insultar, agraviar, afrentar, denostar, ultrajar. ≠ Amistar, congraciar, alabar. ▸ **3** *prnl.* Picarse*, enfadarse, sentirse, resentirse, amoscarse, darse por sentido. ≠ Congraciarse, amistarse.

ofensa *f.* Insulto*, injuria*, agravio*, afrenta, ultraje.

ofensivo, -va *adj.* Injurioso, afrentoso, insultante, ultrajante.

oferente *adj. com.* Ofreciente.

oferta *f.* Promesa*, ofrecimiento. ≠ Aceptación. ▮ *Ofrecimiento* puede sustituir generalmente a *oferta*, a causa de su significación más general. Tratándose de mercancías que se ofrecen a la venta, se dice precisamente *oferta*, no *ofrecimiento*: ley de la oferta y la demanda. **2** Don, donativo, regalo, dádiva. ≠ Aceptación. **3** Propuesta, proposición. ≠ Aceptación.

oficinal *adj.* Farmacéutico, medicinal. ▮ P. ej.: plantas, materias, drogas, *oficinales, medicinales* o *farmacéuticas.*

oficinista *com.* Burócrata (irón.), chupatintas (desp.), cagatintas (desp.). ▮ *Burócrata* es el funcionario de una oficina pública.

oficio *m.* Arte, ocupación, profesión, empleo, cargo, ministerio. **2** Función. ▮ P. ej., un adjetivo puede ejercer *oficio* o *función* de sustantivo. **3 Santo Oficio** Inquisición. ▶ **4 Sin oficio ni beneficio** *loc. adj.* Desacomodado, parado, desocupado. ≠ Acomodado, empleado.

oficiosidad *f.* Diligencia, solicitud, aplicación. ≠ Descuido, pasividad. **2** Importunidad, entrometimiento, indiscreción. ≠ Discreción, oportunidad.

oficioso, -sa *adj.* Diligente, solícito, cuidadoso. **2** Entrometido, importuno. **3** Mediador, componedor. **4** Extraoficial. ▮ P. ej.: noticia, conversación *oficiosa* o *extraoficial.*

ofrecer *tr.* Presentar, dar, regalar. ≠ Aceptar. **2** Dedicar, consagrar, ofrendar. **3** Prometer, brindar, invitar, convidar. **4** Mostrar, enseñar. ▶ **5** *prnl.* Presentarse, ocurrir, sobrevenir.

ofrenda *f.* Regalo*. **2** Don, oblación, dádiva*. ▮ «*Oblación* en rigor es la acción de ofrecer, y *ofrenda*, la cosa que ha de ofrecerse u ofrecida, que está destinada para la *oblación*. La mano sagrada o religiosa hace su *oblación* en el altar; el corazón hace en sí mismo su *ofrenda*.» (Ci).

ofuscación *f.* Ofuscamiento, obcecación, obnubilación, ceguera, ceguedad. ▮ *Obcecación* es *ofuscación* tenaz; ús. especialmente tratando de la razón.

ofuscar *tr.-prnl.* Deslumbrar, cegar, turbar, oscurecer. ≠ Aclararse. ▮ Tratándose de la vista. **2** fig. Obcecar, confundir, trastornar, perturbar, alucinar, obnubilar, tener una venda en los ojos, no saber uno por dónde se anda, ofuscarse el entendimiento. ≠ Serenar, reflexionar, aclarar. ▮ Tratándose de las ideas, el entendimiento, la razón.

oídio *m.* Cenicilla, ceniza, cenizo, oídium.

oír *tr.* Escuchar, auscultar (MED.), sentir (vulg.), entreoír. ▮ *Oír* es percibir por medio del oído; *escuchar* es oír prestando atención. Se puede *oír* sin *escuchar*, mas no *escuchar* sin *oír*. *Entreoír* es *oír* algo sin entenderlo bien. ▮ «*Escuchar* es aplicar el oído para oír, poner cuidado y atención para comprender lo que se dice. *Oír* es la percepción material de cualquier ruido en el órgano del oído. Se *escucha* por voluntad, por deseo, por interés, por saber, por curiosidad; se *oye* por obligación, por casualidad, involuntaria, forzadamente: *oímos* muchas cosas que no querríamos *oír*, que nos daña el *oírlas*, que no podemos evitar el *oírlas*. *Escuchamos* aquello que nos interesa *oír*, que nos es conveniente o grato. No podemos muchas veces menos de *oír* lo que es en nuestro daño, lo que nos causa injurias; quisiéramos *escuchar* a menudo lisonjas, pocas veces *oír* verdades, sobre todo amargas (...). Muchas veces nos conviene hacer como que no *oímos*, otras nos daña el ponernos a *escuchar*, pues nada bueno venimos a saber. *Oímos* cuanto pasa, *escuchamos* lo que nos acomoda.» (O).

ojaranzo *m.* (variedad de jara) Carpe, hojaranzo. **2** Adelfa.

ojeada *f.* Vistazo, vista, mirada.

ojeriza *f.* Antipatía, inquina, tirria, manía, malquerencia, mala voluntad, odio.

ojeroso, -sa *adj.* Trasojado.

ola *f.* Onda. ▮ *Onda* es término más docto, que se usa solo en estilo elevado, científico o poético.

oleaginoso, -sa *adj.* Aceitoso, graso, pringoso, grasiento. ▮ *Oleaginoso* es sinónimo de *graso*; *aceitoso* lo es de *pringoso* y *grasiento*. ▮ «Es *oleaginoso* el fruto o la planta que contiene aceite y que lo da por medio de la presión. Es *aceitoso* lo que está cubierto o untado con aceite.» (M).

oleastro *m.* Acebuche, olivo silvestre.

óleo *m.* Aceite, olio. ▮ *Olio* y *óleo* son poco usados en esta acepción, excepto en pintura: un cuadro al *óleo*; *olio* es forma dialectal o vulgar. → **óleos**

óleos *m. pl.* Extremaunción. → **óleo**

oler *tr.* Olfatear, husmear. ▮ *Oler* puede ser una acción voluntaria o involuntaria; *olfatear* y *husmear* son acciones voluntarias. **2** fig. Inquirir, indagar. ▶ **3** *intr.* Dar en la nariz, dar en las narices, trascender. **4** Tener visos, dar sospecha.

olfatear *tr.* Husmear, oliscar. ▮ *Oliscar* denota menor intensidad de la acción. Los

tres verbos son frecuentativos. **2** fig. Indagar, averiguar, inquirir.
olímpico, -ca *adj.* fig. Altanero, engreído, soberbio, orgulloso.
oliscar *tr.* Olfatear. **2** fig. Averiguar, inquirir, indagar. ▶ **3** *intr.* Oler mal, olisquear, heder. ▮ *Oliscar* y *olisquear* se diferencian de *heder* en que son incoativos, es decir, significan empezar a *heder* u *oler* mal alguna cosa.
olivarda *f.* (planta) Atarraga.
olivino *m.* Peridoto.
olivo *m.* Oliva, olivera.
olmo *m.* Negrillo.
olor *m.* Aroma, perfume, esencia, bálsamo, fragancia, hedor, hediondez, tufo, fetor (p. us.), fetidez, peste, pestilencia, corrupción. ▮ Los cinco primeros significan *olor* agradable; todos los demás, *olor* desagradable. **2** fig. Fama, reputación. **3** Sospecha, barrunto, tufo.
oloroso, -sa *adj.* Fragante, aromático, perfumado, odorífero.
olvidadizo, -za *adj.* Desmemoriado. **2** fig. Ingrato, desagradecido.
olvidar *tr.-prnl.* Trascordarse. ≠ Recordar. ▮ *Trascordarse* significa no solo *olvidar* una cosa, sino también confundirla con otra. **2** Descuidar, desatender, preterir, postergar, dejar, abandonar, omitir, írsele a uno el santo al cielo, dejar en el tintero, haber perdido los memoriales. ≠ Atender, cuidar.
olvido *m.* Desmemoria. ≠ Memoria. **2** Descuido*, omisión, inadvertencia, negligencia. ≠ Recuerdo, cuidado. **3** Preterición, postergación, relegación. ▮ Si el *olvido* es voluntario.
olla *f.* Piñata, marmita. ▮ *Piñata*, poco usado en esta acepción; *marmita* es la *olla* de metal con tapadera ajustada. **2** Cocido, pote (Gal. y Ast.), puchera, puchero. ▮ *Cocido*, hoy es más usual. *Olla* predominó en los clásicos, y subsiste en algunas regiones. **3** Cadozo, remolino.
ollera *f.* Herrerillo (pájaro).
ollero, -ra *s.* Locero.
omento *m.* Epiplón.
ominipresencia *f.* Ubicuidad.
ominoso, -sa *adj.* Abominable, execrable, vitando, odioso. **2** Azaroso, de mal agüero, aciago, funesto.
omisión *f.* Olvido, descuido*, falta, salto, laguna, supresión. ≠ Atención, advertencia, recuerdo.
omitir *tr.* Pasar por alto, dejar, olvidar, pretermitir (p. us.), saltar. ≠ Recordar. **2** Callar, silenciar, suprimir, prescindir, quedarse con algo en el cuerpo. ≠ Nombrar.
ómnibus *m.* Autobús*, autocar, bus.
omnipotente *adj.* Todopoderoso.
omóplato, omoplato *m.* ANAT. Escápula (ALBAÑ.), espaldilla, paleta, paletilla. ▮ Los tres últimos son nombres populares.
onceno, -na *adj.* Undécimo.
onda *f.* Ola. ▮ En las grandes extensiones de agua. **2** FÍS. Ondulación, vibración. **3** Ondulación, ondulado, rizo. ▮ En el cabello, telas, hilos, etc.
ondear *intr.* Ondular, flamear.
ondoso, -sa *adj.* Undoso (lit.), undante (lit.).
ondular *intr.* Ondear, flamear. **2** Mecerse, columpiarse. **3** Rizar.
oneroso, -sa *adj.* Pesado, molesto, gravoso, costoso, dispendioso. ≠ Gratuito, desinteresado. ▮ Los tres últimos, tratándose de gastos o impuestos.
ónix *f.* Ónique, ónice.
onoquiles *f.* Ornaceta, palomilla de tintes, palomilla, pie de palomas.
onza *f.* Pelucona. ▮ *Peluconas* son especialmente las *onzas* acuñadas con el busto de reyes de la casa de Borbón hasta Carlos IV inclusive.
opaco, -ca *adj.* Oscuro, sombrío. ▮ «Lo *opaco* carece de diafanidad; lo *oscuro* carece de luz. En Física se llaman cuerpos *opacos* los que no dan tránsito a los rayos luminosos.» (M). **2** Triste, melancólico.
opción *f.* Elección, preferencia.
operante *adj.* Activo, eficaz.
operario, -ria *s.* Obrero, trabajador.
opimo, -ma *adj.* Rico, fértil, abundante, copioso, cuantioso. ≠ Escaso, estéril, desdeñable.
opinión *f.* Juicio, parecer, sentir, convencimiento, criterio, dictamen, informe. ▮ Si es de carácter técnico o pericial, *dictamen*; *informe* es la exposición de un dictamen. *Juicio, sentir, convencimiento* y *criterio* coinciden con *opinión* en que pueden callarse o expresarse. ▮ «Se tiene la *opinión*, se da

el *parecer* o el *dictamen*. Aquélla sólo explica el juicio que se forma en un asunto en que hay razones en pro y en contra; estos explican la exposición de la opinión. Tiene su *opinión*, pero la calla. Doy mi *parecer* o mi *dictamen* con arreglo a mi opinión.» (LH). 'La *opinión* es el juicio que se forma sobre cualquier objeto o asunto. El *parecer* es la *opinión* que resulta de un examen detenido. El *dictamen* es el *parecer* del hombre de carrera, de facultad o de ciencia. *Vto* es la decisión del que está autorizado a darlo. Se dice: la *opinión* del público; obró con arreglo al parecer de sus amigos, o según el dictamen del abogado o del médico; el voto de un académico o de un senador. Ocurre un hecho grave, y la opinión pública lo califica.» (M).

opobálsamo *m.* Bálsamo de Judea, bálsamo de la Meca.

oportunamente *adv. m.* A punto, a tiempo y sazón, convenientemente.

oportunidad *f.* Ocasión*, coyuntura, pertinencia, conveniencia, proporción, sazón, tiempo. ≠ Improcedencia, impertinencia, inexactitud, retraso, adelanto.

oportuno, -na *adj.* Conveniente*, provechoso, pertinente, adecuado.

oposición *f.* Contraste, resistencia, antagonismo, contradicción, obstrucción, enemistad*, aversión*. ≠ Conformidad, acuerdo.

opresor, -ra *adj.-s.* Tirano, déspota, avasallador.

oprimir *tr.-prnl.* Apretar, comprimir, estrujar, apretujar. ▌ Tratándose de cosas. **2** Sujetar, avasallar, esclavizar, vejar, tiranizar, agobiar. ▌ Tratándose de personas. ≠ Libertar, ayudar.

oprobio *m.* Ignominia, deshonra, afrenta, deshonor, vilipendio, vergüenza.

optar *intr.* Elegir, escoger*, preferir. ≠ Abstenerse, renunciar.

óptico, -ca *adj.* Ocular, visual.

óptimo, -ma *adj.* Inmejorable, excelente, perfecto.

opuesto, -ta *adj.* Contrario, contradictorio*. **2** Refractario, enemigo, reacio. **3** Enfrentado, encontrado, contrapuesto.

opugnar *tr.* Asaltar, combatir, atascar. **2** Contradecir*, rechazar, impugnar, llevar la contraria, ir a la contra. ≠ Convenir, admitir.

opulento, -ta *adj.* Rico*, abundante, copioso, ubérrimo, riquísimo, acaudalado*. ▌ *Opulento* intensifica el significado de los tres adjetivos; aplicado a cosas se parece a *ubérrimo*; aplicado a personas, a *riquísimo*.

oquedad *f.* Hueco, vacío. ≠ Macizo, redondez, convexidad.

oración *f.* Discurso, razonamiento*, alocución. **2** GRAM. Proposición, frase. **3** Plegaria, deprecación, rezo, preces.

oral *adj.* Verbal. **2** MED. Bucal. ▌ P. ej., un medicamento que se administra por vía *oral* o *bucal*.

orangután *m.* Jocó.

orar *intr.* Rezar. ▌ *Rezar* es *orar* de viva voz, en tanto que la acción de *orar* puede ser vocal o mental. Todo el que *reza*, *ora*; pero no viceversa.

orate *com.* Loco, demente, alienado. **2** fig. Atolondrado, imprudente, temerario.

oratorio *f.* Elocuencia, oratoria. ▌ P. ej., la *oratoria* o la *elocuencia* romana.

orbe *m.* Mundo, universo.

orcaneta *f.* Onoquiles.

orcaneta amarilla 2 *f.* Onosma.

orden [1] *m.* Colocación, disposición, concierto. ≠ Desorden, desproporción, desequilibrio. **2** Regla, método*. ≠ Indisciplina. ▌ «El *orden* es la colocación según el lugar que deben ocupar las partes entre sí; el *método* es el encadenamiento de ciertas acciones para conseguir un fin determinado. Pueden adoptarse diversos *métodos* para poner una biblioteca en *orden*.» (M).

orden [2] *f.* Mandato, precepto, disposición, decreto.

ordenar *tr.* Arreglar*, organizar, regularizar, clasificar, coordinar. ≠ Desordenar, descomponer, desorganizar, desequilibrar. **2** Encaminar, dirigir, enderezar. **3** Mandar, disponer, preceptuar, establecer, prescribir, decretar.

ordinariez *f.* Grosería, plebeyez, vulgaridad. ≠ Cortesía, educación, urbanidad.

ordinario, -ria *adj.* Común, usual, habitual, corriente, regular, frecuente, acostumbrado. **2** Bajo, vulgar, grosero, soez, plebeyo, tosco.

orear *tr.* Airear, ventilar*. ► **2** *prnl.* Tomar el aire, airearse.

orégano *m.* Díctamo.

orensano, -na *adj.-s.* (pers.) Auriense.

oreoselino *m.* Perfil de monte.

orfandad *f.* fig. Abandono, desamparo, desvalimiento. ≠ Amparo, familia, fortuna.

orgánico, -ca *adj.* Organizado, viviente. **2** Somático. ≠ Funcional.

organización *f.* Disposición, estructura, constitución. **2** fig. Arreglo, orden, ordenamiento, regulación, regularización.

organizar *tr.-prnl.* Disponer, arreglar, constituir, estructurar, instituir, establecer, regularizar, reformar, vertebrar. ≠ Desorganizar, desordenar, desunir.

órgano *m.* fig. Conducto*, medio. **2** Portavoz.

orgía, orgia *f.* Festín, saturnal, bacanal. ▮ La Academia admite las dos acentuaciones: *orgía* es la más clásica y correcta; *orgia* se ha generalizado modernamente. Intensifica el significado de *festín,* al cual añade el carácter de inmoderación y exceso. Aludiendo a la antigüedad, *saturnal, bacanal.* **2** fig. Desenfreno.

orgullo *m.* Soberbia*, engreimiento, altanería, altivez, arrogancia, vanidad*, presunción. ≠ Humildad, modestia, campechanería. ▮ «*Orgullo* es el exagerado aprecio que uno hace de sí mismo; *vanidad* es la ostentación de todo lo que puede llamar la atención o excitar la envidia de los hombres; *presunción* consiste en atrubuirse uno cualidades que no posee.» (M).

oriental *adj. com.* Asiático. ≠ Occidental.

orientar *tr.-prnl.* fig. Dirigir, encaminar, guiar*. ≠ Desorientar, perder, descaminar, descarriar. **2** Informar, enterar, instruir, imponer. ≠ Desorientar, descaminar.

oriente *m.* Este*, levante, naciente, saliente. **2** Levante, solano, subsolano, este. ▮ Tratándose del viento.

orífice *m.* Oribe, aurífice.

origen *m.* Principio, causa*, comienzo*. ≠ Fin, término, efecto, desenlace. **2** Procedencia, nacimiento, cuna. **3** Ascendencia, familia, estirpe, linaje.

original *adj.* Nuevo. **2** Auténtico, personal, propio. **3** Singular, extraño, peculiar, raro, novedoso.

originar *tr.-prnl.* Causar, motivar, producir, suscitar, engendrar, provocar. ► **2** *prnl.* Provenir, proceder, engendrarse, derivarse, seguirse, resultar.

originario, -ria *adj.* Primigenio. ▮ *Primigenio* significa en general relativo al origen: formaciones geológicas *primigenias* de una región (u *originarias*). **2** Congénito, innato. **3** Oriundo, procedente, natural, aborigen*.

orilla *f.* Margen, ribera, borde, canto. ▮ *Orilla* es la parte de la tierra más próxima al mar, a un lago, río, etc., la que limita inmediatamente con el agua. *Margen* indica mayor extensión de terreno, y *ribera* es el conjunto de terrenos próximos a las *márgenes* u *orillas*, comprendiendo a estas. Tratándose de telas, papel, etc., *margen* indica mayor espacio que *borde.* Tratándose del ángulo que forman los objetos como muebles, cajas, libros, etc., la *orilla* y el *borde* significan la arista en que se unen dos superficies, mientras que el *canto* suele implicar la representación del ángulo diedro y de una extensión mayor o menor de sus caras o lados.

orillar *tr.* fig. Resolver, concluir, arreglar, solventar, desenredar.

orillo *m.* Hirma, vendo.

orín *m.* Herrín, herrumbre, robín, rubín, moho, azafrán de Marte. ▮ Este último se usaba antiguamente como tecnicismo farmacéutico.

orina *f.* Meados (vulg.), orín, aguas, aguas menores, pis, pipí. ▮ Los dos últimos, en el lenguaje infantil.

orinal *m.* Bacín, servicio.

orinar *intr.-prnl.* Hacer pis, hacer pipí, mear (vulg.), hacer aguas menores, desbeber, miccionar. ▮ Los dos primeros, en el habla infantil.

oriundo, -da *adj.* Originario, procedente.

ornamento *m.* Adorno*, ornato*, compostura, atavío, aderezo.

ornar *tr.* Adornar*, ornamentar, aderezar, ataviar.

ornato *m.* Adorno*, atavío, gala, ornamento, aparato. ▮ *Ornamentos* se usa especialmente tratándose de las vestiduras sagradas y de los adornos del altar. *Gala* se aplica a personas y cosas. ▮ «El *ornato* se refiere más bien a las cosas que a las personas. El *ornato* de un templo o de un palacio consiste en la abundancia y en el esplendor de los *adornos*. No se dice el *ornato*, sino el *adorno* (o *atavío*) de una persona lujosamente vestida. *Ornamento* se usa en los dos sentidos; pero generalmente sólo en estilo retórico o poético.» (M).

orobanca *f.* Hierba tora.

orondo, -da *adj.* fig. Presumido, satisfecho, ufano, hinchado, hueco, esponjado. ≠ Enjuto, macizo, humilde, sencillo.

oropel *m.* Relumbre, relumbrón, apariencia.

oropéndola *f.* Lútea, oriol, papafigo, víreo, virio.

orozuz *m.* Regaliz, palo duz.

ortega *f.* Corteza, churra.

ortología *f.* Fonética, fonología, prosodia.

oruga *f.* (planta) Ruqueta. **2** Gusano (larva).

orujo *m.* Hollejo, brisa, casca. ▮ Tratándose de la uva. **2** Terrón. ▮ Tratándose de la aceituna.

orvalle *m.* Gallocresta.

orvallo *m.* Ast. Llovizna.

orzaga *f.* Álimo, armuelle, marismo, salgada, salgadera.

orzar *intr.* Embicar.

osa Osa mayor *f.* ASTRON. Carro mayor, hélice. **2 Osa menor** Carro menor, cinosura.

osadía *f.* Atrevimiento*, audacia, arrojo*. ≠ Timidez, cobardía. **2** Desvergüenza, insolencia, descaro.

osar *intr.* Atreverse*, arriesgarse, aventurarse.

osario *m.* Calavernario (p. us.), osar, osero, carnero.

oscilación *f.* Vibración. **2** Balanceo, fluctuación, vaivén. **3** Vacilación.

oscilar *intr.* Vibrar (FIS.). **2** Balancearse, fluctuar. ≠ Aquietarse, pararse, permanecer. **3** fig. Vacilar.

oscurecer *intr.-tr.* Ensombrecer, ennegrecer, enturbiar, entenebrecer. ≠ Aclarar. **2** Ofuscar, confundir. ≠ Alarar. ► **3** *intr.* Anochecer. ≠ Amanecer. ► **4** *prnl.* Nublarse. ≠ Despejarse, aclarar.

oscuridad *f.* Lobreguez, sombra, tinieblas, tenebrosidad. **2** fig. Ofuscación, ofuscamiento, confusión.

oscuro, -ra *adj.* Fosco (p. us.), fusco (p. us.), lóbrego, tenebroso, opaco, sombrío. ≠ Claro, despejado, luminoso. **2** fig. Confuso, inexplicable, ininteligible, incomprensible, turbio, críptico, enrevesado, intrincado ambiguo*. ≠ Claro, despejado, inteligible. ▮ «Lo *oscuro* peca por lo indeterminado y vago de las palabras y de las ideas; lo *confuso* por su desacertada colocación. Una narración es *obscura* cuando no están bien descritos los hechos; es *confusa* cuando no observan su orden natural. Lo *oscuro* necesita explicación; lo *confuso*, clasificación.» (M). **3** Humilde, desconocido. **4** Incierto, azaroso, peligroso, temeroso. ≠ Claro.

óseo, -ea *adj.* Huesoso, ososo.

osífraga *f.* Osífrago, quebrantahuesos (ave).

ososo, -sa *adj.* Óseo, huesoso, huesudo. ▮ Se emplea preferentemente *óseo* para designar lo que es de hueso, que pertenece al hueso o participa de sus cualidades; *huesoso* o *huesudo* se dice sobre todo de lo que tiene hueso o huesos.

ostensible *adj.* Patente, visible, claro, manifiesto, público.

ostentación *f.* Exhibición, manifestación, exteriorización. ≠ Sencillez, sobriedad. **2** Jactancia, vanagloria, alarde. ≠ Modestia, sencillez, sobriedad. **3** Magnificencia, boato, pompa, sumtuosidad, fastuosidad. ≠ Modestia, sencillez, sobriedad.

ostentar *tr.* Mostrar, exhibir, patentizar. **2** Hacer gala, alardear, lucir.

ostentoso, -sa *adj.* Magnífico, suntuoso, espléndido, pomposo, fastuoso, retumbante, rimbombante. ▮ Los dos últimos, con sentido despectivo o irónico.

ostra *f.* Concha, ostia.

ostracismo *m.* Destierro*, exilio, extrañamiento, proscripción. **2** fig. Alejamiento, relegación, postergación.

otear *tr.* Atalayar. **2** Escudriñar, registrar, atisbar, espiar.

otorgar *tr.* Consentir, conceder, dar, condescender. ≠ Prohibir, quitar. **2** DER. Disponer, establecer, ofrecer, estipular.

ovar *intr.* Aovar.

oviducto *m.* Madrecilla, huevera, trompa de Falopio. ▮ Los dos primeros, en las aves; el último, en los mamíferos.

ovino, -na *adj.* Lanar, óvido (ZOOL.).

ovni *m.* Platillo volador, platillo volante.

oxítono, -na *adj.-s.* GRAM. Agudo*.

p

pabellón *m.* Tienda de campaña. **2** Dosel. **3** Bandera.

paca [1] *f.* (mamífero) Capa.

paca [2] *f.* Fardo, paca. ▌*Paca* se usa esp. tratándose de forrajes, lana o algodón en rama.

pacato, -ta *adj.* Tímido, timorato, apocado, encogido, pusilánime. ≠ Belicoso, audaz.

pacer *intr.-tr.* Pastar.

pachorra *f.* Apatía, calma, flema, indolencia, tardanza.

paciencia *f.* Tolerancia, sufrimiento, mansedumbre, conformidad, resignación. ≠ Intolerancia. **2** Aguante, calma, perseverancia. ≠ Ira.

paciente *adj.* Tolerante, sufrido, manso, resignado. **2** Calmoso, pacienzudo. ▶ **3** *com.* Enfermo*, doliente.

pacificación *f.* Apaciguamiento.

pacificar *tr.-prnl.* Apaciguar, poner paz, reconciliar, no romper lanzas, no hacer mal a nadie. ≠ Irritar, luchar, sublevar. **2** Sosegar, calmar, tranquilizar, aquietar. ≠ Irritar.

pacífico, -ca *adj.* Quieto, sosegado, tranquilo, reposado.

pacifista *adj. -s.* Antimilitarista.

pack *m.* (anglic.) Lote.

pactar *tr.* Estipular, tratar, convenir, concertar, ajustar, asentar. ≠ Desunir.

pacto *m.* Estipulación, trato, convenio, concierto, ajuste. **2** Tratado, contrato.

padecer *tr.* Sufrir, pasar, soportar, aguantar, tolerar, sentir, pesar.

padecimiento *m.* Enfermedad*, dolencia, achaque, mal. ≠ Salud, gozo, dicha, paz.

padrazo *m.* Padrón.

padre *m.* fig. Autor, creador, inventor. → **padres 2 Padre Santo** Papa[1], Pontífice, Sumo Pontífice, Romano Pontífice, Santo Padre, Pastor Universal, Sucesor de San Pedro. **3 Padre conscripto** Senador. **4 Padre político** Suegro.

padres *m. pl.* Progenitores, antepasados, ascendientes*, abuelos, mayores. → **padre**

padrinazgo *m.* Apadrinamiento. **2** fig. Protección, favor, patrocinio, apoyo.

padrino *m.* fig. Protector, valedor, patrocinador, bienhechor, favorecedor. → **padrinos**

padrón *m.* Empadronamiento, registro. **2** fam. Padrazo.

paga *f.* Pagamento, pagamiento, pago, premio*. **2** Sueldo*, haber, mensualidad, salario.

paganismo *m.* Gentilidad, gentilismo. ≠ Cristianismo.

pagano, -na *adj.-s.* Gentil, idólatra.

pagar *tr.* Abonar, satisfacer, sufragar, costear, gratificar, retribuir, recompensar, remunerar. ≠ Deber, quitar. ▌*Costear* y *sufragar* sugieren a menudo un conjunto de gastos: *costear* la construcción de una escuela; *sufragar* los gastos de un asilo. Tratándose de servicios que se pagan al que los presta, úsanse los cuatro últimos sinónimos. ▶ **2** *prnl.* Prendarse, aficionarse. **3** Ufanarse, jactarse.

pagel *m.* Besuguete, pajel, sama, rubiel (Ast.).

página *f.* Carilla, llana, plana.
paginar *tr.* (un documento) Numerar.
pago *m.* Reintegro, pagamento, pagamiento, paga. **2** Satisfacción, premio, recompensa.
paguro *m.* Ermitaño (crustáceo).
pairar *intr.* MAR. Trincar.
país *m.* Región, territorio. ▮ Dentro del territorio, la *región* es una parte. *País* puede equivaler a *nación* o *patria*; p. ej.: ¿De qué *país* es usted? ; amaba mucho a su *país*. En geografía física, *región* puede abarcar más que *país*, p. ej.: la *región* ecuatorial, polar, desértica. *País* se usa también como sinónimo de *comarca, provincia, tierra*: vino del *país*.
paisaje *m.* Vista, marco, panorámica, panorama.
paja *f.* fig. Desecho, broza, sobrante, hojarasca. **2 Paja de camello** Esquenanto, esquinante, esquinanto, paja de esquinanto, paja de Meca.
pajar *m.* Cija, almiar.
pajarel *m.* Pardillo, pardal, pechirrojo, pechicolorado.
pajarota *f.* Paparrucha, mentira, falsedad, bulo.
pajizo, -za *adj.* (color) Pajado.
pajuela *f.* Luquete.
pala *f.* (del calzado) Empella. **2** DEP. Espátula. ▮ En el esquí.
palabra *f.* Vocablo, voz, dicción, término. ▸ **2 De palabra** *loc. adj.* Verbal, oral.
palabrería *f.* Locuacidad, charlatanería, labia, palabreo, garla.
palabrota *f.* Ajo, taco, grosería.
palaciego, -ga *adj.-s.* Cortesano, palatino, palaciano.
paladar *m.* Cielo de la boca. **2** Sabor, gusto. ▸ **3** *adj.* Palatal, palatino, paladial.
paladear *tr.* Saborear, gustar.
paladín *m.* fig. Defensor, campeón, sostenedor.
paladino, -na *adj.* Público, manifiesto, claro, evidente, patente. ≠ Oscuro, confuso, privado.
palanca *f.* Ceprén (Argent.), mangueta, alzaprima, espeque.
palancana, palangana *f.* Gana, jofaina.
palanganero *m.* Pajecillo.
palatino, -na *adj.-s.* Palaciego, palaciano, cortesano. ▸ **2** *adj.* Paladar, palatal, paladial.
palenque *m.* Estacada, liza, arena.
paleta *f.* ALBAÑ. Palustre. **2** Badil, badila. **3** Omóplato, paletilla, espaldilla. **4** PINT. Tabloza.
paleto, -ta *adj.-s.* Rústico, aldeano, tosco, palurdo, labriego, zafio.
paliar *tr.-prnl.* Encubrir, disimular, cohonestar, disculpar. ≠ Acusar, descubrir. **2** Mitigar, suavizar, calmar, atenuar, aliviar, amortiguar*. ≠ Aumentar, cargar.
paliativo, -va *adj. m.* Calmante.
palidez *f.* Palor (lit.), amarillez, palescencia.
pálido, -da *adj.* Amarillo, macilento. ▮ Tratándose de personas. **2** Desvaído, rebajado. ▮ Hablando de colores.
palinodia *f.* Recantación, retractación.
palique *m.* Conversación*, charla, cháchara, parloteo.
paliza *f.* Tunda, felpa, zurra, vapuleo, tollina, solfa, soba, azotaina.
palma *f.* Palmera. **2** fig. Gloria, triunfo, victoria. → **palmas** ▸ **3 Como la palma de la mano** *loc.* (intens.) Plano, llano, liso.
palmar *m.* Palmeral.
palmario, -ria *adj.* Claro, patente, manifiesto, notorio, visible, paladino, evidente, palpable.
palmas *f. pl.* Aplausos, palmadas. → **palma**
palmeta *f.* Férula, palmatoria.
palmito [1] *m.* Palma, palma enana, margallón.
palmito [2] *m.* Cara*, jeme.
palmo *m.* Cuarta.
palo *m.* Vara, bastón, garrote, tranca, cayado, cachava, báculo*. ▮ El *palo* largo y delgado, *vara*; el que sirve para apoyarse al andar, *bastón*. Uno y otro pueden ser insignia de mando. *Palo* grueso y fuerte, *garrote, tranca*; *palo* de forma arqueada en un extremo, *cayado, cachava*. **2** Golpe, bastonazo, garrotazo, estacazo. **3** MAR. Mástil, árbol. **4** Amér. Árbol, madera.
palomero, -ra *adj.* Colombófilo.
palpable *adj.* fig. Patente, claro, manifiesto, ostensible, palmario, tangible*. ≠ Intangible, oculto, confuso.
palpar *tr.* Tocar, tentar*.
pálpebra *f.* Párpado.
palpitación *f.* Latido.

palto *m.* Amér. Merid. Aguacate (árbol).
paludismo *m.* Malaria, anofelismo.
palurdo, -da *adj.-s.* Tosco, grosero, rústico, zafio, paleto, aldeano, labriego, cateto (desp.). ≠ Culto, refinado, urbano.
pamema *f.* Ficción*, fingimiento, paripé, melindre.
pamplina *f.* (planta papaverácea) Zadorija, zapatilla de la reina. **2** fig. Tontería, bagatela, futesa, nadería.
pamporcino *m.* Artanita, artanica, ciclamino, pan porcino.
pánace *f.* Opopónace.
panadear *tr.* Panificar.
panadería *f.* Tahona.
panadero, -ra *s.* Tahonero.
pancho *m.* Panza, vientre, barriga.
pandear *intr.-prnl.* Apandar, torcerse, encorvarse, combarse, alabearse.
pandilla *f.* Liga, unión. **2** Partida, cuadrilla, gavilla, caterna, banda, facción*. ▮ Los tres últimos tienen significado despectivo.
panegírico *m.* Apología, elogio, alabanza, enaltecimiento, encomio. ≠ Insulto, diatriba, catilinaria.
panel *m.* Painel.
pánfilo, -la *adj.* Pausado, calmoso, lento, tardo. **2** Parado, pazguato, soso, panoli, bobo.
pánico *adj. m.* Terror, espanto, pavor, miedo*. ≠ Tranquilidad, serenidad, valor.
panoja *f.* Panocha, mazorca.
panorama *m.* Vista. ▮ *Panorama* es la *vista* de un horizonte muy dilatado.
panorámica *f.* Panorama, vista, paisaje.
panormitano, -na *adj.-s.* (pers.) Palermitano.
pantano *m.* Laguna, embalse. ▮ El primero, si el *pantano* es natural; el segundo, si es artificial. **2** fig. Dificultad, embarazo, estorbo, atolladero, atascadero.
pantanoso, -sa *adj.* Encharcado, cenagoso, empantanado.
panza *f.* Vientre, pancho, barriga, abdomen* (culto o cientif.).
panzada *f.* Tripada, hartazgo, atracón.
panzudo, -da *adj.* Panzón, barrigón, barrigudo.
pañolón *m.* Mantón.
papa [1] *m.* Pontífice, Sumo Pontífice, Romano Pontífice, Santo Padre, Padre Santo, Pastor Universal, Sucesor de San Pedro, Vicario de Cristo.
papa [2] *f.* And., Can. y Amér. Patata. → **papas**
papado *m.* Pontificado, papazgo.
papafigo *m.* Becafigo, papahigo, picafigo. **2** Oropéndola.
papal *adj.* Pontificio.
papalina [1] *f.* ant. Becoquín, bicoquete.
papalina [2] *f.* Borrachera.
papanatas *m.* Papahuevos, papamoscas, papatoste, simple, crédulo, bobalicón, tontaina, tonto, bobo, tragaldabas.
paparrucha *f.* Mentira, falsedad, bulo, bola*, patraña.
papaya *f.* Lechosa.
papayo *m.* Lechoso.
papeleta *f.* Cédula.
papelón, -ona *adj.-s.* fam. Papelero, farolero, farolón.
papo *m.* Buche.
paquete *m.* Envoltorio, atado, atadijo, lío.
par *adj.* Igual*, semejante. ≠ Desigual. ▸ **2** *m.* Pareja. ≠ Uno, unidad. **3** Yunta.
para *prep.* A, hacia. ▮ Las tres preposiciones expresan la dirección del movimiento: ir *para* Madrid; pero la dirección que indica *para* es generalmente más indeterminada que la señalada por la prep. *a*: ir *a* Madrid. En esta acepción, *para* se parece a *hacia*, la cual indica más vagamente todavía la dirección del movimiento. **2** A. ▮ *Para* enlaza el verbo con su complemento indirecto o dativo, lo mismo que la preposición *a*: compraremos un juguete *al* niño, o *para* el niño. Aunque la relación de dativo es la misma con una u otra preposición, *para* añade o refuerza la idea de finalidad. Compárese: traigo una carta *a* tu madre, con: traigo una carta *para* tu madre. ▸ **3** *conj. final* A, a fin de. ▮ «*A fin de* y *para* son sinónimos en el sentido en que significan que se hace una cosa con la mirada de otra, con la diferencia de que *para* denota una mirada más cercana o presente, y *a fin de*, una más lejana. Se presenta uno delante del príncipe *para* hacerle la corte, se le hace la corte *a fin de* obtener gracias.» (Ma). ▮ La misma diferencia puede observarse entre las conjunciones finales *a que*, *para que*, por una parte, y *a fin de que*, por otra: Vengo *a que*

me paguen, o *para que* me paguen, *a fin de que* la deuda se cancele pronto.

parabién *m.* Felicitación, enhorabuena, pláceme.

parabrisa *f.* Guardabrisa.

parada *f.* Detención, alto. ≠ Marcha. **2** Estación, estacionamiento*. **3** Acaballadero, puesto. **4** MIL. Desfile. **5** Quite (ESGR.).

paradero *m.* fig. Término, fin, final. **2** Cuba, Chile y P. Rico. Apeadero. ▮ Tratándose del ferrocarril.

parado, -da *adj.* Remiso, tímido, corto. **2** Desacomodado, desocupado, desempleado, sin trabajo, cesante. ▮ El último, tratándose de un empleado.

parador *m.* Mesón, posada, hostal, hostería, fonda.

paráfrasis *f.* Amplificación.

parágrafo *m.* Párrafo.

paraguay *m.* Loro del Brasil, papagayo del Paraguay.

paraguaya *f.* Fresquilla.

parahúso *m.* Trincaesquinas.

paraíso *m.* Edén, cielo. **2** Gallinero, cazuela (antic.), galería. ▮ En los teatros.

paraje *m.* Lugar*, sitio, parte, punto. ▮ El *paraje* designa generalmente un *lugar* lejano o aislado.

paralelismo *m.* Correspondencia, semejanza.

paralelo, -la *adj.* fig. Correspondiente, semejante. ► **2** *m.* Comparación, cotejo, parangón.

paralítico, -ca *adj.-s.* Impedido, tullido, imposibilitado, perlático (antic.).

paralizar *tr.-prnl.* Tullir, imposibilitar, entumecer*. **2** fig. Detener, atajar, impedir, entorpecer, inmovilizar, parar*. ≠ Mover, movilizar, facilitar.

paralogismo *m.* Sofisma. ▮ «Estas voces son puramente griegas. La primera designa un engaño obrado por raciocinios artificiosos, por argumentos capciosos, por conclusiones falaces. *Sofisma* designa un fraude cualquiera, la sutileza, la astucia. El *paralogismo* y el *sofisma* inducen a error; aquél por defecto de luces o de aplicación, y éste por malicia, por una sutileza maligna.» (Ci).

parangonar *tr.-prnl.* Cotejar, comparar*, compulsar, confrontar. ≠ Diferenciar. ▮ Los dos últimos, tratándose de escritos, ediciones, etc.

paranoico, -ca *adj.* Monomaníaco, maníaco, loco.

parar *intr.,tr.-prnl.* Detener, suspender, estacionarse, atajar, paralizar. ≠ Marchar, movilizar. ▮ «*Pararse, detenerse.* Me *paré* algún tiempo en aquella ciudad para ver sus curiosidades; oí que me llamaban y me *detuve* al instante. El primer verbo representa el acto momentáneo de suspender el movimiento o la acción; el segundo representa la suspensión continuada por algún tiempo de la acción o movimiento. Llegué tarde porque me *detuve* mucho tiempo en casa. Le *paró* en el primer tiempo de mi reflexión, y después de haberse *detenido* largo rato a pensar las dificultades, se inclinó a lo peor.» (LH). ► **2** *intr.* Terminar, acabar, concluir. **3** Habitar, hospedarse, alojarse, estar, vivir. **4** Amér. Ponerse en pie. ▮ P. ej., *párate!* (*ponte en pie*). En algunos taxis se lee el aviso:.'prohibido *parar* a los niños en el asiento'.

parche *m.* Emplasto, bizma (antic.). **2** Tambor.

parcial *adj.* Incompleto. ► **2** *adj.-s.* Partidario*, secuaz, allegado.

parcialidad *f.* Bando, bandería, partido. **2** Preferencia, inclinación, desigualdad, injusticia. ≠ Justicia, igualdad, legalidad.

parco, -ca *adj.* Corto, escaso, insuficiente. **2** Sobrio, moderado*, templado, mesurado, frugal. ▮ Este último, tratándose de comida y bebida.

pardillo *m.* Pajarel, pardal, pechicolorado, pechirrojo. **2** Cast. Labriego, campesino.

parecer [1] *m.* Opinión, dictamen, juicio.

parecer [2] *intr.-prnl.* Aparecer, dejarse, ver, manifestarse, presentarse, comparecer. ≠ Desaparecer. **2** Hallarse, encontrarse. **3** Semejar, asemejarse*. ≠ Diferenciar.

parecido *m.* Semejanza, similitud, analogía.

parecido, -da *adj.* Semejante, similar, análogo, afín, parejo, parigual. ▮ *Parecido* se aplica principalmente al aspecto o impresión física que producen las cosas; *análogo* y *semejante* son más abstractos, y se aplican a las ideas, gustos, etc. Dos personas o dos objetos pueden ser *parecidos*. Dos doctrinas u opiniones pueden ser *análogas* o *semejantes*.

pared *f.* Muro, tabique, tapia, albarrada, horma, hormaza. ▮ *Muro*, esp. si es grueso; *tabique* es pared delgada. Según los materiales de que está hecha: de tierra amasada y apisonada, *tapia*; de piedra seca, *albarrada*, *horma* u *hormaza*. **2 Pared medianera** CONSTR. Arrimo.

pareja *f.* Copia, par.

parejo, -ja *adj.* Igual*, par, parigual, semejante*, parecido*. **2** Liso, llano.

paremia *f.* Proverbio (lit.), refrán.

parentela *f.* Familia.

parentesco *m.* Deudo. **2** fig. Vínculo, unión, liga, semejanza. **3** Consanguinidad.

parhilera *f.* Cumbrera, hilera.

parida *adj. f.* Parturienta. ▮ *Parida* se aplica a personas y animales. Tratándose de la mujer que está de parto o recién parida, *parturienta*.

paridad *f.* Comparación, paralelismo. **2** Igualdad*, semejanza. ≠ Desemejanza, diversidad, desigualdad.

pariente, -ta *adj.-s.* Deudo, allegado, familiar. **2** Semejante, parecido.

parietaria *f.* Cañarroya, albahaquilla de río.

parigual *adj.* Igual*, par, parejo, parecido*, semejante*.

parihuela *f.* Cibiaca (p. us.). **2** Camilla.

paripé *m.* Entono, presunción, fingimiento, ficción*.

parir *intr.-tr.* Alumbrar, dar a luz, salir de cuidado. ▮ Tratándose de la mujer, se utilizan estos tres sinónimos como eufemismos de *parir*.

parisiense *adj. com.* (pers.) Parisino, parisién.

parlamento *m.* Cortes, cámara, asamblea legislativa.

parlanchín, -ina *adj.-s.* Hablador*, charlatán, parolero.

parlar *intr.* Pablar (burl.), paular (burl.), charlar, gastar palabras, soltar la sin hueso. ≠ Callar.

parloteo *m.* Charla, cháchara, palique, conversación*. → **conversación**

paro *m.* Desempleo, desocupación. ≠ Movimiento, trabajo.

parodia *f.* Burla, caricatura, imitación, remedo.

paronomasia *f.* Paranomasia, agnominación (p. us.), aliteración. ▮ *Aliteración* es una forma de *paronomasia* que consiste en la repetición de un sonido o grupo de sonidos en la misma cláusula.

parótida *f.* (tumor inflamatorio) Papera.

paroxismo *m.* Exacerbación, exaltación.

paroxítono, -na *adj.* GRAM. Llano, grave.

párpado *m.* Pálpebra (TECN.) o lit.

parpalla *f.* Parpejana, parpallota.

parque *m.* Bosque*, selva, jardín.

parquedad *f.* Parcidad (p. us.), moderación, sobriedad. ≠ Imprudencia, derroche. **2** Parsimonia. ≠ Derroche.

parquin, parking *m.* Aparcamiento, estacionamiento.

párrafo *m.* Parágrafo.

parranda *f.* Jolgorio, fiesta, jarana, juerga, diversión.

parroquia *f.* Feligresía. **2** Clientela.

parroquiano, -na *adj.-s.* Feligrés. ▸ **2** *s.* Cliente.

parsimonia *f.* Frugalidad, economía, ahorro, sobriedad. ≠ Derroche. **2** Circunspección, templanza, moderación, parquedad, mesura. ≠ Imprudencia, rapidez, fervor.

parte *f.* Fracción, pedazo*, trozo, fragmento. ▮ «La *parte* es relativa al todo; la *fracción*, a la masa; el *fragmento*, a lo íntegro. La unión de las *partes* forma el todo; la de las *fracciones* forma el conjunto; la de los *fragmentos* forma lo íntegro. Una columna es *parte* de un edificio; *fracción*, de una cantera, y *fragmento*, cuando el edificio se arruina.» (M). **2** Porción, participación. **3** DER. Litigante. **4** Sitio, lugar, lado, dirección, punto. ▸ **5** *m.* Despacho, telegrama, telefonema, radiograma. **6** Notificación, aviso. ▸ **7 Tomar parte** *loc.* Participar.

partera *f.* Comadre, comadrona, matrona, profesora en partos. ▮ Los tres últimos son títulos oficiales para ejercer esta profesión. **2** Argent. Parturienta, parida.

partición *f.* Reparto, división, partija, partimento, partimiento. ▮ *Partija*, esp. cada una de las partes que resultan de este reparto; *partimento*, *partimiento*, aluden principalmente al acto de repartir.

participar *intr.* Tener parte. **2** Colaborar, contribuir, cooperar, tomar parte. **3** Competir, concursar. ▸ **4** *tr.* Notificar*, noticiar, informar, avisar, comunicar, hacer saber, poner en antecedentes.

partícipe *adj. com.* Parcionero, particionero, porcionero, participante.

particular *adj.* Propio, privativo, peculiar, personal. ≠ General, impersonal. **2** Especial, singular, extraordinario, raro, extraño. ≠ General, común, ordinario.

particularidad *f.* Singularidad, peculiaridad. **2** Pormenor, circunstancia, detalle.

partida *f.* Salida, marcha, arrancada, arranque. ▮ Estos dos últimos son propiamente el empuje de una embarcación o un vehículo cualquiera al salir. **2** Cuadrilla, pandilla, banda, facción*. **3** Guerrilla. **4 Partida de caza** Cacería.

partidario, -ria *adj.-s.* Seguidor, defensor, adepto , secuaz, adicto, parcial, prosélito, neófito. ≠ Adversario. **2** Guerrillero, partisano. ▸ *m.* **3** Cuba y Ecuad. Aparcero. ▮ El *partidario* sigue un partido; el *secuaz* pertenece a una secta o escuela; el *parcial* y el *adicto* se adhieren a una persona; el *prosélito* es un *partidario* ganado a un bando, doctrina, etc.; si es reciente se llama *neófito*.

partido *m.* Bando, bandería, parcialidad. **2** Revolución, determinación, decisión. **3** Provecho, ventaja, utilidad, conveniencia. **4** Favor, protección, popularidad, simpatía. **5** Distrito, territorio. **6** DEP. Match (anglic.), contienda, encuentro. **7 Partido de la máxima** Derbi, clásico. ▮ Tratándose de un partido de fútbol.

partidor, -ra *s.* Repartidor, distribuidor.

partir *tr.* Dividir*. ≠ Unir, sumar. **2** Hender, rajar, abrir, cortar, romper, tajar*. **3** Repartir, distribuir. ▸ **4** *intr.* Salir, marcharse, ir, ausentarse, coger el hatillo, tomar el portante, liar el hato, levantar velas. ≠ Llegar, permanecer.

parto *m.* Alumbramiento, parturición (MED.).

parvedad *f.* Pequeñez, escasez, poquedad, cortedad, parvidad.

párvulo, -la *adj.-s.* Niño.

pasable *adj.* Pasadero, soportable, tolerable, admisible, aceptable*.

pasada *f.* Pasadía, congrua. **2 Mala pasada** Perrería, vileza, deslealtad, trastada, jugarreta, truhanería, truhanada.

pasadero, -ra *adj.* Pasable, llevadero, tolerable, soportable, admisible, aceptable*. ≠ Insoportable, inadmisible. **2** Transitable. ▮ Tratándose de un camino, vado, etc., por donde puede pasarse con facilidad.

pasadizo *m.* Pasillo, corredor. ▮ En los edificios.

pasado *m.* Pretérito, antigüedad, ayer. ≠ Presente, futuro.

pasaje *m.* Paso.

pasajero, -ra *adj.* Transitado, pasadero. **2** Breve, fugaz, transitorio, momentáneo, efímero, perecedero, huidizo, temporal. ▸ **3** *adj.-s.* Viajero, transeúnte.

pasamano *m.* MAR. Crujía.

pasaporte *m.* Salvoconducto. ▮ *Pasaporte* se usa especialmente para el tránsito internacional; en el interior del país suele llamarse *salvoconducto*, excepto el que se expide a los militares.

pasar *intr.* Transitar, trasladarse, transcurrir, suceder, acaecer, ocurrir, acontecer. ≠ Permanecer. ▮ Los cinco últimos, tratándose del tiempo o de una acción. ▮ «El que *pasa* no hace más que atravesar un espacio, el que *transita* se detiene en algunos puntos... *Pasar* expresa una acción continuada; *transitar*, una acción ininterrumpida.» (M). **2** Cruzar, atravesar*. **3** Acceder, entrar, ingresar. **4** Sobrepujar, exceder, aventajar. **5** Padecer, sufrir, soportar, tolerar. **6** Disimular, dispensar, perdonar. **7** Cesar, acabarse. ▸ **8** *tr.* Llevar, conducir, trasladar. **9** Cerner, colar. ▸ **10** *prnl.* Marchitarse, ajarse, estropearse.

pasatiempo *m.* Entretenimiento, diversión, solaz, distracción, divertimiento*.

pasear *intr.-prnl.* Estirar las piernas, tomar el sol, el aire, dar una vuelta, andar, vagar, deambular (lit.). ▮ Este último, especialmente cuando no se lleva dirección u objeto determinado.

pasiflora *f.* Pasionaria, maracuyá, granadilla.

pasillo *m.* Corredor, pasadizo.

pasión *f.* Padecimiento, sufrimiento. **2** Vehemencia, ardor, calor, entusiasmo.

pasionaria *f.* Pasiflora, maracuyá, granadilla. ▮ Este último designa solo la flor y el fruto.

pasividad *f.* Indiferencia, impasibilidad, inacción. ≠ Actividad, inquietud.

pasmar *tr.-prnl.* Enfriar, helar, aterir. **2** Inmovilizar, tullir. **3** Asombrar*, maravillar, aturdir, helársele el corazón.

pasmarote *m.* Embobado, alelado, estafermo.

pasmo *m.* Espasmo, aterimiento. **2** Tétanos. **3** Asombro, maravilla, suspensión, aturdimiento, admiración*.

pasmoso, -sa *adj.* Asombroso, maravilloso, prodigioso, estupendo, portentoso.

pasquín *m.* Cartel.

pasta *f.* Masa.

pastar *tr.* Pastorear, apacentar. ► **2** *intr.* Pacer.

pastel *m.* Tarta.

pastelería *f.* Confitería, dulcería.

pastilla *f.* Tableta (FARM.), comprimido. ▌Se usa *comprimido* si es de tamaño muy pequeño.

pasto *m.* Pastura, hierba. **2** fig. Pábulo, alimento.

pastor, -ra *s.* Boyero, boyerizo, vaquero, porquerizo, ovejero, cabrero, pavero, dulero, zagal, rabadán, rehalero, albarrán, mayoral. ▌Según la clase de ganado que cuida, tiene nombres especiales, como los siete primeros sinónimos. El que guarda la dula, *dulero*. *Zagal* es el mozo del *mayoral*. El *pastor* principal de un rebaño recibe distintos nombres, como los cuatro últimos sinónimos, según las regiones.

patada *f.* Puntapié, coz. **2** Pisada, huella*, estampa.

patán *m.* Aldeano, paleto, palurdo.

patán, -ana *adj. m.* Tosco, rústico, grosero, torpe, pataco.

patata *f.* Papa (And., Can. y Amér.), criadilla (dial.).

patente *adj.* Visible, evidente, claro, manifiesto, ostensible, palpable, notorio, público*.

patentizar *tr.* Mostrar, manifestar, significar, hacer patente, representar. ≠ Ocultar.

paterno, -na *adj.* Paternal. ▌Entre *paterno* y *paternal* hay a menudo sinonimia completa. Pero *paterno* se dice de lo que es propio del padre efectivo (pariente por línea paternal), en tanto que *paternal* se extiende a lo que se parece a las cualidades de un padre. P. ej.: un superior puede darnos una reprimenda *paternal* (bondadosa) y solo la de nuestro padre será *paterna*. → **materno, maternal**

patético, -ca *adj.* Conmovedor, emocionante, sentimental, tierno.

patio *m.* Platea. ▌En los teatros.

patitieso, -sa *adj.* fig. y burl. Atónito, estupefacto, suspenso, pasmado, asombrado, maravillado, turulato (fam.), patitieso (burl.).

pato *m.* Parro, ánade, lavanco, alavanco. ▌Los dos último designan al *pato* bravío. **2 Pato negro** Fusca.

patochada *f.* Disparate, sandez, patanería, zafiedad, tochedad, grosería.

patraña *f.* Mentira, bulo, bola, embuste, cuento, farsa. ≠ Realidad, verdad.

patria *f.* Suelo, país natal, tierra natal, nación*.

patrimonio *m.* Herencia, sucesión. **2** Propiedad, bienes.

patriotismo *m.* Amor a la patria. ▌«*Amor a la patria* es un sentimiento más templado y menos activo que el *patriotismo*. *Amar a la patria* no es lo mismo que sacrificarse en su servicio. *Ama a la patria* el que, ausente de ella, vive triste, desasosegado y deseoso de restituirse a sus hogares. Tiene *patriotismo* el que consagra a la patria su hacienda, sus servicios y su existencia.» (M).

patrocinar *tr.* Proteger, amparar, favorecer, apoyar, apadrinar, auspiciar.

patrocinio *m.* Protección, amparo, favor, apoyo. ≠ Desamparo, abandono, acusación.

patrón *m.* Modelo, padrón, dechado, pauta.

patrón, -ona *s.* Patrono, protector, defensor. **2** Hospedero. **3** Amo, señor*, jefe, principal. ▌En varios países americanos se usa *patrón* como tratamiento respetuoso: vale dos pesos, *patrón*; dígame, *patrón*, dónde está la calle X.

patrono, -na *s.* Defensor, protector, amparador, patrón. **2** Dueño, amo, señor, capitalista, jefe. ▌Los dos últimos, en la industria.

paulatinamente *adv. m.* Poco a poco, lentamente, pausadamente, despacio*.

paulatino, -na *adj.* Pausado, lento, calmoso, tardo.

paulina *f.* Excomunión. **2** fig. Represión, reprimenda.

pausa *f.* Detención, interrupción, alto, parada, intervalo*. ≠ Acción, trabajo, ininterrupción. **2** MUS. Silencio. **3** Tardanza, lentitud, calma.

pausado, -da *adj.* Tardo, calmoso, flemático. **2** Paulatino, lento.

pauta *f.* Modelo, patrón, dechado, regla, norma, guía.

pavimentar *tr.* Solar, asfaltar, embaldosar, empedrar, enlosar, adoquinar. ▮ Los cinco últimos, según los materiales empleados para *pavimentar.*

pavimento *m.* Suelo, solado, piso, adoquinado, entarimado, enladrillado, embaldosado. ▮ Los cuatro últimos, según los materiales empleados.

pavo *m.* Gallipavo. **2 Pavo real** Pavón.

pavón *m.* Pavo real.

pavonear *intr.-prnl.* Pompearse, pomponearse, farolear, presumir, blasonar, vanagloriarse, jactarse, hacerse propaganda.

pavor *m.* Miedo*, temor, espanto, terror, pánico. ≠ Valor, audacia.

pavoroso, -sa *adj.* Espantoso, terrorífico, aterrador, horrible*.

paz *f.* Tranquilidad, sosiego, quietud*, calma, reposo*. ≠ Intranquilidad, dolor. **2** Concordia, armonía, acuerdo. ≠ Guerra, polémica. ▶ **3 No dar paz a la mano** *loc.* Activar, mover, avivar, excitar, acelerar, apresurar, apurar.

pazote *m.* Apasote, pasote, hierba de Santa María, hierba del Brasil, hierba hormiguera, pizate, té borde, té de España, té de Europa, té de México.

peana *f.* Pedestal, basa, peaña.

peatón *m.* Transeúnte*, viandante, caminante.

pecado *m.* Culpa*, falta, yerro. ≠ Inocencia, penitencia.

pecador, -ra *adj.-s.* Relapso, reincidente, contumaz, impenitente. ▮ *Relapso* o *reincidente* es el que reincide en el pecado; *contumaz* o *impenitente,* el que no se arrepiente.

pecar *intr.* Faltar, errar.

pecho[1] *m.* Seno, tórax. **2** Mama, teta. **3** fig. Interior, intención. **4** Coraje, valor, constancia.

pecho[2] *m.* desus. Tributo, contribución, impuesto, gabela.

pecíolo, peciolo *m.* BOT. Pezón, rabillo, rabo. ▮ Todos los sinónimos, en el habla usual.

pecuario, -ria *adj.* Ganadero.

peculiar *adj.* Propio, privativo, distintivo, característico, particular, especial, singular.

peculiaridad *f.* Cualidad*, propiedad, característica, particularidad. ≠ Generalidad, imitación. Estilo, carácter.

peculio *m.* Dinero, caudal, capital, bienes, hacienda.

pecunia *f.* Dinero, moneda.

pecuniario, -ria *adj.* Monetario, crematístico. ▮ *Monetario* se refiere a la moneda acuñada o fiduciaria (liga, circulación, *monetaria*), o a la economía general del dinero (crisis *monetaria*); en este último sentido se usa también *crematístico.* En general *pecuniario* tiene aplicaciones más humildes; p. ej.: hablamos de la situación *pecuniaria* de una familia y de la situación *monetaria* o *crematística* de un país.

pedagogo *m.* Ayo. **2** Maestro, educador.

pedazo *m.* Trozo, parte*, porción, parte, cacho, miaja, fracción, fragmento. ▮ *Trozo* y *pedazo* denotan parte de una cosa separada del todo; *parte* y *porción* se aplican además a cantidades y a grupos de individuos que forman un conjunto: *parte* de un número; una *parte* o *porción* de los reunidos protestó (no *pedazo* ni *trozo*). *Cacho* y *miaja* indican pedazos pequeños de cosas materiales, y su empleo es pralte. rústico o vulgar. *Fracción* y *fragmento* son denominaciones cultas: *fracción* corresponde a parte; *fragmento,* a pedazo.

pedernal *m.* Cuarzo, moleña, piedra de chispa.

pedestal *m.* Contrabase. **2** Peana. **3** Fundamento, apoyo.

pedestre *adj.* A pie. ▮ P. ej.: carrera *pedestre.* **2** fig. Llano, vulgar, inculto, ramplón.

pedido *m.* Encargo, demanda, salida, despacho. ▮ *Pedido* es cada uno de los *encargos* de género que se hacen a un fabricante o vendedor; el conjunto de ellos y la mayor o menor venta que un artículo tiene, es la *demanda, salida* o *despacho* de dicho artículo. **2** Petición. ▮ En esta acepción, *pedido* se usa esp. en América.

pedigüeño, -ña *adj.-s.* Pidón, pedidor.

pedir *tr.* Exigir, reclamar, requerir, demandar. ≠ Dar, prestar. ▮ Los tres primeros significan *pedir* imperiosamente. *Demandar* pertenece al lenguaje judicial; como sinónimo de *pedir*, en general, es atenuativo o literario. **2** Implorar, rogar, solicitar, suplicar, impetrar. ≠ Exigir, dar. ▮ Cuando se pide lo que puede sernos negado, se utiliza cualquiera de estos sinónimos. **3** Desear, apetecer.

pedregal *m.* Pedriscal, pedroche.

pedrisco *m.* Granizo. **2** Granizada.

pedúnculo *m.* BOT. Rabillo, rabo, pezón.

pega *f.* (baño de pez) Empega. **2** fig. Añagaza, ardid. ▮ P. ej.: me hicieron preguntas de *pega* en el examen para hacerme caer. **3** Dificultad, estorbo, obstáculo, dilación. ▮ Referidos a la tramitación de un asunto, esp. cuando son o se suponen inmotivados.

pegadizo, -za *adj.* Contagioso, infeccioso. **2** Pegajoso, gorrón. **3** Postizo, añadido, artificial.

pegajoso, -sa *adj.* Glutinoso, viscoso. **2** Contagioso. **3** Sobón. **4** Pegadizo, gorrón.

pegar [1] *tr.* Adherir, aglutinar (científ.), conglutinar (científ.). **2** Unir, juntar. **3** Arrimar, adosar. **4** Comunicar, contagiar, contaminar, infectar.

pegar [2] *tr.* Golpear, castigar, maltratar.

peguero *m.* Empecinado.

pegujalero *m.* Labrantín, pelantrín.

pegunta *f.* Empega, empego.

peguntar *tr.* Empegar, empeguntar.

peinado *m.* Tocado. ▮ Esp. en las mujeres.

pejemuller *m.* Manatí, pez mujer, rosmaro, sirenio.

pejepalo *m.* Estocafís, pezpalo.

pejesapo *m.* Alacrán marino, pescador, rana marina, rape, sapo marino.

peladillo *m.* Violento.

pelafustán, -ana *s.* Pelagatos, pelanas, cualquiera.

pelagallos *m.* Pelgar, vagabundo.

pelagatos *m.* Pobre, pelanas.

pelagra *f.* MED. Mal de la rosa, maidismo, zeísmo.

pelar *tr.* Rapar, raer. **2** Desplumar. **3** Descortezar, mondar, descascarar, descascarillar.

pelazga *f.* Pendencia, disputa, pelaza, pelotera.

peldaño *m.* Grada, grado, paso, escalón.

pelea *f.* Combate, batalla*, lucha*, contienda. **2** Riña, reyerta, pelotera, pelazga.

pelear *intr.-prnl.* Batallar, combatir, luchar, reñir, contender, hacer armas, habérselas con. **2** Disputar, regañar, indisponerse, enemistarse, desavenirse.

peliagudo, -da *adj.* Dificultoso, difícil, arduo, enrevesado, complicado, embarullado, intrincado. ≠ Fácil, inteligible. **2** Mañoso, hábil. ≠ Torpe.

pelícano, pelicano *m.* Platalea. **2** Pelícano americano, alcatraz, onocrótalo.

película *f.* Cutícula. **2** Cinta, filme.

peligro *m.* Riesgo*, exposición.

peligroso, -sa *adj.* Expuesto. ▮ *Expuesto* se dice del lugar, negocio, etc., en donde puede resultar daño, en tanto que *peligroso* se aplica además a lo que pude causar daño: camino, asunto, *expuesto* o *peligroso*; hombre, animal *peligroso* (no *expuesto*). *Expuesto* suele llevar la prep. *a*, p. ej.: *expuesto a* las balas, *a* grandes pérdidas. **2** Aventurado, arriesgado.

pelma *m.* fam. Cargante, pesado, molesto, fastidioso, pelmazo, latoso, importuno.

pelón, -ona *adj.-s.* Motilón. **2** Pelado, necesitado, pobre.

pelotera *f.* fam. Riña, contienda, reyerta, gresca, camorra, pendencia, cuestión, trifulca, pelea, altercado*.

peluca *f.* fig. Represión, reprimenda, regañina, filípica.

peluquería *f.* Barbería. ▮ Tratándose del establecimiento donde se corta y arregla el cabello a las señoras, no puede usarse más que *peluquería*.

pelusa *f.* Vello*. **2** fig. Envidia.

pelvis *f.* Bacinete.

pelleja *f.* Pelleta. **2** Pellejo, piel.

pellejería *f.* Pelletería.

pellejero, -ra *s.* Pelletero, pellijero.

pellejo *m.* Piel, pelleja. **2** Odre.

pellizcar *tr.* Pizcar, repizcar (fam.).

pellizco *m.* Pizco, repizco, torniscón. ▮ Este último es un *pellizco* retorcido. **2** Pizca, poquito, porcioncilla.

pena *f.* Castigo*, correción, correctivo, condenación*. **2** Dolor*, aflicción, pesar, tristeza*, sufrimiento, duelo, congoja, angustia. ▮ «El ver padecer a un hombre desconocido, a un malhechor, un trabajo de poca consideración, una incomodidad, causa *pena*; pero estos males son demasiado leves o accidentales para poder confundirlos con los que nos causan *sentimiento*. Nos causa *sentimiento* la pérdida de un bien que nos interesa, el mal de un amigo, la muerte de un conocido. Nos causa *dolor* la pérdida de un padre amado, la de un hijo único, la del honor, la de un bien de que pendía toda nuestra subsistencia; y aunque no puede negarse que estos males nos dan *pena*, nos causan *sentimiento*, no explican estas voces con tanta energía como el dolor, la profundidad de esta aflicción y la gravedad de sus motivos...» (LH). **3** Dificultad, trabajo, esfuerzo, fatiga, penalidad. **4** Amér. Vergüenza. ► **5 Merecer la pena** *loc.* Ser importante, ser conveniente, hacer al caso, ser interesante, valer la pena.

penachera *f.* Penacho, copete, cresta, moño. ▮ En las aves.

penado, -da *s.* Presidiario, forzado, recluso, encarcelado, preso, prisionero, cautivo. ▮ Los dos primeros, esp. si están condenados a trabajar; *recluso, encarcelado* y *preso* dan idea de penas menores, o de prisión preventiva sin condena. El *prisionero* y el *cautivo* no son delincuentes, sino aprisionados en la guerra o en actos de piratería.

penal *m.* Presidio, correccional, penitenciaría. ▮ Los dos últimos incluyen el matiz de regeneración del penado.

penar *tr.-prnl.* Sancionar, condenar, castigar. ≠ Perdonar. ► **2** *intr.* Padecer, sufrir, soportar, afligirse. ≠ Alegrarse, descansar.

pendejada *f.* Ruindad, villanía, vileza. **2** Méx. Necedad, tontería.

pendencia *f.* Contienda, riña, pelea, cuestión, trifulca, querella, gresca, camorra, pelotera, altercado, quimera, lucha*.

pendenciero, -ra *adj.* Quimerista, reñidor, buscarruidos, camorrista, peleón. ≠ Pacífico, tranquilo, cobarde.

pender *intr.* Estar pendiente, colgar, suspender. **2** Depender.

pendiente *m.* Arete, zarcillo, arracada. ► **2** *f.* Cuesta, declive, inclinación, subida, repecho.

péndola *f.* Péndulo.

pendolario *m.* Pendolista, escribano, escribiente.

pendón *m.* Estandarte.

penetración *f.* Perspicacia, agudeza, sutileza, inteligencia.

penetrante *adj.* Profundo, hondo. ▮ Tratándose de heridas, perforaciones, cavidades, etc. **2** fig. Perspicaz, sutil, inteligente. **3** Agudo, alto, estridente. ▮ Aplicado a la voz, al grito, chillido, etc.

penetrar *intr.-tr.* Introducirse, meterse, entrar, adentrarse*. ► **2** *tr.-prnl.* Comprender, entender, enterarse, empaparse.

penitencia *f.* Confesión. **2** Pena, expiación, castigo, corrección.

penitenciaría *f.* Penal, presidio, correccional.

penoso, -sa *adj.* Trabajoso, difícil*, dificultoso, laborioso, fatigoso. **2** Aflictivo, doloroso, triste, desagradable*.

pensador, -ra *com.* Filósofo, sabio, intelectual.

pensamiento *m.* Juicio, mente, entendimiento, ánimo*. **2** Idea, designio, plan, proyecto, intención. **3** Sentencia, apotegma, máxima, dicho. **4** Trinitaria (planta) y flor.

pensar *intr.-tr.* Razonar, discurrir, cavilar, considerar, reflexionar, meditar, rumiar (fam.) o irón., masticar (p. us.), romperse la cabeza, devanarse los sesos, parar mientes. ▮ «*Pensar* es simplemente poner en uso las facultades mentales; *considerar* es *pensar* con detenimiento; *reflexionar* es examinar atentamente todas las ideas cuyo conjunto interesa o llama la atención; *meditar* es emplear en este examen el uso de la imaginación. Para *pensar* se necesita objeto; para *considerar*, interés; para *reflexionar*, crítica; para *meditar*, imágenes.» (M). **2** Imaginar, figurarse, creer, suponer. **3** Intentar, proyectar, idear, planear, proponerse.

pensión *f.* Pupilaje, casa de huéspedes.

pensionado, -da *adj.-s.* Internado. ▮ Esp. si es un colegio.

pentecostés *m.* Pascua del Espirítu Santo.

penuria *f.* Escasez, estrechez, carestía, falta, necesidad.

peña *f.* Roca.

peñasco *m.* Risco. **2** (del hueso temporal) Región petrosa.

peñascoso, -sa *adj.* Riscoso, rocoso, enriscado.

peón *m.* Peatón. **2** Trompo.

pepita [1] *f.* (semilla) Pipa.

pepita [2] *f.* (de la gallina) Gabarro, moquillo.

pequeñez *f.* Niñería, nimiedad, bagatela, menudencia, minucia, fruslería, nadería, nonada. **2** Mezquindad, miseria, bajeza.

pequeño, -ña *adj.* Parvo, escaso, reducido, limitado, corto. ► **2** *adj.-s.* Chico, párvulo, niño.

peraleda *f.* Pereda.

percalina *f.* Lustrina.

percance *m.* Contratiempo, accidente, contrariedad.

percatarse *prnl.* Advertir, darse cuenta, reparar, notar, observar, enterarse, advertir, echar de ver, darse cuenta. ≠ Ignorar, desconocer.

percebe *m.* Escaramujo, pie de cabra.

percibir *tr.-prnl.* Cobrar*, recibir. **2** Ver, notar, darse cuenta, advertir, distinguir, sentir, discernir*. ≠ Ignorar, cegarse. **3** Conocer, comprender, concebir. ≠ Desconocer.

percutir *tr.* Golpear*, chocar, herir. ▮ *Percutir* es tecnicismo médico o de uso literario.

perder *tr.* Desperdiciar, malgastar, disipar. ► **2** *prnl.* Extraviarse, desorientarse, confundirse. ≠ Hallarse, encontrarse, orientarse. **3** Naufragar, zozobrar, irse a pique. ≠ Salvarse. **4** Viciarse, corromperse, pervertirse.

pérdida *f.* Daño, merma, menoscabo, perjuicio, quebranto, baja*. **2** Extravío, desorientación.

perdido *m.* Vicioso, calavera, tronera.

perdigar *tr.* Aperdigar, emperdigar.

perdón *m.* Remisión, absolución, gracia. ≠ Condena. ▮ «El *perdón* depende del ofendido, y produce la reconciliación cuando sinceramente se concede y sinceramente se pide. La *remisión* tiene una relación particular con la pena con que merece castigarse; la concede el príncipe o el magistrado, e impide la ejecución de la justicia. La *absolución* concierne propiamente al estado del culpable; se pronuncia por el juez civil o por el ministro eclesiástico, y restablece al acusado o al penitente en los derechos de la inocencia.» (Ma). **2** Indulgencia.

perdonar *tr.-prnl.* Perdonar, remitir, disculpar, excusar, exculpar, dispensar, eximir, indultar, amnistiar, condonar, pasar por alto, aflojar la cuerda, perdonar el hecho. ≠ Condenar, inculpar. ▮ La idea general de *perdonar* se halla en el fondo de numerosos verbos con matices especiales. *Remitir* es palabra culta, de cierta solemnidad: *remitir* los pecados, las culpas. *Disculpar, excusar,* faltas u omisiones, gralte. leves. *Exculpar, descargar* la culpa, declarar sin culpa. *Dispensar* faltas leves o el cumplimiento de algún requisito. *Eximir* de una obligación. *Indultar, amnistiar* (esp. delitos políticos) de penas personales impuestas por la ley; también en esta acepción *condonar,* pero más esp. si se trata de deudas o sanciones pecuniarias; *conmutar* una pena es cambiarla por otra inferior, esp. la de muerte por cadena perpetua. *Absolver* tiene sentido espiritual o moral que lo hace aplicable esp. a pecados, injurias, resentimientos; también significa que el juez o el tribunal de justicia declare la inculpabilidad de un reo.

perdonavidas *m.* Baladrón, fanfarrón, valentón, matasiete, guapo.

perdurable *adj.* Eterno*, perpetuo*, inmortal, imperecedero. **2** Duradero*, permanente.

perdurar *intr.* Durar*, subsistir, permanecer.

perecedero, -ra *adj.* Pasajero, caduco, transitorio, breve, fugaz, efímero*. ▮ Los tres últimos añaden a la idea de *perecedero* la de su corta duración.

perecer *intr.* Acabar, extinguirse, sucumbir*, morir. ≠ Nacer, vivir, salvarse. ▮ «*Perecer* se aplica a las muertes ocurridas en circunstancias terribles, o al menos, inesperadas y graves, como la batalla, el rayo, el terremoto o el naufragio. No se dice que *perece* el que *muere* de una enfermedad aguda. Carlos V *murió* en un monasterio; Edipo *pereció* en una borrasca.» (M). ► **2** *prnl.* Desear, apetecer, ansiar, anhelar, desvivirse, pirrarse.

peregrinación *f.* Romería.

peregrino, -na *adj.-s.* Romero. ► **2** *adj.* Raro, extraño, singular, insólito.

perengano *m.* Fulano*.

perenne *adj.* Perenal, perennal, perene, incesante, perpetuo*, continuo, permanente, perdurable. **2** BOT. Vivaz.

perentorio, -ria *adj.* Concluyente, decisivo, terminante, definitivo. ≠ Lento, pasivo.

pereza *f.* Galbana, gandulería, chucha, perra, holgazanería, haronía (p. us.), pigricia (p. us.), ignavia (p. us.), poltronería, desidia, negligencia. ≠ Diligencia, acción, aplicación, actividad. ‖ *Pigricia* e *ignavia* son latinismos poco usados.

perezoso *m.* Calípedes, perico ligero.

perezoso, -sa *adj.-s.* Holgazán, indolente*, poltrón, gandul, haragán, vago, tumbón.

perfecto, -ta *adj.* Acabado, cabal, completo*, cumplido. **2** Excelente, óptimo, inmejorable.

pérfido, -da *adj.* Desleal, traidor, fementido, infiel*, felón, alevoso, aleve*. ≠ Leal, sincero.

perfil *m.* Contorno, silueta.

perfilarse *prnl.* Aderezarse, componerse*, arreglarse, acicalarse.

perforar *tr.* Horadar*, taladrar, agujerear.

perfume *m.* Aroma, fragancia*, buen olor, efluvio. **2** Esencia, bálsamo.

pericia *f.* Destreza, habilidad*, práctica, experiencia, conocimiento. ≠ Inhabilidad, inexperiencia, desconocimiento.

periclitar *intr.* Decaer, declinar, peligrar.

perico *m.* (ave) Mariquita, periquito. **2** Cocaína, coca (col.), nieve (col.), farlopa (col.). **3 Perico ligero** Perezoso (animal).

peridoto *m.* Olivino.

perífrasis *f.* Circunloquio, circunlocución, rodeo.

perilla *f.* Pera.

perillán, -ana *s.* Pícaro, astuto, tuno, taimado.

perímetro *m.* Contorno.

periódico 2 *adj.* Regular, fijo.

periódico, -ca *m.* Diario, rotativo, semanal, semanario, hebdomedario (p. us.), quincenal, mensual, bimensual, bimestre, trimestral, cuatrimestral, semestral. ‖ Según el período que media en la publicación de sus números.

período *m.* Fase, etapa, ciclo, estadio. **2** Menstruación. **3** GRAM. Cláusula, oración compuesta.

peripatético, -ca *adj.-s.* Aristotélico. ► **2** *adj.* fig. Ridículo, extravagante. **3** MED. Ambulante, ambulatorio.

peripato *m.* Aristotelismo.

periplo *m.* Circunnavegación.

peripuesto, -ta *adj.* Repulido, acicalado, atildado, emperejilado.

peristilo *m.* Propileo.

perito, -ta *adj.* Hábil, diestro, conocedor, experimentado, experto*, práctico, competente. ≠ Inexperto, desconocedor, incapaz.

perjudicar *tr.-prnl.* Dañar*, damnificar, menoscabar, volverse contra uno, hacer un flaco servicio. ≠ Favorecer, perdonar.

perjudicial *adj.* Dañino, dañoso, nocivo, pernicioso. ‖ Cuando lo es en alto grado, *pernicioso*.

perjuicio *m.* Daño, detrimento, menoscabo, quebranto, deterioro. ≠ Favor, bien, regalo, ventaja.

perla *f.* Margarita, aljófar. ‖ La pequeña y de figura irregular, *aljófar*.

permanecer *intr.* Estar, persistir, subsistir, mantenerse, continuar, quedarse, residir, ir pasando, estar en pie, durar*. ≠ Ausentarse, pasar, rendirse.

permanente *adj.* Estable, fijo, firme, inalterable, invariable, inmutable, durardero*. **2** GRAM. Imperfectivo.

permisión *f.* RET. Epítrope.

permiso *m.* Autorización, consentimiento, licencia, venia, beneplácito, aquiescencia.

permitido, -da *adj.* Lícito, legal.

permitir *tr.-prnl.* Aprobar, acceder, consentir, cerrar los ojos, pasar por alto, hacer la vista gorda, tolerar, sufrir, aguantar. ≠ Prohibir, desautorizar. ‖ Los tres últimos, cuando se permite con repugnancia o dificultad. ‖ «*Permitir* es ejercer un acto de autoridad, autorizando expresamente lo prohibido; *tolerar* es permitir tácitamente; *sufrir* es *tolerar* lo que perjudica al que *sufre*. Un padre de familia *permite* que su hijo se case antes del tiempo de su emancipación; *tolera* algún exceso en sus gastos; pero no *sufre* que lo desobedezca ni insulte.» (M).

permuta *f.* Cambio*, trueque, canje.

permutar *tr.* Cambiar, canjear, conmutar*, trocar.

pernicioso, -sa *adj.* Malo, maligno, dañino, dañoso, nocivo, perjudicial.

pernil *m.* Jamón, nalgada. ▮ Cuando está curado, *jamón;* pero en algunas regiones (Aragón) se llama también *pernil* el que está curado; curado o sin curar, *nalgada.* **2** Pernera (del pantalón).

pernoctar *intr.* Trasnochar, hacer noche.

pero [1] *conj. adv.* Mas, empero, sino.

pero [2] *m.* Dificultad, estorbo, defecto, tacha. ≠ Perfección, facilidad.

peroración *f.* Discurso, oración. **2** RET. Epílogo.

perorata *f.* Soflama, prédica.

perpetrar *tr.* Consumar, cometer.

perpetua *f.* (planta) Sempiterna. **2** (flor) Siempreviva.

perpetuamente *adv. m.* Siempre, perdurablemente, continuamente, perennemente.

perpetuar *tr.-prnl.* Inmortalizar, eternizar, ir para largo, haber para rato, hacerse crónico. **2** Continuar, propagar. ▮ P. ej.: *perpetuar* la dinastía, *perpetuar* la especie.

perpetuo, -tua *adj.* Continuo, incesante, imperecedero, perenne, perdurable, inmortal, eterno*, sempiterno. ≠ Mortal. ▮ «*Perpetuo* representa una duración indeterminada; *continuo,* una duración no interrumpida. El movimiento de un planeta es *perpetuo* porque no conocemos el término de su duración; es *continuo,* porque no se interrumpe jamás su curso.» (LH). **2** Vitalicio.

perplejidad *f.* Hesitación (p. us.), vacilación, irresolución, indecisión, incertidumbre*, indeterminación, duda. ≠ Decisión, fe, resolución, despreocupación. ▮ «La *perplejidad* está en el entendimiento cuando se mantiene en una especie de equilibrio entre razones opuestas; la *hesitación,* la *vacilación,* la *irresolución* e *indecisión* están en la voluntad. Las palabras *irresolución* e *indecisión* expresan cualidades de ánimo; las otras significan más bien disposiciones transitorias, hijas de las circunstancias; así es que el hombre de carácter más firme y decidido puede hallarse *perplejo,* puede *vacilar* y *hesitar* en ocasiones críticas, del mismo modo que el hombre más *irresoluto* y más *indeciso.*» (M).

perplejo, -ja *adj.* Vacilante, irresoluto, indeciso, incierto, dudoso*.

perrería *f.* Vileza, deslealtad, trastada, mala pasada. **2** Insulto, improperio, dicterio, denuesto.

perrero *f.* Canicularío, echaperros.

perro *m.* Can, chucho, guau. ▮ Este último, en el habla infantil.

perruna *f.* Pan de perro.

persa *adj. com.* (pers.) Persiano, pérsico.

perseguir *tr.* Acosar, estrechar, acorralar, seguir la pista, pisar los talones, no dejar ni a sol ni a sombra. ▮ *Acorralar* es encerrar al perseguido entre obstáculos que no le dejan salida. ▮ «*Perseguir* es seguir al que huye, con ánimo de darle alcance. *Acosar* es *perseguir* con empeño, sin perder de vista al acosado. *Estrechar* es *acosar* con dirección a un obstáculo que no deje escape ni salida al estrechado. Se puede *perseguir* de lejos; se *acosa estrechando* la distancia progresivamente entre el que *acosa* y el que huye; se *estrecha,* cuando el *perseguido* queda entre el perseguidor y un muro, un río o un precipicio.» (M). **2** Importunar. **3** Molestar, vejar, dañar.

perseverar *intr.* Persistir, insistir, mantenerse, no volver la cara atrás, llevar adelante. ≠ Desistir, renunciar, ceder. ▮ *Insisitir* indica acción reiterada; se *insiste* una y otra vez en una acción o propósito. ▮ «Dícese *perservar* cuando se continúa la cosa sin querer hacer mudanza o variación. *Persistir,* cuando se *persevera* con constancia y obstinación. Así pues, *persistir* es más que *perseverar.*» (Ma). **2** Perdurar, permanecer.

pérsico *m.* Alpérsico, pérsigo, melocotonero. ▮ Una de las variedades del *pérsico* es el *melocotonero.*

persignar *tr.-prnl.* Signar, santiguar, hacer la señal de la cruz.

persistir *intr.* Insistir, perseverar, mantenerse, obstinarse, no dar el brazo a torcer. ≠ Renunciar. **2** Perdurar, permanecer.

personaje *m.* Figura, personalidad.

personal *adj.* Particular, privativo, propio. ▸ **2** *f.* DEP. Falta. ▮ En el baloncesto.

personarse *prnl.* Presentarse, comparecer*.

perspicacia *f.* Agudeza, sutilidad, sutileza, penetración, sagacidad*. ≠ Tontería, necedad.

perspicaz *adj.* Agudo, sutil, penetrante.

persuadir *tr.-prnl.* Convencer, decidir, inducir. ▮ «Cuando queremos que una persona mude de conducta u opinión, nos procuramos valer de razones poderosas que le precisen o fuercen a hacer lo que le proponemos, y a esto llamamos *convencer* (...). Supone, pues, fuerza, principalmente de razones, de parte del que intenta *convencer*, demostrando la bondad o utilidad de alguna cosa, para llevar a la persona a que la ejecute o que en ella convenga. Se ve, pues, que la acción del *convencedor* se dirige principalmente a la inteligencia; así como la del *persuasor* a los sentimientos del corazón. Muy semejante al *convencimiento* es la *persuasión*, pues el *persuadir* se define generalmente como la acción dirigida a mover, excitar, obligar a uno a que ejecute lo que se propone, valiéndose de razones y discursos, no sólo que venzan su razón, sino más bien aún que conmuevan su corazón.» (O).

persuasión *f.* Convencimiento, convicción.

persuasivo, -va *adj.* Convincente, suasorio (lit.).

pertenecer *intr.* Corresponder. ▮ «*Pertenecer* expresa derecho de propiedad de posesión o de clasificación; *corresponder* expresa analogía. Los adornos *corresponden*, y no *pertenecen*, al objeto adornado. Un traje serio *corresponde*, y no *pertenece*, a la edad madura. *Pertenecer*, además, se aplica solamente a nombres, y *corresponder*, a nombres y a verbos. Me *corresponde* ese puesto, o no te *corresponde* ocuparlo.» (M). **2** Competer, incumbir, tocar, atañer*, concernir*.

pertenencia *f.* Propiedad, dominio.

pértica *f.* Tornadura.

pertinacia *f.* Obstinación*, terquedad, tenacidad, tozudez, testarudez. ≠ Negligencia, rendición, resignación.

pertinaz *adj.* Terco, obstinado, tenaz, testarudo, recalcitrante, contumaz*. **2** fig. Duradero, persistente, insistente.

pertinente *adj.* Perteneciente, relativo, referente, concerniente. **2** Oportuno, a propósito, adecuado, conveniente, indicado. ≠ Inoportuno, inconveniente.

perturbación *f.* Alteración, desorden, trastorno, desarreglo, turbación. ≠ Organización, orden, sosiego.

perturbado, -da *adj.-s.* Loco*, demente, alienado, enajenado, insano.

perturbar *tr.-prnl.* Alterar, desordenar, desarreglar, turbar, trastornar, aguar la fiesta, armarse la gorda, echarse a la calle. ≠ Tranquilizar, aquietar.

peruano, -na *adj.-s.* (pers.) Perulero (antic.), peruviano.

peruétano *m.* Piruétano.

perversidad *f.* Nequicia (lit.), maldad, perfidia, malignidad, perversión, protervia.

perverso, -sa *adj.* Malo*, malvado, maligno, depravado, corrupto, protervo.

pervertir *tr.-prnl.* Mal inclinar, enviciar, viciar, malear, maliciar, pervertir, corromper, depravar, echar a perder, ofender los ojos. ≠ Perfeccionar, purificar.

pesadez *f.* Pesadumbre, pesantez, gravedad. **2** Impertinencia, importunidad, lata.

pesado, -da *adj.* Grave, ponderoso. ▮ Ambos son de uso culto o literario. **2** Tardo, lento, calmoso, cachazudo. **3** Molesto, enfadoso, enojoso, cargante, fastidioso, tedioso, latoso, desagradable. **4** Duro, áspero, insufrible, dañoso, fuerte.

pesadumbre *f.* Pesadez, pesantez, gravedad. **2** Desazón, disgusto, pena, pesar, dolor*, tristeza*. **3** Querella, riña, quimera, contienda, cuestión.

pésame *m.* Condolencia.

pesar [1] *m.* Sentimiento, dolor*, pena*, aflicción, pesadumbre, tristeza. **2** Arrepentimiento*. ► **3 A pesar de ello** *loc. conj.* Sin embargo, no obstante, empero, con todo.

pesar [2] *intr.* Arrepentirse. ► **2** *tr.* Examinar, considerar, reflexionar, pensar.

pesaroso, -sa *adj.* Afligido, entristecido, apenado. **2** Arrepentido.

pescar *tr.* fig. Coger, lograr, conseguir, agarrar, pillar, atrapar*. ▮ El matiz fam. o burlesco de *pescar* en esta acepción está muy próximo al de *agarrar, pillar, atrapar*. ► **2 No saber lo que se pesca** *loc.* Estar in albis, estar pez, no saber la cartilla.

pescuezo *m.* Cogote*, cerviz. **2** Amér. Cuello.

peso *m.* Pesantez, pesadez, gravedad. **2** fig. Entidad, sustancia, importancia. **3 Peso específico** Densidad.

pesquis *m.* Cacumen, caletre, chirumen, mollera, ingenio, agudeza, perspicacia, penetración.

pesquisa *f.* Investigación, averiguación, indagación, búsqueda.

pesquisidor, -ra *adj.-s.* Inquisidor.

peste *f.* Epidemia, epizootia, plaga. ❙ *Epidemia*, en el hombre; *epizootia*, en los animales; *plaga* se aplica esp. a las plantas, pero puede aplicarse también a los animales. **2** Mal olor, hedor, hediondez, fetidez, pestilencia.

pestífero, -ra *adj.* Contagioso. **2** Pestilente, hediondo, fétido, apestoso.

pestuño *m.* Carnicol.

petaca *f.* Cigarrera, pitillera, tabaquera. ❙ La que se emplea para cigarros y cigarrillos, *cigarrera*, *pitillera*; para tabaco suelto, *tabaquera*.

petardear *tr.* Sablear, dar un sablazo, pegar un petardo, trampear, truhanear.

petardista *com.* Sablista, tramposo, trapisondista, estafador.

petardo *m.* fig. Estafa, sablazo.

petición *f.* Ruego, solicitud, súplica, demanda. ≠ Mandato. **2** Reclamación, exigencia. **3** DER. Pedimento, demanda.

petimetre, -tra *s.* Lechuguino, gomoso, pisaverde, currutaco.

petrel *m.* Ave de las tempestades.

petrificación *f.* Lapidificación, fosilización. ❙ Este último, tratándose un animal o vegetal que se convierte en piedra.

petrificar *tr.-prnl.* Fosilizar. ❙ Si se trata de un ser orgánico.

petrolero *m.* Barco aljibe, barco cisterna.

petroso, -sa *adj.* Pedregoso. ❙ Tratándose del lugar en que hay muchas piedras.

petulancia *f.* Presunción, envanecimiento, engreimiento, fatuidad, vanidad, jactancia*. ≠ Modestia, corrección.

petulante *adj.* Presuntuoso, engreído, fatuo, vanidoso.

pezón *m.* Rabillo, cabillo, pedúnculo (científ.), pedículo (científ.). ❙ En las hojas. **2** Teta. ❙ En los animales.

pezuña *f.* Pesuña, uña.

piadoso, -sa *adj.* Compasivo, misericordioso, benigno. **2** Religioso, devoto, pío.

pialar *tr.* Argent. y Chile. Manear, manganear, apealar.

piar *intr.* Piular.

pica *f.* TAUROM. Garrocha, vara.

picadura *f.* Pinchazo. **2** Mordedura, punzada, picada. **3** Caries.

picaflor *m.* Colibrí.

picajoso, -sa *adj.-s.* Sentido, delicado, susceptible, quisquilloso, puntilloso.

picante *adj.* fig. Mordaz, satírico, cáustico, punzante, acerbo. **2** Aceroso.

picaporte *m.* Llamador, aldaba, aldabón.

picar *tr.* Pinchar, punzar. ❙ «Los tres verbos significan herir con instrumento de punta. *Picar* es herir ligeramente; *pinchar* es herir con rapidez y violencia; *punzar* es herir con esfuerzo sostenido y penetrando en lo interior. Por esto se da el nombre de *punzada* al dolor agudo. Se dice: *picadura* de alfiler, *pinchazo* de garrocha y *punzada* de alesna.» (M). **2** TAUROM. Agarrochar, garrochear, varear. **3** Picotear. **4** Aguijar, espolear. **5** Seguir, perseguir, seguir el alcance (antic.). **6** Escocer, concomer. **7** Cortar, trinchar. **8** Mover, incitar, excitar, estimular, aguijonear. ▶ **9** *prnl.* Carcomerse, apolillarse, cariarse. ❙ Este último, tratándose de los dientes. **10** Avinagrarse. **11** Sentirse, resentirse, ofenderse. ❙ «Nos *picamos* por una falta de urbanidad, por una alusión maligna, por alguna infracción de las prácticas convencionales que se observan generalmente en el trato social; nos *resentimos* de un desaire, de una injusticia, de un agravio personal. No sólo no *ofendemos* en estos casos, sino cuando en nuestra presencia se cometen actos indecorosos y ofensivos al respeto que los hombres se deben entre sí, aunque no se dirijan a nuestras personas.» (M). **12** Preciarse, jactarse, alabarse, vanagloriarse, repicarse.

picardía *f.* Maldad, bajeza, ruindad, vileza, bribonada. **2** Bellaquería, astucia, disimulo, sagacidad. **3** Travesura.

pícaro, -ra *adj.-s.* Bajo, ruin, doloso, pillo, villano, granuja, vil, desvergonzado. **2** Astuto, tunante, tuno, taimado, enredador.

picazón *f.* Hormiguillo, picor, rascazón, comezón, prurito, quemazón, cosquilleo, hormigueo. ❙ *Prurito* es voz docta o tecnicismo médico. En sentido figurado *come-*

zón y *prurito* significan deseo vehemente y la desazón que este deseo produce: tener *comezón* o *prurito* de discutir una doctrina. Intensivo, *quemazón*.

picor *m.* Escozor. **2** Picazón*, comezón*.

picotada *f.* Picotazo, picada, picazo.

piedad *f.* Compasión, misericordia, caridad, conmiseración, lástima*. ≠ Inhumanidad, crueldad, saña. **2** Devoción.

piel *f.* Pelleja, pellejo, cutis, tez, dermis (MED.). ▮ En el hombre, *cutis*; *tez* se aplica esp. a la piel del rostro humano. **2** Cuero.

piélago *m.* lit. Mar.

piérides *f. pl.* Musas.

pierna *f.* Pata, zanca. ▮ En los animales y objetos inanimados, *pata*; p. ej.: las *patas* de un perro, de una silla. Pierna larga y delgada, *zanca*.

pieza *f.* Parte, trozo, pedazo. **2** Habitación, aposento, estancia, cuarto.

pifia *f.* fig. Error, descuido, equivocación, desacierto.

pigargo *m.* Halieto. **2** Melión.

pignorar *tr.* Empeñar.

pigricia *tr.* Pereza, negligencia, desidia, descuido, haraganería, holgazanería. ≠ Diligencia, rapidez, fortaleza.

pilón *m.* Pila.

piloriza *f.* BOT. Cofia.

píloro *m.* Portanario.

pillada *f.* Pillería, picardía, bellaquería, tunantada.

pillaje *m.* Hurto, rapiña. **2** Robo, saqueo.

pillar *tr.* Hurtar, robar, rapiñar, saquear. **2** Coger, agarrar*, arrebatar*. **3** Atrapar, sorprender, pescar*, cazar.

pillete *m.* Granuja, ratero, golfo.

pillo, -lla *adj.-s.* Sagaz, astuto, granuja, pillastre, pícaro, tuno, taimado.

pimentero *m.* Pimiento.

pimienta *f.* Pebre.

pimpido *m.* Colayo.

pimpinela *f.* Sanguisorba.

pimpollear *intr.* Apimpollarse, pimpollecer.

pimpollo *m.* Brote, renuevo, vástago.

pina *f.* Cama. ▮ En las ruedas de los carros.

pinabete *m.* Abeto.

pinar *m.* Pineda.

pinchar *tr.* Picar, punzar.

pinchazo *m.* Picadura, punzadura, punzada, aguijonazo.

pinche, -cha *s.* Sollastre, pícaro, marmitón, galopillo.

pincho *m.* Aguijón, punta.

pindonguear *intr.* desp. Callejear, pendonear.

pingajo *m.* Pingo, andrajo, harapo, guiñapo, arrapiezo.

pingüe *adj.* Craso, grueso, gordo. ≠ Delgado. **2** fig. Abundante, copioso, cuantioso, fértil. ≠ Escaso (fig.).

pingüino *m.* Pájaro bobo.

pinillo *m.* Hierba artética. **2** Mirabel, ayuga, perantón.

pinjante *adj. com.* Colgante, pendiente.

pintadera *f.* Carretilla.

pintada *f.* Gallina de Guinea. **2** Graffiti, grafito.

pintiparado, -da *adj.* Parecido, semejante, igual. **2** Justo, ajustado, medido, exacto, clavado.

pintojo, -ja *adj.* Pintado, manchado.

pintor, -ra *s.* Acuarelista, pastelista, fresquista, templista, paisajista, retratista, miniaturista, orbaneja (desp.), pintamonas (desp.). ▮ Los cuatro primeros, según los materiales que emplea. Los cinco siguientes, según el género que cultiva.

pínula *f.* Dioptra.

piña *f.* Ananás.

piñonate *m.* Empiñonado.

pío, -a *adj.* Devoto, piadoso. **2** Benigno, misericordioso, compasivo.

piojo *m.* Cáncano, miseria. ▮ En el habla popular es frecuente designarlo con el eufemismo *miseria*.

pipa [1] *f.* (de fumar) Cachimba. **2** Tonel, cuba, bota, candiota.

pipa [2] *f.* Pepita (semilla).

pipería *f.* MAR. Botamen, botería.

pipirigallo *m.* Esparceta.

pipiritaña, pipitaña *f.* Pipa, zampoña.

pirata *m.* Corsario.

pirausta *f.* Piragón, piral.

pirita *f.* Piedra inga, marcasita, margajita, marquesita.

pirómano, -na *adj.-s.* Incendiario.

piropear *tr.* Requebrar, echar flores, decir flores, florear.

piropo *m.* fig. Lisonja, requiebro, flor, galantería*. **2** MINERAL. Rubí.

pirosis *f.* MED. Rescoldera. ▮ El sinónimo, en el habla corriente.

pirotécnico *m.* Cohetero, artificiero, polvorista, polvorero (Colomb.).

piroxilina *f.* Pólvora de algodón.

pirrarse *prnl.* fam. Desear, anhelar, desvivirse, perecerse, beber los vientos.

pirriquio *m.* Pariambo, periambo.

pisada *f.* Huella*, holladura. **2** Patada.

pisador *m.* Pisaúvas.

pisar *tr.* Hollar. **2** Pisotear. **3** Conculcar, infringir, quebrantar, atropellar.

pisaverde *m.* Gomoso, lechugino, petimetre.

piscina *f.* Pecina.

piso *m.* Suelo, pavimento, solado. **2** Suela. **3** Alto, planta. **4** Cuarto, vivienda, habitación, apartamiento, apartamento.

pisotear *tr.* Hollar*, rehollar, patear. **2** fig. Humillar, maltratar, conculcar, atropellar, infringir, quebrantar.

pista *f.* Huella, rastro. **2** DEP. Cancha.

pistacho *m.* Alfóncigo, alfócigo.

pita *f.* Cabuya, henequén, pitera.

pitanza *f.* Manduca, condumio, comida.

pitañoso, -sa *adj.* Legañoso, pitarroso.

pitar *intr.* Silbar, abuchear. ≠ Aplaudir, aprobar. ▸ **2** *intr.-tr.* Amér. Fumar, chupar (Amér.).

pitecántropo *m.* Hombre de Java.

pitillo *m.* Cigarrillo.

pítima *f.* fig. Borrachera.

pitio, -tia *adj.* Pítico.

pito *m.* Silbato. ▸ **2 No importar un pito** *loc.* No importar un ardite, no importar un bledo, no importar un cornado, no importar un comino, no importar un maravedí, no importar un ochavo.

pitorreo *m.* Burla*, guasa, mofa, rechifla, choteo.

pitpit *m.* Pipi (pájaro).

pizarra *f.* Esquisto. **2** Encerado.

pizca *f.* Ostugo, miaja, partícula.

pizpita *f.* Aguzanieves.

pláceme *m.* Felicitación, enhorabuena, parabién.

placenta *f.* Parias.

placentero, -ra *adj.* Agradable*, grato, apacible, ameno, alegre.

placer [1] *m.* Contento, goce, satisfacción, agrado, alborozo*. ≠ Dolor. **2** Gusto, deleite, delicia, gozo*. ≠ Dolor. ▮ «Todo lo que excita nuestra satisfacción y alegría, sin mezcla de disgusto, es causa de *placer*. El *deleite* representa particularmente el gusto material que percibimos por nuetros sentidos. (...) Las tiernas caricias de un hijo son motivo de *placer*. Un manjar delicado, un lecho cómodo, un gusto que satisface la sensualidad, son motivos de *deleite*. No merece el nombre de *placer* la bárbara satisfacción del que en el furor de la venganza, se *deleita* con la vista de la sangre de su enemigo.» (LH). **3** Entretenimiento, diversión, recreo.

placer [2] *tr.* Agradar, gustar, caer en gracia, ser de rechupete, llevarse los ojos.

placidez *f.* Sosiego, tranquilidad, apacibilidad, quietud, agrado. ≠ Intranquilidad, pena.

plácido, -da *adj.* Tranquilo, sosegado, quieto, manso, grato, placentero, apacible.

plaga *f.* Calamidad, infortunio, azote. **2** Peste*, epidemia.

plagiar *tr.* Fusilar (burl.), copiar, imitar*. ≠ Inventar. ▮ Entre *plagiar* y *copiar* consiste la diferencia en que el primero significa dar como propias ideas, palabras u obras ajenas. *Copiar* es una labor honrada; *plagiar* implica siempre fraude.

plan *m.* Designio*, proyecto, intento, idea.

plana *f.* Página, carilla, llana.

planear *tr.* Planificar, proyectar.

planga *f.* Clanga, planco, dango, pulla.

planicie *f.* Llanura, llamada, llano, planada. ▮ *Planicie* connota siempre idea de gran extensión.

planificar *tr.* Planear, proyectar.

plano, -na *adj.* Llano, liso, igual, como la palma de la mano.

plantar *tr.* fig. Asentar, colocar. **2** Fundar, establecer, colocar, implantar. **3** Plantificar.

plantel *m.* Criadero, vivero.

plañidera *f.* Endechadera, llorona.

plañidero, -ra *adj.* Lloroso, lastimero, quejumbroso, triste, lúgubre.

plástico, -ca *adj.* Dúctil, blando, moldeable.

plata *f.* Dinero, riqueza. ▮ Este uso de la voz *plata* es especialmente frecuente en América.

plátano *m.* Banano, platanero. **2** Banana.
plática *f.* Conversación*, coloquio, charla, diálogo*.
platicar *intr.* Charlar, conversar*, hablar, departir, estar a razones. ≠ Callar.
platija *f.* Acedía, platuja.
platudo, -da *adj.* Amér. Adinerado, acaudalado, rico.
plausible *adj.* Laudable, loable, meritorio. **2** Atendible, admisible, aceptable, recomendable.
playeras *f. pl.* Corrida.
plaza *f.* Mercado. **2** Espacio, sitio, lugar. **3** Ocupación, empleo, puesto, destino*. **4** Butaca, asiento, localidad.
plazo *m.* Término, tiempo. ▮ «*Plazo* es una unidad señalada de tiempo: tal mes, tal día, tal hora; *término* es un período o una fracción de tiempo: un mes, un día, una hora. Si en el primer día de enero se señala como *plazo* el último de diciembre, se concede o se estipula el *término* de un año.» (M.) **2** Vencimiento.
plebe *f.* Vulgo, pueblo. ▮ «*Plebe* representa simplemente la clase inferior del pueblo. *Vulgo* representa esta misma clase como revestida de cualidades bajas y comunes que son propias de ella. Así es, que *plebeyo* y *vulgar* no son sinónimos, porque *plebeyo* se contrapone a noble; esto es, se refiere a la clase; y *vulgar* se contrapone a culto, instruido, o que no tiene las inclinaciones y modales que son propias del *vulgo*; esto es, se refiere a las cualidades.» (LH).
plebeyo, -ya *adj.* Ordinario, vulgar, grosero, soez. ≠ Noble, educado. → **plebe.**
plegar *tr.-prnl.* Doblar. ≠ Estirar, desdoblar. ▸ **2** *prnl.* fig. Doblarse, doblegarse, someterse, ceder. ≠ Rebelarse, sublevarse.
plegaria *f.* Oración, rezo, deprecación.
pleitear *tr.* Litigar.
pleitista *adj. com.* Litigante, pleiteador, picapleitos (burl.).
pleito *m.* Litigio, causa, lite (p. us.), litis (p. us.). ▮ *Causa*, esp. si es criminal; *lite* y *litis* son latinismos poco usados. **2** fig. Contienda, diferencia, querella, disputa.
plenamente *adv. m.* Enteramente, completamente.
pleno, -na *adj.* Entero, completo, lleno.
pleocroísmo *m.* Policroísmo.
plétora *f.* Superabundancia, sobreabundancia.
pletórico, -ca *adj.* Lleno*, repleto, superabundante.
pleurodinia *f.* Pleuresía falsa.
Pléyades *f. pl.* Hespérides.
pliegue *m.* Doblez, plegadura, dobladura, curva, flexura.
plinto *m.* Latastro, orlo.
plomada *f.* ALBAÑ. Perpendículo, plomo. **2** Sonda.
plombagina *f.* Grafito, plumbagina.
pluma *f.* (para escribir) Péndola, péñola. ▮ Ambos se usan hoy solo en sentido figurado.
plumada *f.* Peñolada, plumazo.
plumajo *m.* Plumero. ▮ En los sombreros.
plus *m.* Sobresueldo, gratificación, extra.
plusvalía *f.* Mayor valía, aumento de valor.
plutonismo *m.* Vulcanismo.
plutonista *adj. com.* Vulcanista.
pluviómetro *m.* Udómetro, pluvímetro.
población *f.* Vecindario, habitantes. **2** Ciudad, villa, pueblo, aldea, lugar. ▮ Todos ellos están comprendidos dentro del concepto de *población*.
pobre *adj.-s.* Indigente, necesitado, menesteroso, miserable. **2** Mendigo, pordiosero, pedigüeño. **3** Escaso, corto, falto. **4** fig. Infeliz, desdichado, triste, humilde.
pobrete, -ta *adj.-s.* Desventurado, cuitado, desdichado, infeliz.
pobreza *f.* Necesidad, escasez*, indigencia, estrechez, penuria, miseria. ≠ Riqueza, generosidad, hartura.
pocilga *f.* Zahúrda, cochitril, cuchitril, cochiquera, chiquero.
pocillo *m.* Pozal, pozuelo. **2** Jícara.
poco, -ca *adj.-pron.* Escaso, limitado, corto, parvo. ≠ Mucho, suficiente, completo. ▸ **2 Hace poco** *loc. adv.* Recientemente, últimamente, poco ha. **3 Poco a poco** Despacio[1], lentamente, paulatinamente, quedo, con tiento. ≠ Rápidamente, rápido, velozmente, raudamente.
podagra *f.* Gota.
podar *tr.* Mondar, escamondar.
poder *m.* Dominio, imperio, potestad, mando, facultad, autoridad, jurisdicción. ≠ Obediencia, inferioridad. **2** Fuerza, vigor, po-

derío, pujanza, capacidad, potencia. ≠ Debilidad. **3 Poder absoluto** Absolutismo, despotismo, tiranía, autoritarismo, totalitarismo, arbitrariedad.

poderío *m.* Potencia*, poder, señorío, potestad, mando, imperio. **2** Fuerza, vigor.

poderoso, -sa *adj.* Potente, fuerte, enérgico, eficaz, activo. **2** Rico, acaudalado, pudiente, adinerado.

podómetro *m.* Cuentapasos, odómetro, hodómetro.

podre *f.* Pus, materia, podredumbre.

poema *m.* Poesía, rima.

poesía *f.* (género) Lírica, poética, verso. **2** (composición) Poema, rima, trova (cantada).

poeta, -tisa *s.* Vate, trovador, bardo, coplero, coplista, rimador, poetastro. ▮ Los cuatro últimos son despectivos.

polacada *f.* Desafuero, alcaldada, arbitrariedad, favoritismo.

polaco, -ca *adj.-s.* (pers.) Polonés.

polaina *f.* Sobrecalza.

polea *f.* Garrucha, carrucha, carrillo, trocla. ▮ Los tres primeros, esp. cuando es de pequeño tamaño.

poleadas *f. pl.* Gachas, puches.

polémica *f.* Discusión*, disputa, controversia*. ≠ Paz, acuerdo. ▮ La *polémica* y la *controversia* tratan de temas filosóficos, políticos, literarios, científicos, etc., y tienen carácter más o menos público; la *polémica* se hace por escrito; la *controversia* suele ser oral. La *discusión* y la *disputa* pueden ser públicas o privadas y versar sobre cualquier motivo o asunto.

policía *m.* Agente policíaco, polizonte, poli, gura, bofia. ▮ *Polizonte* tiene cierto matiz desp., y se aplica esp. al policía uniformado. En los medios populares se usan las denominaciones desp. de *poli, gura, bofia.*

policíaco, -ca *adj.* Policial.

polígala *f.* Lechera amarga.

polipero *m.* Madrépora.

política *f.* fig. Tacto, circunspección, habilidad, táctica, diplomacia, sagacidad. **2** Cortesía, urbanidad, finura, buen modo.

político, -ca *adj.* Cortés, urbano, atento, fino, cumplido.

polizón *m.* Llovido.

polonés, -esa *adj.-s.* (pers.) Polaco.

poltrón, -ona *adj.* Perezoso, haragán, holgazán, gandul, vago, tumbón. ≠ Activo, esforzado, fuerte.

polvorear *tr.* Espolvorear.

pollada *f.* Parvada, pollazón.

pollera *f.* Andador, andaniño. **2** Amér. Falda.

pollino, -na *s.* Rozno, ruche, rucho.

poma *f.* Manzana. **2** Pomo.

pomelo *m.* Toronja.

pompa *f.* Fausto, suntuosidad, magnificencia, ostentación, aparato, grandeza. ≠ Sencillez, modestia. **2** Burbuja, bombolla*.

pomposo, -sa *adj.* Ostentoso, magnífico, suntuoso, aparatoso, retumbante, rimbombante. ▮ Los dos últimos, tratándose del estilo, con sentido despectivo e irónico. **2** Hueco, vano, vanidoso, hinchado, inflado, presuntuoso.

pómulo *m.* Malar.

ponderación *f.* Atención, reflexión, circunspección. **2** Exageración*, encarecimiento.

ponderar *tr.-prnl.* Contrapesar, equilibrar. **2** Exagerar*, encarecer, abultar, ver con anteojo de aumento.

poner *tr.-prnl.* Colocar, situar*, emplazar*. ▮ «*Poner* tiene un sentido más absoluto que *colocar*. *Colocar* es *poner* una cosa en cierta relación con respecto a otra. Un cuadro mal *puesto* es el que está torcido o con mala luz; un cuadro mal *colocado* es el que no está en el lugar que le corresponde.» (M). **2** Apostar. **3** Escotar. **4** Acomodar, meter. **5** Disponer, arreglar, preparar. ► **6** *prnl.* Transponerse, ocultarse. ▮ Tratándose de astros. **7** Trasladarse, ir.

poniente *m.* Oeste*, occidente, ocaso. **2** Céfiro.

pontevedrés, -esa *adj.-s.* (pers.) Lerense.

pontificado *m.* Papado.

pontífice *m.* Papa.

ponto *m.* poét. Mar.

ponzoña *f.* Veneno*, tósigo, tóxico.

ponzoñoso, -sa *adj.* Venenoso*, tóxico. **2** fig. Perjudicial, nocivo, dañoso.

popularizar *tr.* Extender, divulgar, vulgarizar. ≠ Desacreditar.

poquedad *f.* Escasez, cortedad, parvedad. **2** Timidez, pusilanimidad, cobardía.

3 Nimiedad, bagatela, fruslería, nonada, nadería.

porción *f.* Pedazo*, trozo, parte, fragmento. **2** Sinnúmero, montón, muchedumbre, multitud.

pordiosear *intr.* Mendigar, pedir limosna, limosnear, tender la mano.

pordiosero, -ra *adj.-s.* Pidientero, mendigo, mendicante, mendigante, pobre.

porfía *f.* Discusión, disputa, contienda. **2** Obstinación*, terquedad, tozudez, tesón, insistencia.

porfiado, -da *adj.* Insistente, inapeable, porfioso, machacón, obstinado, terco*, testarudo, contumaz*.

porfiar *intr.* Discutir, disputar, altercar. **2** Insistir*, machacar, obstinarse, importunar, no dar su brazo a torcer. ≠ Desistir, ceder.

pormenor *m.* Detalle, particularidad, menudencia.

porque *conj. causal* Pues. ▮ «Voy a dormir, un poco, *pues* no es regular que mi amo venga antes de las doce, *porque* sé que está jugando. La tardanza en venir es probable; el juego es cierto.» (LH).

porquería *f.* Suciedad, inmundicia, basura. ≠ Limpieza. **2** Indecentada, trastada. **3** Grosería, desatención, descortesía, indecencia. ≠ Grosería.

porra *f.* Clava. **2** Cachiporra. **3** Macana.

porrazo *m.* Trastazo, golpe, golpazo. **2** Costalada. **3** Topetazo, topada. ► **4 De golpe y porrazo** *loc. adv.* → **golpe**

porrillo A porrillo *loc. adv.* fam. En abundancia, abundantemente, copiosamente, profusamente, en cantidad (fam.).

portadilla *adj. f.* Portaleña. **2** Anteporta, anteportada. ▮ En los libros.

portal *m.* Zaguán.

portalero *m.* Consumero.

portamonedas *m.* Monedero.

portante *adj. com.* Paso de ambladura, paso de andadura.

portañola *f.* MAR. Portaleña, cañonera, tronera.

portañuela *f.* ant. Trampa, trampilla, bragueta (Cuba).

portaplumas *m.* Manguillero, mango.

portar *tr.* Llevar, transportar. ► **2** *prnl.* Conducirse, gobernarse, proceder, comportarse.

portavoz *m.* (periódico) Órgano.

portazgo *m.* Portaje.

porte *m.* Transporte, acarreo. **2** Aspecto, apariencia, presencia, aire, actitud*.

portear *tr.* Transportar, acarrear, conducir, llevar.

portento *m.* Maravilla, prodigio, asombro, milagro, pasmo.

portentoso, -sa *adj.* Maravilloso, prodigioso, asombroso, milagroso, pasmoso, estupendo.

porteño, -ña *adj.-s.* (pers.) Bonaerense.

portero *m.* DEP. Guardameta. ▮ En el fútbol.

pórtico *m.* Porche.

portillo *m.* Abertura. **2** Postigo. **3** Mella, desportilladura.

portón *m.* CARP. Contrapuerta.

portorriqueño, -ña *adj.-s.* (pers.) Puertorriqueño, boricua, borinqueño. ▮ *Boricua* y *borinqueño* se aplican gralte. al indígena primitivo de la isla. **2** (pers.) Puertorriqueño. ▮ *Puertorriqueño* es la forma preferida en nuestros días.

portugués, -esa *adj.-s.* (pers.) Lusitano, luso.

porvenir *m.* Futuro, mañana. ≠ Pasado, ayer.

posada *f.* Fonda, mesón, parador, hostal, hostería. **2** Alojamiento, hospedaje, albergue.

posaderas *f. pl.* Nalgas, asentaderas, trasero.

posadero, -ra *adj.* Mesonero, hostelero, huésped (antic.).

posar *intr.* Asentarse, descansar, reposar. ► **2** *prnl.* Sedimentarse, reposarse, depositarse.

posdata *f.* Postdata, post scriptum. ▮ Se emplea también la forma latina *postdata* y en ambos casos se abrevia *P. D.* Igualmente se usa *post scriptum*, en abreviatura *P. S.*

poseer *tr.* Tener, gozar, disfrutar. ≠ Carecer, deber.

poseído, -da *adj.-s.* Poseso, endemoniado, espiritado. **2** fig. Furioso, enfurecido, rabioso.

posesión *f.* Tenencia, goce, disfrute. **2** Propiedad, finca.

posesionar *tr.* Dar posesión, tomar posesión, adueñarse, adquirir*. ▮ Como tr., *dar posesión*; como prnl., *tomar posesión* de un cargo o empleo. Tratándose de cosas, *adueñar*(se), *adquirir*.

poseso, -sa *adj.-s.* Endemoniado, poseído, espiritado.

posibilidad *f.* Potencia (FIL.). **2** Medios, bienes, hacienda.

posible *adj.* Potencial, virtual. ▮ En filosofía, se contrapone *potencial* a *actual*. **2** Factible*, hacedero, realizable, viable. ▮ «Lo *posible* entra en el orden natural de los sucesos, lo *factible* en el orden de las facultades humanas. Lo *hacedero* (y lo *realizable*) presentan más facilidad de ejecución que lo *factible*.» (M).

posibles *m. pl.* Recursos, medios, bienes.

posición *f.* Postura, actitud*. **2** Situación, disposición, colocación*. **3** Estado, condición, categoría.

positivo, -va *adj.* Cierto, verdadero, indudable. ≠ Dudoso, inseguro. **2** Real, efectivo. ≠ Irreal, negativo. ▮ «Es *positivo* lo que se afirma; es *real* lo que existe. Se llama *positiva* la ley humana, porque está escrita, y no depende de conjeturas ni de probabilidades como la natural. Son *reales* todos los objetos que hieren los sentidos.» (M). **3** Práctico, utilitario, pragmático.

posma *adj. com.* fig. Cachazudo, pesado, flemático, calmoso.

poso *m.* Sedimento, solada, suelo, heces.

posponer *tr.-prnl.* Aplazar*, diferir. **2** Postergar. ≠ Anteponer.

postema *f.* MED. Supuración, apostema, pus, absceso.

postergar *tr.* Aplazar*, diferir. **2** Posponer, humillar, olvidar. ≠ Anteponer, ensalzar, reforzar.

posteridad *f.* Descendencia, generación venidera. **2** Fama póstuma.

posterior *adj.* Siguiente*, subsiguiente, ulterior.

posteriormente *adv.l. -adv.t.* Después, detrás.

postigo *m.* Puerta falsa. **2** Portillo. **3** Cuarterón.

postín *m.* fam. Vanidad, presunción, fachenda, boato, lujo. ≠ Natural, verdadero, propio.

postizo, -za *adj.* Pegadizo, sobrepuesto, añadido. ≠ Natural. **2** Artificial.

postor *m.* Licitador.

postración *f.* Abatimiento*, descaecimiento, desfallecimiento, aplanamiento, extenuación, debilidad. **2** Humillación.

postrar *tr.* Rendir, derribar. ≠ Levantar. **2** Debilitar, abatir*, aplanar, extenuar. ≠ Fortalecer. ▶ **3** *prnl.* Humillarse, arrodillarse, posternarse.

postrero, -ra *adj.* Último*, postrimero, postremo.

postrimería *f.* Acabamiento, declinación, final, fin. ≠ Nacimiento, principio, orto. **2** TEOL. Novísimo.

postulación *f.* Colecta.

postular *tr.* Pedir, pretender, solicitar. ▮ *Postular* se aplica esp. con el significado de pedir o colectar fondos para algún fin benéfico o religioso.

postura *f.* Posición, actitud, situación. ▮ La *situación* se refiere al lugar que ocupa una persona o cosa en relación con otras; p. ej.: la *situación* de una casa en una calle o barrio determinado; en sentido fig., la *situación* social de un hombre. La *actitud* y la *postura* denotan el modo en que está puesta o colocada una persona, animal o cosa; p. ej.: en *postura* incómoda; en *actitud* suplicante, airada, etc.

potable *adj.* Bebedizo, bebible. ▮ *Potable* se aplica principalmente al agua.

potencia *f.* Fuerza, fortaleza, vigor, energía. ≠ Debilidad, impotencia. **2** Poder, poderío. ▮ «La *potencia* es la facultad de producir; *poder* es la facultad de obrar; *poderío* es la facultad de exigir sumisión y obediencia. El alma tiene *potencias*; sus producciones son los pensamientos, los raciocinios, la locución; el fuerte tiene *poder*, y por esto ataca, resiste, subyuga y vence; los monarcas y los gobiernos tienen *poderío*, y con él mandan y se hacen obedecer.» (M). **3** FIL. Posibilidad. ≠ Actualidad.

potencial *adj.* Posible. ▶ **2** *m.* GRAM. Condicional.

potentado *m.* Rico*, pudiente, adinerado, acaudalado, opulento.

potente *adj.* Poderoso, fuerte, enérgico, eficaz, vigoroso, de pelo en pecho.

potestad *f.* Poder, dominio, facultad, autoridad, jurisdicción.

potestativo, -va *adj.* Facultativo.

potra *f.* vulg. Hernia, quebradura.

potrear *tr.* fig. y fam. Molestar, mortificar, retozar (Amér.).

poza *f.* Charca, lagunajo.

práctica *f.* Destreza, pericia, habilidad, experiencia. ≠ Inexperiencia, inhabilidad. **2** Costumbre, uso, hábito. **3** Modo, método, procedimiento.

practicable *adj.* Hacedero, realizable. **2** Transitable.

practicar *tr.* Hacer, ejecutar, efectuar, realizar. **2** Ejercer, ejercitar.

práctico, -ca *adj.* Experimentado, experto, perito, versado, conocedor, avezado, diestro.

pravedad *f.* Iniquidad, perversidad, inmoralidad. ≠ Bondad, moralidad.

preámbulo *m.* Prólogo*, proemio, prefacio, introducción, exordio. ≠ Epílogo, final, desenlace. ▌ *Preámbulo* y los cuatro primeros sinónimos aplican a los libros o a los discursos; *exordio* se usa esp. tratándose de discursos. **2** Rodeo, digresión.

prebenda *f.* fig. Sinecura, poltrona, enchufe, momio.

precaver *tr.-prnl.* Evitar*, prevenir, prever*. ≠ Arrostrar.

precavido, -da *adj.* Prudente, circunspecto, previsor.

preceder *tr.* Anteceder. ≠ Seguir.

preceptiva literaria *f.* Retórica, poética, teoría literaria. ▌ Los dos primeros, se utilizaban más antiguamente; hoy se usa gralte. *teoría literaria*.

precepto *m.* Mandato*, orden, disposición. **2** Instrucción, regla, norma.

preceptor, -ra *s.* Maestro, mentor, educador.

preceptuar *tr.* Disponer, mandar*, ordenar, prescribir. ≠ Desordenar, descomponer, irregularizar.

preces *f. pl.* Plegarias, oraciones, rezos. **2** Ruegos, súplicas.

preciado, -da *adj.* Estimado, apreciado, precioso. **2** Jactancioso, engreído.

preciar *tr.-prnl.* Apreciar, estimar. ≠ Despreciar, desdeñar. ► **2** *prnl.* Gloriarse, jactarse, presumir, vanagloriarse, echárselas de, alabarse, darse postín. ≠ Despreciarse, humillarse.

precintar *tr.* Sellar, lacrar, clausurar, cerrar.

precio *m.* Valor, costa*, coste, costo. **2** fig. Estimación, importancia.

precioso, -sa *adj.* Excelente, primoroso, estimable, apreciable. ≠ Antipático, imperfecto. **2** Valioso, costoso. ≠ Imperfecto. **3** fig. Hermoso*, bello, encantador. ≠ Feo (fig.).

precipicio *m.* Despeñadero, derrumbadero, abismo, sima, voladero.

precipitación *f.* Prisa, aceleración, apresuramiento, atolondramiento, aturdimiento, inconsideración, arrebato, imprudencia, irreflexión, prontitud, viveza.

precipitado *m.* QUIM. Sedimento*, magisterio (antic.).

precipitado, -da *adj.* Apresurado, atropellado, irreflexivo, alocado, impetuoso*.

precipitar *tr.-prnl.* Arrojar, lanzar, despeñar, derrumbar. **2** Acelerar*, apresurar, atropellar. ≠ Detener, contener. ► **3** *prnl.* Arrojarse, echarse, lanzarse, abalanzarse, tirarse. ≠ Detenerse, contenerse, retenerse.

precisar *tr.* Fijar, determinar, definir, delimitar*. **2** Necesitar. **3** Forzar, obligar, constreñir.

preciso, -sa *adj.* Necesario*, forzoso, indispensable, inexcusable, obligatorio, imprescindible. **2** Exacto*, estricto, determinado, definido, puntual, fijo, cierto, conciso. ≠ Irregular, indeterminado.

precito, -ta *adj.* Prescito, réprobo, condenado.

preclaro, -ra *adj.* Esclarecido, ilustre, insigne, afamado, famoso, célebre. ≠ Secundario, vulgar, desconocido.

preconizar *tr.* Encomiar, elogiar, ensalzar, alabar. **2** Patrocinar, auspiciar.

precoz *adj.* Temprano, prematuro, anticipado. ▌ «Lo *precoz* supone fuerza de vitalidad; lo *prematuro* es simplemente lo que se anticipa al tiempo señalado para que una cosa se verifique. La *precocidad* del ser humano consiste en la abreviación del tiempo que media entre la niñez y la virilidad; la vejez *prematura* es siempre síntoma de decadencia.» (M).

predecesor, -ra *s.* Antecesor. ▌ «*Predecesor* parece más propio para las dignidades; *antecesor*, para los oficios y demás especies de ocupaciones: los papas y sus *predecesores*; su *predecesor* en el trono; su *antecesor* en la casa; el sueldo que tuvo su *antecesor*.» (LH).

predecir *tr.* Adivinar, anunciar, pronosticar, presagiar, augurar, vaticinar, profetizar.

predestinado, -da *adj.-s.* Elegido.

predestinar *tr.* Preelegir, predeterminar.

predeterminar *tr.* Prefijar, predestinar.

prédica *f.* Sermón, plática, discurso. **2** Perorata, soflama, discurso.

predicar *tr.* Sermonar, sermonear. **2** fig. Amonestar, reprender.

predicción *f.* Pronóstico, presagio, augurio, adivinación, vaticinio, profecía. ▮ «La *predicción* es simplemente el anuncio anticipado de un suceso. *Pronóstico* es la *predicción* fundada en observaciones, en conjeturas y en apariencias externas. (El meteorólogo y el médico hacen *pronósticos* con fundamento científico). *Vaticinio* es la *predicción* que tiene su origen en un don, en una autoridad que el hombre se atribuye. *Profecía* es la *predicción* inspirada por Dios.» (M).

predilección *f.* Preferencia. ▮ «La *predilección* emana del afecto; la *preferencia*, de la conveniencia o del gusto. Cuando se prefiere una persona a otra, aquélla puede ser la *predilecta*; pero también puede fundarse la *preferencia* en cálculos y en motivos.» (M).

predilecto, -ta *adj.* Preferido, favorito, elegido.

predio *m.* Heredad, hacienda, tierra, finca, posesión.

predisposición *f.* Propensión, inclinación*, tendencia.

predominar *tr.* Prevalecer*, preponderar, dominar. ≠ Someterse, obedecer. **2** Sobresalir, exceder.

predominio *m.* Superioridad, preponderancia, poder, dominio, imperio, autoridad, ascendiente, hegemonía. ▮ Este último, tratándose de estados o naciones.

preeminencia *f.* Privilegio, exención, prerrogativa, superioridad.

preeminente *adj.* Elevado, alto, superior. **2** Honorífico, honroso, egregio.

prefacio *m.* Preámbulo*, prólogo*, proemio. ≠ Epílogo, final, desenlace.

preferencia *f.* Primacía, prioridad, superioridad. ≠ Inferioridad. **2** Inclinación, predilección. ≠ Postergación, enemistad.

preferir *tr.* Preponer, anteponer, escoger*, elegir, optar por. ≠ Odiar, postergar.

prefijar *tr.* Predeterminar.

pregonar *tr.* Divulgar*, publicar*, proclamar. **2** Vocear, anunciar.

pregonero *adj. m.* Voceador, nuncio.

pregunta *f.* Interrogación.

preguntar *tr.-prnl.* Interrogar. ≠ Responder. ▮ Aunque son voces sinónimas, *interrogar* supone gralte. una serie de preguntas, y *preguntar* puede consistir en hacer una sola pregunta o varias. El juez *interroga* a los testigos; el que se extravía *pregunta* a un transeúnte la dirección, calle, etc., que busca.

prelación *f.* Preferencia.

preludio *m.* Introducción, principio, comienzo, entrada.

prematuro, -ra *adj.* Precoz*, temprano, anticipado. ≠ Lento, reflexivo, maduro.

premiar *tr.* Recompensar, galardonar, remunerar. ≠ Castigar, deshonrar.

premio *m.* Galardón, lauro, remuneración, paga, recompensa. ▮ *Galardón*, cuando es de carácter honorífico; *lauro* (menos usado) alude pralte. al honor que se deriva de un *galardón*. *Remuneración* está más cerca del concepto de *paga*. *Recompensa* oscila entre *remuneración* y *premio*, según las circunstancias. ▮ «En el *premio* se considera solamente el mérito; en la *recompensa*, el trabajo, la pérdida y el sacrificio; en el *galardón* entra la idea de un alto aprecio de parte del que lo confiere. Se *premia* al estudiante sobresaliente; se *recompensa* al que expone su vida por salvar la de un semejante. Augusto *galardonó* a los grandes poetas de su tiempo.» (M). **2** Prima, sobreprecio*.

premonstratense *adj. com.* (pers.) Mostense.

premura *f.* Aprieto, apuro, prisa, urgencia, instancia, perentoriedad. ≠ Tardanza, lentitud.

prenda *f.* Garantía*, empeño, fianza.

prendarse *prnl.* Aficionarse, enamorarse, encariñarse. ≠ Desagradar, enemistarse.

prender *tr.-prnl.* Asir, agarrar, coger. ≠ Soltar. **2** Detener, capturar*, aprisionar, aprehender, encarcelar, apresar*. ≠ Soltar, libertar, liberar. **3** Enganchar, enredar. ► **4** *intr.* Arraigar, encepar.

prendimiento *m.* Prisión, captura, detención.

prensista *m.* IMPR. Tirador.

preñado *m.* Embarazo, preñez, gestación (científ.), gravidez (eufem.).

preocupación *f.* Cuidado, inquietud. **2** Prejuicio, prevención.

preocupar *tr.-prnl.* Absorber, inquietar, tomar a pecho, tomar con calor. ≠ Tranquilizar, sosegar.

preparar *tr.-prnl.* Prevenir, disponer, aparejar, arreglar, aprestar*, alistar, estar con las botas puestas. ≠ Despreocupar, olvidar.

preparativos *m. pl.* Aprestos, disposiciones, prevenciones, aparejo, aparato.

preponderancia *f.* Superioridad, supremacía, predominio, hegemonía. ≠ Inferioridad, desventaja. ▮ Este último, tratándose de estados o naciones.

preponderar *intr.* Prevalecer*, sobresalir, predominar.

prerrafaelismo *m.* Primitivismo.

prerrogativa *f.* Privilegio.

presa *f.* Captura, aprehensión. **2** Represa.

presagiar *tr.* Predecir, pronosticar, augurar, adivinar*, vaticinar, profetizar.

presagio *m.* Señal, indicio, anuncio. **2** Predicción*, pronóstico, augurio, vaticinio.

presbicia *f.* Vista cansada (vulg.), hipermetropía (TECN.).

presbítero *m.* Sacerdote, ordenado.

prescindir *intr.* Omitir, pasar por alto, apartar, dejar a un lado, dar de lado. ≠ Poner, incluir, preferir. ▮ Los dos primeros pueden producirse por inadvertencia u olvido; en tanto que los demás sinónimos connotan la voluntad de evitar lo que no importa.

prescribir *tr.* Ordenar, mandar, determinar, preceptuar, disponer, recetar, formular. ▮ Los dos últimos, tratándose de medicamentos que prescribe el facultativo. ▸ **2** *intr.* DER. Extinguirse, caducar. ≠ Valer.

presencia *f.* Aspecto*, figura, apariencia, traza, talle, disposición, facha (burl.), pinta (burl.). ≠ Ausencia, inexistencia.

presentar *tr.-prnl.* Mostrar, exhibir, exponer, ofrecer. ≠ Ocultar. **2** Regalar, ofrendar. ▸ **3** *prnl.* Comparecer, personarse. ≠ Huir, faltar.

presente *adj.* Actual. ▸ **2** *m.* Regalo, dádiva*. ▸ **3 Al presente** *loc. adv.* Ahora, actualmente, hoy día, en la actualidad, hoy en día, hoy por hoy.

presentimiento *m.* Corazonada, barrunto, vislumbre.

presentir *tr.* Barruntar, antever.

preservar *tr.-prnl.* Proteger, resguardar, salvaguardar, amparar, poner a cubierto, poner a salvo, defender*. ≠ Desamparar.

preservativo, -va *adj.-s.* Profiláctico (MED.).

presidiario *m.* Penado, forzado.

presidio *m.* Penal, penitenciaría.

preso, -sa *adj.-s.* Recluso, encarcelado, cautivo*, prisionero, penado*.

prestación *f.* Azofra. ▮ Prestación personal.

prestamente *adv. m.* De presto, prontamente, ligeramente, rápidamente, con brevedad, a mata caballo.

préstamo *m.* Manlieva (antic.), empréstito. ▮ *Empréstito* es el *préstamo* que toma el Estado o alguna corporación pública o privada.

prestancia *f.* Gallardía, despejo. ≠ Inferioridad, vulgaridad, pequeñez.

prestar *tr.* Dejar. **2** Suministrar, facilitar, proporcionar. ▸ **3** *intr.* Dar de sí, extenderse, estirarse. ▸ **4** *prnl.* Avenirse, allanarse, ofrecerse, brindarse.

preste *m.* Oficiante.

presteza *f.* Prontitud, rapidez, brevedad, ligereza, celeridad*. ≠ Pesadez, lentitud. **2** Diligencia, actividad*. ≠ Irresolución.

prestigio *m.* Ascendiente, autoridad, reputación, crédito, influencia. ≠ Desprestigio, descrédito.

prestigitador, -ra *s.* Ilusionista, jugador de manos.

presto De presto *loc. adv.* Prestamente, prontamente, ligeramente, rápidamente, con brevedad, a mata caballo, de prisa, de prisa y corriendo. ≠ Lentamente, pausadamente, poco a poco.

presto, -ta *adj.* Pronto, ligero, diligente. ≠ Lento, tardo, pesado, inhábil. **2** Aparejado, preparado, dispuesto, listo, pronto.

presumido, -da *adj.* Vano, vanidoso, fatuo, petulante, jactancioso, presuntuoso.

presumir *tr.* Sospechar, conjeturar, suponer. ▸ **2** *intr.* Jactarse, vanagloriarse, alardear, alabarse, hacer el paripé, mirarse a la sombra.

presunción *f.* Suposición*, conjetura*, sospecha, asomo*. ≠ Ignorancia, desconocimiento. **2** Vanidad, orgullo*, fatuidad, engreimiento, petulancia, jactancia*, afectación*, envanecimiento*. ≠ Modestia.

presunto, -ta *adj.* Supuesto*.

presuntuoso, -sa *adj.-s.* Vano, fantasioso, engreído, petulante, fantasmón (desp.).

pretender *tr.* Pedir, aspirar*, solicitar, postular*, querer*. ≠ Desistir, renunciar, conformarse. ▮ «*Pretender* explica sólo la acción de aspirar a una cosa, o con justicia o por gracia. *Solicitar* representa las diligencias y medios de que nos servimos, y pasos que damos para conseguirlo.» (LH). **2** Procurar, intentar, tratar de.

pretendiente *adj. com.* Aspirante, solicitante, candidato. ▮ Este último, si pretende un cargo.

pretensión *f.* Aspiración. **2** Vanidad, presunción.

preterición *f.* RET. Pretermisión.

pretérito, -ta *adj.-s.* Pasado.

pretexto *m.* Excusa*, disculpa, socapa, rebozo.

pretil *m.* Antepecho, guardalado, barandilla.

prevalecer *intr.* Sobresalir, predominar, preponderar. ▮ *Prevalecer* sugiere gralte. la idea de mayor o menor dificultad, oposición o lucha, contra las cuales *prevalece* algo. Este matiz no se halla necesariamente contenido en *predominar* y *preponderar*. P. ej.: entre los árboles de un bosque *predominan* o *preponderan* los robles, si están en mayor número; pero no diremos que *prevalecen* si no queremos sugerir que este hecho se produce en oposición a otras especies arbóreas, o en lucha contra cualquier circunstancia adversa. **2** Arraigar, prender. **3** Crecer, aumentar. ≠ Disminuir.

prevalerse *prnl.* Valerse, aprovecharse, servirse.

prevención *f.* Preparativo, disposición, medida, providencia, advertencia*. **2** Previsión, desconfianza*, precaución, cautela*. **3** Advertencia, apercibimiento. ▮ El *apercibimiento* acentúa el carácter conminatorio de la *prevención*. ▮ «*Prevención, advertencia.* Son sinónimos cuando significan orden, consejo o aviso anticipado; pero la *prevención* lleva consigo la idea de autoridad o de precepto; la *advertencia* lleva consigo la idea de buen deseo o de consejo amistoso. El general hace sus *prevenciones* a los oficiales del ejército, y exige que se arreglen a ellas. El joven que no se arregla a las *prevenciones* que le hacen sus superiores, o cierra los oídos a las prudentes *advertencias* de los hombres experimentados que le quieren bien, se expone a muchos desaciertos. La *prevención* se hace siempre de superior a inferior; la *advertencia* se puede hacer entre iguales: pero ni la una ni la otra se pueden hacer de inferior a superior, porque a éste no se le *previene,* ni se le *advierte* lo que se debe hacer; se le *expone* o se le *representa.*» (LH).

prevenir *tr.-prnl.* Preparar, disponer*, aparejar, aprestar*. **2** Prever*, precaver, evitar, aguzar los oídos, andar sobre aviso. ≠ Confiarse. **3** Avisar, advertir, aconsejar, informar, noticiar*, anunciar.

prever *tr.* Antever, conjeturar, barruntar, prevenir, precaver, decirle el corazón. ▮ *Prevenir* y *precaver,* connotan la idea de tomar alguna disposición o hacer algún preparativo ante una eventualidad que prevemos.

previo, -via *adj.* Anterior, anticipado. ≠ Pospuesto, subsiguiente, posterior.

previsor, -ra *adj.* Precavido, cauto, prudente.

prez *f.* Estima, gloria, honor, honra, fama.

prieto, -ta *adj.* Oscuro, negro. **2** Apretado. **3** fig. Agarrado, mezquino, tacaño, mísero, miserable.

prima *f.* Premio, sobreprecio.

primacía *f.* Prioridad, superioridad, excelencia, preeminencia. ≠ Inferioridad, desventaja.

primario, -ria *adj.* Primordial*, primitivo, primero. ▮ Hablamos de arte *primitivo* o de terrenos *primitivos* en geología. *Primordial* y *primero* se aplican con preferencia con idea de *previo* o *anterior* a otra cosa, aunque no sea muy remota en el tiempo; una cuestión *primordial*, *previa* o *primera,* a lo que se discute, o considera como de capital importancia.

primavera *f.* (planta) Vellorita.

primaveral *adj.* Vernal (lit.). ▮ P. ej.: equinoccio *vernal*.

primerizo, -za *adj.-s.* Novato, novicio, principiante. ▸ **2** *adj. f.* Primípara.

primero, -ra *adj.* Primordial*, primitivo, primario*. ≠ Secundario, posterior.

primigenio, -nia *adj.* Primitivo, originario.

primitivo, -va *adj.* Primordial, primigenio, originario, primario*, primero. ≠ Derivado, imitado, nuevo, joven, culto.

primo, -ma *adj.* Primero. **2** Incauto, simple, cándido.

primogenitura *f.* Mayorazgo, progenitura.

primor *m.* Esmero, cuidado, maestría, habilidad, destreza*, perfección. ≠ Imperfección, descuido, suciedad, cursilería.

primordial *adj.* Primitivo, primero, primario, fundamental. ▮ «Lo *primordial* se refiere al *principio*, como origen; lo *primero*, al orden en la clasificación; lo *primario* es lo *primero* en el orden de la composición de diversas partes, es decir, lo más elemental y sencillo. Lo *primordial* tiene un sentido más abstracto y filosófico que lo *primitivo*; las leyes *primordiales* de la creación son anteriores a las naciones *primitivas*; *primero* expresa una idea más concreta que las otras voces: por ejemplo, la *primera* de las familias humanas fue el fundamento de la nación *primitiva* por excelencia; las lenguas *primitivas* son emanaciones de las leyes primordiales del pensamiento, y fueron los primeros vínculos de las sociedades humanas. Las escuelas primarias son aquellas en que se enseñan los primeros rudimentos.» (M).

primoroso, -sa *adj.* Esmerado, cuidadoso, excelente, perfecto, fino. **2** Diestro, hábil, habilidoso.

principal *adj.* Primero, importante. ≠ Secundario, accesorio, innecesario. **2** Ilustre, precipuo, esclarecido, distinguido, noble. **3** Esencial, fundamental, capital, primordial. ≠ Subordinado, accesorio, innecesario, secundario. ▸ **4** *m.* Jefe, director, patrón*, manager*. ≠ Subordinado.

principalmente *adv. m.* Primeramente, ante todo, máxime.

principiante *adj. com.* Aprendiz, novicio, novato.

principiar *tr.* Comenzar, empezar*, iniciar, dar principio, echar la primera. ≠ Acabar.

principio *m.* Origen, causa*, comienzo, inicio. ≠ Fin. ▮ «El *principio* es el primero de una serie de hechos de la misma naturaleza y carácter; el *origen* es un hecho que da lugar a otro; la *causa* es una agencia eficaz que da existencia a lo que antes no la tenía. Se dice: el *principio* del mundo, el *origen* de una *nación*, la *causa* de un fenómeno. La atracción no es el *origen* ni el *principio*, sino la *causa* de los movimientos planetarios.» (M). **2** Fundamento, base. **3** Norma, precepto, regla, máxima. **4** Encabezamiento. ≠ Final.

pringar *tr.* Empringar (vulg.), untar, manchar, ensuciar.

pringoso, -sa *adj.* Empringado, grasiento, untado, lardoso, aceitoso*, oleoso, pringado, graso, oleaginoso*. **2** Sucio, mugriento.

pringue *amb.* Grasa, unto. **2** Suciedad, mugre.

prioridad *f.* Precedencia, anterioridad. **2** Superioridad, primacía, preeminencia.

prisa *f.* Prontitud, rapidez, celeridad, presteza, brevedad. ≠ Pereza, lentitud, pasividad. **2** Urgencia, premura, apremio, ansia. ▸ **3 De prisa** *loc. adv.* Aprisa, pronto, aceleradamente, rápidamente, a mata caballo, de prisa y corriendo. ≠ Lentamente, pausadamente, poco a poco.

prisión *f.* Aprehensión, prendimiento, captura, detención. **2** Reclusión, encierro. **3** Cárcel. ▮ «Todo edificio en que se custodian presos es *prisión*, y así los cuarteles y fortalezas sirven de *prisión* a los militares. *Cárcel* es un edificio construido expresamente para el mismo objeto, y que tiene ciertas condiciones necesarias y peculiares para conseguirlo, como las rejas, los calabozos, los encierros, las puertas de golpe, etcétera.» (M).

prisionero, -ra *s.* Cautivo, penado*.

prístino, -na *adj.* Antiguo, primitivo, originario.

privación *f.* Falta, carencia. ▮ «La *falta* supone mayor grado de necesidad que la *privación*. Cuando hace *falta* una cosa es porque se necesita; no sucede lo mismo en el caso de la *privación*, la cual puede recaer sobre el placer y sobre lo superfluo, sin causar una impresión penosa ni hacer insoportable la vida...» (M).

privado *m.* Valido, favorito.

privado, -da *adj.* Personal, particular.

privanza *f.* Valimiento, favor.

privar *tr.-prnl.* Despojar, desposeer, quitar*, dejar sin camisa, dejar en cueros, dejar en la calle. ≠ Tener, gozar, derrochar. **2** Prohibir, vedar, impedir. ≠ Permitir. ► **3** *prnl.* Renunciar, abstenerse.

privativo, -va *adj.* Propio, personal, particular, especial.

privilegiado, -da *adj.* Preferido, predilecto, favorito.

privilegio *m.* Prerrogativa, concesión*. ▮ «La *prerrogativa* es el efecto del *privilegio*. El que tiene un *privilegio* goza de ciertas *prerrogativas*. *Privilegio*, además envuelve más exclusión que *prerrogativa*; y así en las naciones libres, las autoridades tienen *prerrogativas*, y las leyes no reconocen *privilegios*.» (M).

proa *f.* Prora (lit.).

probable *adj.* Verosímil, creíble.

probadura *f.* Gustación, prueba, cata.

probar *tr.* Experimentar, tantear, ensayar. **2** Intentar, tratar, procurar. **3** Gustar, catar. **4** Acreditar, demostrar, justificar, evidenciar, atestiguar, testificar, testimoniar, atestar, documentar, autorizar. ▮ «Se *prueba* con razones y con testimonios.; se *acredita* con la autoridad y el poder; se *justifica* con la exposición de los motivos. Cuando los argumentos convencen, queda *probado* el hecho o el aserto. Cuando un hombre de puesto elevado o de sólida reputación confirma una noticia, la *acredita*; cuando se explica de un modo plausible una conducta equívoca, se *justifica*.» (M).

probidad *f.* Integridad, honradez, hombría de bien, rectitud, moralidad, bondad. ≠ Deshonor.

problemático, -ca *adj.* Dudoso*, incierto, inseguro.

probo, -ba *adj.* Integro, honrado, recto.

procacidad *f.* Desvergüenza, insolencia, atrevimiento, descaro, desfachatez, descoco. ≠ Comedimiento, vergüenza, modestia.

procedencia *f.* Origen, nacimiento. **2** Punto de partida. **3** Oportunidad, pertinencia.

proceder [1] *m.* Comportamiento, conducta.

proceder [2] *intr.* Venir, provenir, tener principio. ▮ «*Proceder*, *provenir*. Uno y otro verbo explican la causa de una cosa, pero el primero determina rigurosamente la causa eficiente o directa; el segundo determina la causa motiva o impulsiva. El mal olor del estanque *procede* de las materias corrompidas que hay en él, y *proviene* del descuido del jardinero, que no lo limpia y renueva sus aguas. De aquí es que, sin separarnos de la idea propia y rigurosa del verbo, decimos que el hijo *procede* del padre, y no que *proviene*.» (LH). **2** Nacer, seguirse, originarse, emanar, dimanar, derivarse, deducir*. **3** Portarse, comportarse, conducirse, obrar.

procedimiento *m.* Método, manera, forma, marcha. **2** DER. Actuación, tramitación.

proceloso, -sa *adj.* Borrascoso, tormentoso, tempestuoso.

prócer *adj.* Alto, eminente, elevado, egregio. ► **2** *m.* Magnate, primate, optimate.

procesado, -da *adj.-s.* Acusado, reo, inculpado.

procesar *tr.* Encartar, empapelar (fam.), encausar, enjuiciar.

procesión *f.* Teoría (lit.). ▮ Etimológicamente, *teoría* tiene el significado de *procesión*, aunque solo se usa con este sentido en estilo docto o tratando de la antigua Grecia: *teoría* de las Panateneas. **2** fig. Hilera, fila.

proceso *m.* Sucesión, transcurso, transformación, desarrollo. **2** Causa.

proclamar *tr.* Publicar, divulgar, pregonar. **2** Declarar, promulgar. **3** Aclamar.

procrear *tr.* Engendrar, generar.

procurar *tr.* Pretender, tratar de, intentar, querer II*.

prodigalidad *f.* Derroche, despilfarro, largueza, liberalidad, profusión. **2** Abundancia, copia, exuberancia.

prodigar *tr.-prnl.* Disipar, desperdiciar, derrochar, malgastar, despilfarrar, tirar de largo, tirar de la venta. ≠ Ahorrar, contener, restringir. ▮ No siempre *prodigar* tiene el sentido de exceso, sino que puede significar sencillamente dar con abundancia o profusión. Decir que un canal de riego *prodiga* las riquezas en una comarca, no significa que las malgasta o desperdicia. Un hombre que *prodiga* los favores entre sus amigos no es censurable.

prodigio *m.* Portento, maravilla, asombro, pasmo, milagro.

prodigioso, -sa *adj.* Maravilloso, asombroso, pasmoso, portentoso, milagroso. **2** Excelente, primoroso, exquisito, admirable.

pródigo, -ga *adj.-s.* Derramado, malgastador, manilargo, manirroto, disipador, derrochador, despilfarrador. ≠ Tacaño, interesado. ▌*Pródigo* es voz culta o del lenguaje jurídico.

producir *tr.* Engendrar, procrear. **2** Crear, elaborar. ≠ Deshacer. **3** Fructificar. ≠ Consumir. **4** Rentar, redituar, rendir. **5** Fabricar, manufacturar. **6** fig. Originar, ocasionar, causar, motivar, procurar. ► **7** *prnl.* Explicarse, manifestarse.

productividad *f.* Rendimiento, producción, utilidad. ▌Son a menudo equivalentes, pero *productividad* es término pralte. usado entre economistas para designar la capacidad de producir, mientras que *rendimiento* sugiere el producto obtenido y se acerca más al sentido concreto de *utilidad* o *producción*. La *productividad* puede ser real o virtual. El *rendimiento* es real.

producto *m.* Producción. **2** Fruto, beneficio, utilidad, provecho, lucro*, rendimiento, renta, rédito. **3** Efecto*, resultado, consecuencia.

proemio *m.* Prólogo, prefacio, preámbulo*, introducción. ≠ Epílogo, final.

proeza *f.* Hazaña, heroicidad, valentía. ≠ Cobardía, timidez.

profanación *f.* Sacrilegio. ≠ Religión, piedad, respeto. ▌El *sacrilegio* es una *profanación* de lo sagrado.

profanar *tr.* Violar. ≠ Respetar. **2** fig. Deslucir, deshonrar, prostituir. ≠ Respetar.

profano, -na *adj.* Secular, laico. ► **2** *adj.-s.* Ignorante*, lego.

profecía *f.* Predicción*, augurio, vaticinio, presagio, horóscopo*.

proferir *tr.* Pronunciar, articular, decir. ≠ Callar.

profesión *f.* Carrera, facultad. **2** Empleo, oficio, ministerio. ≠ Cesantía.

profesional *adj.* Laboral. ► **2** *adj.-s.* Experto, entendido, versado.

profeta *m.* Vidente.

profetizar *tr.* Anunciar, predecir, adivinar, vaticinar, echar las cartas. **2** fig. Conjeturar, presagiar.

prófugo *m.* Desertor, tornillero (burl.). ▌Es frecuente aplicar al *prófugo* el calificativo de *desertor*, aunque este en rigor es el que abandona las filas en que sirve, y el *prófugo* huye por no incorporarse a ellas. *Tornillero* se aplicaba antiguamente al soldado desertor.

profundizar *tr.* Ahondar, indagar, adentrar*. ≠ Subir, ignorar.

profundo, -da *adj.* Hondo, grande*. **2** Penetrante. **3** fig. Recóndito, difícil.

profusión *f.* Abundancia, copia, exuberancia, prodigalidad, multitud. ≠ Escasez, defecto, tacañería.

profuso, -sa *adj.* Abundante, copioso, exuberante.

progenie *f.* Casta*, familia, progenitura, linaje, raza*.

progenitor *m.* Padre. **2** Antepasado, ascendiente.

progenitura *f.* Progenie, familia, linaje. **2** Primogenitura.

programa *m.* Cuestionario. **2** Plan, planificación. **3** Temario, repertorio.

programar *tr.* Planear, planificar. ▌*Programar* sugiere en general más detalle en lo que se *planea* o *planifica*.

progresar *intr.* Adelantar, perfeccionarse, desarrollarse, prosperar, florecer, mejorar, medrar, coger la delantera, crecer como la espuma. ≠ Retrasarse, desmejorar, retroceder, empeorar.

progreso *m.* Proceso, avance, adelanto, adelantamiento, perfeccionamiento, desarrollo. ≠ Barbarie, retraso, incultura. **2** Prosperidad, aumento, mejora. ≠ Retraso.

prohibido, -da *adj.* Ilícito*, ilegal, vedado.

prohibir *tr.-prnl.* Privar, impedir, vedar, negar*. ▌Todos ellos pueden tener por sujeto personas o cosas. El sujeto de *prohibir* es una persona, ley, orden, etc. P. ej.: el temporal *impide* (no *prohíbe*) la salida del vapor. ≠ Permitir.

prohijar *tr.* Adoptar, ahijar.

proís *m.* Noray.

prójimo *m.* Semejante. **2** desp. Individuo*, sujeto, socio. ▮ Todos ellos son despectivos. P. ej.: ¿quién es ese prójimo?

prole *f.* Hijos, descendencia, familia.

prolepsis *f.* RET. Anticipación.

prolífico, -ca *adj.* Fecundo.

prolijo, -ja *adj.* Largo, extenso, dilatado, difuso. ≠ Parco, conciso.

prólogo *m.* Proemio, prefacio, introducción, preámbulo, exordio. ▮ *Introducción* y *preámbulo* se aplican a los libros o a los discursos. *Exordio* se usa esp. tratándose de discursos.

prolongar *tr.* Alargar*, extender, alongar*. ≠ Acotar, encoger.

promesa *f.* Prometido (p. us.), prometimiento (p. us.), promisión (lit.). ▮ *Promisión* es de uso literario restringido: los israelitas iban a la tierra de *promisión*. **2** Ofrecimiento, oferta. ▮ «La *oferta* es una demostración del deseo con que nos hallamos, o afectamos hallarnos, de que se admita o se reciba el servicio o la cosa que se *ofrece*. La *promesa* es una obligación que nos imponemos de hacer algún servicio o de dar alguna cosa. El que *ofrece* con poca voluntad de dar, se expone a que se le admita la oferta. El que *promete* con voluntad o sin ella, debe cumplir su *promesa*. Me ha *ofrecido* su casa, pero yo no la he aceptado. Me ha *prometido* venir a la mía, y espero que no faltará a su palabra.» (LH). **3** Voto. **4** fig. Augurio, señal, esperanza.

prometer *tr.* Ofrecer, obligarse. **2** Asegurar, afirmar, cerciorar, certificar. ► **3** *prnl.* Esperar, confiar. **4** Consagrarse.

prominencia *f.* Saliente, elevación, protuberancia. ≠ Llanura, depresión.

prominente *adj.* Saliente, alto*, elevado.

promiscuidad *f.* Mezcla, confusión.

promoción *f.* Hornada (fam.).

promocionar *tr.* Publicitar, anunciar.

promotor, -ra *adj.-s.* Promovedor, iniciador, suscitador.

promover *tr.* Suscitar, iniciar, mover, procurar. **2** Elevar, ascender.

promulgar *tr.* Publicar*. ≠ Derogar, callar.

pronosticar *tr.* Predecir, presagiar, adivinar*.

pronóstico *m.* Predicción, presagio, vaticinio, profecía, adivinación, agüero*, horóscopo*. **2** Prognosis (MED.).

prontamente *adv. t.* Al punto, sin dilación, pronto, en seguida. **2** Rápidamente, aceleradamente.

prontitud *f.* Velocidad, rapidez, aceleración, presteza, diligencia, actividad. ≠ Lentitud, parsimonia, pereza. **2** Viveza, precipitación.

pronto [1] *m.* Arrebato, arranque. **2** Ocurrencia, salida.

pronto [2] *adv. m.* Presto, prontamente, aprisa.

pronto, -ta *adj.* Veloz, rápido, acelerado, presto, ligero, activo*. **2** Dispuesto, preparado, aparejado.

pronunciación *f.* Dicción, articulación.

pronunciamiento *m.* Rebelión, alzamiento, levantamiento, sublevación, insurrección, cuartelada (burl.), militarada (burl.). ▮ *Pronunciamiento* es concretamente rebelión militar, y no se aplica a otra clase de *insurrecciones* o *levantamientos*.

pronunciar *tr.-prnl.* Articular, proferir, decir. ≠ Callar. ► **2** *prnl.* Rebelarse, sublevarse, levantarse, echarse a la calle. ▮ *Pronunciarse* se dice solo de los militares. ≠ Callarse, someterse.

propaganda *f.* Divulgación, difusión, publicidad*.

propagar *tr.-prnl.* Multiplicar, reproducir. **2** Difundir, extender, tener eco. **3** Divulgar, esparcir, propalar*, publicar*.

propalar *tr.* Difundir, propagar, divulgar, publicar*. ▮ *Propalar* es dar a conocer lo desconocido u oculto. Supone mala intención por parte del sujeto: *propalar* un rumor tendencioso, a diferencia de *difundir*, *propagar* y *divulgar*, que pueden aplicarse a lo bueno y a lo malo, a lo favorable y a lo adverso.

proparoxítono, -na *adj.* FILOL. Esdrújulo.

propasarse *prnl.* Excederse, pasar de la raya, extralimitarse, abusar. **2** Descomedirse, insolentarse. ≠ Contenerse.

propender *intr.* Tender, inclinarse.

propensión *f.* Inclinación, tendencia, instinto. ≠ Desgana, desinterés. ▮ «La *propensión* está en el entendimiento o en los hábitos; la *inclinación* en la voluntad o en el carácter. Hay *propensión* a hablar mal del prójimo, a distraerse, a leer novelas. Hay *inclinación* al amor, a la cólera, a tal profesión, a tal clase de sociedad...» (M). **2** Predisposición. ▮ Tratándose de enfermedades.

propicio, -cia *adj.* Benigno, favorable. ▮ «*Propicio* es lo que está dispuesto a favorecer. *Favorable* es lo que de hecho favorece. El reo tiene *propicio* al juez que le mira con indulgencia y desea que haya algún medio de salvarle; y le tiene *favorable* cuando éste da un voto a su favor, o usa de todos los medios o condescendencias que pueden directamente contribuir al buen éxito de su causa. Como el primero de estos adjetivos sólo representa un acto de voluntad, no se puede aplicar con propiedad a lo que no la tiene; pero el segundo se aplica generalmente a todo lo que favorece con voluntad o sin ella. Un ministro está *propicio*. El viento está *favorable*.» (LH).

propiedad *f.* Dominio, pertenencia, goce, disfrute. **2** Finca, posesión. **3** Cualidad*, peculiaridad, caractér.

propietario, -ria *adj.* Dueño, amo, señor*.

propina *f.* Gratificación, plus, añadidura.

propincuo, -cua *adj.* lit. Allegado, cercano, próximo. ≠ Lejano, ajeno.

propio, -pia *adj.* Característico, peculiar. **2** Conveniente, adecuado, pertinente, oportuno. **3** Natural, real.

proponer *tr.-prnl.* Ofrecer, plantear, sentar. ≠ Aceptar. **2** Consultar, presentar. ▮ Ambos, tratándose de cargos. ► **3** *prnl.* Intentar, procurar, determinarse, tener entre ceja y ceja. ≠ Desentenderse.

proporción *f.* Correspondencia, armonía, conformidad, relación. ≠ Desproporción. **2** Oportunidad, ocasión*, coyuntura, sazón, conveniencia. ≠ Inconveniencia, inoportunidad. ► **3 A proporción** *loc. adv.* Al respecto, a correspondencia, respectivamente.

proporcionado, -da *adj.* Acomodado, adecuado, idóneo, útil, apto, provechoso, conveniente*. ≠ Desigual, desmesurado.

proporcionar *tr.-prnl.* Facilitar, suministrar, proveer, poner a disposición. ≠ Quitar, privar. ▮ Tratándose de mercancías, se *proporcionan* o *facilitan* las que por algún motivo escasean o no son fáciles de adquirir, o las que se adquieren indirectamente. En cambio, el que las vende directamente, las *suministra* a sus clientes o les *provee* de ellas.

proposición *f.* Propuesta. **2** Ofrecimiento, oferta. **3** GRAM. Oración. ▮ Aunque *proposición* y *oración* son sinónimos, en las gramáticas españolas predomina el término *oración*. En cambio, *proposición* (y no *oración*) se emplea en lógica con el significado de expresión verbal de un juicio.

propósito *m.* Intento, intención, ánimo*. ≠ Irreflexión. **2** Objeto*, mira, fin I*, motivo. ► **3 A propósito** *loc. adj.* Especial, adecuado, propio. ► **4 De propósito** *loc. adv.* Adrede, expresamente, intencionadamente, deliberadamente, ex profeso, de intento, aposta. ≠ Involuntariamente, sin querer.

propuesta *f.* Proposición.

propulsar *tr.* Empujar*, impeler, impulsar.

propulsión *f.* Impulso, impulsión, empujón*.

prorrogar *tr.* Aplazar, diferir, alargar*. ≠ Cumplir, terminar.

prosapia *f.* Ascendencia, linaje, estirpe, casta*, alcurnia.

proscripción *f.* Destierro*, extrañamiento, deportación, ostracismo.

proseguir *tr.* Seguir, continuar, llevar adelante, seguir en el hilo. ≠ Detener, interrumpir.

prosélito *m.* Converso. **2** Partidario*, neófito, adherido, adepto.

prosodia *f.* FILOL. Fonética, ortología, fonología.

prosopopeya *f.* RET. Personificación. **2** Afectación, pompa, aparato, ampulosidad, ostentación.

prosperar *intr.* Progresar, adelantar, mejorar, medrar, florecer, enriquecerse, salir a flote, sonreír la fortuna. ≠ Fracasar, arruinarse.

próspero, -ra *adj.* Favorable, propicio, feliz, venturoso. **2** Rico, floreciente.

prostíbulo *m.* Burdel, puticlub (col.).

prostituir *tr.-prnl.* Deshonrar, envilecer, corromper, degradar. ≠ Ennoblecer, honrar.

protagonista *com.* Héroe. ▮ En la primitiva tragedia griega, el personaje único, que dialogaba con el coro y con el corifeo, se llamó *protagonista*. Esquilo añadió un segundo personaje (*deuteragonista*) y Sófocles un tercero (*tritagonista*). En el teatro moderno se ha conservado solo la primera denominación con el significado extenso de personaje principal de cualquier obra literaria.

protección *f.* Amparo, defensa, auxilio*, resguardo, salvaguarda, favor, apoyo, patrocinio, refugio, asilo. ≠ Desamparo, inseguridad.

protector, -ra *adj.-s.* Defensor, amparador, favorecedor, bienhechor*, padrino, valedor, patrocinador.

proteger *tr.-prnl.* Preservar, amparar, defender*, escudar, resguardar, salvaguardar, respaldar, hacer sombra, guardar las espaldas, mirar por, apoyar, favorecer, patrocinar. ≠ Desamparar, atacar. ▮ La idea de *proteger* de algún peligro material o fig., la expresan los diez primeros verbos. Ayudar a una persona, empresa o idea, *favorecer* y *apoyar*. Los tres últimos verbos implican alta jerarquía o importancia del protector o patrocinador.

protocolo *m.* (de un notario) Registro. **2** Ceremonial.

prototipo *m.* Arquetipo.

protuberancia *f.* Prominencia, elevación. ▮ La *protuberancia* connota un redondeamiento mayor o menor.

provecho *m.* Ganancia, beneficio, utilidad, fruto, lucro*. ≠ Inutilidad, inconveniencia, incomodidad.

provechoso, -sa *adj.* Beneficioso*, útil, conveniente*, fructífero, lucrativo.

provecto, -ta *adj.* Antiguo, adelantado. **2** Maduro, viejo*.

proveedor, -ra *s.* Abastecedor, aprovisionador, suministrador.

proveer *tr.-prnl.* Suministrar, abastecer, surtir, aprovisionar, proporcionar*. ≠ Quitar, privar. **2** Disponer, resolver.

provenir *intr.* Nacer, originarse, proceder II*, emanar, dimanar, venir.

proverbio *m.* Sentencia, refrán*, adagio, máxima, paremia. ▮ El término griego *paremia* solo tiene uso literario.

providencia *f.* Disposición, prevención, provisión, medida. **2** Dios. **3** DER. Resolución.

próvido, -da *adj.* Prevenido, cuidadoso, proveniente, diligente. **2** Propicio, benévolo.

provisional *adj.* Interino, accidental.

provocación *f.* Incitación, excitación.

provocar *tr.* Excitar, incitar, mover, estimular. ≠ Tranquilizar. **2** Irritar, enojar. ≠ Apaciguar, sosegar, pacificar. ► **3** *intr.* Vomitar.

proxenetismo *m.* Alcahuetería, lenocinio.

proximidad *f.* Cercanía, inmediación, vecindad. ≠ Lejanía, antigüedad. ► **2 Con proximidad** *loc. adv.* Aproximadamente, a ojo de buen cubero, con corta diferencia, próximamente, poco más o menos.

próximo, -ma *adj.* Cercano, vecino. **2** Inmediato, contiguo, junto.

proyectar *tr.* Lanzar, arrojar, despedir. **2** Idear, trazar, concebir, planear, planificar, urdir.

proyecto *m.* Designio*, plan, idea, intención, pensamiento.

proyector *m.* Reflector.

prudencia *f.* Cordura, seso, medida, juicio, discernimiento, aplomo, sabiduría, sensatez, buen sentido. ≠ Insensatez, indiscreción, informalidad, descuido. **2** Moderación, circunspección, previsión, parsimonia, reserva*. ≠ Insensatez, informalidad.

prueba *f.* Razón, argumento, demostración. ▮ «Para demostrar la verdad de un aserto se emplean las *razones* y las *pruebas*; y de unas y otras, juntas o separadas, se componen los *argumentos*. Las *razones* sirven para las opiniones y las doctrinas; las *pruebas*, para los hechos. El que alega una autoridad en confirmación de lo que dice, no presenta una *razón*, sino una *prueba*.» (M). **2** Justificación, probanza. **3** Indicio, señal, muestra. **4** Sufrimiento, desgracia, infortunio. **5** Ensayo, experiencia, probatura, gustación, cata. ▮ Los dos últimos, tratándose de comida o bebida.

prurito *m.* Comezón*, picor, picazón*, cosquilleo, hormiguilla, hormigueo. **2** fig. Deseo, anhelo.

prusiato *m.* QUIM. Cianuro.

psíquico, -ca *adj.* Anímico.

psitacismo *m.* Memorismo. ▮ En la enseñanza.

ptialismo *m.* Tialismo, salivación, sialismo.

pubis *m.* Pubes, verija, vedija.

publicar *tr.* Divulgar*, pregonar, difundir, esparcir, propagar, hacer público, promulgar. ▮ Este último, tratándose de una ley. ▮ «*Publicar, divulgar.* La idea común, que hace sinónimos estos verbos, es la de descubrir un secreto; pero *publicarlo* expresa la idea absolutamente, sin modificación alguna, esto es, hacer *público* lo que no lo era, hacerlo saber a los que lo ignoraban. *Divulgar* supone que el secreto se ha ido diciendo a varias personas o en varias partes, con alguna determinada intención, o que , contra la voluntad del que lo ha confiado con reserva, se ha esparcido y hecho público. Se ha *divulgado* mi casamiento, esto es, yo no quería *publicarlo*; pero alguno (...) ha corrido la voz, y lo saben ya todos.» (LH) **2** Revelar, propalar. **3** Dar a la estampa, imprimir, editar. **4** Anunciar, manifestar, proclamar.

publicidad *f.* Notoriedad. **2** Divulgación, difusión, propaganda. ▮ La *publicidad* es el conjunto de medios que se emplean para la *propaganda* de ideas, opiniones, productos comerciales, etc.

publicitar *tr.* Anunciar, promocionar.

público *m.* Concurrencia, auditorio, espectadores, oyentes, asistentes.

público, -ca *adj.* Notorio, patente, conocido, manifiesto. ▮ «Lo *público* es lo que a nadie se oculta; *notorio* es lo generalmente sabido. Hay cosas *públicas* y que, por la poca importancia que en sí tienen, no son *notorias*.» (M).

puches *amb. pl.* Gachas.

púdico, -ca *adj.* Honesto, pudoroso, casto, recatado.

pudiente *adj. com.* Opulento, potentado, rico*, poderoso, acaudalado*.

pudor *m.* Honestidad, castidad, modestia, vergüenza*, decoro, compostura, recato.

pudrir *tr.-prnl.* Podrecer, empodrecer, corromper, descomponer, echarse a perder, fermentar*. ≠ Sanar, vivir.

pueblerino, -na *adj.-s.* Lugareño, aldeano.

pueblo *m.* Población, poblado. **2** Lugar, aldea. **3** Nación*, raza. **4** Vecindario, vecinos. **5** Plebe*, vulgo. ▮ *Plebe* y *vulgo* implican sentido despectivo, en tanto que *pueblo* denota la gente común y humilde de una localidad, provincia o nación. *Vulgo* comprende propiamente a las gentes comunes que no se destacan en ningún sentido (cultural, linaje, prestigio social, etc.). En sentido político, la denominación de *pueblo* abarca a todos los ciudadanos y clases sociales; no así el *vulgo* ni la *plebe*, que se refieren a las clases menos calificadas y educadas.

pueril *adj.* Infantil*, aniñado. **2** Inocente, cándido. **3** fig. Infundado, fútil.

puerilidad *f.* Niñería. ≠ Malicia. **2** fig. Insignificancia, futilidad, niñada*. ≠ Importancia.

puerro *m.* Porro. **2 Puerro silvestre** Ajo porro.

puertorriqueño, -ña *adj.-s.* (pers.) Portorriqueño, boricua, borinqueño.

puesta *f.* Ocaso, postura. **2 Puesta al día** Modernización, actualización.

puesto *m.* Punto, sitio, lugar, paraje, espacio. ▮ Estos sinónimos, en el orden en que se citan, forman una gradación desde el más determinado y circunscrito, al más indeterminado y extenso. **2** Empleo, cargo, plaza, destino*.

pugna *f.* Pelea, lucha*, contienda. **2** Oposición, hostilidad.

pugnar *intr.* Pelear, contender, luchar, batallar. ≠ Pacificarse. **2** Esforzarse, porfiar.

puja *f.* Mejora, aumento.

pujante *adj.* Fuerte, vigoroso, poderoso, potente, brioso.

pujanza *f.* Fuerza, brío, poder, vigor. ≠ Debilidad, impotencia.

pujar *tr.* Mejorar, aumentar, subir.

pulchinela *m.* Polichinela.

pulcritud *f.* Aseo, limpieza*. ≠ Suciedad. **2** Cuidado, esmero, escrupulosidad, delicadeza. ≠ Indelicadeza.

pulcro, -cra *adj.* Aseado, limpio, límpido, higiénico. **2** Cuidadoso, esmerado, escrupuloso, delicado. **3** Puro, impecable, inmaculado.

pulgar *adj. m.* Pólice, dedo gordo.

pulgón *m.* Piojuelo.

pulido, -da *adj.* Pulimentado, liso, bruñido. **2** Agraciado, bello, hermoso. **3** Pulcro, primoroso, esmerado.

pulir *tr.-prnl.* Pulimentar, alisar, abrillantar, bruñir. ≠ Ensuciar. **2** Perfeccionar, ultimar.

3 Adornar, aderezar, componer, acicalar. ≠ Descomponer.

pulmón *m.* Bofe, chofe, livianos. ▮ Este último, esp. en los animales. 2 **Pulmón marino** Aguamala, medusa, aguamar.

pulmonía *f.* Neumonía, perineumonía, neumonitis (MED.).

pulmoníaco, -ca *adj.-s.* Neumónico, perineumónico.

pulsación *f.* Latido.

pulsar *tr.* Tocar*, tañer. 2 Tomar el pulso. 3 fig. Tantear, examinar.

pulsera *f.* Brazalete, manilla.

pulso *m.* fig. Seguridad, firmeza, tino. 2 Tiento, cuidado.

pulular *intr.* Abundar, multiplicarse, bullir, hormiguear. ≠ Aquietarse.

pulverizar *tr.* Polvificar, polverizar, hacer polvo.

pundonor *m.* Honor*, honra, punto de honra. ≠ Deshonor, indecencia. 2 Delicadeza, susceptibilidad, puntillo. ▮ Cuando el *pundonor* es extremado y se basa en motivos nimios, *puntillo*.

pundonoroso, -sa *adj.-s.* Puntoso, puntilloso. ▮ Este último, cuando indica susceptibilidad extremada.

púnico, -ca *adj.* Cartaginés*.

puntal *m.* Tornapunta. 2 fig. Apoyo, fundamento.

puntapié *m.* Puntocón, puntillón, puntera, puntillazo.

puntera *f.* Bigotera, capellada.

puntilloso, -sa *adj.* Puntoso, puntuoso.

punto *m.* Puntada. 2 Sitio, lugar, puesto, paraje. 3 Instante, momento*. 4 Cuestión, materia, asunto, extremo. 5 Pundonor. 6 DEP. Tanto. ▸ 7 **A punto** *loc. adj.* Preparado, listo, presto. ▸ 8 **Al punto** *loc. adv.* Prontamente, sin dilación, pronto, en seguida, ya.

puntoso, -sa *adj.* Pundonoroso, puntuoso, puntilloso.

puntual *adj.* Pronto, diligente, exacto, cumplidor, preciso, asiduo*. 2 Cierto, indudable, indubitable, seguro.

puntualidad *f.* Regularidad, exactitud, precisión. ≠ Informalidad, inexactitud, inseguridad.

puntualizar *tr.* Detallar, pormenorizar, precisar.

puntuar *tr.* Marcar, anotar. ▮ Se utiliza en juegos o deportes. 2 Calificar, valorar, evaluar. ▮ Se utilizan cuando hay que examinar la calidad de un ejercicio o una prueba.

punzar *tr.* Picar*, pinchar, punchar, pungir (lit.).

puñada *f.* Puñetazo.

puñado *m.* Puño.

puñetazo *m.* Trompada, puñada, castañazo (fam.), castañetazo (fam.).

pupila *f.* (del ojo) Niña, niñeta.

pupilaje *m.* Casa de huéspedes, pensión.

puramente *adv. m.* Con pureza, pulcramente. 2 Meramente, estrictamente, solamente, simplemente.

purgar *tr.* Limpiar, depurar, purificar. 2 Expiar, satisfacer.

purificador, -ra *s.* Cornijal.

purificar *tr.-prnl.* Purgar, depurar. ≠ Ensuciar, pecar. ▮ *Purgar, depurar, purificar* forman una serie intensiva. Sin que haya separación absoluta entre los tres verbos, el primero significa quitar las impurezas más gruesas y visibles; p. ej.: en ciertas industrias se *purga* una masa de sus escorias. En cambio, las aguas de la ciudad se *depuran* o *purifican*. *Purificar*, con respecto a *depurar*, sugiere mayor grado de perfección. En el ejemplo anterior se prefiere decir que las aguas se *depuran* por sedimentación de la tierra que las enturbiaba: pero se *purifican* con la destrucción de los gérmenes patógenos. 2 Acrisolar, acendrar.

purpurado *m.* (prelado) Cardenal.

purria *f.* Gentuza, chusma.

purulento, -ta *adj.* Virulento.

pus *m.* Materia, podre, podredumbre.

pusilánime *adj.-com.* Medroso*, tímido, temeroso, apocado, encogido, miedoso, cobarde*.

putativo, -va *adj.* Existimativo.

puticlub *m.* (col.) Prostíbulo, burdel.

putrefacción *f.* Podredura, pudrimiento, corrupción, descomposición, pudrición. ≠ Serenidad, salud. ▮ *Putrefacción* es término docto.

putrefacto, -ta *adj.* Podrido, corrupto, descompuesto, pútrido.

puzle, puzzle *m.* Rompecabezas, pasatiempo, enigma.

q

quebracho *m.* Jabí (árbol), quiebrahacha.

quebradizo, -za *adj.* Frágil, rompedero, vidrioso. ≠ Fuerte, duro, resistente. **2** fig. Delicado, enfermizo. ≠ Duro, resistente, fuerte.

quebrado, -da *adj.-s.* Fallido. **2** Herniado, hernioso, potroso (vulg.). **3** MAT. Fraccionario. ► **4** *adj.* Roto. **5** Quebrantado, debilitado. **6** Desigual, barrancoso, tortuoso, accidentado.

quebradura *f.* Hendedura, hendidura, rotura, grieta, raja, abertura. **2** Hernia.

quebrantahuesos *m.* Osífraga, osífrago. **2** Halieto, aleto, pigargo.

quebrantar *tr.-prnl.* Cascar, hender, agrietar, rajar, quebrar, romper, machacar, moler, triturar. **2** Violar, profanar, forzar. **3** Conculcar, contravenir, infringir, vulnerar, transgredir, traspasar, violar, incumplir, pisar, quebrar, hollar, romper*. ≠ Obedecer. ▮ Los cinco primeros son términos cultos, preferidos en el lenguaje jurídico. El resto de sinónimos son más usuales en el habla corriente. ► **4** *prnl.* Resentirse. ▮ Tratándose del efecto corporal de una enfermedad, accidente o fatiga.

quebranto *m.* Daño, menoscabo, perjuicio, detrimento, deterioro. **2** Decaimiento, descaecimiento, quebrantamiento, pérdida, baja*, bajón, disminución, decadencia, caída, merma, descenso. **3** Aflicción, dolor, pena, desaliento.

quebrar *tr.* Romper. **2** Doblar, torcer. ► **3** *prnl.* Herniarse.

quedar *intr.-prnl.* Detenerse, permanecer, subsistir. ≠ Marchar, ausentarse. **2** Faltar, restar, sobrar. ≠ Pasar. **3** Convenir, acordar.

quedo *adv. m.* En voz baja. **2** Despacio, poco a poco, con tiento.

quedo, -da *adj.* Quieto, inmóvil. ≠ Inquieto, veloz, ruidoso.

quehacer *m.* Ocupación, trabajo, negocio, tarea, faena. ≠ Cesantía, pasividad. ▮ Este último, esp., si es manual.

queja *f.* Lamento, lamentación, quejido, gemido. **2** Resentimiento, desazón, descontento. **3** Querella, acusación.

quejarse *prnl.* Lamentarse, gemir, dolerse, poner el grito en el cielo, quejarse de vicio, clamar*. ≠ Reírse. **2** Reclamar. **3** Querellarse.

quejido *m.* Gemido, lamentación, lamento.

quejoso, -sa *adj.* Descontento, dolido, disgustado, resentido.

quema *f.* Quemazón, cremación (lit.). **2** Incendio, fuego, combustión.

quemar *intr.-tr.* Abrasar, arder, incinerar, reducirse a cenizas. **2** Impacientar, desazonar, irritar, enfadar, enojar.

quenopodiáceo, -ea *adj.-s.* Salsoláceo.

querella *f.* Discordia, pendencia, cuestión, contienda, reyerta, pelea. ≠ Concordia, paz. **2** DER. Acusación, queja, litigio.

querer [1] *m.* Amor, cariño, afecto.

querer [2] *tr.-prnl.* Tener voluntad, determinar, resolver. **2** Desear*, pretender, apetecer, ambicionar*, procurar. ≠ Resignarse, desistir. ▮ «*Querer* y *desear* explican la inclinación de la voluntad a una cosa que no se posee; pero *querer* supone un objeto más asequible, y en cuyo logro tiene más parte la voluntad y los medios que se emplean para conseguirlo. En el objeto del verbo *desear* parece que tiene menos influencia la voluntad, y depende menos de los medios que pueden emplearse para su logro que de la voluntad ajena, o de circunstancias en que no tiene parte la voluntad del que *desea. Deseo* que mañana haga buen tiempo, porque *quiero* ir a la pradera de San Isidro. *Deseo* ganar el pleito, porque *quiero* fundar un mayorazgo.» (LH). **3** Amar, apreciar, estimar. ≠ Odiar. ▮ *Amar* es más abstracto; p. ej.: *amar* a Dios. El uso de *amar*, en sus acepciones concretas, pertenece principalmente al habla culta y literaria; corrientemente se emplea *querer*. ▮ «Los verbos *querer* y *estimar* se suelen confundir en el uso común para explicar nuestra inclinación a alguna persona; pero *querer* la explica como dirigida por la voluntad, y *estimar* como dirigida por el entendimiento, esto es, como efecto del concepto que tenemos del mérito de la persona. A un enemigo no se le puede *querer*, pero se le puede *estimar*. No se *quiere* a quien no se conoce, pero se le puede *estimar* por reputación. Una mujer honrada debe hacer más aprecio del que la *estima* sin *quererla* que del que la *quiere* sin *estimarla*.» (LH). **4** Exigir, requerir, pedir. **5** Conformarse, aceptar. ► **6 Ser un quiero y no puedo** *loc.* Aparentar, simular, fingir, hacer la comedia, hacer la muestra.

querido, -da *adj.* Amado, caro*. ≠ Odiado.

quermes, kermes *m.* Alkermes, alquermes, carmes.

quia *interj.* Ca.

quibey *m.* Revientacaballos (Cuba).

quid *m.* Esencia, razón, porqué, busilis, toque.

quiebra *f.* Hendedura, grieta. **2** Bancarrota. ▮ Esp. si se trata de una quiebra fraudulenta, crak, suspensión de pagos.

quiebro *m.* Esguince, cuarteo, regate. **2** MUS. Mordente.

quieto, -ta *adj.* Quedo, inmóvil. **2** Tranquilo, manso, reposado, sosegado. ▮ «*Quieto* es lo que no tiene movimiento; *tranquilo* y *manso* lo que no tiene agitación; *sosegado* y *reposado*, lo que no ha cesado de moverse y agitarse. 'Estáte *quieto*', decimos a un muchacho travieso, lo que equivale a 'no te muevas'. Una corriente es *tranquila* o *mansa* cuando no fluye con precipitación. Después de una tormenta decimos que el mar está *sosegado* o *reposado*.» (M).

quietud *f.* Inmovilidad. **2** Calma, tranquilidad, reposo*, sosiego, paz. ▮ «*La* quietud es opuesta al movimiento; la *tranquilidad* a la agitación. Se procura que un niño esté *quieto*; que una nación esté *tranquila*. Muchas veces la *inquietud* indica falta de *tranquilidad*; y otras muchas vemos *quieto* al que no está *tranquilo*...» (C).

quijada *f.* Carrillera, mandíbula. ▮ El primero se utiliza hablando de algunos animales.

quijera *f.* (arreo del caballo) Tentemozo.

quijones *m.* Ahogaviejas.

quijote *m.* Hidalgo. **2** Soñador.

quimera *f.* Ilusión, ficción, fantasía, fábula, delirio, desvarío. ≠ Realidad. **2** Pendencia, contienda, cuestión, pelotera, altercado*, altercación, disputa, agarrada, bronca, cisco, discusión.

quimérico, -ca *adj.* Imaginario, fantástico, fabuloso, fingido, soñado.

quimerista *adj. com.* Fantaseador. **2** Pendenciero, camorrista, buscarruidos.

quincallero, -ra *s.* Quinquillero, tirolés.

quincuagenario, -ria *adj.-s.* Cincuentón.

quincuagésimo, -ma *adj.-s.* Cincuentésimo.

quindécimo, -ma *adj.-s.* Quinzavo.

quinquefolio *m.* Cincoenrama.

quinta *f.* Quintana. **2** Reclutamiento, reemplazo.

quinterno *m.* Cinquina, quinta. ▮ En la antigua lotería.

quinto *m.* Recluta, sorche (fam.), caloyo (humor.).

quinzavo, -va *adj.-s.* Quindécimo.

quisquilloso, -sa *adj.-s.* Caramilloso, reparón, criticón, chinche. ≠ Tranquilo, pacífico, comprensivo, alegre. **2** Cosquilloso, sentido, susceptible, picajoso, puntilloso.

quita *f.* DER. Quitamiento, liberación.

quitaesenciar *tr.* Refinar, apurar, alambicar.

quitamanchas *m.* Sacamanchas.

quitar *tr.-prnl.* Libertar, librar. **2** Redimir, cancelar. **3** Sacar, apartar, separar, privar, restar. ≠ Poner. ▮ *Sacar* es extraer una cosa del sitio en que está metida, mientras que *quitar* es apartarla o separarla del lugar en que está puesta o situada. *Sacamos* un libro de la estantería en que se halla colocado; *sacamos* el contenido de una maleta. *Quitamos* una silla que estorba para pasar; saludamos *quitándonos* el sombrero. **4** Hurtar*, escamotear. ≠ Dar. **5** Impedir, estorbar, obstar.

quitasol *m.* Parasol, sombrilla.

quite *m.* ESGR. Parada.

quito, -ta *adj.* Libre, exento.

quizá, quizás *adv. d.* Acaso, tal vez. ▮ «*Quizá* y *puede ser* expresan duda y posibilidad; pero *puede ser* se adapta más al sentido de la posibilidad, y *quizá*, más al de la duda. ¿Irás esta noche al teatro? -*Puede ser* que vaya. ¿Quién llama a la puerta? -*Quizá* será nuestro amigo. En el primer caso no hay duda, sino incertidumbre; en el segundo sucede lo contrario.» (M)

r

rabadilla *f.* Curcusilla, cóccix (MED.). **2** Obispillo. ▌En las aves.
rabear *intr.* Colear.
rabí *m.* Rabino.
rabia *f.* Hidrofobia. **2** fig. Ira, enojo, cólera, furia*, furor, serenidad. ≠ Tranquilidad, serenidad.
rabiar *intr.* Encolerizarse, enfurecerse, crujir los dientes, enverdecer de ira, exaltarse la bilis. ≠ Tranquilizarse, serenarse, sosegarse, apaciguarse, calmarse.
rábida *f.* Rápita.
rabieta *f.* irón. o desp. Perra, perrera, berrinche*, pataleta, berrenchín. ▌Ambos significan *rabieta* de niño.
rabihorcado *m.* Pájaro burro.
rabilargo *m.* (ave) Mohíno.
rabino *m.* Rabí.
rabión *m.* Rápido.
rabioso, -sa *adj.-s.* Hidrófobo. **2** Colérico, airado, furioso. **3** fig. Vehemente, excesivo, desmedido.
rabo *m.* Cola.
racha *f.* Ráfaga.
racial *adj.* Étnico.
raciocinar *intr.* Razonar*, discurrir, argumentar, sacar en claro, estar a razón, asir la razón a uno.
raciocinio *m.* Razonamiento, argumento, discurso. ≠ Irreflexión.
racional *adj.* Razonable, justo, lógico.
racismo *m.* Segregacionismo, xenofobia, chauvinismo. ▌La *xenofobia* y el *chauvinismo* se refieren al rechazo a lo que se considera extranjero.
rada *f.* Bahía, ensenada, tablazo, abra.
radiante *adj.* FIS. Irradiante, emisor. **2** fig. Brillante, resplandeciente, refulgente, rutilante, radioso.
radiar *intr.* Irradiar. ≠ Apagarse. ► **2** *tr.* Emitir, radiodifundir.
radical *adj.* fig. Completo, total, extremado, extremista. ≠ Accidental, secundario, relativo, apelable.
radicar *intr.-prnl.* Arraigar. ≠ Desarraigar. ► **2** *intr.* Estar, encontrarse, hallarse. ≠ Ausentarse.
radio *f.* Radiodifusión.
radioyente *com.* Radioescucha.
raedura *f.* Raimiento, rasura, raspadura.
raer *tr.* Raspar. **2** Rasar.
ráfaga *f.* Racha, jugada. **2** Destello.
rahez *adj.* Vil, despreciable.
raíl *m.* Carril, riel.
raíz *f.* fig. Origen, principio, fundamento. **2 Raíz del moro** Helenio, énula campana, hierba del ala.
raja *f.* Hendedura, hendidura, abertura, grieta, resquebrajadura. **2** Rebanada, tajada.
rajar *tr.* Hender, partir, abrir, resquebrajar, agrietar. ► **2** *prnl.* Desistir, desdecirse, volverse atrás.
ralea *f.* Especie, clase, calidad. **2** desp. Raza, casta*, linaje, calaña, estofa*, jaez*.
ralear *intr.* Ardalear, arralar. ▌Tratándose de las vides.
ramal *m.* Liñuelo, cabo. **2** Ronzal.
ramalear *intr.* Cabestrear.
ramplón, -ona *adj.* fig. Tosco, vulgar, pedestre, desaliñado, chabacano. ≠ Elegante, selecto, culto.

rango *m.* Jerarquía, clase, categoría, calidad.
ranquin, ranking *m.* Lista, clasificación.
ránula *f.* Ranas, sapillo.
ranúnculo *m.* Apio de ranas, botón de oro, hierba belida.
raño *m.* (pez) Baila, perca, percha, trucha de mar.
rapapolvo *m.* Reconvención, reprensión, reprimenda, peluca, bronca.
rapaz *adj.* Ladrón, robador. ▶ **2** *adj. f.* Ave de rapiña.
rapaz, -za *s.* Chico, muchacho.
rape *m.* Pejesapo, sapo marino, alacrán marino, pescador, rana marina.
rapidez *f.* Celeridad*, prontitud, ligereza, presteza. ≠ Lentitud, pasividad.
rápido *m.* Rabión.
rápido, -da *adj.* Veloz, pronto, acelerado, presuroso, apresurado, precipitado, raudo (lit.), activo*.
rapiña *f.* Hurto, robo, pillaje, saqueo.
rápita *f.* Rábida.
rapónchigo *m.* Ruiponce.
raposa *f.* Zorra, vulpeja.
raptar *tr.* Robar, arrebatar. ▮ *Raptar* se usa con complemento directo de persona, en tanto que sus sinónimos pueden referirse a personas y cosas.
rapto *m.* Arrebato, arranque, impulso. **2** Robo. **3** Éxtasis, transporte, arrebatamiento.
raqueta *f.* Pala.
raquis *m.* Columna vertebral.
raquítico, -ca *adj.* fig. Exiguo, mezquino, escaso, corto, miserable. ≠ Generoso. **2** Débil*, endeble, flaco, esmirriado. ≠ Fuerte, sano.
rareza *f.* Extrañeza. **2** Anomalía. **3** Extravagancia, singularidad, ridiculez. ≠ Vulgaridad.
raro, -ra *adj.* Extraño, extraordinario, singular, inusitado*. ≠ Usual, normal, habitual. ▮ «Lo *raro* es lo que ocurre pocas veces; lo *extraordinario* es lo que posee con exceso alguna de las cualidades propias de su especie; *extraño*, lo que está en contradicción con las leyes generales del objeto a que aquella palabra se aplica. Un terremoto es un suceso *raro*; el terremoto de Lisboa fue un suceso *extraordinario*; el cuadrúpedo con pico descubierto en Australia es un animal *extraño*... Lo *raro* excita la curiosidad; lo *extraordinario*, la admiración; lo *extraño*, la perplejidad del juicio, o de otro modo, la *extrañeza*.» (M). **2** Extravagante, estrambótico, maniático, excéntrico, estrafalario. ▮ Este último acentúa el carácter burlesco de la persona o cosa a que se aplica.
ras *m.* Igualdad, nivel, línea.
rasar *tr.* Raer. **2** Raspar, rozar. ≠ Desigualar.
rascar *tr.* Refregar, restregar. **2** Arañar, rascuñar, rasguñar.
rasero *m.* Raedor, rasera.
rasgar *tr.* Desgarrar, romper.
rasgo *m.* Trazo, plumazo. **2** Facción (del rostro). **3** Carácter, cualidad, peculiaridad, atributo, característica, nota.
rasgón *m.* Rasgado, rotura, desgarro, desgarrón, rasgadura, siete. ▮ Este último, si tiene forma angular.
rasgueo *m.* Rasgueado.
rasguñar *tr.* Rascuñar, arañar, rascar. **2** PINT. Tantear, esbozar.
rasguño *m.* Arañazo. **2** PINT. Apuntamiento, tanteo, esbozo.
raso, -sa *adj.* Plano, llano, liso. ≠ Elevado, escarpado.
raspa *f.* (de la espiga) Arista. **2** Espina. **3** BOT. Raquis.
raspajo *m.* Rampojo, escobajo.
raspar *tr.* Raer. **2** Rasar, rozar.
raspilla *f.* Miosota.
rastrera *f.* Arrastradera.
rastrero, -ra *adj.* fig. Bajo, vil, despreciable, indigno, abyecto. ≠ Noble, sincero, digno.
rastrillar *tr.* Rastillar.
rastro *m.* Rastra, rastrillo. **2** Indicio*, huella*, señal, vestigio, pista, ida. ▮ *Ida* es el *rastro* que hace la caza con los pies.
rastrojera *f.* Rastrojal.
rasurar *tr.* Afeitar.
ratear *tr.* Prorratear.
ratero, -ra *adj.-s.* Gato, randa, rata, carterista. ▮ Este último es el que hurta de los bolsillos.
ratificar *tr.-prnl.* Reafirmar, refirmar, confirmar, roborar, corroborar, aprobar, hacer coro. ≠ Anular, desaprobar, rectificar.
ratón *m.* Mouse (anglic.).
raudo, -da *adj.* lit. Rápido, veloz, violento, precipitado.
raya *f.* Línea. **2** GRAM. Guion. **3** Crencha, carrera, partidura. **4** Término, límite, linde, confín, frontera.

rayado *m.* Renglonadura. ▮ En el papel para escribir. **2** CIR. Legrado.

rayano, -na *adj.* Lindante, confinante, limítrofe*, fronterizo. ≠ Distante, mediato.

rayar *intr.* Lindar*, confinar, limitar. **2** Tachar. ▮ Tratándose de escritos.

rayo *m.* Centella. ▮ Especialmente cuando es de poca intensidad. **2** Chispa*, exhalación.

rayuelo *m.* Agachadiza.

raza *f.* Casta, linaje*, progenie, estirpe. ▮ *Raza* y *casta* se aplican a hombres y animales. *Linaje, progenie* y *estirpe*, solo a hombres. ▮ «La *raza* es el género y la *casta* es la especie. La *raza* tiene un carácter más permanente que la *casta*, y así es que la primera es objeto de la ciencia, y no lo es la segunda. En Andalucía hay buenas *castas* de caballos, y todas son de *raza* árabe.» (M).

razón *f.* Entendimiento, discurso. ≠ Irreflexión, locura. **2** Prueba, argumento. ▮ «Con las *razones* se sostienen las opiniones y las doctrinas, con las *pruebas*, las opiniones, las doctrinas y los hechos; los *argumentos* son *razones* explayadas y ordenadas con cierto orden lógico o retórico.» (M). **3** Motivo, causa*. **4** Justicia, rectitud, verdad, derecho. **5** Cuenta, cómputo. **6** Informe[1]*, información, noticia, dato, referencia. **7 Razón social** Sociedad*.

razonable *adj.* Arreglado, justo, legítimo, comprensible. ≠ Injusto, irreflexivo. **2** fig. Mediano, regular, moderado, bastante. ≠ Imprudente, irreflexivo.

razonamiento *m.* Argumentación, arenga, discurso, oración. ▮ «*Razonamiento* es una serie de razones cuyo objeto es ilustrar un asunto o probar una proposición. *Arenga* es un razonamiento dirigido a una corporación o a una persona de respeto. *Discurso* es un razonamiento sobre asunto científico, artístico o literario. *Oración* se aplica más comúnmente a los *discursos* en que se hace gala de los artificios de la Retórica, y que se pronuncian en grandes solemnidades.» (M).

razonar *intr.* Discurrir, raciocinar, argumentar, sacar en claro, estar a razones, asistir a razón a uno, desatar el argumento. ▮ *Razonar* es *discurrir* manifestando lo que se discurre, o hablar dando razones para probar una cosa. Se puede *discurrir* o *raciocinar* sin hablar; pero *razonar* y *argumentar* suponen hacer uso de la palabra. *Raciocinar* y *argumentar* significan establecer premisas y deducir consecuencias.

reacio, -cia *adj.* Desobediente, inobediente, remiso, rebelde, renuente, reluctante. ≠ Débil, dócil, disciplinado.

reafirmar *tr.-prnl.* Confirmar*, ratificar, hacer hincapié. ≠ Rectificar.

real [1] *adj.* Verdadero, existente, positivo, efectivo, cierto*. ≠ Irreal, incierto, falso, inexistente.

real [2] *adj.* Regio. ▸ **2** *m.* Campamento. ▸ **3 Sentar el real** *loc.* Aposentar, hospedar, alojar, albergar, tomar casa, tener casa abierta.

realce *m.* fig. Relieve, lustre, brillo, estimación, grandeza.

realidad *f.* Existencia, efectividad. ≠ Inexistencia. **2** Verdad, sinceridad, ingenuidad. ≠ Idealismo, invención. ▸ **3 En realidad** *loc. adv.* Realmente, efectivamente, positivamente, verdaderamente, de hecho.

realizable *adj.* Hacedero, factible*, posible*, viable.

realizar *tr.* Hacer, efectuar, ejecutar, llevar a cabo, llevar a efecto, llevar a la práctica. ≠ Abstenerse, incumplir. ▮ «*Realizar* es cumplir lo que las apariencias daban lugar a esperar; *efectuar*, lo que promesas formales hacían esperar; *ejecutar* es cumplir una cosa conforme al plan que antes se había formado.» (Ma). **2** Vender, liquidar*. ▮ Tratándose de mercancías.

realmente *adv. m.* Efectivamente, positivamente, verdaderamente, en realidad.

realzar *tr.* Levantar, elevar. ≠ Hundir. **2** fig. Enaltecer, relevar, ilustrar, engrandecer. ≠ Humillar, hundir.

reanimar *tr.-prnl.* Confortar, restablecer, fortalecer. **2** fig. Animar, consolar, alentar, vivificar. ≠ Desalentar, entristecer.

reavivar *tr.* Vivificar, revivificar.

rebaja *f.* Descuento, deducción, disminución, reducción.

rebajar *tr.-prnl.* Disminuir*, descontar, deducir, depreciar*. ≠ Aumentar. **2** fig. Humillar, abatir. ≠ Ensoberbecerse.

rebalsa *f.* Embalse*, rebalse, pantano.

rebalsar *tr.* Embalsar.
rebaño *m.* Manada*, hato, boyada, vacada, torada, piara, yeguada, pavada. ▮ Los seis últimos, según la clase de ganado. Cuando no se especifica, *rebaño* alude generalmente al de ganado lanar.
rebasar *tr.* Sobrepasar, exceder. ≠ Contenerse, comedirse.
rebatir *tr.* Rechazar, contrarrestar. **2** Impugnar, confutar*, refutar, contradecir*, objetar. ≠ Confirmar.
rebelarse *prnl.* Sublevarse, levantarse, insurreccionarse, desobedecer, echarse a la calle, tirar coces. ≠ Someterse, obedecer, doblegarse. **2** Resistir, oponerse. ≠ Someterse, obedecer, doblegarse.
rebelde *adj. com.* Sublevado, insurgente, insurrecto. **2** Desobediente, indócil, indisciplinado, reacio. **3** DER. Contumaz.
rebelión *f.* Alzamiento, insurrección, levantamiento, sublevación*.
rebenque *m.* Anguila de cabo. **2** Amér. Látigo corto.
rebisabuelo, -la *s.* Tatarabuelo.
rebisnieto, -ta *s.* Tataranieto.
reblandecer *tr.-prnl.* Ablandar. ≠ Endurecer. **2** Relentecer, lentecer.
rebocillo, rebociño *m.* Rebozo.
rebollo *m.* Mesto.
rebosar *intr.-prnl.* Derramarse, reverter, trasverter. **2** fig. Abundar, sobreabundar, redundar.
rebote *m.* Rechazo, resurtida, retroceso.
rebozar *tr.-prnl.* Arrebozar.
rebozo *m.* fig. Simulación, pretexto, excusa*.
rebrote *m.* Retoño, renuevo, hijuelo, vástago*.
rebuscar *tr.* Escudriñar*, escrutar.
rebuznar *intr.* Roznar.
rebuzno *m.* Roznido.
recabar *tr.* Alcanzar, obtener, conseguir, lograr. ▮ Al significado de estos verbos añade *recabar* la idea de instancias o súplicas con que se obtiene lo deseado.
recado *m.* Mensaje, misiva. ▮ *Mensaje* tiene mayor solemnidad que *recado*, bien sea por la importancia de su contenido o de la persona a quien se envía, bien por el mayor énfasis de la expresión; *misiva* es mensaje escrito.
recalcar *tr.* fig. Insistir, repetir, subrayar, machacar.
recalcitrante *adj.* Terco, obstinado, pertinaz, contumaz. ≠ Disciplinado, arrepentido.
recalzo *m.* Recalce, recalzón.
recapacitar *tr.* Reflexionar, recordar, rememorar, decir para su sayo, decir para su capote.
recapitulación *f.* Compendio, resumen, sumario.
recapitular *tr.* Resumir*, compendiar.
recatado, -da *adj.* Discreto, reservado. ≠ Indiscreto.
recatar *tr.* Encubrir, ocultar, esconder, tapar.
recato *m.* Cautela, reserva*, circunspección. **2** Honestidad, modestia, pudor, decoro, compostura. ≠ Inmodestia, impudor, desvergüenza.
recaudación *f.* Colecta, cuestación, cobro, cobranza. ▮ Los dos primeros, si se trata de donativos voluntarios para fines benéficos, religiosos, etc.
recaudador *m.* Colector, recolector, cobrador. ▮ *Colector* y *recolector* tienen hoy uso más restringido y no se aplican tratándose de fondos públicos o de empresas importantes. *Cobrador* es el que recibe inmediatamente el dinero de manos del público: *cobrador* de tranvías, del gas; es oficio más humilde que *recaudador*.
recaudar *tr.* Cobrar*, percibir, recibir, tomar en cuenta.
recelar *tr.-prnl.* Desconfiar, sospechar, maliciarse, escamarse, temer, estar sobre aviso, poner en cuarentena, traer entre ojos.
recelo *m.* Desconfianza*, sospecha*, suspicacia, escama, miedo, temor. ≠ Ingenuidad, fe, confianza.
receloso, -sa *adj.* Desconfiado, suspicaz, escamón, temeroso.
recensión *f.* Reseña, crítica.
recentar *tr.* Leudar.
recepción *f.* Recibimiento, recibo. **2** Admisión.
receptáculo *m.* Recipiente, cavidad. **2** BOT. Tálamo.
receso *m.* Separación, apartamiento, desvío. **2** Suspensión, cesación, descanso, interrupción.
receta *f.* Récipe, prescripción, fórmula.

recetar *tr.* Formular, ordenar, prescribir.
recetario *m.* Formulario.
recetoría *f.* Receptoría, tesorería.
rechazar *tr.* Rebotar, repeler. ≠ Estimar, atraer. **2** Rehusar*. ≠ Aceptar, atraer.
rechazo *m.* Retroceso, rebote.
rechifla *f.* Burla*, pitorreo. ≠ Aplauso, elogio.
rechinar *intr.* Crujir, chirriar, chillar*.
reciamente *adv. m.* Fuertemente, vigorosamente, violentamente.
recibimiento *m.* Recepción. **2** Admisión. **3** Acogida. **4** Antesala*, entrada, vestíbulo.
recibir *tr.* Tomar, aceptar*. ≠ Entregar. ▮ «Para *aceptar* se necesita un acto de la voluntad; pero se *recibe* sin querer, por causalidad y, a veces, por fuerza. Por esto se dice que se *recibe,* pero no que se *acepta,* una carta; que se *recibe* una mala noticia; pero se *aceptan* las ofertas y convites. Se puede *recibir* un regalo y devolverlo porque no se *acepta.*» (M). **2** Admitir, acoger, cargar con, abrir la mano. ≠ Negar, rechazar. **3** Cobrar, percibir.
reciclar *tr.* Aprovechar, regenerar, reutilizar.
recidiva *f.* MED. Repetición, recaída, relapso, reincidencia, recurrencia.
reciente *adj.* Nuevo, fresco, flamante, acabado de hacer. ≠ Viejo, estropeado, antiguo.
recientemente *adv. t.* Poco ha, últimamente.
recinto *m.* Circuito, perímetro.
recio, -cia *adj.* Fuerte, robusto, vigoroso. **2** Grueso, gordo, corpulento, abultado.
recíproco, -ca *adj.* Mutuo*.
recitar *tr.* Declamar. ▮ *Declamar* implica mayor énfasis. Un niño *recita* la lección aprendida. Un actor *declama* o *recita,* según el trozo de que se trate o la entonación con que lo diga.
reclamación *f.* Exigencia, petición, demanda, protesta.
reclamar *intr.* Pedir*, exigir, demandar, protestar. ≠ Perdonar, desistir.
reclamo *m.* Señuelo. **2** fig. Atractivo, aliciente, incentivo. **3** Propaganda, anuncio, publicidad.
recle *m.* Recésit, recre.
reclinar *tr.-prnl.* Recostar, apoyar.
reclinatorio *m.* Propiciatorio.
recluir *tr.-prnl.* Encerrar, confinar. ≠ Libertar, soltar, liberar.
reclusión *f.* Encierro, prisión. ▮ La *reclusión* y el *encierro* pueden ser voluntarios o forzados. La *prisión* es forzada.
recluta *f.* Reclutamiento, alistamiento, enganche. ▸ **2** *m.* Quinto, sorche (fam.), caloyo (humor.).
reclutamiento *m.* Reemplazo, quinta.
reclutar *tr.* Alistar, enganchar.
recobrar *tr.* Recuperar, rescatar. ≠ Perder. ▮ Este último es *recobrar* por precio o a la fuerza. ▸ **2** *prnl.* Desquitarse, reintegrarse. **3** Restablecerse, reponerse, volver en sí. ≠ Empeorar.
recogedor *m.* Rastra. **2** Pala.
recoger *tr.-prnl.* Cosechar, recolectar, coger. **2** Guardar, poner en cobro. **3** Juntar, reunir, congregar, acopiar. **4** Acoger, dar asilo. ▸ **5** *prnl.* Retirarse, encerrarse. **6** Refugiarse, acogerse. **7** Abstraerse, ensimismarse, reconcentrarse.
recolección *f.* Cosecha. **2** Convento, monasterio*, casa recoleta.
recolectar *tr.* Cosechar, recoger, alzar de eras.
recomendar *tr.* Encomendar, encargar, confiar. ≠ Acusar, desconfiar.
recomerse *prnl.* Concomerse.
recompensa *f.* Premio*, galardón*, remuneración, retribución.
recompensar *tr.* Compensar. **2** Retribuir, remunerar, gratificar, satisfacer*. **3** Premiar, galardonar. ≠ Castigar.
recomponer *tr.* Reparar*, arreglar, remendar, rehacer.
reconcentrar *tr.* Reunir, juntar, concentrar, centralizar*. ▸ **2** *prnl.* Ensimismarse, recogerse, abstraerse.
reconcomio *m.* Prurito, deseo, anhelo. **2** Recelo, sospecha.
recóndito, -ta *adj.* Profundo, escondido, hondo, oculto, reservado. ▮ *Recóndito* intensifica el significado de todos estos adjetivos.
reconocer *tr.* Distinguir, recordar. ≠ Desconocer. **2** Examinar, inspeccionar, mirar el pro y el contra, pasar por tamiz, indager, escrutar*, escudriñar. **3** Confesar, aceptar, declarar, convenir.
reconocido, -da *adj.* Agradecido, obligado.
reconocimiento *m.* Agradecimiento, gratitud. ▮ «Publicar un beneficio es un acto

de *reconocimiento*; querer a su bienhechor es el acto propio de la *gratitud*. El que se da prisa a pagar un servicio generoso que le hicieron con otro servicio, para quitarse el peso del *reconocimiento*, es un ingrato; y rebosa *gratitud* el que, no pagando su deuda, ni aun atreviéndose a desplegar sus labios sobre ello, acompaña a un bienhechor en sus placeres, ríe en sus gozos y llora en sus desdichas. El *reconocimiento* de lo que debe, paga; pero la *gratitud* no cuenta lo que da, porque siempre debe.» (Ci). **2** Examen, inspección, registro. **3** Agnición*, anagnórisis.

reconstruir *tr.* Reedificar, rehacer.

reconvención *f.* Admonición*, recriminación, amonestación, reprensión, reproche, cargo, rapapolvo, regaño, regañina, zurrapelo, recorrido, repasata, repaso. ▮ A partir de *rapapolvo*, son de uso familiar.

reconvenir *tr.-prnl.* Reprender, reñir, regañar, reprochar, echar en cara. ≠ Felicitar.

recopilación *f.* Compendio*, resumen, sumario. **2** Colección, compilación.

recopilar *tr.* Compendiar, resumir. **2** Compilar.

recordable *adj.* Memorable.

recordar *tr.* Memorar (lit.), rememorar (lit.), recapacitar, traer una cosa en las mientes, tener presente, darse una palmada en la frente. ≠ Olvidar, callar. ► **2** *tr.-prnl.* Amér. Despertar.

recorrido *m.* Trayecto, itinerario. **2** Repaso. ▮ Tratándose de alguna cosa deteriorada. **3** Reprensión, reconvención.

recortado *m.* Cortadura.

recorte *m.* Recortadura, retazo. → **recortes**

recortes *m. pl.* Cortaduras, recortaduras. → **recorte**

recostar *tr.-prnl.* Reclinar, apoyar.

recreación *f.* Recreo, solaz, expansión, esparcimiento, asueto, diversión, distracción, pasatiempo, entretenimiento.

recrear *tr.-prnl.* Entretener*, distraer, divertir, alegrar, deleitar, echar una cana al aire, darse un verde, andar de gallo. ≠ Aburrir, entristecer.

recrecer *intr.-tr.* Aumentar, acrecentar, tomar cuerpo, subir de punto.

recremento *m.* Secreción interna, secreción endocrina.

recreo *m.* Recreación, distracción, diversión*, entretenimiento, pasatiempo.

recriminación *f.* Reconvención, reprensión. ≠ Felicitación. **2** Acusación.

rectangular *adj.* Cuadrilongo.

rectificar *tr.-prnl.* Corregir, modificar, enmendar*. ≠ Ratificar, insistir. **2** QUÍM. Purificar, redestilar.

rectitud *f.* Justicia, integridad, imparcialidad. ≠ Torcedura, injusticia.

recto, -ta *adj.* Derecho. **2** Justo, justiciero, íntegro, imparcial. ▮ «El que no se separa de la justicia, es *recto*; el hombre *recto*, considerado como inflexible y superior a la parcialidad o al interés, es *íntegro*. Es *recto* el juez que, al condenar al reo, no se deja llevar ni de la violencia de su genio inclinado al rigor, ni de la excesiva bondad y sensibilidad de su corazón. Es *íntegro* el que, al sentenciar una causa, no escucha ni las sugestiones de la amistad, ni el influjo o el temor del poder, ni los estímulos de la codicia.» (LH).

recubrir *tr.* Cubrir, revestir, tapizar, alfombrar (el suelo).

recuerdo *m.* Memoria, conmemoración, rememoración, remembranza, reminiscencia. ≠ Olvido. ▮ *Memoria* equivale a *recuerdo*, pero se usa menos que él en esta acepción: tener *memoria*, o *recuerdo*, de algo. *Conmemoración* se usa muy poco en este sentido, porque predomina su significado de acto o solemnidad con que se *recuerda* algo importante. *Rememoración* es literario o se emplea como término psicológico. *Remembranza* es antiguo; lo emplean los escritores por su mismo sabor arcaico. *Reminiscencia*, fuera del lenguaje filosófico, significa *recuerdo* incompleto o poco definido. **2** fig. Regalo, presente. → **recuerdos**

recuerdos *m. pl.* Memorias, expresiones, saludos. → **recuerdo**

reculada *f.* Retroceso.

recular *intr.* Cejar, recejar, retroceder, hacerse atrás, volver grupas, pie atrás. ≠ Avanzar, fluir.

recuperar *tr.-prnl.* Recobrar, rescatar. ≠ Perder.

recurrir *intr.* Acudir, acogerse. **2** Apelar, interponer apelación.

recurso *m.* Medio, procedimiento, arbitrio, expediente. 2 Memorial, solicitud, petición. 3 Apelación. → **recursos**

recursos *m. pl.* Bienes, medios, posibles, fortuna, capital. → **recurso**

recusar *tr.* Rechazar, rehusar. 2 DER. Poner tacha, tachar, declinar.

red *f.* Malla. 2 Cadena. 3 Internet, ciberespacio.

redactar *tr.* Escribir, componer.

redecilla *f.* Gandaya. 2 Red. ‖ Tratándose de la prenda para recoger el cabello, *red.* 3 Bonete, retículo. ‖ Ambos, en el estómago de los rumiantes.

rededor *m.* Contorno. 2 Derredor, redor (lit.).

redel *m.* Almogama.

redimir *tr.-prnl.* Rescatar, librar, liberar, libertar. ≠ Esclavizar, perder. 2 Cancelar.

rédito *m.* Interés, renta, utilidad, beneficio, rendimiento.

redituar *tr.* Producir, rentar, rendir.

redivivo, -va *adj.* Aparecido, resucitado.

redoblar *tr.-prnl.* Duplicar, doblar, reduplicar. 2 Repetir, reiterar.

redomado, -da *adj.* Cauteloso, astuto, taimado. ≠ Ingenuo, bobo. ‖ *Redomado* intensifica el significado de sus sinónimos.

redondamente *adv. m.* Rotundamente, claramente, categóricamente, terminantemente.

redondel *m.* Círculo. 2 Ruedo, arena.

redondo, -da *adj.* fig. Claro, sin rodeo, rotundo. ► 2 **Caerse redondo** *loc.* Desvanecerse, desmayarse, írsele la vista, perder el conocimiento, perder el sentido.

redopelo *m.* Redropelo, rodapelo, contrapelo.

redrojo *m.* Redruejo, cencerrón.

reducible *adj.* Reductible.

reducido, -da *adj.* Estrecho, pequeño, escaso, limitado, corto, chico*, angosto*. ≠ Grande, amplio.

reducir *tr.* Disminuir*, aminorar, estrechar, acortar, achicar, ceñir, echar agua al fuego, limitar*. ≠ Aumentar. 2 Resumir, compendiar, abreviar*. 3 Sujetar, someter, dominar, domeñar. ≠ Rebelarse. 4 Convertir.

redundancia *f.* Exceso*, sobra, demasía, superfluidad, pleonasmo. ‖ Este último, tratándose de palabras.

redundar *intr.* Rebosar, exceder, sobrar. 2 Resultar, venir a parar, refluir, causar, acarrear.

reemplazar *tr.* Sustituir, suplir, hacer las veces, relevar, revezar, suplantar. ≠ Continuar, mantener. ‖ *Suplir, revelar* y *reemplazar* significan sustitución temporal o accidental. *Suplantar* es *reemplazar* fraudulentamente. ‖ «Lo que ha faltado en la composición de un todo, se *reemplaza* por algo semejante, o se *sustituye* por algo que no lo es. Muere un jefe, y lo *reemplaza* otro de la misma categoría; enferma y lo *sustituye* el de la categoría inmediata.» (M). → **representación.** 2 Relevar, revezar, suplir, suplantar. ‖ Los tres primeros significan sustitución temporal o accidental. *Suplantar* es *reemplazar* fraudulentamente.

reemplazo *m.* Sustitución. 2 Quinta, reclutamiento.

reencuentro *m.* Recuentro, refriega, choque.

refaccionario, -ria *adj.* DER. Refeccionario.

refajo *m.* Faldellín.

referencia *f.* Narración, relación, relato. 2 Informe*, noticia, antecedente*. 3 Semejanza, relación, dependencia. 4 Remisión.

referir *tr.* Contar, narrar, relatar. 2 Relacionar, enlazar, encadenar. ► 3 *prnl.* Remitir. 4 **Referirse a** Aludir, mencionar, citar, hacer referencia, concernir*.

refitolero, -ra *adj.-s.* Refectolero. 2 fig. Entrometido, cominero.

reflector, -ra *adj.-s.* Proyector.

reflejar *tr.* Reflectar, reverberar.

reflejo, -ja *adj.* GRAM. Reflexivo.

reflexión *f.* Meditación, consideración. ≠ Irreflexión. 2 Advertencia, consejo. ≠ Despreocupación, imprudencia.

reflexionar *tr.* Pensar*, considerar, meditar, devanarse los sesos, romperse los cascos. ≠ Despreocuparse, inadvertir.

reflexivo, -va *adj.* GRAM. Reflejo. 2 Juicioso, ponderado.

refocilar *tr.-prnl.* Recrear, alegrar. ≠ Aburrir, entristecer.

reforestar *tr.* Repoblar, replantar.

reformar *tr.-prnl.* Rehacer. ≠ Persistir. 2 Reparar, restaurar, arreglar, corregir, enmendar, modificar. 3 Reordenar, reorganizar, moralizarse, corregirse. ≠ Desmoralizar.

reforzar *tr.-prnl.* Aumentar, acrecentar, engrosar. ▸ **2** *tr.* Acorazar, blindar, revestir, proteger, fortificar. ▸ **3** *tr.-prnl.* Fortalecer, robustecer, vigorizar. ≠ Debilitar. **4** Animar, reanimar, alentar.

refractar *tr.* FIS. Refringir.

refractario, -ria *adj.* Incombustible. ≠ Inflamable. **2** Opuesto, rebelde, contrario. ≠ Sumiso, fácil.

refractivo, -va *adj.* Refringente.

refrán *m.* Dicho, proverbio, adagio, aforismo, apotegma, máxima, sentencia. ▌*Dicho*, en general. Es esencial en el *refrán* su carácter popular y tradicional. *Proverbio* comprende, además, las frases sentenciosas de autor conocido; es voz más literaria, lo mismo que *adagio*. *Aforismo* encierra generalmente la idea de aplicación a alguna ciencia o arte: los *aforismos* de Hipócrates. La voz griega *apotegma* se aplica a dichos o anécdotas de hombres célebres de la antigüedad clásica, y a imitación suya, del Renacimiento: un *apotegma* de Temístocles. La *máxima* es un dicho sentencioso que se erige en norma intelectual o de conducta. *Sentencia* sugiere gravedad de tono, y contenido moral y doctrinal.

refregadura *f.* Restregadura, refregamiento.

refregar *tr.* Estregar, restregar, frotar*.

refrenar *tr.-prnl.* Frenar, contener, sofrenar, reprimir, sujetar, moderar, coercer*. ≠ Soltar, descomedirse. ▸ **2** *prnl.* Reportarse, recoger velas, dar marcha atrás.

refrescar *tr.-prnl.* Enfriar, refrigerar. ≠ Calentar.

refriega *f.* Encuentro, reencuentro, pelea, choque, combate*. ▌La *refriega* tiene menos importancia que la batalla.

refrigerar *tr.* Refrescar, enfriar. ≠ Calentar. ▌*Refrigerar* se usa con preferencia cuando se emplean medios artificiales, como neveras o acondicionadores del aire. La lluvia *refresca* o *enfría* la atmósfera; pero el aire de un espacio cerrado se *refrigera* con aparatos adecuados.

refrigerio *m.* Tentempié. **2** fig. Alivio, descanso.

refringente *adj.* Refractivo.

refringir *tr.-prnl.* FIS. Refractar.

refugiarse *prnl.* Ampararse, acogerse*, guarecerse. ≠ Desamparar, desguarecerse.

refugio *m.* Protección, amparo, asilo, socorro, auxilio*. ▌«El *refugio* es un recurso contra la aflicción, la indigencia o el riesgo. El *asilo* es una protección, una defensa contra la fuerza y la persecución. El hospital es un *refugio* para los pobres; la iglesia es un *asilo* para los criminales. Busca la nave un *refugio* en cualquier puerto, huyendo de la tempestad que la amenaza; busca en un puerto amigo o neutral un *asilo*, huyendo de una fuerza superior que la persigue.» (LH).

refulgente *adj.* Brillante*, resplandeciente, rutilante, luminoso.

refulgir *intr.* Resplandecer*, relumbrar, rutilar, fulgurar. ≠ Apagar, oscurecer.

refunfuñar *intr.* Rezongar, gruñir, hablar entre dientes.

refutar *tr.* Impugnar, rebatir, confutar, contradecir*.

regadera *f.* Rociadera. **2** Reguera.

regalado, -da *adj.* Suave, delicado, sabroso. **2** Agradable, deleitoso.

regalar [1] *tr.-prnl.* Dar*. ≠ Quitar. **2** Halagar*, obsequiar, festejar, agasajar. ≠ Castigar, aburrir.

regalar [2] *tr.* Derretir*, licuar, liquidar*.

regaliz *m.* Regaliza, regalicia, orozuz, alcazuz, palo duz.

regalo *m.* Fineza, agasajo, obsequio, ofrenda, don, gracia, merced, donativo, donación, dádiva*. ▌Los tres primeros, envuelven idea de halago o cortesía. *Ofrenda* es término solemne, religioso, aplicable p. ext. a otros casos: *ofrenda* a la iglesia. *Don* es, modernamente, gracia o merced sobrenatural, o procedente de alta dignidad: un *don* de Su Majestad. *Donativo* sugiere filantropía, beneficencia, y puede acercarse al concepto de limosna: *donativos* para un hospital. *Donación* es voz legal, y se emplea también en sentido general como palabra escogida: *donación* de sangre. *Dádiva* es liberalidad; a veces se aproxima a la idea de propina, y aun de soborno: *dádivas* quebrantan peñas. **2** Comodidad, descanso, conveniencia, deleite.

regañar *tr.* Reprender, reconvenir, reñir, amonestar. ≠ Elogiar. **2** Pelearse, reñir, indisponerse, enemistarse, malquistarse. ≠ Pacificar.

regañina *f.* Reconvención, regaño, reprensión.

regaño *m.* Reconvención, reprensión, reprimenda, amonestación*.

regate *m.* Esguince, desguince, cuarteo. **2** fig. Efugio*, escape. **3** DEP. Dribbling (anglic.), regateo, finta.

regatón *m.* Cuento, contera, recatón, regatero.

regatonería *f.* Recatería, recatonería, recatonía (antic.), regatería.

regazo *m.* Falda, enfaldo. **2** fig. Amparo, consuelo, seno.

régimen *m.* Ordenación, regla, norma. **2** Gobierno, administración*. ▌«*Régimen* es la ordenación general de los poderes políticos de la nación; *gobierno* es la autoridad que ejerce la acción pública; *administración*, considerada la palabra como sinónima de las otras dos, es el conjunto que forman la autoridad que manda y las autoridades que ejecutan sus mandatos.» (M). **3** GRAM. Dependencia, rección. **4** Dieta.

regio, -gia *adj.* Real. **2** fig. Suntuoso, magnífico, grandioso, espléndido.

regir *tr.-prnl.* Dirigir, gobernar. ≠ Obedecer, someterse. ▌*Regir* es el más apto para sus acepciones abstractas: la gravitación universal *rige* los movimientos de los astros; las leyes que *regían* el Estado. Tiene generalmente cierta solemnidad: *regir* los destinos de la nación. *Dirigir* es el de aplicación concreta más general: *dirigir* una empresa industrial, una construcción, una escuela. *Gobernar* se usa especialmente tratándose del Estado o de corporaciones públicas, y también *gobernar* una casa o una hacienda rústica. **2** Guiar, conducir.

registrar *tr.* Mirar, examinar, reconocer, inspeccionar, escudriñar, cachear. ▌*Cachear* es registrar a una persona para ver si lleva armas. **2** Copiar, inscribir, anotar, asentar, sentar.

regla *f.* Pauta, guía, modelo, patrón. **2** Norma, precepto, razón, medida. **3** Ley, canon, estatuto, constitución. **4** Método*, procedimiento. **5** Moderación, templanza, medida, tasa. **6** Menstruación.

reglado, -da *adj.* Sobrio, parco, templado, moderado*. **2** Reglamentado, preceptuado, ordenado.

regocijado, -da *adj.* Alegre*, contento, gozoso, alborozado, jubiloso.

regocijar *tr.-prnl.* Alegrar*, contentar, festejar, divertir. ≠ Entristecer. ► **2** *prnl.* Recrearse, gozar, alborozarse, estar en la gloria. ≠ Aburrirse.

regocijo *m.* Alegría*, júbilo*, alborozo, gozo, contento*, contentamiento. **2** Festejo, fiesta*, celebración.

regodearse *prnl.* Complacerse, deleitarse.

regresar *intr.* Volver, retornar. ≠ Salir, marchar.

regreso *m.* Vuelta, retorno, retroceso*.

regüeldo *m.* vulg. Eructo. ▌*Eructo* es más usado que *regüeldo* a causa de la ínfima vulgaridad de este vocablo.

reguera *f.* Regadera, reguero, regadero, regata, regona. ▌*Regata*, si es pequeña; *regona*, si es grande.

regular [1] *adj.* Regulado, regularizado. ≠ Anormal. **2** Ajustado, medido, arreglado, metódico, exacto*. **3** Mediano*, mediocre, moderado. ≠ Inmoderado.

regular [2] *tr.* Medir, ajustar, reglar, regularizar, ordenar. ≠ Desarreglar, desordenar.

regularizar *tr.* Regular, reglar, medir, ajustar, ordenar, metodizar, normalizar.

rehabilitar *tr.* Restituir, restablecer, reivindicar.

rehacer *tr.* Repetir*, reproducir, reiterar (lit.), iterar (lit.), segundar (fam.), asegundar (fam.). **2** Reconstruir, reedificar. **3** Reponer, reparar*. ► **4** *prnl.* Reforzarse, fortalecerse, vigorizarse. **5** Serenarse, tranquilizarse.

rehén *m.* Secuestrado, retenido.

rehilete *m.* Reguilete, carapullo, repullo. **2** Banderilla (TAUROM.).

rehuir *tr.* Evitar*, apartar, esquivar*, eludir, soslayar, sortear. ≠ Desafiar, presentarse. **2** Rehusar, repugnar, excusar.

rehusar *tr.* Declinar*, renunciar, dimitir, rechazar, negarse, repudiar, esquivar*, evitar, rehuir. ≠ Aceptar, apreciar. ▌*Declinar* es la forma más cortés de *rehusar*; por esto se *declina* un ofrecimiento importante u honorífico, pero no sería propio *declinar* una oferta comercial. *Renunciar* significa dejar un derecho o cargo que se posee. *Dimitir*, *renunciar* a un cargo. *Rechazar, negarse* y *repudiar* suponen repulsa, despego.

reinar *intr.* fig. Dominar, imperar, regir, empuñar el cetro. **2** Predominar, prevalecer.

reintegrar *tr.-prnl.* Restituir, satisfacer, devolver*, integrar. ≠ Quitar. **2** Reconstituir, reponer.

reiterar *tr.* Repetir*, reproducir.

reiterativo, -va *adj.* GRAM. Frecuentativo.

reivindicar *tr.* DER. Recuperar, vindicar. **2** Reclamar, exigir. ≠ Entregar.

rejalgar *m.* Sandáraca.

rejo *m.* Punta, aguijón, pincho. **2** Raicilla, raicita, radícula (BOT.).

rejuela *f.* (raserito) Librete, maridillo, rejilla.

rejuvenecer *tr.-prnl.* Remozar. **2** Renovar, restaurar.

relación *f.* Relato, narración. **2** Lista, enumeración, catálogo. **3** Conexión, correspondencia, enlace, trabazón, coherencia*. ▮ «Las cosas tienen *relación* entre sí cuando hay una idea común a toda ellas; tienen *conexión* cuando hay semejanza en su forma, enlace en sus partes o analogía en su modo de obrar.» (M). **4** Amistad, trato, comunicación, correspondencia. **5** Amorío, noviazgo, lío, aventura, ligue, devaneo, enredo, rollo. (Esp. col.).

relacionar *tr.* Contar*, narrar, referir, relatar. **2** Enlazar, trabar, encadenar. ▸ **3** *prnl.* Tratarse, corresponderse, visitarse.

relajación *f.* Laxitud, flojedad, depravación, maldad. ≠ Fortaleza, aumento, bondad. **2** Hernia. **3** Relajamiento.

relajar *tr.-prnl.* Aflojar, ablandar, laxar, distender, debilitar. ≠ Fortalecer, aumentar. ▸ **2** *prnl.* Viciarse, corromperse, estragarse. ≠ Ennoblecerse.

relapso, -sa *adj.-s.* Reincidente. ▮ *Relapso* se aplica al que reincide en algún pecado del cual había hecho ya penitencia, o en alguna herejía de que había abjurado. Fuera de lo religioso se dice *reincidente*, y no *relapso*. El que comete otra vez un delito o falta es *reincidente*.

relatar *tr.* Contar*, referir, narrar.

relativo, -va *adj.* Referente, concerniente, tocante. ≠ Distinto, contrario.

relato *m.* Narración, relación, cuento.

relegación *f.* Confinamiento, destierro*. **2** Apartamiento, postergación.

relegar *tr.* Desterrar, confinar. **2** fig. Apartar, posponer, postergar.

releje *m.* Carrillada, carrilera, rodada, rodera.

relevante *adj.* Sobresaliente, excelente, superior, eximio.

relevar *tr.-prnl.* Exaltar, engrandecer, realzar. ≠ Desprestigiar. **2** Absolver, perdonar. ≠ Condenar, acusar, inculpar. **3** Destituir, exonerar, eximir. **4** Mudar, cambiar, reemplazar, sustituir, remudar.

relevo *m.* Sustitución, reemplazo. **2** Turno, tanda, remuda. ▮ Estos sinónimos se utilizan tratándose de un grupo de personas que releva a otro grupo en un trabajo. En términos militares, el grupo o fuerza que releva es el *relevo* (no *turno* ni *tanda*).

relicario *m.* Teca.

relieve *m.* Realce, bulto. **2** Mérito, renombre. → **relieves**

relieves *m. pl.* Sobras, restos. → **relieve**

religión *f.* Creencia, fe, ley.

religiosamente *adv. m.* fig. Puntualmente, exactamente, fielmente.

religioso, -sa *adj.-s.* Fraile*, monje*, monja. ▮ *Fraile* y *monja* son las denominaciones corrientes. *Religioso* y *religiosa* son términos que se sienten hoy como más escogidos y respetuosos. *Monje*, cuando no se refiere a los antiguos anacoretas, se aplica a los miembros de las más antiguas órdenes monacales, p. ej., los benedictinos.

reliquia *f.* Residuo, resto. ▮ P. ej.: *reliquias* del esplendor pasado. Tratándose de un santo se dice *reliquia* (no *residuo* ni *resto*). **2** fig. Vestigio, indicio, huella.

rellano *m.* Descansillo, meseta, descanso.

rellenar *tr.* Rehenchir. ≠ Vaciar. **2** Rebutir, embutir. ▮ *Rebutir* y *embutir* añaden la idea de apretar la masa de carne picada u otros ingredientes con que se rellena un manjar. **3** Atracar, atiborrar, saciar.

relleno, -na *adj.* Repleto, harto.

relucir *intr.* Brillar, resplandecer*, relumbrar, lucir, centellear*.

reluctante *adj.* Desobediente, reacio, rebelde, opuesto.

relumbrar *intr.* Resplandecer*, refulgir, fulgurar, rutilar, brillar, centellear*.

relumbrón *m.* Destello. **2** Oropel. ▸ **3 De relumbrón** *loc. adj.* Aparente, falso.

remache *m.* Roblón.
remanente *m.* Residuo, resto, sobrante.
rematar *tr.* Acabar, concluir, terminar*, finalizar, dar fin, dar cima, dar la puntilla. **2** Ultimar, dar la última mano.
remate *m.* Fin, cabo, término*, extremidad, punta. **2** Adjudicación (en las subastas).
remedar *tr.* Imitar*, contrahacer*, parodiar, copiar*.
remediar *tr.* Reparar, corregir, enmendar, subsanar. **2** Socorrer, auxiliar. ≠ Desamparar. **3** Evitar.
remedio *m.* Reparación, enmienda, corrección. **2** Medicamento, medicina. ▮ «*Remedio* es toda sustancia que se aplica al alivio o a la cura de una dolencia o enfermedad; *medicina* es el *remedio* preparado según las reglas del arte.» (M). **3** Recurso, auxilio, refugio.
remedo *m.* Imitación, parodia. ▮ El *remedo* es generalmente una imitación imperfecta. *Parodia* es la imitación cómica o burlesca.
remembranza *f.* Recuerdo*, rememoración. ≠ Olvido.
rememoración *f.* Recuerdo*, remembranza.
remero, -ra *s.* Remador, galeote. ▮ Este último, en las antiguas galeras. → **jugador**
remesa *f.* Envío, expedición.
remesar *tr.* Enviar*, expedir, mandar, remitir.
remiendo *m.* Compostura, reparación.
remilgado, -da *adj.* Melindroso, dengoso, repulido, escrupuloso.
reminiscencia *f.* Recuerdo*. ≠ Olvido.
remirado, -da *adj.* Cauto, circunspecto, escrupuloso, reflexivo, mirado. ▮ *Remirado* es intensivo de *mirado*.
remisión *f.* Envío, remesa. ≠ Retención. **2** Referencia. **3** Perdón, absolución. ≠ Condena.
remiso, -sa *adj.* Flojo, irresoluto, tímido. **2** Dejado, renuente, lento, reacio, remolón.
remitir *tr.* Enviar, mandar, expedir, remesar. ≠ Guardar, retener. **2** Referir, hacer referencia. **3** Perdonar*, exculpar, eximir, indultar. ≠ Condenar. **4** Diferir*, aplazar*, suspender. ▸ **5** *prnl.* Atenerse*, sujetarse, referirse.
remoción *f.* Removimiento.
remolacha *f.* Betarraga (p. us.), betarrata (p. us.), beterraga (Perú y Bol.).
remolcar *tr.* Llevar a remolque. **2** Arrastrar.
remolino *m.* Manga de viento, torbellino, vórtice, vorágine, tolvanera, huracán. ▮ Si el *remolino* es de viento, se utilizan los tres primeros; cuando es muy grande, *huracán*. El de las aguas, cuando es muy impetuoso, *vorágine*. El de polvo, *tolvanera*. **2** fig. Disturbio, inquietud, alteración.
remolón, -ona *adj.* Flojo, perezoso, holgazán, tumbón, indolente, remiso. ≠ Trabajador. ▸ **2 Hacerse el remolón** *loc.* Dormirse, pegársele las sábanas.
remontar *tr.-prnl.* fig. Elevar, encumbrar, enaltecer, exaltar. ≠ Rebajar. ▸ **2** *prnl.* Subir, volar, elevarse, ascender. ≠ Bajar.
rémora *f.* Gaicano, pega, pez, reverso, tardanaos. **2** fig. Estorbo, embarazo, obstáculo*, dificultad. ≠ Actividad, prisa, facilidad, ayuda.
remostar *tr.-prnl.* Mostear, remostecer.
remoto, -ta *adj.* Lejano*, distante*, apartado, alejado, antiguo*. ≠ Próximo, nuevo, cercano. ▮ Los cuatro primeros, tratando de una distancia espacial; el último, tratándose del tiempo.
remover *tr.-prnl.* Trasladar, mudar. **2** Conmover, alterar, agitar, revolver, mover*. ≠ Aquietar. **3** Quitar, apartar. ≠ Poner. ▮ «Se *remueve* una cosa en el simple hecho de ponerla en un sitio distinto del que antes ocupaba; se *aparta*, poniéndola fuera de cierta dirección. No decimos *remuévete*, sino *apártate*, al que nos estorba el paso.» (M). **4** Destituir, deponer, amover.
remozar *tr.-prnl.* Rejuvenecer. ≠ Envejecer.
remudar *tr.* Reemplazar, relevar, sustituir, recambiar. ▮ Este último, tratándose de piezas de una máquina.
remuneración *f.* Sueldo, retribución, gratificación, recompensa, premio*.
remunerar *tr.* Pagar, retribuir, gratificar, recompensar. ≠ Deber, quitar, privar.
renacuajo *m.* Girino.
renal *adj.* Nefrítico.
rencor *m.* Enemistad*, resentimiento, aborrecimiento, odio*. ≠ Amor, perdón.
rencoroso, -sa *adj.* Vengativo, resentido.
rendibú *m.* Acatamiento, agasajo, rendimiento, obsequiosidad.

rendición *f.* Capitulación, entrega. ≠ Resistencia, rebeldía.

rendido, -da *adj.* Sumiso, obsequioso, galante. **2** Cansado, fatigado.

rendimiento *m.* Cansancio, fatiga, debilidad, agotamiento. **2** Sumisión, humildad, acatamiento. **3** Consideración, respeto*, miramiento, atención, deferencia. **4** Producto, productividad, utilidad, ganancia*, beneficio, rédito, renta.

rendir *tr.-prnl.* Vencer, someter*, sujetar, dominar. ≠ Resistirse, rebelarse. **2** Cansar, fatigar. **3** Producir, rentar, redituar. ► **4** *prnl.* Someterse, entregarse, capitular*, pasar por las horcas caudinas. ≠ Resistirse, rebelarse.

renegado, -da *adj.-s.* Apóstata.

renegar *tr.* Detestar, abominar. ≠ Amar, bendecir. ► **2** *intr.* Abjurar*, apostatar. ≠ Afirmar. **3** Blasfemar, jurar.

renegón, -ona *adj.-s.* Blasfemador, malhablado.

renglón *m.* Línea.

renglonadura *f.* Rayado.

reniego *m.* Derreniego (rúst.), voto*, juramento, taco.

reno *m.* Rangífero, rengífero, tarando.

renombrado, -da *adj.* Célebre, famoso, afamado, reputado, conocido, acreditado.

renombre *m.* Fama, celebridad, nombradía, reputación, gloria, crédito, honor*.

renovar *tr.-prnl.* Rehacer. **2** Restablecer, reanudar. **3** Remudar, mudar, reemplazar, sustituir, trocar, cambiar. ≠ Permanecer, persistir. **4** Reiterar, repetir.

renta *f.* Rendimiento, utilidad, beneficio, rédito, interés. ▮ La *renta* que produce un capital prestado se llama *rédito* o *interés*. **2** Arrendamiento, alquiler*, rento. ▮ El último se usa solo tratándose de fincas rústicas.

rentable *adj.* Beneficioso*, remunerador, productivo. ▮ *Rentable* se dice del capital mobiliario o inmobiliario que produce una renta considerada como suficiente o satisfactoria.

rentar *tr.* Producir, redituar.

renuente *adj.* Indócil, remiso, reacio.

renuevo *m.* Tallo, vástago*, retoño, vestugo. ▮ El *renuevo* del olivo se denomina *vestugo*.

renuncia *f.* Dimisión, abdicación*, dejación, desistimiento, abandono. ≠ Aceptación, asistencia.

renunciar *tr.* Desistir, dimitir, rehusar*, soltar la carga, abdicar*. ≠ Aceptar. **2** Despreciar, abandonar*. ≠ Asistir.

renuncio *m.* fig. Mentira, contradicción.

reñidero *m.* Gallera. ▮ El destinado a las riñas de gallos.

reñidor, -ra *adj.* Pendenciero, quimerista. **2** Regañón.

reñir *intr.* Contender, pelear, luchar. ≠ Pacificar, amistar, unir. **2** Desavenirse, enemistarse, indisponerse. ≠ Amistar. **3** Reprender, reconvenir, regañar.

reoctava *f.* ant. Octavilla.

reparación *f.* Compostura*, arreglo, remiendo, reparo. **2** Desagravio, satisfacción. **3** Indemnización, compensación.

reparador, -ra *adj.-s.* Reparón, chinche.

reparar *tr.* Arreglar*, componer, remendar, adobar, restaurar, recomponer, rehacer, enmendar*. ≠ Descomponer, romper. ▮ *Remendar* una prenda u objeto viejo o roto: calzado, vestido. *Adobar* es ant. *Restaurar* se aplica principalmente a obras artísticas antiguas para volverlas a su estado de esplendor primitivo: un cuadro, una iglesia, un salón. *Recomponer* y *rehacer* lo descompuesto o desarmado: suponen una reparación total o muy grande: una máquina, un puente. *Enmendar* tiene pocas aplicaciones a lo material (p. ej.: poner *enmiendas* a las tierras); en cambio es el de más uso en el orden intelectual y moral: un error, agravio, daño, comportamiento, defecto. **2** Corregir, enmendar, subsanar, remediar. **3** Desagraviar, satisfacer. **4** Resarcir, indemnizar, compensar. **5** Alentar, vigorizar. **6** Mirar, notar, advertir, percatarse. **7** Observarse, atender, considerar, reflexionar, pensar. ≠ Desatender.

reparo *m.* Compostura, reparación, arreglo, restauración. **2** Defensa, resguardo. **3** Advertencia, nota, observación. **4** Dificultad, objeción*, inconveniente.

reparón, -ona *adj.* Reparador, criticón, motejador, chinche.

repartición *f.* Repartimiento, reparto, partición, distribución, división.

repartir *tr.* Partir, dividir, distribuir, compartir, impartir. ≠ Sumar, aumentar. ▮ El mismo sentido puede corresponder a *compartir*, pero en este verbo predomina el significado de poseer en común. *Impartir* es hacer partícipe a otro de lo que uno posee, comunicárselo: *impartir* la gloria, el bienestar. Solo puede uno *impartir* lo que es suyo propio, pero puede uno *compartir* lo que originariamente era propio o ajeno.

reparto *m.* Partición, repartición, distribución, división, repartimiento.

repasata *f.* fam. Reconvención, reprensión, corrección.

repecho *m.* Cuesta, pendiente, subida.

repelente *adj.* Repulsivo, repugnante.

repeler *tr.-prnl.* Arrojar, lanzar, rechazar. ≠ Atraer. **2** Contradecir, repudiar.

repente *m.* Improvisación. ≠ Previsión. **2** Arrebato, impulso. ≠ Reflexión. ► **3 De repente** *loc. adv.* De improviso, súbitamente, de sopetón, inesperadamente, de imprevisto, repentinamente, insospechadamente, de golpe y porrazo.

repentino, -na *adj.* Pronto, impensado, imprevisto, inesperado, inopinado, súbito.

repercusión *f.* Resonancia, eco, tornavoz. **2** fig. Consecuencia, efecto, resultado.

repercutir *intr.* Resonar. **2** fig. Afectar, causar efecto.

repetición *f.* RET. Epanáfora.

repetir *tr.* Reproducir, rehacer, iterar, reiterar, segundar, asegundar, reincidir, bisar, binar. ▮ En estilo elevado o literario, *iterar, reiterar*. En el habla usual, *segundar* o *asegundar*. Otros sinónimos dependen del complemento directo; p. ej.: la culpa o delito, *reincidir*; un trozo musical o escénico, *bisar*; una labor de arado, *binar*, etc.

repleto, -ta *adj.* Lleno*, relleno, colmado, harto, ahíto. ▮ Los dos últimos tratándose de comida.

réplica *f.* Objeción*, replicato, contestación, respuesta, contradicción.

replicar *tr.* Argüir, objetar, argumentar, contradecir, contestar*. ≠ Preguntar. **2** DER. Impugnar.

replicato *m.* Objeción*, réplica.

replicón, -ona *adj.-s.* fam. Replicador, respondón. ▮ *Respondón* añade el matiz de acritud o falta de respeto.

replantar *tr.* Trasplantar, repoblar, reforestar.

repolludo, -da *adj.* (planta) Arrepollado, repollado.

reponer *tr.-prnl.* Restablecer, reinstaurar, restaurar. ≠ Quitar. **2** Reemplazar. **3** Replicar, contestar. ► **4** *prnl.* Aliviarse*, mejorarse, recobrarse. ≠ Debilitarse, empeorar. **5** Serenarse, tranquilizarse. ≠ Desanimar(se).

reportarse *prnl.* Refrenarse, moderarse, contenerse, reprimirse.

reposado, -da *adj.* Sosegado, quieto*, tranquilo, manso, pacífico. **2** Descansado.

reposar *intr.* Descansar. ≠ Cansarse, agotarse, extenuarse. **2** Dormir*. **3** Sosegarse, aquietarse. ≠ Moverse. **4** Yacer*, estar enterrado.

reposo *m.* Descanso*. ▮ «El *reposo*, en su sentido físico, significa intermisión del trabajo o fatiga, y en este sentido es sinónimo de *descanso*, pero con esta diferencia, que el *descanso* supone mayor lasitud, mayor necesidad de reparar las fuerzas perdidas, y una fatiga más inmediata.» (LH). **2** Sosiego, quietud*, tranquilidad, serenidad, paz, calma. ▮ «La idea de *reposo* excluye absolutamente toda acción; la voz *sosiego* no la excluye, antes bien supone muchas veces la moderación y tranquilidad del ánimo durante la acción. Después de haberle dejado hablar cuanto quiso, le respondió a todo con mucho *sosiego* y dulzura, sin alterar de modo alguno el *reposo* y la tranquilidad de su espíritu.» (LH).

reprender *tr.* Corregir, amonestar, reconvenir, censurar, vituperar, reñir, regañar, poner como un guante, cantárselas, increpar, recriminar, notar*. ≠ Halagar, encomiar. ▮ *Increpar* y *recriminar* son intensivos y significan *reprender* severamente.

reprensible *adj.* Censurable, reprobable, criticable, vituperable.

reprensión *f.* Reconvención, amonestación*, corrección, censura, reprimenda. ≠ Halago, encomio.

represa *f.* Presa, estancación, estancamiento.

representación *f.* Figura, imagen, efigie*. ≠ Realidad, verdad. **2** Autoridad, dignidad, importancia (de una persona). **3** Símbolo, encarnación, muestra.

reprimenda *f.* Reconvención, reprensión, amonestación, regaño.

reprimir *tr.-prnl.* Comprimir. **2** Contener, refrenar, sujetar, dominar, moderar, templar, reportarse, frenar*, coercer*. ≠ Dejar, lanzar, destemplar.
reprobable *adj.* Censurable, criticable, reprensible, vituperable.
reprobar *tr.* Desaprobar, censurar, vituperar, condenar, rechazar. ≠ Aprobar, salvar, elogiar.
réprobo, -ba *adj.-s.* Precito, prescito, condenado.
reprochar *tr.* Reconvenir, echar en cara.
reproche *m.* Reconvención.
reproducir *tr.-prnl.* Propagar, multiplicar. **2** Imitar, copiar, representar. ≠ Crear, inventar. **3** Repetir, reiterar. ≠ Crear, inventar.
reptar *intr.* Arrastrarse. **2** fig. Adular*.
repudiar *tr.* Desechar, repeler, rechazar. ≠ Tomar, aceptar. **2** Renunciar, rehusar*. ≠ Aceptar, tomar, acoger.
repuesto *m.* Prevención, provisión, respeto (antic.), recambio. ▌P. ej.: una carroza de *respeto*. Tratándose de partes o piezas de una máquina, *recambio*.
repugnancia *f.* Oposición, contradicción, incompatibilidad. **2** Antipatía, aversión*, repulsión, asco. **3** Resistencia, renitencia, renuencia, repelo.
repugnar *tr.* Contradecir, negar. ≠ Aceptar. **2** Rehusar, repeler, rechazar. ≠ Atraer, simpatizar. **3** Disgustar*, desagradar, desazonar, incomodar, contrariar, enfadar. ► **4** *intr.* Asquear, revolver, hacer cuesta arriba.
repulgos *m. pl.* Melindres, miramientos, escrúpulos, remilgos. → **repulgo**
repulsa *f.* Propulsa, repulsión. **2** Reprimenda, reconvención.
repulsar *tr.* Desechar, despreciar, repeler, rehusar. **2** Denegar, negar.
reputación *f.* Fama, nombre, nombradía, notoriedad, celebridad, gloria, renombre, honor*. ≠ Indignidad, desprestigio, deshonor.
reputar *tr.* Estimar, juzgar, conceptuar, considerar. **2** Apreciar.
requebrar *tr.* Piropear, echar, decir flores, florear, galantear, lisonjear.
requemarse *prnl.* fig. Sentirse, resentirse, escocerse.
requerimiento *m.* Intimación.
requerir *tr.* Intimar. **2** Solicitar, pedir*, pretender, exigir*. **3** Necesitar, ser necesario.
requesón *m.* Naterón, názula (dial.), cuajada.
requiebro *m.* Piropo, flor, lisonja, terneza, ternura, galantería*.
requisar *tr.* Comisar, decomisar, incautarse, confiscar.
resabio *m.* Dejo, deje. ≠ Gusto, sazón. ▌*Dejo* y *deje* pueden ser agradables, en tanto que el *resabio* es el sabor desagradable que deja una cosa. **2** Vicio, inclinación, mala costumbre. ≠ Virtud.
resaltar *intr.* Sobresalir. **2** fig. Distinguirse, descollar*, despuntar, sobresalir.
resalte *m.* Resalto, saliente.
resarcir *tr.-prnl.* Indemnizar, compensar, reparar, subsanar, enmendar*. ≠ Perder, quitar, agraviar. ► **2** *prnl.* Desquitarse.
resbaladizo, -za *adj.* Escurridizo, resbaloso.
resbalar *intr.* Escurrirse, deslizarse, irse los pies.
resbalón *m.* Traspié. **2** fig. Desliz, error.
rescatar *tr.* Librar, liberar, libertar, redimir. ≠ Encarcelar, someter. **2** Recobrar, recuperar, rescatar. ≠ Perder.
rescate *m.* Ranzón.
rescindir *tr.* Abolir*, anular, dejar sin efecto. ≠ Confirmar, convalidar, hacer.
resentimiento *m.* Queja, escozor, resquemor, rencor. ▌Estos cuatro sinónimos forman una serie intensiva.
resentirse *prnl.* Sentirse, escocerse, picarse*, agraviarse, ofenderse. ≠ Fortalecerse, contentarse.
reseña *f.* Recensión, juicio crítico. **2** Narración.
reserva *f.* Guarda, provisión, repuesto. ≠ Imprevisión. **2** Circunspección, tiento, cautela*, cuidado, prudencia, precaución*, prevención, escama. ≠ Locuacidad. ▌«La *reserva* consiste en ocultar lo que se sabe y lo que se siente; la *circunspección*, en pensar lo que ha de decirse.» (M). **3** Sigilo, secreto*. ≠ Sinceridad. **4** Recato, discreción. ≠ Indiscreción. **5** Restricción, condición.
reservado, -da *adj.* Circunspecto, discreto, cauteloso, comedido, callado*, silencioso*. **2** Secreto.
reservar *tr.* Guardar, conservar, retener, ahorrar*. ≠ Gastar, derrochar. **2** Exceptuar, dispensar. ≠ Cumplir. **3** Encubrir, ocultar, callar.

resfriado *m.* Catarro, constipado, enfriamiento, resfriamiento.

resfriarse *prnl.* Acatarrarse, constiparse.

resguardar *tr.-prnl.* Proteger*, amparar, defender*, preservar, abrigar. ≠ Desamparar, entregar.

resguardo *m.* Amparo, defensa, protección, abrigo, arrimo, reparo, seguridad. **2** Guardia, custodia.

residencia *f.* Habitación*, domicilio, morada, vivienda, casa*.

residir *intr.* Habitar*, vivir, morar (lit.). ≠ Ausentarse, viajar, vagar.

residuo *m.* Resto, remanente, restante, sobrante, sobras. **2** Diferencia, resto, resta. **3** MED. Sedimento, hipostasis.

resignación *f.* Conformidad, sufrimiento, paciencia. ≠ Rebeldía, soberbia, deseo, resistencia.

resignar *tr.* Entregar, abdicar*, renunciar. ▌P. ej.: *resignar* el mando, la autoridad. ► **2** *prnl.* Conformarse, avenirse, prestarse, allanarse, condescender, sufrir, tolerar. ≠ Resistirse, insistir.

resinar *tr.* Sangrar.

resinífero, -ra *adj.* Resinoso.

resistencia *f.* Oposición, obstrucción, renuencia. ≠ Pasividad. **2** Fortaleza, firmeza, solidez, aguante, fuerza*. ≠ Debilidad. **3** Defensa. ≠ Pasividad.

resistir *intr.-prnl.* Oponerse, rechazar, repeler. ≠ Someterse. **2** Defenderse, bregar, forcejear. **3** Soportar, sostener, aguantar. ≠ Soportar.

resolución *f.* Ánimo, valor, arrestos, arrojo, osadía, audacia, atrevimiento, denuedo. ≠ Cobardía. **2** Determinación, decisión, fallo*, sentencia. ≠ Indecisión. **3** Actividad, prontitud, viveza. ≠ Pasividad. **4** Providencia.

resolver *tr.* Determinar, decidir. **2** Solucionar, solventar, zanjar, acertar*. ▌*Solventar* se aplica generalmente tratándose de un asunto difícil o embrollado; *zanjar*, cortarlo o resolverlo expeditivamente.

resonancia *f.* Repercusión, tornavoz, eco. ≠ Silencio. ▌Estos tres vocablos significan *resonancia* que se produce por reflexión del sonido. **2** Hipertono, armónico. **3** fig. Divulgación, notoriedad. ≠ Olvido, silencio.

resonar *intr.* Repercutir, retumbar, rimbombar, retiñir. ▌*Retumbar* y *rimbombar* son intensivos y se aplican generalmente tratándose de ruido o estruendo; *retiñir* es durar en el oído la sensación que produce un sonido agudo.

resorte *m.* Muelle.

respaldar *tr.* Proteger*, guardar.

respaldo *m.* Espaldar, respaldar. **2** Espaldera. **3** Vuelta, envés.

respecto *m.* Razón, relación, proporción. ► **2 Al respecto** *loc. adv.* A proporción, a correspondencia, respectivamente. ► **3 Respecto a** *loc. prep.* Tocante a, acerca de, sobre I, referente a, con respecto a.

respetable *adj.* Honorable, venerable, caracterizado. **2** Considerable, importante.

respetar *tr.* Venerar, reverenciar, acatar, rendir honores, presentar armas, besar la tierra que otro pisa. ≠ Desacatar, rebelarse, insultar. ▌*Venerar* y *reverenciar* denotan *respetar* en sumo grado.

respeto *m.* Reverencia, veneración, consideración, miramiento, atención, deferencia, rendimiento, acatamiento, sumisión. ▌*Consideración, miramiento, atención, deferencia* y *rendimiento* son formas exteriores con que se manifiesta el sentimiento de *respeto*. El *acatamiento* y la *sumisión* pueden producirse por la sola estimación de la fuerza o poder de lo que respetamos. ▌«El que *respeta* las prácticas religiosas, entra con reverencia en el templo, y mira con veneración las santas imágenes. En la reverencia hay más exterioridad que en la *veneración* y en el *respeto*.» (M).

respiración *f.* Resuello, jadeo, acezo. ▌*Resuello*, especialmente si es violento o ruidoso. *Jadeo, acezo*, cuando es anheloso a causa del cansancio.

respirar *intr.* Resollar. **2** Animarse, cobrar aliento, alentarse. **3** Descansar.

respiro *m.* Descanso. **2** Alivio, sosiego, calma.

resplandecer *intr.* Lucir, relucir, brillar, cabrillear*, rielar (lit.), esplender (lit.), relumbrar, refulgir, fulgurar, rutilar (lit.), reverberar (intens.), espejear, centellear*. ≠ Apagarse. ▌*Rielar* es *resplandecer* con luz trémula. Todos pueden referirse a la luz propia o reflejada; salvo *reverberar* y *espejear*, que solo pueden referirse a luz reflejada. **2** fig. Sobresalir, aventajarse, descollar.

resplandor *m.* Lustre*, brillo, refulgencia, fulgor, esplendor.

responder *tr.* Contestar. ≠ Preguntar. ▮ «*Contestar* es corresponder a lo que se dice o se escribe, haciendo ver que se ha oído o se ha leído, se ha escuchado, se ha entendido. *Responder* es satisfacer a las preguntas que se hacen. No sólo no me ha *respondido* a las preguntas que le hice, pero ni aun me ha *contestado*.» (LH). **2** Replicar. ≠ Preguntar. **3** Garantizar, salir fiador, echar al hombro.

respuesta *f.* Réplica, contestación, objeción*, observación, reparo, replicato, obyecto (latinismo). ≠ Pregunta. ▮ Se *replica* a quien nos ha contestado, oponiéndole nuevas razones o combatiendo las del contrario. La *réplica* tiene siempre carácter polémico; la *respuesta* puede estar de acuerdo con los motivos, deseos o razones del que pregunta. **2** Reacción.

resquebrajar *tr.-prnl.* Hender, agrietar, abrir.

resquemo *m.* Requemamiento, requemazón. **2** Chamusquina, socarrina.

resquemor *m.* Escozor, escocimiento. **2** Resentimiento, rencor.

resquicio *m.* Hendidura, grieta. **2** fig. Coyuntura, ocasión, oportunidad.

resta *f.* MAT. Substracción. **2** Resto, residuo, diferencia.

restablecer *tr.* Reponer, restaurar, reparar. ≠ Destruir, decaer. ► **2** *prnl.* Curarse, mejorar, recobrarse. ≠ Enfermar, inhabilitarse.

restallar *intr.* Rastrallar, restañar, chasquear, chascar. **2** Crujir.

restante *m.* Residuo, remanente, resto, sobrante.

restar *tr.* MAT. Sustraer. **2** Disminuir, cercenar, quitar*, mermar, rebajar. **3** DEP. Devolver, recibir (el servicio). ▮ En algunos juegos de pelota, especialmente en el tenis. ► **4** *intr.* Faltar, quedar.

restaurar *tr.* Recuperar, recobrar. **2** Reparar*, componer, reponer, renovar. **3** Restablecer, reinstaurar.

restinga *f.* Restringa, arricete.

restituir *tr.-prnl.* Devolver, reponer, reintegrar, retornar (lit.). ≠ Quitar, extraer. **2** Restablecer.

resto *m.* Residuo, diferencia, resta, sobrante, remanente. **2** Rastro, vestigio, reliquia*.

restregar *tr.* Estregar, refregar, frotar*.

restricción *f.* Limitación, reducción. ≠ Libertad, ilimitación, abuso.

restringir *tr.-prnl.* Acortar, reducir, limitar*, ceñir, circunscribir, cercenar, coartar, coercer*. ≠ Derrochar, abusar, ampliar. **2** MED. Astringir, restriñir, restañar, astriñir, astreñir, estipticar. ≠ Ampliar.

resucitar *intr.* Revivir, resurgir, volver a la vida, dar nueva vida. ► **2** *tr.* fig. Restablecer, restaurar, reponer.

resudar *intr.* Sudar*, trasudar. **2** Rezumar.

resuelto, -ta *adj.* Decidido, determinado. ≠ Apocado. **2** Audaz, osado, arrojado, denodado, atrevido. ≠ Prudente, temeroso. **3** Pronto, diligente, expedito, activo*.

resulta *f.* Consecuencia*, secuela, efecto.

resultado *m.* Efecto, consecuencia, éxito. ≠ Causa, origen. ▮ Este último, cuando es favorable. **2** DEP. Tanteo.

resultar *intr.* Nacer, originarse, seguirse, deducirse, inferirse, dimanar, venir a parar, traer cola.

resumen *m.* Compendio*, recapitulación, recopilación, extracto, sumario. **2** Epítome, compendio.

resumir *tr.* Extractar, abreviar, recapitular, compendiar. ≠ Ampliar. ▮ *Recapitular* es *resumir* lo que se ha manifestado antes; en tanto que se puede *resumir* y *compendiar* una doctrina, ciencia, etc., que uno no ha expuesto antes con mayor extensión. *Resumir* puede sustituir siempre a *recapitular*, pero no viceversa.

resurgir *intr.* Reaparecer, rebrotar. **2** Resucitar, revivir.

resurtida *f.* Retroceso, rechazo, rebote.

resurtir *intr.* Retroceder*, rebotar.

retaguarda, retaguardia *f.* Rezaga, zaga.

retahíla *f.* irón. o desp. Serie, sarta. ▮ P. ej.: citó una *retahíla* de autores. *Retahíla* no se aplica a cosas materiales. Un collar está formado por una *serie* o *sarta* de piedras, pero no por una *retahíla*.

retal *m.* Maula, retazo.

retama *f.* Genista, ginesta, hiniesta. **2 Retama de olor** Gayomba, pierono, retama macho.

retar *tr.* Desafiar, provocar.

retardar *tr.-prnl.* Atrasar, retrasar*, diferir, detener, entorpecer, demorar, aplazar, posponer. ≠ Adelantar, cumplir.

retardo *m.* Retraso, entorpecimiento, demora, dilación, aplazamiento*.

retejar *tr.* Trastejar.

retención *f.* Retenimiento.

retener *tr.* Conservar, guardar, reservar. ≠ Soltar. **2** Recordar, memorizar.

retentiva *f.* Memoria.

reticencia *f.* Retintín. **2** RET. Precesión.

rético *m.* Retorromano, ladino, rumanche.

retirado, -da *adj.* Apartado, alejado, distante, desviado, lejano, separado. **2** Jubilado.

retirar *tr.* Apartar, separar, alejar, quitar. ≠ Acercar, dar, proporcionar. ▸ **2** *prnl.* Recogerse, retraerse. **3** Jubilarse. **4** Retroceder, echarse atrás. ≠ Avanzar.

retiro *m.* Jubilación. **2** Retraimiento, apartamiento, recogimiento, aislamiento, encierro, soledad.

reto *m.* Desafío, provocación. **2** Amenaza.

retoñar *intr.* Rebrotar, serpollar. ≠ Secarse. **2** fig. Reproducirse, revivir.

retoño *m.* Hijuelo, rebrote, serpollo, renuevo, vástago*.

retorcer *tr.-prnl.* Torcer, retortijar. ≠ Estirar, enderezar. ▌*Retortijar* es intensivo.

retorcimiento *m.* Contorsión, torcijón, retorsión.

retórica *f.* Oratoria. ▌Aunque originariamente *retórica* equivale a *oratoria*, se llama gralte. *retórica* a la enseñanza del arte oratorio. **2** Rebuscamiento, artificio. → **retóricas**

retóricas *f. pl.* Sofisterías, circunloquios. → **retórica**

retornar *intr.* lit. Regresar, volver*. ≠ Marchar, ausentarse. ▸ **2** *tr.* Devolver*, restituir.

retornelo *m.* MUS. Vuelta.

retorno *m.* Retroceso*, vuelta, regreso. **2** Devolución, restitución. **3** Cambio, trueque.

retorsión *f.* Retorcimiento.

retorta *f.* (vasija) Cucúrbita (antic.).

retozar *intr.* Brincar, juguetear, jugar, travesear, triscar.

retractarse *prnl.* Desdecirse, revocar, abjurar*, apostatar*. ≠ Ratificar, validar.

retraerse *prnl.* Acogerse, guarecerse, refugiarse. **2** Retirarse, retroceder. **3** Apartarse, alejarse, recogerse.

retraído, -da *adj.* Solitario, aislado. **2** Corto, tímido, huidizo, reservado.

retraimiento *m.* Retiro, apartamiento, alejamiento. **2** Refugio. **3** Cortedad, timidez, reserva.

retransmisión *f.* Emisión, transmisión.

retrasar *tr.-prnl.* Diferir*, retardar, dilatar, detener, atrasar, demorar, rezagarse, aplazar*, posponer. ≠ Adelantar, cumplir.

retraso *m.* Atraso, retardo, demora*, dilación, aplazamiento*.

retrechería *f.* fam. Excusa*, pretexto, rebozo, socapa, socolor, efugio.

retreparse *prnl.* Treparse, recostarse.

retrete *m.* Evacuatorio, excusado, común. ▌Estos sinónimos son como otras muchas voces originariamente eufemísticas, que al generalizarse pierden su carácter atenuativo, y son reemplazadas por otras más suaves en cada época, territorio, medio social, etc.

retribución *f.* Recompensa, remuneración, pago, paga, gratificación, premio, sueldo*.

retroceder *intr.* Recular, recejar, volver atrás, rebotar, resurtir, retrechar, retrogradar. ≠ Avanzar. ▌Cuando el retroceso está producido por el choque con otro cuerpo, *rebotar, resurtir*. Tratándose de una caballería, *retrechar*. *Retrogradar* es voz abstracta que solo se aplica en sentido fig., p. ej.: la civilización puede *retrogadar* hasta la barbarie.

retroceso *m.* Reculada, rechazo, rebote, resurtida. ▌Los tres últimos, si el *retroceso* se produce por choque con algún otro cuerpo. **2** Culatada, culatazo. ▌Tratándose del golpe que da un arma de fuego al dispararla. **3** Regresión, regreso, vuelta, venida, retorno. ▌*Regresión* es voz culta que indica el movimiento hacia atrás, contrario a progresión. Los cuatro últimos sinónimos se oponen a ida, e implican movimiento hacia atrás, o hasta el punto de partida.

retruécano *m.* RET. Conmutación.

retumbante *adj.* fig. Ostentoso, pomposo, campanudo, rimbombante.

retumbar *intr.* Resonar*, retronar. ≠ Acallar.

reunir *tr.-prnl.* Juntar*, agrupar, allegar, acopiar, recoger, compilar, congregar, amontonar*, almacenar*, centralizar*. ≠ Separar. ▮ Si se trata de escritos, *compilar*; si de personas, *congregar*.

reutilizar *tr.* Aprovechar, reciclar.

revalidar *tr.* Confirmar*, convalidar, ratificar. ► **2** *prnl.* Graduarse.

revancha *f.* Desquite.

revelar *tr.* Descubrir, manifestar, patentizar, cantar claro, irse de la lengua. ≠ Ocultar, callar.

revenirse *prnl.* Acedarse, avinagrarse, agriarse*.

reventar *intr.* Abrirse. **2** Estallar, explotar. ► **3** *tr.* fig. Molestar, cansar, fastidiar. **4** Fatigar. ▮ En este sentido, *reventar* expresa gran intensidad de la fatiga.

reventón *m.* Estallido, explosión, pinchazo (de una rueda). **2** Cansancio*, fatiga. **3** Apuro, aprieto, apretón, ahogo.

rever *tr.* Revisar.

reverberar *intr.* Resplandecer, reflejar, espejear.

reverdecer *intr.-tr.* Verdecer, verdear. **2** fig. Renovarse, rejuvenecerse, vigorizarse.

reverencia *f.* Respeto, veneración, acatamiento, culto*.

reverenciar *tr.* Acatar, respetar, venerar, estrechar la mano, doblar la rodilla. ≠ Ofender.

reverso *m.* Revés*, dorso, envés. ≠ Inverso. **2** Cruz. ≠ Cara. ▮ En las monedas y medallas.

revés *m.* Contrahaz, reverso, verso, vuelto, envés, dorso. ▮ En las ropas, *contrahaz*; en monedas y medallas, *reverso*; en folios de libros, *verso* o *vuelto*. En general, *envés*, *dorso*. **2** Golpe. **3** fig. Infortunio, desgracia, contratiempo, desastre.

revesado, -da *adj.* Intrincado, enrevesado, difícil, embrollado. **2** fig. Travieso, revoltoso, enredador, indomable.

revestir *tr.* Cubrir, recubrir, tapizar, alfombrar (el suelo).

revista *f.* Inspección, examen. **2** Magacín, gaceta, semanario. **3** MIL. Alarde, muestra. ▮ Ambos se usaban antiguamente en la milicia.

revivir *intr.* Resucitar, renovar, resurgir, rebrotar.

revocar *tr.* Abolir*, anular*, derogar, dejar sin efecto. ≠ Validar, cumplir. **2** Guarnecer, enlucir, enfoscar.

revolcadero *m.* Envolvimiento, revolvedero.

revolotear *intr.* Revolar, volitar (lit.).

revoltijo *m.* fig. Revoltillo, confusión, enredo, mescolanza, embrollo.

revoltoso, -sa *adj.* Travieso, enredador, revesado, revuelto. **2** Alborotador, sedicioso, turbulento, rebelde, amotinado, revolucionario.

revolución *f.* Giro, vuelta. **2** Alboroto, sedición, motín, asonada, revuelta, insurrección, sublevación. ≠ Paz, disciplina, orden.

revolver *tr.* Menear, agitar, mezclar. **2** Desordenar, alterar, desorganizar. **3** Inquietar, soliviantar, encizañar, enemistar. **4** Dar vuelta, girar. ► **5** *prnl.* Moverse.

revoque *m.* Revoco, guarnecido, revocadura, enfoscado.

revuelco *m.* Revolcón (intens.).

revuelta *f.* Alboroto*, tumulto, asonada, motín, sedición, insurrección.

revulsivo, -va *adj.-s.* Rebefaciente, epispástico, revulsorio.

rey *m.* Monarca, soberano. ► **2 Del tiempo del rey que rabió** *loc. adv.* Antiguo, viejo, vetusto, añoso, arcaico, remoto, más viejo que el andar a pie (fam.), del año de la pera (fam.), del tiempo de Maricastaña (fam.), del tiempo de Noé, del tiempo de los godos (fam.), desde que el mundo es mundo (fam.).

reyerta *f.* Contienda, disputa, altercado, pendencia, riña, lucha*.

reyezuelo *m.* Régulo (pájaro).

rezagar *tr.-prnl.* Atrasar*, suspender, entorpecer, detener, retardar. ≠ Adelantar. ► **2** *prnl.* Retrasarse, quedarse atrás. ≠ Adelantarse.

rezar *tr.* Orar.

rezo *m.* Oración, plegaria. ▮ La *oración* y la *plegaria* pueden ser vocales o mentales; el *rezo* es vocal.

rezongar *intr.* Refunfuñar, gruñir.

rezumar *intr.-prnl.* Resudar, sudar, exudar, trazumar.

riada *f.* Avenida, inundación, llena, crecida*, desbordamiento.

ribera *f.* Margen, orilla*.

ricial *adj.* Rizal.

ricino *m.* Cherva, querva, higuera del infierno, higuera infernal, higuereta, higuerilla, palmacristi, rezno.

rico, -ca *adj.-s.* Acomodado, adinerado, acaudalado*, pudiente, potentado, opulento. ▮ Todos ellos forman una serie intensiva. Los cinco primeros se refieren a personas; *rico* y *opulento*, a personas, colectividades, países, etc.: una ciudad rica, *opulenta*. **2** Abundante, opulento, pingüe, copioso, exuberante. **3** Gustoso, sabroso, apetitoso, exquisito, excelente.

ridículo, -la *adj.* Risible. **2** Escaso, corto, pobre, irrisorio. **3** Extraño, extravagante, grotesco, peripatético. ≠ Elegante, primoroso. **4** Melindroso, dengoso, nimio, ñoño, pazguato.

riel *m.* Carril, raíl.

rielar *intr.* poét. Resplandecer*, brillar, rielar, cabrillear. ▮ Los dos últimos denotan *brillar* con luz trémula.

rienda *f.* fig. Sujeción, moderación, freno. → **riendas**

riendas *f. pl.* Gobierno, mando, dirección. → **rienda**

riesgo *m.* Exposición, peligro. ≠ Seguridad, tranquilidad. ▮ *Peligro* es una contingencia inminente o muy probable, en tanto que *riesgo* y *exposición* pueden expresar desde la mera posibilidad a diversos grados de probabilidad. Hay *peligro* de muerte en tocar un cable de alta tensión eléctrica; corre el *riesgo* de acatarrarse el que anda sin abrigo en días fríos.

rifa *f.* Sorteo.

rigidez *f.* Tiesura, endurecimiento, inflexibilidad. ≠ Blandura, elasticidad, flexibilidad, ductilidad, maleabilidad. **2** Rigor, severidad*, austeridad. ≠ Condescendencia, blandura.

rígido, -da *adj.* Tieso, inflexible, tirante, endurecido, yerto. ▮ Este último, si es por el frío o la muerte. **2** fig. Riguroso, severo, austero.

rigor *m.* Severidad*. ≠ Condescendencia. **2** Aspereza, rudeza, dureza. ≠ Afabilidad. **3** Propiedad, exactitud, precisión. ≠ Imprecisión.

riguroso, -sa *adj.* Áspero, acre, rudo. **2** Rígido, severo, inflexible, inexorable. **3** Austero. **4** Extremado, inclemente, crudo. ▮ Tratándose del tiempo. **5** Estricto, exacto, preciso.

rima *f.* Poema, poesía.

rimbombante *adj.* Altisonante, campanudo, retumbante, hueco, ostentoso, llamativo.

rimbombar *intr.* Resonar*, retumbar.

rimero *m.* Montón, rima, cúmulo.

rincón *m.* Ángulo*, esquina. **2** Escondrijo, recoveco.

rinconera *f.* Cantonera.

ringlera *f.* Fila*, ringla, ringle, renglera, hilera, cola.

rinoceronte *m.* Bada, abada.

riña *f.* Pendencia, cuestión, quimera, querella, disputa, altercado, reyerta, pelea, contienda, lucha*. ≠ Paz.

riqueza *f.* Bienestar, holgura, opulencia. ≠ Miseria. **2** Abundancia, copia, profusión, fertilidad. ▮ Tratándose de cosas.

risa *f.* Sonrisa, carcajada, risotada, risada. ▮ *Sonrisa*, la leve y sin ruido que solo se manifiesta por los movimientos de los labios. *Carcajada* es ímpetu de *risa* ruidosa; si por cualquier motivo la consideramos con desdén u hostilidad la llamamos *risotada* o *risada*.

riscoso, -sa *adj.* Enriscado, peñascoso, escabroso.

risible *adj.* Ridículo, irrisorio.

risotada *f.* Carcajada, risa*, risada.

ristra *f.* Horca, horco, ramo.

risueño, -ña *adj.* Carialegre, alegre, reidor, jocundo, jovial, festivo. ≠ Serio. **2** Agradable, deleitable, placentero. **3** Próspero, propicio, favorable.

rito *m.* Ceremonia. ▮ «*Rito* es el orden establecido por la Iglesia para la celebración del culto divino; *ceremonia* es la parte del *rito* que comprende los movimientos y la actitud del cuerpo en aquella celebración. Todas las partes de que se compone la misa pertenecen al *rito*; las *ceremonias* son la genuflexión, la bendición, el lavatorio y el ósculo de paz.» (M).

ritual *m.* Liturgia.

rival *com.* Émulo, competidor. **2** Enemigo.

rivalidad *f.* Emulación, competencia. **2** Enemistad.

rivalizar *tr.* Competir*.

rizal *adj.* Ricial.

rizar *tr.-prnl.* Engarzar, enrizar, ensortijar. ≠ Estirar.

rizópodo, -da *adj. m.* Sarcodario.

robalo, róbalo *m.* Céfalo, lobina, lubina.

robar *tr.* Quitar, hurtar*, pillar, rapiñar, extraer (eufem.), saquear. ▌Este último, cuando se hace en gran escala o colectivamente, apoderándose de cuanto se encuentra.

robla *f.* Robra, robda, roda, alboroque, ribra, botijuela, hoque, corrobra.

roble *m.* Carvajo, carvallo.

robleda *f.* Carvajal, robledo, robledal.

roblón *m.* Remache.

robusto, -ta *adj.* Fuerte, vigoroso. ≠ Débil. **2** Sano, saludable.

rocadero *m.* Capillo.

roce *m.* Rozamiento, fricción, rozadura. ▌*Rozadura* se refiere más bien al efecto de rozar y a la señal que deja. **2** fig. Trato, comunicación.

rociada *f.* Rocío. **2** fig. Reprensión, reconvención.

rociar *intr.-prnl.* Salpicar, esparcir.

rocoso, -sa *adj.* Roqueño, peñascoso.

roda *f.* MAR. Roa, branque.

rodaballo *m.* Rombo.

rodada *f.* Releje, carril, carrilada, carrilera, rodera.

rodar *intr.* Girar, dar vueltas.

rodear *tr.* Cercar, circuir, circundar, circunvalar.

rodeo *m.* Desviación, desvío. ≠ Recta. **2** fig. Circunloquio, circunlocución (RET.), perífrasis (GRAM.). **3** Efugio*, evasiva, subterfugio, andarse por las ramas. ≠ Concisión, claridad. ► **4 Sin rodeos** *loc. adv.* Abiertamente, patentemente, claramente, sin rebozo, directamente, sin ambages, al grano (fam.), sin disimulo, francamente, manifiestamente.

rodera *f.* Rodada, carril, carrilada, carrilera, releje.

rodilla *f.* Hinojo. ▌Hoy solo usado en la loc. *de hinojos*, es decir, *de rodillas*.

rodillo *m.* Rulo.

rodomiel *m.* Miel rosada.

rodrigar *tr.* Arrodrigar, arrodrigonar, enrodrigonar, errodrigar. ▌Los dos primeros, esp. si se trata de vides.

rodrigón *m.* Rodriga, tutor.

roer *tr.* fig. Gastar, desgastar, corroer. ▌Este último, esp. si se trata de acción química: la humedad *corroe* el hierro. Tratándose de acción mecánica, *desgastar*: el agua *roe* o *desgasta* las rocas.

rogar *tr.* Pedir, solicitar, instar, suplicar, implorar, impetrar, deprecar, invocar*. ≠ Conceder. ▌Entre los diferentes modos de *pedir* lo que no podemos exigir o puede sernos negado, formamos la siguiente serie de matices a partir de *rogar*: *solicitar* sugiere diligencia, continuidad, y es el más utilizado en lenguaje administrativo; *instar* añade matiz de reiteración o urgencia; *suplicar*, de humildad; *implorar*, de llanto y vehemencia; *impetrar* y *deprecar*, de ahínco y rendimiento grandes.

rojo, -ja *adj. m.* Rosa, salmón, coral, encarnado, bermejo, grana, carmesí, escarlata, púrpura.

rollizo, -za *adj.* Redondo, cilíndrico. **2** Grueso, gordo, fornido, robusto.

romadizo *m.* Coriza.

romance *adj. m.* Románico, neolatino.

romanizar *tr.-prnl.* Latinizar.

romero *m.* Rosmarino.

romero, -ra *adj.-s.* Peregrino.

romo, -ma *adj.* Obtuso, boto. ≠ Afilado, agudo. **2** Chato. ≠ Afilado, agudo. **3** fig. Torpe, rudo, tosco, porro, zoquete. ≠ Listo, agudo (fig.).

rompecabezas *m.* Puzle, enigma, pasatiempo, acertijo, adivinanza.

rompehuelgas *com.* Esquirol.

rompenueces *m.* Cascanueces.

romper *tr.* Quebrar, quebrantar, hacer añicos, fracturar, deshacer*. ≠ Hacer, componer. ▌*Fracturar* es voz culta de aplicación limitada; p. ej.: *fracturarse* un hueso por una caída, pero *romperse* un plato; en el lenguaje judicial se dirá que el ladrón *fracturó* una cerradura; pero en el habla ordinaria se dice: he *roto* la cerradura porque no podía abrir la puerta. ▌«El verbo *romper* tiene una significación más extensa, porque se aplica a la acción mediante la cual se hace pedazos de cualquier modo un cuerpo; pero *quebrar* supone que la acción se ejerce en un cuerpo inflexible o vidrioso, y de un golpe o esfuerzo violento. Se *rompe* un papel, una tela; pero no se *quiebra* como una taza o un vaso.» (LH). **2** Roturar. **3** Desbaratar, vencer.

rompesacos *m.* Egílope.

rompimiento *m.* Rompedura, rotura, ruptura. **2** Rotura, fractura, quiebra. **3** Desavenencia, riña, ruptura.

roncería *f.* Tardanza, lentitud, remolonería. ≠ Rapidez, aspereza.

roncha *f.* Rueda, rodaja.

ronco, -ca *adj.* Afónico. **2** Bronco, áspero, rauco (lit.). ▌*Rauco* es un latinismo solo usado en el lenguaje poético.

ronquera *f.* Afonía, enronquecimiento, tajada (fam.), carraspera, disfonía (MED.). ▌*Carraspera* es aspereza de la garganta que enronquece la voz.

ronroneo *m.* Runrún.

ronzal *m.* Ramal.

ronzar [1] *tr.* Ronchar, roznar.

ronzar [2] *tr.* MAR. Arronzar, apalancar.

roña *f.* Herrumbre, orín, moho. ▌En los metales. **2** Sarna. **3** Porquería, suciedad. ≠ Limpieza.

roñería *f.* Miseria, tacañería, mezquindad. ≠ Desinterés, largueza, abundancia.

roñoso, -sa *adj.* Oxidado, herrumbroso, mohoso. **2** Sarnoso. **3** Puerco, sucio, cochino. ≠ Limpio, pulcro. **4** Avaro, mezquino, tacaño, miserable, avariento*. ≠ Generoso.

ropa *f.* Tela. **2** Vestido, ropaje, vestidura, traje.

ropaje *m.* Vestido*, vestidura, ropa.

roqueño, -ña *adj.* Rocoso, peñascoso.

rosa *adj. m.* Rosado, magenta, fucsia. ▌El color *fucsia* es un *rosa* fuerte y el *magenta* tiene un tono más oscuro.

rosmaro *m.* Manatí, manato, pez mujer, pez muller.

rostro *m.* Cara*, faz, semblante.

rota *f.* (planta) Caña de Bengala, caña de Indias, junco de Indias, junquillo, palasan, roten.

rotativo *m.* Diario, periódico.

roto, -ta *adj.-s.* Andrajoso, harapiento.

rótula *f.* CIENTIF. Choquezuela, hueso de la rodilla.

rótulo *m.* Letrero, inscripción, título, encabezamiento, marbete, etiqueta, epígrafe, rúbrica. ▌En los libros, *epígrafe*, y en los antiguos, *rúbrica*.

rotundo, -da *adj.* fig. Preciso, terminante, claro, concluyente, decisivo, definitivo. ≠ Impreciso. **2** Lleno, sonoro. ▌Tratándose del lenguaje.

roturar *tr.* Romper.

roya *f.* Alheña, pimiento, herrumbre, sarro.

roza *f.* Rocha.

rozagante *adj.* Vistoso, ufano, brillante, arrogante, orgulloso, presumido. ≠ Deslucido, humilde.

rozamiento *f.* Roce, fricción, fricación*. **2** fig. Disensión, desavenencia, disgusto.

rozón *m.* Címbara, rozadera.

rúa *f.* ant. Calle*.

rubefaciente *adj. m.* MED. Epispástico, revulsivo, vesicante. ▌Cuando llega a producir vejigas, *vesicante*.

rubí *m.* Carbuncio, carbúnculo, piropo, rubín.

rubia *f.* (planta) Granza.

rubio, -bia *adj.-s.* Blondo (lit.).

rubor *m.* Empacho, vergüenza*, sonrojo, bochorno, sofoco. ≠ Palidez, impasibilidad, desvergüenza. ▌Estos sinónimos forman, en el orden en que se enumeran, una serie intensiva.

ruborizarse *prnl.* Avergonzarse, enrojecer, sonrojarse, abochornarse.

rudeza *f.* Tosquedad, aspereza. **2** Descortesía, grosería, brusquedad. ≠ Afabilidad, cortesía. **3** Torpeza, estulticia. ≠ Habilidad.

rudimentario, -ria *adj.* Embrionario. **2** Elemental.

rudimento *m.* Embrión, principio. → **rudimentos**

rudimentos *m. pl.* Elementos, compendio*, epítome, nociones. → **rudimento**

rudo, -da *adj.* Tosco, basto, áspero. **2** Descortés, grosero, brusco. **3** Torpe, romo, porro, boto. **4** Riguroso, impetuoso, violento.

ruedo *m.* Contorno, límite, término. **2** Redondel. ▌En las plazas de toros.

ruego *m.* Súplica, petición, instancia.

rufián *m.* Chulo.

ruido *m.* Rumor, estrépito, escándalo, bulla*, estruendo*. ≠ Silencio, tranquilidad. ▌«El *ruido* puede consistir en un sonido solo; el *rumor* es una serie de *ruidos*. Un cañonazo hace ruido, pero no *rumor*; el bramido de los vientos, el murmullo de las olas, son *rumores* y *ruidos*.» (M).

ruin *adj.* Malo, vil, bajo, indigno. ≠ Alto, digno. **2** Mezquino, avaro, tacaño, roñoso, miserable, avariento*. ≠ Generoso, dadivoso, desprendido. **3** Pequeño, desmedrado, enclenque. ≠ Fuerte. **4** Insignificante.

ruina *f.* Destrozo, perdición, destrucción, devastación, desolación, decadencia*. ≠ Riqueza. ≠ Construcción, apogeo, principio. **2** fig. Pérdida, quiebra, bancarrota*. ▌Tratando de bienes o negocios. → **ruinas.**

ruinas *f. pl.* Escombros, restos. → **ruina.**

ruindad *f.* Villanía, bajeza, indignidad, vileza, infamia, maldad. ≠ Dignidad, bondad, honor. **2** Mezquindad, tacañería, avaricia*, roñería. ≠ Generosidad, dadivosidad, desprendimiento. **3** Pequeñez, desmedro, insignificancia. ≠ Importancia.

ruiseñor *m.* Filomela (lit.), filomena (lit.).

rumbo *m.* Dirección, derrota, ruta. **2** Camino, derrotero. **3** fig. Pompa, magnificencia, ostentación, boato, gala, aparato. **4** Desprendimiento, desinterés, liberalidad, generosidad, garbo.

rumboso, -sa *adj.* Pomposo, magnífico, ostentoso. **2** Desprendido, generoso, dadivoso*, liberal, desinteresado. ≠ Avaro, avariento, tacaño, agarrado, roñoso.

rumiar *tr.* Remugar. **2** fig. Pensar*, reflexionar, meditar.

rumor *m.* Runrún, tole tole. **2** Ruido, murmullo, murmurio, susurro. **3** Chisme, hablilla.

rumorear *tr.* Runrunear, susurrar.

rural *adj.* Campesino*, rústico.

rústico *m.* Labriego, labrador, campesino.

rústico, -ca *adj.* Campesino*, rural, silvestre*. ≠ Urbano. **2** fig. Tosco, basto, rudo, zafio, grosero, impolítico*, ignorante*. ≠ Educado, culto, refinado.

ruta *f.* Derrota, dirección, rumbo, camino. **2** Derrotero, itinerario.

rutilar *intr.* poét. Resplandecer, brillar, relumbrar. ≠ Apagarse.

rutina *f.* Costumbre, hábito. ≠ Novedad, desuso. ▌*Rutina* se aplica especialmente a la manera de trabajar o hacer algo por mera costumbre y sin razonar.

S

sábalo *m.* Alosa, saboga, trisa.
sabañón *m.* Friera.
sabedor, -ra *adj.* Noticioso, enterado, instruido, conocedor.
saber [1] *m.* Sabiduría, ciencia, conocimiento, erudición.
saber [2] *tr.* Conocer. ≠ Ignorar.
sabidillo, -lla *adj.-s.* desp. Sabelotodo, marisabidilla. ▮ Este último, aplicado a una mujer.
sabiduría *f.* Cordura, juicio, prudencia, seso. **2** Ciencia, sapiencia, saber. ≠ Ignorancia, desconocimiento, incultura.
sabina *f.* Cedro de España.
sabio, -bia *adj.-s.* Cuerdo, juicioso, prudente. **2** Entendido, docto, erudito, sapiente (p. us.). ▮ «*Sabio* se aplica comúnmente a los que profesan las ciencias. *Docto*, se aplica particularmente a los que profesan las facultades. *Erudito*, no supone ni la ciencia profunda del *sabio*, ni la doctrina profunda del *docto*, sino una vasta noticia de conocimientos literarios, que requiere mucha lectura, actividad, curiosidad y memoria. Un gran teólogo es *docto*. Un gran mineralogista es *erudito*.» (LH).
sable *m.* Charrasco (fam.), charrasca (fam.), chafarote (desp.). ▮ Todos ellos son denominaciones burlescas.
sablear *intr.* fig. Petardear, pegar un petardo, dar un sablazo.
sablista *adj. com.* Parchista, petardista.
sabor *m.* Sapidez. ≠ Insipidez. **2** Gusto, paladar, embocadura. ≠ Insipidez, desazón. ▮ Los dos primeros, tratándose de manjares o bebidas. De vinos, *embocadura*.
saborear *tr.* Paladear, degustar. **2** fig. Recrearse, deleitarse.
sabotaje *m.* Obstrucción, boicot, complot, conspiración.
sabroso, -sa *adj.* Sazonado, gustoso, apetitoso, rico, exquisito, agradable*. ≠ Insípido, soso, desabrido.
saca *f.* Extracción.
sacacorchos *m.* Descorchador, sacatapón, tirabuzón.
sacadinero *m.* Sacacuartos.
sacamanchas *com.* Quitamanchas.
sacamuelas *com.* Dentista. **2** fig. Charlatán.
sacapuntas *m.* Cortalápices, afilalápices.
sacar *tr.* Extraer. ≠ Meter, poner. **2** Quitar. ≠ Poner. **3** Conseguir, obtener, alcanzar, lograr. **4** Exceptuar, excluir, restar. ≠ Incluir. **5** Deducir, inferir*, colegir. ► **6** *intr.-tr.* DEP. Servir, lanzar.
sacatrapos *m.* Descargador, sacabalas. ▮ *Sacabalas* es un *sacatrapos* más resistente que los ordinarios.
sacerdocio *m.* Presbiterado.
sacerdote *m.* Cura, presbítero, eclesiástico, tonsurado, clérigo.
sachar *tr.* Escardar, desherbar, desyerbar, sallar.
sacho *m.* Almocafre, azadilla, escardadera, escardillo, garabato, zarcillo.
saciar *tr.-prnl.* Hartar, satisfacer, estar hasta el gollete, matar el hambre. ≠ Carecer, vaciar.

saco *m.* Amér. y Can. Chaqueta, americana. **2** Saqueo.

sacrificar *tr.-prnl.* Inmolar. ≠ Perdonar, liberar, redimir. **2** Aguantarse, privarse, resignarse, quitárselo de la boca.

sacudido, -da *adj.* Áspero, intratable, indócil, despegado, malsufrido. **2** Desenfadado, resuelto, desempachado.

sacudimiento *m.* Sacudida, barquinazo, tumbo, vaivén, vuelco, concusión (lit.). ≠ Inmovilidad, tranquilidad, quietud. ▮ *Sacudida* es cada uno de los movimientos o golpes de la acción de sacudir; el *sacudimiento* se compone de una o varias sacudidas.

sacudir *tr.-prnl.* Agitar, mover, zarandear. ≠ Aquietar, inmovilizar. **2** Golpear. **3** Arrojar, apartar, tirar. ► **4** *prnl.* Rechazar, despachar, zafarse.

saeta *f.* Flecha.

saetera *f.* Saetín, aspillera.

saetero *m.* Sagitario.

saetilla *f.* Manecilla, aguja.

saga *f.* Dinastía, estirpe, linaje, ascendencia, familia.

sagacidad *f.* Astucia, perspicacia, olfato. ≠ Ingenuidad, bobería. ▮ La *sagacidad* es de naturaleza intuitiva, adivina, prevé y supone más o menos *astucia* y, a veces, malicia. La *perspiciacia* es hija del talento sutil, que penetra hasta lo más difícil y confuso.

sagaz *adj.* Astuto, avisado, advertido*. ≠ Ingenuo. ▮ «El *sagaz* penetra con sutileza lo que es difícil de conocer o descubrir. El *astuto* oculta con arte maliciosa los medios de que se vale para lograr su intento. El juez debe ser *sagaz* para descubrir los enredos de un ratero *astuto*.» (LH).

sagita *f.* Flecha, montea (Arq.). ▮ *Montea* es la *sagita* de un arco o bóveda.

sagitaria *f.* (planta) Saetilla.

sagrado, -da *adj.* Sacro. ≠ Profano, maldito, profanable. ▮ *Sacro* es voz más escogida y solo usada en el habla culta.

sagrario *m.* Custodia, tabernáculo.

sal *f.* fig. Gracia, garbo, donaire, donosura, salero. **2 Sal amoníaco** Almocrate, cloruro de amonio.

sala *f.* Salón. ▮ El *salón* se distingue de la *sala* por su mayor tamaño relativo, o por su mayor suntuosidad, categoría social, etc. **2 Sala de fiestas** Discoteca, nightclub.

saladar *m.* Salobral.

salado, -da *adj.* fig. Gracioso, agudo, chistoso, donoso, ocurrente, saleroso. ≠ Soso, desabrido.

salamanquesa *f.* Estelión, salamandria.

salario *m.* Jornal, soldada, sueldo. ▮ La voz *salario* se aplica preferentemente a los obreros manuales, que cobran por jornadas o semanas, y en este caso es sinónimo de *jornal*. El *sueldo* suele valorarse por anualidades y se cobra por meses. *Soldada* se usa entre campesinos para designar la retribución de los criados o mozos de labranza fijos.

salce *m.* Sauce, sauz, saz, salguera, salguero.

salceda *f.* Salcedo, sauceda, saucera, sauzal.

saldo *m.* Almoneda, liquidación.

salero *m.* fig. Gracia, donaire, sal.

saleroso, -sa *adj.* fig. Salado, gracioso, agudo, chistoso, ocurrente, donoso.

salicor *m.* Sapina.

salida *f.* Escapatoria, pretexto, recurso, efugio*, evasiva, subterfugio. ≠ Entrada. **2** Ocurrencia. **3** Despacho, venta, pedido*, demanda. **4** Saliente. **5** Ejido, campillo. **6** Dep. Línea de salida.

salidizo *m.* Saledizo, voladizo.

saliente *m.* Oriente, levante, este. **2** Resalto, resalte, salida.

salir *intr.* Nacer, brotar, surgir, aparecer. ≠ Morir. **2** Ir a parar, desembocar, dar. ▮ En esta acepción *salir* se emplea con la preposición *a*; p. ej., 'Esta plaza *sale a* la calle'. **3** Resultar, quedar, venir a ser. **4** Aparecer, manifestarse, descubrirse. ▮ P. ej., *salir* el sol, *salir* el periódico, *salir* uno muy travieso. **5** Partir, alejarse, arrancar, zarpar, levar anclas, hacerse a la mar. ▮ Tratándose de vehículos, *arrancar* alude al primer empuje de la partida; tratándose de barcos, se utilizan los tres últimos. **6** Desaparecer. ▮ Tratándose de manchas. **7** Empezar. ≠ Llegar. ▮ En ciertos juegos. **8** Parecerse, asemejarse*. ▮ En esta acepción se usa la expresión *salir a*. ► **9** *intr.-prnl.* Desembarazarse, librarse, libertarse. ▮ Con esta significación, *salir(se) de*. P. ej., *salirse del* barrizal, *salir de* dudas, *salir de* apuros. **10** Lograr, conseguir. ▮ En este caso, *salir* se emplea con la preposición *con*.

▸ **11** *prnl.* Rebosar, sobresalir. **12** Derramarse, escaparse. ▌P. ej., la leche.

salitrería *f.* Nitrería.

salmantino, -na *adj.-s.* (pers.) Salamanqués, salamanquino (p. us.), salmanticense. ▌Este último se usa pralte. tratándose de instituciones, estudios, etc.: Universidad *salmanticense*; bibliografía *salmanticense*; colegios *salmanticenses*.

salmón *m.* Becal. ▌El salmón macho se llama también *becal*.

salmonado, -da *adj.* Asalmonado.

salmonete *m.* Barbo de mar, trigla, trilla.

salón *m.* Sala, cámara*.

salpa *f.* Pámpano, salema.

salpicadura *f.* Salpicón, salpique. → **salpicaduras**

salpicaduras *f. pl.* fig. Consecuencias*, resultados, secuelas. → **salpicadura**

salpullido *m.* Sarpullido.

salpullir *tr.* Sarpullir.

saltabanco, saltabancos *m.* Charlatán, saltimbanqui, saltimbanco, saltaembanco. **2** Prestigitador, jugador de manos.

saltamontes *m.* Caballeta, cigarrón, saltón. ▌El último, esp. cuando tiene las alas rudimentarias.

saltar *intr.* Brincar, tomar carrerilla. ≠ Inmovilizar. **2** Sobresalir, resaltar. ▸ **3** *tr.* fig. Pasar por alto, dejar, omitir. ≠ Recordar.

salteador *m.* Bandido, bandolero, atracador.

salto *m.* Brinco, bote. **2** Cascada, catarata. ▌Ambos aluden a un salto de agua cuando es natural. **3** Despeñadero, precipicio, derrumbadero. **4** fig. Omisión.

salubre *adj.* Saludable, sano, salutífero. ▌*Salubre* se dice solo del lugar, clima, estación, aguas, etc., pero no se emplea en sentido fig.

salubridad *f.* Sanidad.

saludable *adj.* Salubre, sano, salutífero. **2** fig. Provechoso, beneficioso, conveniente.

salumbre *f.* Flor de la sal.

salvación *f.* Salud. **2** Salvamento. **3** Redención. ▌En sentido religioso.

salvadera *f.* Arenillero.

salvado *m.* Afrecho, moyuelo. ▌El *salvado* muy fino se llama *moyuelo*.

salvaguardar *tr.* Defender, proteger*, amparar.

salvaguardia *f.* Guarda, custodia, amparo, garantía. **2** Aseguramiento, seguro, salvoconducto, guía. ▌Tratándose del documento o señal que salvaguarda, *aseguramiento*, *seguro* en general. Cuando es para viajar dentro de la nación, *salvoconducto*; para la circulación de mercancías intervenidas, *guía*.

salvajada *f.* Barbaridad, brutalidad, atrocidad.

salvaje *adj.* Silvestre*, montés, montaraz, cerril, bravío*, inculto, selvático, agrestre, montuoso. ▌El primero, tratándose de plantas. Los cuatro siguientes, de animales. Los cuatro últimos, tratándose del terreno. **2** fig. Brutal, feroz, bárbaro, atroz, cruel*, inhospitalario*. ≠ Culto, civilizado, educado.

salvar *tr.-prnl.* Librar, liberar. ≠ Esclavizar, condenar. **2** Sacar, evitar. **3** Vencer, superar, tomar puerto. **4** Exceptuar. ▸ **5** *tr.* Corregir*, enmendar, retocar, modificar, subsanar. **6** anglic. INFORM. Grabar, almacenar, guardar. ≠ Borrar, abandonar.

salvedad *f.* Advertencia, observación.

salvilla *f.* Salva, tocasalva.

salvo *adv. m.* Excepto.

salvo, -va *adj.* Ileso. **2** Libre, seguro. **3** Exceptuado, omitido.

salvoconducto *m.* Pasaporte, salvaguardia*.

sallar *tr.* Escardar, sachar.

sama *m.* Pagel.

sambenito *m.* fig. Difamación, descrédito, mala nota.

sampsuco *m.* Mejorana, almoraduj.

sanalotodo *m.* Curalotodo.

sanar *intr.-tr.* Curar, restablecer, rebosar salud, cobrar fuerza. ≠ Enfermar, desmejorarse.

sanción *f.* Confirmación, aprobación. **2** Pena, penalidad, castigo*, condenación*. ≠ Perdón, recompensa.

sandez *f.* Despropósito, necedad, vaciedad, simpleza, tontería, majadería, estupidez.

sandía *f.* Melón de agua, pepón, zandía.

sandio, -dia *adj.* Simple, necio, tonto, bobo, estúpido, majadero, estulto, sandío (antic.).

sandunga *f.* fam. Gracia, donaire, salero, garbo.

sanedrín *m.* Sinedrio.
sangrador *m.* Flebotomiano (MED.), sajador.
sangraza *f.* Sanguaza.
sangría *f.* Flebotomía (MED.), venesección (MED.), venoclisis (MED.). **2** Sangradura.
sangriento, -ta *adj.* Sanguinolento. **2** Sanguinario, cruel*. **3** Cruento. **4** Sanguíneo.
sanguijuela *f.* Sanguisuela, sanguja.
sanguinario, -ria *adj.* Feroz, cruel*, inhumano, vengativo.
sanguino *m.* Sanguiñuelo, cornejo.
sanguisorba *f.* Pimpinela.
sanidad *f.* Salubridad. ≠ Infección, insalubridad. ▌ La *salubridad* se refiere a las condiciones salutíferas de una comarca, clima, aguas, etc. La *sanidad* comprende el estado general de la salud pública y la organización de los servicios sanitarios: jefatura, dirección, ministerio de *sanidad*.
sano, -na *adj.* Saludable. **2** Robusto, bueno. **3** Entero, indemne, ileso. **4** Recto, sincero, bienintencionado. ▶ **5 Cortar por lo sano** *loc.* Atajar, acortar, saltárselo a la torera.
santiamén *m.* Instante, momento, periquete.
santidad *f.* Santimonia (p. us.). ≠ Pecado, corrupción.
santiguar *tr.-prnl.* Signar, persignar, hacer la señal de la cruz.
santo *m.* Onomástica, fiesta onomástica.
santo, -ta *adj.* Venerable, sagrado, inviolable.
santónico *m.* Tomillo blanco. **2** Semencontra.
santoral *m.* Hagiografía, flos sanctorum. ▌ Las colecciones *hagiográficas* se llaman también *flos sanctorum*.
santurrón, -ona *adj.-s.* Misticón, santón, beato, mojigato, gazmoño.
saña *f.* Furor, furia*, cólera, ira, encono, rabia, ensañamiento*. ≠ Amistad, piedad, perdón.
sapina *f.* Salicor.
saque *m.* Saco. **2** DEP. Servicio. **3 Saque de esquina** Córner (anglic.).
saqueo *m.* Saco (entrar a saco), saqueamiento, sacomano.
sarapia *f.* Sarrapia.
sarapico *m.* Zarapito.
sarcasmo *m.* Burla*, befa, escarnio, ludibrio. ≠ Suavidad, delicadeza.
sarcástico, -ca *adj.* Burlón, irónico, mordaz, punzante, cáustico.
sarcolema *m.* MED. Miolema.
sardónica, sardónice *f.* Sardio, sardo, sardonio, sardónique.
sargatillo *m.* Saciña.
sarna *f.* Roña, escabies (MED.). ▌ *Roña* es la *sarna* del ganado lanar.
sarraceno, -na *adj.-s.* (pers.) Agareno, árabe, ismaelita. **2** Mahometano, musulmán.
sarrieta *f.* Soturno.
sarro *m.* Limosidad, tártaro, toba.
sarta *f.* Serie, retahíla*, sartal, rosario, rastra, ristra, horco. ▌ Los tres últimos, aluden a la *sarta* de frutos secos.
sastre *m.* Alfayate (antic.).
satánico, -ca *adj.* Malo*, demoníaco, luciferino, perverso, depravado, malvado.
satírico, -ca *adj.* Mordaz, cáustico, punzante.
satirizar *tr.* Criticar, zaherir, echar coplas, poner banderilla. ≠ Albar, confortar, honrar.
satisfacción *f.* Pago, reparación, indeminización. ≠ Deuda, incumplimiento. **2** Disculpa, descargo, excusa, respuesta. **3** Gusto, contento, placer, contentamiento, agrado, complacencia, alegría*, beatitud*, gozo*. ≠ Desagrado, disgusto. **4** Presunción, vanagloria. ≠ Humildad.
satisfacer *tr.* Pagar*, indeminizar, reparar, rescarse el bolsillo, hacer el gasto, enmendar*, remediar. **2** Saciar, hartar*, colmar*, llenar, cumplir. **3** Agradar*, placer.
satisfactorio, -ria *adj.* Grato, agradable, cumplido, lisonjero.
satisfecho, -cha *adj.* Presumido, pagado. **2** Complacido, contento. ▌ «El que está *satisfecho* ha conseguido lo que deseaba; el que está *contento* se goza en la posesión de lo que ha conseguido. El acreedor pagado queda *satisfecho*; el que recibe un buen regalo queda *contento*.» (M).
sauce *m.* Salce, saz, sauz, salguera, salguero, salgar, desmayo.
saucillo *m.* Centinodia, correhuela, sanguinaria mayor.
saúco *m.* Sabuco, sabugo.

sauzgatillo *m.* Pimienta loca, pimienta silvestre, pimienta montés. ▮ Todos ellos se refieren a la planta y su fruto.

saxifragáceo, -ea *adj. f.* Grosulariáceo, ribesiáceo.

saya *f.* Falda, halda (antic.).

sayo *m.* ant. Vestido. ▸ **2 Cortar un sayo** *loc.* Murmurar, cortar un vestido, cortar un traje, criticar, morder (fig.), despellejar (fig.), poner en lengua a uno.

sayón *m.* (planta) Sabonera.

sayuelo *m.* Ságula.

sazón *f.* Punto, madurez, perfección, tempero. ≠ Verdor, imperfección. ▮ La *sazón* que adquiere la tierra con la lluvia, *tempero.* **2** Ocasión*, oportunidad, coyuntura, tiempo. ≠ Inoportunidad. **3** Gusto, sabor. ≠ Acidez. **4** Culminación, cumplimiento. ≠ Incumplimiento. ▸ **5 A la sazón** *loc. adv.* Entonces. ▸ **6 En sazón** *loc. adj.* Maduro, sazonado. ≠ Agrio, verde.

sazonar *tr.* Condimentar, aliñar, aderezar. ▮ Tratándose de la comida. → **cocinar**

sebestén *m.* Sebastiano.

secadero *m.* Sequero.

secano *m.* Secadal, sequero, sequío. **2** Seca.

secar *tr.-prnl.* Resecar (intens.), desecar, agostar, marchitar, enjugar. ≠ Florecer, mojar. ▮ *Desecar* se aplica pralte. a quitar el agua que cubre un terreno; *desecar* una marisma. *Agostar* y *marchitar* se aplican a las plantas. ▮ «*Secar* y *enjugar* explican en general la acción de extraer la humedad de un cuerpo; pero *enjugar* representa una idea más limitada, y se aplica más propia y exactamente cuando se trata de poca humedad. Lo que está mojado, se *seca*; lo que está húmedo se *enjuga*. La ropa que la lavandera saca mojada del río, se *seca* al sol; pero es preciso casi siempre *enjugarla* después en casa, porque regularmente viene algo húmeda. Se *seca* una fuente, un estanque, no se *enjugan*. Se *enjuga* el sudor, los ojos húmedos del llanto, no se *secan*.» (LH). ▸ **2** *prnl.* Enflaquecer, adelgazar, extenuarse. ≠ Engordar. **3** Embotarse, endurecerse, insensibilizarse. ▮ Tratándose del corazón o del ánimo.

sección *f.* Cortadura, corte. ▮ *Sección* pertenece al vocabulario científico o técnico; *sección* de una figura geométrica, de un órgano animal o vegetal. **2** Sector*, grupo, división, departamento.

seccionar *tr.* Fraccionar, cortar, dividir*.

seco, -ca *adj.* Agostado, marchito, muerto. ▮ Tratándose de plantas. **2** Árido, estéril. ▮ Al hablar de terrenos. **3** fig. Áspero, desabrido, adusto, intratable, lacónico. ▮ Este último, tratándose del lenguaje o estilo. **4** Flaco, enjuto, delgado*, chupado, extenuado.

secreto *m.* Puridad (antic.), arcano, misterio. ▮ «*Secreto* es lo que cuidadosamente se oculta y reserva; *arcano* es un secreto altamente recóndito y que todo el mundo ignora; *misterio* es lo que no se entiende ni se explica, por salir de las reglas comunes en semejantes casos.» (M). **2** Sigilo, reserva. ▮ «Guarda *secreto* el que calla lo que no debe decir. Tiene *reserva* el que no dice ni aun aquello que no está obligado a callar. El *secreto* es un silencio que nos impone la obligación o la necesidad. La *reserva* es un silencio a que nos inclina la prudencia o la desconfianza.» (LH).

secreto, -ta *adj.* Oculto, ignorado, escondido, clandestino. ▮ «Lo *secreto* y lo *oculto* pueden ser efectos necesarios, naturales y espontáneos; en lo *clandestino*, siempre hay intención y astucia o cautela. El contrabando, la conspiración, la intriga, son acciones, no sólo *ocultas* y *secretas*, sino *clandestinas*.» (M). **2** Callado, reservado, sigiloso.

secta *f.* Herejía, cisma, disidencia.

sector *m.* fig. Parte, sección. ▮ Una oficina o una fábrica pueden dividirse en *secciones*. La economía nacional consta de numerosos *sectores*: minero, agrícola, metalúrgico, etc. Un *sector* de la opinión pública (no una *sección*) reclama ciertas mejoras. La *sección* es, pues, más limitada y concreta que el *sector*.

secuaz *adj. com.* Partidario, parcial, adepto, adicto, seguidor.

secuela *f.* Consecuencia*, resulta, efecto.

secuestro *m.* (de personas) Retención, rapto, encierro.

secularizar *tr.-prnl.* Temporalizar. **2** Ahorcar los hábitos.

secundar *tr.* Ayudar, favorecer, apoyar, cooperar, coadyuvar, auxiliar.

secundario, -ria *adj.* Segundo. **2** Accesorio, colateral. ≠ Principal, necesario, esencial.
sedante *adj.* MED. Anodino, sedativo, calmante.
sede *f.* Silla, diócesis, obispado.
sedicente *adj.* Pretenso, pretendido, titulado.
sedición *f.* Sublevación*, rebelión, alzamiento, levantamiento, insurrección, insubordinación, tumulto, motín, alboroto*.
sedicioso, -sa *adj.-s.* Sublevado, rebelde, insurrecto, amotinado.
sedimentar *tr.-prnl.* Depositar, posar, reposar, precipitar. ≠ Resolver, impurificar, fluir.
sedimento *m.* Poso, solada, suelo, precipitado, hez*, lías, pie, zupia, madre, solera, turbios. ▮ El que se obtiene por reacción química, *precipitado*. Tratándose del vino, sidra, aceite: *hez, lías, pie*; *zupia, madre* y *solera*, solo del mosto, vino o vinagre; *turbios*, esp. del aceite. **2** Hipostasis (**MED.**), residuo.
seducir *tr.* Atraer*, cautivar, encantar, fascinar, arrastrar. ≠ Desilusionar, repeler, disuadir.
segador *m.* (araña) Falangia, falangio.
seglar *adj.* Secular. ≠ Religioso. ► **2** *adj. com.* Lego, laico, civil. ≠ Religioso, cenobita.
segmento *m.* Fragmento, sección, tramo.
segregar *tr.* Separar, apartar, dividir. ≠ Unir, sumar, articular. **2** Secretar (**FISIOL.**).
seguida En seguida *loc. adv.* Incontinenti, inmediatamente, al instante, prontamente, seguidamente, ya, ahorita, ahora, ahora mismo, dentro de poco, en un periquete (fam.), acto continuo, al punto.
seguido, -da *adj.* Continuo, sucesivo, consecutivo, incesante. **2** Derecho, recto.
seguir *tr.* Suceder, ir detrás, pisar los talones. ≠ Adelantar. **2** Perseguir*, acosar. **3** Acompañar, escoltar. **4** Imitar, copiar. ≠ Inventar. **5** Continuar, proseguir. ≠ Dejar. ▮ *Proseguir* pertenece al estilo literario o al habla escogida. **6** Profesar, practicar, estudiar. ► **7** *prnl.* Inferirse, deducirse*, derivarse, proceder, originarse.
según *prep.* Conforme, con arreglo a, de acuerdo con, como, siguiendo a, a juzgar por.
segundo, -da *adj.* Secundario. ▮ «Lo *segundo* es lo que sigue inmediatamente a lo primero; lo *secundario* es lo que tiene menos importancia que lo principal. Así se dice: *segundo* en el mando, *segundo* en dignidad, y agentes *secundarios*, consideraciones *secundarias*.» (M).
seguridad *f.* Certeza, certidumbre. ≠ Incertidumbre, inseguridad. **2** Firmeza, estabilidad, confianza. ≠ Desconfianza, inseguridad, irritabilidad. **3** Fianza, garantía, caución.
seguro *m.* Salvoconducto, salvaguardia*.
seguro, -ra *adj.* Cierto, indudable, indubitable, positivo, infalible. **2** Firme, fijo, estable. **3** Fiable, de confianza, de fiar.
seisillo *m.* MUS. Sextillo.
seísmo *m.* Sismo, temblor de tierra, terremoto.
selacio, -cia *adj. m.* Plagiostomo.
seleccionar *tr.* Escoger, elegir.
selectas *f. pl.* Analectas, crestomatía*, antología.
selecto, -ta *adj.* Escogido, elegido.
selva *f.* Bosque.
selvático, -ca *adj.* Salvaje*, inculto, agreste.
sellar *tr.* Timbrar. **2** Cerrar, tapar, cubrir, sellar, clausurar, lacrar.
sello *m.* Timbre, estampilla, marca, señal, impresión, sigilo (antic.). **2** fig. Carácter, peculiaridad.
semanal *adj.* Hebdomadario (lit.), semanario.
semanario *m.* Hebdomadario.
semanario, -ria *adj.* Semanal, hebdomadario (lit.).
semántica *f.* Semasiología.
semblante *m.* Cara, rostro, faz. **2** Aspecto*.
sembrar *tr.* Plantar, seminar (desus.), sementar (desus.). ≠ Cosechar. ▮ *Plantar* en general, pero *sembrar* es plantar con semilla. *Seminar* y *sementar* son cultismos literarios desusados. **2** fig. Desparramar, esparcir, diseminar. ≠ Recoger. **3** Divulgar*, difundir, propagar. ≠ Ocultar.
semejante *adj. com.* Parecido, similar, análogo, afín, parejo, parigual, igual, idéntico. ▮ *Parecido* y *semejante* se aplican a personas o cosas. *Similar* y *análogo*, a cosas; *análogo* se prefiere tratándose de lo abstracto; ideas, sentimientos *análogos*. *Afín*, aplicado a cosas, denota una proximidad o semejanza más o menos vaga: palabras, ideas *afines*. Aplicado a personas significa parcial, allegado, pariente. *Parejo* y *pari-*

gual indican igualdad o semejanza y pertenecen al habla popular. *Igual* e *idéntico* son intensivos y denotan gran semejanza. ► **2** *m.* Prójimo.

semejanza *f.* Parecido, analogía, similitud, afinidad. ≠ Disimilitud, desigualdad, diferencia.

semejar *intr.-prnl.* Parecerse, asemejarse, ser el vivo retrato de. ≠ Diferenciarse, distinguirse.

semen *m.* Esperma, simiente.

sementera *f.* Siembra. **2** Senara.

semibreve *f.* MUS. Redonda.

semicírculo *m.* Hemiciclo.

semidiós, -osa *s.* Héroe.

semiesfera *f.* Hemisferio.

semilla *f.* Simiente.

semillero *m.* Seminario (lit.). **2** fig. Sementera, sementero, vivero, origen, fuente.

semiótica *f.* Semiología, sintomatología (MED.).

sempiterno, -na *adj.* Eterno*, perpetuo*, perdurable. ≠ Mortal, finito.

senador *m.* Padre conscripto. ▌Este se aplica a los antiguos *senadores* romanos.

sencillez *f.* Facilidad. ≠ Dificultad. **2** Llaneza, naturalidad. ≠ Soberbia, safectación. **3** Sinceridad, franqueza*. ≠ Reserva. **4** Candidez*, ingenuidad*. ≠ Astucia.

sencillo, -lla *adj.* Fácil. **2** Llano, natural, afable*. **3** Sincero*, franco. **4** Cándido, simple, ingenuo.

senda *f.* Sendero, camino, vereda. ▌«*Senda* y *vereda* significan igualmente el camino estrecho y poco trillado, diferente del real. Pero *vereda* no deja de explicar más positivamente un camino algo más ancho y frecuentado, una comunicación más conocida y hecha más de intento para servir de atajo o travesía. *Senda* da idea de un camino más estrecho, menos conocido, cuyo uso se debe más al acaso o al abuso que al arte o al cuidado.» (LH). **2** fig. Vía, modo, método.

senectud *f.* Vejez, ancianidad. ≠ Juventud, fortaleza.

seno *m.* Concavidad, hueco, sinuosidad. **2** Pecho, teta*, mama. **3** Matriz, claustro materno, útero. **4** fig. Regazo. **5** Ensenada, golfo.

sensación *f.* Impresión, percepción. **2** Emoción.

sensatez *f.* Prudencia, juicio, cordura, discreción, seso, circunspección. ≠ Imprudencia, irreflexión, inoportunidad, locura.

sensato, -ta *adj.* Sesudo*, prudente, juicioso, discreto, circunspecto.

sensibilizar *tr.-prnl.* Concienciar.

sensible *adj.* Impresionable, sensitivo. **2** Perceptible, apreciable. **3** Manifiesto, patente, ostensible. **4** Lamentable*, doloroso, lastimoso, deplorable.

sensitivo, -va *adj.* Sensual, sensorial. **2** Sensible, impresionable.

sensual *adj.* Sensitivo, sensorial. **2** Gustoso, deleitoso, sibarítico. ▌Este último comporta cierto refinamiento.

sentado, -da *adj.* Juicioso, quieto, sosegado, reposado. **2** BOT. Sésil.

sentar *tr.* Recibir, digerir. **2** Cuadrar, convenir, adaptar. **3** Asentar, anotar. **4** Allanar, aplanar, igualar. ► **5** *prnl.* Asentarse, posarse, tomar asiento, repantingarse.

sentencia *f.* Dicho, aforismo, máxima, apotegma, refrán*, proverbio. **2** Resolución, fallo, decisión. **3** Juicio, dictamen.

sentenciar *tr.* Fallar, resolver, decidir. **2** Condenar.

sentido *m.* Significación*, significado, acepción. **2** Sentido común, sana razón. ▌«El *sentido común* es el conjunto de nociones generales que todos los hombres tienen sobre la naturaleza de las cosas y sobre las acciones humanas; la *sana razón* es el uso ordinario y sencillo del raciocinio. Es contra el *sentido común* creer en agüeros; el hombre que gasta todo lo que tiene, sin pensar en lo futuro, obra contra las reglas de la *sana razón*.» (M). ► **3 No tener sentido** *loc.* Ser disparatado, no tener pies ni cabeza, no tener por donde agarrarse (fam.). **4 Perder el sentido** Desmayarse, desvanecerse, perder el conocimiento, caerse redondo.

sentido, -da *adj.* Delicado, susceptible, cosquilloso, quisquilloso, picajoso. ▌Forman una serie intensiva.

sentimiento *m.* Afecto, afección, emoción, pasión. ≠ Insensibilidad. **2** Pena, pesar, aflicción, dolor.

sentina *f.* Sumidero.

sentir [1] *m.* Dictamen, parecer, opinión*, juicio.

sentir ² *tr.* Percibir, experimentar, advertir. **2** Afligirse, deplorar, dolerse, lamentarse, conmoverse. **3** Juzgar, opinar. **4** Presentir, barruntar. **5** Amér. Oír. ▸ **6** *prnl.* Amoscarse, mosquearse, picarse, escocerse, dolerse, resentirse, requemarse, agraviarse, ponérsele a uno el vello de punta. ▮ En esta acepción *sentir* es muy usual en América.

seña *f.* Nota, indicio, signo*. **2** Gesto, ademán, signo. → **señas**

señal *f.* Marca, sello, signo. **2** Hito, mojón. **3** Signo, imagen, representación. **4** Vestigio, huella*, rastro, indicio*, asomo*, amago. **5** Garantía, prenda, anticipo. **6** Aviso, comunicación, seña.

señalar *tr.* Marcar, determinar, delimitar*. **2** Indicar, designar. **3** Mencionar, aludir, apuntar. ▸ **4** *prnl.* Distinguirse, singularizarse, destacarse, significarse.

señalizar *tr.* Marcar, balizar, acotar, indicar.

señas *f. pl.* Dirección. → **seña**

señero, -ra *adj.* Solo, solitario, separado, aislado.

señor, -ra *adj.-s.* Amo, dueño, propietario, patrón*. ▮ «El *señor* tiene más derechos que el de propiedad: exige prestaciones, derechos y tributos. El *dueño* goza del derecho de propiedad en toda su plenitud. El *amo* es el superior en el orden doméstico y familiar.» (M).

señorear *tr.* Dominar, mandar, imperar, sujetar. **2** fig. Sobresalir, descollar. ▮ Tratándose de las cosas que están en alto: la iglesia *señorea* el caserío, una montaña *señoreaba* el paisaje.

señuelo *m.* Añagaza, reclamo. **2** fig. Atractivo, cebo, trampa, emboscada, engaño, treta.

separar *tr.-prnl.* Apartar, desunir, alejar, quitar*, disgregar*, dividir*. ≠ Unir, juntar. ▮ Se *desune* lo que está pegado o en contacto. *Alejar* es separar poniendo a gran distancia las cosas que se *separan*. ▮ «Se *separa* lo que está unido, mezclado, o hace parte de un todo. Se *aparta* lo que toca, está junto o próximo a otra cosa. Se *separa* la paja del grano; se *aparta* el pañuelo de la cara. Se *separa* el alma del cuerpo; se *aparta* una piedra que impide el paso.» (LH). **2** Destituir*, deponer. **3** Distinguir, diferenciar. ▸ **4** *prnl.* DER. Desistir.

separata *f.* Tirada aparte.

sepelio *m.* Entierro*. ▮ *Sepelio* se usa en la lengua escrita y en estilo elevado. Corrientemente, *entierro*.

septentrión *m.* Norte.

séptimo, -ma *adj.-s.* Septeno.

septuagenario, -ria *adj.-s.* Setentón.

septuagésimo, -ma *adj.-s.* Setentavo. **2** Setenta.

sepulcro *m.* Enterramiento, losa, sarcófago, tumba, túmulo, sepultura.

sepultar *tr.* Enterrar*, inhumar*, soterrar. ▮ *Sepultar* es voz escogida que añade cierta dignidad a la significación de *enterrar*.

sepultura *f.* Cárcava (p. us.), enterramiento, tumba*, huesa, fosa, hoya, hoyo, yacija, hoyanca, sepulcro, túmulo. ▮ La fosa común en los cementerios, se llama *hoyanca*.

sepulturero *m.* Enterrador.

sequedad *f.* fig. Aspereza, dureza, desabrimiento. ≠ Cortesía, suavidad.

sequía *f.* Seca. **2** Amér. Sed.

séquito *m.* Acompañamiento*, comitiva, cortejo, comparsa*.

serenata *f.* Nocturno.

serenidad *f.* Sangre fría, impavidez, tranquilidad, sosiego, calma, reposo*. ▮ Los dos primeros denotan valor y tranquilidad de ánimo ante el peligro.

sereno *m.* Serena, relente.

sereno, -na *adj.* Claro, despejado. **2** Apacible, sosegado, tranquilo, templado, impávido. ▮ Los dos últimos se dicen del que se conserva *sereno* ante el peligro o la dificultad.

seriedad *f.* Gravedad, formalidad. ≠ Insensatez, alegría, regocijo, alboroto.

serio, -ria *adj.* Grave, formal, mesurado, circunspecto, sensato, sentado, reflexivo. **2** Importante, grave, considerable. **3** Severo, ceñudo, adusto, hosco. **4** Real, verdadero, efectivo, positivo.

sermón *m.* fig. Amonestación, admonición, reprensión, reconvención, reprimenda, regaño.

sermonear *intr.* Sermonar, predicar. ▸ **2** *tr.* Amonestar, reprender, reconvenir.

seroja *f.* Serojo, borusca.

seroso, -sa *adj.* Sueroso.

serpentaria *f.* Dragontea.

serpiente *f.* Sierpe.
serrallo *m.* Harem, harén.
serrería *f.* Aserradero.
serretazo *m.* fig. Sofrenada, represión, reconvención.
servato *m.* Ervato, hierba de Túnez, peucédano.
serventesio *m.* Sirventés.
servible *adj.* Utilizable, útil, aprovechable.
servicial *adj.* Complaciente, obsequioso.
servicio *m.* Utilidad, provecho. **2** Ayuda, favor, beneficio*, gracia, obsequio. **3** Servidumbre. ▮ *Servidumbre* supone una casa o palacio importante donde hay gran número de criados; el *servicio* puede estar formado por pocos servidores. ▮ «A mí me parece que el *servicio* no solo es el acto, sino también el ejercicio de la persona libre que sirve por convenio o interés, como el criado, o por gusto o complacencia, como el amigo; y a esto corresponde la voz latina *servitium*. La *servidumbre* no es el acto, sino solo el ejercicio de servir, ni el ejercicio absolutamente, sino limitadamente el de la persona que sirve sin libertad, como el esclavo. Esta es la idea que explica la voz *servitus*, que igualmente significa esclavitud. Solamente hablando del *servicio* de palacio está recibida la voz *servidumbre*, pero en muy diferente sentido; porque no representa el *servicio,* sino el conjunto de personas empleadas en él en la actualidad. La *servidumbre* del Rey; la *servidumbre* de los Señores Infantes.» (LH). **4** DEP. Saque. ► **5 Recibir el servicio** *loc.* Restar. ▮ En el tenis. ► **6 Servicio religioso** *m.* Culto*, servicio divino.
servidor, -ra *s.* Criado*, sirviente, doméstico, fámulo.
servidumbre *f.* Esclavitud. ≠ Poder. **2** Servicio. **3** Sujeción, yugo, vasallaje. ≠ Dominio. **4** DER. Carga, obligación. ≠ Derecho.
servil *adj.* Bajo, humilde. **2** Vil, rastrero, vergonzoso, abyecto, adulador*, adulón.
servilismo *m.* Adulación*, abyección, pelotilla (vulg.).
servir *intr.-prnl.* Aprovechar, valer, ser útil. ► **2** *tr.* Cortejar, galantear. ► **3** *prnl.* Tener a bien, dignarse. ▮ «*Servirse* no se usa sino en fórmulas de cortesía y urbanidad. Lo mismo es '*Sírvase* usted pasar adelante', que 'pase usted adelante'. *Dignarse* significa hacer un favor, condescender, rebajarse uno de su dignidad. 'El Rey se *dignó* conferir tal gracia', esto es, 'tuvo la bondad, o condescendió en conferir tal gracia'.» (M). ► **4** *intr.-tr.* DEP. Sacar, lanzar.
sesentón, -ona *adj.-s.* Sexagenario.
sesgo *m.* Oblicuidad, torcimiento, soslayo. **2** Curso, rumbo. ▮ P. ej.: el *sesgo* de los acontecimientos. ► **3 Al sesgo** *loc. adv.* Oblicuamente, de refilón, a soslayo, al bies.
sesgo, -ga *adj.* Torcido, soslayado, oblicuo.
seso *m.* Encéfalo*, cerebro. **2** fig. Prudencia, madurez, cordura, discreción. ≠ Indiscreción, irreflexión, locura. ► **3 Devanarse los sesos** *loc.* Reflexionar, pensar, considerar, meditar, romperse los cascos. ≠ Despreocuparse.
sesteadero *m.* Sestero, sestil.
sesudo, -da *adj.* Prudente, sensato, juicioso, cuerdo, discreto, maduro. ▮ *Sesudo*, en comparación con sus sinónimos, sugiere cierto matiz de pesadez que lo hace propender a teñirse más o menos de ironía. Apreciamos a una persona *sensata*; pero no podemos temer la gravedad excesiva de un personaje *sesudo*.
seta *f.* Hongo.
setentón, -ona *adj.-s.* Septuagenario.
severidad *f.* Seriedad, rigor, rigidez, aspereza. ≠ Comprensión, flexibilidad, amabilidad. ▮ *Rigidez* es falta de flexibilidad en las ideas y en la conducta: el hombre *rígido* es intolerante para sí y para los demás.
severo, -ra *adj.* Rígido, rigoroso, riguroso, inflexible, inexorable. ▮ Estos sinónimos constituyen una serie intensiva. **2** Exacto, puntual. **3** Grave, serio, austero, adusto, seco.
sevillano, -na *adj.-s.* (pers.) Hispalense.
sexagenario, -ria *adj.-s.* Sesentón.
sexagésimo, -ma *adj.-s.* Sesentavo. **2** Sesenta.
sexi, sexy *adj.* Seductor, atractivo.
sexto, -ta *adj.-s.* Seisavo, seiseno.
shock *m.* (anglic.) Choque, conmoción, trauma.
show *m.* (anglic.) Espectáculo, exhibición, función, gala, número.

sialismo *m.* MED. Ptialismo, salivación.
sibarita *adj.-s.* Epicúreo, exquisito, refinado.
sibilino, -na *adj.* Sibilítico, misterioso, oscuro, confuso, indescifrable, ininteligible.
sic *adv. lat.* Así, de esta manera.
sideral *adj.* Sidéreo, estelar, astral, espacial, cósmico, galáctico.
siderosa *f.* Hierro espático, siderita.
sidrería *f.* Chigre (Ast.).
siembra *f.* Sementera.
siempre *adv. t.* Continuamente, constantemente, invariablemente, perpetuamente, eternamente. ≠ Nunca, jamás, variablemente, temporalmente, mortalmente. ► **2 Siempre que** *loc. conj.* Cada y cuando.
siempreviva *f.* Hierba puntera, perpetua amarilla.
sien *f.* Templa.
sierpe *f.* Serpiente.
siervo, -va *s.* Esclavo, ilota*. ≠ Señor, amo, jefe, libre.
siesta *f.* Resistero, resistidero. **2** Meridiana.
sífilis *f.* Gálico, lúe, avariosis (MED.).
sigilo *m.* Silencio, secreto.
sigla *f.* Abreviatura.
siglo *m.* Centuria.
signar *tr.* Firmar. ► **2** *tr.-prnl.* Persignarse, santiguarse.
signatario, -ria *adj.-s.* Firmante.
significación *f.* Significado, sentido, acepción. ▮ *Acepción* es cada una de las significaciones que una voz puede tener. En general se habla de la *significación* o *significado* de las palabras, y del *sentido* de las frases o de las cláusulas. Podemos entender el *significado* de cada una de las palabras y no entender el *sentido* total de la frase en que figuran.
significado, -da *adj.* Conocido, notable, notorio, importante, reputado.
significar *tr.* Denotar, designar, representar. **2** Manifestar, expresar, decir, notificar, declarar. ► **3** *intr.* Representar, tener importancia. ► **4** *prnl.* Distinguirse, hacerse notar, darse a conocer.
signo *m.* Señal, seña. ▮ «Como lo indica la etimología, el *signo* significa y la *señal* señala; y así el *signo* es siempre convencional y arbitrario, y la *señal* puede ser necesaria y natural. Hay, sin embargo, *señales* arbitrarias, como las que se hacen con banderas en los buques de guerra y en las torres de vigía. *Seña*, cuando no es sinónima de *señal*, quiere decir gesto que expresa alguna idea; por ej.: no entiendo las *señas* que me haces; me hicieron *seña* de que o para que entrase. En plural, *señas* se toma por la indicación de la calle y del número de una casa, o de la estatura y facciones de una persona.» (M).
siguiente *adj.* Ulterior, posterior, subsiguiente, subsecuente. ≠ Antecesor, anterior, delantero. ▮ Suele decirse *siguiente* de lo que sigue inmediatamente, en tanto que *ulterior* y *posterior* aluden solo al hecho de ir o estar detrás. Por esto decimos el día *siguiente*, y no *posterior* ni *ulterior*. Aun en los casos en que pueden sustituirse, sentimos *siguiente* como más próximo que los otros. Compárese, las noticias *siguientes* fueron más agradables, con *posteriores, ulteriores*.
silba *f.* Pita, pitada. ≠ Ovación, aplauso.
silbar *intr.-tr.* Pitar.
silbato *m.* Chiflato, pito.
silbido *m.* Pitido, pitío, silbo.
silenciar *tr.* Callar, reservar. **2** Omitir.
silencio *m.* Reserva, sigilo. **2** Mutismo. ≠ Voz, ruido, sonoridad, estruendo. **3** MUS. Pausa.
silencioso, -sa *adj.* Callado, reservado, taciturno, mudo, sigiloso. ▮ Tratándose de una persona habitualmente silenciosa. ▮ «*Silencioso* es el que habla poco y con moderación. *Taciturno* es el que habla poco y con repugnancia. Aquél puede serlo contra su genio, por prudencia, por interés, por obligación; éste lo es siempre por carácter, por hipocondría o por natural inclinación al silencio.» (LH).
silvestre *adj.* Campestre, agreste, rústico, salvaje, montaraz, inculto. ≠ Urbano, culto, educado, refinado. ▮ «*Silvestre* es lo que corresponde a la selva, y un sitio *silvestre* es el que está poblado de árboles y arbustos; *campestre* corresponde a campo, lo que despierta idea de valles, arroyos, yerbas y flores; *agreste* se asocia a ideas de rustiquez, de falta de cultivo, y así no puede llamarse *agreste* un otero cubierto de espigas.» (M).
símbolo *m.* Representación, emblema, alegoría. ▮ *Alegoría* significa gralte. una serie

o grupo de símbolos mientras que el *símbolo* y el *emblema* suelen ser singulares.

simiente *f.* Semilla.

símil *m.* RET. Comparación, semejanza.

similar *adj.* Semejante*, parecido*, análogo. ≠ Distinto, diferente, distante.

similitud *f.* Semejanza, analogía, parecido.

simple *adj.* Sencillo, solo. ► **2** *adj. com.* Bobo, pazguato, paparote, tonto*, mentecato, cándido*.

simplemente *adv. m.* Sencillamente. **2** Absolutamente, sin condición.

simpleza *f.* Bobería, tontería, mentecatez, necedad.

simplicidad *f.* Sencillez, candor, ingenuidad. ≠ Complejidad, dificultad, picardía, heterogeneidad, divisibilidad.

simulación *f.* Ficción*, fingimiento, apariencia, pamema (fam.), paripé (vulg.). ≠ Verdad, sinceridad.

simular *tr.* Fingir, aparentar, imitar. ≠ Realizar, aclarar, crear.

simultáneo, -ea *adj.* Contemporáneo*, sincrónico. ≠ Incompatible, antagónico.

sinalagmático, -ca *adj.* DER. Bilateral.

sincerar *tr.-prnl.* Justificar, exculpar.

sincero, -ra *adj.* Veraz, verdadero, verídico, de buena fe, abierto, franco, sencillo, candoroso, cándido*, ingenuo. ▮ Los cuatro primeros se aplican a personas que hablan o proceden con verdad; *abierto* y *franco* sugieren cierta decisión o energía de carácter. Cuando la sincerdidad proviene de falta de malicia, *sencillo, candoroso,* con más o menos claro sentido irónico; *cándido* e *ingenuo,* se aplican al que fácilmente se deja engañar, al incauto. ▮ «El *sincero* no oculta la verdad; pero el hombre *franco* la dice secamente, desnuda, sin estudio, sin reparo. Si la verdad es desagradable, la *sinceridad* disgusta, la *franqueza* ofende; porque aquella se combina fácilmente con la atención; pero ésta rara vez deja de andar acompañada de la imprudencia, y en muchos casos no está muy distante de la grosería.» (LH).

sincopado, -da *adj.* Semicopado.

síncope *m.* MED. Desmayo, desvanecimiento, congoja, soponcio (fam.).

sincrónico, -ca *adj.* Contemporáneo*.

síndrome *m.* Sintomatología.

sinecura *f.* Poltrona, enchufe, prebenda, momio, ganga*.

sinéresis *f.* GRAM. Comprensión, contracción.

sinfín *m.* Infinidad, sinnúmero.

sinfito *m.* Consuelda, suelda.

singular *adj.* Solo, único. ≠ Plural. **2** fig. Especial, particular. ≠ Ordinario, vulgar. **3** Raro*, extraño, extraordinario, excelente. ≠ Ordinario. ▮ «Hay algo de *singular* en lo *extraordinario,* y algo de *extraordinario* en lo *singular,* sea en buena o en mala parte. *Singular* es el latino *singularis*: solo, único, raro, distinto de los otros, sin concurrencia, sin paridad. *Extraordinario* es lo que está fuera del orden, de la medida común, desusado. Lo *singular* no se parece a lo que existe, porque es de un género particular; mientras que lo *extraordinario* sale de la esfera a que pertenece, es particular en su género. Lo *singular* no es del orden común de las cosas, sino que, por decirlo así, forma clase aparte; lo *extraordinario* no está en el orden corriente de las cosas, es una excepción de la regla (...) La brújula tiene una propiedad que es *singular;* el vapor de agua hirviendo tiene una fuerza *extraordinaria.*» (Ci).

singularidad *f.* Particularidad, peculiaridad, distinción, rareza.

singularizarse *prnl.* Distinguirse, señalarse, significarse. ≠ Confundirse, unirse, vulgarizarse.

singularmente *adv. m.* Separadamente, particularmente, especialmente.

siniestro, -tra *adj.* Izquierdo. ≠ Diestro, derecho. **2** fig. Avieso, perverso, mal intencionado. **3** Infeliz, infausto, aciago, funesto. ≠ Feliz, alegre.

sinnúmero *m.* Infinidad, sinfín, multitud, montón.

sino [1] *m.* Hado, destino, estrella, ventura, suerte.

sino [2] *conj. adv.* Pero, empero* (lit.). ▮ *Pero, empero,* son gralte. conjunciones adversativas 'restrictivas', es decir, expresan una oposición o contrariedad entre las dos oraciones que enlazan, sin que estas se excluyan entre sí, p. ej: 'Es hombre bondadoso, *pero* procura no abusar de su bondad'. La adversativa *sino* es 'exclusiva', es decir, una de las dos oraciones excluye totalmente a la otra, p. ej.: 'No le gustaba salir, *sino* quedarse en casa todo el día'. *Empero*, coincide con *pero* en significado y función sintáctica; su uso es literario y menos frecuente.

sinónimo *m.* Igual, semejante, equivalente, parecido, parejo. ≠ Antónimo, distinto, desigual.

sinopsis *f.* Compendio*.

sinsabor *m.* Pesar, desazón, pena, contrariedad.

síntoma *m.* Señal, indicio*, signo.

sintomatología *f.* Síndrome.

sinuoso, -sa *adj.* Ondulado, tortuoso, quebrado.

sinvergüenza *adj. com.* Desvergonzado, poca vergüenza, inverecundo, cara dura, desfachatado, bribón, pícaro.

sirga *f.* Silga, maroma, cable.

siríaco, -ca *adj.-s.* Sirio, siro. ▮ Este último, esp. cuando entra en composición: *sirocaldeo*.

siringa *f.* Flauta de pan.

sirviente, -ta *s.* Criado*, doméstico, servidor. ≠ Señor, amo, jefe, patrono.

sismo *m.* Seísmo, temblor de tierra, terremoto.

sisón *m.* (ave) Gallarón.

sistema *m.* Método*, plan, procedimiento, norma.

sitiar *tr.* Asediar, cercar, bloquear, ceñir la plaza.

sitio [1] *m.* Lugar, espacio, parte, punto, puesto*, paraje.

sitio [2] *m.* Asedio, cerco.

situación *f.* Posición, disposición, colocación, postura*. **2** Estado. ▮ Aunque *estado* y *situación* pueden intercambiarse a menudo, el primero sugiere algo más habitual y permanente; la *situación* indica comúnmente algo pasajero y accidental. Por esto preferimos decir la *situación* de la bolsa, si consideramos que puede cambiar pronto; y el *estado*, cuando lo estimamos de larga duración.

situar *tr.-prnl.* Colocar*, poner*, emplazar*. ≠ Descolocar, desacomodar, marcharse, coger, sacar. ▮ Este último, tratándose de edificaciones, o de cosas de gran peso o volumen: *emplazar* o *situar* un monumento, un palacio, un cañón.

so *interj.* Jo.

soba *f.* Sobo, sobado, sobadura. **2** fig. Aporreamiento, zurra, tunda, vapuleo.

sobaco *m.* Axila, islilla (p. us.). ▮ *Axila* es voz culta o usada como término científico; *sobaco* es más general y popular.

sobado, -da *adj.* Manido, manoseado, muy usado, ajado.

sobar *tr.* Manosear, palpar. **2** Ajar.

soberano, -na *s.* Rey, monarca. ≠ Siervo. ► **2** *adj.* Elevado, excelente, egregio, grande.

soberbia *f.* Humos, engreimiento, orgullo, arrogancia, altivez, hinchazón, ínfulas, altanería, vanidad*, envanecimiento, fatuidad. ≠ Humildad, modestia. ▮ Entre los sentimientos de estimación excesiva de sí mismo, *soberbia*, *engreimiento* y *orgullo* denotan menosprecio de los demás. *Arrogancia, altivez, hinchazón, ínfulas* y *altanería* hacen pensar más bien en el porte, ademanes, palabras, con que el orgullo se manifiesta. La *vanidad* no supone precisamente desprecio de los demás, sino simple egolatría, sobreestimación de las prendas propias; matices suyos son *envanecimiento*, *presunción*, *humos* y *fatuidad*. **2** Cólera, ira, rabia.

soberbio, -bia *adj.* Orgulloso, engreído, arrogante, altivo*, altanero. **2** Grandioso, magnífico, admirable, espléndido. **3** Fogoso, arrebatado, violento.

sobornable *adj.* Venal.

sobornar *tr.* Untar, corromper, tapar la boca, untar el carro, cohechar. ▮ Este último, tratándose de la administración de justicia.

sobra *f.* Sobrante, exceso, demasía. ≠ Falta, merma, escasez, déficit. → **sobras.**

sobrante *adj. m.* Excedente, sobras, sobrero, exceso. ► **2** *adj.* Demasiado, sobrado, superfluo, innecesario.

sobrar *tr.* Exceder, superar, sobrepujar, pasar la raya, salir de madre. ≠ Sobrar, escasear. ► **2** *intr.* Estar de más, holgar. **3** Quedar, restar.

sobras *f. pl.* Residuos, relieves, restos. **2** Desperdicios, desechos. → **sobra**

sobre [1] *prep.* Encima. ≠ Debajo. **2** Acerca de, con respecto a. **3** Además de.

sobre [2] *m.* Cubierta. **2** Sobrescrito.
sobreabundancia *f.* Superabundancia, plétora.
sobrearar *tr.* Binar.
sobrecarga *f.* Sobornal.
sobrecincha *f.* Sobrecincho, sifué.
sobrecoger *tr.-prnl.* Sorprender, intimidar, asustar. ≠ Tranquilizar, animar. **2** Asombrar*, pasmar.
sobredicho, -cha *adj.* Antedicho, susodicho.
sobrefaz *f.* Sobrehaz.
sobrellevar *tr.* fig. Sufrir, soportar, resignarse, aguantar, conllevar. ≠ Rebelarse, irritarse.
sobrenadar *intr.* Nadar*, flotar.
sobrenatural *adj.* Milagroso, prodigioso. ≠ Natural, humano, normal, explicable.
sobrenombre *m.* Alias, apodo*, mote. ▌El *sobrenombre* no es de por sí despectivo ni burlesco, sino que se añade al nombre propio o al apellido para distinguir a dos personas que tienen el mismo; p. ej.: Plinio el Viejo, para distinguirlo de Plinio el Joven. *Alias, apodo* y *mote* son nombres distintos del propio, y con frecuencia sustituyen a este.
sobreparto *m.* Puerperio (MED.).
sobrepasar *tr.* Exceder, aventajar, superar, rebasar.
sobreponer *tr.* Superponer, añadir, aplicar. ≠ Quitar. ► **2** *prnl.* Dominarse, contenerse. ≠ Irritarse.
sobreprecio *m.* Recargo, aumento. **2** Prima, premio. ▌Cuando el Estado abona determinado *sobreprecio* para estimular las operaciones con determinadas mercancías, este *sobreprecio* recibe el nombre de *prima* o *premio*.
sobrepujar *tr.* Exceder, aventajar, superar, sobrepasar. ≠ Disminuir, perder.
sobresalir *intr.* Campar, campear, dominar, descollar, destacarse, distinguirse, escollar, sobrepasar, sobrepujar, requintar. ≠ Empequeñecerse.
sobresaltar *tr.-prnl.* Asustar, sorprender, intranquilizar, turbar, estremecer*, azorar*. ≠ Aquietar, tranquilizar, calmar, apaciguar, sosegar.
sobresalto *m.* Susto, intranquilidad, temor, inquietud. ▌Las ideas de *intranquilidad, inquietud* y *temor* connotan en *sobresalto* y *susto* el carácter de súbito, impensado, repentino.
sobresueldo *m.* Plus.
sobretodo *m.* Sobrerropa (desus.), abrigo, gabán.
sobreviviente *adj. com.* Superviviente, superstite (DER.).
sobriedad *f.* Templanza*, temperancia, moderación, mesura, frugalidad* (en comer y beber), moderación, parquedad, morigeración. ≠ Apetencia, inmoderación, gula, destemplanza. **2** Concisión, brevedad. ▌Tratándose del lenguaje.
sobrio, -bria *adj.* Moderado*, morigerado, parco, frugal. ▌Este último, referido al comer y al beber. **2** Conciso*, breve.
socapa *f.* Excusa*, pretexto, socolor, rebozo.
socarrar *tr.-prnl.* Chamuscar, sollamar. ▌Cuando se hace con llama, *sollamar*.
socarrón, -ona *adj.-s.* Astuto, bellaco, disimulado, taimado, solapado. **2** Burlón, guasón. ▌*Socarrón* es intensivo, y denota mayor malicia que *burlón* y *guasón*.
socava *f.* Descalce. ► **2** *tr.* Alcorque.
socavar *tr.* Descalzar, minar.
sochantre *m.* Capiscol (dial.), veintenero (dial.), socapiscol.
sociable *adj.* Afable*, tratable, comunicativo.
socializar *tr.* Colectivizar, estatificar, nacionalizar, municipalizar. ▌*Socializar* es transferir al estado o a otras corporaciones u organismos colectivos las propiedades, industrias, etc., particulares. Si es al estado, *estatificar, nacionalizar*; si es al municipio, *municipalizar*. En general, *colectivizar*.
sociedad *f.* Asociación, agrupación, colectividad, entidad, corporación*, círculo, peña, casino, ateneo, hermandad, cofradía, archicofradía, gremio. ▌Cuando se las considera como unidad, *entidad* o *corporación*, esp. si tienen algún carácter público. Según sus fines, las diversas agrupaciones humanas suelen darse denominaciones especiales, como *círculo, peña, casino* (recreativas); *ateneo* (culturales); *hermandad* (benéficas o cooperativas); *cofradía, archicofradía* (religiosas); las profesionales, *gremio* (oficios o ramas de la producción), *colegio*

(profesiones liberales), *sindicato* (obreros o agricultores). **2** Compañía, razón social, empresa. ▮ *Razón social* es el nombre y firma con que es conocida una *sociedad* mercantil o industrial; *empresa*, esp. si es importante.

socio, -cia *s.* Asociado. **2** Sujeto, individuo*, prójimo. ▮ Todos ellos en sentido desp.

socolor *m.* Excusa*, pretexto, rebozo, socapa.

socollada *f.* MAR. Estrechón.

socorrer *tr.* Ayudar*, auxiliar, amparar, asistir, remediar, tender la mano.

socorro *m.* Ayuda, auxilio*, amparo, asistencia, favor, remedio, refugio*. ≠ Desamparo.

sodomía *f.* Pederastia, uranismo.

soez *adj.* Bajo, grosero, basto, vil, indigno. ▮ «*Soez* se dice del hombre asqueroso, desvergonzado, sucio, mal hablado y dado a torpezas. *Bajo*, del humilde, despreciable, abatido y adulador rastrero. *Indigno*, del que por acciones marcadas es desechado en todas partes. *Vil*, del que se dedica a una vida infame, ejerciendo oficios indecorosos y perseguidos en toda república. Al hombre *soez* se le huye; al *bajo* se le tolera; al *indigno* se le desprecia; y al *vil* se le escarnece.» (O).

sofisma *m.* Paralogismo.

sofisticar *tr.* Falsificar*, adulterar, falsear.

sofito *m.* ARQ. Paflón.

soflama *f.* Perorata, prédica, discurso.

sofocar *tr.-prnl.* Ahogar, asfixiar. ≠ Respirar. **2** Apagar, dominar, extinguir, reprimir. ≠ Encender. **3** fig. Avergonzar, abochornar, correr.

sofrenada *f.* Refrenada, sobarbada, sobrefrenada.

sojuzgar *tr.* Sujetar, dominar, someter, avasallar.

solada *f.* Poso, sedimento*.

solado *m.* Pavimento, suelo, piso.

solamente *adv. m.* Sólo, únicamente.

solano [1] *m.* (viento) Rabiazorras.

solano [2] *m.* Hierba mora.

solapado, -da *adj.* Disimulado, fingido, cauteloso, falso, astuto, taimado.

solapar *tr.* fig. Ocultar*, encubrir, fingir, disimular.

solapo *m.* Traslapo.

solar *tr.* Pavimentar.

solaz *m.* Esparcimiento, recreación, recreo, asueto, entretenimiento, diversión*, descanso, alivio.

solazarse *prnl.* Recrearse, entretenerse*, divertirse, esparcirse. ≠ Aburrirse.

soldada *f.* Sueldo*, paga, salario*, estipendio.

solemne *adj.* Formal, válido. ≠ Vulgar. **2** Majestuoso, suntuoso, grandioso, imponente. ≠ Sencillo, vulgar.

soler *intr.* Acostumbrar.

solera *f.* Concha (del molino). **2** Madre, lía (del vino), hez*.

solicitar *tr.* Pretender*, pedir, rogar*, instar, postular*. ≠ Conceder. **2** Requerir. ≠ Conceder. **3** Atraer, invitar, tentar.

solícito, -ta *adj.* Diligente, cuidadoso, afanoso, atento*. ▮ *Diligente* alude principalmente a la ocupación material, a las gestiones y pasos necesarios para conseguir aquel fin. Es *diligente* el hombre activo y trabajador; para ser *solícito*, *cuidadoso* o *afanoso* se necesita además ser complaciente, afectuoso, social. ▮ «*Solícito, diligente*. El primero de estos dos adjetivos explica la ocupación del ánimo, el cuidado, el esmero que ponemos en el acierto o brevedad del negocio o empresa en que estamos empeñados o interesados. El segundo explica la ocupación material, los pasos, los medios que empleamos con actividad para conseguir aquel fin. El pleiteante anda *solícito* porque el procurador anda *diligente*. Del criado se exige, por la misma razón, *diligencia*, y no *solicitud*.» (LH).

solicitud *f.* Diligencia, cuidado, afán, atención, afección, actividad*. **2** Instancia, petición, memorial (antic.), demanda, pedimento. ▮ Los dos últimos, cuando la *solicitud* va dirigida al juez.

solidez *f.* Consistencia, resistencia, firmeza, fortaleza, fuerza*. ≠ Debilidad, blandura, inconsistencia.

sólido, -da *adj.* Firme, fuerte, resistente, consistente. **2** Macizo, denso, compacto. ▮ «Llamamos *sólido* a todo cuerpo que no es fluido, líquido ni aeriforme, y *macizo* al cuerpo cuya *solidez* es muy *densa* y *com-*

pacta. El papel, la paja, la hoja de un árbol son *sólidos*, pero no *macizos*. Es *maciza* una pared de cal y canto.» (M).

soliloquio *m.* Monólogo. ▌Aunque, según su etimología, ambas palabras se intercambian a veces, el uso suele restringir al teatro el empleo de *monólogo*. El *soliloquio* es el habla o discurso de una persona que no dirige a otra la palabra, bien sea de viva voz, bien mentalmente. El *monólogo* dramático es un *soliloquio* del personaje que está solo en la escena.

solio *m.* Trono.

solitaria *f.* Tenia.

solitario *m.* Ermitaño (crustáceo).

solitario, -ria *adj.* Desamparado, desierto, deshabitado*, despoblado, abandonado. **2** Retirado, retraído. ► **3** *adj.-s.* Solo, único. **4** Anacoreta*, ermitaño.

soliviantar *tr.-prnl.* Solevantar, incitar, inducir, sublevar. ≠ Tranquilizar, aquietar, someter.

solo, sólo *adv. m.* Solamente, únicamente.

solo, -la *adj.* Único. **2** Singular, señero. **3** (pers.) Solitario, aislado. **4** (lugar) Desierto, deshabitado, despoblado.

solomillo *m.* Entrecuesto, filete.

soltar *tr.-prnl.* Desatar, desligar, desceñir. ≠ Coger. **2** Desasir. ≠ Sujetar, asir. **3** Libertar, poner, dejar en libertad, excarcelar. ≠ Encarcelar.

soltería *f.* Celibato. ≠ Matrimonio.

soltero, -ra *adj.-s.* Célibe, mancebo (p. us.), mozo.

soltura *f.* Agilidad, destreza*, prontitud, expedición. **2** Desembarazo*, desenvoltura, libertad, desgarro. **3** Lucidez, despejo, elocuencia, labia.

soluble *adj.* Disoluble. **2** Resoluble.

solución *f.* Disolución. **2** Desenlace, término, fin. ≠ Comienzo. **3** Resolución, resultado. ≠ Propuesta.

solventar *tr.* Resolver*, solucionar, zanjar, acertar. ≠ Desarreglar, adeudar.

sollo *m.* Esturión, marón, marión.

somanta *f.* Tunda, zurra, paliza, zamanca.

somático, -ca *adj.* Corporal, orgánico. ≠ Funcional.

sombrerillo *m.* BOT. Sombrero, sombrerete. ▌En los hongos.

sombrío, -a *adj.* Umbrío, sombreado, sombroso, umbroso, umbrátil, opaco*. ≠ Claro, luminoso. **2** fig. Triste, melancólico, tétrico. ≠ Alegre (fig.).

somero, -ra *adj.* Superficial. **2** Sucinto, sumario, sin pormenores, ligero.

someter *tr.-prnl.* Sujetar, rendir, avasallar, dominar, subyugar. ≠ Rebelarse, desobedecer, resistirse, indisciplinarse. ▌«*Someter* puede ser un hecho solo y aislado; *subyugar* supone un estado duradero. Los romanos *sometieron* muchos pueblos, a los que concedieron después los privilegios de municipios y colonias. Estos pueblos estaban *sometidos*, pero no *subyugados*.» (M). ► **2** *tr.* Encomendar, encargar*, cometer, confiar.

sommier *m.* Colchón de muelles.

somnífero, -ra *adj.* Hipnótico, soporífero.

somnolencia *f.* Soñolencia, adormecimiento, sueño*, letargo, sopor. ≠ Ligereza, alacridad, viveza.

son *m.* Sonido*. **2** fig. Tenor, modo, manera. ► **3 Sin ton ni son** *loc. adv.* → **ton**

sonado, -da *adj.* Famoso*, célebre, renombrado. **2** Divulgado, ruidoso, sensacional.

sonajero *m.* Cascabelero.

sonar *intr.* fig. Mencionarse, citarse. ≠ Callar. ► **2** *tr.* Tocar, tañer. ▌Este uso transitivo de *sonar* está hoy en desuso. ► **3** *prnl.* Susurrarse, rumorearse.

sonda *f.* Plomada. **2** CIR. Tienta, catéter.

sondar *tr.* Sondear.

sondeo *m.* (con una sonda) Medición, exploración. **2** Encuesta.

sonecillo *m.* Soniquete.

sonido *m.* Ruido, son, tañido. ≠ Silencio. ▌*Ruido*, el inarticulado, desagradable o confuso; *son*, el agradable, esp. producido con arte; *tañido*, el que se toca en algún instrumento. **2** GRAM. Fonema.

soniquete *m.* Sonecillo. **2** Sonsonete, tonillo.

sonoro, -ra *adj.* Sonante, vibrante, sonoroso (lit.). **2** Resonante, ruidoso.

sonrojar *tr.* Avergonzar, ruborizar, enrojecer, abochornar, sofocar.

sonrojo *m.* Vergüenza*, rubor, bochorno, sofoco. ≠ Impavidez, desvergüenza, palidez. ▌*Bochorno*, *sofoco*, son intensivos.

sonsacar *tr.* fig. Averiguar, investigar, tirar de la lengua.

sonsonete *m.* Soniquete. **2** Tonillo.

soñar *tr.* Ensoñar. 2 fig. Fantasear, hacerse ilusiones.
sopanda *f.* Correón.
sopapo *m.* Solapo. 2 Bofetón.
sopista *m.* Sopón.
soplado, -da *adj.* Pulido, repulido, acicalado. 2 Estirado, engreído, hinchado, hueco, entonado, envanecido.
soplar *tr.* fig. Hurtar*, robar, quitar, birlar. 2 Sugerir, apuntar, inspirar. 3 Acusar, delatar.
soplo *m.* Soplido. 2 fig. Delación.
soplón, -ona *adj.* Delator*, acusón, espía*, acusador*, denunciante*.
soponcio *m.* fam. Desmayo, desvanecimiento, congoja, síncope, ataque*.
sopor *m.* Adormecimiento, somnolencia, sueño*, modorra, letargo, letargia. ≠ Alacridad, despabilamiento, viveza, insomnio.
soporífero, -ra *adj.-s.* Somnífero, hipnótico. 2 Aburrido, fastidioso, tedioso.
soportable *adj.* Tolerable, llevadero, aguantable, pasadero, sufrible.
soportal *m.* Porche, pórtico.
soportar *tr.* Sostener, llevar. 2 fig. Sufrir*, tolerar, padecer, aguantar, sobrellevar.
soporte *m.* Apoyo, sostén, sustentáculo.
sorbete *m.* Helado, mantecado. ▮ Este último, el que se hace con yema de huevo, leche y azúcar.
sorbo *m.* Buche, buchada, bocanada.
sorda *f.* (ave) Agachadiza, rayuelo.
sordamente *adv. m.* Secretamente, ocultamente. ≠ Abiertamente, ruidosamente, claramente.
sórdido, -da *adj.* Sucio. 2 fig. Impuro, indecente. ≠ Decente (fig.). 3 Mezquino, avaro, ruin, miserable, tacaño, despreciable. ≠ Generoso.
sordo, -da *adj.-s.* Teniente. ▮ Este sinónimo indica algo *sordo*, o duro de oído. 2 Callado, silencioso. 3 fig. Insensible, indiferente.
soroche *m.* Amér. Merid. Mal de montaña, apunamiento.
sorprendente *adj.* Asombroso, impresionante, extraordinario, raro, alucinante, flipante (Esp. col.), admirable, maravilloso.
sorprender *tr.* Admirar, asombrar, maravillar, pasmar, chocar.
sortear *tr.* fig. Evitar*, eludir, rehuir, soslayar.
sorteo *m.* Rifa. ▮ *Rifa* es el *sorteo* de uno o más objetos entre varias personas; tiene carácter popular o familiar. *Sorteo* es voz de aplicación general. Toda *rifa* es un *sorteo*, pero no viceversa.
sortija *f.* Anillo.
sosegado, -da *adj.* Tranquilo, quieto*, pacífico, manso, reposado, sentado.
sosegar *tr.-prnl.* Tranquilizar, calmar, pacificar, apaciguar, aplacar*, aquietar. ≠ Irritar, destemplar, intranquilizar.
sosera *f.* Sosería, zoncería, insulsez, insipidez. ≠ Gracia, agudeza, sal.
sosiego *m.* Quietud*, tranquilidad, serenidad, reposo, calma, descanso.
soslayar *tr.* fig. Evitar*, eludir, rehuir, sortear.
soslayo, -ya *adj.* Sesgo, sesgado, soslayado, oblicuo. ▸ 2 **A soslayo** *loc. adv.* Oblicuamente, de refilón, al sesgo, al bies.
soso, -sa *adj.* Insulso, insípido*. 2 fig. Inexpresivo, zonzo, zonzorrión. ▮ *Inexpresivo* es más general y abstracto. Todo lo *soso* es *inexpresvio*, pero no viceversa. Un símbolo puede ser *inexpresivo* para el que no lo entiende, pero no *soso*. *Zonzo* se aplica a personas; *zonzorrión*, intensivo.
sospecha *f.* Desconfianza*, recelo, asomo*. ≠ Confianza, fe, ingenuidad. ▮ «Se *sospecha* el bien o el mal; se *recela* el mal, y no el bien. Una mujer tiene *sospecha* de estar enamorada, y *recelo* de malparir. La *sospecha* supone reflexión; el *recelo* temor o miedo. Un niño no *sospecha* nada, porque le falta la reflexión, que debe servir de fundamento a su *sospecha*; pero *recela*, porque para esto le basta el miedo. Por la misma razón, no se dice de un irracional que *sospecha*, y se dice que *recela*.» (LH).
sospechar *tr.* Barruntar, remusgar, presumir, conjeturar, imaginar, suponer. ▮ Estos sinónimos forman una serie intensiva. 2 Desconfiar, recelar, temer. ≠ Confiar.
sostén *m.* Apoyo, soporte, sustentáculo. 2 Protección, defensa, amparo. 3 Sustento, mantenimiento, manutención.
sostener *tr.* Sustentar, mantener. 2 Proteger, defender*, amparar. 3 Afirmar, sustentar, apoyar, aguantar. 4 Alimentar, mantener, sustentar.

sostenimiento *m.* Sostén, soporte, apoyo. **2** Manutención, mantenimiento, sustento.
sotabanco *m.* Desván, zaquizamí, buhardilla.
sotacola *f.* Ataharre.
sotana *f.* Loba (p. us.).
soterrar *tr.* Enterrar*, inhumar*. **2** fig. Esconder, ocultar, guardar.
spam *m.* (anglic.; en Internet) Correo basura.
spot *m.* (anglic.) Anuncio (publicitario).
spray *m.* (anglic.) Aerosol.
suasorio, -ria *adj.* lit. Persuasivo, convincente.
suave *adj.* Liso, pulido, fino. ≠ Áspero. **2** Blando, muelle. **3** Dulce, agradable, grato, melodioso*. ▌Este último tratándose de la música. **4** Tranquilo, manso, quieto. ≠ Irritable. **5** Lento, moderado. **6** Dócil, apacible. ≠ Bronco.
suavidad *f.* Blandura, lenidad.
suavizar *tr.-prnl.* Pulir, alisar, pulimentar. **2** Mitigar, moderar, templar, calmar, dejar como un guante, aliviar*, aplacar*. ≠ Irritar, destemplar.
subalterno, -na *adj.* Inferior, subordinado, dependiente.
subasta *f.* Licitación, almoneda. ▌Este último, tratándose de muebles, enseres, vestidos, etc.
subcutáneo, -ea *adj.* Hipodérmico.
súbdito, -ta *adj.-s.* Vasallo, ciudadano. ▌*Vasallo* se dice con relación a un monarca o a un señor feudal. *Súbdito* es la denominación general y aplicable a toda clase de regímenes políticos. *Ciudadano*, en los países de régimen democrático.
subentender *tr.-prnl.* Sobreentender.
suberoso, -sa *adj.* Corchoso.
subestimar *tr.* Tener en poco, menospreciar, minimizar, despreciar*.
subida *f.* Ascenso, ascensión, elevación. ≠ Descenso, caída. **2** Cuesta, pendiente, repecho. ≠ Bajada. **3** Alza, aumento, encarecimiento, carestía*, crecida*. ≠ Disminución.
subido, -da *adj.* Alto, elevado. **2** Fino, acendrado.
subir *intr.-prnl.* Ascender, elevarse. ≠ Bajar, descender. **2** Cabalgar, montar. **3** Crecer*, aumentar. ≠ Disminuir. **4** Importar, sumar. ► **5** *tr.* Remontar, trepar. **6** Levantar, alzar, elevar. ≠ Bajar. ► **7** *intr.-tr.* Aumentar, encarecer. ≠ Bajar, rebajar.
súbito *adv. m.* Súbitamente, de sopetón, súpito.
súbito, -ta *adj.* Súpito, improviso, repentino, impensado. **2** Precipitado, impetuoso, violento.
sublevación *f.* Sublevamiento (p. us.), levantamiento, alzamiento, sedición, rebelión, motín, tumulto, algazara, asonada, revuelta, facción, revolución, subversión. ▌Cuando una *sublevación* es considerada con estimación o respeto por parte del que habla, se llama *levantamiento* o *alzamiento*. Si inspira antipatía o es mirada como delito: *sedición* (menos grave) o *rebelión* (más grave). *Motín, tumulto, algazara, asonada, revuelta,* son alteraciones colectivas del orden público, más o menos localizadas y desordenadas. *Facción* es grupo de gentes o tropas en rebeldía contra la autoridad constituida. *Revolución* y *subversión* aluden al trastorno violento que produce el cambio político que de ellas se origina.
sublevar *tr.-prnl.* Amotinar, insurrecionar, levantar, alzar. ≠ Someter, obedecer. **2** Irritar, airar, enojar, soliviantar.
sublimar *tr.-prnl.* Engrandecer, enaltecer, ensalzar, exaltar. ≠ Humillar, denigrar. ▌*Sublimar* tiene significación intensiva.
sublime *adj.* Elevado, levantado, excelso, eminente.
submúltiplo, -pla *adj.-s.* MAT. Divisor, factor.
subordinación *f.* Sujeción, dependencia, inferioridad. **2** GRAM. Hipotaxis.
subordinado, -da *adj.* Sujeto, supeditado, dependiente, inferior, subalterno. **2** GRAM. Hipotáctico.
subrepticio, -cia *adj.* Oculto, furtivo, disimulado.
subsanar *tr.* Remediar, enmendar*, corregir*, reparar, resarcir. ≠ Ratificar, reiterar.
subscribir *tr.* Firmar. **2** Acceder, consentir, adherirse, convenir. ► **3** *prnl.* Abonarse.
subsidio *m.* Socorro, auxilio. **2** Contribución, impuesto.
subsistir *intr.* Permanecer, durar*, conservarse, persistir, continuar. ≠ Pudrirse, perderse. **2** Vivir, existir. ≠ Morir.

substancioso, -sa *adj.* Jugoso, suculento. 2 Alimenticio, nutritivo. 3 fig. Valioso.

subterfugio *m.* Efugio*, escapatoria, pretexto, evasiva.

subterráneo *m.* Soterraño, sótano. ▮ Este último, si está entre los cimientos de un edificio. 2 Metro, metropolitano.

suburbio *m.* Arrabal. ▮ El *suburbio* es el *arrabal* o *barriada* cercanos a una gran ciudad. Las poblaciones pequeñas tienen *arrabales*, pero no *suburbios*.

subvenir *tr.* Auxiliar, ayudar, socorrer.

subversión *f.* Sublevación. ≠ Disciplina, orden, paz. 2 Trastorno, perturbación.

subvertir *tr.* Trastornar, revolver, perturbar, destruir, trastocar.

subyugar *tr.* Dominar, someter*, avasallar, sujetar, aherrojar*. ≠ Rebelar, libertar.

succionar *tr.* Chupar.

sucedáneo, -ea *adj. m.* Sustitutivo.

suceder *intr.* Seguir. ≠ Preceder. 2 Reemplazar, sustituir. 3 Heredar. 4 Acontecer, ocurrir, pasar*.

sucedido *m.* Suceso, hecho, caso, acontecimiento*.

sucesión *f.* Seguimiento, secuencia, serie. 2 Herencia. 3 Prole, descendencia.

suceso *m.* Acontecimiento*, acaecimiento, sucedido, hecho, caso.

sucesor, -ra *adj.-s.* Venideros, descendientes. ▮ En pl. equivale a veces a *venideros*; puede tener el significado de *descendientes*, y en este caso se opone a *ascendientes*, *antepasados*. 2 Continuador. 3 Heredero.

suciedad *f.* Inmundicia, porquería, basura. ≠ Limpieza, pureza.

sucinto, -ta *adj.* Breve*, compendioso, somero, conciso*, lacónico, corto*. ≠ Largo, amplio.

sucio, -cia *adj.* Manchado, impuro, sórdido. 2 Inmundo, puerco, cochino, desaseado. 3 Obsceno, deshonesto.

suculento, -ta *adj.* Jugoso, sustancioso, sabroso.

sucumbir *intr.* Ceder, someterse, rendirse. ≠ Resistirse, aguantar. 2 Caer, perecer*, morir, fallecer. ≠ Vivir. ▮ *Sucumbir* es morir a causa de algún agente exterior. Se *sucumbe* en una batalla, en una epidemia, enfermedad, incendio, naufragio, etc.

sucursal *adj. f.* Hijuela, filial. ▮ La *sucursal* depende de un establecimiento o compañía principal. La *hijuela* y la *filial* se extienden a industrias o negocios que tuvieron su origen en otros y conservan más o menos intereses comunes, aunque tengan régimen y dirección distintos.

sudadera *f.* Sudadero, sudario. 2 Bajera, abajera, sudadero.

sudar *intr.-tr.* Transpirar, resudar, trasudar. ▮ *Transpirar* como palabra escogida, o tecnicismo que designa esta función fisiológica. Los dos últimos significan *sudar* ligeramente. 2 Rezumar, exudar.

sudeste *m.* Sueste. 2 Siroco.

sudor *m.* Transpiración, resudor, trasudor, perspiración, sudoración, diaforesis. ▮ *Resudor* y *trasudor* significan *sudor* ligero. 2 Exudación. 3 fig. Trabajo, fatiga, pena, angustia. ▮ En esta acepción se usa con frecuencia el plural *sudores*.

sudorífero, -ra *adj.-s.* Sudorífico, sudatorio, diaforético (MED.).

suegro, -gra *s.* Padre político, madre política.

suelda *f.* Consuelda, consólida.

sueldacostilla *f.* Vicarios.

sueldo *m.* Remuneración, retribución, estipendio, haber, mensualidad, paga, soldada, semanal, honorarios, gratificación, gajes, emolumentos, salario*. ▮ Tratándose de empleados, *haber* o *haberes*, *sueldo*; *paga* es cada una de las entregas que percibe, generalmente cada mes, por lo cual se llama también *mensualidad*. El *sueldo* periódico que reciben criados y obreros manuales, *salario*; entre campesinos, *soldada*; si es por semanas, *semanal*; si es por días, *jornal*. En las profesiones liberales, *honorarios*, especialmente si no son periódicos. En el lenguaje administrativo, *gratificación*, *gajes* y *emolumentos* son sueldos o utilidades accesorios.

suelo *m.* Solar, terreno. 2 Piso, pavimento. 3 Sedimento*.

suelto, -ta *adj.* Esporádico*. 2 Expedito, ágil, diestro, desembarazado, ligero, veloz. ≠ Torpe, pesado, lento. 3 Libre, atrevido.

sueño *m.* Dormida. 2 Adormecimiento, somnolencia, sopor. ▮ Los dos primeros sugieren una predisposición al *sueño* o estado intermedio entre el sueño y la vigilia; *sopor* puede tener el mismo significado (intensivo), o el de *sueño* morboso y profundo. **3** Deseo, anhelo, aspiración, ansia, ilusión, ideal, proyecto. **4** Ensueño, ensoñación, quimera, ilusión, fantasía.

suerte *f.* Fortuna, ventura, destino, estrella, sino, azar, acaso, casualidad, chiripa, chamba, sombra. ≠ Infortunio, desventura. ▮ Los tres últimos sinónimos son denominaciones populares. **2** Clase, género, especie. ▶ **3 De esta suerte** *loc. adv.* Así, de esta manera. ▶ **4 Tener mala suerte** *loc.* Tener mala pata, estar de malas, haber pisado mala hierba.

suficiencia *f.* Capacidad, aptitud*, competencia, idoneidad. ≠ Ineptitud, incapacidad, escasez.

suficiente *adj.* Bastante, asaz. **2** Capaz, apto*, competente, idóneo.

sufragar *tr.* Costear, satisfacer, pagar*.

sufragio *m.* Ayuda, favor, socorro. **2** Votación, voto.

sufrido, -da *adj.* Pasible, paciente, resignado, tolerante.

sufrimiento *m.* Padecimiento, dolor, tormento, tortura, martirio, dolencia, pena*. **2** Paciencia, conformidad, resignación, tolerancia , aguante.

sufrir *tr.* Padecer. ≠ Gozar. **2** Resignarse, conformarse. **3** Permitir*, aguantar, soportar, tolerar, consentir. ≠ Rebelarse. ▮ «*Sufrir* se dice de un modo absoluto: se *sufre* el mal de que uno no se venga. *Soportar* pertenece más bien a los defectos personales. Se *soporta* el mal humor de las personas que tratamos.» (Ma). **4** Sostener, resistir, soportar. ≠ Rebelarse.

sugerir *tr.* Insinuar, suscitar, incitar, aconsejar. ▮ *Insinuar* significa sugerir indirectamente o de modo muy ligero. El acto de *sugerir* una idea a alguien de forma manifiesta puede ser sinónimo de *suscitar, incitar, aconsejar*.

sugestión *f.* Sugerencia, insinuación, atractivo, fascinación, hechizo. ▮ En el uso actual, *sugerencia* es la acción y efecto de sugerir: *sugestión*, la acción y efecto de sugestionar. En este sentido, *sugerencia* puede ser sinónimo de *insinuación*; y *sugestión*, de *atractivo, fascinación, hechizo*.

suizo, -za *adj.-s.* (pers.) Esguízaro, helvecio (p. us.), helvético. ▮ Hablamos de los cantones *esguízaros* en la historia; de la confederación *helvética*; *helvecio* es de raro uso en la actualidad. Tratándose de personas de aquella nacionalidad, hoy solo usamos *suizo*.

sujeción *f.* Sumisión, obediencia, subordinación. ≠ Libertad, insumisión. **2** Unión, ligadura, atadura, traba. ≠ Desunión, libertad.

sujetar *tr.-prnl.* Asir, afirmar, atar*, comprimir*. ≠ Soltar. **2** Someter, dominar, avasallar, subyugar, coercer*. ≠ Rebelar.

sujeto *m.* desp. Individuo*, socio, prójimo. ▮ Los dos últimos acentúan su carácter despectivo.

sujeto, -ta *adj.* Expuesto, propenso.

suma *f.* Adición. **2** Total. **3** Compendio, recopilación, resumen, sumario. ▶ **4 En suma** *loc. adv.* En definitiva, por último, finalmente, en conclusión.

sumar *tr.* Adicionar, añadir*. ≠ Restar. ▮ *Adicionar* es añadir una cantidad a otra u otras. **2** Ascender a, subir a, elevarse a, montar a, sumar, importar, totalizar. ▮ Tratándose de facturas, cuentas, etc. ▶ **3** *prnl.* Adherirse, agregarse. ≠ Separarse.

sumario *m.* Resumen, compendio*, suma, extracto, sinopsis.

sumario, -ria *adj.* Breve*, sucinto, abreviado, resumido, corto*.

sumergible *m.* Submarino.

sumergir *tr.-prnl.* fig. Abismar, hundir, sumir, irse a pique, naufragar, anegar*, ahogar.

sumersión *f.* Inmersión, baño. ▮ *Inmersión* es el acto de introducir algo en un líquido, ya sea total o parcialmente; la *sumersión* es *inmersión* total hasta quedar cubierto por el líquido. Ambos sinónimos equivalen a baño, especialmente tratándose del cuerpo.

suministrador, -ra *adj.-s.* Abastecedor*, proveedor, aprovisionador.

suministrar *tr.* Proporcionar*, facilitar, proveer, aprovisionar, surtir, abastecer*.

sumir *tr.* Hundir, meter, sumergir, abismar. **2** LITURG. Consumir.

sumiso, -sa *adj.* Obediente, subordinado, dócil, bienmandado. ≠ Rebelde, indisciplinado, desobediente. **2** Rendido, subyugado, avasallado. ≠ Rebelde.

sumo, -ma *adj.* Supremo. ≠ Ínfimo, mínimo. **2** fig. Muy grande, enorme. ≠ Ínfimo, mínimo.

suntuosidad *f.* Magnificencia, esplendor, esplendidez, lujo, fausto. ≠ Sencillez, modestia, ahorro.

suntuoso, -sa *adj.* Magnífico, esplendoroso, espléndido, lujoso, fastuoso, regio. **2** Ostentoso, pomposo.

supeditar *tr.-prnl.* Sujetar, someter, dominar, oprimir, avasallar. ≠ Rebelar.

superabundancia *f.* Sobreabundancia, plétora.

superar *tr.* Sobrepujar, exceder, aventajar, ganar, vencer.

superchería *f.* Engaño, dolo, fraude, impostura, mentira. ≠ Verdad.

superdominante *f.* MUS. Sexta.

superficial *adj.* Somero, ligero. **2** Aparente. ≠ Hondo. **3** Frívolo, insustancial. ≠ Reflexivo.

superfluidad *f.* Exceso*, sobra, demasía, redundancia. ≠ Utilidad, escasez, modestia. ▮ Este último, tratándose de palabras.

superfluo, -flua *adj.* Innecesario, inútil, sobrante, excesivo, redundante. ▮ Este último, si es de palabra.

superintendencia *f.* Sobreintendencia.

superior, -ra *s.* Prior. ▮ En las comunidades religiosas.

superioridad *f.* Preeminencia, excelencia, ventaja. ≠ Inferioridad. **2** Preponderancia, supremacía. ≠ Inferioridad.

superponer *tr.* Sobreponer, aplicar.

superviviente *adj. com.* Sobreviviente, superstite.

suplente *adj. com.* Sustituto, reemplazante.

súplica *f.* Ruego, instancia, petición.

suplicar *tr.* Rogar*, instar, implorar, impetrar. ≠ Conceder, atender. ▮ «*Suplicar, rogar.* Ambos significan pedir un favor; pero el primero supone respeto; el segundo supone humildad. El que *suplica*, pide, con justicia o por gracia, lo que depende de la voluntad ajena; el que *ruega*, pide siempre por pura gracia, lo que depende de la voluntad de otro. Un pretendiente *suplica*; un pecador *ruega*.» (LH).

suplicio *m.* Tormento, tortura. **2** Patíbulo, cadalso, potro. **3** fig. Dolor*, padecimiento, sufrimiento.

suplir *tr.* Completar, suplementar. **2** Reemplazar*, sustituir.

suponer *tr.* Presumir, creer, conjeturar, figurarse, pensar. → **sospechar** **2** Implicar, traer consigo, sospechar.

suposición *f.* Hipótesis, supuesto, presunción, conjetura*, barrunto, atisbo, corazonada, barrunte*. ▮ En el terreno científico, *hipótesis, supuesto*; en la vida corriente, *presunción, conjetura*. La *presunción*, la *conjetura* y la *suposición* pueden carecer de toda base y ser simples *barruntos, atisbos* o *corazonadas*. Una *hipótesis* debe ser razonada, coherente, y se admite provisionalmente mientras no surja otra mejor. La *suposición* puede ser fundada o gratuita, y nos servimos de ella en la vida práctica. La *hipótesis* es especulativa.

supremacía *f.* Dominio, superioridad, preeminencia, preponderancia.

supremo, -ma *adj.* Sumo, altísimo. **2** Culminante, último, decisivo.

suprimir *tr.* Abolir*, anular. ≠ Autorizar. **2** Quitar. ≠ Dar. **3** Omitir, callar, pasar por alto. ≠ Incluir.

supuesto *m.* Suposición*, conjetura*.

supuesto, -ta *adj.* Hipotético, conjetural, presunto, apócrifo*. ▮ «Lo *supuesto* no existe; lo *presunto* tiene una existencia desconocida. Lo *presunto* supone realidad, aunque con incertidumbre acerca del sujeto. Se ha cometido un delito, y hay un *presunto* reo. Cuando no consta el autor de una obra, y se atribuye a muchos, todos ellos son autores *presuntos*.» (M).

supuración *f.* MED. Purulencia, pus, piosis.

suputar *tr.* ASTRON. Computar, calcular.

sur *m.* Mediodía, austro. ≠ Norte, ártico, septentrión.

surco *m.* Carril, sulco (antic.). **2** Señal, hendedura. **3** Arruga. ▮ En la cara o en cualquier parte del cuerpo. **4** CIR. Crena.

surgidero *m.* Fondeadero.

surgir *intr.* Brotar, manar, surtir. **2** Fondear. **3** fig. Salir, alzarse, manifestarse, aparecer. ≠ Ocultarse.

surrealismo *m.* Superrealismo.

surrealista *adj. com.* Superrealista.

surtido, -da *adj.-s.* Mezclado, variado.
surtidor *m.* Salteadero, surtidero.
surtir *tr.* Proveer, aprovisionar, suministrar, abastecer*. ▶ 2 *intr.* Brotar, surgir, manar.
surto, -ta *adj.* Fondeado, anclado.
susceptible *adj.* Capaz, dispuesto, apto. ≠ Incapaz. 2 Picajoso, quisquilloso, sentido, delicado, puntilloso.
suscitar *tr.* Promover, levantar, incitar, sugerir*.
suspender *tr.* Colgar, levantar. 2 Detener, interrumpir, parar*, cesar*, diferir*. ≠ Impulsar. 3 Desaprobar, reprobar, calabacear, dar calabazas, catear, colgar, revolcar. ▮ Los cinco últimos, entre estudiantes. 4 Admirar, embelesar, maravillar, asombrar, pasmar.
suspense *m.* Intriga, misterio.
suspensión *f.* Detención, parada, interrupción, cesación, pausa, aplazamiento*. 2 Admiración, embeleso, asombro, pasmo. 3 **Suspensión de hostilidades** Armisticio, tregua.
suspenso *m.* Calabazas, cate. ▮ Entre estudiantes.
suspenso, -sa *adj.* Admirado, atónito, pasmado, absorto*. 2 Indeciso, perplejo.
suspicacia *f.* Desconfianza*, recelo, escama (fam.), sospecha, malicia. ≠ Confianza, credulidad, sinceridad.
suspicaz *adj.* Receloso, desconfiado, mal pensado, escamado, escamón. ≠ Confiado, crédulo, sincero.
suspirado, -da *adj.* Deseado, anhelado, apetecido, ansiado.
sustentáculo *m.* Apoyo, sostén, soporte.
sustentar *tr.-prnl.* Sostener, soportar, aguantar. ≠ Soltar. 2 Defender, amparar, apoyar. ≠ Negar. 3 Alimentar, mantener*. ≠ Desnutrir.
sustento *m.* Alimento, mantenimiento, manutención.
sustitución *f.* Reemplazo, relevo.
sustituir *tr.* Reemplazar, suplir, relevar.
sustitutivo, -va *adj.-s.* Sucedáneo.
sustituto, -ta *adj.-s.* Suplente.
susto *m.* Sobresalto, espanto. ▮ «*Susto* y *espanto* explican una consternación del ánimo ocupado de pronto por un objeto o accidente imprevisto. La diferencia que hay entre ellos es que *susto* es análogo al miedo; el *espanto*, al horror o a la admiración. Un sueño horroroso espanta a un hombre que no tiene miedo. Un pequeño ruido asusta de noche a un cobarde. La inesperada explosión de una mina volada puede espantar a un soldado, el cual se avergonzará de decir que se asustó, porque este efecto supondría miedo.» (LH). → **miedo**
sustracción *f.* MAT. Resta. 2 Robo, hurto.
sustraer *tr.* Apartar, separar, extraer, quitar. 2 Hurtar*, robar. 3 MAT. Restar.
susurrar *intr.* Murmurar. ▶ 2 *prnl.* Rumorearse, runrunearse, sonarse.
susurro *m.* Murmullo, murmurio, rumor.
sutil *adj.* Delgado, delicado, tenue, fino. 2 fig. Agudo, ingenioso, perspicaz.
sutileza *f.* Perspicacia, agudeza, penetración, ingenio. ≠ Tontería, estupidez, cortedad. 2 Argucia, sutilidad, ingeniosidad. ≠ Tontería.

t

taba *f.* Taquín, astrágalo.
tabalear *tr.* Atabalear. ▶ **2** *intr.* Tamborilear, tamborear, tocar.
tabaque *m.* Altabaque.
tabardillo *m.* (fiebre) Pinta.
tabarra *f.* Lata, tostón.
taberna *f.* Tasca (desp.).
tabes *f.* MED. Consunción.
tablar *m.* Tablero.
tablas *f. pl.* Empate. ▮ Esp. en el juego de ajedrez. **2** Escenario. **3** TAUROM. Barrera.
tableta *f.* Tabloncillo. **2** Pastilla, comprimido.
tabuco *m.* desp. Chiscón, cuchitril, chiribitil, zaquizamí, tugurio.
taburete *m.* Banquillo, alzapiés.
tacañería *f.* Mezquindad, ruindad, cicatería, avaricia*, miseria, roñería. ≠ Esplendidez, generosidad.
tacaño, -ña *adj.-s.* Miserable, ruin, mezquino, roñoso, cicatero, avaro, avariento*.
tacha *f.* Tilde, falta, defecto, mancha, mácula, mancilla, impureza, desdoro. ≠ Perfección, honor.
tachar *tr.* Borrar, rayar, testar (antic.), suprimir, anular*. **2** Culpar, censurar, tildar, notar*.
tácito, -ta *adj.* Callado*, silencioso. ≠ Hablador. **2** Implícito, supuesto, sobreentendido. ≠ Explícito.
taciturno, -na *adj.* (pers.) Callado*, silencioso*. ≠ Locuaz. **2** Triste, melancólico, pesaroso, apesadumbrado. ≠ Alegre, optimista.
taco *m.* Baqueta. **2** Bloque. **3** Palabrota, grosería, voto*, juramento, reniego.
táctica *f.* fig. Habilidad, tacto, tiento, diplomacia.
tactismo *m.* Taxia.
tacto *m.* Tiento. **2** Habilidad*, tiento, mano izquierda (irón.), táctica, política, diplomacia, mundología (irón.), sagacidad, discreción, destreza, acierto*. ≠ Inhabilidad.
tafilete *m.* Marroquí (cuero).
tahalí *m.* Tiracol, tiracuello.
tahona *f.* Atahona (desus.). ▮ Este sinónimo fue muy usado por los autores clásicos. **2** Panadería.
tahúr, -ra *adj.-s.* Jugador*. **2** Fullero, tramposo, cuco, chamarillero.
taimado, -da *adj.-s.* Astuto, bellaco, pícaro, tuno, tunante, zorro, cuco.
taimería *f.* Cuquería, picardía, malicia, astucia, tunería. ≠ Sinceridad, ingenuidad.
tajamar *m.* Espolón.
tajar *tr.* Cortar, hender, partir, dividir. ▮ *Tajar* supone cierta intensidad de la acción, tanto en su sentido recto como en el fig.; p. ej.: *tajar* cabezas, diferencias de intereses, litigios, etc.
tajo *m.* Corte, incisión*. **2** Filo. **3** Escarpa. **4** (pedazo de madera) Picador, tajadero, tajador, tajón. **5** Tarea, faena.
tal [1] *adj.* Igual, semejante.
tal [2] *adv. m.* Así, de esta manera, de esta suerte.
tala *f.* (juego de muchachos) Billalda, billarda (p. us.), toña.
taladrar *tr.* Horadar*, agujerear, perforar.
talante *m.* Semblante, disposición, humor. **2** Voluntad, deseo, gusto.

talar *tr.* Cortar, arrasar. ▌*Talar* se usa únicamente tratándose de árboles. **2** Destruir, arruinar, devastar, arrasar.

talento *m.* Ingenio, inteligencia, entendimiento, capacidad. ≠ Cortedad, tontería, inhabilidad, desconocimiento.

talismán *m.* Varita mágica, varita de las virtudes, amuleto. ▌*Amuleto* es un *talismán* que se lleva encima.

talón *m.* Calcañar, zancajo.

talque *m.* Tasconio.

talla *f.* Escultura. ▌Esp. si es de madera. **2** Estatura, alzada. ▌*Estatura*, en el hombre; *alzada*, en las caballerías.

tallar *tr.* Entallar. **2** Tasar, apreciar, valuar, valorar*, evaluar.

talle *m.* Cintura. **2** fig. Traza, apariencia.

taller *m.* Obrador, estudio. ▌La palabra *taller* ha sustituido a la antigua *obrador* para designar en general la oficina donde se hace un trabajo manual; sin embargo, *obrador* predomina todavía en algunos oficios, como el de cerero, del confitero y de la planchadora. El pintor y el el escultor trabajan en su *taller* o *estudio*; el químico y el farmacéutico, en el *laboratorio*.

tallo *m.* Tronco, troncho, caña. ▌El *tallo* de los árboles y arbustos, *tronco*; el de las hortalizas, *troncho*; el de las gramináceas, *caña*. **2** Renuevo, vástago.

talludo, -da *adj.* fig. Crecido, alto. ≠ Seco, verde, joven.

tamaño *m.* Magnitud, grandor, grandeza*, dimensión, volumen, extensión (de una superficie).

tamarisco *m.* Taray, tamariz, taraje.

tambalear *intr.-prnl.* Trastrabillar, bambolear, oscilar, vacilar. ≠ Aquietarse, inmovilizarse.

también *adv. m.* Asimismo, de la misma manera, igualmente. **2** Además, aun*, incluso.

tambor *m.* Parche, caja (antic.). ▌Por sinécdoque, *parche*; *caja*, de uso general en los clásicos, es hoy antigua y únicamente se conserva en algunos modismos o frases hechas, como *echar a uno con cajas destempladas, ¡oído a la caja!*

tamboril *m.* Atabal (p. us.), tímpano (lit.), tamborín, tamborino, timbal. ▌*Tímpano* evoca la antigüedad clásica.

tamborilear *intr.* Tabalear, tamborear.

tanda *f.* Turno, vez, relevo*.

tangerino, -na *adj.-s.* (pers.) Tingitano.

tangible *adj.* Tocable, palpable. ≠ Impalpable, inasequible, incierto. ▌*Tocable* se refiere principalmente a las cosas materiales. *Palpable* y *tangible*, a lo material y a lo figurado. Un bulto *tocable, palpable* o *tangible*. Las consecuencias *palpables* o *tangibles* de una doctrina, de una resolución.

tantear *tr.* Probar, ensayar, examinar. **2** Esbozar, bosquejar.

tanto *m.* DEP. Punto, gol.

tañer *tr.* Tocar*.

tañido *m.* Toque, son, sonido*.

tapa *f.* Tapadera. **2** Cubierta (en los libros).

tapar *tr.-prnl.* Cubrir, cerrar. ≠ Descubrir, abrir. **2** Atascar, atorar, obstruir*. ≠ Desembozar, desatascar, desobstruir. **3** Abrigar, arropar, proteger. **4** fig. Ocultar*, encubrir.

tápara *f.* Alcaparra.

tapioca *f.* Mañoco.

tapir *m.* Danta.

tapizar *tr.* Forrar, revestir, recubrir, alfombrar (el suelo).

tapsia *f.* Zumillo.

taquígrafo, -fa *s.* Estenógrafo.

taracea *f.* Ataracea, marquetería, mosaico de madera.

taracear *tr.* Ataracear, incrustar.

tarambana *adj. com.* Ligero, alocado, irreflexivo, aturdido.

tarasca *f.* Tazaña (dial.). **2** Gomia.

taray *m.* Tamarisco, tamariz, taraje.

tarayal *m.* Taharal.

tardanza *f.* Demora, dilación, lentitud, detención, retraso. ≠ Ligereza, alacridad.

tardar *intr.-prnl.* Demorarse, retrasarse, detenerse. ≠ Aligerar, adelantarse, apresurarse, acelerar.

tardío, -a *adj.* Retrasado, moroso. ▌«*Tardío* es lo que tarda, cualquiera que sea la causa de su tardanza; *moroso* es lo que tarda por lentitud o pesadez. No decimos cosecha *morosa*, sino *tardía*; ni hombre *tardío*, sino *moroso*.» (M). **2** Pausado, lento, tardo, despacioso.

tardo, -da *adj.* Lento, despacioso, pausado, perezoso, tardío. **2** Rudo, torpe, boto.

tarea *f.* Labor, obra, trabajo*, faena, tajo, ocupación*. ≠ Descanso, pasividad.

tarifa *f.* Arancel. ▮ *Arancel,* si es oficial y se refiere a derechos o impuestos que hay que pagar. Si se trata de precio por servicios, *tarifa* y no *arancel.* Así decimos *arancel* de aduanas, pero *tarifa* de transportes, de electricidad, de teléfonos.

tarjeta *f.* Papeleta, cédula, ficha. **2** ELECTR. Placa.

tarquín *m.* Cieno, lama, légamo, limo, lodo, fango, barro.

tarrasense *adj. com.* Egarense.

tarreña *f.* Tejoleta.

tarro *m.* Frasco. **2** col. Cabeza, coco (col.).

tarta *f.* Pastel.

tartamudear *intr.* Tartajear.

tartamudo, -da *adj.* Tartajoso, farfalloso.

tártaro *m.* Rasura.

tartera *f.* Fiambrera.

tarugo *m.* Zoquete.

tasa *f.* Tasación, valoración, evaluación. **2** Postura, precio máximo. **3** Medida, regla.

tasajo *m.* Tajada.

tasar *tr.* Estimar, apreciar, valorar*, evaluar. **2** Graduar, regular, limitar, medir.

tatarabuelo, -la *s.* Rebisabuelo.

tataranieto, -ta *s.* Rebisnieto.

taumatúrgico, -ca *adj.* Maravilloso, prodigioso, milagroso, mágico, hechicero.

tea *f.* Cuelmo.

teatro *m.* Drama, farándula, escena, espectáculo. ▮ *Drama* y *teatro* se aplican al género dramático, y todos ellos pueden referirse al arte o el universo teatral.

tebeo *m.* Cómic, historieta.

teca *f.* Relicario.

techo *m.* Techado, techumbre. **2** fig. Casa, habitación, hogar, domicilio.

tecle *m.* MAR. Andarivel.

tedio *m.* Aburrimiento, desgana, hastío, fastidio. ≠ Entretenimiento, afán.

tejano, -na *adj.-m.* Vaquero, jeans (anglic.), mezclilla.

tejar *m.* Tejería, tejera.

tejaroz *m.* Alero.

tejavana *f.* Cobertizo*.

tejedor *m.* (insecto) Zapatero.

tejón *m.* (mamífero) Tasugo.

tejuelo *m.* MEC. Rangua, tajuelo, tejo.

tela *f.* Paño. **2** fig. Asunto, materia.

teleología *f.* Finalismo.

telepatía *f.* Doble vista, telestesia.

teletipo *m.* Teleimpresor.

tema *m.* Asunto, cuestión, motivo. **2** Porfía, obstinación. **3** Manía, idea fija. ▸ **4** *f.* (del discurso) Perístasis (RET.), argumento.

tembladal *m.* Tremedal.

temblar *intr.* Tremer (lit.). **2** Rilar, titiritar, tiritar, estremecerse, vibrar, trepidar. ▮ *Tiritar,* cuando es de frío. *Estremecerse* es *temblar* con movimiento agitado y súbito, a causa de un sobresalto, escalofrío, etc.; *vibrar* y *trepidar* significan *temblar* con movimientos breves y rápidos.

tembloroso, -sa *adj.* Tembloso, tembleque, trémulo, tremulante.

tembloteo *m.* Tembloreo.

temer *tr.* Sospechar, recelar, no saber dónde meterse, ciscarse de miedo. ≠ Creer, confiar.

temerario, -ria *adj.* Imprudente, arriesgado, osado, inconsiderado. ▮ *Temerario* intensifica el significado. Por esto hay un delito de *imprudencia temeraria,* más grave que la simple *imprudencia.*

temeridad *f.* Imprudencia, atrevimiento, inconsideración, arrojo*. ≠ Prudencia, reflexión, cobardía.

temeroso, -sa *adj.* Temible, aterrador, espantoso. **2** Medroso*, irresoluto, pusilánime, miedoso, cobarde. **3** Receloso, desconfiado.

temible *adj.* Formidable, espantoso, aterrador. ▮ «*Temible* es lo que inspira temor; *formidable* es lo que inspira asombro y espanto. El rigor es *temible*; la crueldad es *formidable.*» (M).

temor *m.* Miedo*, cobardía. ▮ «El *temor* es muchas veces efecto de la prudencia; el *miedo,* de la imaginación; la *cobardía,* del temple y de la constitución física. Los niños tienen *miedo* a la oscuridad, y muchos ignorantes lo tienen a las apariciones y fantasmas. La *cobardía* lleva consigno el desprecio y la deshonra.» (M).

temoso, -sa *adj.* Tenaz, obstinado, porfiado, terco.

temperancia *f.* Templanza, moderación. ≠ Destemplanza, irritación.

temperie *f.* Temperamento, temperatura, temple.

tempestad *f.* Temporal, tormenta, borrasca, tronada. ≠ Calma, tranquilidad. ▮ Este último, cuando la *tempestad* es de truenos.

tempestuoso, -sa *adj.* Tormentoso, borrascoso.

templadamente *adv. m.* Temperadamente, moderadamente, mesuradamente, parcamente.

templado, -da *adj.* Moderado*, mesurado, sobrio, parco. **2** Tibio. **3** Sereno, valiente, impávido.

templador *m.* Martillo.

templanza *f.* Temperancia, frugalidad, abstinencia, continencia, sobriedad, moderación, morigeración. ▮ Los tres últimos, referidos a las costumbres; *frugalidad*, a comer y beber; *abstinencia* y *continencia* a todo lo material.

templar *tr.-prnl.* Moderar, suavizar, mitigar. **2** Aplacar, atenuar, sosegar. ≠ Destemplar, irritar. **3** MUS. Afinar, entonar. ≠ Desafinar.

temple *m.* Temperatura. **2** fig. Disposición, índole, genio, carácter*, humor*. **3** Arrojo, valentía, impavidez.

templo *m.* Iglesia.

temporal *adj.* Seglar, secular, profano. ► **2** *m.* Tempestad, tormenta.

temporalizar *tr.* Secularizar. ▮ Tratándose de lo eclesiástico.

temprano *adv. t.* Tempranamente, pronto. ≠ Tarde.

temprano, -na *adj.* Precoz, prematuro, adelantado, anticipado. ≠ Tardo, retrasado, maduro.

tenacidad *f.* Firmeza, fuerza, resistencia. **2** Constancia, obstinación*, porfía.

tenacillas *f. pl.* Mediacaña, pinzas. ▮ Las que se usan para rizar el pelo, *mediacaña*. Las que sirven para coger alguna cosa, *pinzas*.

tenaz *adj.* Firme, fuerte, resistente. **2** fig. Constante*, obstinado, porfiado, terco*, testarudo, contumaz*.

tendel *m.* Tortada (ALBAÑ.).

tendencia *f.* Inclinación*, propensión*, instinto.

tender *tr.-prnl.* Desdoblar, extender, desplegar. ≠ Encoger, doblar, plegar. **2** Esparcir. ≠ Reunir. **3** Propender, inclinarse, tirar a. ▮ P. ej.: el tiempo *tiende, propende, se inclina, tira, a* mejorar. ► **4** *prnl.* Tumbarse, echarse. ≠ Levantarse, incorporarse, erguirse.

tenebroso, -sa *adj.* Oscuro, sombrío. ≠ Claro, brillante, alegre.

tener *tr.* Poseer, contener, comprender. ≠ Carecer. **2** Asir, mantener, sostener. ≠ Soltar, desasir, liberar. **3** Considerar, juzgar, reputar, estimar, apreciar.

tenería *f.* Curtiduría.

tenia *f.* Solitaria.

tensar *tr.* Atirantar, tesar, estirar.

tensión *f.* Tirantez. ≠ Flojedad, blandura, doblamiento. **2** Presión. ▮ Tratándose de los gases o de la *tensión* arterial.

tenso, -sa *adj.* Tirante. ▮ *Tenso* se usa especialmente en marina.

tentáculo *m.* Tiento.

tentar *tr.* Tocar*, palpar. ▮ «*Tocar* es aproximar una parte del cuerpo a otro, de modo que haya entre ellos el menor intervalo posible; *tentar* es tocar con alguna intención determinada, como la de averiguar la dureza del cuerpo que se toca; *palpar* es tocar con toda la parte interior de la mano.» (M). **2** Instigar, inducir, incitar, provocar. **3** Intentar, tantear, probar.

tentativa *f.* Intento, tanteo, prueba, ensayo.

tenue *adj.* Leve*, ligero, delicado, delgado, fino, débil. ≠ Gordo, resistente.

teñible *adj.* Tingible (TECN.).

teñir *tr.* Entintar, tintar, tinturar (p. us.). ▮ Ambos, si se trata de colores artificiales; pero tratándose del color que naturalmente adquieren las cosas no puede usarse más que *teñir*: *entintar, tintar* o *teñir* un traje; a fines de primavera los sembrados se *tiñen* (no *tintan* ni *entintan*) de amarillo.

teoría *f.* Procesión, serie, fila, defile. ≠ Práctica, comprobación. ▮ En su sentido etimológico, *teoría* significaba en la ant. Grecia *procesión*, como la *teoría* de las Panateneas. De aquí proviene el uso literario moderno por *serie, fila, defile*; p. ej.: una hermosa *teoría* de muchachas.

teórico, -ca *adj.* Especulativo.

tepe *m.* Césped, gallón.

tercero *m.* Alcahuete, encubridor, proxeneta. **2** Terciario. ▮ El que pertenece a la orden *tercera* fransciscana, dominicana o carmelita.

tercero, -ra *adj.-s.* Tercio, terciario, mediador, tercera persona. ▮ Tratándose de orden o grado, *terciario*.

terceto *m.* MUS. Trío.

terciar *intr.* Mediar, interponerse, intervenir. ▸ 2 *prnl.* Venir bien, ser oportuno, estar a mano.

terciopelo *m.* Velludo.

terco, -ca *adj.* Voluntarioso, constante*, tenaz, tesonero, tozudo, testarudo, obstinado, porfiado, pertinaz, terne, cabezón, cabezudo, cabezota. ▌ Los cuatro primeros son estimativos y forman una serie intensiva. Todos los demás, incluyendo a *terco*, son desestimativos. ▌ «El *obstinado* persiste en sus opiniones; el *tenaz*, en su conducta; el *testarudo* lleva su persistencia hasta la temeridad y la obcecación.» (M).

terebinto *m.* Albotín, cornicabra.

tereniabín *m.* Maná líquido.

tergiversar *tr.* Deformar, falsear, torcer las palabras, tomar el rábano por las hojas, echar a mala parte.

terliz *m.* Cotí, cutí.

terminación *f.* Extremo, final, conclusión, consumación, término*. ≠ Comienzo, inauguración. 2 **Terminación flexional** GRAM. Desinencia, flexión.

terminante *adj.* Claro, concluyente*, decisivo, categórico, definitivo.

terminar *intr.-tr.* Acabar, rematar, concluir, finalizar, ultimar, finiquitar (fam.). ≠ Empezar, inaugurar. ▌ *Terminar* y *acabar* pueden referirse al tiempo, al espacio o a una obra cualquiera: el plazo *termina*, o *acaba*, el día 10; aquí *termina*, o *acaba*, el término municipal; el palo *termina*, o *acaba*, en punta; pronto *terminaré*, o *acabaré*, esta carta. *Rematar* tiene los mismos usos, pero es vulgar aplicado al tiempo: mañana *remata* el plazo. Aplicado a una obra, significa darle los últimos toques: *rematar* una prenda de vestir. *Concluir* no se emplea hablando de espacio: la finca *termina*, o *acaba* (no *concluye*) en aquella loma. *Finalizar* pertenece al estilo literario, o al administrativo: la admisión de instancias *finaliza* este mes. *Ultimar* se refiere solo a una obra o trabajo: se *ultima* la construcción del puente; *ultimar* un asunto. Coincide con *rematar* (aunque es más literario) en la acepción de dar a una obra los últimos toques.

término *m.* Fin, final, conclusión, terminación, extremo, consumación, remate. ▌ «El *término* es el *fin* de alguna cosa material o inmaterial, y en este su sentido recto, es sinónimo de *fin*. El *fin* se refiere a la cosa que cesa; el *término* a la cosa que se completa.» (LH). 2 Hito, mojón. 3 Límite, linde, confín*, raya, demarcación, frontera. 4 Plazo. 5 Palabra, vocablo, voz, expresión.

terminología *f.* Nomenclatura. ▌ La *tecnología* es la *terminología* exclusiva de una ciencia o arte.

ternario *m.* Triduo.

ternario, -ria *adj.* Trino.

terne *adj. com.* Valentón, jaque. ▸ 2 *adj.* Perseverante, obstinado, terco. 3 Fuerte, robusto.

ternera *f.* Chota, becerra, jata, novilla, magüeta, utrera. ▌ La *ternera* de dos o tres años, *novilla* o *magüeta*; la de dos años, *utrera*.

terneza *f.* Ternura. 2 Requiebro, flor, piropo.

ternilloso, -sa *adj.* Cartilaginoso.

terno *m.* Traje. 2 Voto*, juramento, reniego, taco.

ternura *f.* Terneza, delicadeza, dulzura, cariño, afecto. ≠ Dureza, impiedad, grosería.

terquedad *f.* Obstinación, pertinacia, testarudez, porfía, tozudería, contumacia, tenacidad, tozudez, tesón. ≠ Condescencia, renuncia, blandura, comprensión.

terrado *m.* Azotea, terraza.

terraja *f.* Tarraja.

terrazgo *m.* Terraje.

terremoto *m.* Temblor de tierra, sismo, seísmo.

terreno *m.* Tierra.

terreno, -na *adj.* Terrenal, terrestre.

terrestre *adj.* Terreno, telúrico, terrenal. ▌ Si se trata de la tierra como planeta, *telúrico*; en oposición al cielo, *terreno* o *terrenal*.

terrible *adj.* Espantoso, terrorífico, horrible, aterrador. 2 Intratable, áspero. 3 Desmesurado, atroz.

terror *m.* Miedo, espanto, horror, pavor, pánico.

terrorífico, -ca *adj.* Espantoso, horrible, terrible, horripilante, aterrador, pavoroso.

terso, -sa *adj.* Limpio, bruñido, pulido, pulimentado. 2 fig. Puro, fluido, limado. ▌ Tratándose del lenguaje o del estilo.

tertulia *f.* Charla, coloquio, debate, foro.

tertuliano, -na *adj.-s.* Contertulio, tertuliante, tertulio.

tesar *tr.* MAR. Atirantar. ≠ Encoger, aflojar.

tesitura *f.* fig. Actitud, disposición (del ánimo), humor, temple.

teso, -sa *adj.* MAR. Tenso, tirante, tieso, estirado.

tesón *m.* Empeño, constancia, voluntad, firmeza, perseverancia*. ≠ Inconstancia, flexibilidad, renuncia.

tesonero, -ra *adj.* Terco*, tenaz, constante*, firme, voluntarioso, perseverante, contumaz*.

testamentario, -ria *s.* Albacea, albacea testamentario, cabezalero (antic.).

testarada *f.* Testada, testerada, testarazo.

testarudez *f.* Terquedad, tozudería, obstinación*, porfía, pertinacia, cabezonería. ≠ Renuncia, condescendencia.

testarudo, -da *adj.* Terco*, tozudo, obstinado, entestado, porfiado, pertinaz, cabezudo, contumaz*.

testera *f.* Testero.

testificar *tr.* Atestiguar, testimoniar. **2** Afirmar, aseverar, asegurar, certificar.

testimoniar *tr.* Atestiguar, testificar. **2** Afirmar, asegurar, aseverar, certificar.

testimonio *m.* Atestación, aseveración. **2** Prueba, certificación.

testudo *m.* ant. MIL. Tortuga, galápago.

teta *f.* Mama, ubre, pecho, seno. ▌*Mama* y *ubre* son denominaciones cultas, con las cuales se atenúa a veces el carácter demasiado popular de *teta*. Más corriente es todavía el empleo de *pecho* y *seno* como eufemismos, tratándose de la mujer.

tetón *m.* Uña.

tetrabrik *m.* Brik, cartón.

tetrágono *m.* Cuadrilátero.

tetrasílabo, -ba *adj. m.* Cuatrisílabo.

tétrico, -ca *adj.* Sombrío, triste, fúnebre, melancólico, pesimista. ≠ Alegre, optimista.

teucro, -cra *adj.-s.* (pers.) Troyano.

texto *m.* Escrito, enunciado.

textual *adj.* Literal.

textura *f.* Tejedura, tejido. **2** Estructura, contextura.

tez *f.* Piel, cutis.

tiberio *m.* Ruido, confusión, algarabía, alboroto, trapatiesta, zipizape.

tibio, -bia *adj.* Templado. **2** fig. Flojo, descuidado, negligente.

tiburón *m.* Lamia, marrajo, náufrago.

tiempo *m.* Duración. **2** Época. **3** Estación. **4** Edad. **5** Oportunidad, coyuntura, ocasión*, sazón. **6** Plazo*. **7** MUS. Movimiento, tempo. ▌Entre los músicos, predomina *tempo*. ► **8 A tiempo y sazón** *loc. adv.* Oportunamente. **9 A un tiempo** Juntamente, a la vez. **10** Antiguo, viejo, vetusto, añoso, arcaico, remoto, más viejo que el andar a pie (fam.), del año de la pera (fam.), del tiempo de Noé, en tiempo del rey que rabió (fam.), en tiempo de los godos (fam.), desde que el mundo es mundo (fam.). ► **11 Perder el tiempo** *loc.* Mirar las musarañas, pasar el rato.

tienda *f.* Almacén, despacho, puesto, barracón, tenderete (desp.), tenducho (desp.), boutique (galic.). ▌La *tienda* muy importante donde se venden géneros por lo común variados, *almacén*. Aquella en que se venden determinados artículos, generalmente pocos en número, *despacho*: *despacho* de leche, de pan. El *puesto* es de menos importancia que la *tienda* y a menudo es ambulante. El *barracón* es una caseta de feria; el *tenderete* es ambulante. En una *boutique* suelen venderse productos selectos o ropa. **2 Tienda de campaña** Pabellón.

tiento *m.* Tacto. ▌El *tiento* es propiamente el ejercicio del sentido del *tacto*. **2** Tentáculo. **3** fig. Miramiento, cordura, prudencia, cautela, cuidado, circunspección.

tierno, -na *adj.* Blando, flexible. ≠ Duro, fuerte. **2** Reciente, fresco. **3** Delicado, afectuoso, cariñoso. ≠ Insensible. **4** Sentimental, patético.

tierra *f.* Mundo, globo terráqueo, orbe. **2** Territorio, región, comarca. **3** Patria. **4** Suelo, piso, terreno. **5** Amér. Polvo. ► **6 Tomar tierra** *loc.* Arribar a puerto, desembarcar, aterrizar (AERON.).

tieso, -sa *adj.* Rígido, inflexible, yerto. ▌Los dos primeros son voces más selectas. *Yerto* se emplea principalmente tratando del cuerpo humano o animal, cuando la causa de la rigidez es el frío o la muerte. **2** Tenso, tirante, estirado. ▌*Tenso* se emplea especial en marina. **3** fig. Terco, tenaz.

4 Valiente, animoso, brioso, esforzado, decidido. **5** Vanidoso, orgulloso, empingorotado, envirotado.

tiesura *f.* Dureza, rígidez, inflexibilidad. ≠ Blandura, flojedad, doblamiento. **2** fig. Gravedad, empaque*, afectación. ≠ Sencillez.

tijereta *f.* Cercillo, zarcillo. ▌ En la vid. **2** Cortapicos (insecto).

tildar *tr.* Tachar, calificar*. **2** Notar*, señalar, denigrar.

tilo *m.* Teja, tila.

tillado *m.* Entarimado, entablado, tablado.

tímalo *m.* Timo (pez).

timba *f.* Chirlata, garito. ▌ *Chirlata,* la de ínfima especie.

timbal *m.* Atabal, témpano, tímpano, tamboril.

timbalero *m.* Atabalero, tamborilero.

timbrar *tr.* Sellar.

timbre *m.* Sello. **2** Marca, señal. **3** fig. Ejecutoria, blasón. **4** (de voz) Metal. **5** Amér. Estampilla (Amér.), sello (de correos).

timidez *f.* Cortedad, encogimiento, apocamiento, irresolución, pusilanimidad, miedo. ≠ Audacia, resolución, valentía, desvergüenza.

tímido, -da *adj.* Encogido, corto, apocado, irresoluto, temeroso, pusilánime, medroso*, miedoso, cobarde*.

timón *m.* Lanza, pértigo. **2** Gobernalle, gobierno. **3** fig. Dirección, mando.

tímpano *m.* Tamboril, timbal, atabal.

tina *f.* Tinaja. **2** Tino.

tinada *f.* (cobertizo) Teinada, tenada, tena.

tinaja *f.* Tina.

tinglado *m.* Cobertizo*. **2** fig. Artificio, enredo, intriga, maquinación.

tinieblas *f. pl.* Oscuridad. **2** fig. Ignorancia.

tino *m.* Acierto, pulso, puntería, destreza. ≠ Desacierto, inhabilidad. **2** fig. Prudencia, tiento, tacto, cordura, juicio.

tinte *m.* Tintura, color, colorante, pigmento. **2** Tintorería.

tintura *f.* Tinte, color. **2** Barniz, baño, capa, mano.

tiñuela *f.* Rascalino.

tiovivo *m.* Caballitos.

tiple *m.* (guitarra) Discante.

tipo *m.* Arquetipo, prototipo, modelo, ejemplar. **2** Figura, talle. **3** IMPR. Letra, carácter.

tipógrafo *m.* Impresor.

tira *f.* Cinta, lista.

tiracol *m.* Tahalí, tiracuello.

tiranía *f.* Autocracia, dictadura*, absolutismo*. ≠ Democracia. **2** fig. Despotismo, opresión, abuso, arbitrariedad. ≠ Liberalismo, justicia.

tiránico, -ca *adj.* Despótico, arbitrario, abusivo.

tiranizar *tr.* Oprimir, esclavizar.

tirano, -na *adj.-s.* Autócrata, dictador. **2** fig. Déspota, opresor.

tirante *adj.* Tenso, estirado, teso, tieso.

tirar *intr.* Estirar. ≠ Aflojar. **2** Atraer. **3** Tender, propender, inclinarse. ► **4** *tr.* Despedir, lanzar, arrojar, disparar. **5** Derribar, echar abajo. ≠ Levantar, erigir, construir. **6** Malgastar, derrochar, desperdiciar, malbaratar, dilapidar, despilfarrar. ≠ Ahorrar. **7** Trazar, marcar. **8** Imprimir, estampar. ► **9** *prnl.* Abalanzarse, arrojarse, acometer.

tiro *m.* Disparo, estampido, estallido. **2** DEP. Disparo, chut, lanzamiento. ▌ Los dos primeros se usan esp. en el fútbol.

tirria *f.* Antipatía*, ojeriza, manía, repulsión, odio. ≠ Simpatía, predilección.

tísico, -ca *adj.-s.* Tuberculoso, hético.

tisis *f.* Tuberculosis.

tisú *m.* Pañuelo de papel, kleenex (marca registrada).

titán *m.* fig. Coloso, gigante.

titánico, -ca *adj.* fig. Gigantesco, colosal, enorme, desmesurado.

titilar *intr.* Centellear, cabrillear.

titiritero, -ra *s.* Titerero, titerista. **2** Volatinero.

titubear *intr.* Oscilar, tambalearse. **2** Balbucir, balbucear. **3** fig. Dudar, vacilar*, estar perplejo. ≠ Creer, decidirse, confiar.

titular *tr.* Intitular, rotular. **2** Bautizar, nombrar, denominar.

título *m.* Designación, denominación, nombre, rótulo, letrero, epígrafe, calificativo*. **2** Razón, derecho, motivo, fundamento.

tiza *f.* Clarión, yeso, gis. ▌ *Gis* va quedando en desuso en España, pero es corriente en México.

tiznar *tr.* Entiznar.

tizón *m.* (hongo parásito) Nublo, quemadura, tizoncillo.

tizona *f.* fam. Espada.

toba *f.* Tosca, tufo. **2** Sarro.

tobillo *m.* Maléolo.

tocable *adj.* Tangible, palpable.
tocado *m.* Peinado. ‖ *Peinado* es el arreglo y disposición del cabello; el *tocado* es, además, el adorno o abrigo de la cabeza.
tocado, -da *adj.* Perturbado, chiflado, guillado, lelo, maniático.
tocar *tr.* Palpar, tentar. ‖ Ambos suponen intención de reconocer por el tacto, mientras que *tocar* es establecer contacto voluntario o involuntario. **2** Sonar (p. us.), tañer, pulsar. ‖ *Tañer* se siente hoy como algo arcaico, excepto si se trata de la campana; *pulsar* instrumentos de teclado o de cuerda (excepto los de arco). ► **3** *intr.* Corresponder, pertenecer. **4 Tocar a** Importar, concernir*, atañer. ► **5 Tocante a** *loc. prep.* Respecto a, acerca de, sobre I, referente a, con respecto a.
tocayo, -ya *s.* Homónimo. ‖ *Homónimo* se aplica a personas y cosas. *Tocayo,* solo a personas.
tochedad *f.* Patochada, disparate, sandez, patanería, zafiedad, grosería, tosquedad, rudeza.
tocología *f.* Obstetricia.
tocólogo *m.* Comadrón.
tocón *m.* Chueca, troncón, tueca, tueco.
todabuena *f.* Todasana, androsemo, castellar.
todavía *adv. t.* Aún.
todopoderoso, -sa *adj.* Omnipotente.
toldo *m.* Tendal, vela, pabellón. **2** Entalamadura. **3** Envanecimiento*, engreimiento, vanidad.
tole *m.* Rumor, murmuración, runrún. ‖ Con este significado se usa comúnmente repetido: *tole, tole.*
tolerable *adj.* Sufrible, llevadero, soportable, aguantable. **2** Permisible, admisible, aceptable*.
tolerancia *f.* Paciencia, indulgencia, condescendencia, aguante. ≠ Tiranía, incomprensión, tesón.
tolerar *tr.* Aguantar, sufrir*, soportar. ≠ Rebelarse. **2** Permitir*, condescender, consentir. ≠ Prohibir, negar. ‖ «Se *tolera* el mal o el abuso, haciendo que se ignora su existencia o su malicia; se *consiente* condescendiendo pasivamente, no prohibiendo lo que conocidamente se tiene por malo; se *permite* condescenciendo activamente, dando un consentimiento abierto que lo autoriza. Muchas veces es forzoso *tolerar* algunos males inevitables en la sociedad, pero no se debe hacer de modo que el público conozca que se *consienten,* y mucho menos que crea que se *permiten;* porque la *tolerancia* representa una ignorancia artificial, o una razón poderosa que tácitamente desaprueba el mal inevitable; pero el *consentimiento* lo aprueba indirectamente, y el *permiso* lo autoriza con toda formalidad.» (L).
tolmera *f.* Tormagal, tormellera, tormera.
tolmo *m.* Tormo.
tolondro, -dra *adj.-s.* Tolondrón, turumbón, aturdido, desatinado.
tolondro, tolondrón *m.* Chichón.
tollina *f.* Zurra, paliza, tunda, felpa.
tomar *tr.* Coger, asir*, agarrar*. ≠ Dejar, soltar. ‖ *Asir* y *agarrar* connotan cierta fuerza o presión con que se *toma* o *coge* una cosa o se mantiene en la mano. ‖ «Se *toma* con menos esfuerzo que se *coge. Tomo* lo que me dan; *cojo* lo que ha caído al suelo.» (M). ‖ «*Tomar* y *recibir. Recibir* es la acción formal con que aceptamos o adquirimos lo que se nos da. *Tomar* es la acción material con que nos apoderamos de una cosa. Se *recibe* del amigo el regalo que nos envía, y se *toma* materialmente del criado que lo trae.» (LH). **2** Ocupar, apoderarse, adueñarse, conquistar. ≠ Renunciar. **3** Aceptar*, admitir. ≠ Renunciar. ► **4** *intr.* Encaminarse, dirigirse, tirar. ► **5** *prnl.* Enmohecerse, oxidarse, aherrumbrarse. ► **6** *intr.-tr.* Beber.
tomo *m.* Volumen, cuerpo (antic.).
tonada *f.* Tono.
tonalidad *f.* Tono.
tonel *m.* Barril, pipa, cuba.
tónico, -ca *adj.* GRAM. Acentuado. ► **2** *adj. m.* Reconfortante, vigorizante, roborante, reforzante, corroborante, fortificante.
tonillo *m.* Sonsonete, soniquete.
tonina *f.* Atún.
tono *m.* Altura musical. **2** Tonada, tonalidad. **3** Matiz, cambiante. **4** Energía, fuerza, vigor.
tonsurado *m.* Clérigo, eclesiástico.
tontear *intr.* (col.) Coquetear, flirtear, ligar (col.).

tontedad *f.* Tontería, tontada, bobada, simpleza, necedad, tontera. ≠ Agudeza, sagacidad, astucia, cultura. **2** Nadería, bagatela, tontera, tontería.

tonto, -ta *adj.* Necio, simple, bobo, mentecato, zopenco. ▌«La *tontería* consiste en lo limitado de los alcances, y la *necedad* en la viciosa disposición de la inteligencia. El *tonto* comprende poco; el *necio* comprende mal.» (M). ▶ **2 A tontas y a locas** *loc. adv.* Atontadamente, indiscretamente, imprudentemente, neciamente, tontamente.

topacio *m.* Jacinto occidental.

topar *tr.* Hallar*, encontrar. **2** Chocar, encontrarse, tropezar.

tope *m.* fig. Tropiezo, estorbo, obstáculo, impedimento, límite.

topetada *f.* Mochada, topada, topetazo, encontronazo.

topetón *m.* Tope, topada, topetazo, choque.

tópico *m.* Lugar común, cliché, estereotipo.

toque *m.* Tañido. **2** Esencia, busilis, quid.

torbellino *m.* Remolino*, manga de viento, vórtice.

torcedura *f.* Torsión, torcimiento, detorsión, distorsión, desviación. ▌Los tres últimos, tratándose de un órgano o parte del cuerpo humano. **2** Esguince, distensión (de una articulación).

torcer *tr.-prnl.* Retorcer (intens.). **2** Doblar, encorvar, inclinar. ≠ Enderezar, estirar. **3** Desviar. ▶ **4** *prnl.* Avinagrarse*, agriarse*, picarse, cortarse. ▌Los tres primeros, tratándose del vino; si se trata de la leche, *cortarse*.

torero, -ra *s.* Diestro, lidiador, maleta (desp.).

toril *m.* Chiquero, encerradero, encierro.

tormenta *f.* Tempestad, borrasca, temporal. ≠ Calma, paz.

tormentilla *f.* Sieteenrama.

tormento *m.* Suplicio, tortura, martirio. **2** Dolor*, sufrimiento, padecimiento. **3** Aflicción, congoja, pena, angustia.

tormentoso, -sa *adj.* Proceloso (lit.), tempestuoso, borrascoso.

tornada *f.* Tornadura, regreso, vuelta, retorno.

tornadizo, -za *adj.-s.* Veleidoso, tornátil, voluble, inconstante*.

tornado *m.* Huracán.

tornar *tr.* Devolver*, restituir. ≠ Quitar. ▶ **2** *intr.* Volver*, regresar, retornar. ≠ Marcharse, irse.

tornasol *m.* Girasol.

tornatrás *com.* Saltatrás.

tornavoz *m.* Bocina. **2** Eco, resonancia.

torneo *m.* Justa.

tornero *m.* Torneador.

toronja *f.* Pomelo.

toronjil *m.* Toronjina, melisa, abejera, cidronela.

torozón *m.* VETER. Torcijón, torzón.

torpe *adj.* Tardo, pesado, lento. **2** Desmañado, inhábil. ≠ Astuto, hábil. **3** Rudo, obtuso, zopenco, cerrado. ≠ Astuto. **4** Deshonesto, obsceno*, indecoroso, impúdico. **5** Infame, vil, deshonroso.

torpedo *m.* (pez) Tremielga, trimielga.

torre *f.* Roque. ▌En el juego del ajedrez.

torrentera *f.* Barranco, quebrada.

torsión *f.* Torcedura.

torso *m.* Tronco.

tortuga *f.* Galápago. ▶ **2 A paso de tortuga** *loc. adv.* → **paso**

tortuoso, -sa *adj.* Sinuoso, quebrado. ≠ Recto. **2** fig. Astuto, taimado, solapado, cauteloso. ≠ Sincero, claro.

tortura *f.* Suplicio, tormento, martirio. **2** Dolor, sufrimiento, pena, congoja, angustia.

torturar *tr.-prnl.* Atormentar, martirizar. ≠ Acariciar. **2** Apenar, acongojar, angustiar. ≠ Consolar.

torvo, -va *adj.* Fiero, airado, terrible.

tosco, -ca *adj.* Grosero, basto, rudo, inculto, burdo, ordinario. ≠ Suave, bello, educado, culto.

tósigo *m.* Veneno, ponzoña.

tostadura *f.* Torrefacción, tueste.

tostar *tr.-prnl.* Torrar, asar, turrar. ≠ Enfriar. ▌Aunque a menudo coincide con *asar*, *torrar* significa preparar carnes, pescados o frutas frescas a la acción directa del fuego o del aire caliente de un horno, sin llegar a secarlos; p. ej.: las avellanas o una rebanada de pan se *tuestan* o *torran*, no se *asan*. *Turrar* es *tostar* o *asar* en las brasas.

total *adj.* General*, universal. ▶ **2** *m.* Suma, conjunto. ▌«El *total* es la reunión numérica de las individualidades; el *conjunto* es su reunión física. El *total* de las casas de una ciudad se expresa por mil: veinte mil, etc.; su *conjunto* es más o menos vistoso, más o menos elegante.» (M).

totalizar *tr.* Sumar, importar, ascender a, montar.

totalmente *adv. m.* Enteramente, completamente, del todo.

totumo *m.* Amér. Güira, higüero, hibuero.

tóxico, -ca *adj. m.* Venenoso, ponzoñoso.

toxina *m.* Virus. ▮ El *virus* es la *toxina* que contiene el agente productor de una enfermedad infecciosa.

tozudo, -da *adj.* Terco*, obstinado, testarudo, porfiado, contumaz.

traba *f.* Maneota, maniota, manea, guadafiones, manija, suelta. **2** fig. Impedimento, estorbo, obstáculo*, inconveniente, dificultad. ≠ Libertad, facilidad, ayuda.

trabacuenta *f.* Trascuenta.

trabajador, -ra *adj.* Laborioso, aplicado. ▮ Aunque *trabajador* y *laborioso* pueden sustituirse entre sí, el segundo adjetivo es voz más escogida, y se aplica más bien al que tiene el gusto del trabajo y que sabe encontrar ocupaciones aunque no sean para él obligatorias. ▸ **2** *s.* Obrero, operario, jornalero. ▮ Tanto éstos como *trabajador* designan solo al que desempeña un trabajo manual.

trabajo *m.* Labor, ocupación*, tarea, faena, curro (vulg.). ≠ Descanso, pasividad, holgazanería. ▮ *Ocupación* es *trabajo* habitual o profesional. *Tarea* y *faena* son *trabajos* que deben hacerse en cantidad o tiempo limitados. **2** Obra, labor, producción. **3** fig. Penalidad, esfuerzo, dificultad, molestia, fatiga.

trabajoso, -sa *adj.* Penoso, laborioso, duro, dificultoso, espinoso, difícil*.

trabar *tr.-prnl.* Juntar*, enlazar, unir, coordinar. **2** Prendar, agarrar, asir. ≠ Soltar, desasir, liberar. **3** Entablar, dar principio. ▸ **4** *prnl.* Pelear, contender.

trabazón *f.* Enlace, conexión, relación*.

trabucar *tr.-prnl.* Trastornar, revolver. **2** fig. Trastrocar, confundir, enredar.

tracción *f.* Arrastre.

tracio, -cia *adj.-s.* (pers.) Odrisio, trace, traciano.

traducción *f.* Versión, traslado (antic.).

traducianismo *m.* Generacionismo.

traducir *tr.* Verter, interpretar, trasladar (antic.), volver (antic.), vulgarizar, romancear, arromanzar. ▮ Los tres últimos, hoy desusados, significaban traducir del latín a las lenguas vulgares. **2** Representar, expresar.

traficante *adj. com.* Comerciante*, negociante. **2** Narcotraficante, narco, camello.

traficar *intr.* Comerciar, negociar.

tráfico *m.* Comercio, negocio*. **2** Circulación, tránsito.

tragacanto *m.* Alquitira, goma adragante, granévano.

tragaldabas *com.* Tragón, comilón. **2** Crédulo, cándido, indulgente.

tragaluz *m.* Claraboya.

tragantón, -ona *adj.-s.* fam. Comilón, tragón, zampón.

tragar *tr.* Engullir, pasar, ingerir, deglutir. **2** fig. Disimular, soportar, tolerar.

tragedia *f.* fig. Catástrofe, desgracia.

trágico, -ca *adj.* fig. Desgraciado, infausto, funesto, horrible, lastimoso.

tragón, -ona *adj.-s.* fam. Comilón*, tragantón, zampón.

traición *f.* Infidelidad, deslealtad, perfidia, felonía, alevosía. ≠ Lealtad, verdad, sinceridad, fidelidad.

traidor, -ra *adj.-s.* Desleal, pérfido, alevoso, traicionero, felón, aleve*, infiel*. **2** Taimado, falso, resabiado. ▮ Tratándose de animales.

traíña *f.* Trabuquete.

traje *m.* Vestido*, terno. ▸ **2 Cortar un traje** *loc.* Murmurar, cortar un vestido, cortar un sayo, criticar, morder (fig.), despellejar (fig.), poner en lengua a uno.

trama *f.* fig. Enredo, intriga, confabulación, conjuración, conspiración. ▮ Los dos últimos, si tienen fines políticos. **2** Argumento, intriga, enredo. ▮ En el teatro, el cinematógrafo y la novela.

tramar *tr.* fig. Urdir, maquinar, fraguar, confabularse*.

trámite *m.* Diligencia, curso*.

tramo *m.* Trecho, segmento, distancia.

trampa *f.* Armadija, armadijo, callejo. **2** Ardid, lazo, engaño.

tranca *f.* Garrote, palo*.

trancazo *m.* fig. Gripe.

tranco *m.* Trancada, zancada.

trangallo *m.* Taragallo, tarangallo, trabanco.

tranquilidad *f.* Quietud*, reposo*, sosiego, calma, paz, serenidad. ≠ Trabajo, actividad, quietud, miedo.

tranquilizar *tr.-prnl.* Sosegar, calmar, apaciguar, pacificar, aquietar, serenar. ≠ Inquietar, turbar, destemplar, velar.

tranquilo, -la *adj.* Quieto, manso, sosegado, reposado, sereno, encalmado, pacífico. **2** Calmoso, cachazudo.

tranquillón *m.* Morcajo.

transacción *f.* Transigencia, acomodo, arreglo, avenencia. ≠ Intransigencia. **2** Ajuste, trato, negocio, compraventa. ≠ Desarreglo.

transar *intr.* Amér. Ceder, transigir, condescender, ajustar.

transcripción *f.* Copia, traslado.

transcurrir *intr.* Pasar*, correr, deslizarse. ▌Se aplican al tiempo, la vida, los sucesos, etc.

transcurso *m.* Decurso, paso, curso.

transeúnte *adj. com.* Viandante, caminante, peatón (m.). ▌*Caminante* no se aplica a los que transitan por las calles, sino fuera de las poblaciones. *Peatón* hace resaltar la idea de andar a pie, en contraposición al que va a caballo o en cualquier vehículo.

transferir *tr.* Trasladar. **2** Diferir, retardar. **3** Transmitir, traspasar.

transfigurar *tr.-prnl.* Transformar, metamorfosear, cambiar.

transfixión *f.* Transverberación.

transformación *f.* Metamorfosis, transmutación, cambio, mudanza, modificación, variación. ≠ Inmutabilidad, permanencia, igualdad.

transformar *tr.-prnl.* Metamorfosear, transfigurar, cambiar*, mudar, modificar, alterar, variar. **2** Transmutar.

transformismo *m.* Evolucionismo.

transformista *com.* Evolucionista. **2** Ilusionista.

transgredir *tr.* Conculcar, infringir, vulnerar, quebrantar*, violar. ≠ Obedecer, rescatar, cumplir.

transido, -da *adj.* Angustiado, acongojado.

transigencia *f.* Tolerancia, condescendencia, consentimiento.

transigir *intr.* Condescender*, consentir, allanarse, capitular*. ≠ Oponerse, negarse.

transitar *intr.* Pasar, circular, andar, caminar. ≠ Quedarse, sentarse.

tránsito *m.* Circulación, tráfico. **2** Muerte. ▌*Tránsito* se dice solo de los santos o de las personas de vida virtuosa. **3** Paso.

transitorio, -ria *adj.* Pasajero, accidental, provisional, temporal. ≠ Duradero, eterno, principal. **2** Caduco, perecedero. ≠ Duradero, eterno.

transmarino, -na *adj.* Ultramarino.

transmigración *f.* Migración*, metempsicosis. ▌La *metempsicosis* es la *transmigración* de las almas.

transmisión *f.* Emisión, retransmisión.

transmitir *tr.* Comunicar. **2** Contagiar. **3** Transferir, ceder, traspasar. ≠ Retener, apropiarse.

transmutación *f.* Transformación, conversión, mudanza, metamorfosis*.

transmutar *tr.* Convertir, transformar, mudar, cambiar*.

transparentarse *prnl.* Clarearse, traslucirse.

transparente *adj.* Diáfano, límpido, limpio, claro, cristalino, vítreo (lit.), hialino (lit.). **2** Traslúcido.

transpiración *f.* Sudor, sudoración, perspiración, diaforesis.

transpirar *intr.-tr.* Sudar. **2** Rezumar.

transportar *tr.* Llevar, trasladar, conducir. **2** Acarrear, portear. ► **3** *prnl.* Enajenarse, extasiarse.

transporte *m.* Traslado. **2** Porte, acarreo, conducción, arrastre. **3** fig. Exaltación, enajenación, éxtasis.

transposición *f.* RET. Hipérbaton. **2** GRAM. Metátesis.

trápala *f.* Embuste, engaño, mentira*, bola*.

trapisonda *f.* Embrollo, enredo, lío, intriga.

trapisondista *com.* Enredador, embrollón, intrigante.

tráquea *f.* Caña del pulmón, traquearteria, asperarteria.

traquetear *tr.* Bazucar, bazuquear, zabucar.

tras [1] *prep.* Detrás, después.

tras [2] *adv. c.* Además.

trascantón *m.* Guardacantón.
trascendentalismo *m.* FIL. Apriorismo.
trascordarse *prnl.* Olvidar, confundir.
trasegar *tr.* Trastornar, revolver. **2** Trasvasar. **3** fig. Beber.
traslación *f.* Traslado, cambio, tránsito, trasiego. ≠ Quietud, permanencia. **2** RET. Metáfora. **3** GRAM. Enálage.
trasladar *tr.-prnl.* Transportar, llevar*. ≠ Dejar, quedarse. **2** Mudar, cambiar. ≠ Quedarse. **3** Diferir, aplazar. **4** Copiar*.
traslaticio, -cia *adj.* Figurado, trópico, tropológico, metafórico.
traslucirse *prnl.* Transparentarse, clarearse. **2** fig. Entreverse, conjeturarse.
trasmundo *m.* Ultramundo, ultratumba.
trasnochado, -da *adj.* fig. Anticuado, pasado de moda.
trasnominación *f.* RET. Metonimia.
trasoñar *tr.* Ensoñar, imaginar, fantasear.
traspasar *tr.* Cruzar, atravesar*, trasponer. **2** Ceder, transferir, transmitir. **3** Transgredir, conculcar, quebrantar, violar, infringir, vulnerar.
traspié *m.* Resbalón, tropezón, tropiezo. **2** Zancadilla. ► **3 Dar traspiés** *loc.* Bambalear, bambolear, bambanear, tambalearse, vacilar, perder el equilibrio.
trasplantar *tr.-prnl.* Replantar, transponer. ≠ Quedarse.
trasquiladura *f.* Trasquilón.
trastada *f.* fam. Jangada, trastería (fig.), mala pasada, picardía, bribonada, tunantada.
trastazo *m.* Porrazo, golpazo, batacazo, costalada.
trastienda *f.* Rebotica. **2** fig. Cautela, astucia, mano izquierda.
trasto *m.* Avíos, utensilio, menester. fig. Danzante, chisgarabís, zascandil.
trastornar *tr.-prnl.* Trastocar, trabucar, revolver, descomponer*, desordenar. **2** fig. Inquietar, soliviantar. **3** Perturbar, enloquecer. ≠ Serenar.
trastrabillar, trastabillar *tr.* Tropezar, dar traspiés. **2** Tambalear, vacilar. **3** Tartajear, tartamudear.
trasunto *m.* Copia*. ≠ Original. **2** Imitación, remedo. ≠ Realidad.
tratable *adj.* Accesible, cortés, amable, afable*, sociable.
tratado *m.* Pacto, convenio, ajuste, trato, contrato. ▌Los tres últimos se emplean entre particulares o entidades, pero no entre gobiernos.
tratamiento *m.* Título. ▌*Título* se aplica a personas y cosas; *tratamiento* solo a personas. **2** Método, procedimiento. **3** MED. Cura, régimen, terapia, terapéutica.
tratante *m.* Comerciante*, negociante.
tratar *tr.-prnl.* Manejar, usar. **2** Comunicarse, relacionar. ≠ Enemistar, separar. **3** Comerciar, traficar, negociar. **4** Versar. ► **5 Tratar de** *loc.* Intentar, procurar, ensayar, pretender.
trato *m.* Pacto, convenio, ajuste, contrato.
travesear *intr.* Enredar, trebejar, retozar, juguetear.
travesura *f.* Bullicio, inquietud, retozo. ≠ Tranquilidad. **2** Diabladura, jugada, trastada. ≠ Formalidad. **3** fig. Agudeza, sutileza, ingenio, sagacidad.
travieso, -sa *adj.* Inquieto, revoltoso, bullicioso, retozón. **2** fig. Sutil, sagaz, agudo, ingenioso.
trayecto *m.* Recorrido.
traza *f.* Diseño, trazado. **2** Maña, habilidad, recursos. **3** Aspecto, figura, apariencia.
trazar *tr.* Dibujar, delinear, diseñar. **2** fig. Discurrir, disponer, proyectar, planear.
trazo *m.* Línea, raya, rasgo.
trebejo *m.* Instrumento, utensilio, enseres*.
trecho *m.* Espacio, distancia, tirada, lapso. ▌Si la distancia es larga, *tirada*; si se trata de tiempo, *lapso*.
tregua *f.* Intermisión, suspensión, descanso, interrupción. ≠ Insistencia, porfía, ininterrupción. **2** Armisticio*.
tremebundo, -da *adj.* Espantable, tremendo, terrible, espantoso, horrible, pavoroso.
tremedal *m.* Tembladal, trampal, tolla, tollada. ▌Los dos últimos son el *tremedal* encharcado por las aguas subterráneas.
tremendo, -da *adj.* Espantoso, espantable, tremebundo, terrible, horrible, horrendo. **2** Colosal, enorme, formidable. ▌Con valor intensivo general.
tremesino *adj. m.* (trigo) Marzal.
tremolina *f.* Bulla, confusión, vocerío, gresca, trifulca, zipizape, trapatiesta.

trémulo, -la *adj.* Tembloroso, trepidante, estremecido. ≠ Tranquilo.
tren *m.* Ferrocarril. **2** fig. Ostentación, pompa, aparato, boato.
trenca *f.* (de la colmena) Cruz.
trencillo *m.* Trencilla. **2** Cintilla, trancellín, trencellín. ▌En los sombreros antiguos.
trenzadera *f.* Tranzadera.
trenzar *tr.* Entrenzar, tranzar.
trepajuncos *m.* Arandillo.
trepar *intr.* Encaramarse*, subir.
trepidar *intr.* Temblar*, estremecerse*, vibrar, retemblar. **2** Amér. Vacilar.
tresdoblar *tr.* Trasdoblar, triplicar.
tresnal *m.* Garbera.
treta *f.* Ardid, añagaza, astucia, artimaña, trampa, engaño.
tribulación *f.* Congoja, aflicción, pena, tormento, dolor, turbación*. ≠ Alegría. **2** Adversidad, desgracia, infortunio. **3** Ansia*, ansiedad*.
tribunal *m.* Juzgado, audiencia. **2** Jurado.
tributario, -ria *adj.-s.* Feudatario, vasallo. **2** Rentero. **3** Afluente. ▌Tratándose de ríos, arroyos, etc.
tributo *m.* Contribución, impuesto, carga, gravamen, gabela. ▌*Contribución, impuesto* y *tributo* se pagan al Estado o a corporaciones públicas. *Carga, gravamen* y *gabela* pueden referirse a tributaciones que se satisfacen a particulares por otros conceptos, como hipotecas, censos, etc.
trifulca *f.* Disputa, alboroto, trapatiesta, zipizape, tremolina, cisco, riña, pelea.
trigésimo, -ma *adj.-s.* Trecésimo, treinteno, tricésimo. **2** Treintavo.
trigla *f.* Salmonete, barbo de mar, trilla.
trinar *intr.* fig. Rabiar, enfadarse, irritarse, impacientarse. ▌El verbo *trinar* añade la idea de dar muestras exteriores de impaciencia o enojo, por medio de voces, gestos, etc.
trincar [1] *tr.* Atar, sujetar, amarrar, trabar, enlazar. ≠ Desatar.
trincar [2] *tr.* Beber.
trinitaria *f.* Flor de la Trinidad, pensamiento.
trino *m.* MÚS. Trinado.
tripa *f.* Intestino. **2** Abdomen*, barriga, panza, vientre, andorga (burl.).
tripicallero, -ra *s.* Casquero.
triple *adj. m.* Tresdoble (antic.), trestante (antic.), tríplice, triplo. ▌*Tríplice* es voz culta de uso restringido.
triplicar *tr.-prnl.* Tresdoblar (antic.).
tripulación *f.* Equipaje (p. us.), dotación, marinería.
triquiñuela *f.* Efugio, subterfugio, rodeo, evasiva, artería.
trisa *f.* Sábalo, alosa, saboga.
triscar *intr.* fig. Retozar, travesear, juguetear, brincar, potrear (Amér.).
triste *adj.* Afligido, melancólico, apenado, apesadumbrado, atribulado, abatido. **2** Funesto, aciago, infausto, desgraciado, infortunado. **3** Deplorable, lamentable, doloroso, enojoso. **4** Insignificante, mísero, ineficaz. ▌En esta acepción, el adjetivo *triste* suele ir antepuesto al sustantivo: un *triste* empleado, un *triste* soldado, un *triste* jornal; a diferencia de: un empleado *triste*, etc.
tristeza *f.* Sentimiento, pena*, aflicción, pesadumbre, melancolía, murria (fam.), dolor*. ≠ Alegría, paz. ▌«La *tristeza* es una situación continuada del ánimo ocupado por alguna pena o disgusto. La *aflicción* es la situación del ánimo en lo más fuerte del dolor. El infeliz ocupado continuamente de su desgracia, está *triste*. Una buena madre se *aflige* siempre que se acuerda de la temprana pérdida de un hijo.» (LH). ▌«La *tristeza* es comúnmente una consecuencia de grandes aflicciones. La *melancolía*, un efecto del temperamento. Una mala nueva nos pondrá *tristes*. Una indisposición del cuerpo nos pondrá *melancólicos*.» (Ma).
tritón *m.* (anfibio) Salamandra acuática.
triturar *tr.* Moler, desmenuzar, quebrantar, pulverizar. **2** Mascar, ronzar.
triunfador, -ra *adj.-s.* Triunfante, victorioso, ganador, vencedor.
triunfar *intr.* Ganar, vencer. ≠ Fracasar, perder.
triunfo *m.* Victoria. **2** Éxito.
trivial *adj.* Vulgar, común, sabido. **2** Insustancial, ligero, baladí.
triza *f.* Pedazo, partícula, añico. ▌Ordinariamente *triza* y *añico* se usan en plural. ▸ **2 Hacer trizas** *loc.* Destrozar, hacer cisco.

trocar *tr.-prnl.* Cambiar, permutar, canjear. ≠ Permanecer. **2** Vomitar, devolver. **3** Equivocar, confundir, trabucar, trastocar.
trocha *f.* Vereda, sendero.
troglodita *adj. com.* Cavernícola.
troj, troje *f.* Panera, granero*, hórreo. **2** Algorín, truja.
trojero *m.* Horrero.
trola *f.* Mentira*, engaño, bola*. ≠ Verdad.
trolero, -ra *adj.* Embustero, mentiroso.
tromba *f.* Manga, tifón.
trombocito *m.* Plaqueta.
trompada *f.* Trompazo, trompis, puñada, puñetazo. **2** Encontrón, encontronazo, choque.
trompazo *m.* Trompada. **2** Porrazo, batacazo, costalada.
trompo *m.* Peón.
trona *f.* Urao.
tronado, -da *adj.* Arruinado, empobrecido. ≠ Rico, elegante. ▌Referido a personas. **2** Maltrecho, estropeado, ajado, deteriorado. ≠ Elegante, rico. ▌Referido a cosas.
tronco *m.* Torso. ▌Tratándose del cuerpo humano. ► **2 Dormir como un tronco** *loc.* (intens.) Dormir como un niño, dormir profundamente.
tronera *f.* Cañonera. ► **2** *com.* Calavera, perdis, perdulario, perdido.
tronido *m.* fig. Ruina, quiebra, bancarrota, suspensión de pagos.
trono *m.* Solio.
tronzador *m.* Serrón.
tronzar *tr.-prnl.* Romper, despedazar, trozar, quebrantar, partir. ≠ Descansar.
tropelía *f.* Exceso, vejación, atropello, abuso, arbitrariedad, desafuero. ≠ Justicia, legalidad.
tropezar *intr.* Topar, dar, trompicar, trompillar. ▌Los dos últimos significan *tropezar* repetidamente. **2** Hallar, encontrar. **3** Equivocarse, errar, trabucarse.
tropezón *m.* Traspié, tropezadura, tropiezo.
tropiezo *m.* Tropezón, traspié. **2** Estorbo, embarazo, obstáculo, inconveniente, dificultad, impedimento. **3** Falta, error, yerro.
tropológico, -ca *adj.* Traslaticio, trópico, figurado.
troquel *m.* Cuadrado, cuño.
troquelar *m.* Acuñar.
troqueo *m.* Coreo.
troyano, -na *adj.-s.* (pers.) Dárdano, ilíaco, iliense, teucro.
trozar *tr.* Tronzar, romper, despedazar, partir.
trozo *m.* Pedazo, parte*, fragmento, porción.
truchimán, -ana *s.* Intérprete, trujamán (antic.).
truculento, -ta *adj.* Cruel, atroz, violento.
trueque *m.* Cambio, trocamiento, trueco.
truhán, -ana *adj.-s.* Bufón. **2** Malicioso, astuto, pillo, pícaro, sinvergüenza, tunante, bellaco, estafador.
trulla *f.* Bulla, jarana, jolgorio.
truncar *tr.* Trocar, cortar. **2** fig. Omitir, mutilar, suprimir.
tuberculosis *f.* Tisis.
tuberculoso, -sa *adj.* Tísico.
tubería *f.* Cañería. ▌Cuando conduce agua o gas.
tuberosa *f.* Nardo, vara de Jesé.
tuerca *f.* Matriz.
tuétano *m.* Caña, médula*, meollo, cañada (de vaca).
tufo *m.* Vaho. **2** Mal olor, hedor.
tugurio *m.* Choza, cabaña, chamizo. ≠ Palacio, alcázar. **2** Tabuco, cuchitril, zaquizamí, chiribitil. ≠ Palacio.
tullido, -da *adj.-s.* Impedido, paralítico, imposibilitado.
tullir *tr.-prnl.* Entullecer, imposibilitar, paralizar.
tumba *f.* Sepulcro, enterramiento, sepultura, túmulo, mausoleo. ▌El *túmulo* se levanta sobre tierra. El *mausoleo* es suntuoso y monumental.
tumbar *tr.-prnl.* Derribar. ≠ Levantar, erigir. ► **2** *prnl.* Echarse, tenderse, acostarse. ≠ Levantarse, erguirse, incorporarse.
tumbón, -ona *adj.-s.* Holgazán, perezoso, haragán, gandul, indolente.
tumefacción *f.* Hinchazón, intumescencia, inflación.
tumor *m.* Tuberosidad, neoplasia, cáncer.
tumulto *m.* Alboroto, confusión, revuelta, motín, asonada, sublevación*.
tumultuoso, -sa *adj.* Agitado, desordenado, alborotado, revuelto, tumultuario.
tuna [1] *f.* Nopal, chumbera.
tuna [2] *f.* Estudiantina.

tunal *m.* Nopal, chumbera. **2** Nopaleda, nopalera.

tunantada *f.* Bribonada, picardía, trastada, mala jugada, mala pasada, pillada.

tunante *adj. com.* Tuno, pícaro, taimado, pillo, bribón, astuto.

tunda *f.* Zurra, paliza, azotaina, felpa, toñina.

tunear *intr.* Tunantear, bribonear.

tungsteno *m.* Volframio.

tunicado, -da *adj.-s.* Urocordado.

tuno, -na *adj.-s.* Tunante, astuto, taimado, ladino, truhán, pícaro, pillo, bribón.

tupé *m.* Copete. **2** fig. Atrevimiento, frescura, descaro, desfachatez, descoco.

tupir *tr.* Entupir.

turba *f.* desp. Multitud, muchedumbre, turbamulta.

turbación *f.* Perturbación, alteración, trastorno, desarreglo, desconcierto. **2** Confusión, conturbación, tribulación. ▌ *Conturbación* se aplica principalmente en sentido moral, con el significado de *tribulación*. ▌ «La *turbación* está en los sentimientos; la *confusión* en las ideas. Un orador se *turba* en presencia de un auditorio numeroso; se *confunde* cuando no tiene formado su plan ni arregladas sus ideas.» (M).

turbar *tr.-prnl.* Perturbar, alterar, desordenar, trastornar, desarreglar, desconcertar*. ≠ Serenar. **2** Confundir, avergonzar, aturdir, cortarse, embarazarse, embarullarse. ▌ Los tres últimos, en el hablar.

turbinto *m.* Lentisco del Perú, pimentero falso.

turbio, -bia *adj.* Túrbido, turbulento. **2** fig. Confuso, oscuro*, dudoso, azaroso, sospechoso.

turbión *m.* Manga de agua.

turbulencia *f.* Turbiedad. **2** fig. Agitación, desorden, confusión, alboroto*, revuelta, motín.

turbulento, -ta *adj.* Turbio. **2** fig. Revoltoso, alborotador. **3** Agitado, alborotado, tumultuoso, revuelto.

turco, -ca *adj.-s.* (pers.) Otomano, osmanlí, turquesco, turquí (desus.).

turgente *adj.* Abultado, hinchado. ≠ Deshinchado.

turíbulo *m.* Incensario.

turista *adj.-s.* Veraneante, viajero, guiri (desp.).

turmalina *f.* Chorlo.

turnar *intr.* Alternar, relevarse.

turno *m.* Tanda, vez.

turquesa *f.* MINERAL. Calaíta.

turulato, -ta *adj.* Alelado, lelo, estupefacto, atónito.

tusar *tr.* Esquilar, trasquilar.

tutela *f.* Tutoría. **2** Protección, amparo, custodia, defensa.

tutor, -ra *s.* Guardador (p. us.). **2** Rodrigón. **3** Protector, defensor, amparador.

u

ubicuidad, ubiquidad *f.* Ominipresencia.
ubicuo, -cua *adj.* Omnipresente.
ubre *f.* Teta*, mama.
ufanarse *prnl.* Engreírse, jactarse, envanecerse, gloriarse. ≠ Humillarse.
ufano, -na *adj.* Engreído, envanecido, orgulloso, hinchado. **2** Satisfecho, contento, alegre.
úlcera *f.* MED. Llaga, plaga (p. us.), ulceración.
ulterior *adj.* Siguiente, posterior, subsiguiente. ≠ Anterior, pasado.
últimamente *adv. t.* Por último, finalmente, en conclusión, en suma.
ultimar *tr.* Terminar*, concluir, acabar, finalizar. ≠ Empezar.
último, -ma *adj.* Reciente, nuevo, novedoso. **2** Remoto, retirado, escondido. **3** Definitivo, terminante, culminante. **4** Postrero, postrimero, postremo. ‖ *Posterior* es solo un comparativo que alude a lo que está detrás o después; *último* y los restantes sinónimos significan *posterior* a todos los demás.
ultra *prep.* Además de. **2** Al otro lado de, más allá de. ‖ En composición con algunas voces, p. ej.: *ultramar.* **3** Más que. ‖ Compuesta con ciertos adjetivos, p. ej.: *ultrafamoso.*
ultrajar *tr.-prnl.* Agraviar, insultar, ofender, injuriar*, afrentar. ≠ Honrar.
ultraje *m.* Agravio*, afrenta, ofensa, insulto*, injuria*.
ultramarino, -na *adj.* Transmarino. ► **2** *adj.-s.* Colonial.
ultramontano, -na *adj.-s.* Clerical, teocrático, neo, carca.
ultratumba *adv. m.* Trasmundo, ultramundo.
úlula *f.* Autillo (ave).
umbela *f.* BOT. Parasol.
umbelífero, -ra *adj.-s.* Aparasolado.
umbral *m.* Tranco, limen, lumbral. ‖ Los tres poco usados. **2** fig. Origen, principio, comienzo. ≠ Término (fig.), fin.
umbrátil *adj.* Umbroso, umbrío, sombreado, sombrío, sombroso.
unción *f.* Extremaunción, Santos Oleos. **2** Devoción, fervor. ≠ Frialdad, incredulidad.
uncir *tr.* Enyugar.
undécimo, -ma *adj.-s.* Onzavo. **2** Onceno.
undísono, -na *adj.* poét. Ondisonante.
undular *intr.* Ondular, ondear.
ungir *tr.* Untar.
únicamente *adv. m.* Solamente, sólo, precisamente.
único, -ca *adj.* Solo, exclusivo, solitario. **2** Singular, excepcional, extraordinario, impar, sin par.
unicolor *adj.* Monocromo.
unicornio *m.* (animal fabuloso) Monoceronte, monocerote. **2** Rinoceronte.
unidad *f.* Unión, concordancia, conformidad. ≠ Pluralidad, colectividad, desunión.
unificar *tr.-prnl.* Adunar, aunar, juntar, unir. ≠ Desunir, separar, dividir. **2** Uniformar, igualar.
uniformar *tr.* Igualar, hermanar. ≠ Desigualar.

unión *f.* Enlace, encadenamiento, conexión, fusión. **2** Mezcla, combinación. **3** Agregación, suma. **4** Alianza, federación, confederación, liga, concordia, avenencia, concierto, asociación. **5** Casamiento*, matrimonio*, enlace.

unir *tr.-prnl.* Juntar, enlazar, trabar, atar*, ligar, fundir. ≠ Separar, dividir, desunir. **2** Mezclar*, combinar. ≠ Separar, dividir, desunir. **3** Agregar, añadir. ≠ Restar, quitar, sustraer. **4** Aliar, federar, confederar, concordar, concertar. ≠ Separar. **5** Casar. ≠ Separar.

universal *adj.* General*, común. ≠ Parcial, limitado. **2** Cosmopolita, católico, ecuménico, mundial, internacional. ≠ Nacional. ▮ *Cosmopolita* se aplica al hombre y a las relaciones personales de los hombres de diferentes países entre sí: hombre *cosmopolita*, ambiente *cosmopolita*. *Mundial* y *universal* se usan como equivalentes, si bien *universal* abarca cuanto está en el universo, no solo en la Tierra. En su acepción etimológica, *católico* y *ecuménico* significan *universal*, pero se usan muy poco con este valor, fuera de lo religioso. *Internacional* es lo referente a todas las naciones consideradas como entidades separadas.

universalización *f.* Generalización, internacionalización, globalización.

universo *m.* Mundo, orbe, cosmos, creación.

untar *tr.* Ungir, engrasar. ▮ Aunque *ungir* y *untar*, de acuerdo con su etimología, significan lo mismo, *ungir* ha reducido su significado a la unción sacramental y a las ceremonias con que los judíos *ungían* a sus reyes, los paganos a los invitados, amigos, atletas, etc. *Untar* se aplica a lo material: se *unta* una llaga con pomada o ungüento; se *untan* los cabellos para darles brillo. *Engrasar* es *untar* un mecanismo con materia grasa a fin de lubricarlo; p. ej.: las ruedas de una locomotora, el eje de una hélice, una cerradura. Pero no se dice que *engrasamos* un tumor con ungüentos, sino que lo *untamos*. **2** fig. Sobornar. ▶ **3** *prnl.* Pringarse.

untuoso, -sa *adj.* Craso, pingüe, grasiento, aceitoso*.

upupa *f.* Abubilla.

uranografía *f.* Cosmografía.

urbanidad *f.* Cortesanía, buenos modales, educación*, cortesía, amabilidad, afabilidad. ≠ Descortesía, desatención. ▮ La *cortesanía*, los *buenos modales*, la *educación* y la *urbanidad*, sugieren principalmente la observancia de maneras correctas en el trato social. La *cortesía*, la *amabilidad* y la *afabilidad* pueden comprender también la disposición o actitud interna que adoptamos ante los demás; sentimos la *cortesía* como más afectuosa, y por esto nos halaga más ser tratados con *cortesía* que con simple *urbanidad*.

urbe *f.* Ciudad. ▮ La *urbe* es más populosa que la *ciudad*. Parecería pretencioso que el habitante de una *ciudad* pequeña la llamase *urbe*.

urdir *tr.* fig. Tramar, maquinar, fraguar. ▮ «*Urdir* es disponer los hilos para hacer una tela. *Tramar* es pasar los hilos por entre los hilos. En el sentido propio no se confuden estas voces, pero sí en el figurado, en el cual se dice *urdir* o *tramar* un enredo, una picardía. *Tramar* supone un designio más formado, un enredo mayor, planes más bien concertados, disposiciones más adelantadas para la ejecución. *Urdir* es empezar; se *urde* una trama. *Tramar* es adelantar la obra, darle consistencia conveniente.» (Ci).

urente *adj.* Urticante, ardiente.

urgencia *f.* Perentoriedad, prisa, premura. ≠ Parsimonia, calma, lentitud. **2** Precisión, necesidad.

urgente *adj.* Apremiante, perentorio.

urocordado, -da *adj.-s.* Tunicado.

urraca *f.* Cotorra (dial.), gaya, marica, pega, picaza, picaraza.

usado, -da *adj.* Gastado, deslucido, ajado, viejo. **2** Habituado, práctico, experimentado.

usagre *m.* Costra láctea.

usanza *f.* Uso, práctica, costumbre, moda*.

usar *tr.-prnl.* Emplear, gastar, utilizar, manejar. **2** Acostumbrar*, practicar, estilar.

uso *m.* Utilización, empleo, manejo, gasto. ≠ Desuso, inutilidad. **2** Usanza, práctica, costumbre, estilo. **3** Moda.

ustión *f.* p. us. Combustión.

usual *adj.* Común, general*, corriente, habitual, acostumbrado, frecuente.

usuario, -ria *adj.-s.* Consumidor, cliente. ▶ **2** *com.* (de Internet) Cibernauta, internauta, navegante.

usura *f.* Logro, lucro, granjería, ganancia*. ≠ Desinterés, generosidad.

usurero, -ra *s.* Logrero.

usurpar *tr.* Detentar. ≠ Dar, devolver. ▮ *Detentar* es retener la posesión de lo usurpado. *Usurpar* es apropiarse injustamente una cosa de otro. Unos bienes *usurpados* son *detentados* largos años por el que se los apropió. Una persona *usurpa* el poder, cuando ilegítimamente se hace dueño de él. Lo *detenta* mientras lo ejerce.

utensilio *m.* Instrumento, herramienta, útiles, enseres*.

útil *adj.* Provechoso, fructuoso, productivo, beneficioso*, conveniente*. ▮ «Lo *provechoso* es el término a que conduce lo *útil.* En tanto una cosa es *útil*, en cuanto sirve para obtener lo *provechoso*. Un buen médico es *útil* porque sus medicinas hacen provecho. De aquí se infiere que lo *provechoso* lo es siempre; en tanto que lo *útil* puede dejar de serlo según las circunstancias. La salud, la instrucción, la buena fama, siempre son *provechosas*; el dinero no es *útil* en una isla desierta.» (M). **2** Apto, utilizable, aprovechable, disponible. ▶ **3** *m.* Utilidad. **4** Utensilio, instrumento*, herramienta.

utilidad *f.* Provecho, fruto, ganancia*, beneficio, lucro*, productividad*. ≠ Inutilidad, pérdida. **2** Aptitud. ≠ Ineptitud.

utilizable *adj.* Aprovechable, disponible, útil, apto.

utilizar *tr.* Emplear, usar, aprovechar, valerse. ≠ Desaprovechar, abandonar.

uvaduz *f.* Gayuba, aguavilla.

úvula *f.* ANAT. Campanilla, galillo, gallillo, estafilión (ALBAÑ.).

V

vacante *adj. com.* Vaco (desus.), vacuo (p. us.). ▌ Ambos sustituían a *vacante*, en su uso adj., en la lengua clásica.

vaciar *tr.* Verter. ≠ Llenar. ▌ «La vasija que contiene líquido se *vacía*; el líquido contenido se *vierte*; y así no debe decirse *vació*, sino *vertió* el agua.» (M). **2** Moldear. **3** Desembocar, desaguar. ▌ Tratándose de ríos, arroyos, etc.

vaciedad *f.* Simpleza, sandez, tontería, necedad.

vacilación *f.* Oscilación, vaivén, fluctuación, vibración. ≠ Firmeza. **2** fig. Perplejidad*, irresolución*, indecisión. ≠ Firmeza, decisión. **3** Duda, incertidumbre*. ≠ Firmeza, decisión.

vacilar *intr.* Oscilar, tambalearse, fluctuar. **2** fig. Dudar, hesitar (desus.), balbucear, balbucir, titubear, cespitar (p. us.). ≠ Creer, decidirse, actuar. ▌ Cuando la vacilación es intelectual, *dudar*; así decimos: *vacilar* o *dudar* antes de elegir. *Hesitar* es latinismo inusado. Si el acto de *vacilar* se refiere al movimiento o a la acción, *titubear*; en el habla, *balbucir*, *balbucear*. *Cespitar* es un cultismo apenas usado.

vacío, -a *adj.* Desocupado, vacuo. **2** Hueco*, vano.

vacuidad *f.* Vaciedad.

vacuno, -na *adj.* Bovino.

vademécum *m.* Venimécum. **2** Vade.

vado *m.* Esguazo. **2** fig. Expediente, remedio, recurso, salida.

vagabundo, -da *adj.* Errante, errabundo. ▸ **2** *adj.-s.* Holgazán, ocioso, vago.

vagar *intr.* Errar, divagar. ▌ Este último, tratándose del pensamiento o del discurso.

vago, -ga *adj.-s.* Vagabundo, holgazán, ocioso, desocupado. **2** Indeciso, indeterminado, indefinido, impreciso, inconcreto.

vaguear *intr.* Holgazanear.

vaguedad *f.* Indeteminación, imprecisión, indecisión. ≠ Precisión, decisión.

vahído *m.* Desvanecimiento, desmayo, vértigo, mareo. ▌ El *vahído* es de breve duración y menos intenso que los demás sinónimos.

vaho *m.* Exhalación, vapor, hálito. **2** Aliento. **3** Tufo.

vaivén *m.* Balanceo, fluctuación, oscilación, sacudimiento*.

valedor, -ra *s.* Protector, padrino, favorecedor, patrocinador.

valentía *f.* Valor*, esfuerzo, aliento, ánimo*, vigor. ≠ Cobardía. ▌ La *valentía* es la manifestación externa del *valor*. La *valentía* es visible, y puede ser jactanciosa, en este caso es sinónima de *arrogancia*, *gallardía*. El *valor*, en cambio, puede ser callado e invisible. *Valor* connota esfuerzo, tesón; *valentía* connota decisión y arrojo. ▌ «La *valentía* es la ostentación del *valor*. Aquella puede ser efecto de la educación, del amor propio, de la vanidad, y acaso de una pura costumbre adquirida con el ejemplo; este es inherente al carácter y propio de un espíritu noble, superior a todo riesgo. Aquella busca los lances; este los evita, pero no los rehúsa cuando la obligación o la necesidad lo exigen. Por eso cuando se trata de una acción en que media el lucimiento, la arrogancia, el deseo del aplauso, se usa con más propiedad de la voz *valentía* que de la voz *valor*, y así a un soldado se le puede llamar *valeroso*, pero no a un torero; este propiamente es *valiente* (...). Por este mismo principio, un valiente (usado como sustantivo) no quiere decir precisamente un hombre de *valor*, sino un quimerista que lo ostenta, que hace vanidad de él.» (LH).

valentón, -ona *adj.-s.* desp. Jaque, jaquetón, chulo, matamoros, matasiete, balandrón, terne, ternejal, perdonavidas, tragahombres, valiente.

valentonería *f.* desp. Majeza, guapeza, chulería.

valer ¹ *m.* Valor, valía.

valer ² *intr.* Amparar, proteger, apoyar, defender, patrocinar. **2** Servir, ser útil. ► **3** *prnl.* Prevalerse, aprovecharse, servirse.

valeroso, -sa *adj.* Valiente, esforzado, alentado, resuelto, animoso, arrojado.

valetudinario, -ria *adj.* Enfermizo, caduco. ≠ Fuerte, sano, joven.

valía *f.* Estimación, aprecio, valer, valor*. **2** Valimiento, favor, privanza.

valido *m.* Privado, favorito.

válido, -da *adj.* Firme, legal, valedero. **2** Sano, robusto, fuerte.

valiente *adj.* Valeroso, esforzado, animoso, arrojado, resuelto, intrépido, osado, denodado.

valimiento *m.* Privanza, favor, ascendiente, poder. **2** Ayuda, amparo, protección, apoyo. ≠ Desamparo.

valioso, -sa *adj.* Preciado, estimado, meritorio, excelente. **2** Poderoso, eficaz. **3** Rico.

valor *m.* Aprecio, estimación, mérito. **2** Significación, importancia. **3** Valer, valía, ánimo, valentía, esfuerzo, intrepidez, arrojo*, coraje. ▮ Los dos primeros, tratándose de cualidades intelectuales o morales. Si se trata de afrontar peligros, todos los demás. **4** Desvergüenza, osadía, atrevimiento, descaro, descoco, desfachatez. ≠ Vergüenza, cobardía. ▮ Utilizado en mala parte. **5** Validez, firmeza. **6** Precio. ▮ «*Valor* es el grado de estimación en que se tiene una cosa, según su mérito, su utilidad, los recuerdos que con ella se asocian o las ventajas que de ella pueden sacarse; *precio* es la cantidad de dinero en que la cosa se estima en venta. Así hay cosas que tienen *valor* para ciertas personas, y no lo tienen para otras, lo cual no influye en manera alguna en el *precio*.» (M). → **valores**

valoración *f.* Tasación, evaluación.

valorar *tr.* Valuar, evaluar, tasar, justipreciar*, tallar. ▮ *Tasar* y *justipreciar* suponen estimar exactamente el precio; *tallar* se aplica pralte. en el campo: *tallar* la cosecha. **2** Calificar, puntuar, evaluar. ▮ Se aplican cuando hay que examinar un ejercicio o una prueba. **3** Avalorar, valorizar. ▮ *Avalorar* se extiende a los valores no materiales; *avalorar* una mercancía; cualidades que *avaloran* a una persona. *Valorizar* se limita a lo material: *valorizar* unas tierras.

valores *m. pl.* Títulos. → **valor**

válvula *f.* Ventalla. **2** Lámpara. ▮ En radiotelefonía.

valla *f.* Vallado, valladar, cerca*, cercado, empalizada, estacada. **2** fig. Obstáculo, estorbo.

vallado *m.* Valla, cerca*.

vanagloria *f.* Jactancia*, envanecimiento, engreimiento, presunción, vanidad*.

vanagloriarse *prnl.* Jactarse, engreírse, preciarse, alabarse. ≠ Humillarse, rebajarse.

vanamente *adv. m.* Inútilmente, en vano. **2** Infundadamente.

vandalismo *m.* Barbarie, salvajismo, gamberrismo.

vanguardista *adj.-s.* Nuevo, moderno, innovador, novedoso.

vanidad *f.* Presunción, vanagloria, fatuidad, envanecimiento, orgullo*, soberbia, jactancia*. ≠ Humildad, modestia. ▮ «La *vanidad* puede recaer indistintamente sobre un mérito real o imaginario. La *presunción* recae siempre sobre un mérito que solo existe en la imaginación del presumido. Un músico excelente tiene tal vez *vanidad* de su habilidad. Un mal jinete tiene *presunción* de su destreza. Una mujer hermosa puede tener *vanidad*, pero una fea solo puede tener *presunción*.» (LH). **2** Fausto, pompa, ostentación. ≠ Humildad, modestia. **3** Ilusión, ficción, fantasía.

vanidoso, -sa *adj.* Vano, hueco, hinchado, engreído, fatuo, presuntuoso, presumido.

vano, -na *adj.* Irreal, insubstancial. **2** Hueco, vacío, huero. **3** Inútil, infructuoso. **4** Vanidoso, presuntuoso, presumido, engreído, fatuo. **5** Infundado, injustificado. ▸ **6 En vano** *loc. adv.* En balde, inútilmente.

vaporizar *tr.-prnl.* Evaporizar, evaporar, vaporear, volatizar, vaporar.

vaporoso, -sa *adj.* fig. Tenue, ligero, delgado, sutil.

vapuleo, vápulo *m.* Zurra, paliza.

vaquero, -ra *s.* Pastor. ▸ **2** *adj.-m.* Tejano, jeans (anglic.).

vara *f.* Palo. ▌La *vara* es más larga y delgada que el *palo*. **2** Bastón de mando. **3** TAUROM. Pica, puya, garrocha.

varar *intr.* MAR. Encallar. ▸ **2** *intr.-tr.* Botar.

varbasco *m.* Bervasco, gordolobo.

variable *adj.* Inestable*, inconstante, mudable, voluble, versátil, veleidoso, cambiable, mutable. ≠ Invariable, cierto.

variación *f.* Alteración*, mudanza, cambio*, transformación. **2** Variedad. ▌«La *variación* es sucesiva; la *variedad* es simultánea. Hay *variación* en las estaciones; hay *variedad* en las flores de un jardín.» (M).

variar *intr.-tr.* Cambiar*, mudar, alterar, transformar, diferenciar.

variedad *f.* Diversidad, diferencia*. **2** Mudanza, alteración, variación.

vario, -ria *adj.* Diverso, diferente, distinto. **2** Inconstante, instable, variable, mudable, cambiante, inestable*. → **varios, -rias**

varios, -rias *adj. pl.* Algunos, unos cuantos. → **vario, -ria**

varón *m.* Hombre.

varonil *adj.* Viril. **2** Esforzado, resuelto, valeroso, firme, animoso.

varonilmente *adv. m.* Virilmente, esforzadamente, firmemente.

vasallo, -lla *s.* ant. Feudatario, tributario. ≠ Señor. ▸ **2** *adj.-s.* Súbdito. ≠ Señor.

vascuence *adj. com.* (pers.) Vasco, vascongado, éuscaro, eusquero.

vástago *m.* Sierpe, verdugo, vestugo, renuevo, retoño, rebrote, hijuelo. ▌Los dos primeros brotan de las raíces leñosas. *Vestugo* es el del olivo. Los cuatro últimos, se refieren al que brota después de cortada la planta. **2** fig. Descendiente, hijo.

vasto, -ta *adj.* Extenso, dilatado, extendido, espacioso. ≠ Finito, pequeño.

vaticinar *tr.* Adivinar*, pronosticar, predecir, augurar, profetizar.

vaticinio *m.* Pronóstico, predicción*, augurio, profecía, adivinación.

vaya *f.* Burla*, chasco.

vecindad *f.* Proximidad, contigüidad. ▌*Contigüidad* es la *vecindad* inmediata. **2** Contorno, cercanías, alrededores, inmediaciones.

vecino, -na *adj.* Próximo, cercano, inmediato*, contiguo. ▸ **2** *adj.-s.* Habitante, morador, residente, domiciliado.

vedar *tr.* Prohibir*, impedir, privar, negar*.

vedegambre *m.* Eléboro blanco, veratro.

vedija *f.* Vellón, mechón.

vegetal *m.* Planta.

vehemencia *f.* Impetuosidad, ímpetu, violencia, ardor, fuego, pasión. ≠ Tranquilidad, flema. **2** Viveza, eficacia, intensidad.

vehemente *adj.* Impetuoso, violento, fogoso, ardoroso, ardiente. **2** Vivo, intenso, eficaz.

vejar *tr.-prnl.* Molestar, oprimir, perseguir, maltratar.

vejez *f.* Senectud, ancianidad, vetustez. ≠ Juventud, orto. ▌Los dos primeros se emplean solo tratándose de personas; *vejez* y *vetustez*, de personas y cosas. *Ancianidad* añade un matiz respetuoso.

vela *f.* Trasnochada, velación, velada, vigilia. **2** Candela, bujía, cirio. ▌Si es de estearina o de cera blanca, *bujía*; la de cera, *cirio*.

velaje *m.* Velamen, trapo.

velar [1] *intr.* Cuidar, vigilar, custodiar*.

velar [2] *tr.* fig. Cubrir, disimular, ocultar*. ≠ Descubrir, destapar, desenmascarar.

velatorio *m.* Velorio.

veleidad *f.* Capricho, antojo. **2** Inconstancia, ligereza, volubilidad, versatilidad. ≠ Firmeza, constancia, inmutabilidad.

veleidoso, -sa *adj.* Inestable*, inconstante*, mudable, versátil, tornadizo, variable, voluble. **2** Caprichoso, antojadizo.

velo *m.* (de los desposados) Yugo.

velocidad *f.* Rapidez, celeridad*. ≠ Lentitud. **2** Presteza, prontitud, prisa. ≠ Pasividad.

veloz *adj.* Rápido, raudo (lit.). **2** Ligero, pronto, presto, presuroso.

vello *m.* Lanosidad, pelo, pelusa, tomento, pelusilla. ▌Todos ellos se aplican gralte.

al *vello* de las frutas y plantas; con menos frecuencia al *vello* del cuerpo humano.
vellón *m.* Tusón. **2** Vedija.
vellosidad *f.* Pubescencia.
vellosilla *f.* (hierba) Pelosilla, pelusilla.
velloso, -sa *adj.* Vellido, pubescente (Bot.), tomentoso (Bot.).
velludo *m.* Terciopelo, veludo.
vena *f.* Veta, filón. **2** fig. Inspiración, estro, numen.
venado *m.* Ciervo.
venal *adj.* Vendible, venable. **2** fig. Sobornable.
venatorio, -ria *adj.* Cinegético.
vencedor, -ra *adj.-s.* Victorioso, triunfante, ganador.
vencejo [1] *m.* Tramojo.
vencejo [2] *m.* (ave) Oncejo, arrejaque, arrejaco.
vencer *tr.* Ganar, batir, derrotar, triunfar (intr.). ≠ Someter, derrotar. **2** Rendir, sujetar, dominar, subyugar. **3** Aventajar, superar, exceder. **4** Allanar, zanjar, resolver. ▶ **5** *tr.-prnl.* Ladear, torcer, inclinar.
vencetósigo *m.* Berza de perro.
vender *tr.* Traspasar, enajenar, alienar. ≠ Comprar. **2** Despachar, expender. ≠ Comprar. **3** Traicionar. ▶ **4** *prnl.* Delatarse, descubrirse.
veneciano, -na *adj.-s.* (pers.) Véneto.
veneno *m.* Tósigo, tóxico, ponzoña, toxina, toxicante. ▮ La *ponzoña* no se estima gralte. como productora de efectos fulminantes, sino que está más cerca de la idea de corrupción o pobredumbre nociva. *Toxina* es substancia tóxica producida en un ser vivo por la acción de un microorganismo. → **envenenar**
venenoso, -sa *adj.* Tóxico, ponzoñoso, deletéreo. ▮ Este último se dice gralte. de los gases y vapores. ▮ «*Ponzoñoso* no se dice propiamente más que de los animales, o de las cosas que están infestadas de veneno de algún animal; y *venenoso* no se dice más que de las plantas. Así, el escorpión y la víbora son animales *ponzoñosos*, y el jugo de la cicuta o cañaheja es *venenoso*.» (O).
venera *f.* Pechina, concha de peregrino.
venerable *adj.* Venerado, respetable, honorable.
veneración *f.* Respeto*, acatamiento, reverencia, culto*.
venerar *tr.* Respetar, acatar, honrar, reverenciar. ≠ Despreciar, deshonrar.
venero *m.* Venera, manantial. **2** min. Criadero, mina. **3** Origen, principio. ≠ Fin.
venganza *f.* Vindicta. ▮ Especialmente en la expresión *vindicta pública*.
vengar *tr.-prnl.* Vindicar (lit.). ≠ Perdonar.
vengativo, -va *adj.* Vindicativo (lit.), rencoroso.
venia *f.* Consentimiento*, permiso, licencia*, autorización, aprobación.
venida *f.* Llegada. **2** Regreso, retorno, vuelta, retroceso*.
venidero, -ra *adj.* Futuro. → **venideros.**
venideros *m. pl.* Sucesores. → **venidero, -ra.**
venir *intr.-prnl.* Llegar. ≠ Irse, marcharse, alejarse. ▮ «Estas voces son sinónimas cuando se da a la segunda toda la extención de la primera, como cuando se dice: ha *venido* o ha *llegado* el correo; pero *llegar* se distingue de *venir*: Primero, en que significa el último término o la consumación de la *venida*: *vengo* de Francia, y *llegué* el domingo. Segundo, en que *venir* significa una acción que termina en el punto en que está el que habla, mientras que la acción expresada por *llegar* puede terminar en un punto distante, como: cuando César *llegó* a Roma; el buque *llegó* a Londres.» (M). **2** Provenir, proceder, dimanar, inferirse, deducirse.
venta *f.* Despacho, expedición, salida. **2** Traspaso, enajenación. **3** Parador, posada, mesón, hospedería. ▮ La *venta* está fuera de las poblaciones.
ventaja *f.* Superioridad. ≠ Desventaja, pérdida, inferioridad.
ventajista *adj.* Ganguero, ganguista, ventajero, aprovechado.
ventalla *f.* Válvula. ▮ En una máquina. **2** Valva. ▮ En el pericarpio de una legumbre o silicua.
ventanillo *m.* Mirilla.
ventear *impers.* Ventar. ▶ **2** *tr.* Husmear.
ventero, -ra *s.* Posadero, mesonero.
ventilación *f.* Oreo.
ventilar *tr.* Airear*, orear. ▮ Ambos se refieren a la ventilación natural. Cuando

se emplea la ventilación artificial, no se dice más que *ventilar*. *Ventilamos, aireamos* u *oreamos* una habitación abriendo las ventanas. Cuando utilizamos para ello ventiladores, la *ventilamos* (no *aireamos* ni *oreamos*). **2** fig. Controvertir, dilucidar, examinar. ▌ P. ej.: *ventilar* una cuestión, duda, problema.

ventisca *f.* Nevasca, nevada*, nevazo, nevazón, nevisca, falisca, ventisco.

ventisquero *m.* Nevero, helero, ventisca, glaciar.

ventosear *intr.* Ventearse, peer.

ventura *f.* Felicidad, dicha, fortuna. **2** Contingencia, suerte, acaso, casualidad.

venturoso, -sa *adj.* Afortunado, feliz.

venustez *f.* Hermosura, venustidad. ≠ Fealdad, repulsión.

veraneante *adj.-s.* Turista, visitante.

veraniego, -ga *adj.* Estival (lit.), estivo (lit.).

verano *m.* Estío (lit.).

veraz *adj.* Sincero, verídico, verdadero.

verbal *adj.* Oral, de palabra.

verbasco *m.* Gordolobo, varbasco.

verbena *f.* (planta) Hierba sagrada.

verbosidad *f.* Locuacidad, facilidad de palabra, labia*, parla, parlería, verborrea. ≠ Silencio, discreción. ▌ *Labia, parla* y *parlería* significan *verbosidad* persuasiva y graciosa. Cuando la *verbosidad* es excesiva o se la considera irónicamente, *verborrea*.

verdad *f.* Certeza, certidumbre. **2** Veracidad, sinceridad. ≠ Mentira.

verdadero, -ra *adj.* Cierto*, real, efectivo, positivo. **2** Veraz, verídico, exacto*. **3** Ingenuo, sincero*.

verdal *adj.* Verdejo.

verde *adj.-m.* Verdoso, aceitunado, oliváceo, esmeralda, glauco, verdinegro. ▶ **2** *adj.* Obsceno, atrevido, lascivo. **3** Ecológico, eco.

verdear *intr.* Verdecer, reverdecer.

verderón ¹ *m.* (ave) Verdecillo, verderol, verdezuelo, verdón.

verderón ² *m.* (molusco) Berberecho, verderol.

verdín *m.* Verdoyo. **2** Cardenillo, verdete.

verdinoso, -sa *adj.* Mohoso.

verdor *m.* Verdura. **2** fig. Lozanía, juventud, mocedad, vigor.

verdugo *m.* Vástago*, verdugón. **2** Mochín, ejecutor de la justicia, sayón.

verdura *f.* Verdor. **2** Hortaliza.

vereda *f.* Senda*, sendero, acera (Amér.).

vergajo *m.* Nervio de buey. **2** Azote.

vergel *m.* Jardín.

vergonzoso, -sa *adj.* Bajo, deshonroso, oprobioso, vil, abyecto. **2** Corto, encogido, tímido, verecundo (lit.).

vergüenza *f.* Deshonor, oprobio. **2** Modestia, pudor, encogimiento, cortedad, corrimiento, empacho, rubor, sonrojo, bochorno, sofoco, sofocón. ≠ Descaro. ▌ Los seis primeros forman una serie intensiva. Los otros se utilizan cuando hace enrojecer. Los dos últimos pueden ser producidos también por la ira, el cansancio, etc. ▌ «La idea común de *vergüenza* y *cortedad*, consideradas como sinónimas, es la timidez; pero la *cortedad* la considera como un efecto de la falta de aquel desembarazo que se adquiere con el trato continuado de cierta clase de personas; la *vergüenza* la considera como un efecto, o de poca confianza del mérito propio, o del temor del desprecio o burla de los otros. Un sabio, que está seguro de que sabe lo que dice, no tiene *vergüenza* de hablar delante de gentes; pero poco acostumbrado a ello, puede tener *cortedad*.» (LH). **3** Pundonor, amor propio. ≠ Indignidad. ▶ **4 Poca vergüenza** *loc. adj.* Desvergonzado, sinvergüenza, descarado, descocado, procaz, inverecundo (lit.).

verídico, -ca *adj.* Sincero*, veraz. **2** Verdadero, cierto, efectivo, real, positivo, auténtico.

verificar *tr.* Comprobar. ▶ **2** *tr.-prnl.* Realizar, efectuar, ejecutar.

verja *f.* Enverjado, rejado, enrejado.

vermífugo, -ga *adj.-s.* MED. Vermicida.

vernal *adj.* Primaveral.

verosímil *adj.* Probable, posible, creíble. ≠ Incierto, increíble, inverosímil.

verruga *f.* Cadillo (p. us.), sicoma (MED.).

versado, -da *adj.* Instruido, ejercitado, práctico, experimentado, perito, diestro, entendido, conocedor, experto*. ≠ Incompetente, inculto, inexperto.

versar *intr.* Tratar. ▌ Con este significado, *versar* lleva la prep. *sobre* o la loc. *acerca de*.

versátil *adj.* Inestable*, veleidoso, voluble, inconstante*, mudable, variable, tornadizo. ≠ Constante, firme, consecuente.
versificación *f.* Metrificación. **2** Métrica.
versificar *intr.-tr.* Metrificar.
versión *f.* Traducción. **2** Interpretación, explicación, referencia.
vértebra *f.* Espóndilo.
vertebrar *tr.* Organizar, estructurar.
vertedero *m.* Derramadero, escombrera, basurero, muladar (antic.).
verter *tr.* Derramar, esparcir, vaciar. **2** Traducir.
verticalmente *adv. m.* Aplomo, perpendicularmente, en pie. ≠ Horizontalmente.
vértigo *m.* Vahído, mareo, desvanecimiento.
vesania *f.* Demencia, locura, furia, psicosis.
vesánico, -ca *adj.-s.* Loco*, demente, alienado, furioso.
vesicante *adj. m.* MED. Rubefaciente, epispástico.
vesícula *f.* MED. Vejiguilla.
vestido *m.* Vestimenta, vestuario, indumentaria, indumento, vestidura, ropaje, traje, sayo (antic.), ropa, atuendo*. ▌Los cuatro primeros sugieren cierta solemnidad. *Vestidura* y *ropaje* implican también solemnidad y se refieen solo a las prendas exteriores. El manto regio y las vestiduras eclesiásticas son *ropajes*. El conjunto de prendas exteriores se denomina usualmente *vestido* o *traje*; *sayo* es hoy anticuado y solo se conserva en algunas frases proverbiales, como: cortar a uno un *sayo*; remienda tu *sayo* y pasarás tu año. *Ropa* es el conjunto de prendas interiores y exteriores. ► **2 Cortar un vestido** *loc.* Murmurar, cortar un sayo, cortar un traje, criticar, morder (fig.), despellejar (fig.), poner en lengua a uno.
vestigio *m.* Huella*, rastro. **2** Señal, resto, reliquia. **3** fig. Indicio*.
veta *f.* Vena, filón.
veterinaria *f.* Albeitería, hipiátrica.
veterinario *m.* Albéitar, mariscal (desus.).
veto *m.* Prohibición. ≠ Aprobación, confirmación, defensa.
vetusto, -ta *adj.* Viejo, antiguo*.
vez *f.* Ocasión. **2** Turno. ► **3 A la vez** *loc. adv.* Juntamente, a un tiempo. **4 Tal vez** Acaso², quizá, quizás, posiblemente.

vía *f.* Camino, calle. **2** Carriles. **3** Modo, procedimiento, método, manera, medio. ► **4 Vía crucis** *m.* Calvario. ► **5 Vía Láctea** *f.* ASTRON. Camino de Santiago.
viable *adj.* Posible, factible, realizable, practicable.
viajero, -ra *s.* Pasajero. ▌Esp. si viaja por mar.
viandante *com.* Transeúnte, caminante.
vibración *f.* FIS. Onda, ondulación. **2** Oscilación, vacilación. ≠ Quietud, inmovilidad.
viciar *tr.* Dañar, corromper, pervertir, consentir. ▌En sentido moral, véase *consentir* y *pervertir*. **2** Falsear, adulterar. ► **3** *prnl.* Enviciarse.
vicio *m.* Defecto, imperfección, tacha, falta. ≠ Virtud, perfección, verdad, moralidad. **2** Mimo, consentimiento. **3** Frondosidad, exuberancia, lozanía. ▌Tratando de plantas cultivadas, se usan los tres sinónimos cuando se consideran perjudiciales para su rendimiento.
víctima *f.* Afectado, perjudicado, damnificado. ▌El *damnificado* es una *víctima* en una catástofre colectiva. **2** Muerto, baja (esp. en combate).
victoria *f.* Triunfo, vencimiento, conquista, trofeo. ≠ Derrota.
victorioso, -sa *adj.-s.* Vencedor, triunfante, ganador.
vida *f.* fig. Expresión, viveza. ≠ Muerte, pasividad. **2** Biografía*. ► **3 Dar mala vida** *loc.* Maltratar, tratar mal, tratar a zapatazos, traer a mal traer.
vide *voz verbal latina* Véase.
vidente *com.* Adivino, futurólogo.
vidrioso, -sa *adj.* Quebradizo, frágil. **2** Sentido, susceptible, irritable, malsufrido. ▌Referido a una persona o a su carácter.
viejo, -ja *adj.-s.* Anciano, vejete (dim. y desp.), vejestorio (burl.), provecto. ≠ Joven. ▌*Anciano* indica respeto por parte del que habla; Como adj., *provecto* alude exclusivamente a la edad sin otros matices. ▌«Vemos en la *vejez* la decadencia de la vida, y al *viejo* sujeto a los achaques y debilidades que acarrean los años. Vemos en la *ancianidad* la consideración que inspira, o debe inspirar, la edad, la madurez, la experiencia. Por eso, para explicar el estrago que hace el tiempo usamos el

verbo *envejecer*; como igualmente se dice: morir de *vejez*, y no de *ancianidad*.» (LH). ▶ 2 *adj.* Antiguo, vetusto, añejo*, caduco*. 3 Usado, manoseado. 4 Estropeado, ajado, deslucido, acabado, ruinoso, arruinado. ▶ **5 Más viejo que el andar a pie** *loc. adj.* Antiguo, viejo, vetusto, añoso, arcaico, remoto, del tiempo de Noé, del año de la pera (fam.), del tiempo de Maricastaña (fam.), en tiempo del rey que rabió (fam.), en tiempo de los godos (fam.), desde que el mundo es mundo (fam.).

viento *m.* Ventarrón, ventada, ventolera, vendaval, borrasca, ventolina, brisa, ciclón, huracán. ▮ Además de los nombres que recibe el viento según su dirección, otros proceden de su fuerza o de otras características; p. ej.: *ventarrón*, viento muy fuerte; *ventada*, golpe de viento; *ventolera*, golpe de viento recto y poco durable; *vendaval*, viento diurno sin llegar a *borrasca* o *temporal* declarado; *ventolina*, viento leve y variable en el mar; *brisa*, viento suave que en las costas sopla del mar durante el día y de tierra durante la noche. Cuando el viento es fuerte y giratorio, *huracán* y *ciclón*. 2 Aire.

vientre *m.* Abdomen, panza, barriga, tripa. 2 Bandullo, tripas.

vierteaguas *m.* Despidiente.

vigésimo, -ma *adj.-s.* Veintavo. ▶ 2 *adj.* Veinteno.

vigía *f.* Atalaya.

vigilancia *f.* Atención, observación, cuidado, celo. ≠ Descuido, desatención, sueño.

vigilar *intr.-tr.* Velar, atender, cuidar, celar, observar, espiar, acechar, atisbar. ≠ Desatender, descuidar. ▮ Los tres últimos, tomándolo a mala parte.

vigilia *f.* Vela, transnochada. 2 Insomnio, agripnia (MED.), ahipnosis (MED.). 3 Víspera. 4 Abstinencia de carne.

vigor *m.* Fuerza*, energía. ▮ El *vigor* se atribuye al cuerpo, al espíritu, o a su expresión y manifestaciones; pero no a las máqinas o a lo inorgánico. Hablamos del *vigor* de un hombre, de un acto humano, de una manifestación artística. Una máquina desarrolla *fuerza* o *energía*, no *vigor*.

vigorizar *tr.-prnl.* Robustecer, avigorar, fortalecer, vitalizar. ≠ Debilitar. 2 fig. Animar. ≠ Desalentar, desanimar.

vigoroso, -sa *adj.* Robusto, fuerte, enérgico, eficaz. ▮ «El *vigoroso* debe mucho al ánimo; el *fuerte*, como más firme, debe mucho a la constitución de los músculos; el *robusto*, menos sujeto a los achaques, debe mucho a la naturaleza del temperamento. Un hombre *vigoroso* ataca y lidia con agilidad y violencia; uno *fuerte* sobrelleva con facilidad lo que a otro agobiaría y oprimiría; uno *robusto* resiste toda fatiga, la influencia del aire, del clima, y aun los excesos.» (Ma).

viguería *f.* Envigado.

vil *adj.* Bajo, despreciable, malo*, ruin, soez*, indigno. 2 Indigno, villano, desleal, infiel, alevoso, traidor.

vileza *f.* Bajeza, maldad, ruindad. ≠ Honor, bondad. 2 Indignidad, infidelidad, deslealtad, traición, alevosía, villanía, infamia*. ≠ Dignidad.

vilipendiar *tr.-prnl.* Despreciar*, denigrar, menospreciar. ≠ Valorar, sobrevalorar. 2 Insultar, denostar, injuriar*, infamar. ≠ Alabar, honrar.

villaje *m.* Villar.

villanía *f.* Bajeza, ruindad, vileza, indignidad, infamia. ≠ Dignidad, bondad, decencia, honestidad. 2 Deslealtad, traición, alevosía.

villano, -na *adj.-s.* Aldeano, lugareño, rústico, basto, grosero, descortés. ▮ Los dos primeros, en la lengua medieval y clásica. Todos los demás. por extensión. 2 fig. Bajo, ruin, vergonzoso, indigno, infame, infiel, desleal, traidor.

vinagreras *f. pl.* Angarillas, aceiteras, taller. → **vinagrera**

vínculo *m.* fig. Lazo, atadura, ligamen, unión. 2 Link (anglic.), enlace.

vindicar *tr.* Vengar. 2 Defender, exculpar. 3 DER. Reivindicar.

viniebla *f.* Cinoglosa.

violado, -da *adj. m.* Violáceo, morado.

violar *tr.* Infringir, quebrantar*, conculcar, vulnerar. ≠ Cumplir. 2 Forzar, violentar*. ≠ Respetar. 3 Profanar. ≠ Respetar.

violentar *tr.-prnl.* Forzar, obligar, violar. ▮ «*Forzar* es una acción puramente física; *violentar* se aplica también a las acciones morales, como a la voluntad, a los deseos y a las propensiones.» (M). 2 Torcer, retorcer, tergiversar. ▮ Tratándose del sentido de lo dicho o escrito. ▶ **3** *prnl.* Dominarse, reprimirse, contenerse, serenarse. ≠ Encolerizarse, irritarse, saltar.

violento, -ta *adj.* Impetuoso*, vehemente, arrebatado, fogoso, iracundo. **2** Forzado, duro, penoso. **3** Torcido, tergiversado.

violeta *adj.-m.* Violáceo, morado, lila, malva, violado.

vira *f.* Cerquillo. ▌En el calzado.

virago *f.* Marimacho.

viral *adj.* Vírico, virulento.

virginidad *f.* Doncellez, integridad. **2** fig. Pureza, candor. ≠ Impureza, malicia.

vírico, -ca *adj.* Viral, virulento.

viril *adj.* Varonil.

virio *m.* Oropéndola, lútea, papafigo, oriol, víreo.

virtual *adj.* Eventual, posible. **2** Implícito, tácito. **3** FIS. Irreal, aparente.

virtud *f.* Poder, fuerza, eficacia. ≠ Maldad, vicio, debilidad, cobardía.

virulento, -ta *adj.* Ponzoñoso, maligno, venenoso. **2** Viral, vírico. **3** fig. Mordaz, sañudo, acre.

visaje *m.* Gesto, mueca.

víscera *f.* Entraña.

viscoso, -sa *adj.* Pegajoso, glutinoso.

visible *adj.* Manifiesto, evidente, patente, claro, ostensible, palmario. **2** Importante, notorio, conspicuo.

visión *f.* Aparición, fantasma. ≠ Realidad. **2** Espantajo, adefesio, estantigua. ▶ **3 Ver visiones** *loc.* Estar enajenado, estar fuera de sí, papar moscas, helársele el corazón.

visitador, -ra *adj.-s.* Visitero. **2** Inspector.

visitante *com.* Invitado, visita, turista.

vislumbrar *tr.* Entrever, columbrar. **2** fig. Conjeturar, sospechar, barruntar. **3** Divisar*.

vislumbre *f.* Reflejo, resplandor. **2** fig. Indicio, conjetura, sospecha, barrunto*, atisbo.

viso *m.* Reflejo, destello. **2** fig. Apariencia, aspecto. ▶ **3 Tener visos** *loc.* Olerse, sospechar.

víspera *f.* Vigilia. ▌Esp. la que antecede a una festividad religiosa.

vista *f.* Visión. **2** Panorámica, panorama, paisaje.

vistazo *m.* Ojeada.

vistoso, -sa *adj.* Lúcido, brillante, hermoso, atractivo, llamativo.

visual *adj.* Óptico, ocular.

vitando, -da *adj.* Odioso, execrable, abominable.

vitualla *f.* Víveres, provisiones de boca.

vituperar *tr.-prnl.* Censurar, desaprobar, reprobar, reprochar, criticar, echar en cara, fustigar*. ≠ Alabar, ensalzar.

vituperio *m.* Censura, desaprobación, reproche.

viudal *adj.* Vidual.

vivacidad *f.* Eficacia, vigor, energía, fuerza. ≠ Debilidad, timidez. **2** Viveza, agudeza, listeza. ≠ Bobería.

vivar *m.* Conejal, conejar, conejera, vivera. **2** Vivero, vivarium. ▌Tratándose de peces u otros animales acuáticos.

vivaz *adj.* Vividor, longevo. **2** Eficaz, vigoroso, enérgico. **3** Agudo, perspicaz.

viveza *f.* Prontitud, rapidez, celeridad, agilidad. **2** Ardimiento, ardor, vehemencia. **3** Agudeza, perspicacia, listeza. **4** Esplendor, vivacidad, lustre, brillo.

vivienda *f.* Morada, habitación, casa*.

vivificar *tr.-prnl.* Revivificar, avivar, reavivar, animar, reanimar, alentar. ≠ Desanimar, desalentar.

vivir *intr.* Existir. ≠ Inexistir. **2** Durar*. **3** Habitar*, morar, residir. ≠ Mudarse.

vivo [1] *m.* Borde, canto.

vivo [2] **En vivo** *loc. adv.* En directo.

vivo, -va *adj.* Intenso, fuerte, enérgico. **2** Expresivo, llamativo. **3** Sutil, ingenioso, listo, astuto, tunante, taimado. ▌Los tres últimos, tomado a mala parte. **4** Diligente, pronto, rápido, ágil, activo*.

vocablo *m.* Palabra, voz, dicción, término, expresión, voquible (irón.) o burl.

vocabulario *m.* Diccionario*.

vocabulista *com.* Diccionarista, lexicógrafo.

vocación *f.* Llamamiento. **2** Inclinación.

vocalista *com.* Cantante, voz, solista.

vocear *intr.* Gritar, dar voces, vociferar, chillar*, desgañitarse. ≠ Callar. ▌*Vociferar* supone generalmente enojo o violencia. ▶ **2** *tr.* fig. Publicar, manifestar. ≠ Acallar.

vocerío *m.* Vocería, gritería, algarabía, vocinglería, clamor, grita, griterío, bulla*.

voladizo, -za *adj. m.* Saledizo, salidizo.

volador *m.* Cohete. **2** Pez volante.

volador, -ra *adj.* Colgante, volandero.

volar *intr.* fig. Apresurarse, acelerar. **2** Desaparecer, huir, escaparse. ► **3** *intr.-tr.* Estallar, explotar, saltar.

volateo Al volateo *loc. adv.* Al vuelo.

volatilizar *tr.-prnl.* Evaporar*, gasificar. ► **2** *prnl.* fig. Desaparecer.

volatinero, -ra *s.* Titiritero, volatín, volteador, equilibrista, funámbulo, acróbata, gimnasta. ▌Los dos últimos, cuando hace los ejercicios sobre una cuerda o alambre.

voleo *m.* (golpe) Volea.

volframio *m.* Tungsteno, wolfram.

volitar *intr.* Revolotear.

voltario, -ria *adj.* Inestable*, versátil, voluble, tornadizo.

voltereta *f.* Cabriola, pirueta, tumbo.

voluble *adj.* Inestable, versátil, tornadizo, variable, mudable, inconstante. **2** Caprichoso, antojadizo.

volumen *m.* Tomo, cuerpo (antic.). ▌*Tomo* en general, aunque cabe reunir dos o más *tomos* para formar un solo *volumen*, o descomponer un *tomo* en varios *volúmenes*. ▌«El *volumen* puede contener varios *tomos*, y el *tomo* puede hacer varios *volúmenes*; pero la encuadernación separa los *volúmenes*, y la división de la obra distingue los *tomos*.» (Ma). **2** Bulto, corpulencia, tamaño, magnitud*.

voluminoso, -sa *adj.* Abultado, corpulento, grueso*, gordo*, grande*.

voluntad *f.* Albedrío. **2** Intención, ánimo*, deseo. ≠ Desánimo, desgana, abulia. **3** Consentimiento, aquiescencia, anuencia. **4** Afición, afecto, benevolencia, cariño, amor. **5** Mandato, orden, disposición, precepto.

voluntario, -ria *adj.* Espontáneo*. ▌«Todo acto que proviene de la voluntad, con excitación o sin ella, es *voluntario*; el que proviene de la voluntad sin excitación de ninguna clase, es *espontáneo*. Asistir a un convite es un acto *voluntario*; es *espontánea* la oferta que hace un hombre a otro de sus servicios, cuando éste no los ha pedido.» (M).

voluntarioso, -sa *adj.* Caprichoso, antojadizo. **2** Constante*, obstinado.

volver *tr.* Devolver, restituir. **2** Corresponder, pagar. ► **3** *intr.* Regresar, tornar (lit.), retornar (lit.). ≠ Irse, marcharse. ▌«*Volver* es andar en dirección contraria a la que se ha seguido andando hacia adelante; *regresar* es volver al punto de partida. El viajero sale de Madrid, va a París, luego a Londres, *vuelve* a París, y *regresa* cuando vuelve a Madrid.» (M). ► **4** *prnl.* Acedarse, agriarse*, torcerse, avinagrarse*. ► **5 Volver a** *loc.* Repetir, reiterar.

vomitar *tr.* Devolver, volver, rendir, tocar, arrojar, provocar (vulg.) o fam., gormar (antic.), lanzar, revesar, rejitar (MONT.). ▌Los tres primeros son eufemísticos. **2** fig. Revelar, descubrir.

vomitivo, -va *adj.-s.* Emético (MED.).

voraz *adj.* Comedor, comilón*, devorador. **2** fig. Violento, activo, destructor.

vórtice *m.* Torbellino, remolino*.

votante *adj.-s.* Elector.

votar *intr.* Jurar, renegar, echar votos. ► **2** *intr.-tr.* Elegir.

voto *m.* Promesa. **2** Palabrota, verbo, ajo, taco, terno, reniego, blasfemia, juramento. ▌Los cinco primeros, cuando se trata de una expresión grosera o malsonante; los tres últimos, si es irreverente o pecaminosa. **3** Sufragio. **4** Opinión, parecer, dictamen.

voyeur *com.* (galic.) Mirón.

voz *f.* Grito. ▌«*Voces* y *gritos* significan el esfuerzo que hacemos con la voz para que se nos oiga mejor o de lejos; pero *voces* supone un tono natural esforzado; *gritos*, un tono más agudo que el natural. A los sordos se les *grita*, no se les da *voces*; porque el tímpano de su oído necesita no tanto un sonido fuerte, como un sonido agudo que le hiera y excite. Al que está lejos se le da *voces*, porque para oír de lejos es más útil lo fuerte que lo agudo de la voz.» (LH). **2** Vocablo, palabra, dicción, término, expresión. **3** fig. Fama, rumor. **4** Cantante, vocalista, solista. ► **5 En voz baja** *loc. adv.* Quedo. ► **6 Meter voces** *loc.* Vocear, alborotar, gritar.

vuelta *f.* Giro, revolución. **2** Regreso, retorno, venida, retroceso*. **3** Cambio. **4** Envés, revés, retornelo (MÚS.).

vulcanita *f.* Ebonita.

vulgar *adj.* Común*, ordinario, corriente, general*. ≠ Elegante, fino, distinguido. **2** Plebeyo, popular.

vulgarizar *tr.* Divulgar, difundir. ► **2** *prnl.* Aplebeyarse.

vulgo [1] *m.* Pueblo*, gente, plebe (desp.).

vulgo [2] *adv. m.* Vulgarmente, comúnmente.

vulnerar *tr.* Dañar, perjudicar, lastimar. ≠ Fortalecer. **2** Quebrantar*, infringir, conculcar, violar, contravenir, incumplir. ≠ Defensar.

vulpécula, vulpeja *f.* Zorra, raposa.

vulva *f.* vagina, coño (malsonante), concha (Amér.).

W

web *amb.* (anglic.) Página web, sitio web.

X

xenofobia *f.* Chauvinismo, racismo*.
xifoides *adj. com.* Mucronata, paletilla.
xilópalo *m.* MINERAL. Ópalo xiloformo.

Y

yacer *intr.* Descansar, reposar, dormir. ▌*Yacer* significa estar echada, acostada o tendida una persona. P. ext. se aplica a *descansar* o *dormir* en esta posición, y a *reposar* o estar enterrado.

yacija *f.* desp. Cama, lecho. ▌*Yacija* denota despectivamente el lugar donde se yace por lo común en el suelo. Llamar *yacija* a la *cama* o *lecho* supone desestimación o poco valor de estos. **2** Sepultura.

yanqui *adj. com.* (pers.) Norteamericano*, estadounidense. ▌En su origen *yanqui* (ingl. *yankee*) se aplicaba solo a los habitantes de Nueva Inglaterra, y p. ext. a los de todos los estados del Norte. En español ha pasado a ser sinónimo (con cierto matiz desp.) de *estadounidense* en general.

yapa *f.* Amér. Añadidura, adehala.

yegua *f.* Potra, potranca. ▌Desde que nace hasta que muda los dientes de leche, *potra*; la que no pasa de tres años, *potranca*.

yema *f.* Botón, gema, gromo, grumo. **2** (de huevo) Vitelo.

yermo, -ma *adj.-s.* Inhabitado, deshabitado*, despoblado, desierto. ≠ Habitado, fecundo. **2** Inculto.

yerno *m.* Hijo político.

yerro *m.* Error*, falta, culpa. ≠ Acierto, perfección. **2** Equivocación, inadvertencia, descuido, errata, gazapo*. ≠ Acierto, advertencia, razón. ▌La equivocación material en lo escrito, *errata*.

yerto, -ta *adj.* Tieso*, rígido, helado. ≠ Flexible, cálido.

yesal *m.* Yesar, aljezar.

yesón *m.* Aljezón, gasón.

yezgo *m.* Cimicaria.

yo *pron. pers.* Un servidor, nos, nosotros, este cura (burl.), menda (vulg.). ▌*Un servidor, una servidora,* expr. de modestia o humildad en el habla usual. *Nosotros* por *yo* se emplea como plural de modestia en libros y escritos. *Nos* en lugar de *yo* es plural mayestático usado por reyes y papas en edictos, decretos, etc.

yonqui *com.* (col.) Drogadicto, toxicómano, heroinómano.

yugada *f.* Huebra, yunta.

yugo *m.* fig. Carga, opresión, sujeción, atadura.

yugular *tr.* Degollar.

yunta *f.* Par. **2** Yugada, huebra.

yuyuba *f.* Azufaifa.

Z

zacear *tr.* Zalear. ▶ **2** *intr.* Cecear.
zafar *tr.* MAR. Desembarazar, desocupar, quitar. ▶ **2** *intr.-prnl.* Escaparse, esconderse, huir, soltarse, salirse. **3** fig. Excusarse, rehuir, evitar, librarse, hermosear.
zafiedad *f.* Grosería*, tosquedad, rusticidad. ≠ Cultura, finura, urbanidad, civismo.
zafio, -fia *adj.* Tosco, basto, inculto, grosero, rústico, zote.
zagal, -la *s.* Muchacho, mozo, adolescente, joven*. **2** Pastor.
zahareño, -ña *adj.* fig. Desdeñoso, intratable, arisco, huraño. ≠ Suave, tratable, alegre.
zaherir *tr.-prnl.* Satirizar, mortificar.
zahína *f.* Alcandía, daza, sahína, sorgo, maíz, melca.
zahinar *m.* Alcandial, sahinar.
zahón *m.* Delanteras, zafón.
zahúrda *f.* Pocilga, cuchitril, cochiquera.
zalagarda *f.* fig. Astucia, ardid, trampa, engaño. **2** Reyerta, pendencia, trifulca, pelotera.
zalamería *f.* Zalema, halago, carantoña, embeleco, caroca, lagotería, adulación*.
zalea *f.* Pelleja, vellón, tusón, zaleo.
zalema *f.* Reverencia, rendimiento, fiesta. **2** Zalamería.
zamacuco *m.* Tonto, bruto, torpe, zoquete, tarugo.
zamarra *f.* (de pastor) Pellico, zamarro.
zambra *f.* fig. Algazara, ruido, bulla, jaleo, juerga, gresca.
zambullir *tr.* Zabullir, zampuzar.
zampar *tr.* Engullir, devorar, embaular, embocar. ≠ Ayunar.
zampoña *f.* MÚS. Caramillo.
zanahoria *f.* Azanoria, dauco. ‖ La *zanahoria* silvestre, *dauco*.
zancada *f.* Trancada, tranco.
zancadilla *f.* Trascabo, traspié.
zanco *m.* Chanco.
zángano *m.* Abejón. **2** fig. Holgazán, haragán, gorrón, vago.
zanjar *tr.* Resolver*, solventar, dirimir.
zaquizamí *m.* Desván, sotabanco, buhardilla. **2** Chiribitil, tabuco.
zaragata *f.* Gresca, alboroto, trifulca, remolina, reyerta, tumulto.
zaragatona *f.* Arta de agua, coniza, hierba pulguera, pulguera, zargatona.
zaranda *f.* Criba, harnero.
zarandajas *f. pl.* Bagatelas, menudencias, minucias.
zarandearse *prnl.* fig. Ajetrearse, azacanarse. ≠ Aquietarse, sosegarse. **2** Contornearse.
zarcillo *m.* Pendiente, arete, arracada*. **2** Cirro, cercillo, tijereta. ‖ El primero, en las plantas; los otros dos, en la vid.
zarigüeya *f.* Rabopelado.
zarpa *f.* Garra.
zarrapastroso, -sa *adj.* Desaliñado, desaseado, sucio, andrajoso, harapiento. ≠ Limpio, aseado, elegante.
zarza *f.* Barza (Argent.), cambrón, zarzamora.
zarzaperruna *f.* Escaramujo, agavanzo, gavanzo, galabardera, mosqueta silvestre.
zascandil *m.* Chisgarabís, danzante, enredador, mequetrefe.

zazo, -za *adj.* Zazoso, tartajoso.
zoclo *m.* Zueco, chanclo.
zoco *m.* Mercado, bazar.
zonzo, -za *adj.-s.* Soso*, tonto*, zonzorrión.
zoo *m.* Zoológico.
zopas *com.* burl. Ceceoso, zopitas.
zopenco, -ca *adj.-s.* Tonto*, bruto, cernícalo, zoquete.
zoquete *m.* Tarugo. **2** Mendrugo. ► **3** *adj. m.* Zote, marmolillo, zopenco, boto, tonto, cernícalo, zamacuco, tarugo. ≠ Culto.
zorra *f.* Raposa, vulpécula, vulpeja.
zorrería *f.* Raposería, astucia, cautela.
zorro *m.* Raposo. **2** fig. Taimado, astuto, ladino.
zorrocloco *m.* fam. Fiesta*, arrumaco, carantoña.
zote *m.* Zoquete, ignorante, rudo, patán, zafio.
zozobra *f.* fig. Inquietud, intranquilidad, ansiedad*, desasosiego, angustia, congoja, ansia*. ≠ Tranquilidad, quietud. **2** MAR. Naufragio. ≠ Salvación.
zozobrar *intr.* Peligrar, correr riesgo. **2** Perderse, irse a pique, anegarse, naufragar.
zueco *m.* Almadreña, madreña, zoclo, choclo, chanclo, zoco.
zumaya *f.* (ave zancuda) Capacho, zumacaya.
zumba *f.* fig. Chanza, chunga, vaya, guasa, burla.
zumbón, -ona *adj.* Guasón, burlón. ≠ Serio, grave, formal.
zumo *m.* Jugo.
zuncho *m.* Suncho, abrazadera, fleje. ▮ Este último, cuando tiene forma de cinta.
zupia *f.* Sedimento*, poso, hez*, lías, pie.
zurda *f.* Mano izquierda.
zurdo, -da *adj.-s.* Zocato, zoco, sinistrómano. ≠ Derecho, diestro.
zurra *f.* Capuana (desus.), manta, somanta, azotaina, panadera, pega, felpa, solfa, solfeo, sotana. ≠ Caricia.
zurriburri *f.* Churriburri, gentecilla, gentucilla.
zutano, -na *s.* Fulano*.